铁路建设管理文件汇编

（2007～2008）

铁道部建设管理司

中国铁道出版社

2009年·北京

内 容 简 介

本书收录了2007年至2008年国家发布的有关工程建设方面的法律，国务院法规和规定，国务院相关部委和铁道部颁发的有关工程建设的规章、规定和规范性文件。全书共分法律法规规章、建设市场管理、建设主体管理、建设前期工作管理、招投标与合同管理、质量管理、安全管理、投资管理、环境保护管理、技术创新管理、物资设备管理、竣工验收等十二个部分。附录部分为《铁路建设管理法规文件汇编》(2005年版)和《铁路建设管理文件汇编》(2005～2006年版)中现在已废止文件的目录。本书可作为广大铁路建设管理者及相关人员日常工作的工具用书。

图书在版编目(CIP)数据

铁路建设管理文件汇编：2007～2008/铁道部建设管理司编.—北京：中国铁道出版社，2009.3

ISBN 978-7-113-09806-3

Ⅰ.铁… Ⅱ.铁… Ⅲ.铁路法－汇编－中国－2007～2008 Ⅳ.D922.296.9

中国版本图书馆CIP数据核字(2009)第035058号

书　　名：铁路建设管理文件汇编(2007～2008)
作　　者：铁道部建设管理司

责任编辑：江新锡　曹艳芳　**电话：**010-51873018　**电子信箱：**jxinxi@sohu.com
编辑助理：陶赛赛
责任校对：张玉华
责任印制：李　佳

出版发行：中国铁道出版社(100054，北京市宣武区右安门西街8号)
网　　址：http://www.tdpress.com
印　　刷：北京新魏印刷厂
版　　次：2009年9月第1版　2009年9月第1次印刷
开　　本：787mm×1 092mm　1/16　**印张：**56.25　**字数：**1414千
印　　数：0001～4000册
书　　号：ISBN 978-7-113-09806-3/TU·1016
定　　价：130.00元

序　言

当前和今后一个时期，是加快铁路建设的黄金机遇期，也是实施《中长期铁路网规划》的关键时期。按照“高标准、讲科学、不懈怠”和“六位一体”管理要求，加快健全完善铁路建设规章制度体系，实现管理制度标准化，是推进铁路建设标准化管理的重要基础，是高标准、高质量、高效率地完成大规模铁路建设任务的重要保证，对于提升铁路建设管理水平，建设精品工程和安全工程具有十分重要的意义。

铁道部建设管理司继编印《铁路建设管理法规文件汇编》和《铁路建设管理文件汇编》(2005～2006)之后，近期组织对近两年颁布的法律法规以及铁道部和其他部委发布的有关铁路建设的规章和规范性文件进行了系统梳理和汇编，编印了《铁路建设管理文件汇编》(2007～2008)，并列出了已废止的文件目录，为各单位进一步健全完善管理制度、实现管理制度标准化提供了依据。

希望铁路建设系统广大干部职工认真学习、贯彻、执行各项法律法规和相关制度，坚持依法建设、依法管理，进一步规范铁路建设管理工作；坚持以管理制度标准化为基础，以工程质量安全为核心，注重抓源头、抓过程、抓细节，进一步提升铁路建设管理水平，确保大规模高标准铁路建设又好又快推进。

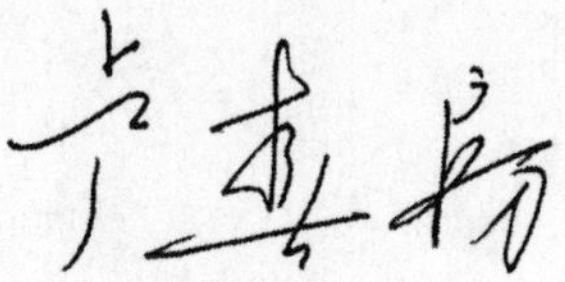

二〇〇九年六月二十日

目 录

第一部分 法律法规规章

一、法 律

二、法 规

三、规　章

第二部分　建设市场管理

一、有形市场管理

二、企业资质管理

三、个人执业资格管理

第三部分 建设主体管理

一、建设单位管理

二、勘察设计管理

三、施工管理

四、工 程 监 理

第四部分 建设前期工作管理

第五部分 招标投标与合同管理

第六部分 质量管理

第七部分 安全管理

第八部分 投资管理

第九部分 环境保护管理

第十部分 技术创新管理

第十一部分 物资设备管理

第十二部分 竣工验收

附 录

第一部分

法律法规规章

中华人民共和国审计法

（1994 年 8 月 31 日第八届全国人民代表大会常务委员会第九次会议通过
根据 2006 年 2 月 28 日第十届全国人民代表大会常务委员会第二十次会议
《关于修改〈中华人民共和国审计法〉的决定》修正
2006 年 2 月 28 日中华人民共和国主席令第 48 号公布
自 2006 年 6 月 1 日起施行）

第一章　总　　则

第一条　为了加强国家的审计监督，维护国家财政经济秩序，提高财政资金使用效益，促进廉政建设，保障国民经济和社会健康发展，根据宪法，制定本法。

第二条　国家实行审计监督制度。国务院和县级以上地方人民政府设立审计机关。

国务院各部门和地方各级人民政府及其各部门的财政收支，国有的金融机构和企业事业组织的财务收支，以及其他依照本法规定应当接受审计的财政收支、财务收支，依照本法规定接受审计监督。

审计机关对前款所列财政收支或者财务收支的真实、合法和效益，依法进行审计监督。

第三条　审计机关依照法律规定的职权和程序，进行审计监督。

审计机关依据有关财政收支、财务收支的法律、法规和国家其他有关规定进行审计评价，在法定职权范围内作出审计决定。

第四条　国务院和县级以上地方人民政府应当每年向本级人民代表大会常务委员会提出审计机关对预算执行和其他财政收支的审计工作报告。审计工作报告应当重点报告对预算执行的审计情况。必要时，人民代表大会常务委员会可以对审计工作报告作出决议。

国务院和县级以上地方人民政府应当将审计工作报告中指出的问题的纠正情况和处理结果向本级人民代表大会常务委员会报告。

第五条　审计机关依照法律规定独立行使审计监督权，不受其他行政机关、社会团体和个人的干涉。

第六条　审计机关和审计人员办理审计事项，应当客观公正，实事求是，廉洁奉公，保守秘密。

第二章　审计机关和审计人员

第七条　国务院设立审计署，在国务院总理领导下，主管全国的审计工作。审计长是审计署的行政首长。

第八条　省、自治区、直辖市、设区的市、自治州、县、自治县、不设区的市、市辖区的人民政府的审计机关，分别在省长、自治区主席、市长、州长、县长、区长和上一级审计机关的领导下，负责本行政区域内的审计工作。

第九条 地方各级审计机关对本级人民政府和上一级审计机关负责并报告工作，审计业务以上级审计机关领导为主。

第十条 审计机关根据工作需要，经本级人民政府批准，可以在其审计管辖范围内设立派出机构。

派出机构根据审计机关的授权，依法进行审计工作。

第十一条 审计机关履行职责所必需的经费，应当列入财政预算，由本级人民政府予以保证。

第十二条 审计人员应当具备与其从事的审计工作相适应的专业知识和业务能力。

第十三条 审计人员办理审计事项，与被审计单位或者审计事项有利害关系的，应当回避。

第十四条 审计人员对其在执行职务中知悉的国家秘密和被审计单位的商业秘密，负有保密的义务。

第十五条 审计人员依法执行职务，受法律保护。

任何组织和个人不得拒绝、阻碍审计人员依法执行职务，不得打击报复审计人员。

审计机关负责人依照法定程序任免。审计机关负责人没有违法失职或者其他不符合任职条件的情况的，不得随意撤换。

地方各级审计机关负责人的任免，应当事先征求上一级审计机关的意见。

第三章　审计机关职责

第十六条 审计机关对本级各部门（含直属单位）和下级政府预算的执行情况和决算以及其他财政收支情况，进行审计监督。

第十七条 审计署在国务院总理领导下，对中央预算执行情况和其他财政收支情况进行审计监督，向国务院总理提出审计结果报告。

地方各级审计机关分别在省长、自治区主席、市长、州长、县长、区长和上一级审计机关的领导下，对本级预算执行情况和其他财政收支情况进行审计监督，向本级人民政府和上一级审计机关提出审计结果报告。

第十八条 审计署对中央银行的财务收支，进行审计监督。

审计机关对国有金融机构的资产、负债、损益，进行审计监督。

第十九条 审计机关对国家的事业组织和使用财政资金的其他事业组织的财务收支，进行审计监督。

第二十条 审计机关对国有企业的资产、负债、损益，进行审计监督。

第二十一条 对国有资本占控股地位或者主导地位的企业、金融机构的审计监督，由国务院规定。

第二十二条 审计机关对政府投资和以政府投资为主的建设项目的预算执行情况和决算，进行审计监督。

第二十三条 审计机关对政府部门管理的和其他单位受政府委托管理的社会保障基金、社会捐赠资金以及其他有关基金、资金的财务收支，进行审计监督。

第二十四条 审计机关对国际组织和外国政府援助、贷款项目的财务收支，进行审计监督。

第二十五条 审计机关按照国家有关规定，对国家机关和依法属于审计机关审计监督对象的其他单位的主要负责人，在任职期间对本地区、本部门或者本单位的财政收支、财务收支以及有关经济活动应负经济责任的履行情况，进行审计监督。

第二十六条 除本法规定的审计事项外，审计机关对其他法律、行政法规规定应当由审计机关进行审计的事项，依照本法和有关法律、行政法规的规定进行审计监督。

第二十七条 审计机关有权对与国家财政收支有关的特定事项，向有关地方、部门、单位进行专项审计调查，并向本级人民政府和上一级审计机关报告审计调查结果。

第二十八条 审计机关根据被审计单位的财政、财务隶属关系或者国有资产监督管理关系，确定审计管辖范围。

审计机关之间对审计管辖范围有争议的，由其共同的上级审计机关确定。

上级审计机关可以将其审计管辖范围内的本法第十八条第二款至第二十五条规定的审计事项，授权下级审计机关进行审计；上级审计机关对下级审计机关审计管辖范围内的重大审计事项，可以直接进行审计，但是应当防止不必要的重复审计。

第二十九条 依法属于审计机关审计监督对象的单位，应当按照国家有关规定建立健全内部审计制度；其内部审计工作应当接受审计机关的业务指导和监督。

第三十条 社会审计机构审计的单位依法属于审计机关审计监督对象的，审计机关按照国务院的规定，有权对该社会审计机构出具的相关审计报告进行核查。

第四章 审计机关权限

第三十一条 审计机关有权要求被审计单位按照审计机关的规定提供预算或者财务收支计划、预算执行情况、决算、财务会计报告，运用电子计算机储存、处理的财政收支、财务收支电子数据和必要的电子计算机技术文档，在金融机构开立账户的情况，社会审计机构出具的审计报告，以及其他与财政收支或者财务收支有关的资料，被审计单位不得拒绝、拖延、谎报。

被审计单位负责人对本单位提供的财务会计资料的真实性和完整性负责。

第三十二条 审计机关进行审计时，有权检查被审计单位的会计凭证、会计账簿、财务会计报告和运用电子计算机管理财政收支、财务收支电子数据的系统，以及其他与财政收支、财务收支有关的资料和资产，被审计单位不得拒绝。

第三十三条 审计机关进行审计时，有权就审计事项的有关问题向有关单位和个人进行调查，并取得有关证明材料。有关单位和个人应当支持、协助审计机关工作，如实向审计机关反映情况，提供有关证明材料。

审计机关经县级以上人民政府审计机关负责人批准，有权查询被审计单位在金融机构的账户。

审计机关有证据证明被审计单位以个人名义存储公款的，经县级以上人民政府审计机关主要负责人批准，有权查询被审计单位以个人名义在金融机构的存款。

第三十四条 审计机关进行审计时，被审计单位不得转移、隐匿、篡改、毁弃会计凭证、会计账簿、财务会计报告以及其他与财政收支或者财务收支有关的资料，不得转移、隐匿所持有的违反国家规定取得的资产。

审计机关对被审计单位违反前款规定的行为，有权予以制止；必要时，经县级以上人民政府审计机关负责人批准，有权封存有关资料和违反国家规定取得的资产；对其中在金融机构的有关存款需要予以冻结的，应当向人民法院提出申请。

审计机关对被审计单位正在进行的违反国家规定的财政收支、财务收支行为，有权予以制止；制止无效的，经县级以上人民政府审计机关负责人批准，通知财政部门和有关主管部门暂停拨付与违反国家规定的财政收支、财务收支行为直接有关的款项，已经拨付的，暂停使用。

审计机关采取前两款规定的措施不得影响被审计单位合法的业务活动和生产经营活动。

第三十五条 审计机关认为被审计单位所执行的上级主管部门有关财政收支、财务收支的规定与法律、行政法规相抵触的，应当建议有关主管部门纠正；有关主管部门不予纠正的，审计机关应当提请有权处理的机关依法处理。

第三十六条 审计机关可以向政府有关部门通报或者向社会公布审计结果。

审计机关通报或者公布审计结果，应当依法保守国家秘密和被审计单位的商业秘密，遵守国务院的有关规定。

第三十七条 审计机关履行审计监督职责，可以提请公安、监察、财政、税务、海关、价格、工商行政管理等机关予以协助。

第五章 审计程序

第三十八条 审计机关根据审计项目计划确定的审计事项组成审计组，并应当在实施审计三日前，向被审计单位送达审计通知书；遇有特殊情况，经本级人民政府批准，审计机关可以直接持审计通知书实施审计。

被审计单位应当配合审计机关的工作，并提供必要的工作条件。

审计机关应当提高审计工作效率。

第三十九条 审计人员通过审查会计凭证、会计账簿、财务会计报告，查阅与审计事项有关的文件、资料，检查现金、实物、有价证券，向有关单位和个人调查等方式进行审计，并取得证明材料。

审计人员向有关单位和个人进行调查时，应当出示审计人员的工作证件和审计通知书副本。

第四十条 审计组对审计事项实施审计后，应当向审计机关提出审计组的审计报告。审计组的审计报告报送审计机关前，应当征求被审计对象的意见。被审计对象应当自接到审计组的审计报告之日起十日内，将其书面意见送交审计组。审计组应当将被审计对象的书面意见一并报送审计机关。

第四十一条 审计机关按照审计署规定的程序对审计组的审计报告进行审议，并对被审计对象对审计组的审计报告提出的意见一并研究后，提出审计机关的审计报告；对违反国家规定的财政收支、财务收支行为，依法应当给予处理、处罚的，在法定职权范围内作出审计决定或者向有关主管机关提出处理、处罚的意见。

审计机关应当将审计机关的审计报告和审计决定送达被审计单位和有关主管机关、单位。审计决定自送达之日起生效。

第四十二条 上级审计机关认为下级审计机关作出的审计决定违反国家有关规定的，可以责成下级审计机关予以变更或者撤销，必要时也可以直接作出变更或者撤销的决定。

第六章 法律责任

第四十三条 被审计单位违反本法规定，拒绝或者拖延提供与审计事项有关的资料的，或者提供的资料不真实、不完整的，或者拒绝、阻碍检查的，由审计机关责令改正，可以通报批评，给予警告；拒不改正的，依法追究责任。

第四十四条 被审计单位违反本法规定，转移、隐匿、篡改、毁弃会计凭证、会计账簿、财务会计报告以及其他与财政收支、财务收支有关的资料，或者转移、隐匿所持有的违反国家规定取得的资产，审计机关认为对直接负责的主管人员和其他直接责任人员依法应当给予处分的，应当提出给予处分的建议，被审计单位或者其上级机关、监察机关应当依法及时作出决定，并将结果书面通知审计机关；构成犯罪的，依法追究刑事责任。

第四十五条 对本级各部门（含直属单位）和下级政府违反预算的行为或者其他违反国家规定的财政收支行为，审计机关、人民政府或者有关主管部门在法定职权范围内，依照法律、行政法规的规定，区别情况采取下列处理措施：

（一）责令限期缴纳应当上缴的款项；

（二）责令限期退还被侵占的国有资产；

（三）责令限期退还违法所得；

（四）责令按照国家统一的会计制度的有关规定进行处理；

（五）其他处理措施。

第四十六条 对被审计单位违反国家规定的财务收支行为，审计机关、人民政府或者有关主管部门在法定职权范围内，依照法律、行政法规的规定，区别情况采取前条规定的处理措施，并可以依法给予处罚。

第四十七条 审计机关在法定职权范围内作出的审计决定，被审计单位应当执行。

审计机关依法责令被审计单位上缴应当上缴的款项，被审计单位拒不执行的，审计机关应当通报有关主管部门，有关主管部门应当依照有关法律、行政法规的规定予以扣缴或者采取其他处理措施，并将结果书面通知审计机关。

第四十八条 被审计单位对审计机关作出的有关财务收支的审计决定不服的，可以依法申请行政复议或者提起行政诉讼。

被审计单位对审计机关作出的有关财政收支的审计决定不服的，可以提请审计机关的本级人民政府裁决，本级人民政府的裁决为最终决定。

第四十九条 被审计单位的财政收支、财务收支违反国家规定，审计机关认为对直接负责的主管人员和其他直接责任人员依法应当给予处分的，应当提出给予处分的建议，被审计单位或者其上级机关、监察机关应当依法及时作出决定，并将结果书面通知审计机关。

第五十条 被审计单位的财政收支、财务收支违反法律、行政法规的规定，构成犯罪的，依法追究刑事责任。

第五十一条 报复陷害审计人员的，依法给予处分；构成犯罪的，依法追究刑事责任。

第五十二条 审计人员滥用职权、徇私舞弊、玩忽职守或者泄露所知悉的国家秘密、商业秘密的，依法给予处分；构成犯罪的，依法追究刑事责任。

第七章 附 则

第五十三条 中国人民解放军审计工作的规定，由中央军事委员会根据本法制定。

第五十四条 本法自1995年1月1日起施行。1988年11月30日国务院发布的《中华人民共和国审计条例》同时废止。

中华人民共和国物权法

（2007年3月16日第十届全国人民代表大会第五次会议通过
2007年3月16日中华人民共和国主席令第62号公布
自2007年10月1日起施行）

第一编　总　　则

第一章　基本原则

第一条　为了维护国家基本经济制度，维护社会主义市场经济秩序，明确物的归属，发挥物的效用，保护权利人的物权，根据宪法，制定本法。

第二条　因物的归属和利用而产生的民事关系，适用本法。

本法所称物，包括不动产和动产。法律规定权利作为物权客体的，依照其规定。

本法所称物权，是指权利人依法对特定的物享有直接支配和排他的权利，包括所有权、用益物权和担保物权。

第三条　国家在社会主义初级阶段，坚持公有制为主体、多种所有制经济共同发展的基本经济制度。

国家巩固和发展公有制经济，鼓励、支持和引导非公有制经济的发展。

国家实行社会主义市场经济，保障一切市场主体的平等法律地位和发展权利。

第四条　国家、集体、私人的物权和其他权利人的物权受法律保护，任何单位和个人不得侵犯。

第五条　物权的种类和内容，由法律规定。

第六条　不动产物权的设立、变更、转让和消灭，应当依照法律规定登记。动产物权的设立和转让，应当依照法律规定交付。

第七条　物权的取得和行使，应当遵守法律，尊重社会公德，不得损害公共利益和他人合法权益。

第八条　其他相关法律对物权另有特别规定的，依照其规定。

第二章　物权的设立、变更、转让和消灭

第一节　不动产登记

第九条　不动产物权的设立、变更、转让和消灭，经依法登记，发生效力；未经登记，不发生效力，但法律另有规定的除外。

依法属于国家所有的自然资源，所有权可以不登记。

第十条　不动产登记，由不动产所在地的登记机构办理。

国家对不动产实行统一登记制度。统一登记的范围、登记机构和登记办法,由法律、行政法规规定。

第十一条 当事人申请登记,应当根据不同登记事项提供权属证明和不动产界址、面积等必要材料。

第十二条 登记机构应当履行下列职责:

(一)查验申请人提供的权属证明和其他必要材料;

(二)就有关登记事项询问申请人;

(三)如实、及时登记有关事项;

(四)法律、行政法规规定的其他职责。

申请登记的不动产的有关情况需要进一步证明的,登记机构可以要求申请人补充材料,必要时可以实地查看。

第十三条 登记机构不得有下列行为:

(一)要求对不动产进行评估;

(二)以年检等名义进行重复登记;

(三)超出登记职责范围的其他行为。

第十四条 不动产物权的设立、变更、转让和消灭,依照法律规定应当登记的,自记载于不动产登记簿时发生效力。

第十五条 当事人之间订立有关设立、变更、转让和消灭不动产物权的合同,除法律另有规定或者合同另有约定外,自合同成立时生效;未办理物权登记的,不影响合同效力。

第十六条 不动产登记簿是物权归属和内容的根据。不动产登记簿由登记机构管理。

第十七条 不动产权属证书是权利人享有该不动产物权的证明。不动产权属证书记载的事项,应当与不动产登记簿一致;记载不一致的,除有证据证明不动产登记簿确有错误外,以不动产登记簿为准。

第十八条 权利人、利害关系人可以申请查询、复制登记资料,登记机构应当提供。

第十九条 权利人、利害关系人认为不动产登记簿记载的事项错误的,可以申请更正登记。不动产登记簿记载的权利人书面同意更正或者有证据证明登记确有错误的,登记机构应当予以更正。

不动产登记簿记载的权利人不同意更正的,利害关系人可以申请异议登记。登记机构予以异议登记的,申请人在异议登记之日起十五日内不起诉,异议登记失效。异议登记不当,造成权利人损害的,权利人可以向申请人请求损害赔偿。

第二十条 当事人签订买卖房屋或者其他不动产物权的协议,为保障将来实现物权,按照约定可以向登记机构申请预告登记。预告登记后,未经预告登记的权利人同意,处分该不动产的,不发生物权效力。

预告登记后,债权消灭或者自能够进行不动产登记之日起三个月内未申请登记的,预告登记失效。

第二十一条 当事人提供虚假材料申请登记,给他人造成损害的,应当承担赔偿责任。

因登记错误,给他人造成损害的,登记机构应当承担赔偿责任。登记机构赔偿后,可以向造成登记错误的人追偿。

第二十二条 不动产登记费按件收取,不得按照不动产的面积、体积或者价款的比例收取。具体收费标准由国务院有关部门会同价格主管部门规定。

第二节　动产交付

第二十三条　动产物权的设立和转让，自交付时发生效力，但法律另有规定的除外。

第二十四条　船舶、航空器和机动车等物权的设立、变更、转让和消灭，未经登记，不得对抗善意第三人。

第二十五条　动产物权设立和转让前，权利人已经依法占有该动产的，物权自法律行为生效时发生效力。

第二十六条　动产物权设立和转让前，第三人依法占有该动产的，负有交付义务的人可以通过转让请求第三人返还原物的权利代替交付。

第二十七条　动产物权转让时，双方又约定由出让人继续占有该动产的，物权自该约定生效时发生效力。

第三节　其他规定

第二十八条　因人民法院、仲裁委员会的法律文书或者人民政府的征收决定等，导致物权设立、变更、转让或者消灭的，自法律文书或者人民政府的征收决定等生效时发生效力。

第二十九条　因继承或者受遗赠取得物权的，自继承或者受遗赠开始时发生效力。

第三十条　因合法建造、拆除房屋等事实行为设立或者消灭物权的，自事实行为成就时发生效力。

第三十一条　依照本法第二十八条至第三十条规定享有不动产物权的，处分该物权时，依照法律规定需要办理登记的，未经登记，不发生物权效力。

第三章　物权的保护

第三十二条　物权受到侵害的，权利人可以通过和解、调解、仲裁、诉讼等途径解决。

第三十三条　因物权的归属、内容发生争议的，利害关系人可以请求确认权利。

第三十四条　无权占有不动产或者动产的，权利人可以请求返还原物。

第三十五条　妨害物权或者可能妨害物权的，权利人可以请求排除妨害或者消除危险。

第三十六条　造成不动产或者动产毁损的，权利人可以请求修理、重作、更换或者恢复原状。

第三十七条　侵害物权，造成权利人损害的，权利人可以请求损害赔偿，也可以请求承担其他民事责任。

第三十八条　本章规定的物权保护方式，可以单独适用，也可以根据权利被侵害的情形合并适用。

侵害物权，除承担民事责任外，违反行政管理规定的，依法承担行政责任；构成犯罪的，依法追究刑事责任。

第二编　所　有　权

第四章　一般规定

第三十九条　所有权人对自己的不动产或者动产，依法享有占有、使用、收益和处分的权利。

第四十条 所有权人有权在自己的不动产或者动产上设立用益物权和担保物权。用益物权人、担保物权人行使权利，不得损害所有权人的权益。

第四十一条 法律规定专属于国家所有的不动产和动产，任何单位和个人不能取得所有权。

第四十二条 为了公共利益的需要，依照法律规定的权限和程序可以征收集体所有的土地和单位、个人的房屋及其他不动产。

征收集体所有的土地，应当依法足额支付土地补偿费、安置补助费、地上附着物和青苗的补偿费等费用，安排被征地农民的社会保障费用，保障被征地农民的生活，维护被征地农民的合法权益。

征收单位、个人的房屋及其他不动产，应当依法给予拆迁补偿，维护被征收人的合法权益；征收个人住宅的，还应当保障被征收人的居住条件。

任何单位和个人不得贪污、挪用、私分、截留、拖欠征收补偿费等费用。

第四十三条 国家对耕地实行特殊保护，严格限制农用地转为建设用地，控制建设用地总量。不得违反法律规定的权限和程序征收集体所有的土地。

第四十四条 因抢险、救灾等紧急需要，依照法律规定的权限和程序可以征用单位、个人的不动产或者动产。被征用的不动产或者动产使用后，应当返还被征用人。单位、个人的不动产或者动产被征用或者征用后毁损、灭失的，应当给予补偿。

第五章 国家所有权和集体所有权、私人所有权

第四十五条 法律规定属于国家所有的财产，属于国家所有即全民所有。

国有财产由国务院代表国家行使所有权；法律另有规定的，依照其规定。

第四十六条 矿藏、水流、海域属于国家所有。

第四十七条 城市的土地，属于国家所有。法律规定属于国家所有的农村和城市郊区的土地，属于国家所有。

第四十八条 森林、山岭、草原、荒地、滩涂等自然资源，属于国家所有，但法律规定属于集体所有的除外。

第四十九条 法律规定属于国家所有的野生动植物资源，属于国家所有。

第五十条 无线电频谱资源属于国家所有。

第五十一条 法律规定属于国家所有的文物，属于国家所有。

第五十二条 国防资产属于国家所有。

铁路、公路、电力设施、电信设施和油气管道等基础设施，依照法律规定为国家所有的，属于国家所有。

第五十三条 国家机关对其直接支配的不动产和动产，享有占有、使用以及依照法律和国务院的有关规定处分的权利。

第五十四条 国家举办的事业单位对其直接支配的不动产和动产，享有占有、使用以及依照法律和国务院的有关规定收益、处分的权利。

第五十五条 国家出资的企业，由国务院、地方人民政府依照法律、行政法规规定分别代表国家履行出资人职责，享有出资人权益。

第五十六条 国家所有的财产受法律保护，禁止任何单位和个人侵占、哄抢、私分、截留、破坏。

第五十七条 履行国有财产管理、监督职责的机构及其工作人员，应当依法加强对国有财产的管理、监督，促进国有财产保值增值，防止国有财产损失；滥用职权，玩忽职守，造成国有财产损失的，应当依法承担法律责任。

违反国有财产管理规定，在企业改制、合并分立、关联交易等过程中，低价转让、合谋私分、擅自担保或者以其他方式造成国有财产损失的，应当依法承担法律责任。

第五十八条 集体所有的不动产和动产包括：

(一)法律规定属于集体所有的土地和森林、山岭、草原、荒地、滩涂；

(二)集体所有的建筑物、生产设施、农田水利设施；

(三)集体所有的教育、科学、文化、卫生、体育等设施；

(四)集体所有的其他不动产和动产。

第五十九条 农民集体所有的不动产和动产，属于本集体成员集体所有。

下列事项应当依照法定程序经本集体成员决定：

(一)土地承包方案以及将土地发包给本集体以外的单位或者个人承包；

(二)个别土地承包经营权人之间承包地的调整；

(三)土地补偿费等费用的使用、分配办法；

(四)集体出资的企业的所有权变动等事项；

(五)法律规定的其他事项。

第六十条 对于集体所有的土地和森林、山岭、草原、荒地、滩涂等，依照下列规定行使所有权：

(一)属于村农民集体所有的，由村集体经济组织或者村民委员会代表集体行使所有权；

(二)分别属于村内两个以上农民集体所有的，由村内各该集体经济组织或者村民小组代表集体行使所有权；

(三)属于乡镇农民集体所有的，由乡镇集体经济组织代表集体行使所有权。

第六十一条 城镇集体所有的不动产和动产，依照法律、行政法规的规定由本集体享有占有、使用、收益和处分的权利。

第六十二条 集体经济组织或者村民委员会、村民小组应当依照法律、行政法规以及章程、村规民约向本集体成员公布集体财产的状况。

第六十三条 集体所有的财产受法律保护，禁止任何单位和个人侵占、哄抢、私分、破坏。

集体经济组织、村民委员会或者其负责人作出的决定侵害集体成员合法权益的，受侵害的集体成员可以请求人民法院予以撤销。

第六十四条 私人对其合法的收入、房屋、生活用品、生产工具、原材料等不动产和动产享有所有权。

第六十五条 私人合法的储蓄、投资及其收益受法律保护。

国家依照法律规定保护私人的继承权及其他合法权益。

第六十六条 私人的合法财产受法律保护，禁止任何单位和个人侵占、哄抢、破坏。

第六十七条 国家、集体和私人依法可以出资设立有限责任公司、股份有限公司或者其他企业。国家、集体和私人所有的不动产或者动产，投到企业的，由出资人按照约定或者出资比例享有资产收益、重大决策以及选择经营管理者等权利并履行义务。

第六十八条 企业法人对其不动产和动产依照法律、行政法规以及章程享有占有、使用、收益和处分的权利。

企业法人以外的法人，对其不动产和动产的权利，适用有关法律、行政法规以及章程的规定。

第六十九条 社会团体依法所有的不动产和动产，受法律保护。

第六章 业主的建筑物区分所有权

第七十条 业主对建筑物内的住宅、经营性用房等专有部分享有所有权，对专有部分以外的共有部分享有共有和共同管理的权利。

第七十一条 业主对其建筑物专有部分享有占有、使用、收益和处分的权利。业主行使权利不得危及建筑物的安全，不得损害其他业主的合法权益。

第七十二条 业主对建筑物专有部分以外的共有部分，享有权利，承担义务；不得以放弃权利不履行义务。

业主转让建筑物内的住宅、经营性用房，其对共有部分享有的共有和共同管理的权利一并转让。

第七十三条 建筑区划内的道路，属于业主共有，但属于城镇公共道路的除外。建筑区划内的绿地，属于业主共有，但属于城镇公共绿地或者明示属于个人的除外。建筑区划内的其他公共场所、公用设施和物业服务用房，属于业主共有。

第七十四条 建筑区划内，规划用于停放汽车的车位、车库应当首先满足业主的需要。

建筑区划内，规划用于停放汽车的车位、车库的归属，由当事人通过出售、附赠或者出租等方式约定。

占用业主共有的道路或者其他场地用于停放汽车的车位，属于业主共有。

第七十五条 业主可以设立业主大会，选举业主委员会。

地方人民政府有关部门应当对设立业主大会和选举业主委员会给予指导和协助。

第七十六条 下列事项由业主共同决定：

（一）制定和修改业主大会议事规则；

（二）制定和修改建筑物及其附属设施的管理规约；

（三）选举业主委员会或者更换业主委员会成员；

（四）选聘和解聘物业服务企业或者其他管理人；

（五）筹集和使用建筑物及其附属设施的维修资金；

（六）改建、重建建筑物及其附属设施；

（七）有关共有和共同管理权利的其他重大事项。

决定前款第五项和第六项规定的事项，应当经专有部分占建筑物总面积三分之二以上的业主且占总人数三分之二以上的业主同意。决定前款其他事项，应当经专有部分占建筑物总面积过半数的业主且占总人数过半数的业主同意。

第七十七条 业主不得违反法律、法规以及管理规约，将住宅改变为经营性用房。业主将住宅改变为经营性用房的，除遵守法律、法规以及管理规约外，应当经有利害关系的业主同意。

第七十八条 业主大会或者业主委员会的决定，对业主具有约束力。

业主大会或者业主委员会作出的决定侵害业主合法权益的，受侵害的业主可以请求人民法院予以撤销。

第七十九条　建筑物及其附属设施的维修资金，属于业主共有。经业主共同决定，可以用于电梯、水箱等共有部分的维修。维修资金的筹集、使用情况应当公布。

第八十条　建筑物及其附属设施的费用分摊、收益分配等事项，有约定的，按照约定；没有约定或者约定不明确的，按照业主专有部分占建筑物总面积的比例确定。

第八十一条　业主可以自行管理建筑物及其附属设施，也可以委托物业服务企业或者其他管理人管理。

对建设单位聘请的物业服务企业或者其他管理人，业主有权依法更换。

第八十二条　物业服务企业或者其他管理人根据业主的委托管理建筑区划内的建筑物及其附属设施，并接受业主的监督。

第八十三条　业主应当遵守法律、法规以及管理规约。

业主大会和业主委员会，对任意弃置垃圾、排放污染物或者噪声、违反规定饲养动物、违章搭建、侵占通道、拒付物业费等损害他人合法权益的行为，有权依照法律、法规以及管理规约，要求行为人停止侵害、消除危险、排除妨害、赔偿损失。业主对侵害自己合法权益的行为，可以依法向人民法院提起诉讼。

第七章　相邻关系

第八十四条　不动产的相邻权利人应当按照有利生产、方便生活、团结互助、公平合理的原则，正确处理相邻关系。

第八十五条　法律、法规对处理相邻关系有规定的，依照其规定；法律、法规没有规定的，可以按照当地习惯。

第八十六条　不动产权利人应当为相邻权利人用水、排水提供必要的便利。

对自然流水的利用，应当在不动产的相邻权利人之间合理分配。对自然流水的排放，应当尊重自然流向。

第八十七条　不动产权利人对相邻权利人因通行等必须利用其土地的，应当提供必要的便利。

第八十八条　不动产权利人因建造、修缮建筑物以及铺设电线、电缆、水管、暖气和燃气管线等必须利用相邻土地、建筑物的，该土地、建筑物的权利人应当提供必要的便利。

第八十九条　建造建筑物，不得违反国家有关工程建设标准，妨碍相邻建筑物的通风、采光和日照。

第九十条　不动产权利人不得违反国家规定弃置固体废物，排放大气污染物、水污染物、噪声、光、电磁波辐射等有害物质。

第九十一条　不动产权利人挖掘土地、建造建筑物、铺设管线以及安装设备等，不得危及相邻不动产的安全。

第九十二条　不动产权利人因用水、排水、通行、铺设管线等利用相邻不动产的，应当尽量避免对相邻的不动产权利人造成损害；造成损害的，应当给予赔偿。

第八章　共　　有

第九十三条　不动产或者动产可以由两个以上单位、个人共有。共有包括按份共有和共同共有。

第九十四条 按份共有人对共有的不动产或者动产按照其份额享有所有权。

第九十五条 共同共有人对共有的不动产或者动产共同享有所有权。

第九十六条 共有人按照约定管理共有的不动产或者动产；没有约定或者约定不明确的，各共有人都有管理的权利和义务。

第九十七条 处分共有的不动产或者动产以及对共有的不动产或者动产作重大修缮的，应当经占份额三分之二以上的按份共有人或者全体共同共有人同意，但共有人之间另有约定的除外。

第九十八条 对共有物的管理费用以及其他负担，有约定的，按照约定；没有约定或者约定不明确的，按份共有人按照其份额负担，共同共有人共同负担。

第九十九条 共有人约定不得分割共有的不动产或者动产，以维持共有关系的，应当按照约定，但共有人有重大理由需要分割的，可以请求分割；没有约定或者约定不明确的，按份共有人可以随时请求分割，共同共有人在共有的基础丧失或者有重大理由需要分割时可以请求分割。因分割对其他共有人造成损害的，应当给予赔偿。

第一百条 共有人可以协商确定分割方式。达不成协议，共有的不动产或者动产可以分割并且不会因分割减损价值的，应当对实物予以分割；难以分割或者因分割会减损价值的，应当对折价或者拍卖、变卖取得的价款予以分割。

共有人分割所得的不动产或者动产有瑕疵的，其他共有人应当分担损失。

第一百零一条 按份共有人可以转让其享有的共有的不动产或者动产份额。其他共有人在同等条件下享有优先购买的权利。

第一百零二条 因共有的不动产或者动产产生的债权债务，在对外关系上，共有人享有连带债权、承担连带债务，但法律另有规定或者第三人知道共有人不具有连带债权债务关系的除外；在共有人内部关系上，除共有人另有约定外，按份共有人按照份额享有债权、承担债务，共同共有人共同享有债权、承担债务。偿还债务超过自己应当承担份额的按份共有人，有权向其他共有人追偿。

第一百零三条 共有人对共有的不动产或者动产没有约定为按份共有或者共同共有，或者约定不明确的，除共有人具有家庭关系等外，视为按份共有。

第一百零四条 按份共有人对共有的不动产或者动产享有的份额，没有约定或者约定不明确的，按照出资额确定；不能确定出资额的，视为等额享有。

第一百零五条 两个以上单位、个人共同享有用益物权、担保物权的，参照本章规定。

第九章　所有权取得的特别规定

第一百零六条 无处分权人将不动产或者动产转让给受让人的，所有权人有权追回；除法律另有规定外，符合下列情形的，受让人取得该不动产或者动产的所有权：

（一）受让人受让该不动产或者动产时是善意的；

（二）以合理的价格转让；

（三）转让的不动产或者动产依照法律规定应当登记的已经登记，不需要登记的已经交付给受让人。

受让人依照前款规定取得不动产或者动产的所有权的，原所有权人有权向无处分权人请求赔偿损失。

当事人善意取得其他物权的，参照前两款规定。

第一百零七条 所有权人或者其他权利人有权追回遗失物。该遗失物通过转让被他人占有的，权利人有权向无处分权人请求损害赔偿，或者自知道或者应当知道受让人之日起二年内向受让人请求返还原物，但受让人通过拍卖或者向具有经营资格的经营者购得该遗失物的，权利人请求返还原物时应当支付受让人所付的费用。权利人向受让人支付所付费用后，有权向无处分权人追偿。

第一百零八条 善意受让人取得动产后，该动产上的原有权利消灭，但善意受让人在受让时知道或者应当知道该权利的除外。

第一百零九条 拾得遗失物，应当返还权利人。拾得人应当及时通知权利人领取，或者送交公安等有关部门。

第一百一十条 有关部门收到遗失物，知道权利人的，应当及时通知其领取；不知道的，应当及时发布招领公告。

第一百一十一条 拾得人在遗失物送交有关部门前，有关部门在遗失物被领取前，应当妥善保管遗失物。因故意或者重大过失致使遗失物毁损、灭失的，应当承担民事责任。

第一百一十二条 权利人领取遗失物时，应当向拾得人或者有关部门支付保管遗失物等支出的必要费用。

权利人悬赏寻找遗失物的，领取遗失物时应当按照承诺履行义务。

拾得人侵占遗失物的，无权请求保管遗失物等支出的费用，也无权请求权利人按照承诺履行义务。

第一百一十三条 遗失物自发布招领公告之日起六个月内无人认领的，归国家所有。

第一百一十四条 拾得漂流物、发现埋藏物或者隐藏物的，参照拾得遗失物的有关规定。文物保护法等法律另有规定的，依照其规定。

第一百一十五条 主物转让的，从物随主物转让，但当事人另有约定的除外。

第一百一十六条 天然孳息，由所有权人取得；既有所有权人又有用益物权人的，由用益物权人取得。当事人另有约定的，按照约定。

法定孳息，当事人有约定的，按照约定取得；没有约定或者约定不明确的，按照交易习惯取得。

第三编 用益物权

第十章 一般规定

第一百一十七条 用益物权人对他人所有的不动产或者动产，依法享有占有、使用和收益的权利。

第一百一十八条 国家所有或者国家所有由集体使用以及法律规定属于集体所有的自然资源，单位、个人依法可以占有、使用和收益。

第一百一十九条 国家实行自然资源有偿使用制度，但法律另有规定的除外。

第一百二十条 用益物权人行使权利，应当遵守法律有关保护和合理开发利用资源的规定。所有权人不得干涉用益物权人行使权利。

第一百二十一条 因不动产或者动产被征收、征用致使用益物权消灭或者影响用益物权行使的，用益物权人有权依照本法第四十二条、第四十四条的规定获得相应补偿。

第一百二十二条 依法取得的海域使用权受法律保护。

第一百二十三条 依法取得的探矿权、采矿权、取水权和使用水域、滩涂从事养殖、捕捞的权利受法律保护。

第十一章 土地承包经营权

第一百二十四条 农村集体经济组织实行家庭承包经营为基础、统分结合的双层经营体制。

农民集体所有和国家所有由农民集体使用的耕地、林地、草地以及其他用于农业的土地，依法实行土地承包经营制度。

第一百二十五条 土地承包经营权人依法对其承包经营的耕地、林地、草地等享有占有、使用和收益的权利，有权从事种植业、林业、畜牧业等农业生产。

第一百二十六条 耕地的承包期为三十年。草地的承包期为三十年至五十年。林地的承包期为三十年至七十年；特殊林木的林地承包期，经国务院林业行政主管部门批准可以延长。

前款规定的承包期届满，由土地承包经营权人按照国家有关规定继续承包。

第一百二十七条 土地承包经营权自土地承包经营权合同生效时设立。

县级以上地方人民政府应当向土地承包经营权人发放土地承包经营权证、林权证、草原使用权证，并登记造册，确认土地承包经营权。

第一百二十八条 土地承包经营权人依照农村土地承包法的规定，有权将土地承包经营权采取转包、互换、转让等方式流转。流转的期限不得超过承包期的剩余期限。未经依法批准，不得将承包地用于非农建设。

第一百二十九条 土地承包经营权人将土地承包经营权互换、转让，当事人要求登记的，应当向县级以上地方人民政府申请土地承包经营权变更登记；未经登记，不得对抗善意第三人。

第一百三十条 承包期内发包人不得调整承包地。

因自然灾害严重毁损承包地等特殊情形，需要适当调整承包的耕地和草地的，应当依照农村土地承包法等法律规定办理。

第一百三十一条 承包期内发包人不得收回承包地。农村土地承包法等法律另有规定的，依照其规定。

第一百三十二条 承包地被征收的，土地承包经营权人有权依照本法第四十二条第二款的规定获得相应补偿。

第一百三十三条 通过招标、拍卖、公开协商等方式承包荒地等农村土地，依照农村土地承包法等法律和国务院的有关规定，其土地承包经营权可以转让、入股、抵押或者以其他方式流转。

第一百三十四条 国家所有的农用地实行承包经营的，参照本法的有关规定。

第十二章 建设用地使用权

第一百三十五条 建设用地使用权人依法对国家所有的土地享有占有、使用和收益的权利，有权利用该土地建造建筑物、构筑物及其附属设施。

第一百三十六条 建设用地使用权可以在土地的地表、地上或者地下分别设立。新设立的建设用地使用权，不得损害已设立的用益物权。

第一百三十七条 设立建设用地使用权，可以采取出让或者划拨等方式。

工业、商业、旅游、娱乐和商品住宅等经营性用地以及同一土地有两个以上意向用地者的，应当采取招标、拍卖等公开竞价的方式出让。

严格限制以划拨方式设立建设用地使用权。采取划拨方式的，应当遵守法律、行政法规关于土地用途的规定。

第一百三十八条 采取招标、拍卖、协议等出让方式设立建设用地使用权的，当事人应当采取书面形式订立建设用地使用权出让合同。

建设用地使用权出让合同一般包括下列条款：

（一）当事人的名称和住所；

（二）土地界址、面积等；

（三）建筑物、构筑物及其附属设施占用的空间；

（四）土地用途；

（五）使用期限；

（六）出让金等费用及其支付方式；

（七）解决争议的方法。

第一百三十九条 设立建设用地使用权的，应当向登记机构申请建设用地使用权登记。建设用地使用权自登记时设立。登记机构应当向建设用地使用权人发放建设用地使用权证书。

第一百四十条 建设用地使用权人应当合理利用土地，不得改变土地用途；需要改变土地用途的，应当依法经有关行政主管部门批准。

第一百四十一条 建设用地使用权人应当依照法律规定以及合同约定支付出让金等费用。

第一百四十二条 建设用地使用权人建造的建筑物、构筑物及其附属设施的所有权属于建设用地使用权人，但有相反证据证明的除外。

第一百四十三条 建设用地使用权人有权将建设用地使用权转让、互换、出资、赠与或者抵押，但法律另有规定的除外。

第一百四十四条 建设用地使用权转让、互换、出资、赠与或者抵押的，当事人应当采取书面形式订立相应的合同。使用期限由当事人约定，但不得超过建设用地使用权的剩余期限。

第一百四十五条 建设用地使用权转让、互换、出资或者赠与的，应当向登记机构申请变更登记。

第一百四十六条 建设用地使用权转让、互换、出资或者赠与的，附着于该土地上的建筑物、构筑物及其附属设施一并处分。

第一百四十七条 建筑物、构筑物及其附属设施转让、互换、出资或者赠与的，该建筑物、构筑物及其附属设施占用范围内的建设用地使用权一并处分。

第一百四十八条 建设用地使用权期间届满前，因公共利益需要提前收回该土地的，应当依照本法第四十二条的规定对该土地上的房屋及其他不动产给予补偿，并退还相应的出让金。

第一百四十九条 住宅建设用地使用权期间届满的，自动续期。

非住宅建设用地使用权期间届满后的续期，依照法律规定办理。该土地上的房屋及其他不动产的归属，有约定的，按照约定；没有约定或者约定不明确的，依照法律、行政法规的规定办理。

第一百五十条 建设用地使用权消灭的，出让人应当及时办理注销登记。登记机构应当收回建设用地使用权证书。

第一百五十一条 集体所有的土地作为建设用地的，应当依照土地管理法等法律规定办理。

第十三章 宅基地使用权

第一百五十二条 宅基地使用权人依法对集体所有的土地享有占有和使用的权利，有权依法利用该土地建造住宅及其附属设施。

第一百五十三条 宅基地使用权的取得、行使和转让，适用土地管理法等法律和国家有关规定。

第一百五十四条 宅基地因自然灾害等原因灭失的，宅基地使用权消灭。对失去宅基地的村民，应当重新分配宅基地。

第一百五十五条 已经登记的宅基地使用权转让或者消灭的，应当及时办理变更登记或者注销登记。

第十四章 地 役 权

第一百五十六条 地役权人有权按照合同约定，利用他人的不动产，以提高自己的不动产的效益。

前款所称他人的不动产为供役地，自己的不动产为需役地。

第一百五十七条 设立地役权，当事人应当采取书面形式订立地役权合同。

地役权合同一般包括下列条款：

（一）当事人的姓名或者名称和住所；

（二）供役地和需役地的位置；

（三）利用目的和方法；

（四）利用期限；

（五）费用及其支付方式；

（六）解决争议的方法。

第一百五十八条 地役权自地役权合同生效时设立。当事人要求登记的，可以向登记机构申请地役权登记；未经登记，不得对抗善意第三人。

第一百五十九条 供役地权利人应当按照合同约定，允许地役权人利用其土地，不得妨害地役权人行使权利。

第一百六十条 地役权人应当按照合同约定的利用目的和方法利用供役地，尽量减少对供役地权利人物权的限制。

第一百六十一条 地役权的期限由当事人约定，但不得超过土地承包经营权、建设用地使用权等用益物权的剩余期限。

第一百六十二条 土地所有权人享有地役权或者负担地役权的，设立土地承包经营权、宅基地使用权时，该土地承包经营权人、宅基地使用权人继续享有或者负担已设立的地役权。

第一百六十三条 土地上已设立土地承包经营权、建设用地使用权、宅基地使用权等权利的，未经用益物权人同意，土地所有权人不得设立地役权。

第一百六十四条 地役权不得单独转让。土地承包经营权、建设用地使用权等转让的，地役权一并转让，但合同另有约定的除外。

第一百六十五条 地役权不得单独抵押。土地承包经营权、建设用地使用权等抵押的，在实现抵押权时，地役权一并转让。

第一百六十六条 需役地以及需役地上的土地承包经营权、建设用地使用权部分转让时，转让部分涉及地役权的，受让人同时享有地役权。

第一百六十七条 供役地以及供役地上的土地承包经营权、建设用地使用权部分转让时，转让部分涉及地役权的，地役权对受让人具有约束力。

第一百六十八条 地役权人有下列情形之一的，供役地权利人有权解除地役权合同，地役权消灭：

（一）违反法律规定或者合同约定，滥用地役权；

（二）有偿利用供役地，约定的付款期间届满后在合理期限内经两次催告未支付费用。

第一百六十九条 已经登记的地役权变更、转让或者消灭的，应当及时办理变更登记或者注销登记。

第四编 担保物权

第十五章 一般规定

第一百七十条 担保物权人在债务人不履行到期债务或者发生当事人约定的实现担保物权的情形，依法享有就担保财产优先受偿的权利，但法律另有规定的除外。

第一百七十一条 债权人在借贷、买卖等民事活动中，为保障实现其债权，需要担保的，可以依照本法和其他法律的规定设立担保物权。

第三人为债务人向债权人提供担保的，可以要求债务人提供反担保。反担保适用本法和其他法律的规定。

第一百七十二条 设立担保物权，应当依照本法和其他法律的规定订立担保合同。担保合同是主债权债务合同的从合同。主债权债务合同无效，担保合同无效，但法律另有规定的除外。

担保合同被确认无效后，债务人、担保人、债权人有过错的，应当根据其过错各自承担相应的民事责任。

第一百七十三条 担保物权的担保范围包括主债权及其利息、违约金、损害赔偿金、保管担保财产和实现担保物权的费用。当事人另有约定的，按照约定。

第一百七十四条 担保期间，担保财产毁损、灭失或者被征收等，担保物权人可以就获得的保险金、赔偿金或者补偿金等优先受偿。被担保债权的履行期未届满的，也可以提存该保险金、赔偿金或者补偿金等。

第一百七十五条　第三人提供担保，未经其书面同意，债权人允许债务人转移全部或者部分债务的，担保人不再承担相应的担保责任。

第一百七十六条　被担保的债权既有物的担保又有人的担保的，债务人不履行到期债务或者发生当事人约定的实现担保物权的情形，债权人应当按照约定实现债权；没有约定或者约定不明确，债务人自己提供物的担保的，债权人应当先就该物的担保实现债权；第三人提供物的担保的，债权人可以就物的担保实现债权，也可以要求保证人承担保证责任。提供担保的第三人承担担保责任后，有权向债务人追偿。

第一百七十七条　有下列情形之一的，担保物权消灭：

(一)主债权消灭；

(二)担保物权实现；

(三)债权人放弃担保物权；

(四)法律规定担保物权消灭的其他情形。

第一百七十八条　担保法与本法的规定不一致的，适用本法。

第十六章　抵　押　权

第一节　一般抵押权

第一百七十九条　为担保债务的履行，债务人或者第三人不转移财产的占有，将该财产抵押给债权人的，债务人不履行到期债务或者发生当事人约定的实现抵押权的情形，债权人有权就该财产优先受偿。

前款规定的债务人或者第三人为抵押人，债权人为抵押权人，提供担保的财产为抵押财产。

第一百八十条　债务人或者第三人有权处分的下列财产可以抵押：

(一)建筑物和其他土地附着物；

(二)建设用地使用权；

(三)以招标、拍卖、公开协商等方式取得的荒地等土地承包经营权；

(四)生产设备、原材料、半成品、产品；

(五)正在建造的建筑物、船舶、航空器；

(六)交通运输工具；

(七)法律、行政法规未禁止抵押的其他财产。

抵押人可以将前款所列财产一并抵押。

第一百八十一条　经当事人书面协议，企业、个体工商户、农业生产经营者可以将现有的以及将有的生产设备、原材料、半成品、产品抵押，债务人不履行到期债务或者发生当事人约定的实现抵押权的情形，债权人有权就实现抵押权时的动产优先受偿。

第一百八十二条　以建筑物抵押的，该建筑物占用范围内的建设用地使用权一并抵押。以建设用地使用权抵押的，该土地上的建筑物一并抵押。

抵押人未依照前款规定一并抵押的，未抵押的财产视为一并抵押。

第一百八十三条　乡镇、村企业的建设用地使用权不得单独抵押。以乡镇、村企业的厂房等建筑物抵押的，其占用范围内的建设用地使用权一并抵押。

第一百八十四条 下列财产不得抵押：

（一）土地所有权；

（二）耕地、宅基地、自留地、自留山等集体所有的土地使用权，但法律规定可以抵押的除外；

（三）学校、幼儿园、医院等以公益为目的的事业单位、社会团体的教育设施、医疗卫生设施和其他社会公益设施；

（四）所有权、使用权不明或者有争议的财产；

（五）依法被查封、扣押、监管的财产；

（六）法律、行政法规规定不得抵押的其他财产。

第一百八十五条 设立抵押权，当事人应当采取书面形式订立抵押合同。

抵押合同一般包括下列条款：

（一）被担保债权的种类和数额；

（二）债务人履行债务的期限；

（三）抵押财产的名称、数量、质量、状况、所在地、所有权归属或者使用权归属；

（四）担保的范围。

第一百八十六条 抵押权人在债务履行期届满前，不得与抵押人约定债务人不履行到期债务时抵押财产归债权人所有。

第一百八十七条 以本法第一百八十条第一款第一项至第三项规定的财产或者第五项规定的正在建造的建筑物抵押的，应当办理抵押登记。抵押权自登记时设立。

第一百八十八条 以本法第一百八十条第一款第四项、第六项规定的财产或者第五项规定的正在建造的船舶、航空器抵押的，抵押权自抵押合同生效时设立；未经登记，不得对抗善意第三人。

第一百八十九条 企业、个体工商户、农业生产经营者以本法第一百八十一条规定的动产抵押的，应当向抵押人住所地的工商行政管理部门办理登记。抵押权自抵押合同生效时设立；未经登记，不得对抗善意第三人。

依照本法第一百八十一条规定抵押的，不得对抗正常经营活动中已支付合理价款并取得抵押财产的买受人。

第一百九十条 订立抵押合同前抵押财产已出租的，原租赁关系不受该抵押权的影响。抵押权设立后抵押财产出租的，该租赁关系不得对抗已登记的抵押权。

第一百九十一条 抵押期间，抵押人经抵押权人同意转让抵押财产的，应当将转让所得的价款向抵押权人提前清偿债务或者提存。转让的价款超过债权数额的部分归抵押人所有，不足部分由债务人清偿。

抵押期间，抵押人未经抵押权人同意，不得转让抵押财产，但受让人代为清偿债务消灭抵押权的除外。

第一百九十二条 抵押权不得与债权分离而单独转让或者作为其他债权的担保。债权转让的，担保该债权的抵押权一并转让，但法律另有规定或者当事人另有约定的除外。

第一百九十三条 抵押人的行为足以使抵押财产价值减少的，抵押权人有权要求抵押人停止其行为。抵押财产价值减少的，抵押权人有权要求恢复抵押财产的价值，或者提供与减少的价值相应的担保。抵押人不恢复抵押财产的价值也不提供担保的，抵押权人有权要求债务人提前清偿债务。

第一百九十四条 抵押权人可以放弃抵押权或者抵押权的顺位。抵押权人与抵押人可以协议变更抵押权顺位以及被担保的债权数额等内容,但抵押权的变更,未经其他抵押权人书面同意,不得对其他抵押权人产生不利影响。

债务人以自己的财产设定抵押,抵押权人放弃该抵押权、抵押权顺位或者变更抵押权的,其他担保人在抵押权人丧失优先受偿权益的范围内免除担保责任,但其他担保人承诺仍然提供担保的除外。

第一百九十五条 债务人不履行到期债务或者发生当事人约定的实现抵押权的情形,抵押权人可以与抵押人协议以抵押财产折价或者以拍卖、变卖该抵押财产所得的价款优先受偿。协议损害其他债权人利益的,其他债权人可以在知道或者应当知道撤销事由之日起一年内请求人民法院撤销该协议。

抵押权人与抵押人未就抵押权实现方式达成协议的,抵押权人可以请求人民法院拍卖、变卖抵押财产。

抵押财产折价或者变卖的,应当参照市场价格。

第一百九十六条 依照本法第一百八十一条规定设定抵押的,抵押财产自下列情形之一发生时确定:

(一)债务履行期届满,债权未实现;

(二)抵押人被宣告破产或者被撤销;

(三)当事人约定的实现抵押权的情形;

(四)严重影响债权实现的其他情形。

第一百九十七条 债务人不履行到期债务或者发生当事人约定的实现抵押权的情形,致使抵押财产被人民法院依法扣押的,自扣押之日起抵押权人有权收取该抵押财产的天然孳息或者法定孳息,但抵押权人未通知应当清偿法定孳息的义务人的除外。

前款规定的孳息应当先充抵收取孳息的费用。

第一百九十八条 抵押财产折价或者拍卖、变卖后,其价款超过债权数额的部分归抵押人所有,不足部分由债务人清偿。

第一百九十九条 同一财产向两个以上债权人抵押的,拍卖、变卖抵押财产所得的价款依照下列规定清偿:

(一)抵押权已登记的,按照登记的先后顺序清偿;顺序相同的,按照债权比例清偿;

(二)抵押权已登记的先于未登记的受偿;

(三)抵押权未登记的,按照债权比例清偿。

第二百条 建设用地使用权抵押后,该土地上新增的建筑物不属于抵押财产。该建设用地使用权实现抵押权时,应当将该土地上新增的建筑物与建设用地使用权一并处分,但新增建筑物所得的价款,抵押权人无权优先受偿。

第二百零一条 依照本法第一百八十条第一款第三项规定的土地承包经营权抵押的,或者依照本法第一百八十三条规定以乡镇、村企业的厂房等建筑物占用范围内的建设用地使用权一并抵押的,实现抵押权后,未经法定程序,不得改变土地所有权的性质和土地用途。

第二百零二条 抵押权人应当在主债权诉讼时效期间行使抵押权;未行使的,人民法院不予保护。

第二节　最高额抵押权

第二百零三条　为担保债务的履行，债务人或者第三人对一定期间内将要连续发生的债权提供担保财产的，债务人不履行到期债务或者发生当事人约定的实现抵押权的情形，抵押权人有权在最高债权额限度内就该担保财产优先受偿。

最高额抵押权设立前已经存在的债权，经当事人同意，可以转入最高额抵押担保的债权范围。

第二百零四条　最高额抵押担保的债权确定前，部分债权转让的，最高额抵押权不得转让，但当事人另有约定的除外。

第二百零五条　最高额抵押担保的债权确定前，抵押权人与抵押人可以通过协议变更债权确定的期间、债权范围以及最高债权额，但变更的内容不得对其他抵押权人产生不利影响。

第二百零六条　有下列情形之一的，抵押权人的债权确定：

（一）约定的债权确定期间届满；

（二）没有约定债权确定期间或者约定不明确，抵押权人或者抵押人自最高额抵押权设立之日起满二年后请求确定债权；

（三）新的债权不可能发生；

（四）抵押财产被查封、扣押；

（五）债务人、抵押人被宣告破产或者被撤销；

（六）法律规定债权确定的其他情形。

第二百零七条　最高额抵押权除适用本节规定外，适用本章第一节一般抵押权的规定。

第十七章　质　　权

第一节　动产质权

第二百零八条　为担保债务的履行，债务人或者第三人将其动产出质给债权人占有的，债务人不履行到期债务或者发生当事人约定的实现质权的情形，债权人有权就该动产优先受偿。

前款规定的债务人或者第三人为出质人，债权人为质权人，交付的动产为质押财产。

第二百零九条　法律、行政法规禁止转让的动产不得出质。

第二百一十条　设立质权，当事人应当采取书面形式订立质权合同。

质权合同一般包括下列条款：

（一）被担保债权的种类和数额；

（二）债务人履行债务的期限；

（三）质押财产的名称、数量、质量、状况；

（四）担保的范围；

（五）质押财产交付的时间。

第二百一十一条　质权人在债务履行期届满前，不得与出质人约定债务人不履行到期债务时质押财产归债权人所有。

第二百一十二条　质权自出质人交付质押财产时设立。

第二百一十三条　质权人有权收取质押财产的孳息，但合同另有约定的除外。

前款规定的孳息应当先充抵收取孳息的费用。

第二百一十四条 质权人在质权存续期间，未经出质人同意，擅自使用、处分质押财产，给出质人造成损害的，应当承担赔偿责任。

第二百一十五条 质权人负有妥善保管质押财产的义务；因保管不善致使质押财产毁损、灭失的，应当承担赔偿责任。

质权人的行为可能使质押财产毁损、灭失的，出质人可以要求质权人将质押财产提存，或者要求提前清偿债务并返还质押财产。

第二百一十六条 因不能归责于质权人的事由可能使质押财产毁损或者价值明显减少，足以危害质权人权利的，质权人有权要求出质人提供相应的担保；出质人不提供的，质权人可以拍卖、变卖质押财产，并与出质人通过协议将拍卖、变卖所得的价款提前清偿债务或者提存。

第二百一十七条 质权人在质权存续期间，未经出质人同意转质，造成质押财产毁损、灭失的，应当向出质人承担赔偿责任。

第二百一十八条 质权人可以放弃质权。债务人以自己的财产出质，质权人放弃该质权的，其他担保人在质权人丧失优先受偿权益的范围内免除担保责任，但其他担保人承诺仍然提供担保的除外。

第二百一十九条 债务人履行债务或者出质人提前清偿所担保的债权的，质权人应当返还质押财产。

债务人不履行到期债务或者发生当事人约定的实现质权的情形，质权人可以与出质人协议以质押财产折价，也可以就拍卖、变卖质押财产所得的价款优先受偿。

质押财产折价或者变卖的，应当参照市场价格。

第二百二十条 出质人可以请求质权人在债务履行期届满后及时行使质权；质权人不行使的，出质人可以请求人民法院拍卖、变卖质押财产。

出质人请求质权人及时行使质权，因质权人怠于行使权利造成损害的，由质权人承担赔偿责任。

第二百二十一条 质押财产折价或者拍卖、变卖后，其价款超过债权数额的部分归出质人所有，不足部分由债务人清偿。

第二百二十二条 出质人与质权人可以协议设立最高额质权。

最高额质权除适用本节有关规定外，参照本法第十六章第二节最高额抵押权的规定。

第二节　权利质权

第二百二十三条 债务人或者第三人有权处分的下列权利可以出质：

（一）汇票、支票、本票；

（二）债券、存款单；

（三）仓单、提单；

（四）可以转让的基金份额、股权；

（五）可以转让的注册商标专用权、专利权、著作权等知识产权中的财产权；

（六）应收账款；

（七）法律、行政法规规定可以出质的其他财产权利。

第二百二十四条 以汇票、支票、本票、债券、存款单、仓单、提单出质的，当事人应当订立书面合同。质权自权利凭证交付质权人时设立；没有权利凭证的，质权自有关部门办理出质登记时设立。

第二百二十五条 汇票、支票、本票、债券、存款单、仓单、提单的兑现日期或者提货日期先于主债权到期的，质权人可以兑现或者提货，并与出质人协议将兑现的价款或者提取的货物提前清偿债务或者提存。

第二百二十六条 以基金份额、股权出质的，当事人应当订立书面合同。以基金份额、证券登记结算机构登记的股权出质的，质权自证券登记结算机构办理出质登记时设立；以其他股权出质的，质权自工商行政管理部门办理出质登记时设立。

基金份额、股权出质后，不得转让，但经出质人与质权人协商同意的除外。出质人转让基金份额、股权所得的价款，应当向质权人提前清偿债务或者提存。

第二百二十七条 以注册商标专用权、专利权、著作权等知识产权中的财产权出质的，当事人应当订立书面合同。质权自有关主管部门办理出质登记时设立。

知识产权中的财产权出质后，出质人不得转让或者许可他人使用，但经出质人与质权人协商同意的除外。出质人转让或者许可他人使用出质的知识产权中的财产权所得的价款，应当向质权人提前清偿债务或者提存。

第二百二十八条 以应收账款出质的，当事人应当订立书面合同。质权自信贷征信机构办理出质登记时设立。

应收账款出质后，不得转让，但经出质人与质权人协商同意的除外。出质人转让应收账款所得的价款，应当向质权人提前清偿债务或者提存。

第二百二十九条 权利质权除适用本节规定外，适用本章第一节动产质权的规定。

第十八章　留　置　权

第二百三十条 债务人不履行到期债务，债权人可以留置已经合法占有的债务人的动产，并有权就该动产优先受偿。

前款规定的债权人为留置权人，占有的动产为留置财产。

第二百三十一条 债权人留置的动产，应当与债权属于同一法律关系，但企业之间留置的除外。

第二百三十二条 法律规定或者当事人约定不得留置的动产，不得留置。

第二百三十三条 留置财产为可分物的，留置财产的价值应当相当于债务的金额。

第二百三十四条 留置权人负有妥善保管留置财产的义务；因保管不善致使留置财产毁损、灭失的，应当承担赔偿责任。

第二百三十五条 留置权人有权收取留置财产的孳息。

前款规定的孳息应当先充抵收取孳息的费用。

第二百三十六条 留置权人与债务人应当约定留置财产后的债务履行期间；没有约定或者约定不明确的，留置权人应当给债务人两个月以上履行债务的期间，但鲜活易腐等不易保管的动产除外。债务人逾期未履行的，留置权人可以与债务人协议以留置财产折价，也可以就拍卖、变卖留置财产所得的价款优先受偿。

留置财产折价或者变卖的，应当参照市场价格。

第二百三十七条 债务人可以请求留置权人在债务履行期届满后行使留置权；留置权人不行使的，债务人可以请求人民法院拍卖、变卖留置财产。

第二百三十八条 留置财产折价或者拍卖、变卖后，其价款超过债权数额的部分归债务人所有，不足部分由债务人清偿。

第二百三十九条 同一动产上已设立抵押权或者质权，该动产又被留置的，留置权人优先受偿。

第二百四十条 留置权人对留置财产丧失占有或者留置权人接受债务人另行提供担保的，留置权消灭。

第五编 占 有

第十九章 占 有

第二百四十一条 基于合同关系等产生的占有，有关不动产或者动产的使用、收益、违约责任等，按照合同约定；合同没有约定或者约定不明确的，依照有关法律规定。

第二百四十二条 占有人因使用占有的不动产或者动产，致使该不动产或者动产受到损害的，恶意占有人应当承担赔偿责任。

第二百四十三条 不动产或者动产被占有人占有的，权利人可以请求返还原物及其孳息，但应当支付善意占有人因维护该不动产或者动产支出的必要费用。

第二百四十四条 占有的不动产或者动产毁损、灭失，该不动产或者动产的权利人请求赔偿的，占有人应当将因毁损、灭失取得的保险金、赔偿金或者补偿金等返还给权利人；权利人的损害未得到足够弥补的，恶意占有人还应当赔偿损失。

第二百四十五条 占有的不动产或者动产被侵占的，占有人有权请求返还原物；对妨害占有的行为，占有人有权请求排除妨害或者消除危险；因侵占或者妨害造成损害的，占有人有权请求损害赔偿。

占有人返还原物的请求权，自侵占发生之日起一年内未行使的，该请求权消灭。

附 则

第二百四十六条 法律、行政法规对不动产统一登记的范围、登记机构和登记办法作出规定前，地方性法规可以依照本法有关规定作出规定。

第二百四十七条 本法自 2007 年 10 月 1 日起施行。

中华人民共和国劳动合同法

（2007年6月29日第十届全国人民代表大会常务委员会第二十八次会议通过
2007年6月29日中华人民共和国主席令第65号公布
自2008年1月1日起施行）

第一章　总　则

第一条　为了完善劳动合同制度，明确劳动合同双方当事人的权利和义务，保护劳动者的合法权益，构建和发展和谐稳定的劳动关系，制定本法。

第二条　中华人民共和国境内的企业、个体经济组织、民办非企业单位等组织（以下称用人单位）与劳动者建立劳动关系，订立、履行、变更、解除或者终止劳动合同，适用本法。

国家机关、事业单位、社会团体和与其建立劳动关系的劳动者，订立、履行、变更、解除或者终止劳动合同，依照本法执行。

第三条　订立劳动合同，应当遵循合法、公平、平等自愿、协商一致、诚实信用的原则。

依法订立的劳动合同具有约束力，用人单位与劳动者应当履行劳动合同约定的义务。

第四条　用人单位应当依法建立和完善劳动规章制度，保障劳动者享有劳动权利、履行劳动义务。

用人单位在制定、修改或者决定有关劳动报酬、工作时间、休息休假、劳动安全卫生、保险福利、职工培训、劳动纪律以及劳动定额管理等直接涉及劳动者切身利益的规章制度或者重大事项时，应当经职工代表大会或者全体职工讨论，提出方案和意见，与工会或者职工代表平等协商确定。

在规章制度和重大事项决定实施过程中，工会或者职工认为不适当的，有权向用人单位提出，通过协商予以修改完善。

用人单位应当将直接涉及劳动者切身利益的规章制度和重大事项决定公示，或者告知劳动者。

第五条　县级以上人民政府劳动行政部门会同工会和企业方面代表，建立健全协调劳动关系三方机制，共同研究解决有关劳动关系的重大问题。

第六条　工会应当帮助、指导劳动者与用人单位依法订立和履行劳动合同，并与用人单位建立集体协商机制，维护劳动者的合法权益。

第二章　劳动合同的订立

第七条　用人单位自用工之日起即与劳动者建立劳动关系。用人单位应当建立职工名册备查。

第八条　用人单位招用劳动者时，应当如实告知劳动者工作内容、工作条件、工作地点、职业危害、安全生产状况、劳动报酬，以及劳动者要求了解的其他情况；用人单位有权了解劳动者与劳动合同直接相关的基本情况，劳动者应当如实说明。

第九条 用人单位招用劳动者，不得扣押劳动者的居民身份证和其他证件，不得要求劳动者提供担保或者以其他名义向劳动者收取财物。

第十条 建立劳动关系，应当订立书面劳动合同。

已建立劳动关系，未同时订立书面劳动合同的，应当自用工之日起一个月内订立书面劳动合同。

用人单位与劳动者在用工前订立劳动合同的，劳动关系自用工之日起建立。

第十一条 用人单位未在用工的同时订立书面劳动合同，与劳动者约定的劳动报酬不明确的，新招用的劳动者的劳动报酬按照集体合同规定的标准执行；没有集体合同或者集体合同未规定的，实行同工同酬。

第十二条 劳动合同分为固定期限劳动合同、无固定期限劳动合同和以完成一定工作任务为期限的劳动合同。

第十三条 固定期限劳动合同，是指用人单位与劳动者约定合同终止时间的劳动合同。

用人单位与劳动者协商一致，可以订立固定期限劳动合同。

第十四条 无固定期限劳动合同，是指用人单位与劳动者约定无确定终止时间的劳动合同。

用人单位与劳动者协商一致，可以订立无固定期限劳动合同。有下列情形之一，劳动者提出或者同意续订、订立劳动合同的，除劳动者提出订立固定期限劳动合同外，应当订立无固定期限劳动合同：

（一）劳动者在该用人单位连续工作满十年的；

（二）用人单位初次实行劳动合同制度或者国有企业改制重新订立劳动合同时，劳动者在该用人单位连续工作满十年且距法定退休年龄不足十年的；

（三）连续订立二次固定期限劳动合同，且劳动者没有本法第三十九条和第四十条第一项、第二项规定的情形，续订劳动合同的。

用人单位自用工之日起满一年不与劳动者订立书面劳动合同的，视为用人单位与劳动者已订立无固定期限劳动合同。

第十五条 以完成一定工作任务为期限的劳动合同，是指用人单位与劳动者约定以某项工作的完成为合同期限的劳动合同。

用人单位与劳动者协商一致，可以订立以完成一定工作任务为期限的劳动合同。

第十六条 劳动合同由用人单位与劳动者协商一致，并经用人单位与劳动者在劳动合同文本上签字或者盖章生效。

劳动合同文本由用人单位和劳动者各执一份。

第十七条 劳动合同应当具备以下条款：

（一）用人单位的名称、住所和法定代表人或者主要负责人；

（二）劳动者的姓名、住址和居民身份证或者其他有效身份证件号码；

（三）劳动合同期限；

（四）工作内容和工作地点；

（五）工作时间和休息休假；

（六）劳动报酬；

（七）社会保险；

（八）劳动保护、劳动条件和职业危害防护；

（九）法律、法规规定应当纳入劳动合同的其他事项。

劳动合同除前款规定的必备条款外，用人单位与劳动者可以约定试用期、培训、保守秘密、补充保险和福利待遇等其他事项。

第十八条 劳动合同对劳动报酬和劳动条件等标准约定不明确，引发争议的，用人单位与劳动者可以重新协商；协商不成的，适用集体合同规定；没有集体合同或者集体合同未规定劳动报酬的，实行同工同酬；没有集体合同或者集体合同未规定劳动条件等标准的，适用国家有关规定。

第十九条 劳动合同期限三个月以上不满一年的，试用期不得超过一个月；劳动合同期限一年以上不满三年的，试用期不得超过二个月；三年以上固定期限和无固定期限的劳动合同，试用期不得超过六个月。

同一用人单位与同一劳动者只能约定一次试用期。

以完成一定工作任务为期限的劳动合同或者劳动合同期限不满三个月的，不得约定试用期。

试用期包含在劳动合同期限内。劳动合同仅约定试用期的，试用期不成立，该期限为劳动合同期限。

第二十条 劳动者在试用期的工资不得低于本单位相同岗位最低档工资或者劳动合同约定工资的百分之八十，并不得低于用人单位所在地的最低工资标准。

第二十一条 在试用期中，除劳动者有本法第三十九条和第四十条第一项、第二项规定的情形外，用人单位不得解除劳动合同。用人单位在试用期解除劳动合同的，应当向劳动者说明理由。

第二十二条 用人单位为劳动者提供专项培训费用，对其进行专业技术培训的，可以与该劳动者订立协议，约定服务期。

劳动者违反服务期约定的，应当按照约定向用人单位支付违约金。违约金的数额不得超过用人单位提供的培训费用。用人单位要求劳动者支付的违约金不得超过服务期尚未履行部分所应分摊的培训费用。

用人单位与劳动者约定服务期的，不影响按照正常的工资调整机制提高劳动者在服务期期间的劳动报酬。

第二十三条 用人单位与劳动者可以在劳动合同中约定保守用人单位的商业秘密和与知识产权相关的保密事项。

对负有保密义务的劳动者，用人单位可以在劳动合同或者保密协议中与劳动者约定竞业限制条款，并约定在解除或者终止劳动合同后，在竞业限制期限内按月给予劳动者经济补偿。劳动者违反竞业限制约定的，应当按照约定向用人单位支付违约金。

第二十四条 竞业限制的人员限于用人单位的高级管理人员、高级技术人员和其他负有保密义务的人员。竞业限制的范围、地域、期限由用人单位与劳动者约定，竞业限制的约定不得违反法律、法规的规定。

在解除或者终止劳动合同后，前款规定的人员到与本单位生产或者经营同类产品、从事同类业务的有竞争关系的其他用人单位，或者自己开业生产或者经营同类产品、从事同类业务的竞业限制期限，不得超过二年。

第二十五条 除本法第二十二条和第二十三条规定的情形外，用人单位不得与劳动者约定由劳动者承担违约金。

第二十六条 下列劳动合同无效或者部分无效：

(一)以欺诈、胁迫的手段或者乘人之危，使对方在违背真实意思的情况下订立或者变更劳动合同的；

(二)用人单位免除自己的法定责任、排除劳动者权利的；

(三)违反法律、行政法规强制性规定的。

对劳动合同的无效或者部分无效有争议的，由劳动争议仲裁机构或者人民法院确认。

第二十七条 劳动合同部分无效，不影响其他部分效力的，其他部分仍然有效。

第二十八条 劳动合同被确认无效，劳动者已付出劳动的，用人单位应当向劳动者支付劳动报酬。劳动报酬的数额，参照本单位相同或者相近岗位劳动者的劳动报酬确定。

第三章 劳动合同的履行和变更

第二十九条 用人单位与劳动者应当按照劳动合同的约定，全面履行各自的义务。

第三十条 用人单位应当按照劳动合同约定和国家规定，向劳动者及时足额支付劳动报酬。

用人单位拖欠或者未足额支付劳动报酬的，劳动者可以依法向当地人民法院申请支付令，人民法院应当依法发出支付令。

第三十一条 用人单位应当严格执行劳动定额标准，不得强迫或者变相强迫劳动者加班。用人单位安排加班的，应当按照国家有关规定向劳动者支付加班费。

第三十二条 劳动者拒绝用人单位管理人员违章指挥、强令冒险作业的，不视为违反劳动合同。

劳动者对危害生命安全和身体健康的劳动条件，有权对用人单位提出批评、检举和控告。

第三十三条 用人单位变更名称、法定代表人、主要负责人或者投资人等事项，不影响劳动合同的履行。

第三十四条 用人单位发生合并或者分立等情况，原劳动合同继续有效，劳动合同由承继其权利和义务的用人单位继续履行。

第三十五条 用人单位与劳动者协商一致，可以变更劳动合同约定的内容。变更劳动合同，应当采用书面形式。

变更后的劳动合同文本由用人单位和劳动者各执一份。

第四章 劳动合同的解除和终止

第三十六条 用人单位与劳动者协商一致，可以解除劳动合同。

第三十七条 劳动者提前三十日以书面形式通知用人单位，可以解除劳动合同。劳动者在试用期内提前三日通知用人单位，可以解除劳动合同。

第三十八条 用人单位有下列情形之一的，劳动者可以解除劳动合同：

(一)未按照劳动合同约定提供劳动保护或者劳动条件的；

(二)未及时足额支付劳动报酬的；

（三）未依法为劳动者缴纳社会保险费的；

（四）用人单位的规章制度违反法律、法规的规定，损害劳动者权益的；

（五）因本法第二十六条第一款规定的情形致使劳动合同无效的；

（六）法律、行政法规规定劳动者可以解除劳动合同的其他情形。

用人单位以暴力、威胁或者非法限制人身自由的手段强迫劳动者劳动的，或者用人单位违章指挥、强令冒险作业危及劳动者人身安全的，劳动者可以立即解除劳动合同，不需事先告知用人单位。

第三十九条 劳动者有下列情形之一的，用人单位可以解除劳动合同：

（一）在试用期间被证明不符合录用条件的；

（二）严重违反用人单位的规章制度的；

（三）严重失职，营私舞弊，给用人单位造成重大损害的；

（四）劳动者同时与其他用人单位建立劳动关系，对完成本单位的工作任务造成严重影响，或者经用人单位提出，拒不改正的；

（五）因本法第二十六条第一款第一项规定的情形致使劳动合同无效的；

（六）被依法追究刑事责任的。

第四十条 有下列情形之一的，用人单位提前三十日以书面形式通知劳动者本人或者额外支付劳动者一个月工资后，可以解除劳动合同：

（一）劳动者患病或者非因工负伤，在规定的医疗期满后不能从事原工作，也不能从事由用人单位另行安排的工作的；

（二）劳动者不能胜任工作，经过培训或者调整工作岗位，仍不能胜任工作的；

（三）劳动合同订立时所依据的客观情况发生重大变化，致使劳动合同无法履行，经用人单位与劳动者协商，未能就变更劳动合同内容达成协议的。

第四十一条 有下列情形之一，需要裁减人员二十人以上或者裁减不足二十人但占企业职工总数百分之十以上的，用人单位提前三十日向工会或者全体职工说明情况，听取工会或者职工的意见后，裁减人员方案经向劳动行政部门报告，可以裁减人员：

（一）依照企业破产法规定进行重整的；

（二）生产经营发生严重困难的；

（三）企业转产、重大技术革新或者经营方式调整，经变更劳动合同后，仍需裁减人员的；

（四）其他因劳动合同订立时所依据的客观经济情况发生重大变化，致使劳动合同无法履行的。

裁减人员时，应当优先留用下列人员：

（一）与本单位订立较长期限的固定期限劳动合同的；

（二）与本单位订立无固定期限劳动合同的；

（三）家庭无其他就业人员，有需要扶养的老人或者未成年人的。

用人单位依照本条第一款规定裁减人员，在六个月内重新招用人员的，应当通知被裁减的人员，并在同等条件下优先招用被裁减的人员。

第四十二条 劳动者有下列情形之一的，用人单位不得依照本法第四十条、第四十一条的规定解除劳动合同：

（一）从事接触职业病危害作业的劳动者未进行离岗前职业健康检查，或者疑似职业病病人在诊断或者医学观察期间的；

(二)在本单位患职业病或者因工负伤并被确认丧失或者部分丧失劳动能力的；

(三)患病或者非因工负伤，在规定的医疗期内的；

(四)女职工在孕期、产期、哺乳期的；

(五)在本单位连续工作满十五年，且距法定退休年龄不足五年的；

(六)法律、行政法规规定的其他情形。

第四十三条 用人单位单方解除劳动合同，应当事先将理由通知工会。用人单位违反法律、行政法规规定或者劳动合同约定的，工会有权要求用人单位纠正。用人单位应当研究工会的意见，并将处理结果书面通知工会。

第四十四条 有下列情形之一的，劳动合同终止：

(一)劳动合同期满的；

(二)劳动者开始依法享受基本养老保险待遇的；

(三)劳动者死亡，或者被人民法院宣告死亡或者宣告失踪的；

(四)用人单位被依法宣告破产的；

(五)用人单位被吊销营业执照、责令关闭、撤销或者用人单位决定提前解散的；

(六)法律、行政法规规定的其他情形。

第四十五条 劳动合同期满，有本法第四十二条规定情形之一的，劳动合同应当续延至相应的情形消失时终止。但是，本法第四十二条第二项规定丧失或者部分丧失劳动能力劳动者的劳动合同的终止，按照国家有关工伤保险的规定执行。

第四十六条 有下列情形之一的，用人单位应当向劳动者支付经济补偿：

(一)劳动者依照本法第三十八条规定解除劳动合同的；

(二)用人单位依照本法第三十六条规定向劳动者提出解除劳动合同并与劳动者协商一致解除劳动合同的；

(三)用人单位依照本法第四十条规定解除劳动合同的；

(四)用人单位依照本法第四十一条第一款规定解除劳动合同的；

(五)除用人单位维持或者提高劳动合同约定条件续订劳动合同，劳动者不同意续订的情形外，依照本法第四十四条第一项规定终止固定期限劳动合同的；

(六)依照本法第四十四条第四项、第五项规定终止劳动合同的；

(七)法律、行政法规规定的其他情形。

第四十七条 经济补偿按劳动者在本单位工作的年限，每满一年支付一个月工资的标准向劳动者支付。六个月以上不满一年的，按一年计算；不满六个月的，向劳动者支付半个月工资的经济补偿。

劳动者月工资高于用人单位所在直辖市、设区的市级人民政府公布的本地区上年度职工月平均工资三倍的，向其支付经济补偿的标准按职工月平均工资三倍的数额支付，向其支付经济补偿的年限最高不超过十二年。

本条所称月工资是指劳动者在劳动合同解除或者终止前十二个月的平均工资。

第四十八条 用人单位违反本法规定解除或者终止劳动合同，劳动者要求继续履行劳动合同的，用人单位应当继续履行；劳动者不要求继续履行劳动合同或者劳动合同已经不能继续履行的，用人单位应当依照本法第八十七条规定支付赔偿金。

第四十九条 国家采取措施，建立健全劳动者社会保险关系跨地区转移接续制度。

第五十条 用人单位应当在解除或者终止劳动合同时出具解除或者终止劳动合同的证

明，并在十五日内为劳动者办理档案和社会保险关系转移手续。

劳动者应当按照双方约定，办理工作交接。用人单位依照本法有关规定应当向劳动者支付经济补偿的，在办结工作交接时支付。

用人单位对已经解除或者终止的劳动合同的文本，至少保存二年备查。

第五章 特别规定

第一节 集体合同

第五十一条 企业职工一方与用人单位通过平等协商，可以就劳动报酬、工作时间、休息休假、劳动安全卫生、保险福利等事项订立集体合同。集体合同草案应当提交职工代表大会或者全体职工讨论通过。

集体合同由工会代表企业职工一方与用人单位订立；尚未建立工会的用人单位，由上级工会指导劳动者推举的代表与用人单位订立。

第五十二条 企业职工一方与用人单位可以订立劳动安全卫生、女职工权益保护、工资调整机制等专项集体合同。

第五十三条 在县级以下区域内，建筑业、采矿业、餐饮服务业等行业可以由工会与企业方面代表订立行业性集体合同，或者订立区域性集体合同。

第五十四条 集体合同订立后，应当报送劳动行政部门；劳动行政部门自收到集体合同文本之日起十五日内未提出异议的，集体合同即行生效。

依法订立的集体合同对用人单位和劳动者具有约束力。行业性、区域性集体合同对当地本行业、本区域的用人单位和劳动者具有约束力。

第五十五条 集体合同中劳动报酬和劳动条件等标准不得低于当地人民政府规定的最低标准；用人单位与劳动者订立的劳动合同中劳动报酬和劳动条件等标准不得低于集体合同规定的标准。

第五十六条 用人单位违反集体合同，侵犯职工劳动权益的，工会可以依法要求用人单位承担责任；因履行集体合同发生争议，经协商解决不成的，工会可以依法申请仲裁、提起诉讼。

第二节 劳务派遣

第五十七条 劳务派遣单位应当依照公司法的有关规定设立，注册资本不得少于五十万元。

第五十八条 劳务派遣单位是本法所称用人单位，应当履行用人单位对劳动者的义务。劳务派遣单位与被派遣劳动者订立的劳动合同，除应当载明本法第十七条规定的事项外，还应当载明被派遣劳动者的用工单位以及派遣期限、工作岗位等情况。

劳务派遣单位应当与被派遣劳动者订立二年以上的固定期限劳动合同，按月支付劳动报酬；被派遣劳动者在无工作期间，劳务派遣单位应当按照所在地人民政府规定的最低工资标准，向其按月支付报酬。

第五十九条 劳务派遣单位派遣劳动者应当与接受以劳务派遣形式用工的单位（以下称用工单位）订立劳务派遣协议。劳务派遣协议应当约定派遣岗位和人员数量、派遣期限、劳动报酬和社会保险费的数额与支付方式以及违反协议的责任。

用工单位应当根据工作岗位的实际需要与劳务派遣单位确定派遣期限，不得将连续用工期限分割订立数个短期劳务派遣协议。

第六十条 劳务派遣单位应当将劳务派遣协议的内容告知被派遣劳动者。

劳务派遣单位不得克扣用工单位按照劳务派遣协议支付给被派遣劳动者的劳动报酬。

劳务派遣单位和用工单位不得向被派遣劳动者收取费用。

第六十一条 劳务派遣单位跨地区派遣劳动者的,被派遣劳动者享有的劳动报酬和劳动条件,按照用工单位所在地的标准执行。

第六十二条 用工单位应当履行下列义务:

(一)执行国家劳动标准,提供相应的劳动条件和劳动保护;

(二)告知被派遣劳动者的工作要求和劳动报酬;

(三)支付加班费、绩效奖金,提供与工作岗位相关的福利待遇;

(四)对在岗被派遣劳动者进行工作岗位所必需的培训;

(五)连续用工的,实行正常的工资调整机制。

用工单位不得将被派遣劳动者再派遣到其他用人单位。

第六十三条 被派遣劳动者享有与用工单位的劳动者同工同酬的权利。用工单位无同类岗位劳动者的,参照用工单位所在地相同或者相近岗位劳动者的劳动报酬确定。

第六十四条 被派遣劳动者有权在劳务派遣单位或者用工单位依法参加或者组织工会,维护自身的合法权益。

第六十五条 被派遣劳动者可以依照本法第三十六条、第三十八条的规定与劳务派遣单位解除劳动合同。

被派遣劳动者有本法第三十九条和第四十条第一项、第二项规定情形的,用工单位可以将劳动者退回劳务派遣单位,劳务派遣单位依照本法有关规定,可以与劳动者解除劳动合同。

第六十六条 劳务派遣一般在临时性、辅助性或者替代性的工作岗位上实施。

第六十七条 用人单位不得设立劳务派遣单位向本单位或者所属单位派遣劳动者。

第三节 非全日制用工

第六十八条 非全日制用工,是指以小时计酬为主,劳动者在同一用人单位一般平均每日工作时间不超过四小时,每周工作时间累计不超过二十四小时的用工形式。

第六十九条 非全日制用工双方当事人可以订立口头协议。

从事非全日制用工的劳动者可以与一个或者一个以上用人单位订立劳动合同;但是,后订立的劳动合同不得影响先订立的劳动合同的履行。

第七十条 非全日制用工双方当事人不得约定试用期。

第七十一条 非全日制用工双方当事人任何一方都可以随时通知对方终止用工。终止用工,用人单位不向劳动者支付经济补偿。

第七十二条 非全日制用工小时计酬标准不得低于用人单位所在地人民政府规定的最低小时工资标准。

非全日制用工劳动报酬结算支付周期最长不得超过十五日。

第六章 监督检查

第七十三条 国务院劳动行政部门负责全国劳动合同制度实施的监督管理。

县级以上地方人民政府劳动行政部门负责本行政区域内劳动合同制度实施的监督管理。

县级以上各级人民政府劳动行政部门在劳动合同制度实施的监督管理工作中，应当听取工会、企业方面代表以及有关行业主管部门的意见。

第七十四条 县级以上地方人民政府劳动行政部门依法对下列实施劳动合同制度的情况进行监督检查：

(一)用人单位制定直接涉及劳动者切身利益的规章制度及其执行的情况；

(二)用人单位与劳动者订立和解除劳动合同的情况；

(三)劳务派遣单位和用工单位遵守劳务派遣有关规定的情况；

(四)用人单位遵守国家关于劳动者工作时间和休息休假规定的情况；

(五)用人单位支付劳动合同约定的劳动报酬和执行最低工资标准的情况；

(六)用人单位参加各项社会保险和缴纳社会保险费的情况；

(七)法律、法规规定的其他劳动监察事项。

第七十五条 县级以上地方人民政府劳动行政部门实施监督检查时，有权查阅与劳动合同、集体合同有关的材料，有权对劳动场所进行实地检查，用人单位和劳动者都应当如实提供有关情况和材料。

劳动行政部门的工作人员进行监督检查，应当出示证件，依法行使职权，文明执法。

第七十六条 县级以上人民政府建设、卫生、安全生产监督管理等有关主管部门在各自职责范围内，对用人单位执行劳动合同制度的情况进行监督管理。

第七十七条 劳动者合法权益受到侵害的，有权要求有关部门依法处理，或者依法申请仲裁、提起诉讼。

第七十八条 工会依法维护劳动者的合法权益，对用人单位履行劳动合同、集体合同的情况进行监督。用人单位违反劳动法律、法规和劳动合同、集体合同的，工会有权提出意见或者要求纠正；劳动者申请仲裁、提起诉讼的，工会依法给予支持和帮助。

第七十九条 任何组织或者个人对违反本法的行为都有权举报，县级以上人民政府劳动行政部门应当及时核实、处理，并对举报有功人员给予奖励。

第七章 法律责任

第八十条 用人单位直接涉及劳动者切身利益的规章制度违反法律、法规规定的，由劳动行政部门责令改正，给予警告；给劳动者造成损害的，应当承担赔偿责任。

第八十一条 用人单位提供的劳动合同文本未载明本法规定的劳动合同必备条款或者用人单位未将劳动合同文本交付劳动者的，由劳动行政部门责令改正；给劳动者造成损害的，应当承担赔偿责任。

第八十二条 用人单位自用工之日起超过一个月不满一年未与劳动者订立书面劳动合同的，应当向劳动者每月支付二倍的工资。

用人单位违反本法规定不与劳动者订立无固定期限劳动合同的，自应当订立无固定期限劳动合同之日起向劳动者每月支付二倍的工资。

第八十三条 用人单位违反本法规定与劳动者约定试用期的，由劳动行政部门责令改正；违法约定的试用期已经履行的，由用人单位以劳动者试用期满月工资为标准，按已经履行的超过法定试用期的期间向劳动者支付赔偿金。

第八十四条 用人单位违反本法规定，扣押劳动者居民身份证等证件的，由劳动行政部门责令限期退还劳动者本人，并依照有关法律规定给予处罚。

用人单位违反本法规定，以担保或者其他名义向劳动者收取财物的，由劳动行政部门责令限期退还劳动者本人，并以每人五百元以上两千元以下的标准处以罚款；给劳动者造成损害的，应当承担赔偿责任。

劳动者依法解除或者终止劳动合同，用人单位扣押劳动者档案或者其他物品的，依照前款规定处罚。

第八十五条 用人单位有下列情形之一的，由劳动行政部门责令限期支付劳动报酬、加班费或者经济补偿；劳动报酬低于当地最低工资标准的，应当支付其差额部分；逾期不支付的，责令用人单位按应付金额百分之五十以上百分之一百以下的标准向劳动者加付赔偿金：

（一）未按照劳动合同的约定或者国家规定及时足额支付劳动者劳动报酬的；

（二）低于当地最低工资标准支付劳动者工资的；

（三）安排加班不支付加班费的；

（四）解除或者终止劳动合同，未依照本法规定向劳动者支付经济补偿的。

第八十六条 劳动合同依照本法第二十六条规定被确认无效，给对方造成损害的，有过错的一方应当承担赔偿责任。

第八十七条 用人单位违反本法规定解除或者终止劳动合同的，应当依照本法第四十七条规定的经济补偿标准的二倍向劳动者支付赔偿金。

第八十八条 用人单位有下列情形之一的，依法给予行政处罚；构成犯罪的，依法追究刑事责任；给劳动者造成损害的，应当承担赔偿责任：

（一）以暴力、威胁或者非法限制人身自由的手段强迫劳动的；

（二）违章指挥或者强令冒险作业危及劳动者人身安全的；

（三）侮辱、体罚、殴打、非法搜查或者拘禁劳动者的；

（四）劳动条件恶劣、环境污染严重，给劳动者身心健康造成严重损害的。

第八十九条 用人单位违反本法规定未向劳动者出具解除或者终止劳动合同的书面证明，由劳动行政部门责令改正；给劳动者造成损害的，应当承担赔偿责任。

第九十条 劳动者违反本法规定解除劳动合同，或者违反劳动合同中约定的保密义务或者竞业限制，给用人单位造成损失的，应当承担赔偿责任。

第九十一条 用人单位招用与其他用人单位尚未解除或者终止劳动合同的劳动者，给其他用人单位造成损失的，应当承担连带赔偿责任。

第九十二条 劳务派遣单位违反本法规定的，由劳动行政部门和其他有关主管部门责令改正；情节严重的，以每人一千元以上五千元以下的标准处以罚款，并由工商行政管理部门吊销营业执照；给被派遣劳动者造成损害的，劳务派遣单位与用工单位承担连带赔偿责任。

第九十三条 对不具备合法经营资格的用人单位的违法犯罪行为，依法追究法律责任；劳动者已经付出劳动的，该单位或者其出资人应当依照本法有关规定向劳动者支付劳动报酬、经济补偿、赔偿金；给劳动者造成损害的，应当承担赔偿责任。

第九十四条 个人承包经营违反本法规定招用劳动者，给劳动者造成损害的，发包的组织与个人承包经营者承担连带赔偿责任。

第九十五条 劳动行政部门和其他有关主管部门及其工作人员玩忽职守、不履行法定职责，或者违法行使职权，给劳动者或者用人单位造成损害的，应当承担赔偿责任；对直接负责的主管人员和其他直接责任人员，依法给予行政处分；构成犯罪的，依法追究刑事责任。

第八章　附　则

第九十六条　事业单位与实行聘用制的工作人员订立、履行、变更、解除或者终止劳动合同，法律、行政法规或者国务院另有规定的，依照其规定；未作规定的，依照本法有关规定执行。

第九十七条　本法施行前已依法订立且在本法施行之日存续的劳动合同，继续履行；本法第十四条第二款第三项规定连续订立固定期限劳动合同的次数，自本法施行后续订固定期限劳动合同时开始计算。

本法施行前已建立劳动关系，尚未订立书面劳动合同的，应当自本法施行之日起一个月内订立。

本法施行之日存续的劳动合同在本法施行后解除或者终止，依照本法第四十六条规定应当支付经济补偿的，经济补偿年限自本法施行之日起计算；本法施行前按照当时有关规定，用人单位应当向劳动者支付经济补偿的，按照当时有关规定执行。

第九十八条　本法自 2008 年 1 月 1 日起施行。

中华人民共和国城乡规划法

（2007年10月28日第十届全国人民代表大会常务委员会第三十次会议通过
2007年10月28日中华人民共和国主席令第74号公布
自2008年1月1日起施行）

第一章　总　　则

第一条　为了加强城乡规划管理，协调城乡空间布局，改善人居环境，促进城乡经济社会全面协调可持续发展，制定本法。

第二条　制定和实施城乡规划，在规划区内进行建设活动，必须遵守本法。

本法所称城乡规划，包括城镇体系规划、城市规划、镇规划、乡规划和村庄规划。城市规划、镇规划分为总体规划和详细规划。详细规划分为控制性详细规划和修建性详细规划。

本法所称规划区，是指城市、镇和村庄的建成区以及因城乡建设和发展需要，必须实行规划控制的区域。规划区的具体范围由有关人民政府在组织编制的城市总体规划、镇总体规划、乡规划和村庄规划中，根据城乡经济社会发展水平和统筹城乡发展的需要划定。

第三条　城市和镇应当依照本法制定城市规划和镇规划。城市、镇规划区内的建设活动应当符合规划要求。

县级以上地方人民政府根据本地农村经济社会发展水平，按照因地制宜、切实可行的原则，确定应当制定乡规划、村庄规划的区域。在确定区域内的乡、村庄，应当依照本法制定规划，规划区内的乡、村庄建设应当符合规划要求。

县级以上地方人民政府鼓励、指导前款规定以外的区域的乡、村庄制定和实施乡规划、村庄规划。

第四条　制定和实施城乡规划，应当遵循城乡统筹、合理布局、节约土地、集约发展和先规划后建设的原则，改善生态环境，促进资源、能源节约和综合利用，保护耕地等自然资源和历史文化遗产，保持地方特色、民族特色和传统风貌，防止污染和其他公害，并符合区域人口发展、国防建设、防灾减灾和公共卫生、公共安全的需要。

在规划区内进行建设活动，应当遵守土地管理、自然资源和环境保护等法律、法规的规定。

县级以上地方人民政府应当根据当地经济社会发展的实际，在城市总体规划、镇总体规划中合理确定城市、镇的发展规模、步骤和建设标准。

第五条　城市总体规划、镇总体规划以及乡规划和村庄规划的编制，应当依据国民经济和社会发展规划，并与土地利用总体规划相衔接。

第六条　各级人民政府应当将城乡规划的编制和管理经费纳入本级财政预算。

第七条　经依法批准的城乡规划，是城乡建设和规划管理的依据，未经法定程序不得修改。

第八条　城乡规划组织编制机关应当及时公布经依法批准的城乡规划。但是，法律、行政法规规定不得公开的内容除外。

第九条 任何单位和个人都应当遵守经依法批准并公布的城乡规划，服从规划管理，并有权就涉及其利害关系的建设活动是否符合规划的要求向城乡规划主管部门查询。

任何单位和个人都有权向城乡规划主管部门或者其他有关部门举报或者控告违反城乡规划的行为。城乡规划主管部门或者其他有关部门对举报或者控告，应当及时受理并组织核查、处理。

第十条 国家鼓励采用先进的科学技术，增强城乡规划的科学性，提高城乡规划实施及监督管理的效能。

第十一条 国务院城乡规划主管部门负责全国的城乡规划管理工作。

县级以上地方人民政府城乡规划主管部门负责本行政区域内的城乡规划管理工作。

第二章　城乡规划的制定

第十二条 国务院城乡规划主管部门会同国务院有关部门组织编制全国城镇体系规划，用于指导省域城镇体系规划、城市总体规划的编制。

全国城镇体系规划由国务院城乡规划主管部门报国务院审批。

第十三条 省、自治区人民政府组织编制省域城镇体系规划，报国务院审批。

省域城镇体系规划的内容应当包括：城镇空间布局和规模控制，重大基础设施的布局，为保护生态环境、资源等需要严格控制的区域。

第十四条 城市人民政府组织编制城市总体规划。

直辖市的城市总体规划由直辖市人民政府报国务院审批。省、自治区人民政府所在地的城市以及国务院确定的城市的总体规划，由省、自治区人民政府审查同意后，报国务院审批。其他城市的总体规划，由城市人民政府报省、自治区人民政府审批。

第十五条 县人民政府组织编制县人民政府所在地镇的总体规划，报上一级人民政府审批。其他镇的总体规划由镇人民政府组织编制，报上一级人民政府审批。

第十六条 省、自治区人民政府组织编制的省域城镇体系规划，城市、县人民政府组织编制的总体规划，在报上一级人民政府审批前，应当先经本级人民代表大会常务委员会审议，常务委员会组成人员的审议意见交由本级人民政府研究处理。

镇人民政府组织编制的镇总体规划，在报上一级人民政府审批前，应当先经镇人民代表大会审议，代表的审议意见交由本级人民政府研究处理。

规划的组织编制机关报送审批省域城镇体系规划、城市总体规划或者镇总体规划，应当将本级人民代表大会常务委员会组成人员或者镇人民代表大会代表的审议意见和根据审议意见修改规划的情况一并报送。

第十七条 城市总体规划、镇总体规划的内容应当包括：城市、镇的发展布局，功能分区，用地布局，综合交通体系，禁止、限制和适宜建设的地域范围，各类专项规划等。

规划区范围、规划区内建设用地规模、基础设施和公共服务设施用地、水源地和水系、基本农田和绿化用地、环境保护、自然与历史文化遗产保护以及防灾减灾等内容，应当作为城市总体规划、镇总体规划的强制性内容。

城市总体规划、镇总体规划的规划期限一般为二十年。城市总体规划还应当对城市更长远的发展作出预测性安排。

第十八条 乡规划、村庄规划应当从农村实际出发，尊重村民意愿，体现地方和农村特色。

乡规划、村庄规划的内容应当包括：规划区范围，住宅、道路、供水、排水、供电、垃圾收集、畜禽养殖场所等农村生产、生活服务设施、公益事业等各项建设的用地布局、建设要求，以及对耕地等自然资源和历史文化遗产保护、防灾减灾等的具体安排。乡规划还应当包括本行政区域内的村庄发展布局。

第十九条 城市人民政府城乡规划主管部门根据城市总体规划的要求，组织编制城市的控制性详细规划，经本级人民政府批准后，报本级人民代表大会常务委员会和上一级人民政府备案。

第二十条 镇人民政府根据镇总体规划的要求，组织编制镇的控制性详细规划，报上一级人民政府审批。县人民政府所在地镇的控制性详细规划，由县人民政府城乡规划主管部门根据镇总体规划的要求组织编制，经县人民政府批准后，报本级人民代表大会常务委员会和上一级人民政府备案。

第二十一条 城市、县人民政府城乡规划主管部门和镇人民政府可以组织编制重要地块的修建性详细规划。修建性详细规划应当符合控制性详细规划。

第二十二条 乡、镇人民政府组织编制乡规划、村庄规划，报上一级人民政府审批。村庄规划在报送审批前，应当经村民会议或者村民代表会议讨论同意。

第二十三条 首都的总体规划、详细规划应当统筹考虑中央国家机关用地布局和空间安排的需要。

第二十四条 城乡规划组织编制机关应当委托具有相应资质等级的单位承担城乡规划的具体编制工作。

从事城乡规划编制工作应当具备下列条件，并经国务院城乡规划主管部门或者省、自治区、直辖市人民政府城乡规划主管部门依法审查合格，取得相应等级的资质证书后，方可在资质等级许可的范围内从事城乡规划编制工作：

（一）有法人资格；

（二）有规定数量的经国务院城乡规划主管部门注册的规划师；

（三）有规定数量的相关专业技术人员；

（四）有相应的技术装备；

（五）有健全的技术、质量、财务管理制度。

规划师执业资格管理办法，由国务院城乡规划主管部门会同国务院人事行政部门制定。

编制城乡规划必须遵守国家有关标准。

第二十五条 编制城乡规划，应当具备国家规定的勘察、测绘、气象、地震、水文、环境等基础资料。

县级以上地方人民政府有关主管部门应当根据编制城乡规划的需要，及时提供有关基础资料。

第二十六条 城乡规划报送审批前，组织编制机关应当依法将城乡规划草案予以公告，并采取论证会、听证会或者其他方式征求专家和公众的意见。公告的时间不得少于三十日。

组织编制机关应当充分考虑专家和公众的意见，并在报送审批的材料中附具意见采纳情况及理由。

第二十七条 省域城镇体系规划、城市总体规划、镇总体规划批准前，审批机关应当组织专家和有关部门进行审查。

第三章　城乡规划的实施

第二十八条　地方各级人民政府应当根据当地经济社会发展水平，量力而行，尊重群众意愿，有计划、分步骤地组织实施城乡规划。

第二十九条　城市的建设和发展，应当优先安排基础设施以及公共服务设施的建设，妥善处理新区开发与旧区改建的关系，统筹兼顾进城务工人员生活和周边农村经济社会发展、村民生产与生活的需要。

镇的建设和发展，应当结合农村经济社会发展和产业结构调整，优先安排供水、排水、供电、供气、道路、通信、广播电视等基础设施和学校、卫生院、文化站、幼儿园、福利院等公共服务设施的建设，为周边农村提供服务。

乡、村庄的建设和发展，应当因地制宜、节约用地，发挥村民自治组织的作用，引导村民合理进行建设，改善农村生产、生活条件。

第三十条　城市新区的开发和建设，应当合理确定建设规模和时序，充分利用现有市政基础设施和公共服务设施，严格保护自然资源和生态环境，体现地方特色。

在城市总体规划、镇总体规划确定的建设用地范围以外，不得设立各类开发区和城市新区。

第三十一条　旧城区的改建，应当保护历史文化遗产和传统风貌，合理确定拆迁和建设规模，有计划地对危房集中、基础设施落后等地段进行改建。

历史文化名城、名镇、名村的保护以及受保护建筑物的维护和使用，应当遵守有关法律、行政法规和国务院的规定。

第三十二条　城乡建设和发展，应当依法保护和合理利用风景名胜资源，统筹安排风景名胜区及周边乡、镇、村庄的建设。

风景名胜区的规划、建设和管理，应当遵守有关法律、行政法规和国务院的规定。

第三十三条　城市地下空间的开发和利用，应当与经济和技术发展水平相适应，遵循统筹安排、综合开发、合理利用的原则，充分考虑防灾减灾、人民防空和通信等需要，并符合城市规划，履行规划审批手续。

第三十四条　城市、县、镇人民政府应当根据城市总体规划、镇总体规划、土地利用总体规划和年度计划以及国民经济和社会发展规划，制定近期建设规划，报总体规划审批机关备案。

近期建设规划应当以重要基础设施、公共服务设施和中低收入居民住房建设以及生态环境保护为重点内容，明确近期建设的时序、发展方向和空间布局。近期建设规划的规划期限为五年。

第三十五条　城乡规划确定的铁路、公路、港口、机场、道路、绿地、输配电设施及输电线路走廊、通信设施、广播电视设施、管道设施、河道、水库、水源地、自然保护区、防汛通道、消防通道、核电站、垃圾填埋场及焚烧厂、污水处理厂和公共服务设施的用地以及其他需要依法保护的用地，禁止擅自改变用途。

第三十六条　按照国家规定需要有关部门批准或者核准的建设项目，以划拨方式提供国有土地使用权的，建设单位在报送有关部门批准或者核准前，应当向城乡规划主管部门申请核发选址意见书。

前款规定以外的建设项目不需要申请选址意见书。

第三十七条 在城市、镇规划区内以划拨方式提供国有土地使用权的建设项目，经有关部门批准、核准、备案后，建设单位应当向城市、县人民政府城乡规划主管部门提出建设用地规划许可申请，由城市、县人民政府城乡规划主管部门依据控制性详细规划核定建设用地的位置、面积、允许建设的范围，核发建设用地规划许可证。

建设单位在取得建设用地规划许可证后，方可向县级以上地方人民政府土地主管部门申请用地，经县级以上人民政府审批后，由土地主管部门划拨土地。

第三十八条 在城市、镇规划区内以出让方式提供国有土地使用权的，在国有土地使用权出让前，城市、县人民政府城乡规划主管部门应当依据控制性详细规划，提出出让地块的位置、使用性质、开发强度等规划条件，作为国有土地使用权出让合同的组成部分。未确定规划条件的地块，不得出让国有土地使用权。

以出让方式取得国有土地使用权的建设项目，在签订国有土地使用权出让合同后，建设单位应当持建设项目的批准、核准、备案文件和国有土地使用权出让合同，向城市、县人民政府城乡规划主管部门领取建设用地规划许可证。

城市、县人民政府城乡规划主管部门不得在建设用地规划许可证中，擅自改变作为国有土地使用权出让合同组成部分的规划条件。

第三十九条 规划条件未纳入国有土地使用权出让合同的，该国有土地使用权出让合同无效；对未取得建设用地规划许可证的建设单位批准用地的，由县级以上人民政府撤销有关批准文件；占用土地的，应当及时退回；给当事人造成损失的，应当依法给予赔偿。

第四十条 在城市、镇规划区内进行建筑物、构筑物、道路、管线和其他工程建设的，建设单位或者个人应当向城市、县人民政府城乡规划主管部门或者省、自治区、直辖市人民政府确定的镇人民政府申请办理建设工程规划许可证。

申请办理建设工程规划许可证，应当提交使用土地的有关证明文件、建设工程设计方案等材料。需要建设单位编制修建性详细规划的建设项目，还应当提交修建性详细规划。对符合控制性详细规划和规划条件的，由城市、县人民政府城乡规划主管部门或者省、自治区、直辖市人民政府确定的镇人民政府核发建设工程规划许可证。

城市、县人民政府城乡规划主管部门或者省、自治区、直辖市人民政府确定的镇人民政府应当依法将经审定的修建性详细规划、建设工程设计方案的总平面图予以公布。

第四十一条 在乡、村庄规划区内进行乡镇企业、乡村公共设施和公益事业建设的，建设单位或者个人应当向乡、镇人民政府提出申请，由乡、镇人民政府报城市、县人民政府城乡规划主管部门核发乡村建设规划许可证。

在乡、村庄规划区内使用原有宅基地进行农村村民住宅建设的规划管理办法，由省、自治区、直辖市制定。

在乡、村庄规划区内进行乡镇企业、乡村公共设施和公益事业建设以及农村村民住宅建设，不得占用农用地；确需占用农用地的，应当依照《中华人民共和国土地管理法》有关规定办理农用地转用审批手续后，由城市、县人民政府城乡规划主管部门核发乡村建设规划许可证。

建设单位或者个人在取得乡村建设规划许可证后，方可办理用地审批手续。

第四十二条 城乡规划主管部门不得在城乡规划确定的建设用地范围以外作出规划许可。

第四十三条 建设单位应当按照规划条件进行建设；确需变更的，必须向城市、县人民政府城乡规划主管部门提出申请。变更内容不符合控制性详细规划的，城乡规划主管部门不得批准。城市、县人民政府城乡规划主管部门应当及时将依法变更后的规划条件通报同级土地主管部门并公示。

建设单位应当及时将依法变更后的规划条件报有关人民政府土地主管部门备案。

第四十四条 在城市、镇规划区内进行临时建设的，应当经城市、县人民政府城乡规划主管部门批准。临时建设影响近期建设规划或者控制性详细规划的实施以及交通、市容、安全等的，不得批准。

临时建设应当在批准的使用期限内自行拆除。

临时建设和临时用地规划管理的具体办法，由省、自治区、直辖市人民政府制定。

第四十五条 县级以上地方人民政府城乡规划主管部门按照国务院规定对建设工程是否符合规划条件予以核实。未经核实或者经核实不符合规划条件的，建设单位不得组织竣工验收。

建设单位应当在竣工验收后六个月内向城乡规划主管部门报送有关竣工验收资料。

第四章 城乡规划的修改

第四十六条 省域城镇体系规划、城市总体规划、镇总体规划的组织编制机关，应当组织有关部门和专家定期对规划实施情况进行评估，并采取论证会、听证会或者其他方式征求公众意见。组织编制机关应当向本级人民代表大会常务委员会、镇人民代表大会和原审批机关提出评估报告并附具征求意见的情况。

第四十七条 有下列情形之一的，组织编制机关方可按照规定的权限和程序修改省域城镇体系规划、城市总体规划、镇总体规划：

（一）上级人民政府制定的城乡规划发生变更，提出修改规划要求的；

（二）行政区划调整确需修改规划的；

（三）因国务院批准重大建设工程确需修改规划的；

（四）经评估确需修改规划的；

（五）城乡规划的审批机关认为应当修改规划的其他情形。

修改省域城镇体系规划、城市总体规划、镇总体规划前，组织编制机关应当对原规划的实施情况进行总结，并向原审批机关报告；修改涉及城市总体规划、镇总体规划强制性内容的，应当先向原审批机关提出专题报告，经同意后，方可编制修改方案。

修改后的省域城镇体系规划、城市总体规划、镇总体规划，应当依照本法第十三条、第十四条、第十五条和第十六条规定的审批程序报批。

第四十八条 修改控制性详细规划的，组织编制机关应当对修改的必要性进行论证，征求规划地段内利害关系人的意见，并向原审批机关提出专题报告，经原审批机关同意后，方可编制修改方案。修改后的控制性详细规划，应当依照本法第十九条、第二十条规定的审批程序报批。控制性详细规划修改涉及城市总体规划、镇总体规划的强制性内容的，应当先修改总体规划。

修改乡规划、村庄规划的，应当依照本法第二十二条规定的审批程序报批。

第四十九条 城市、县、镇人民政府修改近期建设规划的，应当将修改后的近期建设规划报总体规划审批机关备案。

第五十条 在选址意见书、建设用地规划许可证、建设工程规划许可证或者乡村建设规划许可证发放后，因依法修改城乡规划给被许可人合法权益造成损失的，应当依法给予补偿。

经依法审定的修建性详细规划、建设工程设计方案的总平面图不得随意修改；确需修改的，城乡规划主管部门应当采取听证会等形式，听取利害关系人的意见；因修改给利害关系人合法权益造成损失的，应当依法给予补偿。

第五章 监督检查

第五十一条 县级以上人民政府及其城乡规划主管部门应当加强对城乡规划编制、审批、实施、修改的监督检查。

第五十二条 地方各级人民政府应当向本级人民代表大会常务委员会或者乡、镇人民代表大会报告城乡规划的实施情况，并接受监督。

第五十三条 县级以上人民政府城乡规划主管部门对城乡规划的实施情况进行监督检查，有权采取以下措施：

(一)要求有关单位和人员提供与监督事项有关的文件、资料，并进行复制；

(二)要求有关单位和人员就监督事项涉及的问题作出解释和说明，并根据需要进入现场进行勘测；

(三)责令有关单位和人员停止违反有关城乡规划的法律、法规的行为。

城乡规划主管部门的工作人员履行前款规定的监督检查职责，应当出示执法证件。被监督检查的单位和人员应当予以配合，不得妨碍和阻挠依法进行的监督检查活动。

第五十四条 监督检查情况和处理结果应当依法公开，供公众查阅和监督。

第五十五条 城乡规划主管部门在查处违反本法规定的行为时，发现国家机关工作人员依法应当给予行政处分的，应当向其任免机关或者监察机关提出处分建议。

第五十六条 依照本法规定应当给予行政处罚，而有关城乡规划主管部门不给予行政处罚的，上级人民政府城乡规划主管部门有权责令其作出行政处罚决定或者建议有关人民政府责令其给予行政处罚。

第五十七条 城乡规划主管部门违反本法规定作出行政许可的，上级人民政府城乡规划主管部门有权责令其撤销或者直接撤销该行政许可。因撤销行政许可给当事人合法权益造成损失的，应当依法给予赔偿。

第六章 法律责任

第五十八条 对依法应当编制城乡规划而未组织编制，或者未按法定程序编制、审批、修改城乡规划的，由上级人民政府责令改正，通报批评；对有关人民政府负责人和其他直接责任人员依法给予处分。

第五十九条 城乡规划组织编制机关委托不具有相应资质等级的单位编制城乡规划的，由上级人民政府责令改正，通报批评；对有关人民政府负责人和其他直接责任人员依法给予处分。

第六十条 镇人民政府或者县级以上人民政府城乡规划主管部门有下列行为之一的，由本级人民政府、上级人民政府城乡规划主管部门或者监察机关依据职权责令改正，通报批评；对直接负责的主管人员和其他直接责任人员依法给予处分：

(一)未依法组织编制城市的控制性详细规划、县人民政府所在地镇的控制性详细规划的；

（二）超越职权或者对不符合法定条件的申请人核发选址意见书、建设用地规划许可证、建设工程规划许可证、乡村建设规划许可证的；

（三）对符合法定条件的申请人未在法定期限内核发选址意见书、建设用地规划许可证、建设工程规划许可证、乡村建设规划许可证的；

（四）未依法对经审定的修建性详细规划、建设工程设计方案的总平面图予以公布的；

（五）同意修改修建性详细规划、建设工程设计方案的总平面图前未采取听证会等形式听取利害关系人的意见的；

（六）发现未依法取得规划许可或者违反规划许可的规定在规划区内进行建设的行为，而不予查处或者接到举报后不依法处理的。

第六十一条　县级以上人民政府有关部门有下列行为之一的，由本级人民政府或者上级人民政府有关部门责令改正，通报批评；对直接负责的主管人员和其他直接责任人员依法给予处分：

（一）对未依法取得选址意见书的建设项目核发建设项目批准文件的；

（二）未依法在国有土地使用权出让合同中确定规划条件或者改变国有土地使用权出让合同中依法确定的规划条件的；

（三）对未依法取得建设用地规划许可证的建设单位划拨国有土地使用权的。

第六十二条　城乡规划编制单位有下列行为之一的，由所在地城市、县人民政府城乡规划主管部门责令限期改正，处合同约定的规划编制费一倍以上二倍以下的罚款；情节严重的，责令停业整顿，由原发证机关降低资质等级或者吊销资质证书；造成损失的，依法承担赔偿责任：

（一）超越资质等级许可的范围承揽城乡规划编制工作的；

（二）违反国家有关标准编制城乡规划的。

未依法取得资质证书承揽城乡规划编制工作的，由县级以上地方人民政府城乡规划主管部门责令停止违法行为，依照前款规定处以罚款；造成损失的，依法承担赔偿责任。

以欺骗手段取得资质证书承揽城乡规划编制工作的，由原发证机关吊销资质证书，依照本条第一款规定处以罚款；造成损失的，依法承担赔偿责任。

第六十三条　城乡规划编制单位取得资质证书后，不再符合相应的资质条件的，由原发证机关责令限期改正；逾期不改正的，降低资质等级或者吊销资质证书。

第六十四条　未取得建设工程规划许可证或者未按照建设工程规划许可证的规定进行建设的，由县级以上地方人民政府城乡规划主管部门责令停止建设；尚可采取改正措施消除对规划实施的影响的，限期改正，处建设工程造价百分之五以上百分之十以下的罚款；无法采取改正措施消除影响的，限期拆除，不能拆除的，没收实物或者违法收入，可以并处建设工程造价百分之十以下的罚款。

第六十五条　在乡、村庄规划区内未依法取得乡村建设规划许可证或者未按照乡村建设规划许可证的规定进行建设的，由乡、镇人民政府责令停止建设、限期改正；逾期不改正的，可以拆除。

第六十六条　建设单位或者个人有下列行为之一的，由所在地城市、县人民政府城乡规划主管部门责令限期拆除，可以并处临时建设工程造价一倍以下的罚款：

（一）未经批准进行临时建设的；

（二）未按照批准内容进行临时建设的；

（三）临时建筑物、构筑物超过批准期限不拆除的。

第六十七条 建设单位未在建设工程竣工验收后六个月内向城乡规划主管部门报送有关竣工验收资料的，由所在地城市、县人民政府城乡规划主管部门责令限期补报；逾期不补报的，处一万元以上五万元以下的罚款。

第六十八条 城乡规划主管部门作出责令停止建设或者限期拆除的决定后，当事人不停止建设或者逾期不拆除的，建设工程所在地县级以上地方人民政府可以责成有关部门采取查封施工现场、强制拆除等措施。

第六十九条 违反本法规定，构成犯罪的，依法追究刑事责任。

第七章 附 则

第七十条 本法自 2008 年 1 月 1 日起施行。《中华人民共和国城市规划法》同时废止。

中华人民共和国节约能源法

（1997年11月1日第八届全国人民代表大会常务委员会第二十八次会议通过
2007年10月28日第十届全国人民代表大会常务委员会第三十次会议修订
2007年10月28日中华人民共和国主席令第77号公布
自2008年4月1日起施行）

第一章 总 则

第一条 为了推动全社会节约能源，提高能源利用效率，保护和改善环境，促进经济社会全面协调可持续发展，制定本法。

第二条 本法所称能源，是指煤炭、石油、天然气、生物质能和电力、热力以及其他直接或者通过加工、转换而取得有用能的各种资源。

第三条 本法所称节约能源（以下简称节能），是指加强用能管理，采取技术上可行、经济上合理以及环境和社会可以承受的措施，从能源生产到消费的各个环节，降低消耗、减少损失和污染物排放、制止浪费，有效、合理地利用能源。

第四条 节约资源是我国的基本国策。国家实施节约与开发并举、把节约放在首位的能源发展战略。

第五条 国务院和县级以上地方各级人民政府应当将节能工作纳入国民经济和社会发展规划、年度计划，并组织编制和实施节能中长期专项规划、年度节能计划。

国务院和县级以上地方各级人民政府每年向本级人民代表大会或者其常务委员会报告节能工作。

第六条 国家实行节能目标责任制和节能考核评价制度，将节能目标完成情况作为对地方人民政府及其负责人考核评价的内容。

省、自治区、直辖市人民政府每年向国务院报告节能目标责任的履行情况。

第七条 国家实行有利于节能和环境保护的产业政策，限制发展高耗能、高污染行业，发展节能环保型产业。

国务院和省、自治区、直辖市人民政府应当加强节能工作，合理调整产业结构、企业结构、产品结构和能源消费结构，推动企业降低单位产值能耗和单位产品能耗，淘汰落后的生产能力，改进能源的开发、加工、转换、输送、储存和供应，提高能源利用效率。

国家鼓励、支持开发和利用新能源、可再生能源。

第八条 国家鼓励、支持节能科学技术的研究、开发、示范和推广，促进节能技术创新与进步。

国家开展节能宣传和教育，将节能知识纳入国民教育和培训体系，普及节能科学知识，增强全民的节能意识，提倡节约型的消费方式。

第九条 任何单位和个人都应当依法履行节能义务，有权检举浪费能源的行为。

新闻媒体应当宣传节能法律、法规和政策,发挥舆论监督作用。

第十条 国务院管理节能工作的部门主管全国的节能监督管理工作。国务院有关部门在各自的职责范围内负责节能监督管理工作,并接受国务院管理节能工作的部门的指导。

县级以上地方各级人民政府管理节能工作的部门负责本行政区域内的节能监督管理工作。县级以上地方各级人民政府有关部门在各自的职责范围内负责节能监督管理工作,并接受同级管理节能工作的部门的指导。

第二章 节能管理

第十一条 国务院和县级以上地方各级人民政府应当加强对节能工作的领导,部署、协调、监督、检查、推动节能工作。

第十二条 县级以上人民政府管理节能工作的部门和有关部门应当在各自的职责范围内,加强对节能法律、法规和节能标准执行情况的监督检查,依法查处违法用能行为。

履行节能监督管理职责不得向监督管理对象收取费用。

第十三条 国务院标准化主管部门和国务院有关部门依法组织制定并适时修订有关节能的国家标准、行业标准,建立健全节能标准体系。

国务院标准化主管部门会同国务院管理节能工作的部门和国务院有关部门制定强制性的用能产品、设备能源效率标准和生产过程中耗能高的产品的单位产品能耗限额标准。

国家鼓励企业制定严于国家标准、行业标准的企业节能标准。

省、自治区、直辖市制定严于强制性国家标准、行业标准的地方节能标准,由省、自治区、直辖市人民政府报经国务院批准;本法另有规定的除外。

第十四条 建筑节能的国家标准、行业标准由国务院建设主管部门组织制定,并依照法定程序发布。

省、自治区、直辖市人民政府建设主管部门可以根据本地实际情况,制定严于国家标准或者行业标准的地方建筑节能标准,并报国务院标准化主管部门和国务院建设主管部门备案。

第十五条 国家实行固定资产投资项目节能评估和审查制度。不符合强制性节能标准的项目,依法负责项目审批或者核准的机关不得批准或者核准建设;建设单位不得开工建设;已经建成的,不得投入生产、使用。具体办法由国务院管理节能工作的部门会同国务院有关部门制定。

第十六条 国家对落后的耗能过高的用能产品、设备和生产工艺实行淘汰制度。淘汰的用能产品、设备、生产工艺的目录和实施办法,由国务院管理节能工作的部门会同国务院有关部门制定并公布。

生产过程中耗能高的产品的生产单位,应当执行单位产品能耗限额标准。对超过单位产品能耗限额标准用能的生产单位,由管理节能工作的部门按照国务院规定的权限责令限期治理。

对高耗能的特种设备,按照国务院的规定实行节能审查和监管。

第十七条 禁止生产、进口、销售国家明令淘汰或者不符合强制性能源效率标准的用能产品、设备;禁止使用国家明令淘汰的用能设备、生产工艺。

第十八条 国家对家用电器等使用面广、耗能量大的用能产品,实行能源效率标识管理。实行能源效率标识管理的产品目录和实施办法,由国务院管理节能工作的部门会同国务院产品质量监督部门制定并公布。

第十九条 生产者和进口商应当对列入国家能源效率标识管理产品目录的用能产品标注能源效率标识，在产品包装物上或者说明书中予以说明，并按照规定报国务院产品质量监督部门和国务院管理节能工作的部门共同授权的机构备案。

生产者和进口商应当对其标注的能源效率标识及相关信息的准确性负责。禁止销售应当标注而未标注能源效率标识的产品。

禁止伪造、冒用能源效率标识或者利用能源效率标识进行虚假宣传。

第二十条 用能产品的生产者、销售者，可以根据自愿原则，按照国家有关节能产品认证的规定，向经国务院认证认可监督管理部门认可的从事节能产品认证的机构提出节能产品认证申请；经认证合格后，取得节能产品认证证书，可以在用能产品或者其包装物上使用节能产品认证标志。

禁止使用伪造的节能产品认证标志或者冒用节能产品认证标志。

第二十一条 县级以上各级人民政府统计部门应当会同同级有关部门，建立健全能源统计制度，完善能源统计指标体系，改进和规范能源统计方法，确保能源统计数据真实、完整。

国务院统计部门会同国务院管理节能工作的部门，定期向社会公布各省、自治区、直辖市以及主要耗能行业的能源消费和节能情况等信息。

第二十二条 国家鼓励节能服务机构的发展，支持节能服务机构开展节能咨询、设计、评估、检测、审计、认证等服务。

国家支持节能服务机构开展节能知识宣传和节能技术培训，提供节能信息、节能示范和其他公益性节能服务。

第二十三条 国家鼓励行业协会在行业节能规划、节能标准的制定和实施、节能技术推广、能源消费统计、节能宣传培训和信息咨询等方面发挥作用。

第三章 合理使用与节约能源

第一节 一般规定

第二十四条 用能单位应当按照合理用能的原则，加强节能管理，制定并实施节能计划和节能技术措施，降低能源消耗。

第二十五条 用能单位应当建立节能目标责任制，对节能工作取得成绩的集体、个人给予奖励。

第二十六条 用能单位应当定期开展节能教育和岗位节能培训。

第二十七条 用能单位应当加强能源计量管理，按照规定配备和使用经依法检定合格的能源计量器具。

用能单位应当建立能源消费统计和能源利用状况分析制度，对各类能源的消费实行分类计量和统计，并确保能源消费统计数据真实、完整。

第二十八条 能源生产经营单位不得向本单位职工无偿提供能源。任何单位不得对能源消费实行包费制。

第二节 工业节能

第二十九条 国务院和省、自治区、直辖市人民政府推进能源资源优化开发利用和合理配置，推进有利于节能的行业结构调整，优化用能结构和企业布局。

第三十条 国务院管理节能工作的部门会同国务院有关部门制定电力、钢铁、有色金属、建材、石油加工、化工、煤炭等主要耗能行业的节能技术政策，推动企业节能技术改造。

第三十一条 国家鼓励工业企业采用高效、节能的电动机、锅炉、窑炉、风机、泵类等设备，采用热电联产、余热余压利用、洁净煤以及先进的用能监测和控制等技术。

第三十二条 电网企业应当按照国务院有关部门制定的节能发电调度管理的规定，安排清洁、高效和符合规定的热电联产、利用余热余压发电的机组以及其他符合资源综合利用规定的发电机组与电网并网运行，上网电价执行国家有关规定。

第三十三条 禁止新建不符合国家规定的燃煤发电机组、燃油发电机组和燃煤热电机组。

第三节 建筑节能

第三十四条 国务院建设主管部门负责全国建筑节能的监督管理工作。

县级以上地方各级人民政府建设主管部门负责本行政区域内建筑节能的监督管理工作。

县级以上地方各级人民政府建设主管部门会同同级管理节能工作的部门编制本行政区域内的建筑节能规划。建筑节能规划应当包括既有建筑节能改造计划。

第三十五条 建筑工程的建设、设计、施工和监理单位应当遵守建筑节能标准。

不符合建筑节能标准的建筑工程，建设主管部门不得批准开工建设；已经开工建设的，应当责令停止施工、限期改正；已经建成的，不得销售或者使用。

建设主管部门应当加强对在建建筑工程执行建筑节能标准情况的监督检查。

第三十六条 房地产开发企业在销售房屋时，应当向购买人明示所售房屋的节能措施、保温工程保修期等信息，在房屋买卖合同、质量保证书和使用说明书中载明，并对其真实性、准确性负责。

第三十七条 使用空调采暖、制冷的公共建筑应当实行室内温度控制制度。具体办法由国务院建设主管部门制定。

第三十八条 国家采取措施，对实行集中供热的建筑分步骤实行供热分户计量、按照用热量收费的制度。新建建筑或者对既有建筑进行节能改造，应当按照规定安装用热计量装置、室内温度调控装置和供热系统调控装置。具体办法由国务院建设主管部门会同国务院有关部门制定。

第三十九条 县级以上地方各级人民政府有关部门应当加强城市节约用电管理，严格控制公用设施和大型建筑物装饰性景观照明的能耗。

第四十条 国家鼓励在新建建筑和既有建筑节能改造中使用新型墙体材料等节能建筑材料和节能设备，安装和使用太阳能等可再生能源利用系统。

第四节 交通运输节能

第四十一条 国务院有关交通运输主管部门按照各自的职责负责全国交通运输相关领域的节能监督管理工作。

国务院有关交通运输主管部门会同国务院管理节能工作的部门分别制定相关领域的节能规划。

第四十二条 国务院及其有关部门指导、促进各种交通运输方式协调发展和有效衔接，优化交通运输结构，建设节能型综合交通运输体系。

第四十三条 县级以上地方各级人民政府应当优先发展公共交通，加大对公共交通的投入，完善公共交通服务体系，鼓励利用公共交通工具出行；鼓励使用非机动交通工具出行。

第四十四条 国务院有关交通运输主管部门应当加强交通运输组织管理，引导道路、水路、航空运输企业提高运输组织化程度和集约化水平，提高能源利用效率。

第四十五条 国家鼓励开发、生产、使用节能环保型汽车、摩托车、铁路机车车辆、船舶和其他交通运输工具，实行老旧交通运输工具的报废、更新制度。

国家鼓励开发和推广应用交通运输工具使用的清洁燃料、石油替代燃料。

第四十六条 国务院有关部门制定交通运输营运车船的燃料消耗量限值标准；不符合标准的，不得用于营运。

国务院有关交通运输主管部门应当加强对交通运输营运车船燃料消耗检测的监督管理。

第五节 公共机构节能

第四十七条 公共机构应当厉行节约，杜绝浪费，带头使用节能产品、设备，提高能源利用效率。

本法所称公共机构，是指全部或者部分使用财政性资金的国家机关、事业单位和团体组织。

第四十八条 国务院和县级以上地方各级人民政府管理机关事务工作的机构会同同级有关部门制定和组织实施本级公共机构节能规划。公共机构节能规划应当包括公共机构既有建筑节能改造计划。

第四十九条 公共机构应当制定年度节能目标和实施方案，加强能源消费计量和监测管理，向本级人民政府管理机关事务工作的机构报送上年度的能源消费状况报告。

国务院和县级以上地方各级人民政府管理机关事务工作的机构会同同级有关部门按照管理权限，制定本级公共机构的能源消耗定额，财政部门根据该定额制定能源消耗支出标准。

第五十条 公共机构应当加强本单位用能系统管理，保证用能系统的运行符合国家相关标准。

公共机构应当按照规定进行能源审计，并根据能源审计结果采取提高能源利用效率的措施。

第五十一条 公共机构采购用能产品、设备，应当优先采购列入节能产品、设备政府采购名录中的产品、设备。禁止采购国家明令淘汰的用能产品、设备。

节能产品、设备政府采购名录由省级以上人民政府的政府采购监督管理部门会同同级有关部门制定并公布。

第六节 重点用能单位节能

第五十二条 国家加强对重点用能单位的节能管理。

下列用能单位为重点用能单位：

（一）年综合能源消费总量一万吨标准煤以上的用能单位；

（二）国务院有关部门或者省、自治区、直辖市人民政府管理节能工作的部门指定的年综合能源消费总量五千吨以上不满一万吨标准煤的用能单位。

重点用能单位节能管理办法，由国务院管理节能工作的部门会同国务院有关部门制定。

第五十三条 重点用能单位应当每年向管理节能工作的部门报送上年度的能源利用状况

报告。能源利用状况包括能源消费情况、能源利用效率、节能目标完成情况和节能效益分析、节能措施等内容。

第五十四条 管理节能工作的部门应当对重点用能单位报送的能源利用状况报告进行审查。对节能管理制度不健全、节能措施不落实、能源利用效率低的重点用能单位，管理节能工作的部门应当开展现场调查，组织实施用能设备能源效率检测，责令实施能源审计，并提出书面整改要求，限期整改。

第五十五条 重点用能单位应当设立能源管理岗位，在具有节能专业知识、实际经验以及中级以上技术职称的人员中聘任能源管理负责人，并报管理节能工作的部门和有关部门备案。

能源管理负责人负责组织对本单位用能状况进行分析、评价，组织编写本单位能源利用状况报告，提出本单位节能工作的改进措施并组织实施。

能源管理负责人应当接受节能培训。

第四章 节能技术进步

第五十六条 国务院管理节能工作的部门会同国务院科技主管部门发布节能技术政策大纲，指导节能技术研究、开发和推广应用。

第五十七条 县级以上各级人民政府应当把节能技术研究开发作为政府科技投入的重点领域，支持科研单位和企业开展节能技术应用研究，制定节能标准，开发节能共性和关键技术，促进节能技术创新与成果转化。

第五十八条 国务院管理节能工作的部门会同国务院有关部门制定并公布节能技术、节能产品的推广目录，引导用能单位和个人使用先进的节能技术、节能产品。

国务院管理节能工作的部门会同国务院有关部门组织实施重大节能科研项目、节能示范项目、重点节能工程。

第五十九条 县级以上各级人民政府应当按照因地制宜、多能互补、综合利用、讲求效益的原则，加强农业和农村节能工作，增加对农业和农村节能技术、节能产品推广应用的资金投入。

农业、科技等有关主管部门应当支持、推广在农业生产、农产品加工储运等方面应用节能技术和节能产品，鼓励更新和淘汰高耗能的农业机械和渔业船舶。

国家鼓励、支持在农村大力发展沼气，推广生物质能、太阳能和风能等可再生能源利用技术，按照科学规划、有序开发的原则发展小型水力发电，推广节能型的农村住宅和炉灶等，鼓励利用非耕地种植能源植物，大力发展薪炭林等能源林。

第五章 激励措施

第六十条 中央财政和省级地方财政安排节能专项资金，支持节能技术研究开发、节能技术和产品的示范与推广、重点节能工程的实施、节能宣传培训、信息服务和表彰奖励等。

第六十一条 国家对生产、使用列入本法第五十八条规定的推广目录的需要支持的节能技术、节能产品，实行税收优惠等扶持政策。

国家通过财政补贴支持节能照明器具等节能产品的推广和使用。

第六十二条 国家实行有利于节约能源资源的税收政策，健全能源矿产资源有偿使用制度，促进能源资源的节约及其开采利用水平的提高。

第六十三条 国家运用税收等政策，鼓励先进节能技术、设备的进口，控制在生产过程中耗能高、污染重的产品的出口。

第六十四条 政府采购监督管理部门会同有关部门制定节能产品、设备政府采购名录，应当优先列入取得节能产品认证证书的产品、设备。

第六十五条 国家引导金融机构增加对节能项目的信贷支持，为符合条件的节能技术研究开发、节能产品生产以及节能技术改造等项目提供优惠贷款。

国家推动和引导社会有关方面加大对节能的资金投入，加快节能技术改造。

第六十六条 国家实行有利于节能的价格政策，引导用能单位和个人节能。

国家运用财税、价格等政策，支持推广电力需求侧管理、合同能源管理、节能自愿协议等节能办法。

国家实行峰谷分时电价、季节性电价、可中断负荷电价制度，鼓励电力用户合理调整用电负荷；对钢铁、有色金属、建材、化工和其他主要耗能行业的企业，分淘汰、限制、允许和鼓励类实行差别电价政策。

第六十七条 各级人民政府对在节能管理、节能科学技术研究和推广应用中有显著成绩以及检举严重浪费能源行为的单位和个人，给予表彰和奖励。

第六章 法律责任

第六十八条 负责审批或者核准固定资产投资项目的机关违反本法规定，对不符合强制性节能标准的项目予以批准或者核准建设的，对直接负责的主管人员和其他直接责任人员依法给予处分。

固定资产投资项目建设单位开工建设不符合强制性节能标准的项目或者将该项目投入生产、使用的，由管理节能工作的部门责令停止建设或者停止生产、使用，限期改造；不能改造或者逾期不改造的生产性项目，由管理节能工作的部门报请本级人民政府按照国务院规定的权限责令关闭。

第六十九条 生产、进口、销售国家明令淘汰的用能产品、设备的，使用伪造的节能产品认证标志或者冒用节能产品认证标志的，依照《中华人民共和国产品质量法》的规定处罚。

第七十条 生产、进口、销售不符合强制性能源效率标准的用能产品、设备的，由产品质量监督部门责令停止生产、进口、销售，没收违法生产、进口、销售的用能产品、设备和违法所得，并处违法所得一倍以上五倍以下罚款；情节严重的，由工商行政管理部门吊销营业执照。

第七十一条 使用国家明令淘汰的用能设备或者生产工艺的，由管理节能工作的部门责令停止使用，没收国家明令淘汰的用能设备；情节严重的，可以由管理节能工作的部门提出意见，报请本级人民政府按照国务院规定的权限责令停业整顿或者关闭。

第七十二条 生产单位超过单位产品能耗限额标准用能，情节严重，经限期治理逾期不治理或者没有达到治理要求的，可以由管理节能工作的部门提出意见，报请本级人民政府按照国务院规定的权限责令停业整顿或者关闭。

第七十三条 违反本法规定，应当标注能源效率标识而未标注的，由产品质量监督部门责令改正，处三万元以上五万元以下罚款。

违反本法规定，未办理能源效率标识备案，或者使用的能源效率标识不符合规定的，由产品质量监督部门责令限期改正；逾期不改正的，处一万元以上三万元以下罚款。

伪造、冒用能源效率标识或者利用能源效率标识进行虚假宣传的，由产品质量监督部门责令改正，处五万元以上十万元以下罚款；情节严重的，由工商行政管理部门吊销营业执照。

第七十四条 用能单位未按照规定配备、使用能源计量器具的，由产品质量监督部门责令限期改正；逾期不改正的，处一万元以上五万元以下罚款。

第七十五条 瞒报、伪造、篡改能源统计资料或者编造虚假能源统计数据的，依照《中华人民共和国统计法》的规定处罚。

第七十六条 从事节能咨询、设计、评估、检测、审计、认证等服务的机构提供虚假信息的，由管理节能工作的部门责令改正，没收违法所得，并处五万元以上十万元以下罚款。

第七十七条 违反本法规定，无偿向本单位职工提供能源或者对能源消费实行包费制的，由管理节能工作的部门责令限期改正；逾期不改正的，处五万元以上二十万元以下罚款。

第七十八条 电网企业未按照本法规定安排符合规定的热电联产和利用余热余压发电的机组与电网并网运行，或者未执行国家有关上网电价规定的，由国家电力监管机构责令改正；造成发电企业经济损失的，依法承担赔偿责任。

第七十九条 建设单位违反建筑节能标准的，由建设主管部门责令改正，处二十万元以上五十万元以下罚款。

设计单位、施工单位、监理单位违反建筑节能标准的，由建设主管部门责令改正，处十万元以上五十万元以下罚款；情节严重的，由颁发资质证书的部门降低资质等级或者吊销资质证书；造成损失的，依法承担赔偿责任。

第八十条 房地产开发企业违反本法规定，在销售房屋时未向购买人明示所售房屋的节能措施、保温工程保修期等信息的，由建设主管部门责令限期改正，逾期不改正的，处三万元以上五万元以下罚款；对以上信息作虚假宣传的，由建设主管部门责令改正，处五万元以上二十万元以下罚款。

第八十一条 公共机构采购用能产品、设备，未优先采购列入节能产品、设备政府采购名录中的产品、设备，或者采购国家明令淘汰的用能产品、设备的，由政府采购监督管理部门给予警告，可以并处罚款；对直接负责的主管人员和其他直接责任人员依法给予处分，并予通报。

第八十二条 重点用能单位未按照本法规定报送能源利用状况报告或者报告内容不实的，由管理节能工作的部门责令限期改正；逾期不改正的，处一万元以上五万元以下罚款。

第八十三条 重点用能单位无正当理由拒不落实本法第五十四条规定的整改要求或者整改没有达到要求的，由管理节能工作的部门处十万元以上三十万元以下罚款。

第八十四条 重点用能单位未按照本法规定设立能源管理岗位，聘任能源管理负责人，并报管理节能工作的部门和有关部门备案的，由管理节能工作的部门责令改正；拒不改正的，处一万元以上三万元以下罚款。

第八十五条 违反本法规定，构成犯罪的，依法追究刑事责任。

第八十六条 国家工作人员在节能管理工作中滥用职权、玩忽职守、徇私舞弊，构成犯罪的，依法追究刑事责任；尚不构成犯罪的，依法给予处分。

第七章　附　　则

第八十七条 本法自2008年4月1日起施行。

中华人民共和国文物保护法

（1982 年 11 月 19 日第五届全国人民代表大会常务委员会第二十五次会议通过
根据 1991 年 6 月 29 日第七届全国人民代表大会常务委员会第二十次会议
《关于修改〈中华人民共和国文物保护法〉第三十条、第三十一条的决定》修正
2002 年 10 月 28 日第九届全国人民代表大会常务委员会第三十次会议修订
根据 2007 年 12 月 29 日第十届全国人民代表大会常务委员会第三十一次会议
《关于修改〈中华人民共和国文物保护法〉的决定》第二次修正
2007 年 12 月 29 日中华人民共和国主席令第 84 号公布
自 2007 年 12 月 29 日起施行）

第一章　总　　则

第一条　为了加强对文物的保护，继承中华民族优秀的历史文化遗产，促进科学研究工作，进行爱国主义和革命传统教育，建设社会主义精神文明和物质文明，根据宪法，制定本法。

第二条　在中华人民共和国境内，下列文物受国家保护：

（一）具有历史、艺术、科学价值的古文化遗址、古墓葬、古建筑、石窟寺和石刻、壁画；

（二）与重大历史事件、革命运动或者著名人物有关的以及具有重要纪念意义、教育意义或者史料价值的近代现代重要史迹、实物、代表性建筑；

（三）历史上各时代珍贵的艺术品、工艺美术品；

（四）历史上各时代重要的文献资料以及具有历史、艺术、科学价值的手稿和图书资料等；

（五）反映历史上各时代、各民族社会制度、社会生产、社会生活的代表性实物。

文物认定的标准和办法由国务院文物行政部门制定，并报国务院批准。

具有科学价值的古脊椎动物化石和古人类化石同文物一样受国家保护。

第三条　古文化遗址、古墓葬、古建筑、石窟寺、石刻、壁画、近代现代重要史迹和代表性建筑等不可移动文物，根据它们的历史、艺术、科学价值，可以分别确定为全国重点文物保护单位，省级文物保护单位，市、县级文物保护单位。

历史上各时代重要实物、艺术品、文献、手稿、图书资料、代表性实物等可移动文物，分为珍贵文物和一般文物；珍贵文物分为一级文物、二级文物、三级文物。

第四条　文物工作贯彻保护为主、抢救第一、合理利用、加强管理的方针。

第五条　中华人民共和国境内地下、内水和领海中遗存的一切文物，属于国家所有。

古文化遗址、古墓葬、石窟寺属于国家所有。国家指定保护的纪念建筑物、古建筑、石刻、壁画、近代现代代表性建筑等不可移动文物，除国家另有规定的以外，属于国家所有。

国有不可移动文物的所有权不因其所依附的土地所有权或者使用权的改变而改变。

下列可移动文物，属于国家所有：

（一）中国境内出土的文物，国家另有规定的除外；

（二）国有文物收藏单位以及其他国家机关、部队和国有企业、事业组织等收藏、保管的文物；

（三）国家征集、购买的文物；

（四）公民、法人和其他组织捐赠给国家的文物；

（五）法律规定属于国家所有的其他文物。

属于国家所有的可移动文物的所有权不因其保管、收藏单位的终止或者变更而改变。

国有文物所有权受法律保护，不容侵犯。

第六条 属于集体所有和私人所有的纪念建筑物、古建筑和祖传文物以及依法取得的其他文物，其所有权受法律保护。文物的所有者必须遵守国家有关文物保护的法律、法规的规定。

第七条 一切机关、组织和个人都有依法保护文物的义务。

第八条 国务院文物行政部门主管全国文物保护工作。

地方各级人民政府负责本行政区域内的文物保护工作。县级以上地方人民政府承担文物保护工作的部门对本行政区域内的文物保护实施监督管理。

县级以上人民政府有关行政部门在各自的职责范围内，负责有关的文物保护工作。

第九条 各级人民政府应当重视文物保护，正确处理经济建设、社会发展与文物保护的关系，确保文物安全。

基本建设、旅游发展必须遵守文物保护工作的方针，其活动不得对文物造成损害。

公安机关、工商行政管理部门、海关、城乡建设规划部门和其他有关国家机关，应当依法认真履行所承担的保护文物的职责，维护文物管理秩序。

第十条 国家发展文物保护事业。县级以上人民政府应当将文物保护事业纳入本级国民经济和社会发展规划，所需经费列入本级财政预算。

国家用于文物保护的财政拨款随着财政收入增长而增加。

国有博物馆、纪念馆、文物保护单位等的事业性收入，专门用于文物保护，任何单位或者个人不得侵占、挪用。

国家鼓励通过捐赠等方式设立文物保护社会基金，专门用于文物保护，任何单位或者个人不得侵占、挪用。

第十一条 文物是不可再生的文化资源。国家加强文物保护的宣传教育，增强全民文物保护的意识，鼓励文物保护的科学研究，提高文物保护的科学技术水平。

第十二条 有下列事迹的单位或者个人，由国家给予精神鼓励或者物质奖励：

（一）认真执行文物保护法律、法规，保护文物成绩显著的；

（二）为保护文物与违法犯罪行为作坚决斗争的；

（三）将个人收藏的重要文物捐献给国家或者为文物保护事业作出捐赠的；

（四）发现文物及时上报或者上交，使文物得到保护的；

（五）在考古发掘工作中作出重大贡献的；

（六）在文物保护科学技术方面有重要发明创造或者其他重要贡献的；

（七）在文物面临破坏危险时，抢救文物有功的；

（八）长期从事文物工作，作出显著成绩的。

第二章 不可移动文物

第十三条 国务院文物行政部门在省级、市、县级文物保护单位中，选择具有重大历史、艺术、科学价值的确定为全国重点文物保护单位，或者直接确定为全国重点文物保护单位，报国务院核定公布。

省级文物保护单位，由省、自治区、直辖市人民政府核定公布，并报国务院备案。

市级和县级文物保护单位，分别由设区的市、自治州和县级人民政府核定公布，并报省、自治区、直辖市人民政府备案。

尚未核定公布为文物保护单位的不可移动文物，由县级人民政府文物行政部门予以登记并公布。

第十四条 保存文物特别丰富并且具有重大历史价值或者革命纪念意义的城市，由国务院核定公布为历史文化名城。

保存文物特别丰富并且具有重大历史价值或者革命纪念意义的城镇、街道、村庄，由省、自治区、直辖市人民政府核定公布为历史文化街区、村镇，并报国务院备案。

历史文化名城和历史文化街区、村镇所在地的县级以上地方人民政府应当组织编制专门的历史文化名城和历史文化街区、村镇保护规划，并纳入城市总体规划。

历史文化名城和历史文化街区、村镇的保护办法，由国务院制定。

第十五条 各级文物保护单位，分别由省、自治区、直辖市人民政府和市、县级人民政府划定必要的保护范围，作出标志说明，建立记录档案，并区别情况分别设置专门机构或者专人负责管理。全国重点文物保护单位的保护范围和记录档案，由省、自治区、直辖市人民政府文物行政部门报国务院文物行政部门备案。

县级以上地方人民政府文物行政部门应当根据不同文物的保护需要，制定文物保护单位和未核定为文物保护单位的不可移动文物的具体保护措施，并公告施行。

第十六条 各级人民政府制定城乡建设规划，应当根据文物保护的需要，事先由城乡建设规划部门会同文物行政部门商定对本行政区域内各级文物保护单位的保护措施，并纳入规划。

第十七条 文物保护单位的保护范围内不得进行其他建设工程或者爆破、钻探、挖掘等作业。但是，因特殊情况需要在文物保护单位的保护范围内进行其他建设工程或者爆破、钻探、挖掘等作业的，必须保证文物保护单位的安全，并经核定公布该文物保护单位的人民政府批准，在批准前应当征得上一级人民政府文物行政部门同意；在全国重点文物保护单位的保护范围内进行其他建设工程或者爆破、钻探、挖掘等作业的，必须经省、自治区、直辖市人民政府批准，在批准前应当征得国务院文物行政部门同意。

第十八条 根据保护文物的实际需要，经省、自治区、直辖市人民政府批准，可以在文物保护单位的周围划出一定的建设控制地带，并予以公布。

在文物保护单位的建设控制地带内进行建设工程，不得破坏文物保护单位的历史风貌；工程设计方案应当根据文物保护单位的级别，经相应的文物行政部门同意后，报城乡建设规划部门批准。

第十九条 在文物保护单位的保护范围和建设控制地带内，不得建设污染文物保护单位及其环境的设施，不得进行可能影响文物保护单位安全及其环境的活动。对已有的污染文物保护单位及其环境的设施，应当限期治理。

第二十条 建设工程选址，应当尽可能避开不可移动文物；因特殊情况不能避开的，对文物保护单位应当尽可能实施原址保护。

实施原址保护的，建设单位应当事先确定保护措施，根据文物保护单位的级别报相应的文物行政部门批准，并将保护措施列入可行性研究报告或者设计任务书。

无法实施原址保护,必须迁移异地保护或者拆除的,应当报省、自治区、直辖市人民政府批准;迁移或者拆除省级文物保护单位的,批准前须征得国务院文物行政部门同意。全国重点文物保护单位不得拆除;需要迁移的,须由省、自治区、直辖市人民政府报国务院批准。

依照前款规定拆除的国有不可移动文物中具有收藏价值的壁画、雕塑、建筑构件等,由文物行政部门指定的文物收藏单位收藏。

本条规定的原址保护、迁移、拆除所需费用,由建设单位列入建设工程预算。

第二十一条 国有不可移动文物由使用人负责修缮、保养;非国有不可移动文物由所有人负责修缮、保养。非国有不可移动文物有损毁危险,所有人不具备修缮能力的,当地人民政府应当给予帮助;所有人具备修缮能力而拒不依法履行修缮义务的,县级以上人民政府可以给予抢救修缮,所需费用由所有人负担。

对文物保护单位进行修缮,应当根据文物保护单位的级别报相应的文物行政部门批准;对未核定为文物保护单位的不可移动文物进行修缮,应当报登记的县级人民政府文物行政部门批准。

文物保护单位的修缮、迁移、重建,由取得文物保护工程资质证书的单位承担。

对不可移动文物进行修缮、保养、迁移,必须遵守不改变文物原状的原则。

第二十二条 不可移动文物已经全部毁坏的,应当实施遗址保护,不得在原址重建。但是,因特殊情况需要在原址重建的,由省、自治区、直辖市人民政府文物行政部门报省、自治区、直辖市人民政府批准;全国重点文物保护单位需要在原址重建的,由省、自治区、直辖市人民政府报国务院批准。

第二十三条 核定为文物保护单位的属于国家所有的纪念建筑物或者古建筑,除可以建立博物馆、保管所或者辟为参观游览场所外,作其他用途的,市、县级文物保护单位应当经核定公布该文物保护单位的人民政府文物行政部门征得上一级文物行政部门同意后,报核定公布该文物保护单位的人民政府批准;省级文物保护单位应当经核定公布该文物保护单位的省级人民政府的文物行政部门审核同意后,报该省级人民政府批准;全国重点文物保护单位作其他用途的,应当由省、自治区、直辖市人民政府报国务院批准。国有未核定为文物保护单位的不可移动文物作其他用途的,应当报告县级人民政府文物行政部门。

第二十四条 国有不可移动文物不得转让、抵押。建立博物馆、保管所或者辟为参观游览场所的国有文物保护单位,不得作为企业资产经营。

第二十五条 非国有不可移动文物不得转让、抵押给外国人。

非国有不可移动文物转让、抵押或者改变用途的,应当根据其级别报相应的文物行政部门备案;由当地人民政府出资帮助修缮的,应当报相应的文物行政部门批准。

第二十六条 使用不可移动文物,必须遵守不改变文物原状的原则,负责保护建筑物及其附属文物的安全,不得损毁、改建、添建或者拆除不可移动文物。

对危害文物保护单位安全、破坏文物保护单位历史风貌的建筑物、构筑物,当地人民政府应当及时调查处理,必要时,对该建筑物、构筑物予以拆迁。

第三章　考古发掘

第二十七条 一切考古发掘工作,必须履行报批手续;从事考古发掘的单位,应当经国务院文物行政部门批准。

地下埋藏的文物，任何单位或者个人都不得私自发掘。

第二十八条 从事考古发掘的单位，为了科学研究进行考古发掘，应当提出发掘计划，报国务院文物行政部门批准；对全国重点文物保护单位的考古发掘计划，应当经国务院文物行政部门审核后报国务院批准。国务院文物行政部门在批准或者审核前，应当征求社会科学研究机构及其他科研机构和有关专家的意见。

第二十九条 进行大型基本建设工程，建设单位应当事先报请省、自治区、直辖市人民政府文物行政部门组织从事考古发掘的单位在工程范围内有可能埋藏文物的地方进行考古调查、勘探。

考古调查、勘探中发现文物的，由省、自治区、直辖市人民政府文物行政部门根据文物保护的要求会同建设单位共同商定保护措施；遇有重要发现的，由省、自治区、直辖市人民政府文物行政部门及时报国务院文物行政部门处理。

第三十条 需要配合建设工程进行的考古发掘工作，应当由省、自治区、直辖市文物行政部门在勘探工作的基础上提出发掘计划，报国务院文物行政部门批准。国务院文物行政部门在批准前，应当征求社会科学研究机构及其他科研机构和有关专家的意见。

确因建设工期紧迫或者有自然破坏危险，对古文化遗址、古墓葬急需进行抢救发掘的，由省、自治区、直辖市人民政府文物行政部门组织发掘，并同时补办审批手续。

第三十一条 凡因进行基本建设和生产建设需要的考古调查、勘探、发掘，所需费用由建设单位列入建设工程预算。

第三十二条 在进行建设工程或者在农业生产中，任何单位或者个人发现文物，应当保护现场，立即报告当地文物行政部门，文物行政部门接到报告后，如无特殊情况，应当在二十四小时内赶赴现场，并在七日内提出处理意见。文物行政部门可以报请当地人民政府通知公安机关协助保护现场；发现重要文物的，应当立即上报国务院文物行政部门，国务院文物行政部门应当在接到报告后十五日内提出处理意见。

依照前款规定发现的文物属于国家所有，任何单位或者个人不得哄抢、私分、藏匿。

第三十三条 非经国务院文物行政部门报国务院特别许可，任何外国人或者外国团体不得在中华人民共和国境内进行考古调查、勘探、发掘。

第三十四条 考古调查、勘探、发掘的结果，应当报告国务院文物行政部门和省、自治区、直辖市人民政府文物行政部门。

考古发掘的文物，应当登记造册，妥善保管，按照国家有关规定移交给由省、自治区、直辖市人民政府文物行政部门或者国务院文物行政部门指定的国有博物馆、图书馆或者其他国有收藏文物的单位收藏。经省、自治区、直辖市人民政府文物行政部门或者国务院文物行政部门批准，从事考古发掘的单位可以保留少量出土文物作为科研标本。

考古发掘的文物，任何单位或者个人不得侵占。

第三十五条 根据保证文物安全、进行科学研究和充分发挥文物作用的需要，省、自治区、直辖市人民政府文物行政部门经本级人民政府批准，可以调用本行政区域内的出土文物；国务院文物行政部门经国务院批准，可以调用全国的重要出土文物。

第四章　馆藏文物

第三十六条 博物馆、图书馆和其他文物收藏单位对收藏的文物，必须区分文物等级，设置藏品档案，建立严格的管理制度，并报主管的文物行政部门备案。

县级以上地方人民政府文物行政部门应当分别建立本行政区域内的馆藏文物档案；国务院文物行政部门应当建立国家一级文物藏品档案和其主管的国有文物收藏单位馆藏文物档案。

第三十七条 文物收藏单位可以通过下列方式取得文物：

（一）购买；

（二）接受捐赠；

（三）依法交换；

（四）法律、行政法规规定的其他方式。

国有文物收藏单位还可以通过文物行政部门指定保管或者调拨方式取得文物。

第三十八条 文物收藏单位应当根据馆藏文物的保护需要，按照国家有关规定建立、健全管理制度，并报主管的文物行政部门备案。未经批准，任何单位或者个人不得调取馆藏文物。

文物收藏单位的法定代表人对馆藏文物的安全负责。国有文物收藏单位的法定代表人离任时，应当按照馆藏文物档案办理馆藏文物移交手续。

第三十九条 国务院文物行政部门可以调拨全国的国有馆藏文物。省、自治区、直辖市人民政府文物行政部门可以调拨本行政区域内其主管的国有文物收藏单位馆藏文物；调拨国有馆藏一级文物，应当报国务院文物行政部门备案。

国有文物收藏单位可以申请调拨国有馆藏文物。

第四十条 文物收藏单位应当充分发挥馆藏文物的作用，通过举办展览、科学研究等活动，加强对中华民族优秀的历史文化和革命传统的宣传教育。

国有文物收藏单位之间因举办展览、科学研究等需借用馆藏文物的，应当报主管的文物行政部门备案；借用馆藏一级文物的，应当经省、自治区、直辖市人民政府文物行政部门批准，并报国务院文物行政部门备案。

非国有文物收藏单位和其他单位举办展览需借用国有馆藏文物的，应当报主管的文物行政部门批准；借用国有馆藏一级文物，应当经国务院文物行政部门批准。

文物收藏单位之间借用文物的最长期限不得超过三年。

第四十一条 已经建立馆藏文物档案的国有文物收藏单位，经省、自治区、直辖市人民政府文物行政部门批准，并报国务院文物行政部门备案，其馆藏文物可以在国有文物收藏单位之间交换；交换馆藏一级文物的，必须经国务院文物行政部门批准。

第四十二条 未建立馆藏文物档案的国有文物收藏单位，不得依照本法第四十条、第四十一条的规定处置其馆藏文物。

第四十三条 依法调拨、交换、借用国有馆藏文物，取得文物的文物收藏单位可以对提供文物的文物收藏单位给予合理补偿，具体管理办法由国务院文物行政部门制定。

国有文物收藏单位调拨、交换、出借文物所得的补偿费用，必须用于改善文物的收藏条件和收集新的文物，不得挪作他用；任何单位或者个人不得侵占。

调拨、交换、借用的文物必须严格保管，不得丢失、损毁。

第四十四条 禁止国有文物收藏单位将馆藏文物赠与、出租或者出售给其他单位、个人。

第四十五条 国有文物收藏单位不再收藏的文物的处置办法，由国务院另行制定。

第四十六条 修复馆藏文物，不得改变馆藏文物的原状；复制、拍摄、拓印馆藏文物，不得对馆藏文物造成损害。具体管理办法由国务院制定。

不可移动文物的单体文物的修复、复制、拍摄、拓印，适用前款规定。

第四十七条 博物馆、图书馆和其他收藏文物的单位应当按照国家有关规定配备防火、防盗、防自然损坏的设施，确保馆藏文物的安全。

第四十八条 馆藏一级文物损毁的，应当报国务院文物行政部门核查处理。其他馆藏文物损毁的，应当报省、自治区、直辖市人民政府文物行政部门核查处理；省、自治区、直辖市人民政府文物行政部门应当将核查处理结果报国务院文物行政部门备案。

馆藏文物被盗、被抢或者丢失的，文物收藏单位应当立即向公安机关报案，并同时向主管的文物行政部门报告。

第四十九条 文物行政部门和国有文物收藏单位的工作人员不得借用国有文物，不得非法侵占国有文物。

第五章 民间收藏文物

第五十条 文物收藏单位以外的公民、法人和其他组织可以收藏通过下列方式取得的文物：

(一)依法继承或者接受赠与；

(二)从文物商店购买；

(三)从经营文物拍卖的拍卖企业购买；

(四)公民个人合法所有的文物相互交换或者依法转让；

(五)国家规定的其他合法方式。

文物收藏单位以外的公民、法人和其他组织收藏的前款文物可以依法流通。

第五十一条 公民、法人和其他组织不得买卖下列文物：

(一)国有文物，但是国家允许的除外；

(二)非国有馆藏珍贵文物；

(三)国有不可移动文物中的壁画、雕塑、建筑构件等，但是依法拆除的国有不可移动文物中的壁画、雕塑、建筑构件等不属于本法第二十条第四款规定的应由文物收藏单位收藏的除外；

(四)来源不符合本法第五十条规定的文物。

第五十二条 国家鼓励文物收藏单位以外的公民、法人和其他组织将其收藏的文物捐赠给国有文物收藏单位或者出借给文物收藏单位展览和研究。

国有文物收藏单位应当尊重并按照捐赠人的意愿，对捐赠的文物妥善收藏、保管和展示。

国家禁止出境的文物，不得转让、出租、质押给外国人。

第五十三条 文物商店应当由国务院文物行政部门或者省、自治区、直辖市人民政府文物行政部门批准设立，依法进行管理。

文物商店不得从事文物拍卖经营活动，不得设立经营文物拍卖的拍卖企业。

第五十四条 依法设立的拍卖企业经营文物拍卖的，应当取得国务院文物行政部门颁发的文物拍卖许可证。

经营文物拍卖的拍卖企业不得从事文物购销经营活动，不得设立文物商店。

第五十五条 文物行政部门的工作人员不得举办或者参与举办文物商店或者经营文物拍卖的拍卖企业。

文物收藏单位不得举办或者参与举办文物商店或者经营文物拍卖的拍卖企业。

禁止设立中外合资、中外合作和外商独资的文物商店或者经营文物拍卖的拍卖企业。

除经批准的文物商店、经营文物拍卖的拍卖企业外，其他单位或者个人不得从事文物的商业经营活动。

第五十六条 文物商店销售的文物，在销售前应当经省、自治区、直辖市人民政府文物行政部门审核；对允许销售的，省、自治区、直辖市人民政府文物行政部门应当作出标识。

拍卖企业拍卖的文物，在拍卖前应当经省、自治区、直辖市人民政府文物行政部门审核，并报国务院文物行政部门备案；省、自治区、直辖市人民政府文物行政部门不能确定是否可以拍卖的，应当报国务院文物行政部门审核。

第五十七条 文物商店购买、销售文物，拍卖企业拍卖文物，应当按照国家有关规定作出记录，并报原审核的文物行政部门备案。

拍卖文物时，委托人、买受人要求对其身份保密的，文物行政部门应当为其保密；但是，法律、行政法规另有规定的除外。

第五十八条 文物行政部门在审核拟拍卖的文物时，可以指定国有文物收藏单位优先购买其中的珍贵文物。购买价格由文物收藏单位的代表与文物的委托人协商确定。

第五十九条 银行、冶炼厂、造纸厂以及废旧物资回收单位，应当与当地文物行政部门共同负责拣选掺杂在金银器和废旧物资中的文物。拣选文物除供银行研究所必需的历史货币可以由人民银行留用外，应当移交当地文物行政部门。移交拣选文物，应当给予合理补偿。

第六章 文物出境进境

第六十条 国有文物、非国有文物中的珍贵文物和国家规定禁止出境的其他文物，不得出境；但是依照本法规定出境展览或者因特殊需要经国务院批准出境的除外。

第六十一条 文物出境，应当经国务院文物行政部门指定的文物进出境审核机构审核。经审核允许出境的文物，由国务院文物行政部门发给文物出境许可证，从国务院文物行政部门指定的口岸出境。

任何单位或者个人运送、邮寄、携带文物出境，应当向海关申报；海关凭文物出境许可证放行。

第六十二条 文物出境展览，应当报国务院文物行政部门批准；一级文物超过国务院规定数量的，应当报国务院批准。

一级文物中的孤品和易损品，禁止出境展览。

出境展览的文物出境，由文物进出境审核机构审核、登记。海关凭国务院文物行政部门或者国务院的批准文件放行。出境展览的文物复进境，由原文物进出境审核机构审核查验。

第六十三条 文物临时进境，应当向海关申报，并报文物进出境审核机构审核、登记。

临时进境的文物复出境，必须经原审核、登记的文物进出境审核机构审核查验；经审核查验无误的，由国务院文物行政部门发给文物出境许可证，海关凭文物出境许可证放行。

第七章 法律责任

第六十四条 违反本法规定，有下列行为之一，构成犯罪的，依法追究刑事责任：

（一）盗掘古文化遗址、古墓葬的；

（二）故意或者过失损毁国家保护的珍贵文物的；

（三）擅自将国有馆藏文物出售或者私自送给非国有单位或者个人的；

（四）将国家禁止出境的珍贵文物私自出售或者送给外国人的；

（五）以牟利为目的倒卖国家禁止经营的文物的；

（六）走私文物的；

（七）盗窃、哄抢、私分或者非法侵占国有文物的；

（八）应当追究刑事责任的其他妨害文物管理行为。

第六十五条　违反本法规定，造成文物灭失、损毁的，依法承担民事责任。

违反本法规定，构成违反治安管理行为的，由公安机关依法给予治安管理处罚。

违反本法规定，构成走私行为，尚不构成犯罪的，由海关依照有关法律、行政法规的规定给予处罚。

第六十六条　有下列行为之一，尚不构成犯罪的，由县级以上人民政府文物主管部门责令改正，造成严重后果的，处五万元以上五十万元以下的罚款；情节严重的，由原发证机关吊销资质证书：

（一）擅自在文物保护单位的保护范围内进行建设工程或者爆破、钻探、挖掘等作业的；

（二）在文物保护单位的建设控制地带内进行建设工程，其工程设计方案未经文物行政部门同意、报城乡建设规划部门批准，对文物保护单位的历史风貌造成破坏的；

（三）擅自迁移、拆除不可移动文物的；

（四）擅自修缮不可移动文物，明显改变文物原状的；

（五）擅自在原址重建已全部毁坏的不可移动文物，造成文物破坏的；

（六）施工单位未取得文物保护工程资质证书，擅自从事文物修缮、迁移、重建的。

刻划、涂污或者损坏文物尚不严重的，或者损毁依照本法第十五条第一款规定设立的文物保护单位标志的，由公安机关或者文物所在单位给予警告，可以并处罚款。

第六十七条　在文物保护单位的保护范围内或者建设控制地带内建设污染文物保护单位及其环境的设施的，或者对已有的污染文物保护单位及其环境的设施未在规定的期限内完成治理的，由环境保护行政部门依照有关法律、法规的规定给予处罚。

第六十八条　有下列行为之一的，由县级以上人民政府文物主管部门责令改正，没收违法所得，违法所得一万元以上的，并处违法所得二倍以上五倍以下的罚款；违法所得不足一万元的，并处五千元以上二万元以下的罚款：

（一）转让或者抵押国有不可移动文物，或者将国有不可移动文物作为企业资产经营的；

（二）将非国有不可移动文物转让或者抵押给外国人的；

（三）擅自改变国有文物保护单位的用途的。

第六十九条　历史文化名城的布局、环境、历史风貌等遭到严重破坏的，由国务院撤销其历史文化名城称号；历史文化城镇、街道、村庄的布局、环境、历史风貌等遭到严重破坏的，由省、自治区、直辖市人民政府撤销其历史文化街区、村镇称号；对负有责任的主管人员和其他直接责任人员依法给予行政处分。

第七十条　有下列行为之一，尚不构成犯罪的，由县级以上人民政府文物主管部门责令改正，可以并处二万元以下的罚款，有违法所得的，没收违法所得：

（一）文物收藏单位未按照国家有关规定配备防火、防盗、防自然损坏的设施的；

（二）国有文物收藏单位法定代表人离任时未按照馆藏文物档案移交馆藏文物，或者所移交的馆藏文物与馆藏文物档案不符的；

（三）将国有馆藏文物赠与、出租或者出售给其他单位、个人的；

（四）违反本法第四十条、第四十一条、第四十五条规定处置国有馆藏文物的；

（五）违反本法第四十三条规定挪用或者侵占依法调拨、交换、出借文物所得补偿费用的。

第七十一条　买卖国家禁止买卖的文物或者将禁止出境的文物转让、出租、质押给外国人，尚不构成犯罪的，由县级以上人民政府文物主管部门责令改正，没收违法所得，违法经营额一万元以上的，并处违法经营额二倍以上五倍以下的罚款；违法经营额不足一万元的，并处五千元以上二万元以下的罚款。

第七十二条　未经许可，擅自设立文物商店、经营文物拍卖的拍卖企业，或者擅自从事文物的商业经营活动，尚不构成犯罪的，由工商行政管理部门依法予以制止，没收违法所得、非法经营的文物，违法经营额五万元以上的，并处违法经营额二倍以上五倍以下的罚款；违法经营额不足五万元的，并处二万元以上十万元以下的罚款。

第七十三条　有下列情形之一的，由工商行政管理部门没收违法所得、非法经营的文物，违法经营额五万元以上的，并处违法经营额一倍以上三倍以下的罚款；违法经营额不足五万元的，并处五千元以上五万元以下的罚款；情节严重的，由原发证机关吊销许可证书：

（一）文物商店从事文物拍卖经营活动的；

（二）经营文物拍卖的拍卖企业从事文物购销经营活动的；

（三）文物商店销售的文物、拍卖企业拍卖的文物，未经审核的；

（四）文物收藏单位从事文物的商业经营活动的。

第七十四条　有下列行为之一，尚不构成犯罪的，由县级以上人民政府文物主管部门会同公安机关追缴文物；情节严重的，处五千元以上五万元以下的罚款：

（一）发现文物隐匿不报或者拒不上交的；

（二）未按照规定移交拣选文物的。

第七十五条　有下列行为之一的，由县级以上人民政府文物主管部门责令改正：

（一）改变国有未核定为文物保护单位的不可移动文物的用途，未依照本法规定报告的；

（二）转让、抵押非国有不可移动文物或者改变其用途，未依照本法规定备案的；

（三）国有不可移动文物的使用人拒不依法履行修缮义务的；

（四）考古发掘单位未经批准擅自进行考古发掘，或者不如实报告考古发掘结果的；

（五）文物收藏单位未按照国家有关规定建立馆藏文物档案、管理制度，或者未将馆藏文物档案、管理制度备案的；

（六）违反本法第三十八条规定，未经批准擅自调取馆藏文物的；

（七）馆藏文物损毁未报文物行政部门核查处理，或者馆藏文物被盗、被抢或者丢失，文物收藏单位未及时向公安机关或者文物行政部门报告的；

（八）文物商店销售文物或者拍卖企业拍卖文物，未按照国家有关规定作出记录或者未将所作记录报文物行政部门备案的。

第七十六条　文物行政部门、文物收藏单位、文物商店、经营文物拍卖的拍卖企业的工作人员，有下列行为之一的，依法给予行政处分，情节严重的，依法开除公职或者吊销其从业资格；构成犯罪的，依法追究刑事责任：

（一）文物行政部门的工作人员违反本法规定，滥用审批权限、不履行职责或者发现违法行为不予查处，造成严重后果的；

（二）文物行政部门和国有文物收藏单位的工作人员借用或者非法侵占国有文物的；

（三）文物行政部门的工作人员举办或者参与举办文物商店或者经营文物拍卖的拍卖企业的；

（四）因不负责任造成文物保护单位、珍贵文物损毁或者流失的；

（五）贪污、挪用文物保护经费的。

前款被开除公职或者被吊销从业资格的人员，自被开除公职或者被吊销从业资格之日起十年内不得担任文物管理人员或者从事文物经营活动。

第七十七条 有本法第六十六条、第六十八条、第七十条、第七十一条、第七十四条、第七十五条规定所列行为之一的，负有责任的主管人员和其他直接责任人员是国家工作人员的，依法给予行政处分。

第七十八条 公安机关、工商行政管理部门、海关、城乡建设规划部门和其他国家机关，违反本法规定滥用职权、玩忽职守、徇私舞弊，造成国家保护的珍贵文物损毁或者流失的，对负有责任的主管人员和其他直接责任人员依法给予行政处分；构成犯罪的，依法追究刑事责任。

第七十九条 人民法院、人民检察院、公安机关、海关和工商行政管理部门依法没收的文物应当登记造册，妥善保管，结案后无偿移交文物行政部门，由文物行政部门指定的国有文物收藏单位收藏。

第八章 附 则

第八十条 本法自公布之日起施行。

中华人民共和国水污染防治法

（1984 年 5 月 11 日第六届全国人民代表大会常务委员会第五次会议通过
根据 1996 年 5 月 15 日第八届全国人民代表大会常务委员会第十九次会议
《关于修改〈中华人民共和国水污染防治法〉的决定》修正
2008 年 2 月 28 日第十届全国人民代表大会常务委员会第三十二次会议修订
2008 年 2 月 28 日中华人民共和国主席令第 87 号公布
自 2008 年 6 月 1 日起施行）

第一章　总　　则

第一条　为了防治水污染，保护和改善环境，保障饮用水安全，促进经济社会全面协调可持续发展，制定本法。

第二条　本法适用于中华人民共和国领域内的江河、湖泊、运河、渠道、水库等地表水体以及地下水体的污染防治。

海洋污染防治适用《中华人民共和国海洋环境保护法》。

第三条　水污染防治应当坚持预防为主、防治结合、综合治理的原则，优先保护饮用水水源，严格控制工业污染、城镇生活污染，防治农业面源污染，积极推进生态治理工程建设，预防、控制和减少水环境污染和生态破坏。

第四条　县级以上人民政府应当将水环境保护工作纳入国民经济和社会发展规划。

县级以上地方人民政府应当采取防治水污染的对策和措施，对本行政区域的水环境质量负责。

第五条　国家实行水环境保护目标责任制和考核评价制度，将水环境保护目标完成情况作为对地方人民政府及其负责人考核评价的内容。

第六条　国家鼓励、支持水污染防治的科学技术研究和先进适用技术的推广应用，加强水环境保护的宣传教育。

第七条　国家通过财政转移支付等方式，建立健全对位于饮用水水源保护区区域和江河、湖泊、水库上游地区的水环境生态保护补偿机制。

第八条　县级以上人民政府环境保护主管部门对水污染防治实施统一监督管理。

交通主管部门的海事管理机构对船舶污染水域的防治实施监督管理。

县级以上人民政府水行政、国土资源、卫生、建设、农业、渔业等部门以及重要江河、湖泊的流域水资源保护机构，在各自的职责范围内，对有关水污染防治实施监督管理。

第九条　排放水污染物，不得超过国家或者地方规定的水污染物排放标准和重点水污染物排放总量控制指标。

第十条　任何单位和个人都有义务保护水环境，并有权对污染损害水环境的行为进行检举。

县级以上人民政府及其有关主管部门对在水污染防治工作中做出显著成绩的单位和个人

给予表彰和奖励。

第二章　水污染防治的标准和规划

第十一条　国务院环境保护主管部门制定国家水环境质量标准。

省、自治区、直辖市人民政府可以对国家水环境质量标准中未作规定的项目，制定地方标准，并报国务院环境保护主管部门备案。

第十二条　国务院环境保护主管部门会同国务院水行政主管部门和有关省、自治区、直辖市人民政府，可以根据国家确定的重要江河、湖泊流域水体的使用功能以及有关地区的经济、技术条件，确定该重要江河、湖泊流域的省界水体适用的水环境质量标准，报国务院批准后施行。

第十三条　国务院环境保护主管部门根据国家水环境质量标准和国家经济、技术条件，制定国家水污染物排放标准。

省、自治区、直辖市人民政府对国家水污染物排放标准中未作规定的项目，可以制定地方水污染物排放标准；对国家水污染物排放标准中已作规定的项目，可以制定严于国家水污染物排放标准的地方水污染物排放标准。地方水污染物排放标准须报国务院环境保护主管部门备案。

向已有地方水污染物排放标准的水体排放污染物的，应当执行地方水污染物排放标准。

第十四条　国务院环境保护主管部门和省、自治区、直辖市人民政府，应当根据水污染防治的要求和国家或者地方的经济、技术条件，适时修订水环境质量标准和水污染物排放标准。

第十五条　防治水污染应当按流域或者按区域进行统一规划。国家确定的重要江河、湖泊的流域水污染防治规划，由国务院环境保护主管部门会同国务院经济综合宏观调控、水行政等部门和有关省、自治区、直辖市人民政府编制，报国务院批准。

前款规定外的其他跨省、自治区、直辖市江河、湖泊的流域水污染防治规划，根据国家确定的重要江河、湖泊的流域水污染防治规划和本地实际情况，由有关省、自治区、直辖市人民政府环境保护主管部门会同同级水行政等部门和有关市、县人民政府编制，经有关省、自治区、直辖市人民政府审核，报国务院批准。

省、自治区、直辖市内跨县江河、湖泊的流域水污染防治规划，根据国家确定的重要江河、湖泊的流域水污染防治规划和本地实际情况，由省、自治区、直辖市人民政府环境保护主管部门会同同级水行政等部门编制，报省、自治区、直辖市人民政府批准，并报国务院备案。

经批准的水污染防治规划是防治水污染的基本依据，规划的修订须经原批准机关批准。

县级以上地方人民政府应当根据依法批准的江河、湖泊的流域水污染防治规划，组织制定本行政区域的水污染防治规划。

第十六条　国务院有关部门和县级以上地方人民政府开发、利用和调节、调度水资源时，应当统筹兼顾，维持江河的合理流量和湖泊、水库以及地下水体的合理水位，维护水体的生态功能。

第三章　水污染防治的监督管理

第十七条　新建、改建、扩建直接或者间接向水体排放污染物的建设项目和其他水上设施，应当依法进行环境影响评价。

建设单位在江河、湖泊新建、改建、扩建排污口的，应当取得水行政主管部门或者流域管理机构同意；涉及通航、渔业水域的，环境保护主管部门在审批环境影响评价文件时，应当征求交通、渔业主管部门的意见。

建设项目的水污染防治设施，应当与主体工程同时设计、同时施工、同时投入使用。水污染防治设施应当经过环境保护主管部门验收，验收不合格的，该建设项目不得投入生产或者使用。

第十八条 国家对重点水污染物排放实施总量控制制度。

省、自治区、直辖市人民政府应当按照国务院的规定削减和控制本行政区域的重点水污染物排放总量，并将重点水污染物排放总量控制指标分解落实到市、县人民政府。市、县人民政府根据本行政区域重点水污染物排放总量控制指标的要求，将重点水污染物排放总量控制指标分解落实到排污单位。具体办法和实施步骤由国务院规定。

省、自治区、直辖市人民政府可以根据本行政区域水环境质量状况和水污染防治工作的需要，确定本行政区域实施总量削减和控制的重点水污染物。

对超过重点水污染物排放总量控制指标的地区，有关人民政府环境保护主管部门应当暂停审批新增重点水污染物排放总量的建设项目的环境影响评价文件。

第十九条 国务院环境保护主管部门对未按照要求完成重点水污染物排放总量控制指标的省、自治区、直辖市予以公布。省、自治区、直辖市人民政府环境保护主管部门对未按照要求完成重点水污染物排放总量控制指标的市、县予以公布。

县级以上人民政府环境保护主管部门对违反本法规定、严重污染水环境的企业予以公布。

第二十条 国家实行排污许可制度。

直接或者间接向水体排放工业废水和医疗污水以及其他按照规定应当取得排污许可证方可排放的废水、污水的企业事业单位，应当取得排污许可证；城镇污水集中处理设施的运营单位，也应当取得排污许可证。排污许可的具体办法和实施步骤由国务院规定。

禁止企业事业单位无排污许可证或者违反排污许可证的规定向水体排放前款规定的废水、污水。

第二十一条 直接或者间接向水体排放污染物的企业事业单位和个体工商户，应当按照国务院环境保护主管部门的规定，向县级以上地方人民政府环境保护主管部门申报登记拥有的水污染物排放设施、处理设施和在正常作业条件下排放水污染物的种类、数量和浓度，并提供防治水污染方面的有关技术资料。

企业事业单位和个体工商户排放水污染物的种类、数量和浓度有重大改变的，应当及时申报登记；其水污染物处理设施应当保持正常使用；拆除或者闲置水污染物处理设施的，应当事先报县级以上地方人民政府环境保护主管部门批准。

第二十二条 向水体排放污染物的企业事业单位和个体工商户，应当按照法律、行政法规和国务院环境保护主管部门的规定设置排污口；在江河、湖泊设置排污口的，还应当遵守国务院水行政主管部门的规定。

禁止私设暗管或者采取其他规避监管的方式排放水污染物。

第二十三条 重点排污单位应当安装水污染物排放自动监测设备，与环境保护主管部门的监控设备联网，并保证监测设备正常运行。排放工业废水的企业，应当对其所排放的工业废水进行监测，并保存原始监测记录。具体办法由国务院环境保护主管部门规定。

应当安装水污染物排放自动监测设备的重点排污单位名录，由设区的市级以上地方人民政府环境保护主管部门根据本行政区域的环境容量、重点水污染物排放总量控制指标的要求以及排污单位排放水污染物的种类、数量和浓度等因素，商同级有关部门确定。

第二十四条　直接向水体排放污染物的企业事业单位和个体工商户，应当按照排放水污染物的种类、数量和排污费征收标准缴纳排污费。

排污费应当用于污染的防治，不得挪作他用。

第二十五条　国家建立水环境质量监测和水污染物排放监测制度。国务院环境保护主管部门负责制定水环境监测规范，统一发布国家水环境状况信息，会同国务院水行政等部门组织监测网络。

第二十六条　国家确定的重要江河、湖泊流域的水资源保护工作机构负责监测其所在流域的省界水体的水环境质量状况，并将监测结果及时报国务院环境保护主管部门和国务院水行政主管部门；有经国务院批准成立的流域水资源保护领导机构的，应当将监测结果及时报告流域水资源保护领导机构。

第二十七条　环境保护主管部门和其他依照本法规定行使监督管理权的部门，有权对管辖范围内的排污单位进行现场检查，被检查的单位应当如实反映情况，提供必要的资料。检查机关有义务为被检查的单位保守在检查中获取的商业秘密。

第二十八条　跨行政区域的水污染纠纷，由有关地方人民政府协商解决，或者由其共同的上级人民政府协调解决。

第四章　水污染防治措施

第一节　一般规定

第二十九条　禁止向水体排放油类、酸液、碱液或者剧毒废液。

禁止在水体清洗装贮过油类或者有毒污染物的车辆和容器。

第三十条　禁止向水体排放、倾倒放射性固体废物或者含有高放射性和中放射性物质的废水。

向水体排放含低放射性物质的废水，应当符合国家有关放射性污染防治的规定和标准。

第三十一条　向水体排放含热废水，应当采取措施，保证水体的水温符合水环境质量标准。

第三十二条　含病原体的污水应当经过消毒处理；符合国家有关标准后，方可排放。

第三十三条　禁止向水体排放、倾倒工业废渣、城镇垃圾和其他废弃物。

禁止将含有汞、镉、砷、铬、铅、氰化物、黄磷等的可溶性剧毒废渣向水体排放、倾倒或者直接埋入地下。

存放可溶性剧毒废渣的场所，应当采取防水、防渗漏、防流失的措施。

第三十四条　禁止在江河、湖泊、运河、渠道、水库最高水位线以下的滩地和岸坡堆放、存贮固体废弃物和其他污染物。

第三十五条　禁止利用渗井、渗坑、裂隙和溶洞排放、倾倒含有毒污染物的废水、含病原体的污水和其他废弃物。

第三十六条　禁止利用无防渗漏措施的沟渠、坑塘等输送或者存贮含有毒污染物的废水、含病原体的污水和其他废弃物。

第三十七条 多层地下水的含水层水质差异大的，应当分层开采；对已受污染的潜水和承压水，不得混合开采。

第三十八条 兴建地下工程设施或者进行地下勘探、采矿等活动，应当采取防护性措施，防止地下水污染。

第三十九条 人工回灌补给地下水，不得恶化地下水质。

第二节 工业水污染防治

第四十条 国务院有关部门和县级以上地方人民政府应当合理规划工业布局，要求造成水污染的企业进行技术改造，采取综合防治措施，提高水的重复利用率，减少废水和污染物排放量。

第四十一条 国家对严重污染水环境的落后工艺和设备实行淘汰制度。

国务院经济综合宏观调控部门会同国务院有关部门，公布限期禁止采用的严重污染水环境的工艺名录和限期禁止生产、销售、进口、使用的严重污染水环境的设备名录。

生产者、销售者、进口者或者使用者应当在规定的期限内停止生产、销售、进口或者使用列入前款规定的设备名录中的设备。工艺的采用者应当在规定的期限内停止采用列入前款规定的工艺名录中的工艺。

依照本条第二款、第三款规定被淘汰的设备，不得转让给他人使用。

第四十二条 国家禁止新建不符合国家产业政策的小型造纸、制革、印染、染料、炼焦、炼硫、炼砷、炼汞、炼油、电镀、农药、石棉、水泥、玻璃、钢铁、火电以及其他严重污染水环境的生产项目。

第四十三条 企业应当采用原材料利用效率高、污染物排放量少的清洁工艺，并加强管理，减少水污染物的产生。

第三节 城镇水污染防治

第四十四条 城镇污水应当集中处理。

县级以上地方人民政府应当通过财政预算和其他渠道筹集资金，统筹安排建设城镇污水集中处理设施及配套管网，提高本行政区域城镇污水的收集率和处理率。

国务院建设主管部门应当会同国务院经济综合宏观调控、环境保护主管部门，根据城乡规划和水污染防治规划，组织编制全国城镇污水处理设施建设规划。县级以上地方人民政府组织建设、经济综合宏观调控、环境保护、水行政等部门编制本行政区域的城镇污水处理设施建设规划。县级以上地方人民政府建设主管部门应当按照城镇污水处理设施建设规划，组织建设城镇污水集中处理设施及配套管网，并加强对城镇污水集中处理设施运营的监督管理。

城镇污水集中处理设施的运营单位按照国家规定向排污者提供污水处理的有偿服务，收取污水处理费用，保证污水集中处理设施的正常运行。向城镇污水集中处理设施排放污水、缴纳污水处理费用的，不再缴纳排污费。收取的污水处理费用应当用于城镇污水集中处理设施的建设和运行，不得挪作他用。

城镇污水集中处理设施的污水处理收费、管理以及使用的具体办法，由国务院规定。

第四十五条 向城镇污水集中处理设施排放水污染物，应当符合国家或者地方规定的水污染物排放标准。

城镇污水集中处理设施的出水水质达到国家或者地方规定的水污染物排放标准的，可以按照国家有关规定免缴排污费。

城镇污水集中处理设施的运营单位，应当对城镇污水集中处理设施的出水水质负责。

环境保护主管部门应当对城镇污水集中处理设施的出水水质和水量进行监督检查。

第四十六条 建设生活垃圾填埋场，应当采取防渗漏等措施，防止造成水污染。

第四节 农业和农村水污染防治

第四十七条 使用农药，应当符合国家有关农药安全使用的规定和标准。

运输、存贮农药和处置过期失效农药，应当加强管理，防止造成水污染。

第四十八条 县级以上地方人民政府农业主管部门和其他有关部门，应当采取措施，指导农业生产者科学、合理地施用化肥和农药，控制化肥和农药的过量使用，防止造成水污染。

第四十九条 国家支持畜禽养殖场、养殖小区建设畜禽粪便、废水的综合利用或者无害化处理设施。

畜禽养殖场、养殖小区应当保证其畜禽粪便、废水的综合利用或者无害化处理设施正常运转，保证污水达标排放，防止污染水环境。

第五十条 从事水产养殖应当保护水域生态环境，科学确定养殖密度，合理投饵和使用药物，防止污染水环境。

第五十一条 向农田灌溉渠道排放工业废水和城镇污水，应当保证其下游最近的灌溉取水点的水质符合农田灌溉水质标准。

利用工业废水和城镇污水进行灌溉，应当防止污染土壤、地下水和农产品。

第五节 船舶水污染防治

第五十二条 船舶排放含油污水、生活污水，应当符合船舶污染物排放标准。从事海洋航运的船舶进入内河和港口的，应当遵守内河的船舶污染物排放标准。

船舶的残油、废油应当回收，禁止排入水体。

禁止向水体倾倒船舶垃圾。

船舶装载运输油类或者有毒货物，应当采取防止溢流和渗漏的措施，防止货物落水造成水污染。

第五十三条 船舶应当按照国家有关规定配置相应的防污设备和器材，并持有合法有效的防止水域环境污染的证书与文书。

船舶进行涉及污染物排放的作业，应当严格遵守操作规程，并在相应的记录簿上如实记载。

第五十四条 港口、码头、装卸站和船舶修造厂应当备有足够的船舶污染物、废弃物的接收设施。从事船舶污染物、废弃物接收作业，或者从事装载油类、污染危害性货物船舱清洗作业的单位，应当具备与其运营规模相适应的接收处理能力。

第五十五条 船舶进行下列活动，应当编制作业方案，采取有效的安全和防污染措施，并报作业地海事管理机构批准：

（一）进行残油、含油污水、污染危害性货物残留物的接收作业，或者进行装载油类、污染危害性货物船舱的清洗作业；

（二）进行散装液体污染危害性货物的过驳作业；

（三）进行船舶水上拆解、打捞或者其他水上、水下船舶施工作业。

在渔港水域进行渔业船舶水上拆解活动，应当报作业地渔业主管部门批准。

第五章　饮用水水源和其他特殊水体保护

第五十六条　国家建立饮用水水源保护区制度。饮用水水源保护区分为一级保护区和二级保护区；必要时，可以在饮用水水源保护区外围划定一定的区域作为准保护区。

饮用水水源保护区的划定，由有关市、县人民政府提出划定方案，报省、自治区、直辖市人民政府批准；跨市、县饮用水水源保护区的划定，由有关市、县人民政府协商提出划定方案，报省、自治区、直辖市人民政府批准；协商不成的，由省、自治区、直辖市人民政府环境保护主管部门会同同级水行政、国土资源、卫生、建设等部门提出划定方案，征求同级有关部门的意见后，报省、自治区、直辖市人民政府批准。

跨省、自治区、直辖市的饮用水水源保护区，由有关省、自治区、直辖市人民政府商有关流域管理机构划定；协商不成的，由国务院环境保护主管部门会同同级水行政、国土资源、卫生、建设等部门提出划定方案，征求国务院有关部门的意见后，报国务院批准。

国务院和省、自治区、直辖市人民政府可以根据保护饮用水水源的实际需要，调整饮用水水源保护区的范围，确保饮用水安全。有关地方人民政府应当在饮用水水源保护区的边界设立明确的地理界标和明显的警示标志。

第五十七条　在饮用水水源保护区内，禁止设置排污口。

第五十八条　禁止在饮用水水源一级保护区内新建、改建、扩建与供水设施和保护水源无关的建设项目；已建成的与供水设施和保护水源无关的建设项目，由县级以上人民政府责令拆除或者关闭。

禁止在饮用水水源一级保护区内从事网箱养殖、旅游、游泳、垂钓或者其他可能污染饮用水水体的活动。

第五十九条　禁止在饮用水水源二级保护区内新建、改建、扩建排放污染物的建设项目；已建成的排放污染物的建设项目，由县级以上人民政府责令拆除或者关闭。

在饮用水水源二级保护区内从事网箱养殖、旅游等活动的，应当按照规定采取措施，防止污染饮用水水体。

第六十条　禁止在饮用水水源准保护区内新建、扩建对水体污染严重的建设项目；改建建设项目，不得增加排污量。

第六十一条　县级以上地方人民政府应当根据保护饮用水水源的实际需要，在准保护区内采取工程措施或者建造湿地、水源涵养林等生态保护措施，防止水污染物直接排入饮用水水体，确保饮用水安全。

第六十二条　饮用水水源受到污染可能威胁供水安全的，环境保护主管部门应当责令有关企业事业单位采取停止或者减少排放水污染物等措施。

第六十三条　国务院和省、自治区、直辖市人民政府根据水环境保护的需要，可以规定在饮用水水源保护区内，采取禁止或者限制使用含磷洗涤剂、化肥、农药以及限制种植养殖等措施。

第六十四条　县级以上人民政府可以对风景名胜区水体、重要渔业水体和其他具有特殊经济文化价值的水体划定保护区，并采取措施，保证保护区的水质符合规定用途的水环境质量标准。

第六十五条　在风景名胜区水体、重要渔业水体和其他具有特殊经济文化价值的水体的保护区内，不得新建排污口。在保护区附近新建排污口，应当保证保护区水体不受污染。

第六章　水污染事故处置

第六十六条　各级人民政府及其有关部门，可能发生水污染事故的企业事业单位，应当依照《中华人民共和国突发事件应对法》的规定，做好突发水污染事故的应急准备、应急处置和事后恢复等工作。

第六十七条　可能发生水污染事故的企业事业单位，应当制定有关水污染事故的应急方案，做好应急准备，并定期进行演练。

生产、储存危险化学品的企业事业单位，应当采取措施，防止在处理安全生产事故过程中产生的可能严重污染水体的消防废水、废液直接排入水体。

第六十八条　企业事业单位发生事故或者其他突发性事件，造成或者可能造成水污染事故的，应当立即启动本单位的应急方案，采取应急措施，并向事故发生地的县级以上地方人民政府或者环境保护主管部门报告。环境保护主管部门接到报告后，应当及时向本级人民政府报告，并抄送有关部门。

造成渔业污染事故或者渔业船舶造成水污染事故的，应当向事故发生地的渔业主管部门报告，接受调查处理。其他船舶造成水污染事故的，应当向事故发生地的海事管理机构报告，接受调查处理；给渔业造成损害的，海事管理机构应当通知渔业主管部门参与调查处理。

第七章　法 律 责 任

第六十九条　环境保护主管部门或者其他依照本法规定行使监督管理权的部门，不依法作出行政许可或者办理批准文件的，发现违法行为或者接到对违法行为的举报后不予查处的，或者有其他未依照本法规定履行职责的行为的，对直接负责的主管人员和其他直接责任人员依法给予处分。

第七十条　拒绝环境保护主管部门或者其他依照本法规定行使监督管理权的部门的监督检查，或者在接受监督检查时弄虚作假的，由县级以上人民政府环境保护主管部门或者其他依照本法规定行使监督管理权的部门责令改正，处一万元以上十万元以下的罚款。

第七十一条　违反本法规定，建设项目的水污染防治设施未建成、未经验收或者验收不合格，主体工程即投入生产或者使用的，由县级以上人民政府环境保护主管部门责令停止生产或者使用，直至验收合格，处五万元以上五十万元以下的罚款。

第七十二条　违反本法规定，有下列行为之一的，由县级以上人民政府环境保护主管部门责令限期改正；逾期不改正的，处一万元以上十万元以下的罚款：

(一)拒报或者谎报国务院环境保护主管部门规定的有关水污染物排放申报登记事项的；

(二)未按照规定安装水污染物排放自动监测设备或者未按照规定与环境保护主管部门的监控设备联网，并保证监测设备正常运行的；

(三)未按照规定对所排放的工业废水进行监测并保存原始监测记录的。

第七十三条　违反本法规定，不正常使用水污染物处理设施，或者未经环境保护主管部门批准拆除、闲置水污染物处理设施的，由县级以上人民政府环境保护主管部门责令限期改正，处应缴纳排污费数额一倍以上三倍以下的罚款。

第七十四条 违反本法规定，排放水污染物超过国家或者地方规定的水污染物排放标准，或者超过重点水污染物排放总量控制指标的，由县级以上人民政府环境保护主管部门按照权限责令限期治理，处应缴纳排污费数额二倍以上五倍以下的罚款。

限期治理期间，由环境保护主管部门责令限制生产、限制排放或者停产整治。限期治理的期限最长不超过一年；逾期未完成治理任务的，报经有批准权的人民政府批准，责令关闭。

第七十五条 在饮用水水源保护区内设置排污口的，由县级以上地方人民政府责令限期拆除，处十万元以上五十万元以下的罚款；逾期不拆除的，强制拆除，所需费用由违法者承担，处五十万元以上一百万元以下的罚款，并可以责令停产整顿。

除前款规定外，违反法律、行政法规和国务院环境保护主管部门的规定设置排污口或者私设暗管的，由县级以上地方人民政府环境保护主管部门责令限期拆除，处二万元以上十万元以下的罚款；逾期不拆除的，强制拆除，所需费用由违法者承担，处十万元以上五十万元以下的罚款；私设暗管或者有其他严重情节的，县级以上地方人民政府环境保护主管部门可以提请县级以上地方人民政府责令停产整顿。

未经水行政主管部门或者流域管理机构同意，在江河、湖泊新建、改建、扩建排污口的，由县级以上人民政府水行政主管部门或者流域管理机构依据职权，依照前款规定采取措施、给予处罚。

第七十六条 有下列行为之一的，由县级以上地方人民政府环境保护主管部门责令停止违法行为，限期采取治理措施，消除污染，处以罚款；逾期不采取治理措施的，环境保护主管部门可以指定有治理能力的单位代为治理，所需费用由违法者承担：

(一)向水体排放油类、酸液、碱液的；

(二)向水体排放剧毒废液，或者将含有汞、镉、砷、铬、铅、氰化物、黄磷等的可溶性剧毒废渣向水体排放、倾倒或者直接埋入地下的；

(三)在水体清洗装贮过油类、有毒污染物的车辆或者容器的；

(四)向水体排放、倾倒工业废渣、城镇垃圾或者其他废弃物，或者在江河、湖泊、运河、渠道、水库最高水位线以下的滩地、岸坡堆放、存贮固体废弃物或者其他污染物的；

(五)向水体排放、倾倒放射性固体废物或者含有高放射性、中放射性物质的废水的；

(六)违反国家有关规定或者标准，向水体排放含低放射性物质的废水、热废水或者含病原体的污水的；

(七)利用渗井、渗坑、裂隙或者溶洞排放、倾倒含有毒污染物的废水、含病原体的污水或者其他废弃物的；

(八)利用无防渗漏措施的沟渠、坑塘等输送或者存贮含有毒污染物的废水、含病原体的污水或者其他废弃物的。

有前款第三项、第六项行为之一的，处一万元以上十万元以下的罚款；有前款第一项、第四项、第八项行为之一的，处二万元以上二十万元以下的罚款；有前款第二项、第五项、第七项行为之一的，处五万元以上五十万元以下的罚款。

第七十七条 违反本法规定，生产、销售、进口或者使用列入禁止生产、销售、进口、使用的严重污染水环境的设备名录中的设备，或者采用列入禁止采用的严重污染水环境的工艺名录中的工艺的，由县级以上人民政府经济综合宏观调控部门责令改正，处五万元以上二十万元以下的罚款；情节严重的，由县级以上人民政府经济综合宏观调控部门提出意见，报请本级人民政府责令停业、关闭。

第七十八条 违反本法规定，建设不符合国家产业政策的小型造纸、制革、印染、染料、炼焦、炼硫、炼砷、炼汞、炼油、电镀、农药、石棉、水泥、玻璃、钢铁、火电以及其他严重污染水环境的生产项目的，由所在地的市、县人民政府责令关闭。

第七十九条 船舶未配置相应的防污染设备和器材，或者未持有合法有效的防止水域环境污染的证书与文书的，由海事管理机构、渔业主管部门按照职责分工责令限期改正，处两千元以上两万元以下的罚款；逾期不改正的，责令船舶临时停航。

船舶进行涉及污染物排放的作业，未遵守操作规程或者未在相应的记录簿上如实记载的，由海事管理机构、渔业主管部门按照职责分工责令改正，处二千元以上二万元以下的罚款。

第八十条 违反本法规定，有下列行为之一的，由海事管理机构、渔业主管部门按照职责分工责令停止违法行为，处以罚款；造成水污染的，责令限期采取治理措施，消除污染；逾期不采取治理措施的，海事管理机构、渔业主管部门按照职责分工可以指定有治理能力的单位代为治理，所需费用由船舶承担：

（一）向水体倾倒船舶垃圾或者排放船舶的残油、废油的；

（二）未经作业地海事管理机构批准，船舶进行残油、含油污水、污染危害性货物残留物的接收作业，或者进行装载油类、污染危害性货物船舱的清洗作业，或者进行散装液体污染危害性货物的过驳作业的；

（三）未经作业地海事管理机构批准，进行船舶水上拆解、打捞或者其他水上、水下船舶施工作业的；

（四）未经作业地渔业主管部门批准，在渔港水域进行渔业船舶水上拆解的。

有前款第一项、第二项、第四项行为之一的，处五千元以上五万元以下的罚款；有前款第三项行为的，处一万元以上十万元以下的罚款。

第八十一条 有下列行为之一的，由县级以上地方人民政府环境保护主管部门责令停止违法行为，处十万元以上五十万元以下的罚款；并报经有批准权的人民政府批准，责令拆除或者关闭：

（一）在饮用水水源一级保护区内新建、改建、扩建与供水设施和保护水源无关的建设项目的；

（二）在饮用水水源二级保护区内新建、改建、扩建排放污染物的建设项目的；

（三）在饮用水水源准保护区内新建、扩建对水体污染严重的建设项目，或者改建建设项目增加排污量的。

在饮用水水源一级保护区内从事网箱养殖或者组织进行旅游、垂钓或者其他可能污染饮用水水体的活动的，由县级以上地方人民政府环境保护主管部门责令停止违法行为，处二万元以上十万元以下的罚款。个人在饮用水水源一级保护区内游泳、垂钓或者从事其他可能污染饮用水水体的活动的，由县级以上地方人民政府环境保护主管部门责令停止违法行为，可以处五百元以下的罚款。

第八十二条 企业事业单位有下列行为之一的，由县级以上人民政府环境保护主管部门责令改正；情节严重的，处二万元以上十万元以下的罚款：

（一）不按照规定制定水污染事故的应急方案的；

（二）水污染事故发生后，未及时启动水污染事故的应急方案，采取有关应急措施的。

第八十三条 企业事业单位违反本法规定，造成水污染事故的，由县级以上人民政府环境保护主管部门依照本条第二款的规定处以罚款，责令限期采取治理措施，消除污染；不按要求采取治理措施或者不具备治理能力的，由环境保护主管部门指定有治理能力的单位代为治理，所需费用由违法者承担；对造成重大或者特大水污染事故的，可以报经有批准权的人民政府批准，责令关闭；对直接负责的主管人员和其他直接责任人员可以处上一年度从本单位取得的收入百分之五十以下的罚款。

对造成一般或者较大水污染事故的，按照水污染事故造成的直接损失的百分之二十计算罚款；对造成重大或者特大水污染事故的，按照水污染事故造成的直接损失的百分之三十计算罚款。

造成渔业污染事故或者渔业船舶造成水污染事故的，由渔业主管部门进行处罚；其他船舶造成水污染事故的，由海事管理机构进行处罚。

第八十四条　当事人对行政处罚决定不服的，可以申请行政复议，也可以在收到通知之日起十五日内向人民法院起诉；期满不申请行政复议或者起诉，又不履行行政处罚决定的，由作出行政处罚决定的机关申请人民法院强制执行。

第八十五条　因水污染受到损害的当事人，有权要求排污方排除危害和赔偿损失。

由于不可抗力造成水污染损害的，排污方不承担赔偿责任；法律另有规定的除外。

水污染损害是由受害人故意造成的，排污方不承担赔偿责任。水污染损害是由受害人重大过失造成的，可以减轻排污方的赔偿责任。

水污染损害是由第三人造成的，排污方承担赔偿责任后，有权向第三人追偿。

第八十六条　因水污染引起的损害赔偿责任和赔偿金额的纠纷，可以根据当事人的请求，由环境保护主管部门或者海事管理机构、渔业主管部门按照职责分工调解处理；调解不成的，当事人可以向人民法院提起诉讼。当事人也可以直接向人民法院提起诉讼。

第八十七条　因水污染引起的损害赔偿诉讼，由排污方就法律规定的免责事由及其行为与损害结果之间不存在因果关系承担举证责任。

第八十八条　因水污染受到损害的当事人人数众多的，可以依法由当事人推选代表人进行共同诉讼。

环境保护主管部门和有关社会团体可以依法支持因水污染受到损害的当事人向人民法院提起诉讼。

国家鼓励法律服务机构和律师为水污染损害诉讼中的受害人提供法律援助。

第八十九条　因水污染引起的损害赔偿责任和赔偿金额的纠纷，当事人可以委托环境监测机构提供监测数据。环境监测机构应当接受委托，如实提供有关监测数据。

第九十条　违反本法规定，构成违反治安管理行为的，依法给予治安管理处罚；构成犯罪的，依法追究刑事责任。

第八章　附　　则

第九十一条　本法中下列用语的含义：

（一）水污染，是指水体因某种物质的介入，而导致其化学、物理、生物或者放射性等方面特性的改变，从而影响水的有效利用，危害人体健康或者破坏生态环境，造成水质恶化的现象。

（二）水污染物，是指直接或者间接向水体排放的，能导致水体污染的物质。

（三）有毒污染物，是指那些直接或者间接被生物摄入体内后，可能导致该生物或者其后代发病、行为反常、遗传异变、生理机能失常、机体变形或者死亡的污染物。

（四）渔业水体，是指划定的鱼虾类的产卵场、索饵场、越冬场、洄游通道和鱼虾贝藻类的养殖场的水体。

第九十二条　本法自 2008 年 6 月 1 日起施行。

中华人民共和国消防法

（1998年4月29日第九届全国人民代表大会常务委员会第二次会议通过
2008年10月28日第十一届全国人民代表大会常务委员会第五次会议修订
2008年10月28日中华人民共和国主席令第6号公布
自2009年5月1日起施行）

第一章 总 则

第一条 为了预防火灾和减少火灾危害，加强应急救援工作，保护人身、财产安全，维护公共安全，制定本法。

第二条 消防工作贯彻预防为主、防消结合的方针，按照政府统一领导、部门依法监管、单位全面负责、公民积极参与的原则，实行消防安全责任制，建立健全社会化的消防工作网络。

第三条 国务院领导全国的消防工作。地方各级人民政府负责本行政区域内的消防工作。

各级人民政府应当将消防工作纳入国民经济和社会发展计划，保障消防工作与经济社会发展相适应。

第四条 国务院公安部门对全国的消防工作实施监督管理。县级以上地方人民政府公安机关对本行政区域内的消防工作实施监督管理，并由本级人民政府公安机关消防机构负责实施。军事设施的消防工作，由其主管单位监督管理，公安机关消防机构协助；矿井地下部分、核电厂、海上石油天然气设施的消防工作，由其主管单位监督管理。

县级以上人民政府其他有关部门在各自的职责范围内，依照本法和其他相关法律、法规的规定做好消防工作。

法律、行政法规对森林、草原的消防工作另有规定的，从其规定。

第五条 任何单位和个人都有维护消防安全、保护消防设施、预防火灾、报告火警的义务。任何单位和成年人都有参加有组织的灭火工作的义务。

第六条 各级人民政府应当组织开展经常性的消防宣传教育，提高公民的消防安全意识。

机关、团体、企业、事业等单位，应当加强对本单位人员的消防宣传教育。

公安机关及其消防机构应当加强消防法律、法规的宣传，并督促、指导、协助有关单位做好消防宣传教育工作。

教育、人力资源行政主管部门和学校、有关职业培训机构应当将消防知识纳入教育、教学、培训的内容。

新闻、广播、电视等有关单位，应当有针对性地面向社会进行消防宣传教育。

工会、共产主义青年团、妇女联合会等团体应当结合各自工作对象的特点，组织开展消防宣传教育。

村民委员会、居民委员会应当协助人民政府以及公安机关等部门，加强消防宣传教育。

第七条 国家鼓励、支持消防科学研究和技术创新，推广使用先进的消防和应急救援技术、设备；鼓励、支持社会力量开展消防公益活动。

对在消防工作中有突出贡献的单位和个人，应当按照国家有关规定给予表彰和奖励。

第二章 火灾预防

第八条 地方各级人民政府应当将包括消防安全布局、消防站、消防供水、消防通信、消防车通道、消防装备等内容的消防规划纳入城乡规划，并负责组织实施。

城乡消防安全布局不符合消防安全要求的，应当调整、完善；公共消防设施、消防装备不足或者不适应实际需要的，应当增建、改建、配置或者进行技术改造。

第九条 建设工程的消防设计、施工必须符合国家工程建设消防技术标准。建设、设计、施工、工程监理等单位依法对建设工程的消防设计、施工质量负责。

第十条 按照国家工程建设消防技术标准需要进行消防设计的建设工程，除本法第十一条另有规定的外，建设单位应当自依法取得施工许可之日起七个工作日内，将消防设计文件报公安机关消防机构备案，公安机关消防机构应当进行抽查。

第十一条 国务院公安部门规定的大型的人员密集场所和其他特殊建设工程，建设单位应当将消防设计文件报送公安机关消防机构审核。公安机关消防机构依法对审核的结果负责。

第十二条 依法应当经公安机关消防机构进行消防设计审核的建设工程，未经依法审核或者审核不合格的，负责审批该工程施工许可的部门不得给予施工许可，建设单位、施工单位不得施工；其他建设工程取得施工许可后经依法抽查不合格的，应当停止施工。

第十三条 按照国家工程建设消防技术标准需要进行消防设计的建设工程竣工，依照下列规定进行消防验收、备案：

（一）本法第十一条规定的建设工程，建设单位应当向公安机关消防机构申请消防验收；

（二）其他建设工程，建设单位在验收后应当报公安机关消防机构备案，公安机关消防机构应当进行抽查。

依法应当进行消防验收的建设工程，未经消防验收或者消防验收不合格的，禁止投入使用；其他建设工程经依法抽查不合格的，应当停止使用。

第十四条 建设工程消防设计审核、消防验收、备案和抽查的具体办法，由国务院公安部门规定。

第十五条 公众聚集场所在投入使用、营业前，建设单位或者使用单位应当向场所所在地的县级以上地方人民政府公安机关消防机构申请消防安全检查。

公安机关消防机构应当自受理申请之日起十个工作日内，根据消防技术标准和管理规定，对该场所进行消防安全检查。未经消防安全检查或者经检查不符合消防安全要求的，不得投入使用、营业。

第十六条 机关、团体、企业、事业等单位应当履行下列消防安全职责：

（一）落实消防安全责任制，制定本单位的消防安全制度、消防安全操作规程，制定灭火和应急疏散预案；

（二）按照国家标准、行业标准配置消防设施、器材，设置消防安全标志，并定期组织检验、维修，确保完好有效；

（三）对建筑消防设施每年至少进行一次全面检测，确保完好有效，检测记录应当完整准确，存档备查；

（四）保障疏散通道、安全出口、消防车通道畅通，保证防火防烟分区、防火间距符合消防技术标准；

（五）组织防火检查，及时消除火灾隐患；

（六）组织进行有针对性的消防演练；

（七）法律、法规规定的其他消防安全职责。

单位的主要负责人是本单位的消防安全责任人。

第十七条 县级以上地方人民政府公安机关消防机构应当将发生火灾可能性较大以及发生火灾可能造成重大的人身伤亡或者财产损失的单位，确定为本行政区域内的消防安全重点单位，并由公安机关报本级人民政府备案。

消防安全重点单位除应当履行本法第十六条规定的职责外，还应当履行下列消防安全职责：

（一）确定消防安全管理人，组织实施本单位的消防安全管理工作；

（二）建立消防档案，确定消防安全重点部位，设置防火标志，实行严格管理；

（三）实行每日防火巡查，并建立巡查记录；

（四）对职工进行岗前消防安全培训，定期组织消防安全培训和消防演练。

第十八条 同一建筑物由两个以上单位管理或者使用的，应当明确各方的消防安全责任，并确定责任人对共用的疏散通道、安全出口、建筑消防设施和消防车通道进行统一管理。

住宅区的物业服务企业应当对管理区域内的共用消防设施进行维护管理，提供消防安全防范服务。

第十九条 生产、储存、经营易燃易爆危险品的场所不得与居住场所设置在同一建筑物内，并应当与居住场所保持安全距离。

生产、储存、经营其他物品的场所与居住场所设置在同一建筑物内的，应当符合国家工程建设消防技术标准。

第二十条 举办大型群众性活动，承办人应当依法向公安机关申请安全许可，制定灭火和应急疏散预案并组织演练，明确消防安全责任分工，确定消防安全管理人员，保持消防设施和消防器材配置齐全、完好有效，保证疏散通道、安全出口、疏散指示标志、应急照明和消防车通道符合消防技术标准和管理规定。

第二十一条 禁止在具有火灾、爆炸危险的场所吸烟、使用明火。因施工等特殊情况需要使用明火作业的，应当按照规定事先办理审批手续，采取相应的消防安全措施；作业人员应当遵守消防安全规定。

进行电焊、气焊等具有火灾危险作业的人员和自动消防系统的操作人员，必须持证上岗，并遵守消防安全操作规程。

第二十二条 生产、储存、装卸易燃易爆危险品的工厂、仓库和专用车站、码头的设置，应当符合消防技术标准。易燃易爆气体和液体的充装站、供应站、调压站，应当设置在符合消防安全要求的位置，并符合防火防爆要求。

已经设置的生产、储存、装卸易燃易爆危险品的工厂、仓库和专用车站、码头，易燃易爆气体和液体的充装站、供应站、调压站，不再符合前款规定的，地方人民政府应当组织、协调有关部门、单位限期解决，消除安全隐患。

第二十三条 生产、储存、运输、销售、使用、销毁易燃易爆危险品，必须执行消防技术标准和管理规定。

进入生产、储存易燃易爆危险品的场所，必须执行消防安全规定。禁止非法携带易燃易爆危险品进入公共场所或者乘坐公共交通工具。

储存可燃物资仓库的管理，必须执行消防技术标准和管理规定。

第二十四条 消防产品必须符合国家标准；没有国家标准的，必须符合行业标准。禁止生产、销售或者使用不合格的消防产品以及国家明令淘汰的消防产品。

依法实行强制性产品认证的消防产品，由具有法定资质的认证机构按照国家标准、行业标准的强制性要求认证合格后，方可生产、销售、使用。实行强制性产品认证的消防产品目录，由国务院产品质量监督部门会同国务院公安部门制定并公布。

新研制的尚未制定国家标准、行业标准的消防产品，应当按照国务院产品质量监督部门会同国务院公安部门规定的办法，经技术鉴定符合消防安全要求的，方可生产、销售、使用。

依照本条规定经强制性产品认证合格或者技术鉴定合格的消防产品，国务院公安部门消防机构应当予以公布。

第二十五条 产品质量监督部门、工商行政管理部门、公安机关消防机构应当按照各自职责加强对消防产品质量的监督检查。

第二十六条 建筑构件、建筑材料和室内装修、装饰材料的防火性能必须符合国家标准；没有国家标准的，必须符合行业标准。

人员密集场所室内装修、装饰，应当按照消防技术标准的要求，使用不燃、难燃材料。

第二十七条 电器产品、燃气用具的产品标准，应当符合消防安全的要求。

电器产品、燃气用具的安装、使用及其线路、管路的设计、敷设、维护保养、检测，必须符合消防技术标准和管理规定。

第二十八条 任何单位、个人不得损坏、挪用或者擅自拆除、停用消防设施、器材，不得埋压、圈占、遮挡消火栓或者占用防火间距，不得占用、堵塞、封闭疏散通道、安全出口、消防车通道。人员密集场所的门窗不得设置影响逃生和灭火救援的障碍物。

第二十九条 负责公共消防设施维护管理的单位，应当保持消防供水、消防通信、消防车通道等公共消防设施的完好有效。在修建道路以及停电、停水、截断通信线路时有可能影响消防队灭火救援的，有关单位必须事先通知当地公安机关消防机构。

第三十条 地方各级人民政府应当加强对农村消防工作的领导，采取措施加强公共消防设施建设，组织建立和督促落实消防安全责任制。

第三十一条 在农业收获季节、森林和草原防火期间、重大节假日期间以及火灾多发季节，地方各级人民政府应当组织开展有针对性的消防宣传教育，采取防火措施，进行消防安全检查。

第三十二条 乡镇人民政府、城市街道办事处应当指导、支持和帮助村民委员会、居民委员会开展群众性的消防工作。村民委员会、居民委员会应当确定消防安全管理人，组织制定防火安全公约，进行防火安全检查。

第三十三条 国家鼓励、引导公众聚集场所和生产、储存、运输、销售易燃易爆危险品的企业投保火灾公众责任保险；鼓励保险公司承保火灾公众责任保险。

第三十四条 消防产品质量认证、消防设施检测、消防安全监测等消防技术服务机构和执业人员，应当依法获得相应的资质、资格；依照法律、行政法规、国家标准、行业标准和执业准则，接受委托提供消防技术服务，并对服务质量负责。

第三章　消防组织

第三十五条　各级人民政府应当加强消防组织建设，根据经济社会发展的需要，建立多种形式的消防组织，加强消防技术人才培养，增强火灾预防、扑救和应急救援的能力。

第三十六条　县级以上地方人民政府应当按照国家规定建立公安消防队、专职消防队，并按照国家标准配备消防装备，承担火灾扑救工作。

乡镇人民政府应当根据当地经济发展和消防工作的需要，建立专职消防队、志愿消防队，承担火灾扑救工作。

第三十七条　公安消防队、专职消防队按照国家规定承担重大灾害事故和其他以抢救人员生命为主的应急救援工作。

第三十八条　公安消防队、专职消防队应当充分发挥火灾扑救和应急救援专业力量的骨干作用；按照国家规定，组织实施专业技能训练，配备并维护保养装备器材，提高火灾扑救和应急救援的能力。

第三十九条　下列单位应当建立单位专职消防队，承担本单位的火灾扑救工作：

（一）大型核设施单位、大型发电厂、民用机场、主要港口；

（二）生产、储存易燃易爆危险品的大型企业；

（三）储备可燃的重要物资的大型仓库、基地；

（四）第一项、第二项、第三项规定以外的火灾危险性较大、距离公安消防队较远的其他大型企业；

（五）距离公安消防队较远、被列为全国重点文物保护单位的古建筑群的管理单位。

第四十条　专职消防队的建立，应当符合国家有关规定，并报当地公安机关消防机构验收。

专职消防队的队员依法享受社会保险和福利待遇。

第四十一条　机关、团体、企业、事业等单位以及村民委员会、居民委员会根据需要，建立志愿消防队等多种形式的消防组织，开展群众性自防自救工作。

第四十二条　公安机关消防机构应当对专职消防队、志愿消防队等消防组织进行业务指导；根据扑救火灾的需要，可以调动指挥专职消防队参加火灾扑救工作。

第四章　灭火救援

第四十三条　县级以上地方人民政府应当组织有关部门针对本行政区域内的火灾特点制定应急预案，建立应急反应和处置机制，为火灾扑救和应急救援工作提供人员、装备等保障。

第四十四条　任何人发现火灾都应当立即报警。任何单位、个人都应当无偿为报警提供便利，不得阻拦报警。严禁谎报火警。

人员密集场所发生火灾，该场所的现场工作人员应当立即组织、引导在场人员疏散。

任何单位发生火灾，必须立即组织力量扑救。邻近单位应当给予支援。

消防队接到火警，必须立即赶赴火灾现场，救助遇险人员，排除险情，扑灭火灾。

第四十五条　公安机关消防机构统一组织和指挥火灾现场扑救，应当优先保障遇险人员的生命安全。

火灾现场总指挥根据扑救火灾的需要，有权决定下列事项：

（一）使用各种水源；

（二）截断电力、可燃气体和可燃液体的输送，限制用火用电；

（三）划定警戒区，实行局部交通管制；

（四）利用临近建筑物和有关设施；

（五）为了抢救人员和重要物资，防止火势蔓延，拆除或者破损毗邻火灾现场的建筑物、构筑物或者设施等；

（六）调动供水、供电、供气、通信、医疗救护、交通运输、环境保护等有关单位协助灭火救援。

根据扑救火灾的紧急需要，有关地方人民政府应当组织人员、调集所需物资支援灭火。

第四十六条 公安消防队、专职消防队参加火灾以外的其他重大灾害事故的应急救援工作，由县级以上人民政府统一领导。

第四十七条 消防车、消防艇前往执行火灾扑救或者应急救援任务，在确保安全的前提下，不受行驶速度、行驶路线、行驶方向和指挥信号的限制，其他车辆、船舶以及行人应当让行，不得穿插超越；收费公路、桥梁免收车辆通行费。交通管理指挥人员应当保证消防车、消防艇迅速通行。

赶赴火灾现场或者应急救援现场的消防人员和调集的消防装备、物资，需要铁路、水路或者航空运输的，有关单位应当优先运输。

第四十八条 消防车、消防艇以及消防器材、装备和设施，不得用于与消防和应急救援工作无关的事项。

第四十九条 公安消防队、专职消防队扑救火灾、应急救援，不得收取任何费用。

单位专职消防队、志愿消防队参加扑救外单位火灾所损耗的燃料、灭火剂和器材、装备等，由火灾发生地的人民政府给予补偿。

第五十条 对因参加扑救火灾或者应急救援受伤、致残或者死亡的人员，按照国家有关规定给予医疗、抚恤。

第五十一条 公安机关消防机构有权根据需要封闭火灾现场，负责调查火灾原因，统计火灾损失。

火灾扑灭后，发生火灾的单位和相关人员应当按照公安机关消防机构的要求保护现场，接受事故调查，如实提供与火灾有关的情况。

公安机关消防机构根据火灾现场勘验、调查情况和有关的检验、鉴定意见，及时制作火灾事故认定书，作为处理火灾事故的证据。

第五章 监督检查

第五十二条 地方各级人民政府应当落实消防工作责任制，对本级人民政府有关部门履行消防安全职责的情况进行监督检查。

县级以上地方人民政府有关部门应当根据本系统的特点，有针对性地开展消防安全检查，及时督促整改火灾隐患。

第五十三条 公安机关消防机构应当对机关、团体、企业、事业等单位遵守消防法律、法规的情况依法进行监督检查。公安派出所可以负责日常消防监督检查、开展消防宣传教育，具体办法由国务院公安部门规定。

公安机关消防机构、公安派出所的工作人员进行消防监督检查，应当出示证件。

第五十四条 公安机关消防机构在消防监督检查中发现火灾隐患的，应当通知有关单位或者个人立即采取措施消除隐患；不及时消除隐患可能严重威胁公共安全的，公安机关消防机构应当依照规定对危险部位或者场所采取临时查封措施。

第五十五条 公安机关消防机构在消防监督检查中发现城乡消防安全布局、公共消防设施不符合消防安全要求，或者发现本地区存在影响公共安全的重大火灾隐患的，应当由公安机关书面报告本级人民政府。

接到报告的人民政府应当及时核实情况，组织或者责成有关部门、单位采取措施，予以整改。

第五十六条 公安机关消防机构及其工作人员应当按照法定的职权和程序进行消防设计审核、消防验收和消防安全检查，做到公正、严格、文明、高效。

公安机关消防机构及其工作人员进行消防设计审核、消防验收和消防安全检查等，不得收取费用，不得利用消防设计审核、消防验收和消防安全检查谋取利益。公安机关消防机构及其工作人员不得利用职务为用户、建设单位指定或者变相指定消防产品的品牌、销售单位或者消防技术服务机构、消防设施施工单位。

第五十七条 公安机关消防机构及其工作人员执行职务，应当自觉接受社会和公民的监督。

任何单位和个人都有权对公安机关消防机构及其工作人员在执法中的违法行为进行检举、控告。收到检举、控告的机关，应当按照职责及时查处。

第六章 法律责任

第五十八条 违反本法规定，有下列行为之一的，责令停止施工、停止使用或者停产停业，并处三万元以上三十万元以下罚款：

（一）依法应当经公安机关消防机构进行消防设计审核的建设工程，未经依法审核或者审核不合格，擅自施工的；

（二）消防设计经公安机关消防机构依法抽查不合格，不停止施工的；

（三）依法应当进行消防验收的建设工程，未经消防验收或者消防验收不合格，擅自投入使用的；

（四）建设工程投入使用后经公安机关消防机构依法抽查不合格，不停止使用的；

（五）公众聚集场所未经消防安全检查或者经检查不符合消防安全要求，擅自投入使用、营业的。

建设单位未依照本法规定将消防设计文件报公安机关消防机构备案，或者在竣工后未依照本法规定报公安机关消防机构备案的，责令限期改正，处五千元以下罚款。

第五十九条 违反本法规定，有下列行为之一的，责令改正或者停止施工，并处一万元以上十万元以下罚款：

（一）建设单位要求建筑设计单位或者建筑施工企业降低消防技术标准设计、施工的；

（二）建筑设计单位不按照消防技术标准强制性要求进行消防设计的，

（三）建筑施工企业不按照消防设计文件和消防技术标准施工，降低消防施工质量的；

（四）工程监理单位与建设单位或者建筑施工企业串通，弄虚作假，降低消防施工质量的。

第六十条 单位违反本法规定，有下列行为之一的，责令改正，处五千元以上五万元以下罚款：

（一）消防设施、器材或者消防安全标志的配置、设置不符合国家标准、行业标准，或者未保持完好有效的；

（二）损坏、挪用或者擅自拆除、停用消防设施、器材的；

（三）占用、堵塞、封闭疏散通道、安全出口或者有其他妨碍安全疏散行为的；

（四）埋压、圈占、遮挡消火栓或者占用防火间距的；

（五）占用、堵塞、封闭消防车通道，妨碍消防车通行的；

（六）人员密集场所在门窗上设置影响逃生和灭火救援的障碍物的；

（七）对火灾隐患经公安机关消防机构通知后不及时采取措施消除的。

个人有前款第二项、第三项、第四项、第五项行为之一的，处警告或者五百元以下罚款。

有本条第一款第三项、第四项、第五项、第六项行为，经责令改正拒不改正的，强制执行，所需费用由违法行为人承担。

第六十一条 生产、储存、经营易燃易爆危险品的场所与居住场所设置在同一建筑物内，或者未与居住场所保持安全距离的，责令停产停业，并处五千元以上五万元以下罚款。

生产、储存、经营其他物品的场所与居住场所设置在同一建筑物内，不符合消防技术标准的，依照前款规定处罚。

第六十二条 有下列行为之一的，依照《中华人民共和国治安管理处罚法》的规定处罚：

（一）违反有关消防技术标准和管理规定生产、储存、运输、销售、使用、销毁易燃易爆危险品的；

（二）非法携带易燃易爆危险品进入公共场所或者乘坐公共交通工具的；

（三）谎报火警的；

（四）阻碍消防车、消防艇执行任务的；

（五）阻碍公安机关消防机构的工作人员依法执行职务的。

第六十三条 违反本法规定，有下列行为之一的，处警告或者五百元以下罚款；情节严重的，处五日以下拘留：

（一）违反消防安全规定进入生产、储存易燃易爆危险品场所的；

（二）违反规定使用明火作业或者在具有火灾、爆炸危险的场所吸烟、使用明火的。

第六十四条 违反本法规定，有下列行为之一，尚不构成犯罪的，处十日以上十五日以下拘留，可以并处五百元以下罚款；情节较轻的，处警告或者五百元以下罚款：

（一）指使或者强令他人违反消防安全规定，冒险作业的；

（二）过失引起火灾的；

（三）在火灾发生后阻拦报警，或者负有报告职责的人员不及时报警的；

（四）扰乱火灾现场秩序，或者拒不执行火灾现场指挥员指挥，影响灭火救援的；

（五）故意破坏或者伪造火灾现场的；

（六）擅自拆封或者使用被公安机关消防机构查封的场所、部位的。

第六十五条 违反本法规定，生产、销售不合格的消防产品或者国家明令淘汰的消防产品的，由产品质量监督部门或者工商行政管理部门依照《中华人民共和国产品质量法》的规定从重处罚。

人员密集场所使用不合格的消防产品或者国家明令淘汰的消防产品的，责令限期改正；逾期不改正的，处五千元以上五万元以下罚款，并对其直接负责的主管人员和其他直接责任人员处五百元以上两千元以下罚款；情节严重的，责令停产停业。

公安机关消防机构对于本条第二款规定的情形，除依法对使用者予以处罚外，应当将发现不合格的消防产品和国家明令淘汰的消防产品的情况通报产品质量监督部门、工商行政管理部门。产品质量监督部门、工商行政管理部门应当对生产者、销售者依法及时查处。

第六十六条 电器产品、燃气用具的安装、使用及其线路、管路的设计、敷设、维护保养、检测不符合消防技术标准和管理规定的，责令限期改正；逾期不改正的，责令停止使用，可以并处一千元以上五千元以下罚款。

第六十七条 机关、团体、企业、事业等单位违反本法第十六条、第十七条、第十八条、第二十一条第二款规定的，责令限期改正；逾期不改正的，对其直接负责的主管人员和其他直接责任人员依法给予处分或者给予警告处罚。

第六十八条 人员密集场所发生火灾，该场所的现场工作人员不履行组织、引导在场人员疏散的义务，情节严重，尚不构成犯罪的，处五日以上十日以下拘留。

第六十九条 消防产品质量认证、消防设施检测等消防技术服务机构出具虚假文件的，责令改正，处五万元以上十万元以下罚款，并对直接负责的主管人员和其他直接责任人员处一万元以上五万元以下罚款；有违法所得的，并处没收违法所得；给他人造成损失的，依法承担赔偿责任；情节严重的，由原许可机关依法责令停止执业或者吊销相应资质、资格。

前款规定的机构出具失实文件，给他人造成损失的，依法承担赔偿责任；造成重大损失的，由原许可机关依法责令停止执业或者吊销相应资质、资格。

第七十条 本法规定的行政处罚，除本法另有规定的外，由公安机关消防机构决定；其中拘留处罚由县级以上公安机关依照《中华人民共和国治安管理处罚法》的有关规定决定。

公安机关消防机构需要传唤消防安全违法行为人的，依照《中华人民共和国治安管理处罚法》的有关规定执行。

被责令停止施工、停止使用、停产停业的，应当在整改后向公安机关消防机构报告，经公安机关消防机构检查合格，方可恢复施工、使用、生产、经营。

当事人逾期不执行停产停业、停止使用、停止施工决定的，由作出决定的公安机关消防机构强制执行。

责令停产停业，对经济和社会生活影响较大的，由公安机关消防机构提出意见，并由公安机关报请本级人民政府依法决定。本级人民政府组织公安机关等部门实施。

第七十一条 公安机关消防机构的工作人员滥用职权、玩忽职守、徇私舞弊，有下列行为之一，尚不构成犯罪的，依法给予处分：

（一）对不符合消防安全要求的消防设计文件、建设工程、场所准予审核合格、消防验收合格、消防安全检查合格的；

（二）无故拖延消防设计审核、消防验收、消防安全检查，不在法定期限内履行职责的；

（三）发现火灾隐患不及时通知有关单位或者个人整改的；

（四）利用职务为用户、建设单位指定或者变相指定消防产品的品牌、销售单位或者消防技术服务机构、消防设施施工单位的；

（五）将消防车、消防艇以及消防器材、装备和设施用于与消防和应急救援无关的事项的；

（六）其他滥用职权、玩忽职守、徇私舞弊的行为。

建设、产品质量监督、工商行政管理等其他有关行政主管部门的工作人员在消防工作中滥用职权、玩忽职守、徇私舞弊，尚不构成犯罪的，依法给予处分。

第七十二条 违反本法规定，构成犯罪的，依法追究刑事责任。

第七章 附 则

第七十三条 本法下列用语的含义：

（一）消防设施，是指火灾自动报警系统、自动灭火系统、消火栓系统、防烟排烟系统以及应急广播和应急照明、安全疏散设施等。

（二）消防产品，是指专门用于火灾预防、灭火救援和火灾防护、避难、逃生的产品。

（三）公众聚集场所，是指宾馆、饭店、商场、集贸市场、客运车站候车室、客运码头候船厅、民用机场航站楼、体育场馆、会堂以及公共娱乐场所等。

（四）人员密集场所，是指公众聚集场所，医院的门诊楼、病房楼，学校的教学楼、图书馆、食堂和集体宿舍，养老院，福利院，托儿所，幼儿园，公共图书馆的阅览室，公共展览馆、博物馆的展示厅，劳动密集型企业的生产加工车间和员工集体宿舍，旅游、宗教活动场所等。

第七十四条 本法自2009年5月1日起施行。

生产安全事故报告和调查处理条例

（2007年4月9日　中华人民共和国国务院令第493号）

第一章　总　则

第一条　为了规范生产安全事故的报告和调查处理，落实生产安全事故责任追究制度，防止和减少生产安全事故，根据《中华人民共和国安全生产法》和有关法律，制定本条例。

第二条　生产经营活动中发生的造成人身伤亡或者直接经济损失的生产安全事故的报告和调查处理，适用本条例；环境污染事故、核设施事故、国防科研生产事故的报告和调查处理不适用本条例。

第三条　根据生产安全事故（以下简称事故）造成的人员伤亡或者直接经济损失，事故一般分为以下等级：

（一）特别重大事故，是指造成30人以上死亡，或者100人以上重伤（包括急性工业中毒，下同），或者1亿元以上直接经济损失的事故；

（二）重大事故，是指造成10人以上30人以下死亡，或者50人以上100人以下重伤，或者5000万元以上1亿元以下直接经济损失的事故；

（三）较大事故，是指造成3人以上10人以下死亡，或者10人以上50人以下重伤，或者1000万元以上5000万元以下直接经济损失的事故；

（四）一般事故，是指造成3人以下死亡，或者10人以下重伤，或者1000万元以下直接经济损失的事故。

国务院安全生产监督管理部门可以会同国务院有关部门，制定事故等级划分的补充性规定。

本条第一款所称的“以上”包括本数，所称的“以下”不包括本数。

第四条　事故报告应当及时、准确、完整，任何单位和个人对事故不得迟报、漏报、谎报或者瞒报。

事故调查处理应当坚持实事求是、尊重科学的原则，及时、准确地查清事故经过、事故原因和事故损失，查明事故性质，认定事故责任，总结事故教训，提出整改措施，并对事故责任者依法追究责任。

第五条　县级以上人民政府应当依照本条例的规定，严格履行职责，及时、准确地完成事故调查处理工作。

事故发生地有关地方人民政府应当支持、配合上级人民政府或者有关部门的事故调查处理工作，并提供必要的便利条件。

参加事故调查处理的部门和单位应当互相配合，提高事故调查处理工作的效率。

第六条　工会依法参加事故调查处理，有权向有关部门提出处理意见。

第七条　任何单位和个人不得阻挠和干涉对事故的报告和依法调查处理。

第八条 对事故报告和调查处理中的违法行为，任何单位和个人有权向安全生产监督管理部门、监察机关或者其他有关部门举报，接到举报的部门应当依法及时处理。

第二章 事故报告

第九条 事故发生后，事故现场有关人员应当立即向本单位负责人报告；单位负责人接到报告后，应当于1小时内向事故发生地县级以上人民政府安全生产监督管理部门和负有安全生产监督管理职责的有关部门报告。

情况紧急时，事故现场有关人员可以直接向事故发生地县级以上人民政府安全生产监督管理部门和负有安全生产监督管理职责的有关部门报告。

第十条 安全生产监督管理部门和负有安全生产监督管理职责的有关部门接到事故报告后，应当依照下列规定上报事故情况，并通知公安机关、劳动保障行政部门、工会和人民检察院：

(一)特别重大事故、重大事故逐级上报至国务院安全生产监督管理部门和负有安全生产监督管理职责的有关部门；

(二)较大事故逐级上报至省、自治区、直辖市人民政府安全生产监督管理部门和负有安全生产监督管理职责的有关部门；

(三)一般事故上报至设区的市级人民政府安全生产监督管理部门和负有安全生产监督管理职责的有关部门。

安全生产监督管理部门和负有安全生产监督管理职责的有关部门依照前款规定上报事故情况，应当同时报告本级人民政府。国务院安全生产监督管理部门和负有安全生产监督管理职责的有关部门以及省级人民政府接到发生特别重大事故、重大事故的报告后，应当立即报告国务院。

必要时，安全生产监督管理部门和负有安全生产监督管理职责的有关部门可以越级上报事故情况。

第十一条 安全生产监督管理部门和负有安全生产监督管理职责的有关部门逐级上报事故情况，每级上报的时间不得超过2小时。

第十二条 报告事故应当包括下列内容：

(一)事故发生单位概况；

(二)事故发生的时间、地点以及事故现场情况；

(三)事故的简要经过；

(四)事故已经造成或者可能造成的伤亡人数(包括下落不明的人数)和初步估计的直接经济损失；

(五)已经采取的措施；

(六)其他应当报告的情况。

第十三条 事故报告后出现新情况的，应当及时补报。

自事故发生之日起30日内，事故造成的伤亡人数发生变化的，应当及时补报。道路交通事故、火灾事故自发生之日起7日内，事故造成的伤亡人数发生变化的，应当及时补报。

第十四条 事故发生单位负责人接到事故报告后，应当立即启动事故相应应急预案，或者采取有效措施，组织抢救，防止事故扩大，减少人员伤亡和财产损失。

第十五条　事故发生地有关地方人民政府、安全生产监督管理部门和负有安全生产监督管理职责的有关部门接到事故报告后，其负责人应当立即赶赴事故现场，组织事故救援。

第十六条　事故发生后，有关单位和人员应当妥善保护事故现场以及相关证据，任何单位和个人不得破坏事故现场、毁灭相关证据。

因抢救人员、防止事故扩大以及疏通交通等原因，需要移动事故现场物件的，应当做出标志，绘制现场简图并做出书面记录，妥善保存现场重要痕迹、物证。

第十七条　事故发生地公安机关根据事故的情况，对涉嫌犯罪的，应当依法立案侦查，采取强制措施和侦查措施。犯罪嫌疑人逃匿的，公安机关应当迅速追捕归案。

第十八条　安全生产监督管理部门和负有安全生产监督管理职责的有关部门应当建立值班制度，并向社会公布值班电话，受理事故报告和举报。

第三章　事故调查

第十九条　特别重大事故由国务院或者国务院授权有关部门组织事故调查组进行调查。

重大事故、较大事故、一般事故分别由事故发生地省级人民政府、设区的市级人民政府、县级人民政府负责调查。省级人民政府、设区的市级人民政府、县级人民政府可以直接组织事故调查组进行调查，也可以授权或者委托有关部门组织事故调查组进行调查。

未造成人员伤亡的一般事故，县级人民政府也可以委托事故发生单位组织事故调查组进行调查。

第二十条　上级人民政府认为必要时，可以调查由下级人民政府负责调查的事故。

自事故发生之日起 30 日内（道路交通事故、火灾事故自发生之日起 7 日内），因事故伤亡人数变化导致事故等级发生变化，依照本条例规定应当由上级人民政府负责调查的，上级人民政府可以另行组织事故调查组进行调查。

第二十一条　特别重大事故以下等级事故，事故发生地与事故发生单位不在同一个县级以上行政区域的，由事故发生地人民政府负责调查，事故发生单位所在地人民政府应当派人参加。

第二十二条　事故调查组的组成应当遵循精简、效能的原则。

根据事故的具体情况，事故调查组由有关人民政府、安全生产监督管理部门、负有安全生产监督管理职责的有关部门、监察机关、公安机关以及工会派人组成，并应当邀请人民检察院派人参加。

事故调查组可以聘请有关专家参与调查。

第二十三条　事故调查组成员应当具有事故调查所需要的知识和专长，并与所调查的事故没有直接利害关系。

第二十四条　事故调查组组长由负责事故调查的人民政府指定。事故调查组组长主持事故调查组的工作。

第二十五条　事故调查组履行下列职责：

（一）查明事故发生的经过、原因、人员伤亡情况及直接经济损失；

（二）认定事故的性质和事故责任；

（三）提出对事故责任者的处理建议；

（四）总结事故教训，提出防范和整改措施；

（五）提交事故调查报告。

第二十六条 事故调查组有权向有关单位和个人了解与事故有关的情况，并要求其提供相关文件、资料，有关单位和个人不得拒绝。

事故发生单位的负责人和有关人员在事故调查期间不得擅离职守，并应当随时接受事故调查组的询问，如实提供有关情况。

事故调查中发现涉嫌犯罪的，事故调查组应当及时将有关材料或者其复印件移交司法机关处理。

第二十七条 事故调查中需要进行技术鉴定的，事故调查组应当委托具有国家规定资质的单位进行技术鉴定。必要时，事故调查组可以直接组织专家进行技术鉴定。技术鉴定所需时间不计入事故调查期限。

第二十八条 事故调查组成员在事故调查工作中应当诚信公正、恪尽职守，遵守事故调查组的纪律，保守事故调查的秘密。

未经事故调查组组长允许，事故调查组成员不得擅自发布有关事故的信息。

第二十九条 事故调查组应当自事故发生之日起 60 日内提交事故调查报告；特殊情况下，经负责事故调查的人民政府批准，提交事故调查报告的期限可以适当延长，但延长的期限最长不超过 60 日。

第三十条 事故调查报告应当包括下列内容：

（一）事故发生单位概况；

（二）事故发生经过和事故救援情况；

（三）事故造成的人员伤亡和直接经济损失；

（四）事故发生的原因和事故性质；

（五）事故责任的认定以及对事故责任者的处理建议；

（六）事故防范和整改措施。

事故调查报告应当附具有关证据材料。事故调查组成员应当在事故调查报告上签名。

第三十一条 事故调查报告报送负责事故调查的人民政府后，事故调查工作即告结束。事故调查的有关资料应当归档保存。

第四章 事故处理

第三十二条 重大事故、较大事故、一般事故，负责事故调查的人民政府应当自收到事故调查报告之日起 15 日内做出批复；特别重大事故，30 日内做出批复，特殊情况下，批复时间可以适当延长，但延长的时间最长不超过 30 日。

有关机关应当按照人民政府的批复，依照法律、行政法规规定的权限和程序，对事故发生单位和有关人员进行行政处罚，对负有事故责任的国家工作人员进行处分。

事故发生单位应当按照负责事故调查的人民政府的批复，对本单位负有事故责任的人员进行处理。

负有事故责任的人员涉嫌犯罪的，依法追究刑事责任。

第三十三条 事故发生单位应当认真吸取事故教训，落实防范和整改措施，防止事故再次发生。防范和整改措施的落实情况应当接受工会和职工的监督。

安全生产监督管理部门和负有安全生产监督管理职责的有关部门应当对事故发生单位落

实防范和整改措施的情况进行监督检查。

第三十四条 事故处理的情况由负责事故调查的人民政府或者其授权的有关部门、机构向社会公布，依法应当保密的除外。

第五章 法律责任

第三十五条 事故发生单位主要负责人有下列行为之一的，处上一年年收入40％至80％的罚款；属于国家工作人员的，并依法给予处分；构成犯罪的，依法追究刑事责任：

（一）不立即组织事故抢救的；

（二）迟报或者漏报事故的；

（三）在事故调查处理期间擅离职守的。

第三十六条 事故发生单位及其有关人员有下列行为之一的，对事故发生单位处100万元以上500万元以下的罚款；对主要负责人、直接负责的主管人员和其他直接责任人员处上一年年收入60％至100％的罚款；属于国家工作人员的，并依法给予处分；构成违反治安管理行为的，由公安机关依法给予治安管理处罚；构成犯罪的，依法追究刑事责任：

（一）谎报或者瞒报事故的；

（二）伪造或者故意破坏事故现场的；

（三）转移、隐匿资金、财产，或者销毁有关证据、资料的；

（四）拒绝接受调查或者拒绝提供有关情况和资料的；

（五）在事故调查中作伪证或者指使他人作伪证的；

（六）事故发生后逃匿的。

第三十七条 事故发生单位对事故发生负有责任的，依照下列规定处以罚款：

（一）发生一般事故的，处10万元以上20万元以下的罚款；

（二）发生较大事故的，处20万元以上50万元以下的罚款；

（三）发生重大事故的，处50万元以上200万元以下的罚款；

（四）发生特别重大事故的，处200万元以上500万元以下的罚款。

第三十八条 事故发生单位主要负责人未依法履行安全生产管理职责，导致事故发生的，依照下列规定处以罚款；属于国家工作人员的，并依法给予处分；构成犯罪的，依法追究刑事责任：

（一）发生一般事故的，处上一年年收入30％的罚款；

（二）发生较大事故的，处上一年年收入40％的罚款；

（三）发生重大事故的，处上一年年收入60％的罚款；

（四）发生特别重大事故的，处上一年年收入80％的罚款。

第三十九条 有关地方人民政府、安全生产监督管理部门和负有安全生产监督管理职责的有关部门有下列行为之一的，对直接负责的主管人员和其他直接责任人员依法给予处分；构成犯罪的，依法追究刑事责任：

（一）不立即组织事故抢救的；

（二）迟报、漏报、谎报或者瞒报事故的；

（三）阻碍、干涉事故调查工作的；

（四）在事故调查中作伪证或者指使他人作伪证的。

第四十条 事故发生单位对事故发生负有责任的，由有关部门依法暂扣或者吊销其有关证照；对事故发生单位负有事故责任的有关人员，依法暂停或者撤销其与安全生产有关的执业资格、岗位证书；事故发生单位主要负责人受到刑事处罚或者撤职处分的，自刑罚执行完毕或者受处分之日起，5年内不得担任任何生产经营单位的主要负责人。

为发生事故的单位提供虚假证明的中介机构，由有关部门依法暂扣或者吊销其有关证照及其相关人员的执业资格；构成犯罪的，依法追究刑事责任。

第四十一条 参与事故调查的人员在事故调查中有下列行为之一的，依法给予处分；构成犯罪的，依法追究刑事责任：

（一）对事故调查工作不负责任，致使事故调查工作有重大疏漏的；

（二）包庇、袒护负有事故责任的人员或者借机打击报复的。

第四十二条 违反本条例规定，有关地方人民政府或者有关部门故意拖延或者拒绝落实经批复的对事故责任人的处理意见的，由监察机关对有关责任人员依法给予处分。

第四十三条 本条例规定的罚款的行政处罚，由安全生产监督管理部门决定。

法律、行政法规对行政处罚的种类、幅度和决定机关另有规定的，依照其规定。

第六章 附 则

第四十四条 没有造成人员伤亡，但是社会影响恶劣的事故，国务院或者有关地方人民政府认为需要调查处理的，依照本条例的有关规定执行。

国家机关、事业单位、人民团体发生的事故的报告和调查处理，参照本条例的规定执行。

第四十五条 特别重大事故以下等级事故的报告和调查处理，有关法律、行政法规或者国务院另有规定的，依照其规定。

第四十六条 本条例自2007年6月1日起施行。国务院1989年3月29日公布的《特别重大事故调查程序暂行规定》和1991年2月22日公布的《企业职工伤亡事故报告和处理规定》同时废止。

水文条例

（2007年4月25日　中华人民共和国国务院令第496号）

第一章　总　则

第一条　为了加强水文管理，规范水文工作，为开发、利用、节约、保护水资源和防灾减灾服务，促进经济社会的可持续发展，根据《中华人民共和国水法》和《中华人民共和国防洪法》，制定本条例。

第二条　在中华人民共和国领域内从事水文站网规划与建设，水文监测与预报，水资源调查评价，水文监测资料汇交、保管与使用，水文设施与水文监测环境的保护等活动，应当遵守本条例。

第三条　水文事业是国民经济和社会发展的基础性公益事业。县级以上人民政府应当将水文事业纳入本级国民经济和社会发展规划，所需经费纳入本级财政预算，保障水文监测工作的正常开展，充分发挥水文工作在政府决策、经济社会发展和社会公众服务中的作用。

县级以上人民政府应当关心和支持少数民族地区、边远贫困地区和艰苦地区水文基础设施的建设和运行。

第四条　国务院水行政主管部门主管全国的水文工作，其直属的水文机构具体负责组织实施管理工作。

国务院水行政主管部门在国家确定的重要江河、湖泊设立的流域管理机构（以下简称流域管理机构），在所管辖范围内按照法律、本条例规定和国务院水行政主管部门规定的权限，组织实施管理有关水文工作。

省、自治区、直辖市人民政府水行政主管部门主管本行政区域内的水文工作，其直属的水文机构接受上级业务主管部门的指导，并在当地人民政府的领导下具体负责组织实施管理工作。

第五条　国家鼓励和支持水文科学技术的研究、推广和应用，保护水文科技成果，培养水文科技人才，加强水文国际合作与交流。

第六条　县级以上人民政府对在水文工作中作出突出贡献的单位和个人，按照国家有关规定给予表彰和奖励。

第七条　外国组织或者个人在中华人民共和国领域内从事水文活动的，应当经国务院水行政主管部门会同有关部门批准，并遵守中华人民共和国的法律、法规；在中华人民共和国与邻国交界的跨界河流上从事水文活动的，应当遵守中华人民共和国与相关国家缔结的有关条约、协定。

第二章　规划与建设

第八条　国务院水行政主管部门负责编制全国水文事业发展规划，在征求国务院有关部门意见后，报国务院或者其授权的部门批准实施。

流域管理机构根据全国水文事业发展规划编制流域水文事业发展规划，报国务院水行政主管部门批准实施。

省、自治区、直辖市人民政府水行政主管部门根据全国水文事业发展规划和流域水文事业发展规划编制本行政区域的水文事业发展规划，报本级人民政府批准实施，并报国务院水行政主管部门备案。

第九条　水文事业发展规划是开展水文工作的依据。修改水文事业发展规划，应当按照规划编制程序经原批准机关批准。

第十条　水文事业发展规划主要包括水文事业发展目标、水文站网建设、水文监测和情报预报设施建设、水文信息网络和业务系统建设以及保障措施等内容。

第十一条　国家对水文站网建设实行统一规划。水文站网建设应当坚持流域与区域相结合、区域服从流域，布局合理、防止重复，兼顾当前和长远需要的原则。

第十二条　水文站网的建设应当依据水文事业发展规划，按照国家固定资产投资项目建设程序组织实施。

为国家水利、水电等基础工程设施提供服务的水文站网的建设和运行管理经费，应当分别纳入工程建设概算和运行管理经费。

本条例所称水文站网，是指在流域或者区域内，由适当数量的各类水文测站构成的水文监测资料收集系统。

第十三条　国家对水文测站实行分类分级管理。

水文测站分为国家基本水文测站和专用水文测站。国家基本水文测站分为国家重要水文测站和一般水文测站。

第十四条　国家重要水文测站和流域管理机构管理的一般水文测站的设立和调整，由省、自治区、直辖市人民政府水行政主管部门或者流域管理机构报国务院水行政主管部门直属水文机构批准。其他一般水文测站的设立和调整，由省、自治区、直辖市人民政府水行政主管部门批准，报国务院水行政主管部门直属水文机构备案。

第十五条　设立专用水文测站，不得与国家基本水文测站重复；在国家基本水文测站覆盖的区域，确需设立专用水文测站的，应当按照管理权限报流域管理机构或者省、自治区、直辖市人民政府水行政主管部门直属水文机构批准。其中，因交通、航运、环境保护等需要设立专用水文测站的，有关主管部门批准前，应当征求流域管理机构或者省、自治区、直辖市人民政府水行政主管部门直属水文机构的意见。

撤销专用水文测站，应当报原批准机关批准。

第十六条　专用水文测站和从事水文活动的其他单位，应当接受水行政主管部门直属水文机构的行业管理。

第十七条　省、自治区、直辖市人民政府水行政主管部门管理的水文测站，对流域水资源管理和防灾减灾有重大作用的，业务上应当同时接受流域管理机构的指导和监督。

第三章　监测与预报

第十八条　从事水文监测活动应当遵守国家水文技术标准、规范和规程，保证监测质量。未经批准，不得中止水文监测。

国家水文技术标准、规范和规程，由国务院水行政主管部门会同国务院标准化行政主管部门制定。

第十九条 水文监测所使用的专用技术装备应当符合国务院水行政主管部门规定的技术要求。

水文监测所使用的计量器具应当依法经检定合格。水文监测所使用的计量器具的检定规程，由国务院水行政主管部门制定，报国务院计量行政主管部门备案。

第二十条 水文机构应当加强水资源的动态监测工作，发现被监测水体的水量、水质等情况发生变化可能危及用水安全的，应当加强跟踪监测和调查，及时将监测、调查情况和处理建议报所在地人民政府及其水行政主管部门；发现水质变化，可能发生突发性水体污染事件的，应当及时将监测、调查情况报所在地人民政府水行政主管部门和环境保护行政主管部门。

有关单位和个人对水资源动态监测工作应当予以配合。

第二十一条 承担水文情报预报任务的水文测站，应当及时、准确地向县级以上人民政府防汛抗旱指挥机构和水行政主管部门报告有关水文情报预报。

第二十二条 水文情报预报由县级以上人民政府防汛抗旱指挥机构、水行政主管部门或者水文机构按照规定权限向社会统一发布。禁止任何其他单位和个人向社会发布水文情报预报。

广播、电视、报纸和网络等新闻媒体，应当按照国家有关规定和防汛抗旱要求，及时播发、刊登水文情报预报，并标明发布机构和发布时间。

第二十三条 信息产业部门应当根据水文工作的需要，按照国家有关规定提供通信保障。

第二十四条 县级以上人民政府水行政主管部门应当根据经济社会的发展要求，会同有关部门组织相关单位开展水资源调查评价工作。

从事水文、水资源调查评价的单位，应当具备下列条件，并取得国务院水行政主管部门或者省、自治区、直辖市人民政府水行政主管部门颁发的资质证书：

(一)具有法人资格和固定的工作场所；

(二)具有与所从事水文活动相适应并经考试合格的专业技术人员；

(三)具有与所从事水文活动相适应的专业技术装备；

(四)具有健全的管理制度；

(五)符合国务院水行政主管部门规定的其他条件。

第四章　资料的汇交保管与使用

第二十五条 国家对水文监测资料实行统一汇交制度。从事地表水和地下水资源、水量、水质监测的单位以及其他从事水文监测的单位，应当按照资料管理权限向有关水文机构汇交监测资料。

重要地下水源地、超采区的地下水资源监测资料和重要引(退)水口、在江河和湖泊设置的排污口、重要断面的监测资料，由从事水文监测的单位向流域管理机构或者省、自治区、直辖市人民政府水行政主管部门直属水文机构汇交。

取用水工程的取(退)水、蓄(泄)水资料，由取用水工程管理单位向工程所在地水文机构汇交。

第二十六条 国家建立水文监测资料共享制度。水文机构应当妥善存储和保管水文监测资料，根据国民经济建设和社会发展需要对水文监测资料进行加工整理形成水文监测成果，予以刊印。国务院水行政主管部门直属的水文机构应当建立国家水文数据库。

基本水文监测资料应当依法公开，水文监测资料属于国家秘密的，对其密级的确定、变更、解密以及对资料的使用、管理，依照国家有关规定执行。

第二十七条 编制重要规划、进行重点项目建设和水资源管理等使用的水文监测资料，应当经国务院水行政主管部门直属水文机构、流域管理机构或者省、自治区、直辖市人民政府水行政主管部门直属水文机构审查，确保其完整、可靠、一致。

第二十八条 国家机关决策和防灾减灾、国防建设、公共安全、环境保护等公益事业需要使用水文监测资料和成果的，应当无偿提供。

除前款规定的情形外，需要使用水文监测资料和成果的，按照国家有关规定收取费用，并实行收支两条线管理。

因经营性活动需要提供水文专项咨询服务的，当事人双方应当签订有偿服务合同，明确双方的权利和义务。

第五章　设施与监测环境保护

第二十九条 国家依法保护水文监测设施。任何单位和个人不得侵占、毁坏、擅自移动或者擅自使用水文监测设施，不得干扰水文监测。

国家基本水文测站因不可抗力遭受破坏的，所在地人民政府和有关水行政主管部门应当采取措施，组织力量修复，确保其正常运行。

第三十条 未经批准，任何单位和个人不得迁移国家基本水文测站；因重大工程建设确需迁移的，建设单位应当在建设项目立项前，报请对该站有管理权限的水行政主管部门批准，所需费用由建设单位承担。

第三十一条 国家依法保护水文监测环境。县级人民政府应当按照国务院水行政主管部门确定的标准划定水文监测环境保护范围，并在保护范围边界设立地面标志。

任何单位和个人都有保护水文监测环境的义务。

第三十二条 禁止在水文监测环境保护范围内从事下列活动：

(一)种植高秆作物、堆放物料、修建建筑物、停靠船只；

(二)取土、挖砂、采石、淘金、爆破和倾倒废弃物；

(三)在监测断面取水、排污或者在过河设备、气象观测场、监测断面的上空架设线路；

(四)其他对水文监测有影响的活动。

第三十三条 在国家基本水文测站上下游建设影响水文监测的工程，建设单位应当采取相应措施，在征得对该站有管理权限的水行政主管部门同意后方可建设。因工程建设致使水文测站改建的，所需费用由建设单位承担。

第三十四条 在通航河道中或者桥上进行水文监测作业时，应当依法设置警示标志。

第三十五条 水文机构依法取得的无线电频率使用权和通信线路使用权受国家保护。任何单位和个人不得挤占、干扰水文机构使用的无线电频率，不得破坏水文机构使用的通信线路。

第六章 法律责任

第三十六条 违反本条例规定，有下列行为之一的，对直接负责的主管人员和其他直接责任人员依法给予处分；构成犯罪的，依法追究刑事责任：

（一）错报水文监测信息造成严重经济损失的；

（二）汛期漏报、迟报水文监测信息的；

（三）擅自发布水文情报预报的；

（四）丢失、毁坏、伪造水文监测资料的；

（五）擅自转让、转借水文监测资料的；

（六）不依法履行职责的其他行为。

第三十七条 未经批准擅自设立水文测站或者未经同意擅自在国家基本水文测站上下游建设影响水文监测的工程的，责令停止违法行为，限期采取补救措施，补办有关手续；无法采取补救措施、逾期不补办或者补办未被批准的，责令限期拆除违法建筑物；逾期不拆除的，强行拆除，所需费用由违法单位或者个人承担。

第三十八条 违反本条例规定，未取得水文、水资源调查评价资质证书从事水文活动的，责令停止违法行为，没收违法所得，并处5万元以上10万元以下罚款。

第三十九条 违反本条例规定，超出水文、水资源调查评价资质证书确定的范围从事水文活动的，责令停止违法行为，没收违法所得，并处3万元以上5万元以下罚款；情节严重的，由发证机关吊销资质证书。

第四十条 违反本条例规定，使用不符合规定的水文专用技术装备和水文计量器具的，责令限期改正。

第四十一条 违反本条例规定，有下列行为之一的，责令停止违法行为，处1万元以上5万元以下罚款：

（一）拒不汇交水文监测资料的；

（二）使用未经审定的水文监测资料的；

（三）非法向社会传播水文情报预报，造成严重经济损失和不良影响的。

第四十二条 违反本条例规定，侵占、毁坏水文监测设施或者未经批准擅自移动、擅自使用水文监测设施的，责令停止违法行为，限期恢复原状或者采取其他补救措施，可以处5万元以下罚款；构成违反治安管理行为的，依法给予治安管理处罚；构成犯罪的，依法追究刑事责任。

第四十三条 违反本条例规定，从事本条例第三十二条所列活动的，责令停止违法行为，限期恢复原状或者采取其他补救措施，可以处1万元以下罚款；构成违反治安管理行为的，依法给予治安管理处罚；构成犯罪的，依法追究刑事责任。

第四十四条 本条例规定的行政处罚，由县级以上人民政府水行政主管部门或者流域管理机构依据职权决定。

第七章 附 则

第四十五条 本条例中下列用语的含义是：

水文监测，是指通过水文站网对江河、湖泊、渠道、水库的水位、流量、水质、水温、泥沙、冰情、水下地形和地下水资源，以及降水量、蒸发量、墒情、风暴潮等实施监测，并进行分析和计算的活动。

水文测站，是指为收集水文监测资料在江河、湖泊、渠道、水库和流域内设立的各种水文观测场所的总称。

国家基本水文测站，是指为公益目的统一规划设立的对江河、湖泊、渠道、水库和流域基本水文要素进行长期连续观测的水文测站。

国家重要水文测站，是指对防灾减灾或者对流域和区域水资源管理等有重要作用的基本水文测站。

专用水文测站，是指为特定目的设立的水文测站。

基本水文监测资料，是指由国家基本水文测站监测并经过整编后的资料。

水文情报预报，是指对江河、湖泊、渠道、水库和其他水体的水文要素实时情况的报告和未来情况的预告。

水文监测设施，是指水文站房、水文缆道、测船、测船码头、监测场地、监测井、监测标志、专用道路、仪器设备、水文通信设施以及附属设施等。

水文监测环境，是指为确保监测到准确水文信息所必需的区域构成的立体空间。

第四十六条 中国人民解放军的水文工作，按照中央军事委员会的规定执行。

第四十七条 本条例自 2007 年 6 月 1 日起施行。

铁路交通事故应急救援和调查处理条例

（2007年7月11日　中华人民共和国国务院令第501号）

第一章　总　　则

第一条　为了加强铁路交通事故的应急救援工作，规范铁路交通事故调查处理，减少人员伤亡和财产损失，保障铁路运输安全和畅通，根据《中华人民共和国铁路法》和其他有关法律的规定，制定本条例。

第二条　铁路机车车辆在运行过程中与行人、机动车、非机动车、牲畜及其他障碍物相撞，或者铁路机车车辆发生冲突、脱轨、火灾、爆炸等影响铁路正常行车的铁路交通事故（以下简称事故）的应急救援和调查处理，适用本条例。

第三条　国务院铁路主管部门应当加强铁路运输安全监督管理，建立健全事故应急救援和调查处理的各项制度，按照国家规定的权限和程序，负责组织、指挥、协调事故的应急救援和调查处理工作。

第四条　铁路管理机构应当加强日常的铁路运输安全监督检查，指导、督促铁路运输企业落实事故应急救援的各项规定，按照规定的权限和程序，组织、参与、协调本辖区内事故的应急救援和调查处理工作。

第五条　国务院其他有关部门和有关地方人民政府应当按照各自的职责和分工，组织、参与事故的应急救援和调查处理工作。

第六条　铁路运输企业和其他有关单位、个人应当遵守铁路运输安全管理的各项规定，防止和避免事故的发生。

事故发生后，铁路运输企业和其他有关单位应当及时、准确地报告事故情况，积极开展应急救援工作，减少人员伤亡和财产损失，尽快恢复铁路正常行车。

第七条　任何单位和个人不得干扰、阻碍事故应急救援、铁路线路开通、列车运行和事故调查处理。

第二章　事故等级

第八条　根据事故造成的人员伤亡、直接经济损失、列车脱轨辆数、中断铁路行车时间等情形，事故等级分为特别重大事故、重大事故、较大事故和一般事故。

第九条　有下列情形之一的，为特别重大事故：

（一）造成30人以上死亡，或者100人以上重伤（包括急性工业中毒，下同），或者1亿元以上直接经济损失的；

（二）繁忙干线客运列车脱轨18辆以上并中断铁路行车48小时以上的；

（三）繁忙干线货运列车脱轨60辆以上并中断铁路行车48小时以上的。

第十条　有下列情形之一的，为重大事故：

(一)造成10人以上30人以下死亡，或者50人以上100人以下重伤，或者5000万元以上1亿元以下直接经济损失的；

(二)客运列车脱轨18辆以上的；

(三)货运列车脱轨60辆以上的；

(四)客运列车脱轨2辆以上18辆以下，并中断繁忙干线铁路行车24小时以上或者中断其他线路铁路行车48小时以上的；

(五)货运列车脱轨6辆以上60辆以下，并中断繁忙干线铁路行车24小时以上或者中断其他线路铁路行车48小时以上的。

第十一条　有下列情形之一的，为较大事故：

(一)造成3人以上10人以下死亡，或者10人以上50人以下重伤，或者1000万元以上5000万元以下直接经济损失的；

(二)客运列车脱轨2辆以上18辆以下的；

(三)货运列车脱轨6辆以上60辆以下的；

(四)中断繁忙干线铁路行车6小时以上的；

(五)中断其他线路铁路行车10小时以上的。

第十二条　造成3人以下死亡，或者10人以下重伤，或者1000万元以下直接经济损失的，为一般事故。

除前款规定外，国务院铁路主管部门可以对一般事故的其他情形作出补充规定。

第十三条　本章所称的“以上”包括本数，所称的“以下”不包括本数。

第三章　事故报告

第十四条　事故发生后，事故现场的铁路运输企业工作人员或者其他人员应当立即报告邻近铁路车站、列车调度员或者公安机关。有关单位和人员接到报告后，应当立即将事故情况报告事故发生地铁路管理机构。

第十五条　铁路管理机构接到事故报告，应当尽快核实有关情况，并立即报告国务院铁路主管部门；对特别重大事故、重大事故，国务院铁路主管部门应当立即报告国务院并通报国家安全生产监督管理等有关部门。

发生特别重大事故、重大事故、较大事故或者有人员伤亡的一般事故，铁路管理机构还应当通报事故发生地县级以上地方人民政府及其安全生产监督管理部门。

第十六条　事故报告应当包括下列内容：

(一)事故发生的时间、地点、区间(线名、公里、米)、事故相关单位和人员；

(二)发生事故的列车种类、车次、部位、计长、机车型号、牵引辆数、吨数；

(三)承运旅客人数或者货物品名、装载情况；

(四)人员伤亡情况，机车车辆、线路设施、道路车辆的损坏情况，对铁路行车的影响情况；

(五)事故原因的初步判断；

(六)事故发生后采取的措施及事故控制情况；

(七)具体救援请求。

事故报告后出现新情况的，应当及时补报。

第十七条 国务院铁路主管部门、铁路管理机构和铁路运输企业应当向社会公布事故报告值班电话，受理事故报告和举报。

第四章 事故应急救援

第十八条 事故发生后，列车司机或者运转车长应当立即停车，采取紧急处置措施；对无法处置的，应当立即报告邻近铁路车站、列车调度员进行处置。

为保障铁路旅客安全或者因特殊运输需要不宜停车的，可以不停车；但是，列车司机或者运转车长应当立即将事故情况报告邻近铁路车站、列车调度员，接到报告的邻近铁路车站、列车调度员应当立即进行处置。

第十九条 事故造成中断铁路行车的，铁路运输企业应当立即组织抢修，尽快恢复铁路正常行车；必要时，铁路运输调度指挥部门应当调整运输径路，减少事故影响。

第二十条 事故发生后，国务院铁路主管部门、铁路管理机构、事故发生地县级以上地方人民政府或者铁路运输企业应当根据事故等级启动相应的应急预案；必要时，成立现场应急救援机构。

第二十一条 现场应急救援机构根据事故应急救援工作的实际需要，可以借用有关单位和个人的设施、设备和其他物资。借用单位使用完毕应当及时归还，并支付适当费用；造成损失的，应当赔偿。

有关单位和个人应当积极支持、配合救援工作。

第二十二条 事故造成重大人员伤亡或者需要紧急转移、安置铁路旅客和沿线居民的，事故发生地县级以上地方人民政府应当及时组织开展救治和转移、安置工作。

第二十三条 国务院铁路主管部门、铁路管理机构或者事故发生地县级以上地方人民政府根据事故救援的实际需要，可以请求当地驻军、武装警察部队参与事故救援。

第二十四条 有关单位和个人应当妥善保护事故现场以及相关证据，并在事故调查组成立后将相关证据移交事故调查组。因事故救援、尽快恢复铁路正常行车需要改变事故现场的，应当做出标记、绘制现场示意图、制作现场视听资料，并做出书面记录。

任何单位和个人不得破坏事故现场，不得伪造、隐匿或者毁灭相关证据。

第二十五条 事故中死亡人员的尸体经法定机构鉴定后，应当及时通知死者家属认领；无法查找死者家属的，按照国家有关规定处理。

第五章 事故调查处理

第二十六条 特别重大事故由国务院或者国务院授权的部门组织事故调查组进行调查。

重大事故由国务院铁路主管部门组织事故调查组进行调查。

较大事故和一般事故由事故发生地铁路管理机构组织事故调查组进行调查；国务院铁路主管部门认为必要时，可以组织事故调查组对较大事故和一般事故进行调查。

根据事故的具体情况，事故调查组由有关人民政府、公安机关、安全生产监督管理部门、监察机关等单位派人组成，并应当邀请人民检察院派人参加。事故调查组认为必要时，可以聘请有关专家参与事故调查。

第二十七条 事故调查组应当按照国家有关规定开展事故调查,并在下列调查期限内向组织事故调查组的机关或者铁路管理机构提交事故调查报告:

(一)特别重大事故的调查期限为60日;

(二)重大事故的调查期限为30日;

(三)较大事故的调查期限为20日;

(四)一般事故的调查期限为10日。

事故调查期限自事故发生之日起计算。

第二十八条 事故调查处理,需要委托有关机构进行技术鉴定或者对铁路设备、设施及其他财产损失状况以及中断铁路行车造成的直接经济损失进行评估的,事故调查组应当委托具有国家规定资质的机构进行技术鉴定或者评估。技术鉴定或者评估所需时间不计入事故调查期限。

第二十九条 事故调查报告形成后,报经组织事故调查组的机关或者铁路管理机构同意,事故调查组工作即告结束。组织事故调查组的机关或者铁路管理机构应当自事故调查组工作结束之日起15日内,根据事故调查报告,制作事故认定书。

事故认定书是事故赔偿、事故处理以及事故责任追究的依据。

第三十条 事故责任单位和有关人员应当认真吸取事故教训,落实防范和整改措施,防止事故再次发生。

国务院铁路主管部门、铁路管理机构以及其他有关行政机关应当对事故责任单位和有关人员落实防范和整改措施的情况进行监督检查。

第三十一条 事故的处理情况,除依法应当保密的外,应当由组织事故调查组的机关或者铁路管理机构向社会公布。

第六章 事故赔偿

第三十二条 事故造成人身伤亡的,铁路运输企业应当承担赔偿责任;但是人身伤亡是不可抗力或者受害人自身原因造成的,铁路运输企业不承担赔偿责任。

违章通过平交道口或者人行过道,或者在铁路线路上行走、坐卧造成的人身伤亡,属于受害人自身的原因造成的人身伤亡。

第三十三条 事故造成铁路旅客人身伤亡和自带行李损失的,铁路运输企业对每名铁路旅客人身伤亡的赔偿责任限额为人民币15万元,对每名铁路旅客自带行李损失的赔偿责任限额为人民币2000元。

铁路运输企业与铁路旅客可以书面约定高于前款规定的赔偿责任限额。

第三十四条 事故造成铁路运输企业承运的货物、包裹、行李损失的,铁路运输企业应当依照《中华人民共和国铁路法》的规定承担赔偿责任。

第三十五条 除本条例第三十三条、第三十四条的规定外,事故造成其他人身伤亡或者财产损失的,依照国家有关法律、行政法规的规定赔偿。

第三十六条 事故当事人对事故损害赔偿有争议的,可以通过协商解决,或者请求组织事故调查组的机关或者铁路管理机构组织调解,也可以直接向人民法院提起民事诉讼。

第七章　法律责任

第三十七条　铁路运输企业及其职工违反法律、行政法规的规定，造成事故的，由国务院铁路主管部门或者铁路管理机构依法追究行政责任。

第三十八条　违反本条例的规定，铁路运输企业及其职工不立即组织救援，或者迟报、漏报、瞒报、谎报事故的，对单位，由国务院铁路主管部门或者铁路管理机构处 10 万元以上 50 万元以下的罚款；对个人，由国务院铁路主管部门或者铁路管理机构处 4000 元以上 2 万元以下的罚款；属于国家工作人员的，依法给予处分；构成犯罪的，依法追究刑事责任。

第三十九条　违反本条例的规定，国务院铁路主管部门、铁路管理机构以及其他行政机关未立即启动应急预案，或者迟报、漏报、瞒报、谎报事故的，对直接负责的主管人员和其他直接责任人员依法给予处分；构成犯罪的，依法追究刑事责任。

第四十条　违反本条例的规定，干扰、阻碍事故救援、铁路线路开通、列车运行和事故调查处理的，对单位，由国务院铁路主管部门或者铁路管理机构处 4 万元以上 20 万元以下的罚款；对个人，由国务院铁路主管部门或者铁路管理机构处 2000 元以上 1 万元以下的罚款；情节严重的，对单位，由国务院铁路主管部门或者铁路管理机构处 20 万元以上 100 万元以下的罚款；对个人，由国务院铁路主管部门或者铁路管理机构处 1 万元以上 5 万元以下的罚款；属于国家工作人员的，依法给予处分；构成违反治安管理行为的，由公安机关依法给予治安管理处罚；构成犯罪的，依法追究刑事责任。

第八章　附　　则

第四十一条　本条例于 2007 年 9 月 1 日起施行。1979 年 7 月 16 日国务院批准发布的《火车与其他车辆碰撞和铁路路外人员伤亡事故处理暂行规定》和 1994 年 8 月 13 日国务院批准发布的《铁路旅客运输损害赔偿规定》同时废止。

土地调查条例

（2008年2月7日　中华人民共和国国务院令第518号）

第一章　总　则

第一条　为了科学、有效地组织实施土地调查，保障土地调查数据的真实性、准确性和及时性，根据《中华人民共和国土地管理法》和《中华人民共和国统计法》，制定本条例。

第二条　土地调查的目的，是全面查清土地资源和利用状况，掌握真实准确的土地基础数据，为科学规划、合理利用、有效保护土地资源，实施最严格的耕地保护制度，加强和改善宏观调控提供依据，促进经济社会全面协调可持续发展。

第三条　土地调查工作按照全国统一领导、部门分工协作、地方分级负责、各方共同参与的原则组织实施。

第四条　土地调查所需经费，由中央和地方各级人民政府共同负担，列入相应年度的财政预算，按时拨付，确保足额到位。

土地调查经费应当统一管理、专款专用、从严控制支出。

第五条　报刊、广播、电视和互联网等新闻媒体，应当及时开展土地调查工作的宣传报道。

第二章　土地调查的内容和方法

第六条　国家根据国民经济和社会发展需要，每10年进行一次全国土地调查；根据土地管理工作的需要，每年进行土地变更调查。

第七条　土地调查包括下列内容：

（一）土地利用现状及变化情况，包括地类、位置、面积、分布等状况；

（二）土地权属及变化情况，包括土地的所有权和使用权状况；

（三）土地条件，包括土地的自然条件、社会经济条件等状况。

进行土地利用现状及变化情况调查时，应当重点调查基本农田现状及变化情况，包括基本农田的数量、分布和保护状况。

第八条　土地调查采用全面调查的方法，综合运用实地调查统计、遥感监测等手段。

第九条　土地调查采用《土地利用现状分类》国家标准、统一的技术规程和按照国家统一标准制作的调查基础图件。

土地调查技术规程，由国务院国土资源主管部门会同国务院有关部门制定。

第三章　土地调查的组织实施

第十条　县级以上人民政府国土资源主管部门会同同级有关部门进行土地调查。

乡(镇)人民政府、街道办事处和村(居)民委员会应当广泛动员和组织社会力量积极参与土地调查工作。

第十一条 县级以上人民政府有关部门应当积极参与和密切配合土地调查工作,依法提供土地调查需要的相关资料。

社会团体以及与土地调查有关的单位和个人应当依照本条例的规定,配合土地调查工作。

第十二条 全国土地调查总体方案由国务院国土资源主管部门会同国务院有关部门拟订,报国务院批准。县级以上地方人民政府国土资源主管部门会同同级有关部门按照国家统一要求,根据本行政区域的土地利用特点,编制地方土地调查实施方案,报上一级人民政府国土资源主管部门会同同级有关部门核准后施行。

第十三条 在土地调查中,需要面向社会选择专业调查队伍承担的土地调查任务,应当通过招标投标方式组织实施。

承担土地调查任务的单位应当具备以下条件:

(一)具有法人资格;

(二)有与土地调查相关的资质和工作业绩;

(三)有完备的技术和质量管理制度;

(四)有经过培训且考核合格的专业技术人员。

国务院国土资源主管部门应当会同国务院有关部门加强对承担土地调查任务单位的管理,并公布符合本条第二款规定条件的单位名录。

第十四条 土地调查人员应当坚持实事求是,恪守职业道德,具有执行调查任务所需要的专业知识。

土地调查人员应当接受业务培训,经考核合格领取全国统一的土地调查员工作证。

第十五条 土地调查人员应当严格执行全国土地调查总体方案和地方土地调查实施方案、《土地利用现状分类》国家标准和统一的技术规程,不得伪造、篡改调查资料,不得强令、授意调查对象提供虚假的调查资料。

土地调查人员应当对其登记、审核、录入的调查资料与现场调查资料的一致性负责。

第十六条 土地调查人员依法独立行使调查、报告、监督和检查职权,有权根据工作需要进行现场调查,并按照技术规程进行现场作业。

土地调查人员有权就与调查有关的问题询问有关单位和个人,要求有关单位和个人如实提供相关资料。

土地调查人员进行现场调查、现场作业以及询问有关单位和个人时,应当出示土地调查员工作证。

第十七条 接受调查的有关单位和个人应当如实回答询问,履行现场指定义务,按照要求提供相关资料,不得转移、隐匿、篡改、毁弃原始记录和土地登记簿等相关资料。

第十八条 各地方、各部门、各单位的负责人不得擅自修改土地调查资料、数据,不得强令或者授意土地调查人员篡改调查资料、数据或者编造虚假数据,不得对拒绝、抵制篡改调查资料、数据或者编造虚假数据的土地调查人员打击报复。

第四章 调查成果处理和质量控制

第十九条 土地调查形成下列调查成果:

（一）数据成果；

（二）图件成果；

（三）文字成果；

（四）数据库成果。

第二十条　土地调查成果实行逐级汇交、汇总统计制度。

土地调查数据的处理和上报应当按照全国土地调查总体方案和有关标准进行。

第二十一条　县级以上地方人民政府对本行政区域的土地调查成果质量负总责，主要负责人是第一责任人。

县级以上人民政府国土资源主管部门会同同级有关部门对调查的各个环节实行质量控制，建立土地调查成果质量控制岗位责任制，切实保证调查的数据、图件和被调查土地实际状况三者一致，并对其加工、整理、汇总的调查成果的准确性负责。

第二十二条　国务院国土资源主管部门会同国务院有关部门统一组织土地调查成果质量的抽查工作。抽查结果作为评价土地调查成果质量的重要依据。

第二十三条　土地调查成果实行分阶段、分级检查验收制度。前一阶段土地调查成果经检查验收合格后，方可开展下一阶段的调查工作。

土地调查成果检查验收办法，由国务院国土资源主管部门会同国务院有关部门制定。

第五章　调查成果公布和应用

第二十四条　国家建立土地调查成果公布制度。

土地调查成果应当向社会公布，并接受公开查询，但依法应当保密的除外。

第二十五条　全国土地调查成果，报国务院批准后公布。

地方土地调查成果，经本级人民政府审核，报上一级人民政府批准后公布。

全国土地调查成果公布后，县级以上地方人民政府方可逐级依次公布本行政区域的土地调查成果。

第二十六条　县级以上人民政府国土资源主管部门会同同级有关部门做好土地调查成果的保存、管理、开发、应用和为社会公众提供服务等工作。

国家通过土地调查，建立互联共享的土地调查数据库，并做好维护、更新工作。

第二十七条　土地调查成果是编制国民经济和社会发展规划以及从事国土资源规划、管理、保护和利用的重要依据。

第二十八条　土地调查成果应当严格管理和规范使用，不作为依照其他法律、行政法规对调查对象实施行政处罚的依据，不作为划分部门职责分工和管理范围的依据。

第六章　表彰和处罚

第二十九条　对在土地调查工作中作出突出贡献的单位和个人，应当按照国家有关规定给予表彰或者奖励。

第三十条　地方、部门、单位的负责人有下列行为之一的，依法给予处分；构成犯罪的，依法追究刑事责任：

（一）擅自修改调查资料、数据的；

（二）强令、授意土地调查人员篡改调查资料、数据或者编造虚假数据的；

（三）对拒绝、抵制篡改调查资料、数据或者编造虚假数据的土地调查人员打击报复的。

第三十一条 土地调查人员不执行全国土地调查总体方案和地方土地调查实施方案、《土地利用现状分类》国家标准和统一的技术规程，或者伪造、篡改调查资料，或者强令、授意接受调查的有关单位和个人提供虚假调查资料的，依法给予处分，并由县级以上人民政府国土资源主管部门、统计机构予以通报批评。

第三十二条 接受调查的单位和个人有下列行为之一的，由县级以上人民政府国土资源主管部门责令限期改正，可以处5万元以下的罚款；构成违反治安管理行为的，由公安机关依法给予治安管理处罚；构成犯罪的，依法追究刑事责任：

（一）拒绝或者阻挠土地调查人员依法进行调查的；

（二）提供虚假调查资料的；

（三）拒绝提供调查资料的；

（四）转移、隐匿、篡改、毁弃原始记录、土地登记簿等相关资料的。

第三十三条 县级以上地方人民政府有下列行为之一的，由上级人民政府予以通报批评；情节严重的，对直接负责的主管人员和其他直接责任人员依法给予处分：

（一）未按期完成土地调查工作，被责令限期完成，逾期仍未完成的；

（二）提供的土地调查数据失真，被责令限期改正，逾期仍未改正的。

第七章 附 则

第三十四条 军用土地调查，由国务院国土资源主管部门会同军队有关部门按照国家统一规定和要求制定具体办法。

中央单位使用土地的调查数据汇总内容的确定和成果的应用管理，由国务院国土资源主管部门会同国务院管理机关事务工作的机构负责。

第三十五条 县级以上人民政府可以按照全国土地调查总体方案和地方土地调查实施方案成立土地调查领导小组，组织和领导土地调查工作。必要时，可以设立土地调查领导小组办公室负责土地调查日常工作。

第三十六条 本条例自公布之日起施行。

历史文化名城名镇名村保护条例

（2008 年 4 月 22 日　中华人民共和国国务院令第 524 号）

第一章　总　　则

第一条　为了加强历史文化名城、名镇、名村的保护与管理，继承中华民族优秀历史文化遗产，制定本条例。

第二条　历史文化名城、名镇、名村的申报、批准、规划、保护，适用本条例。

第三条　历史文化名城、名镇、名村的保护应当遵循科学规划、严格保护的原则，保持和延续其传统格局和历史风貌，维护历史文化遗产的真实性和完整性，继承和弘扬中华民族优秀传统文化，正确处理经济社会发展和历史文化遗产保护的关系。

第四条　国家对历史文化名城、名镇、名村的保护给予必要的资金支持。

历史文化名城、名镇、名村所在地的县级以上地方人民政府，根据本地实际情况安排保护资金，列入本级财政预算。

国家鼓励企业、事业单位、社会团体和个人参与历史文化名城、名镇、名村的保护。

第五条　国务院建设主管部门会同国务院文物主管部门负责全国历史文化名城、名镇、名村的保护和监督管理工作。

地方各级人民政府负责本行政区域历史文化名城、名镇、名村的保护和监督管理工作。

第六条　县级以上人民政府及其有关部门对在历史文化名城、名镇、名村保护工作中作出突出贡献的单位和个人，按照国家有关规定给予表彰和奖励。

第二章　申报与批准

第七条　具备下列条件的城市、镇、村庄，可以申报历史文化名城、名镇、名村：

（一）保存文物特别丰富；

（二）历史建筑集中成片；

（三）保留着传统格局和历史风貌；

（四）历史上曾经作为政治、经济、文化、交通中心或者军事要地，或者发生过重要历史事件，或者其传统产业、历史上建设的重大工程对本地区的发展产生过重要影响，或者能够集中反映本地区建筑的文化特色、民族特色。

申报历史文化名城的，在所申报的历史文化名城保护范围内还应当有 2 个以上的历史文化街区。

第八条　申报历史文化名城、名镇、名村，应当提交所申报的历史文化名城、名镇、名村的下列材料：

（一）历史沿革、地方特色和历史文化价值的说明；

（二）传统格局和历史风貌的现状；

（三）保护范围；

（四）不可移动文物、历史建筑、历史文化街区的清单；

（五）保护工作情况、保护目标和保护要求。

第九条 申报历史文化名城，由省、自治区、直辖市人民政府提出申请，经国务院建设主管部门会同国务院文物主管部门组织有关部门、专家进行论证，提出审查意见，报国务院批准公布。

申报历史文化名镇、名村，由所在地县级人民政府提出申请，经省、自治区、直辖市人民政府确定的保护主管部门会同同级文物主管部门组织有关部门、专家进行论证，提出审查意见，报省、自治区、直辖市人民政府批准公布。

第十条 对符合本条例第七条规定的条件而没有申报历史文化名城的城市，国务院建设主管部门会同国务院文物主管部门可以向该城市所在地的省、自治区人民政府提出申报建议；仍不申报的，可以直接向国务院提出确定该城市为历史文化名城的建议。

对符合本条例第七条规定的条件而没有申报历史文化名镇、名村的镇、村庄，省、自治区、直辖市人民政府确定的保护主管部门会同同级文物主管部门可以向该镇、村庄所在地的县级人民政府提出申报建议；仍不申报的，可以直接向省、自治区、直辖市人民政府提出确定该镇、村庄为历史文化名镇、名村的建议。

第十一条 国务院建设主管部门会同国务院文物主管部门可以在已批准公布的历史文化名镇、名村中，严格按照国家有关评价标准，选择具有重大历史、艺术、科学价值的历史文化名镇、名村，经专家论证，确定为中国历史文化名镇、名村。

第十二条 已批准公布的历史文化名城、名镇、名村，因保护不力使其历史文化价值受到严重影响的，批准机关应当将其列入濒危名单，予以公布，并责成所在地城市、县人民政府限期采取补救措施，防止情况继续恶化，并完善保护制度，加强保护工作。

第三章 保护规划

第十三条 历史文化名城批准公布后，历史文化名城人民政府应当组织编制历史文化名城保护规划。

历史文化名镇、名村批准公布后，所在地县级人民政府应当组织编制历史文化名镇、名村保护规划。

保护规划应当自历史文化名城、名镇、名村批准公布之日起1年内编制完成。

第十四条 保护规划应当包括下列内容：

（一）保护原则、保护内容和保护范围；

（二）保护措施、开发强度和建设控制要求；

（三）传统格局和历史风貌保护要求；

（四）历史文化街区、名镇、名村的核心保护范围和建设控制地带；

（五）保护规划分期实施方案。

第十五条 历史文化名城、名镇保护规划的规划期限应当与城市、镇总体规划的规划期限相一致；历史文化名村保护规划的规划期限应当与村庄规划的规划期限相一致。

第十六条 保护规划报送审批前，保护规划的组织编制机关应当广泛征求有关部门、专家和公众的意见；必要时，可以举行听证。

保护规划报送审批文件中应当附具意见采纳情况及理由；经听证的，还应当附具听证笔录。

第十七条 保护规划由省、自治区、直辖市人民政府审批。

保护规划的组织编制机关应当将经依法批准的历史文化名城保护规划和中国历史文化名镇、名村保护规划，报国务院建设主管部门和国务院文物主管部门备案。

第十八条 保护规划的组织编制机关应当及时公布经依法批准的保护规划。

第十九条 经依法批准的保护规划，不得擅自修改；确需修改的，保护规划的组织编制机关应当向原审批机关提出专题报告，经同意后，方可编制修改方案。修改后的保护规划，应当按照原审批程序报送审批。

第二十条 国务院建设主管部门会同国务院文物主管部门应当加强对保护规划实施情况的监督检查。

县级以上地方人民政府应当加强对本行政区域保护规划实施情况的监督检查，并对历史文化名城、名镇、名村保护状况进行评估；对发现的问题，应当及时纠正、处理。

第四章 保护措施

第二十一条 历史文化名城、名镇、名村应当整体保护，保持传统格局、历史风貌和空间尺度，不得改变与其相互依存的自然景观和环境。

第二十二条 历史文化名城、名镇、名村所在地县级以上地方人民政府应当根据当地经济社会发展水平，按照保护规划，控制历史文化名城、名镇、名村的人口数量，改善历史文化名城、名镇、名村的基础设施、公共服务设施和居住环境。

第二十三条 在历史文化名城、名镇、名村保护范围内从事建设活动，应当符合保护规划的要求，不得损害历史文化遗产的真实性和完整性，不得对其传统格局和历史风貌构成破坏性影响。

第二十四条 在历史文化名城、名镇、名村保护范围内禁止进行下列活动：

（一）开山、采石、开矿等破坏传统格局和历史风貌的活动；

（二）占用保护规划确定保留的园林绿地、河湖水系、道路等；

（三）修建生产、储存爆炸性、易燃性、放射性、毒害性、腐蚀性物品的工厂、仓库等；

（四）在历史建筑上刻划、涂污。

第二十五条 在历史文化名城、名镇、名村保护范围内进行下列活动，应当保护其传统格局、历史风貌和历史建筑；制订保护方案，经城市、县人民政府城乡规划主管部门会同同级文物主管部门批准，并依照有关法律、法规的规定办理相关手续：

（一）改变园林绿地、河湖水系等自然状态的活动；

（二）在核心保护范围内进行影视摄制、举办大型群众性活动；

（三）其他影响传统格局、历史风貌或者历史建筑的活动。

第二十六条 历史文化街区、名镇、名村建设控制地带内的新建建筑物、构筑物，应当符合保护规划确定的建设控制要求。

第二十七条 对历史文化街区、名镇、名村核心保护范围内的建筑物、构筑物，应当区分不同情况，采取相应措施，实行分类保护。

历史文化街区、名镇、名村核心保护范围内的历史建筑，应当保持原有的高度、体量、外观形象及色彩等。

第二十八条 在历史文化街区、名镇、名村核心保护范围内，不得进行新建、扩建活动。但是，新建、扩建必要的基础设施和公共服务设施除外。

在历史文化街区、名镇、名村核心保护范围内，新建、扩建必要的基础设施和公共服务设施的，城市、县人民政府城乡规划主管部门核发建设工程规划许可证、乡村建设规划许可证前，应当征求同级文物主管部门的意见。

在历史文化街区、名镇、名村核心保护范围内，拆除历史建筑以外的建筑物、构筑物或者其他设施的，应当经城市、县人民政府城乡规划主管部门会同同级文物主管部门批准。

第二十九条 审批本条例第二十八条规定的建设活动，审批机关应当组织专家论证，并将审批事项予以公示，征求公众意见，告知利害关系人有要求举行听证的权利。公示时间不得少于20日。

利害关系人要求听证的，应当在公示期间提出，审批机关应当在公示期满后及时举行听证。

第三十条 城市、县人民政府应当在历史文化街区、名镇、名村核心保护范围的主要出入口设置标志牌。

任何单位和个人不得擅自设置、移动、涂改或者损毁标志牌。

第三十一条 历史文化街区、名镇、名村核心保护范围内的消防设施、消防通道，应当按照有关的消防技术标准和规范设置。确因历史文化街区、名镇、名村的保护需要，无法按照标准和规范设置的，由城市、县人民政府公安机关消防机构会同同级城乡规划主管部门制订相应的防火安全保障方案。

第三十二条 城市、县人民政府应当对历史建筑设置保护标志，建立历史建筑档案。

历史建筑档案应当包括下列内容：

(一)建筑艺术特征、历史特征、建设年代及稀有程度；

(二)建筑的有关技术资料；

(三)建筑的使用现状和权属变化情况；

(四)建筑的修缮、装饰装修过程中形成的文字、图纸、图片、影像等资料；

(五)建筑的测绘信息记录和相关资料。

第三十三条 历史建筑的所有权人应当按照保护规划的要求，负责历史建筑的维护和修缮。

县级以上地方人民政府可以从保护资金中对历史建筑的维护和修缮给予补助。

历史建筑有损毁危险，所有权人不具备维护和修缮能力的，当地人民政府应当采取措施进行保护。

任何单位或者个人不得损坏或者擅自迁移、拆除历史建筑。

第三十四条 建设工程选址，应当尽可能避开历史建筑；因特殊情况不能避开的，应当尽可能实施原址保护。

对历史建筑实施原址保护的，建设单位应当事先确定保护措施，报城市、县人民政府城乡规划主管部门会同同级文物主管部门批准。

因公共利益需要进行建设活动，对历史建筑无法实施原址保护、必须迁移异地保护或者拆除的，应当由城市、县人民政府城乡规划主管部门会同同级文物主管部门，报省、自治区、直辖市人民政府确定的保护主管部门会同同级文物主管部门批准。

本条规定的历史建筑原址保护、迁移、拆除所需费用，由建设单位列入建设工程预算。

第三十五条 对历史建筑进行外部修缮装饰、添加设施以及改变历史建筑的结构或者使用性质的，应当经城市、县人民政府城乡规划主管部门会同同级文物主管部门批准，并依照有关法律、法规的规定办理相关手续。

第三十六条 在历史文化名城、名镇、名村保护范围内涉及文物保护的，应当执行文物保护法律、法规的规定。

第五章 法律责任

第三十七条 违反本条例规定，国务院建设主管部门、国务院文物主管部门和县级以上地方人民政府及其有关主管部门的工作人员，不履行监督管理职责，发现违法行为不予查处或者有其他滥用职权、玩忽职守、徇私舞弊行为，构成犯罪的，依法追究刑事责任；尚不构成犯罪的，依法给予处分。

第三十八条 违反本条例规定，地方人民政府有下列行为之一的，由上级人民政府责令改正，对直接负责的主管人员和其他直接责任人员，依法给予处分：

（一）未组织编制保护规划的；

（二）未按照法定程序组织编制保护规划的；

（三）擅自修改保护规划的；

（四）未将批准的保护规划予以公布的。

第三十九条 违反本条例规定，省、自治区、直辖市人民政府确定的保护主管部门或者城市、县人民政府城乡规划主管部门，未按照保护规划的要求或者未按照法定程序履行本条例第二十五条、第二十八条、第三十四条、第三十五条规定的审批职责的，由本级人民政府或者上级人民政府有关部门责令改正，通报批评；对直接负责的主管人员和其他直接责任人员，依法给予处分。

第四十条 违反本条例规定，城市、县人民政府因保护不力，导致已批准公布的历史文化名城、名镇、名村被列入濒危名单的，由上级人民政府通报批评；对直接负责的主管人员和其他直接责任人员，依法给予处分。

第四十一条 违反本条例规定，在历史文化名城、名镇、名村保护范围内有下列行为之一的，由城市、县人民政府城乡规划主管部门责令停止违法行为、限期恢复原状或者采取其他补救措施；有违法所得的，没收违法所得；逾期不恢复原状或者不采取其他补救措施的，城乡规划主管部门可以指定有能力的单位代为恢复原状或者采取其他补救措施，所需费用由违法者承担；造成严重后果的，对单位并处50万元以上100万元以下的罚款，对个人并处5万元以上10万元以下的罚款；造成损失的，依法承担赔偿责任：

（一）开山、采石、开矿等破坏传统格局和历史风貌的；

（二）占用保护规划确定保留的园林绿地、河湖水系、道路等的；

（三）修建生产、储存爆炸性、易燃性、放射性、毒害性、腐蚀性物品的工厂、仓库等的。

第四十二条 违反本条例规定，在历史建筑上刻划、涂污的，由城市、县人民政府城乡规划主管部门责令恢复原状或者采取其他补救措施，处50元的罚款。

第四十三条 违反本条例规定，未经城乡规划主管部门会同同级文物主管部门批准，有下列行为之一的，由城市、县人民政府城乡规划主管部门责令停止违法行为、限期恢复原状或者采取其他补救措施；有违法所得的，没收违法所得；逾期不恢复原状或者不采取其他补救措施的，城乡规划主管部门可以指定有能力的单位代为恢复原状或者采取其他补救措施，所需费用由违法者承担;造成严重后果的,对单位并处 5 万元以上 10 万元以下的罚款,对个人并处 1 万元以上 5 万元以下的罚款;造成损失的,依法承担赔偿责任:

(一)改变园林绿地、河湖水系等自然状态的;

(二)进行影视摄制、举办大型群众性活动的;

(三)拆除历史建筑以外的建筑物、构筑物或者其他设施的;

(四)对历史建筑进行外部修缮装饰、添加设施以及改变历史建筑的结构或者使用性质的;

(五)其他影响传统格局、历史风貌或者历史建筑的。

有关单位或者个人经批准进行上述活动,但是在活动过程中对传统格局、历史风貌或者历史建筑构成破坏性影响的,依照本条第一款规定予以处罚。

第四十四条 违反本条例规定,损坏或者擅自迁移、拆除历史建筑的,由城市、县人民政府城乡规划主管部门责令停止违法行为、限期恢复原状或者采取其他补救措施;有违法所得的,没收违法所得;逾期不恢复原状或者不采取其他补救措施的,城乡规划主管部门可以指定有能力的单位代为恢复原状或者采取其他补救措施,所需费用由违法者承担;造成严重后果的,对单位并处 20 万元以上 50 万元以下的罚款,对个人并处 10 万元以上 20 万元以下的罚款;造成损失的,依法承担赔偿责任。

第四十五条 违反本条例规定,擅自设置、移动、涂改或者损毁历史文化街区、名镇、名村标志牌的,由城市、县人民政府城乡规划主管部门责令限期改正;逾期不改正的,对单位处 1 万元以上 5 万元以下的罚款,对个人处 1000 元以上 1 万元以下的罚款。

第四十六条 违反本条例规定,对历史文化名城、名镇、名村中的文物造成损毁的,依照文物保护法律、法规的规定给予处罚;构成犯罪的,依法追究刑事责任。

第六章 附 则

第四十七条 本条例下列用语的含义:

(一)历史建筑,是指经城市、县人民政府确定公布的具有一定保护价值,能够反映历史风貌和地方特色,未公布为文物保护单位,也未登记为不可移动文物的建筑物、构筑物。

(二)历史文化街区,是指经省、自治区、直辖市人民政府核定公布的保存文物特别丰富、历史建筑集中成片、能够较完整和真实地体现传统格局和历史风貌,并具有一定规模的区域。

历史文化街区保护的具体实施办法,由国务院建设主管部门会同国务院文物主管部门制定。

第四十八条 本条例自 2008 年 7 月 1 日起施行。

对外承包工程管理条例

（2008年7月21日　中华人民共和国国务院令第527号）

第一章　总　　则

第一条　为了规范对外承包工程，促进对外承包工程健康发展，制定本条例。

第二条　本条例所称对外承包工程，是指中国的企业或者其他单位（以下统称单位）承包境外建设工程项目（以下简称工程项目）的活动。

第三条　国家鼓励和支持开展对外承包工程，提高对外承包工程的质量和水平。

国务院有关部门制定和完善促进对外承包工程的政策措施，建立、健全对外承包工程服务体系和风险保障机制。

第四条　开展对外承包工程，应当维护国家利益和社会公共利益，保障外派人员的合法权益。

开展对外承包工程，应当遵守工程项目所在国家或者地区的法律，信守合同，尊重当地的风俗习惯，注重生态环境保护，促进当地经济社会发展。

第五条　国务院商务主管部门负责全国对外承包工程的监督管理，国务院有关部门在各自的职责范围内负责与对外承包工程有关的管理工作。

国务院建设主管部门组织协调建设企业参与对外承包工程。

省、自治区、直辖市人民政府商务主管部门负责本行政区域内对外承包工程的监督管理。

第六条　有关对外承包工程的协会、商会按照章程为其成员提供与对外承包工程有关的信息、培训等方面的服务，依法制定行业规范，发挥协调和自律作用，维护公平竞争和成员利益。

第二章　对外承包工程资格

第七条　对外承包工程的单位应当依照本条例的规定，取得对外承包工程资格。

第八条　申请对外承包工程资格，应当具备下列条件：

（一）有法人资格，工程建设类单位还应当依法取得建设主管部门或者其他有关部门颁发的特级或者一级（甲级）资质证书；

（二）有与开展对外承包工程相适应的资金和专业技术人员，管理人员中至少2人具有2年以上从事对外承包工程的经历；

（三）有与开展对外承包工程相适应的安全防范能力；

（四）有保障工程质量和安全生产的规章制度，最近2年内没有发生重大工程质量问题和较大事故以上的生产安全事故；

（五）有良好的商业信誉，最近3年内没有重大违约行为和重大违法经营记录。

第九条　申请对外承包工程资格，中央企业和中央管理的其他单位（以下称中央单位）应当向国务院商务主管部门提出申请，中央单位以外的单位应当向所在地省、自治区、直辖市人民政府商务主管部门提出申请；申请时应当提交申请书和符合本条例第八条规定条件的证明材料。国务院商务主管部门或者省、自治区、直辖市人民政府商务主管部门应当自收到申请书和证明材料之日起30日内，会同同级建设主管部门进行审查，作出批准或者不予批准的决定。予以批准的，由受理申请的国务院商务主管部门或者省、自治区、直辖市人民政府商务主管部门颁发对外承包工程资格证书；不予批准的，书面通知申请单位并说明理由。

省、自治区、直辖市人民政府商务主管部门应当将其颁发对外承包工程资格证书的情况报国务院商务主管部门备案。

第十条　国务院商务主管部门和省、自治区、直辖市人民政府商务主管部门在监督检查中，发现对外承包工程的单位不再具备本条例规定条件的，应当责令其限期整改；逾期仍达不到本条例规定条件的，吊销其对外承包工程资格证书。

第三章　对外承包工程活动

第十一条　国务院商务主管部门应当会同国务院有关部门建立对外承包工程安全风险评估机制，定期发布有关国家和地区安全状况的评估结果，及时提供预警信息，指导对外承包工程的单位做好安全风险防范。

第十二条　对外承包工程的单位不得以不正当的低价承揽工程项目、串通投标，不得进行商业贿赂。

第十三条　对外承包工程的单位应当与境外工程项目发包人订立书面合同，明确双方的权利和义务，并按照合同约定履行义务。

第十四条　对外承包工程的单位应当加强对工程质量和安全生产的管理，建立、健全并严格执行工程质量和安全生产管理的规章制度。

对外承包工程的单位将工程项目分包的，应当与分包单位订立专门的工程质量和安全生产管理协议，或者在分包合同中约定各自的工程质量和安全生产管理责任，并对分包单位的工程质量和安全生产工作统一协调、管理。

对外承包工程的单位不得将工程项目分包给不具备国家规定的相应资质的单位；工程项目的建筑施工部分不得分包给未依法取得安全生产许可证的境内建筑施工企业。

分包单位不得将工程项目转包或者再分包。对外承包工程的单位应当在分包合同中明确约定分包单位不得将工程项目转包或者再分包，并负责监督。

第十五条　从事对外承包工程外派人员中介服务的机构应当取得国务院商务主管部门的许可，并按照国务院商务主管部门的规定从事对外承包工程外派人员中介服务。

对外承包工程的单位通过中介机构招用外派人员的，应当选择依法取得许可并合法经营的中介机构，不得通过未依法取得许可或者有重大违法行为的中介机构招用外派人员。

第十六条　对外承包工程的单位应当依法与其招用的外派人员订立劳动合同，按照合同约定向外派人员提供工作条件和支付报酬，履行用人单位义务。

第十七条　对外承包工程的单位应当有专门的安全管理机构和人员，负责保护外派人员的人身和财产安全，并根据所承包工程项目的具体情况，制定保护外派人员人身和财产安全的方案，落实所需经费。

对外承包工程的单位应当根据工程项目所在国家或者地区的安全状况，有针对性地对外派人员进行安全防范教育和应急知识培训，增强外派人员的安全防范意识和自我保护能力。

第十八条 对外承包工程的单位应当为外派人员购买境外人身意外伤害保险。

第十九条 对外承包工程的单位应当按照国务院商务主管部门和国务院财政部门的规定，及时存缴备用金。

前款规定的备用金，用于支付对外承包工程的单位拒绝承担或者无力承担的下列费用：

(一)外派人员的报酬；

(二)因发生突发事件，外派人员回国或者接受其他紧急救助所需费用；

(三)依法应当对外派人员的损失进行赔偿所需费用。

第二十条 对外承包工程的单位与境外工程项目发包人订立合同后，应当及时向中国驻该工程项目所在国使馆(领馆)报告。

对外承包工程的单位应当接受中国驻该工程项目所在国使馆(领馆)在突发事件防范、工程质量、安全生产及外派人员保护等方面的指导。

第二十一条 对外承包工程的单位应当制定突发事件应急预案；在境外发生突发事件时，应当及时、妥善处理，并立即向中国驻该工程项目所在国使馆(领馆)和国内有关主管部门报告。

国务院商务主管部门应当会同国务院有关部门，按照预防和处置并重的原则，建立、健全对外承包工程突发事件预警、防范和应急处置机制，制定对外承包工程突发事件应急预案。

第二十二条 对外承包工程的单位应当定期向商务主管部门报告其开展对外承包工程的情况，并按照国务院商务主管部门和国务院统计部门的规定，向有关部门报送业务统计资料。

第二十三条 国务院商务主管部门应当会同国务院有关部门建立对外承包工程信息收集、通报制度，向对外承包工程的单位无偿提供信息服务。

有关部门应当在货物通关、人员出入境等方面，依法为对外承包工程的单位提供快捷、便利的服务。

第四章 法律责任

第二十四条 未取得对外承包工程资格，擅自开展对外承包工程的，由商务主管部门责令改正，处50万元以上100万元以下的罚款；有违法所得的，没收违法所得；对其主要负责人处5万元以上10万元以下的罚款。

第二十五条 对外承包工程的单位有下列情形之一的，由商务主管部门责令改正，处10万元以上20万元以下的罚款，对其主要负责人处1万元以上2万元以下的罚款；拒不改正的，商务主管部门可以禁止其在1年以上3年以下的期限内对外承包新的工程项目；造成重大工程质量问题、发生较大事故以上生产安全事故或者造成其他严重后果的，商务主管部门可以吊销其对外承包工程资格证书；对工程建设类单位，建设主管部门或者其他有关主管部门可以降低其资质等级或者吊销其资质证书：

(一)未建立并严格执行工程质量和安全生产管理的规章制度的；

(二)没有专门的安全管理机构和人员负责保护外派人员的人身和财产安全，或者未根据所承包工程项目的具体情况制定保护外派人员人身和财产安全的方案并落实所需经费的；

（三）未对外派人员进行安全防范教育和应急知识培训的；

（四）未制定突发事件应急预案，或者在境外发生突发事件，未及时、妥善处理的。

第二十六条 对外承包工程的单位有下列情形之一的，由商务主管部门责令改正，处15万元以上30万元以下的罚款，对其主要负责人处2万元以上5万元以下的罚款；拒不改正的，商务主管部门可以禁止其在2年以上5年以下的期限内对外承包新的工程项目；造成重大工程质量问题、发生较大事故以上生产安全事故或者造成其他严重后果的，商务主管部门可以吊销其对外承包工程资格证书；对工程建设类单位，建设主管部门或者其他有关主管部门可以降低其资质等级或者吊销其资质证书：

（一）以不正当的低价承揽工程项目、串通投标或者进行商业贿赂的；

（二）未与分包单位订立专门的工程质量和安全生产管理协议，或者未在分包合同中约定各自的工程质量和安全生产管理责任，或者未对分包单位的工程质量和安全生产工作统一协调、管理的；

（三）将工程项目分包给不具备国家规定的相应资质的单位，或者将工程项目的建筑施工部分分包给未依法取得安全生产许可证的境内建筑施工企业的；

（四）未在分包合同中明确约定分包单位不得将工程项目转包或者再分包的。

分包单位将其承包的工程项目转包或者再分包的，由建设主管部门责令改正，依照前款规定的数额对分包单位及其主要负责人处以罚款；造成重大工程质量问题，或者发生较大事故以上生产安全事故的，建设主管部门或者其他有关主管部门可以降低其资质等级或者吊销其资质证书。

第二十七条 对外承包工程的单位有下列情形之一的，由商务主管部门责令改正，处2万元以上5万元以下的罚款；拒不改正的，对其主要负责人处5000元以上1万元以下的罚款：

（一）与境外工程项目发包人订立合同后，未及时向中国驻该工程项目所在国使馆（领馆）报告的；

（二）在境外发生突发事件，未立即向中国驻该工程项目所在国使馆（领馆）和国内有关主管部门报告的；

（三）未定期向商务主管部门报告其开展对外承包工程的情况，或者未按照规定向有关部门报送业务统计资料的。

第二十八条 对外承包工程的单位通过未依法取得许可或者有重大违法行为的中介机构招用外派人员，或者不依照本条例规定为外派人员购买境外人身意外伤害保险，或者未按照规定存缴备用金的，由商务主管部门责令限期改正，处5万元以上10万元以下的罚款，对其主要负责人处5000元以上1万元以下的罚款；逾期不改正的，商务主管部门可以禁止其在1年以上3年以下的期限内对外承包新的工程项目。

未取得国务院商务主管部门的许可，擅自从事对外承包工程外派人员中介服务的，由国务院商务主管部门责令改正，处10万元以上20万元以下的罚款；有违法所得的，没收违法所得；对其主要负责人处5万元以上10万元以下的罚款。

第二十九条 商务主管部门、建设主管部门和其他有关部门的工作人员在对外承包工程监督管理工作中滥用职权、玩忽职守、徇私舞弊，构成犯罪的，依法追究刑事责任；尚不构成犯罪的，依法给予处分。

第五章 附　　则

第三十条 对外承包工程涉及的货物进出口、技术进出口、人员出入境、海关以及税收、外汇等事项，依照有关法律、行政法规和国家有关规定办理。

第三十一条 对外承包工程的单位以投标、议标方式参与报价金额在国务院商务主管部门和国务院财政部门等有关部门规定标准以上的工程项目的，其银行保函的出具等事项，依照国务院商务主管部门和国务院财政部门等有关部门的规定办理。

第三十二条 对外承包工程的单位承包特定工程项目，或者在国务院商务主管部门会同外交部等有关部门确定的特定国家或者地区承包工程项目的，应当经国务院商务主管部门会同国务院有关部门批准。

第三十三条 中国内地的单位在香港特别行政区、澳门特别行政区、台湾地区承包工程项目，参照本条例的规定执行。

第三十四条 中国政府对外援建的工程项目的实施及其管理，依照国家有关规定执行。

第三十五条 本条例自 2008 年 9 月 1 日起施行。

民用建筑节能条例

（2008年8月1日　中华人民共和国国务院令第530号）

第一章　总　　则

第一条　为了加强民用建筑节能管理，降低民用建筑使用过程中的能源消耗，提高能源利用效率，制定本条例。

第二条　本条例所称民用建筑节能，是指在保证民用建筑使用功能和室内热环境质量的前提下，降低其使用过程中能源消耗的活动。

本条例所称民用建筑，是指居住建筑、国家机关办公建筑和商业、服务业、教育、卫生等其他公共建筑。

第三条　各级人民政府应当加强对民用建筑节能工作的领导，积极培育民用建筑节能服务市场，健全民用建筑节能服务体系，推动民用建筑节能技术的开发应用，做好民用建筑节能知识的宣传教育工作。

第四条　国家鼓励和扶持在新建建筑和既有建筑节能改造中采用太阳能、地热能等可再生能源。

在具备太阳能利用条件的地区，有关地方人民政府及其部门应当采取有效措施，鼓励和扶持单位、个人安装使用太阳能热水系统、照明系统、供热系统、采暖制冷系统等太阳能利用系统。

第五条　国务院建设主管部门负责全国民用建筑节能的监督管理工作。县级以上地方人民政府建设主管部门负责本行政区域民用建筑节能的监督管理工作。

县级以上人民政府有关部门应当依照本条例的规定以及本级人民政府规定的职责分工，负责民用建筑节能的有关工作。

第六条　国务院建设主管部门应当在国家节能中长期专项规划指导下，编制全国民用建筑节能规划，并与相关规划相衔接。

县级以上地方人民政府建设主管部门应当组织编制本行政区域的民用建筑节能规划，报本级人民政府批准后实施。

第七条　国家建立健全民用建筑节能标准体系。国家民用建筑节能标准由国务院建设主管部门负责组织制定，并依照法定程序发布。

国家鼓励制定、采用优于国家民用建筑节能标准的地方民用建筑节能标准。

第八条　县级以上人民政府应当安排民用建筑节能资金，用于支持民用建筑节能的科学技术研究和标准制定、既有建筑围护结构和供热系统的节能改造、可再生能源的应用，以及民用建筑节能示范工程、节能项目的推广。

政府引导金融机构对既有建筑节能改造、可再生能源的应用，以及民用建筑节能示范工程等项目提供支持。

民用建筑节能项目依法享受税收优惠。

第九条 国家积极推进供热体制改革，完善供热价格形成机制，鼓励发展集中供热，逐步实行按照用热量收费制度。

第十条 对在民用建筑节能工作中做出显著成绩的单位和个人，按照国家有关规定给予表彰和奖励。

第二章 新建建筑节能

第十一条 国家推广使用民用建筑节能的新技术、新工艺、新材料和新设备，限制使用或者禁止使用能源消耗高的技术、工艺、材料和设备。国务院节能工作主管部门、建设主管部门应当制定、公布并及时更新推广使用、限制使用、禁止使用目录。

国家限制进口或者禁止进口能源消耗高的技术、材料和设备。

建设单位、设计单位、施工单位不得在建筑活动中使用列入禁止使用目录的技术、工艺、材料和设备。

第十二条 编制城市详细规划、镇详细规划，应当按照民用建筑节能的要求，确定建筑的布局、形状和朝向。

城乡规划主管部门依法对民用建筑进行规划审查，应当就设计方案是否符合民用建筑节能强制性标准征求同级建设主管部门的意见；建设主管部门应当自收到征求意见材料之日起10日内提出意见。征求意见时间不计算在规划许可的期限内。

对不符合民用建筑节能强制性标准的，不得颁发建设工程规划许可证。

第十三条 施工图设计文件审查机构应当按照民用建筑节能强制性标准对施工图设计文件进行审查；经审查不符合民用建筑节能强制性标准的，县级以上地方人民政府建设主管部门不得颁发施工许可证。

第十四条 建设单位不得明示或者暗示设计单位、施工单位违反民用建筑节能强制性标准进行设计、施工，不得明示或者暗示施工单位使用不符合施工图设计文件要求的墙体材料、保温材料、门窗、采暖制冷系统和照明设备。

按照合同约定由建设单位采购墙体材料、保温材料、门窗、采暖制冷系统和照明设备的，建设单位应当保证其符合施工图设计文件要求。

第十五条 设计单位、施工单位、工程监理单位及其注册执业人员，应当按照民用建筑节能强制性标准进行设计、施工、监理。

第十六条 施工单位应当对进入施工现场的墙体材料、保温材料、门窗、采暖制冷系统和照明设备进行查验；不符合施工图设计文件要求的，不得使用。

工程监理单位发现施工单位不按照民用建筑节能强制性标准施工的，应当要求施工单位改正；施工单位拒不改正的，工程监理单位应当及时报告建设单位，并向有关主管部门报告。

墙体、屋面的保温工程施工时，监理工程师应当按照工程监理规范的要求，采取旁站、巡视和平行检验等形式实施监理。

未经监理工程师签字，墙体材料、保温材料、门窗、采暖制冷系统和照明设备不得在建筑上使用或者安装，施工单位不得进行下一道工序的施工。

第十七条 建设单位组织竣工验收，应当对民用建筑是否符合民用建筑节能强制性标准进行查验；对不符合民用建筑节能强制性标准的，不得出具竣工验收合格报告。

第十八条 实行集中供热的建筑应当安装供热系统调控装置、用热计量装置和室内温度调控装置;公共建筑还应当安装用电分项计量装置。居住建筑安装的用热计量装置应当满足分户计量的要求。

计量装置应当依法检定合格。

第十九条 建筑的公共走廊、楼梯等部位,应当安装、使用节能灯具和电气控制装置。

第二十条 对具备可再生能源利用条件的建筑,建设单位应当选择合适的可再生能源,用于采暖、制冷、照明和热水供应等;设计单位应当按照有关可再生能源利用的标准进行设计。

建设可再生能源利用设施,应当与建筑主体工程同步设计、同步施工、同步验收。

第二十一条 国家机关办公建筑和大型公共建筑的所有权人应当对建筑的能源利用效率进行测评和标识,并按照国家有关规定将测评结果予以公示,接受社会监督。

国家机关办公建筑应当安装、使用节能设备。

本条例所称大型公共建筑,是指单体建筑面积 2 万平方米以上的公共建筑。

第二十二条 房地产开发企业销售商品房,应当向购买人明示所售商品房的能源消耗指标、节能措施和保护要求、保温工程保修期等信息,并在商品房买卖合同和住宅质量保证书、住宅使用说明书中载明。

第二十三条 在正常使用条件下,保温工程的最低保修期限为 5 年。保温工程的保修期,自竣工验收合格之日起计算。

保温工程在保修范围和保修期内发生质量问题的,施工单位应当履行保修义务,并对造成的损失依法承担赔偿责任。

第三章　既有建筑节能

第二十四条 既有建筑节能改造应当根据当地经济、社会发展水平和地理气候条件等实际情况,有计划、分步骤地实施分类改造。

本条例所称既有建筑节能改造,是指对不符合民用建筑节能强制性标准的既有建筑的围护结构、供热系统、采暖制冷系统、照明设备和热水供应设施等实施节能改造的活动。

第二十五条 县级以上地方人民政府建设主管部门应当对本行政区域内既有建筑的建设年代、结构形式、用能系统、能源消耗指标、寿命周期等组织调查统计和分析,制定既有建筑节能改造计划,明确节能改造的目标、范围和要求,报本级人民政府批准后组织实施。

中央国家机关既有建筑的节能改造,由有关管理机关事务工作的机构制定节能改造计划,并组织实施。

第二十六条 国家机关办公建筑、政府投资和以政府投资为主的公共建筑的节能改造,应当制定节能改造方案,经充分论证,并按照国家有关规定办理相关审批手续方可进行。

各级人民政府及其有关部门、单位不得违反国家有关规定和标准,以节能改造的名义对前款规定的既有建筑进行扩建、改建。

第二十七条 居住建筑和本条例第二十六条规定以外的其他公共建筑不符合民用建筑节能强制性标准的,在尊重建筑所有权人意愿的基础上,可以结合扩建、改建,逐步实施节能改造。

第二十八条 实施既有建筑节能改造,应当符合民用建筑节能强制性标准,优先采用遮阳、改善通风等低成本改造措施。

既有建筑围护结构的改造和供热系统的改造,应当同步进行。

第二十九条 对实行集中供热的建筑进行节能改造,应当安装供热系统调控装置和用热计量装置；对公共建筑进行节能改造，还应当安装室内温度调控装置和用电分项计量装置。

第三十条 国家机关办公建筑的节能改造费用，由县级以上人民政府纳入本级财政预算。

居住建筑和教育、科学、文化、卫生、体育等公益事业使用的公共建筑节能改造费用，由政府、建筑所有权人共同负担。

国家鼓励社会资金投资既有建筑节能改造。

第四章 建筑用能系统运行节能

第三十一条 建筑所有权人或者使用权人应当保证建筑用能系统的正常运行，不得人为损坏建筑围护结构和用能系统。

国家机关办公建筑和大型公共建筑的所有权人或者使用权人应当建立健全民用建筑节能管理制度和操作规程，对建筑用能系统进行监测、维护，并定期将分项用电量报县级以上地方人民政府建设主管部门。

第三十二条 县级以上地方人民政府节能工作主管部门应当会同同级建设主管部门确定本行政区域内公共建筑重点用电单位及其年度用电限额。

县级以上地方人民政府建设主管部门应当对本行政区域内国家机关办公建筑和公共建筑用电情况进行调查统计和评价分析。国家机关办公建筑和大型公共建筑采暖、制冷、照明的能源消耗情况应当依照法律、行政法规和国家其他有关规定向社会公布。

国家机关办公建筑和公共建筑的所有权人或者使用权人应当对县级以上地方人民政府建设主管部门的调查统计工作予以配合。

第三十三条 供热单位应当建立健全相关制度，加强对专业技术人员的教育和培训。

供热单位应当改进技术装备，实施计量管理，并对供热系统进行监测、维护，提高供热系统的效率，保证供热系统的运行符合民用建筑节能强制性标准。

第三十四条 县级以上地方人民政府建设主管部门应当对本行政区域内供热单位的能源消耗情况进行调查统计和分析，并制定供热单位能源消耗指标；对超过能源消耗指标的，应当要求供热单位制定相应的改进措施，并监督实施。

第五章 法律责任

第三十五条 违反本条例规定，县级以上人民政府有关部门有下列行为之一的，对负有责任的主管人员和其他直接责任人员依法给予处分；构成犯罪的，依法追究刑事责任：

(一)对设计方案不符合民用建筑节能强制性标准的民用建筑项目颁发建设工程规划许可证的；

(二)对不符合民用建筑节能强制性标准的设计方案出具合格意见的；

(三)对施工图设计文件不符合民用建筑节能强制性标准的民用建筑项目颁发施工许可证的；

(四)不依法履行监督管理职责的其他行为。

第三十六条 违反本条例规定，各级人民政府及其有关部门、单位违反国家有关规定和标准，以节能改造的名义对既有建筑进行扩建、改建的，对负有责任的主管人员和其他直接责任人员，依法给予处分。

第三十七条 违反本条例规定，建设单位有下列行为之一的，由县级以上地方人民政府建设主管部门责令改正，处 20 万元以上 50 万元以下的罚款：

(一)明示或者暗示设计单位、施工单位违反民用建筑节能强制性标准进行设计、施工的；

(二)明示或者暗示施工单位使用不符合施工图设计文件要求的墙体材料、保温材料、门窗、采暖制冷系统和照明设备的；

(三)采购不符合施工图设计文件要求的墙体材料、保温材料、门窗、采暖制冷系统和照明设备的；

(四)使用列入禁止使用目录的技术、工艺、材料和设备的。

第三十八条 违反本条例规定，建设单位对不符合民用建筑节能强制性标准的民用建筑项目出具竣工验收合格报告的，由县级以上地方人民政府建设主管部门责令改正，处民用建筑项目合同价款 2%以上 4%以下的罚款；造成损失的，依法承担赔偿责任。

第三十九条 违反本条例规定，设计单位未按照民用建筑节能强制性标准进行设计，或者使用列入禁止使用目录的技术、工艺、材料和设备的，由县级以上地方人民政府建设主管部门责令改正，处 10 万元以上 30 万元以下的罚款；情节严重的，由颁发资质证书的部门责令停业整顿，降低资质等级或者吊销资质证书；造成损失的，依法承担赔偿责任。

第四十条 违反本条例规定，施工单位未按照民用建筑节能强制性标准进行施工的，由县级以上地方人民政府建设主管部门责令改正，处民用建筑项目合同价款 2%以上 4%以下的罚款；情节严重的，由颁发资质证书的部门责令停业整顿，降低资质等级或者吊销资质证书；造成损失的，依法承担赔偿责任。

第四十一条 违反本条例规定，施工单位有下列行为之一的，由县级以上地方人民政府建设主管部门责令改正，处 10 万元以上 20 万元以下的罚款；情节严重的，由颁发资质证书的部门责令停业整顿，降低资质等级或者吊销资质证书；造成损失的，依法承担赔偿责任：

(一)未对进入施工现场的墙体材料、保温材料、门窗、采暖制冷系统和照明设备进行查验的；

(二)使用不符合施工图设计文件要求的墙体材料、保温材料、门窗、采暖制冷系统和照明设备的；

(三)使用列入禁止使用目录的技术、工艺、材料和设备的。

第四十二条 违反本条例规定，工程监理单位有下列行为之一的，由县级以上地方人民政府建设主管部门责令限期改正；逾期未改正的，处 10 万元以上 30 万元以下的罚款；情节严重的，由颁发资质证书的部门责令停业整顿，降低资质等级或者吊销资质证书；造成损失的，依法承担赔偿责任：

(一)未按照民用建筑节能强制性标准实施监理的；

(二)墙体、屋面的保温工程施工时，未采取旁站、巡视和平行检验等形式实施监理的。

对不符合施工图设计文件要求的墙体材料、保温材料、门窗、采暖制冷系统和照明设备，按照符合施工图设计文件要求签字的，依照《建设工程质量管理条例》第六十七条的规定处罚。

第四十三条 违反本条例规定，房地产开发企业销售商品房，未向购买人明示所售商品房的能源消耗指标、节能措施和保护要求、保温工程保修期等信息，或者向购买人明示的所售商品房能源消耗指标与实际能源消耗不符的，依法承担民事责任；由县级以上地方人民政府建设主管部门责令限期改正；逾期未改正的，处交付使用的房屋销售总额 2%以下的罚款；情节严重的，由颁发资质证书的部门降低资质等级或者吊销资质证书。

第四十四条 违反本条例规定，注册执业人员未执行民用建筑节能强制性标准的，由县级以上人民政府建设主管部门责令停止执业 3 个月以上 1 年以下；情节严重的，由颁发资格证书的部门吊销执业资格证书，5 年内不予注册。

第六章 附 则

第四十五条 本条例自 2008 年 10 月 1 日起施行。

劳动合同法实施条例

（2008年9月18日　中华人民共和国国务院令第535号）

第一章　总　　则

第一条　为了贯彻实施《中华人民共和国劳动合同法》(以下简称劳动合同法)，制定本条例。

第二条　各级人民政府和县级以上人民政府劳动行政等有关部门以及工会等组织，应当采取措施，推动劳动合同法的贯彻实施，促进劳动关系的和谐。

第三条　依法成立的会计师事务所、律师事务所等合伙组织和基金会，属于劳动合同法规定的用人单位。

第二章　劳动合同的订立

第四条　劳动合同法规定的用人单位设立的分支机构，依法取得营业执照或者登记证书的，可以作为用人单位与劳动者订立劳动合同；未依法取得营业执照或者登记证书的，受用人单位委托可以与劳动者订立劳动合同。

第五条　自用工之日起一个月内，经用人单位书面通知后，劳动者不与用人单位订立书面劳动合同的，用人单位应当书面通知劳动者终止劳动关系，无需向劳动者支付经济补偿，但是应当依法向劳动者支付其实际工作时间的劳动报酬。

第六条　用人单位自用工之日起超过一个月不满一年未与劳动者订立书面劳动合同的，应当依照劳动合同法第八十二条的规定向劳动者每月支付两倍的工资，并与劳动者补订书面劳动合同；劳动者不与用人单位订立书面劳动合同的，用人单位应当书面通知劳动者终止劳动关系，并依照劳动合同法第四十七条的规定支付经济补偿。

前款规定的用人单位向劳动者每月支付两倍工资的起算时间为用工之日起满一个月的次日，截止时间为补订书面劳动合同的前一日。

第七条　用人单位自用工之日起满一年未与劳动者订立书面劳动合同的，自用工之日起满一个月的次日至满一年的前一日应当依照劳动合同法第八十二条的规定向劳动者每月支付两倍的工资，并视为自用工之日起满一年的当日已经与劳动者订立无固定期限劳动合同，应当立即与劳动者补订书面劳动合同。

第八条　劳动合同法第七条规定的职工名册，应当包括劳动者姓名、性别、公民身份号码、户籍地址及现住址、联系方式、用工形式、用工起始时间、劳动合同期限等内容。

第九条　劳动合同法第十四条第二款规定的连续工作满10年的起始时间，应当自用人单位用工之日起计算，包括劳动合同法施行前的工作年限。

第十条　劳动者非因本人原因从原用人单位被安排到新用人单位工作的，劳动者在原用人单位的工作年限合并计算为新用人单位的工作年限。原用人单位已经向劳动者支付经济补偿的，新用人单位在依法解除、终止劳动合同计算支付经济补偿的工作年限时，不再计算劳动者在原用人单位的工作年限。

第十一条 除劳动者与用人单位协商一致的情形外，劳动者依照劳动合同法第十四条第二款的规定，提出订立无固定期限劳动合同的，用人单位应当与其订立无固定期限劳动合同。对劳动合同的内容，双方应当按照合法、公平、平等自愿、协商一致、诚实信用的原则协商确定；对协商不一致的内容，依照劳动合同法第十八条的规定执行。

第十二条 地方各级人民政府及县级以上地方人民政府有关部门为安置就业困难人员提供的给予岗位补贴和社会保险补贴的公益性岗位，其劳动合同不适用劳动合同法有关无固定期限劳动合同的规定以及支付经济补偿的规定。

第十三条 用人单位与劳动者不得在劳动合同法第四十四条规定的劳动合同终止情形之外约定其他的劳动合同终止条件。

第十四条 劳动合同履行地与用人单位注册地不一致的，有关劳动者的最低工资标准、劳动保护、劳动条件、职业危害防护和本地区上年度职工月平均工资标准等事项，按照劳动合同履行地的有关规定执行；用人单位注册地的有关标准高于劳动合同履行地的有关标准，且用人单位与劳动者约定按照用人单位注册地的有关规定执行的，从其约定。

第十五条 劳动者在试用期的工资不得低于本单位相同岗位最低档工资的 80%或者不得低于劳动合同约定工资的 80%，并不得低于用人单位所在地的最低工资标准。

第十六条 劳动合同法第二十二条第二款规定的培训费用，包括用人单位为了对劳动者进行专业技术培训而支付的有凭证的培训费用、培训期间的差旅费用以及因培训产生的用于该劳动者的其他直接费用。

第十七条 劳动合同期满，但是用人单位与劳动者依照劳动合同法第二十二条的规定约定的服务期尚未到期的，劳动合同应当续延至服务期满；双方另有约定的，从其约定。

第三章 劳动合同的解除和终止

第十八条 有下列情形之一的，依照劳动合同法规定的条件、程序，劳动者可以与用人单位解除固定期限劳动合同、无固定期限劳动合同或者以完成一定工作任务为期限的劳动合同：

(一)劳动者与用人单位协商一致的；

(二)劳动者提前 30 日以书面形式通知用人单位的；

(三)劳动者在试用期内提前 3 日通知用人单位的；

(四)用人单位未按照劳动合同约定提供劳动保护或者劳动条件的；

(五)用人单位未及时足额支付劳动报酬的；

(六)用人单位未依法为劳动者缴纳社会保险费的；

(七)用人单位的规章制度违反法律、法规的规定，损害劳动者权益的；

(八)用人单位以欺诈、胁迫的手段或者乘人之危，使劳动者在违背真实意思的情况下订立或者变更劳动合同的；

(九)用人单位在劳动合同中免除自己的法定责任、排除劳动者权利的；

(十)用人单位违反法律、行政法规强制性规定的；

(十一)用人单位以暴力、威胁或者非法限制人身自由的手段强迫劳动者劳动的；

(十二)用人单位违章指挥、强令冒险作业危及劳动者人身安全的；

(十三)法律、行政法规规定劳动者可以解除劳动合同的其他情形。

第十九条 有下列情形之一的,依照劳动合同法规定的条件、程序,用人单位可以与劳动者解除固定期限劳动合同、无固定期限劳动合同或者以完成一定工作任务为期限的劳动合同:

(一)用人单位与劳动者协商一致的;

(二)劳动者在试用期间被证明不符合录用条件的;

(三)劳动者严重违反用人单位的规章制度的;

(四)劳动者严重失职,营私舞弊,给用人单位造成重大损害的;

(五)劳动者同时与其他用人单位建立劳动关系,对完成本单位的工作任务造成严重影响,或者经用人单位提出,拒不改正的;

(六)劳动者以欺诈、胁迫的手段或者乘人之危,使用人单位在违背真实意思的情况下订立或者变更劳动合同的;

(七)劳动者被依法追究刑事责任的;

(八)劳动者患病或者非因工负伤,在规定的医疗期满后不能从事原工作,也不能从事由用人单位另行安排的工作的;

(九)劳动者不能胜任工作,经过培训或者调整工作岗位,仍不能胜任工作的;

(十)劳动合同订立时所依据的客观情况发生重大变化,致使劳动合同无法履行,经用人单位与劳动者协商,未能就变更劳动合同内容达成协议的;

(十一)用人单位依照企业破产法规定进行重整的;

(十二)用人单位生产经营发生严重困难的;

(十三)企业转产、重大技术革新或者经营方式调整,经变更劳动合同后,仍需裁减人员的;

(十四)其他因劳动合同订立时所依据的客观经济情况发生重大变化,致使劳动合同无法履行的。

第二十条 用人单位依照劳动合同法第四十条的规定,选择额外支付劳动者一个月工资解除劳动合同的,其额外支付的工资应当按照该劳动者上一个月的工资标准确定。

第二十一条 劳动者达到法定退休年龄的,劳动合同终止。

第二十二条 以完成一定工作任务为期限的劳动合同因任务完成而终止的,用人单位应当依照劳动合同法第四十七条的规定向劳动者支付经济补偿。

第二十三条 用人单位依法终止工伤职工的劳动合同的,除依照劳动合同法第四十七条的规定支付经济补偿外,还应当依照国家有关工伤保险的规定支付一次性工伤医疗补助金和伤残就业补助金。

第二十四条 用人单位出具的解除、终止劳动合同的证明,应当写明劳动合同期限、解除或者终止劳动合同的日期、工作岗位、在本单位的工作年限。

第二十五条 用人单位违反劳动合同法的规定解除或者终止劳动合同,依照劳动合同法第八十七条的规定支付了赔偿金的,不再支付经济补偿。赔偿金的计算年限自用工之日起计算。

第二十六条 用人单位与劳动者约定了服务期,劳动者依照劳动合同法第三十八条的规定解除劳动合同的,不属于违反服务期的约定,用人单位不得要求劳动者支付违约金。

有下列情形之一,用人单位与劳动者解除约定服务期的劳动合同的,劳动者应当按照劳动合同的约定向用人单位支付违约金:

(一)劳动者严重违反用人单位的规章制度的;

(二)劳动者严重失职,营私舞弊,给用人单位造成重大损害的;

（三）劳动者同时与其他用人单位建立劳动关系，对完成本单位的工作任务造成严重影响，或者经用人单位提出，拒不改正的；

（四）劳动者以欺诈、胁迫的手段或者乘人之危，使用人单位在违背真实意思的情况下订立或者变更劳动合同的；

（五）劳动者被依法追究刑事责任的。

第二十七条 劳动合同法第四十七条规定的经济补偿的月工资按照劳动者应得工资计算，包括计时工资或者计件工资以及奖金、津贴和补贴等货币性收入。劳动者在劳动合同解除或者终止前 12 个月的平均工资低于当地最低工资标准的，按照当地最低工资标准计算。劳动者工作不满 12 个月的，按照实际工作的月数计算平均工资。

第四章　劳务派遣特别规定

第二十八条 用人单位或者其所属单位出资或者合伙设立的劳务派遣单位，向本单位或者所属单位派遣劳动者的，属于劳动合同法第六十七条规定的不得设立的劳务派遣单位。

第二十九条 用工单位应当履行劳动合同法第六十二条规定的义务，维护被派遣劳动者的合法权益。

第三十条 劳务派遣单位不得以非全日制用工形式招用被派遣劳动者。

第三十一条 劳务派遣单位或者被派遣劳动者依法解除、终止劳动合同的经济补偿，依照劳动合同法第四十六条、第四十七条的规定执行。

第三十二条 劳务派遣单位违法解除或者终止被派遣劳动者的劳动合同的，依照劳动合同法第四十八条的规定执行。

第五章　法 律 责 任

第三十三条 用人单位违反劳动合同法有关建立职工名册规定的，由劳动行政部门责令限期改正；逾期不改正的，由劳动行政部门处 2000 元以上 2 万元以下的罚款。

第三十四条 用人单位依照劳动合同法的规定应当向劳动者每月支付两倍的工资或者应当向劳动者支付赔偿金而未支付的，劳动行政部门应当责令用人单位支付。

第三十五条 用工单位违反劳动合同法和本条例有关劳务派遣规定的，由劳动行政部门和其他有关主管部门责令改正；情节严重的，以每位被派遣劳动者 1000 元以上 5000 元以下的标准处以罚款；给被派遣劳动者造成损害的，劳务派遣单位和用工单位承担连带赔偿责任。

第六章　附　　则

第三十六条 对违反劳动合同法和本条例的行为的投诉、举报，县级以上地方人民政府劳动行政部门依照《劳动保障监察条例》的规定处理。

第三十七条 劳动者与用人单位因订立、履行、变更、解除或者终止劳动合同发生争议的，依照《中华人民共和国劳动争议调解仲裁法》的规定处理。

第三十八条 本条例自公布之日起施行。

公路管理条例

(1987年10月13日国务院发布
根据2008年12月27日《国务院关于修改
〈中华人民共和国公路管理条例〉的决定》修订
2008年12月27日中华人民共和国国务院令第543号公布
自2009年1月1日起施行)

第一章 总 则

第一条 为加强公路的建设和管理,发挥公路在国民经济、国防和人民生活中的作用,适应社会主义现代化建设的需要,特制定本条例。

第二条 本条例适用于中华人民共和国境内的国家干线公路(以下简称国道),省、自治区、直辖市干线公路(以下简称省道),县公路(以下简称县道),乡公路(以下简称乡道)。

本条例对专用公路有规定的,适用于专用公路。

第三条 中华人民共和国交通部主管全国公路事业。

第四条 公路管理工作实行统一领导、分级管理的原则。

国道、省道由省、自治区、直辖市公路主管部门负责修建、养护和管理。

国道中跨省、自治区、直辖市的高速公路,由交通部批准的专门机构负责修建、养护和管理。

县道由县(市)公路主管部门负责修建、养护和管理。

乡道由乡(镇)人民政府负责修建、养护和管理。

专用公路由专用单位负责修建、养护和管理。

第五条 公路、公路用地和公路设施受国家法律保护,任何单位和个人均不得侵占和破坏。

第二章 公路建设

第六条 公路发展规划应当以国民经济、国防建设和人民生活的需要为依据,并与铁路、水路、航空、管道运输的发展规划相协调,与城市建设发展规划相配合。

第七条 国道发展规划由交通部编制,报国务院审批。

省道发展规划由省、自治区、直辖市公路主管部门编制,报省、自治区、直辖市人民政府审批,并报交通部备案。

县道发展规划由地级市(或相当于地级市的机构)的公路主管部门编制,报省、自治区、直辖市人民政府或其派出机构审批。

乡道发展规划由县公路主管部门编制,报县人民政府审批。

专用公路的建设计划,由专用单位编制,报上级主管部门审批,并报当地公路主管部门备案。

第八条 国家鼓励专用公路用于社会运输。专用公路主要用于社会运输时,经省、自治区、直辖市公路主管部门批准,可以改划为省道或者县道。

第九条 公路建设资金可以采取以下方式筹集:国家和地方投资、专用单位投资、中外合资、社会集资、贷款和车辆购置税。

公路建设还可以采取民工建勤、民办公助和以工代赈的办法。

第十条 公路主管部门对利用集资、贷款修建的高速公路、一级公路、二级公路和大型的公路桥梁、隧道、轮渡码头,可以向过往车辆收取通行费,用于偿还集资和贷款。

通行费的征收办法由交通部会同财政部和国家物价局制定。

第十一条 公路建设用地,按照《中华人民共和国土地管理法》的规定办理。

第十二条 根据公路发展规划,确定新建公路或者扩宽原有公路路基、增建其他公路设施需要的土地,由当地人民政府纳入其土地利用总体规划。

第十三条 修建公路影响铁路、管道、水利、电力、邮电等设施正常使用时,建设单位应当事先征得有关部门的同意。

第十四条 公路主管部门负责对公路建设工程的质量进行监督和检验。未按国家有关规定验收合格的公路,不得交付使用。

第十五条 修建公路,应当同时修建公路的防护、养护、环境保护等配套设施。

公路建成后,应当按规定设置各种交通标志。

第三章 公路养护

第十六条 公路主管部门应当加强公路养护工作,保持公路完好、平整、畅通,提高公路的耐久性和抗灾能力。

进行公路维修应当规定修复期限。施工期间,应当采取措施,保证车辆通行。临时不能通行的,应当通过公安交通管理机关事先发布通告。

第十七条 公路养护实行专业养护与民工建勤养护相结合的制度。

民工建勤的用工、用车数额不得超过国家规定的标准。

第十八条 公路交通遇严重灾害受阻时,当地县级以上人民政府应当立即动员和组织附近驻军、机关、团体、学校、企业事业单位、城乡居民协助公路主管部门限期修复。

第十九条 因公路修建、养护需要,在空地、荒山、河流、滩涂取土采石,应当征得县(市)人民政府同意。

在上述地点取土采石不得影响附近建筑物和水利、电力、通讯设施以及农田水土保持。

在县(市)人民政府核准的公路料场取土采石,任何单位和个人不得借故阻挠或者索取价款。

第二十条 公路绿化工作,由公路主管部门统筹规划并组织实施。

公路绿化必须按照公路技术标准进行。

公路两侧林木不得任意砍伐,需要更新砍伐的,必须经公路主管部门批准。

第四章 路政管理

第二十一条 公路主管部门负责管理和保护公路、公路用地及公路设施,有权依法检查、制止、处理各种侵占、破坏公路、公路用地及公路设施的行为。

第二十二条 禁止在公路及公路用地上构筑设施、种植作物。禁止任意利用公路边沟进行灌溉或者排放污水。

第二十三条 在公路两侧开山、伐木、施工作业，不得危及公路及公路设施的安全。

第二十四条 不得在大型公路桥梁和公路渡口的上、下游各200米范围内采挖沙石、修筑堤坝、倾倒垃圾、压缩或者扩宽河床、进行爆破作业。不得在公路隧道上方和洞口外100米范围内任意取土、采石、伐木。

第二十五条 通过公路渡口的车辆和人员，必须遵守渡口管理规章。

第二十六条 未经公路主管部门批准，履带车和铁轮车不得在铺有路面的公路上行驶，超过桥梁限载标准的车辆、物件不得过桥。在特殊情况下，必须通过公路、桥梁时，应当采取有效的技术保护措施。

第二十七条 兴建铁路、机场、电站、水库、水渠，铺设管线或者进行其他建设工程，需要挖掘公路，挖掘、占用、利用公路用地及公路设施时，建设单位必须事先取得公路主管部门同意，影响车辆通行的，还须征得公安交通管理机关同意。工程完成后，建设单位应当按照原有技术标准，或者经协商按照规划标准修复或者改建公路。

第二十八条 修建跨越公路的桥梁、渡槽、架设管线等，应当考虑公路的远景发展，符合公路的技术标准，并事先征得当地公路主管部门和公安交通管理机关同意。

第二十九条 在公路两侧修建永久性工程设施，其建筑物边缘与公路边沟外缘的间距为：国道不少于20米，省道不少于15米，县道不少于10米，乡道不少于5米。

第三十条 在公路上设置交叉道口，必须经公路主管部门和公安交通管理机关批准。

设计、修建交叉道口，必须符合国家规定的技术标准。

第三十一条 经省、自治区、直辖市人民政府批准，公路主管部门可以在必要的公路路口、桥头、渡口、隧道口设立收取车辆通行费的站卡。

第五章 法律责任

第三十二条 对违反本条例规定的单位和个人，公路主管部门可以分别情况，责令其返还原物、恢复原状、赔偿损失、没收非法所得并处以罚款。

第三十三条 当事人对公路主管部门给予的处罚不服的，可以向上级公路主管部门提出申诉；对上级公路主管部门的处理决定不服的，可以在接到处理决定书之日起15日内向人民法院起诉；期满不起诉又不履行的，公路主管部门可以申请人民法院强制执行。

第三十四条 公路管理人员违反本条例的，由公路主管部门给予行政处分或经济处罚。

第三十五条 违反本条例应当受治安管理处罚的，由公安机关处理；构成犯罪的，由司法机关依法追究刑事责任。

第六章 附 则

第三十六条 本条例下列用语的含义是：

“公路”是指经公路主管部门验收认定的城间、城乡间、乡间能行驶汽车的公共道路。公路包括公路的路基、路面、桥梁、涵洞、隧道。

“公路用地”是指公路两侧边沟(或者截水沟)及边沟(或者截水沟)以外不少于1米范围的土地。公路用地的具体范围由县级以上人民政府确定。

“公路设施”是指公路的排水设备、防护构造物、交叉道口、界碑、测桩、安全设施、通讯设施、检测及监控设施、养护设施、服务设施、渡口码头、花草林木、专用房屋等。

第三十七条 本条例由交通部负责解释,交通部可以根据本条例制定实施细则。

第三十八条 本条例自1988年1月1日起施行。

《标准施工招标资格预审文件》和《标准施工招标文件》试行规定

（国家发改委 财政部 建设部 铁道部 交通部 信息产业部 水利部
民航总局 广电总局令第56号　2007年11月1日）

第一条　为了规范施工招标资格预审文件、招标文件编制活动，提高资格预审文件、招标文件编制质量，促进招标投标活动的公开、公平和公正，国家发展和改革委员会、财政部、建设部、铁道部、交通部、信息产业部、水利部、民用航空总局、广播电影电视总局联合编制了《标准施工招标资格预审文件》和《标准施工招标文件》（以下如无特别说明，统一简称为《标准文件》）。

第二条　本《标准文件》在政府投资项目中试行。国务院有关部门和地方人民政府有关部门可选择若干政府投资项目作为试点，由试点项目招标人按本规定使用《标准文件》。

第三条　国务院有关行业主管部门可根据《标准施工招标文件》并结合本行业施工招标特点和管理需要，编制行业标准施工招标文件。行业标准施工招标文件重点对"专用合同条款"、"工程量清单"、"图纸"、"技术标准和要求"作出具体规定。

第四条　试点项目招标人应根据《标准文件》和行业标准施工招标文件（如有），结合招标项目具体特点和实际需要，按照公开、公平、公正和诚实信用原则编写施工招标资格预审文件或施工招标文件。

第五条　行业标准施工招标文件和试点项目招标人编制的施工招标资格预审文件、施工招标文件，应不加修改地引用《标准施工招标资格预审文件》中的"申请人须知"（申请人须知前附表除外）、"资格审查办法"（资格审查办法前附表除外），以及《标准施工招标文件》中的"投标人须知"（投标人须知前附表和其他附表除外）、"评标办法"（评标办法前附表除外）、"通用合同条款"。

《标准文件》中的其他内容，供招标人参考。

第六条　行业标准施工招标文件中的"专用合同条款"可对《标准施工招标文件》中的"通用合同条款"进行补充、细化，除"通用合同条款"明确"专用合同条款"可作出不同约定外，补充和细化的内容不得与"通用合同条款"强制性规定相抵触，否则抵触内容无效。

第七条　"申请人须知前附表"和"投标人须知前附表"用于进一步明确"申请人须知"和"投标人须知"正文中的未尽事宜，试点项目招标人应结合招标项目具体特点和实际需要编制和填写，但不得与"申请人须知"和"投标人须知"正文内容相抵触，否则抵触内容无效。

第八条　"资格审查办法前附表"和"评标办法前附表"用于明确资格审查和评标的方法、因素、标准和程序。试点项目招标人应根据招标项目具体特点和实际需要，详细列明全部审查或评审因素、标准，没有列明的因素和标准不得作为资格审查或评标的依据。

第九条　试点项目招标人编制招标文件中的"专用合同条款"可根据招标项目的具体特点和实际需要，对《标准施工招标文件》中的"通用合同条款"进行补充、细化和修改，但不得违反法律、行政法规的强制性规定和平等、自愿、公平和诚实信用原则。

第十条 试点项目招标人编制的资格预审文件和招标文件不得违反公开、公平、公正、平等、自愿和诚实信用原则。

第十一条 国务院有关部门和地方人民政府有关部门应加强对试点项目招标人使用《标准文件》的指导和监督检查，及时总结经验和发现问题。

第十二条 在试行过程中需要就如何适用《标准文件》中不加修改地引用的内容作出解释的，按照国务院和地方人民政府部门职责分工，分别由选择试点的部门负责。

第十三条 因出现新情况，需要对《标准文件》中不加修改地引用的内容作出解释或调整的，由国家发展和改革委员会会同国务院有关部门作出解释或调整。该解释和调整与《标准文件》具有同等效力。

第十四条 省级以上人民政府有关部门可以根据本规定并结合实际，对试点项目范围、试点项目招标人使用《标准文件》及行业标准施工招标文件作进一步要求。

第十五条 《标准文件》作为本规定的附件，与本规定同时发布。本规定与《标准文件》自2008年5月1日起试行。

附件：一、《中华人民共和国标准施工招标资格预审文件》(2007年版)(略)

二、《中华人民共和国标准施工招标文件》(2007年版)(略)

建设工程勘察设计资质管理规定

（建设部令第160号 2007年6月26日）

第一章 总 则

第一条 为了加强对建设工程勘察、设计活动的监督管理，保证建设工程勘察、设计质量，根据《中华人民共和国行政许可法》、《中华人民共和国建筑法》、《建设工程质量管理条例》和《建设工程勘察设计管理条例》等法律、行政法规，制定本规定。

第二条 在中华人民共和国境内申请建设工程勘察、工程设计资质，实施对建设工程勘察、工程设计资质的监督管理，适用本规定。

第三条 从事建设工程勘察、工程设计活动的企业，应当按照其拥有的注册资本、专业技术人员、技术装备和勘察设计业绩等条件申请资质，经审查合格，取得建设工程勘察、工程设计资质证书后，方可在资质许可的范围内从事建设工程勘察、工程设计活动。

第四条 国务院建设主管部门负责全国建设工程勘察、工程设计资质的统一监督管理。国务院铁路、交通、水利、信息产业、民航等有关部门配合国务院建设主管部门实施相应行业的建设工程勘察、工程设计资质管理工作。

省、自治区、直辖市人民政府建设主管部门负责本行政区域内建设工程勘察、工程设计资质的统一监督管理。省、自治区、直辖市人民政府交通、水利、信息产业等有关部门配合同级建设主管部门实施本行政区域内相应行业的建设工程勘察、工程设计资质管理工作。

第二章 资质分类和分级

第五条 工程勘察资质分为工程勘察综合资质、工程勘察专业资质、工程勘察劳务资质。

工程勘察综合资质只设甲级；工程勘察专业资质设甲级、乙级，根据工程性质和技术特点，部分专业可以设丙级；工程勘察劳务资质不分等级。

取得工程勘察综合资质的企业，可以承接各专业（海洋工程勘察除外）、各等级工程勘察业务；取得工程勘察专业资质的企业，可以承接相应等级相应专业的工程勘察业务；取得工程勘察劳务资质的企业，可以承接岩土工程治理、工程钻探、凿井等工程勘察劳务业务。

第六条 工程设计资质分为工程设计综合资质、工程设计行业资质、工程设计专业资质和工程设计专项资质。

工程设计综合资质只设甲级；工程设计行业资质、工程设计专业资质、工程设计专项资质设甲级、乙级。

根据工程性质和技术特点，个别行业、专业、专项资质可以设丙级，建筑工程专业资质可以设丁级。

取得工程设计综合资质的企业，可以承接各行业、各等级的建设工程设计业务；取得工程设计行业资质的企业，可以承接相应行业相应等级的工程设计业务及本行业范围内同级别的相应专业、专项（设计施工一体化资质除外）工程设计业务；取得工程设计专业资质的企业，可以承接本专业相应等级的专业工程设计业务及同级别的相应专项工程设计业务（设计施工一体化资质除外）；取得工程设计专项资质的企业，可以承接本专项相应等级的专项工程设计业务。

第七条 建设工程勘察、工程设计资质标准和各资质类别、级别企业承担工程的具体范围由国务院建设主管部门商国务院有关部门制定。

第三章 资质申请和审批

第八条 申请工程勘察甲级资质、工程设计甲级资质，以及涉及铁路、交通、水利、信息产业、民航等方面的工程设计乙级资质的，应当向企业工商注册所在地的省、自治区、直辖市人民政府建设主管部门提出申请。其中，国务院国资委管理的企业应当向国务院建设主管部门提出申请；国务院国资委管理的企业下属一层级的企业申请资质，应当由国务院国资委管理的企业向国务院建设主管部门提出申请。

省、自治区、直辖市人民政府建设主管部门应当自受理申请之日起20日内初审完毕，并将初审意见和申请材料报国务院建设主管部门。

国务院建设主管部门应当自省、自治区、直辖市人民政府建设主管部门受理申请材料之日起60日内完成审查，公示审查意见，公示时间为10日。其中，涉及铁路、交通、水利、信息产业、民航等方面的工程设计资质，由国务院建设主管部门送国务院有关部门审核，国务院有关部门在20日内审核完毕，并将审核意见送国务院建设主管部门。

第九条 工程勘察乙级及以下资质、劳务资质、工程设计乙级（涉及铁路、交通、水利、信息产业、民航等方面的工程设计乙级资质除外）及以下资质许可由省、自治区、直辖市人民政府建设主管部门实施。具体实施程序由省、自治区、直辖市人民政府建设主管部门依法确定。

省、自治区、直辖市人民政府建设主管部门应当自作出决定之日起30日内，将准予资质许可的决定报国务院建设主管部门备案。

第十条 工程勘察、工程设计资质证书分为正本和副本，正本一份，副本六份，由国务院建设主管部门统一印制，正、副本具备同等法律效力。资质证书有效期为5年。

第十一条 企业首次申请工程勘察、工程设计资质，应当提供以下材料：

（一）工程勘察、工程设计资质申请表；

（二）企业法人、合伙企业营业执照副本复印件；

（三）企业章程或合伙人协议；

（四）企业法定代表人、合伙人的身份证明；

（五）企业负责人、技术负责人的身份证明、任职文件、毕业证书、职称证书及相关资质标准要求提供的材料；

（六）工程勘察、工程设计资质申请表中所列注册执业人员的身份证明、注册执业证书；

（七）工程勘察、工程设计资质标准要求的非注册专业技术人员的职称证书、毕业证书、身份证明及个人业绩材料；

（八）工程勘察、工程设计资质标准要求的注册执业人员、其他专业技术人员与原聘用单位解除聘用劳动合同的证明及新单位的聘用劳动合同；

（九）资质标准要求的其他有关材料。

第十二条 企业申请资质升级应当提交以下材料：

（一）本规定第十一条第（一）、（二）、（五）、（六）、（七）、（九）项所列资料；

（二）工程勘察、工程设计资质标准要求的非注册专业技术人员与本单位签订的劳动合同及社保证明；

（三）原工程勘察、工程设计资质证书副本复印件；

（四）满足资质标准要求的企业工程业绩和个人工程业绩。

第十三条 企业增项申请工程勘察、工程设计资质，应当提交下列材料：

（一）本规定第十一条所列（一）、（二）、（五）、（六）、（七）、（九）的资料；

（二）工程勘察、工程设计资质标准要求的非注册专业技术人员与本单位签订的劳动合同及社保证明；

（三）原资质证书正、副本复印件；

（四）满足相应资质标准要求的个人工程业绩证明。

第十四条 资质有效期届满，企业需要延续资质证书有效期的，应当在资质证书有效期届满60日前，向原资质许可机关提出资质延续申请。

对在资质有效期内遵守有关法律、法规、规章、技术标准，信用档案中无不良行为记录，且专业技术人员满足资质标准要求的企业，经资质许可机关同意，有效期延续5年。

第十五条 企业在资质证书有效期内名称、地址、注册资本、法定代表人等发生变更的，应当在工商部门办理变更手续后30日内办理资质证书变更手续。

取得工程勘察甲级资质、工程设计甲级资质，以及涉及铁路、交通、水利、信息产业、民航等方面的工程设计乙级资质的企业，在资质证书有效期内发生企业名称变更的，应当向企业工商注册所在地省、自治区、直辖市人民政府建设主管部门提出变更申请，省、自治区、直辖市人民政府建设主管部门应当自受理申请之日起2日内将有关变更证明材料报国务院建设主管部门，由国务院建设主管部门在2日内办理变更手续。

前款规定以外的资质证书变更手续，由企业工商注册所在地的省、自治区、直辖市人民政府建设主管部门负责办理。省、自治区、直辖市人民政府建设主管部门应当自受理申请之日起2日内办理变更手续，并在办理资质证书变更手续后15日内将变更结果报国务院建设主管部门备案。

涉及铁路、交通、水利、信息产业、民航等方面的工程设计资质的变更，国务院建设主管部门应当将企业资质变更情况告知国务院有关部门。

第十六条 企业申请资质证书变更，应当提交以下材料：

（一）资质证书变更申请；

（二）企业法人、合伙企业营业执照副本复印件；

（三）资质证书正、副本原件；

（四）与资质变更事项有关的证明材料。

企业改制的，除提供前款规定资料外，还应当提供改制重组方案、上级资产管理部门或者股东大会的批准决定、企业职工代表大会同意改制重组的决议。

第十七条 企业首次申请、增项申请工程勘察、工程设计资质，其申请资质等级最高不超过乙级，且不考核企业工程勘察、工程设计业绩。

已具备施工资质的企业首次申请同类别或相近类别的工程勘察、工程设计资质的，可以将相应规模的工程总承包业绩作为工程业绩予以申报。其申请资质等级最高不超过其现有施工资质等级。

第十八条 企业合并的，合并后存续或者新设立的企业可以承继合并前各方中较高的资质等级，但应当符合相应的资质标准条件。

企业分立的，分立后企业的资质按照资质标准及本规定的审批程序核定。

企业改制的，改制后不再符合资质标准的，应按其实际达到的资质标准及本规定重新核定；资质条件不发生变化的，按本规定第十六条办理。

第十九条 从事建设工程勘察、设计活动的企业，申请资质升级、资质增项，在申请之日起前一年内有下列情形之一的，资质许可机关不予批准企业的资质升级申请和增项申请：

（一）企业相互串通投标或者与招标人串通投标承揽工程勘察、工程设计业务的；

（二）将承揽的工程勘察、工程设计业务转包或违法分包的；

（三）注册执业人员未按照规定在勘察设计文件上签字的；

（四）违反国家工程建设强制性标准的；

（五）因勘察设计原因造成过重大生产安全事故的；

（六）设计单位未根据勘察成果文件进行工程设计的；

（七）设计单位违反规定指定建筑材料、建筑构配件的生产厂、供应商的；

（八）无工程勘察、工程设计资质或者超越资质等级范围承揽工程勘察、工程设计业务的；

（九）涂改、倒卖、出租、出借或者以其他形式非法转让资质证书的；

（十）允许其他单位、个人以本单位名义承揽建设工程勘察、设计业务的；

（十一）其他违反法律、法规行为的。

第二十条 企业在领取新的工程勘察、工程设计资质证书的同时，应当将原资质证书交回原发证机关予以注销。

企业需增补（含增加、更换、遗失补办）工程勘察、工程设计资质证书的，应当持资质证书增补申请等材料向资质许可机关申请办理。遗失资质证书的，在申请补办前应当在公众媒体上刊登遗失声明。资质许可机关应当在 2 日内办理完毕。

第四章　监督与管理

第二十一条 国务院建设主管部门对全国的建设工程勘察、设计资质实施统一的监督管理。国务院铁路、交通、水利、信息产业、民航等有关部门配合国务院建设主管部门对相应的行业资质进行监督管理。

县级以上地方人民政府建设主管部门负责对本行政区域内的建设工程勘察、设计资质实施监督管理。县级以上人民政府交通、水利、信息产业等有关部门配合同级建设主管部门对相应的行业资质进行监督管理。

上级建设主管部门应当加强对下级建设主管部门资质管理工作的监督检查，及时纠正资质管理中的违法行为。

第二十二条 建设主管部门、有关部门履行监督检查职责时，有权采取下列措施：

（一）要求被检查单位提供工程勘察、设计资质证书、注册执业人员的注册执业证书，有关工程勘察、设计业务的文档，有关质量管理、安全生产管理、档案管理、财务管理等企业内部管理制度的文件；

（二）进入被检查单位进行检查，查阅相关资料；

（三）纠正违反有关法律、法规和本规定及有关规范和标准的行为。

建设主管部门、有关部门依法对企业从事行政许可事项的活动进行监督检查时，应当将监督检查情况和处理结果予以记录，由监督检查人员签字后归档。

第二十三条 建设主管部门、有关部门在实施监督检查时，应当有两名以上监督检查人员参加，并出示执法证件，不得妨碍企业正常的生产经营活动，不得索取或者收受企业的财物，不得谋取其他利益。

有关单位和个人对依法进行的监督检查应当协助与配合，不得拒绝或者阻挠。

监督检查机关应当将监督检查的处理结果向社会公布。

第二十四条 企业违法从事工程勘察、工程设计活动的，其违法行为发生地的建设主管部门应当依法将企业的违法事实、处理结果或处理建议告知该企业的资质许可机关。

第二十五条 企业取得工程勘察、设计资质后，不再符合相应资质条件的，建设主管部门、有关部门根据利害关系人的请求或者依据职权，可以责令其限期改正；逾期不改的，资质许可机关可以撤回其资质。

第二十六条 有下列情形之一的，资质许可机关或者其上级机关，根据利害关系人的请求或者依据职权，可以撤销工程勘察、工程设计资质：

（一）资质许可机关工作人员滥用职权、玩忽职守作出准予工程勘察、工程设计资质许可的；

（二）超越法定职权作出准予工程勘察、工程设计资质许可；

（三）违反资质审批程序作出准予工程勘察、工程设计资质许可的；

（四）对不符合许可条件的申请人作出工程勘察、工程设计资质许可的；

（五）依法可以撤销资质证书的其他情形。

以欺骗、贿赂等不正当手段取得工程勘察、工程设计资质证书的，应当予以撤销。

第二十七条 有下列情形之一的，企业应当及时向资质许可机关提出注销资质的申请，交回资质证书，资质许可机关应当办理注销手续，公告其资质证书作废：

（一）资质证书有效期届满未依法申请延续的；

（二）企业依法终止的；

（三）资质证书依法被撤销、撤回，或者吊销的；

（四）法律、法规规定的应当注销资质的其他情形。

第二十八条 有关部门应当将监督检查情况和处理意见及时告知建设主管部门。资质许可机关应当将涉及铁路、交通、水利、信息产业、民航等方面的资质被撤回、撤销和注销的情况及时告知有关部门。

第二十九条 企业应当按照有关规定，向资质许可机关提供真实、准确、完整的企业信用档案信息。

企业的信用档案应当包括企业基本情况、业绩、工程质量和安全、合同违约等情况。被投诉举报和处理、行政处罚等情况应当作为不良行为记入其信用档案。

企业的信用档案信息按照有关规定向社会公示。

第五章　法 律 责 任

第三十条 企业隐瞒有关情况或者提供虚假材料申请资质的，资质许可机关不予受理或者不予行政许可，并给予警告，该企业在1年内不得再次申请该资质。

第三十一条 企业以欺骗、贿赂等不正当手段取得资质证书的，由县级以上地方人民政府建设主管部门或者有关部门给予警告，并依法处以罚款；该企业在3年内不得再次申请该资质。

第三十二条 企业不及时办理资质证书变更手续的，由资质许可机关责令限期办理；逾期不办理的，可处以1000元以上1万元以下的罚款。

第三十三条 企业未按照规定提供信用档案信息的，由县级以上地方人民政府建设主管部门给予警告，责令限期改正；逾期未改正的，可处以1000元以上1万元以下的罚款。

第三十四条 涂改、倒卖、出租、出借或者以其他形式非法转让资质证书的，由县级以上地方人民政府建设主管部门或者有关部门给予警告，责令改正，并处以1万元以上3万元以下的罚款；造成损失的，依法承担赔偿责任；构成犯罪的，依法追究刑事责任。

第三十五条 县级以上地方人民政府建设主管部门依法给予工程勘察、设计企业行政处罚的，应当将行政处罚决定以及给予行政处罚的事实、理由和依据，报国务院建设主管部门备案。

第三十六条 建设主管部门及其工作人员，违反本规定，有下列情形之一的，由其上级行政机关或者监察机关责令改正；情节严重的，对直接负责的主管人员和其他直接责任人员，依法给予行政处分：

（一）对不符合条件的申请人准予工程勘察、设计资质许可的；

（二）对符合条件的申请人不予工程勘察、设计资质许可或者未在法定期限内作出许可决定的；

（三）对符合条件的申请不予受理或者未在法定期限内初审完毕的；

（四）利用职务上的便利，收受他人财物或者其他好处的；

（五）不依法履行监督职责或者监督不力，造成严重后果的。

第六章 附 则

第三十七条 本规定所称建设工程勘察包括建设工程项目的岩土工程、水文地质、工程测量、海洋工程勘察等。

第三十八条 本规定所称建设工程设计是指：

（一）建设工程项目的主体工程和配套工程（含厂（矿）区内的自备电站、道路、专用铁路、通信、各种管网管线和配套的建筑物等全部配套工程）以及与主体工程、配套工程相关的工艺、土木、建筑、环境保护、水土保持、消防、安全、卫生、节能、防雷、抗震、照明工程等的设计。

（二）建筑工程建设用地规划许可证范围内的室外工程设计、建筑物构筑物设计、民用建筑修建的地下工程设计及住宅小区、工厂厂前区、工厂生活区、小区规划设计及单体设计等，以及上述建筑工程所包含的相关专业的设计内容（包括总平面布置、竖向设计、各类管网管线设计、景观设计、室内外环境设计及建筑装饰、道路、消防、安保、通信、防雷、人防、供配电、照明、废水治理、空调设施、抗震加固等）。

第三十九条 取得工程勘察、工程设计资质证书的企业，可以从事资质证书许可范围内相应的建设工程总承包业务，可以从事工程项目管理和相关的技术与管理服务。

第四十条 本规定自2007年9月1日起实施。2001年7月25日建设部颁布的《建设工程勘察设计企业资质管理规定》（建设部令第93号）同时废止。

建筑业企业资质管理规定

（建设部令第 159 号　2007 年 6 月 26 日）

第一章　总　则

第一条　为了加强对建筑活动的监督管理，维护公共利益和建筑市场秩序，保证建设工程质量安全，根据《中华人民共和国建筑法》、《中华人民共和国行政许可法》、《建设工程质量管理条例》、《建设工程安全生产管理条例》等法律、行政法规，制定本规定。

第二条　在中华人民共和国境内申请建筑业企业资质，实施对建筑业企业资质监督管理，适用本规定。

本规定所称建筑业企业，是指从事土木工程、建筑工程、线路管道设备安装工程、装修工程的新建、扩建、改建等活动的企业。

第三条　建筑业企业应当按照其拥有的注册资本、专业技术人员、技术装备和已完成的建筑工程业绩等条件申请资质，经审查合格，取得建筑业企业资质证书后，方可在资质许可的范围内从事建筑施工活动。

第四条　国务院建设主管部门负责全国建筑业企业资质的统一监督管理。国务院铁路、交通、水利、信息产业、民航等有关部门配合国务院建设主管部门实施相关资质类别建筑业企业资质的管理工作。

省、自治区、直辖市人民政府建设主管部门负责本行政区域内建筑业企业资质的统一监督管理。省、自治区、直辖市人民政府交通、水利、信息产业等有关部门配合同级建设主管部门实施本行政区域内相关资质类别建筑业企业资质的管理工作。

第二章　资质序列、类别和等级

第五条　建筑业企业资质分为施工总承包、专业承包和劳务分包三个序列。

第六条　取得施工总承包资质的企业（以下简称施工总承包企业），可以承接施工总承包工程。施工总承包企业可以对所承接的施工总承包工程内各专业工程全部自行施工，也可以将专业工程或劳务作业依法分包给具有相应资质的专业承包企业或劳务分包企业。

取得专业承包资质的企业（以下简称专业承包企业），可以承接施工总承包企业分包的专业工程和建设单位依法发包的专业工程。专业承包企业可以对所承接的专业工程全部自行施工，也可以将劳务作业依法分包给具有相应资质的劳务分包企业。

取得劳务分包资质的企业（以下简称劳务分包企业），可以承接施工总承包企业或专业承包企业分包的劳务作业。

第七条　施工总承包资质、专业承包资质、劳务分包资质序列按照工程性质和技术特点分别划分为若干资质类别。各资质类别按照规定的条件划分为若干资质等级。

第八条 建筑业企业资质等级标准和各类别等级资质企业承担工程的具体范围，由国务院建设主管部门会同国务院有关部门制定。

第三章 资质许可

第九条 下列建筑业企业资质的许可，由国务院建设主管部门实施：

（一）施工总承包序列特级资质、一级资质；

（二）国务院国有资产管理部门直接监管的企业及其下属一层级的企业的施工总承包二级资质、三级资质；

（三）水利、交通、信息产业方面的专业承包序列一级资质；

（四）铁路、民航方面的专业承包序列一级、二级资质；

（五）公路交通工程专业承包不分等级资质、城市轨道交通专业承包不分等级资质。

申请前款所列资质的，应当向企业工商注册所在地省、自治区、直辖市人民政府建设主管部门提出申请。其中，国务院国有资产管理部门直接监管的企业及其下属一层级的企业，应当由国务院国有资产管理部门直接监管的企业向国务院建设主管部门提出申请。

省、自治区、直辖市人民政府建设主管部门应当自受理申请之日起20日内初审完毕并将初审意见和申请材料报国务院建设主管部门。

国务院建设主管部门应当自省、自治区、直辖市人民政府建设主管部门受理申请材料之日起60日内完成审查，公示审查意见，公示时间为10日。其中，涉及铁路、交通、水利、信息产业、民航等方面的建筑业企业资质，由国务院建设主管部门送国务院有关部门审核，国务院有关部门在20日内审核完毕，并将审核意见送国务院建设主管部门。

第十条 下列建筑业企业资质许可，由企业工商注册所在地省、自治区、直辖市人民政府建设主管部门实施：

（一）施工总承包序列二级资质（不含国务院国有资产管理部门直接监管的企业及其下属一层级的企业的施工总承包序列二级资质）；

（二）专业承包序列一级资质（不含铁路、交通、水利、信息产业、民航方面的专业承包序列一级资质）；

（三）专业承包序列二级资质（不含民航、铁路方面的专业承包序列二级资质）；

（四）专业承包序列不分等级资质（不含公路交通工程专业承包序列和城市轨道交通专业承包序列的不分等级资质）。

前款规定的建筑业企业资质许可的实施程序由省、自治区、直辖市人民政府建设主管部门依法确定。

省、自治区、直辖市人民政府建设主管部门应当自作出决定之日起30日内，将准予资质许可的决定报国务院建设主管部门备案。

第十一条 下列建筑业企业资质许可，由企业工商注册所在地设区的市人民政府建设主管部门实施：

（一）施工总承包序列三级资质（不含国务院国有资产管理部门直接监管的企业及其下属一层级的企业的施工总承包三级资质）；

（二）专业承包序列三级资质；

（三）劳务分包序列资质；

(四)燃气燃烧器具安装、维修企业资质。

前款规定的建筑业企业资质许可的实施程序由省、自治区、直辖市人民政府建设主管部门依法确定。

企业工商注册所在地设区的市人民政府建设主管部门应当自作出决定之日起30日内,将准予资质许可的决定通过省、自治区、直辖市人民政府建设主管部门,报国务院建设主管部门备案。

第十二条 建筑业企业资质证书分为正本和副本,正本一份,副本若干份,由国务院建设主管部门统一印制,正、副本具备同等法律效力。资质证书有效期为5年。

第十三条 建筑业企业可以申请一项或多项建筑业企业资质;申请多项建筑业企业资质的,应当选择等级最高的一项资质为企业主项资质。

第十四条 首次申请或者增项申请建筑业企业资质,应当提交以下材料:

(一)建筑业企业资质申请表及相应的电子文档;

(二)企业法人营业执照副本;

(三)企业章程;

(四)企业负责人和技术、财务负责人的身份证明、职称证书、任职文件及相关资质标准要求提供的材料;

(五)建筑业企业资质申请表中所列注册执业人员的身份证明、注册执业证书;

(六)建筑业企业资质标准要求的非注册的专业技术人员的职称证书、身份证明及养老保险凭证;

(七)部分资质标准要求企业必须具备的特殊专业技术人员的职称证书、身份证明及养老保险凭证;

(八)建筑业企业资质标准要求的企业设备、厂房的相应证明;

(九)建筑业企业安全生产条件有关材料;

(十)资质标准要求的其他有关材料。

第十五条 建筑业企业申请资质升级的,应当提交以下材料:

(一)本规定第十四条第(一)、(二)、(四)、(五)、(六)、(八)、(十)项所列资料;

(二)企业原资质证书副本复印件;

(三)企业年度财务、统计报表;

(四)企业安全生产许可证副本;

(五)满足资质标准要求的企业工程业绩的相关证明材料。

第十六条 资质有效期届满,企业需要延续资质证书有效期的,应当在资质证书有效期届满60日前,申请办理资质延续手续。

对在资质有效期内遵守有关法律、法规、规章、技术标准,信用档案中无不良行为记录,且注册资本、专业技术人员满足资质标准要求的企业,经资质许可机关同意,有效期延续5年。

第十七条 建筑业企业在资质证书有效期内名称、地址、注册资本、法定代表人等发生变更的,应当在工商部门办理变更手续后30日内办理资质证书变更手续。

由国务院建设主管部门颁发的建筑业企业资质证书,涉及企业名称变更的,应当向企业工商注册所在地省、自治区、直辖市人民政府建设主管部门提出变更申请,省、自治区、直辖市人民政府建设主管部门应当自受理申请之日起2日内将有关变更证明材料报国务院建设主管部门,由国务院建设主管部门在2日内办理变更手续。

前款规定以外的资质证书变更手续，由企业工商注册所在地的省、自治区、直辖市人民政府建设主管部门或者设区的市人民政府建设主管部门负责办理。省、自治区、直辖市人民政府建设主管部门或者设区的市人民政府建设主管部门应当自受理申请之日起 2 日内办理变更手续，并在办理资质证书变更手续后 15 日内将变更结果报国务院建设主管部门备案。

涉及铁路、交通、水利、信息产业、民航等方面的建筑业企业资质证书的变更，办理变更手续的建设主管部门应当将企业资质变更情况告知同级有关部门。

第十八条　申请资质证书变更，应当提交以下材料：

(一)资质证书变更申请；

(二)企业法人营业执照复印件；

(三)建筑业企业资质证书正、副本原件；

(四)与资质变更事项有关的证明材料。

企业改制的，除提供前款规定资料外，还应当提供改制重组方案、上级资产管理部门或者股东大会的批准决定、企业职工代表大会同意改制重组的决议。

第十九条　企业首次申请、增项申请建筑业企业资质，不考核企业工程业绩，其资质等级按照最低资质等级核定。

已取得工程设计资质的企业首次申请同类别或相近类别的建筑业企业资质的，可以将相应规模的工程总承包业绩作为工程业绩予以申报，但申请资质等级最高不超过其现有工程设计资质等级。

第二十条　企业合并的，合并后存续或者新设立的建筑业企业可以承继合并前各方中较高的资质等级，但应当符合相应的资质等级条件。

企业分立的，分立后企业的资质等级，根据实际达到的资质条件，按照本规定的审批程序核定。

企业改制的，改制后不再符合资质标准的，应按其实际达到的资质标准及本规定申请重新核定；资质条件不发生变化的，按本规定第十八条办理。

第二十一条　取得建筑业企业资质的企业，申请资质升级、资质增项，在申请之日起前一年内有下列情形之一的，资质许可机关不予批准企业的资质升级申请和增项申请：

(一)超越本企业资质等级或以其他企业的名义承揽工程，或允许其他企业或个人以本企业的名义承揽工程的；

(二)与建设单位或企业之间相互串通投标，或以行贿等不正当手段谋取中标的；

(三)未取得施工许可证擅自施工的；

(四)将承包的工程转包或违法分包的；

(五)违反国家工程建设强制性标准的；

(六)发生过较大生产安全事故或者发生过两起以上一般生产安全事故的；

(七)恶意拖欠分包企业工程款或者农民工工资的；

(八)隐瞒或谎报、拖延报告工程质量安全事故或破坏事故现场、阻碍对事故调查的；

(九)按照国家法律、法规和标准规定需要持证上岗的技术工种的作业人员未取得证书上岗，情节严重的；

(十)未依法履行工程质量保修义务或拖延履行保修义务，造成严重后果的；

(十一)涂改、倒卖、出租、出借或者以其他形式非法转让建筑业企业资质证书；

(十二)其他违反法律、法规的行为。

第二十二条 企业领取新的建筑业企业资质证书时，应当将原资质证书交回原发证机关予以注销。

企业需增补(含增加、更换、遗失补办)建筑业企业资质证书的，应当持资质证书增补申请等材料向资质许可机关申请办理。遗失资质证书的，在申请补办前应当在公众媒体上刊登遗失声明。资质许可机关应当在2日内办理完毕。

第四章 监督管理

第二十三条 县级以上人民政府建设主管部门和其他有关部门应当依照有关法律、法规和本规定，加强对建筑业企业资质的监督管理。

上级建设主管部门应当加强对下级建设主管部门资质管理工作的监督检查，及时纠正资质管理中的违法行为。

第二十四条 建设主管部门、其他有关部门履行监督检查职责时，有权采取下列措施：

(一)要求被检查单位提供建筑业企业资质证书、注册执业人员的注册执业证书，有关施工业务的文档，有关质量管理、安全生产管理、档案管理、财务管理等企业内部管理制度的文件；

(二)进入被检查单位进行检查，查阅相关资料；

(三)纠正违反有关法律、法规和本规定及有关规范和标准的行为。

建设主管部门、其他有关部门依法对企业从事行政许可事项的活动进行监督检查时，应当将监督检查情况和处理结果予以记录，由监督检查人员签字后归档。

第二十五条 建设主管部门、其他有关部门在实施监督检查时，应当有两名以上监督检查人员参加，并出示执法证件，不得妨碍企业正常的生产经营活动，不得索取或者收受企业的财物，不得谋取其他利益。

有关单位和个人对依法进行的监督检查应当协助与配合，不得拒绝或者阻挠。

监督检查机关应当将监督检查的处理结果向社会公布。

第二十六条 建筑业企业违法从事建筑活动的，违法行为发生地的县级以上地方人民政府建设主管部门或者其他有关部门应当依法查处，并将违法事实、处理结果或处理建议及时告知该建筑业企业的资质许可机关。

第二十七条 企业取得建筑业企业资质后不再符合相应资质条件的，建设主管部门、其他有关部门根据利害关系人的请求或者依据职权，可以责令其限期改正；逾期不改的，资质许可机关可以撤回其资质。被撤回建筑业企业资质的企业，可以申请资质许可机关按照其实际达到的资质标准，重新核定资质。

第二十八条 有下列情形之一的，资质许可机关或者其上级机关，根据利害关系人的请求或者依据职权，可以撤销建筑业企业资质：

(一)资质许可机关工作人员滥用职权、玩忽职守作出准予建筑业企业资质许可的；

(二)超越法定职权作出准予建筑业企业资质许可的；

(三)违反法定程序作出准予建筑业企业资质许可的；

(四)对不符合许可条件的申请人作出准予建筑业企业资质许可的；

(五)依法可以撤销资质证书的其他情形。

以欺骗、贿赂等不正当手段取得建筑业企业资质证书的，应当予以撤销。

第二十九条 有下列情形之一的，资质许可机关应当依法注销建筑业企业资质，并公告其资质证书作废，建筑业企业应当及时将资质证书交回资质许可机关：

（一）资质证书有效期届满，未依法申请延续的；

（二）建筑业企业依法终止的；

（三）建筑业企业资质依法被撤销、撤回或吊销的；

（四）法律、法规规定的应当注销资质的其他情形。

第三十条 有关部门应当将监督检查情况和处理意见及时告知资质许可机关。资质许可机关应当将涉及有关铁路、交通、水利、信息产业、民航等方面的建筑业企业资质被撤回、撤销和注销的情况告知同级有关部门。

第三十一条 企业应当按照有关规定，向资质许可机关提供真实、准确、完整的企业信用档案信息。

企业的信用档案应当包括企业基本情况、业绩、工程质量和安全、合同履约等情况。被投诉举报和处理、行政处罚等情况应当作为不良行为记入其信用档案。

企业的信用档案信息按照有关规定向社会公示。

第五章 法律责任

第三十二条 申请人隐瞒有关情况或者提供虚假材料申请建筑业企业资质的，不予受理或者不予行政许可，并给予警告，申请人在1年内不得再次申请建筑业企业资质。

第三十三条 以欺骗、贿赂等不正当手段取得建筑业企业资质证书的，由县级以上地方人民政府建设主管部门或者有关部门给予警告，并依法处以罚款，申请人3年内不得再次申请建筑业企业资质。

第三十四条 建筑业企业有本规定第二十一条行为之一，《中华人民共和国建筑法》、《建设工程质量管理条例》和其他有关法律、法规对处罚机关和处罚方式有规定的，依照法律、法规的规定执行；法律、法规未作规定的，由县级以上地方人民政府建设主管部门或者其他有关部门给予警告，责令改正，并处1万元以上3万元以下的罚款。

第三十五条 建筑业企业未按照本规定及时办理资质证书变更手续的，由县级以上地方人民政府建设主管部门责令限期办理；逾期不办理的，可处以1000元以上1万元以下的罚款。

第三十六条 建筑业企业未按照本规定要求提供建筑业企业信用档案信息的，由县级以上地方人民政府建设主管部门或者其他有关部门给予警告，责令限期改正；逾期未改正的，可处以1000元以上1万元以下的罚款。

第三十七条 县级以上地方人民政府建设主管部门依法给予建筑业企业行政处罚的，应当将行政处罚决定以及给予行政处罚的事实、理由和依据，报国务院建设主管部门备案。

第三十八条 建设主管部门及其工作人员，违反本规定，有下列情形之一的，由其上级行政机关或者监察机关责令改正；情节严重的，对直接负责的主管人员和其他直接责任人员，依法给予行政处分：

（一）对不符合条件的申请人准予建筑业企业资质许可的；

（二）对符合条件的申请人不予建筑业企业资质许可或者不在法定期限内作出准予许可决定的；

（三）对符合条件的申请不予受理或者未在法定期限内初审完毕的；

（四）利用职务上的便利，收受他人财物或者其他好处的；

（五）不依法履行监督管理职责或者监督不力，造成严重后果的。

第六章　附　　则

第三十九条　取得建筑业企业资质证书的企业，可以从事资质许可范围相应等级的建设工程总承包业务，可以从事项目管理和相关的技术与管理服务。

第四十条　本规定自 2007 年 9 月 1 日起施行。2001 年 4 月 18 日建设部颁布的《建筑业企业资质管理规定》（建设部令第 87 号）同时废止。

工程监理企业资质管理规定

（建设部令第158号　2007年6月26日）

第一章　总　　则

第一条　为了加强工程监理企业资质管理，规范建设工程监理活动，维护建筑市场秩序，根据《中华人民共和国建筑法》、《中华人民共和国行政许可法》、《建设工程质量管理条例》等法律、行政法规，制定本规定。

第二条　在中华人民共和国境内从事建设工程监理活动，申请工程监理企业资质，实施对工程监理企业资质监督管理，适用本规定。

第三条　从事建设工程监理活动的企业，应当按照本规定取得工程监理企业资质，并在工程监理企业资质证书（以下简称资质证书）许可的范围内从事工程监理活动。

第四条　国务院建设主管部门负责全国工程监理企业资质的统一监督管理工作。国务院铁路、交通、水利、信息产业、民航等有关部门配合国务院建设主管部门实施相关资质类别工程监理企业资质的监督管理工作。

省、自治区、直辖市人民政府建设主管部门负责本行政区域内工程监理企业资质的统一监督管理工作。省、自治区、直辖市人民政府交通、水利、信息产业等有关部门配合同级建设主管部门实施相关资质类别工程监理企业资质的监督管理工作。

第五条　工程监理行业组织应当加强工程监理行业自律管理。

鼓励工程监理企业加入工程监理行业组织。

第二章　资质等级和业务范围

第六条　工程监理企业资质分为综合资质、专业资质和事务所资质。其中，专业资质按照工程性质和技术特点划分为若干工程类别。

综合资质、事务所资质不分级别。专业资质分为甲级、乙级；其中，房屋建筑、水利水电、公路和市政公用专业资质可设立丙级。

第七条　工程监理企业的资质等级标准如下：

（一）综合资质标准

1. 具有独立法人资格且注册资本不少于600万元。

2. 企业技术负责人应为注册监理工程师，并具有15年以上从事工程建设工作的经历或者具有工程类高级职称。

3. 具有5个以上工程类别的专业甲级工程监理资质。

4. 注册监理工程师不少于60人，注册造价工程师不少于5人，一级注册建造师、一级注册建筑师、一级注册结构工程师或者其他勘察设计注册工程师合计不少于15人次。

5. 企业具有完善的组织结构和质量管理体系，有健全的技术、档案等管理制度。

6. 企业具有必要的工程试验检测设备。

7. 申请工程监理资质之日前一年内没有本规定第十六条禁止的行为。

8. 申请工程监理资质之日前一年内没有因本企业监理责任造成重大质量事故。

9. 申请工程监理资质之日前一年内没有因本企业监理责任发生三级以上工程建设重大安全事故或者发生两起以上四级工程建设安全事故。

（二）专业资质标准

1. 甲级

（1）具有独立法人资格且注册资本不少于300万元。

（2）企业技术负责人应为注册监理工程师，并具有15年以上从事工程建设工作的经历或者具有工程类高级职称。

（3）注册监理工程师、注册造价工程师、一级注册建造师、一级注册建筑师、一级注册结构工程师或者其他勘察设计注册工程师合计不少于25人次；其中，相应专业注册监理工程师不少于《专业资质注册监理工程师人数配备表》（附表1）中要求配备的人数，注册造价工程师不少于2人。

（4）企业近2年内独立监理过3个以上相应专业的二级工程项目，但是，具有甲级设计资质或一级及以上施工总承包资质的企业申请本专业工程类别甲级资质的除外。

（5）企业具有完善的组织结构和质量管理体系，有健全的技术、档案等管理制度。

（6）企业具有必要的工程试验检测设备。

（7）申请工程监理资质之日前一年内没有本规定第十六条禁止的行为。

（8）申请工程监理资质之日前一年内没有因本企业监理责任造成重大质量事故。

（9）申请工程监理资质之日前一年内没有因本企业监理责任发生三级以上工程建设重大安全事故或者发生两起以上四级工程建设安全事故。

2. 乙级

（1）具有独立法人资格且注册资本不少于100万元。

（2）企业技术负责人应为注册监理工程师，并具有10年以上从事工程建设工作的经历。

（3）注册监理工程师、注册造价工程师、一级注册建造师、一级注册建筑师、一级注册结构工程师或者其他勘察设计注册工程师合计不少于15人次。其中，相应专业注册监理工程师不少于《专业资质注册监理工程师人数配备表》（附表1）中要求配备的人数，注册造价工程师不少于1人。

（4）有较完善的组织结构和质量管理体系，有技术、档案等管理制度。

（5）有必要的工程试验检测设备。

（6）申请工程监理资质之日前一年内没有本规定第十六条禁止的行为。

（7）申请工程监理资质之日前一年内没有因本企业监理责任造成重大质量事故。

（8）申请工程监理资质之日前一年内没有因本企业监理责任发生三级以上工程建设重大安全事故或者发生两起以上四级工程建设安全事故。

3. 丙级

（1）具有独立法人资格且注册资本不少于50万元。

（2）企业技术负责人应为注册监理工程师，并具有8年以上从事工程建设工作的经历。

（3）相应专业的注册监理工程师不少于《专业资质注册监理工程师人数配备表》（附表1）

中要求配备的人数。

(4)有必要的质量管理体系和规章制度。

(5)有必要的工程试验检测设备。

(三)事务所资质标准

1. 取得合伙企业营业执照,具有书面合作协议书。

2. 合伙人中有3名以上注册监理工程师,合伙人均有5年以上从事建设工程监理的工作经历。

3. 有固定的工作场所。

4. 有必要的质量管理体系和规章制度。

5. 有必要的工程试验检测设备。

第八条 工程监理企业资质相应许可的业务范围如下:

(一)综合资质

可以承担所有专业工程类别建设工程项目的工程监理业务。

(二)专业资质

1. 专业甲级资质

可承担相应专业工程类别建设工程项目的工程监理业务(见附表2)。

2. 专业乙级资质:

可承担相应专业工程类别二级以下(含二级)建设工程项目的工程监理业务(见附表2)。

3. 专业丙级资质:

可承担相应专业工程类别三级建设工程项目的工程监理业务(见附表2)。

(三)事务所资质

可承担三级建设工程项目的工程监理业务(见附表2),但是,国家规定必须实行强制监理的工程除外。

工程监理企业可以开展相应类别建设工程的项目管理、技术咨询等业务。

第三章 资质申请和审批

第九条 申请综合资质、专业甲级资质的,应当向企业工商注册所在地的省、自治区、直辖市人民政府建设主管部门提出申请。

省、自治区、直辖市人民政府建设主管部门应当自受理申请之日起20日内初审完毕,并将初审意见和申请材料报国务院建设主管部门。

国务院建设主管部门应当自省、自治区、直辖市人民政府建设主管部门受理申请材料之日起60日内完成审查,公示审查意见,公示时间为10日。其中,涉及铁路、交通、水利、通信、民航等专业工程监理资质的,由国务院建设主管部门送国务院有关部门审核。国务院有关部门应当在20日内审核完毕,并将审核意见报国务院建设主管部门。国务院建设主管部门根据初审意见审批。

第十条 专业乙级、丙级资质和事务所资质由企业所在地省、自治区、直辖市人民政府建设主管部门审批。

专业乙级、丙级资质和事务所资质许可。延续的实施程序由省、自治区、直辖市人民政府建设主管部门依法确定。

省、自治区、直辖市人民政府建设主管部门应当自作出决定之日起10日内，将准予资质许可的决定报国务院建设主管部门备案。

第十一条 工程监理企业资质证书分为正本和副本，每套资质证书包括一本正本，四本副本。正、副本具有同等法律效力。

工程监理企业资质证书的有效期为5年。

工程监理企业资质证书由国务院建设主管部门统一印制并发放。

第十二条 申请工程监理企业资质，应当提交以下材料：

(一)工程监理企业资质申请表(一式三份)及相应电子文档；

(二)企业法人、合伙企业营业执照；

(三)企业章程或合伙人协议；

(四)企业法定代表人、企业负责人和技术负责人的身份证明、工作简历及任命(聘用)文件；

(五)工程监理企业资质申请表中所列注册监理工程师及其他注册执业人员的注册执业证书；

(六)有关企业质量管理体系、技术和档案等管理制度的证明材料；

(七)有关工程试验检测设备的证明材料。

取得专业资质的企业申请晋升专业资质等级或者取得专业甲级资质的企业申请综合资质的，除前款规定的材料外，还应当提交企业原工程监理企业资质证书正、副本复印件，企业《监理业务手册》及近两年已完成代表工程的监理合同、监理规划、工程竣工验收报告及监理工作总结。

第十三条 资质有效期届满，工程监理企业需要继续从事工程监理活动的，应当在资质证书有效期届满60日前，向原资质许可机关申请办理延续手续。

对在资质有效期内遵守有关法律、法规、规章、技术标准，信用档案中无不良记录，且专业技术人员满足资质标准要求的企业，经资质许可机关同意，有效期延续5年。

第十四条 工程监理企业在资质证书有效期内名称、地址、注册资本、法定代表人等发生变更的，应当在工商行政管理部门办理变更手续后30日内办理资质证书变更手续。

涉及综合资质、专业甲级资质证书中企业名称变更的，由国务院建设主管部门负责办理，并自受理申请之日起3日内办理变更手续。

前款规定以外的资质证书变更手续，由省、自治区、直辖市人民政府建设主管部门负责办理。省、自治区、直辖市人民政府建设主管部门应当自受理申请之日起3日内办理变更手续，并在办理资质证书变更手续后15日内将变更结果报国务院建设主管部门备案。

第十五条 申请资质证书变更，应当提交以下材料：

(一)资质证书变更的申请报告；

(二)企业法人营业执照副本原件；

(三)工程监理企业资质证书正、副本原件。

工程监理企业改制的，除前款规定材料外，还应当提交企业职工代表大会或股东大会关于企业改制或股权变更的决议、企业上级主管部门关于企业申请改制的批复文件。

第十六条 工程监理企业不得有下列行为：

(一)与建设单位串通投标或者与其他工程监理企业串通投标，以行贿手段谋取中标；

(二)与建设单位或者施工单位串通弄虚作假、降低工程质量；

（三）将不合格的建设工程、建筑材料、建筑构配件和设备按照合格签字；

（四）超越本企业资质等级或以其他企业名义承揽监理业务；

（五）允许其他单位或个人以本企业的名义承揽工程；

（六）将承揽的监理业务转包；

（七）在监理过程中实施商业贿赂；

（八）涂改、伪造、出借、转让工程监理企业资质证书；

（九）其他违反法律法规的行为。

第十七条 工程监理企业合并的，合并后存续或者新设立的工程监理企业可以承继合并前各方中较高的资质等级，但应当符合相应的资质等级条件。

工程监理企业分立的，分立后企业的资质等级，根据实际达到的资质条件，按照本规定的审批程序核定。

第十八条 企业需增补工程监理企业资质证书的（含增加、更换、遗失补办），应当持资质证书增补申请及电子文档等材料向资质许可机关申请办理。遗失资质证书的，在申请补办前应当在公众媒体刊登遗失声明。资质许可机关应当自受理申请之日起 3 日内予以办理。

第四章 监督管理

第十九条 县级以上人民政府建设主管部门和其他有关部门应当依照有关法律、法规和本规定，加强对工程监理企业资质的监督管理。

第二十条 建设主管部门履行监督检查职责时，有权采取下列措施：

（一）要求被检查单位提供工程监理企业资质证书、注册监理工程师注册执业证书，有关工程监理业务的文档，有关质量管理、安全生产管理、档案管理等企业内部管理制度的文件；

（二）进入被检查单位进行检查，查阅相关资料；

（三）纠正违反有关法律、法规和本规定及有关规范和标准的行为。

第二十一条 建设主管部门进行监督检查时，应当有两名以上监督检查人员参加，并出示执法证件，不得妨碍被检查单位的正常经营活动，不得索取或者收受财物、谋取其他利益。

有关单位和个人对依法进行的监督检查应当协助与配合，不得拒绝或者阻挠。

监督检查机关应当将监督检查的处理结果向社会公布。

第二十二条 工程监理企业违法从事工程监理活动的，违法行为发生地的县级以上地方人民政府建设主管部门应当依法查处，并将违法事实、处理结果或处理建议及时报告该工程监理企业资质的许可机关。

第二十三条 工程监理企业取得工程监理企业资质后不再符合相应资质条件的，资质许可机关根据利害关系人的请求或者依据职权，可以责令其限期改正；逾期不改的，可以撤回其资质。

第二十四条 有下列情形之一的，资质许可机关或者其上级机关，根据利害关系人的请求或者依据职权，可以撤销工程监理企业资质：

（一）资质许可机关工作人员滥用职权、玩忽职守作出准予工程监理企业资质许可的；

（二）超越法定职权作出准予工程监理企业资质许可的；

（三）违反资质审批程序作出准予工程监理企业资质许可的；

（四）对不符合许可条件的申请人作出准予工程监理企业资质许可的；

（五）依法可以撤销资质证书的其他情形。

以欺骗、贿赂等不正当手段取得工程监理企业资质证书的，应当予以撤销。

第二十五条 有下列情形之一的，工程监理企业应当及时向资质许可机关提出注销资质的申请，交回资质证书，国务院建设主管部门应当办理注销手续，公告其资质证书作废：

(一)资质证书有效期届满，未依法申请延续的；

(二)工程监理企业依法终止的；

(三)工程监理企业资质依法被撤销、撤回或吊销的；

(四)法律、法规规定的应当注销资质的其他情形。

第二十六条 工程监理企业应当按照有关规定，向资质许可机关提供真实、准确、完整的工程监理企业的信用档案信息。

工程监理企业的信用档案应当包括基本情况、业绩、工程质量和安全、合同违约等情况。被投诉举报和处理、行政处罚等情况应当作为不良行为记入其信用档案。

工程监理企业的信用档案信息按照有关规定向社会公示，公众有权查阅。

第五章 法律责任

第二十七条 申请人隐瞒有关情况或者提供虚假材料申请工程监理企业资质的，资质许可机关不予受理或者不予行政许可，并给予警告，申请人在1年内不得再次申请工程监理企业资质。

第二十八条 以欺骗、贿赂等不正当手段取得工程监理企业资质证书的，由县级以上地方人民政府建设主管部门或者有关部门给予警告，并处1万元以上2万元以下的罚款，申请人3年内不得再次申请工程监理企业资质。

第二十九条 工程监理企业有本规定第十六条第七项、第八项行为之一的，由县级以上地方人民政府建设主管部门或者有关部门予以警告，责令其改正，并处1万元以上3万元以下的罚款；造成损失的，依法承担赔偿责任；构成犯罪的，依法追究刑事责任。

第三十条 违反本规定，工程监理企业不及时办理资质证书变更手续的，由资质许可机关责令限期办理；逾期不办理的，可处以1千元以上1万元以下的罚款。

第三十一条 工程监理企业未按照本规定要求提供工程监理企业信用档案信息的，由县级以上地方人民政府建设主管部门予以警告，责令限期改正；逾期未改正的，可处以1千元以上1万元以下的罚款。

第三十二条 县级以上地方人民政府建设主管部门依法给予工程监理企业行政处罚的，应当将行政处罚决定以及给予行政处罚的事实、理由和依据，报国务院建设主管部门备案。

第三十三条 县级以上人民政府建设主管部门及有关部门有下列情形之一的，由其上级行政主管部门或者监察机关责令改正，对直接负责的主管人员和其他直接责任人员依法给予处分；构成犯罪的，依法追究刑事责任：

(一)对不符合本规定条件的申请人准予工程监理企业资质许可的；

(二)对符合本规定条件的申请人不予工程监理企业资质许可或者不在法定期限内作出准予许可决定的；

(三)对符合法定条件的申请不予受理或者未在法定期限内初审完毕的；

(四)利用职务上的便利，收受他人财物或者其他好处的；

(五)不依法履行监督管理职责或者监督不力，造成严重后果的。

第六章 附 则

第三十四条 本规定自2007年8月1日起施行。2001年8月29日建设部颁布的《工程监理企业资质管理规定》(建设部令第102号)同时废止。

附件:1. 专业资质注册监理工程师人数配备表(略)

2. 专业工程类别和等级表(略)

注册造价工程师管理办法

（建设部令第150号　2006年12月25日）

第一章　总　　则

第一条　为了加强对注册造价工程师的管理，规范注册造价工程师执业行为，维护社会公共利益，制定本办法。

第二条　中华人民共和国境内注册造价工程师的注册、执业、继续教育和监督管理，适用本办法。

第三条　本办法所称注册造价工程师，是指通过全国造价工程师执业资格统一考试或者资格认定、资格互认，取得中华人民共和国造价工程师执业资格（以下简称执业资格），并按照本办法注册，取得中华人民共和国造价工程师注册执业证书（以下简称注册证书）和执业印章，从事工程造价活动的专业人员。

未取得注册证书和执业印章的人员，不得以注册造价工程师的名义从事工程造价活动。

第四条　国务院建设主管部门对全国注册造价工程师的注册、执业活动实施统一监督管理；国务院铁路、交通、水利、信息产业等有关部门按照国务院规定的职责分工，对有关专业注册造价工程师的注册、执业活动实施监督管理。

省、自治区、直辖市人民政府建设主管部门对本行政区域内注册造价工程师的注册、执业活动实施监督管理。

第五条　工程造价行业组织应当加强造价工程师自律管理。

鼓励注册造价工程师加入工程造价行业组织。

第二章　注　　册

第六条　注册造价工程师实行注册执业管理制度。

取得执业资格的人员，经过注册方能以注册造价工程师的名义执业。

第七条　注册造价工程师的注册条件为：

（一）取得执业资格；

（二）受聘于一个工程造价咨询企业或者工程建设领域的建设、勘察设计、施工、招标代理、工程监理、工程造价管理等单位；

（三）无本办法第十二条不予注册的情形。

第八条　取得执业资格的人员申请注册的，应当向聘用单位工商注册所在地的省、自治区、直辖市人民政府建设主管部门（以下简称省级注册初审机关）或者国务院有关部门（以下简称部门注册初审机关）提出注册申请。

对申请初始注册的，注册初审机关应当自受理申请之日起20日内审查完毕，并将申请材料和初审意见报国务院建设主管部门(以下简称注册机关)。注册机关应当自受理之日起20日内作出决定。

对申请变更注册、延续注册的,注册初审机关应当自受理申请之日起5日内审查完毕,并将申请材料和初审意见报注册机关。注册机关应当自受理之日起10日内作出决定。

注册造价工程师的初始、变更、延续注册,逐步实行网上申报、受理和审批。

第九条 取得资格证书的人员,可自资格证书签发之日起1年内申请初始注册。逾期未申请者,须符合继续教育的要求后方可申请初始注册。初始注册的有效期为4年。

申请初始注册的,应当提交下列材料:

(一)初始注册申请表;

(二)执业资格证件和身份证件复印件;

(三)与聘用单位签订的劳动合同复印件;

(四)工程造价岗位工作证明;

(五)取得资格证书的人员,自资格证书签发之日起1年后申请初始注册的,应当提供继续教育合格证明;

(六)受聘于具有工程造价咨询资质的中介机构的,应当提供聘用单位为其交纳的社会基本养老保险凭证、人事代理合同复印件,或者劳动、人事部门颁发的离退休证复印件;

(七)外国人、台港澳人员应当提供外国人就业许可证书、台港澳人员就业证书复印件。

第十条 注册造价工程师注册有效期满需继续执业的,应当在注册有效期满30日前,按照本办法第八条规定的程序申请延续注册。延续注册的有效期为4年。

申请延续注册的,应当提交下列材料:

(一)延续注册申请表;

(二)注册证书;

(三)与聘用单位签订的劳动合同复印件;

(四)前一个注册期内的工作业绩证明;

(五)继续教育合格证明。

第十一条 在注册有效期内,注册造价工程师变更执业单位的,应当与原聘用单位解除劳动合同,并按照本办法第八条规定的程序办理变更注册手续。变更注册后延续原注册有效期。

申请变更注册的,应当提交下列材料:

(一)变更注册申请表;

(二)注册证书;

(三)与新聘用单位签订的劳动合同复印件;

(四)与原聘用单位解除劳动合同的证明文件;

(五)受聘于具有工程造价咨询资质的中介机构的,应当提供聘用单位为其交纳的社会基本养老保险凭证、人事代理合同复印件,或者劳动、人事部门颁发的离退休证复印件;

(六)外国人、台港澳人员应当提供外国人就业许可证书、台港澳人员就业证书复印件。

第十二条 有下列情形之一的,不予注册:

(一)不具有完全民事行为能力的;

(二)申请在两个或者两个以上单位注册的;

(三)未达到造价工程师继续教育合格标准的;

(四)前一个注册期内工作业绩达不到规定标准或未办理暂停执业手续而脱离工程造价业

务岗位的；

（五）受刑事处罚，刑事处罚尚未执行完毕的；

（六）因工程造价业务活动受刑事处罚，自刑事处罚执行完毕之日起至申请注册之日止不满5年的；

（七）因前项规定以外原因受刑事处罚，自处罚决定之日起至申请注册之日止不满3年的；

（八）被吊销注册证书，自被处罚决定之日起至申请注册之日止不满3年的；

（九）以欺骗、贿赂等不正当手段获准注册被撤销，自被撤销注册之日起至申请注册之日止不满3年的；

（十）法律、法规规定不予注册的其他情形。

第十三条　被注销注册或者不予注册者，在具备注册条件后重新申请注册的，按照本办法第八条第一款、第二款规定的程序办理。

第十四条　准予注册的，由注册机关核发注册证书和执业印章。

注册证书和执业印章是注册造价工程师的执业凭证，应当由注册造价工程师本人保管、使用。

造价工程师注册证书由注册机关统一印制。

注册造价工程师遗失注册证书、执业印章，应当在公众媒体上声明作废后，按照本办法第八条第一款、第三款规定的程序申请补发。

第三章　执　　业

第十五条　注册造价工程师执业范围包括：

（一）建设项目建议书、可行性研究投资估算的编制和审核，项目经济评价，工程概、预、结算、竣工结（决）算的编制和审核；

（二）工程量清单、标底（或者控制价）、投标报价的编制和审核，工程合同价款的签订及变更、调整、工程款支付与工程索赔费用的计算；

（三）建设项目管理过程中设计方案的优化、限额设计等工程造价分析与控制，工程保险理赔的核查；

（四）工程经济纠纷的鉴定。

第十六条　注册造价工程师享有下列权利：

（一）使用注册造价工程师名称；

（二）依法独立执行工程造价业务；

（三）在本人执业活动中形成的工程造价成果文件上签字并加盖执业印章；

（四）发起设立工程造价咨询企业；

（五）保管和使用本人的注册证书和执业印章；

（六）参加继续教育。

第十七条　注册造价工程师应当履行下列义务：

（一）遵守法律、法规、有关管理规定，恪守职业道德；

（二）保证执业活动成果的质量；

（三）接受继续教育，提高执业水平；

（四）执行工程造价计价标准和计价方法；

(五)与当事人有利害关系的,应当主动回避;

(六)保守在执业中知悉的国家秘密和他人的商业、技术秘密。

第十八条 注册造价工程师应当在本人承担的工程造价成果文件上签字并盖章。

第十九条 修改经注册造价工程师签字盖章的工程造价成果文件,应当由签字盖章的注册造价工程师本人进行;注册造价工程师本人因特殊情况不能进行修改的,应当由其他注册造价工程师修改,并签字盖章;修改工程造价成果文件的注册造价工程师对修改部分承担相应的法律责任。

第二十条 注册造价工程师不得有下列行为:

(一)不履行注册造价工程师义务;

(二)在执业过程中,索贿、受贿或者谋取合同约定费用外的其他利益;

(三)在执业过程中实施商业贿赂;

(四)签署有虚假记载、误导性陈述的工程造价成果文件;

(五)以个人名义承接工程造价业务;

(六)允许他人以自己名义从事工程造价业务;

(七)同时在两个或者两个以上单位执业;

(八)涂改、倒卖、出租、出借或者以其他形式非法转让注册证书或者执业印章;

(九)法律、法规、规章禁止的其他行为。

第二十一条 在注册有效期内,注册造价工程师因特殊原因需要暂停执业的,应当到注册初审机关办理暂停执业手续,并交回注册证书和执业印章。

第二十二条 注册造价工程师在每一注册期内应当达到注册机关规定的继续教育要求。

注册造价工程师继续教育分为必修课和选修课,每一注册有效期各为60学时。经继续教育达到合格标准的,颁发继续教育合格证明。

注册造价工程师继续教育,由中国建设工程造价管理协会负责组织。

第四章 监督管理

第二十三条 县级以上人民政府建设主管部门和其他有关部门应当依照有关法律、法规和本办法的规定,对注册造价工程师的注册、执业和继续教育实施监督检查。

第二十四条 注册机关应当将造价工程师注册信息告知注册初审机关。

省级注册初审机关应当将造价工程师注册信息告知本行政区域内市、县人民政府建设主管部门。

第二十五条 县级以上人民政府建设主管部门和其他有关部门依法履行监督检查职责时,有权采取下列措施:

(一)要求被检查人员提供注册证书;

(二)要求被检查人员所在聘用单位提供有关人员签署的工程造价成果文件及相关业务文档;

(三)就有关问题询问签署工程造价成果文件的人员;

(四)纠正违反有关法律、法规和本办法及工程造价计价标准和计价办法的行为。

第二十六条 注册造价工程师违法从事工程造价活动的,违法行为发生地县级以上地方人民政府建设主管部门或者其他有关部门应当依法查处,并将违法事实、处理结果告知注册机关;依法应当撤销注册的,应当将违法事实、处理建议及有关材料报注册机关。

第二十七条 注册造价工程师有下列情形之一的,其注册证书失效:

(一)已与聘用单位解除劳动合同且未被其他单位聘用的;

(二)注册有效期满且未延续注册的;

(三)死亡或者不具有完全民事行为能力的;

(四)其他导致注册失效的情形。

第二十八条 有下列情形之一的,注册机关或者其上级行政机关依据职权或者根据利害关系人的请求,可以撤销注册造价工程师的注册:

(一)行政机关工作人员滥用职权、玩忽职守作出准予注册许可的;

(二)超越法定职权作出准予注册许可的;

(三)违反法定程序作出准予注册许可的;

(四)对不具备注册条件的申请人作出准予注册许可的;

(五)依法可以撤销注册的其他情形。

申请人以欺骗、贿赂等不正当手段获准注册的,应当予以撤销。

第二十九条 有下列情形之一的,由注册机关办理注销注册手续,收回注册证书和执业印章或者公告其注册证书和执业印章作废:

(一)有本办法第二十七条所列情形发生的;

(二)依法被撤销注册的;

(三)依法被吊销注册证书的;

(四)受到刑事处罚的;

(五)法律、法规规定应当注销注册的其他情形。

注册造价工程师有前款所列情形之一的,注册造价工程师本人和聘用单位应当及时向注册机关提出注销注册申请;有关单位和个人有权向注册机关举报;县级以上地方人民政府建设主管部门或者其他有关部门应当及时告知注册机关。

第三十条 注册造价工程师及其聘用单位应当按照有关规定,向注册机关提供真实、准确、完整的注册造价工程师信用档案信息。

注册造价工程师信用档案应当包括造价工程师的基本情况、业绩、良好行为、不良行为等内容。违法违规行为、被投诉举报处理、行政处罚等情况应当作为造价工程师的不良行为记入其信用档案。

注册造价工程师信用档案信息按有关规定向社会公示。

第五章 法律责任

第三十一条 隐瞒有关情况或者提供虚假材料申请造价工程师注册的,不予受理或者不予注册,并给予警告,申请人在1年内不得再次申请造价工程师注册。

第三十二条 聘用单位为申请人提供虚假注册材料的,由县级以上地方人民政府建设主管部门或者其他有关部门给予警告,并可处以1万元以上3万元以下的罚款。

第三十三条 以欺骗、贿赂等不正当手段取得造价工程师注册的,由注册机关撤销其注册,3年内不得再次申请注册,并由县级以上地方人民政府建设主管部门处以罚款。其中,没有违法所得的,处以1万元以下罚款;有违法所得的,处以违法所得3倍以下且不超过3万元的罚款。

第三十四条 违反本办法规定，未经注册而以注册造价工程师的名义从事工程造价活动的，所签署的工程造价成果文件无效，由县级以上地方人民政府建设主管部门或者其他有关部门给予警告，责令停止违法活动，并可处以 1 万元以上 3 万元以下的罚款。

第三十五条 违反本办法规定，未办理变更注册而继续执业的，由县级以上人民政府建设主管部门或者其他有关部门责令限期改正；逾期不改的，可处以 5000 元以下的罚款。

第三十六条 注册造价工程师有本办法第二十条规定行为之一的，由县级以上地方人民政府建设主管部门或者其他有关部门给予警告，责令改正，没有违法所得的，处以 1 万元以下罚款，有违法所得的，处以违法所得 3 倍以下且不超过 3 万元的罚款。

第三十七条 违反本办法规定，注册造价工程师或者其聘用单位未按照要求提供造价工程师信用档案信息的，由县级以上地方人民政府建设主管部门或者其他有关部门责令限期改正；逾期未改正的，可处以 1000 元以上 1 万元以下的罚款。

第三十八条 县级以上人民政府建设主管部门和其他有关部门工作人员，在注册造价工程师管理工作中，有下列情形之一的，依法给予处分；构成犯罪的，依法追究刑事责任：

(一)对不符合注册条件的申请人准予注册许可或者超越法定职权作出注册许可决定的；

(二)对符合注册条件的申请人不予注册许可或者不在法定期限内作出注册许可决定的；

(三)对符合法定条件的申请不予受理或者未在法定期限内初审完毕的；

(四) 利用职务之便，收取他人财物或者其他好处的；

(五) 不依法履行监督管理职责，或者发现违法行为不予查处的。

第六章 附 则

第三十九条 造价工程师执业资格考试工作按照国务院人事主管部门的有关规定执行。

第四十条 本办法自 2007 年 3 月 1 日起施行。2000 年 1 月 21 日发布的《造价工程师注册管理办法》(建设部令第 75 号)同时废止。

中华人民共和国注册建筑师条例实施细则

（建设部令第167号 2008年1月29日）

第一章 总 则

第一条 根据《中华人民共和国行政许可法》和《中华人民共和国注册建筑师条例》（以下简称《条例》），制定本细则。

第二条 中华人民共和国境内注册建筑师的考试、注册、执业、继续教育和监督管理，适用本细则。

第三条 注册建筑师，是指经考试、特许、考核认定取得中华人民共和国注册建筑师执业资格证书（以下简称执业资格证书），或者经资格互认方式取得建筑师互认资格证书（以下简称互认资格证书），并按照本细则注册，取得中华人民共和国注册建筑师注册证书（以下简称注册证书）和中华人民共和国注册建筑师执业印章（以下简称执业印章），从事建筑设计及相关业务活动的专业技术人员。

未取得注册证书和执业印章的人员，不得以注册建筑师的名义从事建筑设计及相关业务活动。

第四条 国务院建设主管部门、人事主管部门按职责分工对全国注册建筑师考试、注册、执业和继续教育实施指导和监督。

省、自治区、直辖市人民政府建设主管部门、人事主管部门按职责分工对本行政区域内注册建筑师考试、注册、执业和继续教育实施指导和监督。

第五条 全国注册建筑师管理委员会负责注册建筑师考试、一级注册建筑师注册、制定颁布注册建筑师有关标准以及相关国际交流等具体工作。

省、自治区、直辖市注册建筑师管理委员会负责本行政区域内注册建筑师考试、注册以及协助全国注册建筑师管理委员会选派专家等具体工作。

第六条 全国注册建筑师管理委员会委员由国务院建设主管部门商人事主管部门聘任。

全国注册建筑师管理委员会由国务院建设主管部门、人事主管部门、其他有关主管部门的代表和建筑设计专家组成，设主任委员一名、副主任委员若干名。全国注册建筑师管理委员会秘书处设在建设部执业资格注册中心。全国注册建筑师管理委员会秘书处承担全国注册建筑师管理委员会的日常工作职责，并承担相应的法律责任。

省、自治区、直辖市注册建筑师管理委员会由省、自治区、直辖市人民政府建设主管部门商同级人事主管部门参照本条第一款、第二款规定成立。

第二章 考 试

第七条 注册建筑师考试分为一级注册建筑师考试和二级注册建筑师考试。注册建筑师考试实行全国统一考试，每年进行一次。遇特殊情况，经国务院建设主管部门和人事主管部门同意，可调整该年度考试次数。

注册建筑师考试由全国注册建筑师管理委员会统一部署，省、自治区、直辖市注册建筑师管理委员会组织实施。

第八条　一级注册建筑师考试内容包括：建筑设计前期工作、场地设计、建筑设计与表达、建筑结构、环境控制、建筑设备、建筑材料与构造、建筑经济、施工与设计业务管理、建筑法规等。上述内容分成若干科目进行考试。科目考试合格有效期为八年。

二级注册建筑师考试内容包括：场地设计、建筑设计与表达、建筑结构与设备、建筑法规、建筑经济与施工等。上述内容分成若干科目进行考试。科目考试合格有效期为四年。

第九条《条例》第八条第(一)、(二)、(三)项，第九条第(一)项中所称相近专业，是指大学本科及以上建筑学的相近专业，包括城市规划、建筑工程和环境艺术等专业。

《条例》第九条第(二)项所称相近专业，是指大学专科建筑设计的相近专业，包括城乡规划、房屋建筑工程、风景园林、建筑装饰技术和环境艺术等专业。

《条例》第九条第(四)项所称相近专业，是指中等专科学校建筑设计技术的相近专业，包括工业与民用建筑、建筑装饰、城镇规划和村镇建设等专业。

《条例》第八条第(五)项所称设计成绩突出，是指获得国家或省部级优秀工程设计铜质或二等奖(建筑)及以上奖励。

第十条　申请参加注册建筑师考试者，可向省、自治区、直辖市注册建筑师管理委员会报名，经省、自治区、直辖市注册建筑师管理委员会审查，符合《条例》第八条或者第九条规定的，方可参加考试。

第十一条　经一级注册建筑师考试，在有效期内全部科目考试合格的，由全国注册建筑师管理委员会核发国务院建设主管部门和人事主管部门共同用印的一级注册建筑师执业资格证书。

经二级注册建筑师考试，在有效期内全部科目考试合格的，由省、自治区、直辖市注册建筑师管理委员会核发国务院建设主管部门和人事主管部门共同用印的二级注册建筑师执业资格证书。

自考试之日起，九十日内公布考试成绩；自考试成绩公布之日起，三十日内颁发执业资格证书。

第十二条　申请参加注册建筑师考试者，应当按规定向省、自治区、直辖市注册建筑师管理委员会交纳考务费和报名费。

第三章　注　　册

第十三条　注册建筑师实行注册执业管理制度。取得执业资格证书或者互认资格证书的人员，必须经过注册方可以注册建筑师的名义执业。

第十四条　取得一级注册建筑师资格证书并受聘于一个相关单位的人员，应当通过聘用单位向单位工商注册所在地的省、自治区、直辖市注册建筑师管理委员会提出申请；省、自治区、直辖市注册建筑师管理委员会受理后提出初审意见，并将初审意见和申请材料报全国注册建筑师管理委员会审批；符合条件的，由全国注册建筑师管理委员会颁发一级注册建筑师注册证书和执业印章。

第十五条　省、自治区、直辖市注册建筑师管理委员会在收到申请人申请一级注册建筑师注册的材料后，应当即时作出是否受理的决定，并向申请人出具书面凭证；申请材料不齐全或者不符合法定形式的，应当在五日内一次性告知申请人需要补正的全部内容。逾期不告知的，自收到申请材料之日起即为受理。

对申请初始注册的，省、自治区、直辖市注册建筑师管理委员会应当自受理申请之日起二十日内审查完毕，并将申请材料和初审意见报全国注册建筑师管理委员会。全国注册建筑师管理委员会应当自收到省、自治区、直辖市注册建筑师管理委员会上报材料之日起，二十日内审批完毕并作出书面决定。

审查结果由全国注册建筑师管理委员会予以公示，公示时间为十日，公示时间不计算在审批时间内。

全国注册建筑师管理委员会自作出审批决定之日起十日内，在公众媒体上公布审批结果。

对申请变更注册、延续注册的，省、自治区、直辖市注册建筑师管理委员会应当自受理申请之日起十日内审查完毕。全国注册建筑师管理委员会应当自收到省、自治区、直辖市注册建筑师管理委员会上报材料之日起，十五日内审批完毕并作出书面决定。

二级注册建筑师的注册办法由省、自治区、直辖市注册建筑师管理委员会依法制定。

第十六条 注册证书和执业印章是注册建筑师的执业凭证，由注册建筑师本人保管、使用。

注册建筑师由于办理延续注册、变更注册等原因，在领取新执业印章时，应当将原执业印章交回。

禁止涂改、倒卖、出租、出借或者以其他形式非法转让执业资格证书、互认资格证书、注册证书和执业印章。

第十七条 申请注册建筑师初始注册，应当具备以下条件：

（一）依法取得执业资格证书或者互认资格证书；

（二）只受聘于中华人民共和国境内的一个建设工程勘察、设计、施工、监理、招标代理、造价咨询、施工图审查、城乡规划编制等单位（以下简称聘用单位）；

（三）近三年内在中华人民共和国境内从事建筑设计及相关业务一年以上；

（四）达到继续教育要求；

（五）没有本细则第二十一条所列的情形。

第十八条 初始注册者可以自执业资格证书签发之日起三年内提出申请。逾期未申请者，须符合继续教育的要求后方可申请初始注册。

初始注册需要提交下列材料：

（一）初始注册申请表；

（二）资格证书复印件；

（三）身份证明复印件；

（四）聘用单位资质证书副本复印件；

（五）与聘用单位签订的聘用劳动合同复印件；

（六）相应的业绩证明；

（七）逾期初始注册的，应当提交达到继续教育要求的证明材料。

第十九条 注册建筑师每一注册有效期为两年。注册建筑师注册有效期满需继续执业的，应在注册有效期届满三十日前，按照本细则第十五条规定的程序申请延续注册。延续注册有效期为两年。

延续注册需要提交下列材料：

（一）延续注册申请表；

（二）与聘用单位签订的聘用劳动合同复印件；

（三）注册期内达到继续教育要求的证明材料。

第二十条 注册建筑师变更执业单位,应当与原聘用单位解除劳动关系,并按照本细则第十五条规定的程序办理变更注册手续。变更注册后,仍延续原注册有效期。

原注册有效期届满在半年以内的,可以同时提出延续注册申请。准予延续的,注册有效期重新计算。

变更注册需要提交下列材料:

(一)变更注册申请表;

(二)新聘用单位资质证书副本的复印件;

(三)与新聘用单位签订的聘用劳动合同复印件;

(四)工作调动证明或者与原聘用单位解除聘用劳动合同的证明文件、劳动仲裁机构出具的解除劳动关系的仲裁文件、退休人员的退休证明复印件;

(五)在办理变更注册时提出延续注册申请的,还应当提交在本注册有效期内达到继续教育要求的证明材料。

第二十一条 申请人有下列情形之一的,不予注册:

(一)不具有完全民事行为能力的;

(二)申请在两个或者两个以上单位注册的;

(三)未达到注册建筑师继续教育要求的;

(四)因受刑事处罚,自刑事处罚执行完毕之日起至申请注册之日止不满五年的;

(五)因在建筑设计或者相关业务中犯有错误受行政处罚或者撤职以上行政处分,自处罚、处分决定之日起至申请之日止不满二年的;

(六)受吊销注册建筑师证书的行政处罚,自处罚决定之日起至申请注册之日止不满五年的;

(七)申请人的聘用单位不符合注册单位要求的;

(八)法律、法规规定不予注册的其他情形。

第二十二条 注册建筑师有下列情形之一的,其注册证书和执业印章失效:

(一)聘用单位破产的;

(二)聘用单位被吊销营业执照的;

(三)聘用单位相应资质证书被吊销或者撤回的;

(四)已与聘用单位解除聘用劳动关系的;

(五)注册有效期满且未延续注册的;

(六)死亡或者丧失民事行为能力的;

(七)其他导致注册失效的情形。

第二十三条 注册建筑师有下列情形之一的,由注册机关办理注销手续,收回注册证书和执业印章或公告注册证书和执业印章作废:

(一)有本细则第二十二条所列情形发生的;

(二)依法被撤销注册的;

(三)依法被吊销注册证书的;

(四)受刑事处罚的;

(五)法律、法规规定应当注销注册的其他情形。

注册建筑师有前款所列情形之一的,注册建筑师本人和聘用单位应当及时向注册机关提出注销注册申请;有关单位和个人有权向注册机关举报;县级以上地方人民政府建设主管部门或者有关部门应当及时告知注册机关。

第二十四条 被注销注册者或者不予注册者，重新具备注册条件的，可以按照本细则第十五条规定的程序重新申请注册。

第二十五条 高等学校(院)从事教学、科研并具有注册建筑师资格的人员，只能受聘于本校(院)所属建筑设计单位从事建筑设计，不得受聘于其他建筑设计单位。在受聘于本校(院)所属建筑设计单位工作期间，允许申请注册。获准注册的人员，在本校(院)所属建筑设计单位连续工作不得少于二年。具体办法由国务院建设主管部门商教育主管部门规定。

第二十六条 注册建筑师因遗失、污损注册证书或者执业印章，需要补办的，应当持在公众媒体上刊登的遗失声明的证明，或者污损的原注册证书和执业印章，向原注册机关申请补办。原注册机关应当在十日内办理完毕。

第四章 执 业

第二十七条 取得资格证书的人员，应当受聘于中华人民共和国境内的一个建设工程勘察、设计、施工、监理、招标代理、造价咨询、施工图审查、城乡规划编制等单位，经注册后方可从事相应的执业活动。

从事建筑工程设计执业活动的，应当受聘并注册于中华人民共和国境内一个具有工程设计资质的单位。

第二十八条 注册建筑师的执业范围具体为：

(一)建筑设计；

(二)建筑设计技术咨询；

(三)建筑物调查与鉴定；

(四)对本人主持设计的项目进行施工指导和监督；

(五)国务院建设主管部门规定的其他业务。

本条第一款所称建筑设计技术咨询包括建筑工程技术咨询，建筑工程招标、采购咨询，建筑工程项目管理，建筑工程设计文件及施工图审查，工程质量评估，以及国务院建设主管部门规定的其他建筑技术咨询业务。

第二十九条 一级注册建筑师的执业范围不受工程项目规模和工程复杂程度的限制。二级注册建筑师的执业范围只限于承担工程设计资质标准中建设项目设计规模划分表中规定的小型规模的项目。

注册建筑师的执业范围不得超越其聘用单位的业务范围。注册建筑师的执业范围与其聘用单位的业务范围不符时，个人执业范围服从聘用单位的业务范围。

第三十条 注册建筑师所在单位承担民用建筑设计项目，应当由注册建筑师任工程项目设计主持人或设计总负责人；工业建筑设计项目，须由注册建筑师任工程项目建筑专业负责人。

第三十一条 凡属工程设计资质标准中建筑工程建设项目设计规模划分表规定的工程项目，在建筑工程设计的主要文件(图纸)中，须由主持该项设计的注册建筑师签字并加盖其执业印章，方为有效。否则设计审查部门不予审查，建设单位不得报建，施工单位不准施工。

第三十二条 修改经注册建筑师签字盖章的设计文件，应当由原注册建筑师进行；因特殊情况，原注册建筑师不能进行修改的，可以由设计单位的法人代表书面委托其他符合条件的注册建筑师修改，并签字、加盖执业印章，对修改部分承担责任。

第三十三条 注册建筑师从事执业活动，由聘用单位接受委托并统一收费。

第五章 继续教育

第三十四条 注册建筑师在每一注册有效期内应当达到全国注册建筑师管理委员会制定的继续教育标准。继续教育作为注册建筑师逾期初始注册、延续注册、重新申请注册的条件之一。

第三十五条 继续教育分为必修课和选修课，在每一注册有效期内各为四十学时。

第六章 监督检查

第三十六条 国务院建设主管部门对注册建筑师注册执业活动实施统一的监督管理。县级以上地方人民政府建设主管部门负责对本行政区域内的注册建筑师注册执业活动实施监督管理。

第三十七条 建设主管部门履行监督检查职责时，有权采取下列措施：

(一)要求被检查的注册建筑师提供资格证书、注册证书、执业印章、设计文件(图纸)；

(二)进入注册建筑师聘用单位进行检查，查阅相关资料；

(三)纠正违反有关法律、法规和本细则及有关规范和标准的行为。

建设主管部门依法对注册建筑师进行监督检查时，应当将监督检查情况和处理结果予以记录，由监督检查人员签字后归档。

第三十八条 建设主管部门在实施监督检查时，应当有两名以上监督检查人员参加，并出示执法证件，不得妨碍注册建筑师正常的执业活动，不得谋取非法利益。

注册建筑师和其聘用单位对依法进行的监督检查应当协助与配合，不得拒绝或者阻挠。

第三十九条 注册建筑师及其聘用单位应当按照要求，向注册机关提供真实、准确、完整的注册建筑师信用档案信息。

注册建筑师信用档案应当包括注册建筑师的基本情况、业绩、良好行为、不良行为等内容。违法违规行为、被投诉举报处理、行政处罚等情况应当作为注册建筑师的不良行为记入其信用档案。

注册建筑师信用档案信息按照有关规定向社会公示。

第七章 法律责任

第四十条 隐瞒有关情况或者提供虚假材料申请注册的，注册机关不予受理，并由建设主管部门给予警告，申请人一年之内不得再次申请注册。

第四十一条 以欺骗、贿赂等不正当手段取得注册证书和执业印章的，由全国注册建筑师管理委员会或省、自治区、直辖市注册建筑师管理委员会撤销注册证书并收回执业印章，三年内不得再次申请注册，并由县级以上人民政府建设主管部门处以罚款。其中没有违法所得的，处以1万元以下罚款；有违法所得的处以违法所得3倍以下且不超过3万元的罚款。

第四十二条 违反本细则，未受聘并注册于中华人民共和国境内一个具有工程设计资质的单位，从事建筑工程设计执业活动的，由县级以上人民政府建设主管部门给予警告，责令停止违法活动，并可处以1万元以上3万元以下的罚款。

第四十三条 违反本细则，未办理变更注册而继续执业的，由县级以上人民政府建设主管部门责令限期改正；逾期未改正的，可处以5000元以下的罚款。

第四十四条 违反本细则，涂改、倒卖、出租、出借或者以其他形式非法转让执业资格证书、互认资格证书、注册证书和执业印章的，由县级以上人民政府建设主管部门责令改正，其中没有违法所得的，处以1万元以下罚款；有违法所得的处以违法所得3倍以下且不超过3万元的罚款。

第四十五条 违反本细则，注册建筑师或者其聘用单位未按照要求提供注册建筑师信用档案信息的，由县级以上人民政府建设主管部门责令限期改正；逾期未改正的，可处以1000元以上1万元以下的罚款。

第四十六条 聘用单位为申请人提供虚假注册材料的，由县级以上人民政府建设主管部门给予警告，责令限期改正；逾期未改正的，可处以1万元以上3万元以下的罚款。

第四十七条 有下列情形之一的，全国注册建筑师管理委员会或者省、自治区、直辖市注册建筑师管理委员可以撤销其注册：

(一)全国注册建筑师管理委员会或者省、自治区、直辖市注册建筑师管理委员的工作人员滥用职权、玩忽职守颁发注册证书和执业印章的；

(二)超越法定职权颁发注册证书和执业印章的；

(三)违反法定程序颁发注册证书和执业印章的；

(四)对不符合法定条件的申请人颁发注册证书和执业印章的；

(五)依法可以撤销注册的其他情形。

第四十八条 县级以上人民政府建设主管部门、人事主管部门及全国注册建筑师管理委员会或者省、自治区、直辖市注册建筑师管理委员的工作人员，在注册建筑师管理工作中，有下列情形之一的，依法给予处分；构成犯罪的，依法追究刑事责任：

(一)对不符合法定条件的申请人颁发执业资格证书、注册证书和执业印章的；

(二)对符合法定条件的申请人不予颁发执业资格证书、注册证书和执业印章的；

(三)对符合法定条件的申请不予受理或者未在法定期限内初审完毕的；

(四)利用职务上的便利，收受他人财物或者其他好处的；

(五)不依法履行监督管理职责，或者发现违法行为不予查处的。

第八章 附 则

第四十九条 注册建筑师执业资格证书由国务院人事主管部门统一制作；一级注册建筑师注册证书、执业印章和互认资格证书由全国注册建筑师管理委员会统一制作；二级注册建筑师注册证书和执业印章由省、自治区、直辖市注册建筑师管理委员会统一制作。

第五十条 香港特别行政区、澳门特别行政区、台湾地区的专业技术人员按照国家有关规定和有关协议，报名参加全国统一考试和申请注册。

外籍专业技术人员参加全国统一考试按照对等原则办理；申请建筑师注册的，其所在国应当已与中华人民共和国签署双方建筑师对等注册协议。

第五十一条 本细则自2008年3月15日起施行。1996年7月1日建设部颁布的《中华人民共和国注册建筑师条例实施细则》(建设部令第52号)同时废止。

关于修改《建设工程勘察质量管理办法》的决定

（建设部令第163号　2007年11月22日）

建设部决定对《建设工程勘察质量管理办法》作如下修改：

将第十九条修改为："工程勘察质量监督部门应当对工程勘察企业质量管理程序的实施、试验室是否符合标准等情况进行检查，并定期向社会公布检查和处理结果。"

本决定自发布之日起施行，《建设工程勘察质量管理办法》根据本决定作相应的修订，重新发布。

建设工程勘察质量管理办法

（2002年12月4日建设部令第115号发布，2007年11月22日根据《建设部关于修改〈建设工程勘察质量管理办法〉的决定》修正）

第一章　总　　则

第一条　为了加强对建设工程勘察质量的管理，保证建设工程质量，根据《中华人民共和国建筑法》、《建设工程质量管理条例》、《建设工程勘察设计管理条例》等有关法律、法规，制定本办法。

第二条　凡在中华人民共和国境内从事建设工程勘察活动的，必须遵守本办法。

本办法所称建设工程勘察，是指根据建设工程的要求，查明、分析、评价建设场地的地质地理环境特征和岩土工程条件，编制建设工程勘察文件的活动。

第三条　工程勘察企业应当按照有关建设工程质量的法律、法规、工程建设强制性标准和勘察合同进行勘察工作，并对勘察质量负责。

勘察文件应当符合国家规定的勘察深度要求，必须真实、准确。

第四条　国务院建设行政主管部门对全国的建设工程勘察质量实施统一监督管理。

国务院铁路、交通、水利等有关部门按照国务院规定的职责分工，负责对全国的有关专业建设工程勘察质量的监督管理。

县级以上地方人民政府建设行政主管部门对本行政区域内的建设工程勘察质量实施监督管理。

县级以上地方人民政府有关部门在各自的职责范围内，负责对本行政区域内的有关专业建设工程勘察质量的监督管理。

第二章　质量责任和义务

第五条　建设单位应当为勘察工作提供必要的现场工作条件，保证合理的勘察工期，提供真实、可靠的原始资料。

建设单位应当严格执行国家收费标准，不得迫使工程勘察企业以低于成本的价格承揽任务。

第六条　工程勘察企业必须依法取得工程勘察资质证书，并在资质等级许可的范围内承揽勘察业务。

工程勘察企业不得超越其资质等级许可的业务范围或者以其他勘察企业的名义承揽勘察业务；不得允许其他企业或者个人以本企业的名义承揽勘察业务；不得转包或者违法分包所承揽的勘察业务。

第七条　工程勘察企业应当健全勘察质量管理体系和质量责任制度。

第八条　工程勘察企业应当拒绝用户提出的违反国家有关规定的不合理要求，有权提出保证工程勘察质量所必需的现场工作条件和合理工期。

第九条　工程勘察企业应当参与施工验槽，及时解决工程设计和施工中与勘察工作有关的问题。

第十条　工程勘察企业应当参与建设工程质量事故的分析，并对因勘察原因造成的质量事故，提出相应的技术处理方案。

第十一条　工程勘察项目负责人、审核人、审定人及有关技术人员应当具有相应的技术职称或者注册资格。

第十二条　项目负责人应当组织有关人员做好现场踏勘、调查，按照要求编写《勘察纲要》，并对勘察过程中各项作业资料验收和签字。

第十三条　工程勘察企业的法定代表人、项目负责人、审核人、审定人等相关人员，应当在勘察文件上签字或者盖章，并对勘察质量负责。

工程勘察企业法定代表人对本企业勘察质量全面负责；项目负责人对项目的勘察文件负主要质量责任；项目审核人、审定人对其审核、审定项目的勘察文件负审核、审定的质量责任。

第十四条　工程勘察工作的原始记录应当在勘察过程中及时整理、核对，确保取样、记录的真实和准确，严禁离开现场追记或者补记。

第十五条　工程勘察企业应当确保仪器、设备的完好。钻探、取样的机具设备、原位测试、室内试验及测量仪器等应当符合有关规范、规程的要求。

第十六条　工程勘察企业应当加强职工技术培训和职业道德教育，提高勘察人员的质量责任意识。观测员、试验员、记录员、机长等现场作业人员应当接受专业培训，方可上岗。

第十七条　工程勘察企业应当加强技术档案的管理工作。工程项目完成后，必须将全部资料分类编目，装订成册，归档保存。

第三章　监 督 管 理

第十八条　工程勘察文件应当经县级以上人民政府建设行政主管部门或者其他有关部门

(以下简称工程勘察质量监督部门)审查。工程勘察质量监督部门可以委托施工图设计文件审查机构(以下简称审查机构)对工程勘察文件进行审查。

审查机构应当履行下列职责:

(一)监督检查工程勘察企业有关质量管理文件、文字报告、计算书、图纸图表和原始资料等是否符合有关规定和标准;

(二)发现勘察质量问题,及时报告有关部门依法处理。

第十九条 工程勘察质量监督部门应当对工程勘察企业质量管理程序的实施、试验室是否符合标准等情况进行检查,并定期向社会公布检查和处理结果。

第二十条 工程勘察发生重大质量、安全事故时,有关单位应当按照规定向工程勘察质量监督部门报告。

第二十一条 任何单位和个人有权向工程勘察质量监督部门检举、投诉工程勘察质量、安全问题。

第四章 罚 则

第二十二条 工程勘察企业违反《建设工程勘察设计管理条例》、《建设工程质量管理条例》的,由工程勘察质量监督部门按照有关规定给予处罚。

第二十三条 违反本办法规定,建设单位未为勘察工作提供必要的现场工作条件或者未提供真实、可靠原始资料的,由工程勘察质量监督部门责令改正;造成损失的,依法承担赔偿责任。

第二十四条 违反本办法规定,工程勘察企业未按照工程建设强制性标准进行勘察、弄虚作假、提供虚假成果资料的,由工程勘察质量监督部门责令改正,处10万元以上30万元以下的罚款;造成工程质量事故的,责令停业整顿,降低资质等级;情节严重的,吊销资质证书;造成损失的,依法承担赔偿责任。

第二十五条 违反本办法规定,工程勘察企业有下列行为之一的,由工程勘察质量监督部门责令改正,处1万元以上3万元以下的罚款:

(一)勘察文件没有责任人签字或者签字不全的;

(二)原始记录不按照规定记录或者记录不完整的;

(三)不参加施工验槽的;

(四)项目完成后,勘察文件不归档保存的。

第二十六条 审查机构未按照规定审查,给建设单位造成损失的,依法承担赔偿责任;情节严重的,由工程勘察质量监督部门撤销委托。

第二十七条 依照本办法规定,给予勘察企业罚款处罚的,由工程勘察质量监督部门对企业的法定代表人和其他直接责任人员处以企业罚款数额的5%以上10%以下的罚款。

第二十八条 国家机关工作人员在建设工程勘察质量监督管理工作中玩忽职守、滥用职权、徇私舞弊的,依法给予行政处分;构成犯罪的,依法追究刑事责任。

第五章 附 则

第二十九条 本办法自2003年2月1日起施行。

建设项目用地预审管理办法

（国土资源部令第27号　2004年10月29日）

第一条　为保证土地利用总体规划的实施，充分发挥土地供应的宏观调控作用，控制建设用地总量，根据《中华人民共和国土地管理法》、《中华人民共和国土地管理法实施条例》和《国务院关于深化改革严格土地管理的决定》，制定本办法。

第二条　本办法所称建设项目用地预审，是指国土资源管理部门在建设项目审批、核准、备案阶段，依法对建设项目涉及的土地利用事项进行的审查。

第三条　预审应当遵循下列原则：

（一）符合土地利用总体规划；

（二）保护耕地，特别是基本农田；

（三）合理和集约利用土地；

（四）符合国家供地政策。

第四条　建设项目用地实行分级预审。

需人民政府或有批准权的人民政府发展和改革等部门审批的建设项目，由该人民政府的国土资源管理部门预审。

需核准和备案的建设项目，由与核准、备案机关同级的国土资源管理部门预审。

第五条　需审批的建设项目在可行性研究阶段，由建设用地单位提出预审申请。

需核准、备案的建设项目在申请核准、备案前，由建设用地单位提出预审申请。

第六条　依照本办法第四条规定应当由国土资源部预审的建设项目，国土资源部委托项目所在地的省级国土资源管理部门受理，但建设项目占用规划确定的城市建设用地范围内土地的，委托市级国土资源管理部门受理。受理后，提出初审意见，转报国土资源部。

涉密军事项目和国务院批准的特殊建设项目用地，建设用地单位可直接向国土资源部提出预审申请。

应当由国土资源部负责预审的输电线塔基、钻探井位、通讯基站等小面积零星分散建设项目用地，由省级国土资源管理部门预审，并报国土资源部备案。

第七条　建设用地单位申请预审，应当提交下列材料：

（一）建设项目用地预审申请表；

（二）预审的申请报告，内容包括拟建设项目基本情况、拟选址情况、拟用地总规模和拟用地类型、补充耕地初步方案；

（三）需审批的建设项目还应提供项目建议书批复文件和项目可行性研究报告。项目建议书批复与项目可行性研究报告合一的，只提供项目可行性研究报告。

本条第一款规定的预审申请表，由国土资源部统一规定。

第八条　受国土资源部委托负责初审的国土资源管理部门在转报用地预审申请时，应当提供下列材料：

（一）初审意见，内容包括拟建设项目用地是否符合土地利用总体规划，是否符合国家供地政策、用地标准和总规模是否符合有关规定、补充耕地初步方案是否可行等；

(二)标注项目用地范围的县级以上土地利用总体规划图及相关图件；

(三)属于《土地管理法》第二十六条规定情形，建设项目用地需修改土地利用总体规划的，应当出具经相关部门和专家论证的规划修改方案、建设项目对规划实施影响评估报告和修改规划听证会纪要。

第九条 符合本办法第七条规定的预审申请和第八条规定的初审转报件，国土资源管理部门应当受理和接收。不符合的，应当场或在五日内书面通知申请人和转报人，逾期不通知的，视为受理和接收。

受国土资源部委托负责初审的国土资源管理部门应当自受理之日起二十日内完成初审工作，并转报国土资源部。

第十条 预审的主要内容：

(一)建设项目用地选址是否符合土地利用总体规划，是否符合土地管理法律、法规规定的条件；

(二)建设项目是否符合国家供地政策；

(三)建设项目用地标准和总规模是否符合有关规定；

(四)占用耕地的，补充耕地初步方案是否可行，资金是否有保障；

(五)属《土地管理法》第二十六条规定情形，建设项目用地需修改土地利用总体规划的，规划的修改方案、建设项目对规划实施影响评估报告等是否符合法律、法规的规定。

第十一条 国土资源管理部门应当自受理预审申请或者收到转报材料之日起二十日内，完成审查工作，并出具预审意见。二十日内不能出具预审意见的，经负责预审的国土资源管理部门负责人批准，可以延长十日。

第十二条 预审意见应当包括对本办法第十条规定内容的结论性意见和对建设用地单位的具体要求。

第十三条 预审意见是建设项目批准、核准的必备文件，预审意见提出的用地标准和总规模等方面的要求，建设项目初步设计阶段应当充分考虑。

建设用地单位应当认真落实预审意见，并在依法申请使用土地时出具落实预审意见的书面材料。

第十四条 建设项目用地预审文件有效期为两年，自批准之日起计算。已经预审的项目，如需对土地用途、建设项目选址等进行重大调整的，应当重新申请预审。

第十五条 核准或者批准建设项目前，应当依照本办法规定完成预审，未经预审或者预审未通过的，不得批准农用地转用、土地征收，不得办理供地手续。

第十六条 本办法自2004年12月1日起施行。

安全生产领域违法违纪行为政纪处分暂行规定

（监察部 国家安全生产监督管理总局令第11号　2006年11月22日）

第一条　为了加强安全生产工作，惩处安全生产领域违法违纪行为，促进安全生产法律法规的贯彻实施，保障人民群众生命财产和公共财产安全，根据《中华人民共和国行政监察法》、《中华人民共和国安全生产法》及其他有关法律法规，制定本规定。

第二条　国家行政机关及其公务员，企业、事业单位中由国家行政机关任命的人员有安全生产领域违法违纪行为，应当给予处分的，适用本规定。

第三条　有安全生产领域违法违纪行为的国家行政机关，对其直接负责的主管人员和其他直接责任人员，以及对有安全生产领域违法违纪行为的国家行政机关公务员（以下统称有关责任人员），由监察机关或者任免机关按照管理权限，依法给予处分。

有安全生产领域违法违纪行为的企业、事业单位，对其直接负责的主管人员和其他直接责任人员，以及对有安全生产领域违法违纪行为的企业、事业单位工作人员中由国家行政机关任命的人员（以下统称有关责任人员），由监察机关或者任免机关按照管理权限，依法给予处分。

第四条　国家行政机关及其公务员有下列行为之一的，对有关责任人员，给予警告、记过或者记大过处分；情节较重的，给予降级或者撤职处分；情节严重的，给予开除处分：

（一）不执行国家安全生产方针政策和安全生产法律、法规、规章以及上级机关、主管部门有关安全生产的决定、命令、指示的；

（二）制定或者采取与国家安全生产方针政策以及安全生产法律、法规、规章相抵触的规定或者措施，造成不良后果或者经上级机关、有关部门指出仍不改正的。

第五条　国家行政机关及其公务员有下列行为之一的，对有关责任人员，给予警告、记过或者记大过处分；情节较重的，给予降级或者撤职处分；情节严重的，给予开除处分：

（一）向不符合法定安全生产条件的生产经营单位或者经营者颁发有关证照的；

（二）对不具备法定条件机构、人员的安全生产资质、资格予以批准认定的；

（三）对经责令整改仍不具备安全生产条件的生产经营单位，不撤销原行政许可、审批或者不依法查处的；

（四）违法委托单位或者个人行使有关安全生产的行政许可权或者审批权的；

（五）有其他违反规定实施安全生产行政许可或者审批行为的。

第六条　国家行政机关及其公务员有下列行为之一的，对有关责任人员，给予警告、记过或者记大过处分；情节较重的，给予降级或者撤职处分；情节严重的，给予开除处分：

（一）批准向合法的生产经营单位或者经营者超量提供剧毒品、火工品等危险物资，造成后果的；

（二）批准向非法或者不具备安全生产条件的生产经营单位或者经营者，提供剧毒品、火工品等危险物资或者其他生产经营条件的。

第七条 国家行政机关公务员利用职权或者职务上的影响，违反规定为个人和亲友谋取私利，有下列行为之一的，给予警告、记过或者记大过处分；情节较重的，给予降级或者撤职处分；情节严重的，给予开除处分：

（一）干预、插手安全生产装备、设备、设施采购或者招标投标等活动的；

（二）干预、插手安全生产行政许可、审批或者安全生产监督执法的；

（三）干预、插手安全生产中介活动的；

（四）有其他干预、插手生产经营活动危及安全生产行为的。

第八条 国家行政机关及其公务员有下列行为之一的，对有关责任人员，给予警告、记过或者记大过处分；情节较重的，给予降级或者撤职处分；情节严重的，给予开除处分：

（一）未按照有关规定对有关单位申报的新建、改建、扩建工程项目的安全设施，与主体工程同时设计、同时施工、同时投入生产和使用中组织审查验收的；

（二）发现存在重大安全隐患，未按规定采取措施，导致生产安全事故发生的；

（三）对发生的生产安全事故瞒报、谎报、拖延不报，或者组织、参与瞒报、谎报、拖延不报的；

（四）生产安全事故发生后，不及时组织抢救的；

（五）对生产安全事故的防范、报告、应急救援有其他失职、渎职行为的。

第九条 国家行政机关及其公务员有下列行为之一的，对有关责任人员，给予警告、记过或者记大过处分；情节较重的，给予降级或者撤职处分；情节严重的，给予开除处分：

（一）阻挠、干涉生产安全事故调查工作的；

（二）阻挠、干涉对事故责任人员进行责任追究的；

（三）不执行对事故责任人员的处理决定，或者擅自改变上级机关批复的对事故责任人员的处理意见的。

第十条 国家行政机关公务员有下列行为之一的，给予警告、记过或者记大过处分；情节较重的，给予降级或者撤职处分；情节严重的，给予开除处分：

（一）本人及其配偶、子女及其配偶违反规定在煤矿等企业投资入股或者在安全生产领域经商办企业的；

（二）违反规定从事安全生产中介活动或者其他营利活动的；

（三）在事故调查处理时，滥用职权、玩忽职守、徇私舞弊的；

（四）利用职务上的便利，索取他人财物，或者非法收受他人财物，在安全生产领域为他人谋取利益的。

对国家行政机关公务员本人违反规定投资入股煤矿的处分，法律、法规另有规定的，从其规定。

第十一条 国有企业及其工作人员有下列行为之一的，对有关责任人员，给予警告、记过或者记大过处分；情节较重的，给予降级、撤职或者留用察看处分；情节严重的，给予开除处分：

（一）未取得安全生产行政许可及相关证照或者不具备安全生产条件从事生产经营活动的；

（二）弄虚作假，骗取安全生产相关证照的；

（三）出借、出租、转让或者冒用安全生产相关证照的；

（四）未按照有关规定保证安全生产所必需的资金投入，导致产生重大安全隐患的；

（五）新建、改建、扩建工程项目的安全设施，不与主体工程同时设计、同时施工、同时投入生产和使用，或者未按规定审批、验收，擅自组织施工和生产的；

（六）被依法责令停产停业整顿、吊销证照、关闭的生产经营单位，继续从事生产经营活动的。

第十二条　国有企业及其工作人员有下列行为之一，导致生产安全事故发生的，对有关责任人员，给予警告、记过或者记大过处分；情节较重的，给予降级、撤职或者留用察看处分；情节严重的，给予开除处分：

（一）对存在的重大安全隐患，未采取有效措施的；

（二）违章指挥，强令工人违章冒险作业的；

（三）未按规定进行安全生产教育和培训并经考核合格，允许从业人员上岗，致使违章作业的；

（四）制造、销售、使用国家明令淘汰或者不符合国家标准的设施、设备、器材或者产品的；

（五）超能力、超强度、超定员组织生产经营，拒不执行有关部门整改指令的；

（六）拒绝执法人员进行现场检查或者在被检查时隐瞒事故隐患，不如实反映情况的；

（七）有其他不履行或者不正确履行安全生产管理职责的。

第十三条　国有企业及其工作人员有下列行为之一的，对有关责任人员，给予记过或者记大过处分；情节较重的，给予降级、撤职或者留用察看处分；情节严重的，给予开除处分：

（一）对发生的生产安全事故瞒报、谎报或者拖延不报的；

（二）组织或者参与破坏事故现场、出具伪证或者隐匿、转移、篡改、毁灭有关证据，阻挠事故调查处理的；

（三）生产安全事故发生后，不及时组织抢救或者擅离职守的。

生产安全事故发生后逃匿的，给予开除处分。

第十四条　国有企业及其工作人员不执行或者不正确执行对事故责任人员作出的处理决定，或者擅自改变上级机关批复的对事故责任人员的处理意见的，对有关责任人员，给予警告、记过或者记大过处分；情节较重的，给予降级、撤职或者留用察看处分；情节严重的，给予开除处分。

第十五条　国有企业负责人及其配偶、子女及其配偶违反规定在煤矿等企业投资入股或者在安全生产领域经商办企业的，对由国家行政机关任命的人员，给予警告、记过或者记大过处分；情节较重的，给予降级、撤职或者留用察看处分；情节严重的，给予开除处分。

第十六条　承担安全评价、培训、认证、资质验证、设计、检测、检验等工作的机构及其工作人员，出具虚假报告等与事实不符的文件、材料，造成安全生产隐患的，对有关责任人员，给予警告、记过或者记大过处分；情节较重的，给予降级、降职或者撤职处分；情节严重的，给予开除留用察看或者开除处分。

第十七条　法律、法规授权的具有管理公共事务职能的组织以及国家行政机关依法委托的组织及其工勤人员以外的工作人员有安全生产领域违法违纪行为，应当给予处分的，参照本规定执行。

企业、事业单位中除由国家行政机关任命的人员外，其他人员有安全生产领域违法违纪行为，应当给予处分的，由企业、事业单位参照本规定执行。

第十八条　有安全生产领域违法违纪行为，需要给予组织处理的，依照有关规定办理。

第十九条　有安全生产领域违法违纪行为，涉嫌犯罪的，移送司法机关依法处理。

第二十条　本规定由监察部和国家安全生产监督管理总局负责解释。

第二十一条　本规定自公布之日起施行。

《生产安全事故报告和调查处理条例》罚款处罚暂行规定

（国家安全生产监督管理总局令第13号　2007年7月12日）

第一条　为防止和减少生产安全事故，严格追究生产安全事故发生单位及其有关责任人员的法律责任，正确适用事故罚款的行政处罚，依照《生产安全事故报告和调查处理条例》（以下简称《条例》）的规定，制定本规定。

第二条　安全生产监督管理部门和煤矿安全监察机构对生产安全事故发生单位（以下简称事故发生单位）及其主要负责人、直接负责的主管人员和其他责任人员等有关责任人员实施罚款的行政处罚，适用本规定。

法律、行政法规对行政处罚的种类、幅度和决定机关另有规定的，依照其规定。

第三条　本规定所称事故发生单位是指对事故发生负有责任的生产经营单位。

本规定所称主要负责人是指有限责任公司、股份有限公司的董事长或者总经理或者个人经营的投资人，其他生产经营单位的厂长、经理、局长、矿长（含实际控制人、投资人）等人员。

第四条　本规定所称事故发生单位主要负责人、直接负责的主管人员和其他直接责任人员的上一年年收入，属于国有生产经营单位的，是指该单位上级主管部门所确定的上一年年收入总额；属于非国有生产经营单位的，是指经财务、税务部门核定的上一年年收入总额。

第五条　《条例》所称的迟报、漏报、谎报和瞒报，依照下列情形认定：

（一）报告事故的时间超过规定时限的，属于迟报；

（二）因过失对应当上报的事故或者事故发生的时间、地点、类别、伤亡人数、直接经济损失等内容遗漏未报的，属于漏报；

（三）故意不如实报告事故发生的时间、地点、类别、伤亡人数、直接经济损失等有关内容的，属于谎报；

（四）故意隐瞒已经发生的事故，并经有关部门查证属实的，属于瞒报。

第六条　对事故发生单位及其有关责任人员处以罚款的行政处罚，依照下列规定决定：

（一）对发生特别重大事故的单位及其有关责任人员罚款的行政处罚，由国家安全生产监督管理总局决定；

（二）对发生重大事故的单位及其有关责任人员罚款的行政处罚，由省级人民政府安全生产监督管理部门决定；

（三）对发生较大事故的单位及其有关责任人员罚款的行政处罚，由设区的市级人民政府安全生产监督管理部门决定；

（四）对发生一般事故的单位及其有关责任人员罚款的行政处罚，由县级人民政府安全生产监督管理部门决定。

上级安全生产监督管理部门可以指定下一级安全生产监督管理部门对事故发生单位及其有关责任人员实施行政处罚。

第七条 对煤矿事故发生单位及其有关责任人员处以罚款的行政处罚，依照下列规定执行：

（一）对发生特别重大事故的煤矿及其有关责任人员罚款的行政处罚，由国家煤矿安全监察局决定；

（二）对发生重大事故和较大事故的煤矿及其有关责任人员罚款的行政处罚，由省级煤矿安全监察机构决定；

（三）对发生一般事故的煤矿及其有关责任人员罚款的行政处罚，由省级煤矿安全监察机构所属分局决定。

上级煤矿安全监察机构可以指定下一级煤矿安全监察机构对事故发生单位及其有关责任人员实施行政处罚。

第八条 特别重大事故以下等级事故，事故发生地与事故发生单位所在地不在同一个县级以上行政区域的，由事故发生地的安全生产监督管理部门或者煤矿安全监察机构依照本规定第六条或者第七条规定的权限实施行政处罚。

第九条 安全生产监督管理部门和煤矿安全监察机构对事故发生单位及其有关责任人员实施罚款的行政处罚，依照《安全生产违法行为行政处罚办法》规定的程序执行。

第十条 事故发生单位及其有关责任人员对安全生产监督管理部门和煤矿安全监察机构给予的行政处罚，享有陈述、申辩的权利；对行政处罚不服的，有权依法申请行政复议或者提起行政诉讼。

第十一条 事故发生单位主要负责人有《条例》第三十五条规定的行为之一的，依照下列规定处以罚款：

（一）事故发生单位主要负责人在事故发生后不立即组织事故抢救的，处上一年年收入80％的罚款；

（二）事故发生单位主要负责人迟报或者漏报事故的，处上一年年收入40％至60％的罚款；

（三）事故发生单位主要负责人在事故调查处理期间擅离职守的，处上一年年收入60％至80％的罚款。

第十二条 事故发生单位有《条例》第三十六条规定的行为之一的，依照下列规定处以罚款：

（一）没有贻误事故抢救的，处100万元以上200万元以下的罚款；

（二）贻误事故抢救或者造成事故扩大或者影响事故调查的，处200万元以上300万元以下的罚款；

（三）贻误事故抢救或者造成事故扩大或者影响事故调查，手段恶劣，情节严重的，处300万元以上500万元以下的罚款。

第十三条 事故发生单位的主要负责人、直接负责的主管人员和其他直接责任人员有《条例》第三十六条规定的行为之一的，依照下列规定处以罚款：

（一）谎报、瞒报事故的，处上一年年收入60％至80％的罚款；

（二）伪造、故意破坏事故现场，或者转移、隐匿资金、财产、销毁有关证据、资料，或者拒绝接受调查，或者拒绝提供有关情况和资料，或者在事故调查中作伪证，或者指使他人作伪证的，处上一年年收入80％至90％的罚款；

（三）事故发生后逃匿的，处上一年年收入100％的罚款。

第十四条 事故发生单位对造成3人以下死亡，或者3人以上10人以下重伤(包括急性工业中毒)，或者300万元以上1000万元以下直接经济损失的事故负有责任的，处10万元以上20万元以下的罚款。

第十五条 事故发生单位对较大事故发生负有责任的，依照下列规定处以罚款：

(一)造成3人以上6人以下死亡，或者10人以上30人以下重伤(包括急性工业中毒)，或者1000万元以上3000万元以下直接经济损失的，处20万元以上30万元以下的罚款；

(二)造成6人以上10人以下死亡，或者30人以上50人以下重伤(包括急性工业中毒)，或者3000万元以上5000万元以下直接经济损失的，处30万元以上50万元以下的罚款。

第十六条 事故发生单位对重大事故发生负有责任的，依照下列规定处以罚款：

(一)造成10人以上15人以下死亡，或者50人以上70人以下重伤(包括急性工业中毒)，或者5000万元以上7000万元以下直接经济损失的，处50万元以上100万元以下的罚款；

(二)造成15人以上30人以下死亡，或者70人以上100人以下重伤(包括急性工业中毒)，或者7000万元以上1亿元以下直接经济损失的，处100万元以上200万元以下的罚款。

第十七条 事故发生单位对特别重大事故发生负有责任的，处200万元以上500万元以下的罚款。

第十八条 事故发生单位主要负责人未依法履行安全生产管理职责，导致事故发生的，依照下列规定处以罚款：

(一)发生一般事故的，处上一年年收入30%的罚款；

(二)发生较大事故的，处上一年年收入40%的罚款；

(三)发生重大事故的，处上一年年收入60%的罚款；

(四)发生特别重大事故的，处上一年年收入80%的罚款。

第十九条 法律、行政法规对发生事故的单位及其有关责任人员规定的罚款幅度与本规定不同的，按照较高的幅度处以罚款，但对同一违法行为不得重复罚款。

第二十条 违反《条例》和本规定，事故发生单位及其有关责任人员有两种以上应当处以罚款的行为的，安全生产监督管理部门或者煤矿安全监察机构应当分别裁量，合并作出处罚决定。

第二十一条 对事故发生负有责任的其他单位及其有关责任人员处以罚款的行政处罚，依照相关法律、法规和规章的规定实施。

第二十二条 本规定所称的“以上”包括本数，所称的“以下”不包括本数。

第二十三条 本规定自公布之日起施行。

安全生产事故隐患排查治理暂行规定

（国家安全生产监督管理总局令第16号　2007年12月28日）

第一章　总　则

第一条　为了建立安全生产事故隐患排查治理长效机制，强化安全生产主体责任，加强事故隐患监督管理，防止和减少事故，保障人民群众生命财产安全，根据安全生产法等法律、行政法规，制定本规定。

第二条　生产经营单位安全生产事故隐患排查治理和安全生产监督管理部门、煤矿安全监察机构（以下统称安全监管监察部门）实施监管监察，适用本规定。

有关法律、行政法规对安全生产事故隐患排查治理另有规定的，依照其规定。

第三条　本规定所称安全生产事故隐患（以下简称事故隐患），是指生产经营单位违反安全生产法律、法规、规章、标准、规程和安全生产管理制度的规定，或者因其他因素在生产经营活动中存在可能导致事故发生的物的危险状态、人的不安全行为和管理上的缺陷。

事故隐患分为一般事故隐患和重大事故隐患。一般事故隐患，是指危害和整改难度较小，发现后能够立即整改排除的隐患。重大事故隐患，是指危害和整改难度较大，应当全部或者局部停产停业，并经过一定时间整改治理方能排除的隐患，或者因外部因素影响致使生产经营单位自身难以排除的隐患。

第四条　生产经营单位应当建立健全事故隐患排查治理制度。

生产经营单位主要负责人对本单位事故隐患排查治理工作全面负责。

第五条　各级安全监管监察部门按照职责对所辖区域内生产经营单位排查治理事故隐患工作依法实施综合监督管理；各级人民政府有关部门在各自职责范围内对生产经营单位排查治理事故隐患工作依法实施监督管理。

第六条　任何单位和个人发现事故隐患，均有权向安全监管监察部门和有关部门报告。

安全监管监察部门接到事故隐患报告后，应当按照职责分工立即组织核实并予以查处；发现所报告事故隐患应当由其他有关部门处理的，应当立即移送有关部门并记录备查。

第二章　生产经营单位的职责

第七条　生产经营单位应当依照法律、法规、规章、标准和规程的要求从事生产经营活动。严禁非法从事生产经营活动。

第八条　生产经营单位是事故隐患排查、治理和防控的责任主体。

生产经营单位应当建立健全事故隐患排查治理和建档监控等制度，逐级建立并落实从主要负责人到每个从业人员的隐患排查治理和监控责任制。

第九条　生产经营单位应当保证事故隐患排查治理所需的资金，建立资金使用专项制度，

第十条 生产经营单位应当定期组织安全生产管理人员、工程技术人员和其他相关人员排查本单位的事故隐患。对排查出的事故隐患，应当按照事故隐患的等级进行登记，建立事故隐患信息档案，并按照职责分工实施监控治理。

第十一条 生产经营单位应当建立事故隐患报告和举报奖励制度，鼓励、发动职工发现和排除事故隐患，鼓励社会公众举报。对发现、排除和举报事故隐患的有功人员，应当给予物质奖励和表彰。

第十二条 生产经营单位将生产经营项目、场所、设备发包、出租的，应当与承包、承租单位签订安全生产管理协议，并在协议中明确各方对事故隐患排查、治理和防控的管理职责。生产经营单位对承包、承租单位的事故隐患排查治理负有统一协调和监督管理的职责。

第十三条 安全监管监察部门和有关部门的监督检查人员依法履行事故隐患监督检查职责时，生产经营单位应当积极配合，不得拒绝和阻挠。

第十四条 生产经营单位应当每季、每年对本单位事故隐患排查治理情况进行统计分析，并分别于下一季度 15 日前和下一年 1 月 31 日前向安全监管监察部门和有关部门报送书面统计分析表。统计分析表应当由生产经营单位主要负责人签字。

对于重大事故隐患，生产经营单位除依照前款规定报送外，应当及时向安全监管监察部门和有关部门报告。重大事故隐患报告内容应当包括：

(一)隐患的现状及其产生原因；

(二)隐患的危害程度和整改难易程度分析；

(三)隐患的治理方案。

第十五条 对于一般事故隐患，由生产经营单位(车间、分厂、区队等)负责人或者有关人员立即组织整改。

对于重大事故隐患，由生产经营单位主要负责人组织制定并实施事故隐患治理方案。重大事故隐患治理方案应当包括以下内容：

(一)治理的目标和任务；

(二)采取的方法和措施；

(三)经费和物资的落实；

(四)负责治理的机构和人员；

(五)治理的时限和要求；

(六)安全措施和应急预案。

第十六条 生产经营单位在事故隐患治理过程中，应当采取相应的安全防范措施，防止事故发生。事故隐患排除前或者排除过程中无法保证安全的，应当从危险区域内撤出作业人员，并疏散可能危及的其他人员，设置警戒标志，暂时停产停业或者停止使用；对暂时难以停产或者停止使用的相关生产储存装置、设施、设备，应当加强维护和保养，防止事故发生。

第十七条 生产经营单位应当加强对自然灾害的预防。对于因自然灾害可能导致事故灾难的隐患，应当按照有关法律、法规、标准和本规定的要求排查治理，采取可靠的预防措施，制定应急预案。在接到有关自然灾害预报时，应当及时向下属单位发出预警通知；发生自然灾害可能危及生产经营单位和人员安全的情况时，应当采取撤离人员、停止作业、加强监测等安全措施，并及时向当地人民政府及其有关部门报告。

第十八条 地方人民政府或者安全监管监察部门及有关部门挂牌督办并责令全部或者局部停产停业治理的重大事故隐患，治理工作结束后，有条件的生产经营单位应当组织本单位的技术人员和专家对重大事故隐患的治理情况进行评估；其他生产经营单位应当委托具备相应资质的安全评价机构对重大事故隐患的治理情况进行评估。

经治理后符合安全生产条件的，生产经营单位应当向安全监管监察部门和有关部门提出恢复生产的书面申请，经安全监管监察部门和有关部门审查同意后，方可恢复生产经营。申请报告应当包括治理方案的内容、项目和安全评价机构出具的评价报告等。

第三章 监督管理

第十九条 安全监管监察部门应当指导、监督生产经营单位按照有关法律、法规、规章、标准和规程的要求，建立健全事故隐患排查治理等各项制度。

第二十条 安全监管监察部门应当建立事故隐患排查治理监督检查制度，定期组织对生产经营单位事故隐患排查治理情况开展监督检查；应当加强对重点单位的事故隐患排查治理情况的监督检查。对检查过程中发现的重大事故隐患，应当下达整改指令书，并建立信息管理台账。必要时，报告同级人民政府并对重大事故隐患实行挂牌督办。

安全监管监察部门应当配合有关部门做好对生产经营单位事故隐患排查治理情况开展的监督检查，依法查处事故隐患排查治理的非法和违法行为及其责任者。

安全监管监察部门发现属于其他有关部门职责范围内的重大事故隐患的，应该及时将有关资料移送有管辖权的有关部门，并记录备查。

第二十一条 已经取得安全生产许可证的生产经营单位，在其被挂牌督办的重大事故隐患治理结束前，安全监管监察部门应当加强监督检查。必要时，可以提请原许可证颁发机关依法暂扣其安全生产许可证。

第二十二条 安全监管监察部门应当会同有关部门把重大事故隐患整改纳入重点行业领域的安全专项整治中加以治理，落实相应责任。

第二十三条 对挂牌督办并采取全部或者局部停产停业治理的重大事故隐患，安全监管监察部门收到生产经营单位恢复生产的申请报告后，应当在10日内进行现场审查。审查合格的，对事故隐患进行核销，同意恢复生产经营；审查不合格的，依法责令改正或者下达停产整改指令。对整改无望或者生产经营单位拒不执行整改指令的，依法实施行政处罚；不具备安全生产条件的，依法提请县级以上人民政府按照国务院规定的权限予以关闭。

第二十四条 安全监管监察部门应当每季将本行政区域重大事故隐患的排查治理情况和统计分析表逐级报至省级安全监管监察部门备案。

省级安全监管监察部门应当每半年将本行政区域重大事故隐患的排查治理情况和统计分析表报国家安全生产监督管理总局备案。

第四章 罚 则

第二十五条 生产经营单位及其主要负责人未履行事故隐患排查治理职责，导致发生生产安全事故的，依法给予行政处罚。

第二十六条 生产经营单位违反本规定，有下列行为之一的，由安全监管监察部门给予警告，并处三万元以下的罚款：

(一)未建立安全生产事故隐患排查治理等各项制度的；

（二）未按规定上报事故隐患排查治理统计分析表的；

（三）未制定事故隐患治理方案的；

（四）重大事故隐患不报或者未及时报告的；

（五）未对事故隐患进行排查治理擅自生产经营的；

（六）整改不合格或者未经安全监管监察部门审查同意擅自恢复生产经营的。

第二十七条 承担检测检验、安全评价的中介机构，出具虚假评价证明，尚不够刑事处罚的，没收违法所得，违法所得在五千元以上的，并处违法所得二倍以上五倍以下的罚款，没有违法所得或者违法所得不足五千元的，单处或者并处五千元以上二万元以下的罚款，同时可对其直接负责的主管人员和其他直接责任人员处五千元以上五万元以下的罚款；给他人造成损害的，与生产经营单位承担连带赔偿责任。

对有前款违法行为的机构，撤销其相应的资质。

第二十八条 生产经营单位事故隐患排查治理过程中违反有关安全生产法律、法规、规章、标准和规程规定的，依法给予行政处罚。

第二十九条 安全监管监察部门的工作人员未依法履行职责的，按照有关规定处理。

第五章　附　则

第三十条 省级安全监管监察部门可以根据本规定，制定事故隐患排查治理和监督管理实施细则。

第三十一条 事业单位、人民团体以及其他经济组织的事故隐患排查治理，参照本规定执行。

第三十二条 本规定自2008年2月1日起施行。

建筑起重机械安全监督管理规定

（建设部令第166号　2008年1月28日）

第一条　为了加强建筑起重机械的安全监督管理，防止和减少生产安全事故，保障人民群众生命和财产安全，依据《建设工程安全生产管理条例》、《特种设备安全监察条例》、《安全生产许可证条例》，制定本规定。

第二条　建筑起重机械的租赁、安装、拆卸、使用及其监督管理，适用本规定。

本规定所称建筑起重机械，是指纳入特种设备目录，在房屋建筑工地和市政工程工地安装、拆卸、使用的起重机械。

第三条　国务院建设主管部门对全国建筑起重机械的租赁、安装、拆卸、使用实施监督管理。

县级以上地方人民政府建设主管部门对本行政区域内的建筑起重机械的租赁、安装、拆卸、使用实施监督管理。

第四条　出租单位出租的建筑起重机械和使用单位购置、租赁、使用的建筑起重机械应当具有特种设备制造许可证、产品合格证、制造监督检验证明。

第五条　出租单位在建筑起重机械首次出租前，自购建筑起重机械的使用单位在建筑起重机械首次安装前，应当持建筑起重机械特种设备制造许可证、产品合格证和制造监督检验证明到本单位工商注册所在地县级以上地方人民政府建设主管部门办理备案。

第六条　出租单位应当在签订的建筑起重机械租赁合同中，明确租赁双方的安全责任，并出具建筑起重机械特种设备制造许可证、产品合格证、制造监督检验证明、备案证明和自检合格证明，提交安装使用说明书。

第七条　有下列情形之一的建筑起重机械，不得出租、使用：

（一）属国家明令淘汰或者禁止使用的；

（二）超过安全技术标准或者制造厂家规定的使用年限的；

（三）经检验达不到安全技术标准规定的；

（四）没有完整安全技术档案的；

（五）没有齐全有效的安全保护装置的。

第八条　建筑起重机械有本规定第七条第（一）、（二）、（三）项情形之一的，出租单位或者自购建筑起重机械的使用单位应当予以报废，并向原备案机关办理注销手续。

第九条　出租单位、自购建筑起重机械的使用单位，应当建立建筑起重机械安全技术档案。

建筑起重机械安全技术档案应当包括以下资料：

（一）购销合同、制造许可证、产品合格证、制造监督检验证明、安装使用说明书、备案证明等原始资料；

（二）定期检验报告、定期自行检查记录、定期维护保养记录、维修和技术改造记录、运行故障和生产安全事故记录、累计运转记录等运行资料；

（三）历次安装验收资料。

第十条 从事建筑起重机械安装、拆卸活动的单位（以下简称安装单位）应当依法取得建设主管部门颁发的相应资质和建筑施工企业安全生产许可证，并在其资质许可范围内承揽建筑起重机械安装、拆卸工程。

第十一条 建筑起重机械使用单位和安装单位应当在签订的建筑起重机械安装、拆卸合同中明确双方的安全生产责任。

实行施工总承包的，施工总承包单位应当与安装单位签订建筑起重机械安装、拆卸工程安全协议书。

第十二条 安装单位应当履行下列安全职责：

（一）按照安全技术标准及建筑起重机械性能要求，编制建筑起重机械安装、拆卸工程专项施工方案，并由本单位技术负责人签字；

（二）按照安全技术标准及安装使用说明书等检查建筑起重机械及现场施工条件；

（三）组织安全施工技术交底并签字确认；

（四）制定建筑起重机械安装、拆卸工程生产安全事故应急救援预案；

（五）将建筑起重机械安装、拆卸工程专项施工方案，安装、拆卸人员名单，安装、拆卸时间等材料报施工总承包单位和监理单位审核后，告知工程所在地县级以上地方人民政府建设主管部门。

第十三条 安装单位应当按照建筑起重机械安装、拆卸工程专项施工方案及安全操作规程组织安装、拆卸作业。

安装单位的专业技术人员、专职安全生产管理人员应当进行现场监督，技术负责人应当定期巡查。

第十四条 建筑起重机械安装完毕后，安装单位应当按照安全技术标准及安装使用说明书的有关要求对建筑起重机械进行自检、调试和试运转。自检合格的，应当出具自检合格证明，并向使用单位进行安全使用说明。

第十五条 安装单位应当建立建筑起重机械安装、拆卸工程档案。

建筑起重机械安装、拆卸工程档案应当包括以下资料：

（一）安装、拆卸合同及安全协议书；

（二）安装、拆卸工程专项施工方案；

（三）安全施工技术交底的有关资料；

（四）安装工程验收资料；

（五）安装、拆卸工程生产安全事故应急救援预案。

第十六条 建筑起重机械安装完毕后，使用单位应当组织出租、安装、监理等有关单位进行验收，或者委托具有相应资质的检验检测机构进行验收。建筑起重机械经验收合格后方可投入使用，未经验收或者验收不合格的不得使用。

实行施工总承包的，由施工总承包单位组织验收。

建筑起重机械在验收前应当经有相应资质的检验检测机构监督检验合格。

检验检测机构和检验检测人员对检验检测结果、鉴定结论依法承担法律责任。

第十七条 使用单位应当自建筑起重机械安装验收合格之日起 30 日内，将建筑起重机械安装验收资料、建筑起重机械安全管理制度、特种作业人员名单等，向工程所在地县级以上地方人民政府建设主管部门办理建筑起重机械使用登记。登记标志置于或者附着于该设备的显著位置。

第十八条 使用单位应当履行下列安全职责：

(一)根据不同施工阶段、周围环境以及季节、气候的变化，对建筑起重机械采取相应的安全防护措施；

(二)制定建筑起重机械生产安全事故应急救援预案；

(三)在建筑起重机械活动范围内设置明显的安全警示标志，对集中作业区做好安全防护；

(四)设置相应的设备管理机构或者配备专职的设备管理人员；

(五)指定专职设备管理人员、专职安全生产管理人员进行现场监督检查；

(六)建筑起重机械出现故障或者发生异常情况的，立即停止使用，消除故障和事故隐患后，方可重新投入使用。

第十九条 使用单位应当对在用的建筑起重机械及其安全保护装置、吊具、索具等进行经常性和定期的检查、维护和保养，并做好记录。

使用单位在建筑起重机械租期结束后，应当将定期检查、维护和保养记录移交出租单位。

建筑起重机械租赁合同对建筑起重机械的检查、维护、保养另有约定的，从其约定。

第二十条 建筑起重机械在使用过程中需要附着的，使用单位应当委托原安装单位或者具有相应资质的安装单位按照专项施工方案实施，并按照本规定第十六条规定组织验收。验收合格后方可投入使用。

建筑起重机械在使用过程中需要顶升的，使用单位委托原安装单位或者具有相应资质的安装单位按照专项施工方案实施后，即可投入使用。

禁止擅自在建筑起重机械上安装非原制造厂制造的标准节和附着装置。

第二十一条 施工总承包单位应当履行下列安全职责：

(一)向安装单位提供拟安装设备位置的基础施工资料，确保建筑起重机械进场安装、拆卸所需的施工条件；

(二)审核建筑起重机械的特种设备制造许可证、产品合格证、制造监督检验证明、备案证明等文件；

(三)审核安装单位、使用单位的资质证书、安全生产许可证和特种作业人员的特种作业操作资格证书；

(四)审核安装单位制定的建筑起重机械安装、拆卸工程专项施工方案和生产安全事故应急救援预案；

(五)审核使用单位制定的建筑起重机械生产安全事故应急救援预案；

(六)指定专职安全生产管理人员监督检查建筑起重机械安装、拆卸、使用情况；

(七)施工现场有多台塔式起重机作业时，应当组织制定并实施防止塔式起重机相互碰撞的安全措施。

第二十二条 监理单位应当履行下列安全职责：

(一)审核建筑起重机械特种设备制造许可证、产品合格证、制造监督检验证明、备案证明等文件；

(二)审核建筑起重机械安装单位、使用单位的资质证书、安全生产许可证和特种作业人员的特种作业操作资格证书；

(三)审核建筑起重机械安装、拆卸工程专项施工方案；

(四)监督安装单位执行建筑起重机械安装、拆卸工程专项施工方案情况；

（五）监督检查建筑起重机械的使用情况；

（六）发现存在生产安全事故隐患的，应当要求安装单位、使用单位限期整改，对安装单位、使用单位拒不整改的，及时向建设单位报告。

第二十三条 依法发包给两个及两个以上施工单位的工程，不同施工单位在同一施工现场使用多台塔式起重机作业时，建设单位应当协调组织制定防止塔式起重机相互碰撞的安全措施。

安装单位、使用单位拒不整改生产安全事故隐患的，建设单位接到监理单位报告后，应当责令安装单位、使用单位立即停工整改。

第二十四条 建筑起重机械特种作业人员应当遵守建筑起重机械安全操作规程和安全管理制度，在作业中有权拒绝违章指挥和强令冒险作业，有权在发生危及人身安全的紧急情况时立即停止作业或者采取必要的应急措施后撤离危险区域。

第二十五条 建筑起重机械安装拆卸工、起重信号工、起重司机、司索工等特种作业人员应当经建设主管部门考核合格，并取得特种作业操作资格证书后，方可上岗作业。

省、自治区、直辖市人民政府建设主管部门负责组织实施建筑施工企业特种作业人员的考核。

特种作业人员的特种作业操作资格证书由国务院建设主管部门规定统一的样式。

第二十六条 建设主管部门履行安全监督检查职责时，有权采取下列措施：

（一）要求被检查的单位提供有关建筑起重机械的文件和资料；

（二）进入被检查单位和被检查单位的施工现场进行检查；

（三）对检查中发现的建筑起重机械生产安全事故隐患，责令立即排除；重大生产安全事故隐患排除前或者排除过程中无法保证安全的，责令从危险区域撤出作业人员或者暂时停止施工。

第二十七条 负责办理备案或者登记的建设主管部门应当建立本行政区域内的建筑起重机械档案，按照有关规定对建筑起重机械进行统一编号，并定期向社会公布建筑起重机械的安全状况。

第二十八条 违反本规定，出租单位、自购建筑起重机械的使用单位，有下列行为之一的，由县级以上地方人民政府建设主管部门责令限期改正，予以警告，并处以 5000 元以上 1 万元以下罚款：

（一）未按照规定办理备案的；

（二）未按照规定办理注销手续的；

（三）未按照规定建立建筑起重机械安全技术档案的。

第二十九条 违反本规定，安装单位有下列行为之一的，由县级以上地方人民政府建设主管部门责令限期改正，予以警告，并处以 5000 元以上 3 万元以下罚款：

（一）未履行第十二条第（二）、（四）、（五）项安全职责的；

（二）未按照规定建立建筑起重机械安装、拆卸工程档案的；

（三）未按照建筑起重机械安装、拆卸工程专项施工方案及安全操作规程组织安装、拆卸作业的。

第三十条 违反本规定，使用单位有下列行为之一的，由县级以上地方人民政府建设主管部门责令限期改正，予以警告，并处以 5000 元以上 3 万元以下罚款：

（一）未履行第十八条第（一）、（二）、（四）、（六）项安全职责的；

（二）未指定专职设备管理人员进行现场监督检查的；

（三）擅自在建筑起重机械上安装非原制造厂制造的标准节和附着装置的。

第三十一条　违反本规定，施工总承包单位未履行第二十一条第（一）、（三）、（四）、（五）、（七）项安全职责的，由县级以上地方人民政府建设主管部门责令限期改正，予以警告，并处以5000元以上3万元以下罚款。

第三十二条　违反本规定，监理单位未履行第二十二条第（一）、（二）、（四）、（五）项安全职责的，由县级以上地方人民政府建设主管部门责令限期改正，予以警告，并处以5000元以上3万元以下罚款。

第三十三条　违反本规定，建设单位有下列行为之一的，由县级以上地方人民政府建设主管部门责令限期改正，予以警告，并处以5000元以上3万元以下罚款；逾期未改的，责令停止施工：

（一）未按照规定协调组织制定防止多台塔式起重机相互碰撞的安全措施的；

（二）接到监理单位报告后，未责令安装单位、使用单位立即停工整改的。

第三十四条　违反本规定，建设主管部门的工作人员有下列行为之一的，依法给予处分；构成犯罪的，依法追究刑事责任：

（一）发现违反本规定的违法行为不依法查处的；

（二）发现在用的建筑起重机械存在严重生产安全事故隐患不依法处理的；

（三）不依法履行监督管理职责的其他行为。

中央企业安全生产监督管理暂行办法

（国务院国有资产监督管理委员会令第21号　2008年8月18日）

第一章　总　则

第一条　为履行国有资产出资人安全生产监管职责，督促中央企业全面落实安全生产主体责任，建立安全生产长效机制，防止和减少生产安全事故，保障中央企业职工和人民群众生命财产安全，维护国有资产的保值增值，根据《中华人民共和国安全生产法》、《企业国有资产监督管理暂行条例》、《国务院办公厅关于加强中央企业安全生产工作的通知》（国办发[2004]52号）等有关法律法规和规定，制定本办法。

第二条　本办法所称中央企业，是指国务院国有资产监督管理委员会（以下简称国资委）根据国务院授权履行出资人职责的国有及国有控股企业。

第三条　中央企业应当依法接受国家安全生产监督管理部门和所在地省（区、市）、市（地）安全生产监督管理部门以及行业安全生产监督管理部门的监督管理。国资委按照国有资产出资人的职责，对中央企业的安全生产工作履行以下职责：

（一）负责指导督促中央企业贯彻落实国家安全生产方针政策及有关法律法规、标准等；

（二）督促中央企业主要负责人落实安全生产第一责任人的责任和企业安全生产责任制，做好对企业负责人履行安全生产职责的业绩考核；

（三）依照有关规定，参与或者组织开展中央企业安全生产检查、督查，督促企业落实各项安全防范和隐患治理措施；

（四）参与企业特别重大事故的调查，负责落实事故责任追究的有关规定；

（五）督促企业做好统筹规划，把安全生产纳入中长期发展规划，保障职工健康与安全，切实履行社会责任。

第四条　国资委对中央企业安全生产实行分类监督管理。中央企业依据国资委核定的主营业务和安全生产的风险程度分为三类（见附件1）：

第一类：主业从事煤炭及非煤矿山开采、建筑施工、危险物品的生产经营储运使用、交通运输的企业；

第二类：主业从事冶金、机械、电子、电力、建材、医药、纺织、仓储、旅游、通信的企业；

第三类：除上述第一、二类企业以外的企业。

企业分类实行动态管理，可以根据主营业务内容的变化进行调整。

第二章　安全生产工作责任

第五条　中央企业是安全生产的责任主体，必须贯彻落实国家安全生产方针政策及有关法律法规、标准，按照“统一领导、落实责任、分级管理、分类指导、全员参与”的原则，逐级建立健全安全生产责任制。安全生产责任制应当覆盖本企业全体职工和岗位、全部生产经营和管理过程。

第六条　中央企业应当按照以下规定建立以企业主要负责人为核心的安全生产领导负责制。

(一)中央企业主要负责人是本企业安全生产的第一责任人，对本企业安全生产工作负总责，应当全面履行《中华人民共和国安全生产法》规定的以下职责：

1. 建立健全本企业安全生产责任制；

2. 组织制定本企业安全生产规章制度和操作规程；

3. 保证本企业安全生产投入的有效实施；

4. 督促、检查本企业的安全生产工作，及时消除生产安全事故隐患；

5. 组织制定并实施本企业的生产安全事故应急救援预案；

6. 及时、如实报告生产安全事故。

(二)中央企业主管生产的负责人统筹组织生产过程中各项安全生产制度和措施的落实，完善安全生产条件，对企业安全生产工作负重要领导责任。

(三)中央企业主管安全生产工作的负责人协助主要负责人落实各项安全生产法律法规、标准，统筹协调和综合管理企业的安全生产工作，对企业安全生产工作负综合管理领导责任。

(四)中央企业其他负责人应当按照分工抓好主管范围内的安全生产工作，对主管范围内的安全生产工作负领导责任。

第七条　中央企业必须建立健全安全生产的组织机构，包括：

(一)安全生产工作的领导机构——安全生产委员会(以下简称安委会)，负责统一领导本企业的安全生产工作，研究决策企业安全生产的重大问题。安委会主任应当由企业安全生产第一责任人担任。安委会应当建立工作制度和例会制度。

(二)与企业生产经营相适应的安全生产监督管理机构。

第一类企业应当设置负责安全生产监督管理工作的独立职能部门。

第二类企业应当在有关职能部门中设置负责安全生产监督管理工作的内部专业机构；安全生产任务较重的企业应当设置负责安全生产监督管理工作的独立职能部门。

第三类企业应当明确有关职能部门负责安全生产监督管理工作，配备专职安全生产监督管理人员；安全生产任务较重的企业应当在有关职能部门中设置负责安全生产监督管理工作的内部专业机构。

安全生产监督管理职能部门或者负责安全生产监督管理工作的职能部门是企业安全生产工作的综合管理部门，对其他职能部门的安全生产管理工作进行综合协调和监督。

第八条　中央企业应当明确各职能部门的具体安全生产管理职责；各职能部门应当将安全生产管理职责具体分解到相应岗位。

第九条　中央企业专职安全生产监督管理人员的任职资格和配备数量，应当符合国家和行业的有关规定；国家和行业没有明确规定的，中央企业应当根据本企业的生产经营内容和性质、管理范围、管理跨度等配备专职安全生产监督管理人员。

中央企业应当加强安全队伍建设，提高人员素质，鼓励和支持安全生产监督管理人员取得注册安全工程师资质。安全生产监督管理机构工作人员应当逐步达到以注册安全工程师为主体。

第十条　中央企业工会依法对本企业安全生产与劳动防护进行民主监督，依法维护职工合法权益，有权对建设项目的安全设施与主体工程同时设计、同时施工、同时投入和使用情况进行监督，提出意见。

第十一条 中央企业应当对其独资及控股子企业（包括境外子企业）的安全生产认真履行以下监督管理责任：

（一）监督管理独资及控股子企业安全生产条件具备情况；安全生产监督管理组织机构设置情况；安全生产责任制、安全生产各项规章制度建立情况；安全生产投入和隐患排查治理情况；安全生产应急管理情况；及时、如实报告生产安全事故。

第一类中央企业可以向其列为安全生产重点的独资及控股子企业委派专职安全生产总监，加强对子企业安全生产的监督。

（二）将独资及控股子企业纳入中央企业安全生产管理体系，对其项目建设、收购、并购、转让、运行、停产等影响安全生产的重大事项实行报批制度，严格安全生产的检查、考核、奖惩和责任追究。

对控股但不负责管理的子企业，中央企业应当与管理方商定管理模式，按照《中华人民共和国安全生产法》的要求，通过经营合同、公司章程、协议书等明确安全生产管理责任、目标和要求等。

对参股并负有管理职责的企业，中央企业应当按照有关法律法规的规定与参股企业签订安全生产管理协议书，明确安全生产管理责任。

中央企业各级子企业应当按照以上规定逐级建立健全安全生产责任制，逐级加强安全生产工作的监督管理。

第三章 安全生产工作基本要求

第十二条 中央企业应当制定中长期安全生产发展规划，并将其纳入企业总体发展战略规划，实现安全生产与企业发展的同步规划、同步实施、同步发展。

第十三条 中央企业应当建立健全安全生产管理体系，积极推行和应用国内外先进的安全生产管理方法、体系等，实现安全生产管理的规范化、标准化、科学化、现代化。

中央企业安全生产管理体系应当包括组织体系、制度体系、责任体系、风险控制体系、教育体系、监督保证体系等。

中央企业应当加强安全生产管理体系的运行控制，强化岗位培训、过程督查、总结反馈、持续改进等管理过程，确保体系的有效运行。

第十四条 中央企业应当结合行业特点和企业实际，建立职业健康安全管理体系，消除或者减少职工的职业健康安全风险，保障职工职业健康。

第十五条 中央企业应当建立健全企业安全生产应急管理体系，包括预案体系、组织体系、运行机制、支持保障体系等。加强应急预案的编制、评审、培训、演练和应急救援队伍的建设工作，落实应急物资与装备，提高企业有效应对各类生产安全事故灾难的应急管理能力。

第十六条 中央企业应当加强安全生产风险辨识和评估工作，制定重大危险源的监控措施和管理方案，确保重大危险源始终处于受控状态。

第十七条 中央企业应当建立健全生产安全事故隐患排查和治理工作制度，规范各级生产安全事故隐患排查的频次、控制管理原则、分级管理模式、分级管理内容等。对排查出的隐患要落实专项治理经费和专职负责人，按时完成整改。

第十八条　中央企业应当严格遵守新建、改建、扩建工程项目安全设施与主体工程同时设计、同时施工、同时投入生产和使用的有关规定。

第十九条　中央企业应当严格按照国家和行业的有关规定，足额提取安全生产费用。国家和行业没有明确规定安全生产费用提取比例的中央企业，应当根据企业实际和可持续发展的需要，提取足够的安全生产费用。安全生产费用应当专户核算并编制使用计划，明确费用投入的项目内容、额度、完成期限、责任部门和责任人等，确保安全生产费用投入的落实，并将落实情况随年度业绩考核总结分析报告同时报送国资委。

第二十条　中央企业应当建立健全安全生产的教育和培训制度，严格落实企业负责人、安全生产监督管理人员、特种作业人员的持证上岗制度和培训考核制度；严格落实从业人员的安全生产教育培训制度。

第二十一条　中央企业应当建立安全生产考核和奖惩机制。严格安全生产业绩考核，加大安全生产奖励力度，严肃查处每起责任事故，严格追究事故责任人的责任。

第二十二条　中央企业应当建立健全生产安全事故新闻发布制度和媒体应对工作机制，及时、主动、准确、客观地向新闻媒体公布事故的有关情况。

第二十三条　企业制定和执行的安全生产管理规章制度、标准等应当不低于国家和行业要求。

第四章　安全生产工作报告制度

第二十四条　中央企业应当于每年1月底前将上一年度的安全生产工作总结和本年度的工作安排报送国资委。

第二十五条　中央企业应当按季度、年度对本企业(包括独资及控股并负责管理的企业)所发生的生产安全事故进行统计分析并填制报表(见附件2、附件3)，于次季度首月15日前和次年度1月底前报国资委。中央企业生产安全事故统计报表实行零报告制度。

第二十六条　中央企业发生生产安全事故或者因生产安全事故引发突发事件后，应当按以下要求报告国资委：

(一)境内发生较大及以上生产安全事故，中央企业应当编制生产安全事故快报(见附件4)，按本办法规定的报告流程(见附件5)迅速报告。事故现场负责人应当立即向本单位负责人报告，单位负责人接到报告后，应当于1小时内向上一级单位负责人报告；以后逐级报告至国资委，且每级时间间隔不得超过2小时。

(二)境内由于生产安全事故引发的特别重大、重大突发公共事件，中央企业接到报告后应当立即向国资委报告。

(三)境外发生生产安全死亡事故，中央企业接到报告后应当立即向国资委报告。

(四)在中央企业管理的区域内发生生产安全事故，中央企业作为业主、总承包商或者分包商应当按本条第(一)款规定报告。

第二十七条　中央企业应当将政府有关部门对较大事故、重大事故的事故调查报告及批复及时报国资委备案，并将责任追究落实情况报告国资委。

第二十八条　中央企业应当将安全生产工作领导机构及安全生产监督管理机构的名称、组成人员、职责、工作制度及联系方式报国资委备案，并及时报送变动情况。

第二十九条　中央企业应当将安全生产应急预案报国资委备案，并及时报送修订情况。

第三十条 中央企业应当将安全生产方面的重要活动、重要会议、重大举措和成果、重大问题等重要信息和重要事项，及时报告国资委。

第五章 安全生产监督管理与奖惩

第三十一条 国资委参与中央企业特别重大生产安全事故的调查，并根据事故调查报告及国务院批复负责落实或者监督对事故有关责任单位和责任人的处理。

第三十二条 国资委组织开展中央企业安全生产督查，督促中央企业落实安全生产有关规定和改进安全生产工作。中央企业违反本办法有关安全生产监督管理规定的，国资委根据情节轻重要求其改正或者予以通报批评。

中央企业半年内连续发生重大以上生产安全事故，国资委除依据有关规定落实对有关责任单位和责任人的处理外，对中央企业予以通报批评，对其主要负责人进行诫勉谈话。

第三十三条 国资委配合有关部门对中央企业安全生产违法行为的举报进行调查，或者责成有关单位进行调查，依照干部管理权限对有关责任人予以处理。

第三十四条 国资委根据中央企业考核期内发生的生产安全责任事故认定情况，对中央企业负责人经营业绩考核结果进行下列降级或者降分处理(见附件6)：

(一)中央企业负责人年度经营业绩考核期内发生特别重大责任事故并负主要责任的或者发生瞒报事故的，对该中央企业负责人的年度经营业绩考核结果予以降级处理。

(二)中央企业负责人年度经营业绩考核期内发生较大责任事故或者重大责任事故起数达到降级起数的，对该中央企业负责人的年度经营业绩考核结果予以降级处理。

(三)中央企业负责人年度经营业绩考核期内发生较大责任事故和重大责任事故但不够降级标准的，对该中央企业负责人的年度经营业绩考核结果予以降分处理。

(四)中央企业负责人任期经营业绩考核期内连续发生瞒报事故或者发生两起以上特别重大责任事故，对该中央企业负责人的任期经营业绩考核结果予以降级处理。

本办法所称责任事故，是指依据事故调查报告及批复对事故性质的认定，中央企业或者中央企业独资及控股子企业对事故发生负有责任的生产安全事故。

第三十五条 对未严格按照国家和行业有关规定足额提取安全生产费用的中央企业，国资委从企业负责人业绩考核的业绩利润中予以扣减，并予以降分处理。

第三十六条 授权董事会对经理层人员进行经营业绩考核的中央企业，董事会应当将安全生产工作纳入经理层人员年度经营业绩考核，与绩效薪金挂钩，并比照本办法的安全生产业绩考核规定执行。

董事会对经理层的安全生产业绩考核情况纳入国资委对董事会的考核评价内容。对董事会未有效履行监督、考核安全生产职能，企业发生特别重大责任事故并造成严重社会影响的，国资委对董事会予以调整，对有关董事予以解聘。

第三十七条 中央企业负责人年度经营业绩考核中因安全生产问题受到降级处理的，取消其参加该考核年度国资委组织或者参与组织的评优、评先活动资格。

第三十八条 国资委对年度安全生产相对指标达到国内同行业最好水平或者达到国际先进水平的中央企业予以表彰。

第三十九条 国资委对认真贯彻执行本办法，安全生产工作成绩突出的个人和集体予以表彰奖励。

第六章　附　　则

第四十条　生产安全事故等级划分按《生产安全事故报告和调查处理条例》(国务院令第493号)第三条的规定执行。国务院对特殊行业另有规定的,从其规定。

突发公共事件等级划分按《国务院关于实施国家突发公共事件总体应急预案的决定》(国发[2005]11号)附件《特别重大、重大突发公共事件分级标准(试行)》中安全事故类的有关规定执行。

第四十一条　境外中央企业除执行本办法外,还应严格遵守所在地的安全生产法律法规。

第四十二条　本办法由国资委负责解释。

第四十三条　本办法自2008年9月1日起施行。

附件:中央企业安全生产监管分类表(略)

中央企业生产安全事故季报表(略)

中央企业生产安全事故年度报表(略)

中央企业生产安全事故快报(略)

中央企业生产安全事故报告流程图(略)

中央企业生产安全责任事故降分降级处理细则(略)

建设项目环境影响评价分类管理名录

（环境保护部令第2号　2008年9月2日）

第一条　为了实施建设项目环境影响评价分类管理，根据《环境影响评价法》第十六条的规定，制定本名录。

第二条　国家根据建设项目对环境的影响程度，对建设项目的环境影响评价实行分类管理。

建设单位应当按照本名录的规定，分别组织编制环境影响报告书、环境影响报告表或者填报环境影响登记表。

第三条　本名录所称环境敏感区，是指依法设立的各级各类自然、文化保护地，以及对建设项目的某类污染因子或者生态影响因子特别敏感的区域，主要包括：

（一）自然保护区、风景名胜区、世界文化和自然遗产地、饮用水水源保护区；

（二）基本农田保护区、基本草原、森林公园、地质公园、重要湿地、天然林、珍稀濒危野生动植物天然集中分布区、重要水生生物的自然产卵场及索饵场、越冬场和洄游通道、天然渔场、资源性缺水地区、水土流失重点防治区、沙化土地封禁保护区、封闭及半封闭海域、富营养化水域；

（三）以居住、医疗卫生、文化教育、科研、行政办公等为主要功能的区域，文物保护单位，具有特殊历史、文化、科学、民族意义的保护地。

第四条　建设项目所处环境的敏感性质和敏感程度，是确定建设项目环境影响评价类别的重要依据。

建设涉及环境敏感区的项目，应当严格按照本名录确定其环境影响评价类别，不得擅自提高或者降低环境影响评价类别。环境影响评价文件应当就该项目对环境敏感区的影响作重点分析。

第五条　跨行业、复合型建设项目，其环境影响评价类别按其中单项等级最高的确定。

第六条　本名录未作规定的建设项目，其环境影响评价类别由省级环境保护行政主管部门根据建设项目的污染因子、生态影响因子特征及其所处环境的敏感性质和敏感程度提出建议，报国务院环境保护行政主管部门认定。

第七条　本名录由国务院环境保护行政主管部门负责解释，并适时修订公布。

第八条　本名录自2008年10月1日起施行。《建设项目环境保护分类管理名录》（国家环境保护总局令第14号）同时废止。

建设项目环境影响评价分类管理名录(节选)

环评类别 项目类别	报告书	报告表	登记表	本栏目环境敏感区含义
C 地质勘查				
1. 基础地质勘查	/	全部	/	
2. 水利、水电工程地质勘查	/	全部	/	
3. 矿产地质勘查	/	全部	/	
P 公路				
公路	三级以上等级公路;1000米以上的独立隧道;主桥长度1000米以上的独立桥梁	三级以下等级公路,涉及环境敏感区的	其他	(一),(二)和(三)
Q 铁路				
1. 新建(含增建)	新建;增建100公里以上;涉及环境敏感区的	其他	/	(一),(二)和(三)
2. 既有铁路改扩建	200公里以上电气化改造;涉及环境敏感区的	既有铁路提速扩能;其他	/	(一),(二)和(三)
3. 枢纽	新、改、扩建大型枢纽	其他	/	
R 民航机场				
1. 机场	新建;迁建;飞行区扩建,涉及环境敏感区的	航站区改扩建;其他	/	(三)
2. 导航台站、供油工程、维修保障等配套工程	/	全部	/	
S 水运				
1. 油气、液体化工码头	全部	/	/	

续上表

环评类别 项目类别	报告书	报告表	登记表	本栏目环境敏感区含义
2. 干散货、件杂、多用途码头	内河港口：单个泊位1000吨级以上；沿海港口：单个泊位1万吨级以上；涉及环境敏感区的	其他	/	(一)和(二)中的重要水生生物的自然产卵场及索饵场、越冬场和洄游通道、天然渔场
3. 集装箱专用码头	内河港口：单个泊位3000吨级以上；海港：单个泊位3万吨级以上；涉及环境敏感区的	其他	/	
4. 客运滚装码头	年客流量20万人次以上；年通过能力10万台(辆)以上；涉及环境敏感区的	其他	/	
5. 铁路轮渡码头	全部	/	/	
6. 航道工程、水运辅助工程	航道工程；防波堤、船闸、通航建筑物，涉及环境敏感区的	其他	/	(一)和(二)中的重要水生生物的自然产卵场及索饵场、越冬场和洄游通道、天然渔场
7. 航电枢纽工程	全部	/	/	
8. 中心渔港码头	涉及环境敏感区的	不涉及环境敏感区的	/	(一)和(二)中的重要水生生物的产卵场及索饵场、越冬场和洄游通道、天然渔场
T 城市交通设施				
1. 轨道交通	全部	/	/	
2. 道路	新建、扩建	改建；绿化工程	其他	
3. 桥梁、隧道	高架路；立交桥；隧道；跨越大江大河(通航段)、海湾的桥梁	其他	/	

第二部分

建设市场管理

关于进一步规范铁路有形建设市场的通知

（铁道部 铁建设〔2007〕202号　2007年10月31日）

各铁路局，集装箱公司，各铁路公司（筹备组）：

铁路有形建设市场建立以来，对规范铁路建设工程招投标工作，促进铁路建设有序开展，起到了积极的推动作用。根据目前铁路有形建设市场的实际情况，为进一步规范其管理和运作，现就有关事项通知如下，请按照执行。

1. 机构设置。一是要完善机构。铁路局应成立招投标委员会或招投标领导小组，下设招投标管理办公室（以下简称招标办），日常工作由铁路局建设管理处承担；二级交易市场的交易中心是法人机构，其交易场所应相对固定，设施基本满足要求，要配置专职人员。二是要避免关联交易。二级交易市场的交易中心应作为铁路局附属机构，归属铁路局建设管理处管理，不放在铁路局工程管理所。

2. 市场监管。凡在二级交易市场进行交易的项目，铁路局招标办负有监管职责，监察处应参与监督。

3. 服务收费。坚持非盈利、自收自支的原则；二级交易市场执行地方政府相应的收费标准；本级市场已交易项目的派生招标项目不再收费。

4. 评委专家库建设。二级交易市场评委专家库由铁路局招标办负责组建并实行动态管理。有关相邻铁路局可以考虑资源整合，以弥补自身专家库人员不足。

5. 信息共享。一是二级交易市场的招标公告必须通过铁道工程交易中心在规定媒介发布，同时在各铁路局相关媒体上发布。二是二级交易市场的交易情况经铁路局招标办核备后，每季度末向铁道工程交易中心上报一次，铁道工程交易中心汇总并经铁道部招标办核备后，以简报形式在下一季度初公布。

6. 招投标资料保存。属于在交易市场交易过程中的有关资料，由交易中心按规定保存；其余资料，由招标人负责归档。

7. 二级交易市场招标规模和范围。招标规模应严格执行《工程建设项目招标范围和规模标准规定》（原国家计委令第3号）。更新改造项目、甲控物资设备和建设单位管理的甲供物资设备在二级交易市场招标，其中更改项目在5000万元以上、甲控物资设备单项合同估算价和建设单位管理的甲供物资设备合同估算价在1000万元以上的，应报铁道部批复后再行交易。

8. 其他事项。一是应急工程招标要严格履行程序。二是加强和规范零小工程管理，各铁路局要制定相应管理办法。

铁路有形建设市场交易规则

（铁道部 铁建设〔2008〕56号　2008年4月2日）

第一条　为规范铁路有形建设市场交易行为，建立公开、公平、公正的交易机制，保护交易活动当事人的合法权益，保证交易活动有序进行，根据国家和铁道部有关规定，制定本规则。

第二条　本规则适用于在铁路有形建设市场进行的招投标活动，进入铁路有形建设市场开展招投标活动的招标人和投标人必须遵守本规则。

第三条　铁路有形建设市场设一、二级市场，其交易场所分别为一、二级交易中心（以下简称交易中心）。交易中心为铁路建设工程交易活动提供场所和服务。

第四条　交易中心应建立健全规章制度，建立与互联网连接的为招投标活动提供有关信息服务的网站，实现一级交易中心与二级交易中心网站的有效互联。

第五条　招标人和投标人进入交易中心进行交易活动均应办理交易证，凭交易证参加交易活动。

第六条　招标人凭企业法人营业执照办理招标人交易证。投标人凭企业法人营业执照、资质证书、安全生产许可证、生产许可证、资格证书、特许证或检测报告等办理投标人交易证。

第七条　交易证分为三年期和一次性两种，由申请人根据需要选择办理，办理时应填报《交易证申请表》（见附件1）。三年期交易证可在两级交易中心使用。在一级交易中心办理的交易证可在二级交易中心使用。

第八条　持证单位受到停业整顿处罚、取消一定期限交易资格或吊销营业执照的，交易中心应暂停其交易证使用或收回交易证。

第九条　交易证有效期满可根据需要重新申请办理。持证单位名称、资质等条件发生变化的，应在30日内办理交易证变更手续。

交易证不得转借、涂改。

第十条　交易项目招标计划批复后，招标人应填写《招标项目入场申请表》（见附件2），并携带批复的招标计划文件，方可到交易中心申请办理项目入场手续。

第十一条　交易项目入场交易范围为招标计划批复的范围；一个建设项目分次招标的，应按批复招标计划分别办理项目入场申请手续。

第十二条　招标公告应在招标计划批复并经铁路建设工程招标投标管理办公室（下称工程招投标办公室）审核后方可发布。发布招标公告时，招标人应填写《招标公告发布表》（见附件3）。

第十三条　招标公告必须在规定的媒体上发布。在一级交易中心交易项目的招标公告，由一级交易中心在规定的媒体办理发布手续；在二级交易中心交易项目的招标公告，通过一级交易中心在规定的媒体上发布，同时在铁路局相关媒体上发布。招标公告在规定媒体或网站发布的有效时间一般不得少于5日。

第十四条　招标人应向交易中心提交经审核的招标公告书面文本和电子文档。招标公告书面文本应由招标人签字并加盖公章，招标公告电子文档必须与书面文本的内容一致。

第十五条 招标公告发布后如需变更，招标人应填写《招标公告补遗表》(见附件 4)，经工程招投标办公室审核后，方可在原发布媒体上发布。

第十六条 招标人应严格按照有关规定编制资格预审文件。资格预审文件(包括书面文本及电子文档)经招标计划批准单位审核后，招标人应按招标公告确定的时间和地点发售资格预审文件，并抄送交易中心。资格预审完成后，招标人应及时将资格预审结果和资格审查报告报送工程招投标办公室核准，并填报《资格预审结果及招标日程表》(见附件 5)一式三份，送招标计划批准单位和交易中心各一份(招标人采用资格后审进行招标的，在发布招标公告时填报附件 5 的招标日程)。

第十七条 招标人应严格按照有关规定及原概算批准单位核备后的鉴修概算或施工图投资检算编制招标文件。招标文件(包括书面文本及电子文档)经工程招投标办公室审核后，由招标人按招标公告确定的时间，在交易中心向资格预审合格人或潜在投标人(资格后审)出售招标文件，组织召开标前会，并抄送交易中心。

第十八条 招标人对招标文件补遗的，应按程序填报《招标文件补遗表》(见附件 6)，送工程招投标办公室审核后方可发给潜在投标人，并同时抄送交易中心。

第十九条 投标文件的编制时间，自招标文件开始发出之日起至提交投标文件截止之日，最短不得少于 20 日。投标人应当在递交投标文件截止时间前，按规定将密封投标文件送达招标文件规定的地点。

第二十条 招标人按规定依法组建评标委员会，并填报《评委会组成申请表》(见附件 7)。在一级交易中心交易的项目，评标专家从铁道部建设工程评标专家库抽取；在二级交易中心交易的项目，评标专家从铁路局建设工程评标专家库抽取。评标委员会在开标前 1～3 个工作日内组建。技术特别复杂、专业性要求特别高或国家有特殊要求的招标项目，采取随机抽取方式确定的专家难以胜任的，经批准后，可由招标人直接确定。

第二十一条 开标工作应在招标文件确定的提交投标文件截止时间的同一时间，在交易中心公开进行。

第二十二条 招标人应按规定程序开标，由招标人、投标人法定代表人或委托代理人和监督部门人员分别在《开标记录表》(见附件 8)上签字，确认开标结果。《开标记录表》一式二份，分别由招标人和交易中心保管。

第二十三条 评标工作应在交易中心或具备评标条件的地点和保密情况下进行。

第二十四条 招标人在评标工作结束后，应及时将评标结果及《评标结果核查表》(见附件 9)报送工程招投标办公室核准，必要时评标结果要进行公示。评标结果核准后 3 日内，招标人将《评标结果核查表》抄送交易中心，在交易冲心网站发布中标信息。

第二十五条 中、落标通知书发出时间应不超过招标文件载明的投标文件有效期。

第二十六条 招标工作如遇特殊情况不能在投标有效期内完成的，招标人应及时向招标计划批准单位和交易中心通报，并通知所有投标人延长投标有效期。

第二十七条 中标通知书发出之日起 30 日内，招标人和中标人应按招标文件的要求和中标人投标文件的承诺签订书面合同。双方不得另行订立背离合同实质性内容的其他协议。

第二十八条 中标结果公布后，交易中心根据中标价按公布收费标准计算服务费，将《收费通知书》发送招标人，中标人的《收费通知书》由招标人转发，在签订合同前交易双方均应按规定完成缴费手续。在本级市场已交易项目的派生招标项目不再收交易服务费。

第二十九条 交易中心负责合同备案工作，在按规定对合同进行登记后，保留合同副本一份。书面合同签订后，招标人应填写合同登记表（见附件 10），并携带以下资料由交易中心办理合同登记。

1. 合同正、副文本；

2. 中标通知书；

3. 委托人的授权书。

第三十条 交易人未办理合同登记或未缴纳费用的，暂停其交易活动，补齐手续后方可继续进场交易。

第三十一条 招标人应将招标活动中各类电子文档（包括招标计划、招标公告及补遗、资审文件、招标文件及补遗、合同等）报送招标计划批准单位。

第三十二条 甲控物资设备采购招标计划经建设单位确认后，参照上述程序进行。

第三十三条 本规则由铁道部建设管理司负责解释。

第三十四条 本规则自印发之日起施行。

附件：1. 交易申请表

2. 招标项目入场申请表

3. 招标公告发布表

4. 招标公告补遗表

5. 资格预审结果及招标日程表

6. 招标文件补遗表

7. 评委会组成申请表

8. 开标记录表

9. 评标结果核查表

10. 合同登记表

附件 1：

交易证申请表

交易表 1

<table>
<tr><td>申请单位</td><td colspan="4"></td><td>资质等级(或)
经销方式</td><td colspan="2"></td></tr>
<tr><td>单位地址</td><td colspan="4"></td><td>邮政编码</td><td colspan="2"></td></tr>
<tr><td>法定代表人</td><td colspan="3"></td><td>企业性质</td><td></td><td>交易类型</td><td></td></tr>
<tr><td>营业执照
注册号</td><td colspan="3"></td><td>注册资金</td><td></td><td>交易证种类</td><td></td></tr>
<tr><td rowspan="2">交易联系人</td><td></td><td>电话</td><td></td><td>身份证号</td><td></td><td>部门及职名</td><td></td></tr>
<tr><td></td><td>电话</td><td></td><td>身份证号</td><td></td><td>部门及职名</td><td></td></tr>
<tr><td>传真号码</td><td colspan="3"></td><td>电子信箱</td><td colspan="3"></td></tr>
<tr><td colspan="8">一、交易内容：

二、遵守市场交易规则履行相关义务的承诺：

申请单位(章)

年　月　日</td></tr>
<tr><td colspan="8">审核意见：

铁道工程交易中心(章)

年　月　日</td></tr>
<tr><td colspan="8">办理交易证手续：1. 法人营业执照副本　2. 资质等级证书或产品相关许可证
办理联合体手续：1. 联合体协议　2. 联合体各方交易证</td></tr>
</table>

木表一式二份，由申请单位填写，交易中心、申请单位各一份。

附件2：

招标项目入场申请表

交易表2

<table>
<tr><td>招标人</td><td></td><td>建设项目</td><td></td></tr>
<tr><td>招标类型</td><td></td><td>招标项目</td><td></td></tr>
<tr><td>法定代表人</td><td></td><td>法人委托人</td><td></td></tr>
<tr><td>招标金额</td><td></td><td>交易证号</td><td></td></tr>
<tr><td>联系人</td><td></td><td>联系电话/传真</td><td></td></tr>
<tr><td>批文及文号</td><td colspan="3"></td></tr>
<tr><td colspan="4">招标条件：

招标人(章)

年　月　日</td></tr>
<tr><td colspan="4">审核意见：

铁道工程交易中心(章)

年　月　日</td></tr>
<tr><td colspan="4">附件：招标计划及批复</td></tr>
</table>

本表一式二份，由招标人填写，交易中心、招标人各一份。

附件3:

招标公告发布表

交易表3

<table>
<tr><td>招标公告</td><td colspan="3"></td></tr>
<tr><td>建设项目</td><td colspan="3"></td></tr>
<tr><td>招标人</td><td colspan="3"></td></tr>
<tr><td>法人代表或
委托代理人</td><td></td><td>联系人</td><td></td></tr>
<tr><td>交易类型</td><td></td><td>联系电话</td><td></td></tr>
<tr><td>拟发布时间</td><td></td><td>拟发布媒体</td><td></td></tr>
<tr><td colspan="4">招标人(章)
年 月 日</td></tr>
<tr><td colspan="4">审核单位(章)
年 月 日</td></tr>
<tr><td colspan="4">附件;招标公告原件</td></tr>
</table>

本表一式三份,由招标人填写,审核或确认单位、交易中心、招标人各一份。

附件 4:

招标公告补遗表

交易表 4

<table>
<tr><td>招标公告</td><td colspan="3"></td></tr>
<tr><td>招标项目</td><td colspan="3"></td></tr>
<tr><td>招标人</td><td></td><td>招标编号</td><td></td></tr>
<tr><td>联系人</td><td></td><td>联系电话</td><td></td></tr>
<tr><td colspan="4">补遗主要内容:

招标人(章)
年　月　日

注:内容填不下可另附</td></tr>
<tr><td colspan="4">审核单位(章)
年　月　日</td></tr>
<tr><td colspan="4">附件:招标公告补遗原件</td></tr>
</table>

本表一式三份,由招标人填写,审核或确认单位、交易中心、招标人各一份。

附件 5：

资格预审结果及招标日程表

交易表 5

招标项目		招标编号	
序号	参加资审的潜在投标人	是否通过	未通过原因(注明未通过标段)
1. 鉴修概算核备/施工图投资检算核备：			
2. 发售招标文件时间：			
3. 招标预备会时间：			
4. 递交投标文件时间：			
5. 开标时间：			
招标人(章) 年　月　日		核准单位（章） 年　月　日	

本表一式三份，由招标人填写，审核或确认单位、交易中心、招标人各一份。

附件 6:

招标文件补遗表

交易表 6

<table>
<tr><td>招标公告</td><td colspan="3"></td></tr>
<tr><td>招标项目</td><td></td><td></td><td></td></tr>
<tr><td>招标人</td><td></td><td>招标编号</td><td></td></tr>
<tr><td>联系人</td><td></td><td>联系电话</td><td></td></tr>
<tr><td colspan="4">补遗主要内容:

招标人(章)
年　月　日
注:内容填不下可另附</td></tr>
<tr><td colspan="4">审核单位(章)
年　月　日</td></tr>
<tr><td colspan="4">附件:招标文件补遗原件</td></tr>
</table>

本表一式三份,由招标人填写,审核或确认单位、交易中心、招标人各一份。

附件 7:

评委会组成申请表

部交表 7

<table>
<tr><td>招标项目</td><td colspan="2"></td><td>招标编号</td><td colspan="2"></td></tr>
<tr><td>招标人</td><td></td><td>联系人</td><td></td><td>联系电话</td><td></td></tr>
<tr><td colspan="6">评委会组成方案:

专家分类及人数:

招标人(章)
年　月　日</td></tr>
</table>

本表一式二份,由招标人填写,招标办、招标人各一份。

附件 8：

____________（项目名称）____________标段开标记录表

开标时间：　　年　月　日　时　分　　　　　　　　　　　　　　　　　　　　交易表 8

序号	投标人/标段	密封情况	投标保证金	投标报价（元）	备注	签名
开标会上明确的评标办法						
开标会上抽取的有关系数						
招标人编制的标底						

招标人代表：____________________记录人：____________________监标人：____________________

年____月____日

附件 9：

评标结果核查表

交易表 9

招标人（章）		建设项目名称		正线长度（公里）			投资总额	
本次招标内容		招标概算	其中：甲供料	总承包风险费		激励约束考核费	安全生产费	
评标办法		招标人降造系数期望值		抽取的降造系数		备注：		

评定的中标单位

标段/包件	中标人明细							招标人明细							降造率
	中标单位	评分	中标价	甲供料	总承包风险费	激励约束考核费	安全生产费	投标报价评审价	招标概算价	甲供料	总承包风险费	激励约束考核费	安全生产费	评标基准价	

审核结果：

铁道部工程招投标管理办公室（章）

年　月　日

填表须知：

1. 单位：万元。

2. 本表须在报送评标结果时一同上报。

3. 本表一式三份，由招标人填写，批复后铁道部工程招投标管理办公室、招标人、铁道工程交易中心各一份。

4. 监理、物资设备招标结果按照相关内容填写。

附件 10：

合同登记表

交易表 10

<table>
<tr><td>招标项目</td><td colspan="3"></td><td>招标编号</td><td colspan="3"></td></tr>
<tr><td>招标人</td><td></td><td>中标总额
（元）</td><td></td><td>合同总额
（元）</td><td colspan="3"></td></tr>
<tr><td>标段或包件</td><td colspan="2">中标人</td><td>中标价
（元）</td><td>合同价
（元）</td><td>工期
（月）</td><td>项目经理
或总监</td><td>备注</td></tr>
<tr><td></td><td colspan="2"></td><td></td><td></td><td></td><td></td><td></td></tr>
<tr><td></td><td colspan="2"></td><td></td><td></td><td></td><td></td><td></td></tr>
<tr><td></td><td colspan="2"></td><td></td><td></td><td></td><td></td><td></td></tr>
<tr><td></td><td colspan="2"></td><td></td><td></td><td></td><td></td><td></td></tr>
<tr><td></td><td colspan="2"></td><td></td><td></td><td></td><td></td><td></td></tr>
<tr><td></td><td colspan="2"></td><td></td><td></td><td></td><td></td><td></td></tr>
<tr><td></td><td colspan="2"></td><td></td><td></td><td></td><td></td><td></td></tr>
<tr><td></td><td colspan="2"></td><td></td><td></td><td></td><td></td><td></td></tr>
<tr><td></td><td colspan="2"></td><td></td><td></td><td></td><td></td><td></td></tr>
<tr><td></td><td colspan="2"></td><td></td><td></td><td></td><td></td><td></td></tr>
<tr><td></td><td colspan="2"></td><td></td><td></td><td></td><td></td><td></td></tr>
<tr><td></td><td colspan="2"></td><td></td><td></td><td></td><td></td><td></td></tr>
<tr><td colspan="3">招标人（章）
年 月 日</td><td colspan="5">铁道工程交易中心（章）
年 月 日</td></tr>
<tr><td colspan="8">附件：合同正、副本</td></tr>
</table>

本表一式一份，由招标人填写，登记后招标人、交易中心各一份。

关于印发《建筑市场诚信行为信息管理办法》的通知

（建设部 建市〔2007〕9号 2007年1月12日）

各省、自治区建设厅，直辖市建委，计划单列市建委（建设局），新疆生产建设兵团建设局，总后基建营房部工程局，国资委管理的有关企业，有关行业协会：

为进一步规范建筑市场秩序，健全建筑市场诚信体系，加强对建筑市场各方主体的动态监管，营造诚实守信的市场环境，我们组织制定了《建筑市场诚信行为信息管理办法》，现印发给你们，请遵照执行。

省、自治区、直辖市建设行政主管部门要对建筑市场信用体系建设工作高度重视，加强组织领导和宣传贯彻，并结合本地实际，抓紧制订落实《建筑市场诚信行为信息管理办法》的实施细则。省会城市、计划单列市以及基础条件较好的地级城市要在2007年6月30日前，按照《建筑市场诚信行为信息管理办法》的要求，建立本地区的建筑市场综合监管信息系统和诚信信息平台。其他地区在2007年年底前也要全部启动这项工作，推动建筑市场信用体系建设的全面实施。

附件：建筑市场诚信行为信息管理办法

建筑市场诚信行为信息管理办法

第一条 为进一步规范建筑市场秩序，健全建筑市场诚信体系，加强对建筑市场各方主体的监管，营造诚实守信的市场环境，根据《建筑法》、《招标投标法》、《建设工程勘察设计管理条例》、《建设工程质量管理条例》、《建设工程安全生产管理条例》等有关法律法规，制定本办法。

第二条 本办法所称建筑市场各方主体是指建设项目的建设单位和参与工程建设活动的勘察、设计、施工、监理、招标代理、造价咨询、检测试验、施工图审查等企业或单位以及相关从业人员。

第三条 本办法所称诚信行为信息包括良好行为记录和不良行为记录。

良好行为记录指建筑市场各方主体在工程建设过程中严格遵守有关工程建设的法律、法规、规章或强制性标准，行为规范，诚信经营，自觉维护建筑市场秩序，受到各级建设行政主管部门和相关专业部门的奖励和表彰，所形成的良好行为记录。

不良行为记录是指建筑市场各方主体在工程建设过程中违反有关工程建设的法律、法规、规章或强制性标准和执业行为规范，经县级以上建设行政主管部门或其委托的执法监督机构查实和行政处罚，形成的不良行为记录。《全国建筑市场各方主体不良行为记录认定标准》由建设部制定和颁布。

第四条 建设部负责制定全国统一的建筑市场各方主体的诚信标准；负责指导建立建筑市场各方主体的信用档案；负责建立和完善全国联网的统一的建筑市场信用管理信息平台；负责对外发布全国建筑市场各方主体诚信行为记录信息；负责指导对建筑市场各方主体的信用评价工作。

各省、自治区和直辖市建设行政主管部门负责本地区建筑市场各方主体的信用管理工作，采集、审核、汇总和发布所属各市、县建设行政主管部门报送的各方主体的诚信行为记录，并将符合《全国建筑市场各方主体不良行为记录认定标准》的不良行为记录及时报送建设部。报送内容应包括：各方主体的基本信息、在建筑市场经营和生产活动中的不良行为表现、相关处罚决定等。

各市、县建设行政主管部门按照统一的诚信标准和管理办法，负责对本地区参与工程建设的各方主体的诚信行为进行检查、记录，同时将不良行为记录信息及时报送上级建设行政主管部门。

中央管理企业和工商注册不在本地区的企业的诚信行为记录，由其项目所在地建设行政主管部门负责采集、审核、记录、汇总和公布，逐级上报，同时向企业工商注册所在地的建设行政主管部门通报，建立和完善其信用档案。

第五条 各级建设行政主管部门要明确分管领导和承办机构人员，落实责任制，加强对各方主体不良行为的监督检查以及不良行为记录真实性的核查，负责收集、整理、归档、保全不良行为事实的证据和资料，不良行为记录报表要真实、完整、及时报送。

第六条 行业协会要协助政府部门做好诚信行为记录、信息发布和信用评价等工作，推进建筑市场动态监管；要完善行业内部监督和协调机制，建立以会员单位为基础的自律维权信息平台，加强行业自律，提高企业及其从业人员的诚信意识。

第七条 各省、自治区、直辖市建设行政主管部门应按照《全国建筑市场各方主体不良行为记录认定标准》，自行或通过市、县建设行政主管部门及其委托的执法监督机构，结合建筑市场检查、工程质量安全监督以及政府部门组织的各类执法检查、督查和举报、投诉等工作，采集不良行为记录，并建立与工商、税务、纪检、监察、司法、银行等部门的信息共享机制。

第八条 各省、自治区、直辖市建设行政主管部门应根据行政处罚情况，及时公布各方主体的不良行为信息，形成政府监管、行业自律、社会监督的有效约束机制。

第九条 各地建设行政主管部门要通过资源整合和组织协调，完善建筑市场和工程现场联动的业务监管体系，在健全建筑市场综合监管信息系统的基础上，建立向社会开放的建筑市场诚信信息平台，做好诚信信息的发布工作。诚信信息平台的建设可依托各地有形建筑市场（建设工程交易中心）的资源条件，避免重复建设和资源浪费。

第十条 诚信行为记录实行公布制度。

诚信行为记录由各省、自治区、直辖市建设行政主管部门在当地建筑市场诚信信息平台上统一公布。其中，不良行为记录信息的公布时间为行政处罚决定做出后7日内，公布期限一般为6个月至3年；良好行为记录信息公布期限一般为3年，法律、法规另有规定的从其规定。公布内容应与建筑市场监管信息系统中的企业、人员和项目管理数据库相结合，形成信用档案，内部长期保留。

属于《全国建筑市场各方主体不良行为记录认定标准》范围的不良行为记录除在当地发布外，还将由建设部统一在全国公布，公布期限与地方确定的公布期限相同，法律、法规另有规定的从其规定。各省、自治区、直辖市建设行政主管部门将确认的不良行为记录在当地发布之日起7日内报建设部。

通过与工商、税务、纪检、监察、司法、银行等部门建立的信息共享机制，获取的有关建筑市场各方主体不良行为记录的信息，省、自治区、直辖市建设行政主管部门也应参照本规定在本地区统一公布。

各地建筑市场综合监管信息系统，要逐步与全国建筑市场诚信信息平台实现网络互联、信息共享和实时发布。

第十一条 对发布有误的信息，由发布该信息的省、自治区和直辖市建设行政主管部门进行修正，根据被曝光单位对不良行为的整改情况，调整其信息公布期限，保证信息的准确和有效。

省、自治区和直辖市建设行政主管部门负责审查整改结果，对整改确有实效的，由企业提出申请，经批准，可缩短其不良行为记录信息公布期限，但公布期限最短不得少于3个月，同时将整改结果列于相应不良行为记录后，供有关部门和社会公众查询；对于拒不整改或整改不力的单位，信息发布部门可延长其不良行为记录信息公布期限。

行政处罚决定经行政复议、行政诉讼以及行政执法监督被变更或被撤销，应及时变更或删除该不良记录，并在相应诚信信息平台上予以公布，同时应依法妥善处理相关事宜。

第十二条 各省、自治区、直辖市建设行政主管部门应加强信息共享，推进各地诚信信息平台的互联互通，逐步开放诚信行为信息，维护建筑市场的统一、开放、竞争、有序。

第十三条 各级建设行政主管部门，应当依据国家有关法律、法规和规章，按照诚信激励和失信惩戒的原则，逐步建立诚信奖惩机制，在行政许可、市场准入、招标投标、资质管理、工程担保与保险、表彰评优等工作中，充分利用已公布的建筑市场各方主体的诚信行为信息，依法对守信行为给予激励，对失信行为进行惩处。在健全诚信奖惩机制的过程中，要防止利用诚信奖惩机制设置新的市场壁垒和地方保护。

第十四条 各级建设行政主管部门应按照管理权限和属地管理原则建立建筑市场各方主体的信用档案，将信用记录信息与建筑市场监管综合信息系统数据库相结合，实现数据共享和管理联动。

第十五条 各省、自治区、直辖市和计划单列市建设行政主管部门可结合本地区实际情况，依据地方性法规对本办法和认定标准加以补充，制订具体实施细则。

第十六条 各级建设行政主管部门要按照《最高人民检察院、建设部、交通部、水利部关于在工程建设领域开展行贿犯罪档案试点工作的通知》(高检会〔2004〕2号)要求，准确把握建立工程建设领域行贿犯罪档案查询系统的内容和要求，认真履行职责，加强领导，密切配合，做好工程建设领域行贿犯罪档案查询试点工作，将其纳入建筑市场信用体系建设工作中，逐步建立健全信用档案管理制度和失信惩戒制度。

第十七条 对参与工程建设的其他单位(如建筑材料、设备和构配件生产供应单位等)和实行个人注册执业制度的各类从业人员的诚信行为信息，可参照本办法进行管理。

第十八条 本办法由建设部负责解释。

第十九条 本办法自发布之日起施行。

附件：全国建筑市场各方主体不良行为记录认定标准

建设单位不良行为记录认定标准(A1)

勘察单位不良行为记录认定标准(B1)

设计单位不良行为记录认定标准(C1)
施工单位不良行为记录认定标准(D1)
监理单位不良行为记录认定标准(E1)
招标代理单位不良行为记录认定标准(F1)
造价咨询单位不良行为记录认定标准(G1)
检测机构不良行为记录认定标准(H1)
施工图审查机构不良行为记录认定标准(I1)

建设单位不良行为记录认定标准(A1)

行为类别	行为代码	不良行为	法律依据	处罚依据
A1-1 建设程序	A1-1-01	未取得资质等级证书或超越资质等级从事房地产开发经营的	《房地产开发经营管理条例》第三十五条	《房地产开发企业资质管理规定》第十九条、第二十条
	A1-1-02	在报送的可行性研究报告中,未将招标范围、招标方式、招标组织形式等有关招标内容报项目审批部门核准的;不按核准内容进行招标的	《工程建设项目施工招标投标办法》第十条,《工程建设项目货物招标投标办法》第八条	《工程建设项目施工招标投标办法》第七十三条,《工程建设项目货物招标投标办法》第五十五条
	A1-1-03	未取得建设工程规划许可证件或违反建设工程规划许可证件的规定进行建设的	《城市规划法》第三十二条	《城市规划法》第四十条
	A1-1-04	建设项目必须实行工程监理而未实行工程监理	《建设工程质量管理条例》第十二条	《建设工程质量管理条例》第五十六条
	A1-1-05	未按照国家规定办理工程质量监督手续	《建设工程质量管理条例》第十三条	《建设工程质量管理条例》第五十六条
	A1-1-06	施工图设计文件未经审查或者审查不合格,擅自施工的	《建设工程质量管理条例》第十一条	《建设工程质量管理条例》第五十六条
	A1-1-07	未取得施工许可证或者开工报告未经批准或者为规避办理施工许可证将工程项目分解后,擅自施工的;采用虚假证明文件骗取施工许可证的;伪造、涂改施工许可证的	《建筑法》第七条	《建筑法》第六十四条,《建设工程质量管理条例》第五十七条,《建筑工程施工许可证管理办法》第十条、第十一条、第十二条、第十三条
	A1-1-08	在工程竣工验收合格之日起15日内未办理工程竣工验收备案的;将备案机关决定重新组织竣工验收的工程,在重新组织竣工验收前,擅自使用的;或采用虚假证明文件办理工程竣工验收备案的	《建设工程质量管理条例》第四十九条	《建设工程质量管理条例》第五十六条,《房屋建筑工程和市政基础设施工程竣工验收备案管理暂行办法》第九条、第十条、第十一条
	A1-1-09	建设工程竣工验收后,建设单位未按规定移交建设项目档案	《建设工程质量管理条例》第十七条	《建设工程质量管理条例》第五十九条

续上表

行为类别	行为代码	不良行为	法律依据	处罚依据
A1-2 招标发包	A1-2-01	必须进行招标的项目而不招标的;将必须进行招标的项目化整为零或者以其他任何方式规避招标的	《招标投标法》第三条,第四条	《招投标法》第四十九条
	A1-2-02	不具备招标条件而进行招标	《工程建设项目勘察设计招标投标办法》第九条,《工程建设项目施工招标投标办法》第八条,《工程建设项目货物招标投标办法》第八条	《工程建设项目勘察设计招标投标办法》第五十条,《工程建设项目施工招标投标办法》第七十三条,《工程建设项目货物招标投标办法》第五十五条第五项
	A1-2-03	不具备自行办理施工招标事宜条件而自行招标的	《房屋建筑和市政基础设施工程施工招标投标管理办法》第十一条	《房屋建筑和市政基础设施工程施工招标投标管理办法》第五十二条
	A1-2-04	应当公开招标而不公开招标的;勘察、设计、货物擅自进行邀请招标或不招标的	《工程建设项目勘察设计招标投标办法》第十条,《工程建设项目施工招标投标办法》第十一条,《工程建设项目货物招标投标办法》第十一条	《工程建设项目勘察设计招标投标办法》第五十条,《工程建设项目施工招标投标办法》第七十三条,《房屋建筑和市政基础设施工程施工招标投标管理办法》第五十一条,《工程建设项目货物招标投标办法》第五十五条
	A1-2-05	未在指定的媒介发布招标公告	《招标投标法》第十六条	《工程建设项目勘察设计招标投标办法》第五十条,《工程建设项目施工招标投标办法》第七十三条,《工程建设项目货物招标投标办法》第五十五条
	A1-2-06	自招标文件或资格预审文件出售之日起至停止出售之日止,少于五个工作日	《工程建设项目勘察设计招标投标办法》第十二条,《工程建设项目施工招标投标办法》第十五条	《工程建设项目勘察设计招标投标办法》第五十条,《工程建设项目施工招标投标办法》第七十三条

续上表

行为类别	行为代码	不良行为	法律依据	处罚依据
A1-2 招标发包	A1-2-07	在发布招标公告、发出投标邀请书或者售出招标文件或资格预审文件后终止招标的	《工程建设项目勘察设计招标投标办法》第二十条，《工程建设项目施工招标投标办法》第十五条，《工程建设项目货物招标投标办法》第十四条	《工程建设项目勘察设计招标投标办法》第五十条，《工程建设项目施工招标投标办法》第七十二条，《工程建设项目货物招标投标办法》第五十五条
	A1-2-08	以不合理的条件限制或者排斥潜在投标人的，对潜在投标人实行歧视待遇的；强制要求投标人组成联合体共同投标的；或者限制投标人之间竞争的	《招标投标法》第十八条、第三十一条，《工程建设项目勘察设计招标投标办法》第十四条	《中华人民共和国招标投标法》第五十一条，《工程建设项目勘察设计招标投标办法》第五十三条
	A1-2-09	资格预审或者评标标准和方法含有排斥投标人的内容，妨碍或者限制投标人之间竞争的	《招标投标法》第十八条	《工程建设项目勘察设计招标投标办法》第五十四条，《工程建设项目施工招标投标办法》第七十九条，《工程建设项目货物招标投标办法》第五十七条
	A1-2-10	依法必须进行招标的项目向他人透露已获取招标文件的潜在投标人的名称、数量或者可能影响公平竞争的有关招标投标的其他情况的	《招标投标法》第二十二条	《招标投标法》第五十二条
	A1-2-11	依法必须进行招标的项目泄露标底的	《招标投标法》第二十二条	《招标投标法》第五十二条
	A1-2-12	依法必须招标的项目，自招标文件开始发出之日起至提交投标文件截止之日止，少于二十日的	《招标投标法》第二十四条	《工程建设项目勘察设计招标投标办法》第五十条，《工程建设项目施工招标投标办法》第七十三条，《工程建设项目货物招标投标办法》第五十五条
	A1-2-13	在提交投标文件截止时间后接收投标文件的	《招标投标法》第二十八条	《工程建设项目施工招标投标办法》第七十三条，《工程建设项目货物招标投标办法》第五十五条

续上表

行为类别	行为代码	不良行为	法律依据	处罚依据
A1-2 招标发包	A1-2-14	投标人数量不符合法定要求不重新招标的	《招标投标法》第二十八条	《工程建设项目施工招标投标办法》第七十三条,《工程建设项目货物招标投标办法》第五十五条
	A1-2-15	评标委员会的组建及人员组成不符合法定要求的	《招标投标法》第三十七条	《工程建设项目勘察设计招标投标办法》第五十四条,《工程建设项目施工招标投标办法》第七十九条,《工程建设项目货物招标投标办法》第五十七条
	A1-2-16	不从依法组建的评标专家库中抽取专家的	《招标投标法》第三十七条	《评标专家和评标专家库管理暂行办法》第十七条
	A1-2-17	应当回避担任评标委员会成员的人参与评标的	《招标投标法》第三十七条,《评标专家和评标专家库管理暂行办法》第十二条	《工程建设项目勘察设计招标投标办法》第五十四条,《工程建设项目施工招标投标办法》第七十九条,《工程建设项目货物招标投标办法》第五十七条
	A1-2-18	使用招标文件没有确定的评标标准和方法的	《招标投标法》第四十条	《工程建设项目勘察设计招标投标办法》第五十四条,《工程建设项目施工招标投标办法》第七十九条,《工程建设项目货物招标投标办法》第五十七条
	A1-2-19	在评标委员会依法推荐的中标候选人以外确定中标人的	《招标投标法》第四十条	《招标投标法》第五十七条
	A1-2-20	依法必须进行招标的项目在所有投标被评标委员会否决后自行确定中标人的	《招标投标法》第四十二条	《招标投标法》第五十七条
	A1-2-21	依法必须进行招标的项目与投标人就投标价格、投标方案等实质性内容进行谈判的	《招标投标法》第四十三条	《招标投标法》第五十五条
	A1-2-22	不按规定期限确定中标人的	《评标委员会和评标方法暂行规定》第四十条,《工程建设项目施工招标投标办法》第五十六条,《工程建设项目货物招标投标办法》第四十七条	《工程建设项目施工招标投标办法》第八十一条,《工程建设项目货物招标投标办法》第五十八条

续上表

行为类别	行为代码	不良行为	法律依据	处罚依据
A1-2招标发包	A1-2-23	未向建设行政主管部门提交施工招标投标情况书面报告的	《招投标法》四十七条,《房屋建筑和市政基础设施工程施工招标投标管理办法》第四十五条	《房屋建筑和市政基础设施工程施工招标投标管理办法》第五十四条
	A1-2-24	中标通知书发出后改变中标结果的	《招标投标法》第四十五条	《工程建设项目施工招标投标办法》第八十一条、《工程建设项目货物招标投标办法》第五十八条
	A1-2-25	与中标人不按照招标文件和中标人的投标文件订立合同的;订立背离合同实质性内容的其他协议的	《招标投标法》第四十六条	《招标投标法》第五十九条
	A1-2-26	擅自提高履约保证金或强制要求中标人垫资的	《工程建设项目施工招标投标办法》第六十二条	《工程建设项目施工招标投标办法》第八十三条
	A1-2-27	无正当理由不与中标人签订合同的	《招标投标法》第四十六条	《评标委员会和评标方法暂行规定》第五十七条,《工程建设项目施工招标投标办法》第八十一条,《工程建设项目货物招标投标办法》第五十八条
	A1-2-28	在签订合同时向中标人提出附加条件或者更改合同实质性内容的	《招标投标法》第四十六条,《工程建设项目施工招标投标办法》第五十九条,《工程建设项目货物招标投标办法》第四十九条	《工程建设项目施工招标投标办法》第八十一条、《工程建设项目货物招标投标办法》第五十八条
	A1-2-29	在工程发包中索贿、受贿的	《建筑法》第十七条	《建筑法》第六十八条
	A1-2-30	将工程发包给不具有相应资质等级的勘察、设计、施工单位或者委托给不具有相应资质等级的工程监理单位	《建设工程质量管理条例》第七条、第十二条	《建设工程质量管理条例》第五十四条
	A1-2-31	将拆除工程发包给不具有相应资质等级的施工单位的	《建设工程安全生产管理条例》第十一条	《建设工程安全生产管理条例》第五十五条

续上表

行为类别	行为代码	不良行为	法律依据	处罚依据
A1-2 招标发包	A1-2-32	委托未取得相应资质的检测机构进行检测的	《建设工程质量检测管理办法》第十二条	《建设工程质量检测管理办法》第三十一条
	A1-2-33	将建设工程肢解发包的	《建设工程质量管理条例》第七条	《建设工程质量管理条例》第五十五条
A1-3 质量安全	A1-3-01	明示或暗示设计单位或施工单位违反工程强制性标准，降低建设工程质量的	《建设工程质量管理条例》第十条	《建设工程质量管理条例》第五十六条
	A1-3-02	明示或暗示施工单位使用不合格的建筑材料、建筑构配件和设备的	《建设工程质量管理条例》第十四条	《建设工程质量管理条例》第五十六条
	A1-3-03	未按照建筑节能强制性标准委托设计，擅自修改节能设计文件，明示或暗示设计单位、施工单位违反建筑节能设计强制性标准，降低工程建设质量的	《民用建筑节能管理规定》第十七条	《民用建筑节能管理规定》第二十五条
	A1-3-04	对勘察设计、施工、监理等单位提出不符合安全生产法律、法规和强制性标准规定的要求的；要求施工单位压缩合同约定的工期的	《建设工程安全生产管理条例》第七条	《建设工程安全生产管理条例》第五十五条
	A1-3-05	涉及建筑主体或者承重结构变动的装修工程，没有设计方案，擅自同意施工的	《建筑法》第四十九条《建设工程质量管理条例》第十五条	《建筑法》第七十条 《建设工程质量管理条例》第六十九条
	A1-3-06	明示或暗示检测机构出具虚假检测报告，篡改或伪造检测报告的；弄虚作假送检试样的	《建设工程质量检测办法》第十三条，《建设工程质量检测办法》第十五条	《建设工程质量检测办法》第三十一条
	A1-3-07	建设单位未组织竣工验收，擅自交付使用的；验收不合格，擅自交付使用的；对不合格的建设工程按照合格工程验收	《建设工程质量管理条例》第十六条	《建设工程质量管理条例》第五十八条
	A1-3-08	建设单位未提供或挪用建设工程安全作业环境及安全施工措施费用的	《建设工程安全生产管理条例》第八条、二十七条	《建设工程安全生产管理条例》第五十四条、六十三条
A1-4 拖欠工程款	A1-4-01	不按合同约定支付施工工程款及工程勘察、设计、监理、造价咨询、招标代理、检测试验等费用，或违规收取费用	《合同法》第十六章第二百八十六条	

勘察单位不良行为记录认定标准(B1)

行为类别	行为代码	不良行为	法律依据	处罚依据
B1-1 资质	B1-1-01	未取得资质证书承揽工程的，或超越本单位资质等级承揽业务的	《建筑法》第十三条、第二十六条，《建设工程勘察设计管理条例》第八、二十一条，《建设工程质量管理条例》第十八条	《建筑法》第六十五条，《建设工程质量管理条例》第六十条，《建设工程勘察设计管理条例》第三十五条
	B1-1-02	以欺骗手段取得资质证书承揽业务的	《建筑法》第十三条、第二十六条，《建设工程勘察设计管理条例》第八、二十一条，《建设工程质量管理条例》第十八条	《建筑法》第六十五条，《建设工程质量管理条例》第六十条，《建设工程勘察设计管理条例》第三十五条
	B1-1-03	允许其他单位或个人以本单位名义承揽业务的	《建设工程质量管理条例》第十八条，《建设工程勘察设计管理条例》第八条	《建设工程质量管理条例》第六十一条
	B1-1-04	以其他单位名义承揽业务的	《建设工程勘察设计管理条例》第八条	《建设工程勘察设计企业资质管理规定》第三十七条
B1-2 承揽业务	B1-2-01	利用向发包单位及其工作人员行贿、提供回扣或者给予其他好处等不正当手段承揽的	《建筑法》第十七条	《建筑法》第六十八条
	B1-2-02	相互串通投标或者与招标人串通投标的；以向招标人或者评标委员会成员行贿的手段谋取中标的	《招标投标法》第三十二条	《招标投标法》第五十三条
	B1-2-03	以他人名义投标，利用伪造、转让、租借、无效的资质证书参加投标，或者请其他单位在自己编制的投标文件上代为签字盖章，弄虚作假，骗取中标的	《招标投标法》第三十三条，《工程建设项目勘察、设计招标投标办法》第二十九条	《招标投标法》第五十四条，《工程建设项目勘察、设计招标投标办法》第五十二条
	B1-2-04	以联合体形式投标的，联合体成员又以自己名义单独投标，或者参加其他联合体投同一个标的	《工程建设项目勘察设计招标投标办法》第二十七条	《工程建设项目勘察设计招标投标办法》第五十一条

续上表

行为类别	行为代码	不良行为	法律依据	处罚依据
B1-2 承揽业务	B1-2-05	不按照与招标人订立的合同履行义务，情节严重的	《招标投标法》第四十八条	《招标投标法》第六十条
	B1-2-06	将承揽的业务转包或者违法分包的	《建筑法》第二十八条，《建设工程质量管理条例》第十八条，《建设工程勘察设计管理条例》第二十条	《建筑法》第六十七条《建设工程勘察设计管理条例》第三十九条，《建设工程质量管理条例》第六十二条
B1-3 质量安全	B1-3-01	未按照工程建设强制性标准进行勘察的	《建设工程勘察设计管理条例》第二十五条，《建设工程质量管理条例》第十九条，《建设工程安全生产管理条例》第十二条	《建设工程勘察设计管理条例》第四十条，《建设工程质量管理条例》第六十三条，《建设工程安全生产管理条例》第五十六条
	B1-3-02	弄虚作假、提供虚假成果资料的	《建设工程质量管理条例》第二十条、《建设工程勘察设计管理条例》第二十六条，《建设工程勘察质量管理办法》第十四、第二十四、第二十五条	《建设工程勘察质量管理办法》第二十四条
	B1-3-03	原始记录不按照规定记录或者记录不完整的	《建设工程勘察质量管理办法》第十四条	《建设工程勘察质量管理办法》第二十五条
	B1-3-04	勘察文件没有责任人签字或者签字不全的	《建设工程勘察质量管理办法》第十三条	《建设工程勘察质量管理办法》第二十五条
	B1-3-05	不参加施工验槽的	《建设工程勘察质量管理办法》第九条	《建设工程勘察质量管理办法》第二十五条
	B1-3-06	项目完成后，勘察文件不归档保存的	《建设工程勘察质量管理办法》第十七条	《建设工程勘察质量管理办法》第二十五条

设计单位不良行为记录认定标准(C1)

行为类别	行为代码	不良行为	法律依据	处罚依据
C1-1 资质	C1-1-01	未取得资质证书承揽工程的，或超越本单位资质等级承揽业务的	《建筑法》第十三条、第二十六条，《建设工程勘察设计管理条例》第八、二十一条，《建设工程质量管理条例》第十八条	《建筑法》第六十五条，《建设工程质量管理条例》第六十条，《建设工程勘察设计管理条例》第三十五条
	C1-1-02	以欺骗手段取得资质证书承揽业务的	《建筑法》第十三条、第二十六条，《建设工程勘察设计管理条例》第八、二十一条，《建设工程质量管理条例》第十八条	《建筑法》第六十五条，《建设工程质量管理条例》第六十条，《建设工程勘察设计管理条例》第三十五条
	C1-1-03	允许其他单位或个人以本单位名义承揽业务的	《建设工程质量管理条例》第十八条，《建设工程勘察设计管理条例》第八条	《建设工程质量管理条例》第六十一条
	C1-1-04	以其他单位名义承揽业务的	《建设工程勘察设计管理条例》第八条	《建设工程勘察设计企业资质管理规定》第三十七条
C1-2 承揽业务	C1-2-01	利用向发包单位及其工作人员行贿、提供回扣或者给予其他好处等不正当手段承揽的	《建筑法》第十七条	《建筑法》第六十八条
	C1-2-02	相互串通投标或者与招标人串通投标的；以向招标人或者评标委员会成员行贿的手段谋取中标的	《招标投标法》第三十二条	《招标投标法》第五十三条
	C1-2-03	以他人名义投标，利用伪造、转让、租借、无效的资质证书参加投标，或者请其他单位在自己编制的投标文件上代为签字盖章，弄虚作假，骗取中标的	《招标投标法》第三十三条，《工程建设项目勘察、设计招标投标办法》第二十九条	《招标投标法》第五十四条，《工程建设项目勘察、设计招标投标办法》第五十二条
	C1-2-04	以联合体形式投标的，联合体成员又以自己名义单独投标，或者参加其他联合体投同一个标的	《工程建设项目勘察设计招标投标办法》第二十七条	《工程建设项目勘察设计招标投标办法》第五十一条

续上表

行为类别	行为代码	不良行为	法律依据	处罚依据
C1-2承揽业务	C1-2-05	不按照与招标人订立的合同履行义务，情节严重的	《招标投标法》第四十八条	《招标投标法》第六十条
	C1-2-06	将承揽的业务转包或者违法分包的	《建筑法》第二十八条，《建设工程质量管理条例》第十八条，《建设工程勘察设计管理条例》第二十条	《建筑法》第六十七条《建设工程勘察设计管理条例》第三十九条，《建设工程质量管理条例》第六十二条
	C1-2-07	不执行国家的勘察设计收费规定，以低于国家规定的最低收费标准进行不正当竞争	《建设工程勘察设计管理条例》第二十条	《建设工程勘察设计管理条例》第三十五条
C1-3质量安全	C1-3-01	未按照工程建设强制性标准进行设计的	《建设工程勘察设计管理条例》第二十五条，《建设工程质量管理条例》第十九条，《建设工程安全生产管理条例》第十二条	《建设工程勘察设计管理条例》第四十条，《建设工程质量管理条例》第六十三条，《建设工程安全生产管理条例》第五十六条
	C1-3-02	未根据勘察成果文件进行工程设计的	《建设工程勘察设计管理条例》第四十条、《建设工程质量管理条例》第二十一条	《建设工程质量管理条例》第六十三条
	C1-3-03	指定建筑材料、建筑构配件的生产厂、供应商的	《建筑法》第五十七条，《建设工程勘察设计管理条例》第二十七条，《建设工程质量管理条例》第二十二条	《建设工程勘察设计管理条例》第四十条，《建设工程质量管理条例》六十三条
	C1-3-04	采用新结构、新材料、新工艺的建设工程和特殊结构的建设工程，未在设计中提出保障施工作业人员安全和预防生产安全事故的措施建议的	《建设工程安全生产管理条例》第十三条	《建设工程安全生产管理条例》第五十六条

施工单位不良行为记录认定标准(D1)

行为类别	行为代码	不良行为	法律法规依据	处罚依据
D1-1 资质	D1-1-01	未取得资质证书承揽工程的，或超越本单位资质等级承揽工程的	《建筑法》第十三条、第二十六条《建设工程质量管理条例》第二十五条	《建筑法》第六十五条,《建设工程质量管理条例》第六十条
	D1-1-02	以欺骗手段取得资质证书承揽工程的	《建筑法》第十三条,《建设工程质量管理条例》第二十五条	《建设工程质量管理条例》第六十条
	D1-1-03	允许其他单位或个人以本单位名义承揽工程的	《建筑法》第二十六条《建设工程质量管理条例》第二十五条	《建设工程质量管理条例》第六十一条
	D1-1-04	未在规定期限内办理资质变更手续的	《建筑业企业资质管理规定》第三十一条	《建筑业企业资质管理规定》第三十六条
	D1-1-05	涂改、伪造、出借、转让《建筑企业资质证书》	《建筑业企业资质管理规定》第十六条	《建筑业企业资质管理规定》第三十二条、第三十五条、
	D1-1-06	按照国家规定需要持证上岗的技术工种的作业人员未经培训、考核,未取得证书上岗,情节严重	《建筑业企业资质管理规定》第十四条	《建筑业企业资质管理规定》第三十八条
D1-2 承揽业务	D1-2-01	利用向发包单位及其工作人员行贿、提供回扣或者给予其他好处等不正当手段承揽的	《建筑法》第十七条	《建筑法》第六十八条
	D1-2-02	相互串通投标或者与招标人串通投标的;以向招标人或者评标委员会成员行贿的手段谋取中标的	《招标投标法》第三十二条	《招标投标法》第五十三条
	D1-2-03	以他人名义投标或者以其他方式弄虚作假,骗取中标的	《招标投标法》第三十三条	《招标投标法》第五十四条
	D1-2-04	不按照与招标人订立的合同履行义务,情节严重的	《招标投标法》第四十八条	《招标投标法》第六十条
	D1-2-05	将承包的工程转包或者违法分包的	《建筑法》第二十八条,《建设工程质量管理条例》第二十五条	《建筑法》第六十七条,《建设工程质量管理条例》第六十二条

续上表

行为类别	行为代码	不良行为	法律法规依据	处罚依据
D1-3 工程质量	D1-3-01	在施工中偷工减料的，使用不合格的建筑材料、建筑构配件和设备的，或者不按照工程设计图示或者施工技术标准施工的其他行为的	《建筑法》第五十八条、第五十九条，《建设工程质量管理条例》第二十八条	《建筑法》第七十四条，《建设工程质量管理条例》第六十四条
	D1-3-02	未按照节能设计进行施工的	《民用建筑节能管理规定》第二十条	《民用建筑节能管理规定》第二十七条
	D1-3-03	未对建筑材料、建筑构配件、设备和商品混凝土进行检验，或者未对涉及结构安全的试块、试件以及有关材料取样检测的	《建筑法》第五十九条《建设工程质量管理条例》第三十一条	《建筑法》第七十四条，《建设工程质量管理条例》第六十五条
	D1-3-04	工程竣工验收后，不向建设单位出具质量保修书的，或质量保修的内容、期限违反规定的	《建设工程质量管理条例》第三十九条	《房屋建筑工程质量保修办法》第十八条
	D1-3-05	不履行保修义务或者拖延履行保修义务的	《建设工程质量管理条例》第四十一条	《建设工程质量管理条例》第六十六条
D1-4 工程安全	D1-4-01	主要负责人在本单位发生重大生产安全事故时，不立即组织抢救或者在事故调查处理期间擅离之后或者逃匿的；主要负责人对生产安全事故隐瞒不报、谎报或者拖延不报的	《安全生产法》第七十条，《建设工程安全生产管理条例》第五十条，第五十一条	《安全生产法》第九十一条
	D1-4-02	对建筑安全事故隐患不采取措施予以消除的	《建筑法》第四十四条	《建筑法》第七十一条
	D1-4-03	未设立安全生产管理机构、配备专职安全生产管理人员或者分部分项工程施工时无专职安全生产管理人员现场监督的	《建设工程安全生产管理条例》第二十三条、第二十六条	《安全生产法》第八十二条，《建设工程安全生产管理条例》第六十二条
	D1-4-04	主要负责人、项目负责人、专职安全生产管理人员、作业人员或者特种作业人员，未经安全教育培训或者经考核不合格即从事相关工作的	《建筑法》第四十六条、《建设工程安全生产管理条例》第三十六条、第三十七条，第二十五条	《安全生产法》第八十二条，《建设工程安全生产管理条例》第六十二条

续上表

行为类别	行为代码	不良行为	法律法规依据	处罚依据
	D1-4-05	未在施工现场的危险部位设置明显的安全警示标志，或者未按照国家有关规定在施工现场设置消防通道、消防水源、配备消防设施和灭火器材的	《建设工程安全生产管理条例》第二十八条、第三十一条	《安全生产法》第八十三条，《建设工程安全生产管理条例》第六十二条
	D1-4-06	未向作业人员提供安全防护用具和安全防护服装的	《建设工程安全生产管理条例》第三十二条	《安全生产法》第八十三条，《建设工程安全生产管理条例》第六十二条
	D1-4-07	未按照规定在施工起重机械和整体提升脚手架、模板等自升式架设设施验收合格后登记的	《建设工程安全生产管理条例》第三十五条	《安全生产法》第八十三条，《建设工程安全生产管理条例》第六十二条
	D1-4-08	使用国家明令淘汰、禁止使用的危及施工安全的工艺、设备、材料的	《建设工程安全生产管理条例》第三十四条	《安全生产法》第八十三条，《建设工程安全生产管理条例》第六十二条
	D1-4-09	违法挪用列入建设工程概算的安全生产作业环境及安全施工措施所需费用	《建设工程安全生产管理条例》第二十二条	《建设工程安全生产管理条例》第六十三条
D1-4 工程安全	D1-4-10	施工前未对有关安全施工的技术要求作出详细说明的	《建设工程安全生产管理条例》第二十七条	《建设工程安全生产管理条例》第六十四条
	D1-4-11	未根据不同施工阶段和周围环境及季节、气候的变化，在施工现场采取相应的安全施工措施，或者在城市市区内的建设工程的施工现场未实行封闭围挡的	《建设工程安全生产管理条例》第二十八条、第三十条	《建设工程安全生产管理条例》第六十四条
	D1-4-12	在尚未竣工的建筑物内设置员工集体宿舍的	《建设工程安全生产管理条例》第二十九条	《建设工程安全生产管理条例》第六十四条
	D1-4-13	施工现场临时搭建的建筑物不符合安全使用要求的	《建设工程安全生产管理条例》第二十九条	《建设工程安全生产管理条例》第六十四条
	D1-4-14	未对因建设工程施工可能造成损害的毗邻建筑物、构筑物和地下管线等采取专项防护措施的	《建设工程安全生产管理条例》第三十条	《建设工程安全生产管理条例》第六十四条

续上表

行为类别	行为代码	不良行为	法律法规依据	处罚依据
D1-4 工程安全	D1-4-15	安全防护用具、机械设备、施工机具及配件在进入施工现场前未经查验或者查验不合格即投入使用的	《建设工程安全生产管理条例》第三十四条	《建设工程安全生产管理条例》第六十五条
	D1-4-16	使用未经验收或者验收不合格的施工起重机械和整体提升脚手架、模板等自升式架设设施的	《建设工程安全生产管理条例》第三十五条	《建设工程安全生产管理条例》第六十五条
	D1-4-17	委托不具有相应资质的单位承担施工现场安装、拆卸施工起重机械和整体提升脚手架、模板等自升式架设设施的	《建设工程安全生产管理条例》第十七条	《建设工程安全生产管理条例》第六十五条
	D1-4-18	在施工组织设计中未编制安全技术措施、施工现场临时用电方案或者专项施工方案的	《建设工程安全生产管理条例》第二十六条	《建设工程安全生产管理条例》第六十五条
	D1-4-19	主要负责人、项目负责人未履行安全生产管理职责的，或不服管理、违反规章制度和操作规程冒险作业的	《建设工程安全生产管理条例》第二十一条、第三十三条	《建设工程安全生产管理条例》第六十六条
	D1-4-20	施工单位取得资质证书后，降低安全生产条件的；或经整改仍未达到与其资质等级相适应的安全生产条件的	《安全生产许可证条例》第十四条	《建设工程安全生产管理条例》第六十七条，《建筑施工企业安全生产许可证管理规定》第二十三条
	D1-4-21	取得安全生产许可证发生重大安全事故的	《安全生产许可证条例》第十四条	《建筑施工企业安全生产许可证管理规定》第二十二条
	D1-4-22	未取得安全生产许可证擅自进行生产的	《安全生产许可证条例》第二条	《安全生产许可证条例》第十九条，《建筑施工企业安全生产许可证管理规定》第二十四条
	D1-4-23	安全生产许可证有效期满未办理延期手续，继续进行生产的，或逾期不办理延期手续，继续进行生产的	《安全生产许可证条例》第九条	《安全生产许可证条例》第二十条、第十九条，《建筑施工企业安全生产许可证管理规定》第二十五条、第二十四条
	D1-4-24	转让安全生产许可证的；接受转让的；冒用或者使用伪造的安全生产许可证的	《安全生产许可证条例》第十三条	《安全生产许可证条例》第二十一条、第十九条，《建筑施工企业安全生产许可证管理规定》第二十六条、二十四条
D1-5 拖欠工程款或工人工资	D1-5-01	恶意拖欠或克扣劳动者工资	《劳动法》第五十条	《劳动法》第九十一条，《劳动保障监察条例》第二十六条

监理单位不良行为记录认定标准(E1)

行为类别	行为代码	不良行为	法律依据	处罚依据
E1-1 资质	E1-1-01	未取得资质证书承揽工程的,或超越本单位资质等级承揽业务的	《建筑法》第十三条《建设工程质量管理条例》第三十四条	《建设工程质量管理条例》第六十条
	E1-1-02	以欺骗手段取得资质证书承揽业务的	《建筑法》第十三条,《建设工程质量管理条例》第三十四条	《建设工程质量管理条例》第六十条
	E1-1-03	允许其他单位或个人以本单位名义承揽工程的	《建设工程质量管理条例》第三十四条	《建设工程质量管理条例》第六十一条
	E1-1-04	隐瞒有关情况或者提供虚假材料申请监理资质的	《工程监理企业资质管理规定》第十三条	《工程监理企业资质管理规定》第二十八条
	E1-1-05	涂改、伪造、出借、转让《工程监理企业资质证书》	《工程监理企业资质管理规定》第十七条	《工程监理企业资质管理规定》第二十九条
E1-2 承揽业务	E1-2-01	相互串通投标或者与招标人串通投标的;以向招标人或者评标委员会成员行贿的手段谋取中标的	《招标投标法》第三十二条	《招标投标法》第五十三条
	E1-2-02	以他人名义投标或者以其他方式弄虚作假,骗取中标的	《招标投标法》第三十三条	《招标投标法》第五十四条
	E1-2-03	不按照与招标人订立的合同履行义务,情节严重的	《招标投标法》第四十八条	《招标投标法》第六十条
	E1-2-04	转让工程监理业务的	《建筑法》第三十四条,《建设工程质量管理条例》第三十四条	《建设工程质量管理条例》第六十二条
E1-3 质量安全	E1-3-01	与建设单位或者施工单位串通、弄虚作假、降低工程质量的	《建筑法》第三十四条,三十五条,《建设工程质量管理条例》第三十六条	《建设工程质量管理条例》第六十七条

续上表

行为类别	行为代码	不良行为	法律依据	处罚依据
E1-3 质量安全	E1-3-02	将不合格的建设工程、建筑材料、建筑构配件和设备按照合格签字的	《建筑法》第三十四条、三十五条,《建设工程质量管理条例》第三十六条	《建设工程质量管理条例》第六十七条
	E1-3-03	与被监理工程的施工承包单位以及建筑材料、建筑构配件和设备供应单位有隶属关系或者其他利害关系承担该项建设工程的监理业务的	《建设工程质量管理条例》第三十四条	《建设工程质量管理条例》第六十八条
	E1-3-04	未对施工组织设计中的安全技术措施或者专项施工方案进行审查的	《建设工程安全生产管理条例》第十四条	《建设工程安全生产管理条例》第五十七条
	E1-3-05	发现安全事故隐患未及时要求施工单位整改或者暂时停止施工的	《建设工程安全生产管理条例》第十四条	《建设工程安全生产管理条例》第五十七条
	E1-3-06	施工单位拒不整改或者不停止施工,未及时向有关主管部门报告的	《建设工程安全生产管理条例》第十四条	《建设工程安全生产管理条例》第五十七条
	E1-3-07	未依照法律、法规和工程建设强制性标准实施监理的	《建设工程安全生产管理条例》第十四条	《建设工程安全生产管理条例》第五十七条

招标代理单位不良行为记录认定标准(F1)

行为类别	行为代码	不良行为	法律依据	处罚依据
F1-1 资格	F1-1-01	未取得资格认定承担工程招标代理业务的	《工程建设项目招标代理机构资格认定办法》第四条	《工程建设项目招标代理机构资格认定办法》第二十二条
	F1-1-02	超越规定范围承担工程招标代理业务的	《工程建设项目招标代理机构资格认定办法》第九条、第十三条	《工程建设项目招标代理机构资格认定办法》第二十三条
	F1-1-03	在申请资格认定或者资格复审时弄虚作假的	《工程建设项目招标代理机构资格认定办法》第十条	《工程建设项目招标代理机构资格认定办法》第二十一条
	F1-1-04	出借、转让或者涂改资格证书的	《工程建设项目招标代理机构资格认定办法》第二十四条	《工程建设项目招标代理机构资格认定办法》第二十四条
F1-2 招标代理	F1-2-01	泄漏应当保密的与招标投标活动有关的情况和资料的	《招投标法》第二十二条	《招投标法》第五十条,《工程建设项目施工招标投标办法》第六十九条
	F1-2-02	与招标人、投标人串通损害国家利益、社会公共利益或者他人合法权益的	《招投标法》第五十条	《招投标法》第五十条,《工程建设项目施工招标投标办法》第六十九条

造价咨询单位不良行为记录认定标准(G1)

行为类别	行为编码	不良行为	法律依据	处罚依据
G1-1 资质	G1-1-01	未取得工程造价咨询企业资质从事工程造价咨询活动或者超越资质等级承接工程造价咨询业务的	《工程造价咨询企业管理办法》第四条,第二十七条	《工程造价咨询企业管理办法》第三十八条
	G1-1-02	涂改、倒卖、出租、出借资质证书,或者以其他形式非法转让资质证书	《工程造价咨询企业管理办法》第二十七条	《工程造价咨询企业管理办法》第四十一条
	G1-1-03	隐瞒有关情况或者提供虚假材料申请工程造价咨询企业资质的		《工程造价咨询企业管理办法》第三十六条
	G1-1-04	以欺骗、贿赂等不正当手段取得工程造价咨询企业资质的		《工程造价咨询企业管理办法》第三十二条、第三十七条
	G1-1-05	不及时办理资质证书变更手续的	《工程造价咨询企业管理办法》第十七条	《工程造价咨询企业管理办法》第三十九条
G1-2 承揽业务	G1-2-01	新设立分支机构不备案的;跨省、自治区、直辖市承接业务不备案的	《工程造价咨询企业管理办法》第二十三条、第二十五条	《工程造价咨询企业管理办法》第四十条
	G1-2-02	同时接受招标人和投标人或两个以上投标人对同一工程项目的工程造价咨询业务的	《工程造价咨询企业管理办法》第二十七条	《工程造价咨询企业管理办法》第四十一条
	G1-2-03	以给予回扣、恶意压低收费等方式进行不正当竞争	《工程造价咨询企业管理办法》第二十七条	《工程造价咨询企业管理办法》第四十一条
	G1-2-04	转包承接的工程造价咨询业务	《工程造价咨询企业管理办法》第二十七条	《工程造价咨询企业管理办法》第四十一条
G1-3 合同履行	G1-3-01	有意抬高、压低价格或者提供虚假报告的	《工程造价咨询企业管理办法》第五条	《建筑工程施工发包与承包计价管理办法》第二十条

检测机构不良行为记录认定标准(H1)

行为类别	行为代码	不良行为	法律依据	处罚依据
H1-1 资质	H1-1-01	未取得相应的资质,擅自承担《建设工程质量检测管理办法》规定的检测业务的	《建设工程质量检测管理办法》第四条	《建设工程质量检测管理办法》第二十六条
	H1-1-02	超出资质范围从事检测活动的	《建设工程质量检测管理办法》第八条	《建设工程质量检测管理办法》第二十九条
	H1-1-03	隐瞒有关情况或者提供虚假材料申请资质的		《建设工程质量检测管理办法》第二十七条
	H1-1-04	以欺骗、贿赂等不正当手段取得资质证书的		《建设工程质量检测管理办法》第二十八条
	H1-1-05	涂改、倒卖、出租、出借、转让资质证书的	《建设工程质量检测管理办法》第十条	《建设工程质量检测管理办法》第二十九条
H1-2 承揽业务	H1-2-01	转包检测业务的	《建设工程质量检测管理办法》第十七条	《建设工程质量检测管理办法》第二十九条
H1-3 合同履行	H1-3-01	使用不符合条件的检测人员的	《建设工程质量检测管理办法》第十六条	《建设工程质量检测管理办法》第二十九条
	H1-3-02	未按规定在检测报告上签字盖章的	《建设工程质量检测管理办法》第十四条	《建设工程质量检测管理办法》第二十九条
	H1-3-03	未按规定上报发现的违法违规行为和检测不合格事项的	《建设工程质量检测管理办法》第十九条	《建设工程质量检测管理办法》第二十九条
	H1-3-04	未按照国家有关工程建设强制性标准进行检测的	《建设工程质量检测管理办法》第二条、第八条	《建设工程质量检测管理办法》第二十九条
	H1-3-05	档案资料管理混乱,造成检测数据无法追溯的	《建设工程质量检测管理办法》第二十条	《建设工程质量检测管理办法》第二十九条
	H1-3-06	伪造检测数据,出具虚假检测报告或鉴定结论的	《建设工程质量检测管理办法》第十八条	《建设工程质量检测管理办法》第三十条

施工图审查机构不良行为记录认定标准(I1)

行为类别	行为代码	不良行为	法律依据	处罚依据
I1-1 资质	I1-1-01	未经省、自治区、直辖市人民政府建设主管部门核准,擅自从事施工图审查业务活动的	《房屋建筑和市政基础设施工程施工图设计文件审查管理办法》第四条	《房屋建筑和市政基础设施工程施工图设计文件审查管理办法》第四条
	I1-1-02	超越核准的等级和范围从事施工图审查业务活动的	《房屋建筑和市政基础设施工程施工图设计文件审查管理办法》第六条	《房屋建筑和市政基础设施工程施工图设计文件审查管理办法》第二十二条
I1-2 业务	I1-2-01	使用不符合条件审查人员的	《房屋建筑和市政基础设施工程施工图设计文件审查管理办法》第二十二条	《房屋建筑和市政基础设施工程施工图设计文件审查管理办法》第二十二条
	I1-2-02	未按规定上报审查过程中发现的违法违规行为的	《房屋建筑和市政基础设施工程施工图设计文件审查管理办法》第二十二条	《房屋建筑和市政基础设施工程施工图设计文件审查管理办法》第二十二条
	I1-2-03	未按规定在审查合格书和施工图上签字盖章的	《房屋建筑和市政基础设施工程施工图设计文件审查管理办法》第二十二条	《房屋建筑和市政基础设施工程施工图设计文件审查管理办法》第二十二条
	I1-2-04	未按规定的审查内容进行审查的	《房屋建筑和市政基础设施工程施工图设计文件审查管理办法》第二十二条	《房屋建筑和市政基础设施工程施工图设计文件审查管理办法》第二十二条
	I1-2-05	审查机构出具虚假审查合格书的	《房屋建筑和市政基础设施工程施工图设计文件审查管理办法》第二十三条	《房屋建筑和市政基础设施工程施工图设计文件审查管理办法》第二十三条
	I1-2-06	施工图经审查合格后,仍有违反法律、法规和工程建设强制性标准的问题,给建设单位造成损失的	《房屋建筑和市政基础设施工程施工图设计文件审查管理办法》第十五条	《房屋建筑和市政基础设施工程施工图设计文件审查管理办法》第十五条

关于印发《工程设计资质标准》的通知

（建设部 建市〔2007〕86 号　2007 年 3 月 29 日）

各省、自治区建设厅，直辖市建委、北京市规委，国务院有关部门建设司，新疆生产建设兵团建设局，总后基建营房部工程局，国资委管理的有关企业，有关行业协会：

根据《建设工程勘察设计管理条例》和《建设工程勘察设计资质管理规定》，我部制定了《工程设计资质标准》，现印发给你们，请遵照执行。原《关于颁发工程勘察资质分级标准和工程设计资质分级标准的通知》（建设〔2001〕22 号）中“工程设计资质分级标准”同时废止。其他有关规定与本标准不符的，以本标准为准。执行中有何问题，请与我部建筑市场管理司联系。

工程设计资质标准

为适应社会主义市场经济发展，根据《建设工程勘察设计管理条例》和《建设工程勘察设计资质管理规定》，结合各行业工程设计的特点，制定本标准。

一、总　　则

（一）本标准包括 21 个行业的相应工程设计类型、主要专业技术人员配备及规模划分等内容（见附件 1：工程设计行业划分表；附件 2：各行业工程设计主要专业技术人员配备表；附件 3：各行业建设项目设计规模划分表）。

（二）本标准分为四个序列：

1. 工程设计综合资质

工程设计综合资质是指涵盖 21 个行业的设计资质。

2. 工程设计行业资质

工程设计行业资质是指涵盖某个行业资质标准中的全部设计类型的设计资质。

3. 工程设计专业资质

工程设计专业资质是指某个行业资质标准中的某一个专业的设计资质。

4. 工程设计专项资质

工程设计专项资质是指为适应和满足行业发展的需求，对已形成产业的专项技术独立进行设计以及设计、施工一体化而设立的资质。

（三）工程设计综合资质只设甲级。工程设计行业资质和工程设计专业资质设甲、乙两个级别；根据行业需要，建筑、市政公用、水利、电力（限送变电）、农林和公路行业设立工程设计丙级资质，建筑工程设计专业资质设丁级。建筑行业根据需要设立建筑工程设计事务所资质。工程设计专项资质根据需要设置等级。

（四）工程设计范围包括本行业建设工程项目的主体工程和配套工程（含厂/矿区内的自备

电站、道路、专用铁路、通信、各种管网管线和配套的建筑物等全部配套工程）以及与主体工程、配套工程相关的工艺、土木、建筑、环境保护、水土保持、消防、安全、卫生、节能、防雷、抗震、照明工程等。

建筑工程设计范围包括建设用地规划许可证范围内的建筑物构筑物设计、室外工程设计、民用建筑修建的地下工程设计及住宅小区、工厂厂前区、工厂生活区、小区规划设计及单体设计等，以及所包含的相关专业的设计内容（总平面布置、竖向设计、各类管网管线设计、景观设计、室内外环境设计及建筑装饰、道路、消防、智能、安保、通信、防雷、人防、供配电、照明、废水治理、空调设施、抗震加固等）。

（五）本标准主要对企业资历和信誉、技术条件 、技术装备及管理水平进行考核。其中对技术条件中的主要专业技术人员的考核内容为：

1. 已经实施注册且需配备注册执业人员的专业，对其专业技术人员的注册执业资格及相应专业进行考核。

2. 尚未实施注册、尚未建立注册执业资格制度的和已经实施注册但不需配备注册执业资格人员（以下简称非注册人员）的专业，对其专业技术人员的所学专业、技术职称按附件 2 专业设置中规定的专业进行考核。主导专业的非注册人员需考核相应业绩，并提供业绩证明。各行业主导专业见工程设计主要专业技术人员配备表。

（六）申请两个以上工程设计行业资质时，应同时满足附件 2 中相应行业的专业设置或注册专业的配置，其相同专业的专业技术人员的数量以其中的高值为准。

申请两个以上设计类型的工程设计专业资质时，应同时满足附表 2 中相应行业的相应设计类型的专业设置或注册专业的配置，其相同专业的专业技术人员的数量以其中的高值为准。

（七）具有工程设计资质的企业，可从事资质证书许可范围内的相应工程总承包、工程项目管理和相关的技术、咨询与管理服务。

（八）具有工程设计综合资质的企业，满足相应的施工总承包（专业承包）一级资质对注册建造师（项目经理）的人员要求后，可以准予与工程设计甲级行业资质（专业资质）相应的施工总承包（专业承包）一级资质。

（九）本标准所称主要专业技术人员，年龄限 60 周岁及以下。

二、标　　准

（一）工程设计综合资质

1-1　资历和信誉

(1)具有独立企业法人资格。

(2)注册资本不少于 6000 万元人民币。

(3)近 3 年年平均工程勘察设计营业收入不少于 10000 万元人民币，且近 5 年内 2 次工程勘察设计营业收入在全国勘察设计企业排名列前 50 名以内；或近 5 年内 2 次企业营业税金及附加在全国勘察设计企业排名列前 50 名以内。

(4)具有 2 个工程设计行业甲级资质，且近 10 年内独立承担大型建设项目工程设计每行业不少于 3 项，并已建成投产。

或同时具有某 1 个工程设计行业甲级资质和其他 3 个不同行业甲级工程设计的专业资质，且近 10 年内独立承担大型建设项目工程设计不少于 4 项。其中，工程设计行业甲级相应业绩不少于 1 项，工程设计专业甲级相应业绩各不少于 1 项，并已建成投产。

1-2　技术条件

(1)技术力量雄厚,专业配备合理。

企业具有初级以上专业技术职称且从事工程勘察设计的人员不少于500人,其中具备注册执业资格或高级专业技术职称的不少于200人,且注册专业不少于5个,5个专业的注册人员总数不低于40人。

企业从事工程项目管理且具备建造师或监理工程师注册执业资格的人员不少于10人。

(2)企业主要技术负责人或总工程师应当具有大学本科以上学历、15年以上设计经历,主持过大型项目工程设计不少于2项,具备注册执业资格或高级专业技术职称。

(3)拥有与工程设计有关的专利、专有技术、工艺包(软件包)不少于3项。

(4)近10年获得过全国优秀工程设计奖、全国优秀工程勘察奖、国家级科技进步奖的奖项不少于5项,或省部级(行业)优秀工程设计一等奖(金奖)、省部级(行业)科技进步一等奖的奖项不少于5项。

(5)近10年主编2项或参编过5项以上国家、行业工程建设标准、规范。

1-3　技术装备及管理水平

(1)有完善的技术装备及固定工作场所,且主要固定工作场所建筑面积不少于10000平方米。

(2)有完善的企业技术、质量、安全和档案管理,通过ISO9000族标准质量体系认证。

(3)具有与承担建设项目工程总承包或工程项目管理相适应的组织机构或管理体系。

(二)工程设计行业资质

1. 甲级

1-1　资历和信誉

(1)具有独立企业法人资格。

(2)社会信誉良好,注册资本不少于600万元人民币。

(3)企业完成过的工程设计项目应满足所申请行业主要专业技术人员配备表中对工程设计类型业绩考核的要求,且要求考核业绩的每个设计类型的大型项目工程设计不少于1项或中型项目工程设计不少于2项,并已建成投产。

1-2　技术条件

(1)专业配备齐全、合理,主要专业技术人员数量不少于所申请行业资质标准中主要专业技术人员配备表规定的人数。

(2)企业主要技术负责人或总工程师应当具有大学本科以上学历、10年以上设计经历,主持过所申请行业大型项目工程设计不少于2项,具备注册执业资格或高级专业技术职称。

(3)在主要专业技术人员配备表规定的人员中,主导专业的非注册人员应当作为专业技术负责人主持过所申请行业中型以上项目不少于3项,其中大型项目不少于1项。

1-3　技术装备及管理水平

(1)有必要的技术装备及固定的工作场所。

(2)企业管理组织结构、标准体系、质量体系、档案管理体系健全。

具有施工总承包特级资质的企业,可以取得相应行业的设计甲级资质。

2. 乙级

2-1　资历和信誉

(1)具有独立企业法人资格。

(2)社会信誉良好,注册资本不少于300万元人民币。

2-2 技术条件

(1)专业配备齐全、合理,主要专业技术人员数量不少于所申请行业资质标准中主要专业技术人员配备表规定的人数。

(2)企业的主要技术负责人或总工程师应当具有大学本科以上学历、10 年以上设计经历,主持过所申请行业大型项目工程设计不少于 1 项,或中型项目工程设计不少于 3 项,具备注册执业资格或高级专业技术职称。

(3)在主要专业技术人员配备表规定的人员中,主导专业的非注册人员应当作为专业技术负责人主持过所申请行业中型项目不少于 2 项,或大型项目不少于 1 项。

2-3 技术装备及管理水平

(1)有必要的技术装备及固定的工作场所。

(2)有完善的质量体系和技术、经营、人事、财务、档案管理制度。

3. 丙级

3-1 资历和信誉

(1)具有独立企业法人资格。

(2)社会信誉良好,注册资本不少于 100 万元人民币。

3-2 技术条件

(1)专业配备齐全、合理,主要专业技术人员数量不少于所申请行业资质标准中主要专业技术人员配备表规定的人数。

(2)企业的主要技术负责人或总工程师应当具有大专以上学历、10 年以上设计经历,且主持过所申请行业项目工程设计不少于 2 项,具有中级以上专业技术职称。

(3)在主要专业技术人员配备表规定的人员中,主导专业的非注册人员应当作为专业技术负责人主持过所申请行业项目工程设计不少于 2 项。

3-3 技术装备及管理水平

(1)有必要的技术装备及固定的工作场所。

(2)有较完善的质量体系和技术、经营、人事、财务、档案管理制度。

(三)工程设计专业资质

1. 甲级

1-1 资历和信誉

(1)具有独立企业法人资格。

(2)社会信誉良好,注册资本不少于 300 万元人民币。

(3)企业完成过所申请行业相应专业设计类型大型项目工程设计不少于 1 项,或中型项目工程设计不少于 2 项,并已建成投产。

1-2 技术条件

(1)专业配备齐全、合理,主要专业技术人员数量不少于所申请专业资质标准中主要专业技术人员配备表规定的人数。

(2)企业主要技术负责人或总工程师应当具有大学本科以上学历、10 年以上设计经历,且主持过所申请行业相应专业设计类型的大型项目工程设计不少于 2 项,具备注册执业资格或高级专业技术职称。

(3)在主要专业技术人员配备表规定的人员中,主导专业的非注册人员应当作为专业技术负责人主持过所申请行业相应专业设计类型的中型以上项目工程设计不少于 3 项。其中大型项目不少于1项。

1-3 技术装备及管理水平

(1)有必要的技术装备及固定的工程场所。

(2)企业管理组织结构、标准体系、质量、档案体系健全。

2. 乙级

2-1 资历和信誉

(1)具有独立企业法人资格。

(2)社会信誉良好，注册资本不少于100万元人民币。

2-2 技术条件

(1)专业配备齐全、合理，主要专业技术人员数量不少于所申请专业资质标准中主要专业技术人员配备表规定的人数。

(2)企业的主要技术负责人或总工程师应当具有大学本科以上学历、10年以上设计经历，且主持过所申请行业相应专业设计类型的中型项目工程设计不少于3项，或大型项目工程设计不少于1项，具备注册执业资格或高级专业技术职称。

(3)在主要专业技术人员配备表规定的人员中，主导专业的非注册人员应当作为专业技术负责人主持过所申请行业相应专业设计类型的中型项目工程设计不少于2项，或大型项目工程设计不少于1项。

2-3 技术装备及管理水平

(1)有必要的技术装备及固定的工作场所。

(2)有较完善的质量体系和技术、经营、人事、财务、档案等管理制度。

3. 丙级

3-1 资历和信誉

(1)具有独立企业法人资格。

(2)社会信誉良好，注册资本不少于50万元人民币。

3-2 技术条件

(1)专业配备齐全、合理，主要专业技术人员数量不少于所申请专业资质标准中主要专业技术人员配备表规定的人数。

(2)企业的主要技术负责人或总工程师应当具有大专以上学历、10年以上设计经历，且主持过所申请行业相应专业设计类型的工程设计不少于2项，具有中级及以上专业技术职称。

(3)在主要专业技术人员配备表规定的人员中，主导专业的非注册人员应当作为专业技术负责人主持过所申请行业相应专业设计类型的项目工程设计不少于2项。

3-3 技术装备及管理水平

(1)有必要的技术装备及固定的工作场所。

(2)有较完善的质量体系和技术、经营、人事、财务、档案等管理制度。

4. 丁级(限建筑工程设计)

4-1 资历和信誉

(1)具有独立企业法人资格。

(2)社会信誉良好，注册资本不少于5万元人民币。

4-2 技术条件

企业专业技术人员总数不少于5人。其中，二级以上注册建筑师或注册结构工程师不少于1人；具有建筑工程类专业学历、2年以上设计经历的专业技术人员不少于2人；具有3年以上设计经历，参与过至少2项工程设计的专业技术人员不少于2人。

4-3　技术装备及管理水平

(1)有必要的技术装备及固定的工作场所。

(2)有较完善的技术、财务、档案等管理制度。

(四)工程设计专项资质

1. 资历和信誉

(1)具有独立企业法人资格。

(2)社会信誉良好，注册资本符合相应工程设计专项资质标准的规定。

2. 技术条件

专业配备齐全、合理，企业的主要技术负责人或总工程师、主要专业技术人员配备符合相应工程设计专项资质标准的规定。

3. 技术装备及管理水平

(1)有必要的技术装备及固定的工作场所。

(2)企业管理的组织结构、标准体系、质量体系、档案管理体系运行有效。

三、承担业务范围

承担资质证书许可范围内的工程设计业务，承担与资质证书许可范围相应的建设工程总承包、工程项目管理和相关的技术、咨询与管理服务业务。承担业务的地区不受限制。

(一)工程设计综合甲级资质

承担各行业建设工程项目的设计业务，其规模不受限制；但在承接工程项目设计时，须满足本标准中与该工程项目对应的设计类型对人员配置的要求。

承担其取得的施工总承包(施工专业承包)一级资质证书许可范围内的工程施工总承包(施工专业承包)业务。

(二)工程设计行业资质

1. 甲级

承担本行业建设工程项目主体工程及其配套工程的设计业务，其规模不受限制。

2. 乙级

承担本行业中、小型建设工程项目的主体工程及其配套工程的设计业务。

3. 丙级

承担本行业小型建设项目的工程设计业务。

(三)工程设计专业资质

1. 甲级

承担本专业建设工程项目主体工程及其配套工程的设计业务，其规模不受限制。

2. 乙级

承担本专业中、小型建设工程项目的主体工程及其配套工程的设计业务。

3. 丙级

承担本专业小型建设项目的设计业务。

4. 丁级(限建筑工程设计)

4-1　一般公共建筑工程

(1)单体建筑面积 2000 平方米及以下。
(2)建筑高度 12 米及以下。
4-2　一般住宅工程
(1)单体建筑面积 2000 平方米及以下。
(2)建筑层数 4 层及以下的砖混结构。
4-3　厂房和仓库
(1)跨度不超过 12 米,单梁式吊车吨位不超过 5 吨的单层厂房和仓库。
(2)跨度不超过 7.5 米,楼盖无动荷载的二层厂房和仓库。
4-4　构筑物
(1)套用标准通用图高度不超过 20 米的烟囱。
(2)容量小于 50 立方米的水塔。
(3)容量小于 300 立方米的水池。
(4)直径小于 6 米的料仓。
(四) 工程设计专项资质
承担规定的专项工程的设计业务,具体规定见有关专项设计资质标准。

四、附　　则

(一)本标准主要专业技术人员指下列人员:
(1)注册人员。
注册人员是指参加中华人民共和国统一考试或考核认定,取得执业资格证书,并按照规定注册,取得相应注册执业证书的人员。
注册人员专业包括:
注册建筑师;
注册工程师:结构(房屋结构、塔架、桥梁)、土木(岩土、水利水电、港口与航道、道路、铁路、民航)、公用设备(暖通空调、动力、给水排水)、电气(发输变电、供配电)、机械、化工、电子工程(电子信息、广播电影电视)、航天航空、农业、冶金、采矿/矿物、核工业、石油/天然气、造船、军工、海洋、环保、材料工程师;
注册造价工程师。
(2)非注册人员。
非注册人员须具有大专以上学历、中级以上专业技术职称,并从事工程设计实践 10 年以上。
(二)本标准自颁布之日起施行。
(三)本标准由建设部负责解释。

附件 1:工程设计行业划分表(略)
附件 2:各行业工程设计主要专业技术人员配备表(节选)
附件 3:各行业建设项目设计规模划分表(节选)
附件 4:各行业配备注册人员的专业在未启动注册时专业设置对照表(节选)
附件 5:建筑工程设计事务所资质标准(略)
附件 6:工程设计专项资质标准(略)

附件 2—13：

铁道行业工程设计主要专业技术人员配备表

工程设计资质	设计类型与等级 \ 注册专业 \ 专业设置	(1)经济	(2)行车	(3)线路	(4)路基	(5)桥梁	(6)隧道	(7)站场	(8)机务	(9)车辆	(10)电气化	(11)信号	(12)通信	(13)建筑	(14)结构	(15)电力	(16)设备	(17)给水排水	(18)地质	(19)施工组织	(20)工程经济	总计
注册专业				土木（铁路）	土木（铁路）	土木（结构）	土木（铁路）	土木（铁路）						建筑（一级）	结构（一级）	电气	机械	公用设备（给水排水）	岩土		造价	
行业资质	甲(Ⅰ)级	5	5	10	10	10	10	10	6	6	10	10	6	5	8	8		6	10	8	8	151
行业资质	甲(Ⅱ)级	3	3	5	5	5	3	5	3	3	4	4	3	3	3	4		3	4	4	4	71
行业资质	乙级	1	1	2	2	2	1	2	1	1	2	2	2	1	1	2		1	2	2	2	30
专业资质	桥梁 甲级			2	2	10		1						1	2	1		2	6	4	4	35
专业资质	轨道 甲级			2	6	2	2					2			8				2	2	2	28
专业资质	隧道 甲级			2	2		10	1						1	2	1	2	2	6	4	4	37
专业资质	电气化 甲级			2	2			2			10			1	1	5			2	4	4	33
专业资质	通信信号 甲级			1								8	6	1	2	4			1	4	4	31

注：1. 专业设置中，行业资质的主导专业为：(1)—(11)，(18)—(20)的 14 个专业。

专业资质的主导专业，桥梁：(3)、(5)、(18)—(20)的 5 个专业；轨道：(3)、(4)、(14)、(19)、(20)的 5 个专业；隧道：(3)、(6)、(18)—(20)的 5 个专业电气化：(10)、(15)、(19)(20)的 4 个专业；通信信号：(11)、(12)、(19)、(20)的 4 个专业。

2. 行业资质中，甲(Ⅰ)级专业设置中配备的主要专业技术人员为主持过两项及以上特大型项目的专业技术人员；甲(Ⅱ)级专业设置中配备的主要专业技术人员为主持过两项及以上大型项目的技术人员；乙级其专业设置中配备的主要专业技术人员为主持过两项及以上中型项目的技术人员。

3. 申请行业资质时，企业和个人业绩需包括至少 1 项综合项目。

附件3－13:

铁道行业建设项目设计规模划分表

<table>
<tr><th>序号</th><th colspan="3">建设项目</th><th>单位</th><th>特大型</th><th>大型</th><th>中型</th><th>小型</th><th>备注</th></tr>
<tr><td>1</td><td rowspan="3">综合项目</td><td colspan="2">新建铁路</td><td>km</td><td>普通铁路≥100，客运专线</td><td>100～50(含50)</td><td>50～10</td><td>≤10</td><td></td></tr>
<tr><td>2</td><td colspan="2">改建铁路</td><td>km</td><td>普通铁路≥200，客运专线</td><td>200～100(含100)</td><td>100～20</td><td>≤20</td><td></td></tr>
<tr><td>3</td><td colspan="2">枢纽</td><td>个</td><td>各种枢纽</td><td>区段站</td><td></td><td></td><td></td></tr>
<tr><td>4</td><td rowspan="6">专业项目</td><td colspan="2">桥梁</td><td>座</td><td>深水独立特大桥</td><td>特大桥</td><td></td><td></td><td></td></tr>
<tr><td rowspan="2">5</td><td rowspan="2">轨道</td><td>新建铁路</td><td rowspan="2">km</td><td>普通铁路≥100，客运专线</td><td>100～50(含50)</td><td>50～10</td><td>≤10</td><td></td></tr>
<tr><td>改建铁路</td><td>普通铁路≥200，客运专线</td><td>200～100(含100)</td><td>100～20</td><td>≤20</td><td></td></tr>
<tr><td>6</td><td colspan="2">隧道</td><td>座</td><td>长度大于5 km</td><td>大于2 km</td><td></td><td></td><td></td></tr>
<tr><td>7</td><td colspan="2">电气化</td><td>km</td><td>≥400</td><td></td><td></td><td></td><td></td></tr>
<tr><td>8</td><td colspan="2">通信信号</td><td>km</td><td>≥400</td><td></td><td></td><td></td><td></td></tr>
<tr><td></td><td></td><td colspan="2"></td><td></td><td></td><td></td><td></td><td></td><td></td></tr>
<tr><td></td><td></td><td colspan="2"></td><td></td><td></td><td></td><td></td><td></td><td></td></tr>
<tr><td></td><td></td><td colspan="2"></td><td></td><td></td><td></td><td></td><td></td><td></td></tr>
<tr><td></td><td></td><td colspan="2"></td><td></td><td></td><td></td><td></td><td></td><td></td></tr>
<tr><td></td><td></td><td colspan="2"></td><td></td><td></td><td></td><td></td><td></td><td></td></tr>
<tr><td></td><td></td><td colspan="2"></td><td></td><td></td><td></td><td></td><td></td><td></td></tr>
</table>

注：1. 甲(Ⅰ)级设计单位承担铁路设计任务不受限制。

2. 甲(Ⅱ)级设计单位可承担时速160 km(含)以下的铁路勘察设计，不含长度200 km以上的山区长大干线和铁路枢纽。

3. 铁路行业乙级设计单位可承担时速160 km以下，长度50 km以下的新建铁路和100 km以下既有铁路(不含区段站、特大桥)的勘察设计。

4. 铁路专业设计单位承担专业工程的范围不受限制。

附件 4—13：

铁道行业配备注册人员的专业在未启动注册时专业设置对照表

专业设置	注册专业	未启动注册时的专业
(3)线路	土木(铁路)	线路
(4)路基	土木(铁路)	路基
(5)桥梁	土木(结构)	桥梁
(6)隧道	土木(铁路)	隧道
(7)站场	土木(铁路)	站场
(15)电力	电气	电力
(16)设备	机械	设备
(17)给水排水	公用设备(给水排水)	给水排水

建设工程勘察设计资质管理规定实施意见

（建设部 建市〔2007〕202 号　2007 年 8 月 21 日）

为实施《建设工程勘察设计资质管理规定》（建设部令第 160 号）（以下简称新《规定》）和《工程设计资质标准》（建市［2007］86 号）（以下简称新《标准》），制定本实施意见。

一、资质申请条件

（一）凡在中华人民共和国境内，依法取得工商行政管理部门颁发的企业法人营业执照的企业，均可申请建设工程勘察、工程设计资质。依法取得合伙企业营业执照的企业，只可申请建筑工程设计事务所资质。

（二）因建设工程勘察未对外开放，资质审批部门不受理外商投资企业（含新成立、改制、重组、合并、并购等）申请建设工程勘察资质。

（三）工程设计综合资质涵盖所有工程设计行业、专业和专项资质。凡具有工程设计综合资质的企业不需单独申请工程设计行业、专业或专项资质证书。

工程设计行业资质涵盖该行业资质标准中的全部设计类型的设计资质。凡具有工程设计某行业资质的企业不需单独申请该行业内的各专业资质证书。

（四）具备建筑工程行业或专业设计资质的企业，可承担相应范围相应等级的建筑装饰工程设计、建筑幕墙工程设计、轻型钢结构工程设计、建筑智能化系统设计、照明工程设计和消防设施工程设计等专项工程设计业务，不需单独申请以上专项工程设计资质。

（五）有下列资质情形之一的，资质审批部门按照升级申请办理：

1. 具有工程设计行业、专业、专项乙级资质的企业，申请与其行业、专业、专项资质对应的甲级资质的；

2. 具有工程设计行业乙级资质或专业乙级资质的企业，申请现有资质范围内的一个或多个专业甲级资质的；

3. 具有工程设计某行业或专业甲、乙级资质的企业，其本行业和本专业工程设计内容中包含了某专项工程设计内容，申请相应的专项甲级资质的；

4. 具有丙级、丁级资质的企业，直接申请乙级资质的。

（六）新设置的分级别的工程勘察设计资质，自正式设置起，设立两年过渡期。在过渡期内，允许企业根据实际达到的条件申请资质等级，不受最高不超过乙级申请的限制，且申报材料不需提供企业业绩。

（七）具有一级及以上施工总承包资质的企业可直接申请同类别或相近类别的工程设计甲级资质。具有一级及以上施工总承包资质的企业申请不同类别的工程设计资质的，应从乙级资质开始申请（不设乙级的除外）。

（八）企业的专业技术人员、工程业绩、技术装备等资质条件，均是以独立企业法人为审核单位。企业(集团)的母、子公司在申请资质时,各项指标不得重复计算。

(九)允许每个大专院校有一家所属勘察设计企业可以聘请本校在职教师和科研人员作为企业的主要专业技术人员,但是其人数不得大于资质标准中要求的专业技术人员总数的三分之一,且聘期不得少于2年。在职教师和科研人员作为非注册人员考核时,其职称应满足讲师/助理研究员及以上要求,从事相应专业的教学、科研和设计时间10年及以上。

二、申报材料

(十)因《工程勘察资质标准》未修订,除本实施意见另有规定外,工程勘察资质的有关申报材料要求仍按建办市函[2006]274号文办理。

(十一)首次申请工程设计资质,需提交以下材料:

1. 工程设计资质申请表及电子文档(见附件1);

2. 企业法人、合伙企业营业执照副本复印件;

3. 企业章程或合伙人协议文本复印件;

4. 企业法定代表人、合伙人的身份证明复印件;

5. 企业负责人、主要技术负责人或总工程师的身份证明、任职文件、毕业证书、职称证书等复印件,主要技术负责人或总工程师提供"专业技术人员基本情况及业绩表";

6. 工程设计资质申请表中所列注册执业人员的身份证明复印件、企业注册所在地省级注册管理部门盖章的注册变更表或初始注册表;

7. 工程设计资质标准要求的非注册专业技术人员的身份证明、职称证书、毕业证书等复印件,主导专业的非注册人员还需提供"专业技术人员基本情况及业绩表";

8. 工程设计资质标准要求的主要专业技术人员(注册、非注册)与企业依法签订的劳动合同主要页(包括合同双方名称、聘用起止时间、签字盖章、生效日期)、与原聘用单位解除聘用劳动合同的证明或近一个月的社保证明复印件;其中,对军队或高校从事工程设计的事业编制的主要专业技术人员不需提供社保证明,但需提供所在单位上级人事主管部门的人事证明材料;

9. 办公场所证明,属于自有产权的出具产权证复印件;属于租用或借用的,出具出租(借)方产权证和双方租赁合同或借用协议的复印件。

(十二)申请工程设计资质升级,需提交以下材料:

1. 工程设计资质申请表及电子文档(见附件1);

2. 企业法人、合伙企业营业执照副本复印件;

3. 原工程设计资质证书副本复印件;

4. 企业负责人、主要技术负责人或总工程师的身份证明、任职文件、毕业证书、职称证书等复印件,主要技术负责人或总工程师提供"专业技术人员基本情况及业绩表";

5. 工程设计资质申请表中所列注册执业人员的身份证明复印件、加盖执业印章的注册证书复印件;

6. 工程设计资质标准要求的非注册专业技术人员的身份证明、职称证书、毕业证书等复印件,主导专业的非注册人员还需提供"专业技术人员基本情况及业绩表";

7. 工程设计资质标准要求的非注册专业技术人员与企业依法签订的劳动合同主要页(包括合同双方名称、聘用起止时间、签字盖章、生效日期)及近一个月的社保证明复印件;其中,对军队或高校从事工程设计的事业编制的非注册专业技术人员不需提供社保证明,但需提供所在单位上级人事主管部门的人事证明材料;

8. 满足工程设计资质标准要求的企业业绩证明材料，包括：工程设计合同主要页的复印件；建设单位（业主）出具的工程竣工、移交、试运行证明文件，或工程竣工验收文件的复印件。

（十三）申请工程设计资质增项，需提交以下材料：

1. 工程设计资质申请表及电子文档（见附件 1）；

2. 企业法人、合伙企业营业执照副本复印件；

3. 原工程设计资质证书副本复印件；

4. 企业负责人、主要技术负责人或总工程师的身份证明、任职文件、毕业证书、职称证书等复印件，主要技术负责人或总工程师提供“专业技术人员基本情况及业绩表”；

5. 工程设计资质申请表中所列注册执业人员的身份证明复印件、加盖执业印章的注册证书复印件；

6. 工程设计资质标准要求的非注册专业技术人员的身份证明、职称证书、毕业证书等复印件，主导专业的非注册人员还需提供“专业技术人员基本情况及业绩表”；

7. 工程设计资质标准要求的非注册专业技术人员与企业依法签订的劳动合同主要页（包括合同双方名称、聘用起止时间、签字盖章、生效日期）及近一个月的社保证明复印件；其中，对军队或高校从事工程设计的事业编制的非注册专业技术人员不需提供社保证明，但需提供所在单位上级主管部门人事部门的人事证明材料。

（十四）申请设计综合资质的，需提交以下材料：

1. 工程设计资质申请表及电子文档（见附件 1）；

2. 企业法人营业执照副本复印件；

3. 企业法定代表人基本情况表、任职文件、身份证明复印件；

4. 企业主要技术负责人或总工程师的任职文件、毕业证书、职称证书或注册执业证书、身份证明等复印件及“专业技术人员基本情况及业绩表”；

5. 甲级工程设计资质证书正、副本复印件；

6. 大型建设项目工程设计合同，试运行或竣工验收证明复印件；

7. 企业相应年度财务报表（资产负债表、损益表）、年度审计报告复印件；

8. 注册执业人员的注册执业证书（加盖执业印章）、身份证明复印件；

9. 专业技术人员初级以上职称证书、身份证明复印件；

10. 工程勘察、工程设计、科技进步奖证书复印件；

11. 国家、行业工程建设标准、规范发布批准文件及出版物主要页（包括出版物名称、批准部门、主编或参编单位名称、出版社名称）复印件；

12. 专利证书、专有技术发布（批准）文件或工艺包认可、认定、鉴定证书复印件；

13. ISO9001 标准质量体系认证证书复印件；

14. 办公场所证明，属于自有产权的出具产权证复印件；属于租用或借用的，出具出租（借）方产权证和双方租赁合同或借用协议的复印件。

（十五）延续工程设计资质，需提交以下材料：

1. 工程设计资质申请表及电子文档（见附件 1）；

2. 企业法人、合伙企业营业执照副本复印件；

3. 原工程设计资质证书副本复印件；

4. 工程设计资质申请表中所列注册执业人员的身份证明复印件、加盖执业印章的注册证书复印件；

5. 工程设计资质标准要求的非注册专业技术人员的身份证明、职称证书、毕业证书等复印件，主导专业的非注册人员还需提供“专业技术人员基本情况及业绩表”；

6. 工程设计资质标准要求的非注册专业技术人员近一个月的社保证明复印件；其中，对军队或高校从事工程设计的事业编制的非注册专业技术人员不需提供社保证明，但需提供所在单位上级主管部门人事部门的人事证明材料。

（十六）已具备施工资质的企业首次申请同类别或相近类别的工程勘察、工程设计资质的，其申报材料除应提供首次申请所列全部材料外，申请甲级勘察设计资质的，还应提供相应规模的工程勘察、设计业绩或工程总承包业绩证明材料，包括：工程勘察、工程设计或工程总承包合同主要页的复印件；建设单位（业主）出具的工程竣工、移交、试运行证明文件，或工程竣工验收文件的复印件。

（十七）企业因注册名称、注册资本、法定代表人或执行合伙企业事务的合伙人、注册地址等发生变化需变更资质证书内容的，由企业提出变更理由及变更事项，并提交以下材料：

1. 企业出具由法定代表人、执行合伙企业事务的合伙人签署的资质证书变更申请；

2. 企业法人、合伙企业营业执照副本复印件；

3. 资质证书正、副本原件；

4. 建设工程企业资质证书变更审核表；

5. 与资质变更事项有关的证明材料：

（1）企业名称、注册资本变更的，提供变更后的工商营业执照副本复印件；

（2）法定代表人或执行合伙企业事务的合伙人变更的，提供企业法定代表人或执行合伙企业事务的合伙人的身份证明；

（3）地址变更的提交新的办公场地的自有产权证明或租赁（借）合同和所租（借）场地的产权证明。

具有工程勘察甲级、工程设计甲级以及涉及铁路、交通、水利、信息产业、民航等方面的工程设计乙级资质的企业变更注册名称的，企业应向工商注册所在地的省级人民政府建设主管部门提出申请，由建设部负责办理。其他所有资质变更手续由企业工商注册所在地省级建设主管部门负责办理。但其中涉及企业资质证书编号发生变化的，省级人民政府建设主管部门需报建设部核准后，方可办理。

（十八）企业合并、分立、改制、重组后，需重新核定资质的，应提交下列材料：

1. 企业合并、分立、改制情况报告，包括新企业与原企业的产权关系、资本构成及资产负债情况，人员、内部组织机构的分立与合并、工程勘察设计业绩的分割、合并等情况；

2. 本实施意见第（十一）条所列的全部材料；

3. 原资质证书正、副本复印件；

4. 改制（重组）方案，上级行政主管部门及国有资产管理部门的批复文件，企业职工代表大会的决议；或股东（代表）大会、董事会的决议。

（十九）具有工程勘察甲级、工程设计甲级以及涉及铁路、交通、水利、信息产业、民航等方面的工程设计乙级资质的企业申请工商注册地跨省、自治区、直辖市变更，除提供本实施意见第（十一）条所列材料外，还应提交下列材料：

1. 企业原工商注册所在地省级建设主管部门同意资质变更的书面意见；

2. 资质变更前原企业工商注册登记注销证明及资质变更后新企业法人营业执照正本、副本复印件。

其中涉及资质证书中企业名称变更的，省级人民政府建设主管部门应将受理的申请材料报建设部办理。

乙级及以下资质（涉及铁路、交通、水利、信息产业、民航等方面的工程设计乙级资质除外）的工程勘察设计企业申请工商注册地跨省、自治区、直辖市变更，由各省级人民政府建设主管部门参照上述程序依法制定。

（二十）材料要求

1. 申请设计综合资质的，申请表一式二份，附件材料一份；申请一个行业的设计资质，申请表一式二份，附件材料一份，每增加一个行业的设计资质，增加一份申请表和一份附件材料；涉及铁道、交通、水利、信息产业、民航等行业的，需另增加一份申请表和一份附件材料。专项设计资质申请表及附件材料份数要求同上。

2. 附件材料采用A4纸装订成册，并有目录和分类编号；技术人员证明材料应按人整理并依照申请表所列技术人员顺序装订。需要核实原件的，由资质受理部门进行审查核实，并在初审部门审查意见表中由核验人签字。其中资质证书正、副本须全部复印，不得有缺页。复印件应加盖企业公章，注册执业人员应加盖个人执业印章（非注册人员除外）。材料中要求加盖公章或印鉴的，复印无效。

3. 企业申请工程勘察设计资质要如实填报《工程勘察、工程设计资质申请表》，企业法定代表人须在申请表上签名，对其真实性负责。申报材料要清楚、齐全，出现数据不全、字迹潦草、印鉴不清、难以辨认的，资质受理部门可不予受理。

三、资质受理审查程序

（二十一）资质受理部门应在规定时限内对工程勘察、工程设计提出的资质申请做出是否受理的决定。

（二十二）依据新《规定》第八条，各有关资质初审部门应当对申请甲级资质以及涉及铁路、交通、水利、信息产业、民航等方面的工程设计乙级资质企业所提交的材料是否齐全、是否与原件相符、是否具有不良行为记录以及个人业绩材料等进行核查，提出初审意见，并填写初审部门审查意见表。各有关资质初审部门应在规定初审时限内，将初审部门审查意见表、《工程勘察、工程设计资质申请表》、附件材料和报送公函一并报国务院建设主管部门。

对具有下列情况的申请人，不予受理资质申请材料：

1. 材料不齐全，或不符合法定形式的；

2. 按照新《规定》第十九条、第三十条、第三十一条规定，不予受理的。

国务院建设主管部门对收到各有关资质初审部门的初审材料、直接受理的企业资质申请材料组织审查或转国务院有关部门审核，并将审核意见予以公示。对于准予建设工程勘察、设计资质许可的申请，在建设部网站发布公告，并颁发资质证书。

（二十三）工程勘察设计企业应于资质证书有效期届满60日前，向原资质许可机关提出资质延续申请。逾期不申请资质延续的，有效期届满后，其资质证书自动失效。如需开展工程勘察设计业务，应按首次申请办理。

（二十四）对企业改制、分立、重组、合并设立的工程勘察设计企业，资质审批程序按以下规定执行：

1. 整体改制的企业，按本实施意见第（十七）条资质变更程序办理；

2. 重组、合并后的工程勘察设计企业可以承继重组、合并前各方中较高资质等级和范围。

重组、合并后不涉及资质升级和增项的，按本实施意见第（十七）条资质变更程序办理；涉及资质升级或增项的，按照160号部令中的审批程序核定。

3. 企业分立成两个以上工程勘察设计企业时，分立后的企业应分别按其实际达到的资质条件重新核定资质。

（二十五）省级人民政府建设主管部门对负责实施审批的建设工程勘察、工程设计资质许可，其资质受理审批程序由各省级人民政府建设主管部门研究确定。

省级人民政府建设主管部门应当自决定之日起30日内，将准予资质许可的决定报国务院建设主管部门备案，备案材料包括：准予资质许可的批准文件，批准企业的工程勘察、工程设计资质基本信息的电子文档。

（二十六）国务院国资委管理的企业及其下属一层级的企业申请工程勘察甲级资质、工程设计甲级资质，以及涉及铁路、交通、水利、信息产业、民航等方面的工程设计乙级资质的，应向国务院建设主管部门提出申请。国务院国资委管理的企业及其下属一层级的企业按规定程序申请获得甲级资质或涉及铁路、交通、水利、信息产业、民航等方面的工程设计乙级资质证书后30日内应将准予许可的公告、资质证书正副本复印件及工程勘察、工程设计资质基本信息的电子文档，向其工商注册所在地省级人民政府建设主管部门告知性备案。

教育部直属高校所属勘察设计企业参考上述规定办理。

四、资质证书

（二十七）建设工程勘察、工程设计资质证书由国务院建设主管部门统一印制，统一管理，由审批部门负责颁发，并加盖审批部门公章。

国务院建设主管部门统一制定资质证书编号规则。

（二十八）各序列、各级别建设工程勘察、工程设计资质证书全国通用，各地不得以任何名义设置审批性准入条件、收取费用。

（二十九）建设工程勘察、工程设计资质证书有效期为五年。建设工程勘察、工程设计资质证书分为正本和副本。

（三十）企业需遗失补办工程勘察、工程设计资质证书的，应当持下列材料，经其资质初审机关签署意见，报资质许可机关办理。企业在申请补办前应在全国性建筑行业报刊或省级以上（含省级）综合类报刊上刊登遗失作废的声明。资质许可机关应当在2日内办理完毕。

1. 由企业法定代表人、执行合伙企业事务的合伙人签署的申请补办证书的申请；

2.《建设工程企业资质证书变更审核表》及电子文档；

3. 全国性建筑行业报刊或省级以上（含省级）综合类报刊上刊登遗失作废的声明。

五、监督管理

（三十一）地方各级建设主管部门和有关部门对本辖区内从事工程勘察、工程设计的企业资质实施动态监督管理。按照新《规定》对企业的市场行为以及满足相应资质标准条件等方面加强检查，并将检查和处理结果记入企业信用档案。

具体抽查企业的数量和比例由各级建设主管部门和有关部门根据实际情况研究决定。

监督检查可以采取下列形式：

1. 集中监督检查。由建设主管部门或有关部门统一部署的监督检查；

2. 抽查和巡查。各级建设主管部门或有关部门随机进行的监督检查。

（三十二）实施监督检查时应当按以下程序进行：

1. 制定监督检查方案，其中集中监督检查方案应予以公布；

2. 检查应出具相应的检查文件或证件；

3. 上级部门实施监督检查时，当地建设主管部门和有关部门应当配合；

4. 实施检查时，应首先明确监督检查内容，被检单位应如实提供相关文件资料；对弄虚作假的，予以通报，并对其工程勘察设计资质重新核定，不符合相应资质标准要求的，资质许可机关可以撤回其工程勘察设计资质；对拒不提供被检资料的，予以通报，并责令其限期提供被检资料。

5. 检查人员应当将检查情况予以记录，并由被检单位负责人和检查人员签字确认；

6. 在监督检查中发现被检单位专业技术人员达不到资质标准要求或者发现其他违法行为和重大质量安全问题的，应当进行核实，依法提出行政处理或者行政处罚的建议。

7. 检查人员应当将检查情况汇总，连同有关行政处理或者行政处罚建议，向派出机关报告，并书面告知当地建设行政主管部门。

（三十三）企业违法从事工程勘察、工程设计活动的，其违法行为发生地的建设主管部门应当依法将企业的违法事实、处理结果或处理建议告知该企业的资质许可机关，同时告知企业工商注册所在地建设主管部门。

六、关于《工程设计资质标准》的有关说明

（三十四）资历和信誉

1. 企业排名

综合资质中工程勘察设计营业收入、企业营业税金及附加排名，是指经建设部业务主管部门依据企业年度报表，对各申报企业同期的年度工程勘察设计营业收入或企业营业税金及附加额从大到小的顺序排名；年度勘察设计营业收入、企业营业税金及附加，其数额以财政主管部门认可的审计机构出具的申报企业同期年度审计报告为准。

2. 注册资本

新《标准》中的注册资本，是指企业办理工商注册登记时的实收资本。

（三十五）技术条件

1. 企业主要技术负责人

新《标准》中所称企业主要技术负责人，是指企业中对所申请行业的工程设计在技术上负总责的人员。

2. 专业技术负责人

新《标准》中所称专业技术负责人，是指企业中对某一设计类型中的某个专业工程设计负总责的人员。

3. 非注册人员

新《标准》中所称非注册人员是指：

(1)经考核认定或考试取得了某个专业注册工程师资格证书，但还没有启动该专业注册的人员；

(2)在本标准“专业设置”范围内还没有建立对应专业的注册工程师执业资格制度的专业技术人员；

(3)在本标准“专业设置”范围内，某专业已经实施注册了，但该专业不需要配备具有注册执业资格的人员，只配备对应该专业的技术人员；或配备一部分注册执业资格人员，一部分对

应该专业的技术人员(例如,某行业“专业设置”中“建筑”专业的技术岗位设置了二列,其中“注册专业”为“建筑”的一列是对注册人员数量的考核,“注册专业”为空白的一列则是对“建筑”专业非注册技术人员数量的考核。)。

4. 专业技术职称

新《标准》中所称专业技术职称,是指经国务院人事主管部门授权的部门、行业或中央企业、省级专业技术职称评审机构评审的工程系列专业技术职称。

具有教学、研究系列职称的人员从事工程设计时,讲师、助理研究员可等同于工程系列的中级职称;副教授、副研究员可等同于工程系列的高级职称;教授、研究员可等同于工程系列的正高级职称。

5. 专业设置

新《标准》“各行业工程设计主要专业技术人员配备表”专业设置栏目中的专业,是指为完成某工程设计所设置的专业技术岗位(以下简称岗位),其称谓即为岗位的称谓。

在新《标准》中,将高等教育所学的且能够直接胜任岗位工程设计的学历专业称为本专业,与本专业同属于一个高等教育工学学科(如地矿类、土建类、电气信息类、机械类等工学学科)中的某些专业称为相近专业。本专业、相近专业的具体范围另行规定。岗位对人员所学专业和技术职称的考核要求为:学历专业为本专业,职称证书专业范围与岗位称谓相符。

在确定主要专业技术人员为有效专业人员时,除具备有效劳动关系以外,主要专业技术人员中的非注册人员学历专业、职称证书的专业范围,应与岗位要求的本专业和称谓一致和相符。符合下列条件之一的,也可作为有效专业人员认定:

(1)学历专业与岗位要求的本专业不一致,职称证书专业范围与岗位称谓相符,个人资历和业绩符合资质标准对主导专业非注册人员的资历和业绩要求的;

(2)学历专业与岗位要求的本专业一致,职称证书专业范围空缺或与岗位称谓不相符,个人资历和业绩符合资质标准对主导专业非注册人员的资历和业绩要求的;

(3)学历专业为相近专业,职称证书专业范围与岗位称谓相近,个人资历和业绩符合资质标准对主导专业非注册人员的资历和业绩要求的;

(4)学历专业、职称证书专业范围均与岗位要求的不一致,但取得高等院校一年以上本专业学习结业证书,从事工程设计10年及以上,个人资历和业绩符合资质标准对主导专业非注册人员的资历和业绩要求的。

6. 个人业绩

企业主要技术负责人或总工程师的个人业绩是指,作为所申请行业某一个大型项目的工程设计的项目技术总负责人(设总)所完成的项目业绩;主导专业的非注册人员的个人业绩是指,作为所申请行业某个大、中型项目工程设计中某个专业的技术负责人所完成的业绩。

建筑、结构专业的非注册人员业绩,也可是作为所申请行业某个大、中型项目工程设计中建筑、结构专业的主要设计人所完成的业绩。

工程设计专项资质标准中的非注册人员,均须按新《标准》规定的对主导专业的非注册人员需考核业绩的要求,按相应专项资质标准对个人业绩规定的考核条件考核个人业绩。

7. 企业业绩

(1)申请乙级、丙级资质的,不考核企业的业绩;

(2)申请乙级升甲级资质的,企业业绩应为其取得相应乙级资质后所完成的中型项目的业绩,其数量以甲级资质标准中中型项目考核指标为准;

(3)除综合资质外，只设甲级资质的，企业申请该资质时不考核企业业绩；

(4)以工程总承包业绩为企业业绩申请设计资质的，企业的有效业绩为工程总承包业绩中的工程设计业绩；

(5)申请专项资质的，企业业绩应是独立签订专项工程设计合同的业绩。行业配套工程中符合专项工程设计规模标准，但未独立签订专项工程设计合同的业绩，不作为申请专项资质时的有效专项工程设计业绩。

8. 专有技术、工艺包(软件包)

本标准中的专有技术是指企业自主开发、申报，经所在行业的业务主管部门或所在行业的全国性专业社团组织等认定并对外发布的某项技术。本标准中的工艺包是指企业引进或自主开发的，用于工程设计关键技术或核心技术，经所在行业的业务主管部门或所在行业的全国性专业社团组织等认可的工艺包(软件包)。

9. 承担业务范围

取得工程设计综合资质的企业可以承担各行业的工程项目设计、工程项目管理和相关的技术、咨询与管理服务业务；其同时具有一级施工总承包(施工专业承包)资质的，可以自行承担相应类别工程项目的工程总承包业务(包括设计和施工)及相应的工程施工总承包(施工专业承包)业务；其不具有一级施工总承包(施工专业承包)资质的企业，可以承担该项目的工程总承包业务，但应将施工业务分包给具有相应施工资质的企业。

取得工程设计行业、专业、专项资质的企业可以承担资质证书许可范围内的工程项目设计、工程总承包、工程项目管理和相关的技术、咨询与管理业务。承担工程总承包业务时，应将工程施工业务分包给具有工程施工资质的企业。

(三十六)对于申请工程设计综合资质的，在已启动的工程勘察设计系列(造价系列)的注册专业数量未达到五个专业前，已启动注册工程师考试但未启动注册的专业可视为有效注册专业，已取得该专业执业资格证书的人员可视为有效注册人员。在申请资质时需提供这些人员的注册申请表或本人同意在该企业注册的声明、执业资格证书、劳动合同及身份证明复印件。

工程勘察设计系列(造价系列)的注册专业数量达到或超过五个专业后，申请工程设计综合资质时，需提供注册人员的注册执业证书、执业印章印鉴、身份证明复印件。

(三十七)工程设计综合资质标准中所称具有初级以上专业技术职称且从事工程设计的人员；行业、专业、专项资质标准中所称企业主要技术负责人或总工程师以及结构设计、机电设计事务所资质标准中的合伙人，年龄限制在60周岁及以下。

(三十八)新《标准》中的注册人员具有两个及以上注册执业资格，作为注册人员考核时只认定其一个专业的注册执业资格，其他注册执业资格不再作为相关专业的注册人员予以认定。

(三十九)持原《工程设计资质证书》的，其承接业务范围，以原《工程设计资质分级标准》(建设[2001]22号，以下简称原《标准》)规定的承接业务范围为准。持新《工程设计资质证书》的，其承接业务范围，以新《标准》规定的承接业务范围为准。

(四十)申请各专项资质的，企业主要技术负责人或总设计师、总工程师，以及主要专业技术人员中的非注册人员的资格条件以相应专项资质标准规定的考核条件为准。其中企业主要专业技术人员中的非注册人员的学历、职称条件在专项资质标准未作规定的，按大专以上学历、中级以上专业技术职称确定。

申请建筑工程设计丁级的，专业技术人员的学历和从业年限以建筑工程设计专业丁级资质标准规定的考核条件为准。

（四十一）对于新《标准》新设置的军工（地面设备工程、运载火箭制造工程、地面制导弹工程）、机械（金属制品业工程、热加工、表面处理、检测、物料搬运及仓储）、铁道（轨道）、水运（港口装卸工艺）、民航（供油工程）、水利（水土保持、水文设施）、农林（种植业工程）等工程设计专业资质和照明工程设计专项资质，在 2009 年 3 月 31 日以前，企业可根据实际达到的资质条件申请不同级别的资质。2009 年 4 月 1 日以后，企业新申请以上类别工程设计专业或专项资质的最高等级为乙级（不设乙级的除外）。

七、过渡期有关规定

（四十二）自新《标准》发布之日起，新申请资质、申请增项资质、申请资质升级的企业应按新《标准》提出申请。各地区、各部门按原《标准》已经受理的申请材料报送国家建设主管部门的截止日期为 2007 年 8 月 31 日。

（四十三）为确保新旧资质证书的平稳过渡，按照"简单、便捷、高效"的原则，对已经取得行业设计资质、行业部分设计资质、专业事务所资质（暂定级除外）的企业，在 2010 年 3 月 31 日以前，在满足原《标准》的条件下，其资质证书继续有效。2010 年 3 月 31 日以前，企业只需满足新《标准》中主要专业技术人员等基本标准条件，即可按照新旧设计类型对照关系换领有效期为 5 年的新资质证书，具体换领工作安排另行通知。自 2010 年 4 月 1 日起，原资质证书作废。

已经取得工程设计专项资质（暂定级除外）的企业，应在 2008 年 3 月 31 日前达到新《标准》规定的相应资质标准条件，从 2008 年 4 月 1 日起，我部将按照新《标准》开展换证工作，具体换证工作安排另行通知。

已经取得主导工艺设计资质、综合事务所资质的企业，应在 2010 年 1 月 31 日前按照新《标准》提出资质重新核定申请，并换发新资质证书，核定后证书有效期为 5 年。其现有资质证书有效期至 2010 年 3 月 31 日，过期作废。

（四十四）按原《标准》取得暂定级设计资质证书的企业，应在其暂定级届满前 60 日提出转正申请，对符合新《标准》的，给予转正，证书有效期为 5 年；对符合原《标准》的，给予转正，证书有效期至 2010 年 3 月 31 日，证书到期后需按新《标准》重新核定，核定后证书有效期为 5 年；对既不符合新《标准》也不符合原《标准》的，按新《标准》重新核定，核定后证书有效期为 5 年。

企业按新《标准》申请资质转正所需提交的申报材料，按本实施意见第（十二）条申请资质升级所应提交的申报材料要求办理。企业按原《标准》申请资质转正所需提交的申报材料，仍按建办市函〔2006〕274 号文相应要求办理。

（四十五）企业如因证书变更等换领证书（专项资质除外）的，符合新《标准》设置要求的，且满足新《标准》中主要专业技术人员等基本标准条件，即可按照新旧设计类型对照关系换领有效期为 5 年的新资质证书。不符合新《标准》设置要求或不满足新《标准》中主要专业技术人员等基本标准条件的，换领有效期至 2010 年 3 月 31 日的资质证书。

（四十六）原已取得市政行业风景园林专业资质的企业，可直接换领新标准中相应等级的风景园林专项资质。

附件：1. 工程勘察、工程设计资质申请表（略）

2.《工程勘察、工程设计资质申请表》填表说明（略）

关于印发《施工总承包企业特级资质标准》的通知

（建设部 建市〔2007〕72号 2007年3月13日）

各省、自治区建设厅，直辖市建委，山东、江苏省建管局，国务院有关部门建设司，总后营房部工程局，新疆生产建设兵团建设局：

为规范对施工总承包特级企业的资质管理，引导企业成为技术含量高，融资能力强，管理水平高的龙头企业，促进建筑业企业向工程总承包发展，我们组织对《建筑业企业资质等级标准》（建建[2001]82号）中施工总承包特级资质标准进行了修订。现将修订后的《施工总承包企业特级资质标准》印发给你们，请遵照执行。

本标准自颁布之日起施行，原《建筑业企业资质等级标准》（建建[2001]82号）中施工总承包特级资质标准同时废止。

施工总承包企业特级资质标准

申请特级资质，必须具备以下条件：

一、企业资信能力

1. 企业注册资本金3亿元以上。

2. 企业净资产3.6亿元以上。

3. 企业近三年上缴建筑业营业税均在5000万元以上。

4. 企业银行授信额度近三年均在5亿元以上。

二、企业主要管理人员和专业技术人员要求

1. 企业经理具有10年以上从事工程管理工作经历。

2. 技术负责人具有15年以上从事工程技术管理工作经历，且具有工程序列高级职称及一级注册建造师或注册工程师执业资格；主持完成过两项及以上施工总承包一级资质要求的代表工程的技术工作或甲级设计资质要求的代表工程或合同额2亿元以上的工程总承包项目。

3. 财务负责人具有高级会计师职称及注册会计师资格。

4. 企业具有注册一级建造师（一级项目经理）50人以上。

5. 企业具有本类别相关的行业工程设计甲级资质标准要求的专业技术人员。

三、科技进步水平

1. 企业具有省部级(或相当于省部级水平)及以上的企业技术中心。

2. 企业近三年科技活动经费支出平均达到营业额的0.5%以上。

3. 企业具有国家级工法3项以上;近五年具有与工程建设相关的,能够推动企业技术进步的专利3项以上,累计有效专利8项以上,其中至少有一项发明专利。

4. 企业近十年获得过国家级科技进步奖项或主编过工程建设国家或行业标准。

5. 企业已建立内部局域网或管理信息平台,实现了内部办公、信息发布、数据交换的网络化;已建立并开通了企业外部网站;使用了综合项目管理信息系统和人事管理系统、工程设计相关软件,实现了档案管理和设计文档管理。

四、代表工程业绩(见附件1)

(一)房屋建筑工程(附1－1)(略)

(二)公路工程(附1－2)(略)

(三)铁路工程(附1－3)(保留)

(四)港口与航道工程(附1－4)(略)

(五)水利水电工程(附1－5)(略)

(六)电力工程(附1－6)(略)

(七)矿山工程(附1－7)(略)

(八)冶炼工程(附1－8)(略)

(九)石油化工工程(附1－9)(略)

(十)市政公用工程(附1－10)(略)

承包范围

1. 取得施工总承包特级资质的企业可承担本类别各等级工程施工总承包、设计及开展工程总承包和项目管理业务;

2. 取得房屋建筑、公路、铁路、市政公用、港口与航道、水利水电等专业中任意1项施工总承包特级资质和其中2项施工总承包一级资质,即可承接上述各专业工程的施工总承包、工程总承包和项目管理业务,及开展相应设计主导专业人员齐备的施工图设计业务。

3. 取得房屋建筑、矿山、冶炼、石油化工、电力等专业中任意1项施工总承包特级资质和其中2项施工总承包一级资质,即可承接上述各专业工程的施工总承包、工程总承包和项目管理业务,及开展相应设计主导专业人员齐备的施工图设计业务。

4. 特级资质的企业,限承担施工单项合同额3000万元以上的房屋建筑工程。

附件 1—3

铁路工程施工总承包企业特级资质标准

代表工程业绩

近 10 年承担一级铁路干线综合工程 300 公里以上或铁路客运专线综合工程 100 公里以上,并承担下列 4 项中的 2 项以上工程的工程总承包、施工总承包或主体工程承包,工程质量合格。

1. 长度 3000 米以上隧道 2 座;
2. 长度 500 米以上特大桥 3 座,或长度 1000 米以上特大桥 1 座;
3. 编组站 1 个;
4. 单项合同额 5 亿元以上铁路工程 2 个。

关于建设工程企业发生改制、重组、分立等情况资质核定有关问题的通知

（建设部 建市〔2007〕229号　2007年9月21日）

各省、自治区建设厅，直辖市建委，北京市规划委员会，江苏省、山东省建管局，新疆生产建设兵团建设局，国务院有关部门建设司（局），总后营房部工程管理局，国资委管理的有关企业：

为了进一步明确工程勘察设计、施工、监理企业及招标代理机构（简称建设工程企业）改制、重组、分立后涉及资质重新审核办理的有关要求，简化审核办理程序，方便和服务企业，现将建设工程企业改制、重组、分立后涉及资质办理的有关事项通知如下：

一、下列类型建设工程企业改制、重组、分立，申请办理企业资质，按照有关规定重新进行核定。

1. 企业新设分立（也称“解散分立”），即企业的资产（含设备，下同）、人员、业务等分立为两个或两个以上的新企业，原企业注销，新企业分别申请原企业的相关资质的；

2. 企业派生分立（也称“存续分立”），即企业的部分资产、人员、业务等分立设立一个或几个新企业，原企业仍然存在。原企业和新企业分别申请原企业原有相关资质的，或者原企业不再拥有资质，由新企业申请原企业原有相关资质的；

3. 企业经济性质变更，即内资企业被外资企业整体收购或收购部分股权，企业性质由内资企业变更为外资企业，经商务主管部门审批后，取得外商投资批准证书的；或者外资企业由于外国投资者的退出，企业性质由外资企业变更为内资企业，经商务主管部门注销外商投资批准证书后，办理工商营业执照变更为内资的。

属于以上第1、2两种情况的，分立设立的新企业应当提交原企业关于代表工程业绩、法律责任承继或分割情况的说明材料；若分立后的两家新企业分别申请原企业的同一项资质类别，则应当分别提供相应的代表工程业绩；属于第3种情况的，变更后的新企业申请原企业原有资质可不提交代表工程业绩材料。

对外资收购内资的，应按照《外商投资建筑业企业管理规定》（建设部、外经贸部令第113号）、《外商投资建设工程设计企业管理规定》（建设部、外经贸部令第114号）、《外商投资建设工程服务企业管理规定》（建设部、商务部令第155号）及《外商投资建设工程设计企业管理规定实施细则》（建市〔2007〕18号）等有关规定办理。

二、根据有关法律法规和企业资质管理规定，下列类型的建设工程企业发生改制、合并等情况申请资质证书的，可按照有关规定简化审批手续，直接进行证书变更。有关具体申报材料和程序按照《关于建设部批准的建设工程企业办理资质证书变更和增补有关事项的通知》（建市函〔2005〕375号）等要求办理。

1. 企业吸收合并，即一个企业吸收另一个企业，被吸收企业已办理注销登记的；

2. 企业新设合并，即有资质的几家企业，合并重组为一个新企业，原有企业注销，新企业申请承继原有企业资质的；

3. 国有企业整体改制的，改制后的企业申请承继原国有企业的所有资质的；或者国有企业将其主营业务资产、人员等投资设立新的公司制企业，原国有企业依然存续，不再拥有建设工程企业资质，由新企业申请承继原企业与主营业务相关的资质的。

三、企业改制、重组等涉及注册资本与实收资本变更的，按照实收资本考核。

四、本通知自下发之日起执行。

建筑业企业资质管理规定实施意见

（建设部 建市〔2007〕241号　2007年10月18日）

为规范建筑业企业资质管理，依据《建筑业企业资质管理规定》（建设部令第159号，以下简称《规定》）及相关法律法规，制定本实施意见。

一、资质申请

（一）依法取得工商行政管理部门颁发的《企业法人营业执照》的企业，在中华人民共和国境内从事土木工程、建筑工程、线路管道设备安装工程、装修工程的新建、扩建、改建等活动，应当申请建筑业企业资质。

（二）企业申请资质应按照《规定》第九条、第十条、第十一条规定的申请渠道提出申请，增项资质按照主项资质的申请渠道申请；

《规定》第九条第（二）款规定之外的企业申请各类资质，应向企业工商注册所在地建设主管部门申请。

（三）已取得工程设计综合资质、行业甲级资质的企业，可以直接申请一级及以下建筑业企业资质，但应满足建筑业企业资质标准要求。申请施工总承包资质的，企业完成相应规模的工程总承包业绩可以作为工程业绩申报资质。

其他工程设计企业申请建筑业企业资质应按照《规定》的要求办理。

（四）对企业改制、分立或合并后设立的企业，资质许可机关按下列规定进行资质核定：

1. 整体改制的企业，按资质变更程序办理；

2. 合并后存续或者新设立的企业可以承继合并前各方中较高资质等级。合并后不申请资质升级和增加其他专业资质的，按资质变更程序办理；申请资质升级或增加其他专业资质的，资质许可机关应根据其实际达到的资质条件，按照《规定》中的审批程序核定；

3. 企业分立成两个及以上企业的，应根据其实际达到的资质条件，按照《规定》的审批程序对分立后的企业分别重新核定资质等级。

（五）企业申请资质升级不受年限限制。

（六）企业可以申请一项或多项资质，申请多项资质的，应当选择一项作为主项资质，其余为增项资质。

企业的增项资质级别不得高于主项资质级别。

经原资质许可机关批准，企业的主项资质可以与增项资质互换。

（七）选择总承包序列某一类别资质作为本企业主项资质的，可申请总承包序列内各类别资质。取得施工总承包资质的企业，不再申请总承包资质覆盖范围内的各专业承包类别资质，即可承揽专业承包工程。总承包企业投标或承包其总承包类别资质覆盖范围以外的专业工程，须具备相应的专业承包类别资质；总承包企业不得申请劳务分包类别资质。

总承包类别覆盖的相应专业承包类别的对照表，另行制定印发后执行。

二、申请材料

企业申请资质需提供《建筑业企业资质申请表》(含电子文档)及相应附件资料，并按照下列顺序进行装订：

(八)综合资料(第一册)：

1. 企业法人营业执照副本；

2. 企业资质证书正、副本；

3. 企业章程；

4. 企业近三年建筑业行业统计报表；

5. 企业经审计的近三年财务报表；

6. 企业法定代表人任职文件、身份证明；

7. 企业经理和技术、财务负责人的身份证明、职称证书、任职文件及相关资质标准要求的技术负责人代表工程业绩证明资料；

8. 如有设备、厂房等要求的，应提供设备购置发票或租赁合同、厂房的房屋产权证或房屋租赁合同等相关证明，以及相关资质标准要求提供的其他资料。

9. 企业安全生产许可证(劳务分包企业、混凝土预制构件企业、预拌商品混凝土等企业可不提供)

其中，首次申请资质的企业，不需提供上述2、4、5、9的材料，但应提供企业安全生产管理制度的文件。

10. 申请特级资质的，除提供上述材料外，还应提供：

(1)企业近三年银行授信凭证；

(2)企业近三年上缴建筑业营业税税票或境外工程的工程结算凭证；

(3)省、部级(或相当于省部级)以上企业技术(研发)中心，或分中心认证的证书或有效核准文件；

(4)国家级工法的认定文件、专利技术的认定证书；

(5)国家科技进步奖获奖证书或主编过工程建设国家、行业标准的发布通知(或发布令)、封面、目次、前言和引言等资料复印件。

(九)人员资料(第二册)：

1. 建筑业企业资质申请表中所列注册人员的身份证明、注册证书；

2. 建筑业企业资质标准要求的非注册的专业技术人员的职称证书、身份证明、养老保险凭证；

3. 部分资质标准要求企业必须具备的特殊专业技术人员的职称证书、身份证明及养老保险凭证，还应提供相应证书及反映专业的证明材料；

4. 劳务分包企业应提供标准要求的人员岗位证书、身份证明。

(十)工程业绩资料(申请最低等级资质不提供)(第三册)：

1. 工程合同、中标通知书；

2. 符合国家规定的竣工验收单(备案表)或质量核验资料；

3. 上述资料无法反映技术指标的，还应提供反映技术指标要求的工程照片、图纸、工程决算资料等。

(十一)对企业申请改制、分立、合并需重新核定资质的，除需提供上述资料外，还应提供下列资料(列入第一册综合材料)：

1. 企业改制、分立、合并方案(包括新企业与原企业资产、人员、工程业绩的分割情况)；

2. 企业改制、分立、合并的批准文件或股东会或职工代表大会决议；

3. 企业改制、分立应提供改制、分立前企业近三年财务报表和统计报表；

4. 企业合并应提供合并前各企业近三年财务报表和统计报表及最新合并报表；

5. 会计师事务所出具的验资报告。

(十二)资质证书延续资料

1.《建筑业企业资质延续申请表》

2. 企业法人营业执照副本；

3. 企业资质证书正、副本；

4. 企业注册人员的注册证书。

(十三)已具备工程设计资质的企业首次申请同类别或相近类别建筑业企业资质的，其申报材料除应提供首次申请所列全部材料外，申请除最低等级的施工总承包资质的，还应提供本实施意见第(十)条所要求的全部材料。

(十四)具有《规定》第九条资质的企业申请变更资质证书中企业名称的，由建设部负责办理。企业应向工商注册所在地的省、自治区、直辖市人民政府建设主管部门提出申请，并提交下列材料：

1.《建设工程企业资质证书变更审核表》；

2. 企业法人营业执照副本复印件；

3. 企业原有资质证书正、副本原件及复印件；

4. 企业股东大会或董事会关于变更事项的决议或文件。

上述规定以外的资质证书变更手续，由省、自治区、直辖市人民政府建设主管部门负责办理，具体办理程序由省、自治区、直辖市人民政府建设主管部门依法确定。其中具有《规定》第九条资质的企业其资质证书编号发生变化的，省、自治区、直辖市人民政府建设主管部门需报建设部核准后，方可办理。

(十五) 具有《规定》第九条资质的企业申请工商注册地跨省、自治区、直辖市变更的，企业应向新注册所在地的省、自治区、直辖市人民政府建设主管部门提出申请，并提交下列材料：

1. 企业原工商注册地省、自治区、直辖市人民政府建设主管部门同意资质变更的书面意见；

2. 变更前原工商营业执照注销证明及变更后新工商营业执照正、副本复印件；

3. 首次申请资质的全部材料。

其中涉及资质证书中企业名称变更的，省、自治区、直辖市人民政府建设主管部门应将受理的申请材料报建设部办理。

具有《规定》第九条资质的企业之外的其他企业申请工商注册地跨省、自治区、直辖市变更，由各省、自治区、直辖市人民政府建设主管部门参照上述程序依法制定。

(十六)资料要求

1.《建筑业企业资质申请表》一式四份，附件资料一套。其中涉及铁路、交通、水利、信息产业、民航等专业部门资质的，每涉及一个专业部门，须另增加《建筑业企业资质申请表》二份、附件资料一套。

2. 资质受理机关负责核对企业提供的资料原件，原件由企业保存。资质许可机关正式受理后，所有资料一律不得更换、修改、退还。

上级相关主管部门对企业申请材料有质疑的，企业应当提供相关资料原件，必要时要配合相关部门进行实地调查。

3. 附件资料应按“综合资料、人员资料、工程业绩资料”的顺序排列装订，规格为A4(210×297 mm)型纸，并有标明页码的总目录及申请说明，建议采用软封面封底，逐页编写页码。

企业申报的资料必须使用中文，资料原文是其他文字的，须同时附中文译本并翻译准确。

4. 申请资料必须数据齐全、填表规范、印鉴齐全、字迹清晰，复印件必须清晰、可辨。

三、资质受理审查程序

(十七)《规定》第十一条所列“燃气燃烧器具安装、维修企业资质”的管理办法及审查标准由国务院建设主管部门另行规定。

(十八)省、自治区、直辖市人民政府建设主管部门根据本地区特殊情况，需增列《标准》中各类专业工程外的其他工程种类，其资质标准可参照专业承包序列“特种专业工程专业承包企业资质等级标准”的条件提出，报国务院建设主管部门按法定程序批准后予以颁布。由省、自治区、直辖市人民政府建设主管部门实施。

(十九)专业承包企业资质标准没有分级的，其申请和审批程序与专业承包一级企业相同；劳务分包企业资质没有分级的，其申请和审批程序与劳务分包一级企业相同。

(二十)涉及铁路、交通、水利、信息产业、民航等方面资质，由国务院建设主管部门负责审批的，国务院建设主管部门送国务院有关部门审核，国务院有关部门应在20日内审核完毕，并将审核意见返回国务院建设主管部门。由省、自治区、直辖市人民政府建设主管部门审批的，省、自治区、直辖市人民政府建设主管部门送省有关部门审核后审批。

涉及铁道、交通、水利、信息产业、民航方面的资质，除由国务院建设主管部门负责审批的资质外，其余资质由省、自治区、直辖市人民政府建设主管部门审批。

涉及铁道方面二级总承包资质的审批，因各省、自治区、直辖市人民政府目前没有设立相应的行政主管部门，其审批程序暂与一级资质相同。

(二十一)施工总承包特级资质的许可实行实地核查制度。

(二十二)资质许可实行公告制度。

由国务院建设主管部门实施许可的，公告在全国发行的综合性报纸或通过互联网进行发布；

由省、自治区、直辖市人民政府建设主管部门及设区的市人民政府建设主管部门实施许可的，公告方式由省、自治区、直辖市人民政府建设主管部门自行确定。

(二十三)资质许可机关对建筑业企业的所有申请、审查等书面材料应当至少保存五年。

上级建设主管部门有权对下级建设主管部门受理的企业申请材料、初审部门的审核材料进行监督检查。

(二十四)省级及以下建设主管部门应当在作出资质许可决定后30日内，将资质许可的决定，通过省级建设主管部门，向国务院建设主管部门备案，同时抄送相应专业部门，由建设部将各省资质许可情况及时在网上向社会公布，以方便异地查询和确认。逾期或未向建设部备案的，建设部将不再给予上网公布。

(二十五)企业申请资质升级、资质增项的，资质许可机关应当核查其近一年内有无《建筑业企业资质管理规定》第二十一条所列违法违规行为、有无《建筑市场诚信行为信息管理办法》

(建市〔2007〕9 号)中施工单位不良行为记录认定标准所列行为，并将核查结果作为资质许可的重要依据。

四、资质证书

(二十六)建筑业企业资质证书由建设部统一制定。实行全国统一编码，具体编码办法由国务院建设主管部门另行制定。

(二十七)建筑业企业资质证书，包括一个正本和六个副本(特级十二本)。企业因经营需要申请增加资格证书副本数量的，应持增加申请、企业法人营业执照副本、资格证书副本到原发证机关办理，最多增加三本(特级不超过六个副本)。

(二十八)各级建设主管部门依法颁发的企业资质证书在全国范围内有效。

(二十九)企业遗失资质证书，可以申请补办。需提供下列资料：

1. 申请补办的报告；

2.《建设工程企业证书增补审核表》；

3. 在《中国建设报》等全国性建设行业报纸或省级综合类报纸上刊登的遗失声明。

(三十)企业因变更、升级、注销等原因需要换发或收回资质证书的，由原资质许可机关负责收回并销毁。

(三十一)施工总承包特级资质证书：

1. 取得施工总承包序列中某一类别特级资质的企业，核发本类别建筑业企业特级资质证书；同时核发某一相应行业的工程设计甲级资质证书。

2. 取得房屋建筑、公路、铁路、市政公用、港口与航道、水利水电等类别中任意 1 类施工总承包特级资质，同时取得其他 2 类施工总承包一级及以上资质的。对达到特级标准的类别，核发建筑业企业特级资质证书和相应行业的行业甲级设计证书；并在建筑业企业资质证书上注明：可承接上述其他类别的各类工程施工总承包、工程总承包和项目管理及开展设计主导专业人员齐备的施工图设计业务。同时不再授予房屋建筑、公路、铁路、市政公用、港口航道、水利水电等类别的一级及以下施工总承包资质。

3. 取得房屋建筑、矿山、冶炼、石油化工、电力等类别中任意 1 类施工总承包特级资质，同时取得其他 2 类施工总承包一级及以上资质的。对达到特级标准的类别，核发建筑业企业特级资质证书和相应行业的行业甲级设计证书；并在建筑业企业资质证书上注明：可承接上述其他类别的各类工程施工总承包、工程总承包和项目管理及开展设计主导专业人员齐备的施工图设计业务。同时不再授予房屋建筑、矿山、冶炼、石油化工、电力等类别的一级及以下施工总承包资质。

(三十二)资质证书有效期为 5 年。

有效期的起始时间：以企业首次取得最高等级主项资质的日期为资质证书有效期计算起始时间。企业资质发生变更的，有效期不变，其中涉及主项升级，或分立、合并事项的，按新批准时间作为有效期的起始日。

(三十三)资质证书的续期：

1. 企业应于资质证书有效期届满 60 日前，按原资质申请途径申请资质证书有效期延续。在资质证书有效期内遵守有关法律、法规、规章、技术标准和职业道德，信用档案中无不良记录且注册资本和专业技术人员满足标准要求的，经资质许可机关同意，在其资质证书副本上签发有效期延续五年的意见；对有违法违规行为、信用档案中有不良记录或企业资质条件发生变化的，资质许可机关应对其资质情况进行重新核定。

2. 企业在资质证书有效期届满前 60 日内申请资质延续的，资质受理部门可受理其申请，但自有效期到期之日至批准延续的时间内资质证书失效。资质证书有效期届满仍未提出延续的，其资质证书自动失效。如需继续开展工程建设活动，企业必须重新申请建筑业企业资质。

五、监督管理

（三十四）地方各级建设主管部门应对本辖区内从事建筑施工活动的建筑业企业建立信用档案，根据本地实际情况制定资质许可的层级监管办法和监管标准，运用网络信息化手段对建筑业企业资质许可实施监督管理。

（三十五）监督管理的内容是对建筑业企业在建筑市场中违法违规行为的监督以及企业资质条件的检查。

对于发生违法违规行为的企业，违法行为发生地县级以上建设主管部门应当依法查处，并将违法事实、处罚结果或处理建议及时告知该企业的资质许可机关，同时将处罚结果记入建筑业企业信用档案，资质许可机关及时核查其资质条件。

（三十六）由国务院建设主管部门审批的建筑业企业资质的处罚，各省级建设主管部门和有关专业部门应当在违法事实查实认定后 30 日内，将资质处罚的建议报送国务院建设主管部门，国务院建设主管部门根据有关法律法规对企业进行资质处罚。

由省级建设主管部门、设区的市级建设主管部门审批的建筑业企业资质，处罚程序由各省级建设主管部门依据行政处罚法的规定确定。建立资质处罚信息公示制度，地方各级建设主管部门应及时将有关处罚信息向社会公布，并报上一级建设主管部门备案。

（三十七）各级资质许可机关应该对许可的建筑业企业的资质条件进行定期或不定期核查，每年抽查率不应低于 5%。被检查单位应如实提供企业资质证书、企业财务报表、人员资料及业绩资料等与资质标准相关的资料，核查中发现企业不符合相应资质条件的，由资质许可机关通知企业限期改正，整改期限不少于一个月，整改过程中企业应暂停新接工程、不得新申请资质。逾期不改的，由资质许可机关撤回其资质。

六、有关资质标准指标说明

（三十八）关于工程业绩

1. 一项工程业绩同时满足多项技术指标的，只能作为一项指标考核。例如，房屋建筑工程按层数计算过业绩，就不能再按高度或跨度等计算业绩。1 项工程，即使层数、高度、跨度、造价等均达到考核标准，也只能算 1 项业绩。

2. 业绩要求的"×项中的×项"必须分别满足，不能相互替代。例如房屋建筑一级资质标准，要求企业完成"6 项中的 4 项以上工程"，是指企业完成的工程中，层数、高度、单体面积、单跨跨度、住宅小区、单项建安合同额等 6 项指标中至少满足 4 项，不足 4 项即为业绩不达标。某企业分别完成了层数、高度、单体建筑面积达标的多个工程，但只能算 3 项业绩，仍达不到要求完成的 4 项以上业绩，故该企业业绩仍为不达标。

3. 企业申请多项资质的，工程业绩应当分别满足各项资质标准中所要求的条件。

4. 签订房屋建筑工程总承包合同的，主体结构工程竣工验收合格后，方可作为工程总承包业绩计算。

5. 同一个工程项目分期发包，且中标单位均为同一家企业的，可以将各期工程累加。如果累加后能够达到标准要求的某一项，可以作为代表工程业绩申报。不属同一个工程项目的不能累加；超过标准规定时限和承揽范围要求的不能累加。

6. 企业与业主签订了施工总承包合同，不论该工程是否实行分包，可计入该企业的施工总承包业绩。合法分包该工程的专业承包企业，也可将承包的专业工程作为专业业绩申报资质。

7. 施工总承包企业申请专业承包资质晋级的，应提供单独承包的专业工程作为工程业绩，而不能使用施工总承包工程作为工程业绩。

8. 标准中要求的"近5年"或"近10年"，是指自申报年度起逆推5年或10年竣工验收合格的项目。如：申报年度为2005年，"近5年"的业绩年限从2000年1月1日算起。

9. 代表工程的合同资料。指企业承包工程所签订的能反映合同双方名称、工程概况、合同价格、承包方式、施工工期、质量约定等内容的建设工程合同协议书或者含有上述内容的合同部分。

10. 质量验收资料。指业主或质量监督部门出具的竣工验收报告或工程质量鉴定书。国外工程按照国际惯例出具工程竣工证明文件。

11. 房屋建筑业绩标准中涉及的"单位"、"单体"、"单项"工程，均指单体建筑或连体建筑（连体建筑应提供该建筑物为同一基础的证明）。

12. 轻钢结构、网架结构的跨度业绩不能作为房屋建筑跨度业绩。

13. 房屋建筑工程的高度应为从标高正负零算起至檐口的高度。

14. 网架工程边长按短边进行考核。

15. 超越本企业资质等级范围的代表工程业绩无效。

（三十九）关于工程技术和经济管理人员

1. 企业工程技术和经济管理人员超过60周岁的人数比例不得超过15%，技术负责人年龄限制在60周岁及以下。

2. 企业人员在两家及以上企业注册或受聘的不予认可，其证书上的单位必须与申报单位名称一致。涉及铁道、交通、水利、信息产业、民航、消防等方面资质的，企业的工程技术和经济管理人员职称证书或岗位资格证书复印件应同时上报。

3. 申请特级资质的，企业应具有与特级资质承包范围内各类别工程相对应的，各专业注册建造师不少于5人。

4. 对企业总工程师（技术负责人）的专业考核，按企业申请的主项资质要求进行。

5. 企业申请多项资质的，其注册建造师（或项目经理）人数按照企业申报的各类资质标准中的最高值进行考核。

（四十）其他指标

1. 注册资本金：是指在企业法人营业执照上标明的注册资本金，以实收资本为考核指标。申请多项资质的，企业的注册资本金按照企业申请各类别资质标准的最高值进行考核。

2. 净资产：企业总资产减去总负债后的余额。申请多项资质的，按照企业申请的各类别资质标准中的最高值进行考核。

3. 工程结算收入：是指本企业承包工程实现的工程价款结算收入。按企业财务报表份年度填写。新设立企业不填此项。

核定企业的工程结算收入时，应按企业完成的各类工程结算收入计算，不包括工程以外的其他业务收入（如房地产开发收入）；申请多项资质的，按照企业申请的各类别资质标准中的最高值进行考核。

4. 企业财务报表:指企业经审计的最近三年的资产负债表、损益表。

5. 企业的注册执业人员、工程技术人员、技术装备和工程业绩(包括境外工程业绩)等条件,均是以独立法人企业为审核单位。企业(集团)的母、子公司在申请资质时,上述各项指标不得重复计算。

6. 根据事故造成的伤亡人数或者直接经济损失,将事故划分为特别重大事故、重大事故、较大事故和一般事故4个等级;具体标准参照《生产安全事故报告和调查处理条例》。

国家颁布有其他专业工程事故分级标准的,按与上述分级对应的标准考核。

(四十一)涉及特级资质标准的指标解释

1. 建筑业营业税:指企业在承包范围内开展的施工总承包、施工图设计、工程总承包和项目管理业务所交纳的营业税;企业申请多项特级资质,每增加一项,营业税增加5000万元;境外工程结算收入可按当期汇率与国内建筑营业税税率折算建筑营业税。

2. 银行授信额度:指银行授予企业的年度信贷额度。多家银行的授信额度不能累加计算,以其中的最高额度为准。

3. 技术负责人主持完成过的代表工程:指其担任项目负责人、项目经理、总工程师或主持完成技术标(并签字)、总设计师等职务时所完成的工程项目;企业应提供工程合同及工程竣工证明或设计合同及工程图纸,上述材料均需提供技术负责人本人签字页。

4. 财务负责人:指企业主管财务工作的主要负责人。

5. 企业设计专业技术人员的考核,参照行业工程设计甲级资质标准人员配备表的规定。

6. 企业技术中心:指符合《国家认定企业技术中心管理办法》(国家发改委、科学技术部、财政部、海关总署、国家税务总局令第53号)规定的认定标准(或相当于该水平的标准),并经认定的企业技术中心(含分中心)。企业应提供有关批准文件或认定证书复印件。

7. 企业科技活动经费:主要包括科技开发经费支出、信息化建设支出、科技培训费支出和科技开发奖励经费支出。科技开发经费一般包括新产品设计费、工艺规程制定费、设备调整费、各类试验费、技术资料购置费、研究机构人员工资以及科技研究有关的其他经费或委托其他单位进行科研试制的费用。

按照企业财务或统计报表中"科技活动经费支出"栏目进行考核。

8. 科技进步奖:指根据《国家科学技术奖励条例》(国务院第396号)、《国家科学技术奖励条例实施细则》的规定,由国家科技行政部门负责组织评审,国务院批准的国家科技进步奖。企业应提供获奖证书复印件。

9. 主持编制过国家或行业标准:指企业主持编制过按照《中华人民共和国标准化法》的规定属于国家或行业级别的工程建设标准,并且已经正式出版。企业应提供标准的发布通知(或发布令)、封面、目次、前言和引言等资料复印件。

10. 申请多项特级资质的,其企业"资信能力"、"科技进步水平"中的各项指标及企业具有注册建造师数量不需叠加计算,但设计专业技术人员和代表工程业绩应分别满足标准要求。

(四十二)涉及铁道、交通、水利、信息产业、民航等方面资质的界定

1. 涉及铁道方面的资质包括:铁路工程施工总承包企业资质、铁路电务工程专业承包企业资质、铁路铺轨架梁工程专业承包企业资质、铁路电气化工程专业承包企业资质。

2. 涉及交通方面的资质包括:公路工程施工总承包企业资质、公路路面工程专业承包企

业资质、公路路基工程专业承包企业资质、公路交通工程专业承包企业资质；港口与航道工程施工总承包企业资质、港口与海岸工程专业承包企业资质、港口装卸设备安装工程专业承包企业资质、航道工程专业承包企业资质、通航建筑工程专业承包企业资质、通航设备安装工程专业承包企业资质、水上交通管制工程专业承包企业资质。

3. 涉及水利方面的资质包括：水利水电工程施工总承包（水利专业）企业资质、水工建筑物基础处理工程专业承包企业资质、水工金属结构制作与安装工程专业承包企业资质、河湖整治工程专业承包企业资质、堤防工程专业承包企业资质、水利水电机电设备安装工程专业承包（水利专业）企业资质、水工大坝工程专业承包企业资质、水工隧洞工程专业承包企业资质。

4. 涉及信息产业方面的资质包括：通信工程施工总承包企业资质、电信工程专业承包企业资质、电子工程专业承包企业资质。

5. 涉及民航方面的资质包括：机场场道工程专业承包企业资质、机场空管工程及航站楼弱电系统工程专业承包企业资质、机场目视助航工程专业承包企业资质。

6. 涉及多个专业部门的资质包括：钢结构工程专业承包企业资质、桥梁工程专业承包企业资质、隧道工程专业承包企业资质、核工程专业承包企业资质、海洋石油专业承包企业资质、爆破与拆除工程专业承包企业资质。

7. 按照《规定》第九条规定，上述各总承包特级、一级资质；专业承包一级资质及涉及铁路、民航方面专业承包二级资质的许可，由国务院建设行政主管部门实施。

七、过渡期的有关规定

（四十三）《规定》实施前已取得建筑业企业资质的企业，在《规定》实施后其资质证书暂不统一换发，建设部将会同有关部门抓紧对特级资质以外的建筑业企业资质等级标准进行修订，在新的标准颁布实施前，原资质证书继续有效。

在过渡期内，暂按以下规定执行：施工总承包企业申请的专业工程类别资质不超过 5 项，但不得申请劳务分包类别资质；

选择专业承包序列某一类别资质作为本企业主项资质的，可申请不超过 5 项的专业承包序列内各类别资质，但不得申请劳务分包序列的各类别资质，不得增项总承包资质；达到资质标准的，可以申请不超过现有主项资质等级的总承包资质，但须将总承包资质变更为主项资质，且主增项资质符合前款要求；

劳务分包序列企业可以申请本序列内各类别资质。

企业如申请资质升级或其他原因发生主项资质变化的，证书有效期按本实施意见第三十二条规定办理。

（四十四）特级资质企业的过渡期

在《特级标准》颁布前已取得施工总承包特级资质的企业，自《特级标准》发布之日起设三年过渡期。原资质证书有效期延续到 2010 年 3 月 13 日。过渡期内企业按原资质证书的承包范围承揽业务；过渡期届满三个月前，企业应按照《特级标准》重新申请资质；有效期届满，企业原资质证书自行失效。

过渡期内，持原特级资质证书的企业提出资质分立、改制申请的，在原企业的企业名称、资质基本条件未发生变化的前提下，对分立、改制后的企业除特级以外的其他资质全部进行重新核定，但原企业特级资质的注册资本、人员等条件必须满足原特级标准要求。

（四十五）项目经理的过渡期

在项目经理过渡期内，项目经理资质证书与建造师注册证书暂同等使用，其中一、二级建造师暂与同等级项目经理相对应，三级项目经理暂由企业自聘。

（四十六）《规定》实施后，申请特级资质的，按照《施工总承包企业特级资质标准》（建市〔2007〕72 号）进行审批，申请其他资质的，仍沿用《建筑业企业资质等级标准》（建建〔2001〕82 号）进行审查。

（四十七）本实施意见自颁发起施行。凡过去文件规定与本意见不一致的，以本意见为准。

工程监理企业资质标准

（建设部 建市〔2007〕131号 2007年5月21日）

工程监理企业资质分为综合资质、专业资质和事务所三个序列。综合资质只设甲级。专业资质原则上分为甲、乙、丙三个级别，并按照工程性质和技术特点划分为14个专业工程类别（附表2）；除房屋建筑、水利水电、公路和市政公用四个专业工程类别设丙级资质外，其他专业工程类别不设丙级资质。事务所不分等级。

一、资质标准

（一）综合资质标准

1. 具有独立法人资格且注册资本不少于600万元。

2. 企业技术负责人应为注册监理工程师，并具有15年以上从事工程建设工作的经历或者具有工程类高级职称。

3. 具有5个以上工程类别的专业甲级工程监理资质。

4. 注册监理工程师不少于60人，注册造价工程师不少于5人，一级注册建造师、一级注册建筑师、一级注册结构工程师或者其他勘察设计注册工程师合计不少于15人次。

5. 企业具有完善的组织结构和质量管理体系，有健全的技术、档案等管理制度。

6. 企业具有必要的工程试验检测设备。

7. 申请工程监理资质之日前两年内，企业没有违反法律、法规及规章的行为。

8. 申请工程监理资质之日前两年内没有因本企业监理责任造成重大质量事故。

9. 申请工程监理资质之日前两年内没有因本企业监理责任发生三级以上工程建设重大安全事故或者发生两起以上四级工程建设安全事故。

（二）专业资质标准

1. 甲级

（1）具有独立法人资格且注册资本不少于300万元。

（2）企业技术负责人应为注册监理工程师，并具有15年以上从事工程建设工作的经历或者具有工程类高级职称。

（3）注册监理工程师、注册造价工程师、一级注册建造师、一级注册建筑师、一级注册结构工程师或者其他勘察设计注册工程师合计不少于25人次；其中，相应专业注册监理工程师不少于《专业资质注册监理工程师人数配备表》（附表1）中要求配备的人数，注册造价工程师不少于2人。

（4）企业近2年内独立监理过3个以上相应专业的二级工程项目，但是，具有甲级设计资质或一级及以上施工总承包资质的企业申请本专业工程类别甲级资质的除外。

（5）企业具有完善的组织结构和质量管理体系，有健全的技术、档案等管理制度。

（6）企业具有必要的工程试验检测设备。

（7）申请工程监理资质之日前两年内，企业没有违反法律、法规及规章的行为。

(8)申请工程监理资质之日前两年内没有因本企业监理责任造成重大质量事故。

(9)申请工程监理资质之日前两年内没有因本企业监理责任发生三级以上工程建设重大安全事故或者发生两起以上四级工程建设安全事故。

2. 乙级

(1)具有独立法人资格且注册资本不少于100万元。

(2)企业技术负责人应为注册监理工程师,并具有10年以上从事工程建设工作的经历。

(3)注册监理工程师、注册造价工程师、一级注册建造师、一级注册建筑师、一级注册结构工程师或者其他勘察设计注册工程师合计不少于15人次。其中,相应专业注册监理工程师不少于《专业资质注册监理工程师人数配备表》(附表1)中要求配备的人数,注册造价工程师不少于1人。

(4)有较完善的组织结构和质量管理体系,有技术、档案等管理制度。

(5)有必要的工程试验检测设备。

(6)申请工程监理资质之日前两年内,企业没有违反法律、法规及规章的行为。

(7)申请工程监理资质之日前两年内没有因本企业监理责任造成重大质量事故。

(8)申请工程监理资质之日前两年内没有因本企业监理责任发生三级以上工程建设重大安全事故或者发生两起以上四级工程建设安全事故。

3. 丙级

(1)具有独立法人资格且注册资本不少于50万元。

(2)企业技术负责人应为注册监理工程师,并具有8年以上从事工程建设工作的经历。

(3)相应专业的注册监理工程师不少于《专业资质注册监理工程师人数配备表》(附表1)中要求配备的人数。

(4)有必要的质量管理体系、档案管理和规章制度。

(5)有必要的工程试验检测设备。

(三)事务所资质标准

1. 取得合伙企业营业执照,具有书面合作协议书。

2. 合伙人中有不少于3名注册监理工程师,合伙人均有5年以上从事建设工程监理的工作经历。

3. 有固定的工作场所。

4. 有必要的质量管理体系、档案管理和规章制度。

5. 有必要的工程试验检测设备。

二、业务范围

(一)综合资质

可以承担所有专业工程类别建设工程项目的工程监理业务,以及建设工程的项目管理、技术咨询等相关服务。

(二)专业甲级资质

可承担相应专业工程类别建设工程项目的工程监理业务(见附表2),以及相应类别建设工程的项目管理、技术咨询等相关服务。

(三)专业乙级资质

可承担相应专业工程类别二级(含二级)以下建设工程项目的工程监理业务(见附表2),

以及相应类别和级别建设工程的项目管理、技术咨询等相关服务。

(四)专业丙级资质

可承担相应专业工程类别三级建设工程项目的工程监理业务(见附表2),以及相应类别和级别建设工程的项目管理、技术咨询等相关服务。

(五)事务所资质

可承担三级建设工程项目的工程监理业务(见附表2),以及相应类别和级别建设工程项目管理、技术咨询等相关服务。但是,国家规定必须实行强制监理的建设工程监理业务除外。

附表 1

专业资质注册监理工程师人数配备表

（单位:人）

序号	工程类别	甲级	乙级	丙级
1	房屋建筑工程	15	10	5
2	冶炼工程	15	10	
3	矿山工程	20	12	
4	化工石油工程	15	10	
5	水利水电工程	20	12	5
6	电力工程	15	10	
7	农林工程	15	10	
8	铁路工程	23	14	
9	公路工程	20	12	5
10	港口与航道工程	20	12	
11	航天航空工程	20	12	
12	通信工程	20	12	
13	市政公用工程	15	10	5
14	机电安装工程	15	10	

注:表中各专业资质注册监理工程师人数配备是指企业取得本专业工程类别注册的注册监理工程师人数。

附表 2

专业工程类别和等级表(节选)

<table>
<tr><th>序号</th><th colspan="2">工程类别</th><th>一级</th><th>二级</th><th>三级</th></tr>
<tr><td rowspan="3">一</td><td rowspan="3">房屋建筑工程</td><td>一般公共建筑</td><td>28 层以上;36 米跨度以上(轻钢结构除外);单项工程建筑面积 3 万平方米以上</td><td>14～28 层;24～36 米跨度(轻钢结构除外);单项工程建筑面积 1 万～3 万平方米</td><td>14 层以下;24 米跨度以下(轻钢结构除外);单项工程建筑面积 1 万平方米以下</td></tr>
<tr><td>高耸构筑工程</td><td>高度 120 米以上</td><td>高度 70～120 米</td><td>高度 70 米以下</td></tr>
<tr><td>住宅工程</td><td>小区建筑面积 12 万平方米以上;单项工程 28 层以上</td><td>建筑面积 6 万～12 万平方米;单项工程 14～28 层</td><td>建筑面积 6 万平方米以下;单项工程 14 层以下</td></tr>
<tr><td rowspan="4">八</td><td rowspan="4">铁路工程</td><td>铁路综合工程</td><td>新建、改建一级干线;单线铁路 40 千米以上;双线 30 千米以上及枢纽</td><td>单线铁路 40 千米以下;双线 30 千米以下;二级干线及站线;专用线、专用铁路</td><td></td></tr>
<tr><td>铁路桥梁工程</td><td>桥长 500 米以上</td><td>桥长 500 米以下</td><td></td></tr>
<tr><td>铁路隧道工程</td><td>单线 3000 米以上;双线 1500 米以上</td><td>单线 3000 米以下;双线 1500 米以下</td><td></td></tr>
<tr><td>铁路通信、信号、电力电气化工程</td><td>新建、改建铁路(含枢纽、配、变电所、分区亭)单双线 200 千米及以上</td><td>新建、改建铁路(不含枢纽、配、变电所、分区亭)单双线 200 千米及以下</td><td></td></tr>
<tr><td rowspan="4">九</td><td rowspan="4">公路工程</td><td>公路工程</td><td>高速公路</td><td>高速公路路基工程及一级公路</td><td>一级公路路基工程及二级以下各级公路</td></tr>
<tr><td>公路桥梁工程</td><td>独立大桥工程;特大桥总长 1000 米以上或单跨跨径 150 米以上</td><td>大桥、中桥桥梁总长 30～1000 米或单跨跨径 20～150 米</td><td>小桥总长 30 米以下或单跨跨径 20 米以下;涵洞工程</td></tr>
<tr><td>公路隧道工程</td><td>隧道长度 1000 米以上</td><td>隧道长度 500～1000 米</td><td>隧道长度 500 米以下</td></tr>
<tr><td>其他工程</td><td>通讯、监控、收费等机电工程,高速公路交通安全设施、环保工程和沿线附属设施</td><td>一级公路交通安全设施、环保工程和沿线附属设施</td><td>二级及以下公路交通安全设施、环保工程和沿线附属设施</td></tr>
</table>

注:1. 表中的“以上”含本数,“以下”不含本数。

2. 未列入本表中的其他专业工程,由国务院有关部门按照有关规定在相应的工程类别中划分等级。

3. 房屋建筑工程包括结合城市建设与民用建筑修建的附建人防工程。

工程监理企业资质管理规定实施意见

（建设部 建市〔2007〕190 号　2007 年 7 月 31 日）

为规范工程监理企业资质管理，依据《工程监理企业资质管理规定》（建设部令第 158 号，以下简称 158 号部令）及相关法律法规，制定本实施意见。

一、资质申请条件

（一）新设立的企业申请工程监理企业资质和已具有工程监理企业资质的企业申请综合资质、专业资质升级、增加其他专业资质，自 2007 年 8 月 1 日起应按照 158 号部令要求提出资质申请。

（二）新设立的企业申请工程监理企业资质，应先取得《企业法人营业执照》或《合伙企业营业执照》，办理完相应的执业人员注册手续后，方可申请资质。

取得《企业法人营业执照》的企业，只可申请综合资质和专业资质，取得《合伙企业营业执照》的企业，只可申请事务所资质。

（三）新设立的企业申请工程监理企业资质和已获得工程监理企业资质的企业申请增加其他专业资质，应从专业乙级、丙级资质或事务所资质开始申请，不需要提供业绩证明材料。申请房屋建筑、水利水电、公路和市政公用工程专业资质的企业，也可以直接申请专业乙级资质。

（四）已具有专业丙级资质企业可直接申请专业乙级资质，不需要提供业绩证明材料。已具有专业乙级资质申请晋升专业甲级资质的企业，应在近 2 年内独立监理过 3 个及以上相应专业的二级工程项目。

（五）具有甲级设计资质或一级及以上施工总承包资质的企业可以直接申请与主营业务相对应的专业工程类别甲级工程监理企业资质。具有甲级设计资质或一级及以上施工总承包资质的企业申请主营业务以外的专业工程类别监理企业资质的，应从专业乙级及以下资质开始申请。

主营业务是指企业在具有的甲级设计资质或一级及以上施工总承包资质中主要从事的工程类别业务。

（六）工程监理企业申请专业资质升级、增加其他专业资质的，相应专业的注册监理工程师人数应满足已有监理资质所要求的注册监理工程师等人员标准后，方可申请。申请综合资质的，应至少满足已有资质中的 5 个甲级专业资质要求的注册监理工程师人员数量。

（七）工程监理企业的注册人员、工程监理业绩（包括境外工程业绩）和技术装备等资质条件，均是以独立企业法人为审核单位。企业（集团）的母、子公司在申请资质时，各项指标不得重复计算。

二、申请材料

（八）申请专业甲级资质或综合资质的工程监理企业需提交以下材料：

1.《工程监理企业资质申请表》(见附件 1)一式三份及相应的电子文档;

2. 企业法人营业执照正、副本复印件;

3. 企业章程复印件;

4. 工程监理企业资质证书正、副本复印件;

5. 企业法定代表人、企业负责人的身份证明、工作简历及任命(聘用)文件的复印件;

6. 企业技术负责人的身份证明、工作简历、任命(聘用)文件、毕业证书、相关专业学历证书、职称证书和加盖执业印章的《中华人民共和国注册监理工程师注册执业证书》等复印件;

7.《工程监理企业资质申请表》中所列注册执业人员的身份证明、加盖执业印章的注册执业证书复印件(无执业印章的,须提供注册执业证书复印件);

8. 企业近 2 年内业绩证明材料的复印件,包括:监理合同、监理规划、工程竣工验收证明、监理工作总结和监理业务手册;

9. 企业必要的工程试验检测设备的购置清单(按申请表要求填写)。

(九)具有甲级设计资质或一级及以上施工总承包资质的企业申请与主营业务对应的专业工程类别甲级监理资质的,除应提供本实施意见第(八)条 1、2、3、5、6、7、9 所列材料外,还需提供企业具有的甲级设计资质或一级及以上施工总承包资质的资质证书正、副本复印件,不需提供相应的业绩证明。

(十)申请专业乙级和丙级资质的工程监理企业,需提供本实施意见第(八)条 1、2、3、5、6、7、9 所列材料,不需提供相应的业绩证明。

(十一)申请事务所资质的企业,需提供以下材料:

1.《工程监理企业资质申请表》(见附件 1)一式三份及相应的电子文档;

2. 合伙企业营业执照正、副本复印件;

3. 合伙人协议文本复印件;

4. 合伙人组成名单、身份证明、工作简历以及加盖执业印章的《中华人民共和国注册监理工程师注册执业证书》复印件;

5. 办公场所属于自有产权的,应提供产权证明复印件;办公场所属于租用的,应提供出租方产权证明、双方租赁合同的复印件;

6. 必要的工程试验检测设备的购置清单(按申请表要求填写)。

(十二)申请综合资质、专业资质延续的企业,需提供本实施意见第(八)条 1、2、4、7 所列材料,不需提供相应的业绩证明;申请事务所资质延续的企业,应提供本实施意见第(十一)条 1、2、4 所列材料。

(十三)具有综合资质、专业甲级资质的企业申请变更资质证书中企业名称的,由建设部负责办理。企业应向工商注册所在地的省、自治区、直辖市人民政府建设主管部门提出申请,并提交下列材料:

1.《建设工程企业资质证书变更审核表》;

2. 企业法人营业执照副本复印件;

3. 企业原有资质证书正、副本原件及复印件;

4. 企业股东大会或董事会关于变更事项的决议或文件。

上述规定以外的资质证书变更手续,由省、自治区、直辖市人民政府建设主管部门负责办理,具体办理程序由省、自治区、直辖市人民政府建设主管部门依法确定。其中具有综合资质、专业甲级资质的企业其资质证书编号发生变化的,省、自治区、直辖市人民政府建设主管部门需报建设部核准后，方可办理。

（十四）企业改制、分立、合并后设立的工程监理企业申请资质，除提供本实施意见第（八）条所要求的材料外，还应当提供如下证明材料的复印件：

1. 企业改制、分立、合并或重组的情况说明，包括新企业与原企业的产权关系、资本构成及资产负债情况，人员、内部组织机构的分立与合并、工程业绩的分割、合并等情况；

2. 上级主管部门的批复文件，职工代表大会的决议；或股东大会、董事会的决议。

（十五）具有综合资质、专业甲级资质的工程监理企业申请工商注册地跨省、自治区、直辖市变更的，企业应向新注册所在地的省、自治区、直辖市人民政府建设主管部门提出申请，并提交下列材料：

1. 工程监理企业原工商注册地省、自治区、直辖市人民政府建设主管部门同意资质变更的书面意见；

2. 变更前原工商营业执照注销证明及变更后新工商营业执照正、副本复印件；

3. 本实施意见第（八）条1、2、3、4、5、6、7、9所列的材料。

其中涉及资质证书中企业名称变更的，省、自治区、直辖市人民政府建设主管部门应将受理的申请材料报建设部办理。

具有专业乙级、丙级资质和事务所资质的工程监理企业申请工商注册地跨省、自治区、直辖市变更，由各省、自治区、直辖市人民政府建设主管部门参照上述程序依法制定。

（十六）企业申请工程监理企业资质的申报材料，应符合以下要求：

1. 申报材料应包括：《工程监理企业资质申请表》及相应的附件材料；

2.《工程监理企业资质申请表》一式三份，涉及申请铁路、交通、水利、信息产业、民航等专业资质的，每增加申请一项资质，申报材料应增加二份申请表和一份附件材料；

3. 申请表与附件材料应分开装订，用A4纸打印或复印。附件材料应按《工程监理企业资质申请表》填写顺序编制详细目录及页码范围，以便审查查找。复印材料要求清晰、可辨；

4. 所有申报材料必须填写规范、盖章或印鉴齐全、字迹清晰；

5. 工程监理企业申报材料中如有外文，需附中文译本。

三、资质受理审查程序

（十七）工程监理企业资质申报材料应当齐全，手续完备。对于手续不全、盖章或印鉴不清的，资质管理部门将不予受理。

资质受理部门应对工程监理企业资质申报材料中的附件材料原件进行核验，确认企业附件材料中相关内容与原件相符。对申请综合资质、专业甲级资质的企业，省、自治区、直辖市人民政府建设主管部门应将其《工程监理企业资质申请表》（附件1）及附件材料、报送文件一并报建设部。

（十八）工程监理企业应于资质证书有效期届满60日前，向原资质许可机关提出资质延续申请。逾期不申请资质延续的，有效期届满后，其资质证书自动失效。如需开展工程监理业务，应按首次申请办理。

（十九）工程监理企业的所有申报材料一经建设主管部门受理，未经批准，不得修改。

（二十）各省、自治区、直辖市人民政府建设主管部门可根据本地的实际情况，制定事务所资质的具体实施办法。

（二十一）对企业改制、分立或合并后设立的工程监理企业，资质许可机关按下列规定进行资质核定：

1、整体改制的企业，按资质变更程序办理；

2、合并后存续或者新设立的工程监理企业可以承继合并前各方中较高资质等级。合并后不申请资质升级和增加其他专业资质的，按资质变更程序办理；申请资质升级或增加其他专业资质的，资质许可机关应根据其实际达到的资质条件，按照158号部令中的审批程序核定；

3、企业分立成两个及以上工程监理企业的，应根据其实际达到的资质条件，按照158号部令的审批程序对分立后的企业分别重新核定资质等级。

（二十二）对工程监理企业的所有申请、审查等书面材料，有关建设主管部门应保存5年。

四、资质证书

（二十三）工程监理企业资质证书由建设部统一印制。专业甲级资质、乙级资质、丙级资质证书分别打印，每套资质证书包括一本正本和四本副本。

工程监理企业资质证书有效期为5年，有效期的计算时间以资质证书最后的核定日期为准。

（二十四）工程监理企业资质证书全国通用，各地、各部门不得以任何名义设立158号部令规定以外的其他准入条件，不得违法收取费用。

（二十五）工程监理企业遗失资质证书，应首先在全国性建设行业报刊或省级（含省级）综合类报刊上刊登遗失作废声明，然后再向原资质许可机关申请补办，并提供下列材料：

1、企业补办资质证书的书面申请；

2、刊登遗失声明的报刊原件；

3、《建设工程企业资质证书增补审核表》。

五、监督管理

（二十六）县级以上人民政府建设主管部门和有关部门应依法对本辖区内工程监理企业的资质情况实施动态监督管理。重点检查158号部令第十六条和第二十三条的有关内容，并将检查和处理结果记入企业信用档案。

具体抽查企业的数量和比例由县级以上人民政府建设主管部门或者有关部门根据实际情况研究决定。

监督检查可以采取下列形式：

1. 集中监督检查。由县级以上人民政府建设主管部门或者有关部门统一部署的监督检查；

2. 抽查和巡查。县级以上人民政府建设主管部门或者有关部门随机进行的监督检查。

（二十七）县级以上人民政府建设主管部门和有关部门应按以下程序实施监督检查：

1. 制定监督检查方案，其中集中监督检查方案应予以公布；

2. 检查应出具相应的检查文件或证件；

3. 当地建设主管部门和有关部门应当配合上级部门的监督检查；

4. 实施检查时，应首先明确监督检查内容，被检企业应如实提供相关文件资料。对于提供虚假材料的企业，予以通报；对于不符合相应资质条件要求的监理企业，应及时上报资质许可机关，资质许可机关可以责令其限期改正，逾期不改的，撤回其相应工程监理企业资质；对于拒不提供被检资料的企业，予以通报，并责令其限期提供被检资料；

5. 检查人员应当将检查情况予以记录，并由被检企业负责人和检查人员签字确认；

6. 检查人员应当将检查情况汇总，连同有关行政处理或者行政处罚建议书面告知当地建设主管部门。

（二十八）工程监理企业违法从事工程监理活动的，违法行为发生地的县级以上地方人民政府建设主管部门应当依法查处，并将工程监理企业的违法事实、处理结果或处理建议及时报告违法行为发生地的省、自治区、直辖市人民政府建设主管部门；其中对综合资质或专业甲级资质工程监理企业的违法事实、处理结果或处理建议，须通过违法行为发生地的省、自治区、直辖市人民政府建设主管部门报建设部。

六、有关说明

（二十九）注册资本金是指企业法人营业执照上注明的实收资本金。

（三十）工程监理企业的注册监理工程师是指在本企业注册的取得《中华人民共和国注册监理工程师注册执业证书》的人员。注册监理工程师不得同时受聘、注册于两个及以上企业。

注册监理工程师的专业是指《中华人民共和国注册监理工程师注册执业证书》上标注的注册专业。

一人同时具有注册监理工程师、注册造价工程师、一级注册建造师、一级注册建筑师、一级注册结构工程师或者其他勘察设计注册工程师两个及以上执业资格，且在同一监理企业注册的，可以按照取得的注册执业证书个数，累计计算其人次。

申请工程监理企业资质的企业，其注册人数和注册人次应分别满足158号部令中规定的注册人数和注册人次要求。申请综合资质的企业具有一级注册建造师、一级注册建筑师、一级注册结构工程师或者其他勘察设计注册工程师合计应不少于15人次，且具有一级注册建造师不少于1人次、具有一级注册结构工程师或其他勘察设计注册工程师或一级注册建筑师不少于1人次。

（三十一）“企业近2年内独立监理过3个以上相应专业的二级工程项目”是指企业自申报之日起前2年内独立监理完成并已竣工验收合格的工程项目。企业申报材料中应提供相应的工程验收证明复印件。

（三十二）因本企业监理责任造成重大质量事故和因本企业监理责任发生安全事故的发生日期，以行政处罚决定书中认定的事故发生日为准。

（三十三）具有事务所资质的企业只可承担房屋建筑、水利水电、公路和市政公用工程专业等级三级且非强制监理的建设工程项目的监理、项目管理、技术咨询等相关服务。

七、过渡期的有关规定

（三十四）158号部令自实施之日起设2年过渡期，即从2007年8月1日起，至2009年7月31日止。过渡期内，已取得工程监理企业资质的企业申请资质升级、增加其他专业资质以及申请企业分立的，按158号部令和本实施意见执行。对于准予资质许可的工程监理企业，核发新的工程监理企业资质证书，旧的资质证书交回原发证机关，予以作废。

（三十五）过渡期内，已取得工程监理企业资质证书的企业申请资质更名、遗失补证、两家及以上企业整体合并等不涉及申请资质升级和增加其他专业资质的，可按资质变更程序办理，并换发新的工程监理企业资质证书，新资质证书有效期至2009年7月31日。

（三十六）建设主管部门在2007年8月1日之前颁发的工程监理企业资质证书，在过渡期内有效，但企业资质条件仍应符合《工程监理企业资质管理规定》(建设部令第102号)的相关要求。过渡期内，各省、自治区、直辖市人民政府建设主管部门应按《工程监理企业资质管理规定》(建设部令第102号)要求的资质条件对本辖区内已取得工程监理企业资质的企业进行监督检查。过渡期届满后，对达不到158号部令要求条件的企业，要重新核定其监理企业资质等级。

对于已取得冶炼、矿山、化工石油、电力、铁路、港口与航道、航天航空和通信工程丙级资质的工程监理企业，过渡期内，企业可继续完成已承揽的工程项目。过渡期届满后，上述专业工程类别的工程监理企业丙级资质证书自行失效。

(三十七)已取得工程监理企业资质证书但未换发新的资质证书的企业，在过渡期届满60日前，应按158号部令要求向资质许可机关提交换发工程监理企业资质证书的申请材料，不需提供相应的业绩证明。对于满足相应资质标准要求的企业，资质许可机关给予换发新的工程监理企业资质证书，旧资质证书交回原发证机关，予以作废；对于不满足相应资质标准要求的企业，由资质许可机关根据其实际达到的资质条件，按照158号部令的审批程序和标准给予重新核定，旧资质证书交回原发证机关，予以作废。过渡期届满后，未申请换发工程监理企业资质证书的企业，其旧资质证书自行失效。

附件：1.《工程监理企业资质申请表》(略)

2.《工程监理企业资质申请表》填表说明(略)

一级建造师注册实施办法

（建设部 建市〔2007〕101号 2007年4月10日）

一、注册管理体制

第一条 为规范一级建造师注册管理工作，依据《行政许可法》、《注册建造师管理规定》（建设部令第153号）和相关法律法规，制定本实施办法。

第二条 中华人民共和国境内一级建造师注册管理适用本实施办法。

第三条 国务院建设主管部门（以下称建设部）为一级建造师注册机关，负责一级建造师注册审批工作。

省、自治区、直辖市人民政府建设主管部门（以下简称省级建设主管部门），负责本行政区域内一级建造师注册申请受理、初审工作。

国务院铁路、交通、水利、信息产业、民航部门负责全国铁路、公路、港口与航道、水利水电、通信与广电、民航专业一级建造师注册审核工作。

二、注册申报程序

第四条 申请人申请注册前，应当受聘于一个具有建设工程施工或勘察、设计、监理、招标代理、造价咨询资质的企业，与聘用企业依法签订聘用劳动合同。申请人向聘用企业如实提供有关申请材料并对内容真实性负责，通过聘用企业向企业工商注册所在地省级建设主管部门提出注册申请。

第五条 注册申请实行网上和书面相结合的申报方式。申请人应当在中国建造师网（网址：http://www.coc.gov.cn）上进行填报，网上申报成功后自动生成打印所需申请表。

第六条 注册申请包括初始注册、延续注册、变更注册、增项注册、注销注册和重新注册。注册建造师因遗失或污损注册证书、执业印章的，可申请补办或更换。

第七条 初始注册

申请人自资格证书签发之日起3年内可申请初始注册。逾期未申请者应当提供相应专业继续教育证明，其学习内容应当符合建设部关于注册建造师继续教育的规定。

申请初始注册的，申请人应当提交下列材料：

（一）《一级建造师初始注册申请表》（附表1－1）；

（二）资格证书、学历证书和身份证明复印件；

（三）申请人与聘用企业签订的聘用劳动合同复印件或申请人所在企业出具的劳动、人事、工资关系证明；

（四）逾期申请初始注册的，应当提供达到继续教育要求证明材料复印件。

申报材料由申请表和（二）、（三）、（四）部分合订后的材料附件组成。

聘用企业将《企业一级建造师初始注册申请汇总表》（附表1－2）和申请人的申请表、材料附件报省级建设主管部门。其中，申请建筑、市政、矿业、机电专业注册的，应当提交申请

表一式二份和材料附件一式一份；申请铁路、公路、港口与航道、水利水电、通信与广电、民航专业注册的，应当提交申请表一式三份和材料附件一式二份；申请铁路、公路、港口与航道、水利水电、通信与广电、民航专业增项注册的，每增加一个专业应当增加申请表一式一份和材料附件一式一份。

省级建设主管部门将《省级建设主管部门一级建造师初始注册初审意见表》(附表1－3)、《省级建设主管部门一级建造师初始注册初审汇总表(企业申请人)》(附表1－4)、《省级建设主管部门一级建造师初始注册初审汇总表(专业)》(附表1－5)和申请人的申请表、材料附件报建设部。其中，申请建筑、市政、矿业、机电专业注册的，应当提交申请表一式一份；申请铁路、公路、港口与航道、水利水电、通信与广电、民航专业注册的，应当提交申请表一式二份和材料附件一式一份；申请铁路、公路、港口与航道、水利水电、通信与广电、民航专业增项注册的，每增加一个专业应当增加申请表一式一份和材料附件一式一份。材料报送按《省级建设主管部门一级建造师注册申请材料报送目录》(附表1－6)要求办理。

涉及铁路、公路、港口与航道、水利水电、通信与广电、民航专业申请注册的，建设部将申请人的申请表一式一份和材料附件一式一份送国务院有关专业部门。

国务院有关专业部门对申请人的申报材料进行审核，并填写《国务院有关部门一级建造师初始注册审核意见表》(附表1－7)，连同按企业申请人汇总后生成的《国务院有关部门一级建造师初始注册审核汇总表》(附表1－8)移送建设部。

第八条 延续注册

注册有效期满需继续执业的，应当在注册有效期届满30日前，按照《注册建造师管理规定》第七条、第八条的规定申请延续注册。延续注册的有效期为3年。

申请延续注册的，申请人应当提交下列材料：

(一)《一级注册建造师延续注册申请表》(附表2－1)；

(二)原注册证书；

(三)申请人与聘用企业签订的聘用劳动合同或申请人聘用企业出具的劳动、人事、工资关系证明；

(四)申请人注册有效期内达到继续教育要求证明材料复印件。

申报程序和材料份数按初始注册要求办理。

第九条 变更注册

在注册有效期内，发生下列情形的，应当及时申请变更注册。变更注册后，有效期执行原注册证书的有效期。

1、执业企业变更的；

2、所在聘用企业名称变更的；

3、注册建造师姓名变更的。

申请变更注册的，申请人应当提交下列材料：

(一)《一级注册建造师变更注册申请表》(附表3－1)；

(二)注册证书原件和执业印章；

(三)执业企业变更的，应当提供申请人与新聘用企业签订的聘用劳动合同，或申请人聘用企业出具的劳动、人事、工资关系证明，以及工作调动证明复印件(与原聘用企业解除聘用合同或聘用合同到期的证明文件、退休人员的退休证明)；

(四)申请人所在聘用企业名称发生变更的，应当提供变更后的《企业法人营业执照》复印件和企业所在地工商行政主管部门出具的企业名称变更函复印件。

(五)注册建造师姓名变更的，应当提供变更后的身份证明原件或公安机关户籍管理部门出具的有效证明。

第十条　增项注册

注册建造师取得相应专业资格证书可申请增项注册。取得增项专业资格证书超过3年未注册的，应当提供该专业最近一个注册有效期继续教育学习证明。准予增项注册后，原专业注册有效截止日期保持不变。

申请增项注册的，申请人应当提交下列材料：

(一)《一级注册建造师增项注册申请表》(附表4－1)；

(二)增项专业资格考试合格证明复印件；

(三)注册证书原件和执业印章；

(四)增项专业达到继续教育要求证明材料复印件。

申报程序和材料份数按初始注册要求办理。

第十一条　注销注册

注册建造师有《注册建造师管理规定》第十七条所列情形之一的，由省级建设主管部门办理注销手续。

申请人或其聘用的企业，应当提供下列材料：

(一)《一级注册建造师注销注册申请表》(附表5－1)；

(二)注册证书原件和执业印章；

(三)符合《注册建造师管理规定》第十七条所列情形之一的证明复印件。

注册建造师本人和聘用企业应当及时向省级建设主管部门提出注销注册申请；有关单位和个人有权向注册机关举报；县级以上地方人民政府建设主管部门或者有关部门应当及时告知注册机关。

第十二条　重新注册

建造师注销注册或者不予注册的，在重新具备注册条件后，可申请重新注册，重新注册按初始注册要求办理。

申请重新注册的，申请人应当提交下列材料：

(一)《一级建造师重新注册申请表》(附表6－1)；

(二)资格证书、学历证书和身份证明复印件；

(三)申请人与聘用企业签订的聘用劳动合同复印件或聘用企业出具的劳动、人事、工资关系证明；

(四)达到继续教育要求证明材料复印件。

申报程序和材料份数按初始注册要求办理。

第十三条　注册证书、执业印章遗失补办

注册建造师因遗失注册证书、执业印章的，应当向省级建设主管部门申请补办，并提交下列材料：

(一)《一级注册建造师注册证书、执业印章遗失补办或污损更换申请表》(附表7－1)

(二)身份证明复印件；

(三)省级以上报纸刊登的遗失声明原件。

第十四条　注册证书、执业印章污损更换

注册证书、执业印章污损的，可向省级建设主管部门申请更换，并提交下列材料：

(一)《一级注册建造师注册证书、执业印章遗失补办或污损更换申请表》；

(二)身份证明复印件；

(三)污损的注册证书原件、执业印章。

第十五条 取得一级建造师资格证书的人员，可对应下述专业申请注册：建筑工程、公路工程、铁路工程、民航工程、港口与航道工程、水利水电工程、市政公用工程、通信与广电工程、矿业工程、机电工程。

资格证书所注专业为房屋建筑工程、装饰装修工程的，按建筑工程专业申请注册；资格证书所注专业为矿山工程的按矿业工程专业申请注册；资格证书所注专业为冶炼工程的，可选矿业工程或机电工程之中的一个专业申请注册；资格证书所注专业为电力工程、石油化工工程、机电安装工程的，按机电工程专业申请注册。

三、受理和初审

第十六条 省级建设主管部门应当参照《建设部机关实施行政许可工作规程》(建法〔2004〕111号)规定，进行一级建造师注册申请的受理、初审工作，注册申请受理和初审工作不得由同一人办理，确保程序合法，行为规范。

第十七条 省级建设主管部门按照初始注册、延续注册、变更注册、增项注册、重新注册、遗失补办、污损更换和注销注册有关规定，对注册申请人材料的完整性进行查验。申请材料存在可以当场更正错误的，应当允许申请人当场更正。

申请注册材料齐全、符合规定的法定形式，或者申请人按要求提交全部补正申请材料的，应当受理申请人的注册申请，并向申请人出具《行政许可受理通知书》。

申请材料不符合本规定或材料不齐全，应当当场或者在5日内向申请人出具《行政许可补正有关材料通知书》，一次性告知申请人需要补齐、补正的全部内容，并将申请材料退回申请人。逾期不告知的，自收到申请注册材料之日起即为受理。

申请人有下列情形之一的，不予受理或不予注册：

(一)不具有完全民事行为能力的；

(二)申请在两个或者两个以上企业注册的；

(三)未达到注册建造师继续教育要求的；

(四)受到刑事处罚，刑事处罚尚未执行完毕的；

(五)因执业活动受到刑事处罚，自刑事处罚执行完毕之日起至申请注册之日止不满5年的；

(六)因前项规定以外的原因受到刑事处罚，自处罚决定之日起至申请注册之日止不满3年的；

(七)被吊销注册证书，自处罚决定之日起至申请注册之日止不满2年的；

(八)在申请注册之日前3年内担任施工企业项目负责人期间，所负责项目发生过重大质量和安全事故的；

(九)申请人的聘用企业不符合注册企业要求的；

(十)年龄超过65周岁的；

(十一)法律、法规规定不予注册的其他情形。

第十八条 省级建设主管部门对申请人的申报材料进行初审，认真核对资格证书、学历证书、身份证明、继续教育证明和聘用合同原件与复印件是否一致，按规定填写初审意见。

第十九条 省级建设主管部门对申请初始注册、重新注册、增项注册，应当自受理申请之日起，20 日内对申请人注册条件和申报材料进行审查，并作出书面初审意见；对申请延续注册的，应当自受理申请之日起，5 日内对申请人注册条件和申报材料进行审查，并作出书面初审意见。初审意见为不同意的需说明理由。

第二十条 军队系统取得一级建造师资格证书人员申请注册，由总后基建营房部负责受理和初审，其材料报送程序和初审要求，比照省级建设主管部门职责范围执行。

四、审核与审批

第二十一条 对申请初始注册、重新注册、增项注册的，建设部收到初审意见后，20 日内审批完毕并作出书面决定，审批结果向社会公告。建设部审批时不再组织专家复审，仅对申请人重复注册、举报情况进行核实。国务院铁路、交通、水利、信息产业、民航等专业部门，应当自收到全部注册申请材料之日起，在 10 日内审核完毕，作出书面审核意见汇总后移送建设部。建设部应将审核意见结果汇总后向社会公示 10 日，公示无异议的，准予注册。

第二十二条 对申请变更注册、注销注册，注册证书、执业印章遗失补办或污损更换的，建设部委托省级建设主管部门负责办理，5 日内办结。

省级建设主管部门负责执业企业、企业名称和注册建造师姓名变更，审查合格的，在注册证书变更注册记录栏进行登记。跨省变更的，由注册建造师提出变更申请，通过原聘用企业报原省级建设主管部门同意后，由调入地省级建设主管部门审查办理。办结 10 日内将《省级建设主管部门一级注册建造师变更注册审批汇总表》(附表 3—3)报建设部备案。

省级建设主管部门负责注销注册办理，销毁收回的注册证书、执业印章，办结 10 日内将《省级建设主管部门一级注册建造师注销注册汇总表》(附表 5—2)报建设部备案，建设部在中国建造师网上公告注册证书和执业印章注销情况。

省级建设主管部门负责注册证书、执业印章遗失补办或污损更换，销毁更换收回的注册证书、执业印章，办结 10 日内将《省级建设主管部门一级注册建造师注册证书、执业印章补发或更换汇总表》(附表 7—2)报建设部备案。建设部在中国建造师网上公告注册证书、执业印章补办或更换情况。

第二十三条 对申请延续注册的，建设部收到初审意见后，10 日内审批完毕并作出书面决定，审批结果向社会公告。建设部审批时不再组织专家进行复审，仅对申请人重复注册、举报情况进行核实。国务院铁路、交通、水利、信息产业、民航等专业部门应自收到全部注册申报材料之日起，5 日内审核完毕，作出书面审核意见汇总后移送建设部。建设部将审核结果汇总后向社会公示 10 日，公示无异议的，准予注册。审批日期为注册证书签发日期，注册证书自签发之日起有效期 3 年，执业印章与注册证书有效期相同。

第二十四条 建设部自公告发布之日起 10 日内，向准予注册的申请人核发《中华人民共和国一级建造师注册证书》，省级建设主管部门负责在注册证书照片上加盖骑缝钢印；经审批同意延续注册、增项注册、注销注册的，省级建设主管部门在注册证书内页加贴建设部统一印制的防伪贴，并加盖骑缝印章。

经审批同意初始注册、延续注册、增项注册、重新注册的，省级建设主管部门负责注册证书、执业印章统一编号后发放，办结 10 日内将《省级建设主管部门发放一级建造师注册证书、执业印章汇总表》(附表 1—9)报建设部备案。

五、注册证书和执业印章

第二十五条　注册证书

注册证书采用墨绿纸制材料，形状为长方形，长 124 mm，宽 87 mm，由建设部统一印制。

(一)注册证书采用两种编号体系。注册编号由一个汉字和 12 位阿拉伯数字组成，证书编号为全国注册证书印制流水号；

(二)注册编号规则适用于一级注册建造师和二级注册建造师的注册编号。注册编号的汉字和各组数字的含义为：

1. 编号首位汉字表示现注册省份简称，如：北京为“京”。总后基建营房部简称“军”；

2. 第 2 位表示注册建造师级别，一级为 1，二级为 2；

3. 第 3、4 位表示初始注册时受聘企业所在地省级行政区划代码，如北京为“11”、湖北为“42”等。总后基建营房部代码为 99；

4. 第 5、6 位表示取得资格证书年份，如 2005 年取得资格证书的，表示为“05”；

5. 第 7、8 位表示初始注册年份，如 2007 年初始注册的，表示为“07”；

6. 第 9—13 位表示初始注册时，申请人在注册申请地省级注册流水号，如第 1 个表示为“00001”。

例如：京 111050700001，表示该注册建造师的现注册地是北京，级别是一级，首次注册地是北京，资格证书为 2005 年取得，首次注册年份为 2007 年，首次注册时流水号是 00001。

(三)注册编号首位汉字代表当期注册地，其他数字编号一经注册不得改变。延续注册、变更注册和重新注册的，编号首位汉字随注册省份改变而改变，数字编号仍沿用初始注册时编号。

(四)注册证书的注册编号与执业印章的注册编号相同。

第二十六条　执业印章

(一)、执业印章式样

执业印章式样如下图：

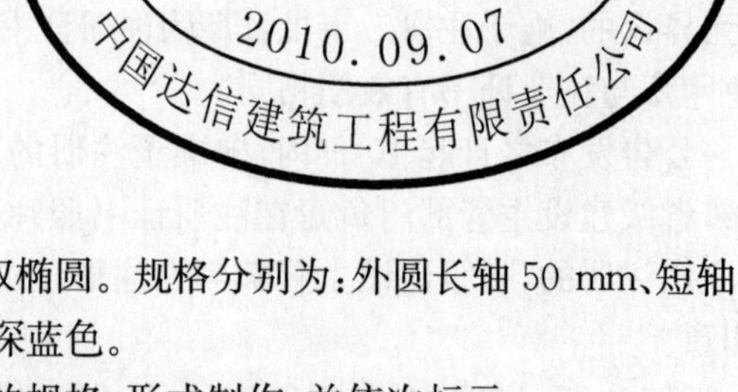

1. 印章形式为同心双椭圆。规格分别为：外圆长轴 50 mm、短轴 36 mm，内圆长轴 36 mm、短轴 22 mm，印模颜色为深蓝色。

2. 执业印章按样章的规格、形式制作，并依次标示：

(1)“中华人民共和国一级注册建造师执业印章”，宋体、字高 4 mm；

(2)印章持有人姓名，中隶书、字高 4 mm；

(3)注册编号与印章校验码，宋体、字高3.5 mm；

(4)注册专业，宋体、字高3 mm；

(5)执业印章有效期截止日期，宋体、字高2.5 mm；

(6)聘用企业名称，宋体、字高4 mm。

3.“京111050700001(02)”中，“京111050700001”为注册编号，02为印章校验码。

4. 样章中“2010.09.07”表示印章有效截止日期是2010年9月7日。

(二)执业印章校验码

印章校验码由2位阿拉伯数字组成，表示印章遗失作废后补办印章的累计次数。初始注册时校验码为00，第1次补办为01，最多次数为99。

(三)注册专业简称

建筑工程专业简称“建筑”，公路工程专业简称“公路”，铁路工程专业简称“铁路”，民航工程专业简称“民航”，港口与航道工程专业简称“港航”，水利水电工程专业简称“水利”，市政公用工程专业简称“市政”，通信广电工程专业简称“通信”，矿业工程专业简称“矿业”，机电工程专业简称“机电”。各专业简称之间由一个空格“ ”连接，表示有多个注册专业，如“建筑公路”表示建筑工程专业、公路工程专业。

(四)无论申请人注册一个专业还是多个专业，只能核发一本注册证书和一枚执业印章。

(五)注册多个专业，由于专业增项注册、延续注册、注销注册导致专业之间注册有效截止日期不同的，执业印章有效截止日期为注册有效期最早截止专业的日期。

六、其　他

第二十七条　一级建造师注册后，在领取注册证书和执业印章时，应当同时向申请地省级建设主管部门交回原建筑业企业一级项目经理资质证书，省级建设主管部门负责证书销毁并报建设部备案。

第二十八条　建设部不收取一级建造师注册费和注册证书费。省级建设主管部门在注册工作中发生的相关费用，请商同级有关主管部门解决。印章制作费标准请省级建设主管部门报省级物价管理部门核定。

第二十九条　二级建造师注册管理

二级建造师申请注册，由省级建设主管部门负责受理和审批，具体审批程序由省级人民政府建设主管部门参照本实施办法制定。对批准注册的，核发由建设部统一样式的《中华人民共和国二级建造师注册证书》和执业印章，并在核发证书后30日内报建设部备案。

第三十条　本实施办法由建设部负责解释。

第三十一条　本办法自公布之日起执行。

关于印发《注册建造师执业工程规模标准》（试行）的通知

（建设部 建市〔2007〕171号　2007年7月4日）

各省、自治区建设厅，直辖市建委，江苏、山东省建管局，国务院有关部门建设司，新疆生产建设兵团建设局，总后基建营房部，国资委管理的有关企业：

根据《注册建造师管理规定》（建设部令第153号），我们制定了《注册建造师执业工程规模标准》（试行），现印发给你们，请遵照执行。

附件：《注册建造师执业工程规模标准》（试行）（铁路工程）

附件

注册建造师执业工程规模标准（试行）
（铁路工程）

序号	工程类别	项目名称	单位	规模			备注
				大型	中型	小型	
1		铁路桥梁	米	500米（含）以上	100米（含）～500米	100米以下	
2		铁路隧道	米	3000米（含）以上	1000米（含）～3000米	1000米以下	
3		铁路综合工程	万元	5000万元（含）以上	3000万元（含）～5000万元	3000万元以下	单项工程合同额

注：大中型工程项目负责人必须由本专业一级注册建造师担任。

注册建造师执业管理办法(试行)

(建设部 建市〔2008〕48号 2008年2月26日)

第一条 为规范注册建造师执业行为,提高工程项目管理水平,保证工程质量和安全,依据《中华人民共和国建筑法》、《建设工程质量管理条例》、《建设工程安全生产管理条例》、《注册建造师管理规定》及相关法律、法规,制订本办法。

第二条 中华人民共和国境内注册建造师从事建设工程施工管理活动的监督管理,适用本办法。

第三条 国务院建设主管部门对全国注册建造师的执业活动实施统一监督管理;国务院铁路、交通、水利、信息产业、民航等有关部门按照国务院规定的职责分工,对全国相关专业注册建造师执业活动实施监督管理。

县级以上地方人民政府建设主管部门对本行政区域内注册建造师执业活动实施监督管理;县级以上地方人民政府交通、水利、通信等有关部门在各自职责范围内,对本行政区域内相关专业注册建造师执业活动实施监督管理。

第四条 注册建造师应当在其注册证书所注明的专业范围内从事建设工程施工管理活动,具体执业按照本办法附件《注册建造师执业工程范围》执行。未列入或新增工程范围由国务院建设主管部门会同国务院有关部门另行规定。

第五条 大中型工程施工项目负责人必须由本专业注册建造师担任。一级注册建造师可担任大、中、小型工程施工项目负责人,二级注册建造师可以承担中、小型工程施工项目负责人。

各专业大、中、小型工程分类标准按《关于印发〈注册建造师执业工程规模标准〉(试行)的通知》(建市[2007]171号)执行。

第六条 一级注册建造师可在全国范围内以一级注册建造师名义执业。

通过二级建造师资格考核认定,或参加全国统考取得二级建造师资格证书并经注册人员,可在全国范围内以二级注册建造师名义执业。

工程所在地各级建设主管部门和有关部门不得增设或者变相设置跨地区承揽工程项目执业准入条件。

第七条 担任施工项目负责人的注册建造师应当按照国家法律法规、工程建设强制性标准组织施工,保证工程施工符合国家有关质量、安全、环保、节能等有关规定。

第八条 担任施工项目负责人的注册建造师,应当按照国家劳动用工有关规定,规范项目劳动用工管理,切实保障劳务人员合法权益。

第九条 注册建造师不得同时担任两个及以上建设工程施工项目负责人。发生下列情形之一的除外:

(一)同一工程相邻分段发包或分期施工的;

(二)合同约定的工程验收合格的;

(三)因非承包方原因致使工程项目停工超过120天(含),经建设单位同意的。

第十条　注册建造师担任施工项目负责人期间原则上不得更换。如发生下列情形之一的，应当办理书面交接手续后更换施工项目负责人：

（一）发包方与注册建造师受聘企业已解除承包合同的；

（二）发包方同意更换项目负责人的；

（三）因不可抗力等特殊情况必须更换项目负责人的。

建设工程合同履行期间变更项目负责人的，企业应当于项目负责人变更 5 个工作日内报建设行政主管部门和有关部门及时进行网上变更。

第十一条　注册建造师担任施工项目负责人，在其承建的建设工程项目竣工验收或移交项目手续办结前，除第十条规定的情形外，不得变更注册至另一企业。

第十二条　担任建设工程施工项目负责人的注册建造师应当按《关于印发〈注册建造师施工管理签章文件目录〉（试行）的通知》（建市[2008]42 号）和配套表格要求，在建设工程施工管理相关文件上签字并加盖执业印章，签章文件作为工程竣工备案的依据。

省级人民政府建设行政主管部门可根据本地实际情况，制定担任施工项目负责人的注册建造师签章文件补充目录。

第十三条　担任建设工程施工项目负责人的注册建造师对其签署的工程管理文件承担相应责任。注册建造师签章完整的工程施工管理文件方为有效。

注册建造师有权拒绝在不合格或者有弄虚作假内容的建设工程施工管理文件上签字并加盖执业印章。

第十四条　担任建设工程施工项目负责人的注册建造师在执业过程中，应当及时、独立完成建设工程施工管理文件签章，无正当理由不得拒绝在文件上签字并加盖执业印章。

担任工程项目技术、质量、安全等岗位的注册建造师，是否在有关文件上签章，由企业根据实际情况自行规定。

第十五条　建设工程合同包含多个专业工程的，担任施工项目负责人的注册建造师，负责该工程施工管理文件签章。

专业工程独立发包时，注册建造师执业范围涵盖该专业工程的，可担任该专业工程施工项目负责人。

分包工程施工管理文件应当由分包企业注册建造师签章。分包企业签署质量合格的文件上，必须由担任总包项目负责人的注册建造师签章。

第十六条　因续期注册、企业名称变更或印章污损遗失不能及时盖章的，经注册建造师聘用企业出具书面证明后，可先在规定文件上签字后补盖执业印章，完成签章手续。

第十七条　修改注册建造师签字并加盖执业印章的工程施工管理文件，应当征得所在企业同意后，由注册建造师本人进行修改；注册建造师本人不能进行修改的，应当由企业指定同等资格条件的注册建造师修改，并由其签字并加盖执业印章。

第十八条　注册建造师应当通过企业按规定及时申请办理变更注册、续期注册等相关手续。多专业注册的注册建造师，其中一个专业注册期满仍需以该专业继续执业和以其他专业执业的，应当及时办理续期注册。

注册建造师变更聘用企业的，应当在与新聘用企业签订聘用合同后的 1 个月内，通过新聘用企业申请办理变更手续。

因变更注册申报不及时影响注册建造师执业、导致工程项目出现损失的，由注册建造师所在聘用企业承担责任，并作为不良行为记入企业信用档案。

第十九条 聘用企业与注册建造师解除劳动关系的,应当及时申请办理注销注册或变更注册。聘用企业与注册建造师解除劳动合同关系后无故不办理注销注册或变更注册的,注册建造师可向省级建设主管部门申请注销注册证书和执业印章。

注册建造师要求注销注册或变更注册的,应当提供与原聘用企业解除劳动关系的有效证明材料。建设主管部门经向原聘用企业核实,聘用企业在7日内没有提供书面反对意见和相关证明材料的,应予办理注销注册或变更注册。

第二十条 监督管理部门履行监督检查职责时,有权采取下列措施:

(一)要求被检查人员出示注册证书和执业印章;

(二)要求被检查人员所在聘用企业提供有关人员签署的文件及相关业务文档;

(三)就有关问题询问签署文件的人员;

(四)纠正违反有关法律、法规、本规定及工程标准规范的行为;

(五)提出依法处理的意见和建议。

第二十一条 监督管理部门在对注册建造师执业活动进行监督检查时,不得妨碍被检查单位的正常生产经营活动,不得索取或者收受财物,谋取任何利益。

有关单位和个人对依法进行的监督检查应当协助与配合,不得拒绝或者阻挠。

注册建造师注册证书和执业印章由本人保管,任何单位(发证机关除外)和个人不得扣押注册建造师注册证书或执业印章。

第二十二条 注册建造师不得有下列行为:

(一)不按设计图纸施工;

(二)使用不合格建筑材料;

(三)使用不合格设备、建筑构配件;

(四)违反工程质量、安全、环保和用工方面的规定;

(五)在执业过程中,索贿、行贿、受贿或者谋取合同约定费用外的其他不法利益;

(六)签署弄虚作假或在不合格文件上签章的;

(七)以他人名义或允许他人以自己的名义从事执业活动;

(八)同时在两个或者两个以上企业受聘并执业;

(九)超出执业范围和聘用企业业务范围从事执业活动;

(十)未变更注册单位,而在另一家企业从事执业活动;

(十一)所负责工程未办理竣工验收或移交手续前,变更注册到另一企业;

(十二)伪造、涂改、倒卖、出租、出借或以其他形式非法转让资格证书、注册证书和执业印章;

(十三)不履行注册建造师义务和法律、法规、规章禁止的其他行为。

第二十三条 建设工程发生质量、安全、环境事故时,担任该施工项目负责人的注册建造师应当按照有关法律法规规定的事故处理程序及时向企业报告,并保护事故现场,不得隐瞒。

第二十四条 任何单位和个人可向注册建造师注册所在地或项目所在地县级以上地方人民政府建设主管部门和有关部门投诉、举报注册建造师的违法、违规行为,并提交相应材料。

第二十五条 注册建造师违法从事相关活动的,违法行为发生地县级以上地方人民政府建设主管部门或有关部门应当依法查处,并将违法事实、处理结果告知注册机关;依法应当撤销注册的，应当将违法事实、处理建议及有关材料报注册机关，注册机关或有关部门应当在 7 个工作日内作出处理，并告知行为发生地人民政府建设行政主管部门或有关部门。

注册建造师异地执业的，工程所在地省级人民政府建设主管部门应当将处理建议转交注册建造师注册所在地省级人民政府建设主管部门，注册所在地省级人民政府建设主管部门应当在 14 个工作日内作出处理，并告知工程所在地省级人民政府建设行政主管部门。

对注册建造师违法行为的处理结果通过中国建造师网（www. coc. gov. cn）向社会公告。不良行为处罚、信息登录、使用、保管、时效和撤销权限等另行规定。

第二十六条 国务院建设主管部门负责建立并完善全国网络信息平台，省级人民政府建设行政主管部门负责注册建造师本地执业状态信息收集、整理，通过中国建造师网（www. coc. gov. cn）向社会实时发布。

注册建造师执业状态信息包括工程基本情况、良好行为、不良行为等内容。注册建造师应当在开工前、竣工验收、工程款结算后 3 日内按照《注册建造师信用档案管理办法》要求，通过中国建造师网向注册机关提供真实、准确、完整的注册建造师信用档案信息。信息报送应当及时、全面和真实，并作为延续注册的依据。

县级以上地方人民政府建设主管部门和有关部门应当按照统一的诚信标准和管理办法，负责对本地区、本部门担任工程项目负责人的注册建造师诚信行为进行检查、记录，同时将不良行为记录信息按照管理权限及时采集信息并报送上级建设主管部门。

第二十七条 注册建造师有下列行为之一，经有关监督部门确认后由工程所在地建设主管部门或有关部门记入注册建造师执业信用档案：

（一）第二十二条所列行为；

（二）未履行注册建造师职责造成质量、安全、环境事故的；

（三）泄露商业秘密的；

（四）无正当理由拒绝或未及时签字盖章的；

（五）未按要求提供注册建造师信用档案信息的；

（六）未履行注册建造师职责造成不良社会影响的；

（七）未履行注册建造师职责导致项目未能及时交付使用的；

（八）不配合办理交接手续的；

（九）不积极配合有关部门监督检查的。

第二十八条 小型工程施工项目负责人任职条件和小型工程管理办法由各省、自治区、直辖市人民政府建设行政主管部门会同有关部门根据本地实际情况规定。

第二十九条 本办法自发布之日起施行。

注册建造师执业工程范围

序号	注册专业	工程范围
1	建筑工程	房屋建筑、装饰装修，地基与基础、土石方、建筑装修装饰、建筑幕墙、预拌商品混凝土、混凝土预制构件、园林古建筑、钢结构、高耸建筑物、电梯安装、消防设施、建筑防水、防腐保温、附着升降脚手架、金属门窗、预应力、爆破与拆除、建筑智能化、特种专业
2	公路工程	公路，地基与基础、土石方、预拌商品混凝土、混凝土预制构件、钢结构、消防设施、建筑防水、防腐保温、预应力、爆破与拆除、公路路面、公路路基、公路交通、桥梁、隧道、附着升降脚手架、起重设备安装、特种专业
3	铁路工程	铁路，土石方、地基与基础、预拌商品混凝土、混凝土预制构件、钢结构、附着升降脚手架、预应力、爆破与拆除、铁路铺轨架梁、铁路电气化、铁路桥梁、铁路隧道、城市轨道交通、铁路电务、特种专业
4	民航机场工程	民航机场，土石方、预拌商品混凝土、混凝土预制构件、钢结构、高耸构筑物、电梯安装、消防设施、建筑防水、防腐保温、附着升降脚手架、金属门窗、预应力、爆破与拆除、建筑智能化、桥梁、机场场道、机场空管、航站楼弱电系统、机场目视助航、航油储运、暖通、空调、给排水、特种专业
5	港口与航道工程	港口与航道，土石方、地基与基础、预拌商品混凝土、混凝土预制构件、消防设施、建筑防水、防腐保温、附着升降脚手架、爆破与拆除、港口及海岸、港口装卸设备安装、航道、航运梯级、通航设备安装、水上交通管制、水工建筑物基础处理、水工金属结构制作与安装、船台、船坞、滑道、航标、灯塔、栈桥、人工岛、筒仓、堆场道路及陆域构筑物、围堤、护岸、特种专业
6	水利水电工程	水利水电，土石方、地基与基础、预拌商品混凝土、混凝土预制构件、钢结构、建筑防水、消防设施、起重设备安装、爆破与拆除、水工建筑物基础处理、水利水电金属结构制作与安装、水利水电机电设备安装、河湖整治、堤防、水工大坝、水工隧洞、送变电、管道、无损检测、特种专业
7	矿业工程	矿山，地基与基础、土石方、高耸构筑物、消防设施、防腐保温、环保、起重设备安装、管道、预拌商品混凝土、混凝土预制构件、钢结构、建筑防水、爆破与拆除、隧道、窑炉、特种专业
8	市政公用工程	市政公用，土石方、地基与基础、预拌商品混凝土、混凝土预制构件、预应力、爆破与拆除、环保、桥梁、隧道、道路路面、道路路基、道路交通、城市轨道交通、城市及道路照明、体育场地设施、给排水、燃气、供热、垃圾处理、园林绿化、管道、特种专业
9	通信与广电工程	通信与广电，通信线路、微波通信、传输设备、交换、卫星地球站、移动通信基站、数据通信及计算机网络、本地网、接入网、通信管道、通信电源、综合布线、信息化工程、铁路信号、特种专业
10	机电工程	机电、石油化工、电力、冶炼，钢结构、电梯安装、消防设施、防腐保温、起重设备安装、机电设备安装、建筑智能化、环保、电子、仪表安装、火电设备安装、送变电、核工业、炉窑、冶炼机电设备安装、化工石油设备、管道安装、管道、无损检测、海洋石油、体育场地设施、净化、旅游设施、特种专业

注册建造师施工管理签章文件目录（试行）

（建设部 建市〔2008〕42号　2008年2月21日）

各省、自治区建设厅，直辖市建委，江苏、山东省建管局，国务院有关部门建设司，新疆生产建设兵团建设局，总后基建营房部，国资委管理的有关企业：

根据《注册建造师管理规定》（建设部令第153号），我部编制了担任施工单位项目负责人的《注册建造师施工管理签章文件目录》（试行），现印发给你们，请遵照执行。

附件：《注册建造师施工管理签章文件目录》（试行）

1、《注册建造师施工管理签章文件目录》（房屋建筑工程）（略）

2、《注册建造师施工管理签章文件目录》（公路工程）（略）

3、《注册建造师施工管理签章文件目录》（铁路工程）

4、《注册建造师施工管理签章文件目录》（通信与广电工程）

5、《注册建造师施工管理签章文件目录》（民航机场工程）（略）

6、《注册建造师施工管理签章文件目录》（港口与航道工程）（略）

7、《注册建造师施工管理签章文件目录》（水利水电工程）（略）

8、《注册建造师施工管理签章文件目录》（电力工程）（略）

9、《注册建造师施工管理签章文件目录》（矿山工程）（略）

10、《注册建造师施工管理签章文件目录》（冶炼工程）（略）

11、《注册建造师施工管理签章文件目录》（石油化工工程）（略）

12、《注册建造师施工管理签章文件目录》（市政公用工程）（略）

13、《注册建造师施工管理签章文件目录》（机电安装工程）

14、《注册建造师施工管理签章文件目录》（装饰装修工程）（略）

注册建造师施工管理签章文件目录

（铁路工程）

序号	工程类别	文件类别	文件名称	担任项目负责人的注册建造师签章		
				铁路工程	机电工程	通信与广电
1	路基工程	施工组织管理	重点单位路基工程作业指导书	√		
			路基工程测量实施方案	√		
			路基工程试验实施方案	√		
			重点路基单位工程实施性施工组织设计	√		
			路基单位工程图纸审核记录与报告	√		
			路基单位工程技术交底书	√		
			路基工程实施性施工组织设计	√		
			路基单位工程开工报告	√		
			路基单项或单位工程暂停施工申请报告	√		
			路基单项或单位工程恢复施工申请报告	√		
			路基单位工程竣工图表与施工日志	√		
			路基工程变更设计申请	√		
			路基工程专题会议纪要	√		
		合同管理	路基工程分包合同	√		
			路基工程劳务分包合同	√		
			路基工程材料订购合同	√		
			路基已完工程数量表	√		
			路基工程验工计价表	√		
		施工进度管理	重要路基单位工程进度计划	√		
			路基单项工程进度计划	√		
			路基工程年度、季度、月份进度计划	√		
			路基工程年度、季度、月份进度完成分析报告	√		
		质量管理	路基工程质量计划	√		
			路基工程特殊试验报告	√		
			路基单位工程质量验收记录	√		
			路基单位工程验收报告	√		
			路基工程质量管理方案与措施	√		
			路基工程质量事故报告	√		
			路基工程质量事故调查处理报告	√		

续上表

序号	工程类别	文件类别	文件名称	担任项目负责人的注册建造师签章		
				铁路工程	机电工程	通信与广电
1	路基工程	安全管理	路基工程安全管理制度	√		
			路基工程安全专项方案措施	√		
			路基工程安全事故报告	√		
			路基工程安全事故调查处理报告	√		
		成本费用管理	路基工程施工成本分析资料报告	√		
			路基实际工程预(结)算	√		
			各种上报的调价、调差资料	√		
		现场环保文明施工管理	路基工程环保、水保制度与措施	√		
			路基工程专项环境保护方案与措施	√		
			路基工程文明施工制度与措施	√		
			路基工程现场管理检查记录	√		
2	桥涵工程	施工组织管理	桥涵重点单位工程作业指导书	√		
			桥涵工程测量实施方案	√		
			桥涵工程试验实施方案	√		
			桥涵重点单位工程实施性施工组织设计	√		
			桥涵单位工程图纸审核记录与报告	√		
		施工组织管理	桥涵单位工程技术交底书	√		
			桥涵工程实施性施工组织设计	√		
			桥涵单位工程开工报告	√		
			桥涵项目或单位工程暂停施工申请报告	√		
			桥涵项目或单位工程恢复施工申请报告	√		
			桥涵单位工程竣工图表与施工日志	√		
			桥涵变更设计申请	√		
			桥涵工程专题会议纪要	√		
		合同管理	桥涵工程分包合同	√		
			桥涵工程劳务分包合同	√		
			桥涵工程材料订购合同	√		
			桥涵已完工程数量表	√		
			桥涵工程验工计价表	√		

续上表

序号	工程类别	文件类别	文件名称	担任项目负责人的注册建造师签章		
				铁路工程	机电工程	通信与广电
2	桥涵工程	施工进度管理	桥涵重要单位工程进度计划	√		
			桥涵项目工程进度计划	√		
			年度、季度、月份桥涵工程进度计划	√		
			年度、季度、月份桥涵进度完成分析报告	√		
		质量管理	桥涵单项工程质量计划	√		
			桥涵工程特殊试验报告	√		
			桥涵单位工程质量验收记录	√		
			桥涵单位工程验收报告	√		
			桥涵工程质量管理方案与措施	√		
			桥涵工程质量事故报告	√		
			桥涵工程质量事故调查处理报告	√		
		安全管理	桥涵工程安全管理制度	√		
			桥涵工程安全专项方案措施	√		
			土建工程安全事故报告	√		
			桥涵工程安全事故调查处理报告	√		
		成本费用管理	桥涵施工成本分析资料报告	√		
			桥涵工程实际工程预(结)算	√		
			各种上报的调价、调差资料	√		
		现场环保文明施工管理	桥涵工程环保、水保制度与措施	√		
			桥涵专项环境保护方案与措施	√		
			桥涵工程文明施工制度与措施	√		
			桥涵工程现场检查记录	√		
3	隧道工程	施工组织管理	隧道重点单位工程作业指导书	√		
			隧道单项工程测量实施方案	√		
			隧道单项工程试验实施方案	√		
			隧道重点单位工程实施性施工组织设计	√		
			隧道单位工程图纸审核记录与报告	√		
			隧道单位工程技术交底书	√		
			隧道单项工程实施性施工组织设计	√		
			隧道单位工程开工报告	√		
			隧道单项或单位工程暂停施工申请报告	√		

续上表

序号	工程类别	文件类别	文件名称	担任项目负责人的注册建造师签章		
				铁路工程	机电工程	通信与广电
3	隧道工程	施工组织管理	隧道单项或单位工程恢复施工申请报告	√		
			隧道单位工程竣工图表与施工日志	√		
			隧道变更设计申请	√		
			隧道工程专题会议纪要	√		
		合同管理	隧道工程分包合同	√		
			隧道工程劳务分包合同	√		
			隧道工程材料订购合同	√		
			隧道已完工程数量表	√		
			隧道工程验工计价表	√		
		施工进度管理	隧道重点单位工程进度计划	√		
			隧道单项工程进度计划	√		
			隧道工程年度、季度、月份工程进度计划	√		
			隧道工程年度、季度、月份进度完成分析报告	√		
		质量管理	隧道工程质量计划	√		
			隧道工程特殊试验报告	√		
			隧道单位工程质量验收记录	√		
			隧道单位工程验收报告	√		
			隧道工程质量管理方案与措施	√		
			隧道工程质量事故报告	√		
			隧道工程质量事故调查处理报告	√		
		安全管理	隧道工程安全管理制度	√		
			隧道工程安全专项方案措施	√		
			隧道工程安全事故报告	√		
			隧道工程安全事故调查处理报告	√		
		成本费用管理	隧道施工成本分析资料报告	√		
			隧道实际工程预(结)算	√		
			各种上报的隧道工程调价、调差资料	√		
		现场环保文明施工管理	隧道工程环保、水保制度与措施	√		
			隧道工程专项环境保护方案与措施	√		
			隧道工程文明施工制度与措施	√		
			隧道工程现场检查记录	√		

续上表

序号	工程类别	文件类别	文件名称	担任项目负责人的注册建造师签章		
				铁路工程	机电工程	通信与广电
4	轨道工程	施工组织管理	轨道工程作业指导书	√		
			轨道工程测量实施方案	√		
			轨道工程试验实施方案	√		
			轨道工程实施性施工组织设计	√		
			轨道工程图纸审核记录与报告	√		
			轨道工程技术交底书	√		
			轨道工程开工报告	√		
			轨道工程暂停施工申请报告	√		
			轨道工程恢复施工申请报告	√		
			轨道工程竣工图表与施工日志	√		
			轨道工程变更设计申请	√		
			轨道工程专题会议纪要	√		
		合同管理	轨道工程分包合同	√		
			轨道工程劳务分包合同	√		
			轨道工程材料订购合同	√		
			轨道已完工程数量表	√		
			轨道工程验工计价表	√		
		施工进度管理	轨道工程进度计划	√		
			轨道工程年度、季度、月份进度计划	√		
			轨道工程年度、季度、月份进度完成分析报告	√		
		质量管理	轨道工程质量计划	√		
			轨道工程特殊试验报告	√		
			轨道单位工程质量验收记录	√		
			轨道单位工程验收报告	√		
			轨道工程质量管理方案与措施	√		
			轨道工程质量事故报告	√		
			轨道工程质量事故调查处理报告	√		
		安全管理	轨道工程安全管理制度	√		
			轨道工程安全专项方案措施	√		
			轨道工程安全事故报告	√		
			轨道工程安全事故调查处理报告	√		

续上表

序号	工程类别	文件类别	文件名称	担任项目负责人的注册建造师签章		
				铁路工程	机电工程	通信与广电
4	轨道工程	成本费用管理	轨道施工成本分析资料报告	√		
			轨道工程实际预(决)算	√		
			各种上报的轨道工程调价、调差资料	√		
		现场环保文明施工管理	轨道工程环保、水保制度与措施	√		
			轨道工程专项环境保护方案与措施	√		
			轨道工程文明施工制度与措施	√		
			轨道工程现场检查记录	√		
5	站场工程	施工组织管理	站场重点单位工程作业指导书	√		
			站场工程测量实施方案	√		
			站场工程试验实施方案	√		
			站场重点单位工程实施性施工组织设计	√		
			站场单位工程图纸审核记录与报告	√		
			站场单位工程技术交底书	√		
			站场项目工程实施性施工组织设计	√		
			站场单位工程开工报告	√		
			站场工程暂停施工申请报告	√		
			站场工程恢复施工申请报告	√		
			站场单位工程竣工图表与施工日志	√		
			站场工程变更设计申请	√		
			站场工程专题会议纪要	√		
		合同管理	站场工程分包合同	√		
			站场工程劳务分包合同	√		
			站场工程材料、设备订购合同	√		
			站场已完工程数量表	√		
			站场工程验工计价表	√		
		施工进度管理	站场重点单位工程进度计划	√		
			站场项目工程进度计划	√		
			站场工程年度、季度、月份进度计划	√		
			站场工程年度、季度、月份进度完成分析报告	√		

续上表

序号	工程类别	文件类别	文件名称	担任项目负责人的注册建造师签章		
				铁路工程	机电工程	通信与广电
5	战场工程	质量管理	站场工程质量计划	√		
			站场工程特殊试验报告	√		
			站场单位工程质量验收记录	√		
			站场单位工程验收报告	√		
			站场工程质量管理方案与措施	√		
			站场工程质量事故报告	√		
			站场工程质量事故调查处理报告	√		
		安全管理	站场工程安全管理制度	√		
			站场工程安全专项方案措施	√		
			站场工程安全事故报告	√		
			站场工程安全事故调查处理报告	√		
		成本费用管理	站场施工成本分析资料报告	√		
			站场工程实际预(决)算	√		
			各种上报的站场工程调价、调差资料	√		
		现场环保文明施工管理	站场工程环保、水保制度与措施	√		
			站场工程专项环境保护方案与措施	√		
			站场工程文明施工制度与措施	√		
			站场工程现场检查记录	√		
6	通信工程	施工组织管理	通信单位工程作业指导书			√
			通信单位工程实施性施工组织设计			√
			通信单位工程技术交底书			√
			通信单位工程图纸审核记录与报告			√
			通信单位工程开工报告			√
			通信工程变更设计申请			√
			通信单位工程暂停施工申请报告			√
			通信单位工程恢复施工申请报告			√
			通信工程竣工图表与施工日志			√
			通信工程专题会议纪要			√
		施工进度管理	通信工程进度计划			√
			通信工程年度、季度、月份进度计划			√
			通信工程年度、季度、月份进度完成分析			√

续上表

序号	工程类别	文件类别	文件名称	担任项目负责人的注册建造师签章		
				铁路工程	机电工程	通信与广电
6	通信工程	合同管理	通信工程分包合同			√
			通信工程劳务分包合同			√
			通信工程材料、设备订购合同			√
			通信已完工程数量表			√
			通信工程验工计价表			√
			通信工程合同变更			√
			通信工程合同索赔			√
		质量管理	通信工程质量计划			√
			通信单位工程质量验收记录			√
			通信单位工程验收报告			√
			通信工程特殊试验报告			√
			通信工程质量管理方案与措施			√
			通信工程质量事故报告			√
			通信工程质量事故调查处理报告			√
		安全管理	通信工程安全管理制度			√
			通信工程安全专项方案措施			√
			通信工程安全事故报告			√
			通信工程安全事故调查处理报告			√
		成本费用管理	通信工程施工成本分析资料报告			√
			通信工程实际预(结)算			√
			通信工程调价、调差资料			√
		现场环保文明施工管理	通信工程环保、水保制度与措施			√
			通信工程专项环境保护方案与措施			√
			通信工程文明施工制度与措施			√
			通信工程现场检查记录			√
7	信号工程	施工组织管理	信号工程作业指导书		√	
			信号工程实施性施工组织设计		√	
			信号工程技术交底书		√	
			信号工程开工报告		√	
			信号工程图纸审核记录与报告		√	
			信号工程竣工图表与施工日志		√	

续上表

序号	工程类别	文件类别	文件名称	担任项目负责人的注册建造师签章		
				铁路工程	机电工程	通信与广电
7	信号工程	施工组织管理	信号工程变更设计申请		√	
			信号工程暂停施工申请报告		√	
			信号工程恢复施工申请报告		√	
			信号工程专题会议纪要		√	
		施工进度管理	信号工程进度计划		√	
			信号工程年度、季度、月份进度计划		√	
			信号工程年度、季度、月份进度完成分析		√	
		合同管理	信号工程分包合同		√	
			信号工程劳务分包合同		√	
			信号工程材料、设备订购合同		√	
			信号已完工程数量表		√	
			信号工程验工计价表		√	
			信号工程合同变更		√	
			信号工程合同索赔		√	
		质量管理	信号工程质量计划		√	
			信号工程质量验收记录		√	
			信号工程验收报告		√	
			信号工程特殊试验报告		√	
			信号工程质量管理方案与措施		√	
			信号工程质量事故报告		√	
			信号工程质量事故调查处理报告		√	
		安全管理	信号工程安全管理制度		√	
			信号工程安全专项方案措施		√	
			信号工程安全事故报告		√	
			信号工程安全事故调查处理报告		√	
		成本费用管理	信号工程施工成本分析资料报告		√	
			信号工程实际预(决)算		√	
			信号工程调价、调差资料		√	
		现场环保文明施工管理	信号专项环境保护方案与措施		√	
			信号工程文明施工制度与措施		√	
			信号工程现场检查记录		√	
			与建设、监理及分包单位的联系文件		√	

续上表

序号	工程类别	文件类别	文件名称	担任项目负责人的注册建造师签章		
				铁路工程	机电工程	通信与广电
8	电力工程	施工组织管理	电力工程作业指导书		√	
			电力工程实施性施工组织设计		√	
			电力及电气化单位工程技术交底书		√	
			电力及电气化单位工程开工报告		√	
			电力单位工程图纸审核记录与报告		√	
			电力单位工程竣工图表与施工日志		√	
			电力工程变更设计申请		√	
			电力工程专题会议纪要		√	
		施工进度管理	电力工程进度计划		√	
			电力工程年度、季度、月份进度计划		√	
			电力工程年度、季度、月份进度完成分析		√	
		合同管理	电力工程分包合同		√	
			电力工程劳务分包合同		√	
			电力工程材料、设备订购合同		√	
			电力已完工程数量表		√	
			电力工程验工计价表		√	
			电力工程合同变更		√	
			电力工程合同索赔		√	
		质量管理	电力工程质量计划		√	
			电力单位工程质量验收记录		√	
			电力工程特殊试验报告		√	
			电力单位工程验收报告		√	
			电力工程质量管理方案与措施		√	
			电力工程质量事故报告		√	
			电力工程质量事故调查处理报告		√	
		安全管理	电力工程安全管理制度		√	
			电力工程安全专项方案措施		√	
			电力工程安全事故报告		√	
			电力工程安全事故调查处理报告		√	

续上表

序号	工程类别	文件类别	文件名称	担任项目负责人的注册建造师签章		
				铁路工程	机电工程	通信与广电
8	电力工程	成本费用管理	电力工程施工成本分析资料报告		√	
			电力工程实际预(决)算		√	
			电力工程调价、调差资料		√	
		现场环保文明施工管理	电力工程环保、水保制度与措施		√	
			电力工程专项环境保护方案与措施		√	
			电力工程文明施工制度与措施		√	
			电力工程现场检查记录		√	
9	电气化工程	施工组织管理	电气化工程作业指导书		√	
			电气化工程实施性施工组织设计		√	
			电气化单位工程技术交底书		√	
			电气化单位工程开工报告		√	
			电气化单位工程图纸审核记录与报告		√	
			电气化单位工程竣工图表与施工日志		√	
			电气化工程变更设计申请		√	
			电气化工程暂停施工申请报告		√	
			电气化工程恢复施工申请报告		√	
			电气化工程专题会议纪要		√	
		施工进度管理	电气化工程进度计划		√	
			电气化工程年度、季度、月份进度计划		√	
			电气化工程年度、季度、月份进度完成分析		√	
		合同管理	电气化工程分包合同		√	
			电气化工程劳务分包合同		√	
			电气化工程材料、设备订购合同		√	
			电气化已完工程数量表		√	
			电气化工程验工计价表		√	
			电气化工程合同变更		√	
			电气化工程合同索赔		√	
		质量管理	电气化工程质量计划		√	
			电气化单位工程质量验收记录		√	
			电气化单位工程验收报告		√	
			电气化工程特殊试验报告		√	

续上表

序号	工程类别	文件类别	文件名称	担任项目负责人的注册建造师签章		
				铁路工程	机电工程	通信与广电
9	电气化工程	质量管理	电气化工程质量管理方案与措施		√	
			电气化工程质量事故报告		√	
			电气化工程质量事故调查处理报告		√	
		安全管理	电气化工程安全管理制度		√	
			电气化工程安全专项方案措施		√	
			电气化工程安全事故报告		√	
			电气化工程安全事故调查处理报告		√	
		成本费用管理	电气化工程施工成本分析资料报告		√	
			电气化工程实际预(决)算		√	
			电气化工程调价、调差资料		√	
		现场环保文明施工管理	电气化工程环保、水保制度与措施		√	
			电气化专项环境保护方案与措施		√	
			电气化工程文明施工制度与措施		√	
			电气化工程现场检查记录		√	
10	综合项目工程	施工组织管理	土建项目工程测量实施方案	√		
			土建项目工程试验实施方案	√		
			土建项目工程实施性施工组织设计	√		
			土建项目工程竣工验收报告	√		
			四电项目工程测量实施方案		√	
			四电项目工程试验实施方案		√	
			四电项目工程实施性施工组织设计		√	
			铁路综合项目工程实施性施工组织设计	√		
			铁路综合项目工程竣工验收报告	√		
			项目经理对单位工程施工负责人的授权书	√		
		施工进度管理	土建项目年度、季度、月份进度计划报审表	√		
			土建项目年度、季度、月份进度计划调整表	√		
			土建项目年度、季度、月份进度完成分析报告	√		
			四电项目年度、季度、月份进度计划报审表		√	
			四电项目年度、季度、月份进度计划调整表		√	
			四电项目年度、季度、月份进度完成分析报告		√	

续上表

序号	工程类别	文件类别	文件名称	担任项目负责人的注册建造师签章		
				铁路工程	机电工程	通信与广电
10	综合项目工程	施工进度管理	铁路综合项目年度、季度、月份进度计划报审表	√		
			铁路综合项目年度、季度、月份进度计划调整表	√		
			铁路综合项目年度、季度、月份进度完成分析报告	√		
		合同管理	土建项目验工计价表	√		
			土建项目合同变更	√		
			土建项目合同索赔	√		
			四电项目验工计价表		√	
			四电项目合同变更		√	
			四电项目合同索赔		√	
			铁路综合项目验工计价表	√		
			铁路综合项目合同变更	√		
			铁路综合项目合同索赔	√		
		质量管理	土建项目工程质量计划	√		
			土建项目工程验收报告	√		
			土建工程质量管理方案与措施	√		
			土建工程其他重要质量管理文件	√		
			四电项目工程质量计划		√	
			四电项目工程验收报告		√	
			四电工程质量管理方案与措施		√	
			四电工程其他重要质量管理文件		√	
			铁路综合项目工程质量计划	√		
			铁路综合项目工程验收报告	√		
			铁路综合工程质量管理方案与措施	√		
			铁路综合工程其他重要质量管理文件	√		
		安全管理	土建项目工程安全管理制度	√		
			土建项目工程安全专项方案措施	√		
			土建项目工程安全事故报告	√		
			土建项目工程安全事故调查处理报告	√		

续上表

序号	工程类别	文件类别	文件名称	担任项目负责人的注册建造师签章		
				铁路工程	机电工程	通信与广电
10	综合项目工程	安全管理	土建项目其他重要安全管理文件	√		
			四电项目工程安全管理制度		√	
			四电项目工程安全专项方案措施		√	
			四电项目工程安全事故报告		√	
			四电项目工程安全事故调查处理报告		√	
			四电项目其他重要安全管理文件		√	
			铁路综合工程安全管理制度	√		
			铁路综合工程安全专项方案措施	√		
			铁路综合工程安全事故报告	√		
			铁路综合工程安全事故调查处理报告	√		
			铁路综合工程其他重要安全管理文件	√		
		成本费用管理	土建项目工程施工成本分析资料报告	√		
			土建项目工程实际预(决)算	√		
			各种上报的土建项目工程调价、调差资料	√		
			四电项目工程施工成本分析资料报告		√	
			四电项目工程实际预(决)算		√	
			各种上报四电项目工程的调价、调差资料		√	
			铁路综合工程施工成本分析资料报告	√		
			铁路综合工程实际预(决)算	√		
			各种上报的铁路综合工程调价、调差资料	√		
		现场环保文明施工管理	土建项目工程环保、水保制度与措施	√		
			土建项目工程专项环境保护方案与措施	√		
			土建项目工程文明施工制度与措施	√		
			土建项目工程现场检查记录	√		
			土建项目与建设、监理及分包单位的重要联系文件	√		
			四电项目工程环保、水保制度与措施		√	
			四电项目工程专项环境保护方案与措施		√	
			四电项目工程文明施工制度与措施		√	
			四电项目工程现场检查记录		√	

续上表

<table>
<tr><th rowspan="2">序号</th><th rowspan="2">工程类别</th><th rowspan="2">文件类别</th><th rowspan="2">文件名称</th><th colspan="3">担任项目负责人的注册建造师签章</th></tr>
<tr><th>铁路工程</th><th>机电工程</th><th>通信与广电</th></tr>
<tr><td rowspan="6">10</td><td rowspan="6">综合项目工程</td><td rowspan="6">现场环保文明施工管理</td><td>四电项目工程与建设、监理及分包单位的重要联系文件</td><td></td><td>√</td><td></td></tr>
<tr><td>铁路综合工程环保、水保制度与措施</td><td>√</td><td></td><td></td></tr>
<tr><td>铁路综合工程专项环境保护方案与措施</td><td>√</td><td></td><td></td></tr>
<tr><td>铁路综合工程文明施工制度与措施</td><td>√</td><td></td><td></td></tr>
<tr><td>铁路综合工程现场检查记录</td><td>√</td><td></td><td></td></tr>
<tr><td>铁路综合工程与建设、监理及分包单位的重要联系文件</td><td>√</td><td></td><td></td></tr>
<tr><td>11</td><td>说明</td><td colspan="5">(1)上述能够签章的注册建造师必须是一级,不允许二级注册建造师签章。
(2)铁路工程施工负责人是指铁路工程施工标段的项目经理及与项目经理签订的在该标段内某施工单元工程(或单位工程)有效施工合同的签字人。
(3)铁路工程大、中型规模的单项工程以及大、中、小型规模的项目工程,均需要持证注册的施工负责人签章方可有效,小型规模的项目工程与中型规模的单项工程由持证注册的项目经理签章,大、中型规模的项目工程与大型规模的单项工程分解后可由多名持证注册的施工负责人分别签章。
(4)铁路工程建造中凡是本表中所列施工管理文件均要求持证注册的施工负责人签章,其他未列入本表的相关施工管理文件,其签章人应具备一级注册建造师执业资格,但可以不是施工负责人,所有签章人负有相应的法律责任。
(5)上述管理文件具体编制人可以是持证注册建造师,但需持证注册的施工负责人在首页做批准签章或尾页作检查签章。
(6)试验报告:土建工程的常规试验报告由资质认证授权签字人独立签字,特殊试验报告由持证注册施工负责人共同签章;通信工程、信号工程、电力工程、电气化工程试验报告由有资质的专业机构盖章和试验人员签字,特殊试验报告由相应的持证注册施工负责人共同签章。
(7)专题会议纪要:会议纪要持证注册施工负责人必须签章。
(8)重要的车站房屋工程施工是否要求一级建筑工程建造师参与施工与签章,由建设方具体规定。
(9)重要的火车轮渡站场工程施工,是否要求一级港航建造师参与施工与签章,由建设方具体规定。
(10)表中项目工程指各种规模的一个标段工程,或一个大型标段里的区段、单元工程。
(11)土建工程是指工程内容只包含铁路路基、桥涵、隧道、轨道、站场无四电内容的工程。
(12)四电工程是指包含铁路通信、信号、电力、电气化工程及少量配套土建内容的工程。
(13)综合工程项目是指工程内容综合包含了铁路土建与四电的工程项目。
(14)表中通信工程由通讯广电一级注册建造师签章,也可由机电工程一级注册建造师签章。</td></tr>
</table>

注册建造师施工管理签章文件目录

（通信与广电工程）

序号	工程类别	文件类别	文件名称
1	通信工程	施工组织管理	项目管理实施计划或施工组织设计报审表
			主要施工管理人员配备表
			主要施工方案报批表
			特殊或特种作业人员资格审核表
			开工报告
			单项工程开工报告
			工程延期申请
			工程开工、停工、复工、竣工报审、竣工交验申请
			与其他工程参与单位（建设、监理、分包、政府监管单位等）来往的重要函件
			工程保险委托书
			工程验收报告
			竣工资料移交清单
		施工进度管理	总进度计划报审表
			单项工程进度计划报审表
			工程月（周、日）报
		合同管理	工程分包合同
			劳务分包合同
			材料采购总计划表
			工程设备采购总计划表
			工程设备、关键材料招标书和中标书
			工余料清单
			合同变更申请报告
		质量管理	重大质量事故报告
			工程质量保证书
		安全管理	工程项目安全生产责任书
			分包安全管理协议书
			施工安全技术措施及安全事故应急预案
			施工现场安全事故上报、调查、处理报告
		现场环保文明施工管理	施工环境保护措施及管理方案

续上表

序号	工程类别	文件类别	文件名称
1	通信工程	成本费用管理	工程款支付报告
			工程变更费用报告
			工程费用索赔申请表
			竣工结算申报表
			工程保险(人身、设备、运输等)申报表
			工程结算审计表(法律纠纷事务申诉用)
2	广电工程	施工组织管理	项目管理实施计划或施工组织设计报审表
			主要施工管理人员配备表
			主要施工方案报批表
			特殊或特种作业人员资格审核表
			开工报告
			工程延期申请
			工程停工、复工、竣工报审、竣工交验申请
			与其他工程参与单位(建设、监理、分包、政府监管单位等)来往的重要函件
			工程保险委托书
			工程验收报告
			竣工资料移交清单
		施工进度管理	总进度计划报审表
			单项工程进度计划报审表
			工程月(周、日)报
		合同管理	工程分包合同
			劳务分包合同
			材料采购总计划表
			工程设备采购总计划表
			工程设备、关键材料招标书和中标书
			工余料清单
			合同变更和索赔申请报告
		质量管理	重大质量事故报告
			工程质量保证书
		安全管理	工程项目安全生产责任书
			分包安全管理协议书
			施工安全技术措施及安全事故应急预案
			施工现场安全事故上报、调查、处理报告

续上表

序号	工程类别	文件类别	文件名称
2	广电工程	现场环保文明施工管理	施工环境保护措施及管理方案
		成本费用管理	工程款支付报告
			工程变更费用报告
			工程费用索赔申请表
			竣工结算申报表
			工程保险(人身、设备、运输等)申报表
			工程结算审计表(法律纠纷事务申诉用)

注册建造师施工管理签章文件目录
（机电安装工程）

序号	工程类别	文件类别	文件名称
1	一般工业、民用、公用机电安装工程	施工组织管理	图纸会审、设计变更联系单
			施工组织设计报审表
			主要施工方案、吊装方案、临电方案的报审表
			劳动力计划表
			特殊或特种作业人员资格审查表
			关键或特殊过程人员资格审查表
			工程开工报告
			工程延期报告
			工程停工报告
			工程复工报告
			工程竣工报告
			工程交工验收报告
			建设、监理、政府监管单位、外部协调单位联系单
			工程一切保险委托书
		合同管理	分包单位资质报审表
			工程分包合同
			劳务分包合同
			材料采购总计划表
			工程设备采购总计划表
			工程设备、关键材料招标书和中标书
			合同变更和索赔申请报告
		施工进度管理	总进度计划报批表
			分部工程进度计划报批表
			单位工程进度计划的报审表
			分包工程进度计划批准表
		质量管理	单位工程竣工验收报验表
			单位（子单位）工程安全和功能检验资料核查及主要功能抽查记录
			单位（子单位）工程观感质量检查记录表
			单位工程质量预验（复验）收记录

续上表

序号	工程类别	文件类别	文件名称
1	一般工业、民用、公用机电安装工程	质量管理	单位工程质量验收记录
			中间交工验收报告
			质量事故调查处理报告
			工程资料移交清单
			工程质量保证书
			工程试运行验收报告
		消防工程增加质量管理文件	政府监管单位(公安消防部门)联系单
			消防工程报装备案表
		安全管理	工程项目安全生产责任书
			分包安全管理协议书
			施工安全技术措施报审表
			施工现场消防重点部位报审表
			施工现场临时用电、用火申请书
			大型施工机具检验、使用检查表
			安全事故应急预案
			安全隐患通知书
			施工现场安全事故上报、调查、处理报告
		现场环保文明施工管理	施工环境保护措施及管理方案报审表
			施工现场文明施工措施报批表
		成本费用管理	工程款支付报告
			工程变更费用报告
			费用索赔申请表
			费用变更申请表
			月工程进度款报告
			竣工结算申报表
			工程保险(人身、设备、运输等)申报表
			工程结算审计表
2	净化工程	七类管理文件同1类工程,施工组织管理增加签章文件	特种气体设备安装改造维修告知书
3	工业炉窑安装工程	七类管理文件同1类工程	

续上表

<table>
<tr><th>序号</th><th>工程类别</th><th>文件类别</th><th>文件名称</th></tr>
<tr><td rowspan="5">4</td><td rowspan="5">动力站安装工程</td><td rowspan="5">七类管理文件同1类工程，施工组织、质量管理增加签章文件</td><td>特种设备安装改造维修告知书</td></tr>
<tr><td>水压试验申报表</td></tr>
<tr><td>安全附件整定申请书</td></tr>
<tr><td>锅炉点火申报表</td></tr>
<tr><td>安全生产许可证申请表</td></tr>
<tr><td rowspan="4">5</td><td rowspan="4">起重设备安装工程</td><td rowspan="4">七类管理文件同1类工程，质量管理增加签章文件</td><td>特种设备安装改造维修告知书</td></tr>
<tr><td>主要安全部件合格证报审表</td></tr>
<tr><td>安全附件整定申请书</td></tr>
<tr><td>技术检测报告</td></tr>
<tr><td>6</td><td>电子工程</td><td>七类管理文件同1类工程</td><td></td></tr>
<tr><td>7</td><td>环保工程</td><td>七类管理文件同1类工程</td><td></td></tr>
<tr><td>8</td><td>体育场馆工程</td><td>七类管理文件同1类工程</td><td></td></tr>
<tr><td>9</td><td>机械汽车制造工程</td><td>七类管理文件同1类工程</td><td></td></tr>
<tr><td>10</td><td>轻纺工业建设工程</td><td>七类管理文件同1类工程，施工组织管理增加签章文件</td><td>特种设备安装改造维修告知书</td></tr>
<tr><td>11</td><td>森林工业建设工程</td><td>七类管理文件同1类工程</td><td></td></tr>
<tr><td>12</td><td>其他相关专业机电安装工程</td><td>七类管理文件同1类工程</td><td></td></tr>
</table>

关于印发《注册建造师施工管理签章文件（试行）》的通知

（建设部 建市监函〔2008〕49号　2008年6月2日）

各省、自治区建设厅，直辖市建委，新疆生产建设兵团建设局，国务院各有关部门建设司，总后基建营房部，国资委管理的有关企业，有关行业协会：

根据《注册建造师管理规定》（建设部令第153号）和《注册建造师施工管理签章文件目录（试行）》（建市[2008]42号），我们组织起草了《注册建造师施工管理签章文件（试行）》，现印发给你们，请遵照执行。《注册建造师施工管理签章文件（试行）》可在中国建造师网（http://www.coc.gov.cn）下载。

附件：三、注册建造师施工管理签章文件（铁路工程）

三、注册建造师施工管理签章文件

（铁路工程）

序号	工程类别	文件类别	文件名称	代码
1	路基、桥梁、隧道、轨道、站场、通信、信号、电力、电气化、综合项目工程	施工组织管理	工程作业指导书	CC101
			测量实施方案	CC102
			试验实施方案	CC103
			重点单位工程实施性施工组织设计	CC104
			图纸审核记录与报告	CC105
			技术交底书	CC106
			工程实施性施工组织设计	CC107
			单位工程开工报告	CC108
			单项或单位工程暂停施工申请报告	CC109
			单项或单位工程恢复施工申请报告	CC110
			单位工程竣工图表与施工日志	CC111
			工程变更设计申请	CC112
			工程专题会议纪要	CC113
		施工进度管理	工程分包合同	CC201
			工程劳务分包合同	CC202
			工程材料订购合同	CC203
			已完工程数量表	CC204
			工程验工计价表	CC205
		合同管理	重要单位工程进度计划	CC301
			单项工程进度计划	CC302
			工程年度、季度、月份进度计划	CC303
			工程年度、季度、月份进度完成分析报告	CC304
		质量管理	工程质量计划	CC401
			工程特殊试验报告	CC402
			单位工程质量验收记录	CC403
			单位工程验收报告	CC404
			工程质量管理方案与措施	CC405
			工程质量事故报告	CC406
			工程质量事故调查处理报告	CC407
		安全管理	工程安全管理制度	CC501
			工程安全专项方案措施	CC502
			工程安全事故报告	CC503
			工程安全事故调查处理报告	CC504

续上表

序号	工程类别	文件类别	文 件 名 称	代码
1	路基、桥梁、隧道、轨道、站场、通信、信号、电力、电气化、综合项目工程	成本费用管理	工程施工成本分析资料报告	CC601
			实际工程预(结)算	CC602
			各种上报的调价、调差资料	CC603
		现场环保文明施工管理	工程环保、水保制度与措施	CC701
			工程专项环境保护方案与措施	CC702
			工程文明施工制度与措施	CC703
			工程现场管理检查记录	CC704

说明:1. 铁路工程共有 40 个文件需要担任施工项目负责人的注册建造师签章,其中 25 个文件统一编制,其他 15 个文件由铁路施工企业根据实际情况自行编制。

2. 统一编制的 25 个文件合并为 15 个,其代码在相应表格上已注明,其中代码 CC104、CC108、CC112、CC204、CC205、CC406 等 6 个表格分别套用《铁路建设工程监理规范》内的 TA1、TA2、TC2、TA10、TA11、TA9 表格,代码 CC403、CC704 分别套用《铁路工程施工质量验收标准》内的《单位工程质量验收记录》和《施工现场质量管理检查记录》表格,其他 7 个为新编制。

建设部办公厅关于建筑业企业项目经理资质管理制度向建造师执业资格制度过渡有关问题的补充通知

建办市〔2007〕54号

各省、自治区建设厅，直辖市建委，国务院有关部门建设司，新疆生产建设兵团建设局，总后营房部工程局，中央管理的企业，有关行业协会：

为了确保建筑业企业项目经理资质管理制度向建造师执业资格制度平稳过渡，妥善解决尚未取得建造师执业资格的持有项目经理资质证书人员的实际问题，现将有关问题补充通知如下：

一、按照建设部2003年4月《关于建筑业企业项目经理资质管理制度向建造师执业资格制度过渡有关问题的通知》(建市〔2003〕86号)的要求，2008年2月27日开始停止使用建筑业企业项目经理资质证书。

二、具有统一颁发的建筑业企业一级项目经理资质证书，且未取得建造师资格证书的人员，符合下述条件之一的，可申请一级建造师临时执业证书：

(一)2007年度担任大型工程施工项目经理的；

(二)2007年度未担任大型工程施工项目经理的，应当同时满足下列条件：

1. 年龄不超过55周岁；

2. 符合《建造师执业资格考核认定办法》(国人部发〔2004〕16号)和《关于印发〈一级建造师注册实施办法〉的通知》(建市〔2007〕101号)中业绩规模、数量和专业要求，年龄、业绩计算时间截止到2007年12月31日。

符合上述(一)、(二)条件的，由申请人通过受聘建筑业企业按照属地化原则向省、自治区、直辖市建设主管部门申报，申报程序按建市[2007]101号文执行。各地审查汇总后于2007年12月31日前报建设部。2008年2月27日前，经建设部审批后，委托各省级建设主管部门向符合条件者颁发一级建造师临时执业证书。证书有效期为5年，于2013年2月27日废止。

三、取得一级建造师临时执业证书的人员，其注册、执业、变更、注销和继续教育等，按照注册建造师制度有关规定执行。

四、取得一级建造师临时执业证书的人员，在持证有效期内通过考试取得建造师资格证书的，应当在3个月内完成专业注册，原一级建造师临时执业证书自动失效，建设部负责收回其临时执业证书和执业印章。

五、二级建造师临时执业证书颁发工作由各省、自治区、直辖市建设主管部门参照本通知精神另行规定，并将名单报建设部备案。

具有建筑业企业一级项目经理资质证书，未取得建造师资格证书且不符合颁发一级建造师临时执业证书条件的，可由省级建设主管部门根据《关于印发〈二级建造师执业资格考核认定指导意见〉的通知》（建市〔2004〕85 号）规定，对符合条件者颁发二级建造师临时执业证书。具有一级项目经理资质证书的人员不能同时获取一、二级建造师临时执业证书。

附件：1. 一级建造师临时执业证书申请表（略）

2. 一级建造师临时执业证书汇总表（略）

二〇〇七年十一月十九日

第三部分

建设主体管理

关于推进建设单位标准化管理工作的指导意见

（铁道部 铁建设〔2008〕45号 2008年3月15日）

各铁路局，各铁路公司（筹备组）：

铁路建设是一项复杂的系统工程，涉及面广，参与单位多，影响安全、质量、工期的因素多，特别是当前铁路建设规模大、标准高、技术新、投资巨大。为保证铁路工程质量和施工安全，促进铁路技术进步，控制工程投资，又好又快地推进大规模铁路建设，必须以标准化管理为基础，全面落实“六位一体”管理要求，努力打造精品工程、安全工程。现就建设单位标准化管理提出以下意见，请按照执行。

一、提高对铁路建设单位标准化管理的认识

1. 标准化管理的重要意义。标准化是为在一定范围内获得最佳秩序，对现实问题或潜在问题制订共同使用和重复使用的条款的活动。通过标准化，将铁路建设经验加以总结、规范并进行推广；通过标准化管理，实现工程建设各阶段项目管理工作的有机衔接，实现建设项目目标要素的集成管理，整体提高铁路建设管理水平，为又好又快地实施大规模铁路建设提供保障。

2. 标准化管理的总体要求。实现铁路建设标准化，要借鉴国内外重大项目建设的先进经验，以管理科学理论、系统工程理论为指导，结合铁路建设的特点，按照统一部署、分步实施、平稳推进、各负其责的原则，逐步形成铁路建设标准化管理的体系和方法；要通过建设单位标准化管理，以建设目标和共同利益为纽带，推动勘察设计、施工、监理等单位的标准化管理，实现建设项目标准化管理。建设单位标准化管理主要包括管理制度标准化、人员配备标准化、现场管理标准化、过程控制标准化。

二、实行建设单位管理制度标准化

1. 管理制度标准化的内涵。铁路建设管理制度包括由铁道部制订和由建设单位根据铁道部有关管理制度结合建设项目特点制订的建设管理规范性文件。建设单位管理制度标准化的目标任务是，构建结构清晰、职责分明、内容稳定、体现“六位一体”管理要求，实施有规范、操作有程序、过程有控制、结果有考核的项目机构管理制度。

2. 管理制度标准化的主要内容。建设单位应根据铁道部《铁路建设管理办法》等有关建设管理的规章、规范性文件以及《铁路建设项目管理指南（试行）》，结合建设项目实际，制订建设管理制度，并依据国家和铁道部文件及时进行修订。管理制度要明确管理目标，提出工作要求，细化工作程序，落实人员责任，完善考核制度。铁路局要尽快制定或修订铁路局《铁路建设管理办法》，理顺建设管理体制，明确职责分工，规范建设管理工作。

3. 实行管理制度标准化的要求。建设单位要认真组织学习管理制度，使建设单位人员熟悉制度、自觉执行制度，将制度作为建设管理的依据，特别是建设单位领导应带头执行制度；将

管理制度分类汇编成册，发放到建设管理人员和各参建单位，不涉及保密的铁道部、铁路局、项目管理机构管理文件应全部上网，方便查询；加强对制度执行情况的监督，将执行制度纳入工作人员考核范围，严格追究不执行制度人员的责任，形成以执行制度为荣的工作环境；征求勘察设计、施工、监理单位对建设单位人员执行制度的意见，将制度标准化建设和执行情况作为建设单位年度工作的主要内容。

三、实行铁路建设单位人员配备标准化

1. 人员配备标准化的内涵。建设单位人员素质决定了建设管理的水平和效率，是实行建设单位标准化管理的根本。人员配备标准化就是根据工作岗位要求配备具有相应技能、能力、知识以及协调能力的人员，实现岗位设置满足管理要求，人员素质满足岗位要求，使项目管理机构成为实现建设目标的工作团队。

2. 人员配备标准化的主要内容。建设单位要按照铁道部《关于规范铁路建设项目管理机构的指导意见》(铁劳卫〔2007〕170 号)和《铁路建设项目管理机构管理办法》(铁建设〔2007〕177 号)规定，组建项目管理机构，配齐管理人员。铁路局应根据建设项目情况，为建设项目配备具有一定铁路建设管理经验和专业知识，懂业务、会管理，有事业心的领导班子和工作人员；客运专线公司要选配具有一定铁路建设管理经验和专业知识，懂业务、会管理，有事业心的中层干部和工作人员。建设单位要以铁道部建设主管部门下发的《铁路建设项目管理工作手册(试行)》为基础，明确指挥长、总工程师、部门负责人以及各专业工程师在铁路建设各个阶段的岗位职责、工作内容、工作方法、工作程序、工作要点，以及应掌握的专业知识和管理知识。

3. 实行人员配备标准化的要求。建设单位要建立学习培训制度，定期组织建设管理人员学习管理和业务知识；积极选派人员参加铁道部和铁路局组织的培训班，并结合项目特点，开展专业培训活动，切实提高建设管理人员对建设单位标准化管理的认识和实施标准化的能力，提高建设管理人员的业务素质和拒腐防变的能力。结合项目情况，逐步配备注册岩土工程师、注册造价工程师和注册建筑师。建设任务重的铁路局，要有计划地做好建设人才培训、培养和储备工作，对有一定建设管理经历的人员要进行新知识培训，对有专业知识但缺乏实践经验的人员要进行现场培训，对少量高端人才可采用引进方式解决。

四、实行铁路建设单位现场管理标准化

1. 现场管理标准化的内涵。建设项目现场是各种建设要素的集合，是实施建设单位标准化管理的载体。现场管理是建设单位对现场资源进行有效整合以达到建设目标的动态创造性活动。现场管理标准化就是将现场管理工作内容具体化、定量化，把现场布置要求、检查内容和检查方法等转换为工作标准，实现文明施工，规范建设。

2. 现场管理标准化的主要内容。建设单位要依据《铁路建设项目现场管理规范》，结合本项目特点，建立文明工地建设工作标准；依据《铁路工程技术资料管理规程》建立设计、施工、监理内业资料管理工作标准；依据《关于积极倡导架子队管理模式的指导意见》制订建设项目劳务用工管理标准；根据《工地实验室建设标准》等规定制订试验室管理标准。

建设单位要依据铁道部下发的现场管理规范标准指南，积极吸收其他项目的先进现场管理经验、成熟施工工艺，组织设计、施工、监理单位编制路基、桥梁、隧道、站场、轨道以及房屋、四电集成施工作业指导书，通过样板工程对施工作业指导书进行优化。

3. 实行现场管理标准化的要求。建设单位要熟悉工作标准，严格执行工作标准，依据工

作标准进行现场管理。建立定人、定期、定岗、定责、定点的检查制度，推行建设单位主管人员和监理人员逐公里进行检查、逐项目验收签认的制度，定期召开现场管理分析会解决存在的问题；督促监理单位细化监理规划、监理细则；督促施工单位按劳务用工有关规定使用劳务，定期对劳务用工情况进行检查，杜绝违法分包；组织对安全质量控制要点防范措施执行情况进行检查；督促施工单位按照现场工作标准和施工作业指导书组织施工，对不按现场工作标准和施工作业指导书施工的，要追究施工单位和监理单位的责任。

五、实行铁路建设单位过程控制标准化

1. 过程控制标准化的内涵。过程控制标准化是将现场标准化管理贯穿于整个建设过程，通过标准化对建设实施全过程管理。建设单位过程管理标准化管理就是按照"六位一体"管理要求，将过程控制工作具体化、定量化，形成过程管理工作标准，按照工作标准实施过程管理。

2. 过程控制标准化的主要内容。建设单位应结合建设项目特点，建立建设项目管理的目标体系、责任体系、分级控制系统和评价评估体系，按照计划、组织、指挥、协调、控制等基本环节，将质量、安全、工期、投资效益、环境保护和技术创新分解细化为最佳匹配的实施目标，实现"六位一体"管理要求；完善建设项目质量管理体系和质量管理制度，按照创建精品工程的要求，完善项目质量控制标准；建立项目安全管理体系，按照实施安全工程的目标，制订安全生产管理标准；科学合理安排工期，按照精细管理的方法，建立工期管理标准；以主人翁的态度，建立征地拆迁、合同管理、施工图审核、变更设计、验工计价等工作标准，严格控制投资；按照建设环保铁路的要求，建立环保工程管理标准，加强环境保护管理；坚持科技创新，按照铁道部总体技术创新规划，建立项目技术创新工作标准。建立过程控制动态调整机制和应急预案，保证过程控制工作的实施效果。

3. 过程控制标准化的要求。建设单位要认真贯彻"六位一体"管理要求，以管理标准和工作标准作为实施管理工作的准则，以铁道部建设主管部门下发的《铁路建设项目管理工作程序(试行)》为基础，制定工作的流转程序，使工作人员熟悉掌握工作标准、工作程序，带头执行工作标准和程序，按照目标管理、分级管理、持续改进和闭环管理的方式，依据工作标准和程序实施管理，对建设过程实现有效控制。

六、加快推进建设单位标准化管理工作

采用标准化方式进行建设管理，是实施大规模铁路建设的需要，是今年建设工作的重点，各建设单位必须提高对建设单位标准化管理的认识，借鉴上海铁路局组织项目管理的经验，加快标准化管理推进工作；要根据铁道部颁发的规程、规范、指导意见、工作指南，加快制订建设单位标准化管理工作标准，并组织实施；建立标准化目标责任制，严格追究不按标准实施管理人员的责任；将建设管理标准化管理的目标和要求等纳入勘察设计、施工和监理合同，督促勘察设计、施工和监理单位实施与建设单位标准化管理匹配的标准化管理，实现建设项目的标准化管理。

各单位要认真组织学习，深刻理解推进建设单位标准化管理的重要意义，制订切实可行的推进计划。在建项目要按照标准化管理要求改进管理工作，新开工项目必须严格按照标准化管理方式实施管理。

各单位 4 月 15 日前将本单位标准化管理推进计划报铁道部建设管理司，铁道部相关单位要加快标准化管理文件的制订工作，共同做好铁路建设单位管理标准化工作。

关于规范铁路建设项目管理机构的指导意见

（铁道部 铁劳卫〔2007〕170号　2008年9月5日）

各铁路局：

为加强铁路建设项目管理，根据《铁路建设管理办法》（铁道部令第11号），现就规范铁路局建设项目管理机构（以下简称项目管理机构）的机构编制设置，提出如下指导意见。

一、项目管理机构的人员数

（一）铁路客运专线项目管理机构的人员数：

1. 投资100亿元及以下的项目，一般不超过20名；

2. 投资100亿元以上至300亿元及以下的项目，一般不超过30名；

3. 投资300亿元以上至800亿元及以下的项目，一般不超过40名；

4. 投资800亿元以上的项目，一般不超过50名。

（二）普通铁路项目管理机构的人员数：

1. 投资20亿元及以下的项目，一般不超过20名；

2. 投资20亿元以上至50亿元及以下的项目，一般不超过30名；

3. 投资50亿元以上至100亿元及以下的项目，一般不超过40名；

4. 投资100亿元以上的项目，一般不超过50名。

二、项目管理机构的领导职数

（一）铁路客运专线项目管理机构的领导职数：

1. 投资300亿元及以下的项目，一般不超过4名；

2. 投资300亿元以上至800亿元及以下的项目，一般不超过5名；

3. 投资800亿元以上的项目，一般不超过6名。

（二）普通铁路项目管理机构的领导职数：

1. 投资20亿元及以下的项目，一般不超过3名；

2. 投资20亿元以上至50亿元及以下的项目，一般不超过4名；

3. 投资50亿元以上至200亿元及以下的项目，一般不超过5名；

4. 投资200亿元以上的项目，一般不超过6名。

三、项目管理机构的内设机构及主要任务

（一）项目管理机构的内设机构，一般设置综合部、计划财务部、工程管理部、安全质量部、物资设备部5个部门。投资20亿元以下的普通铁路、投资100亿元以下的客运专线，其内设机构可根据项目情况适当合并。

（二）内设机构的领导职数，设正职1名，人员配置5名及以上设副职1名，人员配置8名及以上设副职2名，工程管理部可增设1名副职。

（三）内设机构主要任务：

1. 综合部：主要负责人事、劳资、党群、行政事务管理等工作；

2. 计划财务部：主要负责计划统计、财务管理、工程招标、投资控制、合同管理、工程计价等工作；

3. 工程管理部：主要负责编制施工组织、技术管理、设计管理、环保管理、工程调度、工程验工、对外协调等工作。可内设对外协调办公室，负责征地拆迁和对外协调工作，领导由部门副职担任；

4. 安全质量部：主要负责工程质量、施工安全管理等工作；

5. 物资设备部：主要负责甲供、甲控物资设备管理，以及施工单位自购物资设备的监督等工作。

（四）根据工作需要，项目管理机构可按照有关规定设置现场工作组（段落指挥部），其人员应在项目管理机构人员数内调剂解决，正职由项目管理机构副职兼任，设置1名副职（按内设机构副职配备）。主要负责管辖区域内建设项目的协调和管理工作。

四、因建设项目任务变化较大，确需调整项目管理机构领导职数或人员配置数量时，由项目管理机构提出调整建议，报批准设立部门按规定权限和程序办理。

五、项目管理机构在建设项目正式验收并完成资产交接后，由批准设立部门予以撤销或调整。

关于印发《铁路建设项目管理机构管理办法》的通知

（铁道部 铁建设〔2007〕177 号　2009 年 9 月 15 日）

各铁路局，各铁路公司（筹备组）：

现将修订后的《铁路建设项目管理机构管理办法》发给你们，自 2007 年 10 月 1 日起施行。在建项目的项目管理机构 2007 年 12 月 1 日前按本办法调整到位，项目建议书已批准的建设项目于 2007 年 11 月 1 日前按本办法设置项目管理机构，机构调整及设置有关资料在规定日期前报铁道部建设管理司；新开工的建设项目必须按本办法办理，并及时将有关资料报铁道部建设管理司。

铁道部原《铁路建设项目管理机构管理暂行办法》（铁建设〔2004〕93 号）同时废止。

附件：铁路建设项目管理机构及人员情况表

铁路建设项目管理机构管理办法

第一条　为规范铁路建设项目管理机构设置，提高建设管理水平，根据《铁路建设管理办法》（铁道部令第 11 号）等有关规定，制定本办法。

第二条　本办法适用于铁道部投资、合资的铁路大中型建设项目，其他建设项目参照执行。

第三条　本办法所称铁路建设项目管理机构是指铁道部、铁路局以及合资铁路公司为组织实施铁路建设项目专门成立的机构，包括建设期间的客运专线公司（筹备组）。

第四条　项目管理机构应在项目建议书批复后一个月内成立，项目管理机构主要负责人和负责前期工作的技术人员应及时到位；可行性研究报告批准一个月内，项目管理机构应组建完毕，人员基本到位；初步设计批复一个月内，项目管理机构人员必须全部到位。

第五条　项目管理机构设置地点应以方便工作为原则，初步设计批复前项目管理机构可将办公地点设在方便前期工作的地方，初步设计批复后项目管理机构驻地应设在建设项目现场。

长大干线的项目管理机构一般应设在项目中间位置，确需设在一端的，必须同时在中间位置或其他适当的位置设置由项目管理机构领导班子副职为组长的现场工作组（对外可称项目段落指挥部），现场工作组人员在项目管理机构人员中解决；项目管理机构所在地区不得设置现场工作组。

第六条　铁道部批准设立的项目管理机构的机构编制，按铁道部有关规定执行。

铁路局批准设立的项目管理机构的机构编制，按铁道部《关于规范铁路建设项目管理机构的指导意见》（铁劳卫〔2007〕170 号）执行。

第七条 建设项目管理机构人员应具备的专业技术条件：

（一）项目管理机构负责人、总工程师、财务主管

1. 项目管理机构主要负责人应具有中级及以上专业技术资格，5年以上管理工作经历，2年以上铁路建设管理工作经验。

客运专线和投资大于50亿元（含）普通铁路的项目管理机构主要负责人应具有高级专业技术资格。

2. 项目管理机构生产负责人应具有高级专业技术资格，担任过铁路大中型建设项目管理工作，具有3年以上建设项目管理工作经验。

3. 项目管理机构质量安全负责人应具有高级专业技术资格，担任过铁路大中型建设项目管理工作，具有5年以上建设项目管理工作经验。

4. 项目管理机构技术负责人（总工程师）应具有较为丰富的建设项目技术管理经验，具有高级工程系列专业技术资格，从事铁路工程建设技术工作10年以上，并从事过铁路大中型建设项目技术管理工作。

5. 项目管理机构应设置财务主管，财务主管人员必须具备会计师及以上专业技术资格，从事过大中型建设项目财务管理工作3年以上。

项目管理机构主要负责人、总工程师、财务主管均为项目管理机构的正式职工。

（二）部门负责人

1. 综合部门负责人应具有大专以上学历，具有一定的行政管理及组织、人事、劳资等工作经验，综合协调能力较强。

2. 其他业务部门负责人应具有本部门主要专业的高级专业技术资格，从事铁路工程建设管理工作8年以上，有一定的工作经验并担任过相应的职务。

3. 部门负责人均应为项目管理机构正式职工。

（三）项目管理机构业务人员

1. 工程技术人员。路基、桥梁、隧道、电气化、信号等主要专业技术人员应具有中级及以上工程系列专业技术资格，客运专线和投资20亿元以上普通铁路各主要专业至少有1人具有高级专业技术资格。

2. 安全质量管理人员。一般应具有中级及以上专业技术资格（至少有1人具有高级专业技术资格），从事铁路大中型建设项目安全质量管理工作5年以上，安全管理人员应具有安全管理资格证书。

3. 造价管理人员。具有工程经济、工程技术的中级及以上专业技术资格，从事铁路大中型建设项目合同管理工作5年以上；投资20亿元以上的项目至少应有1名具有注册造价工程师资格或从事工程造价工作5年以上的专职工程经济人员。

4. 财务管理人员。财会人员必须具备会计从业资格，从事过铁路大中型建设项目财务管理工作3年以上的人员应达到二分之一以上。财务稽核人员应当具备助理会计师以上专业技术资格。

5. 物资设备管理人员。具有物资设备管理类的中级以上专业技术资格，从事铁路大中型建设项目物资设备管理3年以上。

6. 项目管理机构可配备少量的具有初级专业技术资格的工程技术人员从事辅助性工作，人员数量不得超过项目管理机构人员数的20%。

第八条 项目管理机构的主要工作人员以及质量、安全、技术、财务、验工、计价等关键岗

位人员必须是项目管理机构的正式职工。

第九条 项目管理机构聘用人员及费用列支

1. 项目管理机构可在人员配置标准内聘用年龄不超过65岁的技术、经济管理人员。

2. 一般项目在人员配置标准内聘用人员总数不得超过项目管理机构人员数的20%，聘用人员费用在建设单位管理费中列支。

3. 未聘请咨询单位协助建设管理的客运专线公司(筹备组)，经铁道部批准，可外聘工程技术、经济人员，其数量一般控制在项目管理机构人员数的35%之内。聘用人员费用在建设单位管理费中列支。

4. 项目管理机构可以在项目管理机构人员数外聘用司机、炊事员等后勤人员，聘用费用在建设单位管理费中支付，但不准超过项目管理机构当年工资总额的15%。

5. 因工作临时需要，项目管理机构可以在项目管理机构人员数外临时聘用少量技术管理人员，聘用费用在建设单位管理费中支付，但不准超过项目管理机构当年工资总额的5%。

6. 项目管理机构不准从在本建设项目承担施工、设计任务的企业的现职或退休人员中聘用人员。

第十条 对客运专线公司筹备组从路内外调入或以借调方式聘用人员的劳动关系处理，按《关于客运专线公司筹备组管理的若干规定》(铁办〔2004〕108号)执行；对国有控股客运专线公司、铁路局项目管理机构从路内外调入人员，由企业与调入人员依法签订劳动合同，建立劳动关系。对国铁控股客运专线公司、铁路局项目管理机构从路内外以借调方式聘用人员的劳动关系处理，参照铁办〔2004〕108号执行，并依法与借调单位签订协议，明确双方的权利与义务。

铁路建设项目管理机构使用退休返聘人员，双方应按照原劳动部《关于实行劳动合同制度若干问题的通知》(劳部发〔1996〕354号)规定签订协议，明确返聘期间的工作内容、报酬、医疗、劳动保护等权利和义务。

第十一条 项目管理机构中，国铁控股公司人员的工资管理，执行铁道部《关于国铁控股铁路客运专线公司劳动工资管理有关问题的指导意见》(铁劳卫函〔2005〕765号)；客运专线公司(筹备组)人员的工资管理，执行铁道部《关于加强铁路新线公司筹备组工资管理的通知》(铁劳卫函〔2005〕1027号)；铁路局所属项目管理机构和作为出资人代表的合资公司人员的工资管理，执行铁路局有关规定；其他铁路建设项目管理机构人员工资，可参照国铁控股铁路客运专线公司的有关规定，按照决策程序确定。国铁出资人代表要加强对项目管理机构的工资管理，项目管理机构自觉接受国铁出资人代表的监督。

第十二条 项目建议书批复后30天内、可行性研究报告批准后40天内，铁路局或客运专线公司(筹备组)应将项目管理机构组建以及人员到位情况报铁道部建设管理司。

初步设计文件批准后40天内，项目管理机构应填写《铁路建设项目管理机构及人员情况表》(附件)，由铁路局或客运专线公司(筹备组)将铁路建设项目管理机构设置情况报铁道部建设管理司。

第十三条 项目管理机构未按规定设置的，应按铁道部规定和铁道部《关于规范铁路建设项目管理机构的指导意见》(铁劳卫〔2007〕170号)进行调整，调整到位后方可组织项目建设。项目管理机构人员未按规定及时配置或影响建设工作的，按规定追究建设单位的责任。

第十四条 项目管理机构设置、人员配置纳入建设单位年度考核内容，未按规定设置机构并配置人员的，建设单位年度考核不能评为A级，影响建设工作的，不能评为A、B级。

第十五条 项目管理机构主要负责人、总工程师、财务主管一般不得调整；确需调整的，新配备的人员必须符合任职条件并按规定程序任免；人员调整20天内报铁道部建设管理司。

第十六条 项目管理机构应根据工程实际需要，在定员范围内调配技术、经济管理人员，以确保专业配置和人员数量满足项目管理工作需要，新配备的人员必须达到任职条件。项目管理机构每年将人员调整情况报铁道部建设管理司。

第十七条 项目管理机构成立后参与前期工作发生的费用，由项目管理机构按铁道部规定申报，在建设项目前期工作费中列支，待开工后转入建设项目。

第十八条 项目管理机构要严格执行国家有关法律法规和铁道部规章，加强项目管理，按铁道部下发的铁路建设单位管理指南，建立健全工程技术、质量安全、财务管理、廉政建设等管理制度。

第十九条 项目管理机构应加强对人员的业务培训，组织人员参加铁道部、铁路局组织的岗位培训，努力提高全员业务素质。

第二十条 本办法由铁道部建设管理司负责解释。

第二十一条 本办法自2007年10月1日起施行。铁道部原《铁路建设项目管理机构管理暂行办法》(铁建设〔2004〕93号)同时废止。

附件：

铁路建设项目管理机构及人员情况表

建设项目名称______________________

建设单位名称______________________

项目管理机构名称______________________

项目管理机构主要负责人__________________

填报日期　　　年　　月　　日

填表说明

一、本表适用于铁道部投资及铁道部负责建设的铁路大中型建设项目。

二、表格应如实填写，字迹工整，如有涂改应加盖公章。表格及有关证明材料一式二份。

三、附下列文件复印件(原件备查)：

1. 项目管理机构的批准文件；

2. 项目负责人、总工程师、财务主管人员的任职文件及专业技术资格证明；

3. 部门负责人任职文件及专业技术资格证明；

4. 技术经济管理人员的任职文件及专业技术资格证明，外聘人员附专业技术资格证书、退休证件、终止或解除劳动合同等证明。

一、项目管理机构基本情况表

名　称			邮政编码		
地　址			联系电话		
开户银行			账号		
项目主要负责人（法人代表）		职务		职称	
项目生产负责人		职务		职称	
项目质量安全负责人		职务		职称	
总工程师		职务		职称	
财务主管		职务		职称	
人员总数		在职		外聘	
技术经济人员		高级		中级	
部门设置及人员配置	综合部	计财部	工程部	安质部	物资设备部
指挥部设置地点及人员					

二、项目主要负责人简况

<table>
<tr><td>姓　名</td><td></td><td>性　别</td><td></td><td>出生年月</td><td></td><td rowspan="2">（照片）</td></tr>
<tr><td>职　务</td><td></td><td>职　称</td><td></td><td>学　历</td><td></td></tr>
<tr><td colspan="2">铁路建设管理工作年限</td><td></td><td>电话</td><td colspan="3"></td></tr>
<tr><td colspan="2">何年何月毕业于何校何专业</td><td colspan="5"></td></tr>
<tr><td>工作
简历</td><td colspan="6">（起讫时间、单位、职务、职称）</td></tr>
<tr><td>建设管理
经历</td><td colspan="6">（项目名称、类型、开竣工日期、职务）</td></tr>
<tr><td>主要
业绩</td><td colspan="6"></td></tr>
<tr><td colspan="7">本人签字：　　　　　　　　　　　　年　月　日</td></tr>
</table>

三、项目生产负责人简况

<table>
<tr><td>姓　名</td><td></td><td>性　别</td><td></td><td>出生年月</td><td></td><td rowspan="3">（照片）</td></tr>
<tr><td>职　务</td><td></td><td>职　称</td><td></td><td>学　历</td><td></td></tr>
<tr><td colspan="2">铁路建设管理工作年限</td><td></td><td>电话</td><td colspan="2"></td></tr>
<tr><td colspan="2">何年何月毕业于何校何专业</td><td colspan="5"></td></tr>
<tr><td>工作简历</td><td colspan="6">（起讫时间、单位、职务、职称）</td></tr>
<tr><td>建设管理经历</td><td colspan="6">（项目名称、类型、开竣工日期、职务）</td></tr>
<tr><td>主要业绩</td><td colspan="6"></td></tr>
<tr><td colspan="7">本人签字：　　　　　　　　　　　　　　　　年　月　日</td></tr>
</table>

四、项目质量安全负责人简况

<table>
<tr><td>姓　名</td><td></td><td>性　别</td><td></td><td>出生年月</td><td></td><td rowspan="2">(照片)</td></tr>
<tr><td>职　务</td><td></td><td>职　称</td><td></td><td>学　历</td><td></td></tr>
<tr><td colspan="2">铁路建设管理工作年限</td><td></td><td>电话</td><td colspan="3"></td></tr>
<tr><td colspan="2">何年何月毕业于何校何专业</td><td colspan="5"></td></tr>
<tr><td>工作
简历</td><td colspan="6">(起讫时间、单位、职务、职称)</td></tr>
<tr><td>建设管理
经历</td><td colspan="6">(项目名称、类型、开竣工日期、职务)</td></tr>
<tr><td>主要
业绩</td><td colspan="6"></td></tr>
<tr><td colspan="7">本人签字：　　　　　　　　　　　　　　　　年　月　日</td></tr>
</table>

五、总工程师简况

<table>
<tr><td>姓　名</td><td></td><td>性　别</td><td></td><td>出生年月</td><td></td><td rowspan="3">（照片）</td></tr>
<tr><td>职　务</td><td></td><td>职　称</td><td></td><td>学　历</td><td></td></tr>
<tr><td colspan="2">铁路建设管理工作年限</td><td></td><td>电话</td><td colspan="2"></td></tr>
<tr><td colspan="2">何年何月毕业于何校何专业</td><td colspan="5"></td></tr>
<tr><td>工作
简历</td><td colspan="6">（起讫时间、单位、职务、职称）</td></tr>
<tr><td>建设管理
经历</td><td colspan="6">（项目名称、类型、开竣工日期、职务）</td></tr>
<tr><td>主要
业绩</td><td colspan="6"></td></tr>
<tr><td colspan="7">本人签字：　　　　　　　　　　　　　　　　　　　　年　月　日</td></tr>
</table>

六、财务主管人员简况

<table>
<tr><td>姓　名</td><td></td><td>性　别</td><td></td><td>出生年月</td><td></td><td rowspan="3">（照片）</td></tr>
<tr><td>职　务</td><td></td><td>职　称</td><td></td><td>学　历</td><td></td></tr>
<tr><td colspan="2">铁路建设财务工作年限</td><td></td><td>电话</td><td colspan="2"></td></tr>
<tr><td colspan="2">何年何月毕业于何校何专业</td><td colspan="5"></td></tr>
<tr><td>工作
简历</td><td colspan="6">（起讫时间、单位、职务、职称）</td></tr>
<tr><td>建设财务
管理经历</td><td colspan="6">（项目名称、类型、开竣工日期、职务）</td></tr>
<tr><td>主要
业绩</td><td colspan="6"></td></tr>
<tr><td colspan="7">本人签字：　　　　　　　　　　　　年　月　日</td></tr>
</table>

七、部门负责人名单

序号	部门	姓名	性别	出生年月	学历	专业	职称	职务

八、业务人员名单

序号	姓名	性别	出生年月	学历	专业	职称	职务	在职外聘

注：按技术管理人员、安全质量管理人员、造价管理人员、财务管理人员、物资设备管理人员、其他业务人员顺序填写。

关于加强合资铁路铁道部出资人代表管理的指导意见

（铁道部 铁计〔2007〕10号 2007年1月16日）

各铁路局，中国铁路建设投资公司：

铁道部出资的合资铁路实行出资人代表制度。出资人代表制度是铁道部履行出资人职责、规范出资人代表行为的主要手段，是合资铁路规范管理的重要内容，是推进铁路投融资体制改革的必然要求。为保障出资人、出资人代表依法规范履行职责、行使权利，维护出资各方的合法权益，促进合资铁路持续健康发展，现就加强合资铁路铁道部出资人代表管理提出以下意见：

一、转变观念，提高认识

（一）随着铁路投融资体制改革不断深化，合资铁路已经成为加快铁路建设与发展的重要途径和构建和谐铁路的制度保证。建立合资铁路项目法人责任制，完善法人治理结构，规范合资铁路发展，建立有效的激励约束机制，对依法维护出资者的权益，调动投资各方积极性，进一步扩大合资铁路建设规模，提高合资铁路管理水平具有重要意义。

（二）铁道部出资人代表制度是铁道部作为出资人，委托中国铁路建设投资公司、有关铁路局等法人机构作为出资人代表，对合资铁路公司进行股权投资，行使股东权利，履行股东义务。

（三）健全完善铁道部出资人代表制度，要树立依法管理理念和产权管理意识。一是法律意识。出资人及其代表行使权力，必须严格按照《公司法》等有关法律、法规的要求，通过法定程序进行，保障合资铁路公司的法人财产权和自主经营权，维护合资铁路公司的市场主体地位。二是责权意识。出资人责权是《公司法》赋予的，经授权由出资人代表具体履行。出资人代表要切实维护好出资人的合法权益。三是平等意识。公司各方股东法律地位平等，要充分尊重其他出资人的权利，以利于吸引各类社会资本投资铁路，充分发挥投资各方的优势。

（四）加强铁道部出资人代表管理，既是铁道部依法履行出资人职责，维护出资人权益的重要手段，也是按照《公司法》等法律、法规要求，规范出资人代表行为、加强合资铁路管理的重要内容。各有关单位要站在促进铁路又好又快发展的战略高度，切实转变观念和工作方式，深刻领会加强铁道部出资人代表管理的重要性，规范出资人和出资人代表行为，健全合资铁路的公司法人治理结构，促进合资铁路健康发展。

二、理顺关系，明确职责

（五）健全完善铁道部出资人代表制度，理顺出资人、出资人代表之间的关系，明确各自的权利和责任，确保依法在合资铁路公司中行使铁道部出资人的权利。

（六）铁道部作为出资人的主要职责是：

1. 确定出资人代表；

2. 建立出资人和出资人代表管理的有关规章制度；

3. 确定投资收益考核指标,收取投资回报；

4. 按有关规定对出资人代表请示报告的重大事项和问题进行协调和决策；

5. 指导和监督出资人代表依法规范履行出资人职责,对出资人代表进行考核；

6. 加强对出资人代表的有关管理人员的培训,促进其不断提高管理水平；

7. 按照管理权限,履行推荐人选职责；

8. 履行出资人的其他职责。

(七)出资人代表的主要职责是：

1. 贯彻执行出资人有关决定,对所出资的合资铁路公司行使股东权利,履行股东义务,维护出资人合法权益；

2. 对国有资本承担保值增值责任,并按规定上缴投资回报；

3. 协助出资人筹集、落实项目资金,组建合资铁路公司；

4. 按照规定向其投资的合资铁路公司推荐董事、监事和高管人员,建立健全推荐、请示报告、考核奖惩、日常监管、责任追究等有关管理制度；

5. 对履行职责过程中的有关重大事项进行研究并提出建议,按规定向出资人请示报告,并按照出资人的决定和要求发表意见、行使表决权；

6. 加强对推荐任职及相关人员的培训,提高其履行职责能力；

7. 完成出资人交办的其他事宜。

三、健全制度,规范运作

(八)推荐制度。出资人代表要按照有关规定,明确推荐任职人员的任职条件、推荐程序,向合资铁路公司推荐综合素质好、具有较强公司管理能力和专业技能的人员。对不能履行职责的,要及时予以更换。

(九)请示报告制度。按规定需要由出资人决策的重大事项,出资人代表要事先请示,事后及时报告处理结果;需要备案的,应及时备案。出资人代表每年要向出资人报告履行出资人代表职责的工作情况。

重大事项主要包括:制定和修改公司合同和章程,公司延长经营期限、中止、终止、清算或解散,公司投资总额或注册资本、出资比例的确定和变更,公司合并、分立或公司资产、股权的重大重组,发行公司债券,对外担保,公司运营管理模式的制定,国铁方推荐的董事长、副董事长(客运专线公司董事)、监事会负责人(客运专线公司监事)和总经理(客运专线公司副总经理及三总师)人选等。

(十)出资人代表要建立董事、监事的请示报告制度和集体决策制度。董事、监事对行使表决权的事项要事先请示,事后及时报告处理结果;对合资铁路公司发生的重大事项应及时报告,并提出有关建议。出资人代表对股东会、董事会、监事会中的表决事项要按规定事先经集体研究、决策,形成统一意见。

(十一)出资人对出资人代表的考核奖励制度。出资人定期对出资人代表履行职责的情况进行考核评价,考评重点是出资人代表对有关制度和出资人决定的执行情况、工作业绩、管理水平、廉政建设等内容。对履行职责过程中有重大突出表现或年度考评结果优良的出资人代表,出资人对该单位和主要负责人予以表扬和奖励。

（十二）出资人代表对推荐任职人员的考核奖励制度。董事、监事应于每年合资铁路公司财务决算作出后，向出资人代表提交述职报告。出资人代表要建立对董事、监事的考核评价制度，包括年度考评和任期考评。年度考评的重点是董事、监事一年内履行职责情况、工作业绩和廉政建设；任期考评是在年度考核评价基础上，对任期内履行职责情况进行综合全面评价。对履行职责过程中有重大突出表现或考评结果优良的董事、监事，出资人代表应当予以表扬和奖励。

（十三）责任追究制度。出资人对严重失职、造成重大损失或考评不合格的出资人代表，应给予通报批评，并追究主要负责人的责任。出资人代表对严重失职、造成重大损失或考评不合格的董事、监事，应视情节轻重给予组织处理、处罚。

四、归口管理，强化职能

（十四）在明确界定行业管理和出资人管理职责的基础上，加强对合资铁路的归口管理。铁道部发展计划司是铁道部合资铁路的归口管理机构，主要负责督促检查有关管理制度和出资人决定的落实情况，协调解决出资人代表提出的有关问题等。

（十五）建立健全对出资人代表的监督检查制度。归口管理机构定期或不定期组织对出资人代表履行职责情况进行监督检查，确保出资人代表依法规范地履行职责，切实维护出资人的合法权益。

（十六）以铁路局作为出资人代表的，要设置专门的合资铁路归口管理机构，对内协调形成股东意见，对外代表出资人代表行使股东权利，履行股东义务。

关于铁路局提前介入客运专线管理的指导意见

（铁道部 铁办〔2008〕176号 2008年9月11日）

各铁路局，各铁路公司（筹备组）：

为实现建好、管好、用好一流客运专线的目标，经研究，凡是拟委托铁路局管理的客运专线，建设后期受委托的铁路局均要按照管辖范围提前介入，在客运专线公司统一组织下，熟悉项目建设标准，参与工程质量、设备质量检查与验收，了解设备使用功能，掌握运营设施及状况，参加联调联试和竣工验收工作，为开通运营和养护维修做好准备。

一、介入准备

在履行委托管理程序后，有关铁路局要在初步验收12个月之前明确客运专线运输管理站段。铁路局有关业务处室和管理站段要尽快熟悉客运专线技术标准，学习客运专线管理知识，了解客运专线建设情况，为介入客运专线管理做好充分准备。

二、介入内容

铁路局应组织运输、工务、电务、机务、供电、车辆、客运等业务处室和运输站段选派人员介入客运专线后期建设。

1. 运输方面。检查各项行车设备、设施是否完备，质量是否满足要求，介入联调联试和动态检测工作的运输组织和调度指挥等，参与和指导运调系统的调试工作。

2. 工务方面。检查工务设备质量，参与钢轨和道岔铺设、精调，监督和指导钢轨接头焊接、打磨和无缝线路锁定等工作；参与并接续结构物沉降观测，对观测资料进行分析；参与精测网（含CPⅢ网、轨道控制网）复测并做好接管工作；参与联调联试等工作。

3. 电务方面。参与信号、通信等设备的进场质量检验，对信号、通信系统室内外设备及车载设备安装、调试质量等进行检查监督，参与和指导信号、通信系统联调联试等工作。

4. 机务方面。参与电力、电气化等设备进场质量检验；对供变电系统安装、调试、送电，接触网架设、安装、冷滑、受电等工作进行检查监督；协调车站给排水工作，配合签订供水协议；参与和指导供变电、接触网系统联调联试等工作。

5. 车辆方面。对动车段（所）运转、检修等设备质量和安装质量进行检查；对客运专线验收阶段的试车进行指导。

6. 客运方面。检查客站功能布局，运调、客服设备及布置是否满足运输需要；对设备安装、调试质量进行检查监督；参与和指导客服系统调试工作。

7. 其他方面。重点做好既有线相关工程施工安全的监督检查等工作。

三、介入方式

客运专线公司应根据客运专线建设进度，商相关铁路局在客运专线初步验收12个月前，研究提出铁路局介入管理的实施方案，报铁道部建设司；建设司商运输局、工管中心等部门研究后，报部领导批准；客运专线公司和相关铁路局按铁道部批准方案组织实施。铁路局分管工电的领导（或其他领导）具体负责铁路局介入客运专线管理工作，组织协调解决局内介入客运专线管理的有关事宜。

各相关单位要按照批准的实施方案组织各类专业人员介入客运专线管理，其中必须安排部分工务、电务人员常驻客运专线，专司介入工作。客运专线公司应高度重视介入工作，主动为介入人员介绍建设情况、提供相关资料，创造必要的工作和生活条件，统一安排组织介入人员的工作，及时研究处理介入人员提出的整改意见建议。铁道部建设司、运输局、工管中心等部门要加强对介入工作的领导和指导协调，解决介入工作中遇到的主要问题，对介入工作进行检查督导。

四、介入人员

铁路局要根据客运专线建设进度，分阶段选派专业对口、作风扎实、技术过硬的人员参加介入工作。介入人员数量由客运专线公司与铁路局协商确定。介入人员要与建设单位人员一起工作，按照客运专线建设管理制度和技术标准，对设备质量和施工质量进行检查，提出检查整改意见建议。介入人员产生的费用相关的铁路局和客运专线公司互不清算。

五、介入时间

工务部门人员一般在轨道铺设前介入，电务、机务部门人员一般在四电集成开工前介入，客运部门人员一般在站房建设全面开始后介入，运输、车辆以及其他专业人员根据管理需要介入。

关于调整铁路工程建设单位管理费标准的通知

（铁道部 铁建设〔2007〕77 号　2007 年 4 月 11 日）

各铁路局，各铁路公司，投资、集装箱公司：

为严格贯彻执行财政部《基本建设财务管理规定》（财建〔2002〕394 号），现对《铁路基本建设工程设计概（预）算编制办法》（铁建设〔2006〕113 号）中建设单位管理费的计列标准进行调整。

建设单位管理费实行总额控制，总额控制数以项目审批部门批准的项目投资总概算（不含建设单位管理费）为基数，按照表 1 所规定的费率及计算方法进行计算。建设单位管理费按上述规定计算确定后，再对因建设单位管理费计入概算而引起的相关章节费用变化做一次调整。

表 1　建设单位管理费费率表

单位：万元

工程总概算	费率（%）	算例	
		工程总概算	建设单位管理费
1000 以下	1.5	1000	1000×1.5%＝15
1001～5000	1.2	5000	15＋(5000－1000)×1.2%＝63
5001～10000	1.0	10000	63＋(10000－5000)×1%＝113
10001～50000	0.8	50000	113＋(50000－10000)×0.8%＝433
50001～100000	0.5	100000	433＋(100000－50000)×0.5%＝683
100001～200000	0.2	200000	683＋(200000－100000)×0.2%＝883
200000 以上	0.1	280000	883＋(280000－200000)×0.1%＝963

本通知自发布之日起执行，执行范围与铁道部《关于〈铁路基本建设工程设计概（预）算编制办法〉执行问题的通知》（铁建设函〔2006〕488 号）和《关于铁路在建项目建设单位管理费等费用标准执行的通知》（铁建设函〔2006〕1040 号）所规定的执行范围相同。

各建设单位在项目建设过程中，要严格按照国家和铁道部规定的标准及范围使用建设单位管理费，纳入预算管理，不得超标准、超范围使用。

关于铁路客站站房建设有关职责的通知

（铁道部 铁劳卫函〔2008〕844 号　2008 年 7 月 26 日）

各铁路局，经规院，各铁路公司(筹备组)：

为适应大规模铁路建设的需要，进一步加强铁路客运车站建设，铁道部《关于调整铁道部经济规划研究院编制和领导职数的通知》(铁劳卫函〔2008〕799 号)中明确，铁道部委托铁道部经济规划研究院承担以下职责：

1. 按照批准的铁路客站站房技术标准和投资，负责铁路客站站房建设的技术管理。

2. 监督检查铁路客站站房建设项目实施工作。指导检查铁路客站站房建设项目管理机构的建设管理工作，组织对外协调。协调铁路客站站房工程咨询、设计、施工、监理等工作。审查施工组织设计并监督实施。参与对建设单位进行考核。

3. 组织铁路客站站房建设重点技术的科技攻关，组织研究和解决铁路客站站房建设中的重大技术问题。

4. 完成铁道部领导交办的其他工作。

关于建设铁路集装箱中心站有关事宜的通知

（铁道部 铁建设函〔2007〕254 号　2007 年 3 月 15 日）

各铁路局，集装箱公司：

为适应铁路投融资体制改革需要，加强铁路集装箱中心站建设管理，保证工程质量，节省建设投资，现就建设铁路集装箱中心站有关事宜通知如下，请按照执行。

一、实行项目法人责任制

根据《国家发展改革委办公厅关于变更铁路集装箱中心站投资主体的复函》（发改办交运〔2006〕2855 号）和《关于铁路集装箱中心站合资公司有关问题的批复》（铁运函〔2006〕589 号）规定，铁路集装箱中心站合资公司作为项目法人，依法行使业主和建设管理单位职能。

二、采用工程总承包方式

鉴于铁路集装箱中心站分布于全国多个城市、项目相对独立、外部条件不尽相同、由合资公司按常规模式组织建设难度大的实际情况，为便于管理，铁路集装箱中心站采用工程总承包的建设模式，不再分项目组建项目管理机构。

三、项目法人的建设管理责任

铁路集装箱中心站合资公司负责招标选择工程总承包单位、监理单位并签订合同，办理工程质量安全监督手续，组织审核施工图、批准施工组织设计、初审Ⅰ类变更设计，组织节点验工计价、拨付工程款，组织工程竣工验收，监督各项目的质量、安全、进度等，并按规定向铁道部报送相关报表。

四、工程总承包相关事宜

1. 工程总承包内容。集装箱中心站工程总承包内容主要包括施工图设计、采购、施工和工程调试，以及安全生产、环保水保、耕地保护、文物保护、工程总结等，在铁路集装箱中心站合资公司的指导下，负责工程建设的具体实施和外部协调工作。

2. 招标工作及总承包合同。工程总承包投标人在初步设计文件基础上，经施工调查、编制施工方案、制订工程措施后进行报价，投标人在投标文件中可以就初步设计文件中存在的问提出意见和建议。工程总承包采用由投标人自主报价、最低价中标、总价不调整的合同方式。合同总价中包括工程总承包风险费用，除业主对建设标准、建设规模、建设工期作重大调整造成的重大损失外，不再调整合同总价。

3. 工程验工计价。集装箱中心站采用合同总价下的节点计价方式，在工程总承包合同中应明确节点及相应的费用，在节点工程完成并在验收合格后计价付款。

五、工程监理相关事宜

1. 监理内容。工程监理工作包括对建设项目的工程质量、进度、投资、施工安全实施监理，组织工程节点验工，提出节点计价意见，做好业主委托的部分建设管理工作。

2. 监理合同。要合理界定监理工作的内容、要求和责任，细化、硬化合同，强化监理工作；要适当增加监理履约担保金额、督促监理单位维护业主利益、化解业主风险。

3. 激励机制。鉴于集装箱中心站建设属于企业行为，应按铁道部相关规定，在招标文件和合同中设定合理的监理工作考核指标，进行定期考核，实行优质优价，激励监理单位做好监理工作。

六、其他

1. 集装箱中心站所在的铁路局，应按铁道部要求做好征地拆迁和建设用地的相关工作，支持集装箱中心站的建设工作，协助解决建设过程中遇到的困难和问题。

2. 中铁集装箱运输有限责任公司应加强对集装箱中心站建设的指导。

3. 本通知未尽事宜执行铁道部《铁路建设项目工程总承包办法》(铁建设〔2007〕221号)及相关规定。

关于认真学习上海铁路局建设管理经验的通知

（铁道部 铁建设函〔2007〕1179 号　2007 年 11 月 12 日）

各铁路局，各铁路公司（筹备组）：

近年来，上海铁路局积极适应当前大规模铁路建设新形势，认真贯彻铁道部党组关于加快铁路建设的战略决策，进一步转变建设理念，充分发挥铁路局整体优势和建设单位核心作用，紧紧抓住“规范管理、队伍建设、技术创新”三大关键，理顺建设管理体制，加强建设队伍培训，创新项目管理方法，大力强化现场管理，努力创建精品工程，建设管理水平有了很大提高，建设管理工作取得了显著成效。

上海铁路局建设管理经验集中体现在“五有”，即“有全新的建设理念，有良好的精神风貌，有健全的体制机制，有科学的管理方法，有长远的发展意识”。现将铁道部有关部门编写的上海铁路局建设管理调研报告（见附件）发给你们，并就学习推广上海铁路局建设管理经验提出以下要求：

一、进一步提高对抓住铁路建设黄金机遇期的认识。各单位要认真学习上海铁路局建设管理理念，把铁路建设与铁路长远发展、持续发展紧密结合起来，正确处理好铁路建设与运输经营的关系，增强加快铁路建设的紧迫感和责任感，紧紧抓住铁路建设黄金机遇期，以饱满的政治热情和良好的精神状态投入到铁路建设中，迎难而上、强力攻关，坚持精细管理，争创精品工程，不断提升建设管理水平。

二、进一步健全管理体制和完善建设管理运行机制。各单位要认真学习上海铁路局贯彻落实铁道部《关于加强铁路局建设管理工作的若干意见》（铁办〔2006〕41 号）的具体做法，进一步健全管理体制和完善建设管理运行机制。有效整合路内资源，建立完善的责任考核制度和高效的协调机制。充分发挥合资铁路公司体制优势和地方派驻公司人员的作用，规范公司运作。积极探索加强投资管理的新思路，严格控制工程投资。充分发挥质量安全监督站的作用，确保工程质量。

三、进一步改进和加强建设项目管理方法。各单位要认真学习借鉴上海铁路局组织建设项目管理的做法和经验，实现由传统经验型管理向科学型管理的转变。积极创新项目管理方法，认真抓好目标管理、分级管理、过程控制、持续改进等管理要素，确保管理的有效性。高度重视建设项目技术管理，加强科技创新，做好重大技术方案论证工作。积极推行标准化施工，加强质量安全管理，确保现场处于全面受控状态。

四、进一步加强建设管理队伍建设。各单位要认真学习借鉴上海铁路局关于建设管理队伍建设的经验，切实采取强有力措施，全面加强建设队伍的能力建设，不断提升建设管理水平。认真做好培训工作，定期对建设管理人员进行专业培训，确保培训工作的质量和效果。积极培养建设管理后备人员，注重引进高级专业人才，不断充实建设管理队伍，适应铁路建设工作的需要。

附件：更新建设理念　严格建设管理　努力提高东部地区铁路建设管理水平

附件：

更新建设理念　严格建设管理
努力提高东部地区铁路建设管理水平

——上海铁路局建设管理调研报告

最近几年，上海铁路局面对艰巨的建设任务和严峻挑战，认真贯彻铁道部党组关于加快铁路建设的战略决策，高度重视建设工作，加强建设项目管理，提高建设管理水平，较好地完成了建设任务。2006 年全局完成铁路建设投资 202.9 亿元，占全路总投资的 13.3%。2007 年 1～10 月份共完成投资 95.2 亿元，完成投资总额和计划的百分率都处于全路前列。相继建成了京沪、浙赣、沪杭电化和宁启铁路、宣杭复线及上海南站等一大批重点工程，合宁、合武、温福、甬台温四条客运专线和铜九铁路等项目有序推进，铁路建设实现了历史性突破，工程质量和建设投资基本处于可控状态，建设管理人员队伍建设和建设项目管理水平也有了很大提高。

上海铁路局加强建设管理的主要做法和经验集中表现在以下几个方面。

一、瞄准一流目标，有全新的建设理念

理念决定思路，思想认识的高度决定工作的力度。近年来，上海铁路局认真贯彻“以人为本、服务运输、强本简末、系统优化、着眼发展”的建设理念，以率先实现东部铁路现代化为目标，以加快铁路建设为契机，以提高建设管理水平为核心，转变建设理念，提高认识水平，坚定搞好新时期铁路建设的信心，全局上下形成了举全局之力，凝结全局智慧，加快铁路建设的氛围。

1. 牢固树立“建设强局”的思想。根据国务院批准的中长期铁路网发展规划，铁道部党组明确提出东部地区铁路建设要适应地区经济发展的需要，率先实现东部铁路现代化的目标，上海铁路局广大职工受到了很大的鼓舞和鞭策。上海铁路局领导明确提出了“建设强局”的企业发展战略，清醒地认识到，今天的建设就是明天的生产力，没有今天的能力储备就没有快速发展的明天。运输经营要保持高位增长，没有与之相适应的能力扩张是不可能的，必须把铁路建设与铁路局长远发展、持续发展紧密联系在一起。要求全局上下正确处理好建设与运输经营的关系，树立铁路运输经营和铁路建设两个主战场同等重要的思想，增强加快铁路建设的紧迫感和责任感，始终把建设放在重要位置。超前参与、主动介入，积极推进项目前期工作。加强建设过程的协调与监管，想方设法为工程建设创造条件，提供支持。同时从人员、机构设置、运输配合和外部环境协调等各方面给予大力支持，形成了举全局之力搞好铁路建设的局面，有力地推动了全局铁路建设的进行。

2. 牢固树立“精品工程”的思想。上海铁路局深刻认识到工程质量是铁路建设的生命，是大规模铁路建设成败的关键。明确提出了创建精品工程的工作理念，把创建精品工程作为提升铁路建设管理水平的一个创举和途径，要求各项目管理机构必须始终将工程质量抓在手上，放在心上，把质量取胜的理念贯穿于建设全过程。领导层、管理县、作业层牢固树立“视质量为建设生命，视精品为建设追求”的建设理念，形成“人人抓质量，处处创精品”的良好氛围。明确提出了建设一批具有上海铁路局特色的精品工程，形成一批在全路乃至全国有影响的标志性

工程，打造一批与率先实现东部铁路现代化相适应、符合客运专线要求的样板工程，造就一批铁路建设的学科带头人和重大项目研究的领头人，取得一批建设管理的科研成果，获得一批国家优质工程和鲁班奖工程的“创建精品工程”的目标。学习了“不给工程留缺陷、不给安全留隐患、不给用户留遗憾、不给沿线留麻烦”的铜九精神；推广了“干就达标准、建就成精品”的合武建设经验；倡导了“严格贯标、规范施工、打造精品”的甬台温施工理念。经过几年的实践，创建精品工程收到了明显成效。最近上海铁路局在铜九线召开“创精品工程”现场会，总结推广经验，进一步明确创建工作的原则、方法和步骤。全局建设系统以“贯彻理念，强化打造精品意识；提高质量，增强打造精品能力；从严管理，建立打造精品机制；不断创新，提升打造精品工程水平；团队共保。凝聚打造精品合力”为主要内容的创建精品工程活动正在认真开展，有效地促进了铁路工程质量的不断提高。

3. 牢固树立“精细管理”的思想。组织铁路建设，特别是组织客运专线和大型客站建设，是一项复杂的系统工程，也是一项艰苦细致的工作，没有任何捷径可走，只有认认真真、扎扎实实地严格管理。几年来，上海铁路局以严肃认真的工作作风和精益求精的工作态度组织铁路建设，努力使建设管理科学化、理性化。一是坚持精细管理，以精细管理打造精品工程，以精细管理提高建设水平。积极推行标准化管理，建立了实施有规范、操作有程序、过程有控制、结果有考核的精细化管理方法，各项目指挥部普遍建立了相关的过程控制标准体系、工艺工法细则、主要工作流程和检查考核制度，有效地保证了管理措施的落实。二是坚持用心管理，几年来，上海铁路局建设系统坚持以管理的有效性为目标，充分发挥建设单位的核心作用，转变建管方式，规范建管行为，创新建管手段，努力做到建设规模越大，管理越要规范；工程项目越多，工作越要精细。设计、施工、监理单位没有认识到的问题，建设单位先认识到；相关参建单位没有考虑到的问题，建设单位超前考虑到。三是坚持科学管理，上海铁路局根据建设项目技术含量高、质量要求严的特点，彻底转变传统的经验型和粗放型管理，积极推行科学化、标准化的管理方法，以加强制度建设和基础管理为重点，做到抓施工现场和抓基础管理同步，建立规章制度和落实责任同步，不断提升建设管理水平。

二、积极开拓进取，有良好的精神风貌

新形势下组织铁路建设是一项挑战性的工作，面临外部环境协调难度大，工程技术方案复杂，质量、安全、工期和投资控制压力大等许多困难。上海铁路局建设系统广大职工面对严峻的形势和艰巨的任务，以强烈的进取心和责任心，迎难而上，强力攻关，队伍士气高，精神状态好，充满了干事业的激情。

1. 振奋精神，奋发有为。精神状态首先表现为对待工作的激情，是做好工作的内在源动力。组织新时期铁路建设，建设管理人员必须有一种好的精神状态，好的精神状态就是一种敢于拼搏、敢于创新的闯劲，就是一种永不满足、不懈努力的韧劲，就是一种扎实工作、奋发有为的干劲。上海铁路局建设管理人员将从事的铁路项目建设作为一项事业来干，带着强烈的工作热情和激情对待每一项工作，全身心投入铁路建设工作中去，一心扑在工作上，表现出了极大的主动性，主动思考问题，研究问题，解决问题。建设单位遇事不推诿、不扯皮、不指责、不埋怨，有一种大胆管理、敢于管理、勇于承担责任的精神。对现场出现的问题，不管是设计、施工、监理单位的问题，建设单位都积极去协调。对重大方案组织论证，牵头组织科技攻关。在工程建设关键时刻和抢险的最危险地方，铁路局领导和建设单位人员都冲在第一线，组织指挥。上海铁路局领导和建设系统人员的这种精神状态，深深地影响和带动了各参建单位的人员，参建

单位人员都有一种苦干、实干、拼命干的精神，对待工作有一种狠劲和韧劲。

2. 敢于管理，直面问题。发生事故以后，是掩盖瞒报，寻找客观原因推托责任，还是眼睛向内，认真分析原因，吸取教训是两种截然不同的态度。智者善于从事故中吸取教训。上海铁路局对于发生的施工安全、质量事故敢于直面，不怕亮丑，切实吸取教训。2006 年 8 月 8 日，浙赣线 K280＋950 处路基发生岩溶塌陷，出现两次断道事故。在组织抢险的同时，上海铁路局在岩溶整治现场，组织全局建设系统有关指挥长和工程技术人员，举办岩溶整治专题现场研讨班，邀请有关设计、施工专家对岩溶的形成、危害和整治进行现场讲解，对类似突发事件的应对措施进行探讨。2007 年 9 月 2 日，合宁铁路亭子山 2 号隧道因换拱造成局部突发塌方。上海铁路局积极应对事故，一方面全力组织抢险，防止次生事故发生。另一方面，眼睛向内，认真分析查找原因，从事故中切实吸取教训。事故发生次日，上海铁路局立即组织各项目指挥部和合资铁路公司领导和技术人员召开现场会，分析原因，吸取教训。在抢险结束后，将事故抢险过程和原因教训分析制作成多媒体在质量现场会、隧道施工安全培训班上进行讲解，使参建各方深受教育，收到良好效果。

3. 唯先是学、比学赶超。上海铁路局要求每个新开工项目必须先建样板段，充分发挥样板工程的带头作用和示范作用。要求建设试验段，形成完善的工艺工法，以点带段，以段带线，发挥亮点的辐射和延伸扩张作用。积极推行标杆管理，上海铁路局结合安全质量管理情况、投资控制情况等，每年开展标杆指挥部(合资铁路公司)、标杆工程局、标杆监理单位、标杆工程示范段的“四项标杆评比”活动，实现标杆评比与参建单位质量信誉评价的挂钩。甬台温铁路的月度生产例会开工阶段在好的标段开，进入实施阶段后在差的标段开，激励施工单位提高工程质量。铁路局每季在建设管理好的项目召开全局工程质量现场会，激励各项目管理机构加强管理，提高工程质量，全局在各项目之间、项目内部各参建单位之间形成了“唯先是学”的氛围。

三、创新管理思路，有健全的体制机制

又好又快地组织铁路建设，必须建立职责明确、高效运行的建设管理体制和机制。为了适应大规模铁路建设的需要，上海铁路局根据华东地区铁路建设的形势和铁路局体制改革后出现的新情况，理顺建设管理体制，明晰建设职责，规范运作程序，初步形成了职责明确、管理顺畅、监督到位的建设管理体制和机制。

1. 建立高效的协调机制。上海铁路局十分重视铁路建设工作，建立了从人力、物力、财力资源以及体制上保证建设工程顺利推进的制度。上海铁路局铁路建设领导小组定期召开领导小组会议，由铁路局主要领导亲自组织研究重大问题。上海铁路局建立了工程建设周、月例会制度，由分管领导定期组织召开，检查工程进展情况，协调解决有关问题。铁路局机关各处室分工明确，齐心协力共同推进铁路建设。基层站段发挥优势，积极支持铁路建设。

上海铁路局地处华东地区，大部分地区是我国经济相对发达的地区，征地拆迁工作难度很大。铁路局完善对外协调机制，充分发挥铁路局的整体优势，对有铁路建设项目的地区，地方政府要求铁路局配合的建设项目的会审、运力支持文件的会签都要征求建设部门的意见。铁路局领导定期拜访有关省市领导，及时协调征地拆迁工作中出现的问题，主动争取省市政府和领导的大力支持。铁路局与省政府有关部门建立了定期到现场检查协调解决问题的制度。每次现场办公会之前，由铁路局同省发改委联合向沿线地方政府和有关部门发出通知，地方有关部门负责人参加，对存在的问题现场提出解决方案，形成纪要，事后进行检查，有力促进了各项工作的推进。合武铁路通过路地的共同努力，开工后 20 天时间内完成了全线 60% 建设用地

的征地工作，为工程的快速、全面铺开奠定了坚实基础。

2. 理顺铁路局建设管理体制。为了适应大规模铁路建设的需要，理顺建设管理体制，上海铁路局按照铁道部《关于加强铁路局建设管理工作的若干意见》(铁办〔2006〕41 号)文件，整合有限的建设资源，调整了建设管理体制，对建设管理处和工管所进行整合，建设处处长兼任工管所主任，建设处和工管所实行一个机构两块牌子，具体负责协调全局建设工作，制定有关规章制度，组织协调建设和技术问题，负责人员培训，参与建设外部协调，监督检查建设项目质量、安全、进度管理和投资控制等，对建设项目管理机构及主要领导进行考核。同时，加强建设项目机构管理，落实项目机构权责，项目管理机构真正成为建设项目的具体实施主体，就项目建设规模、标准、质量、安全、工期、投资对铁路局负责。项目管理机构由铁路局直接负责管理，建设指挥部指挥长一般由工程管理所副主任兼任。建设期间合资铁路公司领导班子以熟悉建设管理的人员为主，由具有丰富建设管理经验的同志担任公司负责人，提高组织建设和驾驭建设的能力。目前上海铁路局已基本形成了铁路局作为建设单位对建设工作负总责，建设处和有关处室根据职责对建设项目进行指导和监督，建设项目管理机构具体负责实施的职责明确、责权统一的铁路建设管理体制。

3. 建立完善的责任考核机制。上海铁路局按照铁道部《铁路建设单位考核暂行办法》(铁办〔2005〕158 号)文件精神，制订了《上海铁路局项目建设业绩考核暂行办法》、《上海铁路局建设指挥部奖金管理暂行办法》和《上海铁路局重点建设项目安全质量责任考核追究暂行办法》，对铁路局设立的各大中型建设项目管理机构实行年度业绩考核和项目考核。由铁路局与各大中型建设项目管理机构每年签订项目建设业绩考核责任书，明确其在建设项目的质量、安全、投资、工期、环保水保、文明施工和建设目标等方面的职责，并以风险抵押形式对指挥部领导班子成员进行考核兑现，每月只发基本工资，年底根据考核情况兑现风险抵押。为了加强对助勤人员的管理，上海铁路局规定在各项目指挥部助勤人员技术职称、级别晋升由项目管理机构考核，并向铁路局提报提拔或晋升职称的建议。

4. 发挥合资公司的体制优势。为适应合资铁路建设的需要，上海铁路局把征地拆迁作为各投资方权益划分和职责界定的重点，在进行项目可研、组建项目法人时，就以经济合同或公司章程的形式予以明确和规范。要求地方政府选派对当地情况比较熟悉，又有铁路工作经历的同志到合资公司工作。各公司对地方派驻公司的同志纳入公司统一管理、统一分工、统一考核，在建设过程中，充分发挥其作用。积极发挥地方出资人代表作用，对于征地拆迁、三电迁改工程中的重点、难点问题，主动向出资人代表汇报，由出资人代表组织协调和参与谈判，有力地促进了有关问题的解决。规范公司运作，重大合同签订、重大投资变化和变更设计都事先向出资人代表汇报，征求意见，对投资控制发挥了积极作用。

5. 积极探索加强投资管理的新机制。上海铁路局根据铁道部对投资控制的要求，一是及时组织召开了全局建设项目投资管理研讨会，进一步明确投资控制的重点和责任主体，制定了铁路局的投资控制办法。铁路局建设处增配了总经济师，设置计经部，负责初步设计鉴修概算上报、施工图投资检算、Ⅰ类变更设计审查等投资控制工作，同时铁路局建立投资控制月度例会制度，并开展调研、追踪活动，专题研究投资控制方法。二是加强建设单位投资控制责任感，提高工作主动性，建立健全各项规章制度，把投资控制工作落到实处。制订了合同管理、验工计价管理、变更设计管理等办法，并在实施中严格执行。三是探索投资控制新方法，合武铁路和上海南站项目引入工程造价咨询中介机构进行投资监理，协助建设单位对验工计价、变更设计和现场签证审核，协助进行材料设备单价核定、合同中涉及工程量和费用的审核、谈判等，及时提报投资控制情况分析资料，并提出控制投资的合理措施和建议，对投资控制起到了积极的作用。

6. 充分发挥安全质量监督站作用。上海铁路局将加强安全质量监督工作作为确保现场安全质量工作的重要措施来抓，切实发挥安全质量监督工作“四两拨千斤”的作用。一是充实人员。针对质量监督站人员不足的情况，上海铁路局从全局40多名具有现场经验的大学本科毕业的专业技术人员中，通过笔试和面试，选择10名优秀的专业技术人员充实到监督站，加强了质量监督站的力量。根据监督工作需要设立了杭州、合肥现场监督组，常驻现场开展工作。二是实行监督项目负责人制度。将各建设工程项目的监督工作落实到人，项目负责人是该项目质量安全监督的第一责任人，也是该项目质量安全监督的主体。每个项目负责人每月抽查本项目不少于两次，每次监督检查时先对上月检查的项目整改情况进行抽查。每次检查结束要写出监督小结，并将查出的问题反馈给施工单位和建设单位责令整改。监督人员及时收集整改信息，及时销项，实行闭环管理。三是开展专项联合监督检查。每月建设处和监督站组织有关人员，对建设项目进行专项联合监督检查。四是由监督站监督人员组织召开由参建单位参加的监督检查点评会，分析质量问题，警示所有的参建单位。同时每月以监督简讯的形式，向全体参建单位通报本月监督检查中发现的问题和抽查上月监督检查问题整改的情况。

四、加强建设管理，有科学的管理方法

铁路工程建设，特别是客运专线和大型客站建设项目投资规模大、系统集成复杂，科技含量高，组织好铁路建设是一项十分复杂的系统工程。提高铁路建设水平，必须运用管理科学的理论，进行科学管理，以严谨认真的科学态度、先进有效的科学方法组织建设。

1. 积极推行科学的项目管理方法。上海铁路局清醒地认识到组织好新时期铁路建设、特别是客运专线和大型客站建设，建设管理理念、建设管理方法必须实现根本性变化，必须从传统的经验型管理向科学型管理转变。上海铁路局根据管理科学的理论，积极创新项目管理思路，认真抓好目标管理、分级管理、过程控制、持续改进等管理的要素，以确保管理有效性为主要内容，强化建设管理工作，工作有目标、有部署、有检查、有落实，取得了很好的实效。

各项目管理机构认真解析建设项目的建设规模、建设标准、质量、安全、进度、投资控制等目标，建立建设项目管理的目标体系、责任体系、分级控制系统和评价评估体系。明确提出分级管理，建立了各参建单位、各层次分级管理的责任链，对建设工程质量和安全实行分类分级管理，A类控制点由指挥长负责，B类控制点由中层干部负责，C类控制点由专业工程师负责，清晰界定分级包保项目，落实分级责任追究制度。针对建设工程质量控制的特点严格过程控制，2006年以来，上海铁路局集中开展了围歼隧道防水板施工质量问题、隧道超前地质预报和衬砌厚度问题、桥梁桩基试桩问题、制梁的工艺工法以及原材料质量不达标不合格问题、涵洞防水层施工质量问题、涵洞基础施工质量问题、软土路基水泥搅拌桩施工质量问题、路基填料质量和虚铺厚度超标问题等八大安全质量问题的活动。深入开展治理安全质量检查不规范的问题、整治监理单位现场质量控制不力的问题、整治施工单位技术力量不足的问题、整治第三方检测问题、整治内业资料问题的五项专项整治活动。这些活动开展的有声势、有成效，有力地保证了过程控制的有效性。

上海铁路局认识到加强建设项目管理不是一朝之功，一蹴而就的，必须采取改进—提高—再改进—再提高的动态管理方法，在不断改进中实现自我超越、自我完善与发展。上海铁路局建设单位组织设计、施工、监理单位定期召开创建精品工程阶段性总结分析会，汇报交流创建

精品工程的经验和心得，对突出的共性问题进行研究，提出解决方案。对好的经验加大推广运用的力度和广度，对先进单位和个人进行表彰，确保了建设项目管理的持续改进。

2. 高度重视做好建设项目技术管理。 随着大规模铁路建设的实施和建设技术标准的提高，特别是客运专线建设中应用了大量的新技术、新工艺、新材料和新方法，建设项目管理中许多质量、安全、工期和投资控制问题都集中在技术管理上。根据当前参建的设计、施工、监理单位技术储备普遍不足，现场技术人员经验不足的实际情况，上海铁路局将加强建设项目技术管理作为项目管理的一项主要工作来抓，积极发挥建设单位的核心作用，牵头组织有关单位进行技术攻关，产生了很好的效果。铁路局成立工程建设质量技术攻关领导小组，由分管建设领导任组长，铁路局总师室、工务处、电务处、建设处、铁道学会等部门负责人为组员，对大的技术问题进行攻关。各项目管理机构都成立了相应机构，结合工程实际设立路基、桥涵、隧道、线路、四电等专业质量技术攻关小组，各小组成员由参建单位的优秀工程技术人员组成。各级质量技术攻关小组结合各项目特点，开展经常性专题调研，对现场存在的普遍性、倾向性问题和技术难点进行攻关，并定期对质量技术攻关工作进行全面总结。

今年上海铁路局针对全局建设影响较大的客运专线软土路基、隧道施工安全、移动模架制梁、投资控制等重大问题组织开展了 4 个课题研究，紧紧依托上海地区著名高校的科研资源和力量，进行攻关。根据课题进展情况，及时对科研成果进行阶段性总结，适时运用到客运专线建设管理过程中去。合武铁路公司两年来有效地解决了现场 198 个技术问题，浙江铁路公司完成了《甬台温铁路地基处理布袋注浆桩施工工艺研究》等九项课题，为沿海铁路施工的顺利进行打下了基础。合宁铁路公司先后组织完成了改良土路基填筑、箱梁预制、长钢轨铺设、道岔铺设等多项科研课题。通过科技攻关，及时解决了建设过程中遇到的问题，对保证工程建设顺利进行发挥了重要作用。

做好重大技术方案论证工作是确保建设项目安全和质量的一项重点工作。为了优化完善设计方案，确保方案技术可行、经济合理，上海铁路局建立健全了重大技术方案审查制度。对于安全质量有重大影响的技术方案，由建设单位组织设计、施工、监理单位，并邀请知名专家组织论证。几年来，各指挥部(合资铁路公司)先后对移动模架造桥机制梁、软土路基加固、路基填筑工艺、重难点桥隧施工方案等进行了充分的分析论证。在方案论证中注重发挥各参建单位的长处，充分听取各家意见，集思广益，完善方案，优化设计。

3. 积极推行标准化施工。 上海铁路局将组织编制标准、作业指导书和工艺工法，推行标准化施工作为建设单位加强现场技术管理，提高建设水平的重要内容。每一条线，每一个项目必须先建试验段，探索工艺工法，制定和颁布相应的作业标准和工艺流程。在科研先导的前提下，合武、合宁、甬台温、温福等客运专线项目均组织设计、施工、监理单位结合项目实际情况编制了路基、隧道、桥梁等施工技术实施细则，编制了各阶段、各专业的质量控制要点。2006 年，全局共先建路基试验段 23 个、先建隧道试验段 15 个、先建桥梁试验点 18 个。颁布了新的作业标准 15 项、新的施工工法 7 项，不断规范了施工管理。

4. 加强和改进现场管理。 组织现场检查是建设单位最基本的一项工作，也是确保现场处于受控状态的重要方式。为搞好现场管理，切实提高现场检查工作的质量，真正能在现场发现问题、解决好问题，上海铁路局重点放在规范现场检查行为，全面推行“五定、三统一、一负责”的现场质量安全检查制度。

“五定”即检查工作“定人、定期、定岗、定责、定点”。要求现场检查必须具体明确检查人、检查频次、检查工点、检查责任、检查时段，进行不事先通知的突击检查，对管理薄弱时段进行夜间检查，在全局推广浙赣线的徒步逐公里检查方法。“三统一”即检查工作由“路局统一部署、实行统一记录、进行统一分析”。建设处每月统一公布各工程建设项目现场检查重点，各建设项目管理机构每月根据路局下达的检查重点，结合工程实际按照“五定”原则下达具体的现场检查计划。统一印发全局的检查记录本，统一检查记录格式和检查要求。各建设项目管理机构每月统一收集施工、监理单位的检查记录本，进行统一分析，找出本项目安全质量控制的阶段性问题。铁路局每月收集检查各建设项目管理机构的现场检查记录本，正副指挥长和公司负责人的检查记录本由铁路局分管领导检查，工程、安质部长的检查记录本由建设处负责检查。对于现场检查记录规范，控制措施落实到位，管理成效显著的单位和个人，由铁路局给予表彰奖励，并纳入建设业绩考核。“一负责”即“首查负责制”。要求谁检查出的问题，谁负责监督检查整改，实行闭环管理，确保每个检查出的问题都得到整改，提高检查的有效性。

5. 严格建设安全管理。面对严峻的安全形势，上海铁路局以规范安全管理为主线，以大力开展施工安全专项整治为抓手，牢牢抓住营业线安全施工、隧道施工和桥梁施工等重点，落实防控体系，完善应急预案，确保施工安全有序可控。2006 年上海铁路局针对管内京沪、沪杭、浙赣三条干线同时进行大规模施工，封锁要点施工多达 2 万余次，营业线施工安全形势十分严峻的局面，积极创新安全管理方法，提出严格执行路局、办事处、运营单位、施工、设计、监理等六个层面的安全监管模式，实现分工负责、分层监管、全过程、全覆盖的营业线施工安全控制目标。严格执行施工方案未经路局审批不施工，没有签订安全协议不施工，没有召开施工协调会不施工，施工准备不充分不施工的“四不”制度。认真落实干部现场把关负责，开通 24 小时后设备接管负责，开通后设计、施工、监理单位留守负责，铁路局机关专业负责，设备管理单位负责的“五负责”制度。严格执行施工组织方案制订、计划审批、调度命令发布、安全措施落实、准备工作检查、现场组织监控、领导干部把关、质量验收、列车放行、应急预案等十个既有线施工卡控重点，切实抓好营业线施工安全的全过程控制，保证了营业线施工安全稳定。

五、加强队伍建设，有长远的发展意识

面对繁重的建设任务，上海铁路局领导敏锐地认识到建设管理人员短缺是制约铁路建设最紧缺的资源，素质不适应是加强建设管理最紧迫的问题，迅速提高建设单位人员水平是当前提高铁路建设管理水平的重要任务。上海铁路局按照铁道部要求，采取强有力措施，加强人员培训，不断提升管理能力。经过几年的努力，上海铁路局建设管理队伍整体素质、工作作风都有了很大改善，初步形成了一支与建设任务相适应的建设管理队伍。

1. 全面推进能力建设。上海铁路局从 2006 年以来深入开展了以提高建设单位人员贯彻执行的能力、解决实际问题的能力、开拓创新的能力、规范管理的能力、拒腐防变的能力为主线的能力建设，努力把建设系统的干部职工培养成勤于学习、善于思考、勇于实践、敢于创新、严于管理、乐于奉献的建设者，成为能在大规模铁路建设的高潮中牢记使命，履行职责，展现作为，争作贡献的创业者。建设单位人员普遍有一种强烈的学习兴趣和虚心学习的态度。特别是 2004 年前后从运输部门调入建设单位的同志，虚心向设计、施工和监理单位的同志学习，努力快速提高能力，成为建设内行。目前，这部分同志已基本上都能适应建设管理工作。在上海铁路局调研过程中，我们深切地感觉到不管是上海铁路局领导，还是项目指挥部指挥长、工程师对关键技术问题说得清楚，对现场问题讲得清楚。2005 年以来，全局建设系统有 2 人被评为铁道部青年科技拔尖人才，有 1 人被评上海青年科技英才，有 3 人被评为铁路局学科带头人，有 10 人被评为铁路局中青年科技人才。

2. 加强人员培训。上海铁路局领导把加强学习培训作为提高建设管理能力的重要途径，提出了"全员大培训、素质大提高、管理大提升、建设大跨越"的总体思路和"全员、全面、全过程"培训的总体要求，对建设系统的所有技术、管理人员进行培训。两年来，铁路局先后举办了岩溶、隧道、桥梁、软土路基、投资控制等六期培训班，各项目管理机构的分管领导，总工程师、副总工程师，工程、安质部正副部长及专业工程师等约 500 人次参加了培训，取得了较好的效果。

为了保证培训工作的质量和效果，上海铁路局领导高度重视，王峰副局长每次必到，自始至终参加学习，并对学习情况进行点评。铁路局培训工作起点高、要求严，突出针对性、时效性和实用性，强调用什么学什么。根据不同的专题邀请在本专业有较高知名度和有较深研究的高校教授和设计、施工单位以及参加有关规范编写的专家授课，每期培训都要编印教材，授课期间安排现场观摩和现场实地教学。每期培训班结束都要进行严格的闭卷考试，并当场公布单位和个人的排名结果，对考试前五名个人进行奖励，同时建立成绩档案。鼓励技术人员积极撰写科技论文，加强科技交流，建设系统每年联合铁路局人事处、技术中心、铁道学会等有关部门举办各种技术规范知识竞赛、年度优秀论文评选和论文发布会，为广大技术人员提供交流平台，激发了广大技术人员学习技术、提高素质的热情。

3. 培养建设管理后备人员。针对计划新开工项目多，建设管理人员不足的问题，上海铁路局领导未雨绸缪，前瞻性地提出培养储备建设管理人员。今年初，上海铁路局人事部门从全局 21 个基层站段抽调了 47 名本科毕业并有一定工作经验的业务骨干作为建设的后备人才，集中进行建设法规和建设程序的强化培训，并组织专题讨论和考试。集中培训结束后，第一批选派了 27 名学员到合武铁路公司和浙江铁路公司进行为期三个月的现场锻炼。铁路局人事、建设处专门编写了培训计划，并按计划定期到现场进行检查。合武、浙江铁路公司指定专门带教老师，在专业上进行指导。通过理论学习和现场锻炼之后，学员被安排到合武、浙江铁路公司等相关指挥部工作。今后，拟根据工作情况，逐步调整到部门负责人岗位。对原有的部门负责人将陆续安排到新开工项目担任领导职务。从 2004 年起，上海铁路局针对建设项目管理人员不足，特别是项目负责人严重不足的情况，分别从局外和路外有关单位招聘和引进了一批项目负责人和部门负责人，充实了项目管理力量。目前主要项目管理机构负责人都是具有丰富建设经验的同志，项目管理人员基本上形成由若干熟悉建设的同志为骨干的格局。

4. 加强对参建单位人员培训。上海铁路局针对当前施工、监理单位技术、管理人员缺乏，素质不适应铁路建设的情况，不是简单的埋怨、指责，将参建单位人员培训工作纳入建设单位整体培训计划，牵头组织实施。督促参建单位健全教育培训制度，要求各项目结合各阶段施工特点，每月组织一次施工技术知识培训，每月组织一次现场业务知识考试。建立现场监理人员信用评级管理制度，每季度通过不定期的巡查及施工技术知识抽查考试，对监理人员在施工现场的监督把关能力、发现及解决问题的能力进行考核，对表现突出的监理人员予以表彰，对不合格的监理人员予以清退，保证了现场监理人员的素质。上海铁路局多次采用办班培训、以会代训等形式对施工、监理单位现场主要负责人和技术负责人进行培训，经常以事前不通知的方式组织考试，并对考试成绩进行公布，极大地促进了参建单位人员学技术、学规范、学验标的积极性。

调研中，上海铁路局领导多次强调，上海铁路局加强建设项目管理的做法只是些探索，还没有形成成熟完整的经验，下一步还要紧紧围绕"规范管理、科技创新、队伍建设"三大重点问题，进一步推行标准化、程序化、规范化管理，创新建设项目管理方法，不断提高建设管理水平。

铁道部办公厅关于进一步规范铁路建设项目建设单位用房用车管理的通知

办建设发〔2007〕38 号

各铁路局，集装箱、投资公司，各铁路公司（筹备组）：

规范建设单位办公生活用房、办公用车管理是对铁路建设项目进行依法建设、规范管理的一项重要工作。针对目前建设单位办公生活用房、办公用车来源复杂、标准不统一的问题，为进一步规范管理，经部同意，现对建设单位用房、用车提出以下要求，请按照执行。

一、建设单位所使用的办公生活用房、办公用车应首先利用可调剂的具有铁路产权的既有房屋和车辆。各铁路局应为本局范围内的铁路建设项目建设单位用房用车提供方便。任何新组建的建设单位均不得无偿使用或变相无偿使用任何单位所提供的房屋和车辆（除铁路产权外），也不得租赁与本单位具有建设合同关系的相关单位的房屋和车辆。客专公司及其他合资铁路公司用房用车应经公司决策程序确定，国铁出资人代表履行监管职能；其他建设项目建设单位用房用车应由铁路局审核同意。

二、客运专线公司（筹备组）办公生活用房组成和面积标准，应严格按照建设司《关于印发〈客运专线公司（筹备组）建设期间办公生活用房面积指导意见〉的通知》（建技〔2006〕4 号）规定执行，并且人均办公生活用房建筑面积不得超过 25 m^2。

其他建设项目建设单位办公生活用房应按建设司《关于印发〈客运专线公司（筹备组）建设期间办公生活用房面积指导意见〉的通知》（建技〔2006〕4 号）规定执行。

三、建设单位办公生活用房应遵循俭朴庄重、经济适用的原则，采用普通装修，严禁高标准装修。

四、建设单位办公用车，根据建设项目线路长度应严格按照下表规定的数量控制。

建设单位办公用车配置数量表

线路长度（正线公里）	办公用车配置数量（台）	
	平原丘陵区	山　区
100 及以内	3	4
100～300	4	5
301～700	6	7
700 以上	8	9

独立建设的枢纽、大型站房、特大桥等项目的建设单位办公用车按 3 辆控制。

五、本通知自印发之日起执行，新组建的建设单位严格按此通知执行；已组建的建设单位按上述标准和要求进行清理和整改，限 7 月份完成，结果报铁道部办公厅、建设司。

二〇〇七年八月四日

铁道部建设管理司关于发布《铁路建设项目管理指南(试行)》的通知

建建〔2007〕72 号

各铁路局,集装箱、投资公司,各铁路公司(筹备组):

为进一步规范铁路建设项目管理工作,依法合规组织铁路建设,建设管理司组织编制了《铁路建设项目管理指南(试行)》(以下简称《指南》)(另行印发),现就有关事项通知如下:

1. 本《指南》适用于铁路大中型建设项目管理机构,在《指南》中将客运专线公司和铁路局管理的项目管理机构统一表述为"项目管理机构"。

2. 本《指南》的电子文本(word 格式)放置在铁道部内网建设管理司网页建设法规规章栏目中,请各建设单位及时下载,并以本《指南》为蓝本,结合项目实际情况进行完善和补充,加强项目管理机构制度建设。

3. 项目管理机构要对管理办法实行动态管理,依据国家和铁道部新出台的文件及时进行修订。

4. 请各单位将本《指南》执行中的问题、意见和建议,及时反馈铁道部建设管理司。

二○○七年十月十日

铁道部建设管理司关于发布《铁路建设项目管理程序指导意见》的通知

建建〔2008〕50号

各铁路局，各铁路公司（筹备组）：

为推进铁路建设管理标准化工作，提高铁路建设管理水平，科学规范组织工程建设，建设管理司组织编制了《铁路建设项目管理程序指导意见》，现予发布。各铁路局、各铁路公司（筹备组）应以此为基础制定或完善细化本单位的工作流程。

《指导意见》电子文本放置在铁道部内网建设管理司网页建设法规规章栏目中，请各单位及时下载，并将本《指导意见》使用中的问题、意见和建议，及时反馈铁道部建设管理司，以便进一步改进和完善。

二〇〇八年三月二十五日

一、前期工作

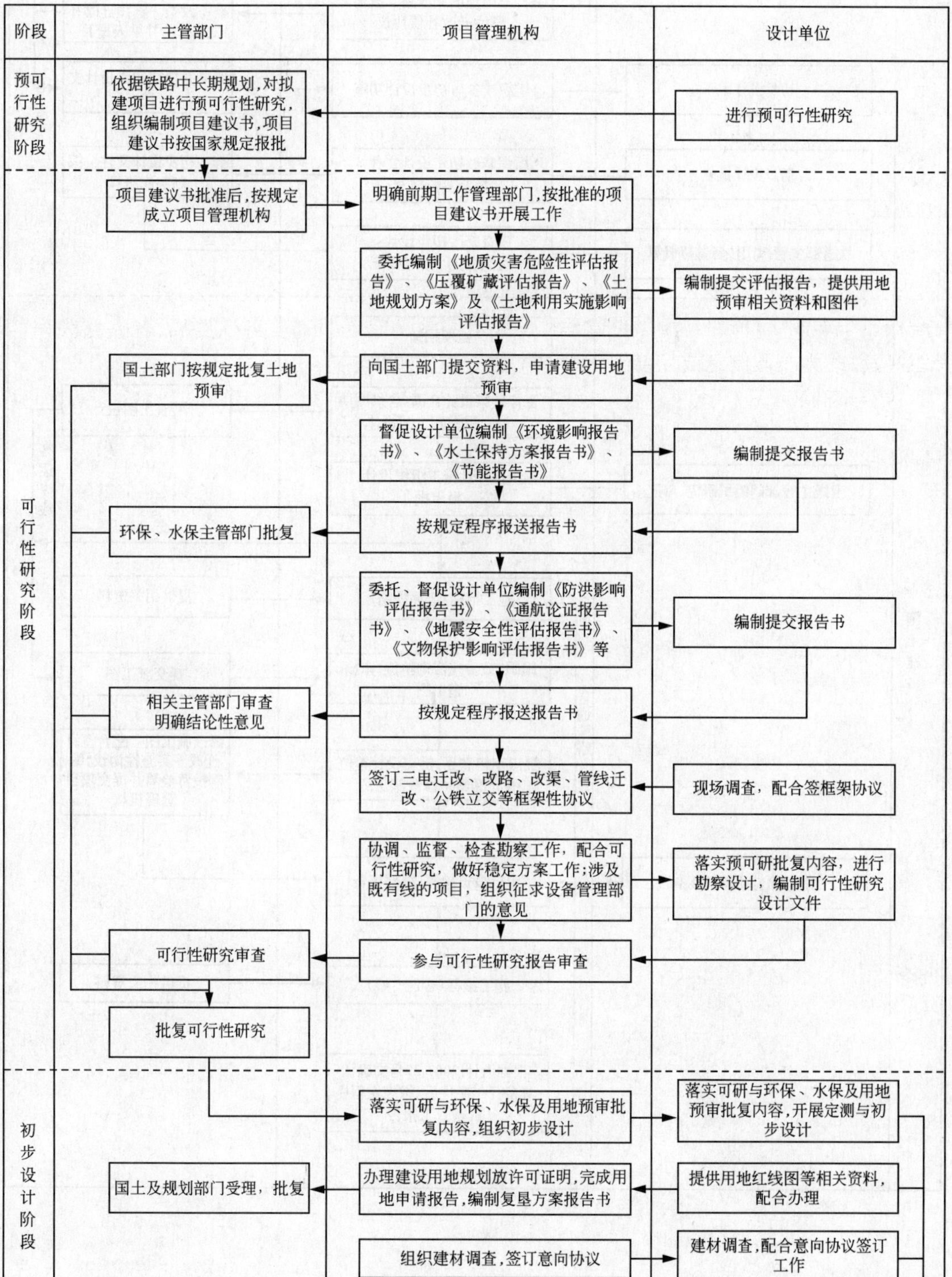
阶段
主管部门
项目管理机构
设计单位
预可行性研究阶段
依据铁路中长期规划，对拟建项目进行预可行性研究，组织编制项目建议书，项目建议书按国家规定报批
进行预可行性研究
可行性研究阶段
项目建议书批准后，按规定成立项目管理机构
明确前期工作管理部门，按批准的项目建议书开展工作
委托编制《地质灾害危险性评估报告》、《压覆矿藏评估报告》、《土地规划方案》及《土地利用实施影响评估报告》
编制提交评估报告，提供用地预审相关资料和图件
国土部门按规定批复土地预审
向国土部门提交资料，申请建设用地预审
督促设计单位编制《环境影响报告书》、《水土保持方案报告书》、《节能报告书》
编制提交报告书
环保、水保主管部门批复
按规定程序报送报告书
委托、督促设计单位编制《防洪影响评估报告书》、《通航论证报告书》、《地震安全性评估报告书》、《文物保护影响评估报告书》等
编制提交报告书
相关主管部门审查明确结论性意见
按规定程序报送报告书
签订三电迁改、改路、改渠、管线迁改、公铁立交等框架性协议
现场调查，配合签框架协议
协调、监督、检查勘察工作，配合可行性研究，做好稳定方案工作；涉及既有线的项目，组织征求设备管理部门的意见
落实预可研批复内容，进行勘察设计，编制可行性研究设计文件
可行性研究审查
参与可行性研究报告审查
批复可行性研究
初步设计阶段
落实可研与环保、水保及用地预审批复内容，组织初步设计
落实可研与环保、水保及用地预审批复内容，开展定测与初步设计
国土及规划部门受理，批复
办理建设用地规划放许可证明，完成用地申请报告，编制复垦方案报告书
提供用地红线图等相关资料，配合办理
组织建材调查，签订意向协议
建材调查，配合意向协议签订工作

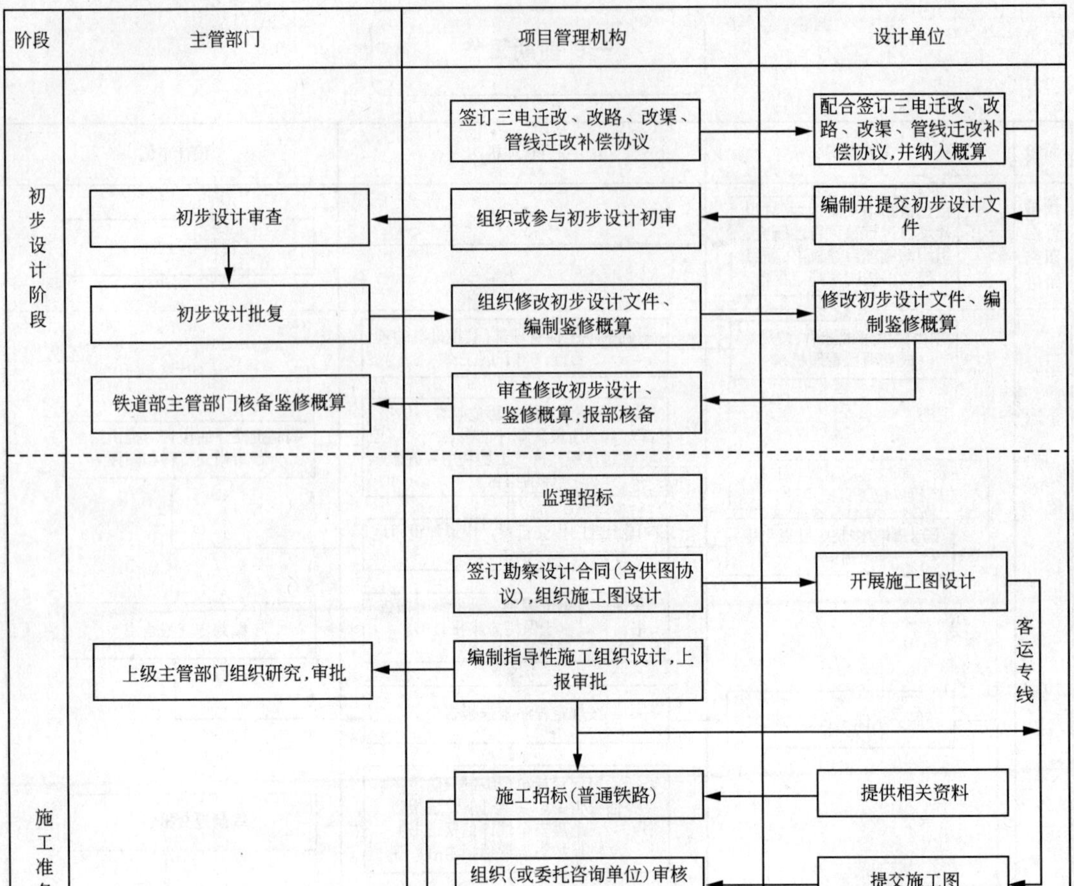
阶段
主管部门
项目管理机构
设计单位
初步设计阶段
签订三电迁改、改路、改渠、管线迁改补偿协议
配合签订三电迁改、改路、改渠、管线迁改补偿协议，并纳入概算
初步设计审查
组织或参与初步设计初审
编制并提交初步设计文件
初步设计批复
组织修改初步设计文件、编制鉴修概算
修改初步设计文件、编制鉴修概算
铁道部主管部门核备鉴修概算
审查修改初步设计、鉴修概算，报部核备
施工准备
监理招标
签订勘察设计合同(含供图协议)，组织施工图设计
开展施工图设计
客运专线
上级主管部门组织研究，审批
编制指导性施工组织设计，上报审批
施工招标(普通铁路)
提供相关资料
普通铁路
组织(或委托咨询单位)审核施工图
提交施工图
提出审核意见，提交设计单位补充勘察、修改施工图
修改施工图、配合签订迁改等实施性协议，编制投资检算并提交项目管理机构
铁道部有关部门核备
审核投资检算，报部核备
施工招标(客运专线)
提供相关资料
根据铁计[2007]29号文确认具备开工条件后，按规定程序提报开工报告

二、征地拆迁

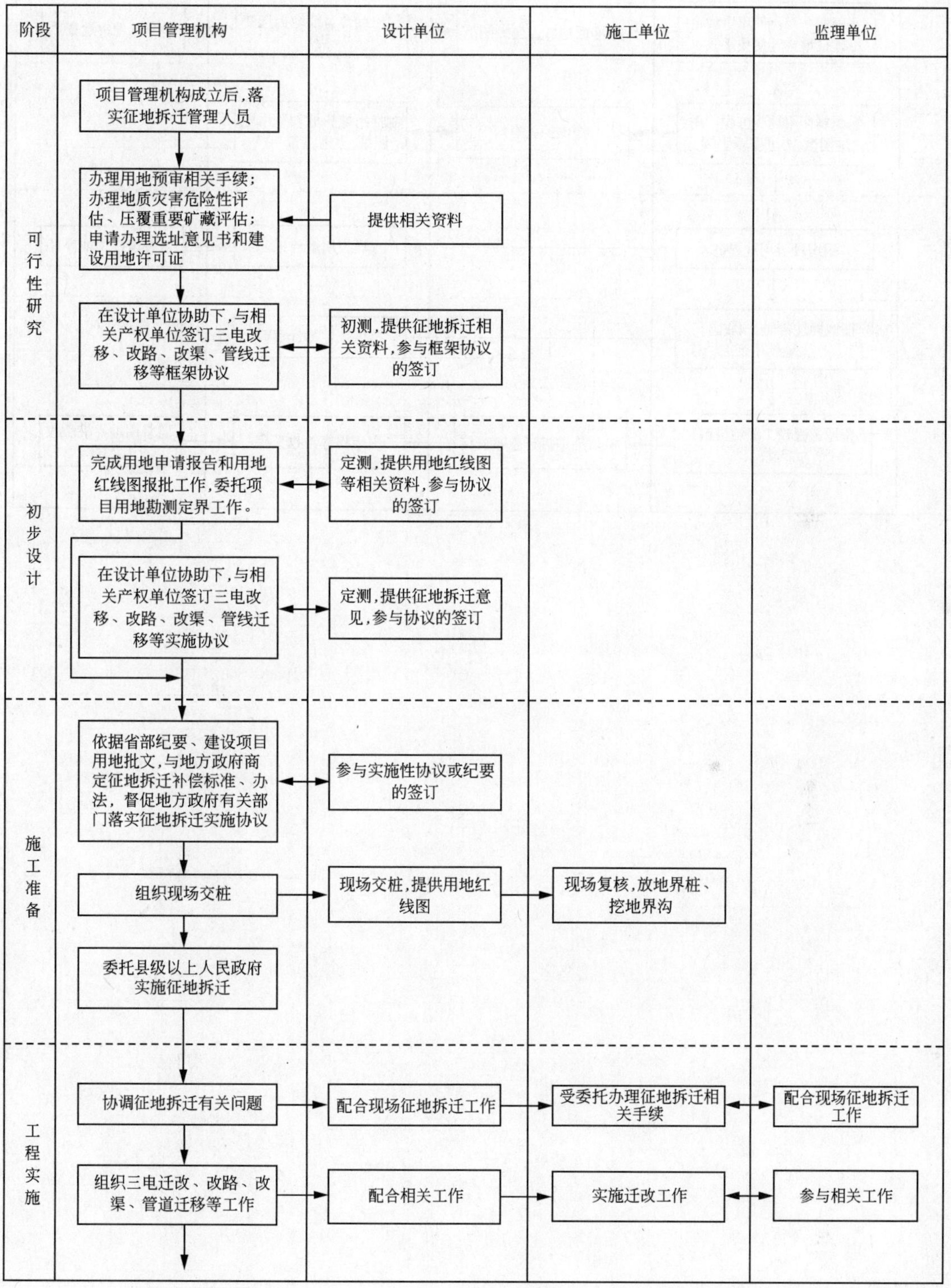
阶段
项目管理机构
设计单位
施工单位
监理单位
可行性研究
项目管理机构成立后，落实征地拆迁管理人员
办理用地预审相关手续；办理地质灾害危险性评估、压覆重要矿藏评估；申请办理选址意见书和建设用地许可证
提供相关资料
在设计单位协助下，与相关产权单位签订三电改移、改路、改渠、管线迁移等框架协议
初测，提供征地拆迁相关资料，参与框架协议的签订
初步设计
完成用地申请报告和用地红线图报批工作，委托项目用地勘测定界工作。
定测，提供用地红线图等相关资料，参与协议的签订
在设计单位协助下，与相关产权单位签订三电改移、改路、改渠、管线迁移等实施协议
定测，提供征地拆迁意见，参与协议的签订
施工准备
依据省部纪要、建设项目用地批文，与地方政府商定征地拆迁补偿标准、办法，督促地方政府有关部门落实征地拆迁实施协议
参与实施性协议或纪要的签订
组织现场交桩
现场交桩，提供用地红线图
现场复核，放地界桩、挖地界沟
委托县级以上人民政府实施征地拆迁
工程实施
协调征地拆迁有关问题
配合现场征地拆迁工作
受委托办理征地拆迁相关手续
配合现场征地拆迁工作
组织三电迁改、改路、改渠、管道迁移等工作
配合相关工作
实施迁改工作
参与相关工作

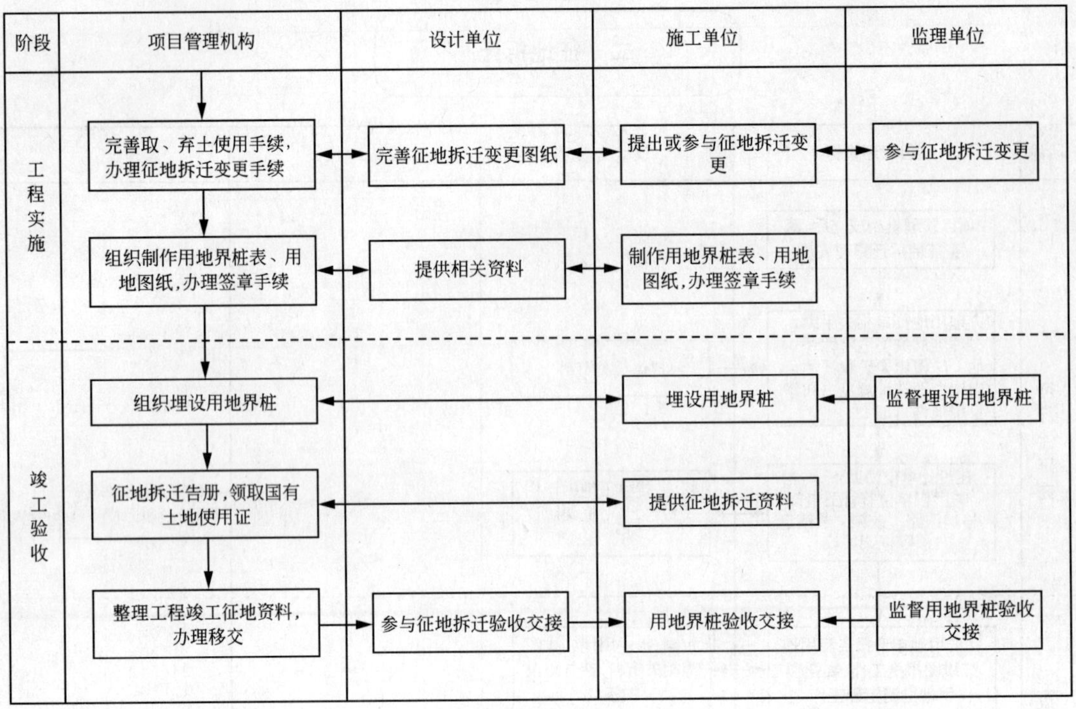
阶段
项目管理机构
设计单位
施工单位
监理单位
工程实施
完善取、弃土使用手续，办理征地拆迁变更手续
完善征地拆迁变更图纸
提出或参与征地拆迁变更
参与征地拆迁变更
组织制作用地界桩表、用地图纸，办理签章手续
提供相关资料
制作用地界桩表、用地图纸，办理签章手续
竣工验收
组织埋设用地界桩
埋设用地界桩
监督埋设用地界桩
征地拆迁告册，领取国有土地使用证
提供征地拆迁资料
整理工程竣工征地资料，办理移交
参与征地拆迁验收交接
用地界桩验收交接
监督用地界桩验收交接

三、环境保护

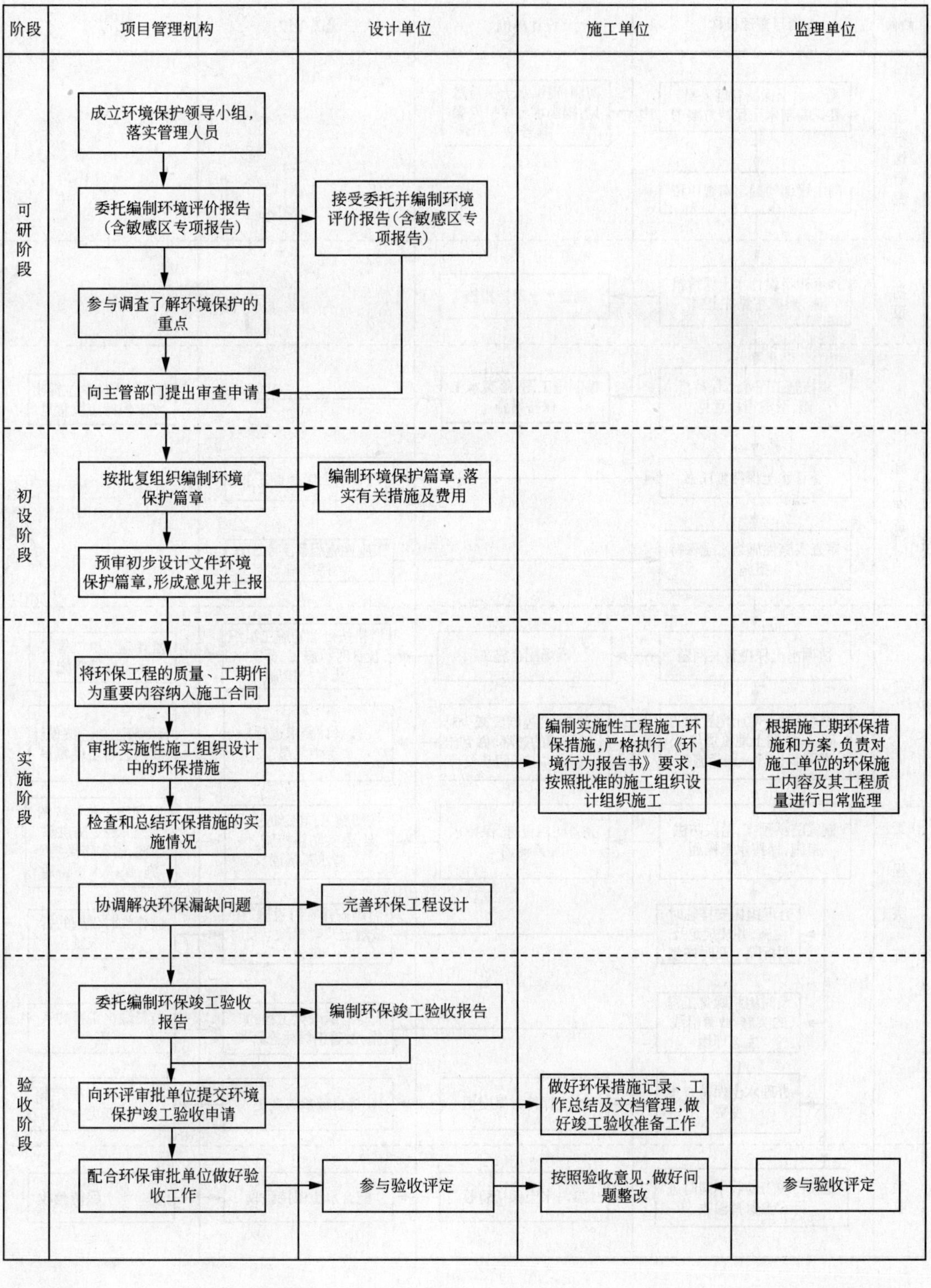
阶段
项目管理机构
设计单位
施工单位
监理单位
可研阶段
成立环境保护领导小组，落实管理人员
委托编制环境评价报告（含敏感区专项报告）
接受委托并编制环境评价报告（含敏感区专项报告）
参与调查了解环境保护的重点
向主管部门提出审查申请
初设阶段
按批复组织编制环境保护篇章
编制环境保护篇章，落实有关措施及费用
预审初步设计文件环境保护篇章，形成意见并上报
实施阶段
将环保工程的质量、工期作为重要内容纳入施工合同
审批实施性施工组织设计中的环保措施
编制实施性工程施工环保措施，严格执行《环境行为报告书》要求，按照批准的施工组织设计组织施工
根据施工期环保措施和方案，负责对施工单位的环保施工内容及其工程质量进行日常监理
检查和总结环保措施的实施情况
协调解决环保漏缺问题
完善环保工程设计
验收阶段
委托编制环保竣工验收报告
编制环保竣工验收报告
向环评审批单位提交环境保护竣工验收申请
做好环保措施记录、工作总结及文档管理，做好竣工验收准备工作
配合环保审批单位做好验收工作
参与验收评定
按照验收意见，做好问题整改
参与验收评定

四、水土保持

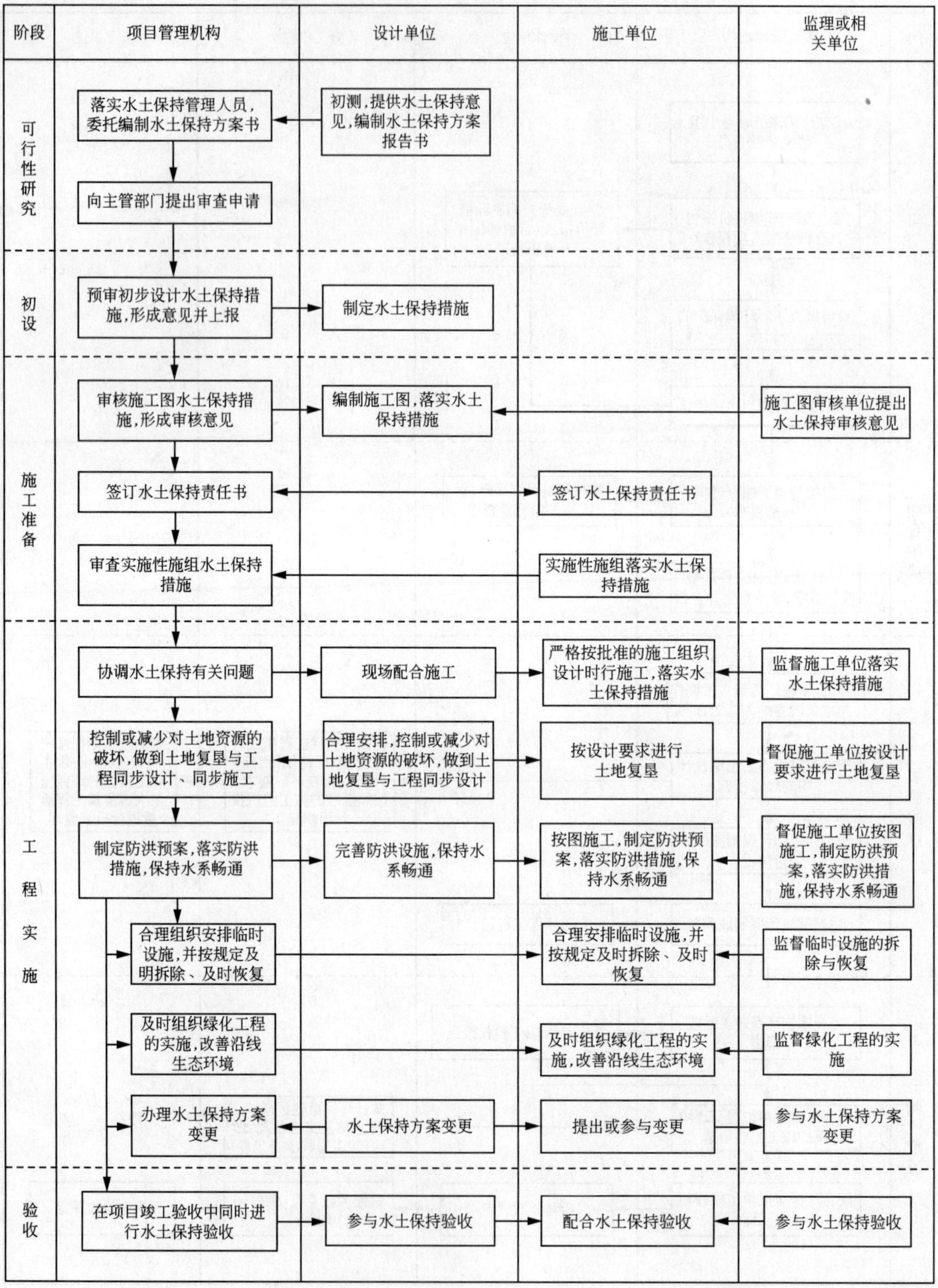

阶段
项目管理机构
设计单位
施工单位
监理或相关单位
可行性研究
落实水土保持管理人员，委托编制水土保持方案书
初测，提供水土保持意见，编制水土保持方案报告书
向主管部门提出审查申请
初设
预审初步设计水土保持措施，形成意见并上报
制定水土保持措施
施工准备
审核施工图水土保持措施，形成审核意见
编制施工图，落实水土保持措施
施工图审核单位提出水土保持审核意见
签订水土保持责任书
签订水土保持责任书
审查实施性施组水土保持措施
实施性施组落实水土保持措施
工程实施
协调水土保持有关问题
现场配合施工
严格按批准的施工组织设计时行施工，落实水土保持措施
监督施工单位落实水土保持措施
控制或减少对土地资源的破坏，做到土地复垦与工程同步设计、同步施工
合理安排，控制或减少对土地资源的破坏，做到土地复垦与工程同步设计
按设计要求进行土地复垦
督促施工单位按设计要求进行土地复垦
制定防洪预案，落实防洪措施，保持水系畅通
完善防洪设施，保持水系畅通
按图施工，制定防洪预案，落实防洪措施，保持水系畅通
督促施工单位按图施工，制定防洪预案，落实防洪措施，保持水系畅通
合理组织安排临时设施，并按规定及明拆除、及时恢复
合理安排临时设施，并按规定及时拆除、及时恢复
监督临时设施的拆除与恢复
及时组织绿化工程的实施，改善沿线生态环境
及时组织绿化工程的实施，改善沿线生态环境
监督绿化工程的实施
办理水土保持方案变更
水土保持方案变更
提出或参与变更
参与水土保持方案变更
验收
在项目竣工验收中同时进行水土保持验收
参与水土保持验收
配合水土保持验收
参与水土保持验收

五、施工组织设计

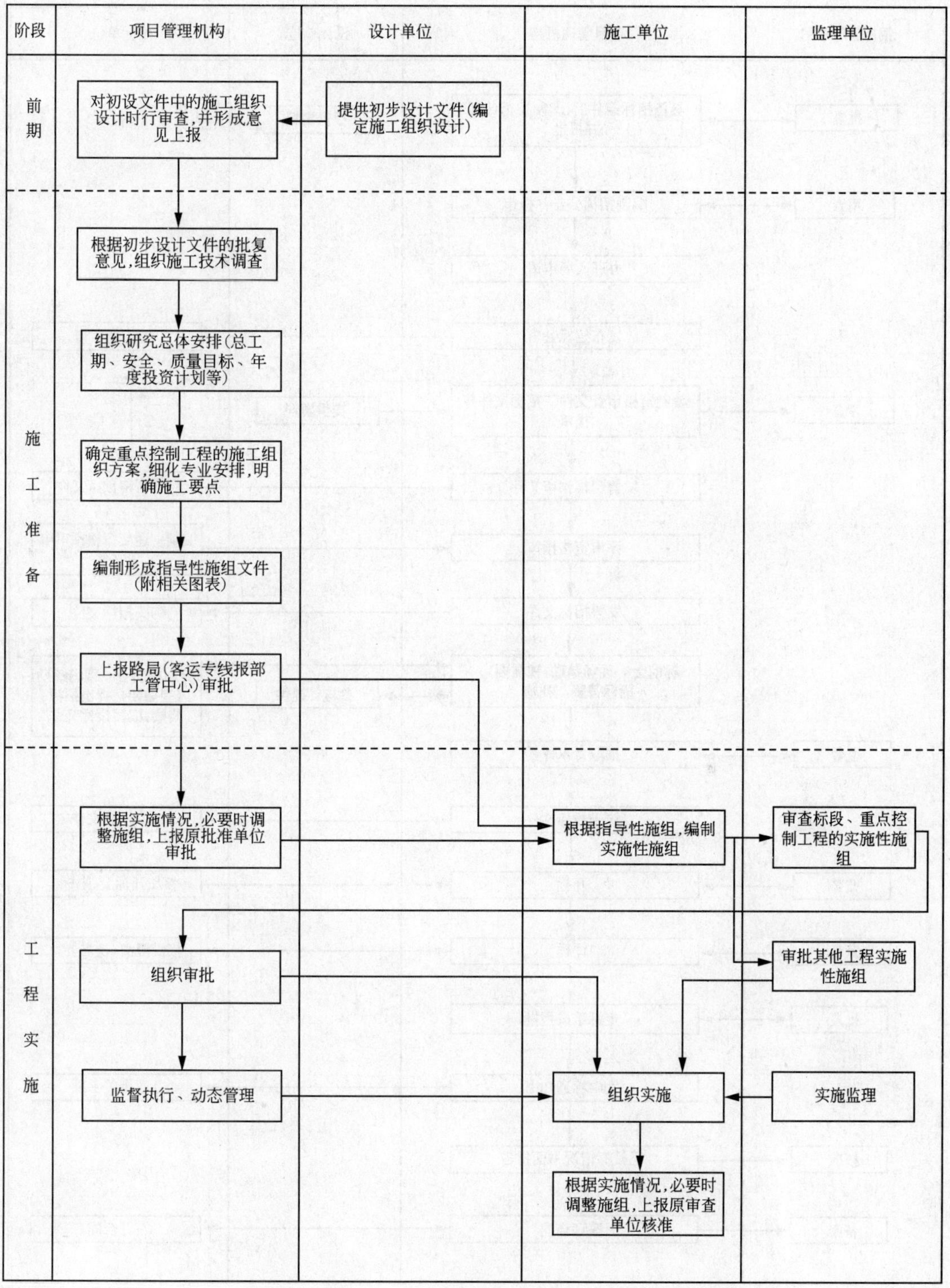

阶段
项目管理机构
设计单位
施工单位
监理单位
前期
对初设文件中的施工组织设计时行审查，并形成意见上报
提供初步设计文件(编定施工组织设计)
施工准备
根据初步设计文件的批复意见，组织施工技术调查
组织研究总体安排(总工期、安全、质量目标、年度投资计划等)
确定重点控制工程的施工组织方案，细化专业安排，明确施工要点
编制形成指导性施组文件(附相关图表)
上报路局(客运专线报部工管中心)审批
工程实施
根据实施情况，必要时调整施组，上报原批准单位审批
根据指导性施组，编制实施性施组
审查标段、重点控制工程的实施性施组
组织审批
审批其他工程实施性施组
监督执行、动态管理
组织实施
实施监理
根据实施情况，必要时调整施组，上报原审查单位核准

六、招标投标

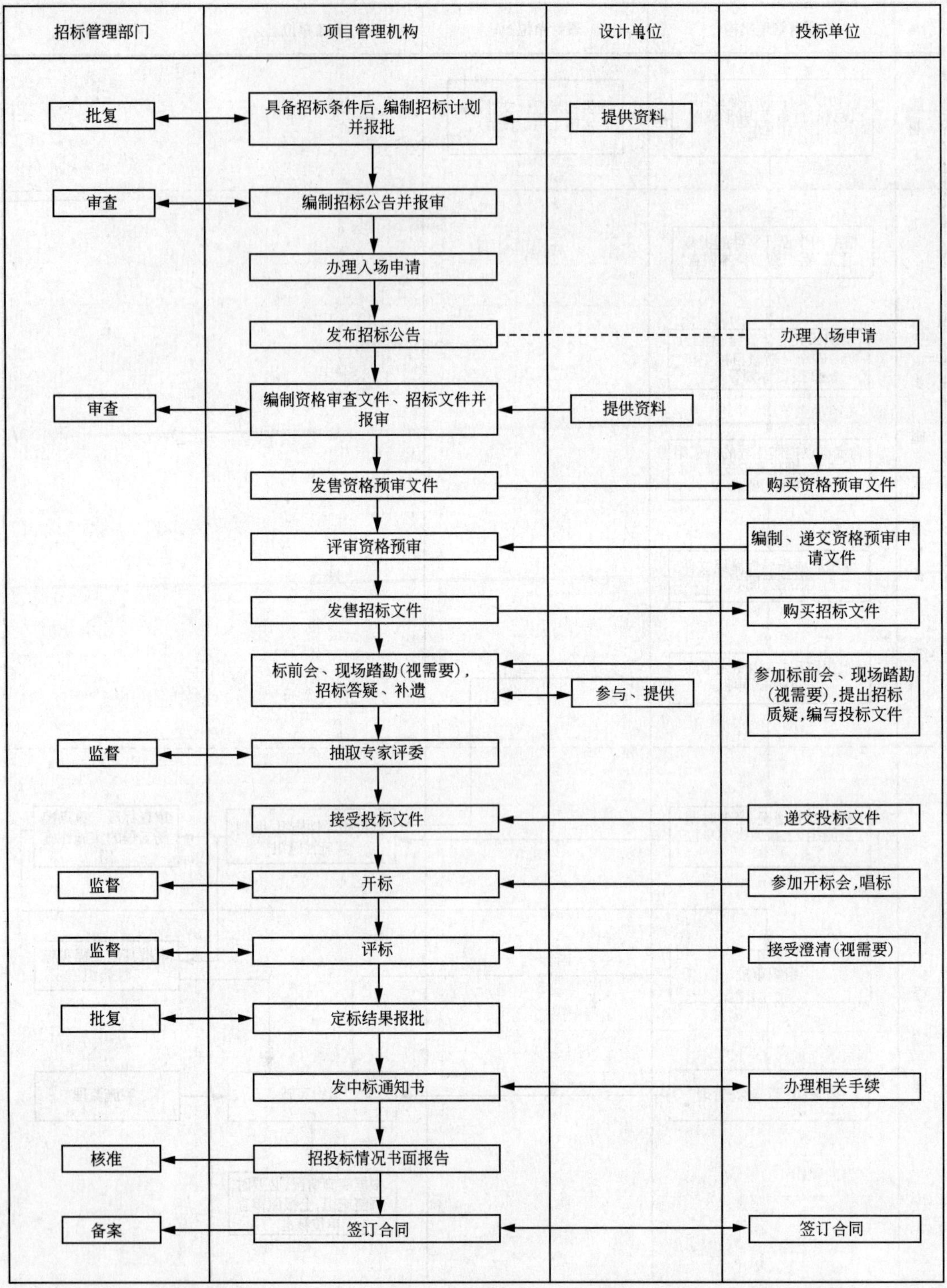

招标管理部门
项目管理机构
设计单位
投标单位
批复
具备招标条件后，编制招标计划并报批
提供资料
审查
编制招标公告并报审
办理入场申请
发布招标公告
办理入场申请
审查
编制资格审查文件、招标文件并报审
提供资料
发售资格预审文件
购买资格预审文件
评审资格预审
编制、递交资格预审申请文件
发售招标文件
购买招标文件
标前会、现场踏勘（视需要），招标答疑、补遗
参与、提供
参加标前会、现场踏勘（视需要），提出招标质疑，编写投标文件
监督
抽取专家评委
接受投标文件
递交投标文件
监督
开标
参加开标会，唱标
监督
评标
接受澄清（视需要）
批复
定标结果报批
发中标通知书
办理相关手续
核准
招投标情况书面报告
备案
签订合同
签订合同

七、合同

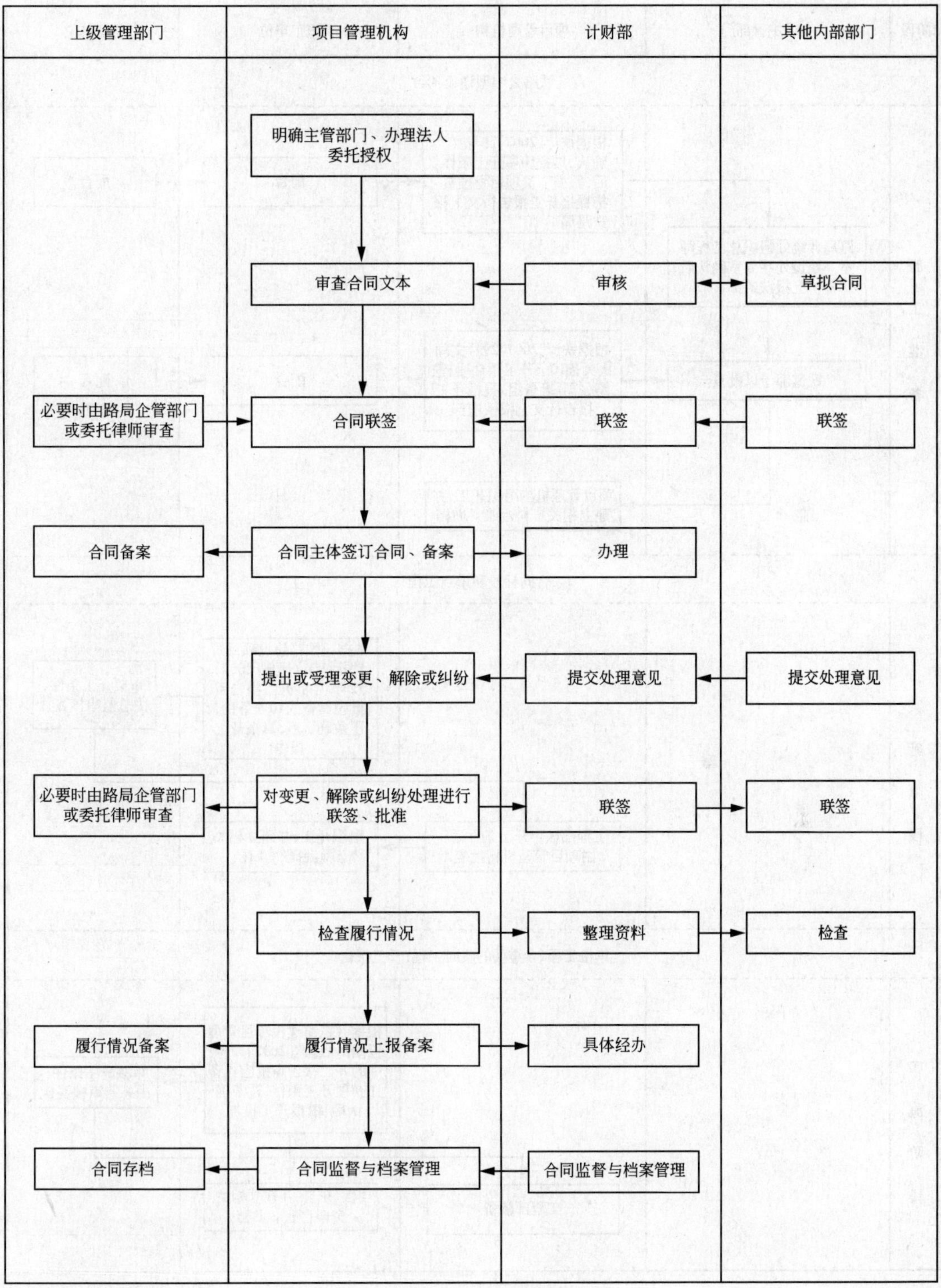

上级管理部门
项目管理机构
计财部
其他内部部门
明确主管部门、办理法人委托授权
审查合同文本
审核
草拟合同
必要时由路局企管部门或委托律师审查
合同联签
联签
联签
合同备案
合同主体签订合同、备案
办理
提出或受理变更、解除或纠纷
提交处理意见
提交处理意见
必要时由路局企管部门或委托律师审查
对变更、解除或纠纷处理进行联签、批准
联签
联签
检查履行情况
整理资料
检查
履行情况备案
履行情况上报备案
具体经办
合同存档
合同监督与档案管理
合同监督与档案管理

八、开工报告审批

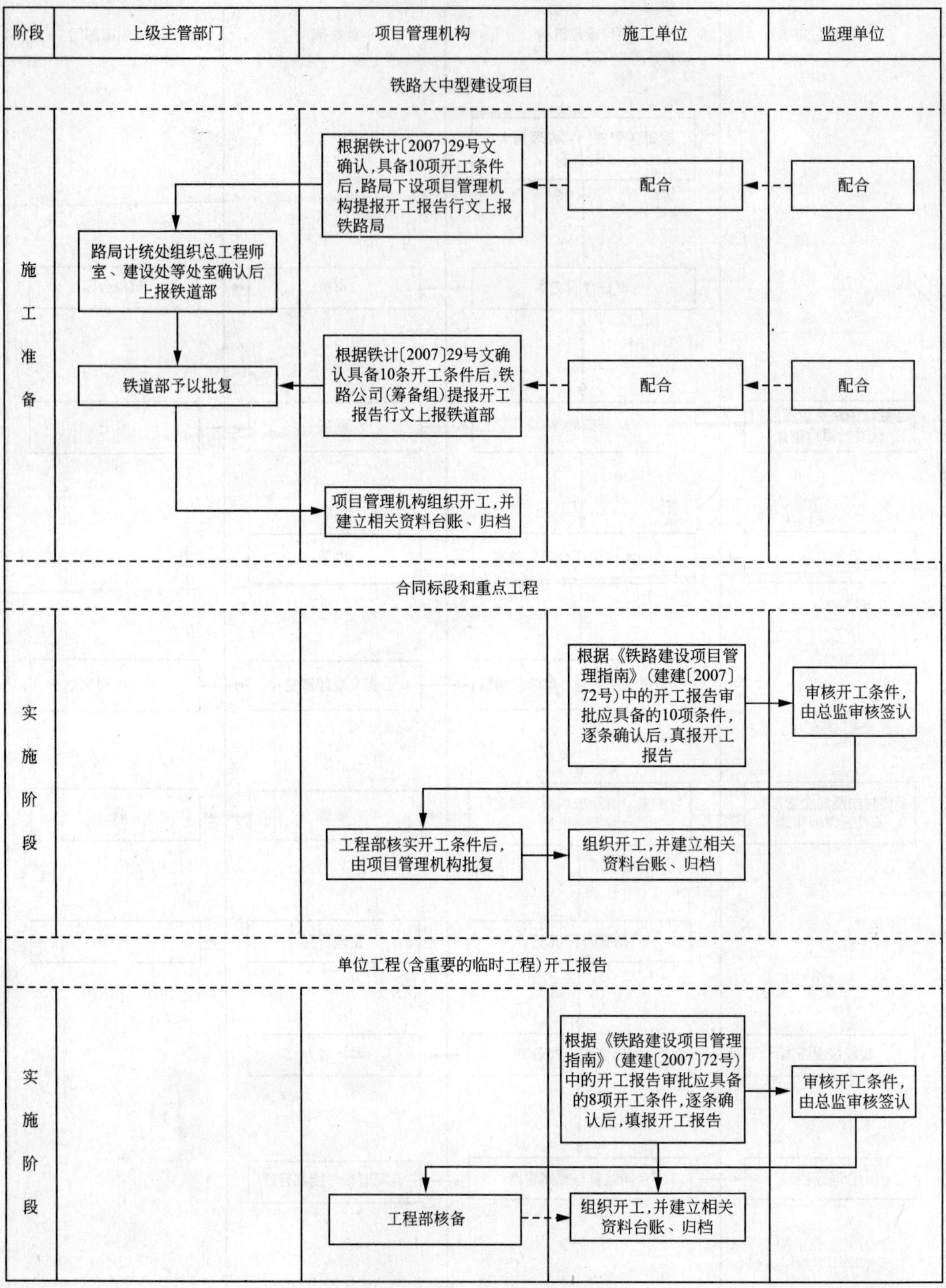
阶段
上级主管部门
项目管理机构
施工单位
监理单位
铁路大中型建设项目
施工准备
根据铁计〔2007〕29号文确认，具备10项开工条件后，路局下设项目管理机构提报开工报告行文上报铁路局
配合
配合
路局计统处组织总工程师室、建设处等处室确认后上报铁道部
根据铁计〔2007〕29号文确认具备10条开工条件后，铁路公司(筹备组)提报开工报告行文上报铁道部
铁道部予以批复
配合
配合
项目管理机构组织开工，并建立相关资料台账、归档
合同标段和重点工程
实施阶段
根据《铁路建设项目管理指南》(建建〔2007〕72号)中的开工报告审批应具备的10项条件，逐条确认后，真报开工报告
审核开工条件，由总监审核签认
工程部核实开工条件后，由项目管理机构批复
组织开工，并建立相关资料台账、归档
单位工程(含重要的临时工程)开工报告
实施阶段
根据《铁路建设项目管理指南》(建建〔2007〕72号)中的开工报告审批应具备的8项开工条件，逐条确认后，填报开工报告
审核开工条件，由总监审核签认
工程部核备
组织开工，并建立相关资料台账、归档

九、勘察设计

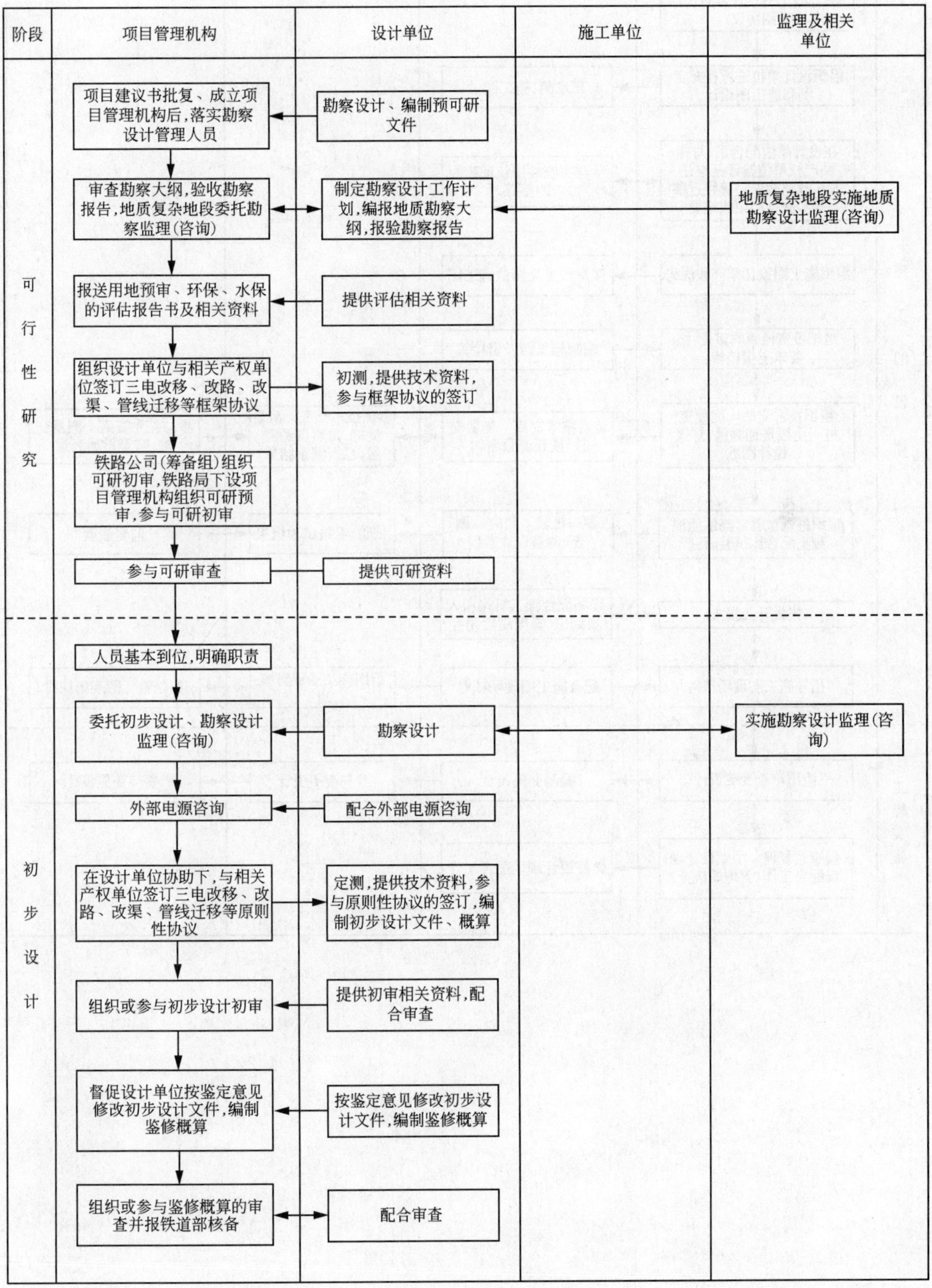

阶段
项目管理机构
设计单位
施工单位
监理及相关单位
可行性研究
项目建议书批复、成立项目管理机构后,落实勘察设计管理人员
勘察设计、编制预可研文件
审查勘察大纲,验收勘察报告,地质复杂地段委托勘察监理(咨询)
制定勘察设计工作计划,编报地质勘察大纲,报验勘察报告
地质复杂地段实施地质勘察设计监理(咨询)
报送用地预审、环保、水保的评估报告书及相关资料
提供评估相关资料
组织设计单位与相关产权单位签订三电改移、改路、改渠、管线迁移等框架协议
初测,提供技术资料,参与框架协议的签订
铁路公司(筹备组)组织可研初审,铁路局下设项目管理机构组织可研预审,参与可研初审
参与可研审查
提供可研资料
初步设计
人员基本到位,明确职责
委托初步设计、勘察设计监理(咨询)
勘察设计
实施勘察设计监理(咨询)
外部电源咨询
配合外部电源咨询
在设计单位协助下,与相关产权单位签订三电改移、改路、改渠、管线迁移等原则性协议
定测,提供技术资料,参与原则性协议的签订,编制初步设计文件、概算
组织或参与初步设计初审
提供初审相关资料,配合审查
督促设计单位按鉴定意见修改初步设计文件,编制鉴修概算
按鉴定意见修改初步设计文件,编制鉴修概算
组织或参与鉴修概算的审查并报铁道部核备
配合审查

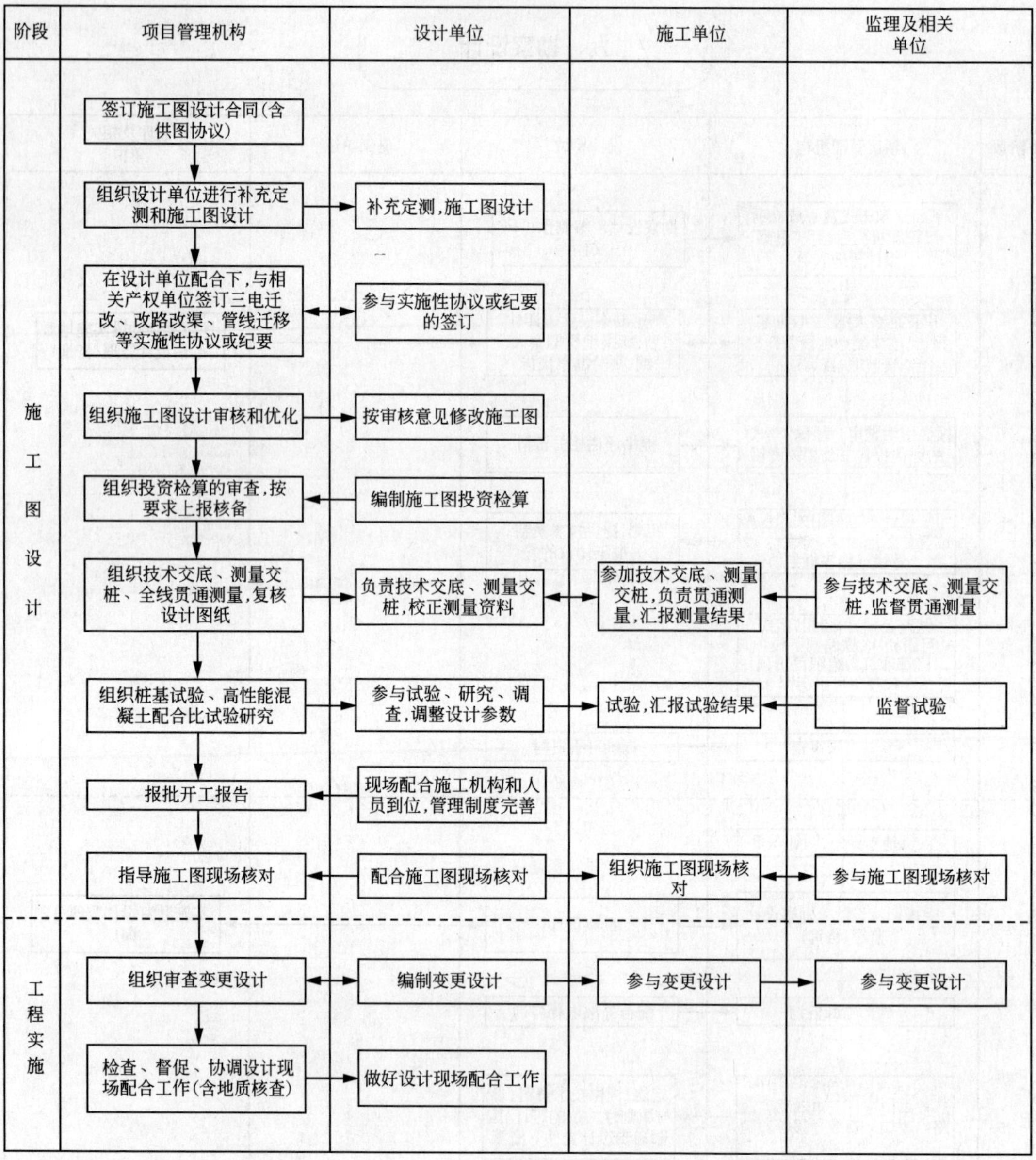
阶段
项目管理机构
设计单位
施工单位
监理及相关单位
施工图设计
签订施工图设计合同(含供图协议)
组织设计单位进行补充定测和施工图设计
补充定测,施工图设计
在设计单位配合下,与相关产权单位签订三电迁改、改路改渠、管线迁移等实施性协议或纪要
参与实施性协议或纪要的签订
组织施工图设计审核和优化
按审核意见修改施工图
组织投资检算的审查,按要求上报核备
编制施工图投资检算
组织技术交底、测量交桩、全线贯通测量,复核设计图纸
负责技术交底、测量交桩,校正测量资料
参加技术交底、测量交桩,负责贯通测量,汇报测量结果
参与技术交底、测量交桩,监督贯通测量
组织桩基试验、高性能混凝土配合比试验研究
参与试验、研究、调查,调整设计参数
试验,汇报试验结果
监督试验
报批开工报告
现场配合施工机构和人员到位,管理制度完善
指导施工图现场核对
配合施工图现场核对
组织施工图现场核对
参与施工图现场核对
工程实施
组织审查变更设计
编制变更设计
参与变更设计
参与变更设计
检查、督促、协调设计现场配合工作(含地质核查)
做好设计现场配合工作

十、监理

阶段	工作内容	项目管理机构	监理单位
准备阶段	监理管理组织	明确监理管理部门	
	监理招投标	组织监理招标、选定监理单位	联合体投标的应签定联合体协议,并明确主办方
	签订合同	签订监理委托合同,明确双方责权利及其他事项	签订监理委托合同
	监理规划	审批监理规划	依据监理大纲,编制监理规划
实施阶段	监理细则	审查重要的分项、分部工程监理细则	根据批复的《监理规划》,编写《监理实施细则》,总监审批并组织实施
	监理人员	检查监理人员的数量、专业、结构、资格、培训以及到位、到岗情况	严格履行合同(上场人员数量、专业、结构满足现场需要),未经项目管理机构批准,不得更换主要监理人员;确需更换时,拟更换人员的资格和能力应满足招标文件的要求
	监理会议	组织召开监理第一次工地例会和监理工作会议,如有需要,参加总监组织的工地会议	总监组织召开工地例会会议
	监理试验	检查监理的平行检验,平行检测,见证等	按监理合同,建立监理试验室,配备现场检验检测设备,仪器设备的数量和型号要满足现场工作需要,按规定做好平行检测等
	监理资料	检查总监的巡视记录、监理机构及现场监理人员的资料管理	按规定填写各项记录和签证
	监理行为	检查监理工作行为和现场控制情况	按规定对现场施工过程和工程质量进行旁站和验收,对施工现场安全生产情况进行巡视、检查
	监理信息	明确监理报表格式,及时处理监理向管理机构提交的报告	各类报表的数据真实可靠,文字阐述准确,签字盖章齐全,报告事项清晰
	信用评价	组织对监理单位进行信用评价	对照评价办法,完善监理管理和现场监控,配合做好监理信用评价工作
	监理考评	对监理的服务质量及廉政建设进行教考评考核,据此对监理计价,对违纪、违规、失职的监理人员按规定给予黄牌警告直至红牌请退出场	总监应定期向项目管理机构书面报告监理工作情况:对监理人员实施管理,现场监控,接受考评,不断改进
移交及保修	监理资料移交	检查,接受资料并归档	工程验收前提交工程质量评估报告,项目验收后提交监理总结报告:整理内业资料并移交
	保修	依据质量缺陷、保修项目、范围内容和责任划分,确定工程保修	保修监理,并按质量缺陷责任的界定与划分,承担相应的经济赔偿

说明:监理是指施工阶段监理,不包括咨询、地勘监理

十一、验工计价

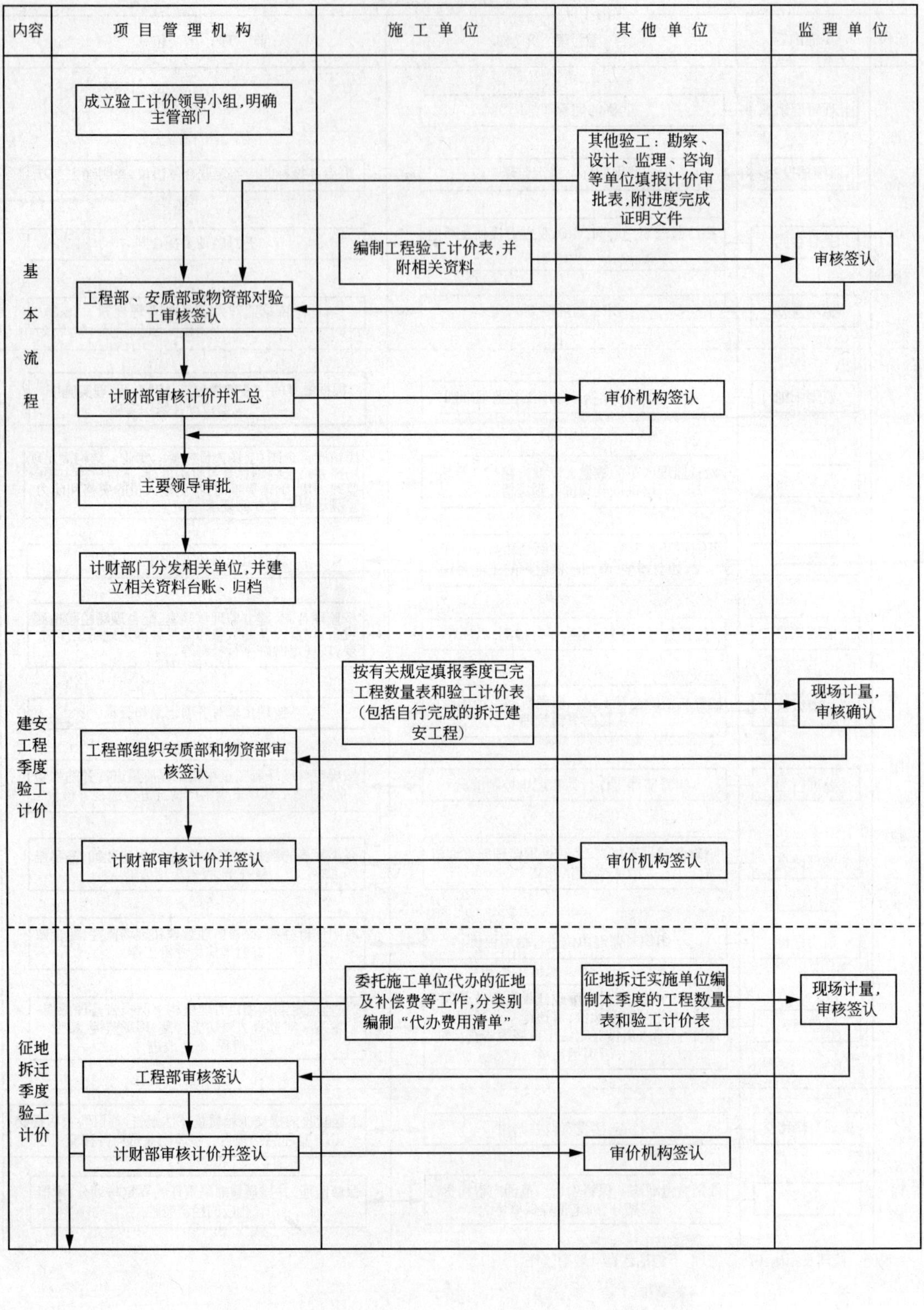
内容
项目管理机构
施工单位
其他单位
监理单位
基本流程
成立验工计价领导小组，明确主管部门
其他验工：勘察、设计、监理、咨询等单位填报计价审批表，附进度完成证明文件
编制工程验工计价表，并附相关资料
审核签认
工程部、安质部或物资部对验工审核签认
计财部审核计价并汇总
审价机构签认
主要领导审批
计财部门分发相关单位，并建立相关资料台账、归档
建安工程季度验工计价
按有关规定填报季度已完工程数量表和验工计价表（包括自行完成的拆迁建安工程）
现场计量，审核确认
工程部组织安质部和物资部审核签认
计财部审核计价并签认
审价机构签认
征地拆迁季度验工计价
委托施工单位代办的征地及补偿费等工作，分类别编制“代办费用清单”
征地拆迁实施单位编制本季度的工程数量表和验工计价表
现场计量，审核签认
工程部审核签认
计财部审核计价并签认
审价机构签认

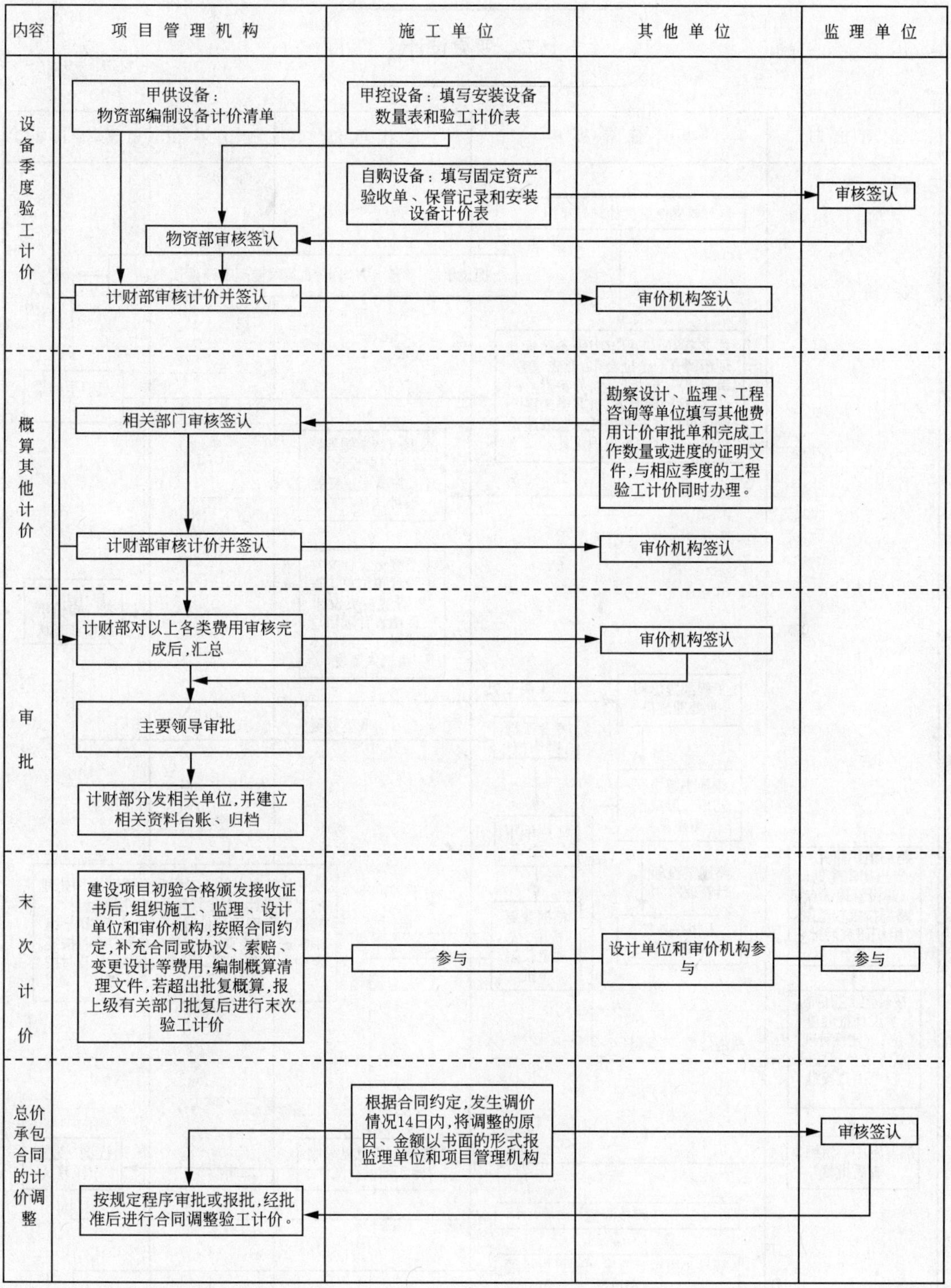

内容
项目管理机构
施工单位
其他单位
监理单位
设备季度验工计价
甲供设备：物资部编制设备计价清单
甲控设备：填写安装设备数量表和验工计价表
自购设备：填写固定资产验收单、保管记录和安装设备计价表
审核签认
物资部审核签认
计财部审核计价并签认
审价机构签认
概算其他计价
相关部门审核签认
勘察设计、监理、工程咨询等单位填写其他费用计价审批单和完成工作数量或进度的证明文件，与相应季度的工程验工计价同时办理。
计财部审核计价并签认
审价机构签认
审批
计财部对以上各类费用审核完成后，汇总
审价机构签认
主要领导审批
计财部分发相关单位，并建立相关资料台账、归档
末次计价
建设项目初验合格颁发接收证书后，组织施工、监理、设计单位和审价机构，按照合同约定，补充合同或协议、索赔、变更设计等费用，编制概算清理文件，若超出批复概算，报上级有关部门批复后进行末次验工计价
参与
设计单位和审价机构参与
参与
总价承包合同的计价调整
根据合同约定，发生调价情况14日内，将调整的原因、金额以书面的形式报监理单位和项目管理机构
审核签认
按规定程序审批或报批，经批准后进行合同调整验工计价。

十二、变更设计

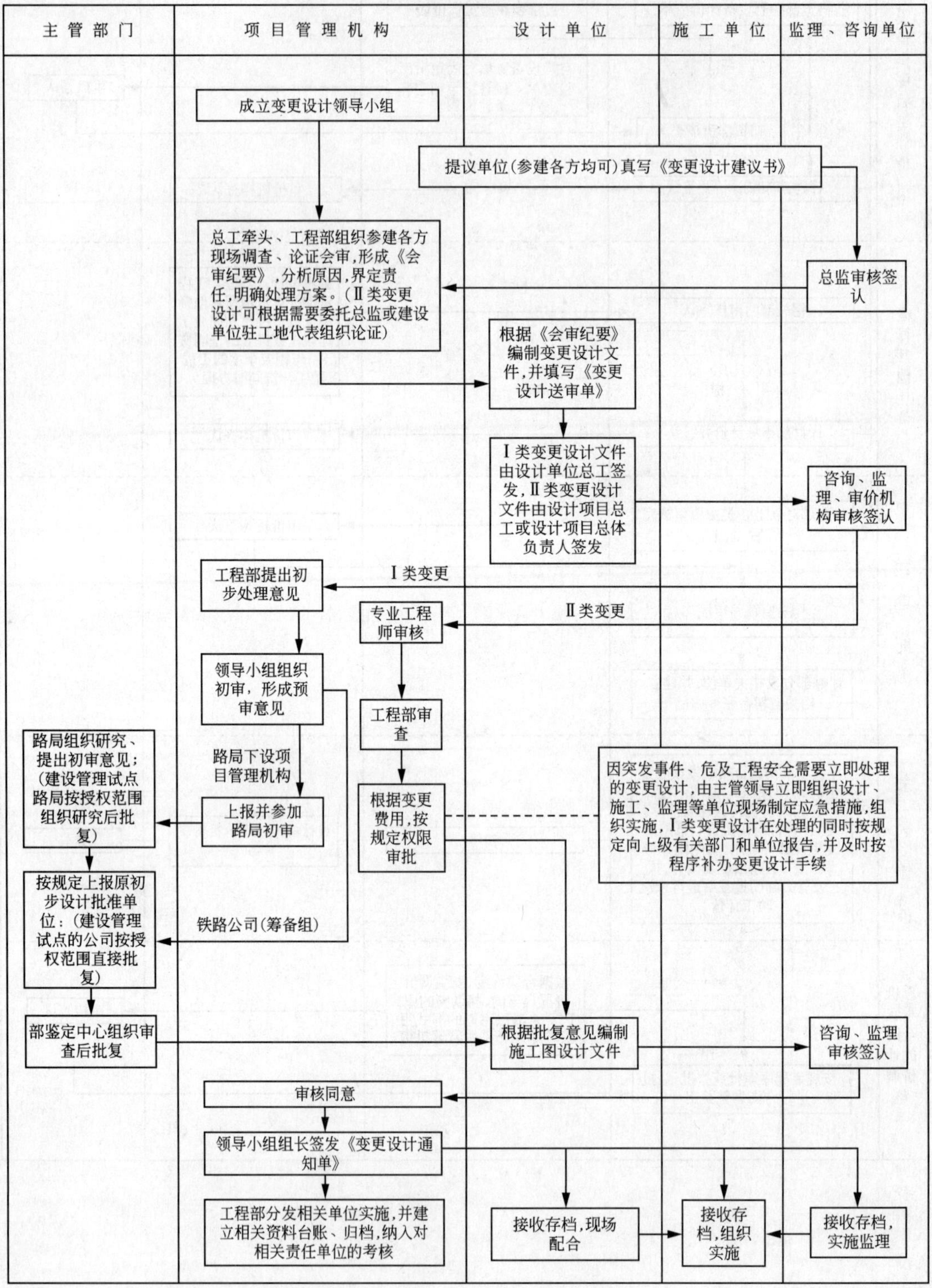
主管部门
项目管理机构
设计单位
施工单位
监理、咨询单位
成立变更设计领导小组
提议单位(参建各方均可)真写《变更设计建议书》
总监审核签认
总工牵头、工程部组织参建各方现场调查、论证会审,形成《会审纪要》,分析原因,界定责任,明确处理方案。(Ⅱ类变更设计可根据需要委托总监或建设单位驻工地代表组织论证)
根据《会审纪要》编制变更设计文件,并填写《变更设计送审单》
Ⅰ类变更设计文件由设计单位总工签发,Ⅱ类变更设计文件由设计项目总工或设计项目总体负责人签发
咨询、监理、审价机构审核签认
Ⅰ类变更
工程部提出初步处理意见
Ⅱ类变更
专业工程师审核
领导小组组织初审,形成预审意见
工程部审查
路局组织研究、提出初审意见;(建设管理试点路局按授权范围组织研究后批复)
路局下设项目管理机构
上报并参加路局初审
根据变更费用,按规定权限审批
因突发事件、危及工程安全需要立即处理的变更设计,由主管领导立即组织设计、施工、监理等单位现场制定应急措施,组织实施,Ⅰ类变更设计在处理的同时按规定向上级有关部门和单位报告,并及时按程序补办变更设计手续
按规定上报原初步设计批准单位:(建设管理试点的公司按授权范围直接批复)
铁路公司(筹备组)
部鉴定中心组织审查后批复
根据批复意见编制施工图设计文件
咨询、监理审核签认
审核同意
领导小组组长签发《变更设计通知单》
工程部分发相关单位实施,并建立相关资料台账、归档,纳入对相关责任单位的考核
接收存档,现场配合
接收存档,组织实施
接收存档,实施监理

十三、质量

阶段	工作内容	项目管理机构	设计单位	施工单位	监理单位	备注
建设前期	质量体系	成立质量管理机构,制定管理细则,建立质量控制体系				
	质量目标	质量工作领导小组研究决定本项目的质量控制目标				
	设计质量	组织设计文件的咨询、审核,确保设计质量	分解质量目标,组织设计			
		组织或参与设计审查,提出完善质量目标的意见	按审查意见修改			
	质量保证体系	建立参建各方的质量保证体系,包括资源配置、管理制度、质量控制重点和通病防治等	建立设计质量保证体系	建立质量自控体系	建立质量监控体系	质量保证体系应按程序,经指挥长签字发布,定期分析完善
	质量管理组织	成立质量管理工作领导小组,组长单位	成员单位	成员单位	成员单位	
	办法和制度	制定质量管理制度和创优规划	建立相应的质量管理设计制度	细化分解质量目标编制本单位质量管理办法和创优规划	细化分解质量目标,编制本单位质量管理办法和创优规划	
施工准备	施工组织设计	编制指导性施工组织设计时,包含质量保证措施,对参建单位的质量管理要求,包括质量管理制度要求和质量管理人员配置要求等	参与审查实施性施工组织设计	编制实施性施工组织设计时,包含细化的质量保证措施、质量管理制度要求、质量管理人员配置等	审查实施性施工组织设计,并上报审查意见	
	质量监督手续	依据《铁路建设工程质量安全监督管理办法》办理质量监督手续	依据合同和投标文件,提供有关资料	依据合同和投标文件,提供有关资料	依据合同和投标文件,提供有关资料	
	开工报告	报批项目开工报告,按规定审查或审批标段、重点工程及单位工程开工报告		做好开工准备工作并上报开工报告,报监理审查	上报审查意见或按授权批复开工	
	施工图核对	组织施工图核对,落实质量措施(包括“四新”技术应用)	参加核查,提出意见或建议,根据核查意见修改	参加核查,提出意见或建议	参加核查,提出意见或建议	包括项目管理机构组织的咨询审查
	质量培训	参加或组织有关工程建设管理和技术培训,取得相应资格	参加或组织质量培训,取得相应资格	参加或组织质量培训,取得相应资格	参加或组织质量培训,取得相应资格	

阶段	工作内容	项目管理机构	设计单位	施工单位	监理单位	备注
施工准备	技术交底	组织对施工单位的技术交底，检查施工单位对作业层的技术交底	参加对施工单位的技术交底	组织对作业层的技术交底，并留有交底记录	参加对施工单位的技术交底，检查施工单位对作业层的技术交底情况	
工程实施	质量措施的落实	组织对照标准、设计文件等进行检查	配合检查，重点对照设计文件，及时补充原设计示考虑或考虑不周而存在的质量隐患设计	对照标准、设计文件组织实施，反馈的设计未考虑或考虑不周而存在的质量隐患，并采取防范措施	对照标准、设计文件等进行监控，及时反映设计未考虑或考虑不周而存在的质量隐患	
	进场材料	组织甲供料的供应，监督甲控料和施工自购料是否满足要求	参加项目管理机构组织的检查	规范管理进场材料，及时做好试验检验工作	检查出厂证明、质量保证书、合格证等，平行抽检、平行检验，见证试验	
	隐蔽工程	组织对照标准、设计文件进行检查		对照标准、设计文件组织实施，留有文字记录、影像资料，填写相应检验批	检查施工准备，旁站施工过程，做好记录和签证	
	第三方检测	经上级主管部门批准后，可委托第三方对施工、监理单位的检验试验工作进行抽检和验证	做好现场检测准备工作，填写好基础表格，组织整改	做好对施工检测的见证检测，督促施工单位整改，做好监理的试验整改		第三方检测单位应及时反馈检测结果，出具检测报告，留存额外样品，以备产生争议时进行复验
	重大施工技术方案的实施	组织对重大施工技术方案的审查，履行程序审批或上报审批	编制重大技术方案，履行内部审批程序，按批准后的方案完善施工组织（包括作业指导书）并实施	参与审查，制定专项监理细则，监督重大施工技术方案的实施	参与审查，配合检查落实	项目管理机构依据应制定重大施工方案技术管理办法及工作程序
	内业资料	做好项目管理机构的内业资料，检查施工单位各类内业资料的及时性、正确性和完备性	做好材料检验、过程评定、隐蔽工程、竣工验收、文件管理等内业的归集整理工作	做好监理内部的内业资料，检查施工单位各类内业资料的及时性、正确性、完备性	做好设计的内业资料，配合检查施工单位各类内业资料的及时性、正确性、完备性	各方应及时签证有关内业资料
	质量会议以及质量的分析和评估	定期召开质量领导小组会议，分析、评做质量体系及工作状况，提出阶段性的质量工作计划、控制重点和措施	参加质量领导小组会议，组织本标段的质量会议，落实各项质量措施	参加质量领导小组会议，把质量管理纳入监理组织的会议内容，监控各项质量措施的落实	参加质量领导小组会议和有关会议，配合监督各项质量措施的落实	分析质量保证体系是否有效运转是质量工作的基础
	质量事故报告、调查、处理	按相关规定要求上报，组织或配合事故调查，处理善后工作	按相关规定要求上报，并应严格保护事故现场，采取有效措施抢救人员和财产。配合事故调查，处理善后工作	按相关规定要求上报，配合事故调查，处理善后工作	按相关规定要求上报，组织或配合事故调查，处理善后工作	

阶段	工作内容	项目管理机构	施工单位	监现单位	设计单位	备注
竣工验收及保修阶段	单位工程验收	组织验收	做好现场准备，填写好基础表格，组织整改，及时归档验收资料	参加验收，监督整改，及时归档验收资料	参加验收，及时归档验收资料	
	竣工验收	组织静态验收、动态验收，向部报送验收申请表，做好验收工作	完成自检，向项目管理机构申请子系统(专业)验收	参加验收	参加验收	
	工程移交	配合接管单位组织移交(包括竣工资料)	移交工程和竣工资料	移交(包括竣工资料)	移交(包括竣工资料)	
	工程保修	依据质量缺陷、保修项目、范围内容和责任划分，确定工程保修	进行保修，并按质量缺陷，责任的界定与划分，承担相应的经济赔偿	保修监理：按质量缺陷，责任的界定与划分，承担相应的经济赔偿	按质量缺陷，责任的界定与划分，承担相应的经济赔偿	

十四、安全

阶段	工作内容	项目管理机构	设计单位	施工单位	监理单位	备注
建设前期	施工图审核	组织或参与设计审核，提出完善安全设计的意见	提供能够满足铁路建设工程要求的设计文件，并按审查意见修改			
施工准备	安全管理组织	成立安全管理工作领导小组，组长单位。（既有线施工运营部门为组长单位）	成员单位。成立现场施工配合机构	成员单位。组建施工现场项目管理机构，成立项目施工安全工作领导小组	成员单位。组建监理现场管理机构项目，成立项目监理安全工作领导小组	施工、监理单位在中标进场后成立组织机构
	安全控制和管理目标	安全工作领导小组研究决定本项目的安全控制和管理目标	根据总体目标，细化分解安全控制和管理目标	根据总体目标，细化分解安全控制和管理目标	根据总体目标，细化分解安全控制和管理目标	施工、监理单位在中标进场后确定安全控制和管理目标
	办法和制度	编制安全管理办法及安全文明标准工地规划，建立相应的安全管理制度	建立相应的安全管理设计制度	编制本标段安全管理办法及安全文明标准工地规划，建立相应的施工安全管理制度	编制安全管理控制办法及监理规划，建立相应的安全管理监理制度	施工、监理单位在中标进场后制定办法和制度
	签订合同	组织签订合同，明确建设单位安全责任、权力和义务	签订设计合同，明确设计单位安全责任、权力和义务	签订施工合同，明确施工单位安全责任、权力和义务	签订监理委托合同，明确建设单位授权，监理单位安全责任、权力和义务	设计合同在建设前期签订
	安全保证体系	建立本项目的安全保证体系（包括建设、设计、施工、监理单位等），体系包括资源配置、管理制度、安全投入等	建立设计的安全保证体系，体系包括资源配置、管理制度等	建立施工的安全保证体系，体系包括资源配置、管理制度、安全投入等	建立监理的安全保证体系，体系包括资源配置、管理制度等	定期分析、完善、安全保证体系
	施工组织设计	编制指导性施工组织设计时，包含安全生产保证措施，对参建单位的安全生产要求（安全生产制度要求和安全生产管理人员配置要求，以及应急救援预案等）	参与审查实施性施工组织设计	编制实施性施工组织设计时，包含细化的安全生产保证措施、安全生产制度要求、安全生产管理人员配置以及应急救援预案等	审查实施性施工组织设计，填写审查意见，经总监签发报项目管理机构审批	
	施工图核对	组织施工图核对，落实安全措施（包括“四新”技术应用）	参加核查，提出意见或建议，根据核查意见修改	参加核查，提出意见或建议	参加核查，提出意见或建议	包括项目管理机构组织的咨询审查
	安全培训	根据本项目特点和安全控制重点，编制培训教材，组织培训	设计总体和相关设计人员进行培训	三类人员具有铁道部颁发的安全培训考试合格证，对作业人员进行三级培训	总监、安全监理工程师等进行培训	

阶段	工作内容	项目管理机构	设计单位	施工单位	监理单位	备注
施工准备	安全监督手续	办理安全监督手续	提供相关资料	提供相关资料	提供相关资料	
	安全交底	组织重大方案的安全交底，检查施工单位对作业层的安全交底	参加重大方案的安全交底	组织对作业层的安全交底，并留有交底记录	参加重大方案的安全交底，检查施工单位对作业层的安全交底情况	重大方案可由项目管理机构依据有关规定界定
工程实施	安全标准化工地的实施	组织对标检查	配合检查	对标组织实施	对标，检查、监督实施	
	安全技术措施的落实	组织对照标准、设计文件进行检查	配合检查，重点对照设计文件，及时补充原设计未考虑或考虑不周而客观存在的安全隐患设计	对照标准、设计文件组织实施，反馈的设计未考虑或考虑不周而客观存在的安全隐患，并采取防范措施	检查、监督实施	对照标准、设计文件等进行监督
	重大安全方案实施	组织对重大安全方案的审查，审批或上报审批	进行现场调查，编制重大安全方案	参与审查，根据重大安全方案，细化施工组织（包括作业指导书）并实施	参与审查，制定专项监理细则，监控重大安全方案的实施	重大安全方案的实施程序由项目管理机构依据有关规定公布
	营业线施工	审查并上报审批施工计划，根据施工等级现场把关	根据营业线施工情况，提出营业线施工过渡方案，以及在施工期间保证安全运营的措施和施工注意事项	提报施工计划，包括：施工方案设计、施工组织设计、施工安全协议书等基本内容。根据计划组织实施	制定监理细则，审查施工计划，监督施工单位按设计标准和有关规范、规定施工，及时防范施工中的安全隐患	
	安全会议以及安全的分析和评估	定期组织召开安全领导小组会议，分析评估安全保证体系运转状况，提出阶段性的安全工作计划控制重点和保障措施	参加安全领导小组会议和有关会议，配合监督各项安全措施的落实	参加安全领导小组会议，组织本标段的安全会议，落实各项安全措施	参加安全领导小组会议，把安全纳入监理组织工地会议内容，监督各项安全措施的落实	分析安全保证体系是否有效运转是安全工作的基础
	安全的检查、评比、考核	对照安全检查、评比、考核办法，组织现场检查，公布评比考核结果	按照安全检查、评比、考核办法、组织设计实施，参加对施工单位检查、评比	按照安全检查、评比、考核办法内容，组织现场实施	按照安全检查、评比、考核办法，组织监理实施，参加对施工单位检查、评比	安全检查应有计划，并闭环管理
	安全事故报告调查与处理	按相关规定要求上报，组织或配合事故调查，处理善后工作	按相关规定要求上报，组织或配合事故调查，处理善后工作	按相关规定要求上报，并应严格保护事故现场，采取有效措施抢救人员和财产。配合事故调查，处理善后工作	按相关规定要求上报，配合事故调查，处理善后工作	营业线施工按《铁路行车事故处理规定》，施工现场按照《生产安全事故报告和调查处理条例》规定进行调查处理

十五、投资控制

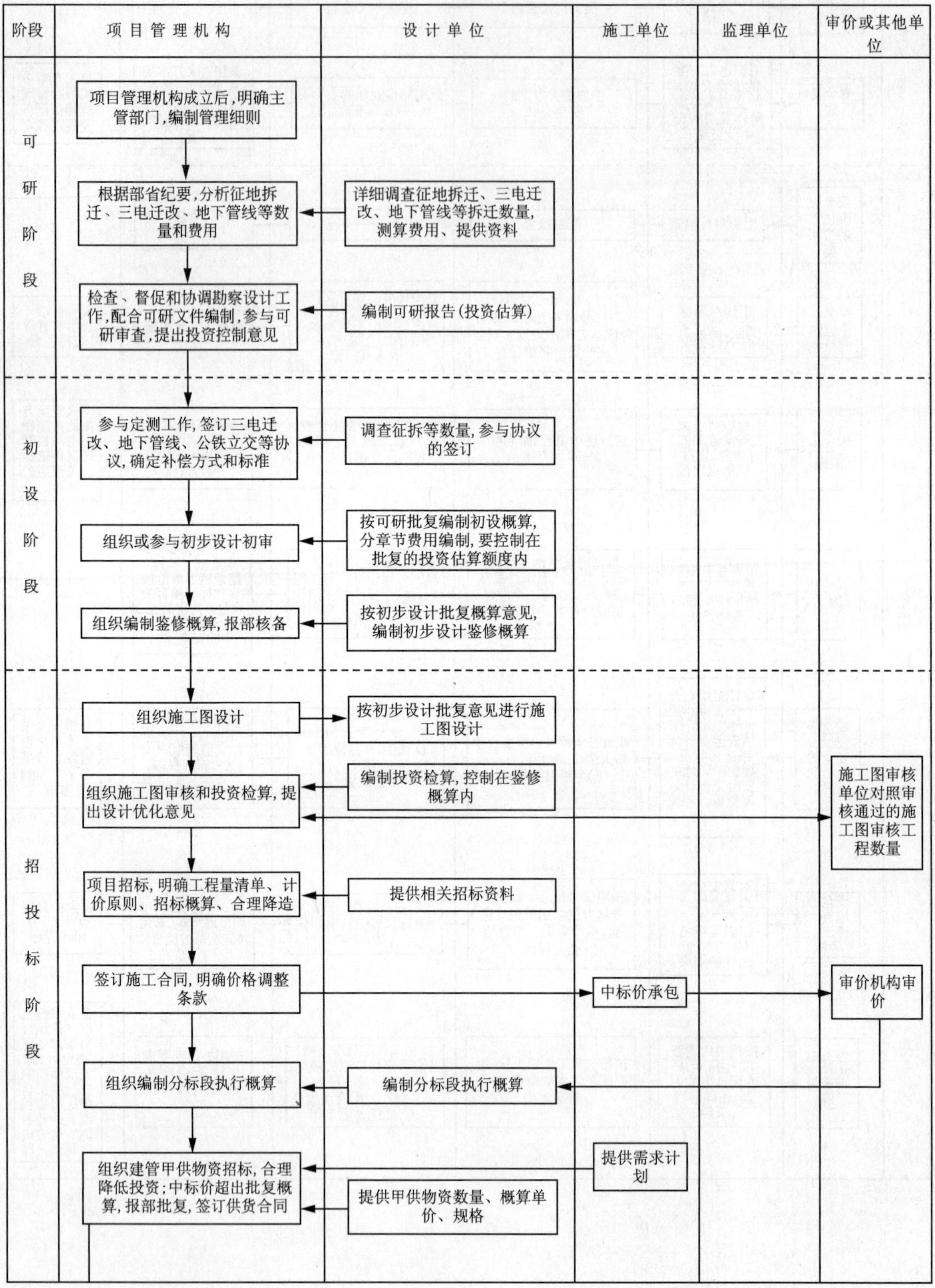
阶段
项目管理机构
设计单位
施工单位
监理单位
审价或其他单位
可研阶段
项目管理机构成立后,明确主管部门,编制管理细则
根据部省纪要,分析征地拆迁、三电迁改、地下管线等数量和费用
详细调查征地拆迁、三电迁改、地下管线等拆迁数量,测算费用、提供资料
检查、督促和协调勘察设计工作,配合可研文件编制,参与可研审查,提出投资控制意见
编制可研报告(投资估算)
初设阶段
参与定测工作,签订三电迁改、地下管线、公铁立交等协议,确定补偿方式和标准
调查征拆等数量,参与协议的签订
组织或参与初步设计初审
按可研批复编制初设概算,分章节费用编制,要控制在批复的投资估算额度内
组织编制鉴修概算,报部核备
按初步设计批复概算意见,编制初步设计鉴修概算
招投标阶段
组织施工图设计
按初步设计批复意见进行施工图设计
组织施工图审核和投资检算,提出设计优化意见
编制投资检算,控制在鉴修概算内
施工图审核单位对照审核通过的施工图审核工程数量
项目招标,明确工程量清单、计价原则、招标概算、合理降造
提供相关招标资料
签订施工合同,明确价格调整条款
中标价承包
审价机构审价
组织编制分标段执行概算
编制分标段执行概算
组织建管甲供物资招标,合理降低投资;中标价超出批复概算,报部批复,签订供货合同
提供需求计划
提供甲供物资数量、概算单价、规格

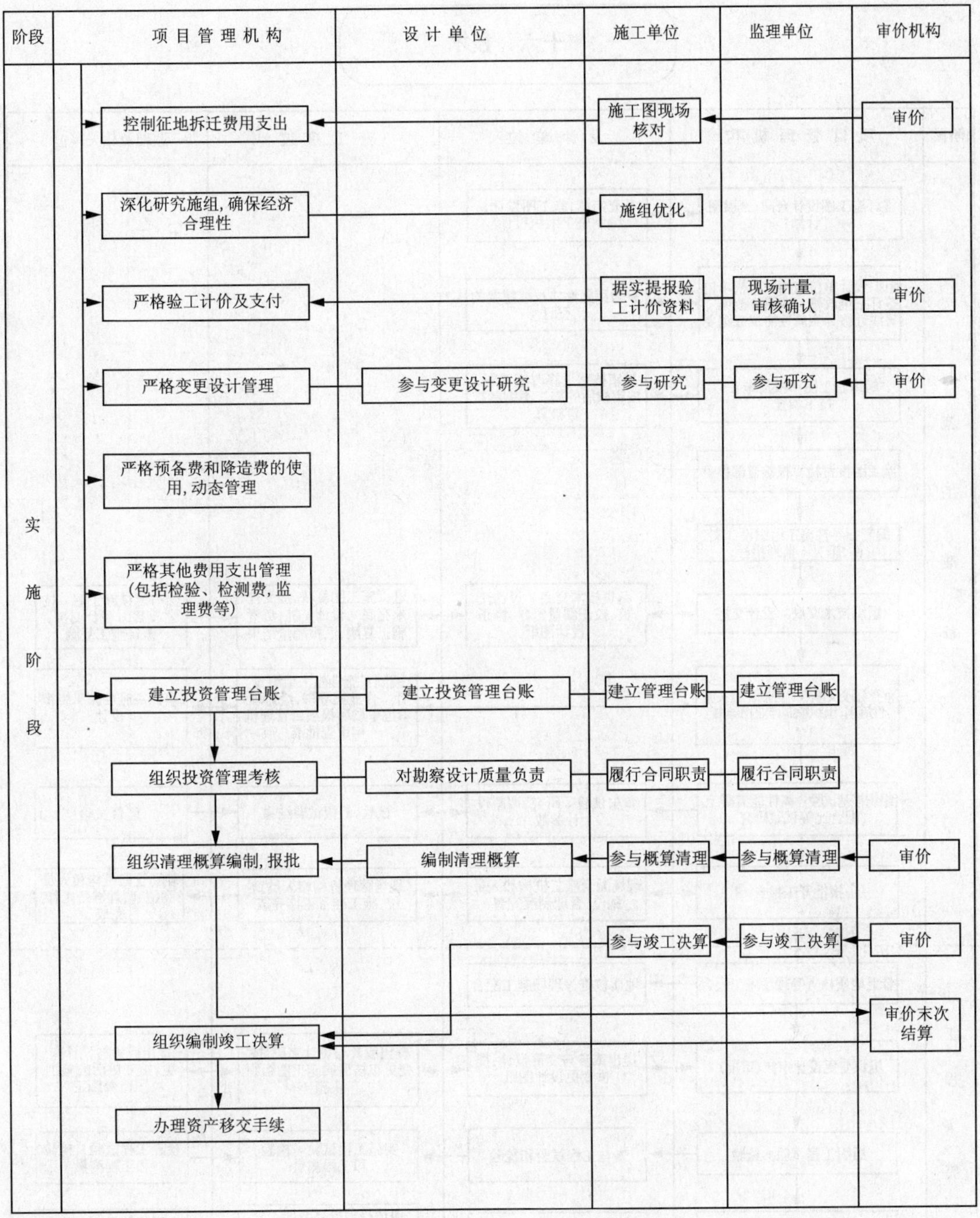
阶段
项目管理机构
设计单位
施工单位
监理单位
审价机构
实施阶段
控制征地拆迁费用支出
施工图现场核对
审价
深化研究施组，确保经济合理性
施组优化
严格验工计价及支付
据实提报验工计价资料
现场计量，审核确认
审价
严格变更设计管理
参与变更设计研究
参与研究
参与研究
审价
严格预备费和降造费的使用，动态管理
严格其他费用支出管理（包括检验、检测费，监理费等）
建立投资管理台账
建立投资管理台账
建立管理台账
建立管理台账
组织投资管理考核
对勘察设计质量负责
履行合同职责
履行合同职责
组织清理概算编制，报批
编制清理概算
参与概算清理
参与概算清理
审价
参与竣工决算
参与竣工决算
审价
审价末次结算
组织编制竣工决算
办理资产移交手续

十六、技术

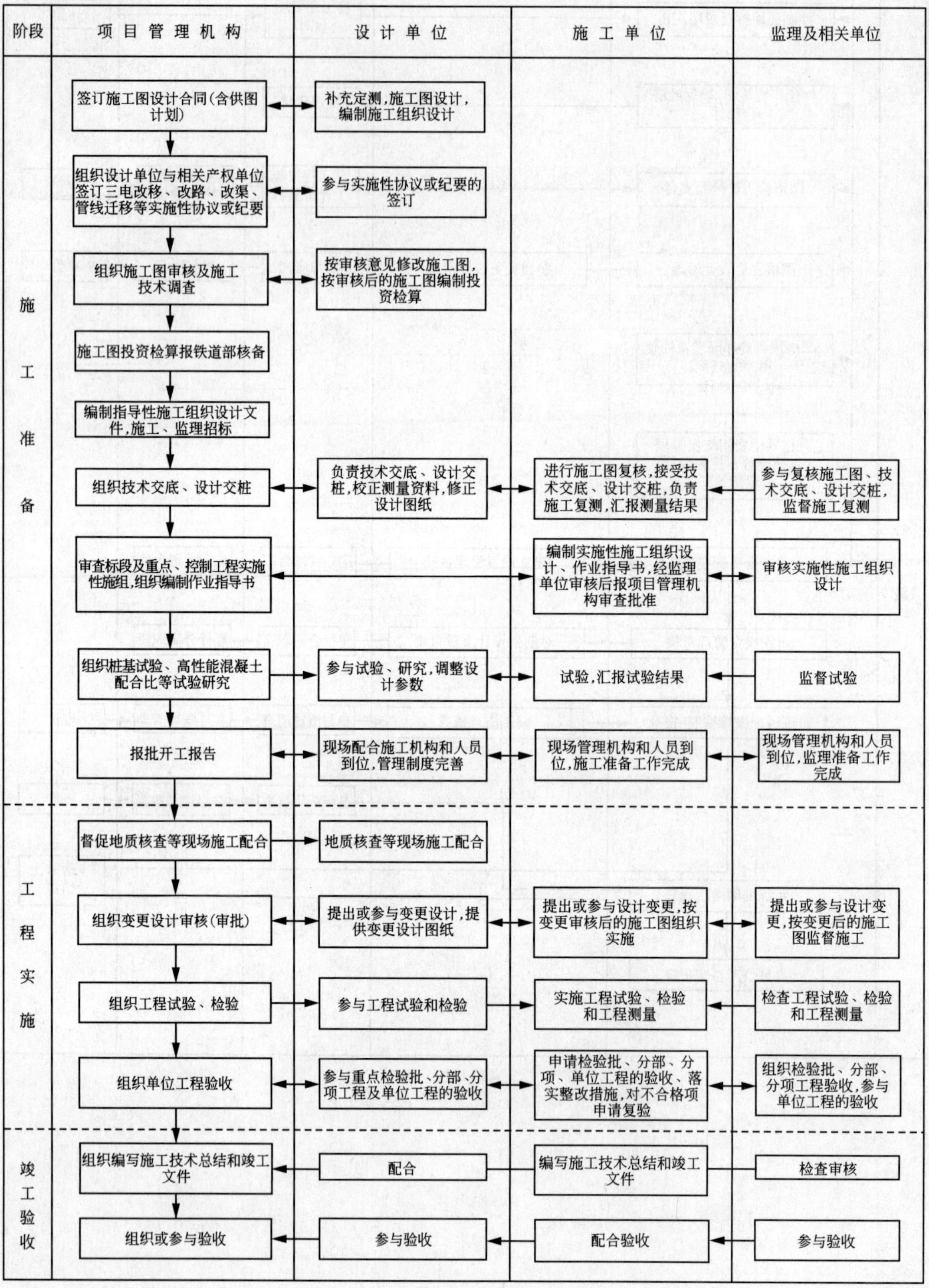
阶段
项 目 管 理 机 构
设 计 单 位
施 工 单 位
监理及相关单位
施工准备
签订施工图设计合同(含供图计划)
补充定测,施工图设计,编制施工组织设计
组织设计单位与相关产权单位签订三电改移、改路、改渠、管线迁移等实施性协议或纪要
参与实施性协议或纪要的签订
组织施工图审核及施工技术调查
按审核意见修改施工图,按审核后的施工图编制投资检算
施工图投资检算报铁道部核备
编制指导性施工组织设计文件,施工、监理招标
组织技术交底、设计交桩
负责技术交底、设计交桩,校正测量资料,修正设计图纸
进行施工图复核,接受技术交底、设计交桩,负责施工复测,汇报测量结果
参与复核施工图、技术交底、设计交桩,监督施工复测
审查标段及重点、控制工程实施性施组,组织编制作业指导书
编制实施性施工组织设计、作业指导书,经监理单位审核后报项目管理机构审查批准
审核实施性施工组织设计
组织桩基试验、高性能混凝土配合比等试验研究
参与试验、研究,调整设计参数
试验,汇报试验结果
监督试验
报批开工报告
现场配合施工机构和人员到位,管理制度完善
现场管理机构和人员到位,施工准备工作完成
现场管理机构和人员到位,监理准备工作完成
工程实施
督促地质核查等现场施工配合
地质核查等现场施工配合
组织变更设计审核(审批)
提出或参与变更设计,提供变更设计图纸
提出或参与设计变更,按变更审核后的施工图组织实施
提出或参与设计变更,按变更后的施工图监督施工
组织工程试验、检验
参与工程试验和检验
实施工程试验、检验和工程测量
检查工程试验、检验和工程测量
组织单位工程验收
参与重点检验批、分部、分项工程及单位工程的验收
申请检验批、分部、分项、单位工程的验收、落实整改措施,对不合格项申请复验
组织检验批、分部、分项工程验收,参与单位工程的验收
竣工验收
组织编写施工技术总结和竣工文件
配合
编写施工技术总结和竣工文件
检查审核
组织或参与验收
参与验收
配合验收
参与验收

十七、财务

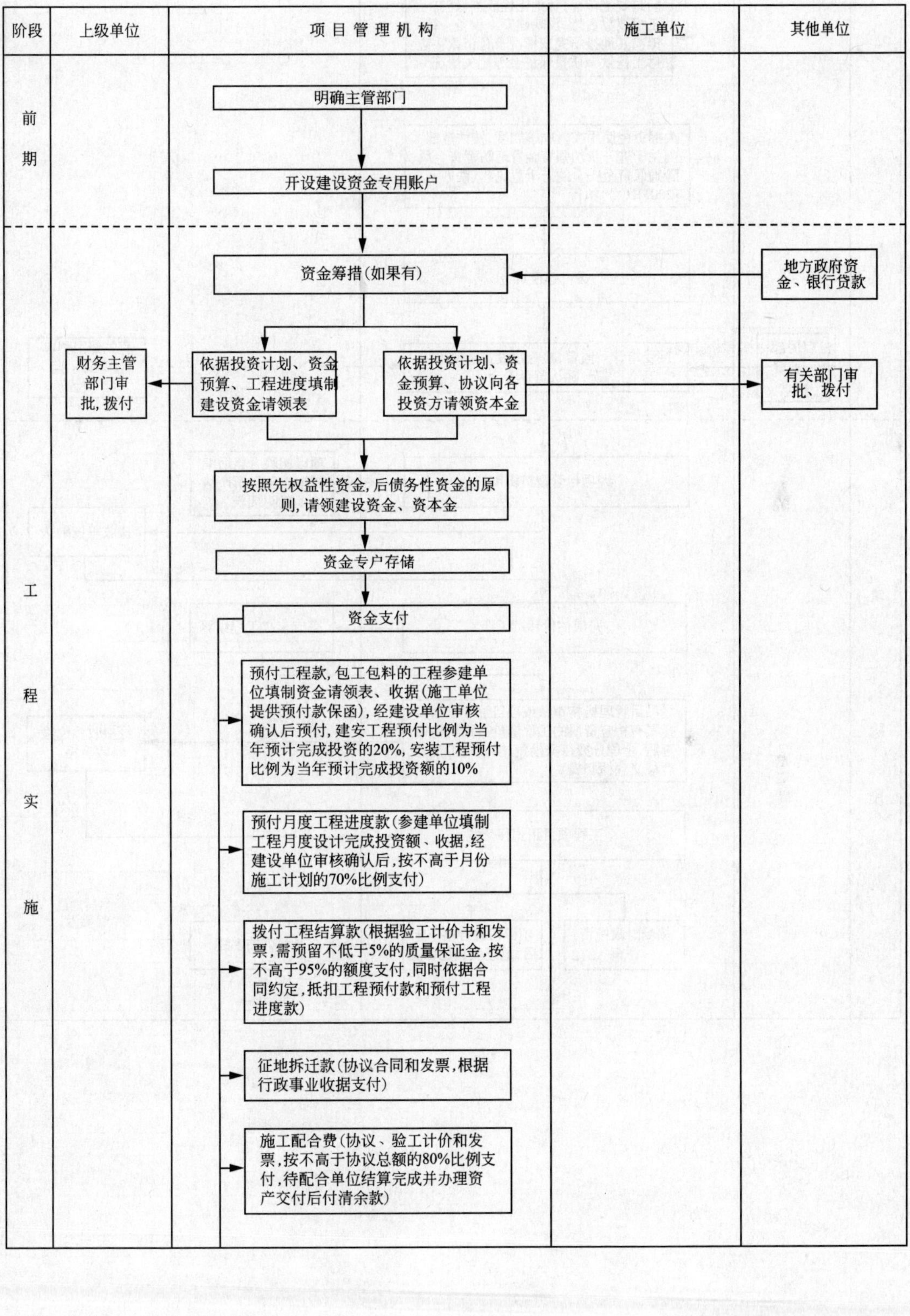

阶段
上级单位
项 目 管 理 机 构
施工单位
其他单位
前期
明确主管部门
开设建设资金专用账户
工程实施
资金筹措(如果有)
地方政府资金、银行贷款
财务主管部门审批,拨付
依据投资计划、资金预算、工程进度填制建设资金请领表
依据投资计划、资金预算、协议向各投资方请领资本金
有关部门审批、拨付
按照先权益性资金,后债务性资金的原则,请领建设资金、资本金
资金专户存储
资金支付
预付工程款,包工包料的工程参建单位填制资金请领表、收据(施工单位提供预付款保函),经建设单位审核确认后预付,建安工程预付比例为当年预计完成投资的20%,安装工程预付比例为当年预计完成投资额的10%
预付月度工程进度款(参建单位填制工程月度设计完成投资额、收据,经建设单位审核确认后,按不高于月份施工计划的70%比例支付)
拨付工程结算款(根据验工计价书和发票,需预留不低于5%的质量保证金,按不高于95%的额度支付,同时依据合同约定,抵扣工程预付款和预付工程进度款)
征地拆迁款(协议合同和发票,根据行政事业收据支付)
施工配合费(协议、验工计价和发票,按不高于协议总额的80%比例支付,待配合单位结算完成并办理资产交付后付清余款)

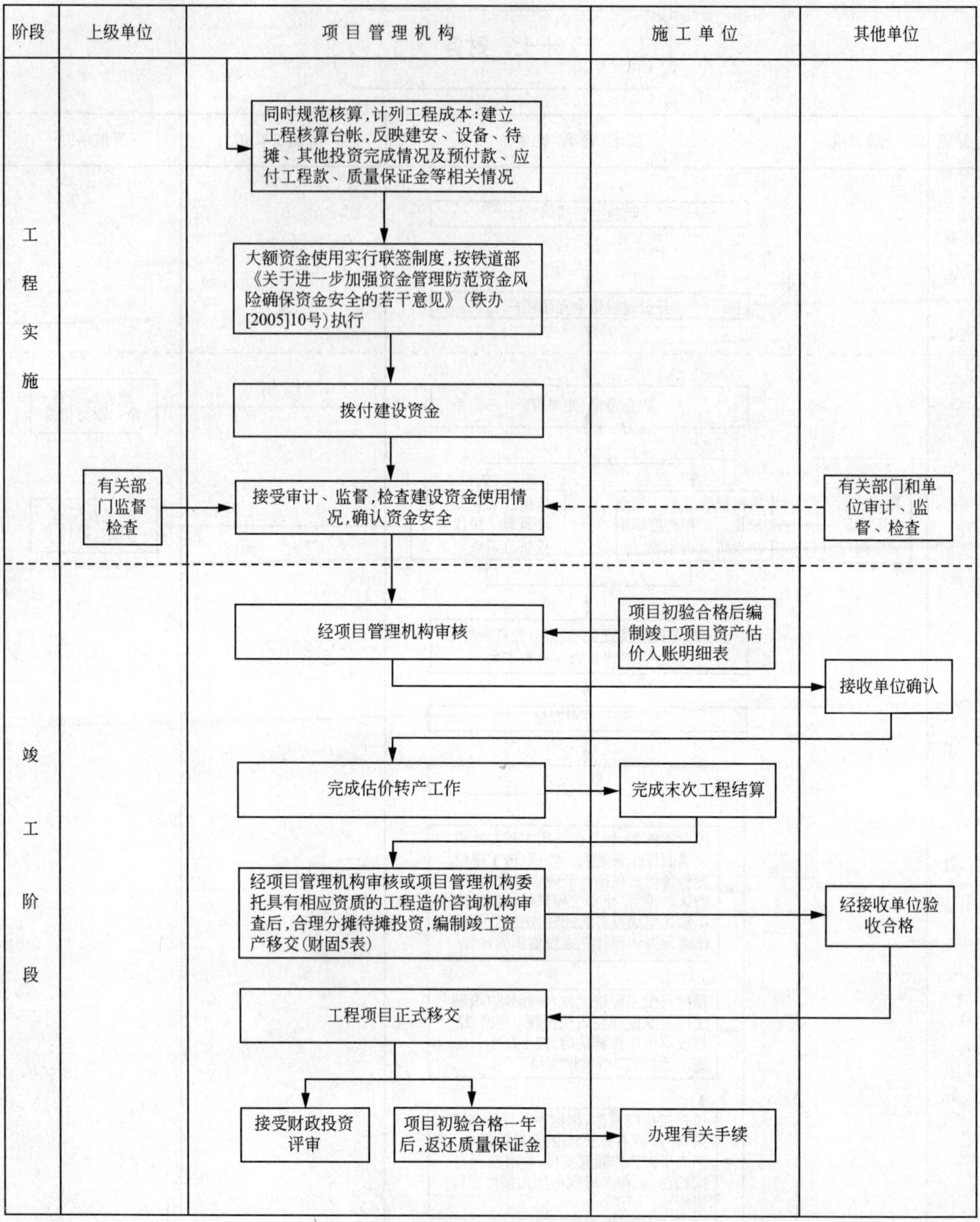
阶段
上级单位
项目管理机构
施工单位
其他单位
工程实施
同时规范核算，计列工程成本：建立工程核算台帐，反映建安、设备、待摊、其他投资完成情况及预付款、应付工程款、质量保证金等相关情况
大额资金使用实行联签制度，按铁道部《关于进一步加强资金管理防范资金风险确保资金安全的若干意见》（铁办[2005]10号）执行
拨付建设资金
有关部门监督检查
接受审计、监督，检查建设资金使用情况，确认资金安全
有关部门和单位审计、监督、检查
竣工阶段
经项目管理机构审核
项目初验合格后编制竣工项目资产估价入账明细表
接收单位确认
完成估价转产工作
完成末次工程结算
经项目管理机构审核或项目管理机构委托具有相应资质的工程造价咨询机构审查后，合理分摊待摊投资，编制竣工资产移交（财固5表）
经接收单位验收合格
工程项目正式移交
接受财政投资评审
项目初验合格一年后，返还质量保证金
办理有关手续

十八、甲供物资采购

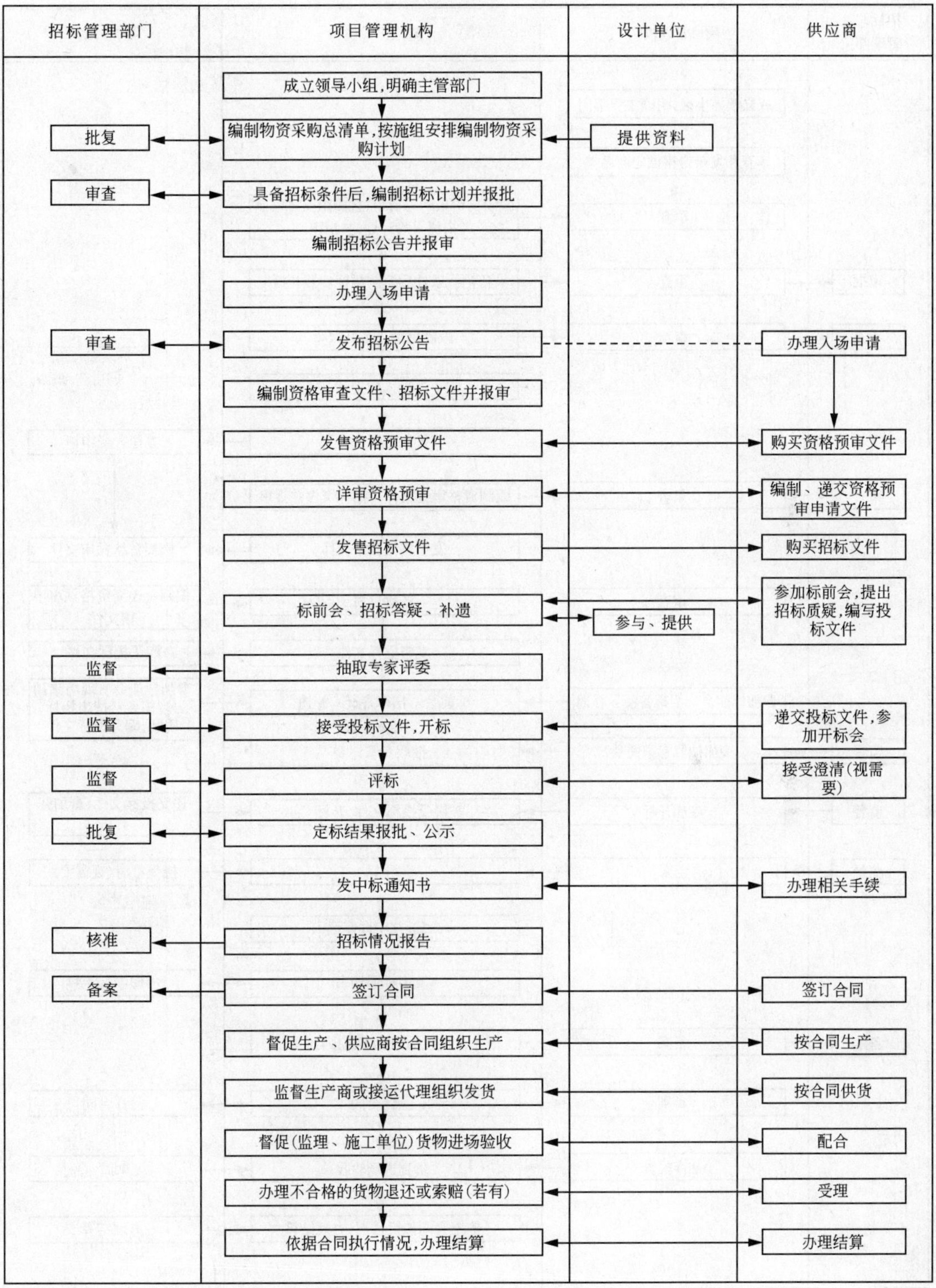

招标管理部门
项目管理机构
设计单位
供应商
成立领导小组,明确主管部门
批复
编制物资采购总清单,按施组安排编制物资采购计划
提供资料
审查
具备招标条件后,编制招标计划并报批
编制招标公告并报审
办理入场申请
审查
发布招标公告
办理入场申请
编制资格审查文件、招标文件并报审
发售资格预审文件
购买资格预审文件
详审资格预审
编制、递交资格预审申请文件
发售招标文件
购买招标文件
标前会、招标答疑、补遗
参与、提供
参加标前会,提出招标质疑,编写投标文件
监督
抽取专家评委
监督
接受投标文件,开标
递交投标文件,参加开标会
监督
评标
接受澄清(视需要)
批复
定标结果报批、公示
发中标通知书
办理相关手续
核准
招标情况报告
备案
签订合同
签订合同
督促生产、供应商按合同组织生产
按合同生产
监督生产商或接运代理组织发货
按合同供货
督促(监理、施工单位)货物进场验收
配合
办理不合格的货物退还或索赔(若有)
受理
依据合同执行情况,办理结算
办理结算

十九、甲控物资采购

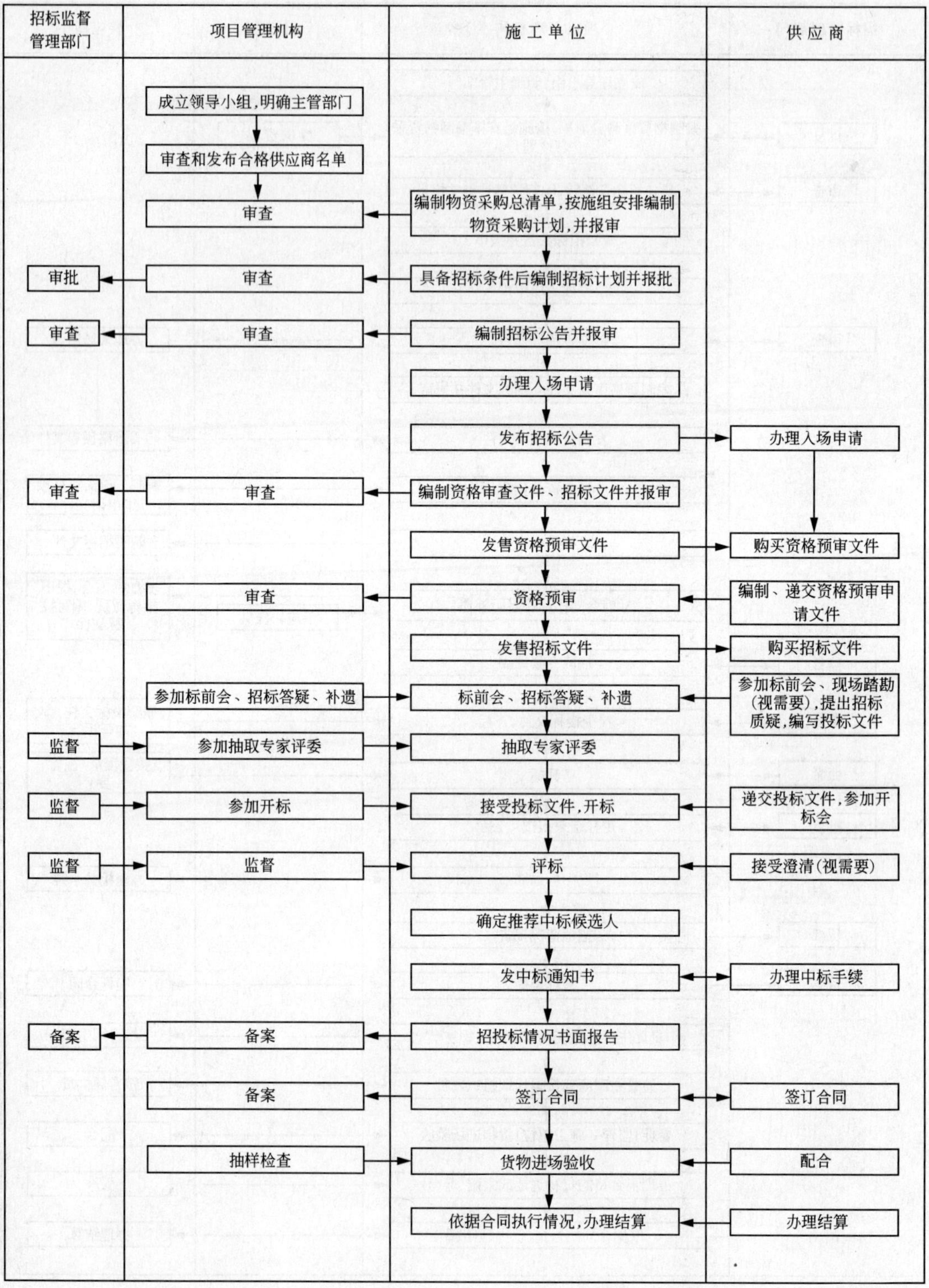

招标监督管理部门
项目管理机构
施 工 单 位
供 应 商
成立领导小组，明确主管部门
审查和发布合格供应商名单
审查
编制物资采购总清单，按施组安排编制物资采购计划，并报审
审批
审查
具备招标条件后编制招标计划并报批
审查
审查
编制招标公告并报审
办理入场申请
发布招标公告
办理入场申请
审查
审查
编制资格审查文件、招标文件并报审
发售资格预审文件
购买资格预审文件
审查
资格预审
编制、递交资格预审申请文件
发售招标文件
购买招标文件
参加标前会、招标答疑、补遗
标前会、招标答疑、补遗
参加标前会、现场踏勘(视需要)，提出招标质疑，编写投标文件
监督
参加抽取专家评委
抽取专家评委
监督
参加开标
接受投标文件，开标
递交投标文件，参加开标会
监督
监督
评标
接受澄清(视需要)
确定推荐中标候选人
发中标通知书
办理中标手续
备案
备案
招投标情况书面报告
备案
签订合同
签订合同
抽样检查
货物进场验收
配合
依据合同执行情况，办理结算
办理结算

二十、客货共线竣工验收

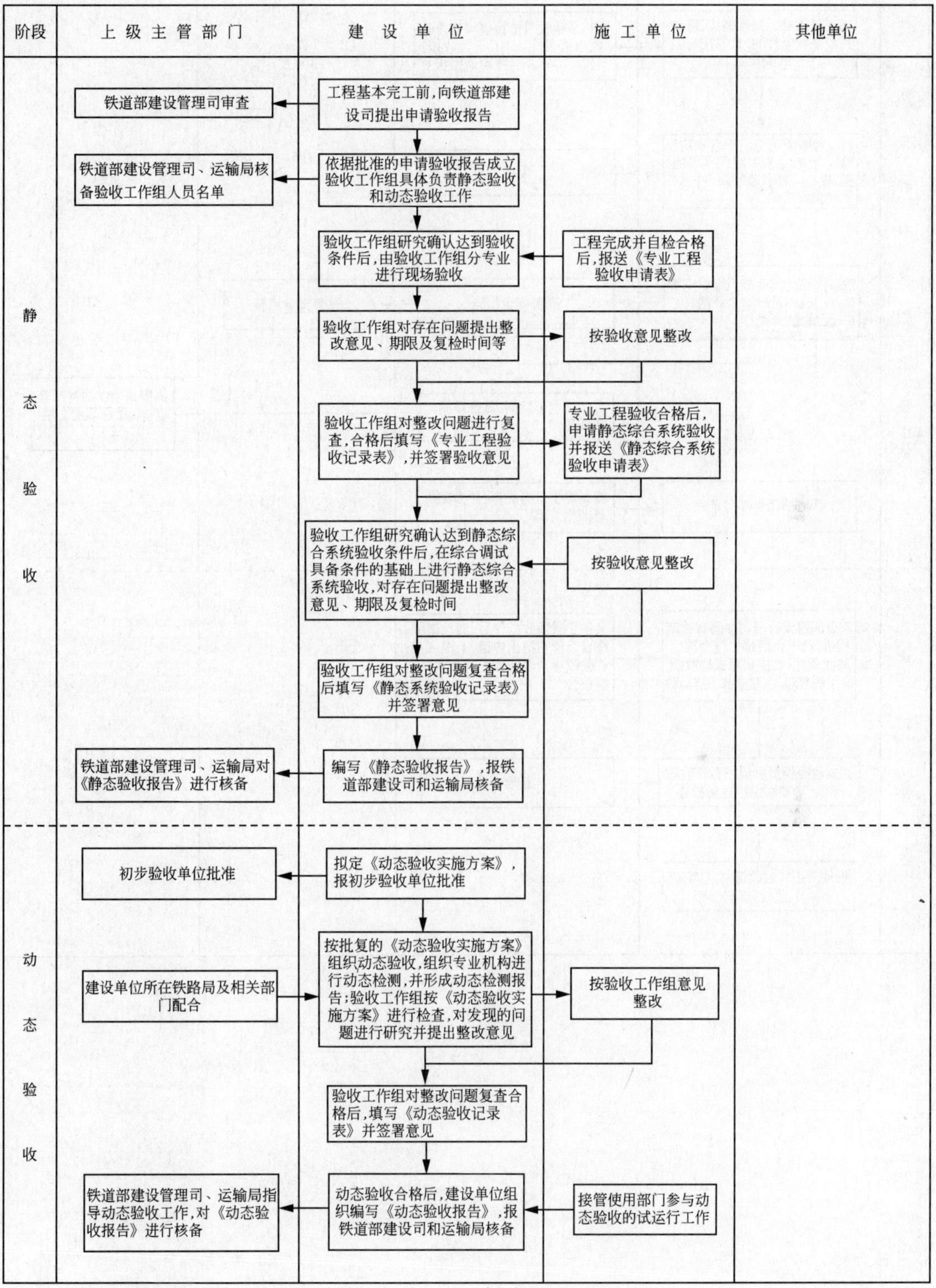
阶段
上级主管部门
建设单位
施工单位
其他单位
静态验收
铁道部建设管理司审查
工程基本完工前,向铁道部建设司提出申请验收报告
铁道部建设管理司、运输局核备验收工作组人员名单
依据批准的申请验收报告成立验收工作组具体负责静态验收和动态验收工作
验收工作组研究确认达到验收条件后,由验收工作组分专业进行现场验收
工程完成并自检合格后,报送《专业工程验收申请表》
验收工作组对存在问题提出整改意见、期限及复检时间等
按验收意见整改
验收工作组对整改问题进行复查,合格后填写《专业工程验收记录表》,并签署验收意见
专业工程验收合格后,申请静态综合系统验收并报送《静态综合系统验收申请表》
验收工作组研究确认达到静态综合系统验收条件后,在综合调试具备条件的基础上进行静态综合系统验收,对存在问题提出整改意见、期限及复检时间
按验收意见整改
验收工作组对整改问题复查合格后填写《静态系统验收记录表》并签署意见
铁道部建设管理司、运输局对《静态验收报告》进行核备
编写《静态验收报告》,报铁道部建设司和运输局核备
动态验收
初步验收单位批准
拟定《动态验收实施方案》,报初步验收单位批准
建设单位所在铁路局及相关部门配合
按批复的《动态验收实施方案》组织动态验收,组织专业机构进行动态检测,并形成动态检测报告;验收工作组按《动态验收实施方案》进行检查,对发现的问题进行研究并提出整改意见
按验收工作组意见整改
验收工作组对整改问题复查合格后,填写《动态验收记录表》并签署意见
铁道部建设管理司、运输局指导动态验收工作,对《动态验收报告》进行核备
动态验收合格后,建设单位组织编写《动态验收报告》,报铁道部建设司和运输局核备
接管使用部门参与动态验收的试运行工作

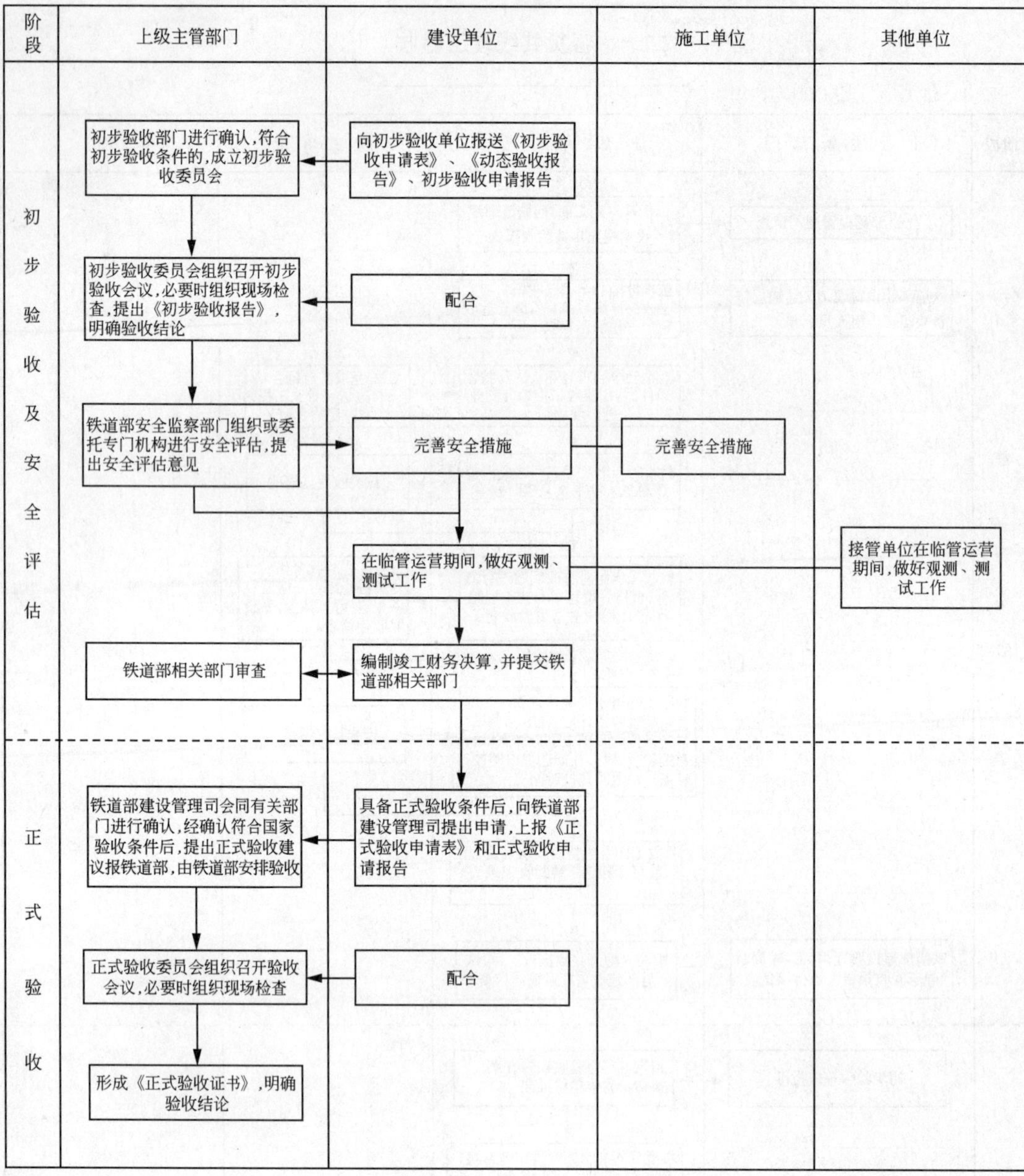
阶段
上级主管部门
建设单位
施工单位
其他单位
初步验收及安全评估
初步验收部门进行确认，符合初步验收条件的，成立初步验收委员会
向初步验收单位报送《初步验收申请表》、《动态验收报告》、初步验收申请报告
初步验收委员会组织召开初步验收会议，必要时组织现场检查，提出《初步验收报告》，明确验收结论
配合
铁道部安全监察部门组织或委托专门机构进行安全评估，提出安全评估意见
完善安全措施
完善安全措施
在临管运营期间，做好观测、测试工作
接管单位在临管运营期间，做好观测、测试工作
铁道部相关部门审查
编制竣工财务决算，并提交铁道部相关部门
正式验收
铁道部建设管理司会同有关部门进行确认，经确认符合国家验收条件后，提出正式验收建议报铁道部，由铁道部安排验收
具备正式验收条件后，向铁道部建设管理司提出申请，上报《正式验收申请表》和正式验收申请报告
正式验收委员会组织召开验收会议，必要时组织现场检查
配合
形成《正式验收证书》，明确验收结论

二十一、客运专线竣工验收

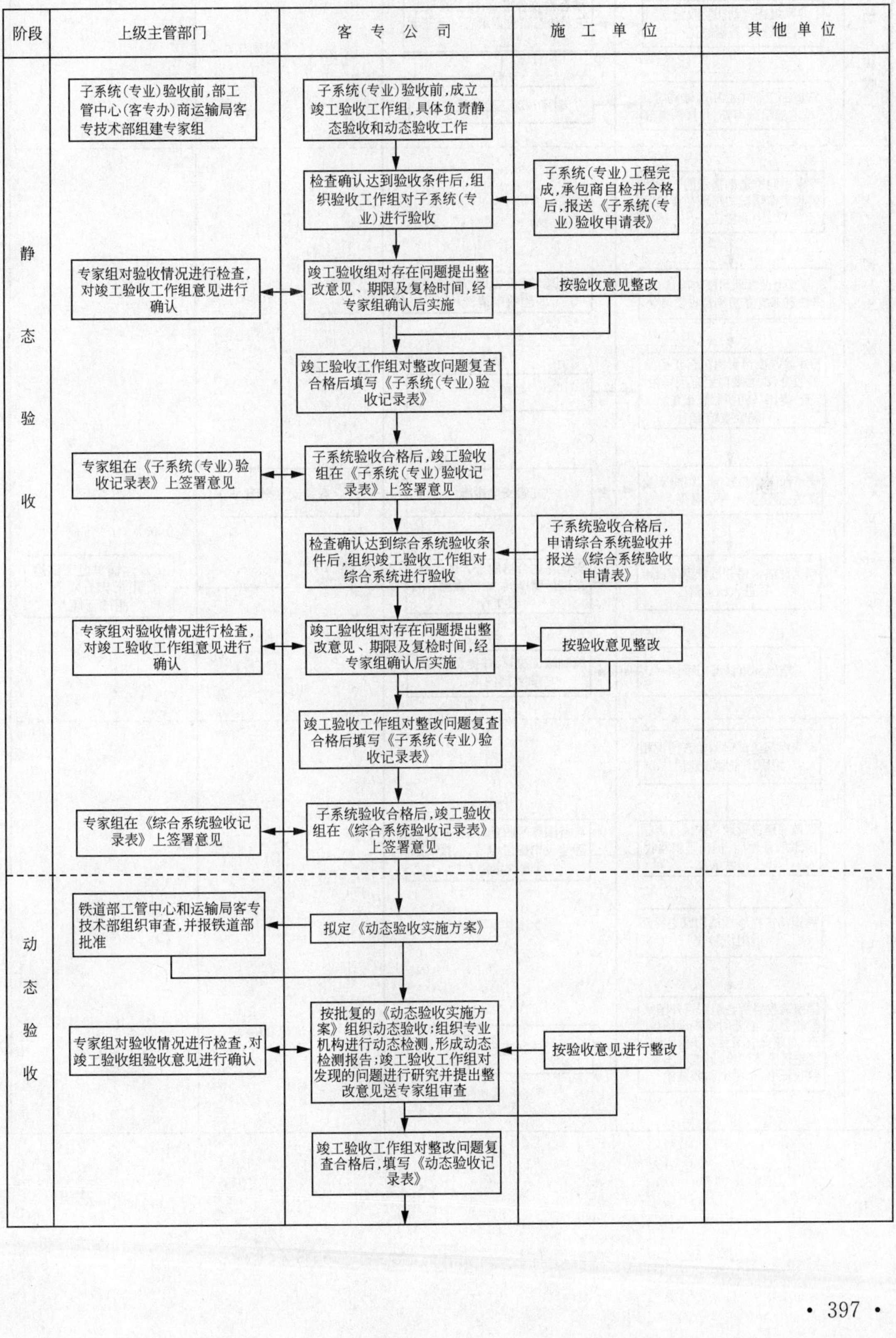

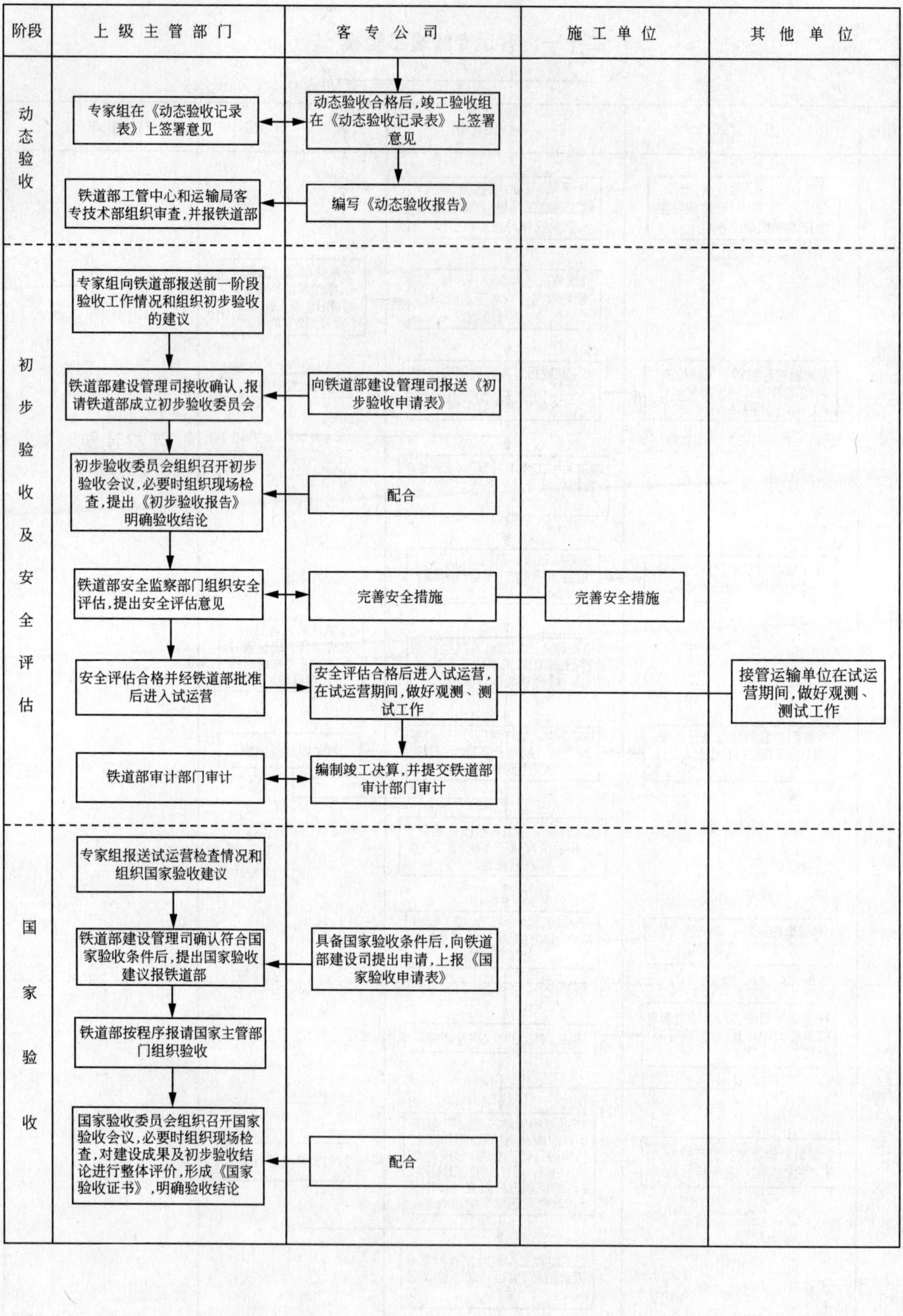
阶段
上级主管部门
客专公司
施工单位
其他单位
动态验收
专家组在《动态验收记录表》上签署意见
动态验收合格后，竣工验收组在《动态验收记录表》上签署意见
铁道部工管中心和运输局客专技术部组织审查，并报铁道部
编写《动态验收报告》
初步验收及安全评估
专家组向铁道部报送前一阶段验收工作情况和组织初步验收的建议
铁道部建设管理司接收确认，报请铁道部成立初步验收委员会
向铁道部建设管理司报送《初步验收申请表》
初步验收委员会组织召开初步验收会议，必要时组织现场检查，提出《初步验收报告》明确验收结论
配合
铁道部安全监察部门组织安全评估，提出安全评估意见
完善安全措施
完善安全措施
安全评估合格并经铁道部批准后进入试运营
安全评估合格后进入试运营，在试运营期间，做好观测、测试工作
接管运输单位在试运营期间，做好观测、测试工作
铁道部审计部门审计
编制竣工决算，并提交铁道部审计部门审计
国家验收
专家组报送试运营检查情况和组织国家验收建议
铁道部建设管理司确认符合国家验收条件后，提出国家验收建议报铁道部
具备国家验收条件后，向铁道部建设司提出申请，上报《国家验收申请表》
铁道部按程序报请国家主管部门组织验收
国家验收委员会组织召开国家验收会议，必要时组织现场检查，对建设成果及初步验收结论进行整体评价，形成《国家验收证书》，明确验收结论
配合

关于加强大型公共建筑工程建设管理的若干意见

（建设部 国家发展和改革委员会 财政部 监察部
审计署 建质〔2007〕1号　2007年1月5日）

各省、自治区建设厅、发展改革委、财政厅、监察厅、审计厅，直辖市建委、规划局（规委）、发展改革委、财政局、监察局、审计局：

大型公共建筑一般指建筑面积2万平方米以上的办公建筑、商业建筑、旅游建筑、科教文卫建筑、通信建筑以及交通运输用房。随着我国经济和社会快速发展，大型公共建筑日益增多，既促进了经济社会发展，又增强了为城市居民生产生活服务的功能。国家对大型公共建筑建设管理不断加强，逐步走上法制化轨道。但当前一些大型公共建筑工程，特别是政府投资为主的工程建设中还存在着一些亟待解决的问题，主要是一些地方不顾国情和财力，热衷于搞不切实际的“政绩工程”、“形象工程”；不注重节约资源能源，占用土地过多；一些建筑片面追求外形，忽视使用功能、内在品质与经济合理等内涵要求，忽视城市地方特色和历史文化，忽视与自然环境的协调，甚至存在安全隐患。这些问题必须采取有效措施加以解决。为进一步加强大型公共建筑建设管理，特提出以下意见：

一、贯彻落实科学发展观，进一步端正建设指导思想

1. 从事建筑活动，尤其是进行大型公共建筑工程建设，要贯彻落实科学发展观，推进社会主义和谐社会建设，坚持遵循适用、经济，在可能条件下注意美观的原则。要以人为本，立足国情，弘扬历史文化，反映时代特征，鼓励自主创新。要确保建筑全寿命使用周期内的可靠与安全，注重投资效益、资源节约和保护环境，以营造良好的人居环境。

二、完善并严格执行建设标准，提高项目投资决策水平

2. 坚持对政府投资大型公共建筑工程立项的科学决策和民主决策。大型公共建筑工程的数量、规模和标准要与国家和地区经济发展水平相适应。项目投资决策前，建设单位应当委托专业咨询机构编制内容全面的可行性研究报告；应当组织专家合理确定工程投资和其他重要技术、经济指标，精心做好工程建设的前期工作。

3. 建立和完善政府投资项目决策阶段的建设标准体系。建设主管部门要重点加强文化、体育等大型公共建筑建设标准的编制，完善项目决策依据。总结国内外大型公共建筑建设经验，按照发展节能省地型建筑的要求，大型公共建筑工程要在节能、节地、节水、节材指标方面起到社会示范作用，并适时修订完善标准。

4. 严格执行已发布的建设标准。国家已发布的建设标准、市政工程投资估算指标、建设项目经济评价规则，是编制项目建议书和可行性研究报告的重要依据，建设单位要严格执行。建设主管部门和发展改革主管部门要加强对标准实施情况的监督检查，建立和完善强制性标

准的实施和监管机制。

5. 严格履行固定资产投资项目管理程序。各级发展改革等主管部门要按照《国务院关于投资体制改革的决定》要求，加强对大型公共建筑项目的审批、核准或者备案管理。

6. 加强对政府投资大型公共建筑工程造价的控制。有关主管部门要规范和加强对政府投资的大型公共建筑工程可行性研究投资估算、初步设计概算和施工图预算的管理，严格执行经批准的可行性研究投资估算和初步设计概算，可行性研究报告批复的建设规模，原则上在初步设计等后续工作中不得突破。建设单位应积极推行限额设计，并在设计招标文件中予以明确。

三、规范建筑设计方案评选，增强评审与决策透明度

7. 加强城市规划行政管理部门对大型公共建筑布局和设计的规划管理工作。大型公共建筑的布局要符合经批准的城市规划；大型公共建筑的方案设计必须符合所在地块的控制性详细规划的有关规定；做好城市设计，并作为建筑方案设计的重要参考依据。大型公共建筑设计要重视保护和体现城市的历史文化、风貌特色。

8. 鼓励建筑设计方案国内招标。政府投资的大型公共建筑，建设单位应立足国内组织设计方案招标，避免盲目搞国际招标。组织国际招标的，必须执行我国的市场准入及设计收费的有关规定，并给予国内外设计单位同等待遇。

9. 细化方案评审办法。要在现有的建筑工程设计招标投标办法以及我国入世承诺的基础上，研究制订有关大型公共建筑工程方案设计招投标的管理办法，以进一步明确方案设计的内容和深度要求，完善方案设计评选办法，确保招标的公开、公平、公正。

10. 明确方案设计的评选重点。方案设计的评选首先要考虑建筑使用功能等建筑内涵，还要考虑建筑外观与传统文化及周边环境的整体和谐。对政府或国有企事业单位投资的大型公共建筑项目，参与投标的设计方案必须包括有关使用功能、建筑节能、工程造价、运营成本等方面的专题报告，防止单纯追求建筑外观形象的做法。

11. 建立公开透明的专家评审和社会公示制度。建设单位要进一步明确大型公共建筑设计方案评审专家的条件和责任。大型公共建筑必须依照有关法律法规实行公开招标，其方案评审专家应由城市规划、建筑、结构、机电设备、施工及建筑经济等各方面专家共同组成，评委名单和评委意见应当向社会公示，征求社会意见，接受社会监督，提高方案评审的透明度。对于政府投资的有重大社会影响的标志性建筑，应通过一定方式直接听取公众对设计方案的意见。

12. 进一步明确和强化项目业主责任。政府投资的大型公共建筑工程必须明确项目建设各方主体，落实责任。当建设单位采用经专家评审否定的设计方案时，应当向主管部门和专家委员会说明理由。

13. 加强方案评选后的监督管理。政府投资的大型公共建筑方案设计确定的建设内容和建设标准不得超出批准的可行性研究报告中提出的各项经济技术指标要求，应满足初步设计阶段控制概算的需要。如果中标的设计方案在初步设计时不能满足控制概算的需要，主管部门应责成建设单位重新选定设计方案。

14. 提高工程设计水平。设计单位要贯彻正确的建设指导思想，突出抓好建筑节能、节地、节水、节材和环保，提高原创设计能力和科技创新能力，不断提高设计水平。建设单位应鼓励不同的设计单位联合设计，集体创作，取长补短。鼓励对大型公共建筑工程的初步设计进行优化设计，提高投资效益。

四、强化大型公共建筑节能管理，促进建筑节能工作全面展开

15. 新建大型公共建筑要严格执行工程建设节能强制性标准。贯彻落实《国务院关于加强节能工作的决定》，把能耗标准作为建设大型公共建筑项目核准和备案的强制性门槛，遏制高耗能建筑的建设。新建大型公共建筑必须严格执行《公共建筑节能设计标准》和有关的建筑节能强制性标准，建设单位要按照相应的建筑节能标准委托工程项目的规划设计，项目建成后应经建筑能效专项测评，凡达不到工程建设节能强制性标准的，有关部门不得办理竣工验收备案手续。

16. 加强对既有大型公共建筑和政府办公建筑的节能管理。建设主管部门要建立并逐步完善既有大型公共建筑运行节能监管体系，研究制定公共建筑用能设备运行标准及采暖、空调、热水供应、照明能耗统计制度。要对政府办公建筑和大型公共建筑进行能效测评，并将测评结果予以公示，接受社会监督，对其中能耗高的要逐步实施节能改造。要研究制定公共建筑能耗定额和超定额加价制度。各地应结合实际，研究制定大型公共建筑单位能耗限额。

五、推进建设实施方式改革，提高工程质量和投资效益

17. 不断改进大型公共建筑建设实施方式。各级发展改革主管部门、财政主管部门和建设主管部门要积极改革政府投资工程的建设管理模式。对非经营性政府投资项目加快推行“代建制”，即通过招标等方式，选择专业化的项目管理单位负责建设实施，严格控制项目投资、质量和工期，竣工验收后移交给使用单位。同时，对大型公共建筑，也要积极推行工程总承包、项目管理等模式。建立和完善政府投资项目的风险管理机制。制定鼓励设计单位限额设计、代建单位控制造价的激励政策。

六、加强监督检查，确保各项规定的落实

18. 加强对大型公共建筑质量和安全的管理。参与大型公共建筑建设的有关单位要严格执行施工图审查、质量监督、安全监督、竣工验收等管理制度，严格执行工程建设强制性标准，确保施工过程中的安全，确保整个使用期内的可靠与安全，确保室内环境质量，确保防御自然灾害和应对突发事件的能力。

19. 加强对大型公共建筑工程建设的监督检查。大型公共建筑项目建设期间，建设行政主管部门要会同其他有关部门定期对大型公共建筑工程建设情况进行检查，对存在的违反管理制度和工程建设强制性标准等问题，要追究责任，依法处理。政府投资的大型公共建筑项目建成使用后，发展改革、财政、建设、监察、审计部门要按各自职责，对项目的规划设计、成本控制、资金使用、功能效果、工程质量、建设程序等进行检查和评价，总结经验教训，并根据检查和评价发现的问题，对相关责任单位和责任人作出处理。

20. 加强对中小型公共建筑建设的管理。对于 2 万平方米以下的中小型公共建筑，特别是社区中心、卫生所、小型图书馆等，各地要参照本意见精神，切实加强对其管理，以保障公共利益和公共安全。

各地要根据本意见的精神，结合当地实际制定加强大型公共建筑工程建设管理的实施意见和具体办法，并加强监督检查，将本意见的各项要求落到实处，切实提高我国大型公共建筑工程建设管理水平。

铁路建设项目施工图投资检算管理暂行办法

（铁道部 铁建设〔2007〕110号 2007年5月19日）

第一条 为提高勘察设计质量，规范施工图投资检算管理，严格控制工程投资，依据铁道部有关规定，制定本办法。

第二条 本办法适用于铁道部投资及铁道部与其他投资方合资的铁路大中型建设项目。其他铁路建设项目可参照执行。

第三条 铁路大中型建设项目在施工图设计的同时编制施工图投资检算，施工图投资检算随施工图送建设单位审核，勘察设计单位按照审核意见优化设计、修改施工图投资检算。

第四条 建设单位负责施工图投资检算审查工作，并将施工图投资检算有关事宜纳入勘察设计合同，依据合同约定对施工图投资检算编制中存在的问题进行处罚。

第五条 勘察设计单位是编制施工图投资检算的责任主体，应在初步设计文件批复后，根据建设项目建设需要，制订施工图供图计划和投资检算编制计划，经建设单位同意后实施。

第六条 勘察设计单位应将控制和节省工程投资贯穿在设计过程中，在开展施工图设计前，将初步设计概算按设计内容进行分析，并落实到施工图设计中。

第七条 勘察设计单位必须按照初步设计批准的概算编制原则，依据施工图工程数量编制施工图投资检算，并与初步设计概算进行对比分析，投资检算超出批复的初步设计概算时，应认真分析原因，进行优化设计，不得人为调整工程数量及单价。

第八条 施工图投资检算应按章节、初步设计批复的概算单元编制，并按建设单位要求编制标段投资检算，站前、站后工程应分别编制投资检算分报告，施工图全部完成后，应编制施工图投资检算总报告。

第九条 建设单位必须严格按照初步设计批准的概算编制原则对施工图投资检算进行审查，对照初步设计批复意见检查施工图设计内容，核实工程数量，对施工图与初步设计的量差进行分析；由于勘察设计单位原因引起的量差，责成勘察设计单位分析原因，属于勘察设计问题的，要补充勘察、修改设计。

第十条 施工图投资检算审查工作，应与施工图审核同步完成。建设单位应及时与勘察设计单位对施工图投资检算审查结果进行确认，对存在的问题进行分析研究，提出问题处理意见，开展优化设计。

第十一条 建设单位应在施工图审核、施工图投资检算审查、优化设计、剔除差错漏碰和不合理因素后，组织勘察设计单位按章节编制施工图预算。施工图预算原则上应控制在批复的初步设计概算之内，报铁道部计划司、建设司和鉴定中心核备。施工图预算超出初步设计概算的，须经铁道部批准后方可实施。

第十二条 当审核后的施工图投资检算未超过初步设计总概算时，建设单位组织设计优化、剔除差错漏碰和不合理因素等节省的工程投资，纳入预备费，由建设单位掌握使用。

第十三条 施工图审核全部完成后，建设单位应及时提出施工图投资检算审查总报告，报铁道部计划司、建设司、鉴定中心。

第十四条 建设单位投资检算审查工作情况纳入建设单位考核内容。建设单位发生下列行为之一的，在建设单位年度考核和项目考核时予以扣分，发生一次的扣减5分；发生两次的只能评为C级；发生三次及以上的只能评为D级。对建设单位的主管领导、责任人，将根据情节轻重和有关程序追究行政责任。

1. 建设单位授意勘察设计单位弄虚作假、虚报工程内容和工程量的；

2. 建设单位在审查施工图投资检算中弄虚作假的；

3. 建设单位未按程序进行施工图投资检算审查的。

第十五条 施工图投资检算纳入勘察设计单位施工图考核范围，考核期内施工图投资检算超出初步设计概算的，根据超出比例扣减考核分数。

第十六条 施工图投资检算的静态投资(不含第十七条所列原因的)应控制在初步设计概算的静态投资范围内。超出初步设计静态投资的或低于初步设计静态投资96%的，按超出(或低于)投资的3%扣减勘察设计费。

扣减的勘察设计费纳入降造费。

第十七条 以下原因引起投资检算结果发生变化的，可不计入勘察设计单位投资检算变化内容，但应及时上报原初步设计批准单位审查批准：

1. 由于建设方案、建设标准、建设规模、建设工期发生变化引起的施工图量差；

2. 其他非勘察设计原因引起的量差。

第十八条 勘察设计单位有下列行为之一的，给予全路通报批评，对直接责任人员，提请国家有关部门吊销其个人执业资格。

1. 故意虚列工程内容、工程量的；

2. 误列或遗漏工程内容、工程量，并造成经济损失，或影响本章费用达3%及以上的；

3. 其他违规行为。

第十九条 在实施过程中，发现勘察设计单位故意虚列、遗漏、隐瞒施工图量差的，按故意虚列、遗漏、隐瞒施工图量差投资的10%扣减勘察设计费，并按本办法第十八条规定予以处罚。

第二十条 建设单位应做好对施工图投资检算的审查、对比、分析和统计，每半年将统计结果报铁道部计划司、建设司、鉴定中心。

第二十一条 勘察设计单位对建设单位提出的施工图投资检算责任分析、处罚意见有异议的，可向铁道部发展计划司和建设管理司申诉

第二十二条 任何单位和个人对施工图投资检算中的违规行为都有权向铁道部举报、投诉。

举报电话：建设管理司：010－51844717

发展计划司：010－51842931

鉴 定 中 心：010－51875094

第二十三条 对施工图投资检算中的违规行为，由铁道部鉴定中心组织铁道部有关部门组成调查组进行调查，提出处理意见报铁道部批准后实施。

第二十四条 本办法由铁道部建设管理司负责解释。

第二十五条 本办法自2007年6月1日起施行。

铁路建设项目Ⅰ类变更设计问责暂行办法

（铁道部 铁建设〔2007〕111号　2007年5月19日）

第一条　为加强铁路建设项目变更设计管理，追究引起Ⅰ类变更设计有关单位的责任，严肃处理Ⅰ类变更设计中的违规行为，依据铁道部有关规定，制定本办法。

第二条　本办法适用于铁道部投资及铁道部与其他投资方合资的铁路大中型建设项目，其他铁路建设项目可参照执行。

第三条　本办法所称Ⅰ类变更设计问责，是指对引起Ⅰ类变更设计的参建单位和Ⅰ类变更设计中违规行为进行责任追究的活动。

第四条　勘察设计单位必须加强管理，提高勘察和外业调查工作质量，加强设计、审核工作，减少各类设计变更。

第五条　铁路局成立在铁路局主管负责人领导下的，以项目管理机构负责人为组长、技术负责人任副组长的建设项目变更设计领导小组；客运专线公司成立由总工程师或副总经理为组长的建设项目变更设计领导小组，加强对勘察设计工作的管理，减少各类变更设计。Ⅰ类变更设计问责有关事宜应纳入施工、勘察设计、监理合同，依据合同约定对参建单位和违规行为进行追究。

第六条　铁路建设项目除建设方案、建设标准、建设规模、建设工期、地质条件发生重大变化以及不可抗力外，原则上不得发生Ⅰ类变更设计。发生Ⅰ类变更设计时，属于建设单位原因的，追究建设单位主要领导和责任人的行政责任；属于勘察设计单位原因的，勘察设计单位应无偿进行变更设计，造成经济损失的，依法承担赔偿责任；属于施工单位原因的，由施工单位承担由于变更设计增加的工程及相关费用。

第七条　因建设单位原因引起的Ⅰ类变更设计包括：

1. 按铁道部规定需要建设单位落实外部条件、及时签订协议，而建设单位未落实，在实施过程中引起变更设计的；

2. 调查资料不充分，盲目签订外部协议，引起变更设计的；

3. 未按规定对施工图进行审核引起变更设计的；

4. 未严格执行铁道部批准的施工组织设计，导致工期延长或增加投资的；

5. 其他因建设单位原因引起的变更设计。

第八条　勘察设计单位原因引起的Ⅰ类变更设计包括：

1. 勘察工作深度不足或失误，工程地质条件发生重大变化的；

2. 外业调查失误，拆迁物性质出现变化或拆迁数量发生重大变化的；

3. 设计错误、遗漏，或工程措施不当的；

4. 因勘察设计工作失误，再次造成Ⅰ类变更设计的；

5. 其他勘察设计原因引起的Ⅰ类变更设计。

第九条　施工单位原因引起的Ⅰ类变更设计包括：

1. 未认真进行施工图现场核对，或发现施工图与现场不符而不通知监理、建设和勘察设计单位的；

2. 因施工方法、措施不当，或违规操作等原因造成的。

第十条 Ⅰ类变更设计必须严格执行《铁路建设项目变更设计管理办法》，按照“先批准，后变更；先设计，后施工”的原则处理变更设计，铁道部对Ⅰ类变更设计中的违规行为进行调查处理。

第十一条 建设单位处理Ⅰ类变更设计中的违规行为是指：

1. 违反“先批准，后变更；先设计，后施工”原则，未经批准同意变更施工的或未经授权同意变更施工的；

2. 授意设计单位违反变更设计划分原则，拼凑或拆分Ⅰ类变更设计的；

3. 利用Ⅰ类变更设计擅自扩大建设规模或修改建设标准的；

4. 不按规定及时组织研究、初审、上报Ⅰ类变更设计，严重影响工程进度的；

5. 不认真分析Ⅰ类变更设计责任或责任划分有重大错误的；

6. 不认真核定工程数量和概算编制原则，报送变更设计投资额有较大错误的；

7. 其他违规行为。

第十二条 勘察设计单位处理Ⅰ类变更设计中的违规行为是指：

1. 未经原初步设计审查部门批准进行施工图设计，并交付施工的；

2. 违反变更设计划分原则，拼凑或拆分Ⅰ类变更设计的；

3. 弄虚作假或与建设、施工、监理等单位相互串通，虚报Ⅰ类变更设计的；

4. 其他违规行为。

第十三条 施工单位处理Ⅰ类变更设计中的违规行为是指：

1. 与建设、勘察设计、监理等单位相互串通，弄虚作假的；

2. 未经批准擅自变更并施工的；

3. 其他违规行为。

第十四条 监理单位处理Ⅰ类变更设计中的违规行为是指：

1. 与建设、勘察设计、施工等单位相互串通，弄虚作假的；

2. 未经批准或授权擅自同意变更施工的；

3. 其他违规行为。

第十五条 提议单位提出Ⅰ类变更设计提议后，建设单位变更设计审查领导小组应及时组织研究，确定变更设计类型、分析变更原因、认定责任及责任单位、提出费用处理方案和变更设计文件，按规定上报批准。

第十六条 建设单位报送的Ⅰ类变更设计文件如未达到规定深度，或建设单位未按规定分析变更设计原因、认定责任及责任单位、提出费用处理方案，原初步设计审查部门应责令建设单位重新补充材料后再行上报，由此造成的工期延误，由建设单位承担责任。

第十七条 原初步设计审查部门在Ⅰ类变更设计审查时，应会同建设、计划司确定变更责任、责任单位和费用处理意见，按规定程序会签报批。

第十八条 铁道部相关部门在检查工作中发现Ⅰ类变更设计违规行为的，应当即责令建设单位改正，并通报铁道部计划司、财务司、建设司、鉴定中心。

建设单位如发现参建单位违规处理Ⅰ类变更设计的，应当即责令参建单位改正，并向铁道部计划司、财务司、建设司、鉴定中心报告。

第十九条 对设计单位在处理Ⅰ类变更设计中的违规行为，由鉴定中心组织铁道部有关部门组成调查组进行调查，提出处理意见。

由建设司或工程质量安全监督机构牵头成立调查组，对其他参建单位的违规行为进行调查，提出处理意见报铁道部批准后实施。

第二十条 调查组的主要职责是查明事实、分清责任，对责任单位和责任人提出处理建议，出具调查报告。

调查工作应遵循尊重事实、客观公正的原则。调查组有权向相关单位和个人了解情况，索取有关资料，任何单位和个人不得隐瞒事实真相。

第二十一条 建设单位变更设计管理工作纳入建设单位考核内容，建设单位工作失误造成Ⅰ类变更设计或违规处理Ⅰ类变更设计的，在建设单位年度考核和项目考核时予以扣分。发生一次扣减5分，发生两次扣减10分，发生三次只能评为C级，发生四次及以上的只能评为D级。同时依据有关程序，追究建设单位主管领导及有关人员的责任。

第二十二条 勘察设计单位变更设计工作纳入铁路建设项目施工图考核内容，因勘察设计原因发生Ⅰ类变更设计或存在违规行为的，按规定扣减分数。情节严重的，予以全路通报，暂停一个月内参加铁路建设项目勘察设计招标或方案竞选资格；对直接责任人员，提请国家有关部门吊销其个人执业资格。

第二十三条 施工单位变更设计工作纳入施工企业质量信誉评价内容。因施工单位原因发生Ⅰ类变更设计或存在违规行为的，每起扣减20分，并承担由于变更设计增加的工程及相关费用。情节严重的，予以全路通报，暂停一个月内参加铁路建设项目施工投标资格；对直接责任人员，提请国家有关部门吊销其个人执业资格。

第二十四条 监理单位变更设计违规行为，依据合同约定进行处罚，造成损失的予以追偿。情节严重的，予以全路通报，暂停一个月内参加铁路建设项目监理投标资格；对直接责任人员，提请国家有关部门吊销其个人执业资格。

第二十五条 任何单位和个人对Ⅰ类变更设计中的违规行为都有权向铁道部举报、投诉。

举报电话：建设管理司：010－51844717

发展计划司：010－51842931

鉴定中心：010－51875094

监督总站：010－51848870

第二十六条 本办法由铁道部建设管理司负责解释。

第二十七条 本办法自2007年6月1日起施行。

关于印发《铁路建设项目施工图考核办法》的通知

（铁道部 铁建设〔2007〕119 号　2007 年 6 月 7 日）

各铁路局，集装箱、投资公司，各铁路公司（筹备组）：

为进一步加强勘察设计管理工作，提高勘察设计质量，加快供图进度，现将《铁路建设项目施工图考核办法》发给你们，自 2007 年 6 月 15 日起施行，铁道部原发《铁路建设项目勘察设计季度考核暂行办法》（铁建设〔2006〕132 号）同时废止。

鉴于 2007 年第一季度已按原办法进行了考核，为便于衔接，保证施工图考核质量，2007 年上半年的施工图考核期延至 2007 年 7 月底，各建设单位依照本办法，在 2007 年 7 月底之前完成本期的施工图考核工作。本期各项目考核分数计算方式为：一季度考核分数占 40%，4 至 7 月考核分数占 60%，依据汇总结果排出勘察设计单位等级。于 2007 年 8 月 10 日前将第一季度考核结果和本期考核汇总结果一并报铁道部建设管理司。以后的考核期按本办法规定的时间执行。

请各单位及时将执行中的问题、意见、建议反馈铁道部建设管理司。

铁道部信息技术中心建设项目电子文件接收联系电话：010－51843292、51844532。

附件：1. 勘察设计单位施工图考核评分表

　　2. 勘察设计单位施工图考核计分原则

铁路建设项目施工图考核办法

第一条　为激励勘察设计单位提高施工图质量，及时提供施工图文件，满足工程建设需要，依据铁道部有关规定，制定本办法。

第二条　本办法所称施工图考核，是指建设单位对勘察设计单位施工图阶段工作定期进行的考核，考核内容包括施工图提供、施工图审核和实施质量（总分 300 分）。每半年为一个考核期。

第三条　本办法适用于建设单位与勘察设计单位已签订勘察设计合同的铁路大中型建设项目。尚未开工建设和实行工程总承包的项目不纳入考核范围。对已经完成初验的项目，不纳入下期的考核范围。

建设单位应将施工图考核的有关事宜纳入勘察设计合同，依据合同约定进行考核。

第四条　铁路局负责铁道部投资的建设项目和作为出资人代表的合资铁路项目的考核，铁道部发起组建的铁路客运专线公司筹备组）负责所管辖建设项目的考核。

实施委托代建的建设项目由代建方负责考核。

第五条 施工图考核按项目进行，其中大桥、隧道、电气化、通信信号等大型工点或专业项目，按工点或专业进行考核。

第六条 铁路局建设项目施工图考核工作在铁路局统一领导下进行，成立以项目管理机构负责人为组长、技术负责人为副组长的考核组，负责考核工作并督促勘察设计单位对考核中发现的问题及时进行整改落实。建设管理部门对考核结果进行汇总，并对考核过程实施监督检查。

施工图考核应征求监理、施工单位和工程质量安全监督机构的意见；涉及既有线施工的项目，还应征求运营管理部门的意见。

第七条 铁路客运专线公司（筹备组）应成立以公司主要负责人为组长、总工程师为副组长的考核组，负责考核工作的具体实施。

施工图考核应征求咨询、监理、施工单位和工程质量安全监督机构的意见。对考核中发现的问题，要及时督促勘察设计单位整改落实。

第八条 建设单位应严格按照附件1所列的考核内容和标准进行考核和评分。对发现的问题及项目扣分应经勘察设计单位现场负责人签字确认，并限期整改；勘察设计单位拒签的，由考核组组长或副组长签字并注明原因。

考核结果一经确认不得更改。

第九条 其他参建单位、工程质量安全监督机构和运营管理部门发现勘察设计问题时，应及时向建设单位反映，建设单位应通知勘察设计单位研究完善，属于考核内容的，经确认纳入考核结果。

第十条 建设单位应严格按照铁道部《铁路建设项目施工图审核暂行办法》（铁建设〔2004〕81号）对施工图（包括投资检算）进行审核，重点审查设计文件有无差错漏碰和工程投资控制情况，根据审核情况对施工图质量进行评定。

第十一条 建设单位应根据实施过程中显现的施工图质量状况、配合施工、变更设计和投资控制等情况，对施工图实施质量进行评定。当考核期内没有施工图提供和施工图审核质量考核时，只对施工图实施质量进行考核，总分（300分）不变。

第十二条 建设单位应在可研或初步设计批复后立即与勘察设计单位签订勘察设计合同，按照合同约定考核施工图提供的履约情况。

第十三条 考核工作必须客观、公正。对考核中发现的问题，应认真听取勘察设计单位的意见，考核过程和结果对勘察设计单位公开。

考核工作不得重复进行，确需对某些内容进行重新考核时，需经建设单位主要领导同意，并在上报结果中说明理由。

建设单位不得组织监理、咨询、施工等单位以打分等方式对勘察设计单位进行直接考核。

第十四条 勘察设计单位对考核中指出的问题应及时进行整改，整改措施和结果报建设单位，整改情况纳入下一次考核内容。

第十五条 建设单位应及时解决影响勘察设计合同执行的相关问题，为勘察设计单位履行合同创造有利条件。非勘察设计单位责任原因的，不作为扣分因素。

第十六条 铁道部信息技术中心协助建设单位对建设项目电子文件提供情况进行初评，信息技术中心应制定初评细则，建立电子文件提供档案，并于每年1月5日和7月5日前将各建设项目电子文件提供情况及其考核初评结果送建设单位，由建设单位核定后按规定纳入项目考核得分。

铁道部信息技术中心考核初评结果同时抄送建设管理司。

第十七条 建设单位应建立参建勘察设计单位的施工图考核档案。铁路局建设管理部门、部管铁路客运专线公司(筹备组)质量管理部门负责施工图考核档案的日常管理工作。

第十八条 建设单位应于每年1月10日和7月10日前将考核材料报铁道部建设管理司,其中客运专线项目考核材料应同时抄铁道部工程管理中心,考核材料同时以书面形式抄送相关勘察设计单位。

考核材料应包括项目得分、扣分情况说明、勘察设计单位得分和单位排序。

第十九条 建设单位进行单个项目考核时,考核分数为整数,计算多个项目考核平均值时,考核分数只保留一位小数。

建设单位管辖范围内有两个及以上勘察设计单位或多个项目时,应按考核分数对勘察设计单位和项目进行排序,不得并列。

第二十条 铁道部建设管理司根据建设单位报送的考核结果,按照附件2规定,汇总计算各勘察设计单位考核的最终得分,根据勘察设计单位的得分排序,依次划分为A、B、C三个等级。其中考核为A级的单位为2家,C级的单位为2家,其余单位为B级。

在考核期内,凡出现重大违规行为、对安全质量重大事故负有主要及以上责任的勘察设计单位,经铁道部确认后直接列为C级。

第二十一条 铁道部建设管理司在10个工作日内将考核结果汇总报铁道部,经批准后在铁道工程交易中心网公示7日,无异议后由建设管理司公布勘察设计单位考核等级和建设单位报送的考核结果。

第二十二条 考核结果公布后,考核等级为A级的勘察设计单位,自考核结果公布之日起半年内,在参加第一个勘察设计项目方案竞选时加0.2至0.3分,具体加分方式和数值在方案竞选说明中明确。

第二十三条 考核等级为C级的勘察设计单位,以考核结果正式公布后的一个月为整改期,整改期内暂停参与新的方案竞选工作。整改期后10日内,将整改情况书面报铁道部发展计划司和建设管理司。

第二十四条 考核等级为A级的勘察设计单位,对其在各建设单位内得分为第一名的项目按考核期内勘察设计费的20%给以奖励。

第二十五条 考核等级为C级的勘察设计单位,对其在各建设单位内得分为最后一名的项目,扣减考核期内勘察设计费的20%。

第二十六条 考核期内勘察设计费为施工图阶段的勘察设计费除以施工图考核次数。

施工图考核次数=初步设计批复的总工期(月)(不含综合调试期)/6个月+1次。

考核期内,被考核工作不满两个月的项目只考核、不奖罚。

第二十七条 在考核期内,铁路局管内只有1个项目且该项目只由1家勘察设计单位承担的,对该项目不予奖罚。

铁路客运专线公司(筹备组)管内只有1个项目且该项目只由1家勘察设计单位承担,对该项目一般不予奖罚。勘察设计单位表现优异或存在重大问题的,建设单位可向铁道部工程管理中心书面提出奖罚建议,经铁道部工程管理中心确认后实施。

勘察设计单位只承担1个项目时,对该项目不予奖罚。

第二十八条 在考核期内,建设单位所管项目为2—3个时,奖罚费用为考核期内勘察设计费的10%(一个项目由两家或两家以上勘察设计单位承担的,计为两个或两个以上项目)。

第二十九条　考核等级为A级的勘察设计单位，在考核结果公布后的10日内，对符合奖励条件的项目，向建设单位书面提出奖励申请。建设单位根据铁道部建设管理司公布的考核结果进行核实，在按合同约定拨付下期勘察设计费时一并支付奖励费用。

建设单位对考核等级为C级的勘察设计单位符合扣减设计费条件的项目进行核实，在考核结果公布后的10日内书面通知勘察设计单位，在按合同约定拨付下期勘察设计费时予以扣减。

第三十条　建设单位在考核结果正式公布后的一个月内，将增减设计费情况报铁道部发展计划司、建设管理司和工程设计鉴定中心核备。当期奖励或扣减的勘察设计费在降造费中计列。

第三十一条　项目完成后，因勘察设计单位原因引起的增加投资达初步设计批复概算2%以上的，由建设单位追回该项目所有已奖励费用，并扣减最后一个考核期内勘察设计费的20%。

因勘察设计单位原因引起的增加投资达初步设计批复概算3%以上的，由建设单位追回该项目所有已奖励费用，并扣减最后一个考核期内勘察设计费的30%。

第三十二条　铁道部在检查中发现考核结果与实际不符的，直接否决考核结果，并责令建设单位重新进行考核。

第三十三条　施工图考核工作纳入铁道部对建设单位年度考核的内容。建设单位在考核工作中违反本规定的，降低建设单位年度考核结果一个档次，并在全路通报批评；情节特别严重的，将依据有关程序和要求对责任人给予行政处分。

第三十四条　铁道部建立施工图考核工作监督举报机制，任何单位和个人均可对考核工作中的违纪、违规行为进行投诉举报。

举报电话：铁道部建设管理司010－51844717，010－51848850（传真）；铁道部纪委、监察部驻铁道部监察局010－51844279，010－51841289（传真）。

第三十五条　本办法由铁道部建设管理司负责解释。

第三十六条　本办法自2007年6月15日起实行。铁道部原发《铁路建设项目勘察设计季度考核暂行办法》（铁建设〔2006〕132号）同时废止。

附件 1:

勘察设计单位施工图考核评分表

项目名称:　　　　　　　　　　　　　　勘察设计单位名称:

<table>
<tr><th>类　别</th><th>序号</th><th>考核内容</th><th>扣　分　标　准</th><th>扣分</th><th>扣分原因</th></tr>
<tr><td rowspan="4">施工图提供</td><td>1</td><td>纸质设计文件</td><td>按合同约定,每超出 1 天扣 1 分(分专业、批次统计)。影响工程进度的,每影响一天扣 3 分</td><td></td><td></td></tr>
<tr><td rowspan="2">2</td><td rowspan="2">电子文件</td><td>未向建设单位提供,扣 10 分</td><td></td><td></td></tr>
<tr><td>未向部信息技术中心提供,扣 10 分</td><td></td><td></td></tr>
<tr><td>3</td><td>分包</td><td>讳法分包,或分包单位资质不符,每起扣 10 分</td><td></td><td></td></tr>
<tr><td rowspan="22">施工图
审核质量</td><td rowspan="7">4</td><td rowspan="7">总体要求</td><td>违反初步设计批复意见或工程建设强制性标准,每处扣 30 分</td><td></td><td></td></tr>
<tr><td>文件组成内容、深度不符合设计文件编制规定,每处扣 10 分</td><td></td><td></td></tr>
<tr><td>各专业接口存在矛盾或不一致,每处扣 3 分</td><td></td><td></td></tr>
<tr><td>差错漏碰(各专业),每项扣 1 分</td><td></td><td></td></tr>
<tr><td>标准图选用错误,每处扣 2 分</td><td></td><td></td></tr>
<tr><td>提供非本单位的内部通用图,每张扣 2 分</td><td></td><td></td></tr>
<tr><td>指定或变相指定设备生产商。每起扣 10 分</td><td></td><td></td></tr>
<tr><td rowspan="3">5</td><td rowspan="3">地质资料</td><td>勘探资料不能满足规范要求,每处扣 1 分(受拆迁影响的除外)</td><td></td><td></td></tr>
<tr><td>勘探深度不能满足规范要求,每处扣 1 分</td><td></td><td></td></tr>
<tr><td>设计用勘察资料与实际勘察资料不符的,每处扣 2 分</td><td></td><td></td></tr>
<tr><td rowspan="12">6</td><td rowspan="12">线路路基站场
轨道工程</td><td>路基填料来源、性质不落实,每处扣 2 分</td><td></td><td></td></tr>
<tr><td>路基防护支挡措施不合理,每处扣 2 分</td><td></td><td></td></tr>
<tr><td>土石方调配不合理(运距、土石种类),每处扣 2 分</td><td></td><td></td></tr>
<tr><td>地基处理方法不合理,每处扣 2 分</td><td></td><td></td></tr>
<tr><td>路基防排水措施不完善,每处扣 2 分</td><td></td><td></td></tr>
<tr><td>绿化设计不符合要求,每处扣 1 分</td><td></td><td></td></tr>
<tr><td>车站管线综合布置图不合理,每处扣 2 分</td><td></td><td></td></tr>
<tr><td>站场纵横向排水设计不合理,每处扣 2 分</td><td></td><td></td></tr>
<tr><td>站场施工过渡设计不合理,每处扣 2 分</td><td></td><td></td></tr>
<tr><td>客货运新增机械设备类型、数量、配置地点及维修机构设置地点不合理,每项扣 2 分</td><td></td><td></td></tr>
<tr><td>道岔选型不合理,每处扣 2 分</td><td></td><td></td></tr>
<tr><td>伸缩调节器设置不合理,每处扣 2 分</td><td></td><td></td></tr>
</table>

续上表

类　别	序号	考核内容	扣　分　标　准	扣分	扣分原因
施工图审核质量	7	桥梁工程	基坑开挖防护方式(或水中围堰方式)不当,每处扣2分		
			桥梁施工方案不合理,每处扣3分		
			墩台布设不合理,每处扣2分		
			作用相同、外界条件一致的墩台形式不统一,扣3分		
			基础(桩基)埋置深度不足或过长,每处扣3分		
			人行通道设置不合理,每处扣2分		
			桥涵设置未满足防洪要求,每处扣2分		
	8	隧道工程	工程措施与地质勘察的地质条件不对应,每处扣5分		
			排水设施、防水板设置与水文情况不对应,每处扣3分		
			应急预警系统不完善,每处扣3分		
			洞口设计不合理,每处扣3分		
			通风机械设备选型不合理,每处扣3分		
			地质复杂的隧道,没有超前地质预报设计与要求,每座扣5分		
			浅埋段设计不合理,支护强度不足,每处扣2分		
	9	电力及牵引供电	牵引变电所、电力变配电所、接触网和电力线路等设备和器材选型不符合当地气象条件和污秽要求的,每处扣10分		
			牵引变电所、电力变配电所设备基础和接触网、电力线路的电杆基础设计与地质资料不符的,每处扣2分		
			牵引变电所、电力变配电所防雷、接地装置不符合规范要求,每处扣2分		
			电杆和立柱规格或型号选型不合理、全线不统一,扣3分		
			路外(内)易燃、易爆品库及油、气管道的电磁干扰防护措施不完善,每处扣2分		
	10	通信信号信息	通信信号与相邻线不能互连互通,每处扣10分		
			光电缆的长度、芯数、规格型号不能满足要求,每处扣2分		
			选用的设备与相关专业不兼容,容量不能满足需求,每处扣2分		
			接地及安装位置设计不合理,每处扣2分		
			联锁表与网络电路不一致,每处扣2分		
			路外通信、广播及其他设施的电磁干扰防护措施不完善,每处扣2分		
			信息源点分布不合理,每项扣2分		

续上表

类别	序号	考核内容	扣分标准	扣分	扣分原因
施工图审核质量	11	房建、给排水、暖通空调工程	地基基础和主体结构体系不合理，每项扣5分		
			不符合消防、节能、环保、抗震、卫生、人防、安全等有关要求，每起扣2分		
			水源设计、用水量与管网设计不匹配，每起扣3分		
			给排水系统布置不合理，每起扣3分		
			水源工程、机械设备安装、管道工程、储配水构筑物等给水工程设计不符合当地地质、水质条件，每起扣2分		
			不设消防加压定压设施、消火栓配置不合理等，每起扣2分		
			生活污水、生产废水不符合当地排放标准或违反环境评价结论，每处扣2分		
			暖通、空调系统布置不合理，每起扣3分		
			采暖热媒选择、散热器型式及换热设备选型与当地实际条件不符，每起扣2分		
			空气调节设备选型、房屋节能措施、送风方式、冷源选择等不合理，每起扣2分		
	12	机车车辆	车辆整备、作业安全防护设施考虑不周，设计不合理，每起扣2分		
			站场房屋及检修工艺布局考虑不周，设计不合理，每起扣2分		
			室内、外生产管路布置不合理，每项扣3分		
			车辆安全防范预警系统、车号识别系统不完善，每项扣2分		
	13	环保水保设计	景观、植被保护设计不合理，每处扣5分		
			自然保护区的保护设计不合理，每处扣5分		
			水、空气、噪音等污染防治保护设计未执行有关审查意见，每处扣2分		
	14	节能、防火、土地利用、安全施工、防灾安全监控、综合检测与维修等措施	措施不当，不能满足规范要求，每处扣3分		
	15	用地和拆迁数量	用地和拆迁数量比初步设计数量每增加1%，扣1分；增加5%以上，每增加1%，扣2分		

续上表

类　别	序号	考核内容	扣　分　标　准	扣分	扣分原因
施工图审核质量	16	施工组织设计	未编制甲供材料、设备清单，扣 10 分		
			大临工程未按规定设计，每项扣 5 分		
			铺轨基地、制梁厂、制板厂布局或规模不合理，每处扣 5 分		
			主要工程材料来源、运距不合理，每项扣 2 分		
			指导性施工组织设计中节点工期设置不合理，每项扣 2 分		
			既有线施工过渡、防护方案不合理，每处扣 3 分		
	17	投资检算	大临工程未按规定编制概算，每处扣 3 分		
			工程投资比初步设计对应部分静态投资每增加 0.2%，扣 2 分		
			工程投资低于初步设计对应部分静态投资 96% 时，每减少 0.2%，扣 2 分		
			投资检算中，故意虚报工程内容、工程量的，每起扣 20 分		
			投资检算中，故意将施工图量差纳入变更设计的，每起扣 20 分		
施工图实施质量	18	现场配合	未设立现场配合机构，扣 20 分		
			现场配合机构人员不符合规定，扣 10 分		
			处理现场问题不及时，影响施工的，每起扣 5 分		
			未及时进行技术交底、现场交桩，每次扣 3 分		
			未参加地基验槽、地基与基础分部工程验收或主体结构分部工程验收的，每次扣 3 分		
	19	地质资料	地质资料与开挖揭示的地质条件严重不符，每处扣 5 分		
	20	征地数量（按面积统计）	因勘察设计单位原因，实际征地数量超出初步设计所列数量每 1%，扣 2 分；超出 10%，每增加 1%，扣 3 分		
	21	房屋拆迁数量（按面积统计）	因勘察设计单位原因，实际房屋拆迁数量超出初步设计所列数量每 1%，扣 2 分；超出 10%，每增加 1%，扣 3 分		
	22	改河、改路、改沟渠数量（按处统计）	因勘察设计单位原因，实际拆改数量超出初步设计所列数量每 1%，扣 1 分；超出 10%，每增加 1%，扣 2 分		
	23	三电、管道迁改（按处统计）	因勘察设计单位原因，实际迁改数量超出初步设计所列数量每 1%，扣 1 分；超出 10%，每增加 1%，扣 2 分		

续上表

类别	序号	考核内容	扣分标准	扣分	扣分原因
施工图实施质量	24	变更设计	因勘察深度不够，地质出现重大变化，发生Ⅰ类变更设计，每起扣10分		
			因设计漏项或错误，发生Ⅰ类变更设计，每起扣20分		
			因勘察设计工作失误，造成再次Ⅰ类变更设计的，每起扣30分		
			未经批准进行正式变更设计，并交付施工的，每起扣20分		
			违反变更设计划分原则，拼凑或拆分Ⅰ类变更设计的，每起扣20分		
			弄虚作假，增加Ⅰ类变更设计数量和投资的，每起扣20分		
			与其他单位相互串通，虚报Ⅰ类变更设计的，每起扣20分		
			因勘察设计单位设计漏项或错误等原因发生Ⅱ类变更设计，每起扣2分		
	25	工程投资	因勘察设计单位原因，增加投资比初步设计对应部分静态投资的每增加0.2%，扣2分；增加2%以上，每增加0.2%，扣3分		
	26	质量事故	对工程质量重大事故负有全部、主要、重要、次要责任的，每起分别扣30、20、15、10分		
			对工程质量大事故负有全部、主要、重要、次要责任的，每起分别扣20、15、10、5分		
			对工程质量一般事故负有全部、主要、重要、次要责任的，每起分别扣15、10、5、3分		
	27	安全事故	对二级重大事故负有全部、主要、重要、次要责任的，每起分别扣40、30、20、15分		
			对三级重大事故负有全部、主要、重要、次要责任的，每起分别扣30、20、15、10分		
			对四级重大事故负有全部、主要、重要、次要责任的，每起分别扣20、15、10、5分		

勘察设计单位负责人签字：　　　　　　　　　　日期：

建设单位负责人签字：　　　　　　　　　　　　日期：

填表说明：

一、本表的考核总分设定为300分，打分采用扣分制，不设基础分，扣完为止。

二、本表检查结果必须经勘察设计单位签认方为有效(勘察设计单位不签认的，应经项目管理机构或客运专线公司考核组组长或副组长签字确认并注明原因)。

三、建设单位在考核表中应注明扣分原因，并归档保存。

四、为保证全路考核标准的统一性，建设单位和项目管理机构不得更改打分标准。

附件2：

勘察设计单位施工图考核计分原则

一、建设单位内勘察设计单位考核分数计算

（一）勘察设计单位在一个建设单位内只承担一个建设项目勘察设计任务时，建设单位对勘察设计单位考核分数即为该项目的考核分数。

（二）勘察设计单位在一个铁路局管辖范围内承担多个建设项目勘察设计任务时，铁路局对勘察设计单位的考核分数为所有项目考核分数的加权平均值。

加权平均值$=\sum(a_i\times b_i)/n$

其中：a_i为项目考核分数，b_i为项目权重，n为权数，$n=\sum b_i$。

国家重点建设项目、客运专线、铁道部确定的重点控制项目的权重为1.5，当一个项目同时具备上述两个或三个特征时，只计一次权重；初步设计批复的静态投资额在50亿元（含）以上的其他项目权重为1.2；初步设计批复的静态投资额在50亿元以下的其他项目权重为1.0。

（三）客运专线公司对勘察设计单位的考核结果，为该勘察设计单位在公司管辖内承担所有项目考核分数的平均值。

二、全路考核分数计算

勘察设计单位在全路考核的最终得分＝基准分＋均衡分。考核最终得分保留两位小数。

（一）基准分计算方法

1. 在考核期内，勘察设计单位承担的项目只由一个建设单位考核时，勘察设计单位本考核期基准分按下式计算：

基准分$=(0.6F\times G+0.4K)/(0.6G+0.4)$

2. 在考核期内，勘察设计单位承担的项目由两个建设单位考核时，勘察设计单位本考核期基准分按下式计算：

基准分$=(0.4F_1\times G_1+0.4F_2\times G_2+0.2K)/(0.4G_1+0.4G_2+0.2)$

3. 在考核期内，勘察设计单位承担的项目由三个建设单位考核时，勘察设计单位本考核期基准分按下式计算：

基准分$=[0.3(F_1\times G_1+F_2\times G_2+F_3\times G_3)+0.1K]/[0.3(G_1+G_2+G_3)+0.1]$

4. 在考核期内，勘察设计单位承担的项目由四个及以上建设单位考核时，勘察设计单位本考核期基准分按下式计算：

基准分$=\sum(F_i\times G_i)/N$

F为建设单位内各勘察设计单位考核分数，G为建设单位权重（客运专线公司为1.2，其他建设单位为1），K为所有建设单位对勘察设计单位考核分数的平均值，N为权数，$N=\sum G_i$。

（二）均衡分计算方法

1. 分别计算某建设单位内各勘察设计单位得分与该建设单位所有勘察设计单位得分平均值的差值 $M=F-F_{平均值}$。

$F_{平均值}$为某建设单位内所有勘察设计单位得分的平均值。

2. 分别计算某勘察设计单位在各建设单位的 M 之和 $X=\sum(M\times G)$。

3. 某勘察设计单位均衡分按下式计算：

均衡分 $=X-X_{max}$。

铁路建设项目预可行性研究
可行性研究和设计文件编制办法

（铁道部 铁建设〔2007〕152 号　2007 年 8 月 4 日）

各铁路局，各客运专线公司（筹备组），投资公司，铁科院：

现发布《铁路建设项目预可行性研究可行性研究和设计文件编制办法》，自 2007 年 10 月 1 日起实行。铁道部 1999 年发布的《铁路基本建设项目预可行性研究、可行性研究和设计文件编制办法》（铁建设〔1999〕99 号）同时废止。

按原规定正在开展工作项目，其工作衔接由铁道部发展计划司和设计鉴定中心视项目具体情况予以明确。

本办法另发单行本。

关于转发国务院加强测绘工作意见的通知

（铁道部 铁建设〔2007〕188号 2007年9月30日）

各铁路局，各客运专线公司（筹备组），太中银、贵广、兰渝铁路公司（筹备组），集装箱、投资公司：

现将《国务院关于加强测绘工作的意见》（国发〔2007〕30号）转发给你们，并就铁路建设工作中的有关问题通知如下，请按照执行。

1. 提高对测绘工作重要性的认识。各单位要结合工作实际，认真学习贯彻《国务院关于加强测绘工作的意见》，提高对加强测绘工作重要性的认识，积极参与基础地理信息公共平台建设工作。

2. 充分利用现有测绘成果。为提高勘察设计质量，铁路建项目能利用国家测绘成果的，应首先采用国家成果，购买相应的测绘资料；确认没有既有成果的，再自行开展测绘工作。

3. 加强对测绘工作的管理。进一步完善保密制度，落实保密责任，自觉维护国家安全和利益，切实做好保密管理工作。

国务院关于加强测绘工作的意见

国发〔2007〕30号

各省、自治区、直辖市人民政府，国务院各部委、各直属机构：

测绘是经济社会发展和国防建设的一项基础性工作。改革开放以来，我国测绘事业取得长足发展，测绘法律法规逐步完善，数字中国地理空间框架建设稳步推进，测绘科技水平不断提高，地理信息产业正在兴起，测绘保障作用明显增强。但是，在测绘事业发展中还存在着基础地理信息资源短缺、公共服务水平较低、成果开发利用不足和统一监管薄弱等问题。随着经济社会的全面进步，各方面对测绘的需求不断增长，测绘滞后于经济社会发展需求的矛盾日益突出。为进一步加强测绘工作，提高测绘对落实科学发展观和构建社会主义和谐社会的保障服务水平，现提出以下意见：

一、用科学发展观指导测绘工作

（一）充分认识加强测绘工作的重要性和紧迫性。测绘是准确掌握国情国力、提高管理决策水平的重要手段。提供测绘公共服务是各级政府的重要职能。加强测绘工作对于加强和改善宏观调控、促进区域协调发展、构建资源节约型和环境友好型社会、建设创新型国家等具有重要作用。同时，测绘工作涉及国家秘密，地图体现国家主权和政治主张，全面提高测绘在国家安全战略中的保障能力，确保涉密测绘成果安全，维护国家版图尊严和地图的严肃性，对于维护国家主权、安全和利益至关重要。现代测绘技术已经成为国家科技水平的重要体现，地理信息产业正在成为新的经济增长点。全面提高测绘保障服务水平，对于经济社会又好又快发展具有积极的促进作用。

（二）加强测绘工作的指导思想。坚持以邓小平理论和“三个代表”重要思想为指导，全面贯彻落实科学发展观，把为经济社会发展提供保障服务作为测绘工作的出发点和落脚点，完善体制机制，着力自主创新，加快信息化测绘体系建设，构建数字中国地理空间框架，加强测绘公共服务，发展地理信息产业，努力建设服务型测绘、开放型测绘、创新型测绘，全面提高测绘对促进科学发展、构建社会主义和谐社会的保障服务水平。

（三）加强测绘工作的基本原则。

——坚持统筹规划，协调发展。统筹测绘事业发展全局，推进地理信息资源共建共享，合理规划安排，避免重复测绘，推动国家测绘和区域测绘、公益性测绘和地理信息产业以及军地测绘的协调发展。

——坚持保障安全，高效利用。妥善处理测绘成果保密与开发利用的关系，在确保国家安全的前提下提供有力的测绘保障服务，加强地理信息资源开发与整合，推动测绘成果广泛应用，促进地理信息产业发展。

——坚持科技推动，服务为本。贯彻自主创新、重点跨越、支撑发展、引领未来的基本方针，以科技创新为动力，以经济社会发展需求为导向，紧密围绕党和国家的中心任务，提供可靠、适用、及时的测绘保障服务。

——坚持完善体制，强化监管。健全测绘行政管理体制，理顺和落实各级测绘行政主管部门的职责，强化测绘工作统一监督管理，全面推进测绘依法行政，加大测绘成果管理和测绘市场监管力度。

二、切实提高测绘保障能力和服务水平

（四）加快基础地理信息资源建设。加大基础测绘工作力度，加强基础测绘规划和年度计划的衔接，按照统一设计、分级负责的原则，全面推进数字中国地理空间框架建设。“十一五”期间，开展卫星定位连续运行参考站网建设，改建或扩建大地控制网、高程控制网和重力基本网，加快形成覆盖全部国土、陆海统一的高精度现代测绘基准体系。大力提高基础航空摄影能力和国产高分辨率卫星影像获取能力，实现高分辨率航空航天遥感影像对陆地国土的定期覆盖和局部地区的动态覆盖。到2010年，全面完成陆地国土1∶5万地形图测绘；科学合理确定覆盖范围和更新周期，基本完成1∶1万地形图的必要覆盖和城镇地区1∶2000及更大比例尺地形图测绘。加快各级基础地理信息数据库建设。积极开展海洋基础测绘、海岛（礁）测绘和极地测绘工作。建立健全定期更新和动态更新相结合的更新机制，切实提高基础地理信息的现势性，实现基础地理信息资源数量增加、质量提高和结构优化。

（五）构建基础地理信息公共平台。紧密结合国民经济和社会信息化需求，在各级基础地理信息数据库的基础上，加强资源整合和数据库完善，为自然资源和地理空间基础信息数据库提供科学、准确、及时的基础地理信息数据；针对地方、部门、行业特色，在电子政务、公共安全、位置服务等方面，分类构建权威、标准的基础地理信息公共平台，更好地满足政府、企业以及人民生活等方面对基础地理信息公共产品服务的迫切需要。使用财政资金建设的基于地理位置的信息系统，应当采用测绘行政主管部门提供的基础地理信息公共平台。

（六）推进地理信息资源共建共享。加快建立国家测绘与地方测绘、测绘部门与相关部

门以及军地测绘之间的地理信息资源共建共享机制，明确共建共享的内容、方式和责任，统筹协调地理信息数据采集分工、持续更新和共享服务工作，充分利用现有和规划建设的国家信息化设施，避免重复建设。使用财政资金的测绘项目和使用财政资金的建设工程测绘项目，有关部门在批准立项前应当征求本级人民政府测绘行政主管部门的意见，有适宜测绘成果的，应当充分利用已有的测绘成果。加强基础航空摄影和用于测绘的高分辨率卫星影像获取与分发的统筹协调，提高利用效率。有关部门应当及时向测绘部门提供用于基础地理信息更新的地名、境界、交通、水系、土地覆盖等信息，测绘部门要按有关规定及时提供基础地理信息服务。

（七）拓宽测绘服务领域。大力提高测绘公共服务水平，切实加强测绘成果的开发应用，充分发挥测绘在管理社会公共事务、处理经济社会发展重大问题、提高人民生活质量以及城乡建设、防灾减灾等方面的作用。建设全国测绘成果网络化分发服务系统，及时发布测绘成果目录，提供丰富的地理信息服务。不断丰富产品种类，大力开发适用、实用的权威性测绘公共产品，提高产品质量。积极稳妥推出公众版地形图，加快公益性地图网站建设。加强对农村公益性测绘服务，为新农村建设开发适用的测绘产品。积极开展基础地理信息变化监测和综合分析工作，及时提供地表覆盖、生态环境等方面的变化信息，为加强和改善宏观调控提供科学依据。通过加强信息资源整合、开展试点示范等方式，建设各类基于地理信息的政府管理与决策系统。建立健全应急管理测绘保障机制，为突发公共事件的防范处置工作提供及时的地理信息和技术服务。

（八）促进地理信息产业发展。统筹规划地理信息产业优先发展领域，尽快研究制定地理信息产业发展政策和促进健康快速发展的财政、金融、税收等政策。培育具有自主创新能力的地理信息骨干企业，尽快掌握产业核心技术，形成一批具有自主知识产权的先进技术装备，增强我国地理信息产业的整体实力和国际竞争力。引导社会资金投入，推动地理信息的社会化利用，提高测绘对经济增长的贡献率。通过政府采购和项目带动等方式，引导和鼓励企业开展地理信息开发利用和增值服务，促进智能交通、现代物流、车载导航、手机定位等新兴服务业的发展。妥善处理地理信息保密与利用的关系，修订测绘管理工作国家秘密范围的规定，制定涉密地理信息使用管理办法。

三、加快测绘科技进步与创新

（九）完善测绘科技创新体系。加强测绘科研基地、科技文献资源以及科技服务网络等测绘科技基础条件平台建设。完善测绘科技创新政策，充分发挥各类测绘科研机构、高等院校、国家重点实验室、部门开放实验室、工程技术研究中心和有关企业在测绘科技创新中的主体作用，建立健全以需求为导向、产学研相结合、分工协作的测绘科技创新体系，加强测绘科技推广和成果转化。

（十）增强测绘科技自主创新能力。将测绘科技自主创新纳入国家科技创新体系，通过国家和地方科技计划和基金，加大对测绘科技创新的支持力度。加强测绘基础理论研究和软科学研究，加快高精度快速定位、高分辨率卫星遥感、影像自动化处理、地理信息网格以及信息安全保密等方面的关键技术攻关，显著提高我国测绘科技的整体实力。推进信息化测绘体系建设，促进地理信息获取实时化、处理自动化、服务网络化和应用社会化。加强测绘对外技术合作与交流，积极参加测绘领域的重大国际科技合作项目，不断提高我国测绘的国际地位。

（十一）加强现代化测绘装备建设。在充分利用国内外卫星资源的基础上，加快自主研制发射满足测绘需求的应用卫星，加强卫星应用系统建设。大力加强现代测绘基准体系基础设施建设，积极发展卫星导航定位综合服务系统。加快基础测绘生产基地的装备和设施更新，提高野外测绘高新技术装备水平。加强应急测绘装备建设。改善各级基础地理信息存储管理与服务机构的装备条件。建立和完善国家、省、市级之间互联互通的全国基础地理信息网络体系。

四、加强测绘工作统一监管

（十二）健全测绘行政管理体制。县级以上地方人民政府要进一步落实和强化测绘工作管理职责，加强测绘资质、标准、质量以及测绘成果提供和使用等方面的统一监督管理。各级测绘行政主管部门要根据新时期测绘工作面向全社会提供保障服务的特点，认真履行职责，按照统一、协调、有效的原则，加强自身建设，落实管理力量和工作经费，增强工作能力。

（十三）完善测绘法规和标准。加强依法行政，建立健全适应社会主义市场经济体制的测绘法律法规体系。进一步加强基础测绘、海洋基础测绘和地图管理等方面的立法工作。加强测绘与地理信息标准化工作的管理，健全标准体系，加快测绘与地理信息标准的研究制定，提高标准的科学性、协调性和适用性。

（十四）加强测绘成果管理。严格执行测绘成果汇交制度，政府投资项目的测绘成果必须依法及时向测绘行政主管部门无偿汇交，加强测绘成果汇交执行情况的定期检查和重点抽查。推进测绘档案管理信息化。加强对外提供测绘成果的统一管理，修订对外提供测绘成果的有关规定。加大对重要地理信息数据审核、公布和使用的监管力度。完善测绘成果安全保障体系，落实测绘成果异地备份制度，强化测绘成果保密和使用监管。强化测绘成果安全防范意识，依法打击窃取国家秘密测绘成果和向境外非法提供国家秘密测绘成果的犯罪行为。做好测量标志保护和维护工作，制定测量标志土地使用的有关规定，建立责权利相结合的管理机制。依法规范和审批城市坐标系统建设，开展城市坐标系统的清理。

（十五）加强地图管理。测绘行政主管部门要加强对地图编制的管理，完善地图审核制度，严把地图审核关。提高联合执法能力，进一步加大对地图市场及互联网网站登载地图的监管力度，严格查处和封堵互联网用户上传、标注涉密地理信息，严厉打击各种违法违规编制、出版、传播、使用地图以及侵犯地图知识产权等行为。将国家版图意识教育纳入爱国主义教育和中小学教学内容，提高全社会的国家版图意识。

（十六）加大测绘市场监管力度。进一步加强测绘资质管理，从事地理信息数据的采集、加工、提供等测绘活动必须依法取得测绘资质证书，严格市场准入。健全测绘单位质量管理体系，建立测绘质量监理制度，加强对房产测绘和导航电子地图、重大建设项目等的测绘质量监督。严厉查处无证测绘、超资质超范围测绘:非法采集提供地理信息、侵权盗版和不正当竞争等行为。加强对外国的组织或者个人来华测绘活动的监督管理。鼓励群众积极举报测绘领域的违法违规行为，加强社会监督。加快建立测绘市场信用体系，严格市场准入和退出机制，加强测绘执法监督，形成统一、竞争、有序的测绘市场。

五、加强对测绘工作的领导

（十七）加强对测绘工作的组织领导和统筹协调。地方各级政府要充分认识加强测绘工作的重要性和紧迫性，加强组织领导，抓好测绘发展规划的编制和组织实施，把数字区域地理空间框架和信息化测绘体系建设作为本地区国民经济和社会发展的重要内容加快推进。采取有效措施，切实解决好测绘工作中存在的突出问题，为测绘事业发展创造良好的环境条件。各级测绘行政主管部门要加强测绘工作统一监督管理，提高测绘依法行政能力。有关部门要加大支持力度，加强协作配合，共同做好测绘工作。做好测绘宣传和舆论引导工作，在全社会推广普及测绘知识。

（十八）完善测绘投入机制。各级政府要切实将基础测绘投入纳入本级财政预算，不断提高经费投入水平。中央财政要继续加强对边远地区与少数民族地区基础测绘的支持。建立健全公共财政对测绘基础设施建设维护、公共应急测绘保障、测绘科技创新、测绘与地理信息标准化等方面的投入机制，加大投入力度。加强财政经费使用的监管和绩效评估，提高财政资金使用效率。

（十九）加强测绘队伍建设。加大测绘人才培养力度，全面提高测绘队伍整体素质。继续推进新世纪测绘人才培养工程，实施测绘领军人才培养工程，完善以测绘高等教育、职业技术教育、继续教育、在职培训相结合的测绘人才培养体系，健全人才引进、使用、评价机制。加强测绘职业资格管理，积极实施注册测绘师制度。稳步推进测绘事业单位结构调整，加强基础地理信息获取和服务队伍建设，形成一支布局合理、功能完善、保障有力的基础测绘队伍。大力改善野外测绘工作条件，对野外测绘队伍人员继续实行工资倾斜政策，完善津贴补贴政策。充分发挥测绘有关社团和中介组织的作用。要教育广大测绘工作者进一步增强责任感和使命感，继续弘扬“爱祖国、爱事业、艰苦奋斗、无私奉献”的测绘精神，脚踏实地，开拓进取，为全面建设小康社会、构建社会主义和谐社会作出更大的贡献。

关于印发《铁路优质工程勘察设计奖评选办法》的通知

（铁道部 铁建设〔2007〕209 号　2007 年 11 月 7 日）

各铁路局，集装箱、投资公司，铁科院，各铁路公司（筹备组）：

为加强铁路建设工程勘察设计管理，鼓励勘察设计单位贯彻铁路建设新理念，提高铁路工程的勘察设计质量和水平，铁道部修订了《铁路优质工程勘察设计奖评选办法》，现予印发，自发布之日起施行。2006 年 8 月印发的《铁路工程优秀勘察设计奖评选办法》（铁建设〔2006〕157 号）同时废止。

本办法第七条关于不得申报优质工程勘察设计奖的条件，第一款“工程投资超可研投资 10%的项目”，是指 2006 年 1 月 1 日起批复可研的项目。2006 年 1 月 1 日前批复可研的项目，工程投资超批复概算的，不得申报优质工程勘察设计奖。

铁路优质工程勘察设计奖评选办法

第一章　总　　则

第一条　为提高铁路建设技术水平，推动技术创新，鼓励广大勘察设计人员创出更多质量优、水平高、效益好的工程勘察设计成果，依据《全国优秀工程勘察设计奖评选办法》（建质〔2006〕302 号）和铁道部有关规定，制定本办法。

第二条　铁路优质工程勘察设计奖设一、二、三等奖。获奖项目分为工程勘察和工程设计两类。

第三条　铁路优质工程勘察设计奖每年评选一次。评选应坚持科学、公开、公正、公平的原则。

第四条　铁路优质工程勘察设计奖的申报单位必须具有与申报项目相应的工程勘察资质或铁路工程设计资质（包括可从事铁路工程设计的其他设计资质）。

第二章　申 报 条 件

第五条　工程勘察

（一）申报项目必须是竣工验收合格，并经至少一年以上运营检验的铁路工程建设项目。

（二）申报项目必须是本单位评选出的优质工程勘察项目。

（三）申报项目规模：

1. 工程测量为50公里以上线路，编组站；

2. 岩土工程为地质条件复杂的线路，区段站(含)以上站场，特大桥，深水桥，3公里以上隧道，单体建筑面积8000平方米及以上车站站房，大型不良地质或特殊地质工点；

3. 水文地质条件复杂的水源工程；

4. 规模较小，但技术难度大、有特色的勘察成果。

第六条 工程设计

(一)申报必须符合下列条件之一：

1. 申报的铁路工程建设项目必须是竣工验收合格，并经至少一年以上运营检验；

2. 申报的标准设计必须是经铁道部审查批准、公开发行的标准图，或经工程建设标准设计管理机构审查批准、公开发行的通用参考图；应经设计或施工使用一年以上，且效果显著；

3. 申报的设计软件必须具有自主知识产权，或引进后经二次开发的软件或数据库；应通过鉴定或评审，使用期至少一年以上，且效果显著。

(二)申报的建设项目、标准设计或设计软件必须获得过本单位评选出的优质奖项。

(三)申报的铁路工程建设项目规模：

1. 综合工程

(1)新建铁路正线长度不少于50公里，改建铁路正线长度不少于100公里；

(2)新建或改建规模在50%以上的铁路枢纽、编组站、区段站、客运站、动车段。

2. 单项工程

(1)采用新结构、新技术、新工艺的大桥、特大桥、深水桥、墩高60米以上高桥；

(2)地质条件复杂的3公里以上隧道；

(3)采用新结构、新技术、新工艺的特殊设计路基工程；

(4)单体建筑面积8000平方米及以上的车站站房；

(5)新建或改建规模在50%以上的机务段、车辆段；

(6)采用新技术的铁路大中型建设项目的通信、信号、电力、牵引供电及信息系统；

(7)规模较小，但在技术创新方面成绩显著的项目。

第七条 下列项目不得申报优质工程勘察设计奖：

(一)工程投资超可研投资10%的项目(不含因征地拆迁价格调整、国家政策性调整的因素增加的投资)。

(二)发生重大安全事故或工程质量重大事故，且与勘察设计单位有关的项目。

(三)曾申报过未获奖的项目不得再重新申报；

(四)列为国家标准设计的标准设计项目。

第三章 评选标准

第八条 工程勘察

(一)勘察资料齐全，深度和精度符合国家和铁道部有关规范、规程，能正确地反映客观实际，满足设计需要，开挖揭示的地质情况与勘察成果基本一致；

(二)工程地质勘察工作采用综合勘探方法和勘探新技术，为设计和施工提供了详细、准确的地质资料及场地、环境基础资料；

(三)勘察方法和手段选用适当,有所创新,在解决关键勘察问题方面有一定的技术特色;

(四)勘察成果对保证设计质量和工程效益有显著作用。

第九条 工程设计

(一)认真执行法律、法规、规章和工程建设强制性标准;

(二)正确贯彻执行国家有关方针和铁路技术政策,合理采用技术标准、规范;

(三)认真贯彻落实以人为本、服务运输、强本简末、系统优化、着眼发展的铁路建设新理念,优化设计,强化保证运输安全、提高运输能力的措施;

(四)在技术经济比选、环境保护、节约能源和资源、降低工程造价等方面成效突出,经实践检验,设计成果满足建设和运营要求,经济、社会效益显著;

(五)采用的工艺、设备、材料和结构技术先进,选型合理,符合国情、路情;

(六)设计文件组成内容和深度符合要求,设计手段先进;

(七)工程投资控制在批复概算之内,符合国家有关环保、水土保持、节能、消防、安全等方面的规定。

(八)标准设计符合铁道部技术政策,体现铁路建设新理念;严格执行工程建设强制性标准,在新建、改建铁路工程建设中发挥了重要作用,具有良好的经济、社会、环境效益;合理采用新技术、新材料、新结构、新工艺,提高了铁路建设技术水平。

(九)设计软件技术难度大,设计严密;适用范围广,通用性强;在新建、改建铁路工程建设中发挥了重要作用,具有良好的经济效益或明显提高了管理效率。

第十条 铁路优质工程勘察设计奖各奖项的水平应达到以下标准。

一等奖:技术创新有突出成就,主要技术指标达到同期国际领先或先进水平;

二等奖:技术创新有显著成就,主要技术指标达到同期国内领先水平;

三等奖:技术创新有较高成就,主要技术指标达到同期国内先进水平。

第四章 申 报

第十一条 申报项目可由申报单位直接报送,也可由申报单位的上级主管部门组织报送。

第十二条 申报工程设计的建设项目可按整个项目申报,也可按子项目单独申报(包括长大干线的分段工程)。

按整个项目申报时,其子项目原则上不得再另行申报;按子项目申报后,整个项目原则上不得申报。

第十三条 申报材料的内容:

(一)优质工程勘察项目(一式四份)

1. 工程勘察资质证书副本复印件;

2. 申报表(附件1);

3. 勘察报告书及相关资料;

4. 建设、设计、施工、监理单位的书面评价意见;

5. 必要时报送反映项目情况的声像资料。

(二)优质工程设计项目(一式四份)

1. 工程设计资质证书副本复印件;

2. 申报表(附件2);

3. 设计说明、主要图件及相关资料；

4. 由建设单位出具的项目批复概算执行情况；

5. 建设、施工、监理单位及运营管理、环保、消防等有关部门的书面评价意见；

6. 必要时报送反映项目情况的声像资料；

7. 标准设计图集及说明、批准立项和实施文件的复印件和使用效益证明(两个以上用户)；

8. 设计软件的测试报告及鉴定证书复印件、使用说明及用户手册复印件、用户使用效果证明。

第十四条 对出具项目评价意见部门的要求：

(一)建设部门对申报项目的评价意见由建设单位出具；

(二)运营管理部门的评价意见由铁路局相关业务处出具；

(三)施工部门的评价意见由施工企业出具；

(四)监理部门的评价意见由监理企业出具；

(五)设计部门对勘察项目的评价意见由设计单位出具；

(六)使用效果证明由用户出具。

第十五条 申报表中应详细说明项目的申报理由，主要技术经济指标达到同期国际、国内先进水平的，应附省部级科技情报部门出具的相关检索资料。

第十六条 每个评选年度的8月底前，申报单位将优质工程勘察设计奖的申报材料送中国铁道工程建设协会，其中工程设计中的标准设计与设计软件的申报材料送工程建设标准设计管理机构。

文字材料用纸规格统一采用A4型。

第五章 评 选

第十七条 铁道部成立优质工程勘察设计奖评审领导小组，由建设管理司、运输局、工程设计鉴定中心(经规院)、工程监督总站及中国铁道工程建设协会的负责人和相关专家组成，办公室设在建设管理司。

第十八条 中国铁道工程建设协会承办优质工程勘察设计奖的申报受理、申报条件审核、组织专家评审等基础性工作；其中工程设计中的标准设计与设计软件的基础性工作由工程建设标准设计管理机构负责。

第十九条 评选程序：

(一)中国铁道工程建设协会和工程建设标准设计管理机构按分工组织对申报材料是否符合申报条件进行审查；

(二)符合申报条件的项目，由评审专家分组按照评选标准、结合有关部门对项目的评价意见进行初评，必要时可组织实地考查，分申报类别提出初评意见；

(三)铁道部优质工程勘察设计奖评审领导小组评审；

(四)铁道部优质工程勘察设计奖评审领导小组评审结果在铁道工程交易中心网公示，无异议后报铁道部批准后公布。

第二十条 评审专家根据申报项目情况选聘。评审专家必须具有较高的业务水平，掌握本专业技术发展动态，专业技术精湛，作风正派，并实行回避制度。

第六章　奖　　惩

第二十一条　获铁路优质工程勘察设计奖的项目，由铁道部向获奖单位颁发奖牌或奖状，向主要勘察设计人员颁发个人荣誉证书。

优质工程勘察设计奖单项授奖人数不超过 15 人（含主要协作单位人员 2～3 人），其中工程设计中的标准设计与设计软件单项授奖人数不超过 10 人（含主要协作单位人员 1～2 人）。

获奖项目单位应对获奖人员给予表彰和奖励。

第二十二条　项目申报必须实事求是，不得弄虚作假。评选时发现弄虚作假的，取消该项目参评资格，通报批评；获奖后发现的，撤销奖励，通报批评，并取消该单位一次参评资格。

第二十三条　获奖后发现因勘察设计责任造成项目重大安全隐患或工程质量问题的，撤销奖励并予以通报批评。

第七章　附　　则

第二十四条　本办法由铁道部建设管理司负责解释。

第二十五条　本办法自发布之日起实行。铁道部原发《铁路工程优秀勘察设计奖评选办法》（铁建设〔2006〕157 号）同时废止。

关于加强铁路勘察设计工作的意见

（铁道部 铁鉴〔2008〕2 号　2008 年 1 月 2 日）

各铁路局，各铁路公司（筹备组），铁道第一、二、三、四、五勘察设计院，中铁设计咨询集团，上海城市轨道设计研究院，大桥勘测设计院，电气化勘测研究设计院，通信信号研究设计院，隧道勘测设计院：

为进一步提高勘察设计质量和工作效率，有效地控制工程投资，现对勘察设计工作中存在的问题，提出若干意见，请按照执行。

一、勘察设计工作是保证工程质量与安全、控制工程造价的重要环节，建设单位和设计单位要给予高度重视，不断提高勘察设计质量。

二、设计单位要加强勘察设计管理工作，提高勘察设计质量。认真执行技术岗位责任制，勘察、设计、复核、审核层层把关，各负其责，避免设计文件中的差、错、漏、碰；要加强站前及站后各专业的协调配合，加强设计文件的总体性和协调性，通过系统集成优化，控制工程投资。采取的工程措施应有确切的依据和针对性，对工程数量的真实性、准确性负责。达不到各阶段要求的设计文件不能上报，评审单位不予评审。

三、建设单位要加强前期工作管理，及时解决勘察设计中有关问题，为设计单位提供必要的支持和协助。要加强初步设计文件的预审工作，对所有文件进行认真审查。上报的预审意见应有建设单位主要领导签字，对设计文件的合规性和工程数量的真实性负责。

四、建设项目投资概算控制要科学定标、适度从紧、留有余地、从严监管。可研阶段的投资应符合建设项目的实际情况，按规定计列预备费；初步设计的技术方案要明确，有关协议要落实，工程投资与工程数量要相对应。各设计阶段应在深化细化技术方案、合理把握技术标准和工程措施，准确计算工程数量的基础上，把握好工程投资。

五、建设单位和勘察设计单位应严格执行国家和铁道部的规定及审批意见，并对执行情况分析说明；要不断提高对投资控制的认识，将投资控制的理念贯穿于项目建设的全员和全过程，确保实现质量、安全、投资、工期、环保及文明施工等目标。

第一部分　可行性研究

六、可研报告的编制必须依据齐全准确的初测资料。地形、地质、水文、建筑物、迁改工程等勘察资料必须完整、正确，并满足方案比选及编制投资估算的要求。

七、加强经济与运量的调查分析，实事求是地做好运量（包括合理流向）调查、分析和预测，在合理确定初、近期运量的基础上，科学预测远期运量。合理划分运量区段，并分别预测各区段和分站运量，以确定枢纽及车站的布局、规模及相关联络线、疏解线的设置与建设时机。

八、主要技术标准应根据运量、路网规划、地形地质条件、相邻线技术标准等因素综合比选确定，并考虑预留发展条件。限制坡度、最小曲线半径、牵引种类和质量、到发线有效长度等应通过技术经济比较和论证确定。

九、加强与沿线规划、环保、国土、文物、水利、林业、交通、矿产、部队等部门沟通协商。收集和研究可能影响线路方案的风景名胜区、自然保护区、水源保护区、文物古迹保护区、耕地保护区(特别是基本农田)等现状和规划资料,以及城乡、水利、航道、道路的现状和规划资料。线路走向方案应征求并取得有关部门的明确意见。

十、必须重视和加强地质勘察工作,严格执行铁道部《铁路工程地质勘察规范》(TB 10012—2001)、《关于加强铁路地质勘察工作的通知》(铁建设函〔2004〕644 号)、《关于进一步做好客运专线地质勘察工作的通知》(铁建设函〔2006〕624 号)等规定。勘探前要编制勘察大纲并报建设单位批准,建设单位应对地质勘察资料组织审查和验收。

十一、根据地形地质条件、铁路等级、工点方案、工程的难易程度,按铁路工程地质勘察规范要求确定可研阶段地质钻探的数量。对线路主要比较方案应同精度进行地质勘探。为合理确定工程数量和投资,对大中桥梁、复杂隧道、深挖高填路基、大型取土场等典型(代表性)工点必须有足够的地质钻探资料。

十二、大力贯彻地质选线的原则,尽量绕避严重不良地质地段,无法绕避时应进行多方案比较,并提出切实可行的工程措施,力求根治,不留后患。对于地质特别复杂的重点地段,应进行加深地质工作或开展专项地质勘察与研究。

十三、线路、站场等重大技术方案的选择应综合考虑政治、军事、社会发展、城市规划、环境保护、土地保护等因素,进行多方案技术经济比选,一般不得只作单一方案,切勿遗漏任何有价值的方案。重大线路、站场设计方案应基本稳定,并应取得有关部门明确的书面意见。

对枢纽影响较大的线路引入方案,应在相应的枢纽方案论证通过后确定。引入枢纽和地区方案,一般应在总图规划的基础上落实,当与总图方案不一致时,应重新对总图规划进行系统的调整和论证。

十四、应特别重视环保、合理利用土地选线。环境评价、土地利用评价工作应与勘察设计工作同步进行,并参与线路方案的选择,不能仅作事后评价。

十五、技术经济比较要充分考虑征地、房屋拆迁、电力、通信、地下管线、道路及水利、航运设施迁改的难易程度与实际价格,根据有关政策、法规深入分析征地、拆迁单价、特殊建(构)筑物等合理费用,客观准确地反映方案的工程数量、投资额度及主要优缺点。

十六、对主要设计方案的技术经济比较,必须在同等基础上进行,包括原始资料的精度、工作方法及手段、指标定额与费用估算等。不能做定量分析的比较项目,可做定性分析和对比。要求做到图表齐全、论述充分。

十七、可研报告文件所含各册说明书、附图和附件等必须按照设计文件编制办法的相关要求,达到规定的深度,重点解决好确定主要技术标准、稳定重大线路方案和站场方案、估算主要工程数量和投资问题。

十八、可研报告应考虑新规范、新标准的应用以及站后系统集成等引起的工程内容和数量,并合理估算相关费用。

十九、全线的主要工程数量及投资应与预可行性研究阶段进行认真的对比分析,分章节、分工程说明工程数量和投资增减的原因与理由。

二十、对全线及重点工程的主要数量和投资,应与其他相类似的线路或工程进行指标对比和分析,说明其工程数量和投资合理性、准确性与可靠性。

第二部分 初步设计

二十一、设计单位应按《铁路工程地质勘察规范》中定测阶段工程地质调绘、勘探、测试和资料编制的各项要求，以及国家有关部门的各项规定，详细计划与确定勘察工作量，合理安排勘察设计周期。

一般情况下，初步设计文件完成前，地质勘探工作应基本完成（一般线路地质钻探量完成不少于计划量的75%；客运专线地质钻探量完成不少于计划量的70%）。隧道深孔钻探及综合测井、试验工作也应在初步设计阶段完成。对于受地形地物影响或地方原因难以实施勘探问题，建设单位以及各相关部门应予以积极协调，配合设计单位及时解决。

二十二、切实加强路基工程、软弱土地基及路堑边坡的地质勘探工作。对特殊土及不良地质工点应严格按工点要求进行详细勘察。对路堑挖方段土石等级及土石比例的确定，应有可靠的调查或勘探资料作为依据。应重视取、弃土场和建筑材料料源地的调查与勘探。各类建筑物工点均应单独完成详细工程地质勘察报告。

二十三、进一步加强桥梁基础的地质钻探工作，一般非可溶岩地段宜按逐墩勘探原则布置钻探；岩溶发育地区按逐桩勘探原则布置钻探；地层岩性变化较大、岩层差异风化严重及一般可溶岩地段按逐墩勘探原则适当增加钻孔，必要时可进行逐桩钻探。

二十四、加强地质复杂隧道、浅埋隧道、长大隧道的地质综合勘探工作。充分发挥遥感地质、大地电磁深层物探和大面积地质调绘的作用。对隧道进出口、浅埋段、断层破碎带、各种不良地质体，地下水富集区、不整合接触带、特殊地层和岩性段合理布置地质钻探孔。重要的地质异常点、有松散堆积物覆盖的洞口位置、大规模断层破碎带和可能的突水突泥地段均应布设控制性钻孔。

二十五、隧道的勘探点间距不应过大，地质复杂和埋深较浅隧道的勘探点间距一般不宜大于500米。断层和物探异常点应设有勘探控制点。对于重大不良地质与特殊岩土发育地段，应适当增加钻孔，与其他综合勘探手段相配合，基本查清，不留隐患。

二十六、隧道地质勘察资料，应对地下水量的大小和分段用水量、地应力、膨胀性、不良气体危害程度等提供定量的指标。隧道围岩分级和土石工程等级的确定均应有充足、具体的依据。辅助坑道应与正洞进行同等精度的地质勘察。

二十七、加强铁路沿线各项调查工作。对地类、房屋、水井、坟墓、通信、电力、地下管线等应详细调查，在1/2000地形图上明确标注，不得遗漏。各项拆迁工程的数量、投资要准确。对重点拆迁工程，如学校、医院、机关、厂矿、企业、养殖场等拆迁应进行评估。对于高压线、通信工程、管道工程的迁改设计应提出初步方案、工程数量和投资。设计单位配合建设单位与各有关部门签订协议。

二十八、改建铁路、车站及增建第二线，应加强站后各专业既有设备、设施的现状及可利用情况的调查和研究。

二十九、改移道路及立交，应调查落实既有标准、规划情况，研究改移及立交方案，进行详细设计后明确工程数量、工程投资及投资划分。设计单位配合建设单位签订协议。

三十、建设单位应按国家规定，组织做好地质灾害危险性评估、压覆矿产资源评估、地震安全性评价、防洪影响评价工作。设计单位应根据成果报告的结论在设计中做好防护和保护工作。

三十一、重视和加强局部方案的比较和优化，详细进行路基、桥梁、隧道工点的比选，对影响线路方案的外界环境、工程地质条件应有明确的说明和意见。

三十二、路基设计应避免高填深挖，特别注意避开傍山临河可能出现的滑坡、落石、泥石流地段。对工程艰巨、地质、水文条件复杂地段一定要有线路局部位置、桥路、隧路等不同方案的比选。路基填料和弃渣，在经过勘探确认可用作取弃土场的前提下，签订取弃土场协议，并在此基础上完成土石方调配设计。

三十三、通航河流应完成通航论证，并经有关主管部门审查通过。对长大、重点桥梁应进行桥式方案比选。

三十四、隧道设计的工程措施应有针对性。不同的隧道洞口条件要采取适宜的隧道洞门形式、合理的进洞措施；对可能发生的地质灾害应有设计预案；对风险度较高或很高的隧道工程应进行风险评估并采取降低风险、保证安全的措施；对特长隧道要进行多方案的比选，包括线路平纵断面、施工工法、单洞双线或双洞单线方案、辅助坑道设置方案的比选等。对于下穿既有结构物的隧道应有保护结构物的具体措施。应与地方有关部门协商确定弃渣场地和弃渣安置方案，并签订协议。做好环境保护设计，防止水土流失。地质复杂隧道超前地质预报，应纳入施工工序。

三十五、通信、信号设计应达到初步设计的要求，工程数量应准确、概算要合理。因土建工程和铁路电气化引起的路外通信设施及油气管道迁改防护的调查详表及防护方案说明应作为设计文件的附件，一并报审。因土建工程引起通信设施迁改、路外通信设施防护、油气管道防护等费用在概算章节中应分别计列。

三十六、牵引供电基础设施，如牵引变电所规模及分布、接触网支柱高度及容量等，应按适应远期发展需要进行设计。牵引变压器等设备按近期需要配置。设计单位要高度重视提高供电臂接触网电压水平，确保对列车的供电能力。在工程设计中，针对不同铁路的具体条件，可采取适当缩短供电臂长度、降低牵引网阻抗、提高功率因数、采用阻抗电压低的牵引变压器等提高网压的措施。在电力系统比较薄弱时，设计单位与建设单位共同加强与电力部门的沟通和协商，提出铁路具体的供电要求，争取电力部门做好外部电源配套工作，研究解决措施。

牵引变电及分区所、开闭所、AT 所的设计，要严格限制占地面积，注意尽量不占或少占农田，采用占地少的设计方案，并重视与周围环境的协调。

接触网支柱原则按部颁标准图选用，并尽量统一型号，客货共线运行铁路腕臂柱，一般采用横腹杆式预应力混凝土支柱，客运专线腕臂柱，优先采用 H 型钢柱。

车站接触网平面设计，应高度重视车站美观，充分利用车站股道外侧及线间距大的股道间立柱，尽量避免在站台上立柱。

三十七、加强客站的总平面设计。总平面设计应附详细的设计图纸和有关场地规划及自然条件等资料。

调查和落实有关主管部门对本工程批准的规划许可技术条件（道路红线、建筑红线或用地界线、建筑物控制高度、容积率、建筑密度、绿地率、停车泊位数等），以及对总平面布局、周围环境、空间处理、交通组织、环境保护、文物保护、耕地保护、分期建设等方面的特殊要求。

说明场地所在地（城市中）的位置，简述周围自然与人文环境、道路、市政基础设施与公共服务设施配套和供应情况，以及原有和规划的重要建筑物、构筑物，概述场地地形、地貌和水文情况，描述场地内原有建筑物、构筑物，以及保留（包括名木、古迹等）、拆除的情况。

叙述场地的工程地质情况，如地层、岩性、构造、地震裂度以及其他不良地质状况。因地制宜，根据地形、地质、日照、通风、防火、卫生、交通以及环境保护等要求布置建筑物、构筑物，使其满足使用功能、城市规划要求以及技术经济合理性；说明功能分区原则、远近结合期的意图、发展用地的考虑等。

说明室外空间的组织及其与周围环境的关系，说明环境景观设计和绿地布置等。

三十八、加强对材料供应基础资料的收集，使料源能够满足需求；深化大型复杂工点和控制工期工程的施工组织设计；加强对设计数量以及采用定额等的复核，减少概算编制的差错漏碰。初步设计概算要与可研投资估算进行详细的对照分析。

对于特殊设计、新技术、新设备、新材料等，要有补充单价分析和单项概算分析资料。

对于大型临时设施，应深入细致调查，基本确定设置方案和相应工程数量，提出合理的单价分析及费用。铺轨基地和制存梁场等大型临时设施，也应开展设计，基本达到初步设计深度要求，同时作出临时用地复垦方案。

三十九、初步设计文件的深度和内容应满足部颁文件的有关要求，充分体现设计思想和主要工程内涵。设计文件应附全线 1/10000 线路平面图，各种比例的平面图均应反映最新的资料，地质资料应反映到 1/2000 平面图上，线路纵断面图应有地质剖面，线路引入枢纽或地区，应另附枢纽或地区的总图，设计文件内应附各车站和疏解区平面布置示意图，车站及站区规划，重要的桥梁、隧道、路基、立交、改移公路等应有详细设计图。

无线台站、大型油气管道应附示意图，牵引供电方案应附对应的线路纵断面缩图，牵引变电所、开闭所、网工区应明确选址位置，特殊桥、隧、路基地段应附现场照片和电子文档。

第三部分　施　工　图

四十、根据初步设计的审批意见，尽快完成补充定测，及时编制施工需要的设计图表、必要的设计说明及投资检算。

四十一、建设单位应根据铁道部《铁路建设项目施工图审核暂行办法》（铁建设〔2004〕81号）和《铁路建设项目施工图投资检算暂行办法》（铁建设〔2007〕110 号），加强施工图审核和施工图投资检算审查工作。

四十二、施工图设计应严格执行初步设计批复意见，提高设计文件质量，消灭差、错、碰、漏等质量问题。

四十三、因建设条件和标准发生变化，施工图与初步设计主要批复意见不一致时，应按照铁道部有关变更设计管理规定办理。

四十四、投资检算或预算不得大于批复的初步设计总概算，因特殊情况超出者，须报初步设计批准单位批准。

第四部分　变更设计及其他

四十五、严格执行先审图后施工的原则。经建设单位审核批准的施工图，任何单位和个人不得擅自变更。确需变更的，应严格按铁道部铁建设〔2005〕146 号文执行。

四十六、变更设计要坚持“先批准，后变更，先设计，后施工”的原则。特殊情况下，建设单位可口头或书面形式报铁道部，部有关部门应及时答复处理意见，同时建设单位按程序办理变更设计。

变更设计由提议单位提出变更理由和技术经济比较资料报建设单位，建设单位组织施工、监理、设计等有关单位进行分析研究，各方签认后，提出处理意见，原则上由原设计单位按处理意见完成变更设计。

报铁道部变更设计文件深度应达到初步设计深度要求，变更设计文件应包括变更设计范围、原设计方案及工程数量和概算、变更设计原因、变更设计方案及工程数量和概算，有关原设计和变更设计图纸，应有充分的技术经济比较资料，附分析说明。

变更设计概算应按原设计和变更后设计方案分别编制，包括单项概算、综合概算、总概算和综合概算对照表、总概算对照表、工程数量对照表。

建设单位应对变更设计文件进行初审，分析变更设计原因、责任单位，并提出费用处理及责任承担的建议，对变更设计的合规性和工程数量的准确性负责。初审意见经主管领导签字后连同设计文件、有关施工合同等文件、资料报原初步设计批准单位或部门。

四十七、严禁将变更设计项目合并和拆分。同一工点或同一病害引起的不可分割的一次变更，为一项变更设计，同一工点中的不同变更内容、同一病害类型的不同工点、同一变更内容的不同段落应分别划分为不同的变更设计项目。

四十八、变更设计的费用计算不得改变初步设计概算批复和招标文件明确的主要原则(包括概算编制、土石方调配、材料供应计划方案等)，变更设计文件应对Ⅰ类变更设计增减的费用做出详细说明。

四十九、依据国家和铁道部有关法规及规定以及双方签订的施工合同中价款调整的有关规定，处理变更设计增加或减少的费用。

五十、清理概算的编制应遵循合法合规、实事求是、严格控制的基本原则。以设计为基础，以国家和铁道部有关规定和签订合同为依据，以建设单位提出的审核后的量价等为凭证，分项分类编制。

对于超出规定、规范等增加的各项费用应说明原因，分清责任，做到严格把关。对于超标准、超规模建设增加的投资，未经批准不得列入清理概算，同时将追究相关责任。

报送的文件必须经建设单位审核，并提出明确意见，做到依据充分、数据翔实、合法合规。

建设单位根据招标后签订的合同，按照综合概算的格式要求，汇总项目的投标报价合同综合概算和招标降造费一览表，连同合同文本(有关价款调整部分)一同报送。

建设中已经发生的Ⅰ类变更设计，应按照铁道部有关规定和批复意见尽快处理和整改。

征地拆迁费用与有关纪要协议等出现较大差异时，建设单位应认真分析原因，并提供相关数量、单价、依据、协议和有效凭证等各项附加资料后报铁道部。

附件：Ⅰ类变更设计文件组成与内容

附件：

Ⅰ类变更设计文件组成与内容

一、概述

(一)设计变更依据

1. 设计批复

2. 合同有关规定

3. 国家、铁道部及有关部门等发布的有关标准、政策文件等

(二)设计变更范围

二、变更设计的主要内容(详细描述)

(一)变更原因说明

(二)原设计方案情况

(三)变更后方案情况

三、变更投资增减情况

四、造成变更的责任

五、附件

(一)附图

1. 原设计图

2. 变更后设计图

(二)附表

1. 变更前后工程数量对照一览表

2. 变更前后总概算对照表、综合概算对照表

3. 对应的原设计总概算表、综合概算表、单项概算表

4. 变更后设计总概算表、综合概算表、单项概算表

(三)其他有关协议、纪要、合同规定及相关批文

关于时速 200 公里及以上铁路工程测量标准有关事项的通知

（铁道部 铁建设函〔2008〕42 号　2008 年 1 月 9 日）

各铁路局，投资公司，各铁路公司（筹备组），各合资铁路公司，地方铁路协会：

《客运专线无砟轨道铁路工程测量暂行规定》（铁建设[2006]189 号）、《时速 200～250 公里有砟轨道铁路工程测量指南（试行）》（铁建设函[2007]76 号）发布后，对指导时速 200 公里及以上新建、改建铁路设计、施工、运营及维修养护测量工作起到了重要的作用。为进一步重视和加强铁路工程测量工作，针对目前铁路工程测量工作中存在的主要问题，现就时速 200 公里及以上铁路工程测量标准有关事项通知如下，并按照执行。

1.《时速 200～250 公里有砟轨道铁路工程测量指南（试行）》除适用于新建 200～250 km/h 客运专线有砟轨道铁路工程测量外，也适用于时速 200 公里及以上客货共线有砟轨道铁路工程测量。

2. 远期预留时速 200 公里及以上的线路（含在建项目）应按远期预留设计速度目标值测量标准进行控制测量。

3. 时速 200 公里及以上铁路的 CPⅠ、CPⅡ及高程控制网建设期间的复测频次：

（1）建设或勘察设计单位交桩给施工单位时，CPⅠ、CPⅡ和高程网应复测一次。

（2）CPⅢ建立时，CPⅠ、CPⅡ和高程网应复测一次。

（3）特殊地区、地面沉降地区或施工期间出现异常的地段，适当增加复测次数。

时速200公里及以上铁路工程基桩控制网(CPⅢ)测量管理办法

(铁道部 铁建设〔2008〕80号 2008年5月27日)

第一章 总 则

第一条 为规范时速200公里及以上铁路工程基桩控制网(CPⅢ)测量管理工作,满足轨道及相关工程施工、运营及养护维修精准定位的要求,制定本办法。

第二条 本办法适用于时速200公里及以上铁路工程CPⅢ的测量管理。

第三条 时速200公里及以上铁路工程CPⅢ测量应严格执行《客运专线无砟轨道铁路工程测量暂行规定》(铁建设〔2006〕189号)、《时速200～250公里有砟轨道铁路工程测量技术指南(试行)》(铁建设函〔2007〕76号)和《关于时速200公里及以上铁路工程测量标准有关事项的通知》(铁建设函〔2008〕42号)等有关规定。

第四条 时速200公里及以上铁路应建立统一的平面、高程控制基准,作为勘测设计、工程施工、运营维护网统一的测量基准(即"三网合一")。

第五条 勘测设计阶段应建立CPⅠ、CPⅡ和高程控制网,线下工程施工完成后应建立CPⅢ网。

第六条 时速200公里及以上同一铁路项目CPⅢ测量应采用同一种数据处理软件,数据处理软件应经过铁道部建设主管部门组织的鉴定与审批。铁道部建设主管部门根据不同软件的实际应用效果,适时发布统一的数据处理软件,规范时速200公里及以上铁路数据处理软件的使用。

第七条 时速200公里及以上铁路宜采用统一的CPⅢ标志,同一条线必须采用统一的CPⅢ标志。

第八条 CPⅢ测量成果资料及桩橛应妥善保存,实行测量成果资料、桩橛现场交接验收制度。由建设单位组织设计、施工、监理、运营管理等单位进行测量成果及桩橛的交接。

第九条 CPⅠ、CPⅡ、CPⅢ和高程网测量及复测工作应由专业测量队伍实施。

第十条 测量记录、计算成果和图表,应书写清楚,签署完善,并应复核和检算,未经复核和检算的资料严禁使用。各种测量原始记录(包括磁卡、电脑记录)、计算成果和图表应按有关规定妥善保存。

第十一条 CPⅢ测量工作必须认真贯彻安全生产的方针,结合各阶段工作的特点和具体情况,制订相应的安全生产及保密措施。

第十二条 各种测量仪器和工具应符合规范要求和测量方案要求,并应做好经常性的保养和维护工作,定期检校和鉴定。

第十三条 时速200公里及以上铁路工程CPⅢ测量除应符合本办法规定外,尚应符合国家现行有关强制性标准的规定。

第二章　CPⅢ测量作业程序

第十四条　CPⅢ测量作业程序包括前期准备、测量作业、评估验收和竣工验收。

第十五条　前期准备阶段

(一)CPⅢ测量前,应对CPⅠ、CPⅡ和高程网进行一次复测,编写复测报告,并进行评估。

(二)根据复测评估报告,对于点位的位置和密度不能满足CPⅢ测量要求的平面、高程控制点,按插点或插网的方法进行同精度加密。

(三)在隧道贯通后应进行隧道洞内CPⅡ控制网和水准高程的贯通测量。

(四)CPⅢ测设单位结合轨道的结构类型及施工工艺,对CPⅢ的测量方案进行技术设计。

(五)建设单位组织评估并审批CPⅢ测量实施方案。

第十六条　测量作业阶段。CPⅢ测设单位根据批准的CPⅢ测量实施方案开展CPⅢ测量工作。埋设CPⅢ测量标志元器件,采集CPⅢ测量数据,进行CPⅢ测量数据平差计算等。

第十七条　评估验收阶段。CPⅢ网测量完成后应由建设单位组织评估及验收。CPⅢ控制点在竣工验收时必须进行一次复测。

第三章　职 责 分 工

第十八条　建设单位职责:

(一)负责制定全线CPⅢ测量工作的相关技术和管理文件,明确设计、施工单位或测设单位责任分工,统一全线CPⅢ布网、测设方法、桩橛埋设、测量数据格式、测量仪器与人员、平差软件和标段衔接测量等要求。

(二)负责组织设计单位向施工和监理单位进行测量技术交底及交接CPⅠ、CPⅡ控制桩和水准点桩。

(三)CPⅢ测量前,负责组织CPⅢ测量实施单位的作业人员进行数据采集与平差处理培训。

(四)负责组织对施工单位提交的CPⅢ测量实施方案的评估,并审批CPⅢ测量实施方案。

(五)轨道工程施工前,负责组织对施工单位完成的CPⅢ进行检验。

(六)负责组织设计、施工、监理、运营管理等单位进行竣工测量验收及测量成果和桩橛的交接。

第十九条　施工单位职责:

(一)参加建设单位组织的测量技术交底和交桩工作。负责交接后的桩橛保护工作。

(二)交桩时,负责对勘察设计单位交接的控制桩进行复测。复测的控制桩应包括CPⅠ、CPⅡ控制点和水准点,并将复测报告提交给建设单位。

(三)CPⅢ网建立前,负责对CPⅠ、CPⅡ控制点和水准点再进行一次复测。

(四)CPⅢ网测量前,负责对CPⅢ网的测量方案进行设计,并报建设单位审批。

(五)负责实施CPⅢ测设和复测,并编写CPⅢ成果报告报建设单位。对CPⅢ控制桩的正确、完整性负责。

(六)参加建设单位组织的竣工测量验收及测量成果和桩橛的交接。

第二十条 监理单位职责：

(一)监理单位应配备专业测量工程师，负责各级控制网的测量监理工作。

(二)编写测量监理实施细则，并报建设单位核备。

(三)参加建设单位组织的测量技术交底和交桩工作。

(四)负责对CPⅢ测量实施全过程监理。

(五)参加建设单位组织的对CPⅢ测量实施方案的评估工作。

(六)轨道工程施工前，参加建设单位组织的CPⅢ检验工作。

(七)参加建设单位组织的竣工测量验收及测量成果和桩橛的交接。

第二十一条 勘察设计单位职责：

(一)负责建立CPⅠ、CPⅡ及高程控制网并编写勘测报告。

(二)参加建设单位组织的测量技术交底和交桩工作，向施工和监理单位进行测量技术交底及交接CPⅠ、CPⅡ控制桩和水准点桩。对交桩前的CPⅠ、CPⅡ控制桩和水准点桩的正确、完整性负责。

(三)参加建设单位组织的CPⅢ测量实施方案评估工作。

(四)轨道工程施工前，参加建设单位组织的CPⅢ检验工作。

(五)参加建设单位组织的竣工测量验收工作。

第四章 附 则

第二十二条 本办法由铁道部建设管理司负责解释。

第二十三条 本办法自发布之日起施行。

铁道部工程设计鉴定中心关于加强电气化铁路设计工作有关问题的通知

鉴电〔2007〕93号

铁道第一、二、三、四勘察设计院，中铁电气化设计院，中铁工程设计咨询集团有限公司、铁道第五勘察设计院、上海铁道轨道交通设计院：

为适应铁路快速发展和满足铁路运输增长的需要，确保电气化铁路安全可靠供电，铁道部工程设计鉴定中心于2007年3月6、7日，在北京主持召开了电气化铁路设计研讨会。铁道第一、二、三、四勘察设计院，中铁电气化设计院，中铁工程设计咨询集团有限公司、铁道第五勘察设计院，中铁工程总公司及其电化局，建筑总公司及其电化局，部内科技司、运输局(装备部、客专部)等单位参加了会议。会议针对目前电气化铁路快速发展的形势，就如何提高牵引供电能力，协调处理好与电力系统的供用电关系，提高接触网供电的安全可靠性，规范车站接触网平面设计、支柱选型等问题，进行了深入的讨论和研究，达成了广泛的共识。现就加强电气化设计工作有关问题通知如下，各设计单位在工程设计中贯彻落实，在建工程具备条件的亦参照执行。各建设、施工、运营单位做好配合和协调工作。

一、牵引供电系统

1. 牵引供电能力

牵引供电能力必须满足铁路运输的需要，并具备适应远期发展的条件。牵引供电基础设施，如牵引变电所规模及分布、接触网支柱高度及容量等，要按适应远期发展需要进行设计。牵引变压器等设备按近期需要配置。

设计单位要高度重视提高供电臂接触网电压水平，确保对列车的供电能力。在工程设计中，针对不同铁路的具体条件，必要时可采取适当缩短供电臂长度、降低牵引网阻抗、提高功率因数、采用阻抗电压低的牵引变压器等提高网压的措施。在电力系统比较薄弱时，应与铁路局、公司(筹备组)和指挥部一道，加强与电力部门的沟通和协商，提出铁路具体的供电要求，争取电力部门做好外部电源配套工作，共同研究解决措施。

2. 外部电源

外部电源是电气化铁路供电的基础条件，外部电源方案应根据铁路规划牵引负荷大小和电网条件综合考虑确定。

牵引负荷较小的一般铁路，在电力系统短路容量满足要求时，可采用110 kV电源供电，在电力系统薄弱地区，应加强电网能力或采用更高电压等级供电；客运专线和重载铁路，原则采用220 kV电源供电，极个别不具备220 kV电源条件时，应要求110 kV电源具有较大的系统短路容量。特别是对于客运专线铁路，为满足节假日等条件时的密集负荷的供电需要，必须保证接触网供电的电压水平和载流能力。

3. 电能质量

在研究外部电源方案的同时，要高度重视电气化铁路对电力系统的影响。牵引供电系统设计应兼顾改善电能质量，如结合电力系统条件，采取换相连接，在变压器选型时兼顾负序因素综合考虑等。要尽量减少铁路对电力系统的影响。在进一步对牵引负荷特性深入研究的基础上，加强对谐波、负序及其综合治理方案的研究。

关于功率因数问题，要针对不同的铁路采取相应合理的措施。对运量较大、负荷相对均衡的双线铁路，原则采用静态电容补偿；对运量小的单线铁路，可采用动态电容补偿。具体电容补偿措施，应按详细的技术经济比较结果确定。

二、牵引变电所

1. 尽量减少占地面积

牵引变电设计，要严格限制占地面积，注意尽量不占或少占农田．并重视与周围环境的协调。分区所、开闭所、AT 所的设计，在技术、设备条件成熟时，可采用占地少的设计方案。

2. 设备选型

牵引变压器选型，要综合考虑容量利用率、阻抗电压、负序、损耗等因素。

个别牵引变电所用地特别困难，或在大城市对周围环境影响较大时，通过经济技术比较，牵引变电所等部分设备可以采用 GIS 方案。

3. 适当考虑必要的生活条件

有人值守的牵引变电所、开闭设计时，适当考虑必要的生活设施。

三、接触网

1. 支柱选型

接触网支柱原则按部颁标准图选用，并尽量统一型号。

时速 200 km 及以下一般铁路腕臂柱，采用横腹杆式预应力混凝土支柱；客运专线腕臂柱，宜优先采用 H 型钢柱。

软横跨、硬横梁、腕臂柱或安装形式，要适当考虑平面布置的连续性。

2. 车站支柱平面布置

车站接触网平面设计，应高度重视车站美观，充分利用车站股道外侧及线间距大的股道间立柱，尽量避免在站台上立柱。确需在站台上立柱时，有雨棚的地方，原则与雨棚柱合建；没雨棚的地方，对基本站台和侧式站台，支柱应尽量立在站台外侧，中间岛式站台立在站台中间。基本站台上原则不允许立柱，个别确需在基本站台上立柱时应单独报批。同一车站站台范围内的支柱类型原则统一。

3. 接触网悬挂安装

车站接触网悬挂安装，速度小于或等于 160 km/h 时，采用软横跨，并加装张力补偿器；速度大于 160 km/h 时，采用硬横梁。

一般腕臂柱安装，按水平腕臂至柱顶 100 mm 设计，有条件时原则采用预留孔安装。接触网结构高度宜统一采用 1600 mm，在支柱埋深不足设计值时，应进行机械强度校验，必要时适当采取加强措施。附加导线肩架有条件时原则尽量在水平腕臂下方安装，确需在水平腕臂上方安装时，附加导线肩架原则在柱顶 100 mm 内安装或在杆顶安装，这时可由附加导线肩架控制水平腕臂安装位置。要充分利用支柱杆高，结合支柱选型必要时可考虑增设加强支架。

客运专线采用的 H 型钢柱，设计选用时在同一线路或较长的区段内原则等高，并应尽量等宽，转换柱、下锚柱不采用双柱叠拼设计方案。

4. 无站台柱雨棚接触网悬挂安装

接触网设计应与车站无站台柱雨棚结构和景观相协调，尽量减少接触网悬挂定位点、简化接触网安装结构，并充分利用车站建筑结构进行接触网悬挂安装，以尽量减少接触网对车站景观的影响。

接触网悬挂安装方案，应结合无站台柱雨棚及车站结构，对地面立柱、雨棚上吊柱、软横跨方案进行对比研究后确定。地面立柱时，采用H型钢柱，应尽量避免在站台上立柱，不允许在基本站台上立柱；雨棚上吊柱方案不宜采用斜拉线，且吊柱不宜太粗，雨棚高度较大时，不宜采用雨棚上吊柱方案；采用软横跨方案时，适当加大软横跨定位绳的张力，并加装张力补偿装置，要注意对基本站台的影响，对运行速度较高的股道不宜采用软横跨方案。

5. 绝缘子

原则采用瓷绝缘子，在污染特别严重地区应加强绝缘，个别地区可采用合成绝缘子。对特殊气象条件和特殊自然环境区段，要进行深入细致地调查研究，借鉴电力部门的经验，做好绝缘设计，处理好绝缘问题，确保接触网可靠供电。无站台柱雨棚内绝缘子采用小伞径合成绝缘子，宜选用与雨棚背景相近的颜色。

6. 接触线选型

目前提速改造工程，既有使用的银铜线在张力方面明显存在不足。锡铜线由于机械强度比银铜线高，耐磨性能也更好，有利于提速，安全系数也相应提高。对于时速200 km及以下铁路，在进一步调研各类接触线的使用情况、总结既有锡铜线成功使用经验的基础上，可逐步推广采用锡铜线。

7. 加强特殊气象条件、特殊自然环境区段接触网设计对于大风、重污染、高海拔、强雷电、病害路基等特殊区段，要做好接触网的研究及设计工作，针对特殊气象条件、特殊自然环境对接触网绝缘和机械强度的影响，分别提出合理可行的解决方案，确保接触网的安全可靠性。

四、有关加强设计工作的几点意见

1. 加强专业技术管理

为统一各项目专业设计标准，紧跟专业技术发展方向，避免专业管理漏洞，应充分发挥专业主管总工程师在专业技术管理方面的作用。专业主管总工程师要对各项目专业设计标准、概算，以及单项特殊设计，变更设计，新技术、新设备、新材料应用等负责和把关。

2. 加强项目技术管理

在现有技术管理体制的基础上，应充分发挥电化处(院)专家组的技术把关和协调作用，专家组由处、所总工程师、项目总体及各专业技术骨干组成。每个项目主要设计原则、技术标准和概算指标等，要在电化处(院)专家组进行分析和研究，并进行横向比较后确定。确保项目设计的完整性、准确性、合理性和统一性。

3. 重视和加强现场调研

为确保设计的准确性和合理性，稳定设计方案，除做好一般的现场勘测外，特别要加强对牵引变电所、分区所、开闭所、AT所、网工区，以及特殊桥、隧、路基地段的现场调查，结合现场条件研究确定设计方案。新线前期没条件去现场时，在后期条件具备时应及时完成现场调研工作。

4. 加强变更设计管理

在做好设计工作的基础上，要严格控制变更设计。对技术方案、设计标准、设备和材料数量不能随意变更。确需变更时，应严格按程序办理，杜绝草率变更和个人行为。

5. 加强特殊设计管理

设计必须按规程、规范、标准进行，特殊情况可做特殊设计。特殊设计应通过规定程序审查，并需报部备案或审批。

6. 规范新技术、新设备、新材料使用

设计原则上采用成熟可靠的技术、设备和材料。对于能够提高电气化铁路技术水平、自动化水平和安全可靠性的新技术、新设备、新材料进入工程，必须按规定程序办理，并需提供专题报告，在取得成功使用经验后再逐步推广。

7. 加强概算管理和控制

电化处(院)要有专人负责概算工作，每个项目要进行概算分析和评价，不同项目概算横向比较，保证概算的准确性和合理性，严把概算关。对于特殊设计、新技术、新设备、新材料等，要有概算分析报告。

8. 要求设计补充提供下列资料

设计文件提供与牵引供电方案对应的线路纵断面缩图；设计审查时，提供牵引变电所、开闭所、网工区选址位置，以及特殊桥、隧、路基地段的现场照片电子文档，以及提供概算分析表电子文档。

二〇〇七年三月十六日

铁道部办公厅转发国家测绘局国家保密局关于做好外国的组织或者个人来华测绘有关工作的通知

办建设发〔2007〕20号

各铁路局，各客运专线公司(筹备组)，太中银铁路公司筹备组，集装箱、投资公司：

现将国家测绘局、国家保密局《关于做好外国的组织或者个人来华测绘有关工作的通知》(国测法字〔2007〕2号)转发给你们，请各单位按照通知精神，认真学习贯彻《外国的组织或者个人来华测绘管理暂行办法》(国土资源部令第38号)，并结合铁路建设工作实际，进一步完善保密制度，落实保密责任，自觉维护国家安全和利益，切实做好保密管理工作。

二〇〇七年三月三十日

关于做好外国的组织或者个人来华测绘有关工作的通知

国测法字〔2007〕2号

国务院各有关部门，各省、自治区、直辖市测绘行政主管部门、保密工作部门：

根据《中华人民共和国测绘法》(以下简称《测绘法》)的有关规定，2007年1月19日，国土资源部以第38号令发布了《外国的组织或者个人来华测绘管理暂行办法》(以下简称《暂行办法》)，将于2007年3月1日起施行。为保障《暂行办法》的顺利实施，做好外国的组织或者个人(以下简称外国人)来华测绘的管理工作，现对贯彻实施《暂行办法》的有关工作通知如下：

一、充分认识《暂行办法》颁布实施的重要意义

随着改革开放的不断深入，我国在经济、科技、文化等领域的际交流日益频繁，其中涉及外国人来华开展测绘活动的合作项目和内容也越来越多。但是，近年来外国人未经批准，擅自在我国从事测绘活动的事件时有发生，损害了我国的安全和利益。为保证并推进我国与国际间经济、科技、文化的交流与合作事务顺利、有序地开展，规范和引导外国人在我国领域和管辖的其他海域依法从事测绘活动，根据《测绘法》和《中华人民共和国行政许可法》的规定，《暂行办法》确立了外国人来华测绘应当遵循的原则，规范了外国人从事测绘活动的形式，明确了对外

国人从事测绘活动的限制。《暂行办法》规定了中外合资合作企业禁止从事的业务范围、外国人来华测绘的审批程序、外国人来华测绘成果的管理、对外国人来华测绘的监督管理，对于加强对外国人在中华人民共和国领域和管辖的其他海域从事测绘活动的管理，维护国家安全和利益，推进测绘依法行政，促进中外经济、科技和文化的交流与合作具有重要意义。

二、认真学习贯彻《暂行办法》

《暂行办法》对《测绘法》的相关规定进行了细化。明确在外国人来华测绘的形式方面，只能采取如下两种形式：一是合资、合作形式，即依法设立合资、合作企业，并依法取得测绘资质；二是一次性测绘形式，即经国务院及其有关部门或者省、自治区、直辖市人民政府批准，外国人来华开展科技、文化、体育等活动时，需要进行的测绘活动。在外国人来华测绘限制方面，外国人来华测绘应当符合《测绘管理工作国家秘密范围的规定》；合资、合作测绘企业必须中方控股，且不得从事大地测量、测绘航空摄影、行政区域界线测绘、海洋测绘、地形图和普通地图编制、导航电子地图编制以及国务院测绘行政主管部门规定的其他测绘活动，合资、合作测绘或者一次性测绘的，应当保证中方测绘人员全程参与具体测绘活动。在外国人来华测绘审批程序方面，《暂行办法》根据外国人来华测绘的两种不同形式分别进行了规定，明确了国家测绘局和军队测绘主管部门会同审批的工作衔接，赋予了省级测绘行政主管部门对外国人来华测绘进行初审的职责。在外国人来华测绘成果管理方面，《暂行办法》强调来华测绘成果的管理依照有关测绘成果管理法律法规的规定执行；来华测绘成果归中方部门或者单位所有的，未经批准，不得以任何形式将测绘成果携带或者传输出境。在法律责任方面，明确违反《暂行办法》规定，法律法规已规定处罚的，从其规定；对违反《暂行办法》的规定，但法律法规未规定处罚的，设定了法律责任。

各级测绘行政主管部门要组织相关工作人员认真学习《暂行办法》，使他们能够全面掌握《暂行办法》的内容，正确执行《暂行办法》的各项规定。国家测绘局将于今年上半年举办《暂行办法》培训班，对省级测绘行政主管部门的有关人员进行培训。各级测绘行政主管部门要将《暂行办法》纳入测绘“五五”普法的重要内容，加强宣传教育，使社会各方面都能了解《暂行办法》的主要内容，增强管理相对人遵守《暂行办法》的自觉性。

各省、自治区、直辖市测绘行政主管部门要切实履行好外国人来华测绘的初审职责，认真核实申请材料的真实性，并结合本地实际情况，提出初审意见。必要时，可征求本地保密、国家安全和省军区等有关方面的意见。

外国人在中国领域内从事测绘活动，事关国家主权、安全和利益，各级测绘行政主管部门要正确处理好长远利益与近期利益、国家利益与单位利益、全局利益与局部利益的关系，本着既要维护国家安全和利益，又要依法为外国人来华测绘服务的原则，认真做好《暂行办法》的贯彻落实工作。

三、加强测绘活动中的保密管理

根据《测绘法》关于外国人来华从事测绘活动，不得涉及我国国家秘密和危害国家安全的规定，测绘委托方不得将涉及我国国家秘密或者国家安全的项目委托给中外合资、合作企业进行测绘；中外合资、合作测绘企业应当在《测绘资质证书》载明的业务范围内从事测绘活动，并且不得违反法律法规规定承接涉及国家秘密或者国家安全的测绘项目。

具体项目是否涉及国家秘密，由项目委托方按照《测绘管理工作国家秘密范围的规定》以及有关主管部门的国家秘密范围规定来确定。凡拟将项目委托中外合资、合作企业进行测绘的，项目委托方应当事先按照《测绘管理工作国家秘密范围的规定》以及有关部门的保密规定，对拟将委托的项目进行审查，确定项目是否涉及国家秘密。将涉及国家秘密或者国家安全的项目委托给中外合资、合作企业测绘的，依法追究项目委托方及其直接责任人的法律责任。

国务院有关部门应明确本业务系统的国家秘密范围，明确不允许合资、合作测绘的具体项目，以便测绘委托方遵照执行。有关规定请抄送国家保密局和国家测绘局。

四、强化来华测绘的监督管理

加强对来华测绘成果的保密管理和监督管理，是各级测绘行政主管部门和保密工作部门的重要职责。保密工作部门要会同测绘行政主管部门做好外国人来华测绘的保密管理工作，定期组织开展测绘成果保密检查。测绘行政主管部门要从合资、合作测绘的资质审查和一次性测绘的审批入手，加强对测绘成果的提供、使用和管理的监督，建立健全来华测绘成果汇交制度，严肃查处未经审批将测绘成果携带或者传输出境的行为，保证我国测绘成果的安全。

县级以上地方人民政府测绘行政主管部门、保密工作部门要加强对外国人来华测绘监督检查力度，定期检查本行政区域内的来华测绘活动是否涉及国家秘密。要加大行政执法力度，及时查处违法测绘活动，保障国家秘密的安全。县级以上地方人民政府测绘行政主管部门要建立外国人来华测绘监督检查机制，加强对本行政区域内外国人来华测绘的监督管理，定期对外国人来华测绘活动的范围、测绘成果汇交、参加测绘活动的人员等内容进行检查。同时，外国人来华测绘可能涉及的相关部门和单位也要强化国家安全意识和依法测绘意识，结合本部门、本单位的工作实际，采取切实有效的措施，规范外国人来华测绘行为，保证将《暂行办法》的各项规定落到实处。

二〇〇七年二月二十八日

铁道部办公厅关于转发国家测绘局有关加强涉密测绘成果管理工作的通知

办建设发〔2008〕19号

各铁路局,集装箱、投资公司,各铁路公司(筹备组):

现将《国家测绘局关于加强涉密测绘成果管理工作的通知》(国测成字〔2008〕2号)转发给你们,并提出如下要求,请一并执行。

一、加强保密宣传教育。涉密测绘成果事关国家安全和利益。要强化涉密人员的保密宣传教育,开展岗位培训,认真学习铁道部《关于转发国务院加强测绘工作意见的通知》(铁建设〔2007〕188号)、国家测绘局《关于加强涉密测绘成果管理工作的通知》(国测成字〔2008〕2号)等有关规定,进一步提高对保密工作极端重要性的认识,切实增强保密意识,严守国家秘密的思想防线。

二、建立健全保密管理制度。加强对保密工作的组织领导,按规定设置保密工作机构,配备保密管理人员,明确岗位职责,落实保密责任。依据国家和铁道部有关保密工作规定,建立健全本单位保密管理制度。使用、移交、保存和销毁涉密测量成果,要建立严格的登记管理制度,加强对涉密计算机和涉密移动存储介质的管理,采取安全可靠的保密防护措施,并加强日常管理和监督。

三、依法合规使用和管理保密资料。设计单位要按国家规定使用和管理保密资料,保密资料只能用于被许可的使用目的和范围,对外提供的设计文件必须删除涉及国家秘密的事项。保密资料需要提交给施工单位的,按国家规定做好保密资料交接工作。施工单位要按照国家规定使用和管理保密资料,设计院移交的保密资料只能由本单位职工用于指定的工作,不准用于其他工作。使用涉密资料的项目完成后,设计、施工单位应按规定销毁。需要移交使用单位的涉密资料,施工单位按照国家保密规定移交,使用单位要按照保密规定使用和保管。

四、加大对保密工作的检查力度。各单位要对涉密测绘成果使用和保管情况开展自查自纠,对存在的问题要立即进行整改。各铁路公司(筹备组)要组织设计、施工单位对保密工作进行一次全面检查,进一步完善保密管理制度,切实做好涉密测绘成果保密管理工作。

二〇〇八年五月二十七日

国家测绘局关于加强涉密测绘成果管理工作的通知

国测成字〔2008〕2号

各省、自治区、直辖市、计划单列市测绘行政主管部门,新疆生产建设兵团测绘主管部门,局所属各单位：

为进一步加强涉及国家秘密的测绘成果的管理，保障测绘成果的开发利用，深入贯彻落实《国务院关于加强测绘工作的意见》(国发〔2007〕30号)和中央关于加强保密工作的有关精神，现就有关要求通知如下：

一、建立健全保密管理制度

(一)涉及国家秘密的测绘成果(以下简称涉密测绘成果)事关国家安全和利益，从事涉密测绘成果生产、加工、保管和使用等方面工作的单位(以下简称涉密单位)，应当遵守国家保密法律、法规和有关规定(见附件)，建立健全保密管理制度，按照积极防范、突出重点、严格标准、明确责任的原则，对落实保密制度的情况进行定期或不定期的检查，及时解决保密工作中的问题。

(二)涉密单位应当建立保密管理领导责任制，加强对本单位保密工作的组织领导，切实履行保密职责和义务；设立保密工作机构，配备保密管理人员。应当根据接触、使用、保管涉密测绘成果的人员情况，区分核心、重要和一般涉密人员，实行分类管理，进行岗前涉密资格审查，签署保密责任书，加强日常管理和监督。

二、强化安全保密措施

(三)涉密单位应当依照国家保密法律、法规和有关规定，对生产、加工、提供、传递、使用、复制、保存和销毁涉密测绘成果，建立严格登记管理制度，加强涉密计算机和存储介质的管理，禁止将涉密载体作为废品出售或处理。

(四)涉密单位要依照国家有关规定，及时确定涉密测绘成果保密要害部门、部位，明确岗位责任，设置安全可靠的保密防护措施。

(五)涉密单位应当对涉密计算机信息系统采取安全保密防护措施，不得使用无安全保密保障的设备处理、传输、存储涉密测绘成果。

三、规范成果提供使用行为

(六)县级以上测绘行政主管部门要依法履行提供涉密测绘成果的行政审批职能，明确规定申请、受理、审批、提供、使用等环节的具体要求，并向社会公布；要明确本机关负责成果管理的机构统一办理审批事项，不得多头审批、越级审批。

(七)法人或者其他组织申请使用涉密测绘成果，应当具有明确、合法的使用目的和范围，具备成果保管、保密的基本设施与条件，按管理权限报测绘成果所在地的县级以上测绘行政主管部门审批。

(八)经审批获得的涉密测绘成果，被许可使用人(以下简称用户)只能用于被许可的使用目的和范围。使用目的或项目完成后，用户要按照有关规定及时销毁涉密测绘成果，由专人核对、清点、登记、造册、报批、监销，并报提供成果的单位备案；也可请提供成果的单位核对、回收，统一销毁。如需要用于其他目的的，应另行办理审批手续。任何单位和个人不得擅自复制、转让或转借。

(九)用户若委托第三方承担成果开发、利用任务的，第三方必须具有相应的成果保密条件，涉及测绘活动的，还应具备相应的测绘资质；用户必须与第三方签订成果保密责任书，第三方承担相关保密责任；委托任务完成后，用户必须及时回收或监督第三方按保密规定销毁涉密测绘成果及其衍生产品。

(十)涉密测绘成果严格实行“管”“用”分开。测绘成果保管单位不得擅自使用涉密测绘成果。确因工作需要使用的,必须按照涉密测绘成果提供使用管理办法,办理审批手续。

(十一)要按照国家相关定密、标密规定,及时、准确地为测绘活动中产生的涉密测绘成果或衍生产品标明密级和保密期限。涉密测绘成果及其衍生产品,未经国家测绘局或者省、自治区、直辖市测绘行政主管部门进行保密技术处理的,不得公开使用,严禁在公共信息网络上登载发布使用。

四、依法对外提供测绘成果

(十二)经国家批准的中外经济、文化、科技合作项目,凡涉及对外提供我国涉密测绘成果的,要依法报国家测绘局或者省、自治区、直辖市测绘行政主管部门审批后再对外提供。

(十三)外国的组织或者个人经批准在中华人民共和国领域内从事测绘活动的,所产生的测绘成果归中方部门或单位所有;未经国家测绘局批准,不得向外方提供,不得以任何形式将测绘成果携带或者传输出境。

严禁任何单位和个人未经批准擅自对外提供涉密测绘成果。

五、切实加强统一监督管理

(十四)依法对涉密测绘成果实行统一保管和提供。测绘成果保管单位负责接收和保管本地区涉密测绘成果,并按照批准文件向用户提供。其他任何单位,不得擅自提供涉密测绘成果。

(十五)县级以上测绘行政主管部门要尽快落实测绘成果汇交制度,全面掌握本地区涉密测绘成果的生产、保管、使用情况;会同保密等有关部门,定期组织全面检查,及时组织重点抽查;依法加强涉密基础测绘成果使用情况的跟踪检查。检查结果报告上级主管部门。

(十六)发现问题,要严肃处理,认真整改。属于泄密问题或者存在失泄密隐患的,要立即采取补救措施并及时报告。造成泄密后果的,要依照党纪政纪予以处理,追究相关人员的责任;情节严重、构成犯罪的,要移送有关部门,依法追究刑事责任。

六、加强保密管理工作的宣传教育

(十七)要强化涉密人员的保密教育,切实增强保密意识,筑牢严守国家秘密的思想防线。要开展岗位培训工作,丰富培训内容,提高培训质量,推动保密教育培训制度化规范化。

(十八)要利用多种有效方式,开展测绘成果保密管理宣传工作,提高公众对测绘成果保密工作重要性的认识,自觉遵守测绘成果保密法律法规,切实维护国家安全利益。

各省、自治区、直辖市测绘行政主管部门要加强督促检查,各地区各涉密单位要结合实际,认真研究,狠抓落实。工作中有何问题以及意见和建议,请及时函告我局。

附件:测绘成果保密工作相关法规文件目录

二〇〇八年三月二十五日

附件：

测绘成果保密工作相关法规文件目录

一、《中华人民共和国测绘法》

二、《中华人民共和国保守国家秘密法》

三、《中华人民共和国测绘成果管理条例》

四、《中华人民共和国保守国家秘密法实施办法》

五、《国家秘密文件、资料和其他物品标志的规定》(国家保密局、国家技术监督局令第3号)

六、《中共中央办公厅、国务院办公厅关于转发(中共中央保密委员会办公室、国家保密局关于国家秘密载体保密管理的规定)的通知》(中办厅字〔2000〕58号)

七、《测绘管理工作国家秘密范围的规定》(国家测绘局、国家保密局国测办字〔2003〕17号)

八、《基础测绘成果提供使用管理暂行办法》(国测法字〔2006〕13号)

九、《计算机信息系统保密管理暂行规定》(国保发〔1998〕1号)

十、《计算机信息系统国际联网保密管理规定》(国保发〔1999〕10号)

十一、《保密检查的基本要求》(国保〔1991〕73号)

说明：本目录所列为部分相关法规文件。

关于印发《全国优秀工程勘察设计奖评选办法》的通知

（建设部 建质〔2006〕302号　2006年12月13日）

各省、自治区建设厅，直辖市建委（规委），国务院有关部门建设司，总后营房部，新疆生产建设兵团建设局，有关行业勘察设计协会：

现将《全国优秀工程勘察设计奖评选办法》印发给你们，请按照规定，做好全国优秀工程勘察设计奖评选的有关工作。《建设部关于全国勘察设计单位开展创“四优”活动的通知》（[90]建设字第593号）同时废止。

全国优秀工程勘察设计奖评选办法

第一章　总　　则

第一条　为贯彻落实科学发展观，推动工程勘察设计行业技术创新，提高工程勘察设计水平，引导、鼓励工程勘察设计单位和工程勘察设计人员创作出更多质量优、水平高、效益好的工程勘察设计项目，特制定本办法。

第二条　全国优秀工程勘察设计奖是我国工程勘察设计行业的国家级最高奖项，包括优秀工程勘察、优秀工程设计、优秀工程建设标准设计、优秀工程勘察设计计算机软件，分设金质奖、银质奖、铜质奖。

全国优秀工程勘察设计奖每次评奖总数原则上不超过260项。

获奖项目中金质奖、银质奖的比例原则上不超过获奖总数的15%和35%，达不到评定等级标准的奖项可空缺。

第三条　全国优秀工程勘察设计奖每两年评选一次。

第四条　全国优秀工程勘察设计奖评选工作应当遵循实事求是、科学严谨和公开、公平、公正的原则。

第五条　建设部负责全国优秀工程勘察设计奖的评选工作。

全国优秀工程勘察设计奖评选的各项具体事务工作，委托中国勘察设计协会等相关协会办理。

第二章　评选的范围

第六条　全国优秀工程勘察奖评选范围包括：

一、结构主体工程完成一年以上(以项目业主或有关部门证明的日期为准)的工程地质勘察项目,或地基基础工程竣工验收后经一年以上时间检验的岩土工程项目;

二、规划、建设方验收后的工程测量项目(含城市规划测量项目);

三、开采性抽水试验(抽水能力大于设计水量 50%),或开采未达到设计水平但有一年以上长期观测资料,或经相关机构认可的水资源评价与钻井工程等水文地质勘察项目;

四、地质条件复杂的大型水利、铁道、公路等工程勘察,可按批准立项文件或批准的初步设计分期、分单项或以单位工程申报,按整个项目申报时,其子项目原则上不再另行申报。

第七条 全国优秀工程设计奖评选范围包括:

一、建成并经过交(竣)工验收,经过一年以上(以项目业主或有关部门验收证明的日期为准)生产运营(使用),季节性生产的项目,经过一个完整生产考核期的生产运营,已形成生产能力或独立功能的整体工程设计项目(包括新建、扩建和改建项目);

二、大型工程设计项目如矿井、水利工程、铁道、公路等,可按批准立项文件或批准的初步设计分期、分单项或以单位工程申报,按整个项目申报时,其子项目原则上不再另行申报;

三、经规定程序审查批准并付诸实施的城市规划项目及其他规划项目(如江河流域规划、水利工程专项规划等)。

第八条 全国优秀工程建设标准设计奖评选范围包括:

一、经部委或行业协会、省、自治区、直辖市建设行政主管部门审查批准出版的工程建设标准设计;

二、经地方或行业标办审查、批准,出版发行的工程建设标准设计。

第九条 全国优秀工程勘察设计计算机软件奖评选范围包括:

一、具有自主知识产权,适用于工程勘察设计行业的国产软件;

二、引进后经二次开发,适用于工程勘察设计行业的软件或数据库。

第十条 引进国外(境外)技术或者中外合作设计建在我国境内的工程设计项目,凡由中方进行基础设计(初步设计、建筑方案设计)的项目可以申报。

我国工程勘察设计单位在国外(境外)承接的工程勘察、工程设计项目可以申报。申报材料需附参评项目的合同,上级主管部门或业主对工程勘察、工程设计的评价证明,竣工质量验收证明,以及当地有关主管部门验收的环保、消防、安全证明材料。

第三章 评选的条件和标准

第十一条 申报全国优秀工程勘察设计奖评选的项目必须具备下列条件:

一、符合国家工程建设的方针、政策和法律、法规,严格执行工程建设强制性标准;采用突破国家技术标准的新技术、新材料,须按照规定通过技术审定;

二、严格贯彻执行国家的产业政策,具有先进的勘察设计理念,其主导专业或多个专业采用适用、安全、经济、可靠的新技术,经实践检验取得良好的经济、社会和环境效益;

三、获得省(部)级优秀工程勘察设计二等奖及以上奖项;

四、符合基本建设程序,各项手续完备,取得建设规划、环保、节能、安全、消防、卫生、城建档案管理等相关审批、验收文件,以及项目业主、生产运行单位对工程勘察设计的书面评价意见;

五、申报优秀工程勘察和优秀工程设计的单位,必须具有相应的工程勘察设计资质证书,且最近 3 年内没有发生过重大勘察设计质量安全事故;

六、申报优秀工程建设标准设计的项目应在工程设计或施工中使用满一年且使用效果显著；

七、申报优秀工程勘察设计计算机软件应通过鉴定和行业测评，经过实际应用，具有显著经济效益或能提高管理效率。

第十二条 全国优秀工程勘察设计奖各奖项水平应达到以下标准：

金质奖项目：其主要技术成果指标应达到同期国际先进水平（申报单位应附查新报告），在技术创新方面有公认的突出成就，对推动工程建设行业技术发展具有重大影响；

银质奖项目：其主要技术成果指标应达到同期国内领先水平（申报单位应附查新报告），在技术创新上有显著成就，对推动工程建设行业技术发展具有重大意义；

铜质奖项目：其主要技术成果指标应达到同期国内先进水平（申报单位应附查新报告），在技术创新上有较高成就，对推动工程建设行业技术发展具有较大意义。

第四章 申报、评审及评选结果的公布

第十三条 申请参加全国优秀工程勘察设计奖评选的项目，由申报单位根据奖项类别填写申报表（见附件1、2、3、4），单位法定代表人签署意见，加盖单位公章。申报材料应包括申报表、本办法规定的评选范围和评选条件所要求材料和相关证明等。

第十四条 同一个项目只能申报一次，不得通过不同渠道重复申报。

第十五条 全国优秀工程勘察设计奖项目申报材料由申报单位报省级建设行政主管部门、国务院有关部门或行业协会，省级建设行政主管部门、国务院有关部门或行业协会对申报材料进行复核，并根据评选条件择优排序，按专业分组（专业分组表见附件5）分别填写项目次序表（见附件6）后报送建设部。

第十六条 建设部委托中国勘察设计协会组织全国优秀工程勘察设计各专业评审组，负责相应专业项目的初评工作。各专业评审组人数为不少于9人的奇数。

全国优秀工程勘察设计奖评审专家应为具有高级技术职称及20年以上的工程勘察设计工作经验，身体健康，年龄一般不超过70周岁。院士和工程勘察设计大师优先选任。

第十七条 全国优秀工程勘察设计奖评审程序：

一、召开初步评审会议。专业评审组对申报材料进行初步评审，采取记名投票方式，提出本专业组的优秀工程勘察设计获奖项目建议名单。

二、召开综合评审会议。组织专家对各专业评审组提交的建议名单进行综合评审，采用记名投票方式，提出优秀工程勘察设计获奖项目提名名单。

三、公示。将全国优秀工程勘察设计奖提名名单在有关媒体和建设部网站上公示15个工作日，广泛征求意见。

四、建设部常务会议审定。根据公示情况，按有关规定将全国优秀工程勘察设计奖提名名单报建设部常务会议审定。

第十八条 对通过建设部常务会议审定的全国优秀工程勘察设计项目，由建设部公布。

第五章 奖 惩

第十九条 对获全国优秀工程勘察设计奖的项目，向获奖单位颁发奖牌、证书，向主要勘

察设计人员颁发个人荣誉证书。

第二十条 全国优秀工程勘察和全国优秀工程设计单项授奖人数不超过 15 人，全国优秀工程标准设计和全国优秀工程勘察设计计算机软件单项授奖人数不超过 10 人。

第二十一条 对获全国优秀工程勘察设计奖的主要勘察设计人员，所在单位应将其业绩记入本人技术档案，作为职称评定和晋级的依据并可予以表彰和奖励。

第二十二条 申报评选的单位必须实事求是，不得弄虚作假。评选结果公布后如发现与获奖条件不符或重复申报，将视情节轻重和影响程度，分别给予降低奖励等级、撤销奖励、通报批评、暂停该单位两届申报资格的处理。

第二十三条 参加评审的专家要以严肃、认真和高度负责的态度进行评选工作，对违反评选纪律者，取消其评审专家资格。

第六章 附 则

第二十四条 全国优秀工程勘察设计奖评选工作不向申报单位收取任何费用。

第二十五条 本办法自公布之日起施行。原《建设部关于全国勘察设计单位开展创“四优”活动的通知》([90]建设字第 593 号)同时废止。

第二十六条 本办法由建设部负责解释。

关于积极倡导架子队管理模式的指导意见

（铁道部 铁建设〔2008〕51号 2008年3月25日）

各铁路局，各铁路公司（筹备组）：

为适应大规模铁路建设需要，确保铁路建设工程质量和施工安全，充分调动社会资源积极参与铁路建设，进一步规范铁路建设项目施工用工行为，根据国家有关法律法规，现就铁路工程建设项目提倡架子队管理模式提出以下指导意见：

一、充分认识架子队管理模式的重要意义

随着社会主义市场经济的发展，建设项目施工现场劳动用工模式已发生较大变化，需要采用新型劳动用工管理模式以适应建设发展要求，架子队是一种经实践证明较好的施工生产组织方式，较为理想的劳动用工管理模式。采用架子队管理模式，能够充分利用社会劳动力资源，实现施工企业施工现场管理层与作业层的有机衔接和有效运作，防止施工现场质量安全保证体系流于形式，对确保建设工程质量和施工安全具有重大意义。

在当前大规模、高标准铁路建设全面推进的形势下，采用架子队管理模式组织施工，有利于铁路工程建设质量、安全、工期等目标的顺利实现，是直接、有效的施工生产方式；有利于施工企业强化对作业层的管理和控制，确保施工现场的质量、安全保证体系有效运行；有利于提高职工技术素质。各建设单位和施工企业必须充分认识采用架子队管理模式组织施工的优越性和重要性。

二、采用架子队管理模式的基本原则

1. 架子队是铁路工程建设项目施工现场的基层施工作业队伍，是以施工企业管理、技术人员和生产骨干为施工作业管理与监控层，以劳务企业的劳务人员和与施工企业签订劳动合同的其他社会劳动者（统称劳务作业人员）为主要作业人员的工程队。

2. 铁路建设工程施工提倡架子队管理模式。铁路既有线扩能改造（含铁路枢纽）、软土路基处理、桥隧工程及其他重要结构物、铺轨架梁、四电工程以及应急工程等，原则上应实行架子队管理模式施工。

3. 铁路建设单位要引导施工企业采用架子队管理模式组织铁路工程施工，在招标文件中明确使用架子队的相关内容。施工企业在参与铁路工程建设项目投标时，要在投标文件中载明劳务用工计划，载明所投标段架子队设置及数量、架子队构成及主要组成人员名单，并承诺在中标后据此安排组织工程施工和管理。

三、架子队组建及其管理

1. 架子队应按照“管理有效，监控有力，运作高效”的原则组建。架子队要设置专职队长、技术负责人，配置技术、质量、安全、试验、材料、领工员、工班长等架子队主要组成人员。各岗位要明确职责，落实责任。

2. 架子队主要组成人员应由施工企业正式职工担任，应具有相应的作业技能，并经过岗位培训合格后方可持证上岗。领工员、工班长同时必须具备相应的组织能力和丰富的施工实践经验，其人员数量应能满足施工现场生产管理、各施工环节和过程不间断监督的需要。

3. 施工现场所有劳务作业人员应纳入架子队统一集中管理，由架子队按照施工组织安排统筹劳务作业任务。班组作业人员应在领工员和工班长的带领下进行作业，确保每个工序和作业面有领工员、技术员、安全员跟班作业。

4. 架子队应建立和实行技术交底制度，技术负责人就工程作业工序和环节向领工员、工班长进行书面技术交底，书面技术交底资料要归类存档备查。领工员、工班长应在实施作业前对班组作业人员进行工作和安全交底。

5. 架子队主要组成人员在施工过程中应保持稳定和完整，应根据施工组织安排及工程进度，适时调整作业班组用工数量。

四、规范架子队用工行为的措施

1. 施工企业接受劳务企业劳务人员时，应与劳务企业签订劳务协议，并应检查验证劳务企业与劳务人员签订的劳动合同。未签劳动合同的不得进入施工现场从事劳务作业活动。

2. 施工企业应建立劳务作业人员培训和持证上岗制度，对其进行岗前专业培训，培训合格后可上岗，培训情况应当记录在教育培训档案中。从事技术工种的，上岗前必须取得相关职业资格证书；从事特殊工种的，还应取得特种作业证书。

3. 施工企业要按照有关规定及标准为劳务作业人员提供符合安全、卫生标准的生产环境、生活设施、居住条件、作业条件、机械设备和安全防护用具，不得歧视劳务作业人员。

4. 施工企业应建立劳务作业人员工资支付保障制度，在开户银行设立劳务作业人员工资基金专户。

五、加强对架子队用工情况的检查与监管

1. 施工企业要根据企业生产经营实际情况，设置劳务管理机构，配备与劳务用工规模相适应的管理人员，优选劳务队伍，加强劳务用工管理。施工现场项目管理机构，应配备专职劳务管理人员。

2. 施工企业要建立健全劳务管理制度，对劳务作业人员登记造册，记录其身份证号、职业资格证书号、劳动合同编号以及业绩和信用等情况，基本情况报建设单位、监理单位备案。

3. 建设、监理单位要建立对施工企业现场管理机构人员等的核查制度，检查施工企业是否按照投标承诺组建和管理架子队、设置劳务管理机构或人员、使用劳务作业人员等。对架子队工作情况要进行检查，发现架子队、劳务企业使用不合格的劳务作业人员或包工队时，必须及时向施工企业发出正式书面通知(通知存档备查)，要求施工企业限期整改，清退不合格劳务作业人员或包工队。

4. 建设单位要建立参建企业信用档案，将投标中人员与设备承诺兑现核查情况、使用包工队现象和不合格劳务作业人员情况，记入该企业信用档案，纳入相关信誉评价中，并将信用信息按有关规定报送上级主管部门。

关于铁路建设项目施工及监理考核的指导意见

（铁道部 铁建设〔2008〕247号　2008年12月9日）

各铁路局，各铁路公司（筹备组）：

为更好地实施《中长期铁路网规划》，落实“六位一体”管理要求，全面实现铁路建设目标，结合铁道部《铁路建设工程施工企业信用评价暂行办法》（铁建设〔2008〕160号）、《铁路建设工程监理信用评价暂行办法》（铁建设〔2008〕3号），现就铁路建设项目施工及监理激励约束考核工作提出以下指导意见，请按照执行。

一、考核范围

铁道部投资及铁道部出资者代表控股的新开工铁路大中型建设项目的参建施工、监理单位。

二、考核内容

（一）施工

考核内容为工程质量、施工安全、建设工期、投资控制、环境保护和技术创新六项；考核等级设定为甲、乙、丙三级。

1. 工程质量

甲级：考核期内未发生工程质量事故，且没有不良行为的；

乙级：考核期内未发生工程质量事故，且没有重大不良行为的；

丙级：考核期内发生工程质量事故，或有重大不良行为的。

2. 施工安全

甲级：施工安全措施到位，考核期内未发生生产安全事故或铁路交通事故，且无不良行为的；

乙级：施工安全措施基本到位，考核期内未发生人员死亡一般及以上生产安全、铁路交通事故，且无重大不良行为的；

丙级：考核期内发生人员死亡一般及以上生产安全、铁路交通事故，或有重大不良行为的。

3. 建设工期

甲级：严格按照施工组织设计（含调整后的施工组织设计）实施，所有节点工期均满足总工期要求的；

乙级：个别节点工期延后但采取适当工程措施后不影响总工期阶段目标的；

丙级：因节点工期延后影响总工期阶段目标的。

4. 投资控制

甲级：认真核对施工图，积极提出施工图优化建议，优化施工组织，改进施工工艺，按合同据实验工计价，节省工程投资的；

乙级：认真核对施工图，优化施工工艺，按合同据实验工计价，有效控制工程投资的；

丙级(凡发生以下任何一条)：未严格按施工图和已审核的施工组织进行施工，未完成变更设计手续而擅自施工，由于施工单位管理不善而造成投资增加，虚报实物工程量和投资完成。

5. 环境保护

(1)配备专职或兼职环保管理人员；

(2)制定环保管理制度；

(3)在施工进场前开展环保宣传教育培训；

(4)落实设计文件中的环境保护、水土保持措施；

(5)各项环保工程和设施达到工程施工质量要求；

(6)制定施工期环保应急处理措施。

甲级：(1)～(6)项指标全面达到标准；

乙级：在第(4)、(5)项达到标准的同时，其他3项达到标准；

丙级：除前述情形之外的其他情况。

6. 技术创新

甲级：积极开发应用新技术、新工艺、新工法；

乙级：应用投标承诺的新技术、新工艺、新工法；

丙级：不积极使用新技术、新工艺、新工法；不采用投标承诺的新技术、新工艺、新工法。

建设单位可对单独承揽铁路大中型建设项目四电专业工程的处级施工企业按照前述标准进行考核。

考核期内不良行为为铁道部工程质量安全监督总站公布的不良行为。

(二)监理

监理考核内容及考核等级比照铁道部《铁路建设工程监理信用评价暂行办法》(铁建设〔2008〕3号)确定。

三、考核费用

建设单位应在施工及监理招标文件、甲乙双方合同中明确相应的激励约束条款和激励约束考核费用等内容。

1. 施工考核费用为施工合同额的3‰～5‰，采取累进递减法确定。合同额在50亿元(含)以下的，为合同额的5‰；50亿元(不含)至100亿元(含)的部分，为合同额的4‰；100亿元(不含)以上的部分，为合同额的3‰。

2. 监理考核费用为监理合同额(监理费)的1%。

3. 施工、监理考核费用包含在投标报价及合同总价中。

四、实施方式

建设单位负责考核工作，并在施工及监理合同条款中约定具体的考核实施方式。考核分为平时考核和项目考核，平时考核和项目考核费用比例各占50%。

1. 施工考核按工程质量、施工安全、建设工期、投资控制、环境保护和技术创新分别进行，相对应的考核费用比例为3∶2∶1.5∶1.5∶1∶1。

2. 平时考核每季度一次，考核费计入当期施工验工计价。

3. 项目考核在初验结束前进行，结合平时考核结果综合评定考核等级，具体考核办法由建设单位制定，考核费计入末次验工计价。

4. 平时考核、项目考核内容为甲级时，按合同约定支付全额合同价款；考核内容为乙级时，按合同约定考核费用比例及额度的50%予以扣减合同价款；考核内容为丙级时，按合同约定考核费用比例及额度的100%予以扣减合同价款。

5. 采用施工总价和工程总承包模式，施工考核费用在总承包风险费中扣减。扣减的费用纳入考核建设项目的招标降造费。

6. 监理平时考核每半年一次，在信用评价结果公布后进行，考核费纳入随后支付的监理费。

五、其他事项

1. 建设单位应依据合同约定，建立严格的考核制度，自觉接受各级财务和审计部门的监督检查。

2. 在建项目的建设单位应按照本指导意见，修改合同，完善考核制度，规范考核程序，继续做好考核工作。

3. 本指导意见自2009年1月1日起实行，铁道部《关于建立铁路建设项目激励约束考核机制的指导意见》(铁办〔2007〕35号)同时废止。

关于铁路隧道施工机械配置的指导意见

(铁道部 铁建设函〔2008〕777 号　2008 年 7 月 10 日)

1 总　　则

1.1 为提高铁路隧道施工机械化水平,指导铁路隧道施工大型机械的配置,满足施工技术要求,保障施工质量和人身安全,做到施工设备配置先进,安全可靠,节能环保,制订本意见。

1.2 本意见适用于新建铁路隧道工程钻爆法施工机械的配置。相应的概算编制与指导意见相适应。

1.3 隧道施工前应进行施工机械配置方案设计,并纳入隧道实施性施工组织设计。

1.4 隧道施工机械配置应根据隧道长度、断面大小、辅助坑道设置、地质条件、施工方法、工期要求、施工场地等综合因素按无轨(见附件 1)或有轨(见附件 2)两种运输模式分别配置,并符合下列原则:

1.4.1 施工机械配置应与施工方法相配套,与施工工期相适应。

1.4.2 施工机械配置的生产能力应大于均衡施工能力,均衡生产能力应大于施工进度指标要求。

1.4.3 施工机械配置应注重科学发挥机械的总体效率。

1.4.4 施工机械需有备用设备,对混凝土拌和设备、运输设备、混凝土喷射机、混凝土输送泵、通风机、抽水机等应配备备用设备。

1.4.5 施工机械应根据施工进度的计划安排,及时进场,确保正常施工。

1.4.6 长隧道的洞口或隧道群间,应设置修配机构或车间,并配备相应的修理加工机械,储备一定数量的零部件和原材料。

1.5 隧道施工机械的使用、管理、维修和保养,应严格执行有关规定,保证机械使用安全、正常运转,防止发生机械事故。

1.6 隧道施工机械运转时应采取有效措施,减少产生的废气、噪音、废液、振动等对周围环境造成污染和影响。

1.6.1 应优先选择排污达标、噪音小的机械。进入隧道的机械,优先选择电力机械。

1.6.2 严禁汽油机械进洞,洞内使用柴油机械应加设废气净化装置或掺入柴油净化添加剂,并加强通风。

1.6.3 在靠近居民区时,各项排放指标均应达到现行《建筑施工场界噪声限值》(GB12523－90)、《污水综合排放标准》(GB8978－1996)、《环境空气质量标准》(GB3095－1996)等有关规定。

1.7 瓦斯隧道施工机械的配置应符合铁道行业标准《铁路瓦斯隧道技术规范》(TB10120－2002)的有关规定。高瓦斯和瓦斯突出隧道施工机械设备,必须采用电动机械及其配套的安全防爆型施工机械。

1.8 隧道施工机械配置应大力推广应用新技术、新设备，提高施工技术水平。

1.9 隧道施工机械管理操作人员应进行专门培训，特种机械操作应持证上岗。

2 地质超前预报

2.1 地质超前预报应作为工序纳入施工组织管理，隧道施工前应根据地质情况编制地质预报实施大纲，并经有关部门审查和批准后执行。

2.2 铁路隧道开挖前应根据隧道的环境及特点和超前地质预报方案设计选取合理的地质超前预报设备。

2.3 岩溶隧道、涌水量＞10^4 m^3/d 的涌水突泥高水压隧道、大型断层破碎带的隧道、瓦斯涌出量≥0.5 m^3/min 的高瓦斯隧道应选用超前地质钻探、物探等综合预报设备。

2.4 超前水平钻探应选用钻进速度≥5 m/h 的中速或快速地质钻机。

2.5 物探法地质预报常用设备配置见表 2.5。

表 2.5 物探法地质预报设备配置表

序号	预报方法	仪器和设备	备注
1	弹性波反射法	地震波反射探测仪	在软弱破碎地层或岩溶发育区一般可预报 100 m
			在完整硬质岩地层一般可预报 100～180 m
		智能声波探测仪	在软弱破碎地层或岩溶发育区一般可预报 20～50 m
			在完整硬质岩地层一般可预报 50～70 m
		陆地声纳仪	在软弱破碎地层或岩溶发育区一般可预报 20～50 m
			在完整硬质岩地层可预报 50～70 m
		地震仪	在软弱破碎地层或岩溶发育区一般可预报 30～50 m
			在完整硬质岩地层一般可预报 50～80 m
2	电磁波反射法	地质雷达	预报距离宜在 30 m 以内
3	红外探测法	红外探测仪	有效预报距离一般不大于 30 m
4	直流电法	高分辨直流电法仪	有效预报距离不宜大于 80 m

3 开 挖

3.1 隧道开挖设备应根据隧道断面大小、围岩地质、施工方法等情况合理选择机械设备。

3.2 单作业面长度大于或等于 3 km 的隧道，爆破钻孔应采用液压凿岩台车。小于 3 km 隧道可采用多功能台架配合钻爆设备进行开挖作业。

3.3 土质隧道、不适宜爆破施工及需要开挖减振槽的隧道，可采用小型挖掘机、铣挖机等进行开挖。

3.4 采用液压钻钻孔时，应设置液压站。

3.5 当采用风钻钻孔时，宜配置螺杆式可移动式空压机。

3.6 炮孔装药作业可采用自动装药设备，配置自动炮眼堵塞设备。

4 超前支护与初期支护

4.1 超前管棚、小导管、预注浆、锚杆等施工钻孔机械应按支护类型合理选用。

4.2 大管棚施作机械应优先选用钻孔、注浆一体的多功能钻机。

4.3 富水软弱破碎围岩、含水砂层、大变形围岩等不良地质隧道应配置深孔钻注设备。

4.4 预注浆应配备高压力、大流量且压力、流量可调式注浆泵，以满足注浆工艺和保证注浆质量的要求。

4.5 锚杆注浆应配置专用砂浆注浆泵。

4.6 喷射混凝土可选用湿喷机、潮喷机。双线及多线隧道和长、特长隧道混凝土喷射作业宜选用混凝土喷射三联机及喷射机械手。

4.7 喷射料的拌和应采用自动计量混凝土搅拌站，运送湿喷料应采用可搅拌混凝土输送车。

4.8 钢架加工应配置专用弯曲或成型加工设备，大断面架设钢架时宜采用钢架架设专用设备。

5 装砟与运输

5.1 装砟与运输机械选型应遵循挖、装、运机械能力协调配套的原则，其运输机械配置能力不应小于挖装能力的1.2倍。

5.2 无轨运输时，自卸汽车额定载重不应小于15 T。严禁使用汽油机械进洞，内燃机械宜采用尾气净化装置并加强洞内通风。

5.3 正洞有轨运输设备选型与配套数量应根据隧道长度和断面大小确定，并满足下列要求：

5.3.1 有轨牵引机车一般选用20 T及以上电瓶机车。

5.3.2 采用梭式矿车运砟的容量应大于16 m^3，侧卸式矿车运砟的容量应大于6 m^3。

5.3.3 所选翻框式调车器、浮放道岔等专用调车设备应配套合理。

5.3.4 出砟运输车辆数量可根据隧道掘进长度进行合理配置。

5.4 斜井运输设备及辅助设施应根据斜井断面大小、斜井坡度等条件合理配套，以满足施组要求。

5.4.1 斜井坡度小于8°时可采用无轨运输，运输设备配置应与正洞运输综合考虑。

5.4.2 斜井坡度小于15°时可采用皮带输送机出砟运输，同时应根据砟块尺寸配置破碎设备。

5.4.3 斜井坡度小于25°时宜采用有轨运输，应配备滚筒直径不小于2.5 m的提升机，井底采用自卸车装砟，矿车运输，洞外采用栈桥卸砟。

5.5 竖井装运机械配置应满足施组要求，符合行业相关规定，并应满足下列要求：

5.5.1 地面应安装三角架或井字形塔架和提开绞车，井筒应安装悬吊设备。

5.5.2 提升绞车的提升净张力应满足竖井物料进出的最大重量需求，提升速度应符合铁道行业标准《铁路隧道辅助坑道技术规范》(TB 10195—95)相关规定。

5.5.3 竖井提升天轮和滚筒的直径与钢丝绳中最粗钢丝直径之比不得小于900。

5.5.4 深竖井开挖施工，爆破钻孔宜配置环形伞钻。

5.6 大断面隧道采用大型挖装机设备时装运设备可按表5.6配置。

表 5.6 大型挖装机设备配置表

序号	挖装机械	掘进长度	运距	15T 自卸汽车	备 注
1	大吨位挖装机	4～5 m	1 km	5 辆	出碴时间≤4 h
2	大吨位铲装机			5 辆	出碴时间≤5 h

6 衬 砌

6.1 混凝土衬砌必须采用自动计量的混凝土搅拌站，混凝土搅拌输送车、混凝土输送泵、钢模板台车等配套机械设备。

6.2 混凝土拌和站生产能力应根据高峰时作业面数量、运距、混凝土供应量等因素确定，应选用强制式拌和方式。自动计量装置应满足混凝土配合比计量精度要求。

6.3 混凝土运输应配置可搅拌轮胎式汽车混凝土输送车，有轨运输时应配置可搅拌轨行式混凝土输送车。

6.4 混凝土输送泵配置能力应与搅拌站的生产能力、运输车的运送能力及浇筑结构的需求相匹配。

6.5 隧道衬砌应采用整体平移式全断面衬砌钢模板台车。

6.6 隧道仰拱灌筑时应配置仰拱栈桥。

7 通 风

7.1 隧道施工独头掘进长度超过 150 m 时，应采用机械通风，并配置相应的通风机械。

7.2 通风机的功率与通风管的直径应根据掘进长度、运输方式、断面大小和通风方式等计算确定，并宜选用大直径风管和风量风压可调式高效节能低噪型多级风机。

7.3 当通风管较长，需要提高风压时，可采用多台通风机串联；巷道式通风可采用通风机并联。串联或并联的通风机应采用同一型号。

7.4 隧道施工作业时，应对粉尘浓度、有害气体含量和噪声进行监测。监测仪器主要采用粉尘检测仪、噪声计、瓦斯测定仪、气体检测仪等。

8 防排水

8.1 隧道初期支护基面处理及防水板悬挂作业应配置可移动的专用作业台车。

8.2 防水板焊接应采用调温、调速式自动爬性焊接机，局部处理采用热塑焊枪焊接。有条件时，防水板作业宜采用自动铺设机。

8.3 隧道内排水用抽水机应根据隧道长度、水量、水质及施工组织设计的要求选型。抽水机备用数量应不少于 20%。局部抽水宜选用潜水泵。

8.4 洞内反坡排水，或在膨胀性、湿陷性地层中施工时，应根据坡度、水量和设备情况布置管路及泵站，一次或分段接力排出洞外。集水坑的容量应按实际排水量确定，其位置应减少施工干扰。

8.5 斜井、竖井排水，应根据井身断面大小和水量设置水仓，泵站设施与配电设施应匹配。

8.6 注浆堵水钻孔钻机可选用回转式、冲击式钻机。注浆泵可选用活塞式注浆泵或泥浆泵，并优先选用高压力、大流量、泵压和流速可调式单、双液注浆泵。

9 监控量测

9.1 隧道监控量测的项目应根据工程特点、规模大小和设计要求综合选定。

9.2 监控量测仪器应根据量测项目及测试精度来选用。一般应尽量选择简单适用、稳定可靠，操作方便，量程合理，便于进行结果处理和分析的测试仪器。量测仪器应按计量器具有关要求进行检定。大断面隧道优先采用无尺量测技术和相应设备。

9.3 隧道收敛量测仪器可选用收敛计或全站仪。

9.4 隧道拱顶和地表位移量测仪器可采用精密水准仪和铟钢尺或全站仪。

9.5 应力、应变监控量测仪器宜采用振弦式、光纤光栅传感器。

附件：1. 铁路隧道无轨运输施工主要设备配置表(单作业面)

2. 铁路隧道有轨运输施工主要设备配置表(单作业面)

附件1:

铁路隧道无轨运输施工主要设备配置表(单作业面)

<table>
<tr><td rowspan="2">序号</td><td rowspan="2">机 械 名 称</td><td rowspan="2">规 格</td><td colspan="2">隧道长度≥3 km</td><td colspan="2">隧道长度<3 km</td><td rowspan="2">备 注</td></tr>
<tr><td>单线</td><td>双线</td><td>单线</td><td>双线</td></tr>
<tr><td colspan="8">开挖设备</td></tr>
<tr><td>1</td><td>液压凿岩台车</td><td>2～4臂</td><td>1</td><td>1～2</td><td></td><td></td><td></td></tr>
<tr><td>2</td><td>多功能作业台架</td><td></td><td></td><td></td><td>1</td><td>1</td><td></td></tr>
<tr><td>3</td><td>液压钻机</td><td>(配液压站)</td><td></td><td></td><td>8～12</td><td>16～24</td><td>不需空压机</td></tr>
<tr><td>4</td><td>风钻</td><td></td><td></td><td></td><td>10～18</td><td>20～32</td><td></td></tr>
<tr><td>5</td><td>空压机</td><td>18～25 m³/min</td><td></td><td></td><td>3～5</td><td>5～8</td><td></td></tr>
<tr><td>6</td><td>挖掘机</td><td>0.2～1.2 m³</td><td>1～2</td><td>1～2</td><td>1～2</td><td>1～2</td><td></td></tr>
<tr><td colspan="8">出砟、装运设备</td></tr>
<tr><td>7</td><td>装载机</td><td>2～6 m³</td><td>1</td><td>2</td><td>1</td><td>2</td><td></td></tr>
<tr><td>8</td><td>自卸汽车</td><td>15～25 T</td><td>5～10</td><td></td><td>3～10</td><td>5～12</td><td></td></tr>
<tr><td>9</td><td>自卸汽车</td><td>15～40 T</td><td></td><td>5～12</td><td></td><td></td><td></td></tr>
<tr><td colspan="8">通风设备</td></tr>
<tr><td>10</td><td>轴流通风机</td><td>74～220 kW</td><td>≥2</td><td>≥2</td><td>1～2</td><td>1～2</td><td></td></tr>
<tr><td>11</td><td>射流风机</td><td>28～74 kW</td><td></td><td></td><td></td><td></td><td>根据需要</td></tr>
<tr><td colspan="8">超前与初期支护、衬砌设备</td></tr>
<tr><td>12</td><td>管棚、锚杆、注浆钻机</td><td></td><td></td><td></td><td></td><td></td><td>根据需要</td></tr>
<tr><td>13</td><td>注浆泵</td><td>单双液</td><td>1～2</td><td>2～3</td><td>1～2</td><td>2～3</td><td></td></tr>
<tr><td>14</td><td>锚孔注浆泵</td><td>砂浆泵</td><td>1～2</td><td>2～3</td><td>1～2</td><td>2～3</td><td></td></tr>
<tr><td>15</td><td>配料机</td><td>30～60 m³/h</td><td>1</td><td>1</td><td>1</td><td>1</td><td>喷混凝土料</td></tr>
<tr><td>16</td><td>搅拌机</td><td>500～1000 L</td><td>1</td><td>1</td><td>1</td><td>1</td><td>喷混凝土料</td></tr>
<tr><td>17</td><td>喷射混凝土三联机及机械手</td><td>10～30 m³/h</td><td></td><td>1～2</td><td></td><td>1～2</td><td></td></tr>
<tr><td>18</td><td>喷射机</td><td>5～12 m³/h</td><td>2～4</td><td></td><td>2～4</td><td></td><td></td></tr>
<tr><td>19</td><td>空压机</td><td>18～25 m³/min</td><td>1～3</td><td>2～3</td><td>1～3</td><td>1～3</td><td></td></tr>
<tr><td>20</td><td>全自动拌和站</td><td>50～75 m³/h</td><td>1</td><td>1</td><td>1</td><td>1</td><td></td></tr>
<tr><td>21</td><td>混凝土输送车</td><td>5～10 m³</td><td>3～5</td><td>5～9</td><td>3～5</td><td>5～9</td><td>搅拌式</td></tr>
<tr><td>22</td><td>混凝土输送泵</td><td>≥40 m³/h</td><td>1～2</td><td>1～2</td><td>1～2</td><td>1～2</td><td></td></tr>
<tr><td>23</td><td>模板台车</td><td>9～12 m</td><td>1～2</td><td>1～2</td><td>1～2</td><td>1～2</td><td></td></tr>
<tr><td>24</td><td>仰拱栈桥</td><td>≥9 m</td><td>3～6</td><td>3～6</td><td>2～4</td><td>2～4</td><td></td></tr>
<tr><td colspan="8">防排水设备</td></tr>
<tr><td>25</td><td>防水板作业台车</td><td>移动式</td><td>1</td><td>1</td><td>1</td><td>1</td><td></td></tr>
<tr><td>26</td><td>焊接机</td><td>自动调温</td><td>1</td><td>1</td><td>1</td><td>1</td><td></td></tr>
<tr><td>27</td><td>抽水机</td><td></td><td></td><td></td><td></td><td></td><td>根据涌水量</td></tr>
</table>

注:特殊地质条件施工设备根据施工需要经论证后配备。

附件 2:

铁路隧道有轨运输施工主要设备配置表(单作业面)

序号	机械名称	规格	隧道长度≥3 km	隧道长度<3 km	备注
开挖设备					
1	液压凿岩台车	2~4 臂	1		
2	多功能作业台架			1	
3	挖掘机	0.2~1.2 m^3	1~2	1~2	
4	液压钻机	(配液压站)		8~12	不需空压机
5	风钻			10~18	
6	空压机	18~25 m^3/min		3~5	
出砟、装运设备					
7	大型挖装机	150~250 m^3/h	1		
8	装载机	2~3 m^3	1	2	
9	牵引机车	≥20 T	3~8	3~8	
10	充电机		3~8	3~8	
11	梭矿	16~20 m^3	6~15	4~6	
通风设备					
12	轴流通风机	74~220 kW	≥2	1~2	
13	射流风机	28~74 kW			根据需要
超前与初期支护、衬砌设备					
14	管棚、锚杆、注浆钻机				根据需要
15	注浆泵	单双液	1~2	1~2	
16	锚孔注浆泵	砂浆泵	1~2	1~2	
17	配料机	20~60 m^3/h	1	1	喷混凝土料
18	搅拌机	350~1000 L	1	1	喷混凝土料
19	喷射机	5~12 m^3/h	2~4	2~4	
20	空压机	18~25 m^3/min	1~3	1~3	
21	全自动拌合站	50~75 m^3/h	1	1	
22	混凝土输送车	5~10 m^3	3~5	3~5	
23	轨行式混凝土输送车	5~7 m^3	5~7	3~5	搅拌式
24	混凝土输送泵	≥40 m^3/h	1~2	1~2	
25	模板台车	9~12 m	1~2	1~2	
26	仰拱栈桥	≥9 m	3~6	2~4	
防排水设备					
27	防水板作业台车	移动式	1	1	
28	焊接机	自动调温	1	1	
29	抽水机				根据涌水量

注:特殊地质条件施工设备根据施工需要经论证后配备。

铁道部建设管理司关于加强铁路建设参建单位人员培训工作指导意见

建建〔2008〕37号

各铁路局，各铁路公司(筹备组)：

《中长期铁路网规划》实施以来，铁路建设系统不断加大人员培训力度，为又好又快推进大规模、高标准铁路建设提供了有力的人力资源保障。随着大规模铁路建设的深入推进，对铁路建设管理和专业技术人才队伍提出了新的更高要求。为此，铁道部下发了《关于做好2008年铁路建设管理和监督人员培训工作的通知》(铁建设函〔2008〕464号)，对建设管理和监督人员培训作出了具体安排。为全面提高铁路建设管理水平，根据通知要求，现对参与铁路建设的勘察设计、施工、监理等企业人员培训工作提出以下指导意见。

一、提高思想认识

进一步加强铁路建设参建人员培训工作，全面提升参建人员的整体素质和业务能力，是适应铁路建设发展需要的重大举措，有利于推进铁路建设标准化管理，落实安全、质量、工期、投资控制、环境保护、技术创新“六位一体”管理要求，又好又快地推进大规模铁路建设；有利于打造作风扎实、技术过硬、管理有序的铁路建设队伍，实现工程建设各阶段项目管理工作的有机衔接和建设项目目标要素的集成管理，促进铁路建设管理水平整体提升；有利于促进参建企业人力资源持续增值，增强企业凝聚力，提高工作效率和经济效益，实现企业自身的长远发展。铁路建设参建各方要充分认识进一步加强培训工作的重要意义，切实增强做好培训工作的紧迫感和责任感。

二、明确培训目标

铁路建设参建各方要切实转变观念，把提高人员素质作为一项长远的战略任务来抓，建立适应铁路建设发展需要、促进企业和员工和谐发展的教育培训体系；要结合铁路建设项目实际和铁路建设中存在的突出问题，从培训需求分析、培训组成要素分析和培训效果评估三方面入手，制定培训方案，确定培训内容；要改进培训方法，搭建展示技能和交流业务的平台，有效激励和调动广大干部员工学习的积极性和自觉性，营造有利于人才成长的良好氛围。

1. 勘察设计单位。参与铁路建设的勘察设计单位，要组织勘察设计人员学习《建设工程勘察设计管理条例》和《铁路建设工程勘察设计管理办法》等管理规定，提高依法勘察设计的自觉性。要加强对技术标准和新知识的学习，组织开展客运专线设计规范、系统集成等新知识的学习，使勘察设计人员掌握铁路建设技术发展的最新理论，更新知识结构，并运用到勘察设计工作中。要采取“名师带徒”的方式，安排有经验的专家或业务骨干做兼职老师，有的放矢地传授知识，从而整体提高勘察设计人员素质。要针对现场需要开展形式多样的培训活动，如邀请施工单位专家结合现场实际案例进行授课，组织现场实践观摩活动等，并对现场容易出现的问题进行梳理汇总，重点提高勘察设计人员解决现场实际问题的能力，使施工图设计和现场施工能够有机结合，实现勘察设计文件质量的提高。

2. 施工单位。铁路施工企业人员素质的高低，直接决定了铁路建设工程质量和施工安全，参加铁路建设的施工企业要以满足现场需要为重点，积极组织技术人员参加铁道部有关部门组织的铁路工程施工人员培训，认真做好企业内部培训工作。要组织施工人员认真学习《建设工程质量管理条例》、《建设工程安全生产管理条例》、《铁路建设工程质量管理规定》、《铁路建设工程安全生产管理办法》等管理规定，提高依法组织施工的自觉性，落实质量安全管理责任。要加强施工安全培训，按照国家有关规定做好安全"三类"人员培训和认证工作，取得安全生产考核合格证书后方可担任相应职务。既有线和隧道施工等作业人员，必须进行上岗前的技术、安全培训，考试合格后方可上岗。要加强施工技术培训，组织开展对施工技术、工艺、规范和验收标准的学习，使现场技术人员和作业人员熟悉规范、掌握验标，提高技术水平。要加强作业人员培训，施工企业应建立"架子队"人员培训和持证上岗制度，培训合格后方可上岗，培训情况应当记录在教育培训档案中。从事技术工种的，上岗前必须取得相关职业资格证书；从事特殊工种的，还应取得特种岗位作业证书。

3. 监理单位。从事铁路建设工程监理的监理单位，应积极组织监理人员参加铁道部有关部门组织的铁路工程监理专业培训，并结合铁路建设项目实际自行组织开展经常性培训工作。要认真学习《铁路建设工程监理规范》、《铁路建设工程监理管理暂行规定》（铁建设〔2007〕176号）等铁路建设有关规章制度，增强依法监理意识，切实履行安全、质量等监理职责。要加强对规程规范、验收标准和新知识、新技术的学习，不断更新监理人员的业务知识，提高工作能力，从而提高监理企业的整体监理水平。

三、加强组织管理

铁道部有关部门应为勘察设计、施工、监理企业人员培训工作提供有利条件，促进铁路建设参建人员素质的整体提高。

经规院应认真做好新颁铁路工程建设标准、造价标准以及铁道行业注册造价工程师培训工作，重点是客运专线建设标准及补充预算定额和铁路机务、车辆、机械工程概（预）算人员定额的宣贯。铁道工程建设协会应积极为会员单位提供服务，认真做好施工人员和监理人员培训工作，培训内容要结合铁路建设实际，宣贯国家和铁道部有关法律法规、规章，学习客运专线技术知识，结合典型案例讲授质量、安全、投资控制的方法和要点。培训组织单位要及时向建设司提交培训工作总结。

施工单位要提高对培训工作重要性的认识，加强对培训工作的组织领导，制定合理可行的培训方案，组织开展形式多样的培训工作，切实提高技术人员和作业人员素质。建设单位应督促参建单位健全教育培训制度，做好人员培训工作；要检查参建人员的培训证明，未经培训的人员不得进入铁路建设现场。特别要对施工企业安全"三类"人员、现场监理人员持证上岗情况进行检查，对发现的问题要责令施工、监理企业及时整改。

二〇〇八年五月十二日

关于建筑施工企业安全生产许可证有效期满延期工作的通知

（建设部 建质〔2007〕201号 2007年8月22日）

各省、自治区建设厅，直辖市建委，江苏省、山东省建管局：

根据《安全生产许可证条例》和《建筑施工企业安全生产许可证管理规定》，建筑施工企业安全生产许可证有效期为三年。为切实做好全国第一批以及今后建筑施工企业安全生产许可证有效期满延期工作，进一步提高我国建筑施工企业安全生产管理水平，现通知如下：

一、延期工作指导原则

以科学发展观统领全局，按照统筹安排、严格条件、简化程序、方便企业的总体要求，坚持监督管理与服务企业并重、全面要求与差异化管理相结合的基本原则，认真做好建筑施工企业安全生产许可证有效期满延期工作。要利用延期工作的契机，进一步规范建筑施工企业安全生产行为和安全生产条件，促使企业建立起自我约束、持续改进的安全生产长效机制，减少和控制生产安全事故，以利于推动全国建筑安全生产形势的稳定好转。

二、延期企业审查范围

（一）属于下列范围的建筑施工企业，安全生产许可证颁发管理机关（以下简称颁发管理机关）应当重新对其安全生产条件进行审查：

1. 在安全生产许可证有效期内，发生生产安全事故且对事故发生负有责任的；

2. 在安全生产许可证有效期内，曾被暂扣过安全生产许可证的；

3. 在安全生产许可证有效期内，受到各级建设主管部门3次以上（含3次）处罚、通报批评或安全生产诚信不良记录的；

4. 未在原颁发管理机关规定时间内提出延期申请的；

5. 原颁发管理机关因其他原因认为有必要重新审查的。

（二）在安全生产许可证有效期内，严格遵守有关安全生产的法律、法规、规章和工程建设强制性标准，不属于第（一）项规定的应当重新审查范围的建筑施工企业，经原颁发管理机关同意，可以不再对其进行审查。但此类企业仍需提交本通知规定的有关申请材料。

（三）对预拌商品混凝土、混凝土预制构件、园林绿化等不属于建筑施工企业安全生产许可证发放范围的企业，如部分地区此前向其发放过安全生产许可证，本次延期将不再予以受理。

（四）对于已经申请领取安全生产许可证的劳务分包企业，本次应依照有关规定予其延期；对于未对劳务分包企业申领安全生产许可证作出要求的地区，应统一要求本地劳务分包企业申领安全生产许可证。

三、延期工作内容、程序

（一）申请

安全生产许可证有效期满前三个月，企业应当向原颁发管理机关提出延期申请。

1. 需要进行重新审查的企业，应提交以下申请材料：

(1)建筑施工企业安全生产许可证延期申请表。由各地颁发管理机关将《建筑施工企业安全生产许可证管理规定实施意见》(建质[2004]148号，以下简称《实施意见》)规定的申请表修改为延期申请表，供本地企业使用。

(2)建筑业企业营业执照、资质证书、原安全生产许可证、企业"三类人员"安全生产考核合格证书(企业安全生产许可证获准延期之前，"三类人员"安全生产考核合格证书应在有效期之内)复印件(需交验原件)。

(3)《实施意见》第(六)条规定的有关文件、资料。

(4)各地颁发管理机关规定的其他申请材料。

2. 不需要进行重新审查的企业，提交上述第(1)、(2)、(4)项材料。

企业应对申请材料实质内容的真实性负责。

(二)受理

颁发管理机关对属于本次延期范围且申请材料齐全的企业予以受理；对申请材料不齐全的，当场或者在5个工作日内书面形式一次告知企业需要补正的全部内容，企业应及时补正并重新申报；对不属于本次延期范围或者企业隐瞒有关情况、提供虚假材料的，不予受理。

(三)审查

对于需要重新审查的企业，颁发管理机关依据有关法规、规章对企业申请材料进行审查，并应当随机对企业1到2个在建工程施工现场进行抽查。必要时，可以征求铁道、交通、水利等有关部门意见。

在安全生产许可证有效期届满前，对于不需要进行重新审查和经重新审查合格的，准予安全生产许可证延期；审查不合格的，不予延期，书面通知企业并说明理由，企业自接到通知之日起应当进行整改，整改合格后可再次提出延期申请。

(四)发证

1. 对于准予安全生产许可证延期的，颁发管理机关通知企业交回全部原安全生产许可证正本和副本，并换领新的安全生产许可证正本和副本。延期的安全生产许可证证号不变，副本采用新的样式(新样式见实物，填写说明、订购办法等另行通知)。

2. 自本通知下发之日起，新审批的安全生产许可证全部采用新的副本；对于尚在有效期内的安全生产许可证，企业可以使用原来的副本，待有效期满准予延期后再换领新的副本。

(五)监督管理

对于安全生产许可证有效期满未办理延期手续继续进行生产的，按照《安全生产许可证条例》第二十条规定进行处罚。

四、延期工作有关要求

(一)各地颁发管理机关要高度重视延期工作并加强对此项工作的组织领导。要结合工作实际，认真制定详细的实施细则和工作方案并及早向企业公布。要合理安排好安全生产许可证延期工作的时间和批次，确保符合条件的企业在安全生产许可证有效期届满之前申领到新的安全生产许可证。我部将适时对各地安全生产许可证延期工作进行检查。

(二)各地颁发管理机关应当在办公场所、本机关网站上公示延期的有关条件、程序、期限、延期申请所需提交的资料目录及要求，确定不需要重新审查和需要重新审查的企业名单并及时通知企业，便于企业提早作出申请准备。

（三）各地颁发管理机关本着服务企业和充分发挥基层建设主管部门积极性的原则，可以采取网上申请、设置受理网点、组织企业统一申报、根据企业安全信用情况采用灵活多样的审查方式等手段，切实提高延期工作效率，注意降低行政成本。

（四）各地颁发管理机关应当根据企业安全生产许可证延期情况，及时更新建设部“建筑施工企业安全生产许可证信息管理系统”有关内容，同时要定期向社会公布本地企业安全生产许可证延期以及发放、暂扣、吊销等情况。

（五）各地颁发管理机关在安全生产许可证延期的各个工作环节要严格遵守《行政许可法》等法律、法规和规章的要求，自觉贯彻落实各项廉洁自律规定。对有关违法违纪行为，要严格依照《行政机关公务员处分条例》和《安全生产领域违法违纪行为政纪处分暂行规定》等法规规章对有关人员进行责任追究。

关于印发《建筑施工企业安全生产管理机构设置及专职安全生产管理人员配备办法》的通知

（住房和城乡建设部 建质〔2008〕91号 2008年5月31日）

各省、自治区建设厅，直辖市建委，江苏、山东省建管局，新疆生产建设兵团建设局，中央管理的建筑企业：

为进一步规范建筑施工企业安全生产管理机构设置及专职安全生产管理人员配备，全面落实建筑施工企业安全生产主体责任，我们组织修订了《建筑施工企业安全生产管理机构设置及专职安全生产管理人员配备办法》，现印发给你们，请遵照执行。原《关于印发〈建筑施工企业安全生产管理机构设置及专职安全生产管理人员配备办法〉和〈危险性较大工程安全专项施工方案编制及专家论证审查办法〉的通知》（建质[2004]213号）中的《建筑施工企业安全生产管理机构设置及专职安全生产管理人员配备办法》同时废止。

建筑施工企业安全生产管理机构设置及专职安全生产管理人员配备办法

第一条 为规范建筑施工企业安全生产管理机构的设置，明确建筑施工企业和项目专职安全生产管理人员的配备标准，根据《中华人民共和国安全生产法》、《建设工程安全生产管理条例》、《安全生产许可证条例》及《建筑施工企业安全生产许可证管理规定》，制定本办法。

第二条 从事土木工程、建筑工程、线路管道和设备安装工程及装修工程的新建、改建、扩建和拆除等活动的建筑施工企业安全生产管理机构的设置及其专职安全生产管理人员的配备，适用本办法。

第三条 本办法所称安全生产管理机构是指建筑施工企业设置的负责安全生产管理工作的独立职能部门。

第四条 本办法所称专职安全生产管理人员是指经建设主管部门或者其他有关部门安全生产考核合格取得安全生产考核合格证书，并在建筑施工企业及其项目从事安全生产管理工作的专职人员。

第五条 建筑施工企业应当依法设置安全生产管理机构，在企业主要负责人的领导下开展本企业的安全生产管理工作。

第六条 建筑施工企业安全生产管理机构具有以下职责：

（一）宣传和贯彻国家有关安全生产法律法规和标准；

（二）编制并适时更新安全生产管理制度并监督实施；

（三）组织或参与企业生产安全事故应急救援预案的编制及演练；

（四）组织开展安全教育培训与交流；

（五）协调配备项目专职安全生产管理人员；

（六）制订企业安全生产检查计划并组织实施；

（七）监督在建项目安全生产费用的使用；

（八）参与危险性较大工程安全专项施工方案专家论证会；

（九）通报在建项目违规违章查处情况；

（十）组织开展安全生产评优评先表彰工作；

（十一）建立企业在建项目安全生产管理档案；

（十二）考核评价分包企业安全生产业绩及项目安全生产管理情况；

（十三）参加生产安全事故的调查和处理工作；

（十四）企业明确的其他安全生产管理职责。

第七条　建筑施工企业安全生产管理机构专职安全生产管理人员在施工现场检查过程中具有以下职责：

（一）查阅在建项目安全生产有关资料、核实有关情况；

（二）检查危险性较大工程安全专项施工方案落实情况；

（三）监督项目专职安全生产管理人员履责情况；

（四）监督作业人员安全防护用品的配备及使用情况；

（五）对发现的安全生产违章违规行为或安全隐患，有权当场予以纠正或作出处理决定；

（六）对不符合安全生产条件的设施、设备、器材，有权当场作出查封的处理决定；

（七）对施工现场存在的重大安全隐患有权越级报告或直接向建设主管部门报告。

（八）企业明确的其他安全生产管理职责。

第八条　建筑施工企业安全生产管理机构专职安全生产管理人员的配备应满足下列要求，并应根据企业经营规模、设备管理和生产需要予以增加：

（一）建筑施工总承包资质序列企业：特级资质不少于 6 人；一级资质不少于 4 人；二级和二级以下资质企业不少于 3 人。

（二）建筑施工专业承包资质序列企业：一级资质不少于 3 人；二级和二级以下资质企业不少于 2 人。

（三）建筑施工劳务分包资质序列企业：不少于 2 人。

（四）建筑施工企业的分公司、区域公司等较大的分支机构（以下简称分支机构）应依据实际生产情况配备不少于 2 人的专职安全生产管理人员。

第九条　建筑施工企业应当实行建设工程项目专职安全生产管理人员委派制度。建设工程项目的专职安全生产管理人员应当定期将项目安全生产管理情况报告企业安全生产管理机构。

第十条　建筑施工企业应当在建设工程项目组建安全生产领导小组。建设工程实行施工总承包的，安全生产领导小组由总承包企业、专业承包企业和劳务分包企业项目经理、技术负责人和专职安全生产管理人员组成。

第十一条　安全生产领导小组的主要职责：

（一）贯彻落实国家有关安全生产法律法规和标准；

(二)组织制定项目安全生产管理制度并监督实施；
(三)编制项目生产安全事故应急救援预案并组织演练；
(四)保证项目安全生产费用的有效使用；
(五)组织编制危险性较大工程安全专项施工方案；
(六)开展项目安全教育培训；
(七)组织实施项目安全检查和隐患排查；
(八)建立项目安全生产管理档案；
(九)及时、如实报告安全生产事故。

第十二条 项目专职安全生产管理人员具有以下主要职责：

(一)负责施工现场安全生产日常检查并做好检查记录；
(二)现场监督危险性较大工程安全专项施工方案实施情况；
(三)对作业人员违规违章行为有权予以纠正或查处；
(四)对施工现场存在的安全隐患有权责令立即整改；
(五)对于发现的重大安全隐患，有权向企业安全生产管理机构报告；
(六)依法报告生产安全事故情况。

第十三条 总承包单位配备项目专职安全生产管理人员应当满足下列要求：

(一)建筑工程、装修工程按照建筑面积配备：
1.1万平方米以下的工程不少于1人；
2.1万～5万平方米的工程不少于2人；
3.5万平方米及以上的工程不少于3人，且按专业配备专职安全生产管理人员。
(二)土木工程、线路管道、设备安装工程按照工程合同价配备：
1.5000万元以下的工程不少于1人；
2.5000万～1亿元的工程不少于2人；
3.1亿元及以上的工程不少于3人，且按专业配备专职安全生产管理人员。

第十四条 分包单位配备项目专职安全生产管理人员应当满足下列要求：

(一)专业承包单位应当配置至少1人，并根据所承担的分部分项工程的工程量和施工危险程度增加。

(二)劳务分包单位施工人员在50人以下的，应当配备1名专职安全生产管理人员；50人～200人的，应当配备2名专职安全生产管理人员；200人及以上的，应当配备3名及以上专职安全生产管理人员，并根据所承担的分部分项工程施工危险实际情况增加，不得少于工程施工人员总人数的5‰。

第十五条 采用新技术、新工艺、新材料或致害因素多、施工作业难度大的工程项目，项目专职安全生产管理人员的数量应当根据施工实际情况，在第十三条、第十四条规定的配备标准上增加。

第十六条 施工作业班组可以设置兼职安全巡查员，对本班组的作业场所进行安全监督检查。

建筑施工企业应当定期对兼职安全巡查员进行安全教育培训。

第十七条 安全生产许可证颁发管理机关颁发安全生产许可证时，应当审查建筑施工企业安全生产管理机构设置及其专职安全生产管理人员的配备情况。

第十八条 建设主管部门核发施工许可证或者核准开工报告时，应当审查该工程项目专职安全生产管理人员的配备情况。

第十九条 建设主管部门应当监督检查建筑施工企业安全生产管理机构及其专职安全生产管理人员履责情况。

第二十条 本办法自颁发之日起实施，原《关于印发〈建筑施工企业安全生产管理机构设置及专职安全生产管理人员配备办法〉和〈危险性较大工程安全专项施工方案编制及专家论证审查办法〉的通知》(建质〔2004〕213 号)中的《建筑施工企业安全生产管理机构设置及专职安全生产管理人员配备办法》废止。

关于发布《铁路建设工程监理规范》的通知

（铁道部 铁建设〔2007〕136 号　2007 年 7 月 17 日）

各铁路局，集装箱、投资公司，各铁路公司（筹备组）：

现发布《铁路建设工程监理规范》（TB10402－2007），自 2007 年 7 月 1 日起施行。原《铁路建设工程监理规范》（TB10402－2003）同时废止。

本规范由铁道部建设管理司负责解释，由中国铁道出版社组织出版发行。

关于严格执行建设工程监理与相关服务收费管理规定的通知

（铁道部 铁建设〔2007〕137号 2007年7月17日）

各铁路局，集装箱、投资公司，各铁路公司（筹备组）：

为规范铁路建设工程监理收费行为，提高铁路工程监理水平，促进铁路工程监理事业健康发展，2007年5月1日以后签订的铁路工程监理合同必须严格执行新的《铁路建设工程监理规范》（铁建设〔2007〕136号）和《国家发展改革委、建设部关于印发〈建设工程监理与相关服务收费管理规定〉的通知》（发改价格〔2007〕670号，见附件）。铁道部原发《关于调整铁路工程监理费标准的通知》（铁建设〔2002〕101号）同时废止，《铁路基本建设工程设计概（预）算编制办法》（铁建设〔2006〕113号）中施工监理费执行本通知。

国家发展改革委、建设部关于印发《建设工程监理与相关服务收费管理规定》的通知

发改价格〔2007〕670号

国务院有关部门，各省、自治区、直辖市发展改革委、物价局、建设厅（委）：

为规范建设工程监理及相关服务收费行为，维护委托双方合法权益，促进工程监理行业健康发展，我们制定了《建设工程监理与相关服务收费管理规定》，现印发给你们，自2007年5月1日起执行。原国家物价局、建设部下发的《关于发布工程建设监理费有关规定的通知》（〔1992〕价费字479号）自本规定生效之日起废止

附：建设工程监理与相关服务收费管理规定

二〇〇七年三月三十日

附：

建设工程监理与相关服务收费管理规定

第一条 为规范建设工程监理与相关服务收费行为，维护发包人和监理人的合法权益，根据《中华人民共和国价格法》及有关法律、法规，制定本规定。

第二条 建设工程监理与相关服务，应当遵循公开、公平、公正、自愿和诚实信用的原则。依法须招标的建设工程，应通过招标方式确定监理人。监理服务招标应优先考虑监理单位的资信程度、监理方案的优劣等技术因素。

第三条 发包人和监理人应当遵守国家有关价格法律法规的规定，接受政府价格主管部门的监督、管理。

第四条 建设工程监理与相关服务收费根据建设项目性质不同情况，分别实行政府指导价或市场调节价。依法必须实行监理的建设工程施工阶段的监理收费实行政府指导价；其他建设工程施工阶段的监理收费和其他阶段的监理与相关服务收费实行市场调节价。

第五条 实行政府指导价的建设工程施工阶段监理收费，其基准价根据《建设工程监理与相关服务收费标准》计算，浮动幅度为上下 20%。发包人和监理人应当根据建设工程的实际情况在规定的浮动幅度内协商确定收费额。实行市场调节价的建设工程监理与相关服务收费，由发包人和监理人协商确定收费额。

第六条 建设工程监理与相关服务收费，应当体现优质优价的原则。在保证工程质量的前提下，由于监理人提供的监理与相关服务节省投资，缩短工期，取得显著经济效益的，发包人可根据合同约定奖励监理人。

第七条 监理人应当按照《关于商品和服务实行明码标价的规定》，告知发包人有关服务项目、服务内容、服务质量、收费依据，以及收费标准。

第八条 建设工程监理与相关服务的内容、质量要求和相应的收费金额以及支付方式，由发包人和监理人在监理与相关服务合同中约定。

第九条 监理人提供的监理与相关服务，应当符合国家有关法律、法规和标准规范，满足合同约定的服务内容和质量等要求。监理人不得违反标准规范规定或合同约定，通过降低服务质量、减少服务内容等手段进行恶性竞争，扰乱正常市场秩序。

第十条 由于非监理人原因造成建设工程监理与相关服务工作量增加或减少的，发包人应当按合同约定与监理人协商另行支付或扣减相应的监理与相关服务费用。

第十一条 由于监理人原因造成监理与相关服务工作量增加的，发包人不另行支付监理与相关服务费用。

监理人提供的监理与相关服务不符合国家有关法律、法规和标准规范的，提供的监理服务人员、执业水平和服务时间未达到监理工作要求的，不能满足合同约定的服务内容和质量等要求的，发包人可按合同约定扣减相应的监理与相关服务费用。

由于监理人工作失误给发包人造成经济损失的，监理人应当按照合同约定依法承担相应赔偿责任。

第十二条 违反本规定和国家有关价格法律、法规规定的，由政府价格主管部门依据《中华人民共和国价格法》、《价格违法行为行政处罚规定》予以处罚。

第十三条 本规定及所附《建设工程监理与相关服务收费标准》，由国家发展改革委会同建设部负责解释。

第十四条 本规定自 2007 年 5 月 1 日起施行，规定生效之日前已签订服务合同及在建项目的相关收费不再调整。原国家物价局与建设部联合发布的《关于发布工程建设监理费有关规定的通知》(〔1992〕价费字 479 号)同时废止。国务院有关部门及各地制定的相关规定与本规定相抵触的，以本规定为准。

附件：建设工程监理与相关服务收费标准(节选)

附件：

建设工程监理与相关服务收费标准

1 总 则

1.0.1 建设工程监理与相关服务是指监理人接受发包人的委托，提供建设工程施工阶段的质量、进度、费用控制管理和安全生产监督管理、合同、信息等方面协调管理服务，以及勘察、设计、保修等阶段的相关服务。各阶段的工作内容见《建设工程监理与相关服务的主要工作内容》(附表一)。

1.0.2 建设工程监理与相关服务收费包括建设工程施工阶段的工程监理(以下简称“施工监理”)服务收费和勘察、设计、保修等阶段的相关服务(以下简称“其他阶段的相关服务”)收费。

1.0.3 铁路、水运、公路、水电、水库工程的施工监理服务收费按建筑安装工程费分档定额计费方式计算收费。其他工程的施工监理服务收费按照建设项目工程概算投资额分档定额计费方式计算收费。

1.0.4 其他阶段的相关服务收费一般按相关服务工作所需工日和《建设工程监理与相关服务人员人工日费用标准》(附表四)收费。

1.0.5 施工监理服务收费按照下列公式计算：

(1)施工监理服务收费＝施工监理服务收费基准价×(1±浮动幅度值)

(2)施工监理服务收费基准价＝施工监理服务收费基价×专业调整系数×工程复杂程度调整系数×高程调整系数

1.0.6 施工监理服务收费基价

施工监理服务收费基价是完成国家法律法规、规范规定的施工阶段监理基本服务内容的价格。施工监理服务收费基价按《施工监理服务收费基价表》(附表二)确定，计费额处于两个数值区间的，采用直线内插法确定施工监理服务收费基价。

1.0.7 施工监理服务收费基准价

施工监理服务收费基准价是按照本收费标准规定的基价和1.0.5(2)计算出的施工监理服务基准收费额。发包人与监理人根据项目的实际情况，在规定的浮动幅度范围内协商确定施工监理服务收费合同额。

1.0.8 施工监理服务收费的计费额

施工监理服务收费以建设项目工程概算投资额分档定额计费方式收费的，其计费额为工程概算中的建筑安装工程费、设备购置费和联合试运转费之和，即工程概算投资额。对设备购置费和联合试运转费占工程概算投资额40％以上的工程项目，其建筑安装工程费全部计入计费额，设备购置费和联合试运转费按40％的比例计入计费额。但其计费额不应小于建筑安装工程费与其相同且设备购置费和联合试运转费等于工程概算投资额40％的工程项目的计费额。

工程中有利用原有设备并进行安装调试服务的，以签订工程监理合同时同类设备的当期价格作为施工监理服务收费的计费额；工程中有缓配设备的，应扣除签订工程监理合同时同类设备的当期价格作为施工监理服务收费的计费额；工程中有引进设备的，按照购进设备的离岸价格折换成人民币作为施工监理服务收费的计费额。

施工监理服务收费以建筑安装工程费分档定额计费方式收费的，其计费额为工程概算中的建筑安装工程费。

作为施工监理服务收费计费额的建设项目工程概算投资额或建筑安装工程费均指每个监理合同中约定的工程项目范围的计费额。

1.0.9 施工监理服务收费调整系数

施工监理服务收费调整系数包括：专业调整系数、工程复杂程度调整系数和高程调整系数。

(1)专业调整系数是对不同专业建设工程的施工监理工作复杂程度和工作量差异进行调整的系数。计算施工监理服务收费时，专业调整系数在《施工监理服务收费专业调整系数表》(附表三)中查找确定。

(2)工程复杂程度调整系数是对同一专业建设工程的施工监理复杂程度和工作量差异进行调整的系数。工程复杂程度分为一般、较复杂和复杂三个等级，其调整系数分别为：一般(Ⅰ级)0.85；较复杂(Ⅱ级)1.0；复杂(Ⅲ级)1.15。计算施工监理服务收费时，工程复杂程度在相应章节的《工程复杂程度表》中查找确定。

(3)高程调整系数如下：

海拔高程2001 m以下的为1；

海拔高程2001～3000 m为1.1；

海拔高程3001～3500 m为1.2；

海拔高程3501～4000 m为1.3；

海拔高程4001 m以上的，高程调整系数由发包人和监理人协商确定。

1.0.10 发包人将施工监理服务中的某一部分工作单独发包给监理人，按照其占施工监理服务工作量的比例计算施工监理服务收费，其中质量控制和安全生产监督管理服务收费不宜低于施工监理服务收费额的70%。

1.0.11 建设工程项目施工监理服务由两个或者两个以上监理人承担的，各监理人按照其占施工监理服务工作量的比例计算施工监理服务收费。发包人委托其中一个监理人对建设工程项目施工监理服务总负责的，该监理人按照各监理人合计监理服务收费额的4%～6%向发包人收取总体协调费。

1.0.12 本收费标准不包括本总则1.0.1以外的其他服务收费。其他服务收费，国家有规定的，从其规定；国家没有规定的，由发包人与监理人协商确定。

6 交通运输工程

6.1 交通运输工程范围

适用于铁路、公路、水运、城市交通、民用机场、索道工程。

6.2 交通运输工程复杂程度

6.2.1 铁路工程

表 6.2.1　铁路工程复杂程度表

等级	工程特征
Ⅰ级	Ⅱ、Ⅲ、Ⅳ级铁路。
Ⅱ级	1. 时速 200 km 客货共线； 2. Ⅰ级铁路； 3. 货运专线； 4. 独产特大桥； 5. 独立隧道。
Ⅲ级	1. 客运专线； 2. 技术特别复杂的工程。

注：1. 复杂程度调整系数Ⅰ级为 0.85，Ⅱ级为 1，Ⅲ为 0.95；

2. 复杂程度等级Ⅱ级的新建双线复杂程度调整系数为 0.85。

6.2.2　公路、城市道路、轨道交通、索道工程

表 6.2.2　公路、城市道路、轨道交通、索道工程复杂程度表

等级	工程特征
Ⅰ级	1. 三级、四级公路及相应的机电工程； 2. 一级公路、二级公路的机电工程。
Ⅱ级	1. 一级公路、二级公路； 2. 高速公路的机电工程； 3. 城市道路、广场、停车场工程。
Ⅲ级	1. 高速公路工程； 2. 城市地铁、轻轨； 3. 客(货)运索道工程。

注：穿越山岭重丘区的复杂程度Ⅱ、Ⅲ级公路工程项目的部分复杂程度调整系数分别为 1.1 和 1.26。

6.2.3　公路桥梁、城市桥梁和隧道工程

表 6.2.3　公路桥梁、城市桥梁和隧道工程复杂程度表

等级	工程特征
Ⅰ级	1. 总长 ＜1000 m 或单孔跨径＜150 m 的公路桥梁； 2. 长度＜1000 m 的隧道工程； 3. 人行天桥、涵洞工程。
Ⅱ级	1. 总长≥1000 m 或 150 m≤单孔跨径＜250 m 的公路桥梁； 2. 1000 m≤长度＜3000 m 的隧道工程； 3. 城市桥梁、分离式立交桥，地下通道工程。
Ⅲ级	1. 主跨≥250 m 拱桥，单跨≥250 m 预应力混凝土连续结构，≥400 m 斜拉桥，≥800 m 悬索桥； 2. 连拱隧道、水底隧道、长度≥3000 m 的隧道工程； 3. 城市互通式立交桥。

6.2.4 水运工程

表 6.2.4 水运工程复杂程度表

等级	工程特征
Ⅰ级	1. 沿海港口、航道工程：码头＜1000 t 级，航道＜5000 t 级； 2. 内河港口、航道整治、通航建筑工程：码头、航道整治、船闸＜100 t 级； 3. 修造船厂水工工程：船坞、舾装码头＜3000 t 级，船台、滑道船体重量＜1000 t； 4. 各类疏浚、吹填、造陆工程。
Ⅱ级	1. 沿海港口、航道工程：1000 t 级≤码头＜10000 t 级，5000 t 级≤航道＜30000 t 级，护岸、引堤、防波堤等建筑物； 2. 油、气等危险品码头工程＜1000 t 级； 3. 内河港口、航道整治、通航建筑工程：100 t 级≤码头＜1000 t 级；100 t 级≤航道整治＜1000 t 级，100 t 级≤船闸＜500 t 级，升船机＜300 t 级； 4. 修造船厂水工工程：3000 t 级≤船坞、舾装码头＜10000 t 级，1000 t≤船台、滑道船体重量＜5000 t。
Ⅲ级	1. 沿海港口、航道工程：码头≥10000 t 级，航道≥30000 t 级； 2. 油、气等危险品码头工程≥1000 t 级； 3. 内河港口、航道整治、通航建筑工程：码头、航道整治≥1000 t 级，船闸≥500 t 级．升船机≥300 t 级； 4. 航运(电)枢纽工程； 5. 修造船厂水工工程：船坞、舾装码头≥10000 t 级，船台、滑道船体重量≥5000 t； 6. 水上交通管制工程。

6.2.5 民用机场工程

表 6.2.5 民用机场工程复杂程度表

等级	工程特征
Ⅰ级	3C 及以下场道、空中交通管制及助航灯光工程(项目单一或规模较小工程)；
Ⅱ级	4C、4D 场道、空中交通管制及助航灯光工程(中等规模工程)；
Ⅲ级	4E 及以上场道、空中交通管制及助航灯光工程(大型综合工程含配套措施)。

注：工程项目规模划分标准见《民用机场飞行区技术标准》。

7 建筑市政工程

7.1 建筑市政工程范围

适用于建筑、人防、市政公用、园林绿化、广播电视、邮政、电信工程。

7.2 建筑市政工程复杂程度

7.2.1 建筑、人防工程

表 7.2.1 建筑、人防工程复杂程度表

等级	工程特征
Ⅰ级	1. 高度<24 m 的公共建筑和住宅工程； 2. 跨度<24 m 的厂房和仓储建筑工程； 3. 室外工程及简单的配套用房； 4. 高度<70 m 的高耸构筑物。
Ⅱ级	1. 24 m≤高度<50 m 的公共建筑工程； 2. 24 m≤跨度<36 m 的厂房和仓储建筑工程； 3. 高度≥24 m 的住宅工程； 4. 仿古建筑，一般标准的古建筑、保护性建筑以及地下建筑工程； 5. 装饰、装修工程； 6. 防护级别为四级及以下的人防工程； 7. 70 m≤高度<120 m 的高耸构筑物。
Ⅲ级	1. 高度≥50 m 的公共建筑工程，或跨度≥36 m 的厂房和仓储建筑工程： 2. 高标准的古建筑、保护性建筑； 3. 防护级别为四级以上的人防工程； 4. 高度≥120 m 的高耸构筑物。

7.2.2 市政公用、园林绿化工程

表 7.2.2 市政公用、园林绿化工程复杂程度表

等级	工程特征
Ⅰ级	1. DN<1.0 m 的给排水地下管线工程； 2. 小区内燃气管道工程； 3. 小区供热管网工程，<2MW 的小型换热站工程； 4. 小型垃圾中转站，简易堆肥工程。
Ⅱ级	1. DN≥1.0 m 的给排水地下管线工程；<3 m^3/s 的给水、污水泵站：<10 万吨/日给水厂工程，<5 万吨/日污水处理厂工程； 2. 城市中、低压燃气管网(站)，<1000 m^3 液化气储罐场(站)； 3. 锅炉房，城市供热管网工程，≥2MW 换热站工程； 4. ≥100 t/日的垃圾中转站，垃圾填埋工程； 5. 园林绿化工程。
Ⅲ级	1. ≥3 m^3/s 的给水、污水泵站，≥10 万吨/日给水厂工程，≥5 万吨/日污水处理厂工程； 2. 城市高压燃气管网(站)，≥1000 m^3 液化气储罐场(站)； 3. 垃圾焚烧工程； 4. 海底排污管线，海水取排水、淡化及处理工程。

7.2.3 广播电视、邮政、电信工程

表 7.2.3 广播电视、邮政、电信工程复杂程度表

等级	工程特征
Ⅰ级	1. 广播电视中心设备(广播 2 套及以下,电视 3 套及以下)工程; 2. 中短波发射台(中波单机功率 P<1 kW,短波单机功率 P<50 kW)工程; 3. 电视、调频发射塔(台)设备(单机功率 P<1 kW)工程; 4. 广播电视收测台设备工程;三级邮件处理中心工艺工程。
Ⅱ级	1. 广播电视中心设备(广播 3~5 套,电视 4~6 套)工程; 2. 中短波发射台(中波单机功率 1 kW≤P<20 kW,短波单机功率 50 kW≤P<150 kW 工程; 3. 电视、调频发射塔(台)设备(中波单机功率 1 kW≤P<10 kW,塔高<200 m)工程; 4. 广播电视传输网络工程;二级邮件处理中心工艺工程; 5. 电声设备、演播厅、录(播)音馆、摄影棚设备工程; 6. 广播电视卫星地球站、微波站设备工程; 7. 电信工程。
Ⅲ级	1. 广播电视中心设备(广播 6 套以上,电视 7 套以上)工程; 2. 中短波发射台设备(中波单机功率 P≥20 kW,短波单机功率 P≥150 kW)工程; 3. 电视、调频发射塔(台)设备(中波单机功率 P≥10 kW,塔高≥200 m)工程; 4. 一级邮件处理中心工艺工程。

附表一

建设工程监理与相关服务的主要工作内容

服务阶段	主要工作内容	备注
勘察阶段	协助发包人编制勘察要求、选择勘察单位，核查勘察方案并监督实施和进行相应的控制，参与验收勘察成果	建设工程勘察、设计、施工、保修等阶段监理与相关服务的具体工作内容执行国家、行业有关规范、规定
设计阶段	协助发包人编制设计要求、选择设计单位，组织评选设计方案，对各设计单位进行协调管理，监督合同履行，审查设计进度计划并监督实施，核查设计大纲和设计深度、使用技术规范合理性，提出设计评估报告（包括各阶段设计的核查意见和优化建议），协助审核设计概算	
施工阶段	施工过程中的质量、进度、费用控制，安全生产监督管理、合同、信息等方面的协调管理	
保修阶段	检查和记录工程质量缺陷，对缺陷原因进行调查分析并确定责任归属，审核修复方案，监督修复过程并验收，审核修复费用	

附表二

施工监理服务收费基价表

单位:万元

序号	计费额	收费基价
1	500	16.5
2	1000	30.1
3	3000	78.1
4	5000	120.8
5	8000	181.0
6	10000	218.6
7	20000	393.4
8	40000	708.2
9	60000	991.4
10	80000	1255.8
11	100000	1507.0
12	200000	2712.5
13	400000	4882.6
14	600000	6835.6
15	800000	8658.4
16	1000000	10390.1

注:计费额大于1000000万元的,以计费额乘以1.039%的收费率计算收费基阶。其他未包含的其收费由双方协商议定。

附表三

施工监理服务收费专业调整系数表

工程类型	专业调整系数
1. 矿山采选工程	
黑色、有色、黄金、化学、非金属及其他矿采选工程	0.9
选煤及其他煤炭工程	1.0
矿井工程、铀矿采选工程	1.1
2. 加工冶炼工程	
冶炼工程	0.9
船舶水工工程	1.0
各类加工工程	1.0
核加工工程	1.2
3. 石油化工工程	
石油工程	0.9
化工、石化、化纤、医药工程	1.0
核化工工程	1.2
4. 水利电力工程	
风力发电、其他水利工程	0.9
火电工程、送变电工程	1.0
核能、水电、水库工程	1.2
5. 交通运输工程	
机场场道、助航灯光工程	0.9
铁路、公路、城市道路、轻轨及机场空管工程	1.0
水运、地铁、桥梁、隧道、索道工程	1.1
6. 建筑市政工程	
园林绿化工程	0.8
建筑、人防、市政公用工程	1.0
邮政、电信、广播电视工程	1.0
7. 农业林业工程	
农业工程	0.9
林业工程	0.9

附表四

建设工程监理与相关服务人员人工日费用标准

建设工程监理与相关服务人员职级	工日费用标准(元)
一、高级专家	1000～1200
二、高级专业技术职称的监理与相关服务人员	800～1000
三、中级专业技术职称的监理与相关服务人员	600～800
四、初级及以下专业技术职称监理与相关服务人员	300～600

注:本表适用于提供短期服务的人工费用标准。

铁路建设工程监理管理暂行规定

（铁道部 铁建设〔2007〕176号 2007年9月11日）

第一章 总 则

第一条 为有效实施建设工程监理制度，规范铁路建设工程监理工作，保证建设工程质量，提高投资效益，根据国家和铁道部有关规定，制定本规定。

第二条 本规定所称铁路建设工程监理，是指监理单位受建设单位委托，依据国家和铁道部有关工程建设的法律法规以及技术标准、设计文件和建设工程承包合同，对铁路工程建设项目施工阶段的工程质量、建设工期、施工安全、建设投资和环境保护等代表建设单位实施监督管理的活动。

第三条 本规定适用于新建、改建铁路大中型建设项目，小型铁路建设项目参照执行。

第四条 铁路建设工程监理工作遵循守法、诚信、公正、科学的准则；铁路工程监理实行监理单位对监理工作负责，总监理工程师受监理单位委托具体负责项目监理工作的制度。

第五条 铁道部鼓励从事铁路建设工程监理的监理单位，加强人才培训和队伍建设，采用先进的管理方式、方法和手段，不断提高铁路建设工程监理能力和监理工作水平。

第六条 铁道部建设管理司负责铁路建设工程监理行业管理工作。

第二章 监理工作委托

第七条 依法必须实施监理招标的建设项目，建设单位应通过招标方式选择具有相应工程监理资质的监理单位。监理招标一般在项目初步设计批准后进行（含客运专线项目）。选择监理单位应主要考虑监理单位的资信程度、监理能力、技术水平等因素。

第八条 建设单位应根据铁路建设项目的规模、技术标准等因素，合理确定监理标段。工程监理优先采用大标段，标段长度划分应有利于监理单位发挥规模效益。监理标段可以划分为综合标段和专业标段。

第九条 一个监理标段原则上由一个监理单位承担。以联合体形式承担监理业务的，联合体应以牵头单位为主组建现场监理机构负责具体实施，禁止中标后按联合体组成单位分标实施监理。

第十条 一个建设项目的监理工作由两个及以上监理单位承担的，建设单位宜选择其中一个监理单位作为建设项目的总体监理单位，协助建设单位对建设项目监理工作实施管理，并承担管理和协调责任。

第十一条 采用新技术或技术复杂的建设项目，可采用中外合作方式组建监理联合体。联合体外方主要负责重大技术问题咨询、关键工程监理和中方监理人员培训。

第十二条 铁路建设工程监理实行回避制度。监理单位不得与被监理工程的承包商以及建筑材料、建筑构配件和设备供应单位有隶属或利害关系,也不得与其发生经营性业务关系。

第十三条 建设单位必须与监理单位依法签订委托监理合同。委托监理合同必须明确监理工作的范围、内容和要求,约定双方的责任、权利、义务、监理酬金和违约责任等。建设单位和监理单位必须严格履行委托监理合同。

第三章 监理单位及监理人员

第十四条 监理单位必须在其资质等级许可的范围内承担铁路建设工程监理业务,不得超越资质范围承接监理业务。

严禁以串通、欺诈、贿赂等不正当手段承揽铁路建设工程监理业务。

第十五条 监理单位必须遵守国家有关法律法规和铁道部规章制度,在建设单位的组织和协调下,做好铁路建设工程监理工作,接受铁路工程质量安全监督部门的监督。

第十六条 监理单位必须依法合规开展监理工作,维护建设单位的合法权益,不得损害其他单位的合法权益,不得转让或分包工程监理业务。

第十七条 监理单位必须严格履行投标承诺,按《铁路建设工程监理规范》规定和监理合同约定,设置现场监理机构、配备监理工程师及其他监理人员,并加强对现场监理机构和监理人员的管理。

第十八条 监理单位应建立稳定的核心技术骨干队伍,对监理人员开展经常性培训,组织监理人员参加铁道部有关部门组织的铁路工程监理专业培训,鼓励监理人员努力提高自身的业务素质,提高监理企业的整体监理水平。

第十九条 监理人员必须认真学习法律法规和铁路建设规章制度,熟悉铁路建设程序和规程规范,熟悉铁路监理业务,积极参加监理专业培训,学习铁路监理知识,不断提高自身业务素质,适应铁路建设监理工作需要。

连续三年未参加铁道部有关部门组织的铁路工程监理专业培训的监理人员,不得继续从事铁路建设监理工作。

第二十条 监理人员必须严格遵守法律法规和铁路建设规章制度,遵守监理职业道德规范,依法行使监理人员的权利,严格履行监理人员的义务,按规范要求实施监理,对监理工作质量承担责任。

监理人员不得利用职权谋取不正当利益,在承担监理工作期间,不得在勘察设计、施工、材料供应等单位任职或兼职。

第二十一条 监理单位及监理人员有保护建设单位和被监理单位知识产权的义务,不得向第三方泄露其商业秘密和技术秘密。

第二十二条 监理单位及监理人员不得承揽被监理工程的施工和建筑材料及设备的销售业务;严禁向被监理工程的施工单位指定或推荐材料、设备的生产供应商。

第四章 现场监理机构

第二十三条 现场监理机构是监理单位具体实施监理业务的现场工作机构,监理单位必须按委托监理合同约定设置。

第二十四条 监理单位应按《铁路建设工程监理规范》和监理合同约定，配备与建设项目监理工作相适应的监理工程师及其他监理人员，为项目监理机构配备满足监理工作所必需的办公生活设施、检验检测设备和交通通信工具。

第二十五条 总体监理单位应根据监理标段工作和总体监理工作需要设置现场监理机构，在现场监理机构设置总体监理办公室，并配备满足总体监理工作需要、能够完成项目监理管理和协调工作的监理人员。

总体监理办公室在建设单位代表指导下、总监理工程师领导下开展工作。

第二十六条 建设项目设置总体监理单位的，其他监理单位的现场监理机构应接受总体监理单位现场监理机构的协调和管理，且不减免其他监理单位应承担的监理责任。

第二十七条 监理单位应任命总监理工程师作为现场监理机构的负责人，代表监理单位全面履行委托监理合同约定的监理单位职责、权限和义务。拟任总监理工程师应同时具备下列条件：

1. 依法在本单位注册的注册监理工程师；

2. 具有5年以上铁路监理工作经验；

3. 在本监理单位服务2年以上、合同终止期不早于所监理工程监理合同终止期；

4. 经过铁道部有关部门组织的总监理工程师岗前培训，并取得培训合格证书。

第二十八条 监理单位应将总监理工程师任命书送建设单位备案，除特殊原因外，监理单位不得更换总监理工程师。因特殊原因需要更换时，监理单位应提前通知建设单位并征得同意。拟更换的总监理工程师条件和能力应符合招标文件的要求。

第二十九条 专业监理工程师应由具有铁路监理工作经验的注册监理工程师担任，专业监理工程师的专业和数量应与监理工作匹配，其他监理人员应经专业培训合格，配置数量满足现场监理工作需要。

第三十条 允许进入铁路建设市场的其他行业依法注册的监理工程师，应在从事铁路工程监理工作前接受铁路监理业务培训，培训合格后方可以专业监理工程师的身份参与铁路工程监理工作。

第三十一条 监理单位更换现场监理机构的专业监理工程师，应提前通知建设单位并取得同意，拟更换人员的资格和能力应符合招标文件的要求。

第三十二条 总监理工程师、专业监理工程师以及其他监理人员只能在一个建设项目（标段）承担监理工作，不得同时承担两个及以上项目的监理及其他工作。

第五章 监理工作实施

第三十三条 铁路建设工程监理工作应遵守相关法律、法规、规章和铁路建设工程监理规范，依据审核合格的施工图，执行工程建设技术规范和施工质量验收标准，按照委托监理合同、工程承包合同及其他相关文件实施监理工作。

第三十四条 现场监理机构应对建设项目的质量、进度、投资控制，合同及信息管理，现场施工安全管理和环保水保监督等实施监理，履行监理职责。

第三十五条 现场监理机构应按照《铁路建设工程监理规范》的要求，编制监理规划和实施细则，并认真组织实施。

设置总体监理单位的,监理规划应按规定时间送总体监理办公室审查。

第三十六条 建设单位应在监理工作实施前,将监理单位任命的总监理工程师书面通知相关承包单位。总监理工程师应同时将其所授予专业监理工程师的有关权限,书面通知承包单位。

第三十七条 设置总体监理单位的建设项目,建设单位应在监理工作实施前,将总体监理单位及对其授权的事项、总体监理办公室设置等事项通知建设项目的所有监理单位及现场监理机构,并作为监理合同的附件纳入监理合同。

第三十八条 总监理工程师在监理合同授权范围内开展工作,发布有关指令,签署有关凭证,要求承包单位撤换不合格人员。建设单位应支持总监理工程师开展工作,维护其下达监理指令的权威,并不得擅自更改。未经总监理工程师签认,建设单位不得向承包单位支付工程款。

第三十九条 在实施监理过程中,总监理工程师应定期向建设单位书面报告监理工作情况。工程验收前应提交工程质量评估报告,项目验收后应提交监理总结报告。

第四十条 中外合作监理联合体承担铁路建设工程监理工作时,应执行国家和铁道部颁布的技术规范。需要采用境外技术规范的,必须报经铁道部批准。

第六章 监理工作管理

第四十一条 建设单位应根据《铁路建设工程监理规范》的规定,将施工阶段应由监理单位承担的工作委托给监理单位,并提出具体工作要求。

根据需要,建设单位可要求监理单位依据监理合同或相关协议派遣监理人员到建设单位协助相关工作。

第四十二条 建设项目设置总体监理单位的,建设单位应合理确定总体监理单位的工作内容和工作要求,明确总体监理单位与其他监理单位之间的关系,并将其纳入总体监理合同和其他监理合同。

第四十三条 建设单位应加强对监理工作的管理,项目管理机构应明确一名领导负责监理管理工作,指定业务部门和人员具体负责监理工作,落实部门和人员的管理责任和工作要求,并及时协调解决监理工作中存在的问题,定期对监理工作进行考核。

第四十四条 建设单位对监理工作管理,可采用派遣常驻代表指导和协调的工作方式,也可采用直接管理的工作方式。

建设单位向总体监理单位或监理单位(没有总体监理单位时)现场监理机构派遣常驻代表的,总体监理单位或监理单位现场管理机构应接受建设单位常驻代表的指导和协调。

建设单位对现场监理机构采用直接管理的,建设单位一般应通过总监理工程师下达指令的形式实施。

第四十五条 建设单位应加强对监理单位现场监理机构的管理,督促监理单位按合同约定为现场监理机构配备监理工程师及其他监理人员,配备满足监理工作所必需的办公生活设施、检验检测设备和交通通信工具,责成监理单位更换不适合监理工作的监理人员。

第四十六条 建设单位应支持现场监理机构工作,保护监理人员依法开展监理工作。对监理合同委托范围内的工作,建设单位应通过现场监理机构实施,除特殊情况外,不应干涉监理工作。

第四十七条 建设单位发现监理人员不按照委托监理合同约定履行监理职责的,有权要求监理单位整改和更换监理人员，直至解除监理合同，并将违规情况和违规人员报铁道部工程质量安全监督总站。

第四十八条 建设单位对监理工作的管理纳入建设单位年度考核。建设单位不履行监理管理责任的，要责令其改正；由于管理不善造成重大事故的，将追究建设单位主要领导、主管领导和责任人的责任。

第四十九条 铁道工程建设协会应发挥行业协会作用，指导监理企业提高整体素质，建立行业自律机制；在铁道部主管部门指导下，与相关部门配合制订铁路工程监理专业培训办法，编写培训大纲，组织实施培训工作，提高监理人员的铁路监理业务素质。

第五十条 铁道部工程质量安全监督总站及其派出机构对铁路建设工程监理工作实施监督，对监理单位和监理人员在铁路工程监理工作中的质量安全行为进行检查，建立监理企业和个人信用档案，对发生的违规行为进行处罚。

第七章 监理费用

第五十一条 铁路建设工程监理费用严格执行国家的相关规定。铁路建设工程监理费用通过招标确定，支付方式在工程监理合同中明确。

第五十二条 采用中外合作监理的，除新技术监理咨询工作费用外，按国家规定收费标准收费。

第五十三条 总体监理费用为建设项目各监理单位监理费用总和的5%，并纳入建设项目概算，由建设单位根据合同支付。

第五十四条 由于非监理单位原因造成建设工程监理工作量增加或减少的，建设单位应按合同约定与监理单位协商另行支付或扣减相应的监理费，增加(减少)监理费在招标降造费中列支。

第五十五条 由于监理单位原因造成监理工作量增加的，建设单位不另行支付监理费用。

监理工作不符合国家有关法律、法规和标准规范，不能满足合同约定的工作内容和质量要求的，建设单位应扣减相应的监理费用，扣减的监理费纳入招标降造费。

第八章 奖 惩

第五十六条 建设单位应按照铁道部制定的监理信誉评价办法，对监理单位履行合同和服务质量等定期进行评价，根据评价结果，对监理单位进行奖惩。

第五十七条 监理单位与勘察设计、施工等单位串通弄虚作假、降低工程质量、损害国家或者他人合法利益的，责令改正，暂停铁路工程监理投标资格；情节严重的，建议相关部门降低或者取消铁路监理资质；造成损失的，承担连带赔偿责任；构成犯罪，依法追究刑事责任。

第五十八条 监理单位不按监理委托合同的约定履行监理业务，对应当监督检查的项目不按规定检查的，责令改正；情节严重的，暂停铁路工程监理投标资格，直至建议相关部门降低或者取消铁路监理资质；给建设单位造成损失的，应当承担相应的赔偿责任。

第五十九条 建设项目发生质量、施工安全事故的，经确认监理单位负有责任的，根据责任性质，暂停监理单位的铁路监理投标资格，性质特别严重的，建议相关部门降低或者取消铁路监理资质。构成犯罪的，依法追究刑事责任。

第六十条 总监理工程师、监理工程师或者其他监理人员对未达到质量要求和相关规定予以签字认可的，停止监理工作且五年内不得参与铁路监理工作；构成犯罪的，依法追究刑事责任。

第六十一条 因监理人员工作失职，发生质量大事故或生产安全一般事故的，责令暂停监理工作参加铁路工程监理专业培训；培训合格后，方可继续参与铁路监理工作。造成工程质量重大事故或生产安全较大事故的，责令停止监理工作且五年内不得参与铁路监理工作。造成工程质量特别重大事故或生产安全重大事故的，责令停止监理工作且十年内不得参与铁路监理工作。造成生产安全特别重大事故的，按国家有关规定处罚。

第九章 附 则

第六十二条 监理单位资质管理和监理工程师执业资格管理执行国家和铁道部相关规定。监理单位承担铁路建设项目的其他相关服务工作执行铁道部相关规定。

第六十三条 本规定由铁道部建设管理司负责解释。

第六十四条 本规定自2007年10月1日起实行。

关于印发《铁路建设工程监理信用评价暂行办法》的通知

（铁道部 铁建设〔2008〕3号　2008年1月3日）

各铁路局，集装箱、投资公司，各铁路公司（筹备组）：

为完善铁路建设市场诚信机制，激励监理企业加强管理，认真履行监理职责，提高监理工作质量和水平，现印发《铁路建设工程监理信用评价暂行办法》，自印发之日起实行。

各建设单位要认真落实《铁路建设工程监理管理暂行规定》（铁建设〔2007〕176号），根据《铁路建设工程监理规范》的规定，将施工阶段应由监理单位承担的工作全部委托给监理单位，并加强对监理工作的管理。

建设单位应根据本办法将监理信用评价的相关要求纳入合同，并开始进行监理项目信用评价，评价结果于2008年4月10日前报铁道部工程质量安全监督总站。

请各单位将本办法执行中的问题及建议及时反馈铁道部建设管理司。

铁路建设工程监理信用评价暂行办法

第一条　为完善铁路建设市场诚信机制，激励监理企业加强管理，认真履行监理职责，提高监理工作质量和水平，依据《建设工程质量管理条例》、《建设工程安全生产管理条例》、《铁路建设工程监理管理暂行规定》等有关规定，制定本办法。

第二条　本办法所称铁路建设工程监理信用评价，是指在建设期内对承担铁路大中型建设项目监理工作的企业履行监理合同的行为和效果定期进行的评价。

第三条　监理信用评价包括监理项目信用评价和监理企业信用评价。监理项目信用评价是建设单位对监理企业现场监理机构的监理工作进行的评价，评价结果分为甲、乙、丙三级；监理企业信用评价是铁道部主管部门汇总公布各建设单位监理项目信用评价结果，评价结果分为A、B、C三类。

第四条　监理信用评价每年4～9月，10月至次年3月为一个评价期。在评价期内，监理工作实施时间不超过2个月的，一般不纳入本期信用评价范围。

第五条　监理信用评价应坚持客观、公开、公正的原则，监理信用评价工作应自觉接受纪检监察部门监督，接受社会监督。

第六条　铁路局负责的铁路建设项目（含铁路局为出资人代表的合资铁路项目），由建设项目管理机构在铁路局指导下进行监理项目信用评价，铁路局对评价过程实施监督检查，并汇总上报评价结果。

铁道部组建铁路公司（筹备组）负责的铁路建设项目，由铁路公司（筹备组）负责组织监理项目信用评价。

代建项目由代建方组织监理项目信用评价、报送评价结果,并送委托方核备。

第七条 监理单位认真履行合同,项目监理机构严格按照《铁路建设工程监理规范》实施工程监理,监理工作成绩突出的,监理项目信用评价为甲级。

第八条 有下列情况之一的,监理项目信用评价为乙级:

1. 未经建设单位同意,监理单位擅自调整专业监理工程师的;

2. 应检查的施工企业内业资料出现虚假或与现场不符的;

3. 施工现场没有场地平面布置图、或未按平面图布置、或泥浆污水直接排放的;

4. 监理工程发生一起一般生产安全事故,一起质量大事故或三起(含)以上一般质量事故的;

5. 监理人员因不称职或廉洁问题被建设单位清退人员 1～2 人的。

第九条 评价期内有下列情况之一的,监理项目信用评价为丙级:

1. 未经建设单位批准,擅自更换总监理工程师或专业监理工程师调整人数累计达总人数 20%及以上的:

2. 未按规定对地材、填料、击实实验、密实度检测等进行见证或平行试(检)验的、或检验试验频次不够,或出具虚假试(检)验报告的;

3. 未按验标对隐蔽工程进行检查验收,或对隐蔽工程进行检查验收而由他人代签或事后补签验收记录的;

4. 未按规定核实验工计价资料,发生虚假验工的;

5. 与其他单位相互串通,变更设计弄虚作假的;

6. 在既有线施工,施工企业没有与设备管理部门签订安全协议的;

7. 监理工程发生较大及以上等级生产安全事故、发生重大及以上等级质量事故的,或发生两起及以上一般生产安全事故、两起及以上质量大事故、或一起一般生产安全事故并一起质量大事故的;

8. 监理人员因不称职或廉洁问题被建设单位清退人数 3 人及以上的,或监理人员在本项目监理行为触犯法律的。

第十条 以联合体形式中标的项目,只对联合体进行总体评价,总体评价结果作为联合体各成员单位在本项目的监理项目信用评价结果。

第十一条 监理项目信用评价实行监理工作平时检查、现场工程质量平时检查与安全质量事故日常登记相结合的方式,项目管理机构必须进行平时检查,评价期末汇总平时检查意见和登记记录形成监理项目信用评价意见(建设单位没有给监理单位书面通知的检查意见不能纳入评价范围)。

项目管理机构应随时掌握监理人员及工作情况,在进行现场工程质量平时检查前应事先通知监理、施工单位,对检查中发现的问题要做好记录并及时书面通知监理单位,对监理单位的平时检查结果亦应书面通知监理单位。

第十二条 其他参建单位及营业线运营管理部门发现监理工作存在问题时,应及时向建设单位反映,建设单位应认真核实并书面通知监理单位进行纠正,对存在的问题纳入监理项目信用评价意见。

第十三条 监理项目信用评价工作完成后 2 日内,建设项目管理机构应向总监理工程师通报监理项目信用评价意见。

总监理工程师应认真研究监理项目信用评价意见。对监理项目信用评价意见有异议的，可在收到通知后 3 日内提出申诉。

第十四条　建设项目管理机构应认真组织研究、核实申诉内容，对监理项目信用评价意见中与实际不符的问题应及时予以修正，对不采纳的意见要进行解释，最后形成监理项目信用评价结果。在上报监理项目信用评价结果前必须完成申诉处理。

第十五条　建设项目管理机构不得采用组织施工、设计、咨询等单位以打分、投票等方式，对监理单位进行监理项目信用评价。

第十六条　建设单位应分别于每年 4 月 10 日前和 10 月 10 日前将管内各项目的监理项目信用评价结果报铁道部工程质量安全监督总站，同时抄送铁道部建设管理司。

监理项目信用评价结果应在上报前 3 天书面通知所有被评价单位和铁道部工程质量安全监督总站区域监督站。

第十七条　铁道部工程质量安全监督总站区域监督站应对建设项目管理机构监理项目信用评价组织工作、评价过程、申诉处理等进行抽查，抽查情况分别于每年 4 月 10 日和 10 月 10 日前报铁道部工程质量安全监督总站。

第十八条　监理企业信用评价按下列原则排序，监理项目信用评价结果中甲级项目数量占所监理的全部项目总数的 80%及以上且没有丙级的企业为 A 类，监理项目信用评价结果有丙级的企业为 C 类，其余企业为 B 类。

在评价期内，已经竣工交付的工程因质量原因发生较大及以上等级生产安全事故、重大及以上等级质量事故，负有责任的监理企业直接评价为 C 类。

第十九条　铁道部工程质量安全监督总站在每年 4 月 20 日和 10 月 20 日前，根据各建设单位报送的监理项目信用评价结果按上述排序原则提出铁路监理企业信用评价结果，并将结果送铁道部建设管理司审核。

第二十条　建设管理司在收到审核结果 5 个工作日内，将监理企业信用评价结果和监理项目信用评价结果在铁道工程交易中心网站公示 5 个工作日，无异议后正式公布。

第二十一条　评价为 A 类的工程监理企业，自评价结果公布之日起 6 个月内，在其参与投标的前 2 次铁路大中型建设项目(标段)监理评标时，每次加 2 分。

建设单位应在招标加分后，将加分情况报铁道部工程招标投标管理办公室。

第二十二条　评价为 C 类的工程监理企业，评价结果正式公布后的 1 个月为其整改期。在整改期结束之后的 10 日内，应将整改情况书面报铁道部建设管理司和工程质量安全监督总站。

第二十三条　按照铁道部《关于建立铁路建设项目激励约束考核机制的指导意见》(铁办〔2007〕35 号)确定的原则和费用，分考核期实施奖励。考核期费用为总费用除以监理项目信用评价次数；其中监理项目信用评价次数=初步设计批复的总工期(月)/6。

监理项目信用评价为甲级的，按考核期费用额度 100%予以奖励；考核等级为乙级的，按考核期费用额度的 50%予以扣减合同价款；考核等级为丙级的，按考核期费用额度的 100%予以扣减合同价款。

第二十四条　监理项目信用评价为丙级的，监理企业应在接到监理项目信用评价结果 20 日内，处理该项目总监理工程师和不称职的监理人员，逾期由建设单位依据合同清退相关人员，由此造成的损失由监理企业自行承担。建设单位应在每年 5 月和 11 月底前将相关处理情况书面报铁道部建设管理司、工程质量安全监督总站。

第二十五条 建设单位应将监理信用评价的有关事宜纳入监理合同,并建立参建监理单位的信用评价档案,由铁路局建设管理处或铁路公司(筹备组)质量管理部门负责日常管理,信用评价档案保存到项目正式验收后两年。

第二十六条 工程发生质量安全事故后,对承担相应责任的工程监理企业,还应按照铁路建设工程质量安全事故与招投标挂钩办法等有关规定进行处理。

第二十七条 铁道部建立监理信用评价监督举报机制,任何单位和个人均可对评价工作中的违纪、违规行为进行投诉举报。

举报电话:铁道部建设管理司 010－51847149,010－51848850(传真);铁道部纪委、监察部驻铁道部监察局 010－51844279,010－51841289(传真);铁道部工程质量安全监督总站 010－51871373,010－51842837(传真)。

第二十八条 铁路建设工程监理信用评价工作纳入建设单位考核范畴,建设单位在监理项目信用评价中存在违规行为的,由铁道部工程质量安全监督总站组织调查;调查确认的,撤销建设单位的评价结果,并按有关规定追究建设单位领导和相关人员的责任。

第二十九条 本办法由铁道部建设管理司负责解释。

第三十条 本办法自印发之日起实行。

第四部分

建设前期工作管理

国务院办公厅关于加强和规范新开工项目管理的通知

国办发〔2007〕64 号

各省、自治区、直辖市人民政府,国务院各部委、各直属机构:

新开工项目管理是投资管理的重要环节,也是宏观调控的重要手段。近年来,新开工项目过多,特别是一些项目开工建设有法不依、执法不严、监管不力,加剧了投资增长过快、投资规模过大、低水平重复建设等矛盾,扰乱了投资建设秩序,成为影响经济稳定运行的突出问题。为深入贯彻落实科学发展观,加强和改善宏观调控,各地区、各有关部门要根据《国务院关于投资体制改革的决定》(国发〔2004〕20 号)和国家法律法规有关规定,进一步深化投资体制改革,依法加强和规范新开工项目管理,切实从源头上把好项目开工建设关,维护投资建设秩序,以促进国民经济又好又快发展。经国务院同意,现就有关事项通知如下:

一、严格规范投资项目新开工条件

各类投资项目开工建设必须符合下列条件:

(一)符合国家产业政策、发展建设规划、土地供应政策和市场准入标准。

(二)已经完成审批、核准或备案手续。实行审批制的政府投资项目已经批准可行性研究报告,其中需审批初步设计及概算的项目已经批准初步设计及概算;实行核准制的企业投资项目,已经核准项目申请报告;实行备案制的企业投资项目,已经完成备案手续。

(三)规划区内的项目选址和布局必须符合城乡规划,并依照城乡规划法的有关规定办理相关规划许可手续。

(四)需要申请使用土地的项目必须依法取得用地批准手续,并已经签订国有土地有偿使用合同或取得国有土地划拨决定书。其中,工业、商业、旅游、娱乐和商品住宅等经营性投资项目,应当依法以招标、拍卖或挂牌出让方式取得土地。

(五)已经按照建设项目环境影响评价分类管理、分级审批的规定完成环境影响评价审批。

(六)已经按照规定完成固定资产投资项目节能评估和审查。

(七)建筑工程开工前,建设单位依照建筑法的有关规定,已经取得施工许可证或者开工报告,并采取保证建设项目工程质量安全的具体措施。

(八)符合国家法律法规的其他相关要求。

二、建立新开工项目管理联动机制

各级发展改革、城乡规划、国土资源、环境保护、建设和统计等部门要加强沟通,密切配合,明确工作程序和责任,建立新开工项目管理联动机制。

实行审批制的政府投资项目,项目单位应首先向发展改革等项目审批部门报送项目建议书,依据项目建议书批复文件分别向城乡规划、国土资源和环境保护部门申请办理规划选址、用地预审和环境影响评价审批手续。完成相关手续后，项目单位根据项目论证情况向发展改革等项目审批部门报送可行性研究报告，并附规划选址、用地预审和环评审批文件。项目单位依据可行性研究报告批复文件向城乡规划部门申请办理规划许可手续，向国土资源部门申请办理正式用地手续。

实行核准制的企业投资项目，项目单位分别向城乡规划、国土资源和环境保护部门申请办理规划选址、用地预审和环评审批手续。完成相关手续后，项目单位向发展改革等项目核准部门报送项目申请报告，并附规划选址、用地预审和环评审批文件。项目单位依据项目核准文件向城乡规划部门申请办理规划许可手续，向国土资源部门申请办理正式用地手续。

实行备案制的企业投资项目，项目单位必须首先向发展改革等备案管理部门办理备案手续，备案后，分别向城乡规划、国土资源和环境保护部门申请办理规划选址、用地和环评审批手续。

各级发展改革等项目审批（核准、备案）部门和城乡规划、国土资源、环境保护、建设等部门都要严格遵守上述程序和规定，加强相互衔接，确保各个工作环节按规定程序进行。对未取得规划选址、用地预审和环评审批文件的项目，发展改革等部门不得予以审批或核准。对于未履行备案手续或者未予备案的项目，城乡规划、国土资源、环境保护等部门不得办理相关手续。对应以招标、拍卖或挂牌出让方式取得土地的项目，国土资源管理部门要会同发展改革、城乡规划、环境保护等部门将有关要求纳入土地出让方案。对未按规定取得项目审批（核准、备案）、规划许可、环评审批、用地管理等相关文件的建筑工程项目，建设行政主管部门不得发放施工许可证。对于未按程序和规定办理审批和许可手续的，要撤销有关审批和许可文件，并依法追究相关人员的责任。

三、加强新开工项目统计和信息管理

各级发展改革、城乡规划、国土资源、环境保护、建设等部门要加快完善本部门的信息系统，并建立信息互通制度，将各自办理的项目审批、核准、备案和城乡规划、土地利用、环境影响评价等文件相互送达，同时抄送同级统计部门。统计部门要依据相关信息加强对新开工项目的统计检查，及时将统计的新开工项目信息抄送同级发展改革、城乡规划、国土资源、环境保护、建设等部门。部门之间要充分利用网络信息技术，逐步建立新开工项目信息共享平台，及时交换项目信息，实现资源共享。有关部门应制定实施细则，明确信息交流的内容、时间和具体方式等。

各级统计部门要坚持依法统计，以现行规定的标准为依据，切实做好新开工项目统计工作。要加强培训工作，不断提高基层统计人员的业务素质，保证新开工项目统计数据的质量。地方各级政府要树立科学发展观和正确的政绩观，不得干预统计工作。

各级发展改革部门应在信息互通制度的基础上，为总投资5000万元以上的拟建项目建立管理档案，包括项目基本情况、有关手续办理情况（文件名称和文号）等内容，定期向上级发展改革部门报送项目信息。在项目完成各项审批和许可手续后，各省级发展改革部门应将项目名称、主要建设内容和规模、各项审批和许可文件的名称和文号等情况，通过本单位的门户网站及其他方式，从2008年1月起按月向社会公告。

四、强化新开工项目的监督检查

各级发展改革、城乡规划、国土资源、环境保护、建设、统计等部门要切实负起责任，严格管理，强化对新开工项目事中、事后的监督检查。要建立部门联席会议制度等协调机制，对新开工项目管理及有关制度、规定执行情况进行交流和检查，不断完善管理办法。

各类投资主体要严格执行国家法律、法规、政策规定和投资建设程序。项目开工前，必须履行完各项建设程序，并自觉接受监督。对于以化整为零、提供虚假材料等不正当手段取得审批、核准或备案文件的项目，发展改革等项目审批（核准、备案）部门要依法撤销该项目的审批、核准或备案文件，并责令其停止建设。对于违反城乡规划、土地管理、环境保护、施工许可等法律法规和国家相关规定擅自开工建设的项目，一经发现，即应停止建设，并由城乡规划、国土资源、环境保护、建设部门依法予以处罚，由此造成的损失均由项目投资者承担。对于在建设过程中不遵守城乡规划、土地管理、环境保护和施工许可要求的项目，城乡规划、国土资源、环境保护、建设部门要依法予以处罚，责令其停止建设或停止生产，并追究有关单位和人员的责任。对于篡改、编造虚假数据和虚报、瞒报、拒报统计资料等行为，要依法追究有关单位和个人的责任。对于存在上述问题且情节严重、性质恶劣的项目单位和个人，除依法惩处外，还应将相关情况通过新闻媒体向社会公布。

上级发展改革、城乡规划、国土资源、环境保护、建设等部门要对下级部门加强指导和监督。对项目建设程序的政策规定执行不力并已造成严重影响的地区，要及时予以通报批评。

五、提高服务意识和工作效率

各级发展改革、城乡规划、国土资源、环境保护、建设等部门要严格执行国家法律法规和政策规定，努力提高工作效率，不断增强服务意识。对于符合国家产业政策、发展建设规划、市场准入标准和土地供应政策、环境保护政策，符合城乡规划、土地利用总体规划且纳入年度土地利用计划的项目，要积极给予指导和支持，尽快办理各项手续，主动帮助解决项目建设过程中遇到的问题和困难。要坚决贯彻有保有压、分类指导的宏观调控方针，引导投资向国家鼓励的产业和地区倾斜，加大对重点建设项目的扶持力度，推动投资结构优化升级，提高投资质量和效益。要切实加强投资建设法律法规的宣传培训工作，引导各类投资主体依法投资建设，营造和维护正常的投资建设秩序。

各地区、各有关部门要高度重视新开工项目管理工作，认真贯彻执行上述规定，抓紧制定相关配套措施和实施细则，不断提高投资管理水平。

二〇〇七年十一月十七日

关于铁道部基本建设大中型项目开工条件和办理程序有关规定的通知

（铁道部 铁计〔2007〕29号　2007年2月16日）

部属各单位，各铁路公司（筹备组）：

为进一步贯彻落实《国务院关于投资体制改革的决定》（国发〔2004〕20号），结合国务院《关于新开工项目清理督查工作情况的报告》（内部情况通报第495期）中“切实把好项目开工建设关口”的有关要求，对铁路基本建设大中型项目开工条件和办理程序做如下规定：

一、铁路基本建设大中型项目开工条件：

（一）项目符合国家产业政策，满足国家城镇发展规划，并按规定和要求完成审批、核准或备案，其中列入核准目录的项目已经核准，实行审批管理的项目已经批复可行性研究报告。

（二）项目法人或项目管理机构已设立。项目规章制度健全，项目负责人和机构成员已到位，具备任职工作条件。

（三）项目初步设计及总概算已批复，普通铁路项目鉴修概算或客运专线项目施工图投资检算（可分站前、站后工程）已报铁道部核备。

（四）项目资本金和其他建设资金计划已落实，资金符合信贷政策和国家有关规定，承诺手续完备。

（五）项目施工组织设计大纲已编制完成，内容符合有关要求。

（六）项目主体工程（或控制性工程）施工单位、监理单位已通过招标选定，并已发中标通知书。

（七）项目法人或项目管理机构与设计单位已签订设计图纸交付协议。

（八）项目环评报告已完成审批，项目建设符合国家有关环保政策和规定。

（九）按规定完成固定资产节能评估（待国家出台相应政策后执行）。

（十）按规定完成建设项目用地预审，依法完成农用地转用和土地征用审批。

二、对铁路基本建设大中型项目，在可行性研究报告批准后，建设单位应尽快做好各项开工条件的落实工作。铁道部主管部门按附件1要求，各司其职，督促推进，确认项目开工条件。各项开工条件均具备后由建设单位上报开工报告并附全部开工条件附件（内容见附件2），由计划司办理项目开工报告审批文件，建设司、鉴定中心会签并确认附件1中相关内容后，报铁道部批准执行。

三、国家或铁道部批项目可研批文后，下达项目施工准备计划，推进征地拆迁等建设准备工作。待开工报告批复后下达正式工程投资计划，建设单位组织正式开工建设。

四、本规定于发布之日起实行，原铁计函〔2004〕554号文同时废止。

附件：1. ××项目开工条件审核表

　　2. 开工报告附件内容

附件 1:

××项目开工条件审核表

主管部门	开工条件	文 号	备 注	部门签字
计 划 司	土地预审批复			
	环评批复			
	节能批复(待国家有明确规定执行)			
	项目资金计划落实			
	可研批复			
鉴定中心	初步设计批复			
	鉴修概算			
	施工图投资检算(客运专线项目)			
建 设 司	项目管理机构			
	项目施工与监理招标			
	建设用地报批			
	项目施组大纲			
	项目法人与设计单位签订设计图纸交付协议			

附件 2：

开工报告附件内容

1. 可行性研究报告批复文件；

2. 项目法人或项目管理机构设立文件；

3. 项目初步设计及总概算批复文件；

4. 建设单位编制的施工组织设计大纲；

5. 项目主体工程(或控制性工程)施工、监理合同；

6. 项目法人或项目管理机构与设计单位已签订设计图纸交付协议，项目先期开工的施工图已经审核；

7. 项目环评批复文件；

8. 固定资产节能评估批复文件(待国家出台相应政策后执行)；

9. 项目用地预审文件，农用地转用和土地征用审批文件。

关于建设单位提前介入并做好建设项目前期相关工作的通知

（铁道部 铁建设函〔2007〕560 号　2007 年 6 月 4 日）

各铁路局，集装箱、投资公司，各铁路公司（筹备组）：

提前介入并做好建设项目前期工作是建设项目顺利实施的基础，是确保建设项目工程质量、投资控制和按期完成的重要前提条件。建设单位必须提高对提前介入并做好前期工作的认识，主动提前介入建设项目前期工作，理顺建设外部环境，确保铁路建设顺利实施。现就建设单位提前介入并做好前期相关工作通知如下：

一、建立建设管理机构，制订管理制度

1. 及时成立建设管理机构。项目建议书批复后，铁路局应及时成立项目管理机构，项目管理机构和客运专线公司筹备组主要领导和负责前期工作的技术、经济人员应及时到位，参加项目前期工作。可行性研究报告批准后，项目管理机构或客运专线公司筹备组机构组建完毕，人员基本到位，全面负责初步设计及外部协调工作。初步设计批复后，人员必须全部到位。

2. 规范内设机构设置。项目管理机构内设机构根据需要设置，一般按综合部、计划财务部、工程管理部、安全质量部、物资设备部 5 个部门设置，工程管理部内设对外协调办公室。要做到部门分工合理、职责分明，部门定员按规定和实际需要配置。

3. 按规定配置机构人员。客运专线建设项目按铁道部下达的定员配置人员，铁路局管理的建设项目按铁道部《关于加强铁路局建设管理工作的若干意见》（铁办〔2006〕41 号）的规定配置人员，人员任职条件应符合铁道部《铁路建设项目管理机构管理暂行办法》（铁建设〔2004〕93 号）规定，同时必须有相应的工作经历。因工作需要，客运专线公司（筹备组）或项目管理机构可以临时聘用技术管理人员，但不得聘用在本建设项目施工的施工单位人员；需要长期聘用的必须经铁道部批准。

4. 加强规章制度建设。铁路局要组织建设项目管理机构，结合项目实际，按照铁道部相关规定制订项目管理机构规章制度。客运专线公司（筹备组）要结合项目实际，按照铁道部相关规定制订本单位的规章制度。建设单位领导必须带头执行规章制度，依法组织建设。

5. 强化建设管理人员培训。建设单位重点岗位人员的素质必须强制达标，关键岗位实行持证上岗。铁路局建设管理部门主要人员、项目管理机构负责人和客运专线公司（筹备组）的中层及以上人员要参加铁道部组织的培训。铁路局要组织对其他建设人员进行日常培训，同时对准备进入项目管理机构的人员提前进行培训。客运专线公司（筹备组）其他人员参加铁道部工程管理中心组织的业务培训。铁道部及建设单位根据实际情况组织开展交流培训，切实提高建设管理人员素质。培训内容包括建设单位工作要求、建设管理、技术管理、质量管理、安全管理、投资控制、廉政建设等内容，建设管理人员每年参加培训时间不少于 60 个学时。

二、积极介入勘察设计工作

1. 配合和参与勘察设计工作。铁路局要建立由局总工程师负责，总工程师室、计划处、建设处和项目管理机构等部门组成的前期工作机构，提前介入并做好项目前期工作；客运专线公司筹备组应将全部精力投入到项目前期工作。

建设单位要按照铁路发展规划和项目要求，协同设计单位听取地方及有关部门意见，配合设计单位摸清影响线路方案的外界环境，研究绕避重要建筑（或文物）、风景名胜区、自然保护区、基本农田保护区、军事设施、不良地质地段等，参与协调、解决影响线位的重点问题，分析对路外工程设施影响并提出处理措施，组织设计单位尽快完成立交桥设置、征地拆迁、三电迁改、管线等地上、地下构筑物改移等方案论证和迁改方案并签订协议。要加强地质勘察管理工作，及时组织钻探布置和钻探数量审查，抽查钻探取芯资料是否真实、钻探密度和深度是否满足规范要求，抽查钻探分包单位的资质和工作质量，及时组织勘察资料验收，达到稳定线路方案、合理确定建设规模和投资的目标。建设单位要切实承担起用地预审、环境评价、节能评估等前期工作的主体责任，加快推进项目进程。

2. 认真开展初步设计初审工作。初步设计文件初审是建设单位履行建设管理责任的重要环节，必须予以高度重视。铁路局作为建设单位的项目，初步设计初审工作由铁路局总工程师主持，总工程师室、计划、建设、运输、机务、工务、电务、车辆等部门和项目管理机构参加，参加初审人员要熟悉业务并相对稳定。客运专线公司（筹备组）管理的项目，初步设计初审工作由其主要领导主持，相关业务部门、咨询单位参加，也可邀请有关专家参加。

建设单位要按照铁路建设新理念，以批复的可行性研究报告确定的技术标准和建设规模为依据，重点审查：设计方案点线能力是否匹配、运输组织是否先进合理、设备选型配置是否合理、既有设备是否得到合理利用、新建工程与既有设备是否协调、接口是否合理有效、运输安全措施是否得当、接轨站设计方案是否合理，车站布置和规模、进出站线布置和疏解方案、综合管线布置、站内排水、安全设备设置及站房设置是否符合城市规划，线位方案是否稳定，线位是否绕避了重要建筑（或文物），绕避或通过不良地质地段的方案和措施是否得当，各类勘探工作是否基本完成，大型拆迁工程和大临工程是否单独设计，过渡工程是否合理，指导性施工组织设计是否合理，工程概算计算是否有错误或遗漏等。

初审工作在10个工作日内完成，对发现的问题提出意见和建议，连同初步设计文件一同报铁道部工程设计鉴定中心。

3. 组织做好施工图优化和审核工作。

建设单位应及时与勘察设计单位签订勘察设计合同（含施工图供图协议等），督促勘察设计单位按照初步设计批复意见开展施工图设计，组织做好施工图优化和审核工作。

优化施工图设计对保证工程质量和安全，控制工程投资，保证工程进度、保护环境、节约土地具有重要的意义。建设单位要组织好施工设计优化工作：一是要根据现场调查和核对情况，调整、优化路基工程施工方案，优化土石方调配和路基基础处理方案，合理确定路基防护结构形式，对高填深挖地段要进行桥隧比较；原则上要统一墩台结构形式，优化梁型和桩基，因地制宜确定跨河跨路桥梁施工方案；要强化隧道工程施工安全设计，优化隧道斜井或横洞、隧道防排水等设计。二是要对房屋规模和标准、通信信号、牵引供电设备选用等进行优化工作，保证设备匹配、量价匹配，防止差错漏碰。三是要优化施工组织方案，尽量降低用地规模和拆迁数量，减少三角地、边角地等相关费用。四是要对取弃土场、弃砟场、制梁厂、铺架基地等进行深入调查，按照永临结合的原则，合理确定位置和规模。

施工图审核是减少差错碰漏，提高勘察设计质量的重要程序，建设单位必须认真组织实施。

一是检查站场综合管线布置，抽查路基断面面积，检查路基填料是否符合规范，抽查填料土石比例、运距和基底处理方法比选情况，检查绿化方案是否符合铁道部要求。

二是检查桥梁墩台形式是否达到全线一致或标段一致，基坑开挖（围堰）防护是否安全合理，工程数量是否匹配，桥渡方案是否满足防洪、通航等要求。

三是检查隧道工程措施，特别是不良地质工程措施是否与地质条件对应，排水设施、防水板是否与水文情况对应，应急预警系统是否完善。

四是检查铺轨基地（含制梁厂）设置方案是否合理，设计是否达到规定深度，道砟来源是否落实，道岔铺设方式是否合理，整道安排是否考虑。

五是检查牵引供电电源等级是否与实际需要匹配，变压器接线方式是否合理，电杆和立柱规格和型号是否选型合理、全线统一。

六是检查通信信号是否做到与相邻线互连互通，检查主要设备生产市场供应情况，通号设备与车载设备是否配套。

七是检查环保水保方案及措施，重点审查景观保护与恢复，植被保护与恢复，自然保护区的保护，特殊保护项目，水、空气、噪音等污染防治等。

八是检查施工组织设计排定的工序、工期是否合理，工程措施是否得当；混凝土的砂、石料来源是否可靠，商品混凝土选用是否合理，自制混凝土设备是否考虑；重点审查概算取费标准、工程量与概算费用的对应，计算有无错误或遗漏，大临工程是否单独设计和编制概算等。

施工图投资检算是控制投资的有效手段，建设单位应督促勘察设计单位按规定编制施工图投资检算，在审核施工图的同时按照初步设计批准的概算编制原则对施工图投资检算进行审核，对照初步设计鉴定意见检查施工图设计内容，核实工程数量，对施工图与初步设计的量差进行分析；由于勘察设计单位原因引起的量差，责成勘察设计单位分析原因，属于勘察设计问题的，要补充勘察、修改设计。应在施工图审核、施工图投资检算审查、优化设计、剔除差错漏碰和不合理因素后，组织勘察设计单位按章节编制施工图预算，报铁道部计划司、建设司和鉴定中心核备。施工图预算原则上应控制在批复的初步设计概算之内，施工图预算超出初步设计概算的，须经铁道部批准后方可实施。

三、切实做好对外协调及征地拆迁工作

铁路建设政策性强、涉及面广，需要地方政府等有关各方的支持和协助。各建设单位应按照部省（自治区、直辖市，下同）纪要确定的事项，主动向地方政府汇报工作情况，听取地方政府及有关部门的意见和建议，并就有关问题提出合理化建议，争取地方政府的支持，及时牵头组织设计单位做好征地拆迁等项工作，重大问题必须及时报铁道部处理。

1. 做好建设规划许可的报批工作。对铁路选线通过城镇规划区的项目，建设单位应在初步设计阶段督促设计单位配合完成工程选址意见书，并办理建设用地规划许可证明。涉及自然保护区及特殊区域（如地震台网、军事管制区、国家测量标志等）或中央直属企事业单位的，应取得主管部门的书面批准文件。

2. 做好征地报批和实施工作。建设单位应在勘察设计单位的配合下，及时完成用地申请报告和用地红线图，按国家规定上报审批，并对审批进行跟踪，及时与地方相关部门签订征地

拆迁实施协议。要统筹考虑红线外拆迁、企业拆迁负担、回收地单价、边角地处理、临时用地单价等因素，征地协议要明确征拆程序、资金落实、交地时间、土地证办理等事项。要通过认真的工作，将价格和费用控制在部省纪要规定的范围内，对地方政府实施的征地拆迁数量、单价和费用，必须按照协议约定逐项核对、共同签认，费用超出部省纪要或批复概算的，要及时履行报批手续。

3. 完成三电和管线迁改等协议签订工作。在项目可行性研究阶段，建设单位必须就三电迁改，改路、改渠、管线迁改与相关产权单位签订拆迁框架协议。在项目初步设计阶段，建设单位要组织设计单位就立交桥设置、三电迁改、管线改移等进行设计，在现场调查确认迁改内容无误、对迁改设计文件审查确认迁改费用基本合理后，与产权部门协商，确定补偿方式，签订补偿协议，补偿费用纳入初步设计总概算，否则不得上报初步设计文件。三电迁改和改路、改渠、管线迁改实施协议应在初步设计审批前完成。公铁立交协议应明确高速、高等级、一般、乡镇公路的立交条件，规划道路立交预留条件，合理确定农村通路方案。

迁改工作能够采用经济补偿方式实施的，优先采用经济补偿，由产权单位按约定的时间拆除既有设施并组织建设。采用实物补偿方式的，建设单位应委托有资质的设计单位设计，按规定程序组织拆除和建设。

4. 做好环保、防洪等评估工作。建设单位应依据国家规定，委托具有相关资质的单位进行地质灾害、地震安全、压覆矿藏、防洪评估（价）、通航论证等工作，及时将评估报告送相关主管部门审查，并根据审查意见进行补充完善。按铁道部前期工作的计划安排，督促勘察设计单位及时完成《环境影响报告书》、《水土保持方案报告书》和土地利用、节能专题报告书的编制工作。涉及的地质灾害、地震安全、压覆矿、防洪评估、通航论证、文物保护评估等，应在可研批复前取得结论性意见。

5. 做好建筑材料调查工作。建筑材料是影响铁路建设质量，控制工程投资的重要因素。建设单位要在设计单位工作的基础上，对重要地材进行现场调查，就地材质量、储量、价格进行调查和分析比较，与地方政府或企业签订地材供应意向协议。同时要做好主材价格调查工作。

建设单位要及时组织审查施工组织设计，编制招标文件，组织实施招标工作，抓紧逐项落实开工条件，按要求上报开工报告，为项目开工建设做好准备。

铁道部办公厅关于转发《中长期铁路网规划(2008年调整)》的通知

办计发〔2008〕43号

部属各单位：

现将《国家发展改革委关于印发中长期铁路网规划(2008年调整)的通知》(发改基础〔2008〕2901号)转发给你们。《中长期铁路网规划(2008年调整)》是根据国家总体发展战略以及建设资源节约型和环境友好型社会的根本要求，对2004年中长期铁路网规划确定的铁路网总规模和布局进行了优化调整，描绘了铁路网至2020年的发展蓝图，是指导铁路又好又快发展的重要文件。规划的调整，充分体现了党中央、国务院对加快铁路发展的高度重视。加快实施规划，对贯彻落实科学发展观，实现和谐铁路建设，促进国民经济快速协调发展，确保全面建设小康社会目标的实现具有重要意义。

请各单位按照全面贯彻落实科学发展观的要求，以和谐铁路建设为指导，结合铁路发展形势和工作实际认真贯彻执行，并充分发挥各自优势、紧密配合，依法高效推进各项工作，又好又快推进中长期铁路网规划的顺利实施，为国民经济和社会发展提供强大的运力保障。

二〇〇八年十二月一日

国家发展改革委关于印发中长期铁路网规划(2008年调整)的通知

发改基础〔2008〕2901号

铁道部：

你部《关于报送中长期铁路网规划调整方案的函》(铁计函〔2008〕135号)收悉。根据《国家发展改革委关于印发综合交通网中长期发展规划的通知》(发改交运〔2007〕3045号)，现将《中长期铁路网规划(2008年调整)》印发你们，请按照执行，并就有关事项通知如下：

一、注重与其他运输方式优化、衔接和协调发展，实现交通运输资源优化配置，发挥综合运输系统的组合效率和整体优势。

二、加快铁路发展方式转变。从实际出发，量力而行，统筹安排，区分轻重缓急，突出发展重点，把握好建设节奏。加强项目研究论证，处理好新线建设与既有线改造的关系，确定技术可行、经济合理的建设标准及方案。加强自主创新，降低工程造价，保证工程质量。

三、重视资源节约和环境保护。贯彻可持续发展战略，节约和集约利用土地，提高能源利用效率，加强环境保护、噪音治理等工作，实现节能减排。

四、坚持规划对项目的指导作用，维护规划的严肃性。任何单位或个人未经批准，不得随意变更《中长期铁路网规划(2008年调整)》的内容。具体建设项目应严格按照《国务院关于投资体制改革的决定》等有关国家基本建设程序规定办理。

附件：一、《中长期铁路网规划(2008年调整)》

二、《关于中长期铁路网规划调整的说明》(略)

二〇〇八年十月三十一日

附件一：

中长期铁路网规划(2008 年调整)

一、发展目标

为适应全面建设小康社会的目标要求，铁路网要扩大规模，完善结构，提高质量，快速扩充运输能力，迅速提高装备水平。到 2020 年，全国铁路营业里程达到 12 万公里以上，复线率和电化率分别达到 50%和 60%以上，主要繁忙干线实现客货分线，基本形成布局合理、结构清晰、功能完善、衔接顺畅的铁路网络，运输能力满足国民经济和社会发展需要，主要技术装备达到或接近国际先进水平。

二、规划原则

(一)贯彻国家总体发展战略，统筹考虑经济布局、人口和资源分布、国土开发、对外开放、国防建设、经济安全和社会稳定的要求，并体现主体功能区规划明确的促进区域协调均衡发展的方向；

(二)根据国家综合交通发展总体要求，线网布局、枢纽建设与其他交通运输方式优化、衔接和协调发展，提高组合效率和整体优势；

(三)增加路网密度，扩大路网覆盖面，繁忙干线实现客货分线，经济发达的人口稠密地区发展城际快速客运系统；

(四)加强各大经济区之间的连接，协调点线能力，使客货流主要通道畅通无阻；

(五)节约和集约利用土地，充分利用既有资源，保护生态环境。

三、规划方案

为实现 2020 年铁路网发展目标，规划方案要在路网总规模扩大的同时，突出客运专线、区际干线和煤运系统的建设，提高路网质量，扩大运输能力，形成功能完善、点线协调的客货运输网络。

(一)客运专线

为满足快速增长的旅客运输需求，建立省会城市及大中城市间的快速客运通道，规划“四纵四横”等客运专线以及经济发达和人口稠密地区城际客运系统。建设客运专线 1.6 万公里以上。

1.“四纵”客运专线

(1)北京～上海客运专线，包括蚌埠～合肥、南京～杭州客运专线，贯通京津至长江三角洲东部沿海经济发达地区；

(2)北京～武汉～广州～深圳客运专线，连接华北和华南地区；

(3)北京～沈阳～哈尔滨(大连)客运专线，包括锦州～营口客运专线，连接东北和关内地区；

(4)上海～杭州～宁波～福州～深圳客运专线，连接长江、珠江三角洲和东南沿海地区。

2.“四横”客运专线

(1)徐州～郑州～兰州客运专线，连接西北和华东地区；

(2)杭州～南昌～长沙～贵阳一昆明客运专线，连接西南、华中和华东地区；

(3)青岛～石家庄～太原客运专线，连接华北和华东地区；

(4)南京～武汉～重庆～成都客运专线，连接西南和华东地区。

同时，建设南昌～九江、柳州～南宁、绵阳～成都～乐山、哈尔滨～齐齐哈尔、哈尔滨～牡丹江、长春～吉林、沈阳～丹东等客运专线，扩大客运专线的覆盖面。

3. 城际客运系统

在环渤海、长江三角洲、珠江三角洲、长株潭、成渝以及中原城市群、武汉城市圈、关中城镇群、海峡西岸城镇群等经济发达和人口稠密地区建设城际客运系统，覆盖区域内主要城镇。

(二)完善路网布局和西部开发性新线

以扩大西部路网规模为主，形成西部铁路网骨架，完善中东部铁路网结构，提高对地区经济发展的适应能力。规划建设新线约 4.1 万公里。

1. 新建中俄通道同江～哈鱼岛段，中吉乌铁路喀什～吐尔尕特段，改建中越通道昆明～河口段，新建中老通道昆明～景洪～磨憨段、中缅通道大理～瑞丽段等，形成东北、西北、西南进出境国际铁路通道；

2. 新建太原～中卫(银川)、临河～哈密线，形成西北至华北新通道；

3. 新建乌鲁木齐～哈密～兰州、库尔勒一格尔木、龙岗～敦煌～格尔木、喀什～和田、日喀则～拉萨线，研究建设和田～狮泉河～日喀则线，形成新疆至甘肃、青海、西藏的便捷通道；

4. 新建兰州～重庆、哈达铺～成都线，研究建设张掖～西宁～成都、格尔木～成都线，形成西北至西南新通道；

5. 新建拉萨～林芝、大理～香格里拉线，研究建设成都～波密～林芝、香格里拉～波密线，形成四川、云南至西藏的便捷通道；

6. 新建太原～侯马～西安～汉中～绵阳线，研究建设郑州～重庆～昆明线，形成华北、中原至西南新通道；

7. 新建重庆～贵阳、乐山～贵阳～广州、南宁～广州线，形成西南至华南新通道；

8. 新建向塘～莆田(福州)、合肥～福州、阜阳～六安～景德镇～瑞金～汕头线，形成内陆腹地至东南沿海地区新通道；

9. 新建北京～张家口～集宁～呼和浩特～包头线，形成北京至内蒙古呼包鄂地区便捷通道；

10. 新建内蒙古中西部、山西中南部煤运铁路，形成“三西”地区煤炭外运新的大能力通道。

11. 新建乌鲁木齐～富蕴～北屯、哈密～若羌、二连浩特～锡林浩特～乌兰浩特、正蓝旗～虎什哈、昭通～攀枝花～丽江、昆明～百色、柳州～肇庆、南宁～河池等铁路，研究建设安康～恩施～张家界等铁路，完善西部地区铁路网络；

12. 新建哈尔滨～佳木斯、青岛～连云港～盐城、南通～上海～宁波、广州～湛江～海口～三亚、上海～江阴～南京～铜陵～安庆、怀化～衡阳～赣州、九江～景德镇～衢州、浦城～建宁～龙岩等铁路和福州～厦门货运线，完善东中部地区铁路网络。

(三)路网既有线

加强既有路网技术改造和枢纽建设，提高路网既有通道能力。规划既有线增建二线 1.9 万公里，既有线电气化 2.5 万公里。

1. 在建设客运专线、完善路网布局和西部开发性新线的基础上，对既有线进行扩能改造，在大同(含蒙西地区)、神府、太原(含晋南地区)、晋东南、陕西、贵州、河南、兖州、两淮、黑龙江东部等十个煤炭外运基地和新疆地区，形成大能力煤运通道。重点强化“三西”地区煤炭下海和铁路直达中南、华东内陆地区通道，以及新疆地区煤炭外运通道等。

2. 结合客运专线、完善路网布局和西部开发性新线的建设，对“五纵五横”综合运输大通道内既有铁路干线进行复线建设和电气化改造。

3. 按照综合交通枢纽布局和城市发展规划，加强主要客货枢纽建设，注重与城市轨道交通等公交系统以及公路、民航和港口等其他交通方式的衔接，实现旅客运输“零距离换乘”、货物换装“无缝衔接”和交通运输一体化。以北京、上海、广州、郑州、武汉、西安、重庆、成都等枢纽为重点，调整编组站，改造客运站，建设机车车辆检修基地，完善枢纽结构，使铁路点线能力协调发展。

4. 建设集装箱中心站，改造集装箱运输集中的线路，开行双层集装箱列车。

四、实施意见

总体目标：规划从 2003 年开始，在 2020 年前逐步建成。2010 年阶段目标调整为：

到 2010 年，全国铁路营业里程达到 9 万公里以上，其中客运专线约 7000 公里，复线、电化率均达到 45%以上。

进一步建设客运专线，新建北京～上海、北京～广州～深圳、天津～秦皇岛、哈尔滨～大连、上海～宁波～深圳、徐州～郑州～西安～宝鸡、石家庄～济南、南京～武汉～宜昌、蚌埠～合肥、南京～杭州、柳州～南宁、绵阳～成都～乐山、哈尔滨～齐齐哈尔等客运专线。

进一步扩大路网规模，新建兰州～重庆和成都、贵阳～广州、南宁～广州、丽江～香格里拉、蒙自～河口、拉萨～日喀则、重庆～利川、西安～平凉、西小召(包头)～甘其毛道、乌兰浩特～锡林浩特、黄骅～大家洼、前进～抚远、上海～南通、南京～安庆、阜阳～六安、宿州～淮安、衡阳～井冈山、赣州～韶关铁路，内蒙古中西部、山西中南部煤运铁路，东北东部铁路，集包第二双线等。

进一步提高既有线能力，实施西安～合肥、西安～安康、长治～邯郸～济南、石门～长沙、遂宁～重庆等铁路增建第二线，以及大同～秦皇岛、神木～朔州～黄骅、集宁～通辽、衡阳～柳州、金华～温州、广通～大理、赣州～龙岩等铁路扩能改造工程。

铁道部建设管理司 发展计划司关于认真做好铁路建设项目开工前准备工作的通知

建建〔2007〕11号

各铁路局,集装箱、投资公司,各铁路公司(筹备组),各合资铁路公司:

为贯彻落实全国铁路工作会议精神,加快铁路建设项目开工前准备工作进度,现就有关事宜提出以下要求,请按照执行。

一、提高思想认识

建设项目开工前准备工作是铁路建设的基础性工作,准备工作的进度和质量,关系到建设项目能否按期开工建设,关系到项目开工后工程能否顺利实施。当前,建设项目开工前准备工作在一定程度上制约了铁路建设工作的进展,各建设单位必须认真贯彻全国铁路工作会议、全路计划工作会议和全路建设工作会议精神,提高对建设项目开工前准备工作重要性的认识,牢固树立法制观念,坚持依法建设,积极主动地介入前期工作,严格履行各项法定审批程序,争取建设项目早日达到招标条件和开工条件,确保做到依法合规,加快工作进度,确保工作质量,保证铁路项目如期开工建设。

二、加强组织领导

各铁路局要建立主要领导亲自协调,主管领导具体负责,总工程师室,计划、建设、运输、土地等部门协调工作的建设项目开工前准备工作机制,选派责任心强、有事业心的人员组建精干的工作机构,负责全局建设项目的开工前准备工作。要按照铁道部的要求制订建设项目开工前准备工作的推进计划,落实工作责任。项目建议书批复后,要立即筹建项目管理机构;可行性研究报告批准后,项目管理机构人员必须基本到位;项目管理机构要在铁路局的领导下、在建设项目开工前准备工作机构的具体指导下,加快推进开工前准备工作。

各客运专线公司(筹备组)应将完成建设项目开工前准备工作作为公司(筹备组)的首要工作,主要领导要亲自负责,动员全体员工,按照铁道部的要求,按期完成开工前的各项准备工作。

三、加强设计管理

建设单位是建设项目的责任主体,必须加强对勘察设计工作的管理,督促勘察设计单位提高勘察设计质量,按期完成建设项目勘察设计工作。建设单位应及时与沿线政府及相关部门协调,签订相关建设协议,稳定线路方案,妥善解决涉及征地拆迁的地质勘探问题,协调解决勘察设计工作中的有关问题,为加快勘察设计进度、提高勘察设计质量创造条件。

项目建议书批复后,建设单位应配合铁道部计划司做好勘察设计管理工作,协调勘察设计单位解决相关调查和资料收集工作中的有关问题,使设计单位能够尽快提出合理的方案,防止设计方案发生原则性变化;按照铁路技术政策和铁路总体规划细化用户需求,及时将重大问题报告铁道部计划司确定;要在勘察设计单位的配合下,摸清沿线道路、土地和建筑情况,与相关产权单位签订拆迁等协议,确保勘察设计单位能够准确编制相关文件及投资估算。

可行性研究报告上报或批复后,建设单位要及时梳理和解决影响初步设计工作推进的关键问题,及时将重大问题报告铁道部设计鉴定中心解决;要在设计单位的配合下落实相关协议,为建设项目实施创造良好条件;要及时组织初步设计文件的初审工作,按铁道部要求的时间上报初步设计文件及初审意见。

四、做好报批工作

铁路建设政策性强、涉及面广,需要地方政府等有关各方的支持和协助,各建设单位应主动向地方政府汇报工作情况,听取地方政府及有关部门的意见和建议,并就有关问题提出合理化建议,争取地方政府的支持。重大问题必须及时报铁道部。

建设单位应在勘察设计单位的配合下,依据国家规定,委托具有相关资质的单位进行地质灾害和压覆矿评估,及时将评估报告送主管部门审查,并根据审查意见进行补充完善。按铁道部前期工作的计划安排,督促勘察设计单位及时完成《环境影响报告书》、《水土保持方案报告书》和节能报告书的编专制工作。要及时完成用地申请报告和用地红线图,按国家规定上报审批,并负责追踪和督促落实。要及时与地方签订公铁立交协议、通航协议等。

五、做好开工准备

建设单位应做好初步设计初审、先期开工重点建设用地报批和工程招标等开工前准备工作。建设单位应指定专人配合铁道部设计鉴定中心做好初步设计鉴定工作,依据审查意见督促设计单位补充资料、修改设计,并及时将修改后的设计文件送审;督促设计单位按鉴定意见提供先期开工的重点工程用地图,抓紧办理重点工点的用地手续;督促设计单位按照鉴定意见及时完成鉴修概算,开展施工图设计;督促设计单位尽快提交先期开工的重点工程施工图和分部投资检算;按规定对设计文件进行审核;按照铁道部批准的招标计划和铁道部工程招标格式文本编制招标文件,招标选择施工和监理单位。上述工作完成后,应立即向铁道部提出申请开工报告。

随文将南昌铁路局龙厦铁路和京沪高速铁路项目开工前准备工作总结发给你们,供各单位学习借鉴。

二〇〇七年二月十三日

龙厦铁路项目前期工作总结

南昌铁路局

龙厦铁路西起龙岩市，与赣龙、漳龙线相接，途经漳州市及所辖南靖县，东至厦门市，与东南沿海大通道福厦、厦深线相连，全长约 171 km，其中新建龙岩至漳州南(不含)线路长度 111.349 km。龙厦铁路项目于 2005 年 12 月 31 日批复立项，2006 年 12 月 25 日工程正式开工。一年来，在铁道部的领导下和福建省政府的支持下，我局龙厦铁路工程建设指挥部认真落实《部省纪要》精神，紧紧抓住用地预审、水土保持、环境保护审查、可研批复、外业定测与初步设计、工程招投标、开工准备等工作，确保了龙厦铁路按期开工。

1. 机构设立与整章建制。2005 年 4 月 10 日，我局龙岩铁路有限公司(以下简称公司)根据董事会决议，抽调曾参与梅坎、赣龙线建设的工程技术人员 15 人，成立龙厦铁路配合办，具体负责龙厦铁路前期筹备工作。10 月 30 日，成立了龙厦铁路工程建设指挥部，负责龙厦铁路工程建设管理。指挥部成立后，立即着手制订了相应的指挥部职责范围、廉政建设等 12 项内部管理制度和办法。

2. 地质灾害和压覆矿评估报告。在设计单位完成外业勘察，线路方案基本稳定之后，我局于 2006 年 3 月底委托设计院编制地质灾害和压覆矿评估报告。其中，地质灾害评估报告于 4 月 28 日通过省国土资源厅评审；压覆矿评估报告 5 月 10 日完成编制，经龙岩、漳州两市国土资源局、矿管委办理签章后，9 月 6 日通过省国土资源厅评估。

3. 土地预审。在设计单位完成初测之后，我局立即催促设计单位提交用地红线图和土地规划落位图，并正式向漳州、龙岩两市国土局上报用地申请报告。在两市规划局出具线路选址意见书后，通过市级组织的土地预审，于 2006 年 5 月 19 日上报省国土资源厅。5 月 31 日通过国土资源厅审查后，立即组织材料上报国土资源部。7 月 31 日国土资源部下发《关于龙厦铁路建设用地预审意见的复函》(国土资预审字〔2006〕186 号)，通了龙厦铁路土地预审。

4. 环境与水土保持审查。环境保护评价与水土保持审查是项目批复可研报告的两个必备条件。5 月 29 日，我局组织完成《环境影响报告书》和《水土保持方案报告书》的编制工作，并分别上报国家环保总局和水利部。6 月和 7 月，国家环保总局环境评价中心和铁道部环境评价中心受环保总局、铁道部委托，两次组织召开了龙厦铁路项目环境保护审查会。6 月 19 日，铁道部发展计划司、水利部水土保持司组织召开了龙厦铁路项目水土保持审查会。铁道部以《关于新建龙岩至厦门铁路环境影响报告书的预审意见》(铁计函〔2006〕512 号)和《关于新建龙岩至厦门铁路水土保持方案报告书的预审意见》(铁计函〔2006〕521 号)正式发文国家环保总局和水利部。9 月 18 日，水利部下发《关于新建龙岩至厦门线工程水土保持方案的复函》(水保函〔2006〕429 号)，批复龙厦铁路水土保持方案。10 月 11 日，国家环境保护总局下发《关于新建铁路龙岩至厦门线环境影响报告书的批复》(环审〔2006〕504 号)，正式批复龙厦线环境影响报告书。

5. 可研批复。2005 年 12 月 31 日，项目立项文件批复后，我们立即与设计院沟通，加快可研报告的编制。2006 年 1 月 20 日，设计院完成龙厦铁路项目可行性研究报告的编制。我局立即组织预审工作，形成书面意见报铁道部。2 月 8 日，部设计鉴定中心组成专家组，在龙岩召开了龙厦铁路可行性研究及环境保护审查会，对可研文件提出了优化设计修改意见。5 月

18 日，铁道部、福建省政府以《关于报送新建龙岩至厦门铁路可行性研究报告的函》(铁计函〔2006〕315 号)报国家发改委。6 月 7 日至 9 日，中国国际咨询公司在北京召开了《新建龙岩至厦门铁路可行性研究报告》评估会。11 月 17 日，国家发改委下发《关于新建龙岩至厦门铁路可行性研究报告的批复》(发改交运〔2006〕2569 号)。

6. 初步设计与审查工作。4 月 28 日，我局委托铁四院组织 5 个地质钻探队进行龙厦铁路定测工作，并委托铁二院负责地质勘察监理。8 月 20 日，设计院转入初步设计阶段，9 月 19 日提交步设计文件，9 月底部设计鉴定中心在北京召开了龙厦铁路初步设计审查会。根据部设计鉴定中心的初步设计审查意见，于 10 月 9 日组织勘测队进场开展补充定测工作。12 月 1 日，铁道部下发《关于龙岩至厦门铁路象山和黄坑二号隧道站前工程初步设计的批复》(铁鉴函〔2006〕980 号)。12 月 27 日，铁道部、福建省政府下发《关于新建龙岩至厦门铁路初步设计的批复》(铁鉴函〔2006〕1055 号)，完成了全线初步设计审查。

7. 各项评估及相关协议签订。在完成外业定测过程中，我局与地方有关单位签订小桥涵与道路改移协议 10 份，公路与铁路立交协议 3 份，渡槽协议 10 份，跨水利设施协议 1 份，并取得省高速公路建设总指挥部同意，龙厦铁路在漳龙高速公路部岭隧道漳州方向出口处的路基下约 50 米以隧道方式通过，铁路在高速公路金山服务区匝道处以桥梁方式通过。同时，我局分别向地方林业、文物、地震部门了解办理林地占用、文物勘察、地震安全性评估的程序和需要上报的有关资料。于 8 月 24 日委托设计院编制地震安全性评价、防洪影响论证、通航影响论证、文物保护评估和使用林地等五项报告，于 10 月份完成现场调查。

8. 优化设计工作。在初步设计阶段，我局对龙厦线涉及的龙岩、龙岩东、龙岩北、铁山洋四个站设计方案提出了修改建议，以《关于龙厦铁路龙岩地区相关工程意见的函》致设计院进行修改设计。在施工图设计阶段，我局于 10 月 13 日至 18 日，邀请中铁隧道设计院和铁道第二勘察设计院对龙厦线重点控制工程的象山隧道和黄坑 2 号隧道进行咨询，形成了专家咨询意见，并与设计院进行充分沟通，在重点控制工程的施工组织、投资控制和工期压缩方面赢得了主动权。

9. 招标工作与开工准备：在工程招标前，我局组织完成了施工图审核、施工图设计文件交付、概算核备、施工图投资检算核备、工程数量清单、招标概算编制等工作。10 月 14 日，向部招标办上报《关于申报新建龙岩至厦门铁路站前重点工程施工及监理招标计划的请示》，同步办理《交易许可证申请表》、《项目入场申请表》、《招标申请表》、《招标信息表》等手续。11 月 24 日发布招标公告，12 月 22 日在北京开标。根据部、省领导商议确定的龙厦线开工日期，为做好开工动员大会的筹备工作，我局与省政府、省重点办、省铁办多次召开开工准备工作协调会，加快办理相关用地审批手续。25 日上午 10 时 18 分，龙厦铁路开工动员大会分别在龙岩、漳州、厦门三个会场隆重举行，标志着龙厦铁路前期工作完成，全面转入建设实施阶段。

总结龙厦铁路前期工作快速推进的经验，主要有以下五点：

1. 贯彻落实部省会谈纪要是快速推进项目前期工作的根本保障。2004 年 12 月 17 日铁道部与福建省政府共同签署了《关于加快铁路建设有关问题的会谈纪要》。部省双方按照“构筑快速通道、完善区域路网、改造既有线路、配套港口支线”的总体思路，今明两年及“十一五”期间，开工建设温福铁路、福厦铁路、厦深铁路(福建段)、龙厦铁路以及江西向塘至福建福州港、湄洲港湾铁路等项目，全力推进福建铁路建设。《部省会谈纪要》为部省双方加强合作，共同推进福建铁路建设搭建了强有力的平台，为龙厦铁路前期工作顺利开展提供了保障。龙厦铁路前期工作每一阶段进展，都离不开部、省领导正确决策和紧密协商。2005 年 9 月 15 日，铁道部刘志军部长与福建省黄小晶省长共同商议确定龙厦铁路建设标准为时速200公里、一次复线及电气化。2006年11月17日,部、省领导确定了12月25日龙厦铁路正式开工建设的目标。

2. 组建精干高效的工作班子是快速推进项目前期工作的关键所在。首先,我局建立了新开工项目领导负责制,主要领导亲自抓,主管副局长具体负责。制定了项目前期工作推进计划表,明确了各项工作的任务目标、时间节点和具体措施,倒排工期,推动了各项工作快速展开。其次,路局通过召开基建大交班会,对前期工作的阶段任务进行具体部署,对推进计划表中的任务完成情况逐项进行落实。路局总工程师室,计划统计、建设管理、土地房建等有关处室加大了前期工作推进力度,充分利用路局的资源优势,安排熟悉情况的专业技术人员牵头,负责与铁道部、国土资源部、国家环境保护总局、水利部、福建省的沟通。此外,业务处室也积极参与项目前期工作,指定一名副处长分管前期工作,各处技术负责人亲自参加线路现场踏勘,协助确定初步设计方案。

3. 争取地方政府的大力支持是快速推进项目前期工作的基本前提。福建省委、省政府作出建设海峡西岸经济区的战略部署,为福建铁路建设提供了广阔的发展空间,福建省及时成立了省铁路办公室和铁路投资开发总公司,作为铁路建设的协作部门和地方出资代表,牵头项目的配合工作;沿线的厦门、漳州、龙岩三市政府也分别成立铁路筹建办公室,并指定龙岩市铁办作为牵头主办部门,协调涉及龙厦铁路前期工作的发改委、省重点办、建设、规划、国土、环保、水利、林业、文物、地震等部门和金融机构,促进了相关的审批、报批手续的尽早完成。

4. 发扬苦干实干的工作作风是快速推进项目前期工作的有效保证。一是通过强化培训,提高项目管理人员素质。我局通过适时召开全局建设前期工作及专业管理工作会议,召集各项目筹备组、指挥部前期工作人员,针对铁路建设、基本建设项目前期工作程序和各阶段业务工作进行培训,使具体经办人员很快熟悉了业务知识,成为前期工作的骨干。二是积极介入勘测工作,及时提出优化意见。龙厦铁路配合办从2006年4月1日开始,全面配合铁四院开展定测工作,在认真搜集工程设计所需的水文、地质等资料的同时,积极核对线路、桥、涵及隧道方案。定测期间,配合办人员夜以继日配合铁四院勘测队开展定测和地质钻探工作。工作人员放弃"五、一"休假,抢晴天、战雨天,早出工、晚收工,大大加快了外业勘测工作进度。为确保龙厦铁路勘察工作的顺利进行,路局领导亲自带队配合铁四院进行外业勘察,深入铁路沿线进行认真细致的调查,摸清了沿线水系、道路的分布情况,掌握了征地拆迁的第一手资料。通过路局与相关部门及专家进行洽谈协商,努力争取铁路建设与地方社会经济发展相适应,优化了设计,为顺利推进项目前期工作打下了基础。

5. 充分发挥咨询机构作用是快速推进项目前期工作的有力措施。龙厦铁路配合办只有15人,许多同志还需完成原岗位的各项工作,面对繁重的前期工作任务,必须充分发挥咨询机构作用,才能保证前期工作的进度和质量。为此,我们把环境保护方案、水土保持方案、地震安全性评价、防洪影响论证、通航影响论证、文物保护评估和使用林地报告等专业性的评估论证工作委托给具有相应资质的设计单位、咨询机构进行编制,提高了报告书的编制质量,加快了前期工作进程。我们在各种评估报告编制完成后,及时协调地方有关部门,组织相关评审、论证,形成书面评审意见,确保各项评估工作有序开展。

京沪高速铁路项目开工前准备工作总结

2006年是铁路实施“十一五”规划的第一年，也是和谐铁路建设取得显著成绩的一年。在部党组的正确领导下，京沪铁路客运专线公司筹备组以科学发展观为指导，认真贯彻国务院第126次常务会议和第四次部长办公会议精神，按照刘部长的指示，以建设世界一流高速铁路为目标，更新理念，超前介入，优化设计，加强管理，切实抓好南京大胜关长江大桥建设，有序推进京沪高速铁路各项建设准备工作。

一、统一思想，不断提高对京沪高速铁路建设重大意义的认识

公司筹备组组织职工认真学习国务院常务会议精神和刘部长的指示，统一思想，提高认识。建设京沪高速铁路是落实科学发展观和构建社会主义和谐社会战略任务的一项的重大工程，是《中长期铁路网规划》中投资规模最大、技术含量最高的一项重点工程，是实施我国铁路跨越式发展战略的标志性工程。京沪高速铁路引起国内外高度关注，政治影响大；技术标准高，自主创新任务重；涉及方面多，协调难度大。大家深切体会到有幸从事京沪高速铁路的建设，既倍感光荣自豪，又深感任务艰巨、压力巨大，进一步增强了使命感、责任感和紧迫感。在实际工作中坚持把科学发展观贯彻到勘察设计和工程建设始终，全面体现落实铁路建设新理念，努力建造一条资源节约和环境友好型的世界一流高速铁路。

二、按程序、快节奏，积极做好可研审批相关工作

3月份铁道部上报了京沪高速铁路可研报告，5月份国家发改委委托中咨公司对全线进行了可研评估工作。为配合可研报告的审批工作，公司筹备组组织编制完成了全线环境影响报告书、水土保持方案报告书，完成了土地预审报告、沿线地震安全性评价报告、地质灾害评估报告、防洪评价报告等。在各方的支持下，各项评估评价工作先后得到了国家和地方有关部门的批复。

在可研评估和审批过程中，公司筹备组积极参与，配合铁道部计划司等主管部门认真准备材料，细致解答专家提出的问题。2006年5至11月，中咨公司组织专家通过工厂和现场调研、专题预评估会、评估大会、运量预测补充评审会、编写评估报告等阶段，先后对主要技术标准、运量预测、桥梁和无碴轨道方案、站后工程及系统集成方案、枢纽方案、技术引进和国产化方案、京沪高速铁路与城际铁路和既有线的关系、投资规模、征地拆迁等12大类问题，进行了广泛的交流和论证。按照铁道部统一部署，公司筹备组积极提供专项资料和技术问题说明，确保了评审工作的顺利完成。

三、强力推进勘察设计，确保前期工作的深度和质量

公司筹备组专门成立了勘察设计推进领导小组，全面研究分析京沪高速铁路的特点，明确责任分工，做好重要问题协调，加强检查考核，推进计划落实。9月中旬，召开京沪高速铁路勘察设计工作会议，全面总结了勘察设计工作，并与设计单位签订了施工图供图协议，提出了“精、深、细、实”和“没有缺陷、不留遗憾、多赢赞叹”的工作要求。

1. 牢固树立建设单位主体责任意识，强力推进勘察设计

公司筹备组认真履行主体责任，不等不靠，详细梳理影响勘察设计工作推进的关键问题，

突出解决稳定线站位、签订立交和通航协议、补充勘探等重点难点问题。与设计单位签订供图协议，明确各自责任和奖惩办法，认真审核补勘大纲，编制施工图审核和设计优化实施细则，做到责任到人、计划到日、落实到每个环节，确保勘察设计的进度和质量。目前，全线初步设计已通过预审查，线位已经稳定，补充勘探完成计划量的近 90%，立交协议签订完成 83.6%，通航协议签订完毕。至去年底已按计划完成施工图总供图量的 70%。

2. 开展关键技术研究攻关，夯实设计工作基础

在铁道部科技司的大力支持下，公司筹备组组织铁科院、铁三院、铁四院、大桥院、西南交大、北京交大、中南大学、中国矿大、冶建院、中国建材院、中国建科院、中科院武汉岩土所、中船725 所等路内科研单位和专业权威研究机构，对南京大胜关长江大桥 Q420q 新钢种、道砟整体桥面新结构，大吨位球形支座、大位移钢轨伸缩调节器和梁端伸缩缝新设备等技术问题，进行科技攻关，解决了大桥设计关键技术问题和难题；开展全线桥梁桩基试验，获得了不同地层桩基设计的基本参数，对施工图进行验证，并优化了桩长、桩基检测方案和工程桩静载试验方案；开展高性能混凝土配合比试验研究工作，优化了配合比方案；还对 CFG 桩使用、侵蚀性环境影响、岩溶情况等进行了调研，为提高工程可靠性提供了依据。

3. 主动协调接口关系，统一全线技术标准

针对全线设计单位多、专业接口多的特点，组织设计单位认真清理，提出意见，召开专家会议研究解决方案。对路基排水系统设计、高路堑安全防护方案、站后系统沟槽管线设置、过轨以及构件预埋设计等都统一了标准，明确了方案；对岩溶地区桥梁桩基设计，根据试验结果，全部统一为柱桩；对全线 6 种墩台形式，按坚固、经济、美观和方便施工的原则进行技术经济分析，提出了优化方案。

4. 严格执行监理和审核制度，确保勘察设计达到一流水平

认真贯彻建设节约型社会的要求，以最大限度节省用地、控制路基沉降、增强工程可靠性、提高总体经济效益为目标，从补勘、试桩和立交通航协议的签订入手，对初步设计和施工图进行系统优化，取得了明显成效。聘请铁一院、铁二院、中铁咨询的专家，建立了地质勘探监理、桩基试验第三方测试制度，并派专人进驻设计单位，组织专家组对施工图进行预审核与优化。通过对全线平纵断面的审核和比较，使路基和桥梁高度有不同程度的降低；根据实际地质情况，对桥梁桩基长度和 CFG 桩加固地基地段进行了优化；从工程安全性方面对高边坡路堑进行了优化；根据变化了的土源、土质情况，对路基填料进行了优化和落实；及时组织了中间站站房概念设计的比选和初审工作。

四、以“一声令下、立即开工”为目标，加快推进各项建设准备工作

1. 不断优化施组方案，落实重点工程先期开工条件

公司筹备组按照卢春房副部长要分别轻重缓急、分段制定施组方案的要求，多次深入现场踏勘，掌握第一手资料，审查施工图纸，核对工程数量，组织专家集中编写了指导性施工组织设计方案。经反复比选和多方征求意见，对梁场和铺轨基地布置、全线大临设施进行不断优化和完善。全线指导性施工组织方案(修正稿)已编制完成。

在各指挥部深入开展工作的基础上，公司筹备组对征地拆迁、取土场地、制梁场所、铺轨基地、运输道路、三电迁改、林地占用、立交通航协议的落实等各项准备工作进行平推式检查，逐个落实具体方案。目前全线重点工程和计划第一批 40 个工点开工的内部条件已经具备。

2. 积极开展征地拆迁准备工作

公司筹备组对沿线四省三市的征地拆迁工作,积极开展调研和现场踏勘,认真做好调查摸底。已收集到沿线省市的有关政策法规和当地征地拆迁费用标准,掌握了第一手资料。主动同地方政府及主管部门沟通接触,建立了工作联系。目前,沿线各省市已对征地拆迁有关工作做出了承诺。按照铁道部的统一部署,公司筹备组还依照已经签订的“部省(市)纪要”精神,同南京市、河北省政府和上海市分别就如何实施征地拆迁问题进行了多次协商,为下一步开展工作奠定了基础。

3. 坚持源头把关,做好物资管理工作

坚持“源头把关,过程控制,精细管理”的原则,京沪高速铁路全线物资设备实行“分类管理,分级负责,专业服务,统筹供应”。从源头抓起,加强过程控制,以确保物资设备采购供应的高效、优质、可靠。

加强制度建设,除颁布有关管理办法和实施细则外,还制定了物资设备管理的具体工作流程,规范了工作程序。

发挥社会专业化队伍的作用,积极引入第三方物流和专业检测机构,提高物资设备管理水平。去年5月,公司筹备组即与中铁物资总公司协商签订了京沪高速铁路物资设备委托管理协议,由其承担南京大胜关大桥工程物资的招标采购、组织供应及重点物资(水泥、钢梁)的驻厂监造等工作,有效保证了大桥工程的材料供应和质量。同时,公司筹备组委托铁科院、冶建院等专业机构对全线地材资源进行了取样检验,为控制地材质量提供了依据。

严格生产(供应)商资格审查和管理,推行生产(供应)商准入制度。制定出台了《合格生产供应商管理办法》,并在南京大胜关大桥工程中公布了首批合格生产(供应)商名录,主要物资设备必须在审定的合格生产(供应)商名录范围内进行招标。

以建设单位为主体,监理单位、第三方物流和质量检测机构为监督保证主体,工程承包单位为实施主体,共同组成项目物资设备质量控制体系。将主要物资设备质量管理工作延伸到厂家,实行驻厂监造,做到全过程控制,坚决杜绝不合格产品进入施工现场。

组织开展了大规模地材资源的调研和取样检验工作,提出了全线科学有效的地材组织供应方案。按照“母材合格、工艺先进、规模生产、价格合理、运输便捷”的原则,运用线性规划的理论对全线四个区段的地材供应组织方案进行了优化。

4. 认真做好招标准备

编制了土建工程施工招标资格预审文件和招标文件初稿。对潜在投标人基本情况、财务和资金能力、在建任务、管理和技术情况、客运专线大型工装、施工经验等进行摸底调查,确保一流的施工队伍参加京沪高速铁路建设。依据部对客运专线站前工程招标的要求,结合指导性施组方案,进行了标段划分方案的比较。对国内外咨询监理资源进行了调查,针对京沪高速铁路工程特点,提出了咨询监理方案,编写了咨询与监理招标文件初稿。

5. 有序推进筹融资工作

在铁道部有关部门的指导下,公司筹备组与战略投资者了进行广泛接触,提供了投资者关心的运量、成本和财务评价等有关数据,筹融资工作取得了一定进展。

6. 积极推进建设项目管理信息系统建设

相继开通了办公信息子系统,南京大胜关长江大桥的计划、统计、验工计价子系统;在建设管理单位率先实现了报表电子公章和电子签名。大桥建设的工程进度、安全管理、质量管理、监理管理等信息模块正在抓紧实施。

五、领导带头，严格管理，培育一流团队

一是领导干部率先垂范。筹备组领导自觉从严要求，在理论学习、廉洁勤政等方面发挥表率作用。建立了组长办公会等各项会议制度，对用人、招标、采购等重大问题实行集体决策，班子成员按分工抓好落实。在廉政方面，干部以身作则，严格要求，任何人不得接受施工单位的宴请和礼品，凡违反者一律以违纪论处，做到"慎始、慎独、慎微"。

二是切实加强队伍建设。组织全体同志认真学习科学发展观、社会主义荣辱观、党的十六届五中、六中全会精神；学习刘部长等部领导的一系列重要讲话精神，努力提高思想政治素质，不断增强建设好京沪高速铁路的责任意识。大力弘扬"挑战极限、勇创一流"的青藏铁路精神，强化"攻坚克难、拼搏奉献、务实创新、精益求精"的团队精神，将全体员工的精神调整到最佳状态，在公司筹备组形成了团结奋进、献身京沪的良好氛围。

规范选人用人机制，严把入口关。全部聘用人员一律按照单位推荐、组织考核、筹备组面试和试用三个月后，经组长办公会研究的选聘程序确定。

三是夯实管理工作基础。根据国家和铁道部的有关规定，制定了涉及劳动、纪律、财务、文秘、档案、保密、廉政、后勤等20行政管理制度，颁布实施了涉及计划、合同、验工计价、资金、安全、质量、环保等内容的31项建设管理办法，确保在日常工作和招标各环节，有章可循，有法可依，做到规范管理。

四是抓好指挥部建设。按照扁平化管理模式，以精干高效、一岗多能为原则，依部文批复组建了京德、德徐、徐宁、宁沪和南京项目指挥部。清晰界定指挥部的管理职责，充分发挥其现场管理和地方协调的作用。

五是组织技术培训。坚持在工作中学习，在学习中工作，努力建设学习型组织。开展全员培训，请专家分专题进行技术讲座；举办技术培训班，邀请西南交通大学编写高速铁路技术讲义，安排了路基、桥梁和隧道36个学时的集中授课。同时，采取走出去、请进来的方式，组织专业人员到其他客运专线现场学习，参加部建设司、工管中心组织的学习班等，有效地提高了员工的技术业务水平。

关于认真贯彻落实国务院节约集约用地要求的通知

（铁道部 铁建设〔2008〕21号 2008年2月2日）

各铁路局，投资公司，各铁路公司（筹备组）：

为认真贯彻落实《国务院关于促进节约集约用地的通知》（国发〔2008〕3号，以下简称《通知》），结合铁路工程建设实际，现将有关要求通知如下，请按照执行。

一、严格执行铁路建设项目用地指标

根据《国务院关于深化改革严格土地管理的决定》（国发〔2006〕28号）关于制定和实施新的土地使用标准的要求，为加强对铁路用地的管理，促进土地的节约集约利用，2007年1月8日，国土资源部、建设部、铁道部联合发布了《客运专线铁路建设项目用地控制指标（试行）》（国土资发〔2006〕327号）。各单位必须进一步提高对节约集约用地的思想认识，认真贯彻执行国土资发〔2006〕327号文中有关节约集约有地的基本规定，其他铁路建设项目用地指标未发布前应参照执行。

二、加快新建铁路项目建设用地指标编制工作

按照《通知》中关于“重新审改现有各类工程项目建设用地标准。要采取先进节地技术、降低路基高度、提高桥隧比例等措施，降低公路、铁路等基础设施工程用地和取弃土用地标准”的要求，以及国土资源部有关安排，2008年6月底前必须完成《新建铁路项目建设用地指标》修订工作。主编、参编单位应按照《通知》要求，在2007年已完成的初稿编制工作基础上，进一步加强编制力量，认真调查和收集近年来国土资源部审批的铁路项目用地资料，积极开展《铁路建设项目用地样本选择和用地指标计算方法》等专题研究，确保2008年5月底前完成《新建铁路项目建设用地指标》送审稿并报送建设部、国土资源部。其他有关单位要积极配合主编、参编单位做好调查及资料收集工作。

三、认真做好铁路工程建设标准编制和复审工作

为做好2008年铁路工程建设标准工作，2007年底铁道部印发了《2008年铁路工程建设项目标准编制计划》（铁建设函〔2007〕1374号）和《关于认真做好现行铁路工程建设标准复审工作的通知》（铁建设函〔2007〕1375号），铁路工程建设标准各主编、参编、复审单位要认真贯彻落实《通知》中关于“凡与土使用地标准不一致的建设标准和设计规范，要及时修订”的要求，把节约集约用地作为铁路工程建设标准编制及复审、修订的重要内容。

四、严格执行建设项目土地预审及土地审批制度

铁路建设项目必须严格执行《国务院办公厅关于加强和规范新开工项目管理的通知》（国

办发〔2007〕64 号)中关于“需要申请使用土地的项目必须依法取得用地批准手续,并已经签订国有土地有偿使用合同或取得国有土地划拨决定书”的规定,手续不完备的铁路建设项目坚决不能开工建设。为进一步完善建设项目竣工验收制度,《通知》规定“要将建设项目依法用和履行土地出让合同、划拨决定书的情况,作为建设项目竣工验收的一项内容,没有国土资源部门的检查核验意见,或者检查核验不合格的,不得通过竣工验收”;铁道部 2007 年下发了《铁路客运专线竣工验收暂行办法》,同时修订了《铁路建设项目竣工验收交接办法》,已将领取国有土地使用证作为工程验收条件之一,各单位必须认真贯彻执行。

第五部分

招标投标与合同管理

关于进一步改进和加强铁路建设项目招标投标工作的通知

（铁道部 铁建设〔2008〕240号 2008年12月2日）

各铁路局，各铁路公司（筹备组）：

为建立统一开放、竞争有序的铁路建设市场，规范铁路建设项目招投标工作，鼓励符合条件的设计、施工、监理企业积极参与铁路建设，根据当前铁路建设实际，现就有关事项通知如下：

一、关于市场开放

1. 认真贯彻落实建设部、铁道部《关于进一步开放铁路建设市场的通知》（建市〔2004〕234号）和《关于继续开放铁路建设市场的通知》（建市〔2006〕87号）要求，鼓励具有公路、煤炭、城市轨道交通、水运、电子通信广电（通信）甲级设计资质的设计院，以联合体方式参与铁路专业工程设计；在施工标段划分时选择不涉及营业线施工的独立标段，由具有公路、港口与航道、水利水电、矿山、市政公用工程等施工总承包特级资质的施工企业投标；鼓励具有公路、矿山、城市轨道、电力、通信甲级资质的监理企业以联合体方式参加铁路工程监理工作。

2. 经铁道部批准，具有施工总承包特级资质的施工企业可与具有独立法人资格及相应资质的专业工程公司（工程处）按照专业优势互补的原则，以专业联合的形式参加铁路建设项目施工投标。参与站房工程投标的房屋建筑工程施工总承包特级（一级）资质企业可与建筑装修装饰工程专业承包资质企业进行专业联合。

3. 为搞好施工和运输的协调配合，保障营业线行车安全，涉及营业线安全的施工标段，宜由具有长期营业线施工优势的施工企业参加投标。

二、关于资格审查与市场准入

1. 铁路建设项目的施工招标可采用资格预审或后审制度。为保证资格审查公平公正、准确无误，采用资格预审时，招标人应组建资格审查委员会，按资格审查文件规定的评审办法对资格审查申请人的详细情况进行认真评审，完成审查后及时向铁道部招标办核备资格预审评审报告。

2. 招标人要依据铁道部有关规定，结合项目和标段特点，合理设定各标段投标人资格需达到的项目经理及技术经济人员、机械设备、财务能力、经验业绩等最低标准，不得以不合理条件限制、排斥和歧视潜在投标人。其中，招标公告中应载明资质、经验业绩等最低标准，不满足资质、经验业绩等最低标准的投标人，不得购买资格预审文件和招标文件。

3. 凡资格预审审查过且没有变动的内容，不再作为招标文件的组成部分。

三、关于施工标段划分

（一）划分原则

1. 坚持大标段原则。充分考虑施工企业技术管理、施工队伍、工装设备（包括制运架梁、铺轨等重要施工机械设备)和相关产品、构件的经济运距等资源配置优势,注重发挥规模效益,提高工作效能,确保大规模铁路建设顺利进展。

2. 坚持施组优化原则。结合施工组织设计工期安排、工程特点,统筹兼顾、系统策划,充分考虑施工工序在时间、空间和管理等环节上的科学安排和合理衔接;同时兼顾行政区域、设计里程分界、场地平面布置,土石方调配、材料运输组织,以及大型临时设施、过渡工程和辅助工程施工组织,促进资源合理配置和均衡利用,确保工程质量、施工安全和进度控制。

3. 坚持安全第一原则。充分考虑营业线施工特点,发挥长期从事营业线施工企业的经验优势,确保营业线施工安全。

4. 坚持效能优先原则。有利于分段施工、分期投产,尽早发挥投资效益;有利于减少招标工作量,控制招标成本。

5. 坚持专业优先原则。充分考虑大型站房、特长隧道、特大桥梁、四电集成等专业特点,积极推进专业化施工,促进铁路建设技术水平提高。

(二)划分要求

1. 总体要求。统筹划分标段,尽量减少招标次数。原则上一个项目分为站前、站后工程两次招标,大型临时设施、三电迁改等工程纳入站前工程招标范围。

2. 具体要求

(1)客运专线(含城际铁路、时速200公里客货共线等)工程

站前工程:原则按线路竖向一体划分标段,包括路基、桥涵、隧道、制运架梁、轨道工程(含铺轨),标段投资额宜在50亿元以上。其中线路两端涉及营业线施工标段的投资额可适当减少;站前工程招标概算少于50亿元的项目,按独立标段划分,制运架梁、铺轨工程纳入站前工程标段。独立由具有公路、港口与航道、水利水电、矿山、市政公用工程等施工总承包特级资质的施工企业参加投标的标段,标段投资额不宜低于35亿元。综合接地、接触网立柱基础、声屏障基础、电缆沟槽、连通管道等站后工程中有关接口工程内容,应划入相应的站前工程标段。

客运专线四电、客服、防灾、监视等工程:原则上可按四电、客服、防灾、监视等各子系统进行系统集成招标,沿线设备房屋一并纳入系统集成招标。

(2)新建铁路工程

站前工程(含制梁和铺架工程):标段投资额35亿元以上;独立由具有公路、港口与航道、水利水电、矿山、市政公用工程等施工总承包特级资质的施工企业参加投标的标段,标段投资额不宜低于25亿元;投资额35亿元(含)以下的建设项目,原则上按站前、站后各一个标段进行招标。

站后工程:原则上可按通信、信号工程,电力、电气化工程分专业划分标段,也可按线路竖向一体划分标段,但标段投资额宜在7亿元以上。

集装箱中心站:按一个标段进行工程总承包。

(3)既有线改、扩建工程:考虑铁路运输情况、运输干扰大小、建设工期等因素,原则上站前工程每个标段投资额在20亿元以上,站后工程每个标段不得少于4亿元。少于上述投资的项目,按一个标段处理。

(4)枢纽工程:原则上按站前、站后工程划分为两个标段。

(5)大型站房、特长隧道或隧道群、技术复杂的特大桥或桥梁群等工程:可按专业划分标段,统一组织招标。其他站房工程具备招标条件时,应纳入站前工程同时招标。

四、关于施工招标

1. 铁路建设项目施工招标文件必须按照国家发改委等九部委令第 56 号《标准文件》和铁道部补充文本编制，相关条款原则上不得修改，确需修改的应书面报铁道部（建设管理司）批准。

2. 评标办法采用综合评估法一或综合评估法二时，招标人应在招标文件中载明两种评标办法。由招标人确定评标办法，报铁道部招标办核备后在开标会上宣布。

3. 招标人在评标办法中设定有效报价上限，综合评估法有效报价上限 M、有效评标价上限 M_1 及评标基准价 A 的计算：

(1)有效报价上限 M 和有效评标价上限 M_1

有效报价上限：$M=M_1+J$

有效评标价上限：$M_1=(B-J)\times(1-C)$

(2)评标基准价 A

综合评估法一：采用复合法计算。

$A=(B-J)\times(1-C)\times0.6+[(D_1+D_2+\cdots+D_i+\cdots+D_n)/n]\times0.4$

综合评估法二：在开标时通过抽签确定采用复合法或有效报价上限系数法计算。

复合法：$A=(B-J)\times(1-C+0.02)\times0.6+[(D_1+D_2+\cdots+D_i+\cdots+D_n)/n]\times0.4$

有效报价上限系数法：$A=X\times M_1$，有效报价上限系数 X 从 0.98～1 之间设定的若干个系数中随机抽取一个系数。

上述各式中：M——有效报价上限；M_1——有效评标价上限；A——评标基准价；B——招标概算；J——招标概算中甲供材料设备费、安全生产费等不降造费用；C——降造系数；D_i——第 i 个投标人的有效报价（不含 P_i，$i=1,2,\cdots,n$）；P_i——第 i 个投标人投标报价中甲供材料设备费、安全生产费等不降造费用；X——有效报价上限系数；n——本标段有效报价投标人总数。

(3)投标人的投标报价不能超过有效报价上限 M，或其投标报价（不含 P_i）不能超过有效评标价上限 M_1，超过 M 或 M_1 的投标人，其报价不能参加报价评审及评标基准价 A 的计算。

4. 施工总价承包和工程总承包招标的项目，总承包风险费总额不超过已公布的本标段招标概算（不含甲供材料设备价款）的 2.5%，由招标人根据项目情况在 0～2.5%自行确定，并在招标文件中载明。投标人对总承包风险费用（含激励约束考核费用）自主报价，但不得超过招标人公布的总承包风险费，超过的不得参加报价评审及评标基准价 A 的计算。

5. 招标人应先在招标概算 4.5%～8%的范围内提出三个差值为 0.3%的降造系数预期值，经铁道部招标办同意后在招标文件中载明，并在开标现场当众随机抽取一个作为招标人的降造系数 C。

6. 建设单位应做好对投标人数量、名称及招投标过程等事项保密工作。

五、关于信用评价

1. 信用评价等级为 A 级的施工企业，其投标加分的前 2 个项目为信用评价结果公布后前 2 次参加投标的项目（以招标公告发布时间为准），过期作废，第 3 次加分由 A 级企业在公布信用评价结果半年内自行选择项目。

信用评价等级为 A 级的施工企业参加前 2 次投标时，每次只能申请对投标项目中的 1 个标段加分，申请超过 2 个（含 2 个）标段的，所有标段均不加分，并视为已使用加分一次。无论是否申请加分，必须提交“施工企业信用评价自选加分标段的声明函”（联合体投标人由联合体牵头人递交），由投标人在开标会上当众宣布声明函。投标人在投标当次无论是否声明加分标段、投标是否有效、是否中标，均视为使用加分一次。

信用评价等级为 A 级的施工企业使用第 3 次加分时，可以选择任意项目的所投标段中的任意一个标段，随投标文件提交“施工企业信用评价自选加分标段的声明函”（联合体投标人由联合体牵头人递交），由投标人在开标会上当众宣布声明函。不论投标是否有效、是否中标，均为已使用第 3 次加分。若不声明加分的，则第 3 次加分仍可使用。

2. 独立桥、隧道、铺架、房建、四电等专业工程和营业线施工标段，除 A 级施工企业可以使用第 3 次自行选择加分申请项目外，其余不得使用信用评价加分。

3. 联合体（专业联合）投标时，按牵头人的信用评价等级加分。若联合体成员有 A 级企业所属专业工程公司（工程处）时，均视为 A 级企业使用加分一次。

联合体成员含有信用评价为 C 级的企业时，不再对联合体加分，并视联合体成员中的 A 级企业已使用加分一次。

4. 铁道部补充文本中综合评估法一按规定在综合评审得分基础上增加信用评价加分，综合评估法二在报价得分基础上增加信用评价加分。采用经评审的最低投标价法的，不考虑信用评价加分因素。

5. 信用评价结果为 A 类的监理企业，其投标加分项目为信用评价结果公布当期前 2 次参加投标的项目（以招标公告发布时间为准）。其他原则同上。

6. 建设单位应要求评标委员会在评标报告中载明 A 级施工企业和 A 类监理企业使用信用评价加分的情况，报铁道部招标办，并抄铁道工程交易中心。

7. 经铁道部招标办批准在二级交易市场招标的项目，招标人必须按上述原则使用施工和监理信用评价结果，并将已使用信用评价加分的施工和监理企业名单于开标当天报铁道部招标办，并抄铁道工程交易中心。

六、关于市场监管

1. 铁路建设项目参建各方要严格遵守国家相关法律法规和铁道部有关规定，共同营造和维护健康有序的铁路建设市场。

2. 铁道部招标办应对信用评价为 A 级（A 类）企业的招投标信用评价加分情况进行监督，铁道工程交易中心要及时将信用评价加分情况上网公布。

3. 铁道部相关部门应加大监督检查力度，依法对各类违法违规行为进行严肃处理，对于有串标、围标等违法违规行为的相关单位在全路予以公布，并按有关规定进行处罚。

铁道部原发《加强和改进铁路施工招投标管理工作的暂行规定》（铁建设〔2005〕155 号）、《关于铁路建设项目施工招标标段划分的指导意见》（铁建设函〔2006〕180 号）和铁道部《关于改进和加强铁路招标管理工作的通知》（铁建设电〔2006〕9 号）同时废止。

关于印发铁路建设项目单价承包等标准施工招标文件补充文本的通知

（铁道部 铁建设〔2008〕254 号　2008 年 12 月 25 日）

各铁路局、集装箱公司，投资公司，各铁路公司（筹备组）：

根据国家发展改革委等九部委第 56 号令及《关于做好标准施工招标资格预审文件和标准施工招标文件贯彻实施工作的通知》（发改法规〔2007〕3419 号）要求，《铁路建设项目单价承包标准施工招标资格预审文件补充文本》等已修订完毕，现印发你们（另发单行本），自 2009 年 1 月 10 日起施行。有关事项通知如下：

1.《补充文本》分为单价承包、总价承包和工程总承包三种，其中单价承包两本：《铁路建设项目单价承包标准施工招标资格预审文件补充文本》、《铁路建设项目单价承包标准施工招标文件补充文本》；施工总价承包两本：《铁路建设项目总价承包标准施工招标资格预审文件补充文本》、《铁路建设项目总价承包标准施工招标文件补充文本》；工程总承包两本：《铁路建设项目工程总承包标准施工招标资格预审文件补充文本》、《铁路建设项目工程总承包标准施工招标文件补充文本》。各单位在编写招标资格预审文件和招标文件时，需分别与国家发展改革委等九部委第 56 号令的《标准施工招标资格预审文件》和《标准施工招标文件》构成完整的招标资格预审文件和招标文件。建设单位应根据承包模式选用对应的补充文本。

2. 建设单位在编写招标资格预审文件或招标文件时，只能根据招标项目的实际情况和有关要求填写补充文本空白部分，其他部分不得修改。确需修改的，应书面报铁道部建设管理司，经批准后修改。

3. 请各单位将本文本执行中的问题、意见和建议，及时反馈铁道部建设管理司。

4. 原《关于发布铁路建设项目施工招标文件示范文本的通知》铁建设〔2007〕107 号）自 2009 年 1 月 10 日起废止。此前已招标或正在招标的建设项目（以招标公告发布日期为准）继续执行该文件。

关于铁路建设项目甲供甲控物资设备招标有关工作的指导意见

（铁道部 铁建设函〔2007〕495号 2007年5月18日）

各铁路局，各铁路公司（筹备组），各合资铁路公司，集装箱、投资公司：

为进一步规范铁路建设项目物资设备管理工作，控制工程投资，确保工程质量，现就有关问题提出以下指导意见，请按照执行。

一、甲供物资设备

1. 2007年2月28日以前发售施工招标文件的铁路建设项目，招标文件中规定的甲供物资设备项目与铁道部《铁路建设项目甲供物资设备目录》（铁建设函〔2007〕199号）相同时，采购供应工作按铁道部《铁路建设项目甲供物资设备采购供应暂行办法》（铁建设〔2006〕217号）执行。招标文件规定道岔和桥梁支座为甲控物资设备的，由建设单位组织施工单位通过部物资办进行招标，招标完成后，由施工单位与供应商签订合同。其他物资设备（道岔和桥梁支座除外）的采购供应，仍执行招标文件或施工总承包合同中的相关约定。

2. 未按铁道部《铁路基本建设工程设计概（预）算编制办法》（铁建设〔2006〕113号）编制概算并审批的建设项目，其甲供材料费用，可按相应材料的基期价格所占比例对应相应工程类别价差系数计算的价差进行分劈后确定。

二、甲控物资设备

1. 甲控物资设备种类由建设单位根据建设项目情况确定，纳入工程总承包或施工总承包范围。在招标文件中至少要明确甲控物资设备的品名、数量、主要技术参数等。

2. 施工（或工程）承包单位是甲控物资设备的招标人和责任主体，依法组建评标委员会。建设单位负责确认招标计划、审查并确定合格供应商名录、监督招标投标工作。

三、其他有关要求

1. 建设单位在施工招标前，要按照铁道部关于铁路建设项目物资设备管理的有关规定，组织设计单位编制甲供物资设备清单，包括数量、技术要求、单价、合价以及交货地点，作为招标文件的组成部分。甲供物资设备费不降造、不计风险包干费，不参加有效报价上限、评标基准价的计算。

2. 甲供物资设备以设计概算价纳入施工总承包合同，采购供应合同签订后，按合同价修改施工总承包合同。

关于迁改工程、工程咨询和第三方检测招标投标有关问题的通知

（铁道部 铁建设函〔2007〕580号 2007年6月7日）

各铁路局，各铁路公司（筹备组），各合资铁路公司，集装箱、投资公司：

为了从源头上规范铁路建设行为，加强招投标管理工作，确保工程质量，节约工程投资，根据国家有关法律法规和铁道部有关规定，对迁改工程、工程咨询和第三方检测招标投标活动等有关问题通知如下：

一、适用范围

本通知适用于铁路基本建设大中型项目的迁改工程、工程咨询和第三方检测的招标投标活动，其他工程项目可参照执行。

二、迁改工程

1. 迁改工程的内容。本通知所指的迁改工程包括三电迁改，通信防干扰和油燃气管道迁改，地面、地下各种管线迁改以及道路改移等。

迁改工程有条件的应尽量采用经济补偿方式，由建设单位与相关产权单位签订经济补偿协议，交产权单位实施。除此之外，迁改工程应纳入相应站前工程，一并招标。

对于参加含有三电迁改工程内容的标段投标的投标人，除满足站前工程资质外，还需具备铁路电务工程专业承包一级资质，或在投标文件中载明由具备相应资质的企业施工。

2. 对招标人的要求。开展前期工作时，由建设单位组织，设计单位负责，加强迁改工程的现场调查和有关协议的商谈工作，完成迁改工程数量的确定，迁改方案的制订和费用估价等工作。与产权单位商谈和协议的签订工作由建设单位牵头，设计单位配合。有关费用纳入初步设计概算。

三、工程咨询

1. 工程咨询的内容。工程咨询特指客运专线项目的工程咨询，主要内容包括：在建设单位组织下，优化初步设计技术方案，从事单项（或专项）关键技术咨询，初步设计预审，施工图审核，编制指导性施工组织设计，指导重要工点施工，以及协助建设单位进行项目管理等工作。

2. 标段划分及方式。工程咨询应该采用招标的方式确定咨询单位。工程咨询招标工作宜在进入初步设计阶段时进行。以整个建设项目划分为一个标段为宜，可采用中方独立咨询，以中方为主、聘请外方专业技术人员协助咨询，中外联合咨询等方式。

3. 对招标人的要求。在开展前期工作时建设单位应结合工程实际，提出工程咨询方案报工程管理中心，由工程管理中心牵头，组织对咨询方案进行审核。建设单位根据审核后的咨询方案测算工程咨询费用报铁道部工程设计鉴定中心审定，审定后的工程咨询费用，纳入初步设

计概算。建设单位根据审定的费用开展招标工作。对初步设计概算已经批复，并且未计列此项费用的建设项目，工程咨询费经铁道部工程设计鉴定中心批准后，从降造费中列支。

4. 对投标人的要求。从事工程咨询的中方企业或中外联合体，必须满足以下条件：

中方机构：在中华人民共和国境内依法注册的独立法人；具有建设部颁发的铁路工程综合设计甲级资质，以及具有国家发改委颁发的工程咨询（铁路）甲级资质；具有认证机构认证的质量保证体系证书；具有类似工程的咨询经验和业绩等。

外方机构：在所在国依法注册，并能提供依法注册证明；具有国际认证机构认证的质量保证体系证书；具有高速铁路工程咨询的经验和业绩，并符合铁道部外事方面的有关规定。若采用聘用方式，外方人员应具有高速铁路工程咨询的经验、业绩和执业资格。

四、第三方检测

1. 工作内容。主要指铁路基本建设大中型项目中建设单位对桥涵混凝土基桩的检测。

2. 标段划分。桥涵混凝土基桩检测应采用招标方式确定检测单位。根据检测工作量，原则上以 2—4 万根混凝土基桩划分为一个标段为宜。

3. 对招标人的要求。桥涵混凝土基桩检测招标工作应在工程开工前完成。设计单位应在设计文件中提出检测方案、数量和费用，并纳入初步设计概算。建设单位应对检测方案、数量和费用进行专题审查，并报铁道部工程设计鉴定中心。工程检测费随项目初步设计一并批复，建设单位据此开展招标工作。对初步设计概算已经批复，并且未计列此项费用的建设项目，工程检测费经铁道部工程设计鉴定中心批准后，从降造费中列支。

4. 对投标人的要求。从事第三方检测的企业，必须满足以下条件：

在中华人民共和国境内依法注册的独立法人；铁道部或建设部认定具备基桩质量检测资质；具有类似工程基桩检测的经验和业绩。

五、其他要求

1. 招标规模。迁改工程除采用经济补偿方式外，必须纳入站前工程标段进行招标。工程咨询、第三方检测等服务采购单项合同估算价在 50 万元人民币以上的必须进行招标。

2. 招标地点。招标工作在铁道工程交易中心进行，经批准也可在二级交易中心进行。

关于客运专线系统集成物资设备招标采购有关事宜的通知

（铁道部 铁建设函〔2007〕723 号　2007 年 7 月 5 日）

各铁路局，各客运专线公司（筹备组）：

为适应客运专线系统集成建设需要，根据铁道部《铁路建设项目物资设备管理办法》（铁建设〔2006〕83 号）、《铁路客运专线技术系统集成管理办法》（铁建设〔2007〕16 号），现就客运专线系统集成物资设备招标采购有关事宜通知如下，请按照执行。

一、系统集成物资设备是指涉及通信信号、牵引供电、运营调度、旅客服务、动车组检修等系统集成范畴内的物资设备。客运专线系统集成采用总承包方式组织建设的，系统集成物资设备分为专用物资设备和通用物资设备。具体划分原则由铁道部运输局提出报部领导审定。

二、系统集成专用物资设备、通用物资设备（不含甲供物资设备）纳入系统集成总承包招标范围，与系统集成总承包一并招标，系统集成专用物资设备品名、技术规格等，由铁道部运输局根据批准的系统集成专用、通用物资设备划分原则研究确定。

三、系统集成总承包招标文件应严格按铁道部《铁路建设项目施工总价承包招标文件示范文本》（铁建设〔2007〕107 号）编制，建设单位应在铁道部运输局指导下，在招标文件中提出详细的专用物资设备技术规格、技术条件或技术要求以及对生产供应厂家的资质、业绩、授权等方面的要求；投标人应在投标文件中明确系统集成专用物资设备的品名、规格、型号、价格、生产厂家及其授权等。

四、系统集成总承包评标时，应对投标人的技术方案、系统集成主要设备的配置、专用物资设备技术规格、施工安装、系统集成、价格及商务条件等方面进行综合评价；当投标文件中同一专用物资设备的生产厂家多于一个时，该设备由招标人即建设单位综合考虑质量、价格、服务等因素后确定。系统集成总承包合同中应明确约定专用物资设备的具体名称、规格、型号、生产供应厂家及供货价格等。

五、系统集成专用物资设备进场时，建设单位应组织监理等单位按照合同规定进行检验及监控。

六、系统集成通用物资设备采购，执行铁道部《铁路建设项目物资设备管理办法》（铁建设〔2006〕83 号）等相关规定，招标采购工作在铁道部运输局客专技术部组织指导下进行。

关于印发《招标投标违法行为记录公告暂行办法》的通知

（国家发展和改革委员会 工业和信息化部 监察部 财政部
住房和城乡建设部 交通运输部 铁道部 水利部 商务部 法制办
发改法规〔2008〕1531 号　2008 年 6 月 18 日）

各省、自治区、直辖市发展改革委、经贸委（经委）、监察厅、财政厅、建设厅、铁路局、交通厅、通信管理局、信息产业厅、水利厅、商务厅、民航局、法制办：

为贯彻《国务院办公厅关于进一步规范招投标活动的若干意见》（国办发〔2004〕56 号），促进招标投标信用体系建设，健全招标投标失信惩戒机制，规范招标投标当事人行为，招标投标部际协调机制各成员单位决定建立招标投标违法行为公告制度，并共同制定《招标投标违法行为记录公告暂行办法》（以下简称《暂行办法》），现予印发。为切实做好《暂行办法》贯彻落实工作，现将有关事项和要求通知如下：

一、认真做好《暂行办法》实施的各项准备工作。建立招标投标违法行为记录公告制度，是建立招标投标市场诚信机制的重要措施和有效办法。各地要抓紧按照《暂行办法》要求建立本行政区域招标投标违法行为记录公告平台；已经建立的，应按照《暂行办法》规定进一步规范完善。

二、严格执行《暂行办法》各项规定。各省级行政主管部门应按照《暂行办法》规定的公告类别、公告内容、公告期限及相关程序要求发布公告，确保公告行为的准确、及时和客观。省级有关行政主管部门公告的招标投标违法行为行政处理决定，应按要求抄报相应国务院行政主管部门。

三、各省级行政主管部门在公告工作中遇到的问题，应及时向相应国务院行政主管部门反映。

附件：

招标投标违法行为记录公告暂行办法

第一章　总　　则

第一条　为贯彻《国务院办公厅关于进一步规范招投标活动的若干意见》（国办发[2004]56 号），促进招标投标信用体系建设，健全招标投标失信惩戒机制，规范招标投标当事人行为，根据《招标投标法》等相关法律规定，制定本办法。

第二条 对招标投标活动当事人的招标投标违法行为记录进行公告，适用本办法。

本办法所称招标投标活动当事人是指招标人、投标人、招标代理机构以及评标委员会成员。

本办法所称招标投标违法行为记录，是指有关行政主管部门在依法履行职责过程中，对招标投标当事人违法行为所作行政处理决定的记录。

第三条 国务院有关行政主管部门按照规定的职责分工，建立各自的招标投标违法行为记录公告平台，并负责公告平台的日常维护。

国家发展改革委会同国务院其他有关行政主管部门制定公告平台管理方面的综合性政策和相关规定。

省级人民政府有关行政主管部门按照规定的职责分工，建立招标投标违法行为记录公告平台，并负责公告平台的日常维护。

第四条 招标投标违法行为记录的公告应坚持准确、及时、客观的原则。

第五条 招标投标违法行为记录公告不得公开涉及国家秘密、商业秘密、个人隐私的记录。但是，经权利人同意公开或者行政机关认为不公开可能对公共利益造成重大影响的涉及商业秘密、个人隐私的违法行为记录，可以公开。

第二章　违法行为记录的公告

第六条 国务院有关行政主管部门和省级人民政府有关行政主管部门（以下简称“公告部门”）应自招标投标违法行为行政处理决定作出之日起20个工作日内对外进行记录公告。

省级人民政府有关行政主管部门公告的招标投标违法行为行政处理决定应同时抄报相应国务院行政主管部门。

第七条 对招标投标违法行为所作出的以下行政处理决定应给予公告：

（一）警告；

（二）罚款；

（三）没收违法所得；

（四）暂停或者取消招标代理资格；

（五）取消在一定时期内参加依法必须进行招标的项目的投标资格；

（六）取消担任评标委员会成员的资格；

（七）暂停项目执行或追回已拨付资金；

（八）暂停安排国家建设资金；

（九）暂停建设项目的审查批准；

（十）行政主管部门依法作出的其他行政处理决定。

第八条 违法行为记录公告的基本内容为：被处理招标投标当事人名称（或姓名）、违法行为、处理依据、处理决定、处理时间和处理机关等。

公告部门可将招标投标违法行为行政处理决定书直接进行公告。

第九条 违法行为记录公告期限为六个月。公告期满后，转入后台保存。

依法限制招标投标当事人资质（资格）等方面的行政处理决定，所认定的限制期限长于六个月的，公告期限从其决定。

第十条 公告部门负责建立公告平台信息系统，对记录信息数据进行追加、修改、更新，并保证公告的违法行为记录与行政处理决定的相关内容一致。

公告平台信息系统应具备历史公告记录查询功能。

第十一条 公告部门应对公告记录所依据的招标投标违法行为行政处理决定书等材料妥善保管、留档备查。

第十二条 被公告的招标投标当事人认为公告记录与行政处理决定的相关内容不符的，可向公告部门提出书面更正申请，并提供相关证据。

公告部门接到书面申请后，应在5个工作日内进行核对。公告的记录与行政处理决定的相关内容不一致的，应当给予更正并告知申请人；公告的记录与行政处理决定的相关内容一致的，应当告知申请人。

公告部门在作出答复前不停止对违法行为记录的公告。

第十三条 行政处理决定在被行政复议或行政诉讼期间，公告部门依法不停止对违法行为记录的公告，但行政处理决定被依法停止执行的除外。

第十四条 原行政处理决定被依法变更或撤销的，公告部门应当及时对公告记录予以变更或撤销，并在公告平台上予以声明。

第三章 监督管理

第十五条 有关行政主管部门应依法加强对招标投标违法行为记录被公告当事人的监督管理。

第十六条 招标投标违法行为记录公告应逐步实现互联互通、互认共用，条件成熟时建立统一的招标投标违法行为记录公告平台。

第十七条 公告的招标投标违法行为记录应当作为招标代理机构资格认定，依法必须招标项目资质审查、招标代理机构选择、中标人推荐和确定、评标委员会成员确定和评标专家考核等活动的重要参考。

第十八条 有关行政主管部门及其工作人员在违法行为记录的提供、收集和公告等工作中有玩忽职守、弄虚作假或者徇私舞弊等行为的，由其所在单位或者上级主管机关予以通报批评，并依纪依法追究直接责任人和有关领导的责任；构成犯罪的，移送司法机关依法追究刑事责任。

第四章 附 则

第十九条 各省、自治区、直辖市发展改革部门可会同有关部门根据本办法制定具体实施办法。

第二十条 本办法由国家发展改革委会同国务院有关部门负责解释。

第二十一条 本办法自2009年1月1日起施行。

铁道部建设管理司 安全监察司关于印发《铁路建设工程安全质量事故与招投标挂钩办法》的通知

建建〔2007〕64号

各铁路局,集装箱、投资公司,各铁路公司(筹备组):

为加强铁路建设项目施工安全和工程质量管理,提高铁路建设管理水平,现将《铁路建设工程安全质量事故与招投标挂钩办法》发给你们,自印发之日起实行,《铁路建设工程安全质量事故与招投标挂钩暂行办法》(建建〔2006〕35号)同时废止。

二〇〇七年九月二十三日

铁路建设工程安全质量事故与招投标挂钩办法

第一条 为加强铁路建设项目施工安全和工程质量管理,提高铁路建设管理水平,根据《建设工程安全生产管理条例》、《建设工程质量管理条例》、《铁路运输安全保护条例》、《生产安全事故报告和调查处理条例》、《铁路交通事故应急救援和调查处理条例》、《铁路交通事故调查处理规则》(铁道部令第30号)的有关规定,制定本办法。

第二条 铁路建设工程安全事故,按照《生产安全事故报告和调查处理条例》分为生产安全特别重大事故、重大事故、较大事故和一般事故。

第三条 铁路建设工程质量事故,按照《铁路建设工程质量事故处理规定》(铁建设〔2003〕48号)分为质量特别重大事故、质量重大事故、质量大事故、质量一般事故。

第四条 铁路交通事故,按照《铁路交通事故应急救援和调查处理条例》分为铁路交通特别重大事故、重大事故、较大事故和一般事故。

第五条 铁路局所管建设项目发生安全质量事故时,根据事故等级和责任,在铁路局经营业绩年度考核中进行处理。

第六条 对造成铁路建设工程安全事故、工程质量事故或铁路交通事故的责任单位,除按国家和铁道部有关规定处理外,对施工、监理企业参加铁路大中型建设项目的投标在一定时间内作出限制,对设计单位在施工图考核中给予降低等级的处理。

第七条 对发生铁路建设工程安全事故的企业及主要责任人给予以下处理:

(一)当发生安全特别重大事故时,自认定事故责任之日起:

施工企业负有全部责任的，取消30次铁路大中型项目的投标资格；负有主要责任的，取消20次铁路大中型项目的投标资格；负有重要责任的，取消10次铁路大中型项目的投标资格。

监理企业负有主要责任的，取消20次铁路大中型项目的投标资格；负有重要责任的，取消10次铁路大中型项目的投标资格。

设计企业负有重要及以上责任的，施工图考核结果定为C级。

对发生安全特别重大事故的主要责任人（主要设计责任人、施工企业的项目经理、主要安全管理人员；现场监理人员等），建议有关部门吊销其执业资格，终身限制其进入铁路建设市场从业。

（二）当发生安全重大事故时，自认定事故责任之日起：

施工企业负有全部责任的，取消20次铁路大中型项目的投标资格；负有主要责任的，取消10次铁路大中型项目的投标资格；负有重要责任的，取消5次铁路大中型项目的投标资格。

监理企业负有主要责任的，取消10次铁路大中型项目的投标资格；负有重要责任的，取消5次铁路大中型项目的投标资格。

设计企业负有重要及以上责任的，施工图考核结果定为C级。

对发生安全重大事故的主要责任人（主要设计责任人、施工企业的项目经理、主要安全管理人员；现场监理人员等），建议有关部门吊销其执业资格，终身限制其进入铁路建设市场从业。

（三）当发生安全较大事故时，自认定事故责任之日起：

施工企业负有全部责任的，取消10次铁路大中型项目的投标资格；负有主要责任的，取消6次铁路大中型项目的投标资格；负有重要责任的，取消3次铁路大中型项目的投标资格。

监理企业负有主要责任的，取消6次铁路大中型项目的投标资格；负有重要责任的，取消3次铁路大中型项目的投标资格。

设计企业负有主要责任的，施工图考核结果定为C级；负有重要责任的，施工图考核结果下浮1个等级。

对发生安全较大事故的主要责任人（主要设计责任人、施工企业的项目经理、主要安全管理人员；现场监理人员等），建议有关部门吊销其执业资格。

（四）当发生安全一般事故时，自认定事故责任之日起：

施工企业负有全部责任的，取消5次铁路大中型项目的投标资格；负有主要责任的，取消3次铁路大中型项目的投标资格；负有重要责任的，取消1次铁路大中型项目的投标资格。

监理企业负有主要责任的，取消3次铁路大中型项目的投标资格；负有重要责任的，取消1次铁路大中型项目的投标资格。

设计企业负有主要责任的，施工图考核结果下浮1个等级。

第八条 对发生铁路工程质量事故（不含铁路交通事故）的责任企业及主要责任人给予以下处理：

（一）当发生工程质量特别重大事故时，自认定事故责任之日起：

施工企业负有全部责任的，取消20次铁路大中型项目的投标资格；负有主要责任的，取消10次铁路大中型项目的投标资格；负有重要责任的，取消5次铁路大中型项目的投标资格。

监理企业负有主要责任的，取消10次铁路大中型项目的投标资格；负有重要责任的，取消5次铁路大中型项目的投标资格。

设计企业负有重要及以上责任的，施工图考核结果定为C级。

对发生工程质量特别重大事故的主要责任人(主要设计责任人、施工企业的项目经理,主要质量、安全管理人员;现场监理人员等),建议有关部门吊销其执业资格,终身限制其进入铁路建设市场从业。

(二)当发生工程质量重大事故时,自认定事故责任之日起:

施工企业负有全部责任的,取消10次铁路大中型项目的投标资格;负有主要责任的,取消6次铁路大中型项目的投标资格;负有重要责任的,取消3次铁路大中型项目的投标资格。

监理企业负有主要责任的,取消6次铁路大中型项目的投标资格;负有重要责任的,取消3次铁路大中型项目的投标资格。

设计企业负有重要及以上责任的,施工图考核结果定为C级。

对发生质量重大事故的主要责任人(主要设计责任人、施工企业的项目经理,主要质量、安全管理人员;现场监理人员等),建议有关部门吊销其执业资格。

(三)当发生工程质量大事故时,自认定事故责任之日起:

施工企业负有全部责任的,取消5次铁路大中型项目的投标资格;负有主要责任的,取消3次铁路大中型项目的投标资格;负有重要责任的,取消1次铁路大中型项目的投标资格。

监理企业负有主要责任的,取消3次铁路大中型项目的投标资格;负有重要责任的,取消1次铁路大中型项目的投标资格。

设计企业负有主要责任的,施工图考核结果下浮1个等级。

(四)当发生工程质量一般事故时,自认定事故责任之日起,施工企业负有全部责任的,取消1次铁路大中型项目的投标资格。

第九条 由于工程质量事故或因施工原因造成铁路交通事故的,对应相应建设工程安全事故予以处理。

第十条 铁路建设工程项目发生安全事故、质量大事故及以上等级质量事故,或者铁路交通事故,在事故责任认定前,铁路建设主管部门有权暂时中止发生事故施工、监理企业的投标资格。

第十一条 施工招标过程中,招标人在资格预审和接受投标书时,必须对投标人安全生产许可证的原件进行查验。严禁被暂扣、吊销安全生产许可证的建筑施工企业参加铁路工程项目投标。

第十二条 对发生安全事故或工程质量大事故(含)以上等级的事故,不按规定上报的,或影响项目总工期的,视其情节轻重延长限制投标期限;对隐瞒不报的,一旦发现按事故等级加倍处理。

第十三条 对一年内连续发生施工安全、工程质量、铁路交通事故的企业,视事故性质、情节,按照事故等级累加后加重处理。

第十四条 本办法所指的事故责任单位是指签订该工程施工或监理合同的承包单位;若为分包单位的责任,该合同总承包单位和分包单位等同处理。

第十五条 铁道部建设管理司负责对铁路建设工程安全事故、工程质量事故进行通报;铁道部安全监察司每季度对由于建设工程质量事故或施工原因造成的铁路交通事故情况进行通报,建设管理司根据通报按规定进行处理。

第十六条 各铁路局局管工程项目参照本办法执行。

第十七条 本办法自印发之日起实行。《铁路建设工程安全质量事故与招投标挂钩暂行办法》(建建〔2006〕35号)同时废止。

铁道部建设管理司 发展计划司关于发布《铁路客站委托建设协议书》示范文本的通知

建建〔2007〕35 号

各铁路局，集装箱、投资公司，各铁路公司（筹备组）：

根据铁道部《关于印发〈铁路建设协调小组第二十三次会议纪要〉的通知》（铁建设函〔2007〕268 号）要求，现将《铁路客站委托建设协议书》示范文本发给你们。在使用过程中，可根据项目实际情况对示范文本进行适当细化和补充，但不得对基本原则和主要内容进行修改，确需进行调整的，应及时报铁道部发展计划司和建设管理司核定。

二〇〇七年五月十一日

铁路客站委托建设协议书

甲方：____________________

乙方：____________________

甲方委托乙方负责________________车站建设，根据国家和铁道部的有关规定，为明确甲、乙双方的责任和权益，经双方协商，签订本协议。

第一条　委托建设内容

1.1　项目名称：____________________

1.2　工程范围：____________________

1.3　工作内容：从本协议签订后的全部建设管理工作。

第二条　委托建设依据

2.1　国家有关法律、法规

2.2　国家有关部门和铁道部有关规章、规范性文件

2.3　关于建设项目可行性研究报告的批复

2.4　关于建设项目初步设计的批复

2.5　国家和铁道部关于本工程建设的其他文件。

第三条　委托要求

3.1　工程投资

本工程投资总额为初步设计批复总概算。

3.2　建设工期

本工程总工期为初步设计批复的总工期，与项目主体工程同步建成配套。

3.3　工程质量

乙方应按照国家和铁道部的有关规定、规范组织建设，保证工程质量达到规定的质量目标，竣工验收合格率达到100%。工程保修及缺陷责任修复执行铁道部有关规定。

3.4　投资控制

乙方应贯彻铁道部关于加强投资管理的要求，实行全过程、全方位的投资控制，采取切实有效的措施，将投资严格控制在批准的范围之内，在保证工程质量、工期、安全、环保的前提下，最大限度地节省工程投资。

3.5　建设安全

乙方应严格执行《中华人民共和国安全生产法》和其他有关安全生产的法律、法规，严格执行保障安全生产的国家标准和铁道部制定的有关安全规章、规定和标准，加强建设项目安全管理，监督检查承包人落实安全生产措施，对建设工程安全管理负总责。

涉及既有线的，要加强既有线施工安全管理，严格执行铁道部关于既有线施工的规章制度，监督检查承包人落实安全生产措施，保证铁路运输和建设安全。

3.6　财务管理

乙方应严格执行国家和铁道部基本建设财务制度，规范使用建设资金，对建设资金流向进行监督，保证建设资金安全。

3.7 技术管理

乙方应严格执行铁路技术政策和工程建设强制性标准，加强技术管理，接受铁道部相关部门的技术指导；站后系统集成部分，按照铁道部有关规定实施。

3.8 环境保护、水土保持和耕地保护

乙方应严格执行国家有关建设项目环境保护和水土保持等规定，主动接受国家有关部门和项目所在地行政主管部门对本工程建设期间环境保护和水土保持等工作的监督、指导，监督检查承包人落实各项措施。

3.9 建设行为

乙方应严格遵守国家有关法律、法规和铁道部有关规定，加强建设管理，加强廉政建设，杜绝各类违法、违纪行为发生。

第四条　甲方的责任和权利

4.1 甲方责任

4.1.1 负责项目总体安排，编制建设项目的总体指导性施工组织设计。

4.1.2 负责向乙方提供与车站建设有关的报告、批件以及资料。

4.1.3 负责编报建设资金预算，按照建设资金预算、年度投资投资计划和工程进度情况及时请领、筹集建设资金，根据乙方的建设进度拨付资金。

4.1.4 负责布置财务决算和其他财务报表的编制工作，审核乙方编制的财务决算和其他财务报表，汇总上报财务决算和其他财务报表。

4.1.5 建设项目达到验收条件后，负责组织工程验收，接收资产。

4.2 甲方的权利

4.2.1 甲方有权对乙方建设工作实施检查（包括工程质量、安全生产、资金使用、工程进度等），对本委托书执行情况进行监督。

4.2.2 甲方有权确认乙方编制的实施性施工组织设计。

第五条　乙方的责任和权利

5.1 乙方必须建立具有专业齐全的技术、经济管理人员、具有与工程建设相适应的工程管理、质量安全、计划财务、工程协调等内设机构，具有健全管理制度的建设项目管理机构。建设项目管理机构必须按规定报铁道部核备。

5.2 乙方的责任

5.2.1 严格执行国家法律法规和铁道部规章制度，按照批准的建设规模、技术标准、投资和建设工期组织建设，对工程质量、安全、投资、工期、环保水保、节约用地、文明施工等全过程负总责。

5.2.2 根据铁道部及甲方要求和车站具体情况，编制客站建设实施计划，报铁道部及甲方核备。

5.2.3 依法委托初步设计、施工图设计，对勘察设计工作进行监督，按时将初步设计初审意见及初步设计文件报铁道部审批，及时将站房部分的施工图送铁道部工程设计鉴定中心审核。

5.2.4 依据甲方总体指导性施工组织设计，组织编制客站实施性施工组织设计，报甲方确认后组织实施，及时协调解决工程建设中的问题。涉及既有线的，应制定既有线施工的相关规定。

5.2.5 执行铁道部或甲方与有关部门签订的协议，负责与当地规划部门协调沟通，协助甲方

办理建设用地报批手续，负责征地拆迁相关工作，重大问题及时向铁道部报告，同时报甲方核备。

5.2.6 按规定办理工程质量安全监督手续，接受工程质量安全监督机构的监督。

5.2.7 建立质量管理机构和工程质量保证体系，健全质量管理制度，有效控制工程质量。

5.2.8 加强施工安全管理，健全安全管理制度，制定安全事故应急预案。

5.2.9 按照规定向铁道部有关部门及甲方报送工程建设年度计划建议，根据甲方要求编制建设资金预算和建设资金申请表，并根据合同、验工计价和工程需要，及时向甲方申请建设资金，不得滞留大量建设资金。

5.2.10 严格执行国家和铁道部有关财务管理制度，加强建设资金管理，合理使用资金，监管建设项目资金流向，依法接受审计和监督检查。建设资金要专款专用，不得挪作他用。

5.2.11 按规定实施工程验工计价，及时办理工程价款的拨付和结算。

5.2.12 按有关规定向铁道部及甲方报送统计报表，报告工程进度。按甲方要求及时向甲方报送财务决算和其他财务报表。

5.2.13 按规定报告工程质量、人身伤亡和行车安全等事故。

5.2.14 按规定与施工承包单位签订工程质量保修协议（合同），工程正式验收时移交甲方。

5.2.15 组织建设项目的调试和测评工作，配合运营管理部门开展试运营。

5.2.16 负责工程竣工验收前期工作，根据有关规定编制工程竣工文件和竣工财务决算，组织编写工程总结。

5.2.17 工程竣工验收后，及时向甲方移交资产和相关资料，其中会计资料待财政评审批复或经铁道部同意后移交甲方。财政投资评审的审减投资属于乙方责任的，由乙方负责追回或承担审减投资。

5.3 乙方的权利

5.3.1 依法组织勘察设计招标，签订勘察设计合同，督促勘察设计单位履行合同，并将合同文本报甲方备案。

5.3.2 依法招标选择施工、监理和物资设备供应等单位，依法签订合同，督促施工、监理、物资设备供应单位履行合同，合同文本报甲方备案。

5.3.3 根据批复的可行性研究报告，组织初步设计文件初审；根据初步设计鉴定意见，对其他施工图设计文件进行审核。

5.3.4 组织现场设计交底，按规定审批Ⅱ类设计变更；初审Ⅰ类变更设计并上报铁道部批准，同时报甲方核备。

5.3.5 监督检查施工单位的施工安全措施；组织或参与对工程质量、人身伤亡和行车安全等事故的调查和处理。

5.3.6 按照铁道部规定，开展施工、监理企业质量信誉评价和施工图考核工作。

5.3.7 甲方或铁道部授予的其他权利。

5.4 在协议期内或协议终止后，未征得甲方同意，乙方不得将建设项目的有关资料对外泄露。

5.5 乙方应建立突发事件应急处理机制，建设项目发生重大及以上安全事故和工程质量事故、重大经济损失以及其他重大事件，应当立即向铁道部有关部门及甲方报告，并及时组织处理。

5.6 乙方及其工作人员不得参与可能与甲方利益相冲突的任何活动。

第六条　建设单位管理费支付

6.1　建设单位管理费以初步设计批复数额为准,甲方除委托前发生的应由客站项目建设单位管理费负担的必要费用外,不得再列支建设单位管理费。

6.2　按照批复概算扣除按规定由甲方列支的建设单位管理费后,乙方对客站建设单位管理费实行总额控制、预算管理,不得超概算支出。乙方负责编制、上报客站建设单位管理费预算提报甲方。甲方负责审核、汇总、上报及批复乙方客站建设单位管理费。

第七条　委托书变更

7.1　本委托书生效后即具约束力,任何一方不得随意变更或解除。

7.2　委托内容一般不予调整。遇下列情况之一,由双方协商后提请铁道部批准,甲乙双方按批复意见对委托内容进行调整。

7.2.1　特大自然灾害等不可抗力影响。

7.2.2　建设方案、建设标准、建设规模和建设工期的重大调整。

7.2.3　建设项目的外部环境发生重大变化。

7.2.4　建设项目由于政策性调整引起工程投资变化。

第八条　其他

8.1　铁道部关于本工程的任何文件均为本协议的组成部分。

8.2　协议书终止,并不免除乙方因违反国家法律法规,导致重大安全与质量事故、环保水保事件、违纪事件所应承担的赔偿责任和其他责任。

8.3　本协议书自双方签字之日起生效,至工程验收合格、资产交付之日终止。

8.4　本协议未尽事宜,双方另行签订补充协议,但补充协议不得违背本协议确定的原则。

8.5　本委托书正本 2 份,双方各执 1 份。副本 10 份,双方各执 5 份。

甲　方:　(签章)	乙　方:　(签章)
代表人:　(签章)	代表人:　(签章)
____年____月____日	____年____月____日

建筑工程方案设计招标投标管理办法

（住房和城乡建设部 建市〔2008〕63 号　2008 年 3 月 21 日）

第一章　总　　则

第一条　为规范建筑工程方案设计招标投标活动，提高建筑工程方案设计质量，体现公平有序竞争，根据《中华人民共和国建筑法》、《中华人民共和国招标投标法》及相关法律、法规和规章，制定本办法。

第二条　在中华人民共和国境内从事建筑工程方案设计招标投标及其管理活动的，适用本办法。

学术性的项目方案设计竞赛或不对某工程项目下一步设计工作的承接具有直接因果关系的“创意征集”等活动，不适用本办法。

第三条　本办法所称建筑工程方案设计招标投标，是指在建筑工程方案设计阶段，按照有关招标投标法律、法规和规章等规定进行的方案设计招标投标活动。

第四条　按照国家规定需要政府审批的建筑工程项目，有下列情形之一的，经有关部门批准，可以不进行招标：

（一）涉及国家安全、国家秘密的；

（二）涉及抢险救灾的；

（三）主要工艺、技术采用特定专利、专有技术，或者建筑艺术造型有特殊要求的；

（四）技术复杂或专业性强，能够满足条件的设计机构少于三家，不能形成有效竞争的；

（五）项目的改、扩建或者技术改造，由其他设计机构设计影响项目功能配套性的；

（六）法律、法规规定可以不进行设计招标的其他情形。

第五条　国务院建设主管部门负责全国建筑工程方案设计招标投标活动统一监督管理。县级以上人民政府建设主管部门依法对本行政区域内建筑工程方案设计招标投标活动实施监督管理。

建筑工程方案设计招标投标管理流程图详见附件一。

第六条　建筑工程方案设计应按照科学发展观，全面贯彻适用、经济，在可能条件下注意美观的原则。建筑工程设计方案要与当地经济发展水平相适应，积极鼓励采用节能、节地、节水、节材、环保技术的建筑工程设计方案。

第七条　建筑工程方案设计招标投标活动应遵循公开、公平、公正、择优和诚实信用的原则。

第八条　建筑工程方案设计应严格执行《建设工程质量管理条例》、《建设工程勘察设计管理条例》和国家强制性标准条文；满足现行的建筑工程建设标准、设计规范（规程）和本办法规定的相应设计文件编制深度要求。

第二章　招　　标

第九条　建筑工程方案设计招标方式分为公开招标和邀请招标。

全部使用国有资金投资或者国有资金投资占控股或者主导地位的建筑工程项目，以及国务院发展和改革部门确定的国家重点项目和省、自治区、直辖市人民政府确定的地方重点项目，除符合本办法第四条及第十条规定条件并依法获得批准外，应当公开招标。

第十条　依法必须进行公开招标的建筑工程项目，在下列情形下可以进行邀请招标：

（一）项目的技术性、专业性强，或者环境资源条件特殊，符合条件的潜在投标人数量有限的；

（二）如采用公开招标，所需费用占建筑工程项目总投资额比例过大的；

（三）受自然因素限制，如采用公开招标，影响建筑工程项目实施时机的；

（四）法律、法规规定不宜公开招标的。

招标人采用邀请招标的方式，应保证有三个以上具备承担招标项目设计能力，并具有相应资质的机构参加投标。

第十一条　根据设计条件及设计深度，建筑工程方案设计招标类型分为建筑工程概念性方案设计招标和建筑工程实施性方案设计招标两种类型。

招标人应在招标公告或者投标邀请函中明示采用何种招标类型。

第十二条　建筑工程方案设计招标时应当具备下列条件：

（一）按照国家有关规定需要履行项目审批手续的，已履行审批手续，取得批准；

（二）设计所需要资金已经落实；

（三）设计基础资料已经收集完成；

（四）符合相关法律、法规规定的其他条件。

建筑工程概念性方案设计招标和建筑工程实施性方案设计招标的招标条件详见本办法附件二。

第十三条　公开招标的项目，招标人应当在指定的媒介发布招标公告。大型公共建筑工程的招标公告应当按照有关规定在指定的全国性媒介发布。

第十四条　招标人填写的招标公告或投标邀请函应当内容真实、准确和完整。

招标公告或投标邀请函的主要内容应当包括：工程概况、招标方式、招标类型、招标内容及范围、投标人承担设计任务范围、对投标人资质、经验及业绩的要求、投标人报名要求、招标文件工本费收费标准、投标报名时间、提交资格预审申请文件的截止时间、投标截止时间等。

建筑工程方案设计招标公告和投标邀请函样本详见本办法附件三。

第十五条　招标人应当按招标公告或者投标邀请函规定的时间、地点发出招标文件或者资格预审文件。自招标文件或者资格预审文件发出之日起至停止发出之日止，不得少于5个工作日。

第十六条　大型公共建筑工程项目或投标人报名数量较多的建筑工程项目招标可以实行资格预审。采用资格预审的，招标人应在招标公告中明示，并发出资格预审文件。招标人不得通过资格预审排斥潜在投标人。

对于投标人数量过多，招标人实行资格预审的情形，招标人应在招标公告中明确进行资格预审所需达到的投标人报名数量。招标人未在招标公告中明确或实际投标人报名数量未达到招标公告中规定的数量时，招标人不得进行资格预审。

资格预审必须由专业人员评审。资格预审不采用打分的方式评审，只有“通过”和“未通过”之分。如果通过资格预审投标人的数量不足三家，招标人应修订并公布新的资格预审条件，重新进行资格预审，直至三家或三家以上投标人通过资格预审为止。特殊情况下，招标人不能重新制定新的资格预审条件的，必须依据国家相关法律、法规规定执行。

建筑工程方案设计招标资格预审文件样本详见本办法附件四。

第十七条　招标人应当根据建筑工程特点和需要编制招标文件。招标文件包括以下方面内容：

(一)投标须知

(二)投标技术文件要求

(三)投标商务文件要求

(四)评标、定标标准及方法说明

(五)设计合同授予及投标补偿费用说明

招标人应在招标文件中明确执行国家规定的设计收费标准或提供投标人设计收费的统一计算基价。

对政府或国有资金投资的大型公共建筑工程项目，招标人应当在招标文件中明确参与投标的设计方案必须包括有关使用功能、建筑节能、工程造价、运营成本等方面的专题报告。

设计招标文件中的投标须知样本、招标技术文件编写内容及深度要求、投标商务文件内容等分别详见本办法附件五、附件六和附件七。

第十八条　招标人和招标代理机构应将加盖单位公章的招标公告或投标邀请函及招标文件，报项目所在地建设主管部门备案。各级建设主管部门对招标投标活动实施监督。

第十九条　概念性方案设计招标或者实施性方案设计招标的中标人应按招标文件要求承担方案及后续阶段的设计和服务工作。但中标人为中华人民共和国境外企业的，若承担后续阶段的设计和服务工作应按照《关于外国企业在中华人民共和国境内从事建设工程设计活动的管理暂行规定》(建市[2004]78号)执行。

如果招标人只要求中标人承担方案阶段设计，而不再委托中标人承接或参加后续阶段工程设计业务的，应在招标公告或投标邀请函中明示，并说明支付中标人的设计费用。采用建筑工程实施性方案设计招标的，招标人应按照国家规定方案阶段设计付费标准支付中标人。采用建筑工程概念性方案设计招标的，招标人应按照国家规定方案阶段设计付费标准的80%支付中标人。

第三章　投　　标

第二十条　参加建筑工程项目方案设计的投标人应具备下列主体资格：

(一)在中华人民共和国境内注册的企业，应当具有建设主管部门颁发的建筑工程设计资质证书或建筑专业事务所资质证书，并按规定的等级和范围参加建筑工程项目方案设计投标活动。

(二)注册在中华人民共和国境外的企业，应当是其所在国或者所在地区的建筑设计行业协会或组织推荐的会员。其行业协会或组织的推荐名单应由建设单位确认。

(三)各种形式的投标联合体各方应符合上述要求。招标人不得强制投标人组成联合体共同投标，不得限制投标人组成联合体参与投标。

招标人可以根据工程项目实际情况，在招标公告或投标邀请函中明确投标人其他资格条件。

第二十一条 采用国际招标的，不应人为设置条件排斥境内投标人。

第二十二条 投标人应按照招标文件确定的内容和深度提交投标文件。

第二十三条 招标人要求投标人提交备选方案的，应当在招标文件中明确相应的评审和比选办法。

凡招标文件中未明确规定允许提交备选方案的，投标人不得提交备选方案。如投标人擅自提交备选方案的，招标人应当拒绝该投标人提交的所有方案。

第二十四条 建筑工程概念性方案设计投标文件编制一般不少于二十日，其中大型公共建筑工程概念性方案设计投标文件编制一般不少于四十日；建筑工程实施性方案设计投标文件编制一般不少于四十五日。招标文件中规定的编制时间不符合上述要求的，建设主管部门对招标文件不予备案。

第四章 开标、评标、定标

第二十五条 开标应在招标文件规定提交投标文件截止时间的同一时间公开进行；除不可抗力外，招标人不得以任何理由拖延开标，或者拒绝开标。

建筑工程方案设计招标开标程序详见本办法附件八。

第二十六条 投标文件出现下列情形之一的，其投标文件作为无效标处理，招标人不予受理：

(一)逾期送达的或者未送达指定地点的；

(二)投标文件未按招标文件要求予以密封的；

(三)违反有关规定的其他情形。

第二十七条 招标人或招标代理机构根据招标建筑工程项目特点和需要组建评标委员会，其组成应当符合有关法律、法规和本办法的规定：

(一)评标委员会的组成应包括招标人以及与建筑工程项目方案设计有关的建筑、规划、结构、经济、设备等专业专家。大型公共建筑工程项目应增加环境保护、节能、消防专家。评委应以建筑专业专家为主，其中技术、经济专家人数应占评委总数的三分之二以上；

(二)评标委员会人数为5人以上单数组成，其中大型公共建筑工程项目评标委员会人数不应少于9人；

(三)大型公共建筑工程或具有一定社会影响的建筑工程，以及技术特别复杂、专业性要求特别高的建筑工程，采取随机抽取确定的专家难以胜任的，经主管部门批准，招标人可以从设计类资深专家库中直接确定，必要时可以邀请外地或境外资深专家参加评标。

第二十八条 评标委员会必须严格按照招标文件确定的评标标准和评标办法进行评审。评委应遵循公平、公正、客观、科学、独立、实事求是的评标原则。

评审标准主要包括以下方面：

(一)对方案设计符合有关技术规范及标准规定的要求进行分析、评价；

(二)对方案设计水平、设计质量高低、对招标目标的响应度进行综合评审；

(三)对方案社会效益、经济效益及环境效益的高低进行分析、评价；

（四）对方案结构设计的安全性、合理性进行分析、评价；

（五）对方案投资估算的合理性进行分析、评价；

（六）对方案规划及经济技术指标的准确度进行比较、分析；

（七）对保证设计质量、配合工程实施，提供优质服务的措施进行分析、评价；

（八）对招标文件规定废标或被否决的投标文件进行评判。

评标方法主要包括记名投票法、排序法和百分制综合评估法等，招标人可根据项目实际情况确定评标方法。评标方法及实施步骤详见本办法附件九。

第二十九条 设计招标投标评审活动应当符合以下规定：

（一）招标人应确保评标专家有足够时间审阅投标文件，评审时间安排应与工程的复杂程度、设计深度、提交有效标的投标人数量和投标人提交设计方案的数量相适应。

（二）评审应由评标委员会负责人主持，负责人应从评标委员会中确定一名资深技术专家担任，并从技术评委中推荐一名评标会议纪要人。

（三）评标应严格按照招标文件中规定的评标标准和办法进行，除了有关法律、法规以及国家标准中规定的强制性条文外，不得引用招标文件规定以外的标准和办法进行评审。

（四）在评标过程中，当评标委员会对投标文件有疑问，需要向投标人质疑时，投标人可以到场解释或澄清投标文件有关内容。

（五）在评标过程中，一旦发现投标人有对招标人、评标委员会成员或其他有关人员施加不正当影响的行为，评标委员会有权拒绝该投标人的投标。

（六）投标人不得以任何形式干扰评标活动，否则评标委员会有权拒绝该投标人的投标。

（七）对于国有资金投资或国家融资的有重大社会影响的标志性建筑，招标人可以邀请人大代表、政协委员和社会公众代表列席，接受社会监督。但列席人员不发表评审意见，也不得以任何方式干涉评标委员会独立开展评标工作。

第三十条 大型公共建筑工程项目如有下列情况之一的，招标人可以在评标过程中对其中有关规划、安全、技术、经济、结构、环保、节能等方面进行专项技术论证：

（一）对于重要地区主要景观道路沿线，设计方案是否适合周边地区环境条件兴建的；

（二）设计方案中出现的安全、技术、经济、结构、材料、环保、节能等有重大不确定因素的；

（三）有特殊要求，需要进行设计方案技术论证的。

一般建筑工程项目，必要时，招标人也可进行涉及安全、技术、经济、结构、材料、环保、节能中的一个或多个方面的专项技术论证，以确保建筑方案的安全性和合理性。

第三十一条 投标文件有下列情形之一的，经评标委员会评审后按废标处理或被否决：

（一）投标文件中的投标函无投标人公章（有效签署）、投标人的法定代表人有效签章及未有相应资格的注册建筑师有效签章的；或者投标人的法定代表人授权委托人没有经有效签章的合法、有效授权委托书原件的；

（二）以联合体形式投标，未向招标人提交共同签署的联合体协议书的；

（三）投标联合体通过资格预审后在组成上发生变化的；

（四）投标文件中标明的投标人与资格预审的申请人在名称和组织结构上存在实质性差别的；

（五）未按招标文件规定的格式填写，内容不全，未响应招标文件的实质性要求和条件的，经评标委员会评审未通过的；

(六)违反编制投标文件的相关规定,可能对评标工作产生实质性影响的;

(七)与其他投标人串通投标,或者与招标人串通投标的;

(八)以他人名义投标,或者以其他方式弄虚作假的;

(九)未按招标文件的要求提交投标保证金的;

(十)投标文件中承诺的投标有效期短于招标文件规定的;

(十一)在投标过程中有商业贿赂行为的;

(十二)其他违反招标文件规定实质性条款要求的。

评标委员会对投标文件确认为废标的,应当由三分之二以上评委签字确认。

第三十二条 有下列情形之一的,招标人应当依法重新招标:

(一)所有投标均做废标处理或被否决的;

(二)评标委员会界定为不合格标或废标后,因有效投标人不足3个使得投标明显缺乏竞争,评标委员会决定否决全部投标的;

(三)同意延长投标有效期的投标人少于3个的。

符合前款第一种情形的,评标委员会应在评标纪要上详细说明所有投标均做废标处理或被否决的理由。

招标人依法重新招标的,应对有串标、欺诈、行贿、压价或弄虚作假等违法或严重违规行为的投标人取消其重新投标的资格。

第三十三条 评标委员会按如下规定向招标人推荐合格的中标候选人:

(一)采取公开和邀请招标方式的,推荐1至3名;

(二)招标人也可以委托评标委员会直接确定中标人。

(三)经评标委员会评审,认为各投标文件未最大程度响应招标文件要求,重新招标时间又不允许的,经评标委员会同意,评委可以以记名投票方式,按自然多数票产生3名或3名以上投标人进行方案优化设计。评标委员会重新对优化设计方案评审后,推荐合格的中标候选人。

第三十四条 各级建设主管部门应在评标结束后15天内在指定媒介上公开排名顺序,并对推荐中标方案、评标专家名单及各位专家评审意见进行公示,公示期为5个工作日。

第三十五条 推荐中标方案在公示期间没有异议、异议不成立、没有投诉或投诉处理后没有发现问题的,招标人应当根据招标文件中规定的定标方法从评标委员会推荐的中标候选方案中确定中标人。定标方法主要包括:

(一)招标人委托评标委员会直接确定中标人;

(二)招标人确定评标委员会推荐的排名第一的中标候选人为中标人。排名第一的中标候选人放弃中标、因不可抗力提出不能履行合同、招标文件规定应当提交履约保证金而在规定的期限内未提交的,或者存在违法行为被有关部门依法查处,且其违法行为影响中标结果的,招标人可以确定排名第二的中标候选人为中标人。如排名第二的中标候选人也发生上述问题,依次可确定排名第三的中标候选人为中标人。

(三)招标人根据评标委员会的书面评标报告,组织审查评标委员会推荐的中标候选方案后,确定中标人。

第三十六条 依法必须进行设计招标的项目,招标人应当在确定中标人之日起15日内,向有关建设主管部门提交招标投标情况的书面报告。

建筑工程方案设计招标投标情况书面报告的主要内容详见本办法附件十。

第五章 其 他

第三十七条 招标人和中标人应当自中标通知书发出之日起30日内，依据《中华人民共和国合同法》及有关工程设计合同管理规定的要求，按照不违背招标文件和中标人的投标文件内容签订设计委托合同，并履行合同约定的各项内容。合同中确定的建设标准、建设内容应当控制在经审批的可行性报告规定范围内。

国家制定的设计收费标准上下浮动20%是签订建筑工程设计合同的依据。招标人不得以压低设计费、增加工作量、缩短设计周期等作为发出中标通知书的条件，也不得与中标人再订立背离合同实质性内容的其他协议。如招标人违反上述规定，其签订的合同效力按《中华人民共和国合同法》有关规定执行，同时建设主管部门对设计合同不予备案，并依法予以处理。

招标人应在签订设计合同起7个工作日内，将设计合同报项目所在地建设或规划主管部门备案。

第三十八条 对于达到设计招标文件要求但未中标的设计方案，招标人应给予不同程度的补偿。

(一)采用公开招标，招标人应在招标文件中明确其补偿标准。若投标人数量过多，招标人可在招标文件中明确对一定数量的投标人进行补偿。

(二)采用邀请招标，招标人应给予每个未中标的投标人经济补偿，并在投标邀请函中明确补偿标准。

招标人可根据情况设置不同档次的补偿标准，以便对评标委员会评选出的优秀设计方案给予适当鼓励。

第三十九条 境内外设计企业在中华人民共和国境内参加建筑工程设计招标的设计收费，应按照同等国民待遇原则，严格执行中华人民共和国的设计收费标准。

工程设计中采用投标人自有专利或者专有技术的，其专利和专有技术收费由招标人和投标人协商确定。

第四十条 招标人应保护投标人的知识产权。投标人拥有设计方案的著作权(版权)。未经投标人书面同意，招标人不得将交付的设计方案向第三方转让或用于本招标范围以外的其他建设项目。

招标人与中标人签署设计合同后，招标人在该建设项目中拥有中标方案的使用权。中标人应保护招标人一旦使用其设计方案不能受到来自第三方的侵权诉讼或索赔，否则中标人应承担由此而产生的一切责任。

招标人或者中标人使用其他未中标人投标文件中的技术成果或技术方案的，应当事先征得该投标人的书面同意，并按规定支付使用费。未经相关投标人书面许可，招标人或者中标人不得擅自使用其他投标人投标文件中的技术成果或技术方案。

联合体投标人合作完成的设计方案，其知识产权由联合体成员共同所有。

第四十一条 设计单位应对其提供的方案设计的安全性、可行性、经济性、合理性、真实性及合同履行承担相应的法律责任。

由于设计原因造成工程项目总投资超出预算的，建设单位有权依法对设计单位追究责任。但设计单位根据建设单位要求，仅承担方案设计，不承担后续阶段工程设计业务的情形除外。

第四十二条 各级建设主管部门应加强对建设单位、招标代理机构、设计单位及取得执业资格注册人员的诚信管理。在设计招标投标活动中对招标代理机构、设计单位及取得执业资格注册人员的各种失信行为和违法违规行为记录在案，并建立招标代理机构、设计单位及取得执业资格注册人员的诚信档案。

第四十三条 各级政府部门不得干预正常的招标投标活动和无故否决依法按规定程序评出的中标方案。

各级政府相关部门应加强监督国家和地方建设方针、政策、标准、规范的落实情况，查处不正当竞争行为。

在建筑工程方案设计招标投标活动中，对违反《中华人民共和国招标投标法》、《工程建设项目勘察设计招标投标办法》和本办法规定的，建设主管部门应当依法予以处理。

第六章 附 则

第四十四条 本办法所称大型公共建筑工程一般指建筑面积2万平方米以上的办公建筑、商业建筑、旅游建筑、科教文卫建筑、通信建筑以及交通运输用房等。

第四十五条 使用国际组织或者外国政府贷款、援助资金的建筑工程进行设计招标时，贷款方、资金提供方对招标投标的条件和程序另有规定的，可以适用其规定，但违背中华人民共和国社会公共利益的除外。

第四十六条 各省、自治区、直辖市建设主管部门可依据本办法制定实施细则。

第四十七条 本办法自2008年5月1日起施行。

附件一：建筑工程方案设计招标管理流程图（略）

附件二：建筑工程方案设计招标条件（略）

附件三：建筑工程方案设计公开招标公告样本和建筑工程方案设计投标邀请函样本（略）

附件四：建筑工程方案设计招标资格预审文件样本（略）

附件五：建筑工程方案设计投标须知内容（略）

附件六：建筑工程方案设计招标技术文件编制内容及深度要求（略）

附件七：建筑工程方案设计投标商务示范文件（略）

附件八：建筑工程方案设计招标开标程序（略）

附件九：建筑工程方案设计招标评标方法（略）

附件十：建筑工程方案设计投标评审结果公示样本（略）

附件十一：建筑工程方案设计招标投标情况书面报告（略）

第六部分

质　量　管　理

关于重新印发《铁路建设工程质量安全监督管理办法》的通知

（铁道部 铁办〔2008〕70 号　2008 年 5 月 11 日）

各铁路局，各铁路公司（筹备组）：

现将修订后的《铁路建设工程质量安全监督管理办法》予以发布，自 2008 年 6 月 1 日起施行。铁道部前发《铁路建设工程质量安全监督管理办法》（铁建设〔2006〕147 号）同时废止。

铁路建设工程质量安全监督管理办法

第一章　总　　则

第一条　为加强铁路建设工程质量安全监督管理，规范监督工作和监督行为，依据国家有关法律法规和铁道部规章及相关规定，制订本办法。

第二条　铁路建设工程质量安全监督，是指铁道部及其受委托的铁路质量安全监督机构依法对铁路建设责任主体的质量安全行为、工程实体质量和现场施工安全进行监督检查的活动。

第三条　本办法适用于新建、改建铁路工程建设，从事铁路工程建设活动及实施对铁路建设工程质量安全监督管理，必须遵守本办法。

第四条　本办法所称铁路建设责任主体是指参与铁路建设活动的建设、勘察、设计、施工、监理等单位，以及参与铁路建设活动的检测、咨询等机构。

第五条　本办法所称质量安全行为，是指责任主体在铁路建设项目实施过程中履行国家有关法律、法规规定的工程质量安全责任和义务的活动。

第六条　铁路建设工程质量安全监督必须遵守法律、法规、强制性标准和铁道部有关规定，根据铁路行业有关技术标准、规程、规范、审核批准的设计文件等实施。

第二章　机构与职责

第七条　铁道部建设管理司负责制定铁路建设工程监督管理的规章制度，对铁道部工程质量安全监督总站（以下简称监督总站）的业务实行领导。

监督总站受铁道部委托具体实施铁路建设工程质量安全监督管理工作。

依据铁道部规定，在铁路局所在地设区域监督站，在铁道部工程管理中心设直属监督站，工程质量安全监督业务由监督总站直接管理。

第八条　监督总站的主要职责：

1. 贯彻国家有关工程质量安全监督管理的方针、政策、法律、法规和铁道部的有关规定，建立和完善铁路建设工程质量安全监督检查的相关制度；

2. 负责铁路行业建设工程质量安全监督检查的管理，指导、检查并考核监督站的工作；

3. 组织铁路大中型建设项目的工程质量安全监督检查，掌握工程质量和施工安全动态，通报工程质量安全情况，上报工程质量安全信息，组织交流铁路建设工程质量安全监督工作；

4. 参加铁路大中型建设项目竣工验收，对监督站提交的铁路大中型建设工程质量安全监督报告进行审查；

5. 负责收集铁路建设工程质量安全事故情况并向铁道部报告，按规定组织或参与铁路建设重大工程质量、施工安全事故的调查、处理，并监督检查事故处理方案的执行情况；

6. 负责受理有关铁路建设工程质量安全问题和隐患的人民来信、来电、来访等举报；

7. 负责组织监督人员培训，核发监督人员证件；

8. 建立铁路建设各责任主体质量安全不良行为档案，并定期公布；

9. 按照委托权限依法实施行政处罚；

10. 完成铁道部委托的其他工作。

第九条 区域监督站和直属监督站(以下简称监督站)负责管辖区域内铁路建设工程质量安全监督。监督站的主要职责：

1. 贯彻国家有关工程质量安全监督管理的方针、政策、法律、法规和铁道部的有关规定，制订监督站工程质量安全监督相关制度；

2. 对管辖区域内铁路建设工程质量安全情况进行监督检查，通报工程质量安全情况，上报工程质量安全信息，交流监督工作情况；

3. 参加铁路建设项目竣工验收，出具铁路建设工程质量安全监督报告；

4. 及时向监督总站报告铁路建设工程发生的质量安全事故，参与事故的调查、处理，并监督检查事故处理方案的执行；

5. 组织人员培训，管理聘用人员证件；

6. 受理有关铁路建设工程质量安全问题和隐患的人民来信、来电、来访等举报；

7. 按照委托权限依法实施行政处罚；

8. 定期向监督总站报告工作；

9. 完成监督总站组织或指定的监督检查等任务。

第十条 监督站必须建立下列工作制度：

1. 岗位责任制；

2. 聘用监督人员管理制度；

3. 监督检查制度；

4. 工程质量安全监督信息报告制度；

5. 工程质量安全事故报告处理制度；

6. 工程质量安全问题举报受理制度；

7. 委托监督检测管理制度；

8. 技术档案管理制度；

9. 监督费使用管理制度；

10. 廉政工作制度；

11. 监督工作纪律及有关规定。

第十一条 监督站应配备必要的办公、交通、通讯、检测仪器等设施，保证监督工作正常开展。

第十二条 监督站不得以质量安全监督的名义，从事其他非监督业务工作。

第三章 监督人员

第十三条 监督站设站长、副站长兼总工程师，监督站站长由铁路局建设管理处处长兼任的，设专职常务副站长主持监督站日常工作。

监督站领导变动，在征求监督总站意见后按规定程序办理。

第十四条 监督站站长、副站长从事铁路建设相关工作不应少于10年，且必须具有铁路工程系列中级以上技术职称，副站长兼总工程师必须具有铁路工程系列高级技术职称。

第十五条 监督人员任职条件

1. 具有工程类专业本科以上学历，或连续从事工程质量安全管理工作满15年；

2. 从事铁路建设相关工作5年以上；

3. 具有铁路工程系列中级以上技术职称；

4. 熟悉建设工程质量安全相关法律法规和专业知识；

5. 经国家或铁道部工程质量安全监督培训并考试合格。

第十六条 监督站除兼职站长外，其他监督人员必须是专职监督人员，其中线路、桥梁、隧道、四电、房建具有高级技术职称的人员，每专业不少于1人。

第十七条 监督站根据工作需要，可聘用少量的监督人员。聘用的监督人员必须年龄不大于65周岁，身体健康，具有铁路工程系列中级以上技术职称，熟悉铁路建设工程技术。

聘用人员不得与被监督项目的设计、施工、监理等单位有行政隶属或经济利益关系，不得从被监督的铁路公司或铁路局的项目管理机构中聘用人员。

监督站必须与聘用监督人员签订协议，明确双方责任、权利、义务以及其他双方需要约定的事项。

第十八条 铁路建设工程质量安全监督人员必须持证上岗，监督人员依法执行职务时不得少于两人，应主动出示监督证件，依法履行相关告知义务。

第十九条 质量安全监督证管理：

1. 铁道部统一颁发由铁道部印制并加盖证件专用章，以监督总站和监督站为单位统一编号的监督证；

2. 监督总站负责对铁道部所发监督证进行年检，未经年检的监督证自动失效；

3. 监督人员调离监督工作岗位，由监督站负责收回监督证并交回监督总站注销；

4. 监督人员填写《铁路建设工程质量安全监督人员审批表》(附件1)，经所在监督站、铁路局审核合格，加盖公章报监督总站，审查合格后颁发监督证。

5. 监督证遗失应及时向监督站和监督总站报告，并登报声明作废后，按有关规定补发；

6. 监督证不得转借、涂改，违反规定的给予行政处分。触犯法律的，依法追究法律责任。

7. 聘用监督人员经监督站审核合格，并报监督总站批准后，由监督站核发铁道部统一印制的临时监督证。

第二十条 监督人员有下列情况之一的，应调离监督机构：

1. 违反监督程序实施监督的；

2. 监督工作中存在严重错误，造成不良后果的；

3. 违反监督工作纪律，造成严重不良社会影响的；

4. 不参加年度考核或考核不合格的；

5. 从事与监督工作无关的其他工作的；

6. 违背廉政建设规定的；

7. 其他不宜从事监督工作的情况。

第四章　监督程序

第二十一条　铁路建设工程质量安全监督工作从建设项目开工前办理监督手续开始，至建设项目正式竣工验收结束。

第二十二条　建设单位在铁路建设工程项目申报开工的同时，携带《铁路建设工程质量安全监督申报表》(附件 2)及以下相关资料，到监督站办理铁路建设工程质量安全监督手续。

1. 建设项目审批文件的复印件；

2. 指导性施工组织设计、项目质量安全保证体系及主要措施；

3. 勘察设计、施工、监理等合同副本；勘察设计、施工、监理等责任主体单位的资质证书复印件及施工企业安全生产许可证复印件；

4. 已审核批准的设计文件目录等。

未按规定办理监督手续的铁路建设工程项目不得开工。

第二十三条　监督站收到监督手续申报资料后的 5 个工作日内，完成审核工作，符合规定的，下发《铁路建设工程质量安全监督书》(附件 3)。

需补充资料的，应及时向建设单位发出《铁路建设工程质量安全监督补充资料通知单》(附件 4)。

第二十四条　监督站在《铁路建设工程质量安全监督书》下达的同时，编制《铁路建设工程质量安全监督计划》(附件 5)，在规定的时间召开建设、勘察、设计、施工、监理、咨询等单位参加的监督会议，介绍监督程序、监督人员，宣读监督计划，公布监督工作纪律和举报电话(要求在主要施工现场立牌公告或列入施工现场标识牌中)等。

第二十五条　监督工作的主要方式：

1. 对参建各方的质量安全行为进行抽查；

2. 对参建各方的有关资料进行抽查；

3. 对建筑材料、构配件和设备、实体工程质量、现场施工安全情况进行抽查抽检；

4. 对工程质量施工安全问题的投诉、举报进行调查处理；

5. 按规定组织或参与对违法违规质量行为和质量问题、事故的调查核实，提出处罚建议或按委托权限实施行政处罚。

6. 配合安全主管部门对施工安全事故进行调查、处理。

第二十六条　铁路建设工程质量安全监督检查实行以抽查为主、例行检查与专项检查相结合的方式，对大中型建设项目的监督抽查每月不少于一次。对存在的质量安全问题现场签发《铁路建设工程质量安全监督现场处罚通知单》(附件 6)，并交付责任单位负责人签字确认。当事人拒绝签收的，监督人员应在通知单上注明。检查结束后，以《铁路建设工程质量安全监督通知书》(附件 7)的形式，将检查情况通知建设单位，提出监督整改要求。

第二十七条　监督站应建立工程质量安全问题台账，对发现的问题实行闭合管理；对要求整改的项目，适时安排复查。对要求临时停工的项目或工点，应在停工整改完毕后进行复查，符合复工条件的，签发《铁路建设工程质量安全监督复工通知书》(附件 8)。

第二十八条　国家主管部门或铁道部组织验收的铁路建设项目，监督站向验收委员会提交经监督总站审核后的工程质量安全监督报告(附件 9)。铁道部委托铁路管理机构组织验收的铁路建设项目，监督站对验收过程进行监督，并向铁道部提交工程质量安全监督报告。

第二十九条　铁路建设工程质量安全监督推行信息化管理。各铁路局(铁道部工程管理中心)应将监督站列入铁路办公信息系统。监督站要加强网络的监督信息管理，按规定及时发布、更新、报送有关信息。

第三十条　监督站应建立监督档案管理制度，按铁道部有关档案管理规定进行管理。对监督档案应及时进行收集、整理、归档，确保其真实、完整。监督档案应包括以下内容：

1. 办理监督注册手续的相关资料及监督计划；
2. 首次监督会议纪要；
3. 监督检查记录等资料；
4. 质量安全行为、实体质量和施工安全的抽查检测资料；
5. 质量安全不良行为记录；
6. 质量安全问题、事故的处理和行政处罚等资料；
7. 质量安全问题举报受理情况；
8. 质量安全监督信息或情况通报；
9. 铁路建设工程质量安全监督报告；
10. 其他有关资料。

第五章　质量检测

第三十一条　监督检测是工程质量监督，以及对质量问题、事故或举报进行分析的重要手段之一，监督单位应加强对监督检测工作的管理。

第三十二条　监督总站负责制订铁路工程质量监督检测机构条件，定期选定并公布监督检测机构名录；依据国家有关规定提出监督检测费用单价参考标准。

第三十三条　监督检测单位由监督站选择，签订检测合同。监督站不得设立检测机构。严禁检测机构以监督站名义出具检测结果或结论。

第三十四条　监督检测费用小于招标规模规定的，应在监督总站公布的监督检测机构名录内选择；达到国家规定招标规模的，必须按照有关规定招标选择检测机构；因特殊情况需委托其他检测机构进行检测的，应书面报监督总站同意。

第三十五条　监督站选择的检测机构不得与被检测工程的建设、勘察、设计、施工、监理等单位及建筑材料、构配件和设备厂家、供应商等存在隶属关系及其他利害关系，发现检测机构与其有联系的，应立即终止合同，并追究相关监督人员的责任。

第三十六条　检测机构对其出具的检测结果承担法律责任。凡出具虚假检测结果的，一经发现将从监督检测机构名录删除，并记入不良质量安全行为档案。造成损失的，依法承担赔偿责任。

第六章 监督费用

第三十七条 各监督站应到所在省、自治区、直辖市价格、财政主管部门办理《收费许可证》。监督费由各监督站按照规定收取，按规定在收取当日就地全额上缴中央国库。

第三十八条 监督站每年应按规定时间将次年监督费收支预算报铁路局财务处审核，并抄报监督总站。

监督站日常经费由所在铁路局依据监督站支出情况和财政预算补助金额在成本支出预算中安排。设备、仪器、交通工具等必须按国家和铁道部有关规定进行采购管理。

第三十九条 铁路建设工程质量监督费只能用于监督工作正常经费支出，如办公、检测、通讯(含监督人员移动通讯)、交通、培训、会议，购置办公设备、技术图书、检测仪器、交通工具、劳保用品，聘用监督人员聘金，以及监督工作需要且国家事业单位财务管理规定允许的其他支出项目。

第四十条 监督人员工资、奖金、津补贴、差旅费、福利待遇及技术职称、行政级别晋升等按所在铁路局机关工作人员标准执行。

以借用方式聘用监督人员费用由监督站参考当地水平自行确定，原则上由聘用监督人员的劳动(人事)关系所在单位负责发放，监督站与聘用监督人员的劳动(人事)关系所在单位定期清算。确需由监督站负责发放的，应在协议中明确委托发放事宜。没有劳动(人事)关系单位的退休返聘人员，可由监督站负责发放。

第四十一条 为保障监督人员现场人身安全，监督站可根据工作需要为监督人员办理人身意外伤害保险。

第四十二条 监督站应积极配合物价、财政、审计等有关部门对监督费收支情况的监督检查。

第七章 处罚程序

第四十三条 监督机构依据有关法律法规，对违规质量安全行为实施处罚。

处罚一般由负责项目监督的监督站实施，也可由监督总站实施。

第四十四条 监督工作适用的处罚措施主要包括：责令改正、通报、临时停工、责令返工或限期拆除、警告、限制进入铁路建设市场等。

第四十五条 参建单位或个人因违规质量安全行为受到处罚，其违规质量安全行为对他人造成损害的，应当依法承担民事责任。违规质量安全行为构成犯罪的，依法追究刑事责任。

第四十六条 参建单位或个人有下列情形之一的，应当依法从轻或减轻处罚：

1. 主动消除或者减轻违规质量安全行为的危害后果的；
2. 配合铁道部或铁路监督机构查处违规质量安全行为有积极表现并取得较好效果的；
3. 其他依法应予从轻或减轻处罚的。

违规质量安全行为轻微并及时纠正，没有造成危害后果的，可免予处罚。

第四十七条 参建单位或个人有下列情形之一的，应当依法从重处罚：

1. 违规质量安全行为情节恶劣的；
2. 违规质量安全行为危害后果严重的；
3. 曾因相同违规质量安全行为被行政处罚的；
4. 隐匿、销毁或伪造工程实物、资料、凭证等证据的；

5. 对举报人、控告人、证人打击报复的；

6. 拒绝或阻碍监督人员依法履行职责的；

7. 在共同违规质量安全行为中起主导作用的；

8. 已发现自己的违规质量安全行为但仍使其继续的；

9. 其他依法应当从重处罚的。

第四十九条 监督人员询问证人和当事人时应分别进行，并告知其作伪证的法律责任。在工程实物、资料、凭证等证据可能灭失或日后难以取得的情况下，可以先行封存。封存时应当制作《证据封存登记清单》，并应在五个工作日内对所封存的证据做出继续封存或其他处理决定。

第五十条 铁路监督机构应当充分听取当事人的陈述和申辩。对当事人提出的事实、理由和证据，应当进行复核；当事人提出的事实、理由和证据成立的，应当予以采纳。不得因当事人有陈述或申辩行为而加重处罚。

第五十一条 依照本办法给予单处警告或责令改正、临时停工处罚的，可以适用《中华人民共和国行政处罚法》规定的简易程序，以书面形式向当事人宣布并送达。

第五十二条 铁道部依法对铁路监督机构的监督执法行为进行监督管理。

第八章 考 核

第五十三条 监督总站每年度对监督站进行考核，并公布考核结果。考核内容包括机构设置、制度管理、人员设备配置、证件管理、监督档案、信息化管理、监督费管理以及监督工作开展情况等。考核结果分为优秀、合格、基本合格和不合格。

第五十四条 监督总站每年组织一次“全路工程质量安全优秀监督工作者”评选。监督站依据考核办法对监督人员实施考核。

本人年度考核合格，所在监督站经监督总站考核优秀或合格，所监督的建设项目没有发生重大及以上质量安全事故的监督人员，方可参加优秀监督人员评选。

第五十五条 监督站和监督人员考核办法由监督总站起草报铁道部批准后实施。

第九章 附 则

第五十六条 实施本办法所采用的法律文书格式，由铁道部统一制定。

第五十七条 本办法由铁道部建设管理司负责解释。

第五十八条 本办法自2008年6月1日起施行。铁道部原发《铁路建设工程质量安全监督管理办法》(铁建设〔2006〕147号)同时废止。

附件：1. 铁路建设工程质量安全监督人员审批表

2. 铁路建设工程质量安全监督申报表

3. 铁路建设工程质量安全监督书

4. 铁路建设工程质量安全监督补充资料通知书

5. 铁路建设工程质量安全监督计划

6. 铁路建设工程质量安全监督现场处罚通知单

7. 铁路建设工程质量安全监督通知书

8. 铁路建设工程质量安全监督复工通知书

9. 铁路建设工程质量安全监督报告

附件 1:

铁路建设工程质量安全监督人员审批表

<table>
<tr><td>姓名</td><td colspan="2"></td><td>性别</td><td></td><td>出生年月</td><td></td></tr>
<tr><td>职务</td><td colspan="2"></td><td>职称</td><td></td><td>专 业</td><td></td></tr>
<tr><td rowspan="2">学历
学位</td><td colspan="2"></td><td rowspan="2">参加工作
时 间</td><td rowspan="2"></td><td rowspan="2">任现职时间</td><td rowspan="2"></td></tr>
<tr><td colspan="2"></td></tr>
<tr><td>工
作
简
历</td><td colspan="6"></td></tr>
<tr><td>监
督
站
意
见</td><td>年 月 日</td><td>所在
单位
人事
部门
意见</td><td colspan="2">年 月 日</td><td>监
督
总
站
意
见</td><td>年 月 日</td></tr>
</table>

注:监督站和所在单位人事部门需在审查意见栏签署意见并盖章。

附件 2：

铁路建设工程质量安全监督

申　报　表

工程名称________________________________

建设单位________________________________

年　　月　　日

____________监督站：

根据《建设工程质量管理条例》、《建设工程安全生产管理条例》、《铁路建设工程质量管理规定》、《铁路建设工程安全生产管理办法》、《铁路建设工程质量安全监督管理办法》，现申请办理工程质量安全监督手续。

一、工程概况

工程名称			
工程地点			
工程规模			
总投资(万元)		建安费(万元)	
计划开工日期		计划竣工日期	

二、建设单位：

三、勘察单位：　　　　　　　　　　资质等级：

四、设计单位：　　　　　　　　　　资质等级：

五、监理单位及其资质等级

序号	监理单位名称	资质等级

六、施工单位及其资质等级

序号	施工单位名称	资质等级	安全生产许可证是否有效

七、提交资料

应注明资料名称、份数等。

八、建设单位主要质量管理人员

类　别	姓　名	职　务	职　称	专　业	电　话
项目负责人					
分管负责人					
技术负责人					
质量负责人					
安全负责人					

九、设计单位主要人员

单 位	类 别	姓 名	职 称	专 业	联系电话
	项目总体				
	主要专业负责人				
	主要专业负责人				
	主要专业负责人				
	主要专业负责人				
	现场配合负责人				

十、监理单位主要人员

单 位	类 别	姓 名	职 称	专 业	联系电话
	总 监				
	质量负责人				
	安全负责人				

十一、施工单位主要质量安全管理人员

单位名称	人 员	姓 名	职 务	职 称	专 业	电 话
	项目经理 技术负责人					
	质量负责人					
	安全负责人					

附件3:

编号:铁质安监督　　　站〔200　〕号

铁路建设工程质量安全监督书

工程名称:

建设单位:

经审查,你单位申报监督提供的文件和资料符合规定,自本监督书签字之日起,监督站对该建设工程实施工程质量安全监督,各参建单位应严格按照《建设工程质量管理条例》、《建设工程安全生产管理条例》和《铁路建设工程质量管理规定》、《铁路建设工程安全生产管理办法》,履行相应责任和义务。

工程名称	工程规模	建安费总额(万元)	监督费(万元)	备注

一、计划工期:自　　年　月　日至　　年　月　日

二、监督时间:自　　年　月　日至该项目竣工验收结束。

三、已提交资料:

四、监督工作要求及监督费支付:

1. 监督站按照《铁路建设工程质量安全监督管理办法》及《铁路建设工程质量安全监督工作指南》和监督工作计划开展工作。

2. 建设单位及其他各参建单位应配合监督工作,按要求及时提供有关资料和必要的工作条件。

3. 监督费用支付方式:

项目监督负责人:

联系电话:

站长:

监督站:(监督站印鉴)

银行账号:

年　月　日

填写说明:本监督书一式四份(监督站两份,建设单位两份)。其他有关单位由建设单位转发。

附件4：

编号：铁质安监督　　　站〔200　〕号

铁路建设工程质量安全监督补充资料通知单

____________________：

经审查，你单位在办理____________________铁路建设项目工程质量安全监督手续时提供的资料中尚需补充以下内容：

请于　　年　月　日前提交我站。

（监督站印鉴）

年　月　日

附件5：

编号：铁质安监督　　　站〔200　〕号

铁路建设工程质量安全监督计划

（建设单位名称）：

自　　年　月　日起，我站依法对　　　　实施工程质量安全监督。根据本工程项目特点和监督工作实际需要，我站拟定了监督计划，请据此予以配合，并请转发各参建单位做好配合工作。

一、监督人员及联系电话

负责人：　　　　　　　　电话：

监督工程师：　　　　　　电话：

监督工程师：　　　　　　电话：

二、监督方式。采取不定期抽查的监督方式。

三、检查内容。以《建设工程质量管理条例》、《建设工程安全生产管理条例》和《铁路建设工程质量管理规定》规定的建设、勘察、设计、施工、监理单位工程质量和安全生产的责任和义务为主，并对实物质量、现场施工安全及有关资料进行抽查。

四、检查频率。根据监督工作需要并结合工程进展情况，确定检查频次。原则上每个月不少于一次。

五、监督工作要求

1. 请各参建单位支持配合监督工作，及时提供相关资料和文件，并提供必要的工作条件。

2. 请各施工单位准予监督检查人员及车辆等进入施工现场检查，并密切配合检查。

3. 对监督检查人员提出的工程质量和安全生产存在的问题，各相关单位应及时进行整改，并将整改结果报建设单位，由建设单位核查后报监督站。监督人员可视情况进行监督复查。

4. 接受铁道部工程质量安全监督总站随时进行的监督检查。

5. 参建单位主要管理人员、技术负责人和质量安全管理人员发生变动，必须及时报监督站核备。

六、工程质量安全问题举报方式

应将监督总站、监督站及现场监督机构的举报电话和举报地址等，在主要工点竖立标牌公告，或醒目写入施工现场标识牌中。

七、监督站地址及联系电话

八、其他相关事宜。

（监督站印鉴）

年　月　日

附件 6：

编号：铁质安监督罚　　　站〔200　〕号

铁路建设工程质量安全监督现场处罚通知单

（责任单位名称）：

经查，你单位负责的铁路建设项目工程存在以下问题：

依据《建设工程质量管理条例》、《建设工程安全生产管理条例》、《铁路建设工程质量管理规定》、《铁路建设工程质量安全监督管理办法》，决定：

□责令改正。

□责令于　　年　月　日时起　　　　停工整改，经建设单位确认整改达标后报我站复查。未经我站复查同意，严禁复工。

□责令将　　　　工程在　　日内拆除。并对　　　　工程返工。

□给予警告。

如对上述决定不服，可按规定向铁道部或人民法院提出行政复议或行政诉讼。

监督站（公章）

签发人：　　　年　月　日

签收人：　　　年　月　日

附件 7:

编号:铁质安监督　　站〔200　〕号

铁路建设工程质量安全监督通知书

（建设单位名称）：

　　年　月　日至　　年　月　日我站对(项目名称)组织进行了监督检查,现将有关情况通知如下:

一、总体情况

(监督检查的对象、内容、方式以及对工程质量安全状况的整体评价。)

二、存在问题

(对问题应明确依据标准、责任单位)

三、整改要求

(明确整改要求和整改时限,整改资料由建设单位汇总后报监督站。)

年　月　日

附件 8:

编号:铁质安监督　　　站〔200　〕号

铁路建设工程质量安全监督复工通知书

____________________:

经复查,__________铁路项目________________工程停工整改达标,同意于_______年___月___日_______时起恢复施工。

(监督站公章)

签发人:

年　月　日

签收人:　　　　　　　　　　　　　　　　年　月　日

附件9:

编号:铁质安监督　　　站〔200　〕号

铁路建设工程质量安全监督报告

建设工程名称:

监督站名称:

监督站负责人:

项目监督负责人:

报告日期:　　　　　　年　月　日

铁路建设工程质量安全监督报告

1. 工程概况；

2. 监督工作概况；

3. 对责任主体和有关机构质量安全行为及执行工程建设强制性标准的检查情况；

4. 建筑材料、构配件和设备、实体质量、现场施工安全的抽查情况（包括监督检测情况）等；

5. 对各责任主体有关资料的抽查情况；

6. 质量安全问题及事故的处理情况；

7. 各责任主体及相关人员的质量安全不良行为记录及处理；

8. 行政处罚及其他有关内容等；

9. 建设单位组织验收情况；

10. 工程质量和施工安全的相关建议。

关于进一步加强铁路客运专线建设质量管理的指导意见

（铁道部 铁建设〔2008〕246号　2008年12月9日）

各铁路局，各铁路公司（筹备组）：

按照《中长期铁路网规划》，到2020年，我国将形成覆盖全国的快速客运网络。为实现世界一流客运专线建设目标，建成高质量快速客运网络，依据《铁路建设工程质量管理规定》，现就进一步加强客运专线建设质量管理提出以下指导意见，请与相关规定一并执行。

一、指导思想

建设好客运专线，是贯彻落实科学发展观，适应我国巨大客运需求，解决铁路运输“瓶颈”，实现中国铁路现代化的必然要求。

客运专线技术新、标准高、系统复杂，保证工程质量是建好客运专线最本质的要求。客运专线建设必须认真贯彻铁路建设新理念，全面落实“六位一体”管理要求，始终把工程质量放在首位，积极引进、消化和吸收世界先进技术和管理经验，坚持技术创新、管理创新，全面推行标准化管理；必须针对客运专线高安全性、高平顺性、高稳定性、高可靠性、高精确度等突出特点，把握关键环节，抓住控制要点，以一流的勘察设计、先进的施工技术、成套的工程装备、专业化的施工队伍、严密的质量保证体系和科学化、标准化、精细化管理，确保客运专线工程质量达到世界一流水平，经得起运营和历史的检验。

二、质量目标

客运专线建设质量目标是实现“一流的工程质量”，工程质量必须符合国家和铁道部有关标准、规范及设计文件要求，检验批、分项、分部工程施工质量检验合格率必须达到100%，单位工程一次验收合格率必须达到100%，主体工程质量零缺陷，实车最高检测速度达到设计速度的110%，开通速度达到设计速度。

三、关键环节

客运专线作为系统工程，精密测量、沉降控制、无砟轨道、四电集成等是工程质量控制的重要内容和关键环节，必须按照系统控制原理，对工程质量目标进行系统策划、全面管理，将总体质量目标按不同建设阶段、控制内容和控制主体进行分解，牢牢把握关键环节，紧紧抓住控制重点，全面实施目标管理。

1. 精密测量

精密测量是建设高质量客运专线最重要、最基本的条件之一。一是必须严格按照相关规定，适时建立“三网合一”的控制测量网络。勘察设计单位要按照不同的设计速度、不同的轨道类型以及重点工程情况，做好客运专线精密测量控制网建网工作；依据规范做好CPⅠ、CPⅡ

测设工作，以CPⅡ为基点设置线路中线；做好CPⅢ设计，指导施工单位做好CPⅢ设置。建设单位要对全线精密测量控制网进行统一管理，组织编制项目精密测量实施细则，统一基桩埋设标准与平差软件，规范基桩测设、评估验收、交桩及复测工作，建立统一的精密测量数据库，组织联测并提出测量问题处理方案，组织开展测量工作检查。二是必须高度重视并严格实施构筑物精确定位。施工单位要对交桩资料、桩位进行核对和复测，在设计单位指导下做好CPⅢ测设、轨道施工控制网加密及维护工作，并按照复核后的资料和精度要求进行构筑物精准定位，严格构筑物施工测量精度控制。

2. 线形控制

建设单位要高度重视线路及大跨度现浇梁、悬灌梁、钢桁梁、系杆拱桥等特殊桥梁和隧道工程的施工线形监控量测工作，及时组织研究解决相关问题。设计单位要按照线形控制理论进行线路及桥梁、隧道设计，向施工单位提供详细的线路及各桥梁、隧道施工段顺序、预拱度及围岩变形对照表、观测点布置方案，提出线路及桥梁、隧道线形的监控方案，对监控结果进行比对，及时调整完善设计。施工单位要制订线路及桥梁、隧道施工线形监控实施方案，细化明确相关技术与工作接口要求，对梁体施工挂篮、预应力孔道摩阻、支架和托架沉降、弹性模量等进行试验，严格按照设计提供的施工顺序施工，实时进行桥梁线形、隧道围岩变形观测，及时将观测结果与设计比对，合理调整施工参数。监理单位要对线路及桥梁、隧道线形监控实施方案进行审核，并监督方案实施。

3. 沉降控制

各单位要严格按部颁规范、指南和相关文件精神，切实把沉降变形观测评估工作作为铺设轨道工程的关键工序控制。建设单位要按规范和指南要求组织编写适应本项目工程特点及要求的沉降变形观测与评估细则，统一数据库格式。勘察设计单位应对沉降变形进行计算并提出沉降变形观测设计方案，并依据沉降变形观测数据优化设计或制定相应的预案。施工单位要依据设计文件和观测方案要求进行观测点布设和沉降变形观测，做好观测点保护和观测数据采集工作，并对入库数据的真实性负责。监理单位应严格按设计文件和相关规范要求进行沉降变形观测监理并按建设单位要求做好平行观测工作。评估单位应采用独立的评估软件，依据沉降变形观测数据进行分析评估，并将评估结果和评估过程中发现的问题及时反馈给建设单位和设计单位。建设单位要及时组织解决施工过程中出现的相关问题，沉降变形评估不合格，不得进行轨道工程施工。

4. 无砟轨道

建设单位要组织编制全线无砟轨道指导性施工组织设计，统筹安排无砟轨道CPⅢ测设、站后接口、元器件预埋和过轨管线施工等；组织无砟轨道施工工艺试验，形成标准化、程序化的施工程序和工艺。勘察设计单位要参与无砟轨道工艺试验，及时研究无砟轨道施工中的问题。施工单位要严格执行无砟轨道技术标准规范，使用符合精度要求的工装设备，做好无砟轨道施工工艺试验，依据确定的程序和工艺作业，以设备保工艺，以工艺保质量；严格执行工序交接检查，对于无砟轨道结构钢筋绝缘处理、填充层砂浆生产与灌注等无砟轨道施工关键工序，采取严格技术和管理措施，强化过程控制。监理单位要对无砟轨道施工质量实施严格监控，实行全过程监理。

5. 道岔安装

道岔制造单位要加强对道岔生产过程质量管理和出厂检验，及时提供铺设图纸、技术手册等资料，明确道岔运输、装卸、组装、施工与维护等方法和技术要求，对建设、施工、监理人员进行技术交底和组装操作培训，同时成立现场技术服务机构对铺设施工提供技术指导、监督和确认。

道岔铺设应由专业化队伍实施。施工单位要提前做好工装设备配置与调试、人员培训、岔区精密测量、道岔钢轨焊接形式检验、铺设施工技术方案和施工作业指导书编制等铺设施工准备工作，严格按照技术条件要求进行铺设，严禁随意施工和野蛮操作。监理单位要对道岔铺设全过程进行监理；建设单位要组织专家对铺设工作进行技术指导，并及时组织道岔设计、制造、施工、监理及维护管理单位对道岔铺设结果进行检查和静态验收。

6. 轨道精调

轨道精细调整分就位、粗调和精调。首先要确定中线位置，再进行轨面高程、线间距等粗调，最后进行轨距、轨向、高低、水平(超高)及相关变化率精调。建设单位要根据轨道形式组织制订精调方案和精调实施细则，明确工作程序、技术要求、质量目标和精调设计数据。施工单位要编制精细调整实施方案，准备相关设备，在无砟轨道混凝土浇筑或乳化沥青水泥砂浆垫层灌注前复核检查确认轨道几何尺寸，确认无误后方可浇筑混凝土或沥青砂浆；长钢轨铺设后应立即进行轨道几何尺寸测量，按实施方案进行轨道调整。监理单位应对精调全过程进行旁站监理，确认全部符合规范要求。

7. 信号系统

要根据最高运行速度、最小追踪间隔及跨线运行的建设目标，选用满足建设目标、技术成熟可靠的技术方案和列车运行控制系统。设计单位按照确定的技术方案精心设计，选用先进、成熟、经济、适用、可靠的设备和软件；施工单位严格按规范组织施工，对进场设备进行严格的检查，对拟装配软件进行认真测试，要加强设备安装管理，按规范规定对子系统进行调试、试验和检验。要针对无砟轨道结构钢筋对轨道电路的传输影响，完善轨道结构钢筋绝缘措施，确保无砟轨道满足轨道电路要求。要规范工程建设中应答器安装及功能测试工作。

8. 牵引供电

牵引供电工程质量是动车组安全、平稳、高速、高密度运行的基础，接触网是牵引供电系统中最关键的部分，接触网安装质量主要体现在接触网安装精度、导线的平直度和顺直度。要严格在CPⅢ基础上认真开展测量工作，准确确定接触网的空间位置；牵引供电设计应与站前工程同步设计，使牵引供电预埋件随土建专业同步施工。建设单位要合理组织轨道与牵引供电专业施工，确保接触网专业支柱安装、线索架设及悬挂调整时间，并合理地安排牵引供电子系统试验；施工单位要对牵引供电工程的设备、材料和零部件质量进行严格检查，要采用先进工艺工法，使用专业化施工机具，采用科学智能化的施工检测软件和方法，加强施工过程控制，保证接触网架设精度。

9. 系统集成

要提高对“四电”系统集成工程质量控制的认识，按照客运专线技术标准确定“四电”系统集成技术方案，统筹考虑牵引变电、通信、信号和电力专业工程之间的技术衔接，统筹考虑牵引变电、通信、信号和电力专业工程之间的施工衔接，统筹考虑四电与其他工程的技术和施工衔接；要采用先进、成熟、经济、适用、可靠的技术、设备和工艺，组织专业化队伍施工，严格控制设备、器材质量和软件质量，加强设备安装管理，按规范进行调试、试验和检验。

10. 工程接口

建设单位要将接口管理作为客运专线建设管理的一项重点内容，依据铁道部相关规定制定接口管理实施细则，做好事前控制工作。要细化接口管理工作流程和责任，确保综合接地、电缆过轨和上桥、接触网滑槽、接触网支柱基础等接口工程质量，实现工程接口协调统一零缺陷。设计单位要按照系统工程原理和客运专线技术要求，研究提出接口设计措施，保证路基、路堑、桥梁、隧道过渡段基础刚度和沉降变形变化均匀；注重各专业之间接口界面的协调，保证站前工程与站后工程的系统集成优化，确保客运专线成为有机的整体；提出保证接口施工质量管理的指导意见，做好设计交底工作。施工单位要认真领会设计文件，细化接口工程施工界面和施工技术措施，研究采用保证接口质量的施工组织方案和施工方法，并认真组织施工。

11. 材料质量

各单位要将原材料质量作为保证客运专线铁路工程质量管理的源头。建设单位要按照设计文件和规范要求，组织确定材料质量标准和材料质量控制措施。建设单位和施工单位要加强招标环节的质量控制，设定门槛，选择产品质量好的供应商，在检验检测的基础上选择地材供应商。施工单位应将甲控物资设备采购合同送建设单位备案，建设单位应对甲控物资设备采购程序和设备质量进行监督。施工单位要严把材料进场关，按规定对进场材料质量进行检查验收，确保进场材料质量合格；要做好进场材料的装卸、存储、运输与标识工作，装卸工具、堆码方法、堆高、存放周期、防护条件等必须满足技术条件要求，并做好防雨、防晒、防潮、防腐、防锈和防变形工作；要严格材料的使用认证，严防材料的错用误用。监理单位要按规定对进场材料质量和材料保管使用进行检查监督。

12. 联调联试及试运行

联调联试必须采用实际运营列车或检测列车，对客运专线各系统的状态、性能和系统间匹配进行综合测试、验证、调整、优化，使客运专线整体系统达到设计要求。要根据客运专线技术特点和工程特点确定联调联试及试运行的具体内容，编制“联调联试及试运行大纲”，根据批准的大纲编制实施方案和列车运行计划，制定行车安全措施及应急预案。在联调联试及试运行过程中，必须统一指挥，统一调度，密切配合，协调一致，确保联调联试及试运行安全。要依据轨道、接触网等设计资料，对轨道几何状态、道岔状态、接触网悬挂参数、弓网受流性能等测试数据进行认真分析研究，提出精调方案并认真实施；要对应答器报文、列控系统和 GSM-R 参数进行修正，并对 GSM-R 网络进行优化等。在试运行中，要对客运专线整体系统在正常条件或非正常条件下运行调度指挥、行车组织和应急救援等能力进行全面演练，认真验证是否具备开通运营条件。

13. 竣工验收

建设单位要提高对竣工验收工作的认识，要按照《铁路客运专线竣工验收暂行办法》，选择责任心强、专业水平高的技术人员组成专业验收工作组，为专家组开展检查工作提供条件，并对专家组检查发现问题的整改情况进行检查落实。按规定委托专业机构依据动态检测标准进行动态检测，对动态检测中发现的问题提出整改建议，对整改合格的项目进行检查确认。

四、保障措施

客运专线质量管理是一项系统工作。实现客运专线质量目标，必须推行标准化、精细化管理，制订最周密的质量控制计划，建立最完善的质量责任体系，实行最有效的质量控制措施，采取最严格的监测和抽检制度。

1. 切实更新质量管理理念

客运专线铁路建设标准高、质量要求严，参建单位要切实更新质量管理理念，树立精品意识，制定切实可行的创优规划，明确创优目标，完善创优措施，严格按规划组织实施。要推进工程技术创新，及时将创新成果转化为施工工法，纳入施工技术方案和施工作业指导书，指导现场施工。要全面应用铁路建设项目管理信息系统，不断完善质量管理模块功能，将质量管理活动纳入项目管理信息系统，实现对工程建设全过程有效的目标管理。

2. 积极推进标准化管理

实施标准化管理是保证客运专线工程质量的重要手段。推行标准化管理要以管理制度和人员配备为基础，以现场管理和过程控制为重点，确保工程质量。各单位要严格执行法律法规，贯彻铁道部规章制度，以项目为载体，以精品工程、安全工程为目标，配备管理人员、技术人员和作业人员，建立满足标准化管理要求的管理制度。要依据客运专线技术标准，统一设计标准、材料标准、施工细则、检查及验收细则，统一子系统之间的衔接要求，将工程质量标准具体化、定量化，管理工作标准化、程序化。建设单位要依据施工质量验收标准和项目具体情况，提出建设项目施工作业指导书编制指导意见，明确过程质量要求、检测方式及标准、质量控制要点等事项。施工单位要依据编制指导意见，采用先进成熟的工艺工法，组织编制本标段的施工作业指导书；通过作业指导书落实施工准备和施工过程的质量管理内容及要求，按照质量要求规范工序操作方法、质量检查方法和标准，指导和规范现场作业。涉及新技术的施工作业指导书，要在试验的基础上进行编制。施工作业指导书要通过样板工程进行修改完善，根据工序和工艺变化进行调整。

3. 加强勘察设计管理

勘察设计质量是客运专线质量控制的源头。勘察设计单位要根据工程特点，强化地质勘察工作，在地质调绘的基础上，应用遥感、物探、钻探、原位测试等多种勘探方法，以最佳的组合方式，通过综合分析和相互验证，取得真实、准确的地质资料，并细化地质资料指标，满足沉降控制设计要求。认真研究客运专线的技术要求、外界条件和地质指标，提出总体设计方案，按照系统工程原理和确定总体方案分专业进行设计，合理选择设计参数，科学运用标准规范，对工程结构和设备位置进行定量检算，精心筹划、精心设计，确保设计质量。

4. 加强施工过程控制

施工过程质量管理是保证客运专线质量的关键。建设单位在编制指导性施工组织设计的同时，要建立与之匹配的质量管理总体规划和质量保证措施。施工单位要按照指导性施工组织设计和质量管理总体规划，编制施工组织设计和质量管理规划，依据管理规划实现事前、事中、事后三阶段质量控制。要通过工艺试验段，优化、统一工序，细化、量化工艺，统一工序之间、分部工程之间、子系统之间的衔接，以工序和工艺保质量；根据工艺试验段成果，修改完善施工作业指导书，使工装设备、工艺参数、过程质量控制措施满足质量目标要求；主体工程及重要附属工程应在工艺试验段完成并经建设单位认可后方可全面开工建设。要提高施工机械化程度和自动化水平，通过机械化、专业化施工保质量。架子队劳动力组织方式是保证工程质量的重要措施，施工单位要积极采用架子队劳动力组织方式，积极开展 QC 小组活动，将生产与质量管理有机结合起来，实现全面质量管理目标。

5. 积极推进技术创新

技术创新是提高工程质量的重要措施。建设单位要组织各相关单位积极开展客运专线技术创新、管理创新，要把原始创新、集成创新、引进消化吸收再创新紧密结合起来。技术创新应从勘察设计阶段开始，要研究与设计速度相适应的工程地质勘察方法，充分利用“三网合一”精测系统为设计施工提供基准，采用先进设计技术，引入系统设计理念，提高设计水平，提高设计文件的系统性、准确性。要在路基、桥梁、隧道、轨道、道岔、信号和电气化等工程施工技术方面进行创新，开展工程精密测量、耐久性混凝土和无砟轨道乳化沥青水泥砂浆配合比设计、混凝土防开裂技术、混凝土冬夏季施工技术、轨道精细调整、信号控制、接触网安装精度、接触线平直度和顺直度及相关工装设备的研究。要将技术创新成果纳入实施细则、施工技术方案、作业指导书中，指导现场施工，不断提高客运专线铁路工程施工技术水平，确保客运专线铁路工程质量。

6. 加大人员培训力度

开展人员培训是解决当前参建各方技术管理人员数量不足、素质不适应问题的有效途径。各参建单位要围绕铁路客运专线技术，积极开发培训资源，创新培训方式，全员、全方位、全过程地开展形式多样、内容实用、成效明显的培训工作。加强管理人员的管理能力培训、技术人员的专业知识培训，操作人员的施作技能培训。组织开展工程精密测量、地基处理、耐久性混凝土、桥梁架设、大断面隧道、无砟轨道等专项技术和工艺的培训，快速、全面提高参建人员管理能力和技术水平，为高标准高质量推进客运专线建设提供有力支撑。

引起铁路行车事故的工程质量责任调查及经济损失赔偿暂行规定

（铁道部 铁建设〔2007〕79号 2007年4月12日）

第一条 为规范引起铁路行车事故的工程质量责任调查及经济损失赔偿行为，依据国家和铁道部相关规定，制定本规定。

第二条 本规定所称引起铁路行车事故的工程质量责任调查及经济损失赔偿是指铁路工程验收合格并交付运营后的合理使用期限内，因工程质量原因引起营业线发生重大及以下行车事故造成经济损失的，依法对原参建单位工程质量责任的调查及责任认定，以及由工程质量事故责任单位依据工程承发包合同约定和所承担的责任对相关运输企业直接经济损失进行的赔偿。

第三条 在营业线施工过程中，因参建单位工程质量原因导致行车事故造成经济损失的，参照本规定执行。

第四条 发生行车事故后，事故调查组初步认定行车事故与原工程参建单位有关时，应专门成立工程质量责任调查小组，在事故调查组领导下，具体负责调查工程质量责任。调查小组由铁路建设管理部门牵头，相关业务部门和专家参加。具体单位由事故调查组根据事故等级确定。

第五条 工程质量责任调查小组经调查提出的工程质量责任单位及其所承担责任的意见，应及时报事故调查组。事故调查组应及时对工程质量责任进行认定。

第六条 事故调查组认定的事故责任单位，应按其所承担的责任对事故造成的直接经济损失进行赔偿。非参建单位对事故负有责任的，应按事故调查组认定的责任承担相应比例的赔偿；其余直接经济损失为原参建单位赔偿费用总额，由工程质量责任单位依据事故调查组认定的责任程度和原铁路建设项目勘察设计、工程（施工）承包、监理合同约定的赔偿责任及赔偿比例进行赔偿。

第七条 行车事故造成的直接经济损失的总额按国家有关规定确定。

第八条 铁道部投资或参与投资的铁路建设项目，建设单位（甲方）应在铁路建设项目勘察设计、工程（施工）承包、监理招标文件及合同条款中，按本规定第九条明确并约定甲、乙双方因工程质量原因引起行车事故的赔偿责任及赔偿比例，并明确约定由工程质量责任单位与相关运输企业签订赔偿协议。在投标文件及合同条款中不做出相应承诺的勘察设计、工程（施工）承包、监理单位，不得参与铁路工程建设。

第九条 参建单位被认定为承担事故全部责任的，承担赔偿费用总额的100%；被认定为承担主要责任的，承担赔偿费用总额的50%以上；被认定为承担重要责任的，承担赔偿费用总额的50%以下；被认定为承担次要责任的，承担赔偿费用总额的30%以下。

第十条 赔偿协议属原铁路建设项目勘察设计、工程（施工）承包、监理合同的补充合同。赔偿协议应包括赔偿内容、赔偿方式、赔偿数额、赔偿时限及违约责任等事项。赔偿协议一经签订必须严格履行。行车事故发生地所在铁路运输企业要依据赔偿协议向工程质量责任单位追缴赔偿费用，相关建设单位应协助追偿；相关建设单位负有责任的，也应当依据原铁路建设项目勘察设计、工程（施工）承包、监理招标文件及合同条款约定以及赔偿协议向行车事故发生地所在铁路运输企业进行赔偿。

第十一条　工程质量责任单位对事故调查组认定的事故责任有异议的，可向组织事故调查的行政机关提出申诉。

第十二条　原工程质量责任单位进行企业分立、合并、转让的，赔偿费用依据企业分立、合并、转让合同约定，由资产继承单位承担。

第十三条　工程质量责任认定后，事故调查由铁路管理机构牵头组织的，应将事故责任认定书及时抄报铁道部建设管理司和铁道部工程质量安全监督总站。

第十四条　本规定由铁道部建设管理司负责解释。

第十五条　本规定自 2007 年 5 月 1 日起实行。

关于规范铁路工程质量安全监督机构有关问题的通知

（铁道部 铁劳卫函〔2007〕828 号　2007 年 8 月 7 日）

各铁路局，工管中心：

为适应铁路大规模建设的需要，加强铁路建设工程质量安全监督管理、规范现场监督工作，根据铁道部《关于设立铁道部工程质量安全监督总站的通知》（铁劳卫函〔2006〕1058 号）精神，现对铁道部工程质量安全监督总站各监督站的主要职责、机构设置和人员配置等事项提出如下意见，请按照执行。

一、主要职责

1. 贯彻国家有关工程质量安全监督管理的方针、政策、法律、法规和铁道部的有关规定，制定监督站工程质量安全监督相关工作制度；

2. 对管辖区域内铁路建设工程质量安全情况进行监督检查，通报工程质量安全情况，上报工程质量安全信息，交流监督工作情况；

3. 参加铁路建设项目竣工验收，出具铁路建设工程质量安全监督报告；

4. 及时向监督总站报告铁路建设工程发生的质量安全事故，参与事故的调查、处理，并监督检查事故处理方案的执行；

5. 组织监督人员培训，管理聘用监督人员证件；

6. 受理有关铁路建设工程质量安全问题和隐患的人民来信、来电、来访等举报；

7. 按照委托权限依法实施行政处罚；

8. 完成监督总站组织或指定的监督检查等其他任务。

二、机构设置和人员配置

根据监督工作的性质和特点，各监督站为铁路局的附属机构，独立设置并开展工作。站长可由铁路局建设管理处处长兼任（不占编制），同时设专职常务副站长 1 名，主持监督站日常工作，副站长兼总工程师（具有工程系列高级专业技术资格）1 名。专职质量安全监督人员中，线路、桥梁、隧道、四电、房建等专业，具有工程系列高级专业技术资格的人员，每个专业不少于 1 名。

监督人员必须从事过铁路建设相关工作 5 年以上，熟悉建设工程质量安全相关法律法规和专业知识，经国家或铁道部工程质量安全监督培训并考试合格，具有铁路工程系列中级以上专业技术资格。

监督站常务副站长的变动，在征求监督总站意见后按规定程序办理；监督人员的选调和变动应满足任职资格条件要求。

三、基本设备配置

为保证现场监督工作的有效开展，每个监督站必须配备 2 台现场用车（根据项目情况可采用购买或租用方式）、通讯、检测（如数码相机、测温、红外探测等）等设备，以满足监督工作的基本需要，其他设备按照国家和铁道部的有关规定进行采购管理。

关于《火车头优质工程奖评选办法》的批复

（铁道部 铁建设函〔2007〕1070 号 2007 年 10 月 11 日）

中国铁道工程建设协会：

根据铁道部关于加强行政审批项目后续工作安排，中国铁道工程建设协会制定了《火车头优质工程奖评选办法》，经研究，同意发布。铁道部原《关于印发〈铁道部优质工程评选办法〉的通知》（铁建设〔1999〕50 号）和《关于印发〈中国铁道工程建设协会火车头优质工程评选办法〉的通知》（铁建设〔2002〕46 号）同时废止。

附件：火车头优质工程奖评选办法

附件：

火车头优质工程奖评选办法

第一章 总 则

第一条 为鼓励企业积极创新，加强管理，控制投资，提高铁路建设工程质量，依据国家和铁道部有关规定，制定本办法。

第二条 火车头优质工程奖（以下简称火车头奖）评选的对象为我国境内新建、改建（扩建）铁路项目和中国铁道工程建设协会（以下简称铁道工程协会）会员单位在我国境内建设的其他工程项目。

第三条 火车头奖设一等奖和二等奖，每年评选一次。申报截止日期为每年的 4 月 30 日。

第四条 火车头奖评选应当坚持科学、公开、公正、公平的原则，并接受社会监督。

第五条 铁道工程协会在铁道部建设管理司指导下开展火车头奖评选工作。

第二章 申报条件和评选标准

第六条 拟申报火车头奖的工程，建设单位或施工企业应当在开工前制定创优规划，并报铁道工程协会备案。

第七条 申报工程应当是竣工验收（初步验收）合格，且经过不少于一年的实践检验；应当获得过设计单位优秀勘察设计奖项和施工企业优质工程称号。

第八条 申报工程应当满足下列条件之一：

(一)综合工程

1. 铁路工程

(1)新建铁路:一次建成的连续长度不少于30公里的单线铁路;一次建成的连续长度不少于20公里的双线(多线)铁路。

(2)改建铁路(含增建二线):连续长度不少于80公里。

(3)新建站(段):新建大型客运站、编组站、集装箱中心站、动车段。

2. 其他工程

(1)新建公路:长度在20公里以上的高速公路。

(2)市政工程:不少于一站一区间的地铁或城市轨道交通工程;10万吨以上的独立水厂或污水处理厂。

(3)房建工程:建筑面积在5万平方米以上的住宅小区或建筑群。

(二)单项工程

1. 铁路工程

(1)全长在1000米以上的特大桥;采用新工艺、新技术、新材料、新结构,施工工艺复杂,科技含量高的大桥;

(2)全长在3000米以上的单线隧道,或在2000米以上的双线隧道,或在1000米以上的多线隧道;

(3)连续长度在1000米以上、采用特殊设计的路基工程,或在500米以上、采用新技术的大型防护工程(如挡墙、护坡、护岸等);

(4)长度不少于100公里的铁路电气化、通信、信号、电力工程;

(5)采用新技术、新工艺,具有推广价值和显著经济效益、社会效益的其他工程项目。

2. 其他工程

(1)桥面面积2万平方米以上的城市立交桥;

(2)全长在2000米以上的公路隧道;

(3)建筑面积在2万平方米以上的单体高层住宅或公共建筑(写字楼、厂房、站房、教学楼、图书馆等);

(4)投资在5000万元(含)以上的大型互通立交或其他大型交通工程项目。

第九条 申报工程,应当包括该工程的所有设施、设备及附属构筑物。

申报工程一般只能申报一次,且不能同时申报综合工程和单项工程奖项。已申报综合奖项但未获奖的综合工程,其单项工程可再申报单项奖项一次。

第十条 下列工程不得申报火车头奖:

(一)正式竣工验收三年后的工程;

(二)建设期间发生过重大质量、安全事故的工程;

(三)使用期间发现质量、安全隐患的工程;

(四)违反建设市场秩序,转包、违法分包的工程;

(五)拖欠工程款和农民工工资的工程;

(六)不适宜公开申报或无法检查的工程。

第十一条 火车头奖评选条件:

(一)建设项目经批准并依法建设;

(二)符合工程验收标准、规程、规范的要求,满足使用需求;

（三）推广使用新技术、新工艺、新材料、新设备，总体技术有所创新；

（四）符合国家有关安全、环保、节能的要求；

（五）按期建成，没有超出批准的建设标准和投资规模。

第十二条 火车头奖评选标准：

一等奖评选标准为：申报工程中的所有单位工程验收一次合格，施工工艺、施工水平和整体质量水平达到国内先进水平；

二等奖评选标准为：申报工程中的所有单位工程验收一次合格，施工工艺、施工水平和整体质量水平达到行业先进水平。

第三章 申 报

第十三条 火车头奖一般由施工企业申报，综合工程也可由建设单位申报。申报火车头奖的施工企业必须具备与申报工程相应的施工资质，应当是申报项目或标段的承包单位。

第十四条 火车头奖申报程序：

（一）单个施工企业申报时应当填写《火车头优质工程奖申报表》（以下简称《申报表》，样式附后），在征求使用维护单位的意见，经建设单位审查同意，并送上级主管部门预审后，报送铁道工程协会。

（二）多个施工企业（含联合体）参建的大型工程建设项目，如某一个施工企业难以单独组织申报，可由该项目的建设单位提出申报，并负责填写《申报表》，在征求使用维护单位的意见，送上级主管部门预审后，报送铁道工程协会。

第十五条 申报火车头奖应提交以下资料：

（一）申报工程开工时制定的创优规划及执行情况；

（二）《申报表》一式两份；

（三）工程承包合同及竣工验收（初验）证书复印件各一份；

（四）工程承包合同执行情况说明；

（五）监理单位签发的《工程竣工初验报审表》复印件一份；

（六）质量安全监督机构对该工程项目出具的《铁路建设工程质量安全监督报告》复印件一份；

（七）设计单位的优秀勘察设计和施工企业的优质工程获奖证书复印件各一份；

（八）提报反映主体工程的照片10张和不超过10分钟、配解说词的多媒体光盘（内容应包括：工程概况、主要工序、采用的新工艺和新技术、隐蔽工程隐蔽前后情形、重要工程表观质量等）；

（九）施工现场质量管理检查记录和单位工程质量验收记录复印件各一份。

第十六条 申报材料的各种文件、证明、印章应当清晰齐全。文字材料统一用A4纸打印并装订整齐。

第四章 评 审

第十七条 火车头优质工程奖评审工作成立评审委员会，评审委员会名单报铁道部建设管理司核备。评审委员由铁道工程协会根据申报工程情况，在有关部门和企业推荐的专家中选聘。评审委员应具有广泛的代表性，并实行回避制度。

第十八条 评审委员会下设专业评审组。专业评审组的专家必须具有高级技术职称、熟悉工程专业技术、综合素质高并担任过一定的专业技术职务。

第十九条 评审程序如下：

(一)铁道工程协会制定年度评选工作方案，在评选工作开展前报铁道部建设管理司核备；

(二)铁道工程协会秘书处负责具体承办与火车头奖评选有关的申报受理、合规性审查，将符合要求的材料提交专业评审组；

(三)专业评审组对申报材料进行初步审查，提出初审意见；

(四)对拟评为一等奖或初审有疑义的工程，经评审委员会同意，征求铁道部建设管理司意见后(铁路工程还应征求铁道部运输局的意见)，由专业评审组进行现场复验，提交书面复验报告；

(五)专业评审组汇总初审意见和现场复验结果，提出书面初审意见，提交火车头优质工程奖评审委员会；

(六)火车头优质工程奖评审委员会根据专业评审组的初审意见及有关资料进行评审，提出获奖项目和获奖单位；

(七)评审结果报铁道部建设管理司核备后，铁路工程在铁道工程交易中心网站和铁道工程协会网站进行公示，其他工程在中国建筑业协会网站进行公示，公示期限为10天；

(八)公示期满无异议的工程，铁道工程协会发文予以正式公布。

第二十条 现场复验工作内容如下：

(一)听取建设、施工单位对工程建设管理和工程质量的介绍和评价意见；

(二)查阅工程有关的资料(隐蔽工程检查证、工程试验检验报告、验收记录、材料和构配件及设备出厂合格证等内业资料)；

(三)实地查验工程外观、质量水平；

(四)听取使用维护单位的意见；

(五)向专业评审组提交书面复验报告。

第五章 奖 惩

第二十一条 被评定为火车头奖的工程，授予火车头奖称号，向申报单位(含参加联合申报的各施工企业)颁发奖牌，并向监理单位颁发奖状。

获奖单位可根据有关规定，对作出突出贡献的主要人员进行表彰和奖励。

第二十二条 申报单位必须如实提供相关资料，不得弄虚作假。评选时发现弄虚作假的，取消该工程的参评资格并通报批评；获奖后发现弄虚作假的，撤销奖励，取消称号，收回奖牌、奖状，并通报批评，同时连续两年取消该单位的参评资格。

第二十三条 工程获奖后，发现因参建单位责任造成工程重大质量安全隐患的，撤销奖励并通报批评，同时连续两年取消该单位的参评资格。

第二十四条 评审人员要严格遵守铁道部关于廉政建设的有关规定，严格按照本办法的规定进行审核评选。对违反纪律者，将视情节轻重，给予批评警告、取消评审专家资格的处罚。

第六章　附　　则

第二十五条　本办法由中国铁道工程建设协会负责解释。

第二十六条　本办法自2008年1月1日起实行。

关于《铁路工程质量安全监督机构及监督人员考核办法》《铁路工程质量监督检测管理办法》的批复

（铁道部 铁建设函〔2008〕433 号　2008 年 4 月 26 日）

工程质量安全监督总站：

你站报送的《铁路工程质量安全监督机构及监督人员考核办法》、《铁路工程质量监督检测管理办法》收悉。经研究，同意印发实施，请你站按照两个办法做好考核和检测管理工作。

铁路工程质量安全监督机构及监督人员考核办法

第一条　为规范铁路工程质量安全监督机构管理，提高铁路工程质量安全监督工作水平，强化监督队伍建设，根据《铁路建设工程质量安全监督管理办法》等有关规定，制定本办法。

第二条　本办法所称监督机构是指设在铁道部工程管理中心和铁路局的铁道部工程质量安全监督总站区域监督站。

本办法所指监督人员是指监督站按照有关规定依法专职从事铁路建设工程质量安全监督工作的专业技术及管理人员。

第三条　监督站依据考核标准和考核程序对本站监督人员进行年度考核。

监督总站对监督站的年度工作进行考核，对监督站考核监督人员情况进行抽查。

第四条　考核工作每年一次，一般在每年 12 月份至次年 1 月份进行。

第五条　监督总站对监督站考核内容

1. 机构独立设置情况。

2. 管理制度建立情况。

3. 人员配置和管理

(1)站长兼任的，是否设专职常务副站长主持日常工作，站长或常务副站长变动是否提前征得监督总站同意；

(2)监督站总人数是否不少于 9 人，其中符合任职条件的专职监督人员数量是否不少于 7 人；

(3)监督人员专业结构是否配备合理，其中线路、桥、隧、四电、房建专业具有高级技术职称人员不少于一人；

(4)监督人员考核工作是否符合有关要求。

4. 证件管理

(1)正式人员证件申领及年检是否符合规定;

(2)聘用人员证件管理是否符合规定;

(3)调离监督岗位人员的证件是否及时收回。

5. 监督档案

监督档案是否做到内容齐全、真实、完整。

6. 信息化管理

(1)硬件设备能否接入铁路办公信息系统;

(2)是否按时报送月报、半年报、专项报告等各类信息。

7. 监督费管理

监督费收取、上缴、支付是否符合规定。

8. 设备配备

是否配备能够满足监督工作基本需要的交通、通讯、检测等设备。

9. 举报受理

(1)是否建立举报台账;

(2)是否及时调查处理,有举报人联系方式的是否及时向投诉人反馈调查处理结果;

(3)对监督总站转来的举报和监督站受理的重大质量安全问题举报,是否及时将调查处理结果报送监督总站。

10. 项目监督

(1)应当纳入监督范围的铁路建设工程是否及时办理监督手续;

(2)监督手续是否及时完备;

(3)是否建立质量安全问题台账;

(4)是否按照片区监督管理的有关要求积极做好相关工作,对现场检查发现的问题,是否督促整改并及时报送复查结果;

(5)对质量安全问题是否实行闭合管理;

(6)委托检测机构是否符合铁路工程质量监督检测管理办法的要求;

(7)是否按规定及时报送质量安全事故;

(8)是否按规定对信誉评价活动进行监督;

(9)按规定应实施监督的竣工验收是否进行监督;

(10)是否按规定提报工程质量安全监督报告。

第六条 监督总站对监督站考核程序

1. 监督站按本办法的考核内容和标准进行自我评价,自评报告于每年12月5日前报监督总站。

2. 监督总站派出工作组对监督站的组织机构、人员和工作情况进行检查;

3. 抽查已竣工工程的监督档案,抽查在建工程的监督资料,必要时抽查工地现场;

4. 收集相关单位对监督站工作的评价;

5. 根据考核表(附件1)打分。

第七条 监督总站对监督站考核结果

考核结果分为优秀、合格、基本合格和不合格。考核总分为100分,考核得分90(含)分以上为优秀,90(不含)分—75(含)分为合格,75(不含)分—60(含)分为基本合格,60分以下为不合格。

第八条 监督站有下列情况之一的，考核时实行一票否决，年度考核为不合格。

1. 不履行监督职责，或提供虚假质量安全监督报告的；

2. 监督人员在履行职务时存在严重违纪行为，受到党纪处分、行政处罚或处分的；

3. 监督费管理严重违反规定，被上级审计或财务部门检查通报的。

第九条 对监督站奖惩

1. 对于年度考核优秀的监督站，监督总站给予全路通报表扬，监督站可推荐 2 名监督人员参加“全路工程质量安全优秀监督工作者”的评选。

2. 年度考核合格的监督站，可推荐 1 名监督人员参加“全路工程质量安全优秀监督工作者”的评选。

3. 年度考核基本合格的监督站，实行站长约谈制度，由监督总站领导对监督站站长、副站长进行约谈，提出改进要求。

4. 年度考核不合格的监督站，责令整改。整改合格后，站长、副站长到监督总站汇报整改情况。连续两次年度考核不合格的，取消铁路建设工程质量安全监督资格，撤销该监督站。

第十条 监督人员考核

(一)考核标准：

能胜任所从事的监督工作，且无下列行为：

1. 监督项目发生重大及以上质量事故或较大及以上安全事故的；

2. 准许他人以本人名义从事监督工作，弄虚作假签署监督文件；

3. 未按照有关法律法规和监督程序规定开展监督工作，造成严重后果或不良社会影响；

4. 其他失职或违法违纪行为。

(二)考核程序

1. 按本办法的考核内容和标准，由监督人员填写《铁路建设工程监督人员考核申请表》(附件 2)，报所在监督站。

2. 监督站依据监督人员考核标准进行考核，签署意见并加盖公章，于每年 12 月 5 日前报监督总站备案。

3. 监督总站对各监督站监督人员考核情况进行抽查，并将有关情况纳入对监督站的考核内容。

(三)考核结果

考核结果分为合格和不合格，同时满足全部考核标准的为合格。

第十一条 对监督人员的奖惩

1. 年度考核合格的监督人员准予办理年检，并可被推荐参加“全路工程质量安全优秀监督工作者”的评选。获“全路工程质量安全优秀监督工作者”的，监督总站给予通报表扬，并提请有关单位给予相应奖励。

2. 年度考核不合格的监督人员，责令整改，整改后仍不合格的，收回监督证，调离监督岗位。

第十二条 本办法由监督总站负责解释。

附件：1. 监督站考核内容及标准表

2. 铁路建设工程监督人员考核申请表

附件1：

监督站考核内容及标准表

考核内容		考核标准
机构设置	各监督站独立设置情况	不符合规定，扣5分
制度管理	工作制度是否建立健全	扣1分/每缺1项
人员配置和管理	站长兼任的，设专职常务副站长，主持监督站日常工作	未设的，扣5分
	站长或常务副站长变动是否提前征得监督总站同意	扣5分/每1人不符合
	监督站总人数不少于9人	扣3分/每少1人
	符合任职条件的监督人员数量不少于7人	扣5分/每少1人
	监督人员专业配备情况	扣3分/每1个专业缺少高级技术职称的
	监督人员考核工作符合有关要求	扣2分/每1人不符合
证件管理	正式人员申领证件及年检是否符合规定	扣3分/每1人不符合
	聘用监督人员的证件管理是否符合要求	扣2分/每1人不符合
	调离监督岗位人员的证件是否及时收回	扣3分/每1人未收回
监督档案	内容齐全真实完整	扣2分/每1项不符
信息化管理	是否接入铁路办公信息系统	未接入扣5分
	是否按时报送月报、半年报、专项报告等各类信息	未按规定时间报送，扣1分/每次
监督费管理	收取标准是否符合有关规定	超出标准，扣2分/每次
	监督费能否按计划收缴	根据欠收比例，扣分： 10%～20%(含)，扣2分； 20%～50%(含)，扣5分； 50%～80%(含)，扣10分； >80%，扣20分
	有无支出超范围的情况	超出范围，扣2分/每项次
设备配置	交通工具不少于2台	扣5分/每少1台
	其他基本设备(传真机、测温测距设备、数码照相机、摄像机)	扣1分/每少1项
举报受理	是否建立台账	未建立，扣3分
	是否及时调查处理，并尽快向投诉人反馈调查处理结果	未及时处理或反馈，扣2分
	监督总站转来的举报和监督站受理的重大质量安全问题举报，应及时将调查处理结果上报监督总站	未及时上报，扣3分

续上表

考核内容		考核标准
项目监督	应当纳入监督范围的铁路建设工程是否存在未办理监督手续的情况	扣2分/每发现1项
	监督手续是否完备	不完备，扣2分/每项
	质量安全问题台账是否建立	未建立扣5分
	是否按照片区监督管理的有关要求积极做好相关工作，对现场检查发现的问题，是否督促整改并及时报送复查结果	未督促整改或未及时报送复查结果，扣5分/次
	质量安全问题是否闭合管理	闭合率达不到80%，扣5分
	委托检测机构是否符合铁路工程质量监督检测管理办法的要求	不符合，扣5分/每次
	质量安全事故是否按规定及时报送	扣5分/每起未按规定及时报送
	是否按规定对信誉评价活动进行监督	未履行监督职责，扣2分/每评价期
	按规定应实施监督的竣工验收是否进行监督	未监督，扣2分/每项
	工程质量安全监督报告	未按规定及时提交，扣5分/每次

附件2:

铁路建设工程监督人员考核申请表

<table>
<tr><td>姓　名</td><td></td><td>性　别</td><td></td><td>出生年月</td><td></td></tr>
<tr><td>所在监督站</td><td colspan="3"></td><td>监督证书号</td><td></td></tr>
<tr><td>职　务</td><td></td><td>技术职称</td><td></td><td>从事专业</td><td></td></tr>
<tr><td>学历(位)</td><td></td><td>毕业年限</td><td></td><td>接受监督
培训时间</td><td></td></tr>
<tr><td colspan="2">从事铁路建设
相关工作年限</td><td></td><td colspan="2">从事铁路工程
监督工作年限</td><td></td></tr>
<tr><td colspan="2">取得国家相关
执业资格证书情况</td><td colspan="4"></td></tr>
<tr><td>年
度
监
督
工
作
总
结</td><td colspan="5">(可另附页)</td></tr>
<tr><td>有无受到
党纪、政
纪处分</td><td colspan="5"></td></tr>
<tr><td>自　评
意　见</td><td colspan="5">签名:　　　年　　月　　日</td></tr>
<tr><td>所在监督站
考核意见</td><td colspan="5">(公章)
年　　月　　日</td></tr>
</table>

注:本表一式2份,监督站1份,报监督总站备案1份。

铁路工程质量监督检测管理办法

第一条 为规范铁路工程质量监督检测工作，加强监督工作的权威性和科学性，更好地履行铁路工程质量监督职能，根据《铁路建设工程质量安全监督管理办法》等有关规定，制定本办法。

第二条 本办法所称工程质量监督检测是指铁道部工程质量安全监督总站各区域监督站（含直属监督站，以下称监督站）委托具有相应检测资质的检测机构，采用试验仪器、检测设备对工程实体及原材料、构配件等进行质量抽查检测，以判断其是否满足验收标准和设计要求。

第三条 监督检测作为一种有效的监督手段，主要用于监督检查时对工程质量进行抽查，以及在举报或事故调查时进行必要的检测。

第四条 铁道部工程质量安全监督总站（以下称监督总站）负责制订铁路工程质量监督检测机构条件（见附件 1）和监督检测费用单价参考标准，确定并公布监督检测机构名录。

第五条 申请参与铁路工程质量监督检测工作的检测机构，填写《铁路工程质量监督检测机构基本情况表》（见附件 2），连同所需附件于每年的 1 月 1 日至 15 日提交监督总站。

第六条 监督总站对申请参与铁路工程质量监督检测工作的检测机构组织审查，从满足条件的申请单位中择优选定检测机构作为监督检测的委托对象，并在每年 1 月 31 日前公布当年铁路工程质量监督检测机构名录，有效期截至下次公布之日。

第七条 监督站应结合工程的性质、特点、规模、结构形式、施工进度和质量状况等因素，针对影响工程质量和结构安全的关键部位及相应的原材料、构配件等，拟定检测计划，确定检测项目和费用。

第八条 单次检测费用达到国家规定招标标准的，必须按照有关规定招标选择检测机构。未达到标准的，应在监督检测机构名录内选择。因特殊情况需委托名录外检测机构进行检测的，应书面征得监督总站同意。

第九条 监督站与检测机构必须签订委托合同，明确双方责任义务及相关费用，严格合同管理。检测单价不得高于公布的监督检测费用单价参考标准，没有单价参考标准的检测项目通过双方协商确定。

第十条 监督站不得委托与被检测工程建设、勘察设计、施工、监理等单位及建筑材料、构配件和设备厂家、供应商等有隶属关系及其他利害关系的检测机构进行检测工作。

第十一条 检测机构应按照与监督站约定的时间和地点到达工地现场，并按照检测计划和委托协议开展工作。

第十二条 检测机构应安排满足资格要求的检测人员开展检测工作，并保证检测所用仪器设备符合国家和铁道部有关要求。

第十三条 检测机构在现场检测工作完成后，应及时对检测结果进行分析，按约定的期限提供检测结果，并确保检测结果完整、真实和准确。

检测机构按有关规定对检测结果承担法律责任。

第十四条 检测机构应严格执行国家及铁道部有关工程检测的标准、规程、规范及管理办法。

第十五条 检测机构严禁以监督站的名义承揽检测业务、出具检测结果。

第十六条 对于检测机构无正当理由拒绝接受委托任务、所派人员资格不符合有关规定、出具虚假检测报告、检测数据和结论与实际工程实体严重不符等情况，委托单位应及时书面向监督总站汇报，经核实后取消铁路工程质量监督检测资格。

附件：1. 铁路工程质量监督检测机构条件

2. 铁路工程质量监督检测机构基本情况表

附件1：

铁路工程质量监督检测机构条件

一、一般要求

1. 具有独立的法人资格；

2. 通过计量认证；

3. 经过国家或省部级建设行政主管部门试验检测资质认可；

4. 近三年有三个以上铁路大中型项目或同类工程项目的检测业绩，社会信誉良好。

二、专项要求

检测机构可根据企业业务专长和具备资质情况，自行决定申请以下一项或多项监督检测资格：

1. 钢筋混凝土专项（应包括主要耐久性试验项目，计量认证范围和检测资质中包括该检测内容）

2. 岩土专项（计量认证范围和检测资质中包括该检测内容）

3. 基桩专项（要求具有相应基桩检测资质）

4. 隧道专项（以无损检测为主，项目包括初期支护及二衬厚度、钢架数量、脱空情况、锚杆拉拔等）

5. 轨道专项（包括无缝线路接头探伤等）

6.“四电”专项（包括绝缘电阻、轨道电路检测等）

申请4～6专项的检测机构要求拥有检测所需的仪器设备和3项以上专项检测业绩，以及从事该专项检测工作满3年、具有中级以上技术职称的检测人员数量不少于2名。

附件 2：

铁路工程质量监督检测机构基本情况表

<table>
<tr><td>检测机构名称</td><td colspan="3"></td></tr>
<tr><td>地　址</td><td colspan="3"></td></tr>
<tr><td>法定代表人</td><td colspan="3"></td></tr>
<tr><td>技术负责人</td><td colspan="3"></td></tr>
<tr><td>联系人</td><td></td><td>联系电话</td><td></td></tr>
<tr><td>计量认证证书编号</td><td></td><td></td><td></td></tr>
<tr><td rowspan="4">试验检测资质证书</td><td>发证单位</td><td colspan="2"></td></tr>
<tr><td>证书编号</td><td colspan="2"></td></tr>
<tr><td>发证单位</td><td colspan="2"></td></tr>
<tr><td>证书编号</td><td colspan="2"></td></tr>
<tr><td>近三年同类工程检测业绩</td><td colspan="3">共　　项，包括：
1.
2.
3.</td></tr>
<tr><td>申请检测专项</td><td colspan="3">□1. 混凝土及原材料专项
□2. 岩土专项
□3. 基桩专项
□4. 隧道专项
□5. 轨道专项
□6. 四电专项</td></tr>
</table>

填表人：　　　　　联系电话：

检测机构应附以下材料：

1. 企业法人营业执照(复印件)；
2. 计量认证证书(复印件)；
3. 国家或省部级建设行政主管部门试验检测资质证书(复印件)；
4. 近三年铁路大中型项目或同类工程项目的检测业绩证明(检测合同复印件)；
5. 申请专项检测需要的业绩、检测设备和检测人员资格证明材料。

第七部分

安 全 管 理

国务院办公厅关于开展重大基础设施安全隐患排查工作的通知

国办发〔2007〕58号

各省、自治区、直辖市人民政府，国务院各部委、各直属机构：

多年来，我国重大基础设施建设成效显著，为保障国民经济社会发展发挥了重要作用。但是，近期一些在建或使用中的桥梁发生坍塌事故，反映出基础设施的设计审查、建设施工、维护保养、检查评估以及监督管理等方面仍然存在许多薄弱环节。按照深入贯彻科学发展观、构建社会主义和谐社会的要求，为确保我国重要基础设施建设好、管理好、维护好、运行好，国务院决定开展全国重大基础设施安全隐患排查工作。现将有关事项通知如下：

一、重点排查对象和工作分工

各地区、各有关部门要按照统一领导、分工负责、突出重点、密切配合的原则，坚持重大基础设施隐患专业排查与群防群治相结合、集中排查与日常监管相结合、全面普查与分类抽查相结合、政府督查与单位自查相结合，重点做好以下九个方面的排查工作。

(一)公路交通设施。以桥梁为重点的所有在建和投入使用的公路、桥梁和隧道工程，包括：(1)长大隧道和跨江跨海特大桥梁；(2)大跨径圬工砌体桥梁；(3)地质、地形条件复杂的桥梁和隧道；(4)交通繁忙特别是超限超载车量较为集中的桥梁；(5)高路堤、深路堑、地质复杂路段的公路和桥梁。排查工作由交通部牵头，会同发展改革委、建设部和各省(区、市)人民政府组织实施。

(二)铁路交通设施。包括：(1)正在建设的铁路桥梁、隧道和站房；(2)已经投运的铁路干线和其他客运量较大线路(支线、地方铁路)的桥梁、隧道和站房；(3)铁路轮渡渡船。排查工作由铁道部牵头，会同各省(区、市)人民政府和有关单位组织实施。其中，国铁和国铁控股的合资铁路由铁道部组织排查，地方铁路和地方控股的合资铁路由所经过省(区、市)人民政府组织自查，神华集团铁路由神华集团组织自查，自查情况报铁道部。铁道部对铁路交通设施的自查情况要组织复查并进行汇总。

(三)水运交通设施。以港口和航电枢纽为重点，包括：(1)500吨级以上内河港口码头和1万吨级以上沿海港口码头；(2)通航500吨级以上船闸；(3)所有航电枢纽工程。排查工作由交通部牵头，会同发展改革委、水利部组织实施。

(四)民航交通设施。包括：(1)省会或自治区首府所在城市、直辖市的机场；(2)旅客年吞吐量超过500万人次的机场。上述机场按飞行区等民航专业工程和航站楼等其他附属工程组织排查，工作分别由民航总局和建设部会同有关省(区、市)人民政府组织实施。

(五)大型水利设施。包括：(1)大型水库(总库容1亿立方米以上)；(2)大型拦河水闸工程(过闸流量1000立方米/秒以上)；(3)大型排灌泵站工程(装机流量50立方米/秒或灌溉面积50万亩以上)；(4)一、二级堤防工程(防洪标准超过50年一遇)；(5)大型引调水工程(设计流量5立方米/秒以上)。排查工作由水利部牵头,会同各省(区、市)人民政府组织实施。

(六)大型煤矿。包括设计能力或核定能力120万吨/年以上的煤矿。排查工作由安全监管总局(煤矿安监局)牵头,会同发展改革委、各省(区、市)人民政府、神华集团有限责任公司、中国中煤能源集团公司组织实施。

(七)重要电力设施。包括:(1)火力发电厂(单机容量30万千瓦以上或规划容量80万千瓦以上);(2)水电站(装机容量30万千瓦以上或水库总容积1亿立方米以上);(3)核电厂;(4)停电会造成重要设备损坏和危及人身安全的工矿企业自备电厂;(5)变电所(330千伏、500千伏);(6)输电线路大跨越塔(500千伏);(7)不得中断的电力系统通信设施;(8)电力枢纽(汇集多个电源和联络线或连接不同电力系统的重要变电所);(9)经主管部门批准,在地震时必须保障正常供电的其他重要电力设施。排查工作由电监会牵头,会同国资委、水利部、发展改革委和各省(区、市)人民政府组织实施。

(八)石油天然气设施。包括:(1)输油管道设施(跨省干线输油管网);(2)天然气输气管网(跨省或年输气能力5亿立方米以上);(3)油气田集输处理设施(高温、高压、高含硫油气田井场,集输场站)。排查工作由中国石油天然气集团公司、中国石油化工集团公司、中国海洋石油总公司牵头,会同有关省(区、市)人民政府组织落实。

(九)城市基础设施。包括轨道交通、燃气供应、供水、集中供热、道路桥梁隧道等。排查工作由建设部牵头,会同各省(区、市)人民政府组织实施。

上述重大基础设施安全隐患排查具体实施单位除石油天然气设施外,均由各省(区、市)人民政府负责落实。各地区、各部门已经做出专项检查安排的,可根据本通知要求和实际情况,对排查范围进行适当调整,并与正在进行的检查工作合并进行。

二、排查主要内容

(一)使用中的重大基础设施的管理、运营维护和安全监管责任主体是否明确,承担维护保养、检查评估等日常管理的单位是否确实履行了职责,设施状况记录(台账、档案、数据库等)是否健全。

(二)在建重大基础设施的立项审批程序是否完备并依法办理相关审批手续,勘察、设计、建设施工、监理单位是否符合国家有关法律法规要求的资质,是否履行了职责,工程质量是否存在问题,质量和安全监管是否到位。重大基础设施是否按要求完成"环境影响评价"、"安全评价"、"职业病危害预评价",是否按要求进行了"三同时"(同时设计、同时施工、同时投产和使用)验收,是否取得了安全生产许可证(适用于要求取证的行业)。

(三)重大基础设施产权单位是否建立制度化的安全隐患排查评估机制,对涉及安全的重要参数是否长期坚持监测跟踪和定期分析;对结构、材料、环境等方面存在的安全风险是否进行过全面、系统的分析并做出结论;对存在的重大隐患是否能够及时发现,是否采取了有效防范、补救措施。

(四)重大基础设施设计、施工、维护依据的国家或行业标准、规范、规程,与当前实际运行状况是否存在明显的差异,强制性标准、规范是否严格执行。

(五)重大基础设施应急管理体制和机制建设是否到位,防范自然灾害、事故灾难和其他突发事件的应急预案是否齐全,应急措施和救援力量是否满足快速响应和紧急处置的需要。

三、工作要求

(一)各地区、各部门要高度重视重大基础设施安全隐患排查工作,切实加强领导,制订周密的排查工作方案，明确具体工作目标，落实责任追究制。要坚持实事求是，坚持依法办事，坚决杜绝走过场、敷衍搪塞、形式主义等现象。各地区、各部门的工作方案于9月底前报国务院。

（二）各牵头部门要针对排查中发现的隐患组织一次技术安全方面的评审，对重大安全隐患要根据情况及时采取有效办法加以防范，可分别采取警示警告、加固、防护、拆除、封闭等措施。要组织梳理归纳不能满足实际需要的标准、规范、规程，有关归口管理部门要尽快组织修订。

（三）各地区、各部门和相关单位，要结合排查情况加大资金投入，确保重大基础设施维护所需资金，防止安全隐患酿成事故。要结合实际，进一步健全重大基础设施维护资金保障制度。同时，重大基础设施监管和运行维护单位要建立健全突发事件应急机制，落实监管责任，完善应急预案，充实救援队伍，储备必要物资，为重大基础设施发生事故后能够快速和妥善处理，提供有效保障。

（四）本次重大基础设施安全隐患排查工作分两个阶段进行。第一阶段（2007年10月底前完成），由各地方人民政府、国务院有关部门和单位按照重大基础设施的管理权限分别组织实施；10月31日前，各地区、各有关部门和单位将第一阶段总结情况报送牵头部门和单位汇总。第二阶段（11月底前完成），由牵头部门和单位对突出问题和重点地区组织复查、抽查，由发展改革委汇总牵头部门情况报国务院。

二〇〇七年九月十八日

关于加强铁路隧道工程安全工作的若干意见

（铁道部 铁建设〔2007〕102号 2007年5月15日）

隧道是铁路工程的重要组成部分，隧道建设安全直接关系到人民生命财产安全，关系到又好又快地实施铁路高标准大规模建设，关系到《中长期铁路网规划》的顺利实施。为适应高标准大规模铁路建设需要，本着尊重客观规律、运用科学方法、切实解决问题的原则，经研究，对加强铁路隧道安全工作提出如下意见。

一、加强隧道工程勘察设计工作

1. 合理确定隧道方案。设计单位在选线过程中，要把隧道特别是长或特长隧道作为确定线路方案的重要因素，通过区域地质资料分析、遥感、现场测绘调查、物探等多种手段，进行充分的经济技术比较，选择地质条件好、施工方便的方案，合理确定洞线关系（长度10公里以上隧道应优先采用双洞单线方案）。

2. 加强地质勘察工作。勘察设计单位应根据勘察阶段要求、工程情况和地质条件编制勘察大纲，合理确定勘察原则和技术要求。在地质调绘的基础上，采用遥感、物探、钻探、综合测试等方法，取得翔实的工程地质资料，经过综合分析和相互验证，准确判定地质条件、围岩级别，合理评价其对隧道建设的影响。勘察工作必须达到规定的深度，保证足够的钻探数量，需要深孔钻探的必须实施深孔钻探，深孔钻探必须在工期、费用上予以保证，钻探工作应在设计开放前完成。建设单位应按《铁路工程地质勘察监理规程》及相关规定审查勘察大纲，组织实施地质勘察监理（咨询）和地质资料验收。勘察工作（包括钻探数量）达不到规定要求的，不得开放设计和上报、接收、审查设计文件。

3. 强化施工安全设计。隧道设计专册必须具有十年以上隧道勘察设计经历，应组织或参与组织编制隧道勘察大纲，指导现场勘察工作；主要设计人员必须参加隧道现场勘察工作，熟悉现场情况和勘察资料。隧道设计必须依据勘察资料进行，勘察资料不足的，必须在补充勘察后进行设计。要依据工程地质条件和风险评估意见，进行施工安全工程措施设计，提出施工及安全注意事项、超前地质预报措施、安全防护措施、风险防范措施、人员逃逸方案等。工程措施必须与地质条件匹配，地质条件不好的，必须加强工程措施；不良地质、特殊岩土隧道的施工方法、支护措施等必须进行分析论证，必要时进行专题研究后设计；采用特殊工艺的要进行工艺设计，特殊节点和特殊工序接口要进行详细设计；采用新结构、新材料、新工艺以及特殊结构的，必须在设计文件中明确保障施工作业人员安全和预防安全事故的措施及相关要求；安全生产费用要按规定纳入工程概算。

二、实行隧道工程风险管理

1. 建立风险管理制度。受当前勘察技术手段限制，开挖前难以准确判定隧道（特别是长或特长隧道）的地质条件和围岩特性。为保证隧道施工安全，隧道建设应树立风险管理理念。建设单位是隧道风险管理的责任主体，必须建立起建设单位负责审查风险评估报告、督促检查相关单位落实风险责任分工；勘察设计单位为风险评估提供资料、依据风险评估意见修改设计；施工单位根据设计文件制订防范措施；监理单位审查防范措施并检查执行情况的铁路隧道建设风险管理制度，有效防范和规避隧道建设风险。

2. 规范风险评估工作。风险评估是风险管理的重要内容。铁路隧道风险评估内容按阶段确定，可研阶段的风险评估在初测基础上进行，主要对隧道线位、初步方案及可能出现的重大地质灾害及应对措施进行评估；初步设计阶段的风险评估在定测基础上进行，主要对隧道设计方案，包括断面形式、衬砌类型、施工方法、支护参数以及应急方案等进行评估；施工阶段的风险评估是在超前地质预报和围岩量测基础上进行，对工程措施、施工方法和支护参数进行评估。勘察设计阶段的隧道风险评估由勘察设计单位进行。

3. 做好风险防范工作。施工单位是隧道施工安全的责任主体，必须加强隧道施工过程的风险防范和风险管理，落实各项风险防范措施，对于不良地质、特殊岩土、深埋长大隧道施工过程中可能出现的重大地质灾害等开展专项风险评估，并依据专项评估意见完善施工技术方案，改进和加强安全生产及防范风险的具体技术措施，选择适宜的施工工艺，制订风险防范及突发安全事故应急预案等；设计单位应做好施工风险防范配合工作，根据需要及时做出变更设计；监理单位应监督施工单位制订风险防范措施并督促实施。

三、做好超前地质预报工作

1. 科学制定超前地质预报方案。超前地质预报是工程勘察工作的延续，是保证隧道施工安全、优化设计、实现施工信息化的重要基础。勘察设计单位应参照《铁路隧道超前地质预报技术指南》，结合隧道工程地质条件和指导性施工组织设计编制超前地质预报方案。超前地质预报方案要明确隧道超前地质预报的方法、预报内容、预报频次、实施计划，提出仪器设备配置和操作要求、信息判释、数据采集与处理、预报成果报告编制等技术要求，应采用综合超前地质预报技术和方法，形成各种预报方法互为补充和验证的预报系统。

2. 落实超前地质预报责任。建设单位要把施工企业隧道超前地质预报专业水平作为工程招标的一项重要条件，也可选择专业化队伍承担不良地质、特殊岩土、深埋长大隧道的超前地质预报工作。建设单位负责审查隧道工程超前地质预报方案，并对方案的实施情况进行监督和检查。勘察设计单位应根据地质资料，编制隧道施工超前地质预报方案，计算相关费用并纳入工程概算，指导超前地质预报工作，依据超前地质预报成果修正设计。施工单位必须配备能够胜任超前地质预报工作的技术人员，按照超前地质预报方案编制实施细则，对超前地质预报成果及数据的真实性负责。监理单位负责检查施工单位现场地质、物探专业技术人员数量及能力，设备类型及数量，超前地质预报的实施和数据采集，以及相关协调工作。

3. 认真做好超前地质预报工作。隧道超前地质预报与信息化设计和信息化施工是一个有机整体，建设、设计、施工、监理等单位要落实责任、相互配合、认真实施，做到预报信息真实准确、传递顺畅、反馈及时、决策迅速、处理及时。施工单位应将超前地质预报工作纳入工序管理，严格按超前地质预报方案和实施细则实施，超前地质预报显示地质条件异常时，应及时采取措施，防止事故发生，同时报监理、设计、建设单位。建设、设计、施工、监理单位应迅速研究提出处理方案。不良地质、特殊岩土、深埋长大隧道没有制定超前地质预报方案、实施细则或未组织实施的，将追究相关单位的责任。

四、加强隧道施工安全管理

1. 落实施工安全责任。建设、勘察设计、监理单位必须严格履行法律法规和规章制度赋予的安全生产责任。施工单位对铁路隧道施工安全负责，必须提高安全生产认识，严格遵守有关安全生产的法律法规和规章制度，建立安全生产保障体系，落实各项安全生产措施，加强和改进安全生产管理，做好安全应急救援预案，配备应急救援人员、器材、设备。应急救援预案按规定报监理单位批准并报建设单位核备，并定期进行演练。建设、勘察设计、监理单位对隧道施工安全承担相应责任，为隧道安全施工提供基础资料和安全生产建议，同时督促施工单位严格实施。

2. 强化施工组织设计。施工单位编制的隧道施工组织设计，必须将安全生产、危险源识别评价与控制、应急救援预案等作为重要内容，尤其在编制穿越断层破碎带、岩溶、岩爆、瓦斯、软岩变形等不良地质和膨胀土、富水黄土等特殊岩土专项施工方案时，必须将安全生产保证措施作为重要内容。隧道施工应按审查批准的施工方法组织实施，确需调整的须经总监理工程师组织设计、施工单位研究后报建设单位批准，重点隧道重大施工方案调整须报铁道部批准。不良地质、特殊岩土、深埋长大隧道的专项施工方案由项目经理、技术负责人和安全负责人共同组织编制，报施工企业主管领导审查，经总监理工程师审核后实施，并由施工企业专职安全生产管理人员进行现场监督。

3. 规范施工现场管理。隧道施工现场安全管理工作由施工单位负责，并积极推行安全施工标准化工地建设。建设单位应选择专业水平隧道施工企业及具有隧道施工经验、安全培训考试合格且无重大安全事故记录的项目负责人、技术负责人和专职安全管理人员。施工单位必须按合同约定配备相关人员，积极采用“架子队”模式管理劳务人员，掌子面主要操作人员必须是参加过隧道施工的企业职工或合同制工人；要按照批准的施工组织设计配置安全设备，瓦斯隧道必须按规定配置符合要求的设备；要做好施工和安全防护现场交底工作，严格工序管理，规范作业流程；要加强对进入隧道人员的管理，建立出入隧道登记制度；要加强对火工品的管理。对纳入合同的安全生产费用，应当用于现场施工安全，不得挪作他用。

4. 加强监控量测工作。监控量测是确定围岩变形、调整支护参数、设计参数的重要依据。施工单位必须将监控量测纳入施工工序，配备监控量测专业人员；要制定详细的监控量测方案，并根据地质情况及时进行调整；要建立最大日变形量和累计变形量的风险预警机制；要严格按照规范要求布点量测，确保监控量测数据真实准确完整。要及时对量测数据进行分析，根据分析结果调整支护参数，并及时将量测数据和分析结果反馈给设计、监理单位，设计单位验证后应及时根据量测数据调整设计参数，施工单位按变更设计进行施工。

5. 加强施工安全培训。施工单位要提高认识，认真做好技术培训工作，进一步提高管理人员、操作人员的技术水平和安全生产知识，这些都是确保施工安全、提高施工质量、降低施工成本、保证建设工期的重要措施。隧道开挖、喷锚支护、衬砌操作人员必须进行上岗前的技术、安全培训，考试合格后方可上岗；作业人员必须持证上岗。

五、加强和改进变更设计管理

1. 加强现场设计配合。设计单位要加强施工配合工作，及时解决隧道施工中出现的问题。长大隧道以及工程地质条件特别复杂的隧道，要组建以专册为组长、主要勘察设计人员为成员的常驻现场施工配合组；施工配合人员要按规定进行技术和安全施工交底，解释设计文件、施工方法以及安全保护措施，指导施工单位正确开展超前地质预报工作和现场监控量测工作；要依据超前地质预报数据、开挖揭示的地质情况和量测数据，不断完善和修改设计文件。

2. 优化变更设计程序。涉及隧道施工安全的Ⅱ类变更设计，由建设单位委托监理单位组织设计、施工单位现场研究确定，设计单位变更设计后实施，实施后按程序完善手续。涉及隧道施工安全的Ⅰ类变更设计，以及安全突发事件引起的需要立即处理的Ⅰ类变更设计，由建设单位组织监理、设计、施工单位及专家论证，设计单位变更设计后实施，同时向铁道部有关部门和单位报告，并及时按程序办理变更手续。

3. 建立专家咨询机制。隧道施工中出现复杂重大的专业技术问题时，由施工单位组织专家通过咨询解决；具有共性的工程、水文地质问题，由建设单位邀请熟悉当地工程地质情况的专家进行咨询论证；涉及全局性的技术问题，建设单位应及时上报铁道部，由铁道部邀请专家进行咨询论证。

六、积极采用先进工艺工法

1. 特长隧道优先采用 TBM 施工方法。地质条件及环境允许的 10 公里以上隧道应优先采用 TBM 施工方法组织建设。铁道部鼓励隧道施工业绩较佳的施工单位联合集中招标采购 TBM 并参与铁路隧道建设。建设单位在施工招标文件中应明确具有符合 TBM 及相应技术条件的施工单位方能参与施工投标。

2. 积极采用先进的工艺工法。为提高铁路隧道施工技术水平，隧道的设计和施工要积极学习、借鉴、采用、推广国内外先进技术，对条件适宜的隧道要积极采用岩土控制变形分析法（新意法）等先进施工方法和施工工艺，要在消化吸收的基础上，不断改进创新，逐步探索和形成具有中国特色的隧道设计、施工理论和先进适用的隧道施工方法、工艺。

七、大力推行隧道专业工程总承包

1. 扩大工程总承包试点。为加强铁路隧道工程建设管理，大力培育铁路隧道施工专业化队伍，促进铁路隧道施工专业化水平的提高，确保铁路隧道施工安全、质量、投资、工期和环境控制，要选择一些勘察设计达到规定深度和具备条件的长大隧道实行工程总承包，鼓励施工单位和设计单位强强联合，充分发挥设计指导工程施工、施工促进设计优化的联合优势，使施工图设计和施工有机结合。

2. 有效实施动态设计。对于实行工程总承包的隧道工程，在招投标及合同约定中，要充分考虑各种风险因素及费用，隧道工程实行总价包干，承包费用不作调整；在隧道施工实施过程中，由总承包单位的设计单位根据地质变化情况，在保证工程质量和使用功能的前提下，实施动态设计，变更设计文件由建设单位审定，涉及Ⅰ类变更设计或变更初步设计批复主要原则的，由建设单位组织初审后报原初步设计审批部门批准核备。

3. 加强工程总承包过程控制。对于实行工程总承包的隧道工程，相关建设单位要加强对隧道施工安全、工程质量的监督和管理，特别是要加大监理单位的责任，确保落实隧道施工安全措施，确保隧道工程按规定的质量标准和要求建设。

八、加强隧道施工安全监督管理

1. 加强安全生产监督。质量安全监督机构要加大对隧道施工安全的监督检查和关键环节、关键部位的重点抽查，督促施工单位加强安全生产管理。对检查中发现安全隐患的，应责令其抓紧排除隐患；存在重大安全隐患的，必须先确保作业人员安全后再迅速组织整改。

2. 定期组织安全检查。建设单位要加强对施工单位安全技术交底、应急预案演练、各项安全措施落实情况的检查，定期组织隧道施工安全专项检查。监理单位要认真履行安全监控职责，按规定审查安全技术措施，对现场安全措施落实情况加强检查，督促施工单位加强安全管理。

3. 严肃查处安全事故。对隧道施工安全事故必须按照“四不放过”的原则严肃查处，要把行政执法、经济处罚、公开曝光以及激励约束等措施结合起来，全方位促进隧道施工安全管理水平的提高。

关于进一步加强铁路隧道安全工作的通知

（铁道部 铁建设函〔2007〕1007 号　2007 年 9 月 19 日）

各铁路局，投资公司，各铁路公司（筹备组），铁科院：

隧道是铁路建设工程的重要组成部分。隧道建设安全直接关系到人民生命财产安全。各单位要认真学习铁道部下发的《关于加强铁路隧道工程安全工作的若干意见》（铁建设〔2007〕102 号），加强隧道安全生产管理。针对当前存在的问题，现就进一步做好隧道安全工作通知如下：

一、认真开展设计复查工作

1. 设计复查范围：正在建设和即将开工建设隧道的施工图，包括已交付建设单位及尚未交付建设单位的施工图文件。

2. 设计复查重点：隧道工程范围内是否存在尚未探明的不良地质，超前地质预报的方法、手段是否得当；针对不同围岩、不良地质，尤其是断层破碎带、软岩、岩爆等不良地质地段，所采用的设计参数、施工方法以及辅助工程措施设计是否得当、充分；对岩溶、瓦斯、涌水等不良地质是否有安全应急预案工程设计；超前地质预报、安全应急预案工程设计措施是否与地质等各种情况匹配，变更设计措施是否妥当。

对尚未开工的项目还应检查：隧道范围线路选线是否规避了影响施工和运营安全的重大不良地质（尤其是灾难性重大不良地质），隧道设计标高、平面和纵断面设计是否合理，隧道洞口及进洞措施是否合理。

3. 复查工作要求：建设单位要认真组织开展设计复查工作，为做好设计复查工作创造有利条件。设计单位应及时将设计复查结果及处理建议报建设单位；建设单位应于 11 月 20 日前将设计复查情况报铁道部建设司、鉴定中心和工程监督总站，客运专线项目同时报工管中心。

二、加强隧道Ⅰ类变更设计管理

受当前地质勘察技术方法和手段限制，开挖前难以完全准确判定隧道地质条件和围岩特性，为便于设计单位根据揭示的围岩特性和地质情况及时调整设计参数、施工方法以及辅助工程措施，保证隧道施工安全和工程顺利实施，铁道部决定隧道建设中Ⅰ类变更设计暂不执行铁道部《铁路建设项目Ⅰ类变更设计问责暂行办法》（铁建设〔2007〕111 号）规定的问责制度。建设单位要严格按铁道部有关规定，切实加强对变更设计工作的管理。

三、强化隧道工程风险管理

建设单位应将风险管理贯穿隧道工程建设全过程，对目前仍没有进行风险评估的在建隧道，要抓紧组织专家开展风险评估，评估意见可由参加评估的专家个人署名提供，设计单位应结合实际认真研究和采纳专家意见，修改完善设计。设计单位必须根据每一座隧道可能发生的不同安全隐患或问题，补充相应的安全应急预案工程设计，在发生紧急情况时，经建设单位认可后可直接采用相对应的安全应急预案工程设计，以简化变更设计程序。今后隧道工程设计均必须按规定开展安全应急预案工程设计。

四、完善安全应急救援预案

施工单位必须依据铁道部有关规定，进一步完善施工安全应急救援预案，配备相应人员、器材、设备并定期进行演练，建设、监理单位要按规定进行检查，检查工作于 11 月 10 日前完成，检查结果 11 月 15 日前报铁道部建设司、工程监督总站，客运专线项目同时报工管中心。

关于印发《铁路隧道风险评估与管理暂行规定》的通知

（铁道部 铁建设〔2007〕200号　2007年10月29日）

各铁路局，投资公司，各铁路公司（筹备组）：

为规范铁路隧道风险评估与管理工作，建立风险评估及管理体系，现将《铁路隧道风险评估与管理暂行规定》（另发单行本）印发给你们。本暂行规定自发布之日起施行。

本暂行规定由铁道部建设管理司负责解释，由铁路工程技术标准所组织中国铁道出版社出版发行。

关于印发《铁路营业线施工安全管理办法》的通知

（铁道部 铁办〔2008〕190 号　2008 年 10 月 15 日）

各铁路局，各专业运输公司，铁科院，鉴定、工程中心，地方铁路协会，投资公司：

为加强铁路营业线施工及安全管理，铁道部重新修订了《铁路营业线施工安全管理办法》，自 2008 年 12 月 1 日起施行，请各铁路局制定实施细则，认真贯彻执行。铁道部前发《铁路营业线施工及安全管理办法》（铁办〔2007〕186 号）同时废止。

附件：1. 维修天窗作业项目

2. 繁忙干线及干线名称

3. 繁忙干线施工慢行区段划分

4. 月度施工计划格式

5. 行车设备施工登记簿

6. 施工现场安全重点监控表

7. 各项施工作业放行列车条件

二〇〇八年十月十五日

铁路营业线施工安全管理办法

一、总　　则

第 1 条　为加强铁路营业线施工管理和施工安全管理，做到运输、施工兼顾，确保行车和施工安全，特制定本办法。

第 2 条　营业线施工是指影响营业线设备稳定、设备使用和行车安全的各种施工，分为施工作业和维修作业。主要项目如下：

1. 施工作业

（1）线路及站场设备技术改造，增建双线、新线引入、电气化改造等施工。

（2）跨越、穿越线路、站场，架设、铺设桥梁、人行过道、管道、渡槽和电力线路、通信线路、油气管线等设施的施工。

（3）在线路安全保护区内架设、铺设管道、渡槽和电力线路、通信线路、油气管线等设施的施工。

(4)在规定的安全区域内实施爆破作业，在线路隐蔽工程(含通信、信号、电力电缆径路)上作业，影响路基稳定的各种施工。

(5)在信号、联锁、闭塞、CTC/TDCS、列控、通信等行车设备上的大中修施工作业。

(6)线路大中修，路基、桥隧大修及大型养路机械施工作业，接触网大修作业。

2. 维修作业

维修作业应利用维修天窗进行，作业开始前不需限速，结束后须达到正常放行列车条件。主要项目见附件1。

第3条 营业线施工必须把确保行车安全放在首位，坚持“安全第一、预防为主、综合治理”的方针，建设、设计、施工、监理、行车组织、设备管理等单位和部门必须严格执行《中华人民共和国安全生产法》、《铁路运输安全保护条例》、《建设工程安全生产管理条例》、《铁路交通事故应急救援和调查处理条例》等有关规定。影响营业线设备稳定、使用和行车安全的施工，必须纳入天窗，对影响行车和施工安全的每个环节，都必须强化管理，确保行车和施工安全。

第4条 营业线施工必须坚持运输、施工兼顾的原则，加强施工计划管理，加强施工组织和施工期间的运输组织。积极推广使用先进的施工机具和科学的施工方法，提高施工作业效率，按计划、有组织地进行各项施工。

二、天窗和慢行的规定

第5条 天窗是指列车运行图中不铺画列车运行线或调整、抽减列车运行线为营业线施工、维修作业预留的时间，按用途分为施工天窗和维修天窗，规定如下：

1. 施工天窗：技改工程、线路大中修及大型机械作业、接触网大修时，不应少于180分钟。

2. 维修天窗：电气化双线不应少于90分钟，单线不应少于60分钟；非电气化双线不应少于70分钟，单线不应少于60分钟。

维修天窗在时间安排上应与施工天窗重叠套用，除春、暑运，黄金周及铁道部调度命令停止外，原则上每月每区间不应少于20次(双线为单方向)。维修单位不需要时，可不申请或减少天窗时间，不计入天窗修考核。

3. 各条线路天窗时间和位置在编制列车运行图时确定，铁路局调整繁忙干线和影响跨局运输的干线天窗必须报铁道部运输局批准。繁忙干线及干线名称见附件2。

4. 双线车站同时影响上下行正线的渡线道岔或影响全站信号设备正常使用的电务为主、工务综合利用的设备检修，每月应保证2次，每次不少于30分钟的封锁时间。编组、区段站，可按接发列车方向划分联锁区，按联锁区每月应保证1次不少于30分钟封锁时间。

5. 编组、区段站每个供电臂每月应保证1次不少于30分钟封锁停电时间。具备条件的电气化双线区段，应适当安排垂直检修天窗。

6. 不影响跨局运输的干线和支线施工，天窗时间和次数可由铁路局适当调整。

第6条 为做好日常运输调整工作，全路周六、周日停止安排施工天窗和维修天窗，货物列车对数小于8对的区段除外，不影响局间分界口运输的区段可由铁路局调整。遇有成段清筛道床、更换钢轨、更换轨枕等连续性施工，只安排周六停止施工。

第7条 各项施工、维修作业要采用平行作业的方式，综合利用天窗，提高天窗的利用率。要严格按照运行图预留的慢行附加时分控制线路慢行处所，原则上单线1个区段慢行处所不超过2处，双线1个区段每个方向慢行处所不超过2处，同一区间内慢行处所不超过1处(包括施工慢行处所）。各项施工要按规定控制慢行距离和慢行速度，桥涵顶进施工慢行限制速度为 45 km/h。

针对施工需要，编制了施工分号运行图时，可依据慢行附加时分，适当增加施工慢行处所。滚动施工阶梯提速，按一处慢行处所掌握。施工后产生的慢行在 12 小时以内恢复常速时，可不统计慢行处所。

三、施工等级的划分

第 8 条 营业线施工等级分为三级。

1. Ⅰ级施工

(1)繁忙干线封锁 5 小时及以上、干线封锁 6 小时及以上或繁忙干线和干线影响信联闭 8 小时及以上的大型站场改造、新线引入、信联闭改造、电气化改造施工。

(2)繁忙干线和干线大型换梁施工。

(3)繁忙干线和干线封锁 2 小时及以上的大型上跨铁路结构物施工。

2. Ⅱ级施工

(1)繁忙干线封锁正线 3 小时及以上，影响全站(全场)信联闭 4 小时及以上的施工。

(2)干线封锁正线 4 小时及以上，影响全站(全场)信联闭 6 小时及以上的施工。

(3)繁忙干线和干线其他换梁施工。

(4)繁忙干线和干线封锁 2 小时以内的大型上跨铁路结构物施工。

大型养路机械维修、清筛，更换钢轨和轨枕，以及不影响正线行车的更换道岔施工除外。

3. Ⅲ级施工

除Ⅰ级、Ⅱ级施工以外的各类施工。

四、施工组织领导

第 9 条 为加强营业线施工的组织领导，铁路局、站段针对每次施工应成立相应的施工领导小组。

Ⅰ级施工由铁路局主管运输副局长、有关主管副局长担任施工领导小组正、副组长，成员由行车组织、设备管理、建设、设计、施工、监理、安监等有关部门和单位负责人组成。

Ⅱ级施工由铁路局运输处、有关业务处主管副处长担任正、副组长，成员由行车组织、设备管理、建设、设计、施工、监理、安监等有关部门和单位主管人员组成。

Ⅲ级施工由车务段(直属站)主管副段长(副站长)、设备管理单位主管刮段长(或以上单位的指定人员)担任施工领导小组正、副组长，成员由行车组织、设备管理、建设、施工等有关单位成员组成。

第 10 条 施工领导小组的职责：

1. Ⅰ、Ⅱ级施工领导小组负责审定相应施工等级的施工方案、施工过渡方案、施工安全措施。

2. 负责组织相关部门和单位协调解决营业线施工、运输、安全等问题，做到运输、施工统筹兼顾，确保行车和施工安全。

3. 负责施工现场的组织协调工作。检查施工前的准备工作，检查各项安全措施的落实，掌握施工进度，维护施工期间的运输秩序，协调解决施工各部门临时发生的问题。

4. 负责对施工进行全面总结。

第 11 条 施工现场由施工单位明确施工负责人；两个及以上施工单位综合利用天窗在同一区间作业时，由运输部门指定施工主体单位，明确主体施工负责人。主体施工负责人负责协调各单位施工组织，并对施工现场的施工安全负责。各单位必须服从施工负责人指挥，按时完成施工和维修任务，确保达到规定的列车放行条件。

两个及以上单位作业车进入同一个区间移动作业时，由主体施工负责人统一划分各单位作业车作业范围及分界点，作业单位必须按规定分别进行防护。

第 12 条 为强化天窗修的管理，各铁路局要成立天窗修领导小组，下设天窗修管理办公室。其主要职责：加强天窗修管理和考核工作，检查指导有关单位实施天窗修基础管理、现场作业及安全措施的制定和落实，协调、解决天窗修出现的问题，负责考核天窗兑现率和利用率，定期总结工作，不断提高天窗修质量。

运输、机务、工务、电务、建设部门是实施天窗修的主要责任部门，要确定专（兼）职管理人员，在领导小组的领导下，负责本部门天窗修的日常管理工作。

五、施工计划审批权限

第 13 条 营业线施工实行铁道部、铁路局、车务段（直属站）分级管理，逐级审批制度。

1. 铁道部审批的施工计划

（1）影响跨局旅客列车停运、变更运行区段、改变始发终到时刻和局间分界站运行时刻。

（2）影响繁忙干线和干线跨局货物列车停运。

（3）调整繁忙干线和干线跨局货物列车编组计划。

（4）调整繁忙干线和干线跨局车流运行径路，实行迂回运输。

（5）变更繁忙干线和干线跨局货物列车牵引定数。

（6）编制跨局施工分号列车运行图。

（7）繁忙干线封锁正线 180 分钟及以上、影响全站（全场）信联闭 240 分钟及以上的施工。

（8）因特殊原因，繁忙干线（大秦线，石太线，侯月线，新焦线新乡至月山段，新菏线，兖菏线除外）慢行处所超过第 7 条的规定时。繁忙干线施工慢行区段划分见附件 3。

铁道部审批的施工计划，应明确施工项目、时间、地点、工作量概况、跨局运输调整措施，并提出相关要求。

2. 铁道部负责审批的施工计划以外的施工及维修天窗，全部由铁路局负责审批。

3. 车务段（直属站）负责维修天窗作业计划的编制。对运输影响较小的正线、到发线以外的施工管理权限，由铁路局界定。

第 14 条 大型客运站、枢纽、繁忙干线和干线影响较大的Ⅰ级施工，按规定须铁道部审批时，由铁路局主管领导亲自组织研究，提出施工方案、运输组织和安全措施等报铁道部运输局。根据施工对运输的影响情况，运输局组织相关铁路局及施工单位进行专题研究审定。

第 15 条 影响行车或影响行车设备稳定、使用的施工项目未经申报批准严禁施工，擅自施工或擅自扩大施工内容和范围的，一经发现立即停工并追究施工单位责任。

六、施工方案审核程序

第 16 条 施工方案由施工单位制定，经相关设备管理单位会签后，上报铁路局主管业务处，其中，建设项目施工方案应先报项目管理机构预审，再报铁路局主管业务处。提报的施工方案应包括：施工项目及负责人、作业内容、地点和时间、影响及限速范围、设备变化、施工方式及流程、施工过渡方案、施工组织、施工安全和质量的保障措施、施工防护办法、列车运行条件、验收安排、施工安全协议书等基本内容。

第 17 条 施工安全协议由施工单位与设备管理单位和行车组织单位按施工项目分别签订。设备管理单位在自管范围内进行的维修作业，不需签订施工安全协议，涉及非自管设备时应与相关单位签订施工安全协议。施工安全协议书的基本内容应包括：①工程概况（施工项目、作业内容、地点和时间、影响范围）；②施工责任地段和期限；③双方所遵循的技术标准、规程和规范；④安全防护内容、措施及专业结合部安全分工（根据工点、专业实际情况，由双方制定具体条款）；⑤双方安全责任、权利和义务（包括共同安全职责和双方各自安全职责）；⑥违约责任和经济赔偿办法（包括发生铁路交通责任事故时双方所承担的法律责任）；⑦安全监督和基建、更新改造项目配合费用；⑧法律法规规定的其他内容。未签订施工安全协议的不予审批施工方案，严禁施工。

第 18 条 施工方案由主管业务处负责审查，初步确定施工等级，Ⅰ、Ⅱ级施工分别报Ⅰ、Ⅱ级施工领导小组审定，Ⅲ级施工由有关业务处共同审定。

七、施工计划的编制

第 19 条 施工计划分为年度轮廓施工计划、月度施工计划和施工日计划。铁道部运输局负责全路繁忙干线集中修年度轮廓计划的编制，审批繁忙干线、干线部管施工项目月度施工计划和繁忙干线及干线分界口施工停运计划；铁路局运输处负责组织编制本局年度轮廓施工计划、月度施工计划；铁路局调度所负责编制施工日计划，繁忙干线部管施工日计划须由铁路局调度所报运输局调度部审核。

第 20 条 铁路局运输处于上年 12 月组织有关业务处编制铁路局年度轮廓施工计划，各业务处应提前提出部门年度轮廓施工计划。年度轮廓施工计划包括：站场、线路、桥隧、信联闭、接触网等行车设备大、中修及技术改造等主要施工。在此基础上，铁道部运输局组织有关铁路局于每年 1 月召开繁忙干线集中修年度轮廓施工计划协调会，协调铁路局繁忙干线集中修年度轮廓施工计划。

第 21 条 铁路局运输处负责编制铁路局月度施工计划（格式见附件 4）。

（1）施工单位应于每月 9 日前将次月施工计划上报铁路局主管业务处，其中，建设项目施工计划应先报项目管理机构预审，再报主管业务处。各业务处对施工计划进行审查汇总，由主管处长批准后，于 11 日前向运输处提出月度施工计划申请表。

（2）运输处每月组织相关业务处和主要施工单位审查编制月度施工计划，主要内容报主管运输副局长决定。月度施工计划经主管副局长批准后，以铁路局文件下发各站段和有关施工单位。

（3）第 5 条规定的双线车站电务为主、工务综合利用的每月每站 2 次、每次不少于 30 分钟的设备检修封锁时间，分站别在月度施工计划中公布（或在运行图文件中公布）。

（4）超出维修天窗时间的区间装卸路料计划应纳入月度施工计划；未纳入月度施工计划的临时区间装卸路料，有关业务处提前 3 日向调度所提出计划，由调度所负责协调安排。防洪、抢险区间装卸路料由调度所及时安排。

第 22 条 铁道部运输局负责审批繁忙干线部管施工项目月度施工计划及繁忙干线和干线分界口停运计划，审批程序如下：

(1)每月 13 日前，铁路局运输处与相关处室及施工单位协调编制次月繁忙干线施工申请计划、繁忙干线和干线分界口停运申请计划，以及其他部管施工项目申请计划，经主管运输副局长批准后，繁忙干线施工申请计划经铁道部施工计划管理系统、其余以文电形式上报运输局调度部，同时抄送运输局相关专业部门。

对于繁忙干线和干线以外的其他线路影响跨局运输的施工，施工计划可由施工铁路局与相邻铁路局商定后报铁道部备案。

(2)铁道部运输局每月 17 日左右召开月度施工计划审查会，由运输局调度部主任(副主任)组织，运输局调度、基础、装备部负责人参加。审查研究确定次月繁忙干线部管施工项目月度施工计划。

(3)繁忙干线部管施工项目月度施工计划及繁忙干线和干线分界口停运计划，报铁道部总调度长批准后，于每月 20 日前以铁道部文件形式下达有关铁路局，纳入铁路局月度施工计划。

第 23 条 铁路局调度所负责铁路局施工日计划的编制，程序如下：

(1)施工单位于施工前 3 日将施工计划报铁路局主管业务处，其中，建设项目施工计划应先报项目管理机构预审，再报主管业务处。经主管业务处审核(盖章)后，于施工前 2 日 9:00 前向调度所施工调度室提报施工计划申请。

(2)Ⅰ级施工和繁忙干线部管施工项目，铁路局调度所于施工前 2 日 15:00 前将施工计划申报运输局调度处，运输局调度处根据铁道部繁忙干线月度施工计划和批准的施工文电进行审核后，于施工前 2 日 18:00 前反馈相关铁路局调度所。

(3)编制施工日计划应以月度施工计划为依据，施工调度室应将主管业务处提报的施工计划与月度施工计划(临时施工与批复文电)进行核对，编制施工日计划，经铁路局运输处主管副处长或调度所主任(副主任)审批后，纳入调度日计划。Ⅰ级施工和繁忙干线部管施工项目的施工日计划于施工前 1 日 15:00 前报运输局调度处。

(4)施工调度室于施工前 1 日 12:00 前(0:00—4:00 执行的施工日计划于前 1 日 8:00 前)将施工日计划下达有关机务段、运转车长所属单位和车务段(直属站)，传(交)主管业务处，相关列车调度和计划调度台，主管业务处负责通知施工单位、配合单位，车务段(直属站)负责通知相关车站。

第 24 条 铁路局所管设备越过局间分界站延伸至邻局调度指挥区段时，延伸段的施工由施工单位向本局提报施工方案，本局按规定程序审核。施工方案审核后，由施工单位于每月 9 日前向邻局运输处提报次月施工计划(附带施工方案审核资料)，由邻局安排月度施工计划，部管施工项目由邻局按规定报部审批。施工单位于施工前 3 日将施工计划报本局主管业务处，经主管业务处审核(盖章)后，于施工前 2 日 9:00 前向邻局调度所施工调度室提报施工计划申请，由邻局调度所编制、下达施工日计划，发布相关运行指示和施工调度命令。施工现场组织实施工作由本局负责。

第 25 条 在线间距不足 6.5 m 地段进行清筛、成段更换钢轨及轨枕、成组更换道岔、成锚段更换接触网线索作业时，邻线列车应限速 160 km/h 及以下，并按规定进行防护。施工单位在提报施工计划时，应提出邻线限速的条件。铁路局调度所编制施工日计划时，应注明施工地段邻线限速条件，由调度所及时向有关车站、动车组、机务段发布限速调度命令和运行揭示调度命令。

第 26 条　建立健全繁忙干线施工日分析制度，铁路局调度所每日对施工天窗和工作量进行分析，对于未能按施工计划完成施工任务，特别是施工延时造成较大影响时，铁路局调度所要督促施工单位查找原因，制定整改措施，并写出书面报告，于每日 20:00 前报运输局调度处。

八、计划变更及临时施工

第 27 条　未纳入月度施工计划的施工项目原则上不准进行施工。特殊情况必须施工时，由施工单位提出施工申请，并签订安全协议，制定安全措施，通过主管业务处审查，经主管运输副局长（总调度长）批准，由运输处安排施工。须增加繁忙干线部管施工项目时，铁路局提前 5 天向运输局提出申请电报，涉及需修改 LKJ 基础数据的，必须提前 15 天提出申请电报，经运输局批准后，方可安排施工。

第 28 条　月度施工计划原则上不准变更。特殊情况必须进行调整时，由施工单位提前 5 天向铁路局主管业务处和运输处提出书面申请，由运输处调整施工计划。涉及 LKJ 基础数据变化的施工日期不得提前。

纳入月度施工计划的施工项目原则上不准停止施工，因专特运及调整车流等原因停止施工时，经主管运输副局长（总调度长）批准并于前日 14:00 前以调度命令通知有关单位。

已批准的铁道部管理的施工项目需停止施工时，须经运输局调度部主任（副主任）批准。

对于停止的施工，运输局调度部和铁路局调度所应尽快重新安排，因停止施工引起的本月未按月计划完成的连续性施工，可顺延至下月。

第 29 条　对突发性设备故障和灾害的紧急抢修及轨道状态超过临时补修标准处所的临时补修等临时封锁要点施工。按下列程序办理：

(1)需临时封锁要点时，由设备管理单位向铁路局主管业务处提出申请，主管业务处审查，经主管运输副局长（总调度长）批准后，由调度所安排施工。

(2)危及行车安全需立即抢修时，设备管理单位按规定登记，通过车站值班员报告铁路局列车调度员，经调度所值班主任批准，发布调度命令进行抢修。设备管理单位同时通知配合单位和铁路局主管业务处。

第 30 条　综合检测列车及设备管理单位发现 160 km/h 以上区段行车设备需要临时维修时，由设备管理单位向铁路局主管业务处提出施工申请，同时报调度所，由主管业务处会同调度所向主管运输副局长（总调度长）汇报并同意后，由调度所及时安排施工。

九、维修天窗的组织实施

第 31 条　维修天窗内安排的作业项目，其条件是作业开始前不需限速，结束后须达到正常放行列车条件，并且在维修天窗时间内能完成的项目；双线 V 型天窗区段，一线作业时不得影响另一线行车设备的正常使用，涉及上下行渡线时由铁路局安排。同一区间当日安排有施工天窗时，维修作业应在施工天窗内完成，不再安排维修天窗。

第 32 条　维修天窗作业计划由设备管理单位向有关车务段（直属站）提报，由车务段（直属站）负责编制，报铁路局运输处审批后，交调度所安排实施。各设备管理单位提报维修天窗计划时，要注明作业项目、地点、施工负责人、配合单位、影响范围等。

第 33 条　车站不办理接发列车（含到达场、出发场不办理接发列车一端）的行车设备，在确保安全的前提下，维修作业由车站负责安排。车站驼峰设备检修实行“停轮修”，应利用交接班、调车作业间休等时间进行。

机务、车辆段内有关行车设备的维修作业，在确保安全和不影响机车出入、车辆取送的前提下，由机务、车辆段负责安排。

第34条 下列维修作业可在天窗点外进行，但严禁利用速度160 km/h及以上的列车与前一趟列车之间的间隔时间作业，其他维修项目必须纳入天窗。

(1)日常在道床坡脚(限界)以外，可进行整修栅栏、油刷线桥标志等不影响路基(道床)稳定，不侵入限界，不影响线桥设备正常使用的作业。

(2)在道床坡脚(限界)以内，不影响路基、道床稳定，仅限使用可随时带下道的小型液压起道机、小型液压起拨道机，进行均匀道砟、个别松开扣件垫片、调整轨距、紧固各类螺栓、使用道尺、弦线、探伤仪、轨道检查仪检查线路等不影响线桥设备正常使用的作业，可利用列车间隔时间进行，不在车站登记，但必须设驻站联络员、现场防护员，在联系中断时必须停止作业。

(3)不影响电务设备机械强度、电气特性，进行道岔缺口检查、道岔转换试验、轨道电路电压测试、主副灯丝转换试验、各部螺栓检查紧固等不影响电务设备正常使用的作业，在《行车设备检查登记簿》登记后由车站值班员掌握安排。

第35条 运输部门要加强运输组织和调度指挥工作，确保天窗次数及时间兑现。因客运列车晚点等原因，准许变更天窗起止时间，列车调度员应提前通知有关车站值班员，车站值班员通知施工负责人。

十、集中修的组织实施

第36条 集中修是集中调配施工机械、人员、路料，综合利用施工天窗，在短时期内集中完成一条线路行车设备大中修和技术改造任务的一种施工组织形式，有利于提高施工效率和质量，有利于减少施工对运输的整体影响。集中修主要适应于通过能力紧张的繁忙干线。

第37条 集中修的施工时间根据施工工作量来确定，可集中安排一段时间，也可分段进行施工。为做好集中修工作，一般需调整施工分号运行图，在运输条件许可的情况下，施工天窗、施工慢行附加时分和处所可适当增加，同时，相应采取整体运输调整措施，为集中修创造条件。在完成集中修的地段，铁道部将适当调整维修天窗和作业次数。

第38条 集中修的施工计划由铁路局编制，先编制总体施工计划，根据施工进度，在总体施工计划的基础上适时进行计划调整，以旬或周计划的方式组织实施。施工计划报运输局有关部门备案。

第39条 铁路局要加强集中修的组织管理，成立集中修领导小组，领导小组成员参照I级施工领导小组，全面负责施工方案、施工计划、施工组织协调、施工安全管理等工作，领导小组可指定人员具体负责集中修日常协调组织工作。根据集中修范围，可分片区成立集中修施工管理小组，负责本片区的施工组织协调实施工作。

第40条 为强化集中修的安全监控工作，设备管理单位应配备专人对每处施工地点进行监控，加强对施工安全和质量的监督检查，并负责与施工单位负责人共同确认开通条件，严把施工开通关。集中修有关的车站，站长(或主管副站长、车间主任)必须到岗监督作业，保证行车安全。铁路局应成立集中修施工安全监督队伍，强化施工现场安全监控，发现问题及时纠正，危及行车安全时有权责令施工单位恢复设备停止施工。

第 41 条 集中修的施工机械、人力、路料调配工作由铁道部相关部门协调各铁路局确定，铁路局应提前做好集中修的各项准备工作。为保证集中修的路料运输工作，铁路局应制定路料运输方案，调度所应加强路料运输的日常组织。

第 42 条 铁路局要加强集中修考核工作，安排专人对施工天窗兑现率和利用率进行逐日统计、分析、考核，掌握施工进度，提高施工天窗的综合利用效率。

十一、施工登销记程序

第 43 条 进行施工和维修作业时，施工负责人应确认已做好一切施工准备，于施工开始前 40 分钟，由施工负责人（或驻站联络员）在车站《行车设备施工登记簿》（见附件 5）内登记，通过车站值班员向列车调度员申请施工，车站值班员应尽速与列车调度员联系，由列车调度员向有关车站和单位发布实际施工调度命令。

第 44 条 封锁施工时，施工单位在车站行车室设驻站联络员，施工地点设现场防护员，驻站联络员和现场防护员应由经过考试合格的人员担当。驻站联络员与现场防护员要保持随时通信状态，掌握施工现场和列车运行情况，做好邻线通过列车时的安全防护，发现异常及时通知车站值班员和施工负责人。

第 45 条 施工单位应在实际施工调度命令的起止时间内完成施工作业，施工单位作业完成后，经施工、设备管理单位检查达到放行列车条件，由施工负责人（或驻站联络员）、设备单位检查人（或设备单位指定人员）办理开通登记（施工销记），车站值班员签认后，由车站值班员报告列车调度员开通线路。

对扰动道床不能预先轧道的线路、道岔施工，开通后第一趟列车不准为旅客列车，大型机械施工经过稳定车作业，施工后经过单机或重型轨道车牵引的施工列车可视为轧道。速度 160 km/h 以上区段施工和维修作业开通后，第一趟列车不准为动车组。

十二、施工过渡工程

第 46 条 施工过渡是增建双线、新线引入、技术改造、电气化工程等营业线建设项目组织施工和运输配合的重要环节。建设、设计、施工、监理、行车组织、设备管理部门和单位要加强过渡工程管理，保证施工和运输安全。

建设单位要将过渡工程按正式工程组织建设，并组织行车组织、设备管理、设计、监理部门和单位对施工单位编制的施工过渡方案进行审查，报施工领导小组批准后组织实施。

设计单位要按照正式工程进行过渡工程勘察设计，提出指导性施工过渡方案和保证安全运营的具体措施；要优化设计方案和指导性施工过渡方案，减少线路换边拨接次数，减少过渡工程；要根据规程规范、线路条件和运输需要，合理选择便线的曲线半径以及其他技术标准，保证勘察设计质量；设计审查部门要按照正式工程进行审查。

施工、监理单位要按照正式工程组织过渡工程施工和实施工程监理。施工单位要对既有设备布置进行现场核对，根据设计文件和审查后的指导性施工过渡方案编制施工过渡方案，严格按照设计文件和批准的施工过渡方案进行施工。监理单位应督促施工单位严格按照批准的施工过渡方案进行施工，并实施旁站监理，参与竣工验收。

行车组织和设备管理部门要参加指导性施工过渡方案和施工过渡方案的审查工作，做好现场配合工作，全过程对换边拨接地段施工进行指导监督。

工程质量安全监督机构要加强对过渡工程的监督，检查施工过渡方案，对实施过程和竣工验收工作实施监督。

第47条 严禁进路有关道岔未纳入联锁时开放信号接发列车。营业线站场改造工程中，凡所接入或移动的道岔，必须按信号过渡工程设计、施工，将道岔表示纳入车站联锁后方可开放相应的进出站信号机。否则，只能按非正常情况办理接发列车作业。

第48条 过渡工程的竣工验收要按照正式工程组织。过渡工程除拢口拨接地段外，其他应提前进行验收。对不能预先轧道的过渡工程，由施工领导小组成员单位联合检查并确认达到《工程施工质量验收标准》要求，验收合格后方可开通。未经验收或验收不合格的，不得交付运营单位，也不得开通运营。

第49条 过渡工程的开通速度和运行速度由施工单位依据设计和施工资料提出申请，经运营单位审查后确定。验收合格的过渡工程，由运营单位（维管单位）维护，开通后24小时内，施工单位协助运营单位进行维护。施工单位对过渡工程的施工质量负责，运营单位对过渡工程的设备维护负责。有关费用按规定办理。

十三、工程验收交接

第50条 营业线基建、更新改造项目的施工必须遵照“建成一段，投产一段”的原则，及时验收交接、拨接开通。未经验收合格的工程不得拨接开通使用。

第51条 施工单位要严格按批准的设计文件和施工方案进行施工，确保工程质量。基建、更新改造项目必须达到设计规范和《工程施工质量验收标准》要求，且竣工资料齐全后方可申请验交。行车组织、设备管理部门要提前做好各项接管准备工作，对新增人员提前进行培训，提前调配到位。

电气化改造项目在受电前15天由项目管理机构将具体受电日期通知路内外有关单位，并进行路外安全宣传。

第52条 营业线的铁路建设项目施工，工程完成并达到设计要求后，施工单位要及时向建设单位提出验收交接申请；建设单位按照铁道部《铁路建设项目竣工验收交接办法》及时组织工程验收交接。验收交接工作要在开通使用前进行。竣工验收交接后，方能正式移交使用单位运营或投产使用，未办理验收交接或验收不合格的工程一律不得交付使用。

第53条 铁路建设项目新线施工中的正、站线线路在验交开通前要经过机车多次轧道（正线轧道50次、站线轧道30次）、检查、整修或大型养路机械整道，直至达到《工程施工质量验收标准》要求，经验收交接后方可开通。凡正式办理验交手续的线路及设备，均应由设备管理单位负责维修养护。

对不能预先轧道和进行动态验收的线路、道岔施工，由施工领导小组成员单位联合检查并确认达到《工程施工质量验收标准》要求，验收合格后方可开通。开通后由运营单位接管，开通后24小时内，施工单位协助运营单位进行维护。运营单位要使其尽快达到规定的允许速度。

第54条 车站信联闭设备施工后，必须封锁进行全面的联锁试验，确认联锁关系无误后方可开通使用，涉及列车进路使用的设备严禁利用列车间隔进行联锁试验。列控设备须动态试验正确后方可开通使用。

十四、施工安全管理责任

第 55 条 确保施工安全是建设、设计、施工、监理、行车组织、设备管理等单位和部门的共同责任。各单位要牢固树立安全意识，严格执行各项规章制度，建立健全安全责任制，落实安全措施和责任，正确处理施工与行车安全的关系，严格遵循“安全第一”的原则，服从行车安全的需要。做到分工明确，责任清楚，措施具体，管理到位。

第 56 条 建设单位负责按照国家及铁道部有关规定审核设计、施工、监理单位的资质，审查施工单位的工程技术人员、机械设备、施工组织设计、安全生产保障措施等。在设计、工程招投标、审批施工方案、项目经理和有关人员的安全培训、法制教育、工程质量和安全的日常监督检查、工程竣工验收等各个环节上，要做好确保行车安全的组织协调和监督检查工作。

建设单位或负责大修、中修、维修施工项目的管理单位每半年一次组织行车组织、设备管理、设计、施工、监理等单位和部门对营业线施工安全进行联合检查。

第 57 条 设计单位在设计文件中，必须明确施工期间营业线的行车安全条件，施工影响范围内各种行车设备的状况，对所涉及的行车设备的防护措施，以及为确保行车安全必须采取的施工工艺和指导性施工安全方案等。

第 58 条 监理单位要认真履行监理合同，按旁站监理的原则监督施工单位按设计标准和有关规范、规定施工，及时防范施工中的安全隐患，彻底消除因施工质量不良给行车安全留下的隐患。

第 59 条 施工单位要建立健全施工安全保证体系，按规定设置安全生产管理机构，配备安全生产管理人员，履行施工安全管理和日常检查的职责；负责对全体施工人员进行施工安全教育，建立完善的施工安全责任制；要严格执行营业线施工的各项规章制度，科学制定施工方案，对Ⅰ、Ⅱ级施工还要制定施工方案示意图、施工作业流程计划图、安全关键卡控表，并严格按审定的方案、范围和批准的封锁慢行计划组织施工。

第 60 条 施工单位必须明确施工负责人。施工负责人对施工项目的安全工作全面负责。因施工原因发生的铁路交通事故，首先要追究施工负责人的责任。

施工负责人应具备必需的施工安全素质。施工项目经理、副经理，安全、技术、质量等主要负责人必须经铁道部(或铁路局)营业线施工安全培训，不允许未经培训或培训不合格的人员担任上述工作。

第 61 条 施工单位的安全员、防护员、爆破员、带班人员和工班长必须经过铁路局有关部门培训。未经培训或培训不合格的人员担任上述工作，要追究施工单位领导的责任；培训合格的上述人员担任上述工作时，因业务素质不达标发生事故的，将追究培训部门的责任。

第 62 条 施工单位在施工前，要做好充分准备，并提前向设备管理和使用单位进行技术交底，特别是影响行车安全的工程和隐蔽工程；施工中，要严格执行技术标准、作业标准、工艺流程和卡控措施，严禁超范围作业，确保施工质量；施工完成后，必须达到放行列车条件并经设备管理单位确认后；方可申请开通线路。

轨道车、施工机械等自轮运转特种设备上线运行必须符合铁道部的有关规定。施工单位要接受运输、设备管理单位和部门安全检查人员的监督检查，对检查出的问题要立即整改。

第 63 条 封锁施工开通后，施工单位和设备管理单位要加强检查和整修，设备管理单位要严格把关；开通后列车运行速度必须按速度阶梯逐步提高(按附件 7 执行)。线路慢行应尽快恢复正常速度，并按有关规定尽快办理交接。

第 64 条 施工单位至少在正式施工 72 小时前向设备管理单位提出施工计划、施工地点及影响范围。设备管理单位接到施工单位的施工请求后，应对施工方案和计划及影响范围进行认真核对，并在施工开始前派员进行施工安全监督。

第 65 条 设备管理部门和单位要建立施工安全监督体系，加强对施工安全和工程质量的监督检查。设备管理部门应根据工程规模和专业性质；对安全监督检查人员进行培训，并对合格人员发培训合格证。设备管理单位应加强对本单位派出的安全监督检查人员的管理，要委派熟悉业务的安全监督检查人员持证上岗，对各种施工涉及行车安全的各方面实行全程监督检查。安全监督检查人员对施工单位违章作业、安全措施不落实以及危及行车安全的施工，有权停止作业；对封锁施工要根据施工质量，最终确认满足线路放行列车条件后，方可开通线路；线路开通后，对于需要慢行的地段还要对慢行的速度、距离和时间进行检查，督促施工单位进行整修，直到列车恢复常速、线路质量稳定。

设备管理单位要加强对施工的点前准备、点中控制、点后开通、逐步提速等情况的监护工作，实行开通、提速检查签认制度（开通和提速的标准按附件 7 执行）。

第 66 条 设备管理单位应积极协助设计和施工单位核查既有设备情况，提供地下管、线、电缆等隐蔽设施的准确位置。无法提供准确位置时，由设计单位会同施工、设备管理单位（对行车安全影响较大的还必须有铁路局参加）共同探查、核实，划定防护范围。并在签订安全协议时，明确各方安全责任。

第 67 条 设计和施工单位对既有设施应有可靠的防护措施，防止施工中造成损坏。由于设备管理单位提供的设施位置错误造成损坏的，设备管理单位应承担责任并及时修复。因设计单位提供的设施位置不准确或遗漏造成损坏的，设计单位应负主要责任；提供的设施位置准确，因施工造成的损坏，施工单位应负主要责任。施工单位和设备管理部门要经常监视既有设备，发现异常必须立即停工处理，确认对既有设备无影响后，方可继续施工。因施工造成既有设备发生损坏时，施工单位应及时组织抢修，设备管理部门应积极配合，尽快恢复正常使用。

第 68 条 行车组织部门必须积极做好施工组织协调工作，制定非正常情况下的行车组织措施，提前调整车流，加强施工期间的行车组织指挥，为施工作业创造条件。

行车部门要加强施工期间行车组织和调度指挥，非正常情况下接发列车，站长（或主管副站长、车间主任）必须到岗监督作业，严格执行作业标准，落实施工安全卡控措施。控制好发布行车命令、确认区间空闲、进路检查确认、行车凭证填写交付、引导信号使用等关键环节。施工开通必须严格执行施工单位、设备管理单位登记开通、车站签认和列车调度员发布开通命令的程序。

第 69 条 运营单位的安全监督检查及配合费用纳入概（预）算，按铁道部《铁路基本建设工程设计概（预）算编制办法》（铁建设〔2006〕113 号）的规定和安全协议支付。

第 70 条 各级施工领导小组，必须提前确定现场监控人员，深入施工现场，做好组织协调工作，强化现场安全监控。建设、设计、施工、监理、设备管理、行车组织、安全监察等部门、单位人员，要在组长或副组长的领导下，明确工作重点，盯住关键环节，督促安全措施落实，协调解决施工过程中临时发生的问题，保证施工安全。施工现场安全重点监控表见附件 6。

十五、加强施工安全专项管理

第 71 条 施工单位要严格执行《铁路技术管理规程》、《既有线提速 200～250 km/h 线桥设备维修规则》、《铁路线路修理规则》、《铁路工务安全规则》、《信号维护规则》、《接触网运行检修规程》、《接触网安全工作规程》和有关规范等各项安全生产规定。对于施工前超范围准备、施工中挖断电缆、爆破损坏行车设备、作业车辆溜逸、轨道车辆违章行驶、施工后线路未达到放行列车条件违章放行列车、开通后整修线路不及时、机械和料具侵限、使用封联线和违章使用手摇把等危及行车安全的问题，要制定专项管理制度，坚决杜绝此类问题发生。施工料具要集中管理，必要时派人看守。对影响行车的各个环节，必须加强管理，落实措施，严密防范，确保行车安全。

第72条 参加营业线施工（包括营业线维修）的劳务工必须由具有带班资格的正式职工（即带班人员）带领，不准劳务工单独上道作业。用工单位对劳务工要进行施工安全培训、法制教育和日常管理；要先培训，培训合格后方可上岗。对营业线施工的轨道、桥隧、信号、接触网等技术复杂、可能危及行车安全的作业项目，严禁分包。劳务工不能担任营业线施工的爆破工、施工安全防护员及带班人员等工作，不准单独使用各类作业车辆。

第73条 切实加强雨季施工安全工作。营业线施工要认真执行铁道部《铁路实施〈中华人民共和国防汛条例〉细则》，落实防洪措施。施工中必须保持营业线排水系统的畅通，对可能影响营业线路基、桥涵、隧道等设施设备稳定的任何作业，必须有足够可靠的安全防护措施，做到防患于未然。

建设单位要及时组织设计、施工、监理及设备管理等单位和部门，对施工地段联合进行汛前防洪检查，发现问题由设计、施工单位及时处理。

凡可能影响安全渡汛的施工地段，施工单位要认真接受防洪部门的防洪检查和指导，按要求认真落实责任，并制定防洪预案。

第74条 施工期间需设置临时道口时，要依照铁道部《设置或拓宽铁路道口人行过道审批办法》（铁道部令第20号）办理相关的行政审批手续。施工单位在临时道口设置期间要设人看守，并按规定日期拆除。施工单位在施工中必须保证道口（含临时道口）设备符合标准，并按铁路道口管理有关规定进行管理。对因双线工程造成道口不符合要求的，要修改道口设计，达到道口标准后方可启用，防止道口事故。

十六、施工考核和安全奖惩制度

第75条 各铁路局要加强对施工的考核工作，建立经济考核制度和奖惩办法，对施工计划和施工、维修天窗的兑现率、利用率进行考核。运输部门考核兑现率，兑现率是指运输组织部门实际给点时间、次数与计划时间、次数之比。设备管理部门考核利用率，利用率是指施工单位实际作业时间、次数、工作量完成与计划时间、次数、工作量之比。

各铁路局要根据实际情况，确定“两率”基数，严格按月考核。对超过“两率”基数的要给予奖励，对达不到“两率”基数的要给予处罚。

第76条 在营业线施工中，各铁路局要建立施工安全奖惩制度和抵押金制度（具体办法由铁路局制定）。

对在营业线施工保证行车安全中作出贡献的人员和单位，要给予奖励。对不遵守铁路施工安全规范，影响铁路行车安全及运输设施安全的施工单位，要按照《铁路运输安全保护条例》有关规定进行处理。

对发生铁路交通责任事故的建设、设计、施工、监理单位，要根据事故性质，按《铁路运输安全保护条例》、《铁路交通事故调查处理规则》和铁道部营业线工程施工招标工作的有关规定进行处理，处理方式可采用停工整顿、责令改正、赔偿经济损失、辞退责任施工单位等；铁路运输企业在一定期限内不再委托责任单位承担铁路营业线工程项目，或在招投标时对其进行扣分。具体处理办法应在施工安全协议书中予以明确。

特大事故按照国家和铁道部有关规定办理。

第 77 条 铁路局安监室每月 10 日前将铁路局管内上月有关施工单位发生事故（包括特别重大、重大、较大、一般事故）调查处理和责任情况，上报铁道部安监司。铁道部建设司根据安监司的事故统计报告按有关规定及时进行处理。铁路工程项目招投标时，招标人要将事故责任情况作为评标重要的评审条件。

第 78 条 发生事故，要按照《铁路交通事故调查处理规则》，本着"四不放过"的原则，对事故进行认真分析，查明原因；铁路安全监督管理办公室对施工的责任事故调查处理和定责情况，要及时通知有关单位（设计院、工程局、监理公司等），责成其对事故责任者、责任单位及有关领导进行严肃处理，追究其责任。

十七、附　　则

第 79 条 各铁路局应根据本办法，结合实际情况，制定实施细则。

第 80 条 客运专线施工管理办法由铁路局参照本办法制定，报铁道部核备。

第 81 条 本办法由铁道部运输局负责解释。

第 82 条 本办法自 2008 年 12 月 1 日起施行。铁道部前发《铁路营业线施工及安全管理办法》（铁办〔2007〕186 号）同时废止。前发有关规定（规则）与本办法相抵触的，一律以本办法为准。

附件 1：

维修天窗作业项目

一、工务维修天窗作业项目

1. 成段更换伤损钢轨。

2. 更换接头夹板。

3. 更换或整修道岔尖轨、基本轨、辙叉、护轨、扳道器、转辙连接杆、可动心轨道岔辙叉的长心轨、可动心轨凸缘与接头铁联结螺栓。

4. 更换道岔扳道器下长岔枕、可动心轨道岔钢枕及两侧相邻岔枕或辙叉短心轨转向轴处轨枕。

5. 在线路上焊接钢轨。

6. 在线路上使用轨缝调整器调整轨缝而不插入短轨头。

7. 单根抽换轨枕。

8. 使用有碍行车的小型养路机械。

9. 桥梁施工进行试顶需要起动梁身并回落原位。

10. 抬起钢轨，单根抽换桥枕。

11. 拨正支座，支座垫砂浆厚度在 50 mm 及以下时。

12. 有碍行车的隧道内刨冰。

13. 检查桥隧施工所搭的脚手架。

14. 跨越线路上部且有碍行车安全的施工。

15. 清理危石、砍伐危树影响行车安全时。

16. 利用小型爆破开挖侧沟或基坑(限于不影响路基稳定的范围)。

17. 整修道口。

18. 整治钢轨接头错牙、伤损钢轨焊补、小型养路机械打磨等综合项目。

19. 冻结钢轨。

20. 清筛道床、边坡。

21. 成段松开扣件。

22. 夹板螺栓涂油。

23. 成段整治或更换胶垫。

24. 移动桥枕进行钢梁上盖板涂装。

25. 隧道拱顶漏水整治。

26. 隧道衬砌裂损加固。

27. 跨线路转移较重的小型机械等作业。

28. 影响行车的长大桥隧的综合检查。

29. 不破底处理道床翻浆冒泥。

30. 起道量、拨道量不超过 40 mm 的起道和拨道。

31. 在天窗内可以完成的其他影响行车的维修项目。

二、电务维修天窗作业项目

1. 室外转辙机、轨道电路、信号机、电缆、各种变压器箱、接线盒等各种信号设备的检修、整治和影响设备正常使用的测试。

2. 室内电源屏、组合架、控制台等各种信号设备的检修、整治及电源接地、电缆全程等影响设备使用的测试。

3. 影响道口及车站设备正常运用的检修及试验。

4. 可在维修天窗时间内完成的零小型器材的更换。

5. 影响驼峰信号设备使用的检修作业实行停轮修。

6. 零星更换转辙机。

7. 年度信号联锁关系检查试验。

8. CTC/TDCS、CTCS-2 设备检查。

9. 车站有线、无线调度通信设备检修。

10. GSM-R 区间设备检修。

11. 车站传输设备检修。

12. 车站通信电源设备检修。

13. 在天窗内可以完成的其他作业项目。

三、接触网维修天窗作业项目

1. 检调接触网悬挂。

2. 检调(更换)软横跨。

3. 检调锚段关节。

4. 检调(更换)中心锚结。

5. 检调线岔。

6. 检调(更换)分段绝缘器。

7. 检调(更换)分相绝缘器。

8. 检调(更换)电联结器。

9. 检调(更换)支撑定位器。

10. 测量导线磨耗。

11. 检修隔离开关、避雷器及引线。

12. 检调正馈线、供电线。

13. 检调、安装接触悬挂、支撑装置上的设备标志、号码。

14. 车梯巡检。

15. 轨道吊车立杆、拨杆。

16. 安装、改造软横跨。

17. 清扫、更换、安装绝缘子。

附件 2:

繁忙干线及干线名称(仅限本办法)

一、繁忙干线

京哈、京沪、京广、京九、陇海(徐州～宝鸡)、沪昆(上海～株洲)、津山、沈山、大秦、石太、侯月、新焦(新乡～月山)、新菏、兖菏、京包线(大同～包头西)。

二、干线

滨洲、滨北(哈尔滨～绥化)、齐北(齐齐哈尔～富裕)、绥佳、牡佳(牡丹江～勃利)、滨绥、长图、沈吉、沈大、沈丹、平齐、长白、通让、大郑、丰沙大、京通、京承、京原、石德、北同蒲、南同蒲、集通、包兰、胶济、蓝烟、兖石、胶新、陇海(徐州～连云港、宝鸡～兰州)、符夹、阜淮、淮南、宁芜、皖赣、宣杭、萧甬、鹰厦、峰福、太焦(焦作～长治北)、焦柳、孟宝、宁西、汉丹、武九、侯西、宝中、宝成、西康、襄渝、阳安、沪昆(株洲～昆明)、湘桂、黔桂、黎湛、广茂、广深(广州～东莞)、南昆、渝怀、川黔、成昆、成渝、兰新、兰青、干武、南疆、青藏线。

附件3:

繁忙干线施工慢行区段划分

一、京沪线

北京～天津西、天津西～德州、德州(不含)～济南、济南～兖州、兖州～利国(不含)、利国～徐州*、徐州～蚌埠、蚌埠～南京、南京～常州、常州～上海。

二、京广线

北京西～保定、保定～石家庄、石家庄～邯郸、邯郸～安阳*(不含)、安阳～郑州、郑州～孟庙(不含)、孟庙～信阳、信阳～汉口、汉口～武昌*、武昌～蒲圻、蒲圻(不含)～岳阳*、岳阳～长沙、长沙～株洲*、株洲～衡阳、衡阳～郴州、郴州～韶关、韶关～广州。

三、京哈线

北京～唐山北、唐山北～山海关(不含)、山海关～沈阳北、沈阳北～四平、四平～长春、长春～兰棱(不含)、兰棱～哈尔滨*。

四、津山、沈山线

天津～唐山、唐山～山海关(不含)、山海关～锦州、锦州～沈阳。

五、京九线

北京西～霸州*、霸州～衡水、衡水～临清(不含)、临清～聊城*、聊城～梁堤头、梁堤头(不含)～王楼*、王楼～淮滨(不含)、淮滨～麻城、麻城～蔡山、蔡山(不含)～南昌、南昌～向塘*、向塘～吉安、吉安～赣州、赣州～定南、定南(不含)～龙川*、龙川～东莞东、东莞东～深圳*。

六、陇海线(徐州～宝鸡)

徐州～虞城县、虞城县(不含)～商丘*、商丘～郑州、郑州～洛阳、洛阳～三门峡西、三门峡西～太要、太要(不含)～西安、西安～宝鸡。

七、沪昆线(上海南～株洲)

上海南～杭州、杭州～金华、金华～新塘边、新塘边(不含)～鹰潭、鹰潭～向塘、向塘～新余、新余～萍乡、萍乡～株洲(不含)*。

八、京包线(大同～包头)

大同～古店*、古店(不含)～集宁、集宁～呼和、呼和～包头西。

注:标明(*)的区段安排一处慢行。

附件 4：

月度施工计划格式

编号	施工等级	线路	行别	施工项目	施工日期	施工地点	封锁时间	施工内容及影响范围	限速及行车方式变化	设备变化	运输组织	施工单位	施工负责人	备注
						区间及起止里程	封锁起止时间（封锁时间分钟）	施工内容影响范围	限速要求行车方式	线路数据变化：站场线路、道岔、径路变化：信号机位置及显示变化：接触网信号标志位置变化：其他变化：		主体施工单位施工单位	职务姓名	

附件 5：

行车设备施工登记簿

运统—46(施工)

请求施工(慢行及封锁)登记					承认施工		施工后开通检查确认、销记	施工开通	备注
本月施工编号	施工项目	月日时分	(1)影响使用范围(需要的慢行或封锁条件) (2)施工负责人签名 (3)设备单位检查人签名 (4)车站值班员签名	所需时分	(1)命令号及发令时间 (2)慢行及封锁起止时间 (3)车站值班员签名 (4)施工负责人签名	月日时分	(1)恢复使用范围和条件(开通后恢复常速确认) (2)施工负责人签名 (3)设备单位检查人签名 (4)车站值班员签名	(1)开通(恢复常速)命令号及开通时间 (2)施工负责人签名 (3)设备单位检查人签名 (4)车站值班员签名	

附件 6：

施工现场安全重点监控表

施工项目		施工地点	
施工日期		起止时间	
施工等级		施工单位	
设备管理单位			
施工内容			

单位及部门	单位及职务	姓名	重点监控处所	监控关键项点
组长或副组长				
安监部门				
运输部门				
机务部门				
设备主管业务部门				
施工单位及主管部门				
设计部门				
监理部门				

附件 7:

各项施工作业放行列车条件

	顺号	项目	施工条件	作业方式	放行列车条件
一、影响道床路基稳定的施工作业	1	(1)破底清筛 (2)成段更换道床(含道岔) (3)大型养路机械换砟 (4)基床换填 (5)曲线平面改造 (6)一次起道量超过 100 mm (7)一次拨道量超过 150 mm (8)利用小型爆破开挖侧沟或基坑(限于影响路基稳定范围)	封锁施工	大型养路机械捣固、稳定车作业	1. 大型养路机械道岔两捣作业程序,第一列 25 km/h,第二列 60 km/h,第三列 80 km/h,24 小时后恢复常速。 2. 大型养路机械两捣一稳作业程序,第一列 35 km/h,第二列 60 km/h,第三列 80 km/h,24 小时后恢复常速。 3. 大型养路机械三捣两稳作业程序,第一列 60 km/h,第二列 80 km/h,第三列 120 km/h,24 小时后恢复常速。 4. 因设备配备不足、临时故障等原因不能达到捣固、稳定遍数的,应适当降低放行速度,最高不超过 60 km/h
				小型养路机械捣固	施工期间,当日第一列 25 km/h,第二列 45 km/h,不少于 4 小时,以后限速 60 km/h 至下次封锁前 1 小时。施工结束,开通后第一列 25 km/h,第二列 45 km/h,不少于 12 小时,以后 60 km/h、80 km/h、120 km/h 各不少于 24 小时,其后正常(速度≤120 km/h 线路 80 km/h 24 小时后恢复正常)
				人工捣固	施工期间,当日第一列 15 km/h,第二列 25 km/h,第三列 45 km/h,不少于 4 小时。以后限速 60 km/h 至下次封锁前 1 小时。施工结束,开通后第一列 15 km/h,第二列 25 km/h,第三列 45 km/h,不少于 4 小时,以后 60 km/h、80 km/h、120 km/h 各不少于 24 小时,其后正常

续上表

	顺号	项　　目	施工条件	作业方式	放行列车条件
一、影响道床路基稳定的施工作业	2	(1)成组更换道岔 (2)一次起道量超过 40 mm,不超过 100 mm (3)一次拨道量超过 40 mm,不超过 150 mm (4)成段更换轨枕	封锁施工	大型养路机械捣固、稳定车作业	1. 大型养路机械道岔两捣作业程序,第一列 25 km/h,第二列 60 km/h,第三列 80 km/h,24 小时后恢复常速。 2. 大型养路机械两捣一稳作业程序,第一列 35 km/h,第二列 60 km/h,第三列 80 km/h,24 小时后恢复常速。 3. 大型养路机械三捣两稳作业程序,第一列 60 km/h,第二列 80 km/h,第三列 120 km/h,24 小时后恢复常速。 4. 因设备配备不足、临时故障等原因不能达到捣固、稳定遍数的,应适当降低放行速度,最高不超过 60 km/h
				小型养路机械捣固	施工期间,第一列 25 km/h,第二列 45 km/h,不少于 4 小时,后 60 km/h、80 km/h、120 km/h 各不少于 24 小时,其后正常(速度≤120 km/h 线路 80 km/h 24 小时后恢复正常)
				人工捣固	开通后第一列 15 km/h,第二列 25 km/h,第三列 45 km/h,不少于 12 小时,以后 60 km/h、80 km/h、120 km/h 各不少于 24 小时,其后正常(速度≤120 km/h 线路 80 km/h 24 小时后恢复正常)
二、不影响道床稳定的施工作业	1	(1)成段更换钢轨 (2)无缝线路放散 (3)成段调整轨缝,拆开接头并插入短轨头 (4)成段修整轨底坡	封锁施工	开通后第一列 25 km/h,第二列 45 km/h,其后正常。快速地段第一列 25 km/h,第二列 45 km/h,第三列 80 km/h,其后正常	
	2	使用冻害垫板一次总厚度超过 40 mm	封锁施工	开通后第一列 25 km/h,第二列 45 km/h,第三列 60 km/h,其后正常。(快速区段 60 km/h、80 km/h、120 km/h 各一列后恢复正常)	
	3	长大隧道宽轨枕垫砟	封锁施工	开通后第一列 25 km/h,第二列 45 km/h,第三列 60 km/h,其后正常。	

续上表

	顺号	项　　目	施工条件	放行列车条件
二、不影响道床稳定的施工作业	4	道口大修(若影响道床稳定,比照第一大项办理)	封锁施工	开通后第一列 25 km/h,第二列 60 km/h,其后正常
	5	隧道整体道床翻修	封锁施工	施工期间速度不超过 25 km/h,施工结束后第一列 45 km/h,第二列 60 km/h,其后正常
	6	拆除钢轨,全面更换桥枕	封锁施工	开通后第一列 25 km/h,第二列 45 km/h,第三列 60 km/h,其后正常。(施工期间每日开通后至次日封锁前最高速度不超过 60 km/h)
	7	不拆除钢轨更换桥枕	封锁施工	施工结束后第一列 45 km/h,第二列 60 km/h,第三列 80 km/h,第四列 120 km/h,其后恢复正常
三、不限速的施工作业	1	成段换轨不超过 100 m	封锁施工	放行列车不限速,特殊情况下由施工领导人决定
	2	更换绝缘接头夹板	封锁施工	放行列车不限速,特殊情况下由施工领导人决定
	3	更换或整修道岔尖轨、基本轨、辙叉、护轨、长心轨、可动心轨、凸缘与接头胶结螺栓、扳道器转辙连接杆	封锁施工	放行列车不限速,特殊情况下由施工领导人决定
	4	更换道岔扳道器下长轨枕、可动心轨道岔钢枕及两侧相邻岔枕或辙叉短心轨转轴处轨枕	封锁施工	放行列车不限速,特殊情况下由施工领导人决定
	5	在线路上焊接钢轨	封锁施工	放行列车不限速,特殊情况下由施工领导人决定
	6	在线路上使用直轨器、平轨机直轨	封锁施工	放行列车不限速,特殊情况下由施工领导人决定
	7	在线路上使用轨缝调整器调整轨缝而不插入短轨头	封锁施工	放行列车不限速,特殊情况下由施工领导人决定
	8	快速区段单根抽换轨枕	封锁施工	放行列车不限速(但扣件必须齐全有效),特殊情况下由施工领导人决定
	9	桥梁施工进行试顶需起动梁身并回落原位	封锁施工	放行列车不限速,特殊情况下由施工领导人决定
	10	抬起钢轨单根抽换桥枕	封锁施工	放行列车不限速(但钩螺栓至少每隔 1 根桥枕拧紧 1 根),特殊情况下由施工领导人决定

续上表

	顺号	项　目	施工条件	放行列车条件
三、不限速的施工作业	11	有碍行车的隧道内刨冰	封锁施工	放行列车不限速，特殊情况下由施工领导人决定
	12	隧道施工或检查所搭脚手架《铁路工务安全规则》第 2.2.2 条	封锁施工	放行列车不限速，特殊情况下由施工领导人决定
四、桥隧涵的施工作业	1	(1)更换或拨正钢梁、圬工梁 (2)抬高或降低桥梁 (3)拨正支座、更换桥梁支座或支撑垫石砂浆	封锁施工	开通后第一列 25 km/h，第二列 45 km/h，第三列 60 km/h，不少于 24 小时，其后正常
	2	隧道内增设密井暗管施工	慢行施工	施工期间限速 25 km/h，施工结束后第一列 45km/h，第二列 60 km/h，其后正常
	3	新建明、棚洞开挖基础	慢行施工	施工期间限速 45 km/h
	4	桥涵顶进及加固线路或拆除加固设备	慢行施工	加固施工：施工期间限速 45 km/h，施工结束后第一列 45 km/h，不少于 12 小时，60 km/h、80 km/h 各不少于 24 小时，后 120 km/h 2 小时恢复正常
五、应急处理	1	个别更换重伤钢轨、辙叉或联结零件	封锁施工	按《铁路工务安全规则》有关条款执行
	2	钢轨、辙叉、尖轨折断后的紧急处理	封锁施工	按《铁路工务安全规则》有关条款执行
	3	线路发生胀轨的紧急处理	封锁施工	按《铁路工务安全规则》有关条款执行
六、其他施工作业	1	跨越线路上部且有碍行车安全的施工	封锁施工	放行列车不限速，特殊情况下由施工领导人决定
	2	电务更换电动转辙机及道岔安装装置	封锁施工	放行列车不限速，特殊情况下由施工领导人决定
	3	信联闭设备停用施工中的联锁试验	封锁施工	放行列车不限速，特殊情况下由施工领导人决定
	4	更换钢轨绝缘	封锁施工	放行列车不限速，特殊情况下由施工领导人决定
	5	新旧接触网线过渡中的接触网大修	封锁施工	放行列车不限速，特殊情况下由施工领导人决定

注：表内未列出的其他施工作业项目，可由铁路局比照本表类似施工作业确定施工条件和放行列车条件。

铁道部建设管理司 劳动和卫生司
关于加快配备安全质量管理人员的通知

建建〔2008〕53号

各铁路局，投资公司，各铁路公司（筹备组）：

为加强铁路建设工程安全质量管理，铁道部增加了各铁路公司（筹备组）安全质量管理人员编制。为贯彻落实部领导2008年5月27日全路建设工作电视电话会议关于建立健全安全质量管理机构、迅速配齐配强安全质量管理专职人员讲话精神，现就加快做好安全质量管理人员配备工作通知如下：

一、各铁路公司（筹备组）应严格按照《铁路建设项目管理机构管理办法》（铁建设〔2007〕177号）规定的专业技术人员条件，依照规定程序，在增加安全质量管理人员编制后的总数内，加快选配专职安全质量管理人员。其中，编制为25人及以下的，安全质量部人员不得少于4人；编制为26人～35人的，安全质量部人员不得少于5人；编制为36人～45人的，安全质量部人员不得少于6人；编制为46人以上的，安全质量部人员不得少于8人。

二、各铁路局比照上述标准，尽快配齐配强项目管理机构的安全质量管理人员。

各建设单位应在7月31日前将调整后的安全质量管理人员情况报铁道部建设管理司，并抄送铁道部工程质量安全监督总站。

二〇〇八年六月六日

关于建筑施工企业主要负责人、项目负责人和专职安全生产管理人员安全生产考核合格证书延期工作的指导意见

（建设部 建质〔2007〕189号　2007年8月3日）

各省、自治区建设厅，直辖市建委，江苏省、山东省建管局，新疆生产建设兵团建设局，中央管理的建筑施工企业：

根据《建筑施工企业主要负责人、项目负责人和专职安全生产管理人员安全生产考核管理暂行规定》（建质［2004］59号）规定，建筑施工企业管理人员安全生产考核合格证书有效期为三年。目前，各地区建筑施工企业主要负责人、项目负责人和专职安全生产管理人员（以下简称“三类人员”）即将陆续进入安全生产考核合格证书延期工作办理阶段，为进一步加强和规范“三类人员”安全生产考核合格证书延期工作，提出以下指导意见：

一、各地区“三类人员”安全生产考核合格证书颁发管理机关（以下简称“颁发管理机关”）要加强组织领导，切实做好“三类人员”安全生产考核合格证书延期工作。要以延期工作为契机，加强对“三类人员”的审查和继续教育培训工作，切实提高“三类人员”整体队伍素质；要结合实际，合理安排“三类人员”安全生产考核合格证书延期准备工作，做好与企业安全生产许可证延期的衔接工作；要规范办理程序，在办公场所、机关网站上公示延期的条件、程序、期限和需提交的材料，方便申请人办理延期手续。

二、各地区颁发管理机关要认真做好“三类人员”的安全生产知识继续教育工作。要将近期出台的一系列建筑安全生产相关法律法规以及技术标准作为继续教育内容的重点，进一步加强“三类人员”对安全生产法律、法规及技术标准的理解和掌握，提高安全生产管理能力，提升“三类人员”安全生产管理水平。

三、“三类人员”在安全生产考核合格证书有效期内，有下列行为之一的，安全生产考核合格证书有效期届满时，应重新考核：

（一）对于企业主要负责人：

1. 所在企业发生过较大及以上等级生产安全责任事故或两起及以上一般生产安全责任事故的；

2. 所在企业存在违法违规行为，或本人未依法认真履行安全生产管理职责，被处罚或通报批评的；

3. 未按规定接受企业年度安全生产培训教育和建设行政主管部门继续教育的；

4. 未按规定提出延期申请的；

5. 颁发管理机关认为有必要重新考核的其他行为。

（二）对于项目负责人：

1. 承建的工程项目发生过一般及以上等级生产安全责任事故的；

2. 承建的工程项目存在违法违规行为，或本人未依法认真履行安全生产管理职责，被处罚或通报批评的；

3. 未按规定接受企业年度安全生产培训教育和建设行政主管部门继续教育的；

4. 未按规定提出延期申请的；

5. 颁发管理机关认为有必要重新考核的其他行为。

(三)对于专职安全生产管理人员：

1. 企业安全监督机构的专职安全生产管理人员，其所在企业发生过较大及以上等级生产安全责任事故或两起及以上一般生产安全责任事故的；施工现场的专职安全生产管理人员，其所在工程项目发生过一般及以上等级生产安全责任事故的；

2. 所在企业或工程项目存在违法违规行为，或本人未依法履行安全生产管理职责，被处罚或通报批评的；

3. 未按规定接受企业年度安全生产培训教育和建设行政主管部门继续教育的；

4. 未按规定提出延期申请的；

5. 颁发管理机关认为有必要重新考核的其他行为。

四、对于在安全生产考核合格证书有效期内无上述行为，严格遵守有关安全生产的法律、法规和规章，认真履行安全生产职责，并接受企业年度安全生产培训教育和建设行政主管部门继续教育的“三类人员”，颁发管理机关可不再重新考核，其证书有效期可延期3年。

五、“三类人员”在安全生产考核合格证书三年有效期满前3个月，由本人向所在施工企业提出安全生产考核合格证书延期申请，经施工企业同意后，由施工企业向原颁发管理机关递交申请材料。申请材料包括“三类人员”安全生产考核申请表和“三类人员”安全生产考核申请名单(申请表可参照《中央管理的建筑施工企业(集团公司、总公司)主要负责人、项目负责人和专职安全生产管理人员安全生产考核管理实施细则》(建质函[2004]189号))。

逾期未办理延期申请且有效期满的，“三类人员”原证书自动失效。

六、各地区颁发管理机关在接到企业的延期申请后应在5个工作日内做出是否受理的决定。对于无需重新考核的，应当自受理安全生产考核合格证书延期申请之日起20个工作日内为其办理延期手续。颁发管理机关应在安全生产考核合格证书有效期一栏内填写新的有效期，加盖考核发证单位公章，并注明“经考核，同意延期三年”字样，其安全生产考核合格证书有效期延期3年。

对于需重新考核的“三类人员”，经颁发管理机关重新考核合格后，办理延期手续，并在其证书内注明“经重新考核，同意延期三年”字样。

七、各地区颁发管理机关应建立完善“三类人员”安全生产考核动态管理信息系统，定期向社会公布“三类人员”取得安全生产考核合格证书及延期情况。

八、各地区颁发管理机关可依照本通知，制定本地区的具体实施办法。

关于进一步规范房屋建筑和市政工程生产安全事故报告和调查处理工作的若干意见

（建设部 建质〔2007〕257 号　2007 年 11 月 9 日）

为认真贯彻落实《生产安全事故报告和调查处理条例》（国务院令第 493 号，以下简称《条例》），规范房屋建筑和市政工程生产安全事故报告和调查处理工作，现提出如下意见：

一、事故等级划分

（一）特别重大事故，是指造成 30 人以上死亡，或者 100 人以上重伤，或者 1 亿元以上直接经济损失的事故；

（二）重大事故，是指造成 10 人以上 30 人以下死亡，或者 50 人以上 100 人以下重伤，或者 5000 万元以上 1 亿元以下直接经济损失的事故；

（三）较大事故，是指造成 3 人以上 10 人以下死亡，或者 10 人以上 50 人以下重伤，或者 1000 万元以上 5000 万元以下直接经济损失的事故；

（四）一般事故，是指造成 3 人以下死亡，或者 10 人以下重伤，或者 1000 万元以下 100 万元以上直接经济损失的事故。

本等级划分所称的“以上”包括本数，所称的“以下”不包括本数。

二、事故报告

（一）施工单位事故报告要求

事故发生后，事故现场有关人员应当立即向施工单位负责人报告；施工单位负责人接到报告后，应当于 1 小时内向事故发生地县级以上人民政府建设主管部门和有关部门报告。

情况紧急时，事故现场有关人员可以直接向事故发生地县级以上人民政府建设主管部门和有关部门报告。

实行施工总承包的建设工程，由总承包单位负责上报事故。

（二）建设主管部门事故报告要求

1. 建设主管部门接到事故报告后，应当依照下列规定上报事故情况，并通知安全生产监督管理部门、公安机关、劳动保障行政主管部门、工会和人民检察院：

（1）较大事故、重大事故及特别重大事故逐级上报至国务院建设主管部门；

（2）一般事故逐级上报至省、自治区、直辖市人民政府建设主管部门；

（3）建设主管部门依照本条规定上报事故情况，应当同时报告本级人民政府。国务院建设主管部门接到重大事故和特别重大事故的报告后，应当立即报告国务院。

必要时，建设主管部门可以越级上报事故情况。

2. 建设主管部门按照本规定逐级上报事故情况时，每级上报的时间不得超过2小时。

3. 事故报告内容：

(1)事故发生的时间、地点和工程项目、有关单位名称；

(2)事故的简要经过；

(3)事故已经造成或者可能造成的伤亡人数(包括下落不明的人数)和初步估计的直接经济损失；

(4)事故的初步原因；

(5)事故发生后采取的措施及事故控制情况；

(6)事故报告单位或报告人员。

(7)其他应当报告的情况。

4. 事故报告后出现新情况，以及事故发生之日起30日内伤亡人数发生变化的，应当及时补报。

三、事故调查

(一)建设主管部门应当按照有关人民政府的授权或委托组织事故调查组对事故进行调查，并履行下列职责：

1. 核实事故项目基本情况，包括项目履行法定建设程序情况、参与项目建设活动各方主体履行职责的情况；

2. 查明事故发生的经过、原因、人员伤亡及直接经济损失，并依据国家有关法律法规和技术标准分析事故的直接原因和间接原因；

3. 认定事故的性质，明确事故责任单位和责任人员在事故中的责任；

4. 依照国家有关法律法规对事故的责任单位和责任人员提出处理建议；

5. 总结事故教训，提出防范和整改措施；

6. 提交事故调查报告。

(二)事故调查报告应当包括下列内容：

1. 事故发生单位概况；

2. 事故发生经过和事故救援情况；

3. 事故造成的人员伤亡和直接经济损失；

4. 事故发生的原因和事故性质；

5. 事故责任的认定和对事故责任者的处理建议；

6. 事故防范和整改措施。

事故调查报告应当附具有关证据材料，事故调查组成员应当在事故调查报告上签名。

四、事故处理

(一)建设主管部门应当依据有关人民政府对事故的批复和有关法律法规的规定，对事故相关责任者实施行政处罚。处罚权限不属本级建设主管部门的，应当在收到事故调查报告批复后15个工作日内，将事故调查报告(附具有关证据材料)、结案批复、本级建设主管部门对有关责任者的处理建议等转送有权限的建设主管部门。

(二)建设主管部门应当依照有关法律法规的规定，对因降低安全生产条件导致事故发生的施工单位给予暂扣或吊销安全生产许可证的处罚；对事故负有责任的相关单位给予罚款、停业整顿、降低资质等级或吊销资质证书的处罚。

（三）建设主管部门应当依照有关法律法规的规定，对事故发生负有责任的注册执业资格人员给予罚款、停止执业或吊销其注册执业资格证书的处罚。

五、事故统计

（一）建设主管部门除按上述规定上报生产安全事故外，还应当按照有关规定将一般及以上生产安全事故通过《建设系统安全事故和自然灾害快报系统》上报至国务院建设主管部门。

（二）对于经调查认定为非生产安全事故的，建设主管部门应在事故性质认定后 10 个工作日内将有关材料报上一级建设主管部门。

六、其他要求

事故发生地的建设主管部门接到事故报告后，其负责人应立即赶赴事故现场，组织事故救援。

发生一般及以上事故或领导对事故有批示要求的，设区的市级建设主管部门应派员赶赴现场了解事故有关情况。

发生较大及以上事故或领导对事故有批示要求的，省、自治区建设厅，直辖市建委应派员赶赴现场了解事故有关情况。

发生重大及以上事故或领导对事故有批示要求的，国务院建设主管部门应根据相关规定派员赶赴现场了解事故有关情况。

七、各地区可以根据本地实际情况制定实施细则。

建筑施工特种作业人员管理规定

（住房和城乡建设部 建质〔2008〕75号 2008年4月18日）

第一章 总 则

第一条 为加强对建筑施工特种作业人员的管理，防止和减少生产安全事故，根据《安全生产许可证条例》、《建筑起重机械安全监督管理规定》等法规规章，制定本规定。

第二条 建筑施工特种作业人员的考核、发证、从业和监督管理，适用本规定。

本规定所称建筑施工特种作业人员是指在房屋建筑和市政工程施工活动中，从事可能对本人、他人及周围设备设施的安全造成重大危害作业的人员。

第三条 建筑施工特种作业包括：

（一）建筑电工；

（二）建筑架子工；

（三）建筑起重信号司索工；

（四）建筑起重机械司机；

（五）建筑起重机械安装拆卸工；

（六）高处作业吊篮安装拆卸工；

（七）经省级以上人民政府建设主管部门认定的其他特种作业。

第四条 建筑施工特种作业人员必须经建设主管部门考核合格，取得建筑施工特种作业人员操作资格证书（以下简称“资格证书”），方可上岗从事相应作业。

第五条 国务院建设主管部门负责全国建筑施工特种作业人员的监督管理工作。

省、自治区、直辖市人民政府建设主管部门负责本行政区域内建筑施工特种作业人员的监督管理工作。

第二章 考 核

第六条 建筑施工特种作业人员的考核发证工作，由省、自治区、直辖市人民政府建设主管部门或其委托的考核发证机构（以下简称“考核发证机关”）负责组织实施。

第七条 考核发证机关应当在办公场所公布建筑施工特种作业人员申请条件、申请程序、工作时限、收费依据和标准等事项。

考核发证机关应当在考核前在机关网站或新闻媒体上公布考核科目、考核地点、考核时间和监督电话等事项。

第八条 申请从事建筑施工特种作业的人员，应当具备下列基本条件：

（一）年满18周岁且符合相关工种规定的年龄要求；

（二）经医院体检合格且无妨碍从事相应特种作业的疾病和生理缺陷；

(三)初中及以上学历；

(四)符合相应特种作业需要的其他条件。

第九条 符合本规定第八条规定的人员应当向本人户籍所在地或者从业所在地考核发证机关提出申请，并提交相关证明材料。

第十条 考核发证机关应当自收到申请人提交的申请材料之日起5个工作日内依法作出受理或者不予受理决定。

对于受理的申请，考核发证机关应当及时向申请人核发准考证。

第十一条 建筑施工特种作业人员的考核内容应当包括安全技术理论和实际操作。

考核大纲由国务院建设主管部门制定。

第十二条 考核发证机关应当自考核结束之日起10个工作日内公布考核成绩。

第十三条 考核发证机关对于考核合格的，应当自考核结果公布之日起10个工作日内颁发资格证书；对于考核不合格的，应当通知申请人并说明理由。

第十四条 资格证书应当采用国务院建设主管部门规定的统一样式，由考核发证机关编号后签发。资格证书在全国通用。

资格证书样式见附件一，编号规则见附件二。

第三章 从 业

第十五条 持有资格证书的人员，应当受聘于建筑施工企业或者建筑起重机械出租单位(以下简称用人单位)，方可从事相应的特种作业。

第十六条 用人单位对于首次取得资格证书的人员，应当在其正式上岗前安排不少于3个月的实习操作。

第十七条 建筑施工特种作业人员应当严格按照安全技术标准、规范和规程进行作业，正确佩戴和使用安全防护用品，并按规定对作业工具和设备进行维护保养。

建筑施工特种作业人员应当参加年度安全教育培训或者继续教育，每年不得少于24小时。

第十八条 在施工中发生危及人身安全的紧急情况时，建筑施工特种作业人员有权立即停止作业或者撤离危险区域，并向施工现场专职安全生产管理人员和项目负责人报告。

第十九条 用人单位应当履行下列职责：

(一)与持有效资格证书的特种作业人员订立劳动合同；

(二)制定并落实本单位特种作业安全操作规程和有关安全管理制度；

(三)书面告知特种作业人员违章操作的危害；

(四)向特种作业人员提供齐全、合格的安全防护用品和安全的作业条件；

(五)按规定组织特种作业人员参加年度安全教育培训或者继续教育，培训时间不少于24小时；

(六)建立本单位特种作业人员管理档案；

(七)查处特种作业人员违章行为并记录在档；

(八)法律法规及有关规定明确的其他职责。

第二十条 任何单位和个人不得非法涂改、倒卖、出租、出借或者以其他形式转让资格证书。

第二十一条　建筑施工特种作业人员变动工作单位，任何单位和个人不得以任何理由非法扣押其资格证书。

第四章　延期复核

第二十二条　资格证书有效期为两年。有效期满需要延期的，建筑施工特种作业人员应当于期满前3个月内向原考核发证机关申请办理延期复核手续。延期复核合格的，资格证书有效期延期2年。

第二十三条　建筑施工特种作业人员申请延期复核，应当提交下列材料：

（一）身份证（原件和复印件）；

（二）体检合格证明；

（三）年度安全教育培训证明或者继续教育证明；

（四）用人单位出具的特种作业人员管理档案记录；

（五）考核发证机关规定提交的其他资料。

第二十四条　建筑施工特种作业人员在资格证书有效期内，有下列情形之一的，延期复核结果为不合格：

（一）超过相关工种规定年龄要求的；

（二）身体健康状况不再适应相应特种作业岗位的；

（三）对生产安全事故负有责任的；

（四）2年内违章操作记录达3次（含3次）以上的；

（五）未按规定参加年度安全教育培训或者继续教育的；

（六）考核发证机关规定的其他情形。

第二十五条　考核发证机关在收到建筑施工特种作业人员提交的延期复核资料后，应当根据以下情况分别作出处理：

（一）对于属于本规定第二十四条情形之一的，自收到延期复核资料之日起5个工作日内作出不予延期决定，并说明理由；

（二）对于提交资料齐全且无本规定第二十四条情形的，自受理之日起10个工作日内办理准予延期复核手续，并在证书上注明延期复核合格，并加盖延期复核专用章。

第二十六条　考核发证机关应当在资格证书有效期满前按本规定第二十五条作出决定；逾期未作出决定的，视为延期复核合格。

第五章　监督管理

第二十七条　考核发证机关应当制定建筑施工特种作业人员考核发证管理制度，建立本地区建筑施工特种作业人员档案。

县级以上地方人民政府建设主管部门应当监督检查建筑施工特种作业人员从业活动，查处违章作业行为并记录在档。

第二十八条　考核发证机关应当在每年年底向国务院建设主管部门报送建筑施工特种作业人员考核发证和延期复核情况的年度统计信息资料。

第二十九条　有下列情形之一的，考核发证机关应当撤销资格证书：

(一)持证人弄虚作假骗取资格证书或者办理延期复核手续的;

(二)考核发证机关工作人员违法核发资格证书的;

(三)考核发证机关规定应当撤销资格证书的其他情形。

第三十条 有下列情形之一的,考核发证机关应当注销资格证书:

(一)依法不予延期的;

(二)持证人逾期未申请办理延期复核手续的;

(三)持证人死亡或者不具有完全民事行为能力的;

(四)考核发证机关规定应当注销的其他情形。

第六章 附 则

第三十一条 省、自治区、直辖市人民政府建设主管部门可结合本地区实际情况制定实施细则,并报国务院建设主管部门备案。

第三十二条 本办法自2008年6月1日起施行。

附件一:建筑施工特种作业操作资格证书样式(略)

附件二:建筑施工特种作业操作资格证书编号规则(略)

建筑施工企业安全生产许可证动态监管暂行办法

（住房和城乡建设部 建质〔2008〕121号 2008年6月30日）

第一条 为加强建筑施工企业安全生产许可证的动态监管，促进建筑施工企业保持和改善安全生产条件，控制和减少生产安全事故，根据《安全生产许可证条例》、《建设工程安全生产管理条例》和《建筑施工企业安全生产许可证管理规定》等法规规章，制定本办法。

第二条 建设单位或其委托的工程招标代理机构在编制资格预审文件和招标文件时，应当明确要求建筑施工企业提供安全生产许可证，以及企业主要负责人、拟担任该项目负责人和专职安全生产管理人员（以下简称"三类人员"）相应的安全生产考核合格证书。

第三条 建设主管部门在审核发放施工许可证时，应当对已经确定的建筑施工企业是否具有安全生产许可证以及安全生产许可证是否处于暂扣期内进行审查，对未取得安全生产许可证及安全生产许可证处于暂扣期内的，不得颁发施工许可证。

第四条 建设工程实行施工总承包的，建筑施工总承包企业应当依法将工程分包给具有安全生产许可证的专业承包企业或劳务分包企业，并加强对分包企业安全生产条件的监督检查。

第五条 工程监理单位应当查验承建工程的施工企业安全生产许可证和有关"三类人员"安全生产考核合格证书持证情况，发现其持证情况不符合规定的或施工现场降低安全生产条件的，应当要求其立即整改。施工企业拒不整改的，工程监理单位应当向建设单位报告。建设单位接到工程监理单位报告后，应当责令施工企业立即整改。

第六条 建筑施工企业应当加强对本企业和承建工程安全生产条件的日常动态检查，发现不符合法定安全生产条件的，应当立即进行整改，并做好自查和整改记录。

第七条 建筑施工企业在"三类人员"配备、安全生产管理机构设置及其他法定安全生产条件发生变化以及因施工资质升级、增项而使得安全生产条件发生变化时，应当向安全生产许可证颁发管理机关（以下简称颁发管理机关）和当地建设主管部门报告。

第八条 颁发管理机关应当建立建筑施工企业安全生产条件的动态监督检查制度，并将安全生产管理薄弱、事故频发的企业作为监督检查的重点。

颁发管理机关根据监管情况、群众举报投诉和企业安全生产条件变化报告，对相关建筑施工企业及其承建工程项目的安全生产条件进行核查，发现企业降低安全生产条件的，应当视其安全生产条件降低情况对其依法实施暂扣或吊销安全生产许可证的处罚。

第九条 市、县级人民政府建设主管部门或其委托的建筑安全监督机构在日常安全生产监督检查中，应当查验承建工程施工企业的安全生产许可证。发现企业降低施工现场安全生产条件的或存在事故隐患的，应立即提出整改要求；情节严重的，应责令工程项目停止施工并限期整改。

第十条 依据本办法第九条责令停止施工符合下列情形之一的，市、县级人民政府建设主管部门应当于作出最后一次停止施工决定之日起15日内以书面形式向颁发管理机关(县级人民政府建设主管部门同时抄报设区市级人民政府建设主管部门;工程承建企业跨省施工的,通过省级人民政府建设主管部门抄告)提出暂扣企业安全生产许可证的建议,并附具企业及有关工程项目违法违规事实和证明安全生产条件降低的相关询问笔录或其他证据材料。

(一)在12个月内,同一企业同一项目被两次责令停止施工的。

(二)在12个月内,同一企业在同一市、县内三个项目被责令停止施工的;

(三)施工企业承建工程经责令停止施工后,整改仍达不到要求或拒不停工整改的。

第十一条 颁发管理机关接到本办法第十条规定的暂扣安全生产许可证建议后,应当于5个工作日内立案,并根据情节轻重依法给予企业暂扣安全生产许可证30日至60日的处罚。

第十二条 工程项目发生一般及以上生产安全事故的,工程所在地市、县级人民政府建设主管部门应当立即按照事故报告要求向本地区颁发管理机关报告。

工程承建企业跨省施工的,工程所在地省级建设主管部门应当在事故发生之日起15日内将事故基本情况书面通报颁发管理机关,同时附具企业及有关项目违法违规事实和证明安全生产条件降低的相关询问笔录或其他证据材料。

第十三条 颁发管理机关接到本办法第十二条规定的报告或通报后,应立即组织对相关建筑施工企业(含施工总承包企业和与发生事故直接相关的分包企业)安全生产条件进行复核,并于接到报告或通报之日起20日内复核完毕。

颁发管理机关复核施工企业及其工程项目安全生产条件,可以直接复核或委托工程所在地建设主管部门复核。被委托的建设主管部门应严格按照法规规章和相关标准进行复核,并及时向颁发管理机关反馈复核结果。

第十四条 依据本办法第十三条进行复核,对企业降低安全生产条件的,颁发管理机关应当依法给予企业暂扣安全生产许可证的处罚;属情节特别严重的或者发生特别重大事故的,依法吊销安全生产许可证。

暂扣安全生产许可证处罚视事故发生级别和安全生产条件降低情况,按下列标准执行:

(一)发生一般事故的,暂扣安全生产许可证30至60日。

(二)发生较大事故的,暂扣安全生产许可证60至90日。

(三)发生重大事故的,暂扣安全生产许可证90至120日。

第十五条 建筑施工企业在12个月内第二次发生生产安全事故的,视事故级别和安全生产条件降低情况,分别按下列标准进行处罚:

(一)发生一般事故的,暂扣时限为在上一次暂扣时限的基础上再增加30日。

(二)发生较大事故的,暂扣时限为在上一次暂扣时限的基础上再增加60日。

(三)发生重大事故的,或按本条(一)、(二)处罚暂扣时限超过120日的,吊销安全生产许可证。

12个月内同一企业连续发生三次生产安全事故的,吊销安全生产许可证。

第十六条 建筑施工企业瞒报、谎报、迟报或漏报事故的,在本办法第十四条、第十五条处罚的基础上,再处延长暂扣期30日至60日的处罚。暂扣时限超过120日的,吊销安全生产许可证。

第十七条 建筑施工企业在安全生产许可证暂扣期内,拒不整改的,吊销其安全生产许可证。

第十八条 建筑施工企业安全生产许可证被暂扣期间,企业在全国范围内不得承揽新的工程项目。发生问题或事故的工程项目停工整改，经工程所在地有关建设主管部门核查合格后方可继续施工。

第十九条 建筑施工企业安全生产许可证被吊销后，自吊销决定作出之日起一年内不得重新申请安全生产许可证。

第二十条 建筑施工企业安全生产许可证暂扣期满前10个工作日，企业需向颁发管理机关提出发还安全生产许可证申请。颁发管理机关接到申请后，应当对被暂扣企业安全生产条件进行复查，复查合格的，应当在暂扣期满时发还安全生产许可证；复查不合格的，增加暂扣期限直至吊销安全生产许可证。

第二十一条 颁发管理机关应建立建筑施工企业安全生产许可动态监管激励制度。对于安全生产工作成效显著、连续三年及以上未被暂扣安全生产许可证的企业，在评选各级各类安全生产先进集体和个人、文明工地、优质工程等时可以优先考虑，并可根据本地实际情况在监督管理时采取有关优惠政策措施。

第二十二条 颁发管理机关应将建筑施工企业安全生产许可证审批、延期、暂扣、吊销情况，于做出有关行政决定之日起5个工作日内录入全国建筑施工企业安全生产许可证管理信息系统，并对录入信息的真实性和准确性负责。

第二十三条 在建筑施工企业安全生产许可证动态监管中，涉及有关专业建设工程主管部门的，依照有关职责分工实施。

各省、自治区、直辖市人民政府建设主管部门可根据本办法，制定本地区的实施细则。

第八部分

投 资 管 理

铁路基本建设项目投资控制管理办法

（铁道部 铁计〔2007〕97号 2007年5月16日）

第一章 总 则

第一条 为贯彻"以人为本、服务运输、强本简末、系统优化、着眼发展"建设新理念，加强铁路基本建设项目投资管理，实现铁路建设项目质量安全工期目标，节约建设资金，发挥投资效益，依据《铁路建设管理办法》（铁道部令第11号），制定本办法。

第二条 铁路基本建设项目要实行全过程、全方位的投资管理，按项目（预）可行性研究报告、初步设计、工程招投标、项目实施四个阶段进行投资控制。项目（预）可行性研究阶段应合理确定投资规模，铁道部主管部门为发展计划司；项目初步设计阶段批复设计概算，铁道部主管部门为工程设计鉴定中心；项目工程招投标、项目实施阶段按批准投资进行过程控制，铁道部主管部门为建设管理司。项目建设单位是建设项目投资控制的责任主体，项目设计单位是全过程投资控制的基础，项目施工单位依据设计图纸组织施工并按照合同价款控制投资，项目监理单位对工程施工和验工计价实施监理。铁道部有关部门按职责分工对全过程投资进行审批和监管。

第三条 按照科学定标、适度从紧、强本简末、节约投资的要求，编制建设项目投资估算和设计概算。国家或铁道部批复的可行性研究报告是建设项目规模和投资控制的依据，批准的投资估算是建设项目投资控制的法定限额。建设单位在铁道部批准项目设计概算规模内组织建设。

第四条 本办法适用于铁路基本建设项目，更新改造项目可参照执行。国铁控股的合资铁路建设项目投资控制程序适用于本办法，但各项投资决策应经公司法定程序决策后履行报批手续。

第二章 （预）可行性研究阶段

第五条 项目（预）可行性研究阶段应科学确定建设规模和技术标准，优化选择技术方案并合理核定项目投资估算。（预）可行性研究重点研究项目的工程范围、技术标准、线路主要方案、主要设备设计原则、重大桥隧工程方案和桥隧工程比例、主要站段建设规模、项目建设年限、资金筹措方案和项目的效益评价等内容。

第六条 项目设计单位完成初测后开放可行性研究工作，项目投资估算依据可行性研究阶段的专业设计方案和工程数量，按照铁道部基本建设工程投资（预）估算编制办法进行编制，基本预备费按一至十一章费用总额的10％计列。项目设计单位编制的可行性研究报告（含投资估算）应达到规定的设计深度和精度，推荐的主要技术条件明确，重大设计方案比选充分，影响投资的因素考虑全面，投资估算编制合理。投资估算文件应有符合规定的工程数量清单和综合(分项)估算资料。

第七条 项目征地拆迁数量(含三电迁改和地下管线迁改)应以勘测调查资料为基础准确计算,依据国家和建设项目所在省(自治区、直辖市)的相关规定及铁道部与有关省、自治区、直辖市政府确定的征地拆迁工作和费用补偿原则,分析具体补偿单价和费用列入估算。铁道部与有关省、自治区、直辖市政府没有明确征地拆迁费用补偿原则的项目,可按照国家和相关省(自治区、直辖市)的征地拆迁补偿办法计算或参照相关项目的补偿标准(时间相近、区段相邻或合作方式一致等)测算费用列入投资估算。以征地拆迁补偿费用入股的合资铁路,征地拆迁补偿费用应以出资各方确认的原则和标准核定后列入投资估算。

第八条 项目可行性研究报告评审主要对项目技术条件、建设方案、土地利用、节能环保、工程规模、建设工期、投资估算、效益评价等内容形成明确审查意见,评审报告要附项目投资总估算表(或总估算汇总表)。经铁道部评审单位组织评审的可行性研究报告和投资估算报国家批复或铁道部自行批准后,即作为项目建设标准、工程规模和总投资的控制基础。项目设计单位依据审查意见或批准原则开展下阶段设计工作,按照批准的投资估算总额编制项目投资估算审查修改设计文件,作为下阶段投资对照分析和控制的依据。

第三章　初步设计阶段

第九条 项目初步设计是依据国家或铁道部批准可行性研究报告的建设范围、规模和主要技术标准,对设计方案、工程措施、工程数量和投资进一步优化和深化设计。建设单位安排设计单位完成项目定测,特别是征地拆迁(含三电、地下管线)、防洪、通航、交叉跨越协议和地质勘探等工作按规定要求完成后开放初步设计。项目初步设计要重点做到线路方案稳定、主要工程措施落实、征地拆迁和交叉跨越协议签订完成。设计概算以批复投资估算为基础,按照设计概算编制办法,依据各专业设计工程数量和施工组织设计进行编制。制梁场、铺架基地、焊轨基地等大型临时工程应按照正式工程设计并编制概算。项目初步设计概算分章节费用原则上要控制在批复投资估算额度内,基本预备费严格按照一至十一章费用总额的5%计列。概算编制办法没有明确费率的费用项目应附计费依据及计算清单。结合建设项目安排的科研课题或试验项目,能够形成固定资产价值的投资列入项目概算,其他研究试验费用不列入项目设计概算(合资铁路另定)。

第十条 项目建设单位应组织专业技术人员对初步设计文件的进行初审。在进行必要的现场核对后,项目建设单位对项目技术标准、设计方案、工程措施、征地拆迁、交叉跨越、施工组织、设计概算等设计内容的合理性、正确性、完备性、经济性提出初审意见并随设计文件报铁道部审查。项目初步设计概算审查应严格以批复可行性研究报告确定的技术标准和建设规模为依据,按照概算章节和费用性质,逐项与可行性研究报告投资估算对照分析,原则要求按章节和分类费用控制在批复投资估算规模内,初步设计总概算静态投资不应超过投资估算的静态投资,设计概算批复附总概算表(或总概算汇总表)。

第十一条 因主要技术条件和重大工程方案变化等原因,项目初步设计总概算超出项目批复可行性研究报告投资估算时,建设单位组织设计单位详细分析投资增加原因,经铁道部工程设计鉴定中心审查后,形成签报意见会签铁道部发展计划司,报铁道部主管领导批准后批复。为有利于项目实施过程的投资控制,批复项目初步设计总概算超过批复投资估算5%时,应报请铁道部技术经济协调小组研究决策(合资铁路需经法定程序讨论通过),项目初步设计总概算超出批复投资估算10%时．需重新履行规定审批程序后批准执行。

第十二条 项目建设单位组织设计单位按照初步设计批复概算的原则，在初步设计总概算批准后15日内编制初步设计鉴修概算报铁道部核备，并附技术经济指标统计表。鉴修概算应严格按批复初步设计原则编制，并与批复总概算吻合，鉴修概算编制中如有与批复内容不一致的应另行提出报部批准。依据铁道部批复意见编制的初步设计鉴修概算是项目建设单位组织工程招标或编制施工图投资检算的主要依据，也是项目工程实施阶段投资控制的基础。

第四章 工程招投标阶段

第十三条 项目建设单位组织设计单位按照批复的初步设计进行施工图设计，并根据需要(可分站前、站后)编制施工图投资检算，基本预备费可按一至十一章费用总额的3%计列，投资检算报铁道部发展计划司、建设管理司、工程设计鉴定中心核备。项目投资检算编制必须严肃、认真、及时、细化，严格控制在批复初步设计鉴修概算之内。投资检算超出鉴修概算的建设项目，设计单位应对施工图设计重新复核，并对投资增加原因进行分析说明。投资检算超出鉴修概算并影响项目投资的建设项目，须经铁道部工程设计鉴定中心组织审核后报铁道部总工程师批准。

第十四条 鼓励项目建设单位组织设计单位在初步设计批复原则及规模范围内对施工图优化设计，施工图设计优化以方案更为合理、投资更为经济为原则。建设单位应将施工图优化设计纳入勘察设计合同管理，并约定相应的奖惩条款。施工图设计优化核减的工程投资作为建设项目基本预备费由项目建设单位管理使用。

第十五条 积极推进工程量清单及计价管理办法，投标人的投标报价必须符合工程数量和计价匹配的原则，在工程质量、工期、安全等得到保证的条件下，通过市场竞争合理降低工程造价。工程招标中各投标人报价均超出项目批复设计概算时即宣布招标失败，经铁道部研究后重新组织招标。客运专线项目建设单位依据审核后的施工图设计和施工图投资检算进行施工招标，其他铁路建设项目可以根据批准的初步设计和鉴修概算组织工程招投标。招标完成后项目建设单位将工程招标降造费报铁道部发展计划司、建设管理司、工程设计鉴定中心。在批复总概算规模内组织甲供物资材料招标，投标报价或拟确定中标价超出批复概算时，招标组织单位应详细分析原因，并报铁道部发展计划司、建设管理司、工程设计鉴定中心审核后方可授标。

第十六条 项目招标完成后，建设单位要及时组织编制分标段执行预算。项目执行预算以中标人的投标报价和合同约定条件编制，是项目建设单位指导验工计价和投资管理的基础。项目执行预算报铁道部发展计划司、建设管理司、工程设计鉴定中心核备。

第十七条 项目建设单位在工程(设备)招标中要坚持依法合规、诚实守信、风险分担的原则，在招标文件中明确招投标双方对投资控制的责任和义务，按照《合同法》和招投标合同条款签署工程承包合同。项目建设过程中，建设单位应强化合同管理，严格变更设计，以项目执行预算和合同为依据验工计价，严格建设资金的拨付和使用管理。

第五章 项目实施阶段

第十八条 在项目开工准备阶段，建设单位要重点推进征地拆迁工作和落实外部协议的实施，并控制征地拆迁补偿等施工准备费用支出；研究制订投资计划、验工计价、设计变更等建设管理实施细则，规范投资计划和资金拨付管理；组织编制项目指导性施工组织设计，对项目总工期和阶段工期目标、标段划分、关键路线工程施工安排、大型临时设施设置、先期开工工点、铺架计划等内容进行深化研究，做出具体安排，制定保障措施，并对施工组织计划的合理性、有效性、经济性进行评估。

第十九条 项目投资计划下达以批复初步设计总概算、执行预算及建设单位（或出资人代表）建议计划为基础，项目建设单位（或出资人代表）计划部门应按执行预算的分章节费用，十一章分项明细费用报送年度建议计划。铁道部下达年度计划后，项目建设单位应严格按照分章节费用安排执行计划，组织施工和验工计价；项目建设单位（或出资人代表）财务部门按分章节和分项费用计划、施工进度、合同约定编制年度资金预算，国铁项目建设单位根据资金预算、合同和验工计价所需资金分月向铁道部财务司请款；合资铁路公司铁道部出资人代表根据出资协议向铁道部财务司申请出资资金。在年度（调整）计划范围内，铁道部财务司予以拨款。

第二十条 项目建设单位应根据铁道部变更设计管理办法、工程建设实际和施工承包合同约定，严格控制变更设计及费用调整。建设单位要成立变更设计领导小组，负责变更设计的审查工作。变更设计按照“先批准、后变更、先设计、后施工”的程序办理报批手续。Ⅰ类变更设计要报铁道部审批，铁道部工程设计鉴定中心接到项目建设单位报送的符合规定要求的变更设计文件后（达到初步设计深度，有原因分析和责任追究等），在10个工作日内回复受理意见，30个工作日内完成变更设计批复，特殊情况下项目建设单位可根据工程设计鉴定中心的意见应急处理。有关单位和部门对建设项目的变更意见必须由建设单位统一报铁道部批准后执行。铁道部发展计划司根据Ⅰ类变更设计批复调整项目投资计划。Ⅱ类变更设计要严格按规定的程序、分工、费用处理原则和合同约定执行，在基本预备费额度内，由项目建设单位负责办理。

第二十一条 严格招标降造费管理，招标降造费必须实行先批准后使用的原则。除铁道部明文规定使用降造费的项目外，其他实施过程中需要增加的费用一律先使用预备费，在预备费不足的情况下使用降造费。按照有关规定及合同约定由项目建设单位负责的材料价差调整，以及按照国家和省级地方政府有关规定增加的征地拆迁等费用，履行审批手续并同意使用招标降造费后，纳入年度投资调整计划。

第二十二条 严格其他费用性支出管理。其他费用中的咨询费、检验检测费等必须在项目批准概算的内容和费用额度内严格控制使用。批复设计概算外需要增加的费用支出项目必须有合法依据并履行报批手续。建设项目管理费实行总量控制、分年度预算管理。

第二十三条 项目建设过程中应严格坚持国家规定的投资审批程序，超出初步设计批复的工程规模、技术措施、技术装备等引起投资调整的必须按原审批程序进行调整或变更。凡因项目建设单位管理原因增加或未经批准而擅自实施的项目和费用原则上不予确认。部将按规定对项目建设单位及责任人进行处罚。

第二十四条 建立建设项目实施过程投资台账。项目投资台账详细记载各阶段投资审批、工程招投标、合同价款、年度投资、变更设计、降造费使用、概算清理等内容。依据建设项目投资台账，项目建成收尾销号时，在批复规模内建设单位组织编制项目清理概算文件报铁道部审批。建设项目清理概算超出批准概算时，应与鉴修概算进行详细对照分析、说明原因、落实责任，提出处置意见，随项目清理概算文件一并报铁道部审查。项目清理概算批复后作为建设单位编制项目工程决算的依据。

第二十五条 建设项目清理概算批复后应及时做到工完账清，对未完工程应列出详细的剩余工程量和投资清单，明确完成时间。初验合格的建设项目应按初验报告确定的时间完成资产移交手续；项目建设单位应在项目初验合格后6个月内编制完成竣工财务决算。结合财政部对使用财政性资金建设项目进行评审的要求，对铁路局作为建设单位和铁道部出资人代表控股的项目，铁道部财务司委托咨询机构对部分竣工项目进行评审，对咨询机构提出需要核减概算内的投资，铁道部财务司与发展计划司、工程设计鉴定中心会商后确定。对确定核减的投资，铁路局作为建设单位的项目，铁路局负责追回或扣减其自由资金；铁道部出资人代表控股的项目，由合资铁路公司自行负责解决。

第六章 考 核

第二十六条 项目设计单位对各阶段勘察设计质量负责，由于设计达不到规定深度或质量原因造成工程投资增加，除设计单位承担无偿设计修复责任外，还应相应扣减设计单位的勘察设计费并纳入质量信誉考评，同时依法承担由此带来的工程损失。项目施工监理单位必须按监理合同履行对投资控制的相应职责，由于其现场监督不到位造成工程损失和投资浪费的，项目监理单位应承担相应的赔偿责任。

第二十七条 项目施工单位对工程施工的质量和安全直接负责，同时承担按照工程承包合同确定的工程价款和工期完成工程施工的责任。工程施工中如发现现场实际与设计文件不符，项目施工单位必须及时向建设、设计或监理单位反映，经确认处理后继续施工。由于项目施工单位未如实反映施工变化情况或施工管理不善造成工程质量事故或投资增加，由项目施工单位承担相应工程修复和投资增加的责任。

第二十八条 对项目建设单位组织设计单位在初步设计批复原则及规模范围内优化施工图设计和加强过程控制，保证工程建设质量和安全，且最终使项目投资控制在批复概算内的，在项目考核时可以考虑按节省工程投资额的一定比例给予项目建设管理单位奖励。具体奖励标准可按国家有关规定报铁道部批准后执行，或在建设项目业绩考核责任书中确定。

第二十九条 对铁路局作为建设单位的项目，清理概算时因项目建设单位擅自提高标准、扩大规模、新增工程或其他管理原因而增加的投资，相应扣减项目建设单位所属铁路局下年度自有资金并追究有关责任；对铁道部出资人代表控股承担项目建设管理的合资铁路公司，因以上原因增加的投资，由合资铁路公司自行负责解决。项目投资管理与铁路局经营业绩考核和建设单位建设项目业绩考核挂钩，实行效绩评价扣减或一票否决。

第七章 附 则

第三十条 本办法由铁道部发展计划司负责解释。

第三十一条 本办法自印发之日起实行，其他有关投资控制管理规定与本办法不一致的，以本办法为准。

关于发布《铁路工程工程量清单计价指南(土建部分)》的通知

(铁道部 铁建设〔2007〕108 号　2007 年 5 月 19 日)

各铁路局,各铁路公司(筹备组),集装箱、投资公司,各合资铁路公司:

《铁路工程工程量清单计价指南(土建部分)》(以下简称"指南")经部审查现予发布,自2007 年 6 月 20 日起实行。

本指南是铁路基本建设大中型项目实行工程量清单计价的基础,是招投标双方进行工程量清单计价应遵守的基本准则。

本指南以单价承包方式为基础编制。当用于施工总价承包或工程总承包时,应根据以下要求对指南相关部分进行修改,并在招标文件中明示。

一、删除以下内容

1. 第 2.2.9.2、2.3、2.4、3.0.1、3.0.9.2、3.0.9.3、3.0.10 等条目及相关内容。

2."计日工表"和"计日工费用计算表"及相关内容。

3."工程量清单投标报价汇总表"中的"包含在暂列金额中的计日工"和"按第一章~第十一章合计的 %计算的或按一定额度估列的暂列金额"栏目。

4."工程量清单计量规则表"第十一章中的"工程保险费"清单项目。

二、增加以下内容

1. 当采用施工总价承包时,在"工程量清单投标报价汇总表"中增加"总承包风险费"栏目。

2. 当采用工程总承包时,在"第十一章 其他费"中增加 "施工图勘察设计费"清单子目,在"工程量清单投标报价汇总表"中增加"总承包风险费"栏目。

本指南由铁道部建设管理司负责解释,由铁路工程定额所组织发行单行本。

关于时速 200 公里及以上铁路工程控制测量费用标准的通知

（铁道部 铁建设〔2007〕116 号　2007 年 5 月 30 日）

各铁路局，各铁路公司（筹备组）：

为适应时速 200 公里及以上铁路建设需要，准确设定轨道位置，提高铁路工程及轨道设计、施工、维护质量，保证列车安全运营，现就铁路工程控制测量计费及有关事宜通知如下，请按照执行。

一、计费原则

铁路工程控制测量属于铁路勘察工作的一部分，控制测量计依据原国家计委、建设部发布的《工程勘察设计收费标准》（计价格〔2002〕10 号）和国家测绘局印发的《测绘工程产品价格》（国测财字〔2002〕3 号），结合铁路控制测量工作内容及工作量确定。

二、计费标准

1. A 级（或 B 级）GPS 点，依据《测绘工程产品价格》（国测财字〔2002〕3 号）中大地测量全球定位系统（GPS）测量收费标准，其中外业观测和数据处理分别按 A、B 级收费标准的 40％计费；A 级标石按基本标石收费标准计费，B 级标石按基本标石收费标准的 80％计费。

2. 无砟轨道的 CPⅡ网（C 级 GPS 或导线设置）和有砟轨道的 CPⅠ网（C 级 GPS）、CPⅡ网（D 级 GPS 或导线设置），按照《工程勘察设计收费标准》（计价格〔2002〕10 号）工程测量中相关收费标准计费。采用导线设置的，标石埋设费及材料费按规范要求另行计算。

3. 采用铁路五等导线设置 CPⅢ网的，铁路五等导线按照《工程勘察设计收费标准》（计价格〔2002〕10 号）工程测量中四等导线收费标准的 85％计费，标石埋设费及材料费按规范要求另行计费。

4. 二等（有砟轨道三等）水准按照《工程勘察设计收费标准》（计价格〔2002〕10 号）工程测量中水准测量收费标准计费。

5. 按照规范进行控制网（不含 A 级和有砟轨道 B 级 GPS 点）复测时，按上述收费标准（不含标石费用）计费。

三、费用计算

1. 初测阶段：在初测费用基础上，增加 A 级（有砟轨道为 B 级）GPS 点费用（不含利用国家点），同时增加二等（有砟轨道为三等）水准与四等水准费用差值。

2. 定测阶段：在定测费用基础上，增加 CP Ⅰ、CPⅡ网费用。

3. 补充定测：在补充定测费用的基础上，增加需要补充 CPⅠ、CPⅡ网的费用。

四、费用管理

1. A级(有砟轨道为B级)GPS点费用、二等(有砟轨道为三等)水准与四等水准费用差值纳入前期勘察设计费。

2. CPⅠ、CPⅡ网费用纳入后期勘察设计费。

3. CPⅢ网费用、复测费用及其他施工测量费用纳入工程概算。

铁路工程造价标准管理办法

（铁道部 铁建设〔2007〕148 号　2007 年 8 月 1 日）

第一章　总　　则

第一条　为适应铁路改革与发展需要，加强和规范铁路工程造价标准管理，根据《中华人民共和国标准化法》、《中华人民共和国价格法》、《中华人民共和国招标投标法》、《中华人民共和国铁路法》等法律法规，制定本办法。

第二条　本办法适用于铁道行业工程造价标准的管理。铁道部鼓励铁路工程施工企业依据国家法律法规和铁道行业工程造价标准及相关规定，结合自身特点制定企业工程造价（或成本控制等）管理办法和定额，用于企业内部管理。

第三条　铁路工程造价标准是行业性全国统一标准，是编制铁路工程建设项目投资（预）估算和设计概（预）算的重要依据，是国家对铁路工程建设项目进行宏观决策和投资控制的重要基础，也是铁路工程建设项目业主及投资人投资决策、投资控制以及铁路建设市场公平交易的重要参考。

第四条　铁路工程造价标准体系的建立，应认真贯彻落实科学发展观和国家有关法律法规，与市场经济发展和铁路技术进步相适应，体现以人为本、服务运输、强本简末、系统优化、着眼发展的建设理念，按照编制办法相对稳定、工程定额动态管理、价格信息及时发布、前期后期有机衔接的原则开展工作。

第五条　铁路工程造价标准主要包括：工程投资（预）估算、设计概（预）算等编制办法及相关计算机软件，估算指标、概算指标、概算定额、预算定额、机械台班费用定额等工程定额，工程量清单计价规范，施工组织设计办法与工期指南，材料设备基期价格及主要材料设备相关价格信息、材料价差系数，以及其他与工程造价相关的规定。

第六条　铁路工程建设中技术成熟、经济合理的工程项目应编制单项工程定额；有待在工程实践中进一步检验的新技术、新工艺、新材料、新设备、新结构等可编制补充工程定额；未经工程实践验证、单项工程定额或补充工程定额缺项而工程建设急需的项目应做补充单价分析，编制补充单价。

第七条　铁路工程造价标准的编制应遵循科学合理、实事求是、简明适用的原则，深入现场开展调查研究与分析测定，保证基础资料翔实可靠、调查测定实事求是、征求意见广泛深入、分析整理科学严密，确保工程造价标准的客观性、公正性、时效性、适用性。

第八条　铁路工程造价标准是贯彻国家法律法规、对铁路工程现场进行测算测定、与相关相近行业及全社会平均水平对比分析的结果，反映的是国家相关政策、社会平均劳动力水平和一定时期内的价格水平。工程投资（预）估算、设计概（预）算只能作为宏观决策和投资控制的基础，不能作为工程交易、招标投标、验工计价等实施阶段的依据。工程实施阶段，招标投标双方均应进行广泛深入的市场调查，结合项目特点、市场竞争和市场价格水平等编制招标投标文件，特别是投标人要结合企业自身管理水平和能力，实事求是、自主报价；招标人应以确保安全、质量、工期、投资、环境有效控制为前提，择优选定中标人。

第二章　管　　理

第九条　铁道部建设管理司是铁路工程造价标准的主管部门。

第十条　从事铁路工程造价标准管理及编制的单位和人员，应接受主管部门的指导和监督，根据国家和铁道部的有关规定调查、收集、分析基础资料，编制、审核造价标准，不得弄虚作假或附合不合理条件。管理机构人员必须直接参与铁路工程造价标准的调查、测定、分析及编制工作并实行项目负责制。

第十一条　主管部门委托铁路工程定额管理机构（以下称管理机构）承担以下具体管理工作：

1. 开展铁路工程造价标准及体系的研究，提出铁路工程造价标准近期编制规划和年度编制计划建议；

2. 按照铁道部批准的铁路工程造价标准年度编制计划，制定详细的实施计划，择优选定铁路工程造价标准编制单位，经主管部门同意后，与编制单位签订编制合同并报主管部门核备；

3. 指定管理机构铁路工程造价标准编制项目负责人，落实编制计划及编制合同，协调解决编制过程中的有关问题；

4. 负责铁路工程造价标准编制大纲、征求意见稿的审查工作，审查结果及时报主管部门；

5. 协助主管部门对铁路工程造价标准实施动态管理，跟踪了解铁路工程造价标准的执行情况，组织开展相关调研测定工作，及时提出铁路工程造价标准的修订、补充建议；

6. 建立并维护铁路工程造价计算机管理系统、铁路工程造价信息系统和铁路工程造价基础资料数据库，编制、发布、维护铁道行业统一的铁路工程建设项目投资（预）估算、设计概（预）算计算机软件；

7. 收集发布铁路工程建设主要材料设备的价格信息，测算铁路工程建设相关材料的价差调整系数或价格指数；

8. 建立并管理铁路工程造价技术档案，组织铁路工程造价标准的发行和宣传贯彻工作；

9. 指导全路各基层造价标准管理部门的业务工作；

10. 按时完成主管部门交办的其他工作。

第十二条　各铁路局、各铁路公司（筹备组）等单位应成立铁路工程定额站或指定部门，作为基层铁路工程造价标准管理部门。基层工程造价标准管理部门的主要职责是：

1. 负责铁路工程造价标准在本单位的贯彻执行；

2. 调查收集本单位范围内的铁路工程造价标准的使用情况，发现问题并及时报送管理机构；

3. 协助管理机构或造价标准编制单位对本单位范围内的铁路工程项目进行相关调查或测定；

4. 定期向管理机构报送铁路工程单价分析资料、材料设备招标采购价格及其他有关工程造价方面的资料。

第三章　立　　项

第十三条　管理机构在充分调研和专家论证基础上，根据铁路工程造价标准体系要求，提出铁路工程造价标准年度编制计划建议报主管部门；主管部门在此基础上拟定年度编制计划，经铁道部批准后作为项目立项依据。铁路工程造价标准编制等相关费用纳入预算管理。

第十四条　主管部门可根据情况变化对年度编制计划进行局部调整。

第四章　编　　制

第十五条　铁路工程投资(预)估算、设计概(预)算等编制办法应保持相对稳定。按照工程定额动态管理的要求，单项工程定额、材料设备基期价格等一般 5 年左右全面修订一次，补充工程定额一般每年补充制订或修订一次，补充单价根据需要随时编制。主要材料设备价格信息等每季度发布一次。人工费标准及其他工程造价标准应根据国家有关规定和铁路工程实际情况适时制订或修订。

第十六条　铁路工程造价标准的编制单位应根据具体标准的内容、特点和要求，以及编制单位所具备的对应条件择优选定。

第十七条　管理机构与编制单位应签订工程造价标准编制合同。编制合同应包括编制依据、编制内容、编制原则、编制质量、编制进度、编制组人员要求、资料移交存档要求、双方权利和义务、经费及支付方式等。

第十八条　铁路工程造价标准编制合同签订后，编制单位应及时成立项目编制组，制定详细的编制计划和质量保证措施，并随时接受主管部门和管理机构的监督检查，按时保质完成编制工作。

第十九条　铁路工程造价标准编制完成时限一般为 1～2 年(以铁道部下达的计划为准)。编制工作一般按编制大纲、征求意见稿、送审稿、报批稿等四个阶段进行。

第二十条　编制大纲由编制单位在调研和分析的基础上编写，经管理机构审查后由管理机构报主管部门核备。其主要内容包括：任务依据、编制目的、编制原则、编制依据、主要内容、质量和水平控制措施、编制组人员组成、现场测定拟选项目或工点、现场测定方法、工作进度及时间安排、存在问题及建议等。工程定额的编制大纲还应包括定额项目划分原则及划分表、劳材机消耗量确定原则等。

第二十一条　征求意见稿由编制单位根据编制大纲，在充分进行现场调查、测定、对比、分析的基础上编制。其主要内容包括标准文本、编制报告、测算分析及原始资料等。征求意见稿编制完成后由管理机构组织征求意见，必要时召开征求意见会或征求意见稿审查会。

第二十二条　送审稿由编制单位在对所征求的意见进行归纳整理和分析后，提出修改意见，报管理机构审核同意后修改完成。其主要内容包括标准文本、送审报告、必要的专题报告或编制说明等。送审稿经管理机构初审合格后由管理机构报主管部门，并由主管部门组织专家审查。

第二十三条　报批稿由编制单位根据送审稿的审查意见修改完成，经管理机构初审合格后由管理机构报主管部门。其主要内容包括报批报告、报批稿、必要的专题报告等。报批稿由主管部门组织会签后报主管部领导审批。

第二十四条　铁路工程造价标准编制完成后，编制单位应将原始资料移交管理机构统一管理。

第五章　发　　布

第二十五条　编制办法、单项工程定额、工程量清单计价规范、施工组织设计办法与工期指南、材料设备基期价格、材料价差系数等标准以铁道部文件或铁道部函的形式发布实施。

第二十六条　补充工程定额等以铁道部函和铁道部批准的建设管理司函形式发布试行。

第二十七条　补充单价由建设项目投资(预)估算、设计概(预)算编制单位在调查分析的基础上编制，随建设项目投资(预)估算、设计概(预)算文件一并报送，并抄送管理机构。

第二十八条　主要材料设备的价格信息等由管理机构定期收集、分析、整理与发布，并抄送主管部门及相关部门备案。具体实施细则由管理机构另行制定。

第二十九条　铁道行业统一的铁路工程建设项目投资(预)估算、设计概(预)算编制计算机软件及局部修订、版本更新等由管理机构适时发布。

第三十条　铁路工程造价标准的出版发行应符合国家和铁路工程造价标准统一规定。发布新编、修订或废止铁路工程造价标准后，管理机构应在有关媒体上及时公布信息。

第六章　执　　行

第三十一条　铁路工程造价标准由主管部门负责解释。

第三十二条　铁路工程建设项目投资(预)估算、设计概(预)算编制办法及各项工程定额、补充定额等规范性标准，编制及审查铁路工程建设项目投资(预)估算、设计概(预)算时必须严格执行，不得随意改变。

第三十三条　补充单价是建设项目单项工程定额及补充工程定额的补充，编制单位可直接在建设项目投资(预)估算、设计概(预)算中使用并与建设项目投资(预)估算、设计概(预)算文件一并报送项目审批部门审核。

第三十四条　主要材料设备价格信息只作为编制及审查建设项目投资(预)估算、设计概(预)算时分析主要材料设备预算价格的参考，建设项目投资(预)估算、设计概(预)算编制单位以及招标投标双方等均应本着实事求是的精神，对主要材料设备价格进行调查，真实反映市场价格水平，并对调查结果的真实性和使用结果负责。使用价格信息不免除使用主体的责任。

第三十五条　铁路工程造价标准发布后，管理机构应及时开展造价标准的宣传培训、贯彻实施工作，及时了解标准的执行情况，收集标准执行中的问题。

第三十六条　铁路工程建设项目投资(预)估算、设计概(预)算编制单位报送的投资(预)估算、设计概(预)算文件应按相关规定附电子文档。

第三十七条　铁路工程建设项目投资(预)估算、设计概(预)算编制单位完成工程设计后应及时建立工程造价信息库，并将成果移交管理机构。造价信息库的内容及格式等由管理机构统一制订。

第三十八条　参与铁路工程建设的各方应及时向管理机构或主管部门反馈在使用标准时的意见或建议。

第七章 经　　费

第三十九条 铁路工程造价标准的测定、编制和日常管理经费源于工程定额测定费。工程定额测定费按国家和铁道部颁布的有关规定收取和使用,纳入国家和铁道部统一预算管理。

第四十条 管理机构应根据国家有关规定和铁道部有关管理办法制定铁路工程定额测定费的收取和使用实施细则。

第四十一条 铁路工程造价标准编制单位应加强编制经费管理,实行专款专用。

第四十二条 铁路工程造价标准的编制费用应与项目完成的质量和进度等挂钩,具体款额、挂钩方式及付款方式等在编制合同中明确。

第八章 附　　则

第四十三条 本办法由铁道部建设管理司负责解释。

第四十四条 本办法自发布之日起实施,此前凡与本办法相悖者,以本办法为准。

关于发布《铁路基本建设工程投资预估算估算编制办法》的通知

（铁道部 铁建设〔2008〕10 号　2008 年 1 月 14 日）

各铁路局，各铁路公司（筹备组），集装箱、投资公司，地方铁路协会：

现发布《铁路基本建设工程投资预估算估算编制办法》，与《铁路基本建设工程投资预估算估算设计概预算费税取值规定》配套使用，请按照执行。

铁道部原发《铁路基本建设工程投资（预）估算编制办法》（铁建设〔1999〕119 号，以下简称“119 号文”）、《关于调整〈铁路基本建设工程投资（预）估算编制办法〉和铁路工程估（概）算指标的通知》（铁建设〔2003〕63 号）中对“119 号文”进行调整的相关规定同时废止。

本办法自 2008 年 2 月 1 日起施行。

本办法由铁道部建设管理司负责解释，由铁路工程定额所组织发行单行本。

关于补充铁路基本建设工程设计概预算综合工费类别划分的通知

(铁道部 铁建设〔2008〕26号　2008年3月11日)

各铁路局,投资、集装箱公司,各铁路公司(筹备组):

根据铁路各类工程劳动用工的特点,现对《铁路基本建设工程设计概(预)算编制办法》(铁建设〔2006〕113号,以下简称113号文)表3中的综合工费类别划分补充如下。

综合工费标准

<table>
<tr><th colspan="2">综合工费类别</th><th>工　程　类　别</th><th>综合工费标准(元/工日)</th><th>与113号文的价差(元/工日)</th></tr>
<tr><td rowspan="2">Ⅰ类工</td><td>Ⅰ-1</td><td>路基(不含路基基床表层及过渡段的级配碎石和砂砾石),小桥涵,房屋、给排水、站场(不含旅客地道、天桥、雨棚)等工程的建筑工程,取弃土(石)场处理,临时工程</td><td>20.35</td><td></td></tr>
<tr><td>Ⅰ-2</td><td>路基基床表层及过渡段的级配碎石和砂砾石</td><td>23.83</td><td>3.48</td></tr>
<tr><td rowspan="2">Ⅱ类工</td><td>Ⅱ-1</td><td>特大、大、中桥(不含箱梁的预制、运输、架设、现浇,桥面系),旅客地道、天桥、雨棚,粒料道床,机务、车辆、动车、工务等工程的建筑工程</td><td>24.00</td><td></td></tr>
<tr><td>Ⅱ-2</td><td>箱梁(预制、运输、架设、现浇)、桥面系、轨道(不含粒料道床)</td><td>29.13</td><td>5.13</td></tr>
<tr><td rowspan="2">Ⅲ类工</td><td>Ⅲ-1</td><td>隧道,通信、信号、信息、电力、电力牵引供电等工程的建筑工程,设备安装工程(不含四电集成的设备安装)</td><td>25.82</td><td></td></tr>
<tr><td>Ⅲ-2</td><td>四电集成的设备安装</td><td>30.95</td><td>5.13</td></tr>
<tr><td colspan="2">Ⅳ类工</td><td>计算机设备安装调试</td><td>43.08</td><td></td></tr>
</table>

综合工费类别划分补充后,综合工费标准与113号文表3中综合工费标准的差额按人工费价差计列。

本通知自2008年1月1日起执行,铁路基本建设在建项目的未完工程及初步设计已批复但尚未开工的项目,其综合工费按本通知执行,与原批复设计概算综合工费标准的差额按人工费价差处理,由此增加的费用在招标降造费中列支;初步设计未批复的基本建设项目,其综合工费均按本通知执行。

关于客运专线CPⅢ测设收费有关事项的通知

（铁道部 铁建设函〔2008〕466号 2008年4月30日）

为做好客运专线CPⅢ测设工作，准确提供轨道设置基准，保证轨道位置和标高设置质量，现就CPⅢ测设收费及相关事项通知如下，请按照执行。

一、工作内容

CPⅢ测设工作内容包括：工作准备，技术方案设计，CPⅠ、CPⅡ网复测，CPⅡ网加密，在CPⅢ设标的基础上进行CPⅢ网测量、数据整理及内业计算工作，获得合格的CPⅢ坐标和标高。

二、测设费用

采用后方交会法进行无砟轨道CPⅢ测设，每正线公里费用为13300元；采用五等导线进行有砟轨道CPⅢ测设，每正线公里费用为5500元。

根据铁道部规定需要对CPⅢ进行复测的，无砟轨道每正线公里费用为9300元，有砟轨道每正线公里费用为2800元。

建设单位要加强对CPⅢ测设工作的管理，协调测量工作中问题，保证测设工作顺利进行。

关于铁路基本建设工程设计概预算有关费用计列问题的通知

（铁道部 铁建设〔2008〕259号　2008年12月30日）

各铁路局，投资、集装箱公司，各铁路公司（筹备组）：

根据《财政部 国家发展改革委关于公布取消和停止征收100项行政事业性收费项目的通知》（财综〔2008〕78号）规定，经研究决定，从2009年1月1日起，对铁道部《铁路基本建设工程设计概（预）算编制办法》（铁建设〔2006〕113号）、《铁路基本建设工程投资预估算估算编制办法》（铁建设〔2008〕10号）中的工程定额测定费、工程质量安全监督费予以取消。2009年1月1日前工程定额测定费和工程质量安全监督费收费单位已收费用余额严格按照财政部门原规定渠道全部上缴国库或财政专户，2009年1月1日后不再收取这两项费用。建设项目设计概算已计列，按规定不再缴纳的工程定额测定费和工程质量安全监督费，在设计概算调整时，核减相应工程概算。

鉴于铁路建设利用外资项目相关工作关系及铁道部外资管理部门经费渠道调整，从2009年1月1日起，铁道部《铁路基本建设利用国外贷款项目设计概算编制办法》（铁建设〔2000〕117号）中2.1.1(3)"部利用外资管理费"名称修改为"利用外资管理其他费"，其内容修改为"指对外资项目进行管理所发生的项目预评估与评估费、标书编译费、竣工报告及后评价费等。"其费用以本项目利用外资贷款总额按现行汇率折合人民币后的0.13%计列。设计概算已计列的"部利用外资管理费"，按铁道部相关规定处理，未发生费用部分，在设计概算调整时作相应核减。

关于明确合资铁路公司建设期财务管理和会计核算有关问题的通知

(铁道部 铁财〔2007〕11号　2007年1月16日)

为规范合资铁路公司在建设期间的财务管理和会计核算,提供真实、完整的会计信息,依据《企业会计制度》和基本建设财务管理的有关规定,结合铁路基本建设项目管理的特点,经研究,对合资铁路公司在建设期间有关财务管理和会计核算中的问题明确如下:

一、关于会计科目的设置

(一)合资铁路公司(以下简称公司)在铁路建设期间应执行

《企业会计制度》和基本建设财务管理的有关规定。公司按《企业会计制度》设置会计科目,按《基本建设财务管理规定》核算建设成本。

(二)公司承建铁路基本建设项目应增设以下二级会计科目:

1. 在"1603在建工程"科目项下设置"160301建筑安装工程投资"、"160302设备投资"、"160303待摊投资"、"160304其他投资"科目。按照《基本建设财务管理规定》的要求明细核算概算内的建设成本。

公司同时承建多个建设项目的,可在"1603在建工程"科目项下按建设项目设置二级科目归集建设成本。

2. 在"1151预付账款"科目项下设置"115101预付工程款"科目,按建设项目和收款单位明细核算;

3. 在"2121应付账款"科目项下设置"212101应付工程款"二级科目,按建设项目和收款单位明细核算;

二、关于建设资金投入的核算

公司应在权益类和负债类科目分别核算资本金等权益性资金和银行借款等债务性资金,按照建设项目和出资单位名称设置二、三级科目明细核算。

公司收到资本金或银行借款时,借:银行存款,贷:资本金或长(短)期借款。

三、关于建设成本支出的核算

(一)公司在建设期间根据项目概算内容发生的各项支出,应通过"在建工程(建筑安装工程投资、设备投资、待摊投资和其他投资)"科目核算。公司同时承建多个项目的可按项目分科目核算。

公司在建设期间采购的建设项目工程物资在"工程物资"科目核算。公司同时承建多个项目的在"工程物资"科目项下的二级科目按建设项目明细核算。

(二)公司应根据投资概算管理和竣工财务决算要求,按照概算章节设置明细账或辅助账,细化建设成本核算。建设项目的财会、计划统计人员和工程概算管理人员应相互配合，控制项目投资。

（三）公司根据合同和经审核批准的验工计价单支付工程、设备款时，借：在建工程（建筑安装工程投资、设备投资）、工程物资或应付工程款；贷：银行存款或相关科目。

四、关于建设单位管理费的核算

（一）公司只承建一个项目，建设单位管理费列“在建工程—待摊投资”科目。公司同时承建多个项目，分项目支付的建设单位管理费，计列相应项目的“在建工程—待摊投资”科目；难以分项支付的建设单位管理费，公司应按投资比例或项目受益程度等制定客观合理的建设单位管理费分劈办法，分劈列到各项目的“在建工程—待摊投资”科目。分劈办法一经确定，不得随意变更。

（二）公司股东会、董事会、监事会等经费在建设单位管理费项下列支。

（三）公司合同（含借款合同）印花税在建设单位管理费项下列支。

（四）公司营业账簿印花税在长期待摊费用核算。

（五）公司用票据结算发生的贴现利息和手续费、企业债券发行费在待摊投资项下列支。

五、关于购置自用固定资产的核算

公司应从严控制在建设单位管理费概算额度内列支的自用固定资产，严禁超概算支出。购置自用固定资产应计列“固定资产”科目，按铁路运输企业固定资产折旧标准计提折旧，计列“待摊投资—建设单位管理费”科目。

六、关于转出投资的处理

产权不属于本公司的（如：公路跨铁路立交桥等项目）投资形成的资产，建成后按法人治理结构的决策权限决策同意后无偿移交给产权单位，其会计核算按《企业会计制度》处理。

本通知适用于建设期铁道部控股的合资铁路公司，其他合资铁路公司建设期可比照执行。

铁道部统借统还债务性资金用于合资铁路项目管理办法（试行）

（铁道部 铁财〔2007〕64号　2007年3月30日）

第一条　为实现《中长期铁路网规划》，加快实施铁路“十一五”建设项目，多元化、低成本筹集建设资金，保证资金供应并防范资金风险，加强铁道部统借统还用于合资铁路项目的债务性资金的管理，制定本办法。

第二条　铁道部统借统还用于合资铁路项目的债务性资金是指铁道部利用资信和规模优势筹集的各种贷款、发行的铁路企业债券和其他债务性资金（以下简称统借统还资金）。

第三条　使用统借统还资金的项目，应是国家已立项并批复可研、开工建设的项目，并主要用于铁道部控股的客运专线、煤运通道和其他长大干线。

对于投资规模大且在公司筹备期间，因建设前期准备等必要工作需要支付大额资金的客运专线等项目，也可视具体情况使用统借统还资金。

第四条　合资铁路项目使用统借统还资金量，一般不超过本项目债务性资金按铁道部资本金出资比例计算的额度，年限与铁道部筹集的统借统还债务性资金的可使用年限匹配。

第五条　合资铁路公司承担统借统还资金的本金归还和支付筹资成本责任，筹资成本按铁道部筹集统借统还资金实际发生的利息（占用费）和其他直接相关费用计算。合资铁路公司根据铁道部下转的费用清单，按照《合资铁路公司利用铁道部统借统还资金还款责任书》（以下简称《还款责任书》）约定支付资金，保证铁道部及时、足额支付统借统还资金本金及费用。

第六条　使用统借统还资金，由合资铁路公司正式向铁道部提出申请；在合资铁路公司筹备期拟使用统借统还资金的，应由合资铁路公司筹备组提出正式申请。申请内容必须含有资金使用管理和还款责任承诺及用款计划。合资铁路公司应附股东会（或董事会）决议，并提供可研报告对经济评价的测算以及根据初步设计、鉴修概算和施工图投资检算对经济评价结果的修正情况，建设期建设资金分年度预算以及未来还款能力和还款期限的分析预算报告。

铁道部收到申请30天内给予答复。

第七条　合资铁路公司使用统借统还资金，必须用于建设项目概算内容，申请资金额度和用款时间符合建设项目特征及工程进度。

合资铁路公司不得采用虚报方式申请使用统借统还资金。合资铁路公司不得转移或外借、挪用统借统还债务性资金。一经发现，铁道部将停止借款并视情况收回已借款项。

第八条　合资铁路公司使用统借统还资金须有内部控制措施，保证资金安全和合理使用，保证按期支付本金和筹资费用。项目投入运营后，应在公司年度资金预算中统筹安排统借统还债务性资金的还本付息资金，保证及时足额支付。

对到期的本金，合资铁路公司不得申请展期。提前归还的应在到期前60天提出申请，经铁道部同意后办理。

第九条　合资铁路公司通过股东会（或董事会）确认公司使用资金的还款责任和还款保

证。合资铁路公司筹备期间使用的统借统还资金和签订的还款责任书，公司成立时应予以确认。若发生公司重组，所有责任书内容由重组公司继承。

第十条 合资铁路公司使用铁道部统借统还资金作为国铁出资人提供担保的一种形式，其他股东应对此出具书面认可函。对该项目使用其余债务性资金需要出资方提供担保时，应按出资比例计算，使用统借统还资金的额度将抵减国铁出资人提供担保额度。

第十一条 铁道部成立由政策法规、计划、财务、建设司和资金中心组成的专门审核委员会，对各合资铁路公司提出的申请进行审核。

第十二条 审核委员会各成员单位必须出具书面审核意见，有三分之二及以上的成员同意，审核委员会向分管部领导报告同意使用统借统还债务性资金的审核意见，经铁道部领导批准后，方可向合资铁路公司安排资金计划。

第十三条 使用统借统还资金的合资铁路项目在使用资金前，必须与铁道部签订《还款责任书》，明确使用资金额度、年限、承担利息及费用，承诺及时还本付息。

第十四条 合资铁路公司使用统借统还资金，免于各股东方的担保。合资铁路公司按统借统还借款占投资批复借款总额比例，用公司经营收入提供还款保证。

使用统借统还资金的合资铁路公司建设期间不得对外提供担保。转入运营后，合资铁路公司应按有关规定程序办理对外担保事项，当对外担保累计金额超过净资产的30%时，合资铁路公司应事先报告并征得铁道部同意。

第十五条 使用铁道部统借统还资金的合资铁路公司在建设期应严格控制投资成本和建设期。对实际投资超支的项目和因组织不力延长工期的项目，铁道部有权单方修改协议，核减、停止以后年度借款额度或提前收回借款。

第十六条 合资铁路公司的国铁出资者代表要依法履行出资人监管职责。通过审核合资铁路公司年度经营和资金预算，督促合资铁路公司有效执行预算，监督资金使用内控制度的落实等，保证铁道部统借统还资金按规定用途使用，保障资金安全，到期按约全额还本付息。

第十七条 铁道部计划、财务、建设司和鉴定中心等职能部门，要加强对合资铁路项目建设的监管，合资铁路公司保证项目的建设工期、质量、安全；铁道部运输、计划、财务等职能部门，加强对运营后合资铁路公司经营的协调和监管，指导合资铁路公司提高经营效益，确保铁道部统借统还债务性资金的使用效益和安全。

第十八条 为进一步控制资金风险，提高合资铁路公司偿还本息的责任意识和能力，铁道部制定了《利用铁道部统借统还债务性资金监管办法》(附件1)，与本办法一并执行。

第十九条 本办法所称《还款责任书》由铁道部统一制订，见附件2。

第二十条 本办法由铁道部财务司负责解释。

第二十一条 本办法自发布之日起施行。

附件1：

利用铁道部统借统还债务性资金监管办法

为保证铁道部统借统还债务性资金用于合资铁路建设项目工作的顺利实施，进一步控制资金风险，提高合资铁路公司偿还本息的责任意识和能力，制定《利用铁道部统借统还债务性资金监管办法》，与《铁道部统借统还债务性资金用于合资铁路项目管理办法》（试行）一并执行。

一、项目资金风险评价

（一）项目公司提供评审材料

项目公司申请“统借统还”资金，应提供项目可研经济评价测算情况以及按照初步设计和招投标后编制的鉴修概算、施工图投资检算等概预算对经济评价指标的修正结果，并根据建设工期和投资完成进度提出建设期分年度权益性、债务性资金筹集安排计划以及对项目未来经营情况的具体分析，反映项目的财务状况、获利能力和偿还能力，预测公司未来的还款能力和还款期限。具体可从以下几方面分析：

市场的占有情况：主要是预测客货运量情况。

运营收入情况：主要是通过运价及清算政策预测项目未来的收入水平。

盈利能力：按预计成本支出情况合理预测项目未来的成本支出和现金流量情况，预测项目偿债期各年度的收、支、利等经营情况、财务状况和现金流量情况，提供资产利润率、成本利润率等指标预计水平。

偿还资金落实情况：根据上述几方面的预计情况，提出分年度借、还款计划，借还款计划应与项目建设投资、经营期经营预算中的分年度情况匹配。

（二）出资者代表审核

国铁出资者代表应对使用“统借统还”项目公司提交的申请认真审核，提出正式书面审核意见。国铁出资者代表可参考国家有关规定制定审核办法。

（三）铁道部评审

1. 评价基本指标。铁道部审核委员会从财务、计划投资控制、建设管理、法律等专业角度确定评价指标和评价方法，客观评价统借统还项目的资金风险。根据项目公司提报的评审资料以及铁道部掌握的资料，财务司和资金中心重点负责综合评审项目的财务状况；计划司重点负责评审项目经济评价和投资控制情况；建设司重点负责评审项目质量、安全管理和工期控制情况；政法司重点负责对项目控制与管理的合法合规性进行把关。

2. 评价控制能力。财务司和资金中心依据铁道部清算政策和资金结算办法，负责评价公司运营后铁道部对运营收入的控制能力。

二、严格控制项目建设期管理

1. 严格控制建设期投资成本

建设单位按照部批复的项目投资概预算进行投资建设，严格控制建设成本。项目公司应按照建设项目投资控制管理的相关办法落实控制投资的各项制度，每半年上报一次建设成本控制情况报告，对比工程进度，分析差异原因，提出处理建议和措施；铁道部计划、财务、建设司和审计、鉴定中心等相关业务部门以及出资人代表分别履行管理职能，实施过程中控制，严禁超支。对实际投资超支的项目，结合建设项目年度考核评价情况，铁道部可以分别采取核减、停止以后年度借款额度或提前收回借款等措施化解风险。

2. 严格控制建设工期

建设期的延长，将直接增加建设成本。为此建设单位应按照批复的项目建设年限控制合理工期。铁道部建设司负责组织对建设工期进行监督。对影响按期完成的问题项目公司应及时提出，具体分析主、客观原因，铁道部相关部门加以督导及早解决。对由于项目公司主观原因导致工期延长的，铁道部可以采取调整借款额度等措施化解风险。

3. 建立监控信息系统

在"统借统还"协议中明确有关监管措施：一是通过建立银行账户监控系统，实时监督资金的合规、合理性；二是建设期间通过建设项目信息系统和财会信息集中管理系统监督施工及建设管理和财务管理的全过程，监督建设投资管理、资金管理情况，发现问题及时解决。

三、实时监督项目运营期经营管理

1. 建立全面预算管理制度

建设项目投入运营后，实行严格的预算管理，根据企业内外部情况编制分年度经营预算，将企业债务性资金还本付息纳入企业资金预算统筹安排。在经营过程中应严格执行年度预算。铁道部通过出资者代表监督合资公司预算编制和执行、考核情况，并负责统借统还资金到期还本付息资金落实情况。对预算执行出现较大偏差、影响资金运转的问题提出预警，分析原因并采取相应措施加以解决。

2. 建立年度偿债能力评价考核制度

建立偿债能力考核评价制度，结合当年偿债情况和反映偿债能力指标（资产负债率、已获利息倍数、速动比率、现金流动负债比率等）纳入考核评价范围。一是将偿债能力指标纳入对管理层领导干部的业绩考核；二是建立评价、对比和分析制度，通过纵向、横向对比，找出偏差，分析原因和趋势，提出化解风险措施并进行落实。

3. 建立运营期间财务信息监控系统

一是建立银行账户监控系统，实时监督资金使用的合规、合理性；二是建立财会信息监控系统，实时监督公司收、支、利情况和财务管理与会计核算的全过程，及时掌握并解决经营期间发生的问题。

四、风险化解措施

一旦出现资金风险，铁道部将根据出现资金风险迹象的具体情况，分析成因，综合协议内容，与公司股东和合资铁路公司协商提出具体措施和办法，包括按比例扣留公司运输收入抵偿债务等措施，确定实施方案。

附件 2:

合资铁路公司利用铁道部统借统还资金还款责任书

甲方:铁道部

乙方:××铁路公司

根据《铁道部统借统还债务性资金用于合资铁路项目管理办法(试行)》(铁财〔2007〕64号)规定,甲乙双方就使用铁道部统借统还债务性建设资金(贷款/债券/社会资金)签订还款责任书。

一、甲方将统借统还(贷款/债券/社会资金)债务性资金用于乙方的(客运专线、长大干线、煤运通道)项目建设。乙方承诺使用统借统还债务性资金的额度、用款时间符合建设项目特征、概算内容和工程进度。保证不将资金转移存储或外借、挪用,并自愿接受铁道部及出资人代表按照《铁道部统借统还债务性资金用于合资铁路项目管理办法》和《利用铁道部统借统还债务性资金监管办法》对公司的监管。

二、本责任书约定乙方使用甲方统借统还债务性资金共计　　亿元,使用期限为　　年,自使用开始计算利息(费用),还款期自　年至　年。

资金使用的提款期:　年　月提款　亿元;

年　月提款　亿元;

还款日期:　年　月提款　亿元;

年　月提款　亿元;

三、甲方按照商定的日期拨付资金,并将提前30日通知乙方本期支付利息(费用)和归还本金的日期、额度。

四、乙方承担使用资金的全部还本付息责任,并按照甲方通知支付利息(费用)和归还本金。

付息日期:　年　月　日,付息　元;

五、乙方承担所有筹资成本,根据甲方下转的财务费用清单,直接支付现金,保证甲方及时、足额支付统借统还债务性资金的筹资费用。

六、乙方建设期内的利息(费用)纳入建设资金预算,按期支付利息(费用)。建设期满后,按照本责任书约定的支付额度和期限,利息(费用)和应归还的本金纳入经营预算,按期支付利息(费用)和归还本金。

七、乙方同意若其在经营期间未能支付利息(财务费用)和归还本金时,甲方有权直接通过运输经营收入银行账户或收费清算系统扣押乙方经营收入或清算款以抵回应支付的利息(费用)和归还本金数。

八、若乙方未按照约定履行按时支付利息(费用)和归还本金,则甲方除按本协议扣款外,还将加收未支付利息(费用)和本金之和的千分之一(1‰)作为违约处罚。

九、乙方使用本责任书约定的甲方统借统还债务性资金,免除各股东方的担保责任。各股东方确认使用资金的质押条件和还款责任。

十、乙方若提出提前归还本金,应提前60天提出书面申请,甲方商统借统还供应资金的供应方后确定是否同意提前归还并通知乙方。因提前归还所产生的相关费用由乙方承担。

十一、因统借统还资金供应方的责任而影响本责任书的履行,由甲方与乙方协商修改本责任书。经双方同意后修改的补充内容,视同本责任书的内容,具有同等效力。

十二、在本责任书执行期间,遇国家新颁发或修改法律法规、规章、规定,则相应修改本责任书内容,以遵守有关法规。

十三、本责任书执行期间,乙方必须向铁道部的出资人代表提供按规定编制并经中介机构审计的企业财务会计报告和审计报告,以及与建设、经营、借款和担保等有关的事项说明。乙方按有关规定程序办理向第三人提供担保,累计金额超过净资产的30%的,应事先征得铁道部同意。

十四、乙方发生合并、分立、股权变动、重大资产转让等情况的,应提前30日通知甲方;另当乙方法定代表人、公司地址、通讯方式变更的,应在变更后7日内通知甲方。

十五、本责任书自甲方和乙方法人代表(或授权委托人)签署,加盖甲方、乙方公章后生效,至乙方全部支付利息(财务费用)和还清本金后自动失效。

十六、本责任书正本一式二份,甲方乙方各执一份,副本份,由甲方、乙方各执二份,各股东方各执一份。

甲方:	乙方:
法定代表人(授权人)	法定代表人(授权人)
经办人:	经办人:
日期:	日期:

关于执行《高危行业企业安全生产费用财务管理暂行办法》有关问题的通知

（铁道部 铁建设〔2007〕139号　2007年7月18日）

各铁路局，各铁路公司（筹备组），投资、集装箱公司：

为贯彻执行财政部、国家安全生产监督管理总局《高危行业企业安全生产费用财务管理暂行办法》（财企〔2006〕478号），加强铁路建设工程安全生产管理，建立安全生产投入长效机制，改善铁路工程施工作业条件，减少施工伤亡事故发生，切实保障铁路工程安全生产费用的来源，现就有关问题通知如下，请按照执行。

一、对铁道部《铁路基本建设工程设计概（预）算编制办法》（铁建设〔2006〕113号，以下简称"113号文"）作如下调整：

1. 删除"113号文"施工措施费中"安全作业环境及安全施工措施费"的相关内容，并调整"表9 施工措施费率"和"表10 设计速度≤120 km/h的工程施工措施费费率表"如下。

施工措施费率

类别代号	地区编号 / 工程类别	1	2	3	4	5	6	7	8
		费率(%)							
1	人力施工土石方	16.10	16.64	20.25	22.25	22.51	25.05	25.66	26.72
2	机械施工土石方	7.89	8.46	12.31	13.56	13.85	16.54	17.20	18.32
3	汽车运输土石方采用定额"增运"部分	4.16	4.06	4.48	5.11	5.28	5.62	5.78	6.34
4	特大桥、大桥	8.61	7.53	10.63	11.72	12.37	12.43	12.53	12.71
5	预制混凝土梁	26.08	20.67	36.20	39.77	43.04	43.31	43.81	44.70
6	现浇混凝土梁	15.83	12.48	22.09	24.43	26.46	26.62	26.93	27.49
7	运架混凝土简支箱梁	4.17	4.17	4.30	4.61	4.70	4.85	4.94	5.18
8	隧道、明洞、棚洞，自采砂石	10.46	10.11	10.98	11.89	12.03	12.10	12.18	12.23
9	路基加固防护工程	14.93	14.07	16.66	17.73	17.92	17.89	18.06	18.09
10	框架桥、中桥、小桥，涵洞，轮渡、码头，房屋、给排水、工务、站场、其他建筑物等建筑工程	15.50	14.56	17.58	19.06	19.52	19.75	19.94	20.11

续上表

类别代号	地区编号 / 工程类别	1	2	3	4	5	6	7	8
		费率(%)							
11	铺轨、铺岔,架设混凝土梁(简支箱梁除外)、钢梁、钢管拱	25.46	25.33	26.21	27.73	28.39	30.69	32.35	39.19
12	铺碴	8.78	7.52	10.83	12.02	12.25	12.83	13.17	14.31
13	无碴道床	24.14	20.08	31.72	35.05	37.51	37.71	38.08	38.76
14	通信、信号、信息、电力、牵引变电、供电段、机务、车辆、动车,所有安装工程	20.85	20.95	21.35	22.90	23.18	23.45	23.85	24.70
15	接触网建筑工程	22.07	20.84	24.28	25.94	26.10	26.41	26.87	27.14

设计速度≤120 km/h 的工程施工措施费费率表

地区编号 / 工程类别	1	2	3	4	5	6	7	8
机械施工土石方	7.50	8.07	11.92	13.17	13.46	16.15	16.81	17.93
铺轨、铺岔,架设混凝土梁	23.71	23.58	24.46	25.98	26.65	28.94	30.61	37.44

2. 在“113 号文”第十一章“其他费”项下按项目建筑安装工程费的 1.5%计列“安全生产费”。

二、铁路工程安全生产费按下表所列范围支出。

安全生产费支出范围表

一、完善、改造和维护安全防护设备、设施支出
1.“四口”(楼梯口、电梯井口、预留洞口、通道口)、“五临边”(未安装栏杆的平台临边、无外架防护的层面临边、升降口临边、基坑临边、上下斜道临边)等防护、防滑设施
2. 施工场地安全围挡设施
3. 施工供配电及用电安全防护设施(漏电保护、接地保护、触电保护等装置,变压器、配电盘周边防护设施,电器防爆设施,防水电缆及备用电源等)
4. 各类机电设备安全装置
5. 隧道瓦斯检测设备
6. 地质监控设施
7. 防风、防腐、防火、防尘、防水、防辐射、防雷电、防危险气体等设备设施及备品
8. 起重机械、提升设备上的各种保护及保险装置
9. 锅炉、压力器、压缩机的保险和信号装置

续上表

10. 防治边帮滑坡设备
11. 作业中防止物体、人员坠落设置的安全网、棚、护栏等
12. 起重、爆破作业及穿越村镇、公路、河流、地下管线进行施工、运输作业所增设的防护、隔离、栏挡等设施
13. 各种安全警示、警告标志
14. 航道临时防护及航标设置等
15. 安全防护通讯设备
16. 其他安全防护设备、设施
二、配备必要的应急救援器材、设备和现场作业人员安全防护物品支出
1. 应急照明、通风、抽水设备及锹镐铲、千斤顶等
2. 防洪、防坍塌、防山体落石、防自然灾害等物资设备
3. 急救药箱及器材
4. 应急救援设备、器械(包括救援车等)
5. 救生衣、圈、船等
6. 各种消防设备和器材
7. 各种现场工作人员的安全防护用品支出
8. 其他救援器材、设备
三、安全生产检查与评价支出
1. 特种机械设备、压力容器、避雷设施等检查检测费
2. 聘请专家参与安全检查和评价费用
3. 各级安全生产检查、督导与评价费
四、重大危险源、重大事故隐患的评估、整改、监控支出
1. 超前地质预报、重大危险源监控费用
2. 水上及高空作业评估、整改
3. 危险源辨识与评估(高路堑坚石开挖、瓦斯隧道、既有线隧道评估等)
4. 重大事故隐患评估
5. 应急预案措施投入
6. 自然灾害预警费用
7. 爆炸物运输、储存、使用时安全监控、防护费用及安全检查与评估费用
8. 施工便桥安全检测、评估费用
9. 其他重大危险源、重大事故隐患的评估、整改、监控支出
五、安全技能培训及进行应急救援演练支出
1. 购置编印安全生产书籍、刊物、影像资料等
2. 举办安全生产展览和知识竞赛活动,设立陈列室、教育室等
3. 召开安全生产专题会议

续上表

4. 专职安检人员、生产管理人员安全生产专业培训
5. 全员安全及特种(专项)作业安全技能培训
6. 安全应急救援及预案演练
7. 各种安全生产宣传支出
8. 其他安全教育培训费用
六、其他与安全生产直接相关的支出
1. 特种作业人员(从事高空、井下、尘毒作业的人员及炊管人员等)体检费用
2. 办理安全施工许可证
3. 办公、生活区的防腐、防毒、防四害、防触电、防煤气、防火患等支出
4. 与安全员有关的费用支出
5. 其他

注:列入本表内的安全生产费支出项目不得在概算其他部分重复计列。

三、本通知自2007年1月1日起执行。2007年1月1日至本通知发布之日期间招投标的项目,按承包单位建筑安装工程费的0.9%补列安全生产费,由此而增加的费用在招投标降造费或基本预备费中解决。

关于进一步明确使用铁道部统借统还债务性资金工作程序的通知

（铁道部 铁财函〔2007〕779 号　2007 年 7 月 25 日）

根据铁道部《关于印发〈铁道部统借统还债务性资金用于合资铁路项目管理办法（试行）〉的通知》（铁财〔2007〕64 号，以下简称《管理办法》），现将使用铁道部统借统还债务性资金（以下简称统借统还资金）有关具体工作程序明确如下：

一、合资铁路公司在初步设计概算批复后，根据项目概算内债务性资金需求、项目建设进度预计等情况，细化项目资金筹集方案。符合《管理办法》规定要求、拟使用统借统还资金的合资项目公司根据筹资方案提出项目使用统借统还资金申请文件，报铁道部财务司，并抄送铁道部专门审核委员会各成员单位。申请文件主要内容见附件 1。

二、铁道部财务司提请铁道部专门审核委员会各成员单位根据各合资项目公司报送的使用统借统还资金申请文件和项目基本情况，按照《管理办法》规定，对申请使用统借统还资金项目进行审查，对是否同意使用、使用额度、需重点关注的问题等提出书面审核意见。财务司将有关审核意见汇总并经各单位会签，报经部领导批准后，向同意使用统借统还资金的合资项目公司回复审核意见。

三、铁道部年度基建投资计划下达后，合资项目公司根据年度投资计划，结合建设项目施工进度、合同规定等拟定年度资金预算和筹资方案。在铁道部年度基建投资计划下达后的 30 日内，已经部批复同意使用统借统还资金的合资公司向铁道部财务司提报当年使用统借统还资金申请书，并抄送铁道部专门审核委员会各成员单位。申请书主要内容见附件 2。

四、对需落实具体使用项目后由国家有关综合部门批准筹集的债务性资金（如铁路建设债券），由铁道部根据年度项目投资计划和合资项目的有关情况，提出有关合资项目使用额度，经相关合资项目公司确认使用意向后向国家有关综合部门提报。实际使用资金按照最终批准额度办理。资金实际到位前由合资项目公司自行做好资金使用衔接安排。

五、铁道部财务司根据各合资项目公司报送的年度使用统借统还资金申请和筹集能力等情况，提出筹集年度统借统还资金总量和分项来源的方案，经计划司会签并报部领导批准后，通知有关合资项目公司与铁道部签订《还款责任书》。

六、根据《管理办法》规定，每年 6 月 15 日和 12 月 15 日前，铁道部印发通知，要求有关合资项目公司于 7 月 15 日和次年 2 月 15 日前报送使用统借统还资金建设项目管理情况。国铁出资者代表应提出相应的审核意见，铁道部财务司将各公司情况汇总报部专门审核委员会，对存在的问题应按职责分工督促有关公司整改落实。对问题突出的公司提出核减、停止借款的建议，报部领导批准后执行。

对日常发现的重大问题，应由有关部门及时反映并采取措施进行整改。

七、使用统借统还资金的合资项目公司投入运营后，国铁出资者代表单位在报送本单位预算时应同时说明合资项目公司年度预算中对到期还本付息资金的预算安排情况，并结合公司上年实际情况和预算年度反映偿债能力等指标，对公司偿债能力情况提出意见和建议。铁道部财务司将各公司情况汇总报部专门审核委员会，对预计可能发生偿债困难的问题提出工作建议，报部领导批准后执行。

八、铁道部财务司提前 30 日通知使用统借统还资金的合资项目公司到期应支付利息（费用）和归还本金的日期、额度（格式见附件 3）

九、使用统借统还资金的合资项目公司未按《还款责任书》规定按期还本付息，铁道部将出具《归还铁道部统借统还债务性资金抵扣通知书》（格式见附件 4）给运输营业收入清算部门和合资项目公司。运输营业收入清算部门依据通知书扣划资金至指定账户。

附件：1. 统借统还资金申请文件主要内容

2. 年度统借统还资金申请书主要内容

3. 合资铁路公司利用铁道部统借统还资金还本付息通知书（略）

4. 归还铁道部统借统还资金抵扣通知书（略）

附件1：

统借统还资金申请文件主要内容

一、项目基本情况

1. 项目名称；
2. 项目可研批复文件文号、批复时间；
3. 项目总投资概算；
4. 项目工期安排；
5. 项目预计开工时间。

二、项目资金情况

1. 各投资方出资比例、出资额；
2. 债务性资金额度；
3. 申请使用统借统还资金额度、占债务性资金比例；
4. 统借统还资金分年度使用额度、使用期限、资金提款期建议；
5. 其他债务性资金的筹资方案。

三、项目情况分析及公司决议等

1. 项目经济评价；
2. 还款能力分析；
3. 公司股东会关于使用统借统还资金决议；
4. 公司其他股东对使用统借统还资金作为国铁出资人对公司提供担保的书面认可函；
5. 其他需要说明的情况。

附件 2：

年度统借统还资金申请书主要内容

一、项目基本情况

1. 项目名称；
2. 项目可研批复文件文号、批复时间；
3. 项目总投资概算；
4. 工期安排；
5. 申请文件安排的开工时间及实际开工时间。

二、项目资金情况

1. 铁道部同意使用统借统还资金批复件编号；
2. 各投资方出资比例、出资额，至上年末已出资情况；
3. 债务性资金额度，至上年末负债情况；
4. 累计已使用统借统还资金额度、占债务性资金比例；
5. 当年分款源投资计划，对其中债务性资金的筹资方案；
6. 申请使用统借统还资金额度、占债务性资金比例、使用期限、资金提款期建议。

三、项目情况分析及公司决议等

1. 与已上报申请文件比较，需要对项目经济评价进行的调整；
2. 依照项目实际进度和最新项目概算，对还款能力分析；
3. 其他需要说明的情况。

关于加强委托代建项目财务管理的通知

（铁道部 铁财〔2007〕145 号　2007 年 7 月 30 日）

为充分发挥各方统筹协调和管理优势，加快铁路项目建设，部分建设项目实行了委托代建的管理模式。为了明确各方职责，理顺财务关系，规范财务管理，提高投资效益，现对建设项目代建管理中的有关财务管理问题明确如下，请按照执行。

一、财务管理职责

（一）代建项目委托方职责

1. 在《委托代建合同》中明确委托方和代建方有关财务管理职责；

2. 审核、汇总、上报代建项目的建设资金预算、建管费预算、月度快报、财务决算和竣工财务决算；

3. 对建设资金到位负责，及时筹集、拨付代建项目建设资金（含代建管理费）；

4. 对代建项目财务管理制度建立、完善和执行情况进行监督和检查，对发现的问题督促代建单位及时整改；

5. 参与代建项目竣工验收，及时办理资产接收手续并按规定正确核算反映；

6. 督促代建单位按时完成项目竣工财务决算并办理各类财务资料和决算移交。

（二）代建项目代建方职责

1. 按签订的《委托代建合同》，建立健全代建项目财务管理制度，对代建项目履行建设单位财务管理职责，承担管理责任；

2. 执行基本建设财务管理规章制度，严格按照《国有建设单位会计制度》（铁路局委托的项目）或《企业会计制度》（合资铁路公司委托的项目）进行会计核算，规范会计基础工作；

3. 按照代建合同、年度投资计划和预计工程进度及时向委托方编报资金预算、代建管理费预算；

4. 依据铁道部的相关规定，按照委托方的要求及时编报月度快报、财务决算和竣工财务决算；

5. 按工程进度及时向委托方请领代建项目建设资金，依据合同、协议及时准确办理结算，承担建设资金日常管理责任；

6. 及时办理代建项目资产交付，确保资产安全、完整；

7. 依法接受审计、评审，及时整改发现的问题。

二、资金管理

1. 代建项目应单独设立银行账户，代建方为铁路局的，应通过局财务处向部财务司报批代建项目银行账户的开立、变更和撤销。合资铁路公司代建国铁建设项目需开立银行账户及后续变更等经委托方审核同意后办理。

2. 委托方按照建设资金预算并结合年度投资计划和工程进度,及时请领、筹集建设资金,保证建设资金按时、足额到位;代建方按照实际工程需要,及时向委托方请领建设资金,请领的额度既要保证工程建设的需求,又要避免沉淀建设资金。

3. 代建方要严格按照代建项目的设计概算、投资计划、合同协议、经审核的验工计价资料和有效票据办理资金结算．严禁无依据拨付建设资金,严禁挪用、调剂、串换建设资金。

4. 代建方要加强对代建项目建设资金的监管,对建设资金的支付进行实时监控,及时发现管理中存在的问题并督促整改,确保建设资金安全。委托方应通过账户管理、资金申请、资金使用和月度快报、财务报表等审查,加强对代建方资金管理使用的监督。

5. 代建项目应做到工完账清,工程竣工清算后的结余资金,代建方应及时交委托方按规定处理。

三、建设成本管理

1. 代建方对每一个代建项目要单独建账,独立核算,设置明细账或辅助账,详细记录和真实反映代建项目分概算章节的建设成本。

2. 代建方要按代建项目支出的性质,分别按“建筑安装工程投资”、“设备投资”、“待摊投资”和“其他投资”对建设成本进行明细分类核算,依据合同协议、验工计价和有效票据等计列建设成本,禁止超批复概算列支建设成本,禁止虚列建设成本。代建方应会同监理单位按照工程实际完成情况,认真审核验工计价资料并列入建设成本,禁止高估冒验、预验和虚验。委托方对代建项目的建设成本按照《委托代建合同》和项目批复概算以及分年度投资计划实施总额控制。

3. 委托方发生的涉及应由代建项目分摊的费用,委托方应对费用的真实性、合规性负责,按代建合同额占整个项目初设批复投资的比例分摊,以保证代建项目建设成本的完整性,并不得突破代建项目对应的概算。

4. 代建项目管理费由代建方按照《委托代建合同》和批复的概算实行总额控制,预算管理,据实列支。因代建方原因发生超支的,超支部分由代建方负担。委托方除委托前发生应由代建项目建管费负担的必要费用可列支外,不得再列支委托项目的建设单位管理费。项目发生的全部建设单位管理费不得超批复的对应概算。

5. 代建项目的甲供材料采购管理,纳入《委托代建合同》,由代建方按照铁道部的相关规定组织采购,按合同办理货款、费用支付和结算,按规定列入相应的建设成本。

四、竣工验收管理

1. 代建项目办理初验前,代建方按规定组织填写验收交接记录和“竣工资产移交表”,交由委托方核实确认;初验合格后委托方应在1个月内签章返还代建方。代建方据此办理资产交付,委托方据此列账。代建方在编制“竣工资产移交表”时,应按规定分摊“待摊投资”,及时转列“建筑安装工程投资”、“设备投资”和“其他投资”,保证交付资产的完整、准确。

2. 代建项目初验合格后3个月内,代建方完成竣工财务决算的编制工作,做到编制及时,数字准确,内容完整。代建项目竣工财务决算完成后,由代建方报委托方,作为整个建设项目竣工财务决算的组成部分。待财政评审批复或特殊情况经铁道部同意后,代建方将代建项目的工程资料、会计资料和竣工财务决算移交委托方。

五、其他管理

1. 代建方代扣、代收、代征税款取得的手续费按铁道部财务司《关于规范代扣代收代征税款手续费财务管理的通知》(财运〔2006〕198 号)中的规定纳入本单位收支核算。

2. 其他事项仍按现行基本建设财务管理规定执行。

关于印发《铁路基本建设利息财务处理办法》的通知

（铁道部 铁财函〔2007〕850 号　2007 年 8 月 13 日）

为规范铁路基本建设债务性资金利息和存款利息核算，真实准确反映资产成本和经营状况，遵循《企业会计制度》有关借款费用划分资本化和费用化的原则，结合铁路建设的实际情况，制定本办法。

一、建设项目初验合格时间是债务性资金利息资本化和费用化的划分时点。

二、铁道部基建利息处理办法

（一）债务性资金利息支出构成及处理方法

1. 铁路债券利息

（1）到期一次性还本付息的铁路债券分期预提利息，建设项目初验合格前转铁路局列入建设成本，初验合格后列入运营财务费用。

（2）2005 年及以前年度发行的年度付息铁路债券，对以后各年年末仍未初验合格项目，于每年年末预提发行日至年末利息列入建设成本，项目初验合格后不再预提。

（3）2006 年以来铁路债券发行额加大，为更加准确反映利息支出情况，2006 年度及以后发行的年度付息铁路债券的利息支出均按资金实际使用时间计算，并按使用铁路债券项目状态分别负担。

（4）用于合资铁路公司资本金的铁路债券产生的利息列入运营财务费用。

2. 铁道部财务司借入的建设项目长期借款、国债转贷资金和用于国家铁路建设项目的铁路债券所发生的利息，建设项目初验合格前转铁路局列入建设成本，初验合格后列入运营财务费用。

3. 铁道部财务司借入的技术援助贷款发生的利息列入运营财务费用。

4. 铁道部财务司借入周转借款（包括开行长期组合贷款）用于垫付未初验合格项目债务性资金发生的利息列入建设成本，其余列入运营财务费用（包括使用周转借款垫付项目财政预算资金发生的利息）。

5. 铁路局上转的已初验合格项目自行借款利息列入运营财务费用。

6. 合资铁路公司有偿使用的债务性资金应付利息根据铁道部《关于印发〈铁道部统借统还债务性资金用于合资铁路项目管理办法（试行）〉的通知》（铁财〔2007〕64 号）办理。

（二）未初验合格项目利息的利率和期间确定方法

1. 周转借款和年度发行的各批次利率不同的铁路债券采用综合加权利率：

周转借款综合加权年利率＝∑（每笔合同金额应计年息）/∑（每笔合同金额）

某期债券综合加权年利率＝∑（某期各品种债券应计年息）/∑（某期各品种债券本金）

2. 国债转贷资金利率采用合同利率。

3. 月利率采用“年利率/12”，日利率采用“年利率/360”。

4. 计算利息期间采用建设项目实际占用债务性资金的时间，足年的按年利率计算，足月的按月利率计算，不足月的按日利率计算。

5. 款源原为借款或债券等债务性资金，后调整为非债务性资金的，利息计算至款源调整日。

6. 使用周转借款垫付的建设项目，后续本级借入长期借款的，利息计算自借入长期借款日采用长期借款合同利率。

7. 使用周转借款垫付铁路债券，铁路债券到位前使用周转借款利率计算利息，铁路债券到位后使用铁路债券利率计算利息。

(三)各铁路局已初验合格项目存款利息上交铁道部财务司(基建)，其中非基金存款利息冲减运营财务费用，基金存款利息作为基金收入。铁道部财务司(基建)基金收入户和支出户存款利息作为基金收入，其他资金户存款利息冲减运营财务费用。

(四)铁道部财务司(基建)按季度将应由运营财务费用列支的利息向铁道部财务司(运营)转账，并提供相应已初验合格项目债务性资金、周转借款、铁路债券资本金等利息明细资料。

三、铁路局管理建设项目利息处理办法

铁道部集中筹措拨付债务性资金的建设项目初验合格前，铁路局根据铁道部财务司下转统借款利息通知书的金额将利息列入建设成本。

铁路局自行借款利息建设项目初验合格前的资金来源是项目建设资金，利息支出直接列入建设成本；初验合格后自行借款利息资金由铁道部财务司拨付，支付后按实际利息支出向铁道部财务司(基建)转账，后附银行计息单和付息单。

建设项目初验合格前存款利息冲减建设成本，初验合格后存款利息上交铁道部财务司(基建)，其中：

非基金存款利息上交账户：铁道部财务司 22505577

基金存款利息上交账户：铁道部财务司 057047－12 两个账户均在铁道部结算中心开立。

四、合资铁路公司债务性资金利息处理办法

国铁控股合资铁路公司管理的建设项目初验合格前债务性资金利息列入建设成本，初验合格后列入当期公司财务费用。国铁控股合资铁路公司管理的建设项目初验合格前存款利息冲减建设成本，初验合格后存款利息冲减财务费用。其他合资铁路公司可参照国铁控股合资铁路公司执行。本办法自 2007 年 1 月 1 日起实行。

关于进一步加强建设资金流向监管的通知

（铁道部 铁财〔2007〕237 号　2007 年 11 月 29 日）

为强化建设资金使用管理，提高建设资金的使用效益，防范资金风险，保证工程建设的顺利进行，现将进一步加强建设资金流向监管的要求通知如下，请认真贯彻执行。

一、建设单位必须严格按照国家和铁道部的有关规定对建设项目进行招投标，及时与中标施工单位（以下简称施工单位）签订承包合同，将建设资金监管内容、要求、期限纳入工程招标文件和承包合同。同时，在招标文件和承包合同中明确建设单位的主管部门在对建设项目进行审计、检查时可延伸审计、检查施工单位。施工单位在签订承包合同时须提交履约保函或履约保证金。

二、建设单位应及时拨付工程款。工程开工后，建设单位必须按照合同约定及时预付、抵扣预付款；按照投资计划和工程进度审批验工计价，及时拨付工程进度、结算款；按时足额预留质保金，并按国家及铁道部的规定及时返还。其中，对于验工计价，建设单位必须严格执行《铁路建设工程验工计价办法》（铁建设〔2006〕211 号），保证验工计价真实、完整，严禁预验、虚验、不验、少验、暂计；对于大额资金的支付，建设单位必须严格执行联签制度。施工单位在取得预付款（不含预付工程进度款）的同时，必须提供同等数额的金融机构出具的预付款保函。

三、建设单位应按铁道部有关账户管理的要求选择可提供监督服务的银行就建设资金监管事宜进行协商，各铁路资金结算所及其分支机构应积极配合、协调。协商一致后，建设、施工单位和银行三方及时签订资金监管协议，重点对施工单位银行账户的开立、资金的流向、农民工工资的发放等进行监管，明确监管责任、方式等，将签订监管协议的银行（以下简称协议银行）作为施工单位的开户行，委托其对施工单位的资金使用情况进行实时监控。

四、施工单位应在协议银行开设账户并报建设单位备案，有条件的可开通网上银行查询功能，按照资金监管协议的约定授权建设单位使用该功能。建设单位只对备案的施工单位（本级项目部）银行账户按照规定拨付资金，并使用网上银行查询功能对其资金动态进行监管。

五、施工单位应按合同约定，在协议银行单独开立农民工工资保证金专户，专门用于农民工工资的支付。每次收到工程款时，按一定比例（由建设单位根据施工单位使用农民工情况合理确定）将工程款存入农民工工资保证金专户。定期办理结算，及时拨付农民工工资，督促劳务分包单位按时兑现农民工工资，有条件的可实行直接发放。农民工工资保证金专户纳入建设单位、协议银行的监管范围，在建设期内，本账户除支付农民工工资外，对于其他方面的资金拨付，需经建设单位同意，否则协议银行不得受理。

六、建设单位要加强对施工单位资金流向的监管。每月初施工单位（本级项目部）向建设单位报送当月用款计划（或资金支出预算），列明资金用途及金额，建设单位对其签署意见。施工单位（本级项目部）应将建设单位同意的用款计划（或资金支出预算）报协议银行备案，并据此使用资金。对于超用款计划（或资金支出预算）的资金支付必须经建设单位同意并报协议银行备案。

建设单位应分施工单位建立用款计划等有关台账，利用网上银行查询功能，对工程款的流向进行监管。协议银行应按照监管协议的约定，建立相关台账，监控工程款的使用，对于施工单位(本级项目部)未经建设单位同意的资金支付不予受理，并及时通知建设单位。施工单位(本级项目部)对本单位及内部单位资金流向的监管负总责。

七、建设单位要按照合同约定定期对施工单位资金的使用情况进行监督、检查，建设单位主管部门也可以按照合同约定对施工单位资金的使用情况进行监督、检查，对不按约定开立银行账户的限期整改，对违规转移、挪用的建设资金及时追回，并纳入对施工单位的信誉评价，以保证建设资金有效使用和工程建设有序进行。

八、实行委托代建的项目，在委托代建合同(协议)中明确建设资金监管的内容、要求，落实委托、代建方的监管责任。代建方作为委托代建项目的建设单位，对施工单位的资金按照上述要求履行监管职责。

九、本通知自印发之日起执行，各建设单位可根据具体情况制订实施办法。已签订工程承发包合同的建设项目(不含2007年销号项目)，要签订补充合同落实建设资金监管责任。

关于印发《铁路工程项目利用铁路既有线拆除资产管理暂行办法》的通知

（铁道部 铁财〔2008〕67 号　2008 年 5 月 6 日）

各铁路局，各专业运输公司，投资公司，各铁路公司（筹备组），各合资铁路公司：

为加强铁路既有线拆除资产管理，提高资产使用效益，防止资产流失，真实反映铁路工程项目成本，现将《铁路工程项目利用铁路既有线拆除资产管理暂行办法》发给你们，请按照执行。

已批复初步设计概算和下达投资计划的铁路工程项目，需用或已用既有线拆除资产，但在批复中不含或仅含利用既有线拆除资产数量的，根据本办法精神需要列示价值的，按本办法第十六条办理。

铁路工程项目利用铁路既有线拆除资产管理暂行办法

第一章　总　　则

第一条　为加强铁路既有线拆除资产管理，提高资产使用效益，防止资产流失，真实反映铁路工程项目成本，结合《基本建设财务管理规定》、《铁路运输企业固定资产管理办法》、《铁路运输企业废旧轨料管理办法》等，制定本办法。

第二条　本办法所称铁路工程项目是指铁路基建项目和更改项目（包括新线建设和既有线改造）。

第三条　铁路工程项目利用铁路既有线拆除资产，是指在铁路工程项目建设中使用本工程项目范围内或其他铁路工程拆除的、线路修理换下的、仍可利用的铁路既有线资产，主要包括废旧轨料和站后设备等。

第四条　国家铁路运输企业铁路工程项目（以下简称国家铁路工程项目）利用国家铁路运输企业既有线拆除资产采用调拨方式。

第五条　国家铁路运输企业将既有线拆除资产出售或投资于合资铁路项目的，按有关国有资产出售和实物资产投资的规定执行。

第六条　国家铁路运输企业应委托具有相应资质的资产评估机构对拟投资或销售的既有线拆除资产进行评估。根据评估结果，履行评估备案或审批程序后，按规定办理投资或销售手续。

第二章　可利用既有线资产的拆除、回收和保管

第七条　拆除铁路运输企业既有线固定资产的，有关各方应根据《铁路运输企业固定资产管理办法》办理固定资产的拆除手续；需要拆除铁路运输企业既有线其他资产的，按照有关规定执行。

第八条　既有线拆除的废旧轨料回收和保管按照《铁路运输企业废旧轨料管理办法》（铁财〔2007〕19 号）办理手续，其他资产的回收和保管按照有关规定执行。

第九条　既有线拆除后，其所占铁路用地按照铁道部《关于加强生产力布局调整和铁路改造工程关闭车站用地及改线用地管理的通知》（铁运函〔2006〕1109 号）精神办理。

第三章　既有线拆除资产的调拨

第十条　既有线拆除资产的调拨是指经批准将国家铁路运输企业既有线拆除资产调拨给国家铁路项目，包括国家铁路运输企业之间调拨和国家铁路运输企业内部调拨。

第十一条　新线由国家铁路运输企业接管的，原则上按设计管辖范围从接管国家铁路运输企业调拨。既有线改造按管辖范围，原则上从所在国家铁路运输企业调拨。

第十二条　国家铁路运输企业之间调拨废旧轨料，由调入企业根据有关利用废旧轨料批准文件提出调拨申请，经铁道部运输局商财务司批准后，调出企业根据铁道部审批意见办理废旧轨料调出手续。

国家铁路运输企业内部调拨废旧轨料，应由建设项目管理单位或工务段根据有关利用废旧轨料批准文件提出调拨申请，经国家铁路运输企业工务管理部门批准后办理调拨及相关财务手续。

第十三条　调拨废旧轨料以外的其他既有线拆除资产，应由国家铁路运输企业内部主管业务部门商财务部门批准。

第四章　设计概算、价值确认及招标

第十四条　铁路工程项目利用既有线拆除资产，设计概算在有关章节中应包含拟利用既有线资产的数量、价格及有关费用。

第十五条　废旧轨料的概算编制价格和相关费用执行铁道部《铁路运输企业废旧轨料管理办法》（铁财〔2007〕19 号）规定的价格和费率。废旧轨料以外的既有线拆除资产的概算编制价格，有规定的按规定计算，暂无规定的由设计单位根据设计调查情况分析确定。

第十六条　国家铁路工程项目利用既有线资产最终按实际使用数量和调出单位资产账面价值确认；合资铁路工程项目利用既有线资产最终按实际使用数量，以评估价值为基础，双方协商确定价格。

第十七条　招标文件应在有关章节单独列示既有线拆除资产。

第五章　工程项目利用既有线拆除资产的核算

第十八条　国家铁路运输企业向国家铁路工程项目调出既有线拆除资产时，应向建设项

目管理单位提供详细的品名、数量和价值清单。

第十九条 国家铁路运输企业之间调拨既有线拆除资产或国家铁路工程项目利用本企业其他线路资产，调出既有线拆除资产时，国家铁路运输企业和铁道部减少“拨付所属投资”或“实收资本”，并在“实收资本增减变动表”反映。

第二十条 国家铁路工程项目既有线拆除资产调拨时，建设单位应核实国有铁路运输企业提供的实物、品名、数量和价值清单，审核确认相符后交建设项目管理单位财务部门。建设项目管理单位财务部门应复核经有关部门审核确认的既有线拆除资产数量、价值单据，核实无误列账。

第二十一条 国家铁路运输企业基建项目利用既有线拆除资产价值在“基建拨款－本年其他拨款－利用既有线拆除资产”科目核算。国家铁路更改项目利用既有线拆除资产价值根据有关规定核算。

第二十二条 既有线拆除资产作为国家铁路工程项目的资产组成部分交付国家铁路运输企业使用的，铁路运输企业应按规定核算。

第六章 附 则

第二十三条 铁路工程项目利用铁路运输企业其他闲置资产的，参照本办法办理。

第二十四条 本办法由铁道部财务司负责解释。

第二十五条 本办法自印发之日起实行。

合资铁路项目资本金管理暂行办法

（铁道部 铁财〔2008〕135 号 2008 年 7 月 29 日）

第一条 为了规范铁路建设项目法人行为，建立投资风险约束机制，提高投资效益，促进铁道部出资者代表认真履行出资人的职责，保障各出资者合法权益，根据《中华人民共和国公司法》、《国务院关于固定资产投资项目试行资本金制度的通知》（国发〔1996〕35 号）、《企业国有资本与财务管理暂行办法》（财企〔2001〕325 号）等有关法律、法规、规章、制度，结合合资铁路项目实际，制定本办法。

第二条 本办法适用于铁道部、地方政府及其他出资者共同出资组建的合资铁路公司所建设的铁路项目。

第三条 本办法所称合资铁路公司是指按照《公司法》设立的铁路有限责任公司和股份有限公司，包括铁道部出资者代表控股（含绝对控股和相对控股）及参股的合资铁路公司。

第四条 铁道部出资者代表是指经铁道部授权，代表其履行出资人职责的独立法人机构。

第五条 合资铁路项目资本金，是指项目总投资中由出资者认缴的出资额。对投资项目而言，资本金为非债务性资金，项目法人不承担这部分资金的任何利息和债务。

第六条 作为计算资本金基数的总投资，是指国家、铁道部批准的建设项目投资估算或概算。

第七条 合资铁路项目总投资中，必须拥有一定比例的资本金，资本金比例一般不低于项目总投资的 50％。对于少数预期收益好的项目，资本金比例可适当降低，但最低不得低于项目总投资额的 35％。

第八条 合资铁路公司首期资本金不得低于公司成立时注册资本金的 20％，其余资本金应自公司成立之日起两年内缴足。具体的资本金缴纳时间和额度，铁道部出资者代表应与其他出资人协商后，报铁道部批准。

第九条 各出资者随出资进度逐步投入资本金时，合资铁路公司应按国家有关规定及时办理注册资本金变更登记。

第十条 合资铁路公司资本金原则上需各出资方以货币资金出资；对于涉及征地拆迁补偿费用、国铁既有线路设备等作价入股组建的合资铁路公司，铁道部出资者代表要按照部、省（市、区）纪要与相关出资方约定各自的资本金出资方式。公司资本金中货币资金出资的比例不得低于公司注册资本总额的 30％。

第十一条 以货币资金出资的，按照合资铁路公司实际收到的金额作为出资方出资额。以征地拆迁补偿费用出资的，先以项目估算或概算中确定的金额计入出资方出资额；待征地拆迁完成后，由合资铁路公司聘请有资格的中介机构审核并经各出资方确认后，作为出资方出资额。以实物资产出资的，按规定经有资格的评估机构评估后，股东各方确认出资方出资额。

第十二条 在项目前期工作中，铁道部出资者代表要积极与其他出资方协商，在合资建设经营铁路合同（协议）及公司章程中明确资金筹集方案、资本金出资比例、出资方式、首期资本金额度、注入时间、各期资本金安排原则及违约责任等事项。制订及修改合资建设经营铁路合同(协议)及公司章程,要及时报铁道部审核。

第十三条 涉及资本金的相关重大事项,铁道部出资者代表要按照铁道部《关于加强合资铁路出资人代表管理的指导意见》(铁计〔2007〕10号)有关规定及时报部审核。未经铁道部履行审核程序的,铁道部出资者代表不得安排出资资金。签订的合资建设经营铁路合同(协议)、公司章程,应在签订后30日内报铁道部备案。

第十四条 铁道部出资者代表要与其他出资者协商资本金使用方式,应综合考虑公司实际资金使用需要和资金筹集成本,统筹安排使用资本金和公司筹集的其他资金。以征地拆迁费用入股的,应当满足征地拆迁进度的需要。

第十五条 铁道部出资者代表的出资由铁道部负责筹集,通过铁道部出资者代表拨付合资铁路公司。公司注册时所需首期资本金,若该建设项目暂无投资计划,可由铁道部出资者代表提出书面申请(附合资建设经营铁路合同、协议和公司章程),铁道部同意后安排资金;待铁道部下达基建投资计划、拨付建设资金后即归还或抵扣。

第十六条 铁道部出资者代表应会同其他出资者按照合同(协议)和公司章程的规定,及时足额缴纳各自所认缴的出资额。任何出资者不按约定的期限、出资额缴纳出资的,履约方可按合同(协议)和公司章程的规定,追究违约方的违约责任。

第十七条 合资铁路公司需要实施增资扩股、减少注册资本和股东股权转让的,铁道部出资者代表应综合考虑合资铁路公司的资本结构、股权变化、实施方式等因素,将实施方案报铁道部批准。

第十八条 本办法由铁道部财务司负责解释。

第十九条 本办法自发布之日起施行。

关于加强新增中央投资铁路项目资金使用管理的通知

（铁道部 铁财函〔2008〕1434 号　2008 年 12 月 8 日）

各铁路局，投资公司：

党中央、国务院决定今年新增 1000 亿元中央投资，主要用于民生工程、重大基础设施、生态环境、自主创新和产业结构调整等方面建设，其中：铁路建设项目新增中央投资 150 亿元，铁道部《关于下达 2008 年中央投资基本建设计划的通知》（铁计函〔2008〕1351 号）已下达各建设单位。为了加强对新增中央投资铁路项目资金的使用管理，现通知如下：

一、确保资金投向合法合规

（一）各单位必须严格规范管理和使用新增中央投资资金，按铁道部下达的投资计划实施工程项目，确保用于加快工程施工和设备采购进度，尽快形成土建工程施工，设备材料采购、安装和订货等在内的实物工作量。

（二）各建设、设计、施工等单位要密切配合，严格履行有关程序，保证项目建设的需要，确保工程建设顺利进行。

（三）严禁用于办公楼等楼堂馆所项目和其他禁止性项目。

二、确保新增投资和配套资金及时到位

（一）各铁路局、投资公司应按照铁道部下达的投资计划，及时组织向部财务司请领新增中央投资资金。铁路局、投资公司收到中央投资资金后，必须在 2 个工作日内拨付项目建设机构。合资铁路项目新增中央投资作为国家资本金，计入铁道部出资者代表的股份。

（二）建设单位要加大协调力度，确保其他股东配套资金、贷款等按投资计划、工程进度需要及时到位。新增中央投资时，不得减少原投资计划规定的股东出资和债务性资金，不得将新增中央投资用于偿还以往债务和拖欠款。股东配套资金不能及时到位的，铁道部出资者代表应当会同合资公司按照部省合作协议和公司章程的规定，采取有效的方法，督促其及时到位。贷款不能及时到位的，铁道部出资者代表应当会同合资公司采取必要措施，确保资金到位。

三、确保完成投资的真实性

（一）各建设单位要加强领导，逐级将完成新增中央投资任务的责任落实到项目单位。严禁滞留、挤占、截留、挪用以及虚报冒领、铺张浪费建设资金。

（二）投资用于建筑安装工程施工的，必须按合同约定及时支付工程进度款，按规定验工计价，确保完成工作量和验工计价的真实性。严禁虚报投资完成、虚假验工计价。

（三）投资用于材料、物资和设备采购的，要在概算内按需求采购，防止投资浪费和材料、物资、设备积压；要严格执行招投标等程序，依法规范地签订采购协议，按协议支付物资材料款。

严禁签订虚假采购合同和概算外采购合同，严禁违反合同支付物资、材料和设备款。

(四)新开工项目按投资计划部分使用新增中央投资用于征地拆迁的，建设单位要与地方政府负责征地拆迁的部门签订协议，确保资金按概算真正用于本项目征地拆迁。其他应由地方政府负责征地拆迁费用、并且在此前已经下达投资计划的项目，不得用此次新增中央投资抵顶、置换地方和其他股东投资，也不得抵顶、置换贷款。

四、加强资金监管

(一)铁道部出资者代表及其财会主管部门应当对合资铁路公司使用新增中央投资资金情况进行检查监督，并可延伸检查施工单位，发现违纪违规问题立即责成其整改，整改不认真、不严肃的，提交有关部门处理。

(二)建设单位应严格按照铁道部《关于进一步加强建设资金流向监管的通知》(铁财〔2007〕237号)精神，与开户银行、施工单位签订资金监管协议，将新增中央投资作为重中之重进行监管。

(三)严格执行大额资金支付联签制度。没有执行大额资金联签制度的支付，各资金结算机构拒绝支付。

(四)建设单位要加强内部监督检查，对查出的不规范问题进行认真整改，并完善规章制度，确保不产生新的不规范问题。按照合同约定定期对施工单位资金的使用情况进行监督、检查，建设单位主管部门也可以按照合同约定对施工单位资金的使用情况进行监督、检查，或者委托社会中介机构进行审计、审价。

铁道部财务司关于明确对合资铁路公司以土地征拆折价入股会计处理的通知

财基〔2007〕19号

根据现行企业会计制度，现对在合资铁路公司中由地方政府（包括其委托出资单位）负责征地拆迁、承担相关费用，由各方认可的中介机构对征地拆迁费用评估并经各出资方认可后作为资本金入股的有关会计处理明确如下：

一、土地征地拆迁相关费用需经中介评估机构评估并经各出资方确认后，计入企业资产和权益。

二、在会计报表附注中，应对尚未计入价值的土地情况进行充分披露，包括各出资方出资方式、土地预估数量、已按程序取得了权属证明的土地数量、有关合同协议中暂定费率等。

按照协议和公司章程的约定，地方政府以现金方式出资的，公司以实际收到的金额作为实收资本入账。

二〇〇七年二月十三日

铁道部办公厅转发财政部关于印发《中央预算内基建投资项目前期工作经费管理暂行办法》的通知

办财发〔2007〕24号

各铁路局、各专业运输公司、投资公司、各铁路公司(筹备组):

现将《财政部关于印发〈中央预算内基建投资项目前期工作经费管理暂行办法〉的通知》(财建〔2006〕689号)转发给你们,结合铁道部《铁路勘测设计前期工作费管理暂行办法》(铁计函〔1996〕111号)、《关于铁路勘察设计前期工作费实行合同管理的通知》(铁计〔2003〕144号)的有关规定和我部实际情况,经部同意,对基本建设前期工作经费管理(以下简称"前期费")做如下补充规定,请一并执行。

一、建设项目(包括基建大中型和小型项目)前期费是指为具体建设项目发生的前期工作经费。建设项目前期费应严格遵守财政部规定的建设项目前期费使用范围。建设项目前期费分为部签订合同建设项目前期费和建设单位签订合同建设项目前期费。

二、部签订合同建设项目前期费的管理

1. 部签订合同建设项目前期费由部在建设资金中统一安排。

2."铁路前期勘察设计合同执行计划"由计划司会商财务司,报部领导批准后执行。

3. 项目批准实施后,前期费应纳入工程概算。计划司签订前期费合同后,将建设项目前期费(包括小型项目)提供给部鉴定中心纳入初步设计概算。

4. 严格建设项目前期费支付的财务手续。前期工作承担单位须分建设项目开具合规票据;一个建设项目由多个建设单位承建的,由前期工作承担单位依据各建设单位初步设计概算在建设单位之间分劈前期费后开具合规票据。

5. 财务司根据"铁路前期勘察设计合同执行计划"、"铁路项目前期工作合同"和资金到位情况拨付前期费。

6. 建设项目前期费应在建设项目清理概算结束之前支付完毕;尚未支付的,计划司在清理概算结束之前将未支付金额通知财务司。

7. 建设项目尚未下达投资计划的,建设项目前期费暂不下转;建设项目已下达投资计划的,对投资计划下达前发生的建设项目前期费一次性下转,投资计划下达后发生的建设项目前期费陆续下转。财务司下转的建设项目前期费通知书后附合规票据复印件及前期勘察设计合同执行计划复印件。

财务司每半年清理一次前期费,根据建设项目进展情况,将拟下转建设项目前期费送计划司、鉴定中心复核确认,财务司根据复核意见作出处理。

8. 国铁建设项目前期费作为项目抵拨款下转各铁路局,其根据财务司下转通知书转账通知建设项目管理机构,建设项目管理机构将前期费列入工程成本并根据通知书所列款源核算。

9. 合资铁路建设项目前期费下转各合资公司铁道部出资人代表，其根据财务司下转通知书转账通知合资公司，合资公司将前期费列入工程成本并作为“其他应付款”核算。合资公司铁道部出资人代表负责向合资公司收取合资建设项目前期费，在收到通知书起 30 日内将资金交财务司。

10. 在建设项目概算清理阶段，各单位负责将下转的前期费提供给本单位计划部门，由计划部门纳入报部的清理概算建议。清理概算文件的相关内容，由财务司、计划司、鉴定中心根据职责分别复核后确定。

11. 已使用铁路建设基金支付的，财务司收回资金后，报财政部重新纳入预算后使用。

12. 每年末，财务司将没有被批准或批准后又被取消的建设项目，已发生的前期费清单送计划司复核确认，根据审核意见和前期费支付款源，分别按核销铁路建设基金和转列运营管理费用处理。

三、建设单位签订合同建设项目前期费的管理

建设单位根据前期工作需要与承担单位签订合同，在建设项目投资计划下达之前确需付款的，建设单位按部明确的前期工作范围和费用标准，向部计划司报送计划，计划司审核同意后，财务司安排资金。建设项目投资计划下达后财务司收回资金。

项目批准实施后，前期费应纳入工程概算。建设项目投资计划下达后，前期费管理由建设单位按照建设程序办理，使用建设项目资金直接支付。

四、与建设项目管理相关的各类综合规划研究、科研、咨询、制定定额标准、战备预设计、后评估等费用列入运营管理费，实行严格的预算管理。由计划司提出预算建议，财务司审核后纳入年度支出预算，在预算按规定程序批准后，计划司根据工作需要与承担单位签订合同。

五、本规定自 2007 年 1 月 1 日起实行。财务司原发《关于规范铁路勘测设计前期工作费有关财务事项的通知》(财基〔2005〕227 号)同时废止。

二〇〇七年四月二十三日

中央预算内基建投资项目前期工作经费管理暂行办法

财建〔2006〕689 号

第一条 为加强和规范中央预算内基建投资项目前期工作经费管理，强化预算约束，提高资金使用效益，根据《中华人民共和国预算法》、《中华人民共和国预算法实施条例》、《基本建设财务管理规定》(财建〔2002〕394 号)，制订本办法。

第二条 本办法所称前期工作是指从建设项目的立项申请、可行性研究、初步设计到项目开工前所进行的一系列工作，主要包括项目建议书、可行性研究报告、初步设计等工作环节的材料编制、招标、评估、审查、报送及相关工作。

第三条 本办法所称中央预算内基建投资项目前期工作经费(以下简称前期费)是指从中央预算内基建投资(含国债项目资金)中安排的用于项目前期工作的专项经费。

第四条 前期费安排范围:

1. 中央本级项目的前期工作;

2. 跨地区、跨流域以及对经济和社会发展全局有重大影响的地方项目的前期工作;

3. 经国务院批准的其他项目的前期工作。

第五条 具体项目的前期费根据国民经济和社会发展规划、中央预算内基建投资规模、项目建设内容等合理确定。

第六条 前期费的使用范围:

1. 勘察费;

2. 设计费;

3. 研究试验费;

4. 可行性研究费;

5. 前期工作的标底编制及招标管理费;

6. 概算审查费;

7.咨询评审费;8. 技术图书资料费、差旅交通费、业务招待费等管理费用;

9. 经同级财政部门批准的与前期工作相关的其他费用。

有关开支标准应按国家相关规定执行。

第七条 财政部在国家有关部门提出的前期费投资计划的基础上,审核下达前期费预算。

第八条 预算经核定下达后必须严格执行,除特殊情况外一律不得调整。对确需调整的项目,应严格按照预算调整的相关规定执行。

第九条 前期费拨付应遵循以下原则:

1. 严格按照前期费预算、分月用款计划、前期工作进度、基本建设程序、合同等要求拨付资金;

2. 实行政府采购和国库集中支付的项目,其前期费的拨付应根据政府采购和国库集中支付相关规定办理。

第十条 前期费实行总额控制,分年度据实列支。

第十一条 对批准建设的项目,其前期费应列入批准的项目概算内,按照相关规定计入建设成本。

第十二条 对没有被批准或批准后又被取消的建设项目,其发生的前期费由使用单位向主管部门提出申请,由项目主管部门报同级财政部门批准后作核销处理;已安排的前期费如有结余,其结余资金应按规定及时就地上缴国库,列政府收支分类"其他收入"科目,严禁挪作他用。

第十三条 当年未完成的前期工作,其前期费可结转下年继续使用。

第十四条 有关部门、单位要按照基本建设财务会计制度对前期费进行严格管理和核算。前期工作完成后,有关部门、单位要及时组织审查,对项目前期费的使用情况以及后续工作等进行深入分析,并及时向主管部门报送分析评价报告。重大项目的分析评价报告要报送财政等有关部门。

第十五条 对经审查未通过的前期工作,要按审查的结论意见,由原前期工作承担单位继续完成,增加的费用由相关责任单位负担。

第十六条 前期费的使用和管理要接受财政、审计等部门的监督检查。

第十七条 对违反规定，弄虚作假，截留、挤占、挪用前期费或前期工作中存在严重问题的单位，财政部门将根据《财政违法行为处罚处分条例》（国务院令第427号）及国家有关规定，追缴截留、挤占、挪用的前期费，停止拨付尚未拨付的前期费，对有关人员追究责任，触犯法律的要移送司法机关处理。

第十八条 国民经济和社会发展中长期规划、总体规划、专项规划、区域规划等，如涉及具体项目前期工作，与前期工作相关的工作经费的管理比照本办法执行；如不涉及具体项目前期工作，其工作经费的管理按有关规定执行。

第十九条 本办法自发布之日起30日后施行。

第二十条 本办法由财政部负责解释。

第九部分

环境保护管理

铁路绿色通道建设实施指导意见

（铁道部 铁建设函〔2007〕472号 2007年5月16日）

1 总 则

1.0.1 为贯彻落实绿色通道建设要求，规范绿色通道建设标准和参与建设各方的职责，制定本意见。

1.0.2 本意见适用于新建铁路绿色通道的设计、施工与验收。

1.0.3 绿色通道建设应贯彻“十分珍惜、合理利用土地和切实保护耕地”的基本国策，坚持依法用地、合理规划、科学设计的用地原则。

1.0.4 绿色通道建设应与主体工程同步设计、同步施工、同步验收。应充分考虑路基、桥梁、隧道、站区等工程的特点，遵循“因地制宜、经济合理、景观协调、易于管护”的原则。

1.0.5 宜林区域内的铁路应建设绿色通道，其他地区特殊需要时，经技术经济比选后，具备条件的铁路也可建设绿色通道。

1.0.6 绿色通道建设主要在铁路用地范围内进行。当确需在铁路用地界外一定范围内建设绿色通道时，应严格执行国务院《关于坚决制止占用基本农田进行植树等行为的紧急通知》。

1.0.7 绿色通道工程是主体工程的组成部分，绿色通道建设的重点是铁路区间路基、站区与隧道洞门仰坡等。

1.0.8 绿色通道栽植的植物，不得对铁路设施产生不良影响，不得影响铁路运输安全。

1.0.9 绿色通道建设除应符合本意见外，还应符合国家现行有关标准。

2 基本要求

2.0.1 建设管理单位作为铁路项目建设管理的责任主体，在绿色通道建设中的主要职责：

1 负责铁路绿色通道建设实施；

2 负责与绿色通道建设相关的工程初步设计初审、施工组织设计审查和施工图审核；

3 负责绿色通道工程竣工验收前的管理维护工作；

4 负责组织绿色通道验收及交接工作。

2.0.2 设计单位的主要职责：

1 根据植物生长特点与所在地区的自然、社会及经济状况，开展绿色通道工程设计，并纳入相应的主体工程；

2 指导施工并参与绿色通道工程竣工验收。

2.0.3 施工单位的主要职责：

1 按照建设单位审核批准的施工图进行施工；

2 负责竣工验收前绿色通道植物的养护管理；

3　参与绿色通道工程竣工验收。

2.0.4　监理单位履行相应的监理职责。

3　设　　计

3.1　一般规定

3.1.1　绿色通道设计应与路基防护、隧道洞口仰坡加固设计相结合，兼顾美观与景观效果。毗邻自然保护区、风景名胜区或城镇规划区内的铁路，绿色通道设计还应与当地的自然及人文环境相协调。

3.1.2　绿色通道设计应采用内灌外乔的绿化形式。靠近线路地带应栽种草、灌植物，远离线路地带宜栽种灌木、乔木，形成立体复层的绿化带。栽植乔木时，其成年树高，不宜高于旅客列车车窗下缘。

3.1.3　绿色通道设计应根据当地气象、水文、土壤、地形、植被现状等情况确定，执行宜草则草，宜灌则灌，宜乔则乔的绿化方针，优先选择当地适生植物品种。

3.1.4　栽种的植物不得遮蔽铁路可视信号和影响列车瞭望条件。乔、灌木与接触网、建筑物和各种管线之间的距离应符合国家现行标准的有关规定。

3.1.5　树种选择应符合下列要求：

1　抗逆性强，可抵抗公害、病虫害，易养护；

2　不产生其他环境污染，不应成为对附近作物传播病害的中间媒介。

3.2　路基

3.2.1　土质、软质岩及强风化的硬质岩路堑的边坡坡面(含边坡平台、侧沟平台)防护和加固，应优先选用绿色植物防护与工程防护相结合的措施，不应采用全坡面圬工防护。

3.2.2　路基边坡的绿化与防护设计应按《铁路路基边坡绿色防护技术暂行规定》的有关要求执行。

3.2.3　设计的苗木宜规格一致，落叶乔木应选用胸径(地上1.3m处)1.5 cm以上的苗木。必要时，可采用大苗移栽。

3.2.4　路基边坡坡面采用植物防护时不得影响路基压实和稳定。

3.3　站、段、所

3.3.1　站区绿化设计应根据建筑设施布局、总体规划统筹安排，充分利用可绿化空间。旅客车站、生活区宜采用庭院绿化设计方法。县及县级

以上车站和位于风景区的车站绿化设计，应与周围环境相协调，增强景观和美化环境效果。

3.3.2　站区绿化不得影响旅客乘降和货物装卸，不得影响可视信号瞭望和各类管线的安全使用。

3.3.3　绿地率指标(是指一定用地范围内，各类绿化用地总面积占该范围用地面积的百分比)应符合国家现行标准的有关规定，并满足下列要求：

1　站前广场绿地率指标不宜小于10%；

2　车站办公、货场、段、所绿地率指标不宜小于20%。

3.3.4　生产区的绿化应以降噪、吸收有害物质、隔离生产区和美化环境为主要目的。

3.3.5　在铁路与道路交叉口和转弯处绿化时必须保证瞭望条件。

3.3.6　有条件时宜对站区栅栏和围墙采用攀缘性植物覆盖，或用高绿篱替代栅栏。

3.4 桥梁、隧道

3.4.1 桥梁地段绿色通道设计范围主要包括锥体边坡，桥下需要设置绿色通道时应符合下列规定：

1 根据所在地区条件、桥下净空、土质和地下水情况等确定；

2 不得影响维护通道的设置；

3 应与邻接路基绿化和周边环境相协调；

4 位于城镇区和风景区地段桥下绿化时，应考虑绿色通道的连续性和景观及美化效果；

5 除符合上述要求外，栽种乔木时应考虑倾覆不得侵入桥梁的建筑限界。

3.4.2 隧道洞口的路基和隧道洞门仰坡绿色通道设计，可参照本指导意见第 3.2 节有关规定执行。

3.4.3 位于风景名胜地区和城市附近的隧道洞口绿化应充分考虑工程所处地区的人文环境和建筑风格，应以美化和环境保护相结合。

4 验收与交接

4.0.1 绿色通道工程施工质量应按主体工程的分项工程进行验收。

4.0.2 植物种类、数量和种植范围应符合设计要求：

检验数量：按路基、桥梁、隧道、站、段、所分项检查。

检验方法：查对设计文件、目测检查。

4.0.3 绿化设计范围内的覆盖率、成活率应符合表 4.0.3 的规定。

表 4.0.3 植物防护覆盖率、成活率质量验收标准

<table>
<tr><th rowspan="2">序号</th><th rowspan="2">所在地区</th><th colspan="2">项 目</th><th>覆盖率(%)</th><th>成活率(%)</th></tr>
<tr><th>植 物</th><th>岩土类别</th><th>合 格</th><th>合 格</th></tr>
<tr><td>1</td><td rowspan="4">一般</td><td rowspan="2">植 草</td><td>土质</td><td>85</td><td>—</td></tr>
<tr><td>2</td><td>石质</td><td>70</td><td>—</td></tr>
<tr><td>3</td><td rowspan="2">藤本植物、灌木、乔木</td><td>土质</td><td>—</td><td>80</td></tr>
<tr><td>4</td><td>石质</td><td>—</td><td>70</td></tr>
<tr><td>5</td><td rowspan="2">干旱</td><td>植 草</td><td rowspan="2">土质</td><td>65</td><td>—</td></tr>
<tr><td>6</td><td>藤本植物、灌木、乔木</td><td>—</td><td>70</td></tr>
<tr><td>7</td><td rowspan="4">寒冷</td><td rowspan="2">植 草</td><td>土质</td><td>80</td><td>—</td></tr>
<tr><td>8</td><td>石质</td><td>70</td><td>—</td></tr>
<tr><td>9</td><td rowspan="2">藤本植物、灌木、乔木</td><td>土质</td><td>—</td><td>75</td></tr>
<tr><td>10</td><td>石质</td><td>—</td><td>70</td></tr>
</table>

注：1. 年平均降水量 600 mm 及以上，最冷月月平均气温高于或等于－5℃的温暖、湿润地区可定为一般地区；年平均降水量小于 600 mm 的地区可定为干旱地区；最冷月月平均气温低于－5℃的地区可定为寒冷地区。

2. 覆盖率是指一定用地范围内，植物的垂直投影面积占该用地面积的百分比。

检验数量：植物种植面、带检查。

检验方法：植草：尺量、计面积、统计计算，目测。

植株：点数，统计计算，目测。

4.0.4 植物病虫害发生率、植被绿色程度、根系发育状况、种植基材流失状况和种植基材厚度的质量验收标准应符合表 4.0.4 的规定。

表 4.0.4 植物病虫害发生率、植被绿色程度、根系发育状况、种植基材流失状况和种植基材厚度的质量验收标准

序号	评定项目	工程质量
		合格
1	病虫害发生率(%)	20
2	植被绿色程度(%)	80
3	根系发育状况	根系较发育
4	种植基材流失状况	有较明显冲蚀
5	种植基材施工厚度/设计厚度(%)	80

检验数量：植物种植面、带检查。

检验方法：植草：尺量、计面积、统计计算，目测。

植株：点数，统计计算，目测。

4.0.5 植物的覆盖率、成活率、病虫害发生率、植被绿色程度和种植基材厚度的允许偏差及检验标准应符合表 4.0.5 的规定。

表 4.0.5 植物覆盖率、成活率、病虫害发生率、植被绿色程度和种植基材厚度允许偏差及检验标准

序号	项目	允许偏差	检验数量		检验方法
			范围	点数	
1	覆盖率	5%	每 1000 m^2	3 条带	尺量，计面积
2	成活率	5%	每 1000 m^2	3 条带	点数，统计计算
3	病虫害发生率	5%	每 1000 m^2	3 条带	目测
4	植被绿色程度	10%	每 1000 m^2	3 条带	
5	种植基材厚度	5%	每 1000 m^2	4 处	开挖，尺量，查对设计文件

注：检验点数以一条检验带为一点，带宽 3 m。

4.0.6 绿色通道林木行距、株距允许偏差及检验标准应符合表 4.0.6 的规定。

表 4.0.6 林木、行距、株距允许偏差及检验标准

项目	允许偏差	检验数量	检验方法
行距、株距	±10%设计尺寸	每 100 m 检查 5 组	尺量

4.0.7 绿色通道工程竣工验收除应与铁路主体工程同步验收外，尚应符合下列规定：

1 草本植物应在植物种植完工 6～12 个月后验收；

2 藤本植物、灌木、乔木应在植物种植完工一年后验收；

3 草本植物和木本植物相结合的工程，应在全部植物种植完工一年后验收；

4 对植物的灌溉工程，应按设计进行验收。

4.0.8 绿色通道工程竣工验收时，施工单位除应提供相关的工程竣工资料外，尚应提供下列资料：

1 土质及水质化验报告；

2 种子发芽率试验报告；

3 种植基材的配制报告；

4 引进苗木、种子的检疫报告；

5 外购绿化基材和草种的合格证或检验报告；

6 施工总结(包括养护方法)。

关于进一步加强铁路建设项目临时用地复垦工作的通知

（铁道部 铁建设〔2008〕104 号 2008 年 7 月 4 日）

各铁路局，各铁路公司（筹备组），集装箱、投资公司：

为贯彻落实最严格的耕地保护制度，实现土地可持续利用，进一步加强铁路建设项目临时用地复垦工作，根据国务院七部委《关于加强生产建设项目土地复垦管理工作的通知》（国土资发〔2006〕225 号）、国土资源部《关于组织土地复垦方案编报和审查有关问题的通知》（国土资发〔2007〕81 号）等文件要求，结合铁路工程建设特点，对铁路工程建设项目临时用地复垦工作提出如下要求，请按照执行。

一、提高思想认识，加强对临时用地复垦工作的组织领导

各单位要加大宣传和人员培训力度，充分认识到铁路工程建设肩负环境保护、节约土地等重要社会责任，认识到在大规模铁路工程建设过程中认真贯彻执行国家土地政策、集约节约使用土地、做好临时用地复垦工作的重要意义，切实加强对临时用地复垦工作的组织领导，提高落实国家土地复垦政策和铁路工程建设项目临时用地复垦措施的自觉性。

二、做好复垦方案编制和复垦工程设计工作，为有效实施临时用地复垦和节约使用土地奠定基础

1. 各建设项目应按《铁路建设项目预可行性研究、可行性研究和设计文件编制办法》（铁建设〔2007〕152 号）要求编写临时用地复垦内容。

2. 在申请用地之前，应依据土地开发整理相关规范和要求编制详细的土地复垦方案，按规定报送国土资源管理部门评审。

3. 建设项目各阶段要在临时工程详细设计基础上开展临时用地复垦工程设计，提出具体工程措施，计算详细工程数量。

4. 复垦方案编制与复垦设计应与主体工程设计优化相结合，充分考虑永临结合，合理设置临时工程，尽量减少临时用地。

三、认真编制并计列临时用地复垦费用，为临时用地复垦提供资金保障

1. 临时用地复垦方案编制和项目预可行性研究、可行性研究、设计阶段均应以工程措施和工程数量为基础，单独编制临时用地复垦费用。

2. 项目预可行性研究、可行性研究、设计阶段，大型临时工程、过渡工程及取弃土场等临时用地的复垦费暂按铁路工程造价标准的相关规定和相应的工程数量进行编制，并在相应概算章节单列，现行铁路工程定额不满足概算编制需要时，可参照财政部和国土资源部《土地开发整理项目预算定额标准》（财建〔2005〕169 号）进行补充单价分析。国家或行业主管部门对

复垦费出台相关强制性统一造价标准后按其规定执行。

3. 土地利用方案及临时用地复垦方案编制与评估费可按相关规定在概算第十一章“其他费”项下计列。

四、加强工程招标投标和合同管理，将临时用地复垦工作落实到位

1. 除省部纪要明确约定临时工程用地复垦由地方政府负责外，其他建设项目复垦工作的责任主体是建设单位，复垦一律采用大型临时工程、过渡工程及取弃土场临时用地复垦与主体工程施工同步招标的方式、小临工程由施工单位自主负责复垦的方式组织实施(不采用向地方缴纳土地复垦费的方式处理)。

2. 工程招标文件中应详细列出大型临时工程、过渡工程及取弃土场等临时工程复垦的工程量清单。

3. 建设项目工程施工合同中应按相关规定明确约定临时用地复垦的相关要求。

五、抓好监督落实，确保铁路建设项目临时用地复垦效果

1. 施工单位要编制详细的临时用地复垦施工组织并认真实施，建设单位要加强临时用地复垦的检查落实，监理单位负责对临时用地复垦工作实施监理。

2. 临时用地复垦效果应符合国务院国土资源行政主管会同有关部门制定的土地复垦验收标准，通过国土资源管理部门组织的验收。

3. 复垦工作应接受铁路和国土资源行政主管部门的监督检查，并自觉接受公众监督。

六、做好排查清理，妥善处理在建项目临时用地复垦问题

1. 各在建项目的建设单位应根据《关于优化梁场布局和节约使用土地的通知》(铁建设函〔2006〕328 号)和《关于加强建设项目临时用地复垦工作的通知》(建工〔2007〕74 号)等要求，尽快对临时用地复垦问题进行认真排查清理。

2. 对省部纪要或合同明确约定由地方政府负责的复垦项目，要抓紧完善相关手续，确保临时用地复垦责任明确；对于合同明确约定由施工单位负责的复垦项目要认真督促落实，确保复垦效果；对于临时用地复垦责任人和复垦内容约定不明确的项目，各建设单位要负责落实。

3. 清理后确需增加临时用地复垦投资的，按规定报铁道部有关部门审批。

参与铁路工程建设的各单位应严格按照国家、铁道部相关规定及本通知要求，认真落实临时用地复垦工作。建设单位应将临时用地复垦作为建设管理的一项重要工作，组织设计、施工、监理等单位在项目立项、勘察设计、工程实施、竣工验收各阶段做好临时用地复垦相关工作。临时用地复垦工作作为重要内容纳入建设单位考核和设计、施工、监理单位信用评价体系。

铁道部办公厅转发商务部等六部门关于在部分城市限期禁止现场搅拌砂浆工作的通知

办建设发〔2007〕46号

各铁路局，集装箱、投资公司，各铁路公司（筹备组）：

现将商务部、公安部、建设部、交通部、质检总局、环保总局《关于在部分城市限期禁止现场搅拌砂浆工作的通知》（商改发〔2007〕205号）转发给你们，并就有关问题通知如下，请遵照执行。

1. 禁止在城市施工现场搅拌砂浆是保证建设工程质量、提高施工现代化水平、促进文明施工和保护生态环境的一项重要举措，各参建单位要充分认识这一举措的重大意义，将使用预拌砂浆作为文明施工的一项重要内容，在工程施工过程中认真贯彻执行。监理单位要加强对相应施工现场的检查与督促力度，确保措施落到实处。

2. 在建及新开工项目，原施工组织设计采用现场搅拌砂浆方式的，施工单位要对施工组织设计及时进行调整，建设单位要会同监理单位对调整后的施工组织设计进行审查，并按各批次要求的时间前完成整改工作。

3. 未开工项目，设计单位应按照《通知》要求调整施工组织设计。建设单位在初步设计初审和施工图审核时，应对设计文件中涉及使用预拌砂浆的施工方案、所需预拌砂浆材料数量及价格等进行审核，并将使用预拌砂浆的有关要求纳入招标文件。

二〇〇七年七月五日

商务部 公安部 建设部 交通部 质检总局 环保总局关于在部分城市限期禁止现场搅拌砂浆工作的通知

商改发〔2007〕205号

各省、自治区、直辖市散装水泥行政主管部门、公安厅（局）、建设厅（委）、交通厅（局）、质检局，环保局，散装水泥办公室：

为贯彻落实《国务院关于做好建设节约型社会近期重点工作的通知》（国家〔2005〕21号）中关于“从使用环节入手，进一步加大散装水泥推广力度”的要求，根据《散装水泥管理办法》，现就在全国部分城市限期禁止在施工现场搅拌砂浆工作有关事项通知如下：

一、禁止在城市施工现场搅拌砂浆是提高散装水泥使用量的一项重要措施，也是保证建筑工程质量、提高建筑施工现代化水平、实现资源综合利用、促进文明施工的一项重要技术手段。

二、全国中心城市、国家环境保护模范城市、全国文明城市等要积极创造条件，分期分批开展禁止在施工现场使用水泥搅拌砂浆工作（家装等小型施工现场除外）。工程中使用预拌砂浆（含干拌砂浆和湿拌砂浆）。北京等10个城市（具体名单见附件，下同）从2007年9月1日起禁止在施工现场使用水泥搅拌砂浆（第一批）；重庆等33个城市从2008年7月1日起禁止在施工现场使用水泥搅拌砂浆（第二批）；长春等84个城市从2009年7月1日起禁止在施工现场使用水泥搅拌砂浆（第三批）。其他城市由各省级散装水泥主管部门会同相关部门根据各地具体情况提出禁止在施工现场使用水泥搅拌砂浆的具体时间表，并报商务部备案。

三、各地要根据上述时间表和本地实际情况，制定发展预拌砂浆发展规划及预拌砂浆生产、使用管理办法，采取有效措施扶持预拌砂浆生产和物流配送企业发展，严把市场准入关，确保预拌砂浆产品质量，保证建筑工程预拌砂浆的供应，避免盲目投资造成的资源浪费。

四、县级以上人民政府确定的散装水泥主管部门及散装水泥行政管理部门会同建设行政管理部门、环保行政主管部门负责本行政区域内禁止现场搅拌砂浆的组织管理工作。

五、预拌砂浆生产企业的布点要符合城市建设规划、土地政策和环保要求，在生产过程中必须执行国家有关标准和地方相关的技术、环保要求，制定相应的应用技术规程，建立完善的质量控制体系，在标准化管理、计量管理、工序控制、质量检测等方面严格执行有关规定，确保预拌砂浆产品质量。

六、预拌砂浆生产企业必须全部使用符合标准要求的散装水泥。干拌砂浆生产企业，要配置必要的储存、运输设施，干拌砂浆产品的散装设施能力必须达到70%以上；施工单位要将使用预拌砂浆作为绿色文明施工的一项重要内容。散装水泥行政主管部门应会同有关行政管理部门制定加强预拌砂浆生产、使用的管理办法，共同做好监管工作。

七、鼓励企业在预拌砂浆过程中使用粉煤灰、脱硫灰渣和运用钢渣、工业尾矿等一般工业固体废物制造的人工机制砂，以减少对天然砂的使用。地方各级散装水泥行政主管部门要做好国家在资源综合利用方面优惠政策的宣传、引导工作。

八、各地公安交通管理部门要结合本地实际情况，研究制定预拌砂浆车辆在市区通行的措施。各级交通、公安部门要加强对车辆运输装载行为的监管，防止车辆超限超载。

九、各地建设行政主管部门要编制预拌砂浆预算定额，以便于建设、设计、施工单位将应用预拌砂浆纳入工程预算。依法必须招标的项目，招标人或招标代理机构应将使用预拌砂浆列入招标文件，投标人应将使用预拌砂浆费用列入投标报价。

十、散装水泥行政主管部门应与建设行政主管部门、质检部门等密切配合，加强对预拌砂浆生产企业产品质量和建设施工现场的监督检查，在严格执法的同时，做好各项协调服务工作。

十一、建设项目未按规定使用预拌砂浆、施工场地扬尘不达标的，由县级以上散装水泥主管部门会同建设行政主管部门、环保行政主管部门依照国家和地方有关法律、法规和相关标准规定予以处罚。

附件：限期禁止现场搅拌砂浆的城市名单

二〇〇七年六月六日

附　件

限期禁止现场搅拌砂浆的城市名单

（共计127个城市）

批次	城市名称
第一批（10个）	北京、天津、上海、郑州、广州、深圳、南京、常州、大连、葫芦岛
第二批（33个）	重庆、杭州、石家庄、武汉、长沙、哈尔滨、南昌、沈阳、合肥、西安、成都、昆明、贵州、济南、青岛、烟台、威海、桂林、洛阳、大庆、南宁、宁波、珠海、佛山、东莞、马鞍山、苏州、无锡、镇江、扬州、遵义、安顺、六盘水
第三批（84个）	长春、太原、银川、乌鲁木齐、西宁、兰州、呼和浩特、海口、三亚、淄博、泰安、潍坊、黄石、宜昌、襄樊、十堰、唐山市、邢台、廊坊、新乡、南阳、安阳、濮阳、焦作、平顶山、开封、齐齐哈尔、牡丹江、佳木斯、双鸭山、鹤岗、柳州、梧州、玉林、汕头、中山、惠州、清远、湛江、包头、赤峰、九江、赣州、新余、温州、嘉兴、绍兴、鞍山、抚顺、本溪、丹东、锦州、阜新、辽阳、营口、朝阳、芜湖、蚌埠、淮南、淮北、黄山、宝鸡、咸阳、大同、阳泉、长治、运城、临汾、晋中、朔州、晋城、忻州、徐州、连云港、南通、淮安、盐城、泰州、宿迁、都匀、凯里、兴义、毕节、铜仁

铁道部建设管理司关于进一步做好铁路绿色通道建设工作的通知

建技〔2008〕27号

各铁路局，各铁路公司（筹备组），集装箱、投资公司：

为贯彻落实绿色通道建设要求，铁道部组织陆续编制发布了《铁路路基边坡绿色防护技术暂行规定》（建技〔2003〕7号）、《铁路绿色通道设计暂行规定》（铁建设函〔2004〕551号）、《铁路绿色通道建设实施指导意见》（铁建设函〔2007〕472号）等标准，对指导绿色通道设计和施工起到了重要作用。针对目前绿色通道建设中仍存在部分建设项目不严格执行部发有关标准的情况，为进一步重视和加强绿色通道建设工作，现就有关事项强调如下，请按照执行。

1. 新线绿色通道建设应严格执行《铁路路基边坡绿色防护技术暂行规定》（建技〔2003〕7号）、《铁路绿色通道设计暂行规定》（铁建设函〔2004〕551号）、《铁路绿色通道建设实施指导意见》（铁建设函〔2007〕472号）的有关规定。

2. 路基边坡坡面防护和加固，应优先选用绿色植物防护或绿色植物防护与工程防护相结合的措施，不得采用全坡面圬工防护。

3. 绿色通道建设应贯彻“十分珍惜、合理利用土地和切实保护耕地”的基本国策，坚持依法用地、合理规划、科学设计的用地和绿化原则。

4. 绿色通道建设主要是铁路用地范围内的绿化，对铁路用地范围外的绿化，建设单位应积极与地方有关部门协商，在互利合作的原则下，充分利用铁路沿线用地界外边缘土地共同建设绿色通道，但不得新增铁路征地。

5. 绿色通道建设必须因地制宜、经济实用。采用内灌外乔的绿化形式，严禁采用名花名草名贵树种等名贵植物。

6. 设计单位应对已完成施工图设计项目的绿色通道设计进行复查，对不符合有关标准的，进行修改设计，并报建设单位审核。

7. 建设单位要对在建项目执行绿色通道建设标准情况进行复查，对存在的问题进行整改，复查和整改情况于四月底前报建设管理司、鉴定中心。部有关部门将适时组织抽查。

二〇〇八年四月十五日

关于印发《环境保护法律、法规设定的由国家环保总局实施的行政许可项目及依据目录》的通知

（国家环境保护总局 环办〔2008〕16号 2008年2月17日）

总局机关各部门，各直属单位、派出机构：

根据《国务院办公厅关于推行行政执法责任制的若干意见》和我局印发的《关于贯彻落实〈国务院办公厅关于推行行政执法责任制的若干意见〉的通知》，我们对环境保护法律、行政法规设定的由我局实施的行政许可项目及其法律依据进行了汇总梳理，形成了《环境保护法律、法规设定的由国家环保总局实施的行政许可项目及依据目录》，现印发你们，请遵照执行。

附件：《环境保护法律、法规设定的由国家环保总局实施的行政许可项目及依据目录》

附件：

环境保护法律、法规设定的由国家环保总局实施的行政许可项目及依据目录

序号	项目名称	实施机关	设定的法律、法规依据
1	建设项目环境影响评价文件的审批（含核设施选址、建造、运行和退役，核技术应用及铀（钍）矿和伴生放射性矿的开发利用、关闭的环境影响评价文件的审批）	国家环保总局（国家核安全局）	1.《中华人民共和国环境保护法》第十三条 2.《中华人民共和国环境影响评价法》第二十二条、第二十三条、第二十四条 3.《中华人民共和国水污染防治法》第十三条 4.《中华人民共和国大气污染防治法》第十一条 5.《中华人民共和国固体废物污染环境防治法》第十三条 6.《中华人民共和国噪声污染环境防治法》第十三条 7.《中华人民共和国海洋环境保护法》第四十三条 8.《中华人民共和国放射性污染防治法》第十八条、第二十条、第二十九条、第三十四条 9.《建设项目环境保护管理条例》第六条、第十条、第十一条、第十二条

续上表

序号	项目名称	实施机关	设定的法律、法规依据
2	建设项目环境影响评价单位的资格审查	国家环保总局	1.《中华人民共和国环境影响评价法》第十九条 2.《建设项目环境保护管理条例》第六条、第十三条
3	建设项目环境保护设施的验收(含与核设施、核技术利用及铀(钍)矿和伴生放射性矿开发利用建设项目相配套的放射性污染防治设施的验收)	国家环保总局(国家核安全局)	1.《中华人民共和国环境保护法》第二十六条 2.《中华人民共和国水污染防治法》第十三条 3.《中华人民共和国大气污染防治法》第十一条 4.《中华人民共和国固体废物污染环境防治法》第十四条 5.《中华人民共和国噪声污染环境防治法》第十四条 6.《中华人民共和国海洋环境保护法》第四十四条 7.《中华人民共和国放射性污染防治法》第二十一条、第三十条、第三十五条 8.《建设项目环境保护管理条例》第二十条、第二十一条、第二十三条
4	国家限制进口的可用作原料的固体废物进口审批	国家环保总局	《中华人民共和国固体废物污染环境防治法》第二十五条
5	危险废物经营许可证	国家环保总局	1.《中华人民共和国固体废物污染环境防治法》第五十七条 2.《危险废物经营许可证管理办法》第二条、第七条、第十三条、第十五条
6	危险废物越境转移核准	国家环保总局	2004年6月《国务院对确需保留的行政审批项目设定行政许可的决定》(国务院令第412号)第256项
7	加工利用国家限制进口、可用作原料的废电器定点企业认定	国家环保总局	2004年6月《国务院对确需保留的行政审批项目设定行政许可的决定》(国务院令第412号)第253项
8	进口危险化学品的环境管理登记	国家环保总局	《危险化学品安全管理条例》第五条
9	危险化学品出口环境管理登记证核发	国家环保总局	2004年6月《国务院对确需保留的行政审批项目设定行政许可的决定》(国务院令第412号)第258项
10	新化学物质环境管理登记证核发	国家环保总局	2004年6月《国务院对确需保留的行政审批项目设定行政许可的决定》(国务院令第412号)第255项
11	消耗臭氧层物质的生产、进口配额许可证审批	国家环保总局	《中华人民共和国大气污染防治法》第四十五条
12	民用核设施建造、运行许可证核发及装料、退役的审批	国家环保总局(国家核安全局)	1.《中华人民共和国放射性污染防治法》第十九条 2.《民用核设施安全监督管理条例》第八条、第九条、第十条

续上表

序号	项目名称	实施机关	设定的法律、法规依据
13	生产、销售、使用放射性同位素和射线装置的许可	国家环保总局	《放射性同位素与射线装置安全和防护条例》第五条、第六条、第十一条、第十二条、第十三条、第十四条、第十五条
14	列入限制进出口目录的放射性同位素进口审查批准	国家环保总局	《放射性同位素与射线装置安全和防护条例》第十六条、第十八条
15	放射性固体废物贮存、处置许可证核发	国家环保总局	《中华人民共和国放射性污染防治法》第四十六条
16	放射性污染防治监测机构的资质认可和放射性污染防治专业人员资格证书核发	国家环保总局	《中华人民共和国放射性污染防治法》第十四条
17	民用核设施操纵人员执照核发	国家环保总局（国家核安全局）	《民用核设施安全监督管理条例》第八条、第十三条
18	民用核材料许可证核准	国家环保总局（国家核安全局）	《中华人民共和国核材料管制条例》第三条、第六条
19	民用核安全设备设计、制造、安装和无损检验单位许可证核发	国家环保总局（国家核安全局）	《民用核安全设备监督管理条例》第十二条、第十四条
20	民用核安全设备焊工、焊接操作工资格证书核发	国家环保总局（国家核安全局）	《民用核安全设备监督管理条例》第二十五条
21	民用核安全设备无损检验人员资格证书的核准	国家环保总局（国家核安全局）	《民用核安全设备监督管理条例》第二十五条
22	在我国从事民用核安全设备设计、制造、安装和无损检验活动的境外单位的注册登记	国家环保总局（国家核安全局）	《民用核安全设备监督管理条例》第三十二条
23	环境保护设施运营单位资质认定	国家环保总局	2004 年 6 月《国务院对确需保留的行政审批项目设定行政许可的决定》（国务院令第 412 号）第 252 项

第十部分

技术创新管理

铁路建设工程工法管理办法

（铁道部 铁建设〔2008〕156号　2008年8月29日）

第一章　总　　则

第一条　为鼓励企业科技创新，促进铁路工程新技术、新工艺、新材料和新设备的推广应用，提高铁路施工水平和工程质量，加强和规范铁路建设工程工法的管理，根据铁道部有关规定，制定本办法。

第二条　铁路建设工程工法是以铁路工程为对象，以施工工艺为核心，运用系统工程原理，把先进技术和科学管理结合起来，经过一定的工程实践形成的综合配套的施工方法。

第三条　铁路建设工程工法分为国家级、部级和企业级。

铁路建设工程企业级工法（以下简称企业级工法）由施工企业审定和公布；铁路建设工程部级工法（以下简称部级工法）由铁道部组织审定和公布；铁路建设工程国家级工法由铁道部在部级工法中进行筛选并向国家级工法主管部门推荐。

第四条　本办法适用于部级工法的开发、申报、评审和成果的管理以及铁路建设工程国家级工法的筛选推荐。企业级工法管理可参照执行。

第五条　铁路建设工程工法必须认真贯彻国家和铁道部有关工程建设的方针、政策和规定，必须符合国家和铁道部工程建设施工质量验收标准的要求。

第六条　铁路建设工程工法必须具有先进性、科学性和实用性，必须能够保证工程质量和施工安全，提高施工效率，降低工程成本，节约资源，保护环境。

第七条　铁道部鼓励施工企业采用新技术、新工艺、新材料和新设备，积极开发和推广应用铁路建设工程工法，不断提高企业市场竞争能力，促进铁路建设水平提高。

第二章　管　　理

第八条　铁道部建设管理司为铁路建设工程工法的主管部门，具体负责以下工作：

1. 对铁路建设工程工法工作实施管理；
2. 组织对部级工法进行评审；
3. 颁发部级工法证书；
4. 向国家级工法主管部门推荐铁路建设工程国家级工法。

第九条　中国铁道工程建设协会受铁道部建设管理司委托负责部级工法具体管理工作：

1. 承办申报受理；
2. 组织评审专家进行初审；
3. 建立铁路建设工程部级工法及国家级工法档案，实施日常管理；

4. 提出将有关部级工法纳入铁路工程建设标准、规范的建议；

5. 开展工法推广应用工作。

第十条 施工企业应将铁路建设工程工法的开发、推广应用作为企业标准化管理和技术进步的重要内容，并做好以下工作：

1. 制定工法开发和应用计划；

2. 开发、编制工法；

3. 组织企业级工法评审；

4. 申报部级工法和国家级工法；

5. 积极推广应用和不断改进工法。

第三章 申 报

第十一条 部级工法一般由相当局级施工企业直接申报，也可由其上级主管部门组织申报。

第十二条 申报条件

（一）申报单位必须具有铁路工程施工资质或经许可从事铁路工程施工的其他施工资质。

（二）已审定公布的企业级工法。

（三）工法的关键技术达到铁路行业领先水平，经过铁路大中型建设项目应用实践，确认具有较好的经济、环保、节能和社会效益。

（四）工法的整体技术必须是申报企业自行研制开发或与其他单位联合研制开发。

第十三条 申报材料（含电子版）

（一）申报材料

1. 铁路建设工程部级工法申报表（一式6份，见附件1）；

2. 工法内容说明（一式6份）；

3. 企业级工法批准文件（复印件，一式6份）；

4. 关键技术鉴定（评审）证书（复印件，一式6份）；

5. 工法应用情况证明（原件1份）；

6. 经济效益证明（原件1份）；

7. 社会效益证明（原件1份）；

8. 环保、节能效益证（原件1份）；

9. 影像光盘（1份，10-15分钟）。

文字材料统一采用A4纸张，按申报材料目录顺序装订成册，同时提供一份存放于软盘或U盘内的文字材料电子版。

（二）关键技术鉴定（评审）证书由施工企业上级主管部门或省（部）级政府主管部门出具；工程应用证明和社会效益证明由建设单位出具；经济效益证明由施工企业或其上级主管部门出具；环保、节能效益证明由相关主管部门出具。

（三）工法中的新技术、新工艺、新材料、新设备如涉及专利的，申报时应说明其专利代号、功能、用途、效益等。

第十四条 工法编写内容应齐全完整，包括前言、工法特点、适用范围、工艺原理、施工工艺流程及操作要点、材料与设备、质量控制、安全措施、环保节能措施、效益分析和应用实例等

(工法编写要求见附件2)。

第十五条 两个以上单位共同开发的工法可以联合申报,联合申报单位不得超过3个,并应明确主要开发单位。

第十六条 部级工法每两年评审一次,申报时间为评审年度的3～6月。

第四章 评审及推荐

第十七条 铁道部成立部级工法评审领导小组,下设专业评审组和办公室。评审领导小组由铁道部建设管理司、鉴定中心、工管中心、中国铁道工程建设协会负责人和相关专家组成,办公室设在建设管理司。

第十八条 评审标准

(一)关键性技术达到铁路行业领先水平;

(二)管理手段科学合理,切实可行;

(三)保证施工安全、运输安全和职业健康的措施具体,行之有效;

(四)经过铁路大中型建设项目的实践,工程质量满足标准要求,实用价值较高,应用前景广泛;

(五)环保和节能符合国家和铁道部有关环境保护和节约能源的规定,措施有力,效果明显;

(六)编写内容齐全,层次分明,数据可靠,用词准确规范,附图清晰。

第十九条 评审程序

(一)中国铁道工程建设协会对申报工法是否符合申报条件进行合规性审查;

(二)符合申报条件的项目分送各专业评审组专家审阅,专家提出评审意见;

(三)专业评审组讨论,采用无记名投票方式(超过三分之二多数)提出专业评审组初审意见,必要时可请开发单位答疑,并提出部级工法及国家级工法的推荐建议;

(四)评审领导小组召开评审会,听取专业评审组初审意见,初步确定部级工法名单及国家级工法的推荐名单。

第二十条 对拟评定为部级工法的工法,在铁道工程交易中心网站和中国铁道工程建设协会网站公示5个工作日;公示无异议后正式公布,对获得部级工法的单位和工法主要完成者颁发证书。

第二十一条 根据评审领导小组提出的国家级工法推荐名单,铁道部建设管理司组织向国家级工法主管部门推荐铁路建设工程的国家级工法。

第二十二条 评审及推荐工作应坚持科学、公正、公平的原则,严格按照评审标准开展工作,保证评审及推荐的严肃性和科学性。

第二十三条 评审专家根据申报项目专业选聘,并实行回避制度。评审专家必须具有较高的业务水平,掌握本专业技术发展动态,专业技术精湛,公正廉洁。

第五章 成果管理

第二十四条 部级工法有效期为五年,开发企业应注意技术跟踪,加大技术创新力度,及时对原编工法进行修订,以保持工法技术的先进性和实用性。开发企业对原编工法的主要内容或核心技术修改超过一半及以上的，可重新申报新的部级工法。

第二十五条 各级施工企业主管部门对所属企业开发和推广应用工法成效显著的单位和个人，应给予表彰或奖励。

第二十六条 部级工法评审后，对获得部级工法的单位在当期施工企业信用评价时给予一次加分，一般一个企业加 2 分，由铁道工程建设协会向建设管理司提出加分建议。

第二十七条 根据部级工法评审领导小组的评审意见，铁路工程建设标准主管部门认为必要时，可将有关部级工法纳入相关铁路行业技术标准，工法开发单位优先作为主编单位。

第二十八条 部级工法评定结果公布后，如发现部级工法存在剽窃、作假等问题，经查实后撤销其部级工法称号并进行通报批评，施工企业应对有关责任人员进行处罚。

第六章　附　　则

第二十九条 本办法由铁道部建设管理司负责解释。

第三十条 本办法自 2008 年 9 月 1 日起施行。

附件：1. 铁路建设工程部级工法申报材料（略）

2. 铁路建设工程部级工法编写要求（略）

第十一部分

物资设备管理

铁路建设项目铁道部管理的物资采购供应实施细则

（铁道部 铁建设〔2007〕219号 2007年11月19日）

第一章 总 则

第一条 为贯彻落实铁道部《铁路建设项目甲供物资设备采购供应暂行办法》（铁建设〔2006〕217号），加强铁道部组织建设单位采购供应的甲供物资设备（以下简称部管物资）管理，理顺关系，规范行为，降低采购成本，保证供应和产品质量，特制定本细则。

第二条 铁路建设项目甲供物资设备管理领导小组办公室（简称物资管理办）负责组织、协调、监管铁路大中型建设项目部管物资采购、供应工作，定期提出部管物资目录调整建议。

第三条 建设单位负责编制部管物资招标计划、采购建议计划，在物资管理办组织下完成部管物资集中招标采购，报送招标结果，签订合同，组织供应以及部管物资招标、供应等全过程资料存档工作。

第四条 物资代理公司受建设单位委托，在物资管理办的指导下，按合同约定提供部管物资采购、供应和质量监控等一体化服务。

第五条 设计单位按照铁道部发布的部管物资目录，在报送初步设计文件的同时，向建设单位提供甲供物资清单，包括物资名称、规格、编制期概算价、运杂费、交货地点。

第二章 物资投资管理

第六条 建设单位应在施工招标前，优化物资供应链，明确部管物资交货地点、交货计划，并根据交货地点变化调整运杂费费用，做好施工招标与部管物资招标的衔接工作。

第七条 部管物资供应原则上采用直发方式。从原产地至指定交货地点的采购、运输等费用，由建设单位负责；指定交货地点的卸车费以及以后费用纳入工程报价。若指定交货地点发生变化，应调整相关费用。

第八条 对于确需建立仓储基地，建设单位应组织专家研究确定方案后报物资管理办审查，经领导小组批准后实施。对于建立仓储基地的建设项目，部分部管物资供应可采用厂发方式，从材料原产地至仓储基地的采购、运输、保管费等费用，由建设单位负责；从仓储基地到工地的运杂费、损耗及工地保管费等所有费用，纳入工程报价。

第九条 部管物资通过招评标推荐的第一名中标候选人的拟中标价超出批复概算价，物资管理办负责组织建设单位、物资代理公司详细分析原因，经部计划、建设司，鉴定中心同意后公示中标结果。合同签订后，由建设单位按建设项目分年度汇总全部甲供物资合同、采购等情况，经设计单位编制文件，按Ⅰ类变更设计报铁道部审批。

第十条 中标价低于概算价格所节省的费用，由建设单位列入建设项目招标节余。

第三章 物资代理公司选择

第十一条 物资管理办根据部管物资市场环境和采购供应服务要求，制定物资代理公司选择方案，报领导小组，按批准方案选择物资代理公司。

第十二条 物资代理公司的基本条件：

1. 具备独立企业法人资格；
2. 具备提供部管物资服务需要的资格、资质；
3. 有完善的管理制度和质量保证体系；
4. 有相应的专业技术人员；
5. 铁道部规定的其他条件。

第十三条 物资管理办组织建设单位与物资代理公司签订部管物资采购供应服务合同，合同内容包括部管物资的采购服务、组织供应、质量监控以及驻厂监造等，合同双方必须严格遵守合同规定的权利与义务。

第十四条 部管物资采购供应服务费由建设单位按合同约定向物资代理公司支付。具体金额以部管物资供应数量的概算金额为基数，乘以合同费率确定。

第十五条 物资管理办组织建设单位对物资代理公司进行监督和考核，考核实行年度考核和专项考核。必要时邀请部有关部门和专家参加。

第十六条 物资代理公司必须严格履行部管物资采购供应服务合同，做好部管物资采购供应服务工作。

由于物资代理公司原因，影响部管物资招标、供应，或出现质量问题的，物资管理办将根据问题性质对物资代理公司进行批评、责令整改，直至要求建设单位终止合同；造成经济损失的，按合同约定承担赔偿责任；性质特别恶劣的，清出铁路市场。

第十七条 物资代理公司对委托工作的各种资料未征得委托单位的书面同意不得擅自引用、发表或提供，违反者按合同约定承担违约责任，同时赔偿受害方的全部损失。

第四章 计划管理

第十八条 建设单位应在初步设计批复后30日内向物资管理办报送项目施组安排、部管物资总清单(指设计单位根据定额统计的材料消耗量)。

第十九条 建设单位应在施工招标前，根据施组安排，按项目报送全部部管物资招标计划(格式见附件2)，部招标办批准后分批实施。建设单位应根据工程建设进度向物资管理办报送首次采购建议计划(格式见附件3)，最后一次部管物资招标前，建设单位应汇总历次招标实际数量同原批招标计划进行详细对比，将对招标计划的调整报部招标办。

第二十条 建设单位应在每年报送项目建设滚动计划时，将当年部管物资采购供应的调整计划以及次年和第三年的部管物资年度采购建议计划报物资管理办。

第二十一条 物资代理公司应及时汇总各建设单位年度采购建议计划，按经济批量和保证供应原则，制定采购实施方案报物资管理办。

第二十二条 物资管理办组织建设单位审查采购实施方案，编制全路大中型建设项目年度部管物资集中采购实施方案，报领导小组同意后，组织实施。

第二十三条 新开工项目首次部管物资采购纳入年度集中采购计划的相应批次，建设单位应在招标计划批复后，根据施组安排在每批次招标前30日将有关资料报物资管理办。

第二十四条 物资代理公司应加强部管物资市场调研，做好钢材、水泥、铜等大宗部管物资的市场价格走势分析工作，在满足建设需要的基础上，根据各建设单位的采购建议计划，合理选择招标时机和招标内容。特殊情况需要提前招标采购的，物资代理公司应向物资管理办提出建议。

第五章 招标采购

第二十五条 部管物资实行招标采购，国内招标执行《工程建设项目货物招标投标办法》(国家发展改革委等7部委令第27号)，进口机电产品招标执行《机电产品国际招标投标实施办法》(商务部令第13号)。

第二十六条 部管物资由物资管理办组织建设单位招标采购，招标工作在铁道工程交易中心进行。

第二十七条 建设单位应根据年度部管物资集中采购计划及时编制招标物资一览表和技术规格书，在每批次招标30日前报物资管理办，并抄送物资代理公司。

第二十八条 物资代理公司应根据年度部管物资集中采购计划及时汇总各项目招标物资一览表和技术规格书，编制部管物资招标文件，报物资管理办。

第二十九条 物资管理办组织建设单位审查物资代理公司编制的招标文件。

第三十条 建设单位在每批次招标文件发售20日前，根据项目实际情况，可以对已提报的详细技术规格书和招标物资一览表提出书面调整申请。

第三十一条 物资代理公司承担招标的具体工作，受建设单位委托负责招标交易手续办理(包括招标公告、交易表格、公示等)和投标保证金的接收、保管、退还等工作。

第三十二条 物资管理办组织建设单位依法组建评标委员会，评标委员会负责评标工作，推荐中标候选人。

第三十三条 物资管理办组织建设单位确定中标人后，建设单位应在10日内向部招标办报送招标结果(格式见附件4)。

第三十四条 中标结果应在铁道工程交易中心网站公示3日(超概算包件除外)，无异议后报经部招标办核准后，由建设单位在10日内发出中标通知书。

第三十五条 中标通知书发出后20日内，建设单位在物资管理办组织下与中标人签订采购合同，并负责接收、保管和退还履约保证金。合同签订后10日内报物资管理办备案。

第三十六条 招标文件收费由物资代理公司按照有关规定和标准负责收取，单独建账管理，专款专用；物资代理公司应按照铁道部规定制定标书费使用管理办法并严格执行；物资代理公司服务合同到期时统一清算有关费用，标书费超支不补，结余冲抵供应服务费。

第三十七条　符合下列条件之一的部管物资，经物资管理办报领导小组批准后，由建设单位招标采购。

1. 单一品种部管物资概算价值在50万元人民币以下的；

2. 建设项目总工期在6个月以内的；

3. 抢险救灾、应急工程等工期急需的。

第六章　合同管理

第三十八条　物资管理办负责合同的监督、检查和指导工作；建设单位作为合同主体，负责合同签订、履行等，确保合同的规范性和有效性，维护合法权益。

第三十九条　物资管理办负责组织建设单位与生产商签订部管物资采购合同，物资代理公司协助办理。

第四十条　建设单位应在采购合同中明确物资代理公司代表其督促生产厂商履行合同的相关事宜。

第四十一条　建设单位负责以下工作：

1. 负责与中标人签订合同；

2. 负责合同的履约和管理；

3. 严格执行部管物资到货验收制度，对不合格物资依据合同及时处理；

4. 依据合同及时支付各项款项；

5. 组织所管项目的部管物资设备索赔事宜。

第四十二条　物资代理公司承担以下工作：

1. 全面履行物资采购供应服务合同；

2. 协助建设单位管理部管物资采购合同；

3. 全程掌握合同履约情况，及时协调解决供需矛盾；

4. 负责部管物资供应工作，督促生产商履行部管物资生产供应合同；

5. 具体负责部管物资质量监控和索赔等工作。

第四十三条　物资管理办负责监督检查建设单位和物资代理公司有关合同执行情况，建设单位和物资代理公司须如实提供与检查事项有关的文件、资料，并对有关检查事项涉及的问题做出解释和说明。

第七章　组织供应

第四十四条　建设单位委托物资代理公司负责部管物资的组织供应工作，包括生产过程监控、督促供货、质量追踪等工作。

第四十五条　需求计划编制。

需求计划由施工单位按季度、月份分别编制。季度需求计划须在上季度最后一月的15日前报送，月份需求计划须在上月20日前报送，月份需求计划可调整季度需求计划，但幅度应控制在10%以内，避免临时性紧急需求。

第四十六条　需求计划实施。

需求计划由建设单位、监理单位组织审查。监理单位主要审批需求计划是否满足施工计划安排，确保需求计划满足施工进度要求。建设单位主要审批需求计划是否符合采购合同及部物资管理的要求。物资代理公司依据季度计划合理调剂、优化资源，保障供应。部管物资生产商依据月份计划合理安排生产、组织供应。

第四十七条 需求计划变更与调整。

施工单位可根据现场实际提出变更需求计划，调整物资需求。变更需求计划须在物资发货前提出，已发货或在途物资不予调整变更，申请调整变更的物资发货准备期不小于7日。变更需求计划应附物资需求变更说明，并经建设单位、监理单位审查后由物资代理公司组织实施。

第四十八条 总需求计划。

物资代理公司根据批复后需求计划编制总需求计划，总需求计划经建设单位认可后，委托物资代理公司向部管物资生产商下达供应订单并组织实施。

第四十九条 部管物资生产商应根据供应订单合理调配资源，在收到订单3日内向物资代理公司编报生产供应计划。生产供应计划必须完全满足订单在品种、规格、数量、时间及交货点要求。生产商现有资源条件无法满足时必须同时编报应急生产供应计划。

第五十条 物资代理公司负责审查部管物资生产商生产供应计划与供应订单匹配情况并建立订单跟踪检查及定期报告制度，督促部管物资生产商严格履行部管物资供应订单。对实行驻厂监造的重要部管物资，应督促生产商按计划生产。

第五十一条 针对不同部管物资生产商生产供应能力及不同市场环境，物资代理公司应协助建设单位建立供应应急预案，确保施工现场供应，重大应急预案由建设单位报物资管理办核备。

第五十二条 物资代理公司负责督促部管物资生产商按供应订单要求将部管物资送达指定地点，及时向建设单位通报部管物资生产和发货情况，对供应异常情况协助建设单位制定应急解决方案或启动应急预案。

第五十三条 特殊情况下，物资管理办可以跨项目调剂部管物资，建设单位应积极做好配合工作。

第五十四条 建设单位负责组织部管物资验收工作，并对验收的质量和数量负责。部管物资到达指定地点后，建设单位应及时组织施工单位和监理单位对部管物资的规格、型号、数量、品种、检测报告、合格证书、外观质量等按合同要求进行检查验收，对出现的问题及时向物资代理公司反馈，确认后由物资代理公司负责解决。

第五十五条 物资代理公司应及时组织对反馈问题调查认定，界定责任，解决问题，并形成处理报告。对建设单位造成损失的，协助建设单位做好索赔工作。

第五十六条 物资代理公司应建立对部管物资生产商质量改进措施追踪检查制度。及时向部物资管理办、建设单位报告部管物资生产商质量改进情况，协助部管物资生产商提高质量监控水平。

第五十七条 建设单位应督促监理单位、施工单位加强对部管物资的现场管理，做好部管物资现场分配工作，提高现场物资管理水平。

第五十八条 建设单位应根据采购合同执行情况，经物资代理公司现场确认后，及时向部管物资生产商办理货款支付，支付情况每季度报物资管理办备案。

第五十九条 物资代理公司应建立合同履行跟踪制度，及时向建设单位报告部管物资的合同履行情况及存在问题。建设单位应针对存在问题及时制定解决方案，由于报告不及时造成损失由物资代理公司负责。

第六十条 建设单位应建立分标段的部管物资采购供应台账，物资代理公司协助办理。

第六十一条 物资代理公司应建立详细的部管物资采购供应台账，并在每月15日前将本公司负责的项目汇总台账报物资管理办。

第八章 质量监控

第六十二条 物资管理办组织物资代理公司引导和促使生产商采用先进的生产设备和工艺，建立健全内部质量保证体系，加强对原材料和产品生产制造的全过程管理，强化关键生产环节的质量控制，从生产源头确保产品质量。

第六十三条 物资代理公司负责部管物资组织供应过程的质量监控，按照部管物资采购供应服务合同，建立健全相应的质量监控体系和相关管理制度，配备必要的技术、管理人员以及仪器设备，对生产商的原材料、生产管理、产品检验检测、包装、运输、售后服务等工作进行全过程监督。

第六十四条 隧道防水板、客运专线用桥梁支座、道岔及钢轨扣配件实行驻厂监造，其他需要实行驻厂监造的部管物资由建设单位提出建议，报铁道部批准后实行，驻厂监造工作原则上由物资代理公司负责组织实施。

第六十五条 监造单位负责编制驻厂监造大纲和实施细则，对生产商的生产计划、质量保证体系、设备、工艺水平、人员的资格进行核查，对原材料、产品的生产制造过程进行监督和抽查，必要时进行试验和检测。

第六十六条 实行驻厂监造的部管物资出厂时，须附监造确认记录；监造单位按月向建设单位报送驻厂监造工作情况简报，驻厂监造工作结束后，监造单位应及时组织编写驻厂监造工作总结并报建设单位。

第六十七条 建设单位应加强部管物资到达施工现场后的质量检测工作，应按照国家、铁道部的有关标准、规范进行试验和检测，必要时抽样送交经认定的检验机构进行检测。

第六十八条 部管物资经试验检测发现质量问题或在质量保证期内出现质量问题时，建设单位应及时将有关情况书面通知物资代理公司，重大问题同时报物资管理办。

第六十九条 物资代理公司负责协调处理部管物资的质量问题。物资代理公司收到部管物资的质量问题书面通知和试验检测情况后，应及时协调生产商处理质量问题，并同时将质量问题和协调处理情况一并报建设单位和物资管理办；对于重大质量问题，由物资管理办组织建设单位、物资代理公司、生产商进行处理，并将有关情况报部领导小组和部有关部门。

第九章 合格生产商的认定

第七十条 铁路建设项目甲供物资采购实行合格生产商目录管理制度。

第七十一条 物资管理办负责部管物资合格生产商的认定工作，合格生产商目录由物资管理办提出，领导小组审定。具体认定程序如下：

1. 物资管理办在铁道工程交易中心网站上公开发布公告，公布合格生产商申报条件，定期接受生产商加入合格生产商目录的申请；

2. 生产商自愿申请并提报相关资料；

3. 物资管理办组织专家对生产商的技术、质量、服务、价格、能力、信誉等方面进行资格评审，并对其质量保证体系、生产设备、生产工艺、人力资源等方面的情况进行重点审查和评估，提出合格生产商目录建议；

4. 合格生产商目录建议报部领导小组批准后，在铁道工程交易中心网站上正式发布；

5. 凡需行政许可或 CRCC 认证的部管物资，生产商必须取得行政许可或 CRCC 认证，并提供相关资料核备后，纳入合格生产商目录。

第七十二条 合格生产商的基本条件：

1. 具有独立企业法人资格；

2. 遵守国家法律、行政法规，具有良好的信誉；

3. 具有履行合同的能力和良好的履约记录；

4. 具有一定规模和良好的资金财务状况；

5. 有完善的产品质量保证体系和管理制度；

6. 有相应的专业技术人员；

7. 有按国家和铁道部标准检验合格的专业生产设备；

8. 有 3 年铁路大中型建设项目提供产品的业绩(新产品除外)；

9. 铁道部规定的其他条件。

第七十三条 申请合格生产商应提供下列资料：

1. 企业简介和产品目录；

2. 营业执照复印件；

3. 产品生产资质证书；

4. ISO 系列质量认证体系证书复印件；

5. 专业检测、检验机构出具的产品质量检测报告(对列入铁道部抽检目录的产品需提供由铁道部质量监督检验中心出具的产品质量检测报告)，其中新产品还应提供技术鉴定证书；

6. 相关的企业资信证书，产品获奖证书等有关文件；

7. 近 3 年为铁路大中型建设项目提供产品的供货业绩资料(需附用户单位盖章的证明材料，包括合同及中标通知书，用户评价意见等)；

8. 专业化生产合格产品的能力证明资料；

9. 近两年经会计师事务所审计的财务会计报告；

10. 其他要求。

第七十四条 物资管理办负责对合格生产商的综合实力变化、产品质量以及合同履行等方面进行评定，实现合格生产商目录动态管理。

第七十五条 对于铁道部有关部门组织产品质量抽查不合格的生产商，自抽查不合格之日起从合格生产商目录剔除。

第七十六条 建设单位每年将部管物资生产商是否按时交货、产品质量是否符合规定、售后服务是否满足要求等合同履约情况报物资管理办，物资代理公司协助办理；物资代理公司应及时收集掌握部管物资生产商的合同履约情况，并统计分析、整理部管物资生产商合同履约情况，按年报物资管理办，由物资管理办纳入年度考核范围。

第七十七条 每年一季度，根据上年度生产商供货合同的履约情况，由物资管理办组织建设单位和物资代理公司对生产商进行考核。

第七十八条 年度考核不合格的生产商，经铁道部批准后，从合格生产商目录中清除。

第十章　附　　则

第七十九条　非《铁路基本建设工程设计概(预)算编制办法》(铁建设〔2006〕113 号)编制概算情况下,部管物资批复概算价的计算应按相应物资概算编制年度(初步设计批复的概算编制年度)价差系数所对应采用计算价格(单价)乘以拟采购量计算;并根据具体设计概算,计算部管物资的交货地点所产生的运杂费费用。

第八十条　建设单位、物资代理公司应制定保密办法,加强部管物资需求、采购方向、采购方案和生产商等信息的保密工作。

第八十一条　在计划编报、招标采购、组织供应和质量监控等环节,对未履行职责的单位将按国家和铁道部有关规定处理,造成损失的承担相应责任。

第八十二条　部管物资实施情况纳入铁路建设单位年度考核。

第八十三条　本细则由铁道部建设管理司负责解释。

第八十四条　本细则自印发之日起施行。

附件:1. 铁路建设项目部管物资采购供应一体化管理流程图

2. 部管物资招标计划报告格式

3. 部管物资采购计划报告格式

4. 部管物资招标结果报告格式

附件1

铁路建设项目部管物资采购供应一体化管理流程图(1)

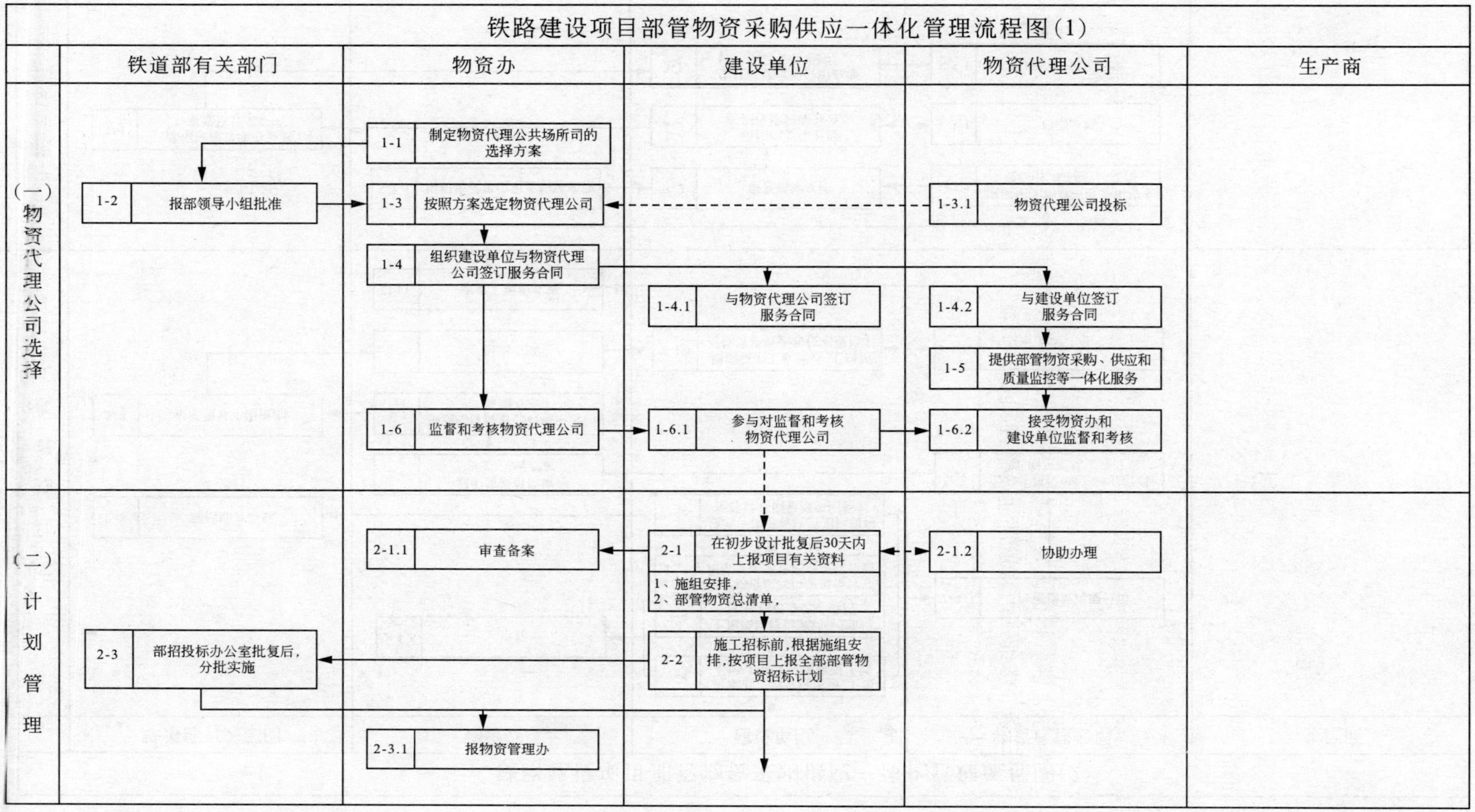

铁路建设项目部管物资采购供应一体化管理流程图(2)

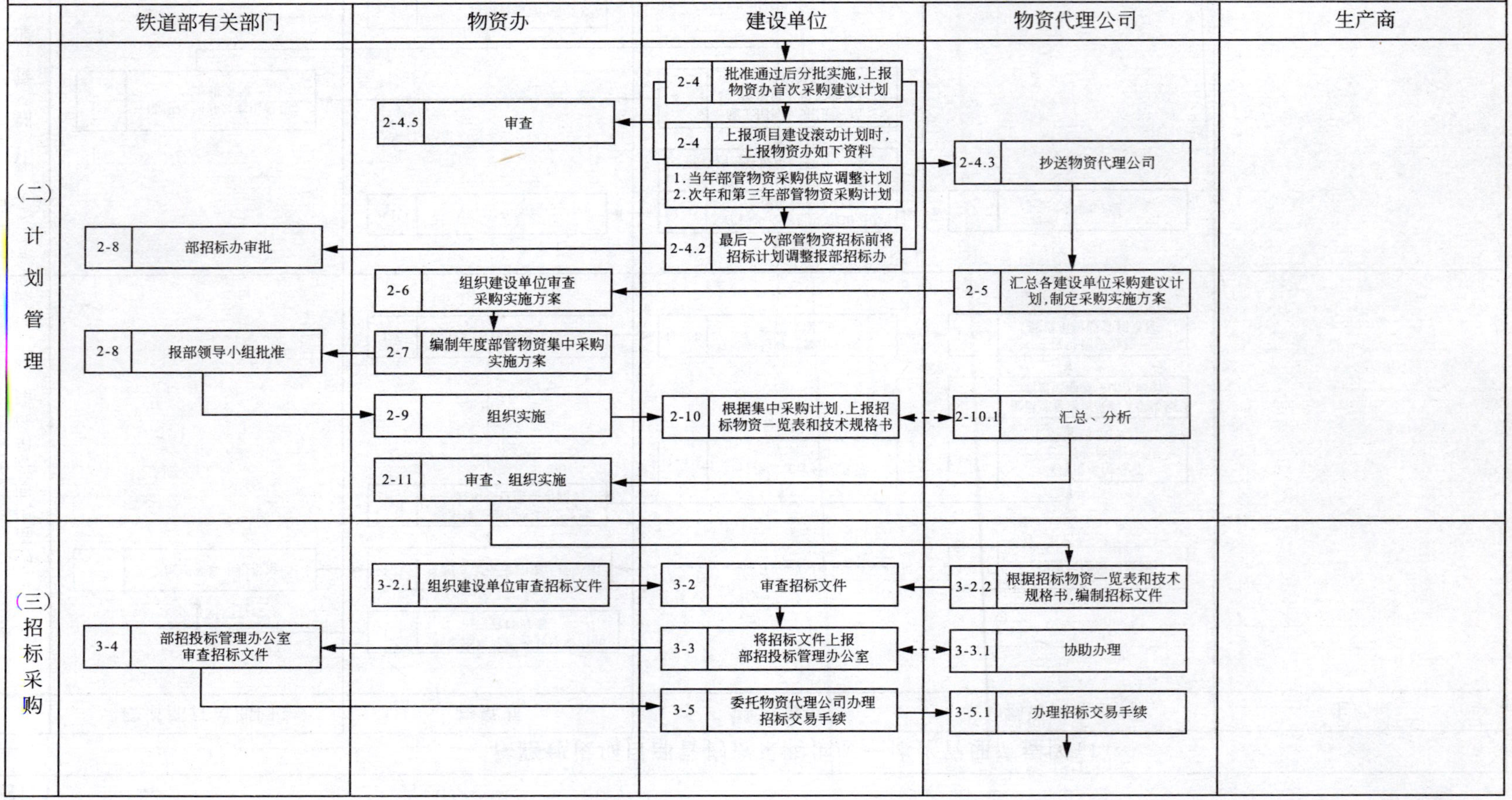

铁路建设项目部管物资采购供应一体化管理流程图(3)

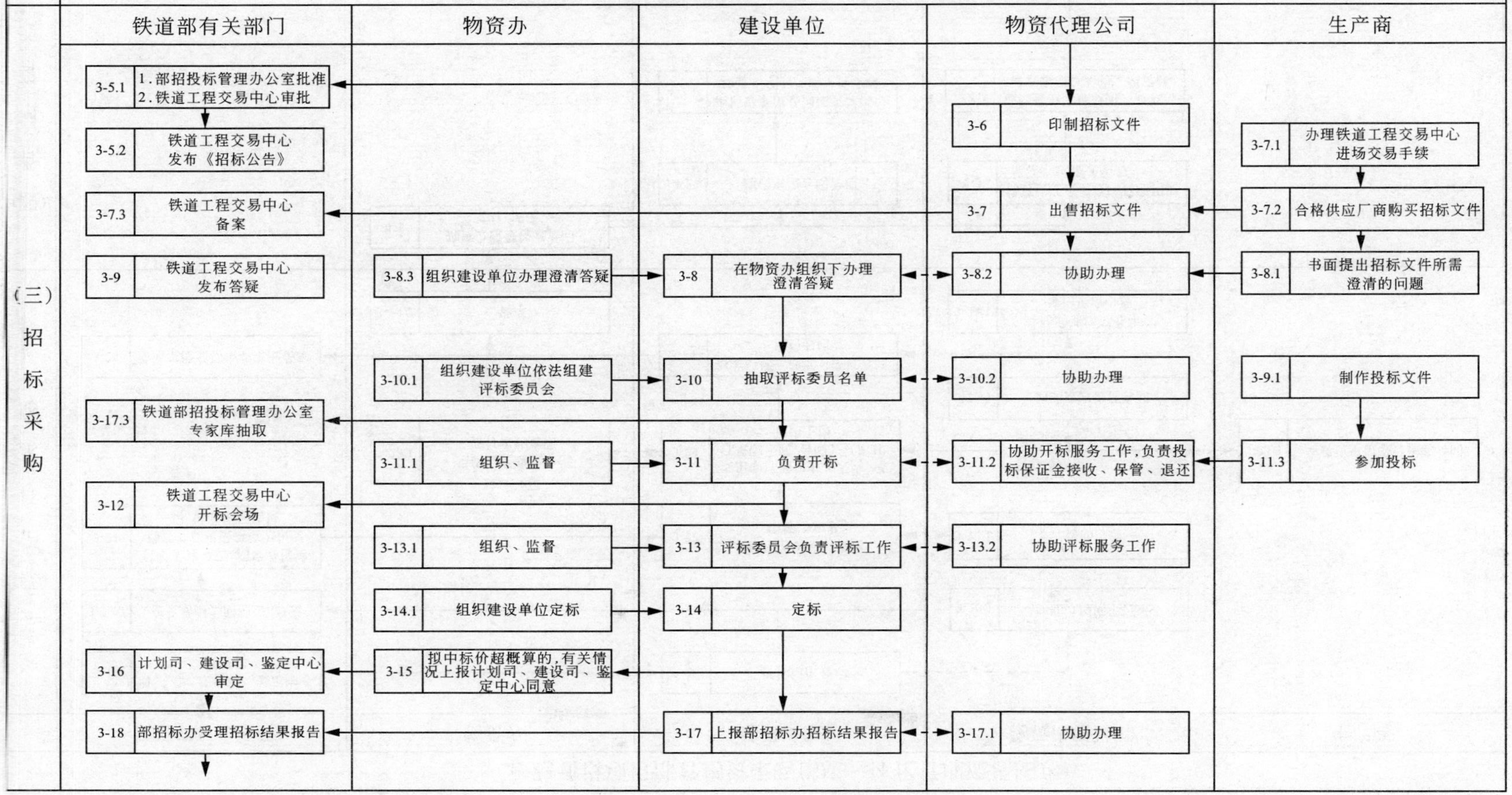

铁路建设项目部管物资采购供应一体化管理流程图(4)

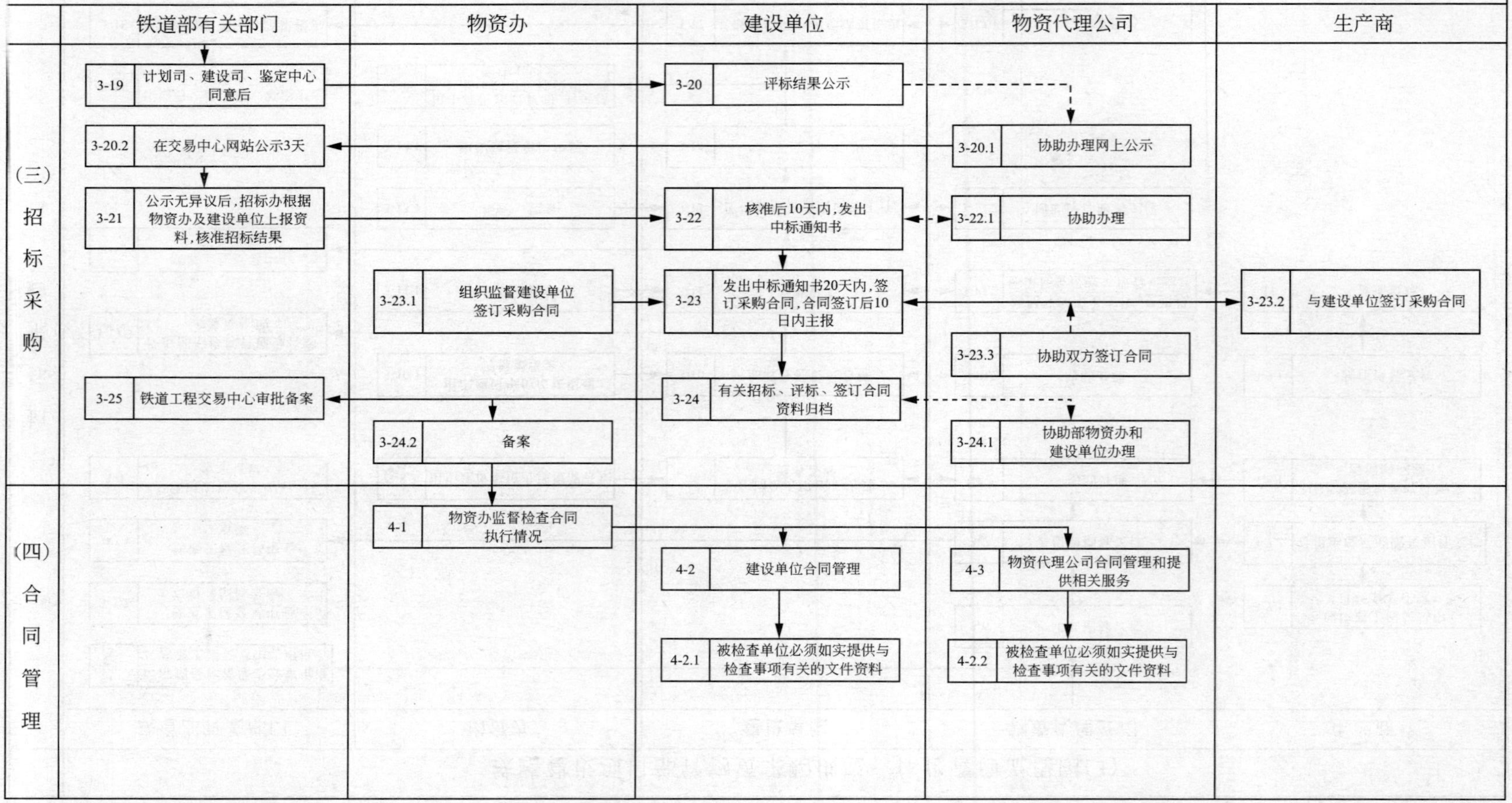

铁路建设项目部管物资采购供应一体化管理流程图(5)

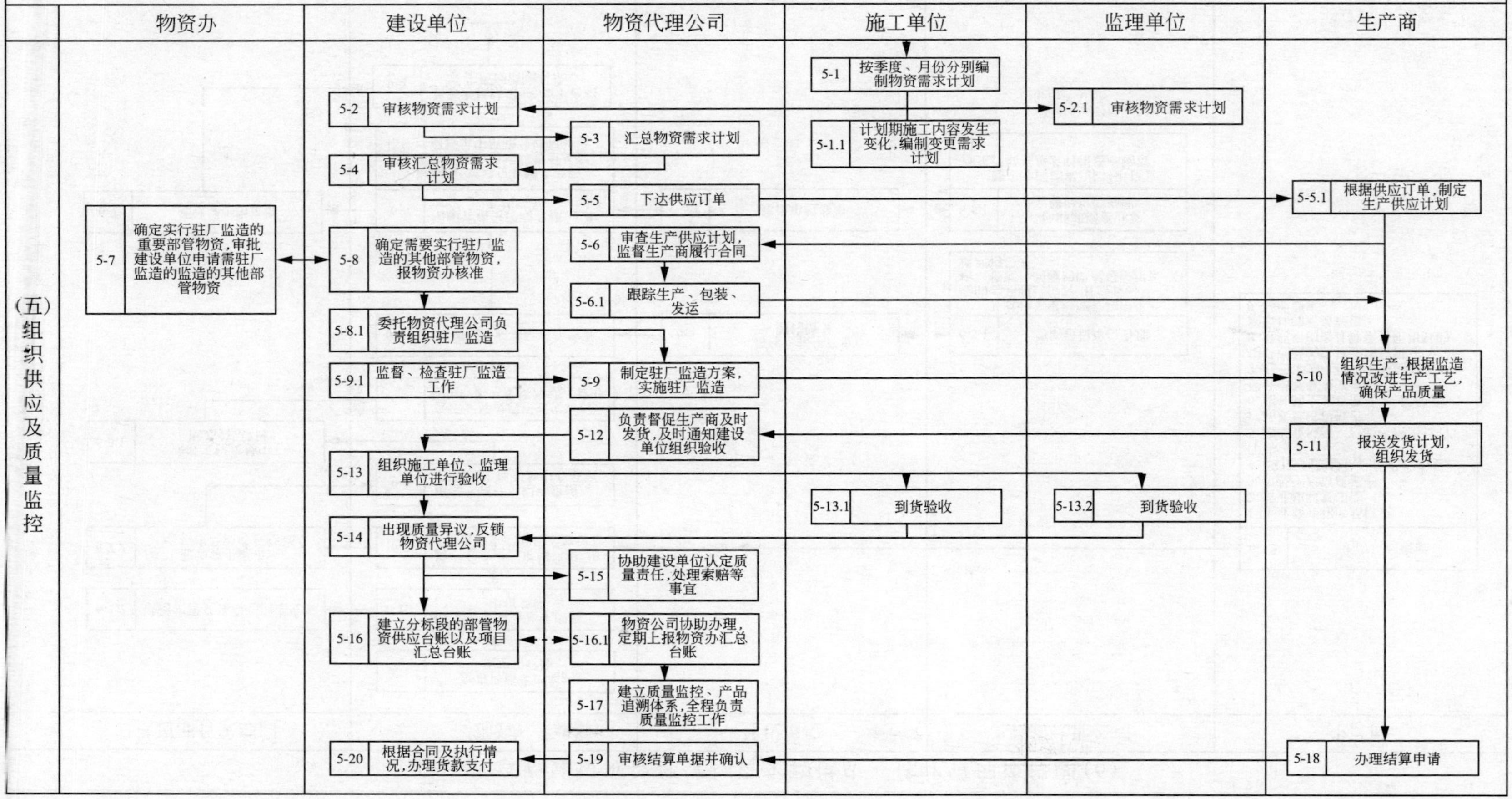

铁路建设项目部管物资采购供应一体化管理流程图(6)

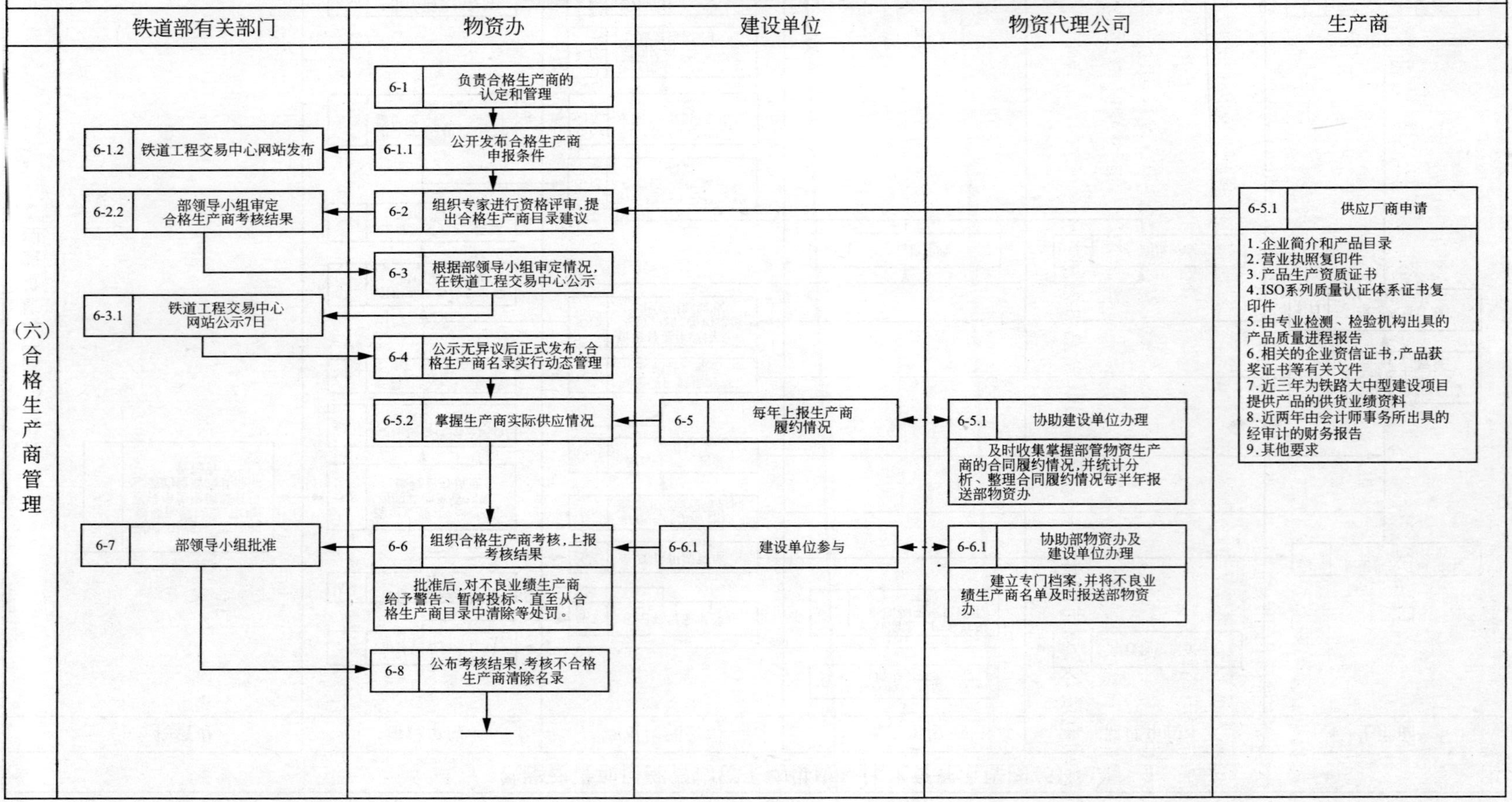

附件 2:部管物资招标计划报告格式

甲供物资招标计划编制说明

1. 为贯彻执行《铁路建设项目甲供物资设备采购供应暂行办法》(铁建设〔2006〕217 号),规范甲供物资招标计划的编制工作,便于报送和审批,特提出本招标计划内容样本。

2. 招标人应根据项目施工组织设计和甲供物资需求时间,编制、上报甲供物资招标计划,同时也应考虑甲供物资采购、制造和组织供应周期等因素影响。

3. 甲供物资招标计划原则上一次上报或按站前、站后分别上报,分批组织实施。

4. 本招标计划样本空格部分由招标人根据项目情况填写。其中联系电话应同时提供联系人的移动电话,采购建议计划一览表按照填表说明编制。

关于______甲供物资招标计划的请示

铁道部建设工程招投标管理办公室：

根据《铁路建设项目物资设备管理办法》(铁建设〔2006〕83号)、《铁路建设项目甲供物资设备采购供应暂行办法》(铁建设〔2006〕217号)、《铁路建设项目甲供物资设备目录》(铁建设函〔2007〕199号)的规定，现将__________工程项目铁道部管理和建设单位管理的甲供物资招标计划上报如下：

一、工程概况

__________________(简述工程规模、总投资、开工竣工时间、目前进度及计划等)。

二、招标依据

1.《中华人民共和国招标投标法》；

2. 国家发展改革委等七部委令《工程建设项目货物招标投标办法》(第27号)；

3. 铁道部《铁路建设项目物资设备管理办法》(铁建设〔2006〕83号)；

4. 铁道部《铁路建设项目甲供物资设备采购供应暂行办法》(铁建设〔2006〕217号)；

5. 铁道部《铁路建设项目甲供物资设备目录》(铁建设函〔2007〕199号)；

6. 铁道部《关于铁路建设项目甲供甲控物资设备招标有关工作的指导意见》(铁建设函〔2007〕495号)；

7. ____________(与本项目相关的批准文件，如：初步设计、开工等的批复文件)。

三、招标范围及内容

(一)铁道部管理物资

1. 本项目招标采购的铁道部管理物资种类、规格型号、数量、概算等情况详见附件1(已报铁道部物资办审核)。

2. 包件划分由铁道部物资管理办确定。

(二)建设单位管理物资

本项目招标的物资种类、规格型号、数量、概算以及包件划分等情况详见附件2。

四、招标方式及安排

(一)铁道部管理物资

1. 采用公开招标方式，在铁道工程交易中心进行。

2. 招标时间由铁道部物资管理办统一安排，分批组织实施。

3. 招标工作由铁道部物资管理办组织(我公司/局)进行，物资代理公司协助完成。

(二)建设单位管理物资

1. 采用公开招标方式，在______________进行。

2. 主要时间安排：____________________。

五、评标定标

1. 采用经评审的最低投标价法，投标价包括出厂价和运费。

2. 根据《评标委员会和评标办法暂行规定》（国家发展改革委等七部委令第 12 号）等相关规定，依法组建评标委员会。

3. 根据评标委员会推荐的中标候选人确定中标人。

六、招标人信息

招标联系人：____________________

联系电话：____________________

传真：____________________

电子邮箱：____________________

招标人地址及邮编：____________________

附件：1. 铁道部管理物资需求计划一览表

2. 建设单位管理物资需求计划一览表

（公章）

年　月　日

附件 1：

铁道部管理物资需求计划一览表

填制单位：

序号	物资设备名称	规格型号	计量单位	需求数量	概算（含运费）	交货时间	交货地点	备注
1	钢筋混凝土用热轧光圈钢筋		吨					
2	钢筋混凝土用热轧带肋钢筋		吨					
3	低碳钢热轧圆盘条		吨					
4	预应力钢绞线		吨					
5	水泥		吨					
6	桥梁支座		个					
7	隧道防水板		平方米					
8	电杆		根					
9	接触网钢支札		根					
10	接触网混凝土支柱		根					
11	高压电缆		千米					
12	通信电缆		千米					
13	通信光缆		千米					
14	信号电缆		百米					
15	综合接地电缆		千米					
16	钢芯铝绞线		吨					
17	接触网导线		吨					
18	承力索		吨					
19	道岔		组					
20	轨枕(板)		根					
21	钢轨扣配件		套					
22	隔离栅栏		平方米					
	合计							

说明：1. 交货时间可为交货期限或开始交货时间；

2. 按所示计量单位填报需求数量。

附件 2：

建设单位管理物资需求计划一览表

填制单位：

序号	包件号	物资设备名称	规格型号	计量单位	需求数量	概算（含运费）		交货时间	交货地点	交货状态及条件	收货单位	备注
						单价	合价					

附件 3:部管物资采购计划报告格式

______（项目名称）部管物资总需求计划

序号	物资名称	计量单位	项目需求总数量	概算总价（元）	年度需求数量				备注
					本年度	次年度	第三年	……	
1	钢筋混凝土用热轧光圈钢筋	吨							
2	钢筋混凝土用热轧带肋钢筋	吨							
3	低碳钢热轧圆盘条	吨							
4	预应力钢绞线	吨							
5	水泥	吨							
6	桥梁支座	个							
7	隧道防水板	平方米							
8	电杆	根							
9	接触网钢支柱	根							
10	接触网混凝土支柱	根							
11	高压电缆	千米							
12	通信电缆	千米							
13	通信光缆	千米							
14	信号电缆	百米							
15	综合接地电缆	千米							
16	钢芯铝绞线	吨							
17	接触网导线	吨							
18	承力索	吨							
19	道岔	组							
20	轨枕(扳)	根							
21	钢轨扣配件	套							
22	隔离栅栏	平方米							

编制人： 联系电话： 传真： 编制日期：

200__年度__（项目名称）__部管物资需求计划

序号	物资名称	计量单位	年度需求总数量	概算总价（元）	季度需求数量			
					一季度	二季度	三季度	四季度
1	钢筋混凝土用热轧光圈钢筋	吨						
2	钢筋混凝土用热轧带肋钢筋	吨						
3	低碳钢热轧圆盘条	吨						
4	预应力钢绞线	吨						
5	水泥	吨						
6	桥梁支座	个						
7	隧道防水板	平方米						
8	电杆	根						
9	接触网钢支柱	根						
10	接触网混凝土支柱	根						
11	高压电缆	千米						
12	通信电缆	千米						
13	通信光缆	千米						
14	信号电缆	百米						
15	综合接地电缆	千米						
16	钢芯铝绞线	吨						
17	接触网导线	吨						
18	承力索	吨						
19	道岔	组						
20	轨枕(板)	根						
21	钢轨扣配件	套						
22	隔离栅栏	平方米						

编制人：　　　　联系电话：　　　　传真：　　　　编制日期：

（项目名称）部管物资批次采购建议计划

序号	物资名称	规格型号	标准或图号	计量单位	需求数量	概算（元）			详细情况				备注
						概算单价	运杂费单价	概算合价	交货地点	收货单位	交货状态及条件	交货期	
	钢筋混凝土用热轧光圈钢筋			吨									
	钢筋混凝土用热轧带肋钢筋			吨									
	低碳钢热轧圆盘条			吨									
	预应力钢绞线			吨									
	水泥（硅酸盐、普通硅酸盐）			吨									
	桥梁支座			个									
	防水板			平方米									
	道岔			组									
	混凝土轨枕（板）			根									
	木枕			根									
	混凝土岔枕			组									
	木岔枕			立方米									
	钢轨扣配件			套									
	钢轨连接件			套									
	隔离栅栏			平方米									
	预应力混凝土电杆			根									
	高压电缆			千米									
	钢芯铝绞线、铝绞线			吨									
	接触网混凝土支柱			根									
	接触网钢支柱			根									
	接触网导线			吨									
	承力索			吨									
	通信电缆			千米									
	通信光缆			千米									
	信号电缆			百米									
	综合接地电缆			千米									

编制人：　　审核人：　　联系电话：　　传真：　　编制日期：

填表说明：

一、交货时间应注明交货期限或开始交货时间。

二、交货地点应写明详细的交货地址。

三、到货状态和条件：应注明卸货义务承担等。

四、各品种说明：

1. 钢材按照品种规格详细填写，在标准或图号一栏中，盘圆须注明盘重，直条须注明定尺长度；到货状态须注明：实际重量交货/理论计重。

2. 水泥须在规格型号中注明牌号，在物资名称中应注明袋装/散装。

3. 隧道防水板按平方米计算。

4. 桥梁支座不填写具体规格型号，应填写设计参数，其中：物资名称中需注明支座梁型，如铁路桥梁支座（简支梁）；规格型号中分两栏分别填写地震动峰值加速度和设计反力（kN）；标准或图号中分两栏分别填写类型（固定、纵向、横向、多向）及位移量。

5. 道岔按组计算，必须标注图号。

6. 混凝土轨枕按根计算，混凝土岔枕按组计算，木枕按根计算，木岔枕按立方米计算，必须标注图号。

7. 钢轨扣配件按套计算，其中扣件按每根轨枕 2 套，钢轨连接件按每个钢轨接点 1 套计算，必须标注标准图号。

8. 电杆、混凝土支柱、钢支柱按根计算。

9. 高压电缆、通信电缆、通信光缆、综合接地电缆按千米计算，信号电缆按百米计算。

10. 接触网导线、承力索、钢芯铝绞线按吨计算。

附件 4:部管物资招标结果报告格式

关于(项目名称)部管物资招标结果的报告

铁道部建设工程招投标管理办公室:

(项目名称)部管物资________(招标物资种类)招标(招标编号:JW200×—×××),根据铁道部(招标计划批复文件)(铁建设函〔200×〕×××号),在铁道工程交易中心按交易规则进行。

本次招标评标委员会由招标人代表,以及从部专家库中随机抽取的技术、经济、物资方面的专家组成。

按照招标文件载明的评标办法,依据公平、公正、科学、择优原则,在部物资管理办公室的组织和部监察局的监督下,于200×年×月×日至×月×日完成本次招标评标工作。

根据评标办法和评标委员会的评标报告(见附件),经我局(公司)研究,同意评标委员会推荐的各包件第一中标候选人为中标人,各包件的拟中标人如下:

1.×××包:

拟中标人:

履约能力得分:

中标价格:　　元

2.×××包:

拟中标人:

履约能力得分:

中标价格:　　元

……

(其他需说明要说明的问题:超概算原因分析,需要重新招标包件的说明等)

特此报告。

附件:铁路大中型建设项目部管物资采购(JW200×—×××)评标报告(包件号:×××)

××××铁路局/公司

二○○年　月　日

关于印发《铁路建设项目甲供甲控物资设备目录》的通知

（铁道部 铁建设〔2008〕179 号　2008 年 9 月 23 日）

各铁路局，集装箱公司，各铁路公司（筹备组）：

现将修订后的《铁路建设项目甲供甲控物资设备目录》发给你们，并就有关事宜通知如下，请按照执行。

1. 本通知自下发之日起施行。已按铁道部原规定确定物资设备供应方式的建设项目，仍执行原物资设备供应方式。

2. 甲控物资设备在选定的合格供应商范围内招标采购。各铁路局在对物资设备供应厂商的质量、价格、交货期、服务、信誉等方面进行考核的基础上，提出甲控物资设备合格供应商范围，报铁道部物资管理办公室审核。铁道部物资管理办公室应建立甲控物资设备合格供应商目录，并实行动态管理。

3. 建设单位不再组织甲控物资设备招标，甲控物资设备由施工单位组织招标采购并签订合同，采购合同送建设单位备案。建设单位对甲控物资设备招标程序、是否为合格供应商以及物资设备质量进行监督，并随时将供应商的诚信信息反馈给铁道部物资管理办公室。

4. 客运专线系统集成范围内相关物资设备采购按铁道部《关于客运专线系统集成物资设备招标采购有关事宜的通知》（铁建设函〔2007〕723 号）有关规定办理。

5. 按《铁路建设项目甲供物资设备目录》（铁建设函〔2007〕199 号）确定物资采购方式的建设项目竣工后，铁建设函〔2007〕199 号文自行废止。

请各单位将执行中的问题和建议及时反馈建设管理司。

铁路建设项目甲供物资设备目录(一)

(铁道部物资管理办组织建设单位采购供应)

序号	种类	细目	备注
1	桥梁	通用桥梁支座、特殊桥梁支座	
		桥梁防水层材料	
		伸缩调节器	
2	隧道	隧道防水板、止水带	
3	电缆	高压电缆	
		钢芯铝绞线、铝绞线	
		长途光、电缆	
		信号电缆	
		综合接地电缆	
4	接触网	接触网导线	
		承力索	
		接触网(钢、混凝土)支柱	
5	轨道结构材料	乳化沥青(板式轨道用)	
		无砟轨道滑动层材料	
		道岔	
		厂制轨枕(板)(木枕、电容枕、绝缘枕除外)	
		钢轨扣配件	

铁路建设项目甲供物资设备目录(二)

(建设单位采购)

序号	种　类	细　目	备注
1	电力变电设备	变压器、高压开关柜、电容器柜	
		交直流电源屏、微机保护综合自动化设备	
		远动系统主机设备、箱式变电站	
		电流、电压互感器,氧化锌避雷器	
		通信、信号室内双电源切换箱	
		低压开关柜、信号备用电源装置	
		STU、FTU 装置、电抗器、隔离开关	
		针式、悬式绝缘子	
2	牵引变电设备	牵引变压器、自耦变压器	
		牵引变电所所用变压器	
		110 kV、220 kV 主断路器、27.5 kV 真空断路器	
		GIS 组合电器、微机保护综合自动化设备	
		远动设备(SCADA 系统)	
		单极、双极、三极电动隔离开关	
		气体绝缘开关柜、电流、电压互感器	
		并联电容电抗器、交直流电源屏	
		负荷隔离开关、氧化锌避雷器、抗雷圈	
3	接触网设备器材	接触网绝缘子、零部件	
		补偿装置	
		自动过分相装置、接触网分段、分相绝缘器	
		绝缘锚段关节隔离开关	
4	车辆维修、运营维护设备	电力试验车	
		接触网简易检测车、轨道车、平板车	
		电气试验车、接触网架线作业车	
		红外线轴温探测仪、铁路救援设备	
		轨道车、锅炉、空调、起重机	
		车辆用超磁探伤设备、安全监控 5T 设备、电控试风装置	
		环保设备、金属切削机床	

续上表

序号	种 类	细 目	备 注
5	信号设备	列控中心、应答器、LEU 等主要地面设备	
		ZPW－2000(UM)系列自动闭塞和电码化发送设备	
		TDCS、CTC 系统设备	
		计算机联锁设备	
		编组站综合自动化控制系统	
		信号微机监测设备	
		智能电源屏	
		安全型继电器、计轴设备、防雷设备、控制台	
		电缆地下接续设备、信号贯通地线	
		驼峰自动化设备及车辆减速器	
		转辙机及安装设备，外锁闭装置	
		无线调车机车信号和监控系统	
		道岔融雪系统	
		信号变压器、断路器、道口信号设备	
		25Hz 轨道电路设备、电码化隔离盒、ZPW－2000(UM)系列轨道电路补偿电容	
6	通信设备	铁路 GSM-R 数字移动通信系统网络设备(含弱场设备)、作业手持台(包括通用手持台)、SIM 卡及管理设备	
		光纤传输设备	
		有线调度通信设备	
		无线列调通信设备	
		数据通信设备	
		铁路应急通信设备	
		客运信息系统设备	
		程控交换设备	
		通信电源设备	
		车载无线通信设备、站场无线通信便携台	
		动力及环境监控设备、光纤监测设备	
		通信仪器仪表	
		综合视频监控系统设备	
		综合网管设备	
		会议电视设备	
		同步及时钟分配系统设备	

铁路建设项目甲控物资设备目录(三)

序号	种　类	细　目
1	钢　材	钢筋混凝土用热轧光圆钢筋
		钢筋混凝土用热轧带肋钢筋
		低碳钢热轧圆盘条
		预应力钢绞线
2	水　泥	
3	轨道结构材料	钢轨焊接材料
		木枕、电容枕、绝缘枕
		隔离栅栏
4	桥梁及桥梁结构材料	钢梁及桥梁钢板
		厂制梁
		锚具
5	混凝土用物资	混凝土外加剂
		粉煤灰
6	房屋结构材料	站房钢结构
7	电　杆	电力电杆
8	信号设备	信号机构、机柱
9	通信设备	地区通信光、电缆,射频、漏泄通信电缆

第十二部分

竣 工 验 收

铁路客运专线竣工验收暂行办法

（铁道部 铁建设〔2007〕183号 2007年9月21日）

第一章 总 则

第一条 为加强铁路客运专线建设管理，规范客运专线竣工验收工作，全面考核建设成果，根据国家有关规定，制定本办法。

第二条 本办法所称竣工验收是指铁路客运专线按批准的设计文件建成，由验收机构对其进行综合评价考核，移交接管使用单位试运营或正式运营的整个过程。

第三条 本办法适用于中华人民共和国境内的新建高速铁路项目、客运专线项目、城际轨道交通项目、近期兼顾货运的铁路客运专线项目（以下统称铁路客运专线）。

第四条 铁路客运专线按照本办法进行初步验收，验收合格并经安全评估后，方可进行试运营；国家验收合格后投入正式运营。

初步验收不合格或未通过安全评估的铁路客运专线，一律不得交付试运营。

第二章 竣工验收的依据、条件

第五条 铁路客运专线竣工验收分为静态验收、动态验收、初步验收、安全评估和国家验收等五个阶段。

第六条 竣工验收的依据：

1. 国家有关法律、法规以及国家颁布的建设标准；

2. 国家和铁道部颁布的设计规范、工程施工质量验收标准；

3. 经批准的项目建议书、可行性研究报告；

4. 经批准的初步设计文件（含批准的修改初步设计）；

5. 审核合格的施工图（包括经批准的变更设计文件）；

6. 设备技术说明书；从国外引进新技术或成套设备的，外方提供的设计文件和新技术或成套设备的国家标准等；

7. 经铁道部批准的相关补充标准、技术条件、暂行规范等，以及建设单位补充且经铁道部认可的相关技术标准等。

第七条 验收条件

（一）静态验收应具备的条件：

1. 主体工程及其配套工程（包括外部配套工程及设备安装）已按设计文件建成；

2. 环境保护设施、水土保持设施与主体工程同步建成；

3. 劳动、安全、卫生及消防设施与主体工程同步建成；

4. 承包商按有关规范、标准对工程质量和系统功能自检合格；

5. 监理单位及咨询单位(如果有)对工程质量评定合格;

6. 竣工文件已按规定的内容和标准基本完成。

(二)动态验收应具备的条件:

1. 静态验收合格;

2.《动态验收实施方案》已经批准;

3. 动态检测准备工作完成。

(三)初步验收应具备的条件:

1. 静态验收、动态验收合格,工程质量和系统功能满足有关标准要求;

2. 静态验收及动态验收遗留问题整改完毕;

3. 环境保护设施、水土保持设施经相应行政主管部门验收

4. 劳动、安全、卫生及消防设施经相关部门验收合格;

5. 通过试运行,达到试运营的条件;

6. 咨询单位(如果有)已提交对整个系统可否按照设计速度安全运行的咨询报告;

7. 建设用地取证工作基本完成;

8. 竣工文件按规定编制完成,施工过程中的管理文件和招标投标文件等整理完毕,达到档案验收标准。

(四)安全评估应具备的条件

1. 初步验收中存在的影响运营的问题全部得到解决;

2. 试运营的各项准备工作已经完成。

(五)国家验收应具备的条件:

1. 初步验收一年后;

2. 试运营情况良好,经检测各项指标已达到建设目标;

3. 建设用地取证工作已经完成;

4. 环境保护设施、水土保持设施经相应行政主管部门验收合格

5. 竣工决算已经编制完成,并经过铁道部组织的审计;

6. 建设资金已全部到位,除质量保修金外与建设工程各方按合同完成资金结算。

第三章　竣工验收任务和内容

第八条　竣工验收的主要任务:

1. 对铁路客运专线的建设规模、建设标准、建设内容、建设质量、资金使用等情况进行全面审查;

2. 对铁路客运专线建设执行国家法律、法规和铁道部规章、规范性文件情况进行检查;

3. 对铁路客运专线形成的资产进行审核;

4. 对铁路客运专线能否安全交付试运营或正式运营作出评价。

第九条　铁路客运专线竣工验收主要内容:

1. 检查工程是否按铁路技术管理规程、设计规范、批准的设计文件(包括批准的修改初步设计、变更设计)建成,配套辅助项目是否与主体工程同步建成;

2. 检查工程质量是否符合国家和铁道部颁布的工程施工质量验收标准;

3. 检查建设程序执行情况和设计变更管理情况;

4. 检查工程设备配套及设备安装、调试情况；主要设备联调联试及试运转情况；国外引进设备合同完成情况；

5. 检查概算执行情况，材料、设备购置是否合理，工程其他支出是否符合规定，检查财务竣工决算；

6. 检查动态检测、试运行情况，是否具备试运营或运营条件；

7. 检查铁路客运专线技术引进、吸收、创新情况；

8. 检查环保、水保、劳动、安全、卫生、消防等设施是否按批准的设计文件建成，是否合格；地质灾害整治及建筑抗震设防是否符合规定；

9. 检查工程竣工文件编制完成情况，建设项目批准文件、设计文件、施工过程管理文件及招投标文件、监理文件、竣工文件等资料是否齐全、准确，并按规定归档；

10. 检查建设用地权属是否符合界址，手续是否齐全；

11. 检查运营投产准备情况，运营生产组织管理机构、岗位人员培训、物资准备、外部协作条件是否已经落实；

12. 落实审计、检查、监察等发现问题的整改情况。

第四章　验收组织机构

第十条　客运专线竣工验收采用建设单位自验、专家检查、政府验收的方式。

第十一条　静态验收和动态验收工作由客运专线公司组织，在工程管理中心(客专办)和运输局客专技术部指导下进行。

客运专线公司在子系统(专业)基本完工前，成立由客运专线公司负责人为组长，接管使用单位负责人为副组长，监理、勘察设计、咨询单位(如果有)负责人参加的竣工验收工作组，具体负责静态验收和动态验收工作。

第十二条　在子系统(专业)基本完工前，由工程管理中心(客专办)商运输局客专技术部组建专家组，对验收全过程进行咨询，对检测结果进行检查，对验收过程中存在的问题进行研究并提出解决意见，提出初步验收和正式验收实施建议。

专家组由专家和铁道部相关部门人员组成。工程管理中心(客专办)和运输局客专技术部领导分别任专家组正副组长。专家组人员名单报铁道部建设管理司核备。

第十三条　初步验收由铁道部组织。铁道部在客运专线动态验收合格后一个月内成立初步验收委员会，负责初步验收工作。初步验收委员会由铁道部有关业务部门、接管使用单位、其他投资方、客运专线公司人员，专家组正副组长，以及勘察设计、咨询(如果有)单位人员组成，在专家组检查的基础上进行初步验收。

第十四条　国家验收由国家主管部门或委托铁道部组织，在铁道部提出国家验收申请一个月内，按相关规定成立国家验收委员会，具体负责国家验收工作。验收委员会组成由铁道部提出方案报国家主管部门批准。

第五章　静态验收

第十五条　静态验收是指由客运专线公司组织接管使用单位、监理单位以及参建单位对建设项目进行检查，确认工程是否按设计完成且质量合格，系统设备是否已安装并调试完毕。

静态验收包括子系统(专业)验收和综合系统验收。

子系统(专业)验收是承包商按照合同约定完成施工和设备安装工作并自检合格后,由客运专线竣工验收工作组按照项目系统构成组织的分专业、分系统现场检查和验收。铁路客运专线子系统可分为基础工程、通信、信号、牵引供电、运营调度、客运服务等,运营调度和客运服务子系统验收可根据需要在动态验收完成前单独进行。

综合系统验收是在客运专线子系统(专业)验收合格后,对项目按照系统集成理念通过综合调试进行的检查验收工作。

第十六条 静态子系统(专业)验收程序:

(一)承包商按照设计文件和合同约定完成全部工程和设备安装、调试并经自检合格后,向客运专线公司申请子系统(专业)验收,并报送《子系统(专业)验收申请表》(附件1)。

(二)客运专线公司经检查确认达到子系统(专业)验收条件后,组织竣工验收工作组对子系统(专业)进行验收。

(三)竣工验收工作组应在30个工作日内完成检查,对存在问题提出处理意见、整改期限、复检时间等,经专家组确认后组织实施;对整改问题复查合格后填写《子系统(专业)验收记录表》(附件1)。

(四)专家组对验收情况进行检查,对竣工验收工作组验收意见进行确认。

(五)子系统(专业)验收合格后,竣工验收工作组和专家组在《子系统(专业)验收记录表》上签署验收意见。

第十七条 综合系统验收程序:

(一)子系统(专业)验收合格后,承包单位向客运专线公司申请综合系统验收并报送《综合系统验收申请表》(附件1)。

(二)客运专线公司经检查确认达到综合系统验收条件后,组织竣工验收工作组对综合系统进行验收。

(三)竣工验收工作组对综合系统进行验收,对存在的问题提出处理意见、整改期限、复检时间等,经专家组确认后组织实施;对整改问题复查合格后填写《综合系统验收记录表》(附件1)。

(四)专家组对验收情况进行检查,对竣工验收工作组验收意见进行确认。

(五)综合系统验收合格后,竣工验收工作组和专家组在《综合系统验收记录表》上签署验收意见。

第十八条 客运专线公司应在完成子系统(专业)验收和综合系统验收后编写《静态验收报告》。《静态验收报告》应包括项目子系统(专业)验收以及综合系统验收过程、验收人员组成、验收程序、存在问题及整改情况、专家组审查意见、验收结论等内容,并附相关数据和试验报告。

《静态验收报告》报铁道部工程管理中心和铁道部运输局客专技术部审查。铁道部工程管理中心和运输局客专技术部及时将《静态验收报告》及审查意见报铁道部核备。

第十九条 静态验收工作在铁道部建设、运输部门指导下实施。

第六章 动态验收

第二十条 动态验收是在铁路客运专线静态验收合格并经铁道部确认后,由客运专线公司在铁道部工程管理中心和运输局客专技术部组织下进行综合调试,并委托专业机构进行动态检测，对工程质量和系统集成安全运行状态进行全面检查和验收。

第二十一条　客运专线综合调试和模拟试运行的主要原则由铁道部确定，实车运行条件下动态检测执行铁道部动态检测相关标准。

第二十二条　动态验收程序：

（一）客运专线公司应在静态验收完成20日前拟定详细的《动态验收实施方案》，经铁道部工程管理中心和运输局客专技术部审查后报铁道部批准。《动态验收实施方案》应包括动态验收组织形式，综合调试计划、试运行和动态检测方案，拟投入主要设备仪器，安全保证措施等内容。

（二）客运专线公司应按照批复的《动态验收实施方案》组织动态验收。

（三）客运专线公司组织专业机构按批复的《动态验收实施方案》进行动态检测，并形成动态检测报告。动态检测工作由铁道部批准的专门机构负责。

（四）竣工验收工作组就动态检测中发现的问题进行研究并提出整改意见，整改意见送专家组审查，按专家组审查意见组织整改；对整改问题复查合格后，填写《动态验收记录表》（附件1）。

（五）专家组对验收情况进行检查，对竣工验收工作组验收意见进行确认。

（六）动态验收合格后，竣工验收工作组和专家组在《动态验收记录表》上签署意见。

第二十三条　动态验收过程中，铁路客运专线所在铁路局及相关部门应积极配合客运专线公司，按照铁道部规定做好综合调试和模拟试运营工作。

第二十四条　客运专线公司完成综合调试、试运行和测试等动态验收工作后编写《动态验收报告》，《动态验收报告》应包括动态验收组织及人员、动态检测过程及结果、试运行过程及结果、存在问题及整改情况、专家组审查意见、验收结论等内容，并附相关数据和试验报告。

《动态验收报告》报铁道部工程管理中心和铁道部运输局客专技术部审查；铁道部工程管理中心和铁道部运输局客专技术部应及时将《动态验收报告》及审查意见报铁道部。

第二十五条　动态验收工作在铁道部建设、运输部门指导实施；动态验收的试运行工作在运输、建设部门指导下实施，接管运输部门参与。

第七章　初步验收及安全评估

第二十六条　初步验收是在客运专线动态验收合格后，由铁道部对铁路客运专线静态验收、动态验收结果进行检查和确认的工作。

第二十七条　初步验收程序：

（一）客运专线公司完成动态验收工作后，应及时向铁道部建设管理司报送《初步验收申请表》（附件1）。

（二）专家组向铁道部报送前一阶段验收工作情况和组织初步验收的建议。

（三）铁道部建设管理司在收到《初步验收申请表》、《安全质量监督报告》和专家组关于组织初步验收的建议后，确认符合初步验收条件的，报请铁道部成立初步验收委员会。

（四）初步验收委员会组织召开初步验收会议，必要时组织现场检查，提出《初步验收报告》，明确验收结论。

第二十八条　初步验收合格后，由铁道部安全监察部门组织安全评估，就客运专线试运营提出安全评价意见，责成客运专线公司和接管运输单位完善安全措施，完成安全评估工作。

第二十九条　铁路客运专线安全评估合格并经铁道部批准后投入试运营。客运专线公司及接管运输单位在试运营期间必须进一步做好观测、测试工作。

第三十条　初步验收合格后，客运专线公司应在 3 个月内完成竣工决算的编制工作，并提交铁道部审计部门审计。

第八章　国家验收

第三十一条　国家验收是指铁路客运专线初步验收一年后，由国家主管部门或委托铁道部组织对铁路客运专线进行整体验收和综合评价。

第三十二条　国家验收程序：

（一）对具备国家验收条件的铁路客运专线，客运专线公司应向铁道部建设管理司提出申请，上报《国家验收申请表》（附件 1），报请国家验收。

（二）专家组向铁道部报送试运营检查情况和组织国家验收的建议。

（三）铁道部建设管理司在收到《国家验收申请表》和专家组关于组织国家验收的建议后，经确认申报项目符合国家验收条件的，提出国家验收建议报铁道部，经铁道部同意后按程序报请国家主管部门组织验收。

（四）国家验收委员会组织召开国家验收会议，必要时组织现场检查，对客运专线工程质量、线路运行状况、环境协调性等建设成果以及初步验收结论进行整体评价，形成《国家验收证书》，明确验收结论。

第九章　竣工决算和竣工文件的编制

第三十三条　铁路客运专线国家验收前，客运专线公司应按国家和铁道部有关规定组织编制完成竣工决算。

第三十四条　竣工文件的编制工作由客运专线公司负责组织，施工单位负责编制，接管使用单位档案部门协助指导。客运专线公司要督促各参建单位按档案部门要求做好文件材料形成积累工作，竣工验收前将文件图纸按专业和单项工程进行汇总整理。由客运专线公司组织各有关参建单位编制竣工文件并向有关单位移交。

第三十五条　竣工文件要如实反映铁路客运专线施工技术状况和工程竣工的现状。如发现竣工文件与实际不符者，应追究原施工单位和监理人员的责任。

竣工文件内容及提交份数执行铁道部相关规定。

第三十六条　国家验收前，客运专线公司应按照《铁路土地管理办法》（国土建字〔1992〕144 号）有关规定，组织施工单位会同接管单位（部门）向地方县级以上人民政府统一办理国有土地使用证书。

第十章　附　　则

第三十七条　客运专线公司应当自铁路客运专线通过初步验收之日起 15 日内，将《初步验收报告》和消防、环保、档案等部门出具的认可文件或者准许使用文件报铁道部有关部门备案。

第三十八条　客运专线公司应按国家规定将竣工文件等送有关档案管理部门归档。

第三十九条　本办法由铁道部建设管理司负责解释。

第四十条　本办法自发布之日起实行。

附件：1. 铁路客运专线竣工验收附表

　　　2. 铁路客运专线竣工验收相关报告

　　　3. 铁路客运专线国家验收证书

附件1:铁路客运专线竣工验收附表

铁客专验表-1

______(项目名称)______子系统(专业)验收申请表

合同段:______________

<table>
<tr><td>子系统(专业)名称</td><td colspan="3"></td></tr>
<tr><td>申请验收范围</td><td colspan="3"></td></tr>
<tr><td>工程承包单位</td><td colspan="3"></td></tr>
<tr><td>项目负责人</td><td></td><td>项目技术负责人</td><td></td></tr>
<tr><td>工程完成情况</td><td colspan="3"></td></tr>
<tr><td>工程质量情况</td><td colspan="3"></td></tr>
<tr><td>竣工文件情况</td><td colspan="3"></td></tr>
<tr><td>监理单位意见</td><td colspan="3"></td></tr>
<tr><td>咨询单位意见(如果有)</td><td colspan="3"></td></tr>
<tr><td colspan="4">工程承包单位:

(章)
负责人: 年 月 日</td></tr>
</table>

铁客专验表-2

______（项目名称）子系统（专业）验收记录表

合同段：______________

子系统（专业）名称	
资料验收情况	
质量情况	
调试情况	
存在问题	
整改情况	
竣工验收工作组意见	竣工验收工作组负责人：签字 年　月　日
专家组审查意见	专家组组长：签字 年　月　日
客运专线公司：负责人签字 勘察设计单位：负责人签字 监理单位：负责人签字 咨询单位（如果有）：负责人签字 工程承包单位：负责人签字 年　月　日	

铁客专验表-3

________（项目名称）________综合系统验收申请表

<table>
<tr><td>项目名称</td><td></td></tr>
<tr><td>申请验收范围</td><td></td></tr>
<tr><td>工程承包单位</td><td></td></tr>
<tr><td>工程完成情况</td><td></td></tr>
<tr><td>工程质量情况</td><td></td></tr>
<tr><td>综合系统自检情况</td><td></td></tr>
<tr><td>竣工文件情况</td><td></td></tr>
<tr><td>监理单位意见</td><td></td></tr>
<tr><td>咨询单位意见(如有时)</td><td></td></tr>
<tr><td colspan="2">工程承包单位：

（章）
负责人：　　年　　月　　日</td></tr>
</table>

铁客专验表-4

______（项目名称）______综合系统验收记录表

<table>
<tr><td>项目名称</td><td></td></tr>
<tr><td>综合系统调试情况</td><td></td></tr>
<tr><td>存在问题</td><td></td></tr>
<tr><td>整改情况</td><td></td></tr>
<tr><td>竣工验收工作组意见</td><td>竣工验收工作组负责人：签字
年　月　日</td></tr>
<tr><td>专家组审查意见</td><td>专家组组长：签字
年　月　日</td></tr>
<tr><td colspan="2">客运专线公司：负责人签字
设计单位：负责人签字
监理单位：负责人签字
咨询单位（如果有）：负责人签字
工程承包单位：负责人签字

年　月　日</td></tr>
</table>

铁客专验表-5

______（项目名称）______动态验收记录表

<table>
<tr><td>项目名称</td><td></td></tr>
<tr><td>动态检测情况</td><td></td></tr>
<tr><td>模拟试运行情况</td><td></td></tr>
<tr><td>存在问题</td><td></td></tr>
<tr><td>整改情况</td><td></td></tr>
<tr><td>竣工验收工作组意见</td><td>动态验收工作组负责人:签字
年 月 日</td></tr>
<tr><td>专家组审查意见</td><td>专家组组长:签字
年 月 日</td></tr>
<tr><td colspan="2">客运专线公司:负责人签字
设计单位:负责人签字
监理单位:负责人签字
咨询单位(如果有):负责人签字
工程承包单位:负责人签字

年 月 日</td></tr>
</table>

铁客专验表-6

（项目名称）______初步验收申请表

项目名称	
主体工程及配套工程完成情况	
环保、水土保持设施完成情况	
劳动安全卫生设施完成情况	
消防设施完成情况	
地质灾害整治措施落实情况	
建设用地征用情况	
竣工文件及资料完成情况	
静态验收情况	
动态验收情况	
需要说明的问题	
客运专线公司	（章） 负责人：　　年　　月　　日
监理单位	（章） 负责人：　　年　　月　　日
咨询单位（如果有）	（章） 负责人：　　年　　月　　日
铁道部主管部门意见	（章） 负责人：　　年　　月　　日

铁客专验表-7

（项目名称）国家验收申请表

项目名称	
初步验收遗留问题处理情况	
试运营情况	
竣工决算情况	
建设资金结算情况	
正式运营投产准备情况	
客运专线公司	（章） 负责人： 年 月 日
铁道部主管部门意见	（章） 负责人： 年 月 日

附件 2:铁路客运专线竣工验收相关报告

______________________铁路客运专线

静态验收报告

______________________客运专线公司

年　　月　　日

一、铁路客运专线完成情况

（主要工程量完成情况，过程质量验收情况，设备引进以及安装调试情况，竣工文件及资料编制情况等）

二、静态验收依据

（有关法规、建设标准、设计规范和验收规范，经批准的项目建议书、可行性研究报告；经批准的设计文件，合同文件、设备技术说明书；从国外引进新技术或成套设备的，外方提供的设计文件和新技术或成套设备的国家标准等）

三、验收组织机构及成员

（铁路客运专线静态验收工作组组成单位、人员）

四、验收过程

（铁路客运专线各子系统（专业）验收以及综合系统验收范围、验收过程、验收时间、存在的问题、整改及复验情况）

五、验收结论

静态验收工作组验收结论（包括各子系统（专业）验收结论、综合系统验收结论）

六、下一步工作安排

附：相关数据和试验报告

____________________铁路客运专线

动态验收报告

____________________客运专线公司

年　　月　　日

一、静态验收遗留问题及整改情况

二、动态验收依据

（铁路客运专线动态检测标准、系统集成相关规定、铁路客运专线试运行相关规定）

三、验收组织机构及人员

（铁路客运专线动态验收工作组组成单位、人员）

四、验收过程

（铁路客运专线动态检测的对象、时间、检测过程、检测结果、存在的问题、整改情况，综合调试的过程、时间、调试结果、存在的问题、整改情况，模拟试运行的参加单位、试运行时间、运行过程、存在的问题、整改情况）

五、验收结论

（铁路客运专线动态验收工作组的验收结论）

六、下一步工作安排

附：相关数据和试验报告

________________________铁路客运专线

初步验收报告

________________________初步验收委员会

年　　月　　日

前言:(铁路客运专线的地理位置、规模、修建意义)

一、建设依据

(批准的铁路客运专线建议书、可行性研究报告、初步设计、开工报告批复等)

二、项目概况

(线路走向、区域,沿线主要地质情况及特点,主要技术标准,主要竣工工程数量,竣工征用土地总量,重点、难点工程主要技术要求等)

三、验收范围

(客运专线项目线路端点站名称、起止里程、全长,相关工程范围等)

四、建设经过

(参与本建设项目建设活动的建设、设计、施工、监理、咨询单位及任务划分,建设组织管理基本情况及特点,勘察设计完成过程,工程开、竣工情况,安全质量监督、监理情况,建设项目通过静态验收、动态验收的情况和时间)

五、工程概算及建设投资简况

(批准的概算总额,建设资金渠道和数额,建设资金到位及控制情况等)

六、验收经过

(初步验收组织机构及人员,验收过程、验收时间,对初步验收提出问题整改情况和复查结论)

七、验收结论

(对建设项目线路走向和总体布局,执行国家和铁道部技术政策、客运专线规程、规范等情况的评价,建设组织管理,工程设计、施工技术和组织管理情况,工程安全质量监督、监理和咨询情况,执行国家环保总局对工程环境影响评价报告书的批复情况,执行国家水行政主管部门对水土保持方案的批复情况,劳动、卫生、消防安全设施是否符合验收标准,地质灾害整治措施及建筑抗震设防的落实情况,引进设备的安装及联合调试情况,实车运行条件下系统的安全性、稳定性检测情况,工程竣工文件齐全、系统、准确,初步验收委员会提出验收结论)

八、对铁路客运专线试运营的要求和建议

附件 3:铁路客运专线国家验收证书

________________铁路客运专线

国家验收证书

________________验收委员会

年　　月　　日

________铁路客运专线国家验收证书

（　　年　　月　　日________验收委员会通过）

前言：

（铁路客运专线的地理位置、规模、修建意义）

一、建设依据

（批准的铁路客运专线建议书、可行性研究报告、初步设计、开工报告批复等）

二、工程概况

（线路走向、区域，沿线主要地质情况及特点，主要技术标准，主要竣工工程数量，竣工征用土地总量，重点、难点工程主要技术要求等）

三、验收范围

（铁路客运专线线路端点站名称、起止里程、全长，相关工程范围等）

四、建设经过

（参与本建设项目建设活动的建设、设计、施工、监理、咨询单位及任务划分，建设组织管理基本情况及特点，勘察设计完成过程，工程开、竣工情况，安全质量监督、监理情况，建设项目通过初步验收的情况和时间，开通试运营时间、试运营情况等）

五、工程概算及建设投资简况

（批准的概算总额，建设资金渠道和数额，建设资金到位及控制情况等）

六、验收经过

（国家验收组织机构及人员、验收过程、验收时间、专项验收及综合验收情况）

七、验收结论

（对建设项目线路走向和总体布局，执行国家和铁道部技术政策、客运专线规程、规范等情况的评价，建设组织管理，工程设计、施工技术和组织管理情况，工程安全质量监督、监理和咨询情况，执行国家环保总局对工程环境影响评价报告书的批复情况，执行国家水行政主管部门对水土保持方案的批复情况，劳动、卫生、消防安全设施是否符合验收标准，地质灾害整治措施及建筑抗震设防的落实情况，引进设备的安装及联合调试情况，实车运行条件下系统的安全性、稳定性检测情况，工程竣工文件齐全、系统、准确，正式运营投产的各项准备工作已经完成。工程质量水平总体评价。国家验收委员会对初步验收报告的认可评价，提出验收结论）

＿＿＿＿＿＿＿验收委员会

主 任 委 员:姓名　　　　　　单位职务(职称)　　　　　　签名

副主任委员:姓名　　　　　　单位职务(职称)　　　　　　签名

委　　　员:姓名　　　　　　单位职务(职称)　　　　　　签名

关于发布《客运专线铁路工程竣工验收动态检测指导意见》的通知

（铁道部 铁建设〔2008〕7号　2008年1月9日）

各铁路局，投资公司，各铁路公司（筹备组）：

现发布《客运专线铁路工程竣工验收动态检测指导意见》，自发布之日起施行。

本标准由铁道部建设管理司负责解释，由铁路工程技术标准所组织中国铁道出版社出版发行。

关于重新印发《铁路建设项目竣工验收交接办法》的通知

（铁道部 铁建设〔2008〕23 号 2008 年 2 月 13 日）

各铁路局、各铁路公司（筹备组）：

现将修订后的《铁路建设项目竣工验收交接办法》予以发布，自 2008 年 3 月 1 日起实行。铁道部前发《铁路建设项目竣工验收交接办法》（铁建设〔2001〕117 号）同时废止。

铁路建设项目竣工验收交接办法

第一章 总 则

第一条 为加强铁路建设项目管理，做好铁路建设项目的竣工验收交接工作，全面考核建设工作成果，根据国家有关规定，制定本办法。

第二条 本办法所称竣工验收交接，是指铁路建设项目按批准的设计文件内容建成，由验收机构对其进行综合评价考核，移交接管使用单位的整个过程。

第三条 本办法适用于新建、改建国家铁路和国家参与的合资铁路。铁路客运专线竣工验收执行客运专线验收办法。

地方铁路、专用铁路和铁路专用线等参照本办法执行。

第四条 铁路建设项目按照本办法组织竣工验收后，方可正式移交接管使用单位运营。未经验收或验收不合格的建设项目一律不得交付，接管使用单位不得接管使用。

第五条 达到竣工验收条件的建设项目应及时进行验收；验收合格的建设项目，接管使用单位应及时接管并办理有关手续。

第二章 竣工验收依据和条件

第六条 铁路大中型建设项目竣工验收分为静态验收、动态验收、初步验收、安全评估和正式验收等五个阶段。改建项目、简单建设项目和小型建设项目可适当合并简化验收阶段。

建设项目一般按整个项目进行验收。在确保运输安全的前提下，经批准后可分期、分段，并按批准的阶段组织验收，工程全部完工后，再办理整个项目的验收。

第七条 竣工验收的依据：

1. 国家有关法律、法规以及国家颁布的建设标准；

2. 国家和铁道部颁布的设计规范、工程施工质量验收标准；

3. 经批准的项目建议书、可行性研究报告；

4. 经批准的初步设计文件(含批准的修改初步设计)；

5. 审核合格的施工图(包括经批准的变更设计文件)；

6. 设备技术说明书(从国外引进新技术或成套设备的，还应包括外方提供的设计文件和新技术或成套设备的国家标准等)；

7. 经铁道部批准的相关补充标准、技术条件、暂行规范等，以及建设单位补充且经铁道部认可的相关技术标准等。

第八条　验收条件

(一)静态验收应具备的条件：

1. 主体工程及其配套工程(包括外部配套工程及设备安装)已按设计文件建成；

2. 环境保护设施、水土保持设施与主体工程同步建成；

3. 劳动、安全、卫生及消防设施与主体工程同步建成；

4. 承包人按有关规范、标准对工程质量和系统功能自检合格；

5. 监理单位及咨询单位(如果有)对工程质量评定合格；

6. 除领取《国有土地使用证》外的其他征地工作基本完成；

7. 竣工文件编制已按规定的内容和标准基本完成。

(二)动态验收应具备的条件：

1. 静态验收合格；

2.《动态验收实施方案》已经批准；

3. 动态检测准备工作完成。

(三)初步验收应具备的条件：

1. 静态验收、动态验收合格，工程质量和系统功能满足有关标准要求；

2. 静态验收及动态验收遗留问题整改完毕；

3. 环境保护设施、水土保持设施、土地复垦工作经相关主管部门检查合格；

4. 劳动、安全、卫生及消防设施经相关部门检查合格；

5. 通过试运行，达到临管运营的条件；

6. 申请领取《国有土地使用证》的准备工作基本完成；

7. 竣工文件按规定编制完成，施工过程中的管理文件和招标投标文件等整理完毕，达到档案验收标准。

(四)安全评估应具备的条件：

1. 初步验收中存在的影响运营安全的问题全部得到解决；

2. 临管运营的各项准备工作已经完成。

(五)正式验收应具备的条件：

1. 初步验收一年后；

2. 临管运营情况良好，经检测各项指标已达到建设目标；

3.《国有土地使用证》、《无线电台站执照》已经全部领取；

4. 环境保护设施、水土保持设施、建设项目档案经相应行政主管部门验收合格；

5. 竣工财务决算已经编制完成，并通过审查；

6. 建设资金已按工程进度全部到位，收尾配套工程已全部完成，除质量保证金外与建设工程各方按合同完成资金结算，结余资金已全额上交。

第三章 竣工验收任务和内容

第九条 竣工验收的主要任务：

1. 对项目建设执行国家法律、法规和铁道部规章情况进行检查；

2. 对项目的建设规模、建设标准、建设内容、工程质量、资金使用等情况进行全面检查。

3. 对建设项目形成的资产进行审核；

4. 对建设项目能否按规定交付临管运营或正式运营作出评价。

第十条 铁路建设项目竣工验收主要内容：

1. 检查工程是否按铁路技术管理规程、设计规范、批准的设计文件(包括批准的修改初步设计、变更设计)建成，配套辅助项目是否与主体工程同步建成；

2. 检查工程质量是否符合国家和铁道部颁布的工程施工质量验收标准；

3. 检查建设程序执行情况和变更设计管理情况；

4. 检查工程设备配套及设备安装、调试情况，主要设备联调联试及试运转情况，以及国外引进设备合同完成情况；

5. 检查概算执行情况，材料、设备购置是否合理，工程其他支出是否符合规定；审查财务竣工决算；

6. 检查动态检测、试运行情况，是否具备临管运营或运营条件；

7. 检查环保、水保、劳动、安全、卫生、消防等设施是否按批准的设计文件建成并合格，地质灾害整治及建筑抗震设防是否符合规定；

8. 检查工程竣工文件编制完成情况，建设项目批准文件、设计文件、施工过程管理文件及招投标文件、监理文件、竣工文件等资料是否齐全、准确，并按规定归档；

9. 检查建设用地权属来源是否合法，面积是否准确，界址是否清楚，手续是否齐全；

10. 审计、检查、监察等发现问题的整改情况。

第四章 验收组织机构

第十一条 竣工验收采用建设单位组织专家检查、政府验收的方式。

建设单位或由委托的单位组成验收工作组进行静态验收和动态验收；安全机构进行评估，政府验收包括初步验收和正式验收。

第十二条 建设单位验收工作在铁道部建设、运输主管部门指导下实施。

建设单位在工程基本完工前，应向铁道部建设主管部门提出申请验收报告，申请报告包括工程完成情况、验收建议计划、验收工作组组成建议等。验收工作组一般由建设单位、使用接管单位以及专家组成。

建设单位依据批准的申请验收报告成立验收工作组具体负责静态验收和动态验收工作，落实初步验收和正式验收条件，提出初步验收和正式验收的实施建议。验收工作组人员名单报铁道部建设管理司和运输局核备。

第十三条 初步验收由铁道部或铁道部委托的单位组织实施。验收单位在收到初验申请并确认项目达到初验条件一个月内，成立初步验收委员会进行初步验收。初步验收委员会由有关业务部门、接管使用单位、验收工作组正副组长及部分专家，以及勘察设计单位负责人组成。

委托初步验收的，验收委员会名单、初步验收报告报铁道部建设管理司和运输局核备。

第十四条 正式验收一般由项目审批部门组织，国家审批项目由国家主管部门（或委托铁道部）组织正式验收，铁道部审批项目由铁道部（或委托铁路管理机构）组织正式验收。铁道部建设管理司在收到正式验收申请并确定项目达到正式验收条件一个月内，提出验收方案报铁道部。负责验收的部门按相关规定成立正式验收委员会，具体负责正式验收工作。

第十五条 验收委员会职责

1. 贯彻国家法律法规和铁道部规章制度、验收标准和规定；
2. 制订验收计划和工作安排；
3. 组织审查竣工验收相关资料；
4. 必要时组织现场检查；
5. 明确验收结论；
6. 初验委员会提出初验报告，正式验收委员会签发正式验收证书。

第十六条 铁道部或国家主管部门组织验收的铁路建设项目，工程质量安全监督机构应先期对现场验收情况进行检查，抽检工点，向验收委员会提交工程质量安全监督报告，并参加工程验收工作。

铁道部委托铁路管理机构组织验收的铁路建设项目，工程质量安全监督机构负责对验收过程进行监督，并向铁道部提交工程验收监督报告。

第五章 静态验收

第十七条 静态验收是指由建设单位（或委托单位）组织验收工作组，对建设项目进行检查，确认工程是否按设计完成且质量合格，系统设备是否已安装并调试完毕。

静态验收包括专业现场验收和静态综合系统验收。

第十八条 静态验收程序：

1. 承包单位按照设计文件和合同约定完成全部工程和设备安装、调试并经自检合格后，向建设单位申请专业工程验收，报送《专业工程验收申请表》（附件1）并签署意见；
2. 验收工作组研究确认达到专业工程验收条件后，由验收工作组分专业进行现场验收；
3. 验收工作组应在30个工作日内完成检查，对存在问题提出处理意见、整改期限、复检时间等，对整改问题进行复查，合格后填写《专业工程验收记录表》（附件1）并签署验收意见；
4. 专业工程验收合格后，承包单位向建设单位申请静态综合系统验收并报送《静态综合系统验收申请表》（附件1）；
5. 验收工作组确认达到静态综合系统验收条件后，在综合调试具备条件的基础上进行静态综合系统验收；
6. 验收工作组对存在的问题提出处理意见、整改期限、复检时间等，对整改问题复查合格后填写《静态综合系统验收记录表》（附件1）并签署意见。

第十九条 完成专业工程验收和静态综合系统验收后，建设单位应编写《静态验收报告》。《静态验收报告》应包括项目专业工程验收以及静态综合系统验收过程、存在问题及整改情况、验收结论等内容，并附相关数据和试验报告。

《静态验收报告》报铁道部建设管理司和运输局核备。

第二十条 静态验收工作在铁道部建设部门指导下实施。

第六章 动态验收

第二十一条 动态验收是指铁路建设项目静态验收合格后，由建设单位(或委托单位)组织整个系统验证性综合调试，并委托专业机构进行动态检测，验收工作组对工程安全运行状态进行的全面检查和验收。动态验收内容执行铁道部相关规定。

建设项目综合调试和模拟试运行的主要原则执行铁道部有关规定，实车运行条件下动态检测执行铁道部动态检测相关标准。

第二十二条 动态验收程序：

1. 建设单位(或委托单位)应在静态验收完成 20 日前拟定详细的《动态验收实施方案》，报初步验收单位批准。《动态验收实施方案》应包括动态验收组织形式、综合调试计划、试运行和动态检测方案、拟投入主要设备仪器、安全保证措施等内容。

2. 建设单位(或委托单位)按照批复的《动态验收实施方案》组织动态验收。

3. 建设单位(或委托单位)组织专业机构按批复的《动态验收实施方案》进行动态检测，并形成动态检测报告。动态检测工作由铁道部批准的专门机构负责。

4. 验收工作组按《动态验收实施方案》进行检查，对动态检测中发现的问题进行研究并提出整改意见，整改问题复查合格后，填写《动态验收记录表》(附件 1)并签署意见。

第二十三条 动态验收过程中，建设项目所在铁路局及相关部门应积极配合建设单位，按照铁道部规定做好综合调试和模拟试运行工作。

第二十四条 动态验收合格后，建设单位(或委托单位)组织编写《动态验收报告》，其中应包括动态验收组织及人员、动态检测过程及结果、试运行过程及结果、存在问题及整改情况、验收结论等内容，并附相关数据和试验报告。

《动态验收报告》报铁道部建设管理司和运输局核备。

第二十五条 动态验收工作在铁道部建设、运输部门指导下实施；动态验收的试运行工作在铁道部运输、建设部门指导下实施，接管使用单位参与。

第七章 初步验收及安全评估

第二十六条 初步验收是指建设项目动态验收合格后，由初步验收单位对静态验收、动态验收结果进行检查和确认。

第二十七条 初步验收程序：

1. 建设单位完成动态验收工作后，应及时向初步验收单位报送《初步验收申请表》(附件 1)、《动态验收报告》、初步验收申请报告。

2. 初步验收单位在收到《初步验收申请表》、《动态验收报告》、初步验收申请报告，以及《质量安全监督报告》(政府组织验收时附)后，确认是否符合初步验收条件。符合初步验收条件的，成立初步验收委员会。

3. 初步验收委员会组织召开初步验收会议，必要时组织现场检查，提出《初步验收报告》，明确验收结论。

第二十八条 初步验收合格后，由铁路安全监察部门组织或委托具有资质的第三方机构进行安全评估，就建设项目临管运营提出安全评价意见，并责成建设单位、接管使用单位完善安全措施。

第二十九条 建设项目安全评估合格并经批准后进行临管运营。建设单位及接管使用单位在临管运营期间必须进一步做好观测、测试工作。

第三十条 初步验收合格后，建设单位应在3个月内按规定完成竣工财务决算的编制工作，并上报铁道部相关部门；铁道部相关部门组织审查。

第八章 正式验收

第三十一条 正式验收是指铁路建设项目初步验收一年后，由项目审批部门对铁路建设项目进行整体验收和综合评价。

第三十二条 正式验收程序：

1. 对具备正式验收条件的铁路建设项目，建设单位应向铁道部建设管理司提出申请，上报《正式验收申请表》(附件1)和正式验收申请报告，报请正式验收。

2. 铁道部建设管理司在收到《正式验收申请表》、正式验收申请报告，以及《质量安全监督报告》后，会同有关部门进行确认，经确认申报项目符合正式验收条件的，提出正式验收建议报铁道部，由铁道部安排验收。

3. 正式验收委员会组织召开验收会议，必要时组织现场检查，对建设项目工程质量、线路运行状况、环境协调性等建设成果以及初步验收结论进行整体评价，形成《正式验收证书》，明确验收结论。

第三十三条 分期、分段组织竣工验收的，比照上述规定或按批准的申请验收报告进行验收，初步验收合格后由接管使用单位接管并负责维修养护，全部工程竣工后按本办法规定办理竣工验收手续。

第九章 竣工文件编制

第三十四条 竣工文件的编制工作由建设单位负责组织，施工单位负责编制，接管使用单位档案部门协助指导。建设单位要督促各参建单位按档案部门要求做好文件材料的形成和积累工作，竣工验收前将文件图纸按专业和单位工程进行汇总整理。由建设单位组织各有关参建单位编制竣工文件并向有关单位移交。

第三十五条 竣工文件要如实反映铁路建设项目施工技术状况和工程竣工的现状。如发现竣工文件与实际不符，应追究原施工、监理单位及人员的责任。

竣工文件内容及提交份数执行铁道部相关规定。

第三十六条 正式验收前，建设单位应按照有关法律法规的规定，组织施工单位会同接管单位(部门)向地方县级以上人民政府统一办理国有土地使用证书。《国有土地使用证》随建设用地竣工文件一并移交接管单位的铁路用地管理部门。

第十章 附 则

第三十七条 本办法由铁道部建设管理司负责解释。

第三十八条 本办法自2008年3月1日起实行。铁道部原发布的《铁路建设项目竣工验收交接办法》(铁建设[2001]117号)同时废止。

附件 1：

铁路建设项目竣工验收附表式样

________（项目名称）专业工程验收申请表

合同段：________ 铁验表一1

<table>
<tr><td>专业工程名称</td><td colspan="3"></td></tr>
<tr><td>申请验收范围</td><td colspan="3"></td></tr>
<tr><td>工程承包单位</td><td colspan="3"></td></tr>
<tr><td>项目负责人</td><td></td><td>项目技术负责人</td><td></td></tr>
<tr><td>工程完成情况</td><td colspan="3"></td></tr>
<tr><td>工程质量情况</td><td colspan="3"></td></tr>
<tr><td>竣工文件情况</td><td colspan="3"></td></tr>
<tr><td>监理单位意见</td><td colspan="3"></td></tr>
<tr><td colspan="4">工程承包单位：

（章）
负责人： 年 月 日</td></tr>
</table>

______（项目名称）______专业工程验收记录表

合同段：______ 铁验表－2

专业工程名称	
资料验收情况	
质量情况	
调试情况	
存在问题	
整改情况	
验收工作组意见	验收工作组负责人:签字 年 月 日
建 设 单 位:负责人签字 勘察设计单位:负责人签字 监 理 单 位:负责人签字 工程承包单位:负责人签字 年 月 日	

______（项目名称）______静态综合系统验收申请表

铁验表一3

项目名称	
申请验收范围	
工程承包单位	
工程完成情况	
工程质量情况	
综合系统自检情况	
竣工文件情况	
监理单位意见	

工程承包单位：

（章）

负责人：　　　年　月　日

（项目名称） 静态综合系统验收记录表

铁验表—4

<table>
<tr><td>项目名称</td><td></td></tr>
<tr><td>综合系统调试情况</td><td></td></tr>
<tr><td>存在问题</td><td></td></tr>
<tr><td>整改情况</td><td></td></tr>
<tr><td>验收工作组意见</td><td>验收工作组负责人:签字
年 月 日</td></tr>
<tr><td colspan="2">建 设 单 位:负责人签字
设 计 单 位:负责人签字
监 理 单 位:负责人签字
工程承包单位:负责人签字
年 月 日</td></tr>
</table>

（项目名称） 动态验收记录表

铁验表－5

<table>
<tr><td>项目名称</td><td></td></tr>
<tr><td>动态检测情况</td><td></td></tr>
<tr><td>模拟试运行情况</td><td></td></tr>
<tr><td>存在问题</td><td></td></tr>
<tr><td>整改情况</td><td></td></tr>
<tr><td>验收工作组意见</td><td>验收工作组负责人:签字
年　　月　　日</td></tr>
<tr><td colspan="2">建 设 单 位:负责人签字
设 计 单 位:负责人签字
监 理 单 位:负责人签字
工程承包单位:负责人签字
年　　月　　日</td></tr>
</table>

（项目名称） 初步验收申请表

铁验表—6

项目名称	
主体工程及配套工程完成情况	
环保、水土保持设施完成情况	
劳动安全卫生设施完成情况	
消防设施完成情况	
地质灾害整治措施落实情况	
建设用地情况	
竣工文件及资料完成情况	
静态验收情况	
动态验收情况	
需要说明的问题	
监理单位	（章） 负责人： 年 月 日
日建设单位	（章） 负责人： 年 月 日
铁道部建设管理司意见	（章） 负责人： 年 月 日

（项目名称）　正式验收申请表

铁验表—7

项目名称	
初步验收遗留问题处理情况	
临管运营情况	
竣工决算情况	
建设资金结算情况	
正式运营投产准备情况	
建设单位	（章） 负责人：　　　　年　月　日
铁道部主管部门意见	（章） 负责人：　　　　年　月　日

附件 2：

铁路竣工验收相关报告式样

________________________铁路

静态验收报告

（建设单位）

年　　月　　日

一、铁路建设项目完成情况

（主要工程量完成情况，过程质量验收情况，设备引进以及安装调试情况，建设用地情况，竣工文件及资料编制情况等）

二、静态验收依据

（有关法规、建设标准、设计规范和验收规范，经批准的项目建议书、可行性研究报告；经批准的设计文件，合同文件、设备技术说明书；从国外引进新技术或成套设备的，外方提供的设计文件和新技术或成套设备的国家标准等）

三、验收组织机构及成员

（铁路建设项目竣工验收工作组组成情况）

四、验收过程

（铁路建设项目专业工程验收以及静态综合系统验收范围、验收过程、验收时间、存在的问题、整改及复验情况）

五、验收工作组意见

六、验收结论

静态验收结论（包括各专业工程验收结论、静态综合系统验收结论）

七、下一步工作安排

附：相关数据和试验报告

______铁路

动态验收报告

（建设单位）

年　　月　　日

一、静态验收遗留问题及整改情况

二、动态验收依据

（铁路动态检测标准及相关规定、试运行相关规定）

三、验收组织机构及人员

（铁路建设项目竣工验收工作组组成情况）

四、验收过程

（动态检测的对象、时间、检测过程、检测结果、存在的问题、整改情况，联调联试综合调试的过程、时间、调试结果、存在的问题、整改情况，模拟试运行的参加单位、试运行时间、运行过程、存在的问题、整改情况）

五、验收工作组意见

六、验收结论

七、下一步工作安排

附：相关数据和试验报告

________________铁路

初步验收报告

________________初步验收委员会

年　　月　　日

前言:(铁路项目的地理位置、规模、修建意义)

一、建设依据

(批准的项目建议书、可行性研究报告、初步设计、开工报告批复等)

二、项目概况

(线路走向、区域,沿线主要地质情况及特点,主要技术标准,主要竣工工程数量,建设用地情况,重点、难点工程主要技术要求等)

三、验收范围

(线路端点站名称、起止里程、全长,相关工程范围等)

四、建设经过

(参与本建设项目建设活动的建设、设计、施工、监理单位及任务划分,建设组织管理基本情况及特点,勘察设计完成过程,工程开、竣工情况,安全质量监督、监理情况,建设项目通过静态验收、动态验收的情况和时间)

五、工程概算及建设投资简况

(批准的概算总额,建设资金渠道和数额,建设资金到位及控制情况等)

六、验收经过

(初步验收组织机构及人员,验收过程、验收时间,对初步验收提出问题整改情况和复查结论)

七、验收结论

(对建设项目线路走向和总体布局,执行国家和铁道部技术政策、规程、规范等情况的评价,建设组织管理,工程设计、施工技术和组织管理情况,工程安全质量监督情况,建设用地使用权登记情况,执行国家环保总局对工程环境影响评价报告书的批复情况,执行国家水行政主管部门对水土保持方案的批复情况,劳动、卫生、消防安全设施是否符合验收标准,地质灾害整治措施及建筑抗震设防的落实情况,引进设备的安装及联合调试情况,实车运行条件下系统的安全性、稳定性检测情况,工程竣工文件齐全、系统、准确,初步验收委员会提出验收结论)

八、对临管运营的要求和建议

验收委员会

主 任 委 员：姓名　　　　　　　　单位职务(职称)　　　　　　签名

副主任委员：姓名　　　　　　　　单位职务(职称)　　　　　　签名

委　　　员：姓名　　　　　　　　单位职务(职称)　　　　　　签名

附件 3：

正式验收证书式样

______________________铁路

正式验收证书

____________验收委员会

年　　月　　日

________铁路正式验收证书

（　　年　　月　　日________验收委员会通过）

前言：

（建设项目的地理位置、规模、修建意义）

一、建设依据

（批准的项目建议书、可行性研究报告、初步设计、开工报告批复等）

二、工程概况

（线路走向、区域，沿线主要地质情况及特点，主要技术标准，主要竣工工程数量，建设用地情况，重点、难点工程主要技术要求等）

三、验收范围

（线路端点站名称、起止里程、全长，相关工程范围等）

四、建设经过

（参与本建设项目建设活动的建设、设计、施工、监理、咨询单位及任务划分，建设组织管理基本情况及特点，勘察设计完成过程，工程开、竣工情况，安全质量监督、监理情况，建设项目通过初步验收的情况和时间，开通临管运营时间、临管运营情况等）

五、工程概算及建设投资简况

（批准的概算总额，建设资金渠道和数额，建设资金到位及控制情况等）

六、验收经过

（正式验收组织机构及人员、验收过程、验收时间、专项验收及静态综合系统验收情况）

七、验收结论

（对建设项目线路走向和总体布局，执行国家和铁道部技术政策、规程、规范等情况的评价，建设组织管理，工程设计、施工技术和组织管理情况，工程安全质量监督情况，建设用地使用权领证情况，执行国家环保总局对工程环境影响评价报告书的批复情况，执行国家水行政主管部门对水土保持方案的批复情况，劳动、卫生、消防安全设施是否符合验收标准，地质灾害整治措施及建筑抗震设防的落实情况，引进设备的安装及联合调试情况，实车运行条件下系统的安全性、稳定性检测情况，工程竣工文件齐全、系统、准确，正式运营投产的各项准备工作已经完成。工程质量水平总体评价。正式验收委员会对初步验收报告的认可评价，提出验收结论）

________________验收委员会

主 任 委 员:姓名　　　　单位职务(职称)　　　　签名

副主任委员:姓名　　　　单位职务(职称)　　　　签名

委　　　员:姓名　　　　单位职务(职称)　　　　签名

关于印发《铁路建设项目竣工建设用地验收交接办法》的通知

（铁道部 铁运〔2008〕158号 2008年9月2日）

各铁路局，各铁路公司（筹备组）：

现将修订后的《铁路建设项目竣工建设用地验收交接办法》予以发布，请按照执行。铁道部原土地管理办公室发《铁路建设项目竣工建设用地验收交接实施办法》（暂行）（土办[2002]1号）同时废止。铁路建设项目竣工用地平面图图式标准、界桩实样图及界桩制作质量要求和埋设方法另行发布。

二〇〇八年九月二日

铁路建设项目竣工建设用地验收交接办法

第一章 总 则

第一条 为规范铁路建设项目竣工建设用地验收交接工作，根据法律、法规和有关规定，制定本办法。

第二条 新建、改建国家铁路和国家铁路参与的合资铁路建设项目凡涉及征收土地或改变原有铁路用地用途的，竣工时均应按照本办法组织建设用地验收交接。未办理建设用地验收或建设用地验收不合格的，不得办理建设项目移交。

第三条 铁路建设项目竣工建设用地验收交接，原则上应与铁路建设项目验收交接同步进行。因特殊情况需单独进行的，建设单位应与接管单位协商一致，报上级主管部门批准。

第四条 铁路建设项目竣工建设用地验收交接的标准是：权属合法、界址清楚、面积准确、资料齐全、手续完备。

第五条 铁路建设项目竣工建设用地验收交接的依据：

1.经审查批准的设计文件（包括变更设计文件）。

2.经有批准权限人民政府批准的用地文件。

3.相关的技术标准、规范等。

第六条 接管单位铁路用地管理机构应及时了解建设用地使用情况，协助建设单位做好建设项目征地工作，指导相关单位开展建设用地竣工文件编制工作，配合建设单位向县级以上人民政府申请土地登记和领取《国有土地使用证》。

第二章　验收交接的程序

第七条　铁路建设项目竣工建设用地验收交接按照铁道部《铁路建设项目竣工验收交接办法》（铁建设〔2008〕23号）、《铁路客运专线竣工验收暂行办法》（铁建设〔2007〕183号）及本办法规定的程序进行。

第八条　建设用地验收工作在铁路建设项目竣工的静态验收、初步验收和正式验收阶段进行。

一、静态验收阶段。建设单位成立验收工作组开展静态验收时，应当组成由建设单位、接管单位铁路用地管理机构、有关专家共同参加的建设用地专业验收工作小组。建设单位应在距离静态验收7个工作日前向接管单位铁路用地管理机构送发铁路建设项目建设用地的有关文件资料。

建设用地专业验收工作小组在验收工作组领导下，对铁路建设项目建设用地情况进行内、外业检查，并依据检查情况填写《铁路建设项目竣工建设用地专业检查记录表》交验收工作组。

验收工作组审查铁路建设项目建设用地专业验收工作小组提报的《铁路建设项目竣工建设用地专业检查记录表》，对存在的问题提出处理意见，确定整改期限、复验时间和方法。验收或复检合格的填写《（项目名称）专业工程验收记录表（铁验表－2）》，并将该项目建设用地验收情况，纳入《静态验收报告》。

二、初步验收阶段。初步验收委员会成立后，组织审查铁路建设项目建设用地相关资料，对建设用地静态验收结果进行检查和确认，对存在的问题提出整改意见和期限，必要时组织现场检查。初步验收委员会将建设用地初步验收结论纳入《初步验收报告》。

三、正式验收阶段。正式验收委员会对铁路建设项目建设用地情况进行审查，必要时组织现场检查，确定建设用地达到验收标准后，填写《正式验收证书》，对建设用地情况做出正式验收结论。

第九条　初验合格的建设项目，建设单位应在正式验收前，将《国有土地使用证》随全部建设用地竣工文件资料一并移交接管单位铁路用地管理机构。建设单位与接管单位铁路用地管理机构依据建设用地竣工文件交接情况，填写《铁路建设项目竣工建设用地文件资料交接清单》。

第十条　交由接管单位临管运营的铁路建设项目，接管单位铁路用地管理机构自临管运营之日起负责该项目建设用地的临时管理工作。对临管运营期间出现或发现的建设用地问题，由接管单位配合建设单位处理。

第十一条　建设项目正式验收合格，建设单位应与接管单位铁路用地管理机构办理铁路建设项目建设用地正式交接手续，填写《铁路建设项目竣工建设用地交接单》。

接管单位应在正式验收后6个月内，根据竣工决算和铁路用地管理机构出具的《铁路建设项目竣工建设用地交接单》，完成固定资产的组成工作。铁路用地管理机构未出具《铁路建设项目竣工建设用地交接单》的，不得办理固定资产入账手续。

国家铁路参与的合资铁路建设项目建设用地组成固定资产，根据国家、铁道部的有关规定办理。

第三章　验收的条件和内容

第十二条　铁路建设项目征地工作基本完成后(领取《国有土地使用证》除外),方可开展静态验收。

第十三条　铁路建设项目建设用地静态验收分内业检查和外业检查两部分内容:

一、内业检查

1. 检查铁路建设项目建设用地是否符合国家有关法律、法规的规定;征地的批准文件是否齐全。

2. 检查铁路建设项目是否存在违法用地行为;是否存在重复征地等现象。

3. 检查铁路建设项目建设用地是否按国家规定交纳了各种税费;符合减免税费条件的建设用地是否依法办理了减免税费手续。

4. 检查铁路建设项目竣工建设用地文件和有关资料是否齐全、完整,是否符合相关技术标准、规范要求。

5. 检查铁路建设项目竣工用地平面图绘制是否满足土地登记的要求,是否符合铁路建设项目竣工用地平面图图式标准。

6. 检查铁路建设项目是否认真执行了国家耕地保护政策,耕地占补平衡措施是否落实。

7. 核对数据:

(1)核对铁路建设项目建设用地的申请及批准文件,铁路建设项目征收、划拨、回收和以其他方式依法取得使用权的土地补偿、青苗补偿、拆迁建筑物、构筑物和其他相关事项的协议书,《铁路建设项目征地、拆迁补偿费清册》,《铁路用地界桩表》,铁路建设项目竣工用地平面图等用地数据是否一致。

(2)核对《铁路建设项目征地、拆迁补偿费清册》与收(付)款凭证的金额是否相符。

(3)核对《铁路用地界桩表》的有关数据是否准确。

(4)检查核对《铁路用地界桩表》与铁路建设项目竣工用地平面图标绘的界桩点位是否一致。

二、外业检查

1. 检查核实铁路建设项目竣工用地平面图与建设用地的实际是否一致(包括线路、建筑物、构筑物、里程、行政区划界线及各种标志等)。

2. 检查核实埋设的铁路用地界桩与《铁路用地界桩表》和铁路建设项目竣工用地平面图标注的位置、数量是否一致;界桩制作质量和埋设方法是否符合要求。

3. 检查核实铁路建设项目的建筑物、构筑物是否超出用地范围。

4. 检查核实铁路用地界内有无路外或设计文件以外的建筑物、构筑物、种植物等。

第十四条　铁路建设项目初步验收前,申请领取《国有土地使用证》的准备工作应基本完成。

第十五条　铁路建设项目建设用地初步验收应全面核对建设用地数据,重点检查依法用地情况。初步验收委员会在听取建设单位和接管单位关于静态验收情况汇报的基础上,审查《静态验收报告》中有关建设用地的验收结论和《铁路建设项目竣工建设用地专业检查记录表》、《(项目名称)专业工程验收记录表(铁验表－2)》等资料。对静态验收阶段存在的问题整改情况进行复查。

第十六条 正式验收前，建设单位必须完成铁路建设项目建设用地登记和领取《国有土地使用证》工作。

第十七条 铁路建设项目正式验收，应在核对《国有土地使用证》面积数量和实际用地面积数量的基础上，检查建设用地权属来源是否合法、界址四至是否清楚、面积数据是否准确、资料收集是否齐全、手续办理是否完备。

第四章 竣工文件的编制

第十八条 铁路建设项目建设用地竣工文件的编制应符合国家、铁道部的规定。

第十九条 铁路建设项目建设用地竣工文件的组成与内容：

一、铁路建设项目建设用地小结和竣工文件的编制说明

1. 铁路建设项目的基本情况。包括项目名称、设计单位名称、工程承包单位名称、开竣工日期等。

2. 铁路建设项目建设用地和拆迁工作的基本情况。包括建设用地总数量(其中需说明征收土地数量，以出让、划拨方式取得土地数量，回收铁路既有用地数量)；各种地类数量及其在各行政区域分布情况；拆迁建筑物、构筑物和道路、管线改移情况。

3. 铁路建设项目建设过程中出现的涉及土地的问题以及问题处理的情况。

4. 需要说明的其他事项。

二、铁路建设项目的批准文件

1. 国务院、国家发展改革委员会、铁道部、铁路局或地方人民政府下达的项目建议书及可行性研究报告的批准文件。

2. 其他有关建设项目立项、设计、审查以及工程变更的文件、资料。

三、铁路建设项目建设用地的批准文件

1. 建设用地预审意见、建设用地规划许可证、建设用地批准书、国有土地划拨决定书等文件。

2. 县级以上人民政府批准并签章的铁路建设项目征地图。

3. 是否覆压重要矿床或矿产评估报告和地质灾害评估报告及省级以上国土资源管理部门的审查意见。

4. 各级政府和相关主管部门有关铁路建设项目建设用地的文件资料等。

四、铁路建设项目征地、拆迁和回收土地补偿协议书

协议书应符合国家规定。

五、铁路建设项目征地、拆迁补偿费清册

清册必须按规定格式填写，领款人(收款单位)及地方人民政府主管部门和经办单位、经办单位负责人、经办人应签字盖章。

六、收(付)款凭证及汇总表

收款凭证是指收款单位在收到款项后所开具的收款发票；付款凭证是指付款单位通过转账、信汇等方式付款后银行出具的付款单据。

七、建设用地相关税费缴纳凭证或减免凭证

建设用地相关税费缴纳凭证或减免凭证应为原始件。

八、铁路用地界桩表

铁路用地界桩表应由当地县级以上人民政府国土资源管理部门签章认可。

九、铁路建设项目竣工用地平面图(含底图和电子版)

建设单位应当依据铁路建设项目征地图、工程变更文件、勘测定界图和建设用地实际情况,绘制铁路建设项目竣工用地平面图;大中型铁路建设项目应委托有资质的专业技术单位进行测绘。

十、统一里程与施工里程对照表

统一里程与施工里程对照表应按上级公布的实测数据填制;统一里程即竣工里程。

十一、铁路建设项目竣工建设用地结案表

铁路建设项目竣工建设用地结案表由建设单位、县(市)国土资源管理部门和县(市)人民政府签署意见并加盖印章。

十二、国有土地使用证

《国有土地使用证》颁发、填制应符合法律规定,记载内容应与土地登记簿登记内容一致。

十三、国有土地使用证清册

清册应按起讫里程顺序依次填写。

十四、勘测定界成果资料

勘测定界成果应经县以上人民政府国土资源管理部门确认。

十五、其他文件及资料

第二十条 建设用地竣工文件按统一里程前后顺序排列装订,难以按里程顺序排列的,可按站序或时间先后排列装订。

铁路建设项目征地图、铁路建设项目竣工用地平面图按规定格式折叠,不与其他竣工文件一起装订。

第二十一条 移交接管单位铁路用地管理机构的建设用地竣工文件按一式四份(正本一份,副本三份)要求进行整理、编制。

第五章 附 则

第二十二条 本办法自发布之日起施行。

第二十三条 地方铁路、专用铁路和铁路专用线的建设用地验收交接可参照本办法执行。

第二十四条 本办法由铁道部运输局负责解释。

附件1. 铁路建设项目竣工建设用地专业检查记录表

2. 铁路建设项目竣工建设用地文件资料交接清单

3. 铁路建设项目竣工建设用地交接单

4. 铁路建设项目征地、拆迁补偿费清册

5. 铁路用地界桩表

6. 统一里程与施工里程对照表

7. 铁路建设项目竣工建设用地结案表

8. 国有土地使用证清册

附件1：

铁路建设项目竣工建设用地专业检查记录表

地验交—1

<table>
<tr><td>铁路建设项目名称</td><td colspan="2"></td></tr>
<tr><td>检查范围</td><td colspan="2"></td></tr>
<tr><td rowspan="2">检查情况</td><td>基本情况</td><td></td></tr>
<tr><td>存在问题</td><td></td></tr>
<tr><td>处理意见</td><td colspan="2"></td></tr>
<tr><td colspan="3">专业组长(签名)： 专业副组长(签名)：

年 月 日</td></tr>
</table>

附件 2：

铁路建设项目竣工建设用地文件资料交接清单

地验交一2

建设项目名称＿＿＿＿＿＿自＿＿＿＿＿＿至＿＿＿＿＿＿　　　　年　月　日

序号	交接文件资料名称	数　量	备　　注

移交单位：　　（章）　　经办人：　　　　接收单位：　　（章）　　经办人：

附件3：

铁路建设项目竣工建设用地交接单

地验交—3

________________铁路建设项目________________段K　　＋　　至K　　＋　　（含________________站），已于________年______月______日通过验收委员会验收合格。建设项目用地的有关工作全部结束，建设用地竣工文件已交接完毕。从即日起该项目建设用地____________________公顷，正式由________________接收管理。

移交单位：　　　　　　　　　　　接管单位：

负 责 人：　　　　　　　　　　　负 责 人：

经 办 人：　　　　　　　　　　　经 办 人：

年　　月　　日

附件 4：

铁路建设项目征地、拆迁补偿费清册

地验交—4

__________省__________县__________乡

共　　页第　　页

村名	里程及位置	类别	单位	数量	单价(元)	金额(元)	领款人签字盖章	备　注

地方人民政府主管部门：　　　　（章）　　　　经办单位：　　　　（章）

负责人：　　　　经办人：　　　　年　月　日

附件 5:

建设项目名称____________自____________至____________

铁路用地界桩表

地验交—5

省　县　　　　　　　　　　　　　　　　　　　　　　　　　　　　共　页第　页

原产权单位		起讫里程		宽度(米)								长度(米)	面积(平方米)
		统一里程	施工里程	左				右					
乡	村			外		内		内		外			
					X		X		X		X		
					Y		Y		Y		Y		
					X		X		X		X		
					Y		Y		Y		Y		
					X		X		X		X		
					Y		Y		Y		Y		
					X		X		X		X		
					Y		Y		Y		Y		
					X		X		X		X		
					Y		Y		Y		Y		
					X		X		X		X		
					Y		Y		Y		Y		
					X		X		X		X		
					Y		Y		Y		Y		
本页合计													

国土资源管理部门　　　（章）　　　　　　经办单位　　　（章）　　　　　　年　月　日

附件 6:

统一里程与施工里程对照表

地验交—6

建设项目名称__________自__________至__________

统一里程	施工里程	断链（米）		断链增减累计（米）		实际长度（公里）	备注
		增长	减短	增长	减短		

建设单位：　　（章）　　经办单位：　　（章）　　经办人：　　年　月　日

注：断链处所施工里程栏应填入相对应的两个里程，其余仅填上半栏按统一里程每整公里列入。

附件 7：

铁路建设项目竣工建设用地结案表

地验交－7

<table>
<tr><td>建设项目名称</td><td></td></tr>
<tr><td>建设单位</td><td></td></tr>
<tr><td>经办单位</td><td></td></tr>
<tr><td>建设用地总数量(公顷)</td><td></td></tr>
<tr><td>位置或里程</td><td></td></tr>
<tr><td colspan="2">建设单位意见：

(章)　　年　月　日</td></tr>
<tr><td colspan="2">县(市)国土资源管理部门意见：

(章)　　年　月　日</td></tr>
<tr><td colspan="2">县(市)人民政府意见：

(章)　　年　月　日</td></tr>
</table>

附件 8：

国有土地使用证清册

地验交—8

建设项目名称__________自__________至__________　　　　共　　页第　　页

序号	起讫里程		行政区划（省、市、县）	用地面积（平方米）	土地证号	发证机关	备注
	统一里程	施工里程					

移交单位：　　　（章）　　　　经办人：　　　　接收单位：　　　（章）

经办人：　　　　年　月　日

关于铁路客运专线开通运营有关工作的指导意见

（铁道部 铁运〔2008〕197 号　2008 年 10 月 29 日）

各铁路局，各客运专线公司（筹备组）：

随着铁路客运专线陆续建成和开通运营，为指导相关铁路局全面、充分地做好有关工作，确保客运专线安全、高效、可靠运营和提供优质服务，铁道部在借鉴京津城际、合宁铁路等客运专线成功经验的基础上，根据实际工作需要，制定本意见。

凡是拟委托铁路局管理的客运专线，受委托的铁路局应在工程施工、联调联试及试运行、运营过渡期三个阶段，根据阶段特点参与和组织有关工作。客运专线基础设施维修基地要参加所在铁路局范围内的相关工作。

一、施工阶段

在客运专线工程施工建设阶段，铁路局应按照铁办〔2008〕176 号文件要求，根据专业特点组织人员提前介入，熟悉项目建设标准，把握各专业技术方案，了解各系统和设备功能，对设备和施工质量进行检查，提出整改意见和建议，并按照客运专线验收办法，与客运专线公司一起做好工程静态验收工作。

（一）工务工程

一般应在轨道铺设前介入。主要检查工务设备质量，参与钢轨和道岔铺设、精调，监督和指导钢轨接头焊接、打磨和线路锁定，参与并接续结构物沉降观测，参与精测网复测并做好接管工作等。

（二）通信信号

一般应在通信信号隐蔽工程施工前介入。主要对电缆沟槽、管线等隐蔽工程进行检查，参与设备进场质量检验，监督落实室内外设备及车载设备安装工艺标准，参与子系统试验等。

（三）牵引和电力供电

一般应在接触网和电力支柱基础施工阶段介入。主要参与设备及材料进场质量检验，指导监督电缆敷设、施工安装、安装试验、子系统试验等工作。深入了解和掌握所内各种设备的工作逻辑关系及功能特点、接触网精调过程、弓网受流质量、接触网最终几何尺寸和空间位置，并积累相关资料。

（四）客运服务

一般应在站房建设全面开始后介入。主要检查客运站功能布局和客运服务系统设备进场质量，对客运服务系统设备、设施的布置、安装、调试工作进行检查监督，了解系统设备功能等。

（五）其他专业

根据工作需要，铁路局应研究确定其他专业人员的具体介入时机、介入内容和介入深度，并开展相关工作。

二、联调联试及试运行阶段

联调联试是指在完成静态验收后，采用试验列车和检测列车，对客运专线各系统的工作状态、性能、功能和系统间匹配关系进行的综合测试、验证、调整和优化，使客运专线整体系统达到设计要求。联调联试时间一般为2至6个月。

试运行是指完成联调联试后，按实际运行图组织列车运行，对客运专线整体系统在正常和非正常条件下运行的行车组织、客运服务及应急救援等能力进行的全面演练，验证是否具备开通运营条件。试运行时间一般为1至3个月。

通过联调联试及试运行，在全面验证客运专线系统功能的同时，铁路局相关人员要进一步熟悉设备使用和维护，全面掌握行车组织、客运服务及故障情况下的应急处理。

受委托的铁路局在铁道部的指导下，具体组织联调联试及试运行，并负责相关安全管理工作。

（一）成立专门的组织机构

在联调联试和试运行开始3个月前，客运专线公司应委托铁科院承担测试工作，并签订合同。

应成立以铁路局为组长单位，客运专线公司、铁科院为副组长单位，相关单位参加的领导小组，负责联调联试及试运行工作的组织。根据工作需要，在领导小组下可设协调组、运输组织组、试验测试组、设备保障组、安全保卫组和后勤保障组等相应专业组。

客运专线涉及多个铁路局时，可分段由相关铁路局分别组织联调联试，铁道部统一协调拉通试验和试运行。

（二）编制联调联试及试运行大纲

在联调联试开始2个月前，由铁科院牵头，会同铁路局、客运专线公司共同编制联调联试及试运行大纲，报铁道部批准后执行。

（三）编制实施方案

在联调联试开始1个月前，根据铁道部批准的联调联试及试运行大纲，铁路局牵头组织客运专线公司和铁科院编制实施方案，报铁道部备案后组织实施。

（四）编制实施计划

根据联调联试及试运行大纲和实施方案，铁路局牵头编制周、日实施计划，并按实施计划开展联调联试及试运行工作。

（五）组织实施

在联调联试及试运行期间，铁路局全面负责行车组织，施工按营业线进行管理，坚持“试车不施工、施工不试车”，并配合铁科院开展试验工作，对施工单位和系统集成商进行的设备调试、问题整改和系统优化统筹安排。

铁路局应建立例会制度，协调解决联调联试及试运行中相关问题，检查计划执行情况，对试验项目安排进行合理调整。

铁科院应及时完成联调联试及试运行报告提报铁路局，铁路局应根据试验情况，编制动态验收报告，完成动态验收工作。

三、运营过渡期

为确保客运专线开通运营后设备稳定、秩序正常，可设1至3个月的运营过渡期。

过渡期间，铁道部各业务主管部门应加强技术指导，掌握系统和设备运行状态，及时协调解决问题。

铁路局应成立过渡期领导小组并建立日例会制度，及时总结分析每日运营情况和存在问题，与客运专线公司、施工单位、系统集成商、设备供应商及设备维管等单位共同确定整改方案并及时组织实施，完善规章体系，确保运营秩序良好、系统和设备运行稳定。

四、运营准备

根据确定的客运专线运营管理方案，客运专线公司要及时与有关铁路局、设备养护维修委托管理单位签订相关协议，铁路局和设备委管单位应适时开展相关准备工作。

（一）人员准备

铁路局根据客运专线运营方案，结合各专业实际需求，于开通运营前完成有关专业人员的选拔和全部培训工作，择优持证上岗。

1．动车组司机

按运营所需人数的1.5倍确定培训人员数量。主要培训内容为：动车组技术基础理论、列控系统原理、动车组操纵和行车办法等。理论培训时间不少于3个月，模拟操纵时间不少于200小时，实际操纵不少于6000公里。资格理论培训由铁道部统一组织，实作培训由铁路局负责与动车组生产厂家共同组织完成。

2．动车组检修运用人员

按运营所需人数的1.5倍确定培训人员数量。主要培训内容为：动车组技术基础理论、运用检修作业标准、安全作业要求及有关规章制度等。要求熟练掌握动车组系统结构、部件和设备使用，具备一定的故障判断和处理能力。动车组检修运用人员资格的理论培训不少于120学时，实作培训不少于180学时，岗位强化培训不少于80学时。动车组检修运用人员资格理论培训及考核由铁道部集中组织，实作培训及岗位强化培训由铁路局具体组织实施。

3．工务维修人员

按运营所需人数的2倍确定培训人员数量。主要培训内容为：客运专线站前工程相关技术标准，沉降观测和精测网管理，轨道检测、精调技术及方法，轨道、桥梁、隧道等养护维修方法、工艺和技术要求，安全注意事项等。培训时间为1至2个月，培训工作采取理论讲解和现场教学相结合的方式，由铁路局具体组织。

4．牵引供电维修人员

按运营所需人数并考虑一定的预备率确定培训人员数量。主要培训内容为：客运专线牵引供电基础理论，供电、电力设计标准，设备操作和运行维护规章标准等。一般安排理论培训2个月，实作培训1个月。理论培训及考核由铁道部集中组织，实作培训由铁路局具体组织。

5．电务维修人员

按运营所需人数的2倍确定培训人员数量。主要培训内容为：客运专线通信信号系统技术方案和基本原理、性能，设备运行维护规章、标准与方法等。要求重点掌握实际操作技能，提高故障应急处理能力。一般安排理论培训2个月，实作培训1个月。培训工作采取理论培训和实作培训相结合的方式，由铁路局具体组织。

6．客运人员

主要包括从事客运专线客运组织、营销、票务等方面的管理与技术维护人员，以及站车旅客服务等相关人员，按实际需要的1.5倍确定培训人员数量。主要培训内容为：客运专线客运服务系统总体技术方案，自动售检票、旅客服务系统应用与维护，其他站车设备设施操作使用，客运安全与应急处理，服务礼仪与服务技巧等。培训工作以实作培训为主，一般不少于30天，由铁路局具体组织。

7. 调度人员

根据调度设置方案和调度台设置数量，按运营所需人员的2倍确定培训人员数量。主要培训内容为：列车运行基本计划编制，调度指挥规章制度，行车指挥应急预案，各调度岗位业务流程、操作指南等。培训工作采取理论培训和实作培训相结合的方式，基础理论采取集中培训，实作培训在仿真模拟调度台进行。铁路局根据需要确定培训时间并组织实施，在试运行开始前完成培训工作。

8. 其他人员

由相关铁路局根据实际需求自行确定培训工作安排。

（二）规章准备

铁路局应根据《铁路技术管理规程》、《新建时速300～350公里客运专线铁路设计暂行规定》、《新建时速200～250公里客运专线铁路设计暂行规定》等，参考《京津城际铁路技术管理暂行办法》等规章，制定《××客运专线技术管理实施细则》并报铁道部备案。

铁路局各有关处室应结合专业工作特点，制订包括施工管理、应急预案、设备养护维修、客运服务、职工培训等方面的制度和办法，并在试运行开始前一个月完成。

相关站段应在试运行开始前完成站段细的修订。

（三）机具材料准备

铁路局应根据客运专线开通运营实际需要，结合设备特点和维修要求，对重要备品和机具提前做好储备。

关于印发《铁路基本建设项目竣工财务决算编制和资产交付办法》的通知

（铁道部 铁财〔2008〕250号 2008年12月11日）

部属各单位：

现将修订后的《铁路基本建设项目竣工财务决算编制和资产交付办法》发给你们，请按照执行。本办法自印发之日起执行。铁道部原发《关于印发〈铁路基本建设项目竣工财务决算和交付使用资产编制办法〉的通知》（铁财〔2002〕92号）同时废止。

铁路基本建设项目竣工财务决算编制和资产交付办法

第一条 为加强铁路基本建设竣工项目资产管理，及时编制竣工财务决算并办理竣工项目资产移交，尽早发挥投资效益，根据《财政部关于印发〈基本建设财务管理规定〉的通知》（财建〔2002〕394号）、财政部办公厅《关于进一步加强中央基本建设项目竣工财务决算工作的通知》（财办建〔2008〕91号）、铁道部《关于发布〈铁路客运专线竣工验收（暂行）办法〉的通知》（铁建设〔2007〕183号）、铁道部《关于重新印发〈铁路建设项目竣工验收交接办法〉的通知》（铁建设〔2008〕23号）、铁道部《铁路运输企业固定资产管理办法》（铁财〔2005〕235号）等规定，结合铁路基本建设项目管理的实际，制定本办法。

第二条 铁路基本建设项目竣工财务决算，是铁路基本建设成果的最终反映，是确定新增资产价值的依据，是进行建设项目投入产出分析测算及成本支出情况分析的重要基础。

第三条 建设单位要按照铁道部有关规定的要求，严格按竣工验收交接工作程序办理初步验收及正式验收手续。在确保运输安全的前提下，经批准可分期、分区段或单项进行验收交接，办理资产移交；建设单位在全部项目初步验收合格后，按规定编制整个建设项目竣工财务决算。资产交付工作主要包括：

（一）竣工项目资产交付工作由建设单位组织，在竣工项目办理初验前，施工单位应按建设单位的要求填写“竣工项目资产初验记录表”（附件7），逐项登记交付的资产，其中价值栏按该项资产合同价值填列，并将该表交资产接收单位（资产实际列账单位，下同），对资产名称、数量等情况进行核实。资产接收单位应在初验合格后10日内完成核实工作，对已核实的资产，在“竣工项目资产初验记录表”上签章并返还施工单位。

初验合格后，建设单位应按照项目最终概算，组织施工单位按规定格式，依据资产接收单位签章的“竣工项目资产初验记录表”，编制“铁路项目竣工资产移交表”（附件10），于初验结束且项目最终概算批准后20日内一并交建设单位。"铁路项目竣工资产移交表"包括"铁路项目竣工交付资产汇总表"和"铁路项目竣工交付资产明细表"。在编制"铁路项目竣工交付资产明细表"时,需按不同接收单位分别编制并汇总。

(二)建设单位按照有关基本建设财务管理的规定,将需分摊的费用向资产项目进行合理分摊,准确反映建设项目实物及价值构成情况,调整"铁路项目竣工资产移交表"中的资产价值。

(三)建设单位按照分摊费用后的"铁路项目竣工交付资产明细表",对于新增固定资产组织填写"新建(购置)固定资产验收交接记录"(财固－5附件9),交资产接收单位办理签认。

(四)经营性项目为项目配套的专用设施投资,包括专用铁路线、专用公路、专用通信设施、公铁立交桥、送变电站、地下管道、专用码头、大型站房停车场、商业辅助设施等,建设单位必须在项目实施前,组织有关部门明确投资来源,进行产权界定,签订产权归属协议。项目竣工后,由建设单位组织施工、监理、接收单位等进行验收,施工单位按建设单位要求填写"竣工项目资产初验记录表",经接收单位签章,编制"铁路项目竣工交付资产移交表",一并交建设单位,作为资产移交的依据。

(五)资产接收单位要积极配合建设单位做好资产交接工作,在接到建设单位编制的"新建(购置)固定资产验收交接记录"(财固－5,附件9)、"基本建设项目交付使用资产总表"(附件1,建竣决03表)后对新增资产进行核实,于1个月内(自收到之日起)签章返还给建设单位。建设单位依据资产接收单位签章的"新建(购置)固定资产验收交接记录"(新增固定资产部分)及"竣工项目资产初验记录表"(新增非固定资产部分)办理资产交付的账务处理。建设单位与资产接收单位应在初验合格和项目最终概算批准后6个月内办理完成资产交付。

第四条 初验合格的建设项目,按初验时间移交实物资产,由建设单位向接管单位财务部门提供包含分摊费用的"竣工验收项目资产估价入账明细表"(附件8)。接管单位财务部门根据资产分布情况将"竣工验收项目资产估价入账明细表"转至资产接收单位,资产接收单位及时办理估价入账并按规定提取折旧。"竣工验收项目资产估价入账明细表"应按资产接收单位和固定资产类别编制。

资产接收单位根据建设单位转来的"新建(购置)固定资产验收交接记录"及"竣工项目资产初验记录表",调整已估价入账的资产价值和已计提的折旧等。

第五条 建设项目竣工后,建设单位要认真做好各项账务、物资以及债权债务的清理工作,做到工完账清,要逐项清点核实各项财产,妥善保管,按照国家规定进行处理,不得以任何理由侵占。国铁竣工项目的概算结余资金全额上交铁道部。合资铁路项目概算结余资金作为公司的资产进行管理。

第六条 竣工财务决算由建设单位组织并负责编制,建设单位在项目初验合格和最终批准的概算后3个月内完成竣工财务决算报表及分析工作,建设单位及铁道部出资者代表对项目管理机构和合资铁路公司编制的竣工决算审核后报铁道部,并另附国家有关部门、部审计中心及铁道部委托的社会中介机构对项目建设期间历次审计决定和审核报告。审核报告内容包括:工程概况、资金来源、审核说明、审核依据、审核结果、意见和建议,并附项目竣工决(结)算审核汇总表(见附件2)、待摊投资明细表(见附件3)。合资铁路项目,铁路控股或与其他股东共同控股(共同控股指两个或两个以上的铁路出资者代表共同控制或与其他股东持股比例相同)的项目需向铁道部报送竣工财务决算,非铁路方控股的建设项目,竣工决算按照《公司法》和财政部的有关规定报送,同时抄送铁道部。合资铁路项目竣工财务决算需经产权出资者代表签章确认后上报。

建设项目竣工财务决算的编制由项目管理机构主要负责人负总责，财务部门牵头组织，各相关专业人员密切配合。竣工财务决算未报财政部备案或批复之前，原机构不得撤销，项目负责人及财务主管人员不得调离。

第七条 竣工项目财务决算报告的内容及编制说明。竣工项目财务决算报告的内容分三部分：竣工财务决算报表、竣工财务决算分析、铁路项目竣工资产移交表。

（一）竣工财务决算报表。竣工财务决算报表包括："基本建设项目竣工财务决算报表封面"、"基本建设项目概况表"（建竣决 01 表）、"基本建设项目竣工财务决算表"（建竣决 02 表）、"基本建设项目交付使用资产总表"（建竣决 03 表），"铁路竣工项目投资及支出情况表"（附件 6）。

1. 基本建设项目竣工财务决算报表封面。分别按国铁项目、合资项目填列，建设单位分别为铁路局或合资铁路公司，主管部门为铁道部，建设性质分大中型项目、小型项目填报。

2. 基本建设项目概况表（建竣决 01 表）

（1）表中各有关项目的设计、概算等指标，根据批准的设计、概算等文件确定的数字填列。实际指标根据项目建设的实际完成情况填列。

（2）表中基建支出各项的实际金额是指建设项目从筹建之日起至编报竣工财务决算之日止发生的全部基本建设支出。

（3）表中建设规模和新增生产能力根据《项目可研报告批复》及《项目初步设计批复》中的建设规模和主要经济指标填列。

（4）表中设计概算批准文号根据实际批准的文件分别填列。

（5）表中收尾工程指建设项目竣工验收后还遗留的少量未完配套工程，这部分工程尚需投资额，可根据概算和工程具体情况填列。

对初验后尚有剩余工程的，建设单位要将剩余工程列出详细的剩余工程量、投资清单和资金预算，汇同编制上报的竣工决算报铁道部，决算自报铁道部之日起，按季度向铁道部建设、计划、财务等部门报送剩余工程进展情况及存在的问题，明确完成时间，并进行台账管理。项目全部完工后不再另编制竣工财务决算。

3. 基本建设项目竣工财务决算表（建竣决 02 表）

（1）表中资金来源项下"基建拨款"、"项目资本"、"项目资本公积"、"基建借款"、"上级拨入投资借款"、"企业债券资金"和资金占用项下"交付使用资产"、"待核销基建支出"、"非经营项目转出投资"等项目，填列项目自筹建之日起至编报竣工财务决算之日止的累计数。

（2）补充资料中的"基建结余资金"按照"基建拨款"、"项目资本"、"项目资本公积"、"基建借款"、"上级拨入投资借款"、"企业债券资金"及"待冲基建支出"之和减"交付使用资产"、"待核销基建支出"、"非经营项目转出投资"、"应收生产单位投资借款"后的金额填列。

（3）表中其余各项目填列编报竣工财务决算日的结余数。

（4）资金占用总额等于资金来源总额。

4. 基本建设项目交付使用资产总表（建竣决 03 表）

该表中各栏数应根据"铁路项目竣工交付资产汇总表"中相应项目的数字分析填列，"基本建设项目交付使用资产总表"中工程项目资产总额与"铁路项目竣工交付资产汇总表"中一至十七项合计金额相等，并与"基本建设项目竣工财务决算表"中"交付使用资产"金额相等。

5. "铁路竣工项目投资及支出情况表"（附件 6）。本表反映项目自筹建之日起至编报竣工财务决算之日止各年投资计划、拨借款、投资支出情况。表中“拨借款合计”和“基建投资支出”应与上报的年度基建财务决算中建设项目累计拨借款及累计支出相等。该表可根据实际情况增加有关栏次。

(二)竣工财务决算分析:分析的内容应包括建设项目概算、基本建设支出预算、投资计划的执行情况,建设资金到位情况,建设成本支出情况,决算与概算的差异和原因,基建结余资金形成情况,尾工及预留费用情况,历次重大审计、核查、稽察及整改情况,基本建设项目管理经验、问题及建议,项目招投标及合同(协议)履行情况,征地拆迁补偿及移民安置情况,编表说明等。

(三)铁路项目竣工资产移交表(附件 10)。“铁路项目竣工资产移交表”包括“铁路项目竣工交付资产汇总表”和“铁路项目竣工交付资产明细表”,本表反映铁路建设项目建成后新增资产的全部情况。为适应铁路运输企业固定资产管理的需要,并结合铁路基本建设项目概算章节划分的情况,“铁路项目竣工交付资产汇总表”的“项目名称”栏分别为路基、隧道、桥梁、涵洞、轨道、房屋及建筑物、通信工程、信号工程、电力工程、电气化工程、给排水工程、其他设备、机车车辆设备、无形资产、流动资产、递延资产、信息工程。

按“铁路项目竣工交付资产汇总表”要求,明细表一般分为:“铁路项目竣工交付资产明细表(路基)”、“铁路项目竣工交付资产明细表(隧道及明洞)”、“铁路项目竣工交付资产明细表(桥梁)”、“竣工交付资产明细表(涵洞)”、“竣工交付资产明细表(轨道)”、“铁路项目竣工交付资产明细表(房屋及建筑物)”、“铁路项目竣工交付资产明细表(通信)”、“铁路项目竣工交付资产明细表(信号)”、“铁路项目竣工交付资产明细表(电力)”、“铁路项目竣工交付资产明细表(电气化)”、“铁路项目竣工交付资产明细表(给排水)”,“铁路项目竣工交付资产明细表(其他设备)”、“铁路项目竣工交付资产明细表(机车、车辆)”、“铁路项目竣工交付资产明细表(无形资产)”、“铁路项目竣工交付资产明细表(流动资产)”、“铁路项目竣工交付资产明细表(递延资产)”、“铁路项目竣工交付资产明细表(信息)。”各明细表填列要求如下:

1.“铁路项目竣工交付资产明细表(路基)”。本表“项目名称”栏分路基土石方、附属工程、防护加固工程、防护林、隔离网等项目。

2.“铁路项目竣工交付资产明细表(隧道及明洞)”。本表“项目名称”栏分单线隧道、双线隧道、多线隧道、明洞等项目,各项应分别按隧道或明洞名称及里程顺序填列,“长度”按进口、出口里程计算。

3.“铁路项目竣工交付资产明细表(桥梁)”。本表“项目名称”栏分别按钢梁桥、圬工桥、混合桥、深水特大桥、框构桥分类。各类桥应分别按桥名称填列。

4.“铁路项目竣工交付资产明细表(涵洞)”。本表“项目名称”栏分管涵、拱涵、盖板涵、框构涵、倒虹吸等项目,各项按数量填列。

5.“铁路项目竣工交付资产明细表(轨道)”。本表“项目名称”栏分正线、站线、站段岔特线、道岔、道口、备用料等项目。站线分站名并按顺序填列。备用料要另附清单,并详细说明规格、数量、单价、价值、存放地点。

6.“铁路项目竣工交付资产明细表(房屋及建筑物)”。本表“项目名称”分:(1)车站房屋及建筑物,(2)区间房屋。车站房屋及建筑物包括:车站房屋、车站建筑物及其附属工程。车站房屋分为生产房屋、非生产房屋。生产房屋分为客货运输房屋、货物仓库、其他生产房屋、机车库、修车库、办公房屋等,非生产房屋分为单身宿舍、招待所、公共福利房屋等。车站建筑物及其附属工程分为旅客站台、货物站台、客货风雨棚、轨道衡、跨线桥、大桥、概算第九章除给排水建筑外的数量及价值等。各项目按站名填列。本表房屋包括房屋内部同房屋不可分割的电梯、电灯、电表、消防、水表、水暖(不包括取暖用锅炉)、煤气、通风、卫生设备以及其他与生产无直接关系的固定设备。

7.“铁路项目竣工交付资产明细表(通信)”。本表“项目名称”分为通信线路、通信设备。通信线路包括长途明线、长途电缆、长途光缆、长途光电综合缆、地区明线、地区电缆、地区光缆等。通信设备包括长途通信、区段通信、地区通信、站场通信设备、电源设备、tmis 等通信工程设备、其他通信设备等。各项目按接收单位及设备名称填列。

8.“铁路项目竣工交付资产明细表(信号)”。本表“项目名称”分为闭塞设备、联锁设备、驼峰设备、行车调度指挥设备、道口、隧道、桥梁信号设备等,各项设备按接收单位及设备名称填列。

9.“铁路项目竣工交付资产明细表(电力)”。本表“项目名称”分为输电线路、电力设备、变配电所。输电线路包括高压架空线、低压架空线、高压电缆、低压电缆;电力设备包括发电机、柴油机、变压器、变配电装置、其他;变配电所包括变电设备、配电设备、其他设备。各项目按接收单位及设备名称填列。

10.“铁路项目竣工交付资产明细表(电气化)”。本表“项目名称”分为牵引网、牵引变电。牵引网包括接触网、供电线、馈电回流线、保护线、其他;牵引变电包括牵引变电所、分区亭、开闭所、自耦所、电力调度所。各项目按接收单位设备名称填列。

11.“铁路项目竣工交付资产明细表(给排水)”。本表“项目名称”分为给水工程、排水工程。给水工程包括给水管道、给水设备、给水建筑物。给水建筑物一般分为水源设备、水栓、消火栓、贮水设备、上水设备、净水设备、软水设备、其他等;排水工程分为排水管道、排水设备、排水建筑物。排水建筑物一般包括排水井、污水站、渗水井、粪池、其他排水建筑。各项设备按名称详细填列。

12.“铁路项目竣工交付资产明细表(其他设备)”。本表“项目名称”分为机械设备、动力设备、运输设备等,各项目按设备名称、规格、型号详细填列。

13.“铁路项目竣工交付资产明细表(机车、车辆)”。本表“项目名称”分为机车设备、车辆设备,各项目按设备名称、型号填列。

14.“铁路项目竣工交付资产明细表(无形资产)”。本表“项目名称”明细项目按财政部基本建设财务管理办法的有关规定并结合建设项目实际情况填列。

15.“铁路项目竣工交付资产明细表(流动资产)”。本表“项目名称”各明细项目按基本建设财务的有关规定及移交资产内容填列。

16.“铁路项目竣工交付资产明细表(递延资产)”。本表“项目名称”分生产职工培训费、样品样机购置费等。各明细项目按基本建设财务的有关规定填列。

17.“铁路项目竣工交付资产明细表(信息)”。本表“项目名称”按信息工程名称填列。

以上各表由建设单位负责组织编制,竣工财务决算及竣工资产移交表必须内容完整、数字准确、情况真实。各“铁路项目竣工交付资产明细表”价值总额与“铁路项目竣工交付资产汇总表”合计金额相等。

第八条 “基本建设项目概况表”中的基建支出 1 至 7 项合计金额应与“基本建设项目竣工财务决算表”中基本建设支出总额及“铁路竣工项目投资及支出情况表”中基建投资支出合计相等。

第九条 对建设项目投资中按规定应作转出投资处理的,建设单位在上报竣工财务决算同时，要附报建设项目转出投资资产移交有关资料的复印件，并在上报竣工财务决算文件中对转出投资总额、资产接收单位等情况进行说明。

第十条 建设单位将经有关部门审核的竣工财务决算报告装订成册报铁道部财务司二份、其他投资方主管单位各一份。铁道部对报送的竣工财务决算审核后报财政部审批。

第十一条 按照铁道部办公厅《铁路建设项目竣工文件编制移交办法》（办档〔2002〕8号），项目有关的会计档案、竣工财务决算、工程明细资料等按规定移交管理。

第十二条 竣工财务决算报表及竣工资产移交表统一使用A4纸。

第十三条 本办法适用于铁道部投资及铁道部与其他投资方合资建设的铁路大中型建设项目，各小型项目及地方铁路项目可参照执行。

第十四条 附件1至附件5各表格式为财政部（财办建〔2008〕91号）文件制定，附件6至附件10各表格式为铁道部制定。财政部办公厅《关于进一步加强中央基本建设项目竣工财务决算工作的通知》（财办建〔2008〕91号）文字部分见附件11。

第十五条 本办法由铁道部财务司负责解释。

附件：1. "基本建设项目概况表"（建竣决01表）、"基本建设项目竣工财务决算表"（建竣决02表）、"基本建设项目交付使用资产总表"（建竣决03表）

2. 基本建设工程决算审核情况汇总表

3. 待摊投资明细表

4. 转出投资明细表（参考）

5. 待摊投资分配明细表（参考）

6. 铁路竣工项目投资及支出情况表

7. 竣工项目资产初验记录表

8. 竣工验收项目资产估价入账明细表

9. 新建（购置）固定资产验收交接记录（财固－5）

10. 铁路项目竣工资产移交表（铁路项目竣工交付资产汇总表、铁路项目竣工交付资产明细表）

11. 关于进一步加强中央基本建设项目竣工财务决算工作的通知

附件 1：

建设单位：　　　　　　　　　　　　建设项目名称：

主管部门：　　　　　　　　　　　　建设性质：

国铁基本建设项目竣工财务决算报表

建设单位负责人：　　　　　　　　建设单位财务负责人：

编制日期：　　　　　　　　　　年　　月　　日

建设单位：　　　　　　　　　　　　　　　　建设项目名称：

铁道部出资者代表：

主管部门：　　　　　　　　　　　　　　　　建设性质：

合资铁路基本建设项目竣工财务决算报表

建设单位负责人：　　　　　　　　　　　　　建设单位财务负责人：

编制日期：　　　　　　　　　　　　　　　　年　　月　　日

基本建设项目概况表

建竣决 01 表

建设项目(单项工程)名称				建设地址		
主要设计单位				主要施工企业		
占地面积	设计	实际	总投资(万元)	设计		实际
新增生产能力	能力(效益)名称			设计		实际
建设起止时间	设计	从　年　月　日开工至　年　月　日				
	实际	从　年　月　日开工至　年　月　日				

基建支出	项目	概算(元)	实际(元)	备注
	1. 建筑安装工程			
	2. 设备、工具、器具			
	3. 待摊投资			
	其中:建设单位管理费			
	4. 其他投资			
	5. 待核销基建支出			
	6. 非经营项目转出投资			
	7. 铁路转出投资			
	其中:通信工程			
	公跨铁立交桥			
	合　计			

设计概算批准文号				
完成主要工程量	建设规模		设备(台、套、吨)	
	设计	实际	设计	实际

收尾工程	工程项目、内容	已完成投资额	尚需投资额	完成时间
	小　计			

基本建设项目竣工财务决算表

建竣决 02 表 单位:元

资金来源	金　额	资金占用	金　额
一、基建拨款		一、基本建设支出	
1. 预算拨款		1. 交付使用资产	
2. 基建基金拨款		2. 在建工程	
其中:国债专项资金拨款		3. 待核销基建支出	
3. 专项建设基金拨款		4. 非经营项目转出投资	
4. 进口设备转账拨款		二、应收生产单位投资借款	
5. 器材转账拨款		三、拨付所属投资借款	
6. 煤代油专用基金拨款		四、器材	
7. 自筹资金拨款		其中:待处理器材损失	
8. 其他拨款		五、货币资金	
二、项目资本		六、预付及应收款	
1. 国家资本		七、有价证券	
2. 法人资本		八、固定资产	
3. 个人资本		固定资产原价	
4. 外商资本		减:累计折旧	
三、项目资本公积		固定资产净值	
四、基建借款		固定资产清理	
其中:国债转贷		待处理固定资产损失	
五、上级拨入投资借款			
六、企业债券资金			
七、待冲基建支出			
八、应付款			
九、未交款			
1. 未交税金			
2. 其他未交款			
十、上级拨入资金			
十一、留成收入			
合　计		合　计	

补充资料:基建投资借款期末余额:

应收生产单位投资借款期末数:

基建节余资金:

基本建设项目交付使用资产总表

建竣决 03 表　　　　　　　　　　　　　　　　　　　　　　　　　　　　　　单位:元

序号	工程项目名称	总计	固定资产					流动资产	无形资产	递延资产
			合计	建安工程	设备、工具、器具	其他				
1	路基									
2	隧道									
3	桥梁									
4	涵洞									
5	轨道									
6	房屋及建筑物									
7	通信工程									
8	信号工程									
9	电力工程									
10	电气化工程									
11	给排水工程									
12	其他设备									
13	机车车辆设备									
14	无形资产									
15	流动资金									
16	递延资产									
17	信息工程									
	合计									

交付单位:　　负责人:　　　　　　　　　　接收单位　　　　　　负责人:

盖　　章　　年　月　日　　　　　　　　　盖　　章　　　　　　年　月　日

附件 2：

基本建设工程决算审核情况汇总表

工程项目名称：

序号	工程项目及费用名称	批准概算		送审投资		审定投资		备注
		数量	金额	数量	金额	数量	金额	
	按批准概算明细口径或单位工程、分部工程填列（以下为示例）							
	总　计							
一	建筑安装工程投资							
	…							
二	设备、工器具							
	…							
三	工程建设其他费（待摊投资）							
	…							
…	…							

附件3:

待摊投资明细表

工程项目名称　　　　　　　　　　　　　　　　　　　　　　　　　　　　　单位:元

项　　目	金　　额	项　　目	金　　额
1. 建设单位管理费		21. 土地使用税	
2. 代建管理费		22. 耕地占用税	
3. 土地征用及迁移补偿费		23. 车船使用税	
4. 土地复垦及补偿费		24. 汇兑损益	
5. 勘察设计费		25. 报废工程损失	
6. 研究试验费		26. 坏账损失	
7. 可行性研究费		27. 借款利息	
8. 临时设施费		28. 减:财政贴息资金	
9. 工程保险费		29. 减:存款利息收入	
10. 设备检验费		30. 固定资产损失	
11. 负荷联合试车费		31. 器材处理亏损	
12. 合同公证		32. 设备盘亏及毁损	
13. 工程质量监理监督费		33. 调整器材调拨价格折价	
14.(贷款)项目评估费		34. 企业债券发行费用	
15. 国外借款手续费及承诺费		35. 航道维护费	
16. 社会中介机构审计(查)费		36. 航标设施费	
17. 招投标费		37. 航测费	
18. 经济合同仲裁费		38. 其他待摊投资	
19. 诉讼费		……	
20. 律师代理费		合　　计	

附件 4：

转出投资明细表（参考）

序号	单项工程名称	建筑工程			设备　工具　器具　家具						流动资产		无形资产		递延资产	
		结构	面积（m^2）	价值（元）	名称	规格型号	单位	数量	价值（元）	设备安装费(元)	名称	价值（元）	名称	价值（元）	名称	价值（元）
1																
2																
3																
4																
5																
6																
7																
8																
9																
10																
	合计															

交付单位：　　　　负责人：　　　　接收单位：　　　　负责人：

盖章：　　　　年　月　日　　　　盖章：　　　　年　月　日

附件 5：

待摊投资分配明细表（参考）

序号	单项工程名称	建筑工程					设备　工具　器具　家具								流动资产		无形资产		递延资产	
		结构	面积（m^2）	价值（元）	待摊投资	价值（元）	名称	规格型号	单位	数量	价值（元）	设备安装费(元)	待摊投资	价值（元）	名称	价值（元）	名称	价值（元）	名称	价值（元）
1																				
2																				
3																				
4																				
5																				
6																				
7																				
8																				
9																				
10																				
11																				
12																				
13																				
14																				
15																				
	合计																			

交付单位：　　　　负责人：　　　　接收单位：　　　　负责人：

盖章：　　　　年　月　日　　　　盖章：　　　　年　月　日

附件 6:

铁路竣工项目投资及支出情况表

工程项目名称　　　　　　　　　　　　　　　　　　　　单位:万元

年度	总概算	基建计划	拨借款合计	其中								基建投资支出	结余资金
				专项基金	专项资金	国债拨款	商行贷款	开行借款	外资借款	债券资金	其他		
合计													

附件7：

竣工项目资产初验记录表

资 产 名 称			
规格型号、地点、里程			
计 量 单 位			
数　　量			
初 验 质 量			
合 同 价 值			

施工单位：　　　　　（公章）　　　　接收单位：　　　　　（公章）
施工单位主管：　　　（签章）　　　　接收单位主管：　　　（签章）
施工单位技术主管：　（签章）　　　　接收单位技术主管：　（签章）
施工单位财务主管：　（签章）　　　　接收单位财务主管：　（签章）
施工单位经办人：　　（签章）　　　　接收单位经办人：　　（签章）

附件 8：

竣工验收项目资产估价入账明细表

资产列账单位　　　　　　　　　　　　　　　　　　　　　　　　　　　　单位：元

项目	数量（公里、台）	价值	初验时间	建设单位
路基				
隧道				
桥梁				
涵洞				
轨道				
房屋				
建筑物				
通信工程				
信号工程				
电力工程				
电气化工程				
给排水工程				
机械动力设备				
运输设备				
仪器仪表				
工具及器具				
其他				
机车车辆				
无形资产				
流动资产				
递延资产				
信息工程				
合计				

填报单位：

主　　管：

制　　表：

附件 9:

新建(购置)固定资产验收交接记录

单位名称:　　　　　　　　　　　第　　号　　　　　　　　　　　财固-5

固定资产名称				计量单位	
规格型号		固定资产编号		数　量	
技术特征					
建造单位					
移交单位		接收单位			
固定资产原价			其中:安装费		
其中:固定资产附件组成	名称	规格	型号	数量	原价(元)
预计使用年限			预计净残值		
技术证书号			图纸号		
建造年月			使用年月		
使用部门			保管人(签章)		
附属技术资料					
验收意见					
验收人员签字					验收日期　年　月　日

移交单位:　　　　　　(公章)　　　　接收单位:　　　　　　(公章)

移交单位主管:　　　　(签章)　　　　接收单位主管:　　　　(签章)

移交单位技术主管:　　(签章)　　　　接收单位技术主管:　　(签章)

移交单位财务主管:　　(签章)　　　　接收单位财务主管:　　(签章)

移交单位经办人:　　　(签章)　　　　接收单位经办人:　　　(签章)

附件 10:

铁路工程

（自　　　　至　　　　段）

铁路项目竣工资产移交表

交接日期：　　　年　　　月　　　日

铁路项目竣工交付资产汇总表

交付资产组成内容							
序号	项目名称	计量单位	数　　量	价值合计	其中		
					建安工程	设备投资	其他
1	路基	立方米					
2	隧道	延长米/座					
3	桥梁	延长米/座					
4	涵洞	横延米/座					
5	轨道	正线公里					
6	房屋及建筑物	平方米/栋					
7	通信工程	公里					
8	信号工程	组/站					
9	电力工程	亘公里					
10	电气化工程	条公里					
11	给排水工程	站/处					
12	其他设备	台、组					
13	机车车辆设备	台、组					
14	无形资产	元					
15	流动资产	元					
16	递延资产	元					
17	信息工程	元					
	合　　计						
	附属技术资料						

铁路项目竣工交付资产明细表(路基)

接收单位：

序号	项目名称	起讫里程、地点	计量单位	数　量	价值(元)
	合　计				
一	路基土石方		立方米		
	1. 区间土石方				
	2. 站场土石方				
	3. 段岔特线土石方				
	…				
二	附属工程		立方米		
三	防护加固工程		元/处		
1	土方		立方米		
2	石方		立方米		
3	干砌片石		立方米		
4	浆砌片石		圬工方		
5	混凝土		圬工方		
6	绿色防护				
7	基底填筑		圬工方		
8	土体加固				
	…				
四	防护林		元/处		
1	××		处		
2	××		处		
	…				
五	隔离网及声屏障		元/处		
1	××		处		
2	××		处		
	合　计				

铁路项目竣工交付资产明细表（隧道及明洞）

接收单位：

序号	项目名称	地点（里程）	长度延长米/座	价值（元）
	合　计			
一	单线			
1	××			
2	××			
3	——			
二	双线			
1	××			
2	××			
3	——			
三	多线			
1	××			
2	××			
3	——			
四	明洞			
1	××			
2	××			
3	——			
	合　计			

铁路项目竣工交付资产明细表（桥梁）

接收单位：

序号	项目名称	地点(里程)	孔跨及结构	长度延长米/座	价值(元)
	合　计				
一	钢梁桥				
1	××				
2	××				
3	——				
二	圬工桥				
1	××				
2	××				
3	——				
三	混合桥				
1	××				
2	××				
3	——				
四	深水特大桥				
1	××				
2	××				
3	——				
五	框构桥				
1	××				
2	××				
3	——				
	合　计				

铁路项目竣工交付资产明细表(涵洞)

接收单位：

序号	项目名称	起讫里程、地点	数量横延米/座	价值(元)
一	管涵			
二	拱涵			
三	盖板涵			
四	框构涵			
五	水泥倒虹吸			
	合　计			

铁路项目竣工交付资产明细表（轨道）

接收单位：

序号	项目名称	地点（里程）	轨型、结构	数　量	价值（元）
	合　计				
一	正线			延长公里	
1	轨道			延长公里	
2	道床			立方米	
3	轨枕			根	
	…				
二	站线			延长公里	
1	轨道			延长公里	
2	道床			立方米	
3	轨枕			根	
	…				
三	其他站段岔特线				
1	××				
	…				
四	道岔				
1	××			公里	
五	道口				
1	有人看守				
2	无人看守				
3	防护装置监视道口				
六	备用料				
	合　计				

铁路项目竣工交付资产明细表（房屋及建筑物）

接收单位：

序号	项目名称	地点（里程）	主要结构	数量平方米/栋	价值（元）
一	车站房屋及建筑物				
（一）	车站房屋			平方米/栋	
	1. 生产房屋			平方米/栋	
	(1)客货运输房屋			平方米/栋	
	(2)客货物仓库			平方米/栋	
	(3)机车房			平方米/栋	
	(4)修车房			平方米/栋	
	(5)办公房屋			平方米/栋	
	(6)其他生产房屋			平方米/栋	
	……				
	2. 非生产房屋			平方米/栋	
	(1)单身房屋			平方米/栋	
	……				
（二）	车站建筑物及附属				
	1. 站场建筑物				
	A旅客站台			座/平方米	
	B货物站台			座/平方米	
	……				
	2. 整备建筑物				
	A油池、油库、油罐			座	
	B检查坑			个	
	……				
	3. 公共建筑				
	A围墙			米	
	……				
	4. 战备建筑物				
	……			座	
二	区间房屋			平方米/座	
	……				

铁路项目竣工交付资产明细表(信号)

接收单位:

序号	项目名称	规格、型号起讫里程	计量单位	数量	价值(元)
	合　计				
一	闭塞设备				
	××—××站				
	1. ××设备		台		
	2.—		台		
	……				
二	联锁设备				
	××站				
	1. 联锁道岔		组		
	2. 轨道测试盘		台		
	……		台		
三	驼峰设备				
	××站场				
	1. 联锁道岔		组		
	2. ××设备				
	……				
四	行车调度指挥设备				
五	道口、隧道、桥梁信号				
	××—××				
	1. ××设备				
	2.—				
	……				
六	机车信号设备		台		
七	电务、变电信号设备				
	××站				
	1		站		
	××变电所				
	1		处		

铁路项目竣工交付资产明细表(通信)

接收单位:

序号	项目名称	规格、地点起迄里程	计量单位	数量	价值(元)
一	通信线路				
	1. 长途明线		公里		
			公里		
	2. 长途电缆		公里		
			公里		
	3. 长途光缆		公里		
			公里		
	4. 长途光电综合缆		公里		
			公里		
	5. 地区明缆		公里		
	6. 地区电缆		公里		
			公里		
	7. 地区光缆		公里		
			公里		
二	通信设备				
	1. 长途通信设备		台		
	(1)××设备		台		
	(2)—		台		
	2. 区段通信设备		台		
	(1)××设备		台		
	(2)—		台		
	3. 地区通信设备		台		
	(1)××设备		台		
	(2)—		台		
	4. 战场通信设备		台		
	××站场		台		
	(1)××设备		台		
	(2)—		台		
	5. 电源设备		台		
	(1)××设备		台		
	(2)—		台		
	6. TMIS等通信工程设备				
	7. 其他通信设备		台		
	道口通信设备		台		
	合　计				

铁路项目竣工交付产明细表(电力)

接收单位：

序号	项目名称	规格、型号起讫里程	计量单位	数量	价值(元)
一	输电线路				
	1. 高压架空线路		公里		
	2. 低压架空线路		公里		
	3. 高压电缆		公里		
	4. 低压电缆		公里		
	……		公里		
二	电力设备				
	1. 发电机		台		
	2. 柴油机		台		
	3. 变压器		台		
	4. 变配电装置		台		
	5. 其他		台		
	……				
三	变配电所				
	1. 变电设备		台		
	2. 配电设备		台		
	3. 其他设备				
	……				
	合　计				

铁路项目竣工交付资产明细表（电气化）

接收单位：

序号	项目名称	起讫里程	计量单位	数量	价值(元)
一	牵引网				
	1. 接触导线		公里		
	2. 供电线		公里		
	3. 馈电线		公里		
	4. 回流线		公里		
	5. 保护线		公里		
	6. 其他		公里		
二	牵引变电				
	1. 牵引变电所				
	2. 分区亭				
	××设备		台		
	—设备		台		
	3. 开闭所				
	××设备		台		
	—设备		台		
	4. 自耦所				
	××设备		台		
	—设备		台		
	5. 电力调度所				
	××设备		台		
	合　计				

铁路项目竣工交付资产明细表(给排水)

接收单位:

序号	项目名称	规格、型号起讫里程	计量单位	数量	价值(元)
一	给水工程				
	1. 给水管道		米		
	2. 给水设备		台		
	(1)潜水泵		台		
	(2)		台		
	(3)		台		
	(4)		套		
	……				
	3. 给水建筑物				
	(1)水源设备				
	(2)上水设备		套		
	(3)贮水设备		套		
二	排水工程				
	1. 排水管道		米		
	2. 排水设备				
	(1)				
	(2)				
	……				
	3. 排水建筑物				
	(1)				
	(2)				
	……				
	合　计				

铁路项目竣工交付资产明细表(其他设备)

接收单位:

序号	项目名称	规格、型号	计量单位(台)	数量	价值(元)
	合　计				
一	机械设备				
	1.				
	2.				
	3.				
	……				
	……				
二	动力设备				
	1.				
	2.				
	3.				
	……				
	……				
三	运输设备				
	1.				
	2.				
	……				
	合　计				

铁路项目竣工交付资产明细表(机车车辆)

接收单位:

序号	项目名称	规格、型号	计量单位(台)	数量	价值(元)
一	机车设备		台		
	1. 内燃机车		台		
	2. 电力机车		台		
	3. ××设备		台		
	4.				
	……				
二	车辆设备		台		
	1.		台		
	2.		台		
	3.		台		
	4.				
	……				
	合 计				

铁路项目竣工交付资产明细表(无形资产)

接收单位:

序号	项目名称	地点(里程)	孔跨及结构	长度延长米/座	价值(元)
一					

竣工交付资产明细表(流动资产)

接收单位：

序号	项目名称	价值(元)
一	流动资产	
二	铺底流动资金	
	合　计	

铁路项目竣工交付资产明细表（递延资产）

接收单位：

序号	项目名称	价值(元)
一	生产职工培训费	
	合　计	

铁路项目竣工交付资产明细表(信息工程)

接收单位:

序号	项目名称	价值(元)
一	生产职工培训费	
	合 计	

附件 11：

关于进一步加强中央基本建设项目竣工财务决算工作的通知

财办建〔2008〕91 号

党中央有关部门办公厅(室)，国务院各部委、各直属机构办公厅(室)，全国人大常委会办公厅秘书局，全国政协办公厅秘书局，高法院办公厅，高检院办公厅，有关人民团体办公厅(室)，有关中央管理企业：

为进一步加强基本建设项目竣工财务决算管理，根据《财政部关于印发〈基本建设财务管理规定〉的通知》(财建〔2002〕394 号)等规定，经研究，现就中央基本建设项目竣工财务决算编报及审核工作有关问题进一步明确如下：

一、基本建设项目竣工财务决算编制依据

(一)国家有关法律法规及制度；

(二)经批准的可行性研究报告、初步设计、概算及调整文件；

(三)历年下达的年度投资计划、项目支出预算；

(四)会计核算及财务管理资料；

(五)招投标文件、项目合同(协议)、工程结算等有关资料；

(六)其他有关资料等。

二、基本建设项目竣工财务决算编报要求

(一)时限要求。

项目建设单位应在项目竣工后 3 个月内完成竣工财务决算的编制工作，并报主管部门审核，主管部门收到竣工财务决算报告后，对于按规定由主管部门审批的项目，应及时审核批复，并报财政部备案；对于按规定报财政部审批的项目，一般应在收到决算报告后 1 个月内完成审核工作，并将经其审核后的决算报告报财政部(经济建设司)审批。

以前年度已竣工尚未编报竣工财务决算的基建项目，主管部门应督促项目建设单位抓紧编报。

(二)组织管理要求。

主管部门应督促项目建设单位加强对基本建设项目竣工财务决算的组织领导，组织专门人员，及时编制竣工财务决算。设计、施工、监理等单位应积极配合建设单位做好竣工财务决算编制工作。在竣工财务决算未经批复之前，原机构不得撤销，项目负责人及财务主管人员不得调离。

(三)编报内容要求。

1. 基本建设项目竣工财务决算报表。

主要有以下报表(表式见附件 1)：

(1)封面；

(2)基本建设项目概况表(建竣决 01 表)；

(3)基本建设项目竣工财务决算表(建竣决 02 表)；

(4)基本建设项目交付使用资产总表(建竣决 03 表)；

(5)基本建设项目交付使用资产明细表(建竣决 04 表)。

2. 竣工财务决算说明书,主要包括以下内容：

(1)基本建设项目概况；

(2)会计账务处理、财产物资清理及债权债务的清偿情况；

(3)基本建设支出预算、投资计划和资金到位情况；

(4)基建结余资金形成等情况；

(5)概算、项目预算执行情况及分析,主要分析决算与概算的差异及原因；

(6)尾工及预留费用情况；

(7)历次审计、核查、稽察及整改情况；

(8)主要技术经济指标的分析、计算情况；

(9)基本建设项目管理经验、问题和建议；

(10)预备费动用情况；

(11)招投标情况、工程政府采购情况、合同(协议)履行情况；

(12)征地拆迁补偿情况、移民安置情况；

(13)需说明的其他事项；

(14)编表说明。

3. 项目立项、可研及初步设计批复文件(复印件)。

4. 项目历年投资计划及中央财政预算文件(复印件)。

5. 经有关部门或单位进行决(结)算审计或审核的,需附完整的审计审核报告,报告内容应详实,其主要内容应包括:工程概况、资金来源、审核说明、审核依据、审核结果、意见和建议,并附有项目竣工决(结)算审核汇总表(见附件 2)、待摊投资明细表(见附件 3)、转出投资明细表(参考)(见附件 4)、待摊投资分配明细表(参考)(见附件 5)。

6. 其他与项目决算相关的资料。

三、加强项目竣工财务决算审核管理

主管部门应对项目建设单位报送的项目竣工财务决算认真审核,严格把关。审核的重点内容:项目是否按规定程序和权限进行立项、可研和初步设计报批工作;项目建设超标准、超规模、超概算投资等问题审核;项目竣工财务决算金额的正确性审核;项目竣工财务决算资料的完整性审核;项目建设过程中存在主要问题的整改情况审核等。

对于报财政部审批的项目竣工财务决算需附主管部门对项目竣工财务决算的审核意见及项目建设过程中存在主要问题的处理意见。

四、财政部按规定对中央级大中型项目、国家确定的重点小型项目竣工财务决算的审批实行“先审核、后审批”的办法,即对需先审核后审批的项目,先委托财政投资评审机构或经财政部认可的有资质的中介机构对项目单位编制的竣工财务决算进行审核,再按规定批复项目竣工财务决算。

附件:1. 基本建设项目竣工财务决算报表(封面、建竣决 01-04 表)(略)

2. 基本建设工程决算审核情况汇总表(略)

3. 待摊投资明细表(略)

4. 转出投资明细表(参考)(略)

5. 待摊投资分配明细表(参考)(略)

二〇〇八年七月二十二日

附　　录

铁路建设管理法规文件汇编(2005年版)现已废止文件目录

第一部分 法律法规

一、法 律

4. 中华人民共和国审计法

（中华人民共和国主席令第32号1994年8月31日公布，中华人民共和国主席令第48号2006年3月1日修正公布）

6. 中华人民共和国水污染防治法

（中华人民共和国主席令第66号1999年5月15日公布，中华人民共和国主席令第87号2008年2月28日修正公布）

9. 中华人民共和国节约能源法

（中华人民共和国主席令第90号1997年11月1日公布，中华人民共和国主席令第77号2007年10月28日修正公布）

11. 中华人民共和国消防法

（中华人民共和国主席令第4号1998年4月29日公布，中华人民共和国主席令第6号2008年10月28日修正公布）

19. 中华人民共和国文物保护法

（中华人民共和国主席令第76号2002年10月28日公布，中华人民共和国主席令第84号2007年12月29日修正公布）

二、法 规

1. 中华人民共和国民用爆炸物品管理条例

（国务院1984年1月6日发布，国务院令第466号2006年5月10日将其废止）

4. 国务院关于特别重大事故调查程序暂行规定

（国务院令第34号1989年3月29日公布，国务院令第493号2007年4月29日将其废止）

第二部分 建设管理

一、建设管理

8. 合资铁路建设管理实施细则(试行)

（铁道部 铁建〔1998〕66号1998年5月22日，铁建设〔2005〕163号2005年9月19日将其废止）

12. 铁道部关于加强国家铁路基本建设大中型项目前期工作和投资管理工作的通知

(铁计函〔2003〕564 号 2003 年 12 月 31 日,铁政法〔2008〕43 号 2008 年 3 月 14 日将其废止)

14. 铁路建设项目工程总承包暂行办法

(铁道部 铁建设〔2004〕45 号 2004 年 4 月 13 日,铁建设〔2006〕221 号 2006 年 12 月 10 日将其废止)

18. 铁道部关于印发《铁路建设项目管理机构管理办法》的通知

(铁建设〔2004〕93 号 2004 年 8 月 23 日,铁建设〔2007〕177 号 2007 年 9 月 15 日将其废止)

19. 铁道部关于发布铁道部基本建设大中型项目开工条件和办理程序的通知

(铁计函〔2004〕554 号 2004 年 10 月 10 日,铁计〔2007〕29 号 2007 年 2 月 16 日将其废止)

二、建 设 用 地

9. 建设项目用地预审管理办法

(国土资源部令第 7 号 2001 年 7 月 25 日,国土资源部令第 27 号 2004 年 11 月 1 日将其废止。)

12. 铁路用地资产处置规定(暂行)

(铁道部铁运〔2003〕71 号 2003 年 8 月 6 日,铁运〔2006〕49 号 2006 年 4 月 22 日将其废止)

三、环境保护、消防

3. 建设项目环境影响评价分类管理名录

(国家环境保护总局令第 14 号 2002 年 10 月 13 日,环境保护部令第 2 号 2008 年 9 月 2 日将其废止)

11. 铁道部关于加强铁路消防设施管理工作的通知

(铁公安函〔1999〕234 号 1999 年 7 月 21 日,铁政法〔2008〕43 号 2008 年 3 月 14 日公布其失效)

第三部分 建设市场管理

一、综 合 管 理

5. 建设部、国家计委、财政部关于严格禁止在工程建设中带资承包的通知

(建建〔1996〕347 号 1996 年 6 月 4 日,建质〔2006〕6 号 2006 年 1 月 4 日将其废止)

7. 建设工程勘察设计市场管理规定

(建设部令第 65 号 1999 年 1 月 21 日,建设部令第 161 号 2007 年 9 月 21 日将其废止)

二、工程招标投标管理

19. 铁路建设工程招标投标实施办法

（铁道部令 8 号 2002 年 8 月 24 日，铁政法〔2008〕43 号 2008 年 3 月 14 日公布其失效）

23. 铁道部建设管理司、铁道部安全监察司关于营业线工程施工招标工作有关问题的通知

（建工〔2001〕58 号 2001 年 7 月 18 日，建建〔2006〕35 号 2006 年 6 月 5 日将其废止）

27. 铁路工程质量与招投标挂钩办法

（铁道部建设管理司建建〔2003〕83 号 2003 年 11 月 19 日，建建〔2006〕35 号 2006 年 6 月 5 日将其废止，建建〔2007〕64 号 2007 年 10 月 8 日将建建〔2006〕35 号废止）

三、合 同 管 理

6. 铁道部关于发布《铁路建设工程施工合同》示范文本的通知

（铁建〔1998〕25 号 1998 年 3 月 3 日，铁政法〔2008〕43 号 2008 年 3 月 14 日公布其失效）

7. 铁路合同管理办法

（铁政法〔1999〕120 号 1999 年 9 月 18 日，铁政法〔2005〕178 号 2005 年 10 月 13 日将其废止）

第四部分　勘察设计管理

5. 建设工程勘察质量管理办法

（建设部令第 115 号 2000 年 12 月 4 日，建设部令第 163 号 2007 年 11 月 22 日修正公布）

7. 铁路基本建设变更设计管理办法

（铁道部铁建〔1997〕125 号 1997 年 12 月 31 日，铁建设〔2005〕146 号 2005 年 8 月 22 日将其废止）

8. 铁道部关于发布《铁路建设项目预可行性研究可行性研究和设计文件编制办法》的通知

（铁建设〔1999〕99 号 1999 年 8 月 22 日，铁建设〔2007〕152 号 2007 年 8 月 4 日将其废止）

13. 铁道部关于铁路建设项目勘察设计文件评审收费有关问题的通知

（铁建设函〔2002〕199 号 2002 年 6 月 17 日，铁建设函〔2006〕1127 号 2006 年 12 月 27 日将其废止）

15. 铁道部关于调整铁路大中型建设项目变更设计管理程序和分工的通知

（铁建设〔2003〕140 号 2003 年 12 月 26 日，铁建设〔2005〕146 号 2005 年 8 月 22 日将其废止）

第五部分　质 量 管 理

二、工程质量监督管理

8. 铁路建设工程质量监督工程师资格管理办法

（铁道部铁建设〔2002〕2 号 2002 年 1 月 7 日，铁建设〔2006〕147 号 2006 年 8 月 3 日将其废止）

9. 铁路建设工程质量安全生产监督管理办法

(铁道部铁建设〔2004〕44 号 2004 年 4 月 13 日,铁建设〔2006〕147 号 2006 年 8 月 3 日将其废止)

第六部分　安 全 管 理

3. 劳动部关于印发《〈特别重大事故调查程序暂行规定〉有关条文解释》的通知

(劳安字〔1990〕9 号 1990 年 3 月 20 日,2007 年 4 月 9 日国务院令 493 号《生产安全事故报告和调查处理条例》已废止《特别重大事故调查程序暂行规定》)

5. 工程建设重大事故和调查程序规定

(建设部令第 3 号 1989 年 12 月 1 日,建设部令第 161 号 2007 年 9 月 21 日将其废止)

8. 铁路行车设备施工管理办法

(铁道部铁运〔1999〕19 号 1999 年 2 月 11 日,铁办〔2005〕133 号 2005 年 7 月 25 日将其废止)

9. 铁道部关于严禁使用封连线及其他违章手段进行电务作业的通知

(铁运〔1999〕154 号 1999 年 11 月 26 日,铁政法〔2008〕43 号 2008 年 3 月 14 日将其废止)

10. 铁路行车事故处理规则

(铁道部令第 3 号 2000 年 7 月 1 日,铁道部令第 30 号 2007 年 8 月 28 日将其废止)

12. 铁路营业线施工及安全管理办法

(铁道部铁办〔2004〕29 号 2004 年 3 月 15 日,铁办〔2005〕133 号 2005 年 7 月 25 日将其废止,铁办〔2007〕186 号 2007 年 9 月 27 日将铁办〔2005〕133 号废止,铁办〔2008〕190 号 2008 年 10 月 15 日将铁办〔2007〕186 号废止)

第七部分　工程造价管理

1. 铁道部关于发布《铁路基本建设工程设计概算编制办法》的通知

(铁建管〔1998〕115 号 1998 年 9 月 25 日,铁建设〔2006〕113 号 2006 年 6 月 20 日将其废止)

2. 铁道部关于发布《铁路更新改造工程设计概(预)算编制办法》的通知

(铁计〔1999〕54 号 1999 年 5 月 12 日,铁计〔2008〕24 号 2008 年 2 月 5 日将其废止)

4. 铁道部关于发布《铁路基本建设工程投资(预)估算编制办法》的通知

(铁建设〔1999〕119 号 1999 年 9 月 18 日,铁建设〔2008〕10 号 2008 年 1 月 25 日将其废止)

6. 铁道部关于调整铁路工程建设管理费用标准的通知

(铁建设〔2000〕80 号 2000 年 8 月 7 日,铁建设〔2006〕113 号 2006 年 6 月 20 日将其废止,铁建设〔2007〕77 号 2007 年 4 月 11 日调整)

8. 铁道部关于发布《地方铁路基本建设工程设计概算编制办法》的通知

(铁建设〔2002〕78 号 2002 年 10 月 21 日,铁建设〔2006〕113 号 2006 年 6 月 20 日将其废止)

9. 铁道部关于发布《营业线施工配合费计费暂行标准》的通知

(铁建设函〔2002〕52 号 2002 年 3 月 6 日,铁建设〔2006〕113 号 2006 年 6 月 20 日将其废止)

10. 铁道部关于调整铁路工程监理费标准的通知

(铁建设〔2002〕101 号 2002 年 12 月 24 日,铁建设〔2007〕137 号 2007 年 7 月 17 日将其废止)

12. 铁道部关于调整《铁路基本建设工程投资(预)估算编制办法》和铁路工程估(概)算指标的通知

(铁建设〔2003〕63 号 2003 年 7 月 15 日,铁建设〔2008〕10 号 2008 年 1 月 25 日将其废止)

13. 铁道部关于调整《地方铁路基本建设工程设计概算编制办法》的通知

(铁建设〔2003〕64 号 2003 年 7 月 15 日,铁建设〔2006〕113 号 2006 年 6 月 20 日废止)

15. 建设工程施工发包与承包价格管理暂行办法

(建设部建标〔1999〕1 号 1999 年 1 月 6 日,国务院国发〔2002〕24 号 2002 年 11 月 1 日废止)

第八部分　工 程 监 理

1. 国家物价局、建设部关于发布工程监理费有关规定的通知

(〔1992〕价费字第 479 号 1992 年 9 月 18 日,发改价格〔2007〕670 号 2007 年 3 月 10 日将其废止)

6. 铁路总监理工程师执业资格管理办法

(铁建设〔2001〕48 号 2001 年 5 月 29 日,铁政法〔2008〕43 号 2008 年 3 月 14 日将其废止)

8. 铁道部关于发布《铁路建设工程监理规范》的通知

(铁建设〔2003〕38 号 2003 年 5 月 10 日,铁建设〔2007〕136 号 2007 年 7 月 17 日将其废止)

第九部分　建设资金管理

8. 铁路基本建设工程验工计价办法

(铁建〔1989〕129 号 1989 年 10 月 21 日,铁建设〔2006〕211 号 2006 年 11 月 23 日将其废止)

9. 铁路小型基建项目建设资金管理办法

(铁财〔1998〕17 号 1998 年 2 月 4 日,铁政法〔2008〕43 号 2008 年 3 月 14 日将其废止)

14. 铁道部关于印发《铁路基本建设项目竣工财务决算和交付使用资产编制办法》的通知

(铁财〔2002〕92 号 2002 年 12 月 6 日,铁财〔2008〕250 号 2008 年 12 月 11 日将其废止)

17. 铁道部办公厅关于规范铁路建设项目奖励的规定的批复

(办建设发〔2003〕33 号 2003 年 8 月 4 日,铁办〔2005〕158 号 2005 年 9 月 13 日将其废止)

18. 铁道部关于对《建设项目管理人员考核奖励办法》的批复

(办劳卫发〔2003〕38 号 2003 年 9 月 12 日，铁办〔2005〕158 号 2005 年 9 月 13 日将其废止)

第十一部分　竣 工 验 收

4. 铁路建设项目竣工验收交接办法

(铁建设〔2001〕117 号 2001 年 11 月 27 日，铁建设〔2008〕23 号 2008 年 2 月 13 日将其废止)

7. 铁路建设项目竣工建设用地验收交接实施办法(暂行)

(铁建设〔2001〕117 号 2001 年 11 月 27 日，铁运〔2008〕158 号 2008 年 9 月 2 日将其废止)

第十二部分　资 质 管 理

一、勘察设计企业资质管理

2. 建设部关于颁发工程勘察资质分级标准和工程设计资质分级标准的通知

(建设〔2001〕22 号 2001 年 1 月 20 日，建设部建市〔2007〕86 号 2007 年 3 月 29 日将建设〔2001〕22 号中"工程设计资质标准"废止)

3. 建设工程勘察设计企业资质管理规定

(建设部令第 93 号 2001 年 7 月 25 日，建设部令第 160 号 2007 年 6 月 26 日将其废止)

二、建筑业企业资质管理

1. 建筑业企业资质管理规定

(建设部令 第 87 号 2001 年 4 月 18 日，建设部令第 159 号 2007 年 6 月 26 日将其废止)

2. 建设部关于印发《建筑业企业资质等级标准》的通知

(建建〔2001〕82 号 2001 年 4 月 20 日，建设部建市〔2007〕72 号 2007 年 3 月 13 日《施工总承包企业特级资质标准》将建建〔2001〕82 号中施工总承包企业特级资质标准废止)

3. 建筑业企业资质管理规定实施意见

(建设部办公厅建办建〔2001〕24 号 2001 年 5 月 28 日，建设部建市〔2007〕241 号 2007 年 10 月 18 日将其废止)

三、工程监理企业资质管理

1. 工程监理企业资质管理规定

(建设部令第 102 号 2001 年 8 月 29 日，建设部令第 158 号 2007 年 6 月 26 日将其废止)

2. 工程监理企业资质管理规定实施意见

（建设部建市〔2001〕229 号 2001 年 11 月 14 日，建设部建市〔2007〕190 号 2007 年 7 月 31 日将其废止）

四、其他资质管理

1. 工程造价咨询单位管理办法

（建设部令第 74 号 2000 年 1 月 25 日，建设部令第 149 号 2006 年 3 月 22 日将其废止）

2. 工程建设项目招标代理机构资格认定办法

（建设部令 第 79 号 2000 年 6 月 30 日，建设部令第 154 号 2007 年 1 月 11 日将其废止）

铁路建设管理文件汇编(2005～2006)版现已废止文件目录

第二部分　建 设 管 理

17. 铁道部关于印发《铁路建设项目甲供物资设备目录》的通知
（铁建设〔2007〕199 号 2007 年 2 月 28 日，铁建设〔2008〕179 号 2008 年 9 月 23 日将其废止）

第三部分　资 质 管 理

4. 铁道部关于发布《铁路工程基桩检测单位资质及检测员资格认定办法》的通知
（铁建设〔2005〕162 号 2005 年 9 月 19 日，铁建设〔2008〕79 号 2008 年 5 月 27 日将其废止）

第四部分　勘察设计管理

7. 铁道部关于印发《铁路工程优秀勘察设计奖评选办法》的通知
（铁建设〔2006〕157 号 2006 年 8 月 16 日，铁建设〔2007〕209 号 2007 年 11 月 7 日将其废止）

第六部分　质 量 管 理

3. 铁路建设工程质量安全监督管理办法
（铁建设〔2006〕147 号 2006 年 8 月 3 日，铁办〔2008〕70 号 2008 年 5 月 11 日将其废止）
6. 铁道部办公厅关于印发《铁路建设工程施工企业质量信誉评价办法》的通知
（办建设发〔2006〕55 号 2006 年 11 月 23 日，铁建设〔2008〕160 号 2008 年 9 月 5 日将其废止）

第七部分　安 全 管 理

14. 铁路营业线施工及安全管理办法
（铁办〔2005〕133 号 2005 年 7 月 25 日，铁办〔2007〕186 号 2007 年 9 月 27 日将其废止，铁办〔2008〕190 号 2008 年 10 月 15 日将铁办〔2007〕186 号废止）
17. 铁道部关于补充《铁路行车事故处理规则》有关条文的通知

（铁安监〔2006〕155 号 2006 年 8 月 14 日，铁政法〔2008〕43 号 2008 年 3 月 14 日将其废止）

第十部分　工程招标投标管理

5. 加强和改进铁路施工招投标管理工作的暂行规定

（铁建设〔2005〕155 号 2005 年 10 月 10 日，铁建设〔2008〕240 号 2008 年 12 月 2 日将其废止）

6. 关于铁路建设项目施工招标标段划分的指导意见

（铁建设〔2006〕180 号 2006 年 3 月 13 日，铁建设〔2008〕240 号 2008 年 12 月 2 日将其废止）

8. 铁路建设工程安全质量事故与招投标挂钩暂行办法

（铁道部建设管理司 安全监察司建建〔2006〕35 号 2006 年 6 月 5 日，建建〔2007〕64 号 2007 年 10 月 8 日将其废止）

第十二部分　工 程 监 理

1. 铁道部关于铁路信息工程监理收费有关事宜的通知

（铁建设〔2005〕189 号 2005 年 10 月 29 日，铁政法〔2008〕43 号 2008 年 3 月 14 日将其废止）

第十三部分　建设资金管理

14. 铁道部财务司关于规范铁路勘测设计前期工作费有关财务事项的通知

（财基〔2005〕227 号 2005 年 12 月 20 日，办财发〔2007〕24 号 2007 年 4 月 23 日将其废止）